현대 생사학 개론

Death & Dying, Life & Living 7th ed

찰스 A. 코르(CHARLES A. CORR) & 도나 M. 코르(DONNA M. CORR) 지음

한림대학교 생사학연구소 옮김

CENGAGE 박문사

Andover • Melbourne • Mexico City • Stamford, CT • Toronto • Hong Kong • New Delhi • Seoul • Singapore • Tokyo

**Death & Dying,
Life & Living**

7th Edition

Charles A. Corr,
Donna M. Corr

ISBN-13: 979-11-87425-89-2

Cengage Learning Korea Ltd.
14F, YTN Newsquare
76 Sangamsan-ro, Mapo-gu
Seoul, 03926, Korea, south
Tel: (82) 2 330 7000
Fax: (82) 2 330 7001

Cengage Learning is a leading provider of customized learning solutions
with office locations around the globe, including Singapore, the United Kingdom,
Australia, Mexico, Brazil, and Japan. Locate your local office at:
www.cengage.com/global

Cengage Learning products are represented in Canada by Nelson Education, Ltd.

For product information, visit **www.cengageasia.com**

Printed in Korea
Print Number: 01   Print Year: 2018

우리는 『*Death & Dying, Life & Living* 7th ed』를 오래 동안 우리와 함께 일해 온 동료이며 공저자이고 나의 친구이며 목사/신부이신 클라이드 M. 네이브 박사(Clyde M. Nabe, PhD)에게 존경과 칭송과 감사의 마음을 담아 헌정한다.

우리들 각자 모두에게, 우리 삶의 날들은 얼마 남지 않았다. 우리는 그것을 잘 안다. 그렇다. 더 이상 우리가 바라는 만큼의 힘과 인내심을 발휘할 수 없는 그런 시기가 반드시 찾아올 것이다. 그것이 우리가 인간 존재라고 부르는 것이다. 그러나 내가 발견한 사실은, 희망을 품고 살아가는 단순한 그 활동 안에서, 그리고 이 세상에 긍정적 영향력을 행사하기 위한 매일 매일의 노력 안에서라면, 내가 누리는 그 삶의 날들은 더더욱 의미 충만하고 소중해질 것이다. 바로 이 점에 대해서 나는 감사한다.

— Elisabeth Edwards(1949-2010)

죽음은 삶의 적이 아니다. 죽음은 삶의 가치에 대한 우리의 감수성을 회복시켜준다. 질병은 삶을 당연한 것으로 여길 때 우리가 잃어버린 균형 감각을 회복시켜준다. 가치와 균형 감각을 배우기 위해서, 우리는 질병을 존중하고, 궁극적으로는 죽음을 존경할 필요가 있다.

— A. W. Frank, *At the Will of the Body*(2002, p. 120)

저자 소개

찰스 A. 코르(CHARLES A. CORR, PhD)는 남일리노이 대학 에드워즈빌(Southern Illinois University Edwardsville)에서, 그리고 서온타리오 대학의 킹스 유니버시티 칼리지(King's University College, University of Western Ontario)에서 '죽음과 임종', '어린이와 죽음' 과목들과 관련된 주제들을 가르쳤다. 1978년 이래로 그는 '죽음준비교육과 상담 협회(Association for Death Education and Counseling, ADEC; 1980-1983 동안 이사회 이사 역임)', 그리고 '미국 국립호스피스와 완화의료기구(National Hospice and Palliative Care Organization, NHPCO)'의 회원이다. 코르 박사는 오래 전부터 '죽음, 임종, 사별에 관한 국제활동단체(International Work Group on Death, Dying, and Bereavement)' 회원이다(1989-1993 동안 의장 역임). 현재 그는 또한 '선코스트 협회(Suncoast Institute)' 이사회 부의장이며, '미국 국립호스피스와 완화의료기구(NHPCO)' 소속인 '아동 완화의료/호스피스 서비스 프로젝트(Children's Project on Palliative/Hospice Services, ChiPPS)'를 위한 '보도통신 활동단체(Communications Work Group)' 회원이며, 이 ChiPPS 발간 전자-계간회보(quaterly e-newsletter)의 부편집인이며, '국립기증자가족평의회(National Donor Family Council)' 집행위원회 회원이다. 그의 저술로는 30개 이상의 저서와 소책자들이, 예를 들면 『*죽음 대처 어린이 도와주기: 지침과 자원(Helping Children Cope With Death: Guidelines and Resources, 제2판, 1984)*』, 『*유년기와 죽음(Childhood and Death, 1984)*』, 『*청소년기와 죽음(Adolescence and Death, 1986)*』, 『*청소년기의 죽음과 사별 편람(Handbook of Adolescent Death and Bereavement, 1996)*』, 『*청소년기에 만나는 죽음과 사별, 그리고 대처 하기(Adolescent Encounters With Death, Bereavement, and Coping, 2009)*』, 『*어린이들이 만나는 죽음과 사별, 그리고 대처하기(Children's Encounters With Death, Bereavement, and Coping, 2010)*』, 그리고 또한 도나 코르(Donna Corr)와 공동 편집 출간한 책이 5권이며, 다른 책에 실린 장들과 전문 학술지 기고문들은 모두 100개가 넘는다. 코르 박사의 활동은 '죽음준비교육과 상담 협회(ADEC)', '국제아동호스피스(Children's Hospice International, CHI)', 위스콘신-라 크로스 대학교 소재의 '죽음준비교육과 생명윤리 센터(Center for Death Education and Bioethics at the University of Wisconsin-La

Crosse)', '근골이식재단(Musculoskeletal Transplant Foundation)', 그리고 남일리노이 대학 에드워즈빌(Southern Illinois University Edwardsville)로부터 수상함으로써 그 공로를 인정받았다.

도나 M. 코르(DONNA M. CORR, 공인간호사, 이학 석사)는 심장 절개, 신장 이식, 종양학, 그리고 호스피스 간호 영역에서 실무 경험을 쌓았다. 그녀는 17년 동안 미주리주 센트루이스 포레스트 파크의 센트루이스지역 초급대학 간호학(전임강사로부터 교수로 승진하면서) 교수진에 몸담았으며, 그 후에는 남일리노이 대학 에드워즈빌에서 2학기 동안 강사로 근무했다. 그녀의 저술 활동은 찰스 코르와 공동 편집 출간한 5권도 포함된다: 『호스피스 케어: 원리와 실천(*Hospice Care: Principles and Practice*, 1983)』, 『소아과 간호의 호스피스적 접근(*Hospice Approaches to Pediatric Care*, 1985)』, 『고령화 사회에서의 간호 업무(*Nursing Care in an Aging Society*, 1990)』, 『유아 돌연사 증후군: 누가 어떻게 도울 수 있는가(*Sudden Infant Death Syndrome: Who Can Help and How*, 1991)』, 그리고 『유년기의 죽음과 사별 편람(*Handbook of Childhood Death and Bereavement*, 1996)』. 그 밖에도 다른 책에 기고한 장과 전문 학술지 게재 논문이 24편이다. 도나와 찰스 코르 부부가 함께 또는 찰스 코르 단독 편집으로 출간된 책들 중 5권은 *미국간호학저널(American Journal of Nursing)*로부터 "이 해의 도서 상(Book of the Year Award)"을 수상했다.

서문

　리처드 A. 칼리쉬(Richard A. Kalish)는(이 책의 머리말인) 그의 우화 "만찬장 식탁 위의 말"에서, 우리는 마술을 부리듯이 우리의 삶에서 죽음이 갑자기 사라지게 할 수 없으며, 죽음-관련 주제들과 함께 일어나는 슬픔과 또 다른 형태의 고통들을 완전히 지워버릴 수도 없다고 말한다. 하지만, 우리는 죽음에 대해서 이야기할 수 있으며, 깨달음과 태도를 함께 나누고 동참하며, 서로 간에 배움을 주고받으며, 함께 노력함으로써 임종과 죽음과 사별에 더 효과적으로 대처할 수 있다. 바로 이런 취지에서, 우리는 『죽음과 임종, 생명과 삶』의 제7판을 죽음, 임종, 그리고 사별에 대한 지속적인 인간적 대화를 촉진시키기 위한 새로운 기여로서 제공하는 바이다. 이 주제들에 대한 건설적인 상호 협력은 죽음을 대면하면서도 우리 모두에게 더 풍부하고 생산적인 삶이 되도록 도울 것이다.

　이 주제 관련 영역에서 새롭게 가르칠만한 것은 더 이상 없을 것이라는 견해가 때때로 제시되기도 했다. 실제로, 이 책의 제6판이 출간된 이후의 기간 동안에 죽음과 새롭게 마주치는 사건들이 일어났으며, 새로운 주제들이 크게 부상했으며, 새로운 통찰과 태도들이 나타났고, 지속적으로 보존되어야할 가치의 많은 부분이 진화되고 성숙되었다. 우리는 이것들도 포함하면서, 또 다른 죽음-관련 주제의 여러 발전 결과들을 포함시키기 위해 부지런히 작업했으며, 이것은 이 책 본문에서, 그리고 이 서문을 통해서도 여기 제7판에 새로 수록된 자료들이 어떤 것들인지 드러내 보일 것이다.

학습 자료 유형들

　이 책은 죽음, 임종, 그리고 사별을 다루는 대학 학부와 대학원 과정을 위한 기초 교재로서, 그와 관련되는 교육 과정들의 보조 교재로서, 그리고 이 분야의 전체적 조망을 위한 원천 자료로서도 사용될 수 있다. 각 강사 개인들과 다른 독자들은 이 책의 내용들을 그들 자신의 필요와 참조 목적에 따라 쉽게 적용하고 다양하게 활용할 수 있다. 특히, 이 책의 각 부분들을 특정한 순서를 따라서 학습할 수 있으며, 어느 특정 부분에 포함된 장들을 독립적으로 읽어도 좋다. 강사들은 *강사용 교범과 문제은행*(Instructor's Manual with Test Bank, ISBN: 978-1-133-48921-4)을 요청할 수 있으며, 이 것은 이 책의 다양한 활용 방법 제안, (각종 단체, 인쇄물, 초청 연사, 그리고 시청각 자료 등) 교육적 자원들, 각 장을 위한 자세한 안내서, 그리고 포괄적인 문제 은행 등을 제공한다. 강사는 문제 은행의 전산화 버전 *Exam View*(ISBN: 978-1-133-32158-1)을 구할 수 있다. 그것은 *강사용 교범과 문제 은행* 안의 문제은행 부분에 속한 모든 문제 항목들을 담고 있으며, **빠른 시험 마법사**(Quick Test Wizard)와 온라인 시험 마법사(Online Test Wizard) 모두를 제공한다.

그 밖에도, 이 책 본문의 동반자 웹 싸이트(www.cengagebrain.com에서 접근 가능)는 용어해설, 플래시 카드, 연계 전산망, 그리고 수강자를 위한 질문 테스트 등을 포함하는 학습 도구들을 제공한다.

더 나아가서, 이제는 이 개정판을 동반하는 완성된 파워포인트 슬라이드 모음집도 이용 가능하다. 이 자료들의 일부 또는 전체를 원하는 강사들은 그들의 거주 지역의 Cengage Learning 판매 대리점에 연락해야 한다.

이 책에 속하는 7개의 각 부는 짧은 개론과 함께 시작되며, 부에 속하는 각 장은 작고 둥근 문제로 서술된 그 장의 목표 목록과 대표적 삽화 또는 사례 연구로 시작된다. 각 장은 짧게 요약된 내용 요약, 용어 해설, 복습과 토론을 위한 질문들, 추천 자료, 그리고 유용한 검색 용어들과 추천된 인터넷 사이트를 포함하는 선정된 전산망 자원들과 함께 끝을 맺는다. 본문에 추가되는 부록 A와 B는 죽음-관련 주제를 다룬 어린이와 성인용 도서들 각각에 대한 주석 달린 명세서를 확인시켜주며, 복사본과 그런 출판물들에 관한 최신 정보를 제공받을 수 있는 출처도 여기에 포함된다. 부록 C는 이 최신판에 추가된 것으로서, 각 연령층의 청소년들과 함께 사용될 수 있는 활동지도용 도서들을 소개한다.

아래의 특징적 요인들은 이 책에서 수행된 우리 작업의 두드러진 우수성이다.

1. *죽음을 맞이하는 방식의 변화, 죽음을 바라보는 태도의 변화, 그리고 미국식 죽음제도* 안에서 일어나는 *죽음 관련 실천 관례의 변화*등에 주안점을 두고 조사된 우리 사회의 *죽음-관련 경험*들의 주요 특징들에 대한 주의 깊은 탐사

2. *죽음 관련 경험에 능동적으로 대처할 것을 강조* – 개인들이 죽음-관련 사태에 직면하여 개인들이 어떻게 반응하는지를 단지 보고하는 대신에 – 우리는 개인들이 그 사태들을 *적절히 관리 하려고* 나타내 보이는 *반응들*과, 그 이후의 삶에 미칠 결과들을 수용하기 위해 기울이는 노력들을 부각시킨다.

3. *작업 분류에 의존하는 접근 방식*에 따라서 – 개인 단위로, 그리고 공동체 차원에서 – 생명을 위협하는 질병과 사망에 대해서, 상실과 슬픔에 대해서, 장례와 추도 의식에 대해서, 그리고 유족으로 남겨진 아동과 청소년, 또는 다양한 연령층의 성인들에 대해서 차별화된 대처 방식을 설명하기

4. 죽음-관련 주제들을 서로 다른 인생행로의 네 단계에서, 즉 아동으로서, 청소년으로서, 청장년으로서, 그리고 노인으로서 겪는 개인적 경험을 강조하는 방식으로 고찰하는 *발달론적 관점*에 대한 감수성

5. *미국 사회에 내재하는 문화적 패턴들에 대한 강조*는, *우리 사회 안의 다른 다양성 사례들* 외에

도, 히스패닉, 아프리카, 아시아, 태평양 군도, 인디언, 또는 알라스카 원주민 출신 배경의 미국인들에게서 전형적으로 나타나는 독특한 방식의 죽음-관련 사태와의 만남과 태도와 관행들을 인정하고 부각

6. *죽음-관련 경험들에 대한 도움을,* – 즉 타인 돕기, 자신 돕기, 그리고 가족, 사회단체, 기관, 그리고 공동체를 매개로 제공되는 도움 – 등을 강조하는 실천적 적응 지도

7. *도덕적, 윤리적, 종교적, 그리고 영적 가치*들에 대한 존중은 내세의 삶 때문에, 또는 조력 자살과 안락사 등과 같은 논쟁적 주제들 때문만이 아니라, 이 책 전편을 통해서 임종 간호, 유가족 지원, 그리고 아동과 청소년 보조 등과 같은 주제들을 다루기 위한 본질적 구조를 제공

8. 죽음, 임종, 사별 학습에서 배울 수 있는 *생명과 삶에 관한 중요한 교훈들* – 한계와 억제, 개인과 공동체, 취약성과 회복력, 삶의 질, 그리고 의미 발견 등 – 을 인지

개정판 추가 내용

학교 교실이나 원격 교육의 토대로서 이 책을 사용했던 다수의 교사들이 이 책의 근본 구조를 바꾸지 말아달라는 부탁을 해 왔다. 우리는 그 충고를 받아들였으며, 이 판에서도 책 구성의 기본 구조를 그대로 유지했다. 그러나 두 장의 세부 내용에 있어서는 중대한 변화를 시도했다. 그 중 첫째 장은 인간면역결핍바이러스(HIV)/후천성면역결핍증후군(AIDS) 대신에 알츠하이머병, 그리고 그와 관련되는 장애들을 포함시키기로 한 우리의 결정을 따른 것이며, 이것은 그 질병 발생의 특정 배경으로서, 이 책의 기본 구조를 예시해 보이기 위해 제20장에 채택된 것이다*. 우리는 미국과 다른 여러 나라에서 인간면역결핍바이러스와 에이즈의 중요성이 아직 진행 중임을 감지하고 있으며, 이 점에 대한 고찰을 제2장과 제3장에 2개의 새 글상자에 담아 넣었다. 죽음의 주도적 원인이 되고 있는 알츠하이머병과 치매의 다양한 유형들의 빠른 증가는 여전히 더 많은 주의를 기울일 것을 요구하고 있으며, 이 점을 이 신판에 반영시켰다.

이 신판의 둘째 주요 변화는 제5장에서다. 여기에서 타쉘 C. 보르더(Tashel C. Bordere) 교수는 미국 사회에서 선정된 하위 집단 내부의 문화적 원형들에 대한 우리의 서술을 새롭게 구성하도록 도와주었다. 여기에서 우리는 자민족중심주의에 도전하고, 문화적 그리고 인종적 선입견과 고정관념을 피해가며, 그리고 다른 사람들을 이해하고 도와주는 문화적 양심의 가치를 높이 평가한다.

제5장과 제20장의 변화 내용에 추가해서, 즉시 주목 받게 될 셋째 주요 변화는 이 신판에 삽입된 사진과 영상들의 면밀한 재편성이다. 이 책 안의 112개의 사진과 영상들의 절반이 여기에 처음 실

---

* 이번 번역은 생사학개론서를 마련하고자 하는 취지에서 이루어졌다. 제20장은 특정 질병에 치우쳐 있어 이번 번역에서는 제외하였다.

려졌다.

이러한 변화의 차원을 넘어서, 여기 이 제7판 전편에 걸쳐서, 우리는 국립보건통계청(National Center for Health Statistics, NCHS)과 다른 출처로부터 얻을 수 있는 가장 최근의 통계 자료들을 보고한다. 여기에는 사망자 수, 사망률, 그리고 전체 인구수를 토대로 확인된 사망원인의 2007년도 총괄 조사의 마지막 집계 자료가 제2장에 포함되었다. 이 자료에서 선택된 4개의 문화적 그리고 인종적 하위 집단 대상의 집계 자료는 제5장에, 그리고 아동, 청소년, 청장년, 그리고 노인 대상 자료는 제12장부터 제15장에 포함되었다. 우리는 또한 평균 기대수명과 사망 장소에 대해서 접근 가능한 가장 최근의 NCHS 자료를 제2장에, 그리고 사고사와 살인 관련 자료를 제4장에 제시하였다. 그 밖에도, 최근에 갱신된 미국암협회(the American Cancer Society)의 암-관련 사망자 총계를 제2장에 포함시켰다.

그 밖에도 우리는 선택된 특정 문화적, 인종적 집단에 관해서 접근 가능한 가장 최근의 자료를 미 연방인구조사국(U.S. Census Bureau)에서 얻어 내어 제5장에, 그리고 병원, 장기요양시설, 그리고 가정간호 프로그램에 관한 자료를 제8장에 수록하였다. 우리는 제8장과 제12장에서 국립호스피스 와 완화의료 호스피스 프로그램에 대한 가장 최근의 자료들을 보고한다. 이 자료에는 호스피스 프로그램이 2009년도 전체 미국인 사망자의 42%를, 그리고 심지어는 같은 해에 243,000명의 생존중인 환자들도 돌보아주었다는 놀라운 사실이 포함되어 있었는데, 그들은 고통스러운 증세에 대한 적절한 치료를 받고 퇴원한 상태였으며, 그들의 전체적 건강이 그 때에는 더 이상 호스피스 간호를 필요로 하지 않을 만큼 호전되었었다는 것이다.

그 외에도 추가로 우리가 제공하는 최근의 자료와 그 출처는 아래와 같다. 질병관리예방센터 (Centers for Disease Control and Prevention)의 미국 내 인간면역결핍바이러스와 에이즈 관련 자료는 제2장; UNAIDS의 전 세계 인간면역결핍바이러스와 에이즈 경험 관련 자료는 제2장; 캐나다 통계청(Statistics Canada) 제공 북아메리카 국가들의 사망률 관련 자료와 미국자살연구협회(the American Association of Suicidology) 자료는 제13장(청소년 대상), 제15장(노인 대상), 그리고 제17장(미국 전체 인구 대상); 장기나눔 연방네트워크(the United Network for Organ Sharing)가 제공하는 장기 및 신체 조직의 기증과 이식 수술 관련 자료는 제16장; 오리건 존엄사법(the Origan Death with Dignity Act)에 의거하여 시행되고 오리건 인간봉사국(the Oregan Department of Human Services)이 제공한 의사-조력 자살 관련 자료는 제18장.

이상과 같이 여러 가지 방식으로 이 책의 내용을 새롭게 구성한 것 외에도, 우리는 다른 여러 중요한 점에서도 이 책 내용을 개정하고 확장시켰다. 예를 들면, 제1장에서 우리는 죽음-관련 주제들을 다루는 어린이 도서 사례들의 새로운 삽화를 개발하였으며, 새로운 질문 상자를 제시하고, 만약 이런 주제들에 대해서 가르치도록 요구받았을 경우, 독자들은 무엇을 할 것인지를 물었다. 제2장에서 우리는 생활방식의 기본적 요인들이 죽음을 맞이함에 어떤 영향을 끼칠지에 대한 새로운 정보를 제공하며, 에이즈와 인간면역결핍바이러스 대응책에 대한 새로운 지침 상자를, 그리고 또 하나의 새로운 상자를 열어서 미국과 캐나다의 사망률 비교의 새로운 자료를 제시하였나. 이 마지막 상자에서 우리는 미국과 캐나다의 죽음-관련 대응 방식이 어떤 의미 깊은 차이를 보여주는지를 지적하였고, 그러한 차이점들이 왜 한결같이 캐나다 사람들에게 더 유리하게 나타나는지에 대해서도 우리는 질문을 던진다. 제3장에서 우리는 인간면역결핍바이러스와 에이즈와 연관되는 죽음-관련 태도에 대해서 새로운 상자를 제시한다. 제4장에서 우리는 중요한 변화 세 가지를 도입했다. 첫째, 2005년 8월의 카트리나 허리케인, 2010년 1월 아이티 지진 사태, 그리고 2011년 3월 일본의 지진과 쓰나미 사태 등이 제기한 도전들을 다루려는 의도에서, 우리는 자연 재난과 죽음 체제에 대한 상자를 확장했다. 둘째, 미국이 2001년 9월 11일에 공격을 받자마자 곧 영공을 폐쇄했을 때, 캐나다 사람들이 돕기 위해서 얼마나 열심히 협력해 왔는지를 지적하기 위해 새 상자를 삽입했다. 셋째, 인종 청소의 주제를 포함시키기 위해서, 전쟁과 대량학살에 대해서도 우리의 토론 주제를 확대했다. 제5장에 도입된 변화들은 이 서문에서 이미 언급되었다.

임종 대처에 대해서 제3부에 제시된 우리의 토론은, 제6장부터 제8장까지는 생명을 위협하는 질병 대처에 대한 도카(Doka)의 설명에 더 크게 주의를 기울이며, "동정피로"의 개념을 도입하고, 학제적 호스피스 작업팀의 구성과 활동을 설명하는 새로운 도안들을 제시하며, 초기 완화의료 치료를 받은 폐암 환자들이 삶의 질과 수명 연장에서 상당한 병세 호전을 겪었다는 새로운 연구 결과를 보고하며, 그리고 소아과의 완화의료와 호스피스 케어 영역이 거둔 최근의 발달 사항에 대한 우리의 설명을 확대한다.

제4부에서, 제9장은 C. S. 루이스(C. S. Lewis)와 리처드 A. 칼리쉬의 새로운 관찰 결과를 제공하는데, 그들은 사랑으로 다른 사람에게 도움의 손길을 뻗치는 것은 상대를 상실에 상처받기 쉽게 만든다는 사실에 주의를 환기시키며, 심지어 아무 것도 잃을 것이 없다는 것이 자기 삶에서 소중한 것은 아무 것도 없음을 의미하는 경우라도 그렇다. 같은 장의 새로 만들어진 상자 안에서 죤 피츠(John Fitts)는 사별의 여행길에서 반복적으로 솟구쳐 오르는 슬픔의 불가피성이 일으키는 개인적 경험을 묘사한다. 새로 만들어진 제10장의 두 상자에서, 이사도라 던컨(Isadora Duncan)은 그녀의 두 어린 아이들의 사망 후에 그녀를 돕기 위해서 그녀의 한 친구가 무엇을 했는지를 서술하며, 릭키 로빈슨(Rickie Robinson)과 캐서린 슈나이더 박사(Dr. Katherine Schneider)는 봉사견 소유자들의 사별에 연관된 상실에 주의를 집중한다. 제11장에서는, 우리 사회의 화장 선호도 증가 현상에 대한 최근의 자료가 제시되며, 또한 장례식과 관련 사항들에 대한 정보 제공의 자원과 출처, 그리고 사별 지원 기관들에 대한 정보도 여기에 포함된다.

제5부에서, 우리는 4개의 장들 전체를 통해서 발달론적 관점을 다루는 내용에 전념했으며, 이것은 이 분야의 비교 가능한 다른 그 어느 책도 능가하는 수준이다. 이 신판에서는, 제12장부터 제15장까지는 새로운 통계 자료들, 새로운 참조문헌의 인용문들, 그리고 새로운 추천도서 목록들을 추가

하였다. 우리의 발달론적 관점의 중요한 특징 중 하나는 젊은 독자층을 위해서 이 주제를 다룬 도서들이 어느 것들이고 어떤 내용을 담고 있는지를 설명하였다는 것이다. 이 의도에 맞게, 제12장과 제13장, 그리고 부록 A, B, 그리고 C에서는 아동과 청소년을 위한 죽음-관련 제목의 책들을 이번에는 저자들이 아니고 도서 제목을 나열하였으며, 이렇게 함으로써 독자들이 더 쉽게 알아보도록 하였다. 제12장에 제시된 아동을 위한 죽음-관련 주제 도서들의 소개 상자(초점 맞추기 12.2)에 이제는 81개의 도서 세목을 담고 있으며, 부록 A는 이 책들과 또 다른 다양한 영역의 도서들을 주석 달린 설명과 완벽한 서지 목록 정보들도 포함하여(총 153개 제복들을 - 그 중 다수는 본 판에 처음으로) 제공한다. 마찬가지로, 제13장의 청소년을 위한 죽음-관련 주제의 도서 소개 상자(초점 맞추기 13.1)에 이제는 56개 제목을 담고 있으며, 부록 B는 이 책들과 또 다른 도서들(총 72개 제목들)을 주석 달린 설명과 완벽한 서지 목록 정보들도 포함하여 제공한다. 그 밖에도, 부록 C는 여러 연령층의 젊은이들 스스로, 또는 젊은이들과 함께 활용할 수 있는 30개의 활동 프로그램 도서에 대한 주석 달린 설명과 완벽한 서지 목록 정보를 제공한다. 본 신판에 제시된 이들 두 상자와 세 개의 부록은 젊은 독자를 위한 죽음-관련 문헌 자료에 대해서 접근 가능한 우리 주제 영역의 그 어느 교과서보다도 (그리고 아마도 그 어떤 도서 규모의 자료보다도) 가장 철저하고 유용한 정보 제공 출처일 것이다. 더 나아가서, 제12장에는 아동을 도와주려는 성인에게 조력 방법을 제공하도록 설계된 20개의 도서 목록이 상자(초점 맞추기 12.3) 안에, 그리고 제14장에는 청장년층이 겪는 시별 경험의 다양한 유형들을 묘사한 도서 목록 36개가 상자(초점 맞추기 14.1) 안에 제시되었다. 끝으로, 제13장은 이제는 디지털 세계에 연루된 청소년들의 어려움을 다루는 새 단락을 포함하고 있으며, 새로 설치된 더기 센터(the Dougy Center) 관련 상자는 애도하는 10대들을 위해 10대들 스스로 작성한 인권 선언서를 담고 있다.

제6부에서, 제16장은 기록 영화 "다섯 가지 소원"의 대중적 인기에 관한 자료, 그리고 이식수술 지망자 수의 최근 집계, 그리고 기관 이식 수술과 기관 기증자(생존자와 사망자를 포함한) 수의 최근 집계를 제시하였다. 그 외에도, 새로 만들어진 상자는 사망한 남편이 기증한 뼈의 조직을 이식 받은 한 여성의 경험을 서술한다. 제17장은 자살자들의 행동에서 나타나는 공통된 패턴들을 보고한다. 제18장은 네덜란드의 안락사 실행 현황과 입법에 관한 최근의 개선책, 그리고 오리건 주의 조력 자살 관련 입법과 집행 현황을 서술한다. 제19장에서, 2007년 4월 버지니아 공학대학교(Virginia Tech University)의 총기 사망 관련 보고 상자는 2011년 애리조나 주 투산(Tucson)의 다른 총기 사건도 포함하도록 확장되었으며, 이 사건들을 인간 생명의 위협에 직면한 인간의 자연스러운 안전 욕구와 연결시키는 내용도 포함시켰다.

『*Death and Dying, Life and Living*』 제7판에 제시된 많은 독특한 학습 자료 유형들 중에서 새롭게 추가된 것은 다음과 같다. 전체 97개 상자 중 32개는 전혀 새로운 것이거나, 아니면 상당히 폭넓게 개정되었다. 34개 도표(그 중 21개는 변경된 최신 자료를 담고 있다.), 10개 삽화(그 중 4개는 전혀 새로운 것이거나, 아니면 새롭게 변경된 정보를 담고 있다.), 총 112개 사진과 영상 중 56개는 새로 도입된 것이며, 총 2200개가 넘는 표제어 중 300개 이상이 새로 도입된 참고문헌이다. 그 밖에, 이 신판에 게재된 상자들 대부분은 중요한 두 가지 유형으로 나뉜다. "개인적 통찰(PERSONAL INSIGHTS)"은 개인들이 제기하는 중요한 관점들을 보고하며, "초점 맞추기(FOCUS ON)"는 특정 주제나 몇 개의 개별 사항들을 집중적으로 파헤치는 단편을 가리킨다. 독특한 구성과 배열로 눈에 띄도록 꾸며진 다른 상자들은 "비판적 숙고(ISSUES FOR CRITICAL REFLECTION)"로 분류되었으며, 18개의 비판적 쟁점에 대한 토론을 북돋우려는 의도에서 고안되었다(그 중 3개는 이 판에 처음 게재되었음). 또한 우리는 이 제7판의 텍스트를 단순화시키고 명료화시키기에, 그리고 텍스트의 논조가 독자에게 더 친근히 다가가도록, 그리고 텍스트의 사실적 토대를 최신의 것으로 구성하기 위해 다시금 열과 성의를 다했다고 자부한다.

감사의 말

장기간동안 공저자로서 우리와 함께 했던 클라이드 네이브(Clyde Nabe)가 이 신판 출간에서는 그 역할을 더 이상 수행할 수 없다는 결정을 내린 점을 매우 아쉽게 받아들인다. 동시에 우리는 그가 이 신판 준비 과정에서 비판적 독자이자 조언자로서 줄곧 봉사해 왔음을 고맙게 생각한다. 이 주요 변화의 결과로서, 제5장을 위한 새로운 내용 개발을 그토록 훌륭히 완성해내도록 전문 투고자를 초빙하는 결정을 우리가 내린 점에 대해서 특히 기쁘게 생각한다. 이런 방식으로 함께 참여하고, 혹독한 마감 일정의 압력 속에서도 작업을 마무리함에 동의해 준 타쉘 C. 보르더(Tashel C. Bordere) 교수에게 우리는 감사한다.

그 밖에도, 개인으로서 그리고 동시에/또는 전문가로서 겪은 인생 경험을 우리에게 제공해 줌으로써, 우리가 이 책에서 다루는 죽음, 임종, 그리고 사별 주제에 대해서 많은 중요한 사항들을 배우도록 도움을 준 모든 사람들에게 감사의 마음을 표한다. 이 제7판의 준비 작업을 도와주었고, 특히 본문에 포함된 상자, 사진, 그리고 이미지 자료를 제공해 줌으로써 우리의 이 책이 이토록 소중한 특징과 개성을 겸비하도록 우리를 도와주신 분들에게 감사드린다. 특히 우리는 이 판이 이토록 우아하고 아름답게 장식되도록 많은 사진들을 우리에게 제공해 준 선코스트 호스피스(Suncoast Hospice) 소속의 루이제 클리어리(Louise Cleary)와 캐시 래스키(Cathy Lasky)에게 은혜를 입었다. 또한 우리는 북미 대륙에서 일어난 인종 청소와 종족 살해에 관심을 기울인 블루그래스 지역 전문대학(Bluegrass Community and Technical College)의 놀렌 엠브리-베일리(Nolen Embry- Bailey) 교수와 학생들에게 감사한다. 릭키 로빈슨(Rickie Robinson)은 봉사견과의 사별에 관련된 문제에 관심을 일깨워주었다. '죽음준비교육과 상담 협회(ADEC)'에서 장기간 함께 일한 두 동료는 치매를 앓았던 배우자를 통해 겪었던 그들의 개인적 경험을 고맙게도 우리와 공유해 주었다. 남플로리다 대학교(University of South Florida)의 캐트린 하이어(Kathryn Hyer) 교수와 크리스틴 헤일리 (Christine Haley)가 우리에게 제공해 준 견해와 자료는 제20장에 제시된 우리의 작업을 개시하도록 도움을 주었다.

　이 책보다 먼저 출간된 판들에 대해서 우리는 여러 분들로부터 구체적인 자문과 논평의 도움을 받는 특혜를 누렸으며, 그 분들을 여기에 밝힌다. Hawkeye Community College의 Patrick Ashwood; 현재 Brooklyn College 재직 중인 David Balk; University of Connecticut의 Thomas Blank; Grand Valley State University의 Bryan Bolea; Idaho State University의 Sandra Brackenridge; University of Vermont의 Brooks Cowan; University of Wisconsin-La Crosse의 Gerry Cox; University of Central Oklahoma의 Kenneth Curl; Lehman College CUNY의 Craig Demmer; The College of New Rochelle 의 Kenneth Doka; Clarion University of Pennsylvania의 Nancy Falvo; Southern Illinois University Edwardsville의 Mal Goldsmith; Baylor University의 Nancy Goodloe; Tidewater Community College 의 Judy Gray; University of North Texas의 Bert Hayslip; Roane State Community College의 Gary Heidinger; California State University, Sacramento의 Joseph Heller; Middlesex Community Technical College의 Clayton Hewitt; Pennsylvania State University의 Dean Holt; University of Akron의 Elisabeth Kennedy; Florida State University의 Patricia LaFollette; Onondaga Community College의 Susan Lamanna; University of Maryland의 Daniel Leviton; Austin Peay State University의 Jean G. Lewis; New Mexico State University의 Martha Loustaunau; University of Michigan의 Debra Mattison; Fairmont State College의 Jude Molnar; Community College of Rhode Island의 Sara O'Dowd; Southern Illinois University Edwardsville의 Thomas Paxson; University of Akron의 Velma Pomrenke; Rhode Island College의 Constance Pratt; University of Minnesota의 James Rothenburger; University of North Florida의 Randy Roussac; Belleville Area College의 Rita Santanello; Illinois State University의 Raymond L. Schmitt; SUNY College at Buffalo의 Pamela Schuetze; University of Kentucky의 Brett Smith; State University of New York, Plattsburgh의 Dorothy Smith; Indiana University of Pennsylvania의 Gordon Thornton; University of Nebraska, Omaha의 James Thorson; Greenfield Community College의 Mirrless Underwood; Stephen F. Austin State University의 J. B. Watson; University of Arizona의 Robert Wrenn; 그리고 Palm Beach Community College의 Richard Yinger.

　여기의 이 신판 출간을 위해서 우리는 특히 학습 현장지도에 많은 경험을 쌓은 여섯 분에게 감사 의 빚을 지고 있으며, (비록 집필 기획의 완성 단계에 가서야 그들의 성함이 확인될 수 있었지만) 그 들은 집필 초기의 논평 과정에 참여해 주었다: Bluegrass Community and Technical College의 Nolen Embry-Bailey; Our Lady of the Lake University의 Brenda Guerrero; University of Akron의 Elisabeth

Kennedy; Houston Baptist University의 William T. Kennedy; Missouri State University의 Mary Newman; 그리고 Camden County College의 Rickie Robinson. 이 분야의 다양한 기관들과 관련 맥락 안에서 교육 과정들을 가르치는 식견이 풍부한 교육자들로부터 통찰력이 풍부하고 건설적인 비평을 듣는 것은 대단히 유익하다. 우리는 이 신판의 내용을 보강하는 것에 도움을 주기 위해서 그들의 통찰과 아이디어를 기꺼이 우리와 함께 나누어준 그들에게 깊이 감사한다.

이 책의 출판사에서 우리에게 지도와 도움을 준 티모시 마트레이(Timothy Matray)와 로렌 무디(Lauren Moody), 그리고 그들의 동업자 분들께 감사한다. 딘 도피나스(Dean Dauphinais)는 이 신판의 영상들과 인용문 사용을 위한 새로운 허가를 받아내는 조정자 역할을 담당해 주었으며, 또 한편으로는 사진 영상과 문헌 출처 추적 작업에 탁월한 테리 라이트(Terri Wright)와 카린 모리슨(Karyn Morrison)의 협조를 이끌어냈다. PreMediaGlobal 소속인 크리스틴 루스세타(Kristin Ruscetta)와 그녀의 동료들은 이 신간 기획에 필요한 효과적이고 협동적인 제작 업무를 제공해 주었다.

비록 우리는 죽음, 임종, 그리고 사별에 관한 최근의 정확한 지식을 확보하기 위해 최선을 다해 작업을 했음에도 불구하고, 그러나 다른 주제와 달리 특별히 광범위한 이 학문 분야의 모든 영역을 남김없이 완벽히 다루었다고 우리도, 또 그 누구도 주장하지는 못할 것이다. 그러한 이유에서, 우리는 독자들로 하여금 스스로 이 주제에 대한 더 진전된 학습과 연구 가능한 기회들을 찾아 나서도록 고무하고 격려하고자 한다. 우리는 이 책의 개선에 도움을 줄 그 어떤 비평이나 제안도 환영한다. 왜냐하면 이처럼 거대하고 광범위한 기획에서, 그리고 이처럼 빠르게 변화하고 여러 세부 영역들로 분기되어 나가는 주제를 다룸에 있어서는 작업의 불완전성이 불가피하기 때문이다. 그러한 비평 또는 제안들은—전체적 구도 또는 이 책이 사용되어온 교육 과정의 개요, 그리고 또한 참고문헌과 다른 보조 자료 등도 포함하여—우리에게 이메일(주소: ccorr32@tampabay.rr.com)로 보내주기 바란다.

찰스 A. 코르
도나 M. 코르

머리말

만찬장 식탁 위의 말
리처드 A. 칼리쉬

나는 네프심 지역의 유명한 도사를 만나기 위해 에브만두 산 비탈길을 힘들여 올라갔었다. 그는 고령의 성자로서, 그의 이름을 여기 인쇄물에 밝히는 것은 금지되어 있다. 그 당시 나는 지금보다 훨씬 젊었지만, 멀고 험한 등산길에 완전히 지쳤으며, 추위에도 불구하고, 그의 거처가 있는 고원에 도착했을 때에는 땀에 흠뻑 젖었었다. 그는 인내심을 가지고, 그러나 거의 재미있어하는 눈초리로 나를 바라보았으며, 나는 희박한 공기를 허파로 가쁘게 들이마시면서 그를 향해 힘 빠진 미소로 응답했다. 나는 아직 앞에 남은 백여 미터를 걸어가서-그의 거처 바로 옆의 큰 바위에 몸을 지탱하면서-땅바닥에 천천히 앉았다. 우리 두 사람은 모두 몇 분 동안 침묵했고, 나는 어떤 긴장감이 내 안에서 차오르는 것을 느꼈으며, 그것이 다시 가라앉으면서, 나는 조용해졌다. 흘린 땀이 마르면서 내 피부를 찔러댔지만, 가벼운 산들바람은 기분 좋게 시원했으며, 곧 나는 긴장이 풀렸다. 드디어 나는 머리를 돌려 그의 맑은 갈색 눈을 향해 바라보았으며, 윤곽이 뚜렷한 그의 얼굴에는 두 눈이 빛나고 있었다. 나는 내가 뭔가 말할 필요가 있음을 알아챘다.

나는 "사제님," 하고 부르면서 말했다. "저는 배움의 과정을 계속하기에 앞서서, 죽는다는 것의 의미가 무엇인지를 알아야 하겠습니다." 그는 마음이 열린, 그리고 생각에 잠긴 표정으로 나를 계속 지켜보았다. "사제님,"이라고 나는 계속 말했다. "저는 죽어가는 사람이, 아무도 그와 말하려하지 않고, 아무도 그의 죽음에 대해서 그가 말하도록 허락하지 않을 때, 그 죽어가는 사람이 자신의 죽음에 대해서 무엇을 느끼는지 알고 싶습니다."

그는 3분, 아니면 4분 정도 침묵했다. 나는 그가 대답을 해 줄 것을 알았기 때문에, 마음이 편안했다. 드디어, 그는 마치 어느 한 문장의 중요한 부분처럼 이렇게 말했다. "그것은 만찬장 식탁위의 말이지요." 우리는 서로 상대방을 수 분 동안 계속 쳐다보았다. 나는 긴 여정 후에 졸리기 시작했고, 잠에 빠져들었음이 분명하다. 잠에서 깨어났을 때, 그는 어디론가 가고 없었으며, 움직이는 것이라고는 나 자신의 호흡뿐이었다.

나는 온 길을 되돌아서 산을 내려왔고-여전히 평온한 느낌이었으며, 그의 대답이 나에게 좋은 느낌을 주었지만, 그 이유가 무엇인지는 알 수 없었다. 나는 내 학업으로 돌아왔으며, 그 사건에 대해서는 더 이상 생각하지 않았고, 거기에 골몰하고 싶지도 않았지만, 언젠가는 그것을 이해하게 되리라고 확신했다.

여러 해가 지난 뒤에, 나는 우연히 알게 된 한 친구의 집 만찬에 초대받았다. 그의 집은 전형적인 캘리포니아 주택 개발단지에 있는 평범한 집이었다. 여덟 내지 열 명의 다른 손님들은 전에는 내가 잘 알지 못했던 사람들이었으며, 나는 응접실에 앉아서 스카치와 버번 위스키를 마시고, 셀러리 줄기와 꽃양배추를 녹인 치즈에 찍어 맛보았다. 우리의 대화는 처음에는 더듬거렸지만, 서로 알게 되고 서로간의 접촉점들을 발전시키면서 점점 더 활기를 띠게 되었다. 술을 마신 것 또한 의심의 여지없이 우리에게 영향을 끼쳤을 것이다.

드디어 여주인이 나타났고, 우리를 뷔페식 만찬이 준비된 식당으로 인도했다. 식당에 입장하자마자 나는 밤색의 말 한 마리가 만찬장 식탁 위에 조용히 앉아 있는 것을 보고 놀랐다. 말 치고는 작은 편이었지만, 그 큰 식탁의 대부분을 차지하고 앉아 있었다. 나는 숨을 죽였지만, 그러나 아무 말도 하지 않았다. 내가 가장 먼저 식당에 입장했으므로, 나는 다른 손님들을 보기 위해 돌아설 수 있었다. 그들도 나처럼 반응했다.-그들은 입장했고, 그 말을 보았으며, 숨을 죽이거나 눈을 크게 뜨고 쳐다보았지만, 아무 말도 하지 않았다.

맨 마지막에 입장한 사람은 주인이었다. 그는 외마디 소리를 질렀으며-재빨리 말로부터 시작해서 크게 뜬 눈으로 손님들 한 사람 한 사람을 빤히 쳐다보았다. 그는 소리 내지 않고 들리지도 않는 말들을 중얼거렸다. 그리고는 혼란에 빠져 질식된 목소리로 우리로 하여금 뷔페 음식을 각자 접시에 채우도록 인도했다. 그의 부인도 마찬가지로 미처 예측 못한 것이 분명한 그 말 때문에 당혹감에 빠진 채, 우리들 각자가 어디에 앉아야 할지를 알려주는 이름표를 가리켰다.

안주인은 나를 뷔페로 인도했고, 접시를 건네주었다. 다른 손님들은 내 뒤로 줄을 섰고-우리 모두는 침묵했다. 나는 내 접시를 밥과 닭고기로 채웠고, 내 자리에 앉았다. 다른 사람들도 내가 하는 대로 따라했다.

거기에 앉은 채로, 그 말과 너무 가까워지지 않으려하면서, 그러나 동시에 겉으로는 거기에 말 같은 건 전혀 있지도 않은 체하느라 쥐가 날 지경이었다. 다른 사람들은 각각 다른 방식으로 그 말과 물리적 접촉을 피했다. 주인 부부도 다른 사람들과 마찬가지로 불안해 보였다. 대화는 점점 줄어들었다. 가끔 누군가가 앞서 있었던 즐겁고 악의 없는 토론을 다시 되살리려는 의도에서 무언가를 말해보지만, 모든 것을 압도하는 그 말의 존재가 우리의 생각을 그토록 삼켜버려서, 세금이나 정치나 가뭄에 대한 이야기는 전혀 대수롭지 않아보였다.

만찬은 끝났고, 안주인은 커피를 가져왔다. 나는 내 접시 위에 있었던 모든 것을 기억해낼 수 있지만, 무엇을 먹었다는 기억은 전혀 없다. 우리는 침묵 속에서 마셨으며-우리 모두는 그 말을 의식적으로 보지 않으려 하면서, 그러나 우리의 눈이나 생각을 어떤 다른 곳을 향하게 할 수도 없었다.

나는 여러 번 이렇게 말해볼까 생각했다; "이봐요, 저기 만찬장 식탁 위에 말이 있어요." 그러나

나는 주인을 그다지 잘 알지 못했으며, 단지 나를 불쾌하게 만들 정도의 일을 가지고, 그를 불쾌하게 만들 것이 분명한 일을 내가 나서서 언급함으로써 그를 당황스럽게 만들고 싶지는 않았다. 어쨌든, 그것은 그의 집이 아닌가. 그리고 자신의 만찬장 식탁 위에 말을 두고 있는 그 사람에게 당신은 뭐라고 말하겠는가? 내 경우, 나는 그런 것에는 개의치 않는다고 말했을 수도 있겠지만, 그것은 사실이 아니었다.—그것의 존재는 나를 그토록 심하게 당혹감에 빠트림으로써, 나는 그 만찬도, 또 그 때의 만남과 교제도 전혀 즐기지 못했다. 나는 어느 누구의 만찬장 식탁 위에 말을 두는 것이 얼마나 어려운 일인지 안다고 말했을 수도 있지만, 그것도 진실은 아니다. 나도 전혀 알 수 없는 일이다. 이렇게 말했을 수도 있다; "당신의 만찬장 식탁 위에 말 한 마리를 앉혀두는 것에 대해서 당신 느낌은 어떠시죠?" 그러나 나는 내가 심리학자 같은 인상을 주고 싶지는 않았다. 내 생각에, 만약 내가 무시해 버리면, 그것은 어디론가 가버릴 것이라고. 그러나 나는 그것이 그렇지 않을 것임을 잘 알고 있었다.

얼마 후에 나는 그 주인 부부가, 그 말의 존재에도 불구하고, 그들의 만찬 파티가 성공적이기를 바랐음을 들어 알게 되었다. 그 부부는 그것을 언급하는 것만으로도 우리를 너무나 불편하게 만듦으로써 우리의 방문이 즐겁지 않게 될 거라고 느꼈다고 했다.—물론 우리는 그 날 저녁을 어쨌든 즐기지 못했다. 그 부부는 우리가 그들에게 동정심을 보이려하지 않을까 두려워했고, 이것을 그들은 원치 않았으며, 우리가 그들에게 이해심을 보여주는 것이 그들에게는 필요했을 수 있지만, 그들은 받아들이지 못했을 것이다. 그들은 파티가 성공적이기를 원했고, 그들은 우리가 그 날 저녁을 가능한 한 최대한으로 즐길 수 있도록 만들기로 마음먹었던 것이다. 그러나 분명한 것은—그들이 초대한 손님들과 마찬가지로—그들도 역시 그 말 외에 다른 어떤 것을 생각하기 어려웠다는 것이다.

만찬이 끝난 직후에 나는 작별 인사를 하고 귀가했다. 그 날 저녁 행사는 끔찍스러웠다. 비록 나는 그 날의 다른 손님들을 다시 찾아보고 그 사건에 대해서 어떻게 느꼈는지 알고 싶은 마음이 간절했지만, 그 주인 부부를 다시 만나고 싶지는 않았다. 그 일에 대해서 나는 혼란스러웠고, 극도로 긴장하고 있었다. 그것은 실로 기괴한 사건이었다. 그 이후로 나는 그 주인 부부와 마주치지 않도록 주의를 기울였으며, 그 이웃들로부터 멀리 떨어져 있도록 최대한 노력을 기울였다.

최근에 나는 네프심 지역을 다시 방문했다. 그 도사를 한 번 더 찾아가기로 마음먹었다. 그는 비록 죽을 때가 가까웠음에도, 아직 살아있었고, 오직 소수의 사람들만을 상대로 이야기를 나누려고 했다. 전과 같은 여행길을 되풀이한 후에, 나는 다시 그를 마주 보고 않았다.

다시 한 번 나는 물었다. "사제님, 죽어가는 사람이, 아무도 그와 말하려 하지 않고, 아무도 그가 말하기를 허락할 만큼 관대하지도 않을 때, 그는 자신의 죽음에 대해서 어떤 느낌일지 저는 알고 싶습니다."

그 노인은 침묵했고, 우리는 아무 말 없이 거의 한 시간 가까이 앉아 있었다. 그가 나에게 떠나기를 요청하지도 않기에, 나는 머물러 있었다. 나는 기꺼이 그렇게 기다리면서도, 그가 자기의 지혜를 나에게는 나누어 주지 않을까 생각했는데, 드디어 그가 말문을 열었다. 그의 말들이 천천히 흘러나

왔다.

"친애하는 아들이여, 그것은 만찬장 식탁 위의 말이라오. 그것은 어느 집이든 방문하고, 모든 만찬장 식탁 위에 올라앉지요.-가난한 집 식탁이건, 부잣집 식탁이건, 순박한 사람이건 현명한 사람이건 가리지 않고 말이요. 이 말은 단지 거기에 앉아있기만 할 뿐이지만, 그의 존재 자체가 당신을 아무 말도 없이 떠나고 싶게 만들지요. 만약 당신이 떠난다면, 당신은 항상 그 말의 존재를 두려워할 것이요. 그것이 당신 식탁 위에 앉아있을 때면, 당신은 그에 대해서 말하고 싶겠지만, 그러나 그럴 수는 없을 것이요."

"그래도, 만약 당신이 그 말에 대해서 이야기한다면, 다른 사람들도 그 말에 대해서 이야기할 수 있음을 당신은 알게 될 것이요.-적어도, 만약 당신이 온화하고 이해심 많은 태도로 이야기한다면, 다른 사람들 대부분이 그럴 것이요. 그 말은 만찬장 식탁 위에 계속 머물러 있겠지만, 당신은 그다지 괴롭힘을 당하지는 않을 거요. 당신은 식사를 즐기게 될 것이며, 주인 부부와의 교제를 즐길 겁니다. 또는, 혹시 그것이 당신네 식탁이라면, 당신은 손님들의 참석을 즐길 것입니다. 그 말이 사라지도록 마술을 부릴 수는 없겠지만, 당신은 그 말에 대해서 이야기할 수 있으며, 그렇게 함으로써 그 말의 위력도 줄어들게 만들 수 있지요."

그리고 나서 그 노인은 일어섰고, 나에게 따라오라고 손짓하면서, 천천히 그의 오두막을 향해 걸어갔다. 그는 조용히 "이제 식사합시다."라고 말했다. 나는 오두막 안으로 들어섰고, 내부의 어두움에 익숙해지는 것에 어려움을 겪었다. 그 도사는 구석에 있는 찬장으로 가서 빵과 치즈를 꺼내서, 멍석 위에 놓았다. 그는 나에게 앉아서 음식을 함께 나누자는 동작을 취했다. 나는 작은 말 한 마리가 조용히 그 멍석의 중앙에 앉아있는 것을 보았다. 이것을 알아채고 그가 말했다. "저 말에는 신경 쓰지 맙시다." 나는 마음속으로부터 기꺼이 식사를 즐겼다. 우리의 토론은 밤늦게까지 계속되었고, 그러는 동안 그 말은 거기에 조용히 함께 앉아 있었다.

———

역자의 글

한국에서 '생사학(生死學)'으로 번역되는 'Thanatology(죽음학)'는 1903년 메치니코프(E. Mechnikov)가 노인학을 연구하면서 처음 사용했던 개념이다. 미국에서는 1959년 헤르만 파이펠(Herman Feifel)이 학제적 연구를 통해 죽음학 연구 성과를 제시하기 시작하면서 대학과 각 교육기관들에서도 죽음준비교육에 대한 필요성을 인식하게 되었다. 현대 생사학을 이끌었다고 평가받는 엘리자베스 퀴블러 로스(Elizabeth Kübler-Ross)는 의료 현장의 경험을 토대로 임종자나 그 가족이 죽음의 과정에 주체적으로 참여해야 한다고 주장하였다. 퀴블러 로스 여사 이후로 생사학은 인문학을 포함한 종합학문으로서 죽음 및 생명 교육, 애도, 상담, 정책, 보건 등 다양한 영역에서 연구가 이루어지게 되었다.

2004년에 설립된 한림대학교 생사학연구소는 그동안 인문학적 관점에서 자살예방과 죽음 교육을 위한 연구와 교육 활동을 진행해왔다. 2012년부터는 고령사회연구소, 임상역학연구소와 협력하여 생사학HK연구단을 구성하여, 교육부와 한국연구재단의 지원을 받는 '한국적 생사학 정립과 자살예방 지역네트워크 구축' 사업을 수행하고 있다. 한국적 생사학은 우리 사회의 성숙한 죽음 문화를 위한 인문학적 논의를 바탕으로 현대 사회의 삶과 죽음, 생명에 대한 비판적 성찰을 요구하며 지역 사회와 연계된 실천 활동을 필요로 한다.

본 연구소에서는 인문한국 사업을 수행하면서 창출된 연구 성과를 총서로 발간함으로써 생사학 및 자살예방을 위한 연구 및 교육 활동에 활용하고 있다. 총서는 그 대상과 내용에 따라 각각 생사학 총서, 생사학 연구총서, 생명교육 총서 형태로 구분하여 발간하고 있다. 생사학 총서는 학문후속세대 및 전문가 교육을 위한 교재가 부족한 현재의 상황을 고려하여 생사학의 이론 정립과 교육에 중점을 두고 기획되었다. 생사학 연구총서는 사회조사 및 학술 연구를 통해 도출된 성과 내용을 중심으로 하며, 생명교육 총서는 생사학과 생명에 대한 이해를 바탕으로 교육에 폭넓게 활용할 수 있도록 구성하였다.

『Death & Dying, Life & Living』은 미국의 대학 과정과 생사학 관련 교육 현장에서 가장 많이 활용되는 저작이다. 사망, 임종, 애도, 법률, 도덕, 질병 등에 관한 내용들을 학문적으로 접근하고 있으며, 연구자뿐만 아니라 상담 및 의료 관계자, 사회복지사 등 현장의 전문가들에게 실질적인 도움을 주기 위해 관련 교육 자료들을 포함하여 주요 도서들을 상세히 제시하고 있다. 본 연구소의 총서 편집위원회는 이러한 책의 내용과 특성을 고려하여 『현대 생사학 개론』이란 제명으로 번역서를 출간하기로 결정하였다.

생사학 HK 연구단 출범 초기부터 이 책의 번역을 계획했다. 그러나 개정판이 거듭 출판되면서 번역 작업도 늦어지게 되었다. 번역 작업이 이뤄진 개정판(제7판)은 죽음에 대한 인식과 태도가 지나치게 미국 사회를 중심으로 기술되어 있는 측면이 있다. 편집위원회에서도 이 점을 논의하였으나, 타문화의 죽음에 대한 이해를 통해 우리 사회의 죽음에 대한 인식을 새롭게 할 수 있고, 한국적 생사학을 정립하기 위한 방향성도 모색할 수 있다는 점에서 되도록이면 온전하게 책의 내용을 번역하기로 하였다. 다만 제20장이 중심이 되는 제7부(Part 7 An Example of a Specific Disease Entity)는 알츠하이머 병의 특성과 그와 관련된 미국 사회의 상황이 중심으로 되어 있고 전체적으로 책이 700페이지가 넘는 방대한 분량이란 점을 고려하여 번역 작업에서는 제외하기로 하였다. 또한 저작권의 동의를 얻지 못한 일부 도표나 그림 등도 제외되었다. 편집위원회에서는 이러한 점들 때문에 책을 전반적으로 이해하는 데 문제가 되지는 않을 것으로 판단하였으며, 이와 관련된 내용은 해당 출판사와 협의를 통해 결정하였다.

책의 번역은 연구단에 참여하고 있는 김성진 교수(서문, 머리말, 제1부, 맺음말), 임연옥 HK 연구교수(제2부), 정진영 HK 연구교수(제3부), 양정연 HK 교수(제4부), 유지영 HK 교수(제5부), 이수인 HK 연구교수(제6부), 박승현 HK 연구교수(부록)가 분담하여 번역하였다. 동일한 전공 용어나 어휘에 대해서는 되도록이면 통일된 번역어를 사용하기로 하였다. 짧은 번역 기간과 다수의 연구 인력이 분담하여 공동으로 번역하였다는 점에서 어느 정도의 문제점은 피할 수 없을 것이라고 생각된다. 눈 밝은 독자들과 생사학 관련 분야에서 함께 연구하고 활동하시는 분들의 조언과 충고를 바란다.

끝으로 전체적인 내용을 읽고 교정 작업에 많은 도움을 준 생명교육융합학과의 김경희, 용채은, 정예빈, 정영미 대학원 원우들에게 감사드리며, 이 책의 출간이 생사학 분야의 연구자와 활동가들에게 도움이 될 수 있기를 기대한다.

2018년 2월
한림대 생사학연구소 총서 편집위원회

목차

제1부

죽음, 임종, 그리고 사별에 대한 학습

삶과 죽음은 동일한 실재의 두 얼굴이다. 이 사실을 그림으로 묘사해 보이기 위해서, 이 책 3쪽의 이미지를 보라. 그 이미지를 시계바늘처럼 오른쪽으로 45도 돌려보고, 다음에는 원래 위치로부터 시계바늘과 반대로 왼쪽으로 45도 돌려봄으로써, 당신은 그 도표의 의미를 해독할 수 있다. 그 누구도 이 이미지의 한 얼굴인 "죽음"을 알지 못하고서는, 그 이미지의 또 다른 얼굴인 "삶"도 올바르게 이해하지 못할 것임이 분명하다. 마찬가지로, 죽음과 임종과 사별에 대한 학습은 생명과 삶에 대한 학습의 중요한 방법이라고 우리는 믿으며, 또 그 반대도 마찬가지다. 각 사람 모두가 생명과 삶에 대한 배움과 학습에 몰두하듯이, 각 개인 모두는 죽음, 임종, 그리고 사별에 대한 학습에도 참여할 것을 우리는 제안한다. 이 책에서 우리는 바로 이 학습 과정을 신중하고 명시적인 방법을 따라 수행할 것이다.

이 책 머리말인 리처드 칼리쉬의 우화, "만찬장 식탁 위의 말"은 죽음에 대해서 우리가 함께 이야기하고, 우리의 통찰과 태도를 서로 나누며, 상대로부터 서로 배우려 하고, 죽음에 직면해서 더 효과적으로 대처하기 위한 노력을 기울이는 것이 바람직하다는 것을 가르쳐준다. 우리는 그러면 어떻게 시작해야 할까?

한 가지 좋은 출발점은 죽음, 임종, 그리고 사별의 교육 영역에 대한 예비적 소견들을 고찰하는 것이다. 그래서 제1장에서 우리는 사람들로 하여금 죽음과 연계된 주제의 학습으로 찾아오도록 이끄는 동기가 무엇인지, 이런 유형의 교육이 어떻게 수행되는지, 그리고 이 교육의 네 가지 주요 범위와 여섯 가지 중심 목표들이 무엇인지를 점검한다. 안내를 위한 이 언급들은 이 책의 나머지 장들에서 다루어질 본론을 위한 일종의 준비 운동이다. 어떤 독자들은 이 준비 운동을 우회하여 곧장 이 책의 중심 주제로 먼저 뛰어들고, 나중에 제1장으로 되돌아오기를 선호할 수 있다. 다른 독자들은 이 예비적 언급으로부터 앞으로 전개될 학습 기획의 특정 목표와 방향에 대한 설명을 미리 얻을 것이다.

제1장

죽음, 임종, 그리고 사별에 대한 교육

목표

죽음, 임종, 그리고 사별에 대한(일반적으로 죽음 준비 교육 이라고 불리는) 교육의 *본질과 역할* 탐색하기

- 죽음 관련 주제의 학습으로 사람들을 인도하는 *관심 동기* 조사하기
- 죽음 준비 교육이 어떻게 수행되는지 간략히 관찰하기
- 죽음 준비 교육의 *네 가지 범위* 서술하기
- 죽음 준비 교육의 *여섯 가지 주요 목표* 확인하기
- 죽음, 임종, 그리고 사별 학습이 *생명과 삶의 네 가지 중심 주제*에 대해 우리에게 가르쳐줄 교훈 명시하기

죽음과 생명: 동일한 실재의 두 차원. 그림을 해석하기 위해서 그 이미지를 시계바늘 방향으로 45도 회전시키라. 그리고 나서 그 본래 위치로부터 시계바늘 반대 방향으로 회전시켜보라.

어린이를 위한 죽음 관련 도서

수전(Susan)은 어린이를 위해서 죽음, 임종, 그리고 사별을 다룬 책들에 대해 오랫동안 관심을 가져온 아동도서 전문 사서이다. 우리가 그녀에게 그런 책들의 대표적 사례를 제안해 달라고 부탁하자, 그녀는 다음의 여섯 개의 도서 제목들을 제공해 주었다.

*죽은 새(The Dead Bird)*는 몇몇 아이들이 한 야생 새의 주검을 발견하고서 무엇을 했는지를 다룬 초기의 고전이다.

*강인한 보리스(Tough Boris)*는 자기 앵무새가 죽었을 때 울음을 터뜨린 강인하고 겁 많은 해적을 묘사한다.

*곰의 마지막 여행(Bear's Last Journey)*은 "아주 특별한 여행, 즉 모든 곰과 모든 동물이 자기 삶의 마지막에 가야 할 여행"을 떠나게 되자, 자기의 동물 친구들에게 작별을 고하는 곰 이야기를 서술한다.

*어디에나 계신 할아버지: 어린아이가 발견하는 조부모의 기억들(Finding Grandpa Everywhere: A Young Child Discovers Memories of a Grandparent)*은 할아버지가(어른들이 주장하듯 "길 잃은" 것이 아니라) 돌아가셨음을 알고, 할아버지가 그의 사랑과 함께 계속 살아있음을 실감하는 한 아이의 이야기다.

*치유하는 나무(The Healing Tree)*는 한 할머니가 자기의 어머니가 돌아가셨을 때 자기 아버지가 어떻게 도와줌으로써 전 가족이 계속해서 살아가는 방법을 찾을 수 있었는지를 손녀에게 설명하는 모습을 보여준다.

*할아버지, 고마워요(Thank You, Grandpa)*는 수년 동안 숲 속을 함께 걷는 한 소녀와 할아버지의 초상화다. 그들이 걷는 동안, 할아버지는 죽어 버린 생명체를 만날 때마다 손녀에게 '고마워', 그리고 '잘 가'라고 말 할 것을 가르친다.

이것들은 어린이와 성인을 위한 죽음 관련 주제를 다룬 다수의 그림, 이야기, 그리고 활동 도서들 중 적은 수의 사례에 불과하다고 수전은 우리에게 알려 주었으며, 그녀는 우리가 본서 부록(669-699면) A, B, 그리고 C에 목록을 수록하도록 도와주었다. 또한 그녀는 죽음을 잠들음과 동일시하는 책들에 대해서(예를 들면, *나뭇잎 프레디의 떨어짐 / The Fall of Freddie the Leaf*), 그리고 비탄의 무대 효과 이론에 기대거나(*에버렛 앤더슨의 작별인사 / Everett Anderson's Goodbye*) 또는 사망한 사람이나 반려 동물 대신에 너무 조급하게 대체 주인공을 등장시키는 이야기책들에 대해서(예를 들면, *오늘 내 거북이가 죽었네 / My Turtle Died Today*) 주의할 것을 강조했다.

초점 맞추기 1.1

빨간 모자 소녀에게 실제로 무슨 일이 일어났는가?

사례 1

그녀가 들어오는 것을 보자, 늑대는 침대의 담요 밑에 숨으면서 그녀에게 말했다.

"그 커스타드와 작은 버터 항아리는 의자 위에 놓으렴. 그리고 이리 와서 내 곁에 눕거라."

빨간 모자 소녀는 옷을 벗고 침대 안으로 들어갔으며, 거기서 잠옷을 입은 그녀의 할머니를 보자 크게 놀라면서 물었다.

"할머니 팔들은 왜 이렇게도 길지!"

"아가야, 그게 널 껴안기가 더 좋으니 그렇지."

"할머니 이빨들은 정말로 크네요!"

"그건 널 잡아먹기 위해서 그렇지."

그리고는 이렇게 말하면서, 이 사악한 늑대는 빨간 모자 소녀를 덮쳐누르고는 잡아 먹어버렸다.

출처: Lang, 1904, p. 66.

사례 2

"너도 함께 잡아먹어 버리는 게 더 좋겠네," 라고 늑대는 소리쳤다. 그리고는 침대에서 뛰어 내려와 빨간 모자 소녀를 삼켜 먹어버렸다.

마침 지나가던 나무꾼이 빨간 모자 소녀의 할머니가 기분이 어떠신지 보기 위해 집 안으로 들어섰다. 그리고 늑대를 보자, 그가 말했다: "아하, 드디어 네 놈을 찾았구나, 이 사악한 늙은 악당 놈아!" 그는 자기 도끼를 들어 올려, 단 한 번의 가격으로 늑대를 죽여 버렸다. 그리고 그는 늑대의 배를 칼로 베어 열었고, 빨간 모자 소녀와 할머니는 구출되어 나왔다.

그들은 나무꾼에게 그가 해 낸 일에 감사했다. 그리고는 세 사람 모두 자리를 잡고 앉아서 빨간 모자 소녀가 가져온 케이크와 버터를 먹었고, 포도 쥬스를 마셨다(출처: Jones, 1948).

출처: Jones, 1948.

사례 3

"차라리 너도 함께 잡아먹어야겠다, 아가야,"라고 늑대는 소리쳤다. 그는 이불을 벗어 던지고는 침대에서 뛰어내렸다. 그러자 빨간 모자 소녀는 할머니인척 흉내 내던 것이 그 큰 늑대임을 알게 되었다.

바로 그 때, 한 사냥꾼이 그 집 앞을 지나가고 있었다. 그는 늑대의 사악한 목소리와 빨간 모자 소녀의 겁에 질린 비명 소리를 들었다. 그는 즉시 집 문을 활짝 열어 제꼈다. 늑대가 미처 빨간 모자 소녀에게 접근하기 전에, 그 사냥꾼은 총을 어깨에 들어 올리고 그 사악한 늑대를 쏘아 죽였다. 빨간 모자 소녀는 아주 행복했으며, 그 친절한 사냥꾼에게 감사했다.

할머니는 문 자물쇠를 풀고 숨어 있던 벽장에서 나왔다. 그리고는 빨간 모자 소녀에게 입 맞추기를 반복했다. 그리고는 그 늑대로부터 두 사람을 구해준 사냥꾼에게 감사했다. 그들은 매우 기뻐하며 즉석에서 축하 파티를 열기로 결정했다. 할머니는 사냥꾼과 빨간 모자 소녀에게 큰 잔 가득히 싱싱한 우유를 주었고, 또 한 잔은 자기가 마셨다. 그들은 빨간 모자 소녀가 할머니에게 가져왔던 케이크와 과일을 모두 먹었다. 그리고 그들은 모두 오래 오래 행복하게 살았다.

출처: 저자 미상,1957.

그 외에도 수전은 초점 맞추기 1.1에 제시된(그림 동화집의) "빨간 모자 소녀(Little Red Riding Hood)" 이야기의 종말은 적어도 세 가지 서로 다른 버전이 있다는 사실에 주의를 환기시켰다 (Bertman, 1974 참조). 그 동화는 최초의 버전에서는 *늑대가 "빨간 모자 소녀"를 잡아먹는 것으로* (그에 앞서 먼저 그녀의 할머니를 잡아먹었듯이, 그래서 모두 다 죽으면서) 끝맺는다. 당신이 처음 그 이야기를 읽었을 때, 그렇게 끝났음을 당신은 기억하는가? 아니면 당신은 아마도 둘째 버전에 서 *늑대가 빨간 모자 소녀를 삼켜버린 후에*, 자기의 도끼를 들고(저급한 기술로) 스토리에 개입한 나무꾼을 기억에 되살릴 것이며, 그래서 그 소녀가 먹혀버린 상태임에도 불구하고, 늑대의 목숨이 희생되는 대가로 그녀가 되살려진다. 또는 아마도 당신은, 제3의 버전 사례에서 *늑대가 우리의 여 주인공을 잡아먹기 전에*, 그 장면에 어떻게 한 사냥꾼이 등장함으로써 그의 총으로(고급 기술로) 큰 재앙과 죽음으로부터 그 소녀를 구해내고, 이번에도 늑대가 죽는지를 기억에 되살릴 수도 있을 것이다.

수전은 우리로 하여금 한 아이가 부모로부터 받은 주의 경고를 듣지 않았을 때 무슨 일이 일어날 수 있는지에 대한 이야기가 죽음에 대해서 그토록 서로 다른 메시지를 담고 있어야 하는지를 설명 해 보라는 도전을 던진다. 같은 이야기의 서로 다른 이 버전들에서 서로 다른 여러 저자들이 각각 어린이들에게 말해주려고 했던 것이 무엇인지를 생각해 보는 것은 중요한 일이 아닐 수 없다.

사람들을 죽음과 연계된 주제의 학습으로 이끄는 관심 동기

과거에는 미국 사회에서 죽음은 금기에 속하는 주제라고, 즉 학술 연구, 교육, 그리고 공공 토론 에서 받아들일 수 없는 주제라고 말해왔다(Feifel, 1963). 그 결과, 인간 삶의 근본적이고 그 본질을 규정하는 바로 그 대상이 탐구와 비판적 연구에서 광범위하게 제외되었다. 그것은 마치 자신의 삶 에 대한 생각과 삶의 방식을 오염시키지 않도록 하기 위해서, 죽음은 어떻게든 차단 시킬 필요가 있 는 주제인 것처럼 다루는 것이었다.

결국에는 일부 개척자적 저술가들이 이 금지법에 반응을 보이게 되었다는 것이 결코 놀랄 일이 아 니다. 헤르만 파이펠(Herman Feifel, 1959, 1977a), 엘리자베스 퀴블러-로스(Elisabeth Kübler-Ross, 1969), 그리고 시슬리 손더스(Sicely Saunders, 1967) 등과 같은 전문가들의 주도적인 시도들은 행동 과학자와 임상의학자, 그리고 인본주의자들로 하여금 죽음과 연계된 주제에 관심을 기울이도록 용 기를 북돋아 주었다. 사려 깊은 사람들이 죽음과 관련된 인간 행동을 연구하기 시작하였고, 임종자 와 유족을 위한 새로운 보살핌 프로그램을 개발하였으며, 죽음에 대한 여러 가지 태도들의 연구를 수행하였다. 이것이 바로 죽음-의식화 운동 또는 타나톨로지(죽음을 뜻하는 그리스어 타나토스, thanatos + 올로지, ology = 학문 또는 체계화된 지식)를 출발시켰다(Doka, 2003). 본서 제목이 가리

비판적 숙고
#1 죽음, 임종, 그리고 사별에 관한 학습 지도

당신은 죽음과 임종에 관한 책을 읽고 있으므로, 이 주제는 더 이상 당신에게 금기 또는 금지 사항은 아닐 것이다. 그럴 경우, 혹시 당신이 본 장의 나머지 부분을 읽기 전에, 만약 이 주제에 대해서 가르치는 기획에 당신도 참여하도록 요청 받는 경우, 당신은 어떻게 할 것인지 먼저 자신에게 묻게 될 것이다. 아래의 질문들에 대해서 당신은 어떻게 응답할 것인가?

■ 누가 이 주제에 대해서 교육 받아야할 대상인가? 어린이, 청년, 여러 연령층의 성인?

■ 누가 이 주제의 교육에 당신을 동반해야 하는가? 죽음 관련 경험이 있는 개인, 정식으로 훈련 받았거나 이 주제에 관한 공식 자격을 갖춘 사람, 부모나 종교 지도자, 또는 아무라도 괜찮은가?

■ 어떤 주제가 이 교육과정에 포함되어야 하는가? 상실과 슬픔, 생명을 위협하는 질병과 사망, 자살, 조력 자살과 안락사, 죽음과 연계된

도전에 어떻게 효과적으로 대처할 것인가? 생명, 죽음, 그리고 내세의 가능성에 대한 관점들은 무엇인가?

■ 어디에서 이 교육이 시행되어야 하는가? 가정, 종교기관, 공립 또는 사립학교, 단과대학 또는 종합대학에서, 전문 직업 교육과정에서?

■ 언제 이 교육이 제공되어야 하는가? 사람들이 죽음과 관련된 충돌 사태에 직면하도록 강제될 때? 삶을 위한 일반적 준비의 한 부분으로서? 직업 훈련 과정의 한 요소로서? 자살, 집단 사망, 또는 자연 재해가 일어난 후에?

■ 어떤 방식으로 이런 유형의 교육이 제공되어야 하는가? 생활교육의 한 부분으로서 비공식적으로? 생물학, 심리학, 사회학, 간호학, 또는 종교학 등 다른 교육 과정의 공식적 구성 요소로서? 그 자체만을 위한 하나의 분리된 독립 주제로서?

■ 도대체 우리는 왜, 그리고 다른 무엇보다도 먼저 이런 유형의 교육에 참여해야 하는가?

키고 있듯이, 우리는 이러한 지식들의 본체를 죽음과 임종의 관점으로부터 생명과 삶에 초점을 두고 고찰하는 것으로서, 또는 카스텐바움(Kastenbaum, 2004a, 19쪽)이 규정한 바와 같이, "죽음도 삶과 함께 포함시켜진 생명 연구"로서 받아들일 것을 선호한다(참조: 비판적 숙고 #1).

죽음-의식화 운동이 진전을 보이게 되자, 본서와 유사한 책들이 출간되었고, 강사들이 죽음과 임종 주제의 강좌들을 개설하기 시작했으며(Corr & Corr, 2003c), 당신 같은 일반인들이 이 주제에 열중하게 되었다. 죽음 준비 교육이 번창하도록 도움을 준 관심 주제에는 다음의 것들도 포함된다.

■ 이 주제에 관심을 가지게 된 사람들 중 일부는 예컨대 간호사, 사회복지사, 또는 상담사로서, 그들이 이미 종사해 오던 일 때문이었다.

■ 다른 사람들은 특정 직업에, 또는 개인적 소명 실천에(예를 들면 교육자, 성직자, 의사 또는 호

스피스 기관 자원봉사자 등) 입문할 준비 과정에 있었으며, 이 영역에서 그들은 죽음, 임종, 또는 사별에 대처할 사람들을 위한 보조 지원 활동을 요구받는다.

■ 많은 사람들은 *자신의 삶에서 미처 해결되지 못한 죽음과의 만남 때문에 야기된 후유증에 대처하는 단계에서* 절박한 개인적 곤경에 빠져든다.

■ 그와 비슷하게, 어떤 사람들은 *그들의 삶 속에서 죽음과 관련된 현존하는 경험에 대처하기 위해서* 애를 써야 했다.

■ 우리는 또한 죽음, 임종, 그리고 사별 영역에서 제기되는 주제나 문제에 단순히 호기심을 가진 사람들을 만났으며, 이것은 아마도 집단 사망에 관한 매스미디어 보도, 청소년에 의해 자행된 살인 이야기, 또는 의사의 조력을 받은 자살에 관한 논쟁 등이 그 이유일 것이다.

■ 그리고 많은 사람들이 *미래에 일어날 것이거나 또는 일어날 수 있다고 생각되는 개인적 경험에 미리 준비하기* 원한다고 말한다. 예를 들면, 어떤 학생들은 우리에게 이렇게 말했다. "내 생애에 중요한 사람이 아직은 죽지 않았다. 그러나 나의 조부모님들은 아주 고령이시다." 또 어떤 부모는 그들의 아이에게 할아버지의 임종 보살핌에 필요하게 될 기법을 설명해 주도록 도움을 청했다. 이 사람들은 모두 그런 사태에 직면해서 어쩔 수 없이 반응하게 되기를 원하지 않았다. 그들은 사랑하는 사람들과 친구들의 임종과 죽음에 (가능한 한 충분히) 대처하기 위해서 자신과 다른 사람들을 준비시키는 것에 미리 대비할 것을 선택했다.

위 사항들 중 어느 것이 당신에게 적용되는가? 만약 그렇다면, 죽음 준비 교육 프로그램이 학습자의 관심에 부응하는 특별한 감수성과 동정심을 키워 줌으로써 당신의 필요 사항들이 충족되도록 도움을 주어야 할 것이다. 만약 죽음 준비 교육 프로그램의 참여 학습자가 과거에 사랑하는 사람의 죽음을 경험한 적이 있거나, 자신의 가까운 친척이나 친구가 현재 불치병 말기에 도전 받고 있는 중이거나, 또는 심지어 학습자 자신의 생명이 위협당하는 상황을 견뎌내는 중이라면 특히나 더 그런 도움이 절실히 요구된다.

물론 교육은 상담과는 다르며, 교실에서의 수업이나 또는 방송과 컴퓨터 등 온라인 교육 방식은 개인적 치료를 위해서 정말로 바람직한 환경은 되지 못한다. 자신이 겪는 어려운 사적인 경험에 혼자서는 미처 대처해 나갈 능력이 부족한 사람들에게는 단지 교육만 가지고는 필요한 도움을 주기에 미흡할 것이다. 만약 당신이 그런 상황에 처해 있는 경우라면, 개인 상담이나 전문의 치료를 정식으로 요청하는 것이 바람직하다. 마찬가지로, 만약 최근에 당신의 삶에 중대한 상실을 겪었지만, 죽음 관련 주제에 적절하게 감정에 치우치지 않는 교육적 대처 방식의 위로를 받지 못했다면, 당신은 아마도 죽음과 임종 교육과정 등록을 얼마간 연기할 수도 있다. 여기서 우리 취지의 요점은 교실 학습에의 참여가 항상 모든 경우의 필요를 만족시키지는 않는다는 것이다.

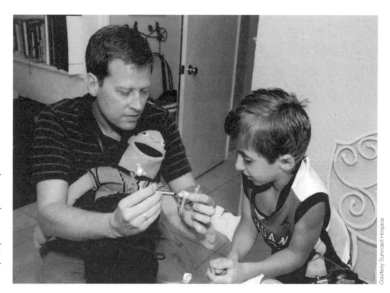

기관개구술에 사용되는 튜브의 작용을 설명하기 위해 치료 인형을 사용함으로써, 어린이가 할아버지 생애 말기 보살핌의 한 측면을 더 잘 이해하도록 도울 수 있다.

죽음 준비 교육은 어떤 모습일까?

죽음 준비 교육은 어떻게 진행되는가?

죽음 준비 교육은 정해진 절차를 따라 공식적으로 수행되거나, 또는 격식 없이 자유롭게 비공식적으로 수행될 수도 있다. *공식적이거나 조직적인 죽음 준비 교육*은 일반적으로 학교, 대학, 대학원, 전문가 연수회, 그리고 자원 봉사자 훈련 등과 함께 제공된다(Corr, 2004c; Noppe, 2007). 이러한 공식 교육과정에서는 여러 유형들이 가능하다. 예를 들면, 상상력이 풍부한 한 가지 자원으로서, 초등학교 교실에서 아동들에게(그리고 성인 대상으로), 또는 비탄극복모임(grief support groups)에서 슬픔과 애도 관련 교육에 활용될 수 있는 것은 『*사자들의 교훈: 슬픔과 애도 교육을 위한 아동용 매스미디어(Lessons from Lions: Using Children's Media to Teach about Grief and Mourning. Adams,* 2006)』이다. 이 얇은 소책자는 디즈니(Disney)사 제작 영화 *라이언 킹(The Lion King)*에서 발췌한 10개의 슬라이드 화면과 함께 토론을 위한 개요를 제시함으로써, 상실 체험에 뒤이어 공통적으로 나타나지만 도움이 되지는 않는 다음의 몇 가지 반응들에 대한 토론을 권장한다. (1) 당면 문제와 고통으로부터, 그리고 당신을 가장 잘 알고 사랑하는 사람으로부터 도피하기; (2) 나쁜 일이 전혀 일어나지 않은척 하기; (3) 슬픔에 대한 당신의 반응을 아무에게도 말하지 않기.

중학교에서 실시된 초기의 공식적 죽음 준비 교육의 전형적 사례들은 죽음, 임종, 그리고 사별 주제에 직접적으로 초점이 맞추어졌었다(Stevenson, 2004). 그러나 근래에 와서는 다음의 주제들을 강조하는 경향을 보인다: 상실에 대처하기(사별과 슬픔을 포함하지만, 그러나 정작 "죽음"은 부차

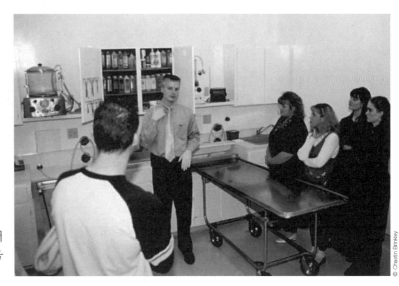

장례회관 방문을 통해서
고등학교 학생들이 배움
을 얻는다.

적 요소일 뿐이다.); 자살과 자살 예방(교사, 직원, 학부모를 위해 개발되었던 초기 교육 과정보다 더
직접적으로 학생들이 교육 대상이다.); 폭력과 폭력 예방(여기서는 상실과 슬픔이 폭력을 유발시키
는 전형적 요인으로 다루어진다.); 또는 위기상담 연수과정이 학교 상담사와 교사 및 파견 근무 상
담사를 위해 제공된다(R. G. Stevenson과의 2007년 2월 9일자 개인 통신). 한 보고서는 학교에서 실
시되는 보건 교육 과정에 어떻게 성인들을 참여시킴으로써 삶의 최후 단계의 선택 가능성에 대한
가족 간의 토론을 탈 위기론의 맥락에서(이 경우에는 특히 장기 또는 조직 기증에 관련해서) 정상화
시키고 장려할 수 있는지를 묘사한다(Waldrop, Tamburlin, Thompson, & Simon, 2004). 이 책의 주
요 목표들 중 하나는, 그것이 어떤 다양한 방식으로 조직되든, 공식적 죽음 준비 교육 프로그램을 지
원하려는 것이다.

비공식적 또는 무계획적 죽음 준비 교육은, 비록 그 본질과 목표가 무엇인지 항상 인식되지 않은
채 시행될지라도, 더 전형적이고 더 확산되어 있다. 대부분의 사람들은 처음에는 부모나 보호자의
품에 안겨 상실과 슬픔에 대해서 배우며, 가족 안에서 또는 다른 비슷한 사회적 집단 안에서 일어나
는 상호작용을 통해서 죽음에 대처하기를 배운다(Gilbert & Murray, 2007). 또한 그들은 죽음, 임종,
사별에 대해 직접 체험을 통해서도 배우며, 일생 동안 그들이 만나는 사람들로부터, 그리고 그들이
관여하는 사건들로부터 배운다. 여행, 각종 미디어(특히 텔레비전), 그리고 다른 많은 전거와 자료
들이 평생 동안 지속되는 비공식적 죽음 준비 교육을 위한 일차 자료와 통찰을 제공하며, 당사자 본
인은 이것을 거의 알아채지 못한 채 일어날 수도 있다. 그 밖에, 인터넷도 역시 비공식적 죽음 준비
교육에 기여할 수 있다. 예를 들어서, 만약 당신이 인터넷에서 *가상 해부* 문구를 검색한다면, 당신
은 죽음 진행 과정의 시나리오 사례를 보여주는 사이트로 인도될 것이며, 독자에게 제시된 사례

10

어린이를 동반하는 묘지 방문은 "학습 가능한 계기"를 제공한다.

들의 가능한 사망원인 탐색을 요구할 것이며, 그리고는 이 죽음들의 실제 원인을 설명해 줄 것이다. 이 사이트들은 의대 학생들뿐만 아니라 죽음 관련 주제에 관심 있는 누구에게라도 도움을 줄 수 있다.

　비공식적 죽음 준비 교육의 기회는 *학습이 가능한 그 어느 순간에도* 자연스럽게 일어난다. 이것은 삶의 과정에서 예기치 못하게 일어난 사건들로서, 유용한 교육적 통찰과 교훈의 깨달음 외에도, 인격적 성장을 위한 소중한 기회를 제공해 준다. 예를 들면 자연재해, 2001년 9월 11일의 끔찍한 사건과 같은 폭력 행위, 2011년 1월 8일 미국 하원의 가브리엘 기포드(Gabrielle Giffords) 의원과 다른 18인의 희생을 불러온 애리조나주 턱슨 총기사건, 하마터면 당할 뻔 한 자동차 사고, 애완동물의 죽음, 사랑하는 사람의 장례식, 또는 묘지 방문 등은 우리 삶의 한가운데로 닥쳐와서 어린이와 성인 모두에게 비공식적 죽음 준비 교육의 소중한 기회들을 제공하는 많은 교육의 일부 사례들이다.

죽음 준비 교육의 네 가지 차원

　*죽음 준비 교육의 네 가지 주요 차원*들은 사람들이 죽음에 대해서 무엇을 알며, 어떻게 느끼며, 어떻게 행동하며, 무엇에 가치를 두는지에 관한 것이다. 이것은 죽음 준비 교육의 인지적, 정서적, 행동적, 그리고 평가적 차원으로서 - 상호 구별되지만, 그러나 그 교육적 진행 과정에서는 상호 연관되는 측면들이다.

　죽음 준비 교육의 가장 두드러진 특징은 *인지적*또는 지적인 기획이다. 왜냐하면 그것이 죽음-관련 경험들에 대한 실제적 정보를 제공하고, 그 사건들 자체를 우리가 이해하거나 해석하도록 돕는

11

목표를 실현하기 때문이다. 예를 들면, 죽음 준비 교육은 죽음-관련해서 우리가 부닥치는 사실들을 알려주며(제2장 참조), 미국의 죽음 관련 대처 체제와 미국 내의 다양한 인구 구성원 사이의 서로 다른 문화적 양식들에 대한 통찰을 제공하며(제4장, 제5장 참조), 자살 등 여러 주제들에 대한 정보를 제공한다(제17장 참조). 또한 죽음 준비 교육은 인간적 체험의 다양한 자료와 정보들의 체계화 또는 해석을 위한 새로운 방식들을 확인시켜준다. 그러한 인지적 체계화는 1980년대 초기에 의사들이 상대적으로 드문 형태의 카포시 육종(Kaposi's sarcoma)과 폐포자충(Pneumocystis carinii)을 전례 없이 많은 수의 젊고 (다른 점에서는) 건강한 남성 동성애자들에게서 관찰하면서 일어났다. 이러한 관찰 결과들은 후천성면역결핍증후군(AIDS)과 인간면역결핍바이러스(HIV)를 발견하고 새로운 질병과 죽음의 원인 확인에 도움을 주었다(제2장 29-30쪽 〈초점 맞추기 2,1〉 참조).

죽음 준비 교육의 *정서적 차원*은 죽음, 임종, 그리고 사별 관련해서 일어나는 감정, 정서, 그리고 태도를 다룬다(제3장 참조). 이와 관련해서 죽음 준비 교육은 죽음 사태에 뒤이어 유족이 겪는 비탄과 애도의 깊이, 강도, 지속성, 그리고 복잡성에 대해서 그러한 상실감에 직접 빠져들지 않은 사람들의 감수성을 높여준다. 예를 들면, 사별을 겪은 많은 유가족이 우리에게 말하기를, 사별을 겪어보지 않은 사람이 "저는 당신이 어떤 느낌인지 알아요."라고 말할 때, 이것이 그들에게는 무감각하고 오만해 보인다는 것이다. 스스로 상실 체험이 없는 사람의 그런 언급이 어떻게 진실일 수 있을까? 사별을 겪는 유족에게는 그런 진술은(그것이 아무리 좋은 의도에서 나온 것일지라도) 그들의 상실감의 독특성과 비통함을 축소시키는 것으로 받아들여진다. 그 외에도, 우리 사회에서는 아직도 많은 사람들이 며칠이나 몇 주만 지나고 나면 그들의 삶에서 중요한 사람들의 죽음을 "잊어버리기에" 또는 "넘어서기에" 충분하고도 남을 것이라고 – 잘못 – 생각하는 듯하다. 실제로, 우리의 삶에서 의미가 큰 어느 죽음을 애도하는 것은 어떤 문제를 완전히 종결짓고 끝내버리기보다는, 오히려 그 누구의 상실을 마음에 지닌 채로 함께 살아가기를 배워나가는 지속적 과정과 훨씬 더 비슷하다(제9장 참조). 슬픔에 반응하고 동참하며 이야기 나누기, 그리고 애도에 응답하기 등은 죽음, 임종, 그리고 사별 영역에서 시행되는 교육의 정서적 차원에서 중요한 부분을 차지한다.

또한 죽음 준비 교육은 *행동적 차원*을 가지는데, 그것은 왜 사람들이 죽음-관련 상황에서 그렇게 행동하는지, 그들의 행동에서 도움이 되는 것과 그렇지 않은 것은 무엇인지, 그리고 그러한 상황에서 그들이 할 수 있는 가능한 행동들, 그리고 꼭 해야만 하는 의무적 행동들은 어떤 것인지를 탐구하기 때문이다. 우리 사회에서 공적으로 그리고 사적으로 일어나는 많은 행동들이 죽음, 임종, 그리고 사별과의 접촉을 피하려는 경향을 보인다. 그 이유는 흔히 그런 상황에서 무슨 말을 해야 하는지, 또는 어떻게 행동해야 하는지를 사람들이 잘 모르기 때문이다. 그들은 임종에 처한 사람과 사별한 유족으로부터 거리를 두고 물러서며, 나눔과 위로가 가장 필요할 그런 시기에 동료로서의 지지와 교제를 회피하고, 매우 긴장도 높은 상황에 빠진 사람들을 홀로 남겨둔다. 실제로, 죽음과 마주치거나 사별을 겪는 사람에게 필요한 것이 무엇인지를 더 잘 이해하기만 한다면(제6장, 제9장 참조), 이것은 각 개인들과 사회적 기구들이 그와 같은 상황에서 도움을 줄 수 있는 일들이 매우 많다는 것을 증명한다(제7-8장, 제10-11장 참조). 무엇보다도 먼저, 이 행동 관련 교육은 보살펴주는 사람이 *단지 현장에 함께 있어줌*을 통해서 구체화되는 큰 가치를 지적하며, 이것은 죽음과 상실을 겪는 사람에게 많은 말을 해주기보다는, 오히려 그들의 말을 *진심으로 경청해주는* 사람이다. 죽음 준비 교육은 우리에게 그런 상황에 처한 사람들과 상호작용하는 기술에 도움을 줄 수 있다.

*평가적*차원에서 볼 때, 죽음 준비 교육은 인간의 삶을 지배하는 근본 가치들을 확인하고, 연결시키고, 지지하도록 도울 수 있다. 우리가 아는 그대로의 생명은 죽음과 불가분적으로 밀접히 연계되어 있다. *만약 죽음이 생명의 본질적이고 불가결한 부분이 아니라면, 그것은 우리가 알고 있는 바로 그 생명은 아닐 것이다.* 생명과 죽음, 삶과 임종, 애착과 상실, 행복과 슬픔 – 이들과 또 다른 여러 반대 개념 조합들 중 그 어느 것도 인간의 경험 안에서 홀로 존재하지 않는다. 죽음은 본질적인(그리고 불가피한) 관점을 제시하며, 인간은 이 관점으로부터 자신의 삶에 대한 적절한 이해에 도달할 수 있게 된다(제19장 참조).

가치에 대한 숙고는 21세기를 살면서 미래로 향하는 우리가 직면하고 있는 다수의 죽음-관련 도전들과 밀접히 연관된다: 테러리즘과 핵전쟁의 위협, 전염병과 그 예방, 기근과 영양실조, 인구 분포의 지역적 불균형, 사형제도, 낙태, 조력 자살, 안락사, 그리고 현대 의학과 그로부터 파생된 복합적 기술들에 의해 빚어지는 모든 당혹스러운 사태들 등이다. 아이들에게 죽음에 대해서 무엇을 말해줄 것인지를 어른들에게 묻게 되면 가치문제가 뚜렷이 부각된다. 이 영역에서의 교육이 지적해 보이는 것은 어린이들에게 죽음을 감추지 말아야 한다는 것, 그리고 삶을 그림자도 없고 눈물도 없이 영원히 지속되는 여행으로 묘사하지 말아야 한다는 것이다(제12장 참조). 어린이에게 죽음을 감추는 것은, 실제로 우리가 그럴 수 있다 할지라도, 그들에게 인간 삶의 평범하고 일반적인 현상으로서 미래에 겪을 상실에 효과적으로 대처할 준비를 갖추어주지 못할 것이다. 선행 학습을 통해서 어린이들의 성장 단계와 수용 능력에 적합한 방식으로 어린이들을 삶과 죽음의 현실로 인도해 주며, 그들이 인생을 지혜롭게 살면서 죽음에 대해서도 건설적으로 대처하도록 도울 수 있는 가치관을 지원해 주는 것이 훨씬 더 바람직하다.

죽음 준비 교육의 여섯 가지 목표

잘 계획된 교육은 항상 몇 가지 보편적 목표, 그리고 참여자들에게 도움이 되고 그들과 함께 성취하기 원하는 구체적 목표들을 가지고 있다. 예를 들어서, 일반적으로 대학의 강좌들은 비판적 사고를 고취하도록 설계됨으로써, 수강자들이 다루는 주제의 가치와 의미와 타당성을 그들 스스로 판단하도록 돕는 것을 목표로 삼는다. 죽음, 임종, 그리고 사별에 대한 교육 역시 그러한 넓은 의미의

개인적 통찰 1.1

죽음과 임종 교육과정 강사가 받은 편지

1975년 10월 16일

존경하는 코어 박사님께,

박사님께서 인도하신 "죽음과 임종" 강좌에 대해서 감사를 드리고 싶습니다.

박사님의 강의에 참석한 적이 없는 상황에서, 무엇 때문에 제가 이 편지를 쓰도록 자극을 받았는지, 아마도 당신은 궁금해 하실 것입니다.

저의 모친은 우리가 일생 동안 경험했던 가장 헌신적인 기독교인 중 한 사람이었습니다.

그녀는 중병에 걸렸고, 54일 동안 집중치료 병동에서 치료를 받다가 돌아가셨습니다.

의사 선생님과 저는 인간으로서 할 수 있는 최대한으로 그녀의 곁을 지켜드렸습니다.

그러던 중 어느 날 그녀는 아름답고 부드러운 갈색 눈으로 저를 바라보며 말했습니다.

"왜 여태껏 그 누구도 죽는 법을 가르쳐주지 않았지? 우리는 엄마의 무릎에서 어떻게 살아야 하는지는 배웠지만, 어떻게 죽는지는 배우지 않았어."

박사님의 강좌가 이 경험을 통해서 사람들에게 도움을 줄 것을 희망합니다. 왜냐하면 우리 모두는 깨달음의 기회가 필요하고, 그렇지 않을 경우 저승사자가 먼저 다가올 것이기 때문입니다.

주님의 축복이 함께 하시기 바라며,

S. 쾨르너 박사 부부 드림

목표들을 구현하려 하며, 이 목표들을 더 제한된 세부 목표들과 연결시킨다(Wass, 2004).

죽음과 임종을 다루는 우리의 강좌를 처음 가르치기 시작한 지 얼마 되지 않았을 때 우리는 우리 자신의 교육 목표를 다시 생각해야 하는 도전에 마주치게 되었다. 아무런 사전 예고도 없이, 우리는 〈개인적 통찰 1.1〉에 재수록 된 편지를 우리 강좌에 참석하지도 않았고 우리가 알지도 못하는 사람으로부터 받았다. 우리 강좌에 대한 쾨르너 부인의 평가에 대해서 감사했지만, 그러나 우리는 조금 당황스러웠다. 우리는 그녀의 비평에 얼마만큼의 가치를 두어야 했을까? 우리에 대해서 쾨르너 부인이 생각하는 것처럼, 정말로 우리가 사람들에게 어떻게 죽을 것인가를 가르치는 공로를 우리 자신이 자부해야 할까? 그 편지는 우리의 강좌를 통해서 우리가 이루어내고자 하는 것이 무엇인지에 대해서 생각해 보라는 도전을 던졌다. 때때로 우리는 이 주제로 다시 돌아오면서, 이런 종류의 교육이 추구해야할 여섯 가지 근본 목표들을 인지하게 되었다.

죽음, 임종, 그리고 사별에 대한 교육의 첫째 목표는 그것을 직접 겪는 사람들 자신의 *개인적 삶이 더 풍부해지도록 하기 위함*이다. 결국은, 고대 그리스 철학자 소크라테스가 말했다고 전해진 바와 같이, "정말로 중요한 것은 그저 사는 것이 아니라 잘 사는 것이다"(Plato, 1948 [Crito, 48b]). 바로 이 목표 실현에 기여하기 위해서, 죽음 준비 교육은 각 개인들 스스로 자신에 대해서 더 온전히 이해하도록, 그리고 자신의 정신적 능력과 유한한 인간 존재로서의 한계를 모두 인정하고 평가하도록 도우려한다. 죽음 준비 교육의 둘째 목표는 *각 개인이 사회와 인격적 교류 활동을 펼치도록 인도하고 정보를 제공하는 것*이다. 여기에는 임종 보살핌 또는 장례의 관행과 절차, 그리고 고인에 대한 추도 예식과 관련해서 그들이 선택하거나 선택하지 않아도 될 편의 제공과 여러 가지 선택 사항들에 대한 안내 등이 포함된다.

죽음 준비 교육의 셋째 목표는 *각 개인들에게 시민으로서 수행해야 할 공적 역할을 준비하도록* 돕는 것이다. 이 과정을 통해서, 죽음 준비 교육은 보건관리 개선 지침, 조력 자살, 안락사, 그리고 장기와 신체조직 기증 등 우리 사회와 사회적 대변인들이 직면하고 있는 중요한 사회적 논제들을 명료화시킴에 도움을 준다(제16장, 제18장 참조). 죽음 준비 교육의 넷째 목표는 *각 개인들의 전문적, 직업적 역할 수행을 준비하고 지원함에 도움을 주려는 것*이다. 그들의 임무에 죽음, 임종자 보살핌, 또는 유가족 상담에 대해서 가르치는 일이 포함되는 사람들은 충분한 기초 훈련이 포함된 죽음 준비 교육이 제공하는 통찰과 식견들로부터 혜택을 받을 수 있다.

죽음 준비 교육의 다섯째 목표는 *각 개인들로 하여금 죽음-관련 문제들에 대해서 효과적으로 소통하는 능력을 향상시키는 것*이다. 효과적인 의사소통은 죽음-관련 주제들에 대해서 이야기 나눔에 본질적 의미를 가지지만, 많은 사람들에게 이것은 쉽지 않은 일이다. 죽음 준비 교육의 여섯째 목표는 *개인들로 하여금 인간의 인생행로를 거치는 발전 과정이 죽음-관련 논제들과 상호 작용하는지를 제대로 평가하도록 조력하려는 것*이다. 젊은이, 중년층, 그리고 장년층뿐만 아니라, 어린이들과 성인들도 여러 가지 점에서 서로 다른 논제들에 직면하게 되며, 죽음과 임종과 사별을 겪으면서 서로 다른 방식으로 대처한다(제12-15장 참조).

죽음, 임종, 사별 학습을 통해서 우리가 생명과 삶에 대해서 배울 수 있는 것은 무엇인가?

마침 당신이 이 책을 읽고 있으므로, 우리는 당신 자신에게 이렇게 물어볼 것을 제안한다. 즉 죽음과 임종, 그리고 사별에 대해서 당신은 무엇을 배우고 있으며, 그리고 또한 무엇이 당신에게 생명과 삶에 대해서 가르쳐주는지를 말이다. 우리 자신을 위해서는 생명과 죽음, 그리고 삶과 임종은 가차 없이 함께 뒤얽혀 있다는 것을 보게 되었다. 이것이 이 책의 제목을 설명해 주며, 죽음-관련 주제들에 대한 연구는 불가피하게, 그리고 동시에 우리에게 생명과 삶에 대해서 가르쳐준다는 것이 우리의 근본 신념이 되었음도 설명해 준다.

예를 들면, 죽음과 임종과 사별에 대한 연구는 곧 우리 인간들이 유한하고 제한된 존재임을 상기

10대 자원봉사자가 지역
주민 모임에서 호스피스
케어에 대해 말하고 있다.

시켜준다. 이러한 깨달음은 우리가 우리의 삶을 어떻게 살 것인가에 대해서도 강하게 영향을 끼친다. 왜냐하면, 비록 우리 삶에서 우리가 많은 것을 통제할 수 있음에도 불구하고, 우리가 통제할 수 없는 많은 다른 것들도 존재함을 배우기 때문이다. 죽음과 관련된 교육은, 비록 그것이 우리의 통제력이 완전치 못해서 야기되는 많은 *한계점*들을 지적해 보임에도 불구하고, 그것은 우리가 *통제할 수 있는* 특정 사항들이 무엇인지를 밝혀준다.

더 나아가서, 죽음-관련 주제들의 학습에서 우리가 깨닫는 것은, 궁극적으로 이와 같은 특정의 세부적 경험들에 맞서서 겪어내야 하는 주체는 항상 각 개인 자신일 수밖에 없다는 것이다. 다른 어느 누구도 우리의 죽음을 대신 할 수 없고, 우리의 슬픔을 대신 겪어주지 못한다. 이 사건들은 그것이 가지고 있는, 그리고 다른 경우와 전혀 비교 불가능한 개별성으로 특징 지어진다. 그러나 죽음과 임종과 사별에 대한 학습은 인간으로서 존재함 자체가 인간 공동체에 예속된 존재함이며, 다른 사람들과 불가피하게 연결된 존재 방식임을 의미한다는 것을 밝혀준다. 따라서 우리는 삶과 죽음은 *개인*과 *공동체*를 함께 연결시킴을 배운다.

다시 한 번, 비록 우리는 죽을 수밖에 없는 운명을 자주 무시해 버리고 싶을 지라도, 삶과 죽음은 고통과 괴로움에 대한 우리의 취약성을 너무나 분명히 지적해 준다. 그러나 여전히 죽음 준비 교육은 우리로 하여금 이 취약성이 무력함과 동일한 것은 아니라는 사실을 깨닫도록 도와준다. 대부분의 인간들은 강력한 대처능력을 가지고 있으며, 놀라울 만큼 회복력이 강하다. 실제로, 어떤 사람들은 죽음과 관련된 도전적 사태에 임해서도 품위와 경외심을 자아내는 그런 방식으로 반응한다. 그러므로 결국, 인간 존재는 *취약성과 회복력 사이의* 그 어딘가에 위치하고 있음을 깨닫게 된다.

이것 외에도, 죽음-관련 주제들에 대한 우리의 학습은 *삶의 질적 수준*과 *인간의 의미 추구*의 중

16

요성을 확인시켜 준다. 자신의 죽음이 임박해 옴을 깨달은 한 사람이 "오늘을 소중히"라는 이름의 단체를 설립했다(Kelly, 1975). 그는 우리 모두가 현재의 삶의 질을 최대화시키려고 애를 씀으로써, 그리고 비록 삶이 일시적일지라도 가치 있는 삶의 가능성을 인정함으로써, *우리 모두 마땅히 삶의 매일-매일을 소중히 여기려고 노력할 것*을 권고했다. 죽음이 삶의 가치를 위협하고 도전해 올 때, 죽음 준비 교육이 보여주는 것은 영적 감화의 계기들, 그리고 삶을 위한 의미의 영속성을 확립해 줄 수 있는 종교적 또는 철학적 체계를 찾기 위해 사람들이 열심히 노력한다는 것이다. 그래서, *삶의 질적 수준과 의미 추구*는 죽음에 대처하려는 사람들뿐만 아니라, 단지 매일-매일의 삶을 일상적으로 살아가고 있는 사람들에게도 중요한 논제들이다.

우리가 여기에서 이 네 가지 주제들을 언급하는 이유는 당신이 이 책에서 그것들을 때로는 명시적으로, 때로는 우리의 탐구 작업의 표면 아래에 감추어진 채로, 다시 마주칠 것이기 때문이다. 그런 의미에서, 이 네 가지 주제들(통제/한계; 개인/공동체; 취약성/회복력; 삶의 질적 수준/의미 추구)은 이 책 전체에 걸쳐서 텍스트 이면에서 다루어지는 주제들이다. 만약 당신이 때때로 *읽기를 멈추고 텍스트 배후의 의미를 탐지하기 원한다면*, 당신이 읽는 그 내용의 숙고에 시간을 할애하고, 이와 같은 주제들을 - 그리고 당신이 발견하는 다른 주제들도 함께 - 표면화시키라. 이렇게 함으로써 당신은 이 책이 다루는 주제들에 대한 풍요로운 학습 효과를 거두게 될 것이다.

내용 요약

이 장에서, 우리는 죽음, 임종, 그리고 사별에 대한 교육을 검토하였다. 우리는 각 사람들이 이런 종류의 교육에 대해서 왜 관심을 가졌는지, 또는 관심을 가지게 될 것인지에 대한 몇 가지 이유들을 고찰하였다. 우리는 이 책에서 다루어진 공식적 죽음 교육의 종류들을 언급하였으며, 또한 우리가 *교육 발생 계기*로서 분류한 상황에서 가장 명확히 드러나는 비공식적 죽음 준비 교육도 함께 다루었다. 우리는 죽음 준비 교육의(인지적, 정서적, 행동적, 그리고 평가적 등) 네 가지 중심적 차원을 조사하였다. 우리는 이런 종류의 교육이 추구할 여섯 가지 목표들을 확인하였으며, 죽음과 임종과 사별의 학습을 통해서 우리가 생명과 삶에 대해서 배울 수 있는 것이 무엇인지를 물었다. 이 모든 것은 우리에게 이 책 머리말의 주요 교훈을 상기시켜 주었다. 인간은 그들의 삶에서 죽음, 상실, 그리고 슬픔이 즉각적으로 사라져 버리도록 마법을 쓸 수는 없지만, 이 주제들에 대해서 유익한 학습을 수행하고, 각자가 터득한 통찰을 서로 나눔으로써 더 풍부하고, 더 충만하며, 더 현실적인 삶을 실현하는 배움의 기회를 얻게 될 것이다.

용어 해설

공식적 죽음 준비 교육: 죽음-관련 주제들을 포함하며, 계획에 따라 체계적으로 수행되는 교육

교육 발생 계기들: 예기치 못하게 일어난 삶의 사건들로서 교육적 통찰과 교훈의 깨달음으로, 또는 인격적 성장으로 인도하는 소중한 체험 기회들

비공식적 죽음 준비 교육: 일상적 생활 경험과 교류 관계에서 발생하는 죽음-관련 교육

죽음 준비 교육: 죽음-관련 과목에 대해서 가르치고 배우기, 이를테면 죽음과 사별 등

죽음 준비 교육의 차원들: 인지적, 정서적, 행동적, 그리고 평가적

복습과 토론을 위한 질문

1. 이 책은 죽음, 임종, 사별에 대한 교육을 개선하려는 노력의 한 부분이다. 당신은 이런 유형의 교육을 친구나 친척에게 추천할 것인가? 추천하거나, 또는 그렇지 않을 경우, 그 이유는 무엇인가?

2. 당신 자신의 삶에서 당신을 죽음, 임종, 사별 학습으로 이끌어간 것은 무엇인가?

3. 이 책의 독서를 통해서 당신은 죽음, 임종, 사별에 대해서 무엇을 배우게 될 것으로 생각하는가? 생명과 삶에 대해서는 어떤가?

4. 당신의 학습 내용을 다른 사람들과 공유함으로써 당신은 무엇을 배울 것이라고 생각하는가? (그와 같은 상호 교환으로부터 당신이 배우는 것을 이 책의 저자와 공유하기 원한다면 아래의 e-메일 주소로 우리에게 연락 바랍니다. ccorr32@tampabay.rr.com)

5. 이 책 머리말은 리처드 A. 칼리쉬의 "만찬장 식탁 위의 말"이다. 이 책의 맺음말은 엘리자베스 베가-파울러의 "달력 위의 날짜는 엄마에게 삶을 숙고할 이유다"이다. 아직 이 글들을 읽지 않았다면, 지금 읽어보라. 이 두 글로부터 당신은 무엇을 배우는가? 두 저자가 우리에게 가르치고자 하는 교훈에서 당신은 어떤 공통점들과 차이점들을 보는가?

추천 도서

여기 제시된 목록과 이 책의 각 장 끝에 제시된 목록은 대부분 도서 형태의 출판물에만 초점을 맞추었다. 그 중에는 죽음, 임종, 사별 관련 영역의 전반적 자원으로서 다음의 책들이 포함된다:

Bryant, C. D.(Ed.).(2003). *Handbook of Death and Dying*(2 vols.).

Bryant, C. D., & Peck, D. L.(Eds.)(2009). *Encyclopedia of Death and the Human Experience*(2 vols.).

Corr, C. A., Morgan, J. D., & Wass, H.(Eds.).(1994). *Statements about Death, Dying, and Bereavement by the International Work Group on Death, Dying, and Bereavement.*

Doka, K. J.(Ed.).(2007c). *Death, Dying and Bereavement(4 vols.).*

Howarth, G., & Leaman, O.(Eds.).(2001). *Encyclopedia of Death and Dying.*

Kastenbaum, R.(Eds.)(2003). *Macmillan Encyclopedia of Death and Dying(2 vols.).*

Morgan, J. D., Laungani, P., & Palmer, S.(Eds.).(2003-2009). *Death and Bereavement around the World(5 vols.).*

이 분야의 완전한 출판 목록 자료는 이 책 말미의 참고문헌 목록에 제시되었다. 정기 간행물 게재 논문들과 다른 문헌 자료들은 각 장의 끝에 제공된 검색어를 사용하여 인터넷으로 접근이 가능하다.

웹자료

유용한 검색어: DEATH EDUCATION; FORMAL EDUCATION; INFORMAL EDUCATION; TEACHABLE MOMENTS; VIRTUAL AUTOPSY.

본서와 연계된 웹사이트 Death & Dying, Life & Living, 제7판을 방문해 보라.

본서-특약 웹사이트는 전문용어 해설, 플래시 카드, 아래 소개된 웹사이트 연결로, 그리고 퀴즈 테스트 등을 포함하는 학습 도구들을 제공한다. www.cengagebrain.com을 방문하라.

Association for Death Education and Counseling(ADEC)

Center for Death Education and Bioethics, University of Wisconsin-La Crosse

Death Studies(published by Taylor & Francis)

Illness, Crisis & Loss(published by Baywood Publishing Co.)

International Work Group on Death, Dying, and Bereavement

King's University College Center for Education about Death and Bereavement

Mortality(published by Taylor & Francis)

National Center for Death Education, Mount Ida College

Omega, Journal of Death and Dying(published by Baywood Publishing Co.)

제2부

죽음

고든 알포트(Gordon Allport)가 말하길 어떤 면에서 우리 각각은 다른 모든 사람들과 동일하고, 어떤 면에서 우리 각자는 딘지 일부의 다른 사람들과 같으며, 또 다른 면에서 우리 각 개인은 다른 사람들과 전혀 다르다(J. W. Worden, Personal Communication, 4, 22, 2001). 죽음, 임종과 사별을 연구함에 있어서 보편적인 것, 특별한 것 그리고 유일무이한 것과 같은 다양한 측면으로 구분하여 다루는 것이 도움이 된다. 2부는 특별히 미국에서의 죽음과 관련된 현대의 경험을 다루고자 한다.

인간은 항상 특정한 *사회문화* 틀 안에서 산다. 물론, 모든 개인이나 집단이 사회 전체를 특징 짓는 경험의 모든 측면을 공유하는 것은 아니다. 따라서 미국과 다른 나라의 특정 개인과 특별한 집단의 구성원들은 생과 사에 대한 그들 자신만의 고유한 경험을 가지고 있을 것이다. 다음에 나오는 장들에서 우리는 일반적인 틀 안과 밖에서 죽음과 관련된 경험의 다양한 예들과 미국 사회의 광범위한 맥락을 기술하려고 한다.

인간은 또한 특별한 *역사* 틀 안에서 산다. 그래서 현대 미국 사회 안에서 경험하는 죽음의 유형은 미국 초창기에 개인들이 경험한 바와 다르다.(물론, 다른 나라에서 사는 사람들이 죽음과 관련하여 경험한 바들은 미국인 대부분이 현재 또는 과거에 경험한 것들과 매우 다를 것이다.)

다음에 나오는 네 개의 장에서 우리는 *죽음과 관련된 경험*들을 3개의 주요 요소로 살펴보고자 한다.

- 죽음의 양상
- 죽음에 대한 태도
- 죽음과 관련된 관행

이 세 가지 요소는 *인간 경험의 전체*를 구성하는 특별한 측면인데, 각각은 다른 것을 만들고, 각각은 다른 것에 의해 만들어진다. 매일 속에서 일어나는 인간의 경험, 만남, 태도와 관행은 너무나 밀접하게 얽혀 있어서 구별하여 말하기가 거의 불가능하다. 우리는 그것들에 대해 논의할 것이고, 개별적인 분석이 용이하도록 별도의 장으로 나누어 다루고 있다. 죽음과 관련된 3개 요소가 꼭짓점을 이루고 있고, 이 꼭짓점들 간에 이루어지는 상호작용의 가능성을 변으로 하는 삼각형을 생각해보라(그림 Ⅱ.1 참조).

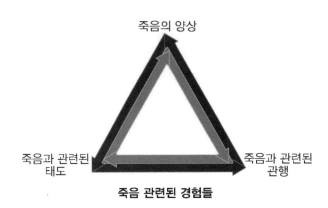

죽음의 양상

죽음과 관련된 태도

죽음과 관련된 관행

죽음 관련된 경험들

그림 Ⅱ.1 죽음과 관련된 경험

따라서 제2장에서 우리는 *죽음과 관련된 양상*을 탐구해보고자 하고, 삼각형의 맨 위에 *양상*을 넣을 것이고, 왼쪽 밑에는 *태도*, 오른쪽 밑에는 *관행*을 배치할 것이다. 그 다음 제3장에서 우리는 *죽음과 관련된 태도*를 살펴보며, 우리의 삼각형을 시계방향으로 회전시켜서 *태도*를 맨 위에, *관행*을 왼쪽 아래에, 그리고 *양상*을 오른쪽 아래에 둘 것이다. 제4장에서는 우리는 *죽음과 관련된 관행*을 다루는데, 우리의 삼각형을 시계방향으로 회전시켜, *관행*을 맨 위에, 그리고 *양상*을 왼쪽 바닥에, 그리고 *태도*를 오른쪽 바닥에 둘 것이다.

제5장에서 죽음에 관련된 경험을 풍부하게 설명하기 위해 우리는 죽음과 관련된 양상, 태도와 관행에 있어서의 다양성과 독특한 문화 유형을 살펴보고자 한다. 주류 미국 사회의 초기 모습을 다룬 제2장부터 제4장까지와는 대조적으로 제5장에서는 미국 사회에서 미국인들이 경험하는 죽음, 임종, 사별의 문화적 차이, 인종적 차이, 사회적 차이와 개인과 집단 간 차이들을 우리가 보다 더 민감하게 이해하도록 도울 것이다.

제2장

죽음 양상의 변화

목표

- 죽음과 관련된 경험의 요소로써 죽음과 관련된 양상을 규명하기
- 21세기 초 미국에서의 죽음과 관련된 만남의 주요 특성을 규명하기
  1. 사망률(성, 계급, 영아 사망률과 모성 사망률과 관련된 차이점들)
  2. 평균 기대수명
  3. 사망원인(전염병 대 퇴행성 질환들)
  4. 임종 궤적들, 그 기간과 모습
  5. 사망 장소
- 미국에서의 죽음과 관련된 양상의 특성이 시간 경과에 따라 변화하는 방식을 알아보기
- 이러한 변화들과 연관된 6가지 요인을 기술하기
  1. 산업화(교통과 통신을 포함)
  2. 공중위생 대책
  3. 예방적 건강관리
  4. 치료지향적인 의료
  5. 현대 가족의 특성
  6. 생활양식

자신의 죽음 직전 모습을 공개한 브라이언 리 커티스

브라이언 리 커티스(Bryan Lee Curtis)는 지역 신문에 사진 두 장을 실어주기를 요청했다. 하나는 그의 34세 생일 전에 두 살짜리 아들과 막 찍은 사진으로 두 사람 모두 건강한 것처럼 보였다. 이 페이지 아래에 실려 있는 두 번째 사진은 9주 후에 찍은 것으로, 아내와 아들이 그의 침대 곁을 지키고 있는, 그의 죽음이 3시간도 채 남지 않았을 때의 그의 모습이다(Landry, 1999a). 커티스는 흡연의 위험을 사람들에게 알리고, 흡연과 관련된 태도와 행동 및 가치의 변화를 독려하고자 이 사진들이 게재되기를 원했다(여기의 이 사진들을 재 게재하기 위해서는 허락을 받아야 한다. 우리는 여러분이 인터넷에서 브라이언의 이름으로 찾을 수 있음을 알린다).

커티스의 사망원인은 20년간의 흡연 습관으로 인한 폐암과 간으로의 전이였다. 그는 13세부터 담배를 피우기 시작하였고, 하루에 두 갑 이상을 피울 정도로 늘어났다. 그의 중독은 너무 심해서, 병이 심각해져서 지속할 없는 상태인 죽음을 앞둔 일주일 전까지도 담배를 끊을 수 없었다.

이 신문은 독자들이 이러한 통렬한 사진에 대해 부정적인 반응을 보일 것이라고 생각했다. 그런데 실제로는 독자들은 압도적으로 긍정적인 의견을 보였다. 독자들은 커티스가 전하려고 한 메시지를 너무나 잘 이해하였다. 결과적으로 브라이언 리 커티스의 이야기와 그의 사진들은 전 세계 웹사이트에 실리고, 재 발행되고 있다(DeGregory, 2000; Landry, 1999b; Noack, 1999).

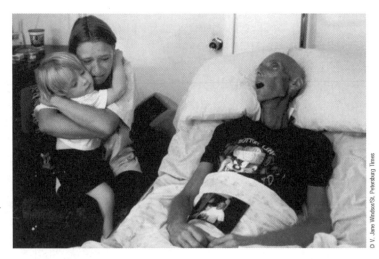

전이된 폐암을 진단받은 9주 후에 사망하는 날의 브라이언 리 커티스

오늘날 미국에서의 죽음의 양상

제2부의 서두에서 언급되었지만, 죽음과 관련된 경험들은 3개 요소, 죽음과 관련된 양상, 태도와

관행을 포함한다. 본 장에서 우리는 21세기 초 미국인들이 **죽음에 이르는** 전형적인 방법들을 살펴봄으로써 미국에서의 **죽음과 관련된 양상**들을 밝히고자 한다. 이러한 양상의 중요한 특징들은 항상 명확하지도 않고, 이것들이 인간이 죽음과 상호작용해왔거나 상호작용할 수 있는 유일한 방법도 아니다. 이전의 사람들은 지금 우리가 하는 것처럼 죽음에 이르지 않았으며, 오늘날 세계의 다른 여러 지역에 사는 많은 사람들도 그렇게 맞이하지 않고 있다. 이러한 이유로 인해 시간이 경과함에 따라 미국에서 죽음에 이르는 양상이 바뀌어 왔음을 몇 가지 방법을 통해 알게 된다.

우리는 인구학적 통계를 통해 현대의 죽음과 관련된 양상에 관한 많은 것을 알 수 있다(Preston, Heuveline, & Guillot, 2000; Rowland, 2003; Swanson & Siegel, 2004; Yaukey, Anderton, & Lundquist, 2007). 예를 들어서, 국립보건통계청(National Center for Health Statistics, NCHS)은 본 장을 작성하면서 가장 최신자료를 사용할 수 있는 연도인 2007년(표 2.1 참조)에 미국에서 2,423,712명의 사망자가 발생했다고 보고하였다.

표 2.1 2007년 미국의 연령과 성에 따른 사망자 수 및 사망률(인구 10만 명당)

연령	전체		남자		여자	
	명	사망률	명	사망률	명	사망률
전체	2,423,712	803.6	1,203,968	809.9	1,219,744	797.4
1세 미만	29,138	684.5[a]	16,293	747.8[a]	12,845	618.1[a]
1-4	4,703	28.6	2,634	31.3	2,069	25.7
5-9	2,711	13.7	1,519	15.0	1,192	12.3
10-14	3,436	16.9	2,066	19.9	1,370	13.8
15-19	13,299	61.9	9,558	86.8	3,741	35.7
20-24	20,683	98.3	15,758	145.2	4,925	48.4
25-29	20,931	99.4	15,107	140.2	5,824	56.6
30-34	21,641	110.8	14,685	148.2	6,956	72.3
35-39	30,881	145.8	19,755	185.4	11,126	105.7
40-44	48,725	221.6	30,350	276.8	18,375	166.7
45-49	77,738	340.0	47,904	423.8	29,834	258.1
50-54	106,948	509.0	66,552	646.6	40,396	376.8
55-59	132,458	726.3	81,590	922.2	50,868	541.8
60-64	154,652	1,068.3	92,028	1,328.4	62,624	829.7
65-69	174,991	1,627.5	100,492	2,002.2	74,499	1,299.4
70-74	214,247	2,491.3	117,852	3,046.9	96,395	2,037.2
75-79	289,029	3,945.9	149,669	4,817.2	139,360	3,304.0
80-84	363,653	6,381.4	171,134	7,758.7	192,519	5,511.7
85세 이상	713,647	12,946.5	248,866	14,006.4	464,781	12,442.3
모름	201	-	156	-	45	-

[a] 인구추정치를 바탕으로 한 "1세 이하"의 사망률은 출생률을 바탕으로 한 영아 사망률과 다름.
출처: Xu et al., 2010.

미연방인구조사국(U.S Bureau of the Census, 2010)에 의해 대략 3억 130만 명으로 추정되는 총 인구 중에서 발생한 사망 관련 수치들은 죽음에 대한 현재와 미래의 태도뿐만 아니라 우리의 죽음과 관련된 관행들을 형성하고 우리의 삶과 생활 경험을 폭넓게 하는데 기여한다. 그러나 우리가 240만 명의 사망자 수만큼 많은 죽음을 다 파악하기 어렵고, 동시에 그 모든 면을 연구할 수 없다. 따라서 우리는 이 장에서 우리 사회에서 죽음과 관련된 양상의 광범위한 패턴 안에서 5가지 주요 특성을 개괄하는데 집중하고자 한다.

사망률

일반적으로 사망률은 몇몇 특정 집단의 사람들을 선택하여, 특정한 기간 동안 그 집단의 사망자 수를 그 집단의 총 인구수로 나눔으로써 계산된다. 예를 들어서 2007년 미국의 모든 인종의 남성의 전체 사망률은 전체 인구 중 남성의 수로 남성 사망자 수를 나눔으로써 계산된다. 보통 사망률은 천 명 또는 십만 명당 사망자 수로 표시된다. 표 2.1은 미국 총 인구뿐만 아니라 남성과 여성을 구분하여 조 사망률 또는 비표준화된 10만 명 당 사망률을 보여주고 있는데, 총 인구 사망률은 대략 1,000명 당 8명에 해당한다. 같은 해 연령 표준화된 사망률(인구의 노령화를 고려한)은 미국 표준인구 10만 명당 760.2명이었고, 이 수치는 2006년의 776.5명 보다 2.1% 낮은 기록이다(Xu, Kochanek, Murphy, & Tejada-Vera, 2010, p. 3). 2007년 미국 남성의 연령 표준화된 사망률은 10만 명당 905.6명이었고 여성은 643.4명이었다. 이 책에서는 연령 표준화된 사망률을 항상 밝히고 있다. 예를 들어 5장에서 하위 집단들 간 비교를 함에 있어서도 표준화된 것을 제시하였다.

사망률은 축적된 인구자료에 접근이 가능한 경우에만 나올 수 있다. 이 자료들은 출생, 사망, 그리고 인구기록들로부터 얻어지는데, 이것들은 현대 사회의 친숙한 특징이다. 이러한 기록들이 없거나 조심스럽게 보관되지 못하였던 곳들, 과거에 또는 가난하고 잘 조직화 되지 않은 사회들에서는 통계적인 정확도가 다소 부정확한 추정치를 제공하기도 한다.

미국과 같은 사회에서 조차도 상세한 사망률을 수집하고, 정리하고, 만드는데 시간이 꽤 걸린다. 그래서 2011년 3월에서야 국립보건통계청은 2009년도 예비 사망 자료를 발표하였다(Kochanek, Xu, Murphy, Minino, & Kung, 2011). 그 자료는 2,436,682명이 사망하였고, 조 사망률은 10만 명당 793.7명이었으며, 표준화된 사망률은 10만 명당 741.0명이었다. 이 자료들의 대략적인 패턴은 미국에서의 죽음의 양상이 시간이 흐름에 따라 더디게 변하고 있음을 보여주는데, 총 사망자 수와 평균 기대수명은 서서히 증가하고, 모든 유형의 사망률이 서서히 감소하는 형태이다. 이러한 이유로 우리는 이 책에서 2007년 최종 사망 자료에 초점을 계속 맞출 것이다.

미국의 사망률 변화

사망률에 관한 국제 자료를 다룬 연구들은 오랫동안 미국인들이 그리고 전 세계 다른 선진국에서 사는 사람들이 죽음에 이름에 있어서 일반적으로 이점을 많이 가지고 있음을 보여 주고 있다(Preston, 1976). 2007년 미국의 사망자 수가 매우 많을지라도, 미국의 최근 사망률과 20세기 초의 사망률을 비교해보면 우리는 21세기 미국 사회에서 살고 있는 사람들이 지닌 주목할 만한 이점들을 알 수 있다.

표 2.2에서 제시된 바와 같이, 불과 100년 전만 해도 미국과 세계에서 산업화된 국가의 사망률은 오늘날의 사망률보다 보다 월등히 높았다. 1900년 미국 총 인구는 7천 6백만 명으로 사망률은 인구 1,000명당 17.2명이었다. 1954년까지 그 비율은 1,000명당 9.2명으로 떨어졌다(U.S Bureau of the Census, 1975). 그것은 단지 반세기 만에 거의 47%가 감소한 것이었고, 이것은 인류 역사상 유례없는 변화이었다. 표 2.2에서 볼 수 있듯이 2007년까지 미국의 총 사망률은 1,000명당 약 8.0명 정도까지 훨씬 더 떨어졌다.

전반적인 사망률이 점점 더 낮아지는 것만큼 이러한 사망률이 지속적으로 감소하는 것은 더욱 더 어렵다. 우리는 1900년부터 1954년까지 약 47%가 감소한 것과는 대조적으로 1954년부터 2007년까지 동일한 기간 동안 약 13% 만이 감소하였다는 것을 알 수 있다. 따라서 최근 몇 년 동안 미국의 전반적인 사망률의 감소 정도가 둔화되어 왔는데, 이제 더 이상 내려갈 수 없는 최저 수준에 도달하였을지도 모른다.

표 2.2 1900년과 2007년 미국의 성별 연령별, 사망률(인구 1,000명당)

	1900			2007		
	전체	남자	여자	전체	남자	여자
전체	17.2	17.9	16.5	8.0	8.1	8.0
1세 미만	162.4	179.1	145.4	6.8	7.5	6.2
1-4	19.8	20.5	19.1	0.3	0.3	0.3
5-14	3.9	3.8	3.9	0.2	0.2	0.1
15-24	5.9	5.9	5.8	0.8	1.2	0.4
25-34	8.2	8.2	8.2	1.0	1.4	0.6
35-44	10.2	10.7	9.8	1.8	2.3	1.4
45-54	15.0	15.7	14.2	4.2	5.3	3.2
55-64	27.2	28.7	25.8	8.8	11.0	6.7
65-74	56.4	59.3	53.6	20.1	24.6	16.3
75-84	123.3	128.3	118.8	50.1	60.4	43.0
85+	260.9	268.8	255.2	129.5	154.1	124.4

출처: U.S. Bureau of the Census, 1975; Xu et al., 2010.

전반적인 사망률의 감소는 죽음의 양상에 주요한 영향을 미친다. 무엇보다도 전반적인 사망률의 감소는 대부분의 미국인들이 우리 증조부모보다도 죽음을 자연스럽게 맞이하기 더 어려울 수 있음을 의미한다. 오늘날을 살아가고 있는 전형적인 미국인들은 그들의 선조들이 살았던 시기보다 가족, 친구, 이웃의 죽음을 더 적게 겪으며 살아갈 것이다. 죽음이 실제 발생할 때, 그 사건은 병원에서 걸려온 전화, 경찰관이 현관문을 두드리는 소리를 통해 통지되는데, 이것은 놀랄만한 일이 아니다. 그러나 죽음에 임박할 때, 우리 사회에서 죽음은 때때로 인간의 삶에서 자연스럽지도 적절하지 않은 장소에서 사는 외계인, 즉 낯선 이방인처럼 등장한다.

사망률 변화에서의 차이 : 성과 계급

20세기 전반에 걸쳐 사망률이 상당히 감소했는데, 이러한 경향은 미국 인구의 모든 부분에서 발견되었다. 그러나 이것이 이야기 전부는 아니다. 사망률은 몇몇 중요한 변인들을 좀 더 자세히 들여다보아야 알 수 있는데, 그 변인들 중 가장 중요한 것은 성, 인종과 사회계급이다(Field, Hockey, & Small, 1997; Hoyert, Singh, & Nam, 1999; Stillion, 1985). 위버와 리벨로(Weaver, Rivello, 2007)는 "신뢰의 정신이 지배하는 곳, 범죄와 폭력이 적은 곳, 건강한 삶과 생활양식을 지원해줄 수 있는 자원이 있는 곳, 아픈 사람이 필요한 돌봄을 받을 수 있는 곳, 그런 지역사회"를 포함한 상황으로써 정의되는 "사회적 자본"이 사망률에 강력하게, 부정적으로 영향을 미친다고 주장했다. 우리는 인종과 문화 차이를 5장에서 고려할 것이다. 여기에서 우리는 성과 계급의 차이에만 초점을 맞추고자 한다.

성별 차이 측면에서 보면, 1900년 미국의 남성 사망률은 여성 사망률에 비해 어느 정도 더 높았다(표 2.2 참조). 그런데 2007년 남녀의 조 사망률은 1,000명당 8.0명으로 매우 비슷하지만, 표준화된 사망률은 1,000명당 9.1 대 6.4로 뚜렷한 대조를 보인다.

계급 또는 사회제도 측면에서 보면, "죽음의 사회적 불평등"이 존재함이 오랫동안 인식되어 왔는데, 그것에 따르면 사회적으로 가장 취약한 계급에 속한 사람들의 사망률은 같은 사회의 중상층 구성원들의 사망률보다 더 높은 경향이 있다(Marmot, 2004; Marmot & Wilkinson, 2005). 그 이유는 경제적으로 더 부유한 사람들이 교육, 주거, 영양, 건강관리 및 재원 확보에 더 유리하기 때문이다. 비록 다양한 사회경제적 계급 구성원들 내에서 그리고 그 사이에서 약간의 미묘한 차이가 있을지라도, 이러한 격차는 명확한 것 같다. 이러한 격차의 한 가지 중요한 요인으로 미연방인구조사국(US Census Bureau, 2010)은 2007년에 미국 인구 중 약 4,570만 명 또는 15.3%가 건강보험의 보장을 받지 못하고 있다고 추정했다. 사실, 미국(다른 선진국들과 비교해보면)은 모든 국민에게 건강보험을 제공하지 못하는 유일한 나라이다(Reid, 2009). 2010년에 의회에서 통과되고 대통령이 싸인한 건강보호법안이 얼마나 변경될지는 지켜 보아야 한다.

사망률 변화에서의 차이 : 영아와 모성 사망률

미국은 20세기 초 세계에서 가장 부유한 나라이었고, 21세기에도 그러하다. 그럼에도 불구하고 20세기를 시작할 때 미국의 영유아들은 오늘날의 영유아들보다도 사망할 가능성이 훨씬 더 높았다 (Preston & Haines, 1991). 사실, 1900년에 신생아와 1세 미만의 어린이, 영아 총 사망률은 1,000명이 태어나서 162.4명의 영아가 사망하여 2007년의 6.75명의 영아 사망률에 비하면 24배나 높았다(Xu et al., 2010). 이는 겨우 100년이 지나면서 영아 사망률이 크게 줄었음을 뜻한다.

또한 2006년에 최소한 250만 명 인구 규모를 가진 28개국은 미국보다 영아 사망률이 더 낮았고, 홍콩과 일본은 1,000명이 태어나 3.0명 이하의 사망률을 보였다(Xu et al., 2010). 이 나라들 중 일부 는 비교적 작고 인구가 비교적 균질하게 구성되어 있지만, 그것이 모두 진실은 아니다. 예를 들어 프 랑스는 1,000명이 태어나 3.6명의 영아가 사망하였고, 호주는 4.7명이었으며, 영국은 1,000명이 태 어나 5.1명이 사망하였다.

다양한 요인들이 결합하여 영아 사망률에 영향을 미치는데, 그중 많은 부분은 우리 사회에 저체 중 영아의 비율이 높음에 기인한다. 예를 들어, 2007년 2월 14일에 발표된 UNICEF 보고서 (Associated Press, 2007)는 어린이 복지 조사에서 21개 부유국들 중 미국은 20위(영국이 21위)이었 는데, 그 이유는 높은 불평등과 어린이 빈곤, 그리고 어린이를 둔 가족에게 제대로 된 서비스가 제공 되지 않기 때문이었다. 핵심은 "다른 나라와 비교하여 미국은 영아 사망률 측면에서 불리한 처지이 다"(Hamilton et al., 2007, p. 355)(영아 사망과 1세 이하 어린이의 사망률에 대한 추가정보는 12장과 표 12.2 참조).

영아 사망률의 감소는 과거 상황이 유지되었을 경우 죽었을 영아뿐만 아니라 사회의 다른 구성 원들에게도 직접적으로 영향을 미친다. 예를 들어서 1900년도의 부모들은 그들의 자녀들 중 아이 한 명의 죽음을 21세기의 부모들보다 더 많이 경험하였을 것이다(Rosenblatt, 1983; Uhlenberg, 1980). 또한 1900년도의 청소년들은 오늘날의 어린이들보다 그들의 형제 자매 중에서 한 명 또는 그 이상의 죽음을 경험할 가능성이 더 높았다.

더 나아가, 임신과 출생은 아기에게 생명을 위협할 뿐만 아니라 아기 엄마의 생명도 위협한다. 임 신부와 출산과정 또는 출산 직후에 사망한 여성의 비율은 오늘날 보다 1900년도의 미국에서 훨씬 더 높았다. 1915년에 10만 명 중 608명이었던 모성 사망률(임산부 사망률)은 2007년에는 12.7명으 로 낮아졌다(Xu et al., 2010). 이러한 감소는 놀랄만한 성과이지만, 2007년 수치는 노르웨이와 스위 스와 같은 나라의 모성 사망률의 두 배 이상이며, 미국이 2000년에 도달하고자 한 10만 명 당 임산부 사망자 3.3명 이하라는 목표보다 훨씬 더 높았다. 그리고 2007년 미국에서 548명 모성 사망자가 발 생했는데 전문가들은 이중 절반가량은 예방이 가능하였다고 추정한다. 특히, 어린 엄마와 임신을 안전하다고 여기는 사람 또는 계획하지 않았거나 원하지 않은 임신을 한 사람들은 사망을 일으키 는 합병증을 예방하거나 치료하기 위한 적절한 돌봄을 받지 못하였을 수 있다.

물론 죽음은 건강하고 부유한 사람들보다 취약한 인구들에게 항상 더 위협적이다. 20세기 이후 사망률은 아프고 약하고 나이든 사람에게 더 높았고, 오늘날에도 비슷한 집단에서 사망률은 계속 높다. 오늘날, 취약 집단의 사망률이 과거보다는 훨씬 낮아졌다. 오늘날 죽음에 가장 취약한 집단의 사람들은 덜 취약한 동시대 사람들만큼 운이 좋지는 않지만, 그들은 1900년의 그들의 상대 집단 보다 훨씬 좋은 상태에 있다. 과거에 우리 사회에서 일어났을, 또는 오늘날 다른 사회에서 여전히 일어나고 있는 많은 죽음을 현재는 피하고 있다.

평균 기대수명

평균 기대수명은 사망률과 밀접하게 관련이 있고, 죽음의 양상의 유형에 변화를 가져온 또 다른 중요한 특징이다. **수명**(인간 생명의 최장 길이 또는 종의 생명에 있어서 생물학적 한계)과 *기대수명*(인간이 살 수 있을 것이라고 추정되는 평균 햇수)은 혼돈되어서는 안 된다(Yin & Shine, 1985). 여기서 우리는 단지 수명이 아닌 기대수명만을 이야기하고 그것을 평균으로 표현하고자 한다.

한 저자(Thorson, 1995, p. 34)는 한 살에 죽은 6명과 80세까지 산 나머지 사람들로 이뤄진 10명의 표본을 상상하도록 하여 기대수명 수치를 평균으로 계산한다는 사실을 실제보다 극적으로 보이게 했다. 이 집단에서 6명의 유아들은 총 6년을 채 살지 못한 반면 나머지 4명은 총 320년을 살았다. 이 이상한 집단에서 10명의 평균 기대수명이 32.6세라고 말한다는 것은 전체 코호트와 각각의 두 개 하위 집단 모두를 잘못 설명하는 것이다.

2007년에 미국에서 태어난 모든 사람들의 예상된 평균 기대수명은 77.9세으로 최고치를 기록했다(Xu et al., 2010). 2007년 남성의 평균 기대수명은 75.4세이었고 여성은 80.4세이었다. 그리고 백인계 미국인의 평균 기대수명이 79.4세인데 비해 아프리카계 미국인의 평균 수명은 73.6세이었다. 같은 해에 백인계와 아프리카계 남성 미국인의 예상된 평균 기대수명(75.9세와 70.0세)뿐만 아니라 백인계와 아프리카계 여성 미국인의 평균 기대수명(80.8세와 76.8세)이 모두 최고 기록이었다. 그리고 전체 인구의 평균 기대수명에 있어서 성별 차이도 1995년 6.4년에서 2007년 5.0세로 가장 좁혀졌으며, 백인계와 아프리카계 간 인종에 따른 차이도 6.9년에서 4.8년으로 좁혀졌다.

평균 기대수명은 특정 연령의 사람의 남은 수명을 평균적으로 제시할 수도 있다. 예를 들어 2007년 미국의 20세는 58.8년, 40세인 사람은 평균 39.9년, 60세인 사람은 22.5년을 평균적으로 더 살 수 있을 것으로 예상할 수 있다.

20세기동안 미국의 전반적인 평균 기대수명은 50세에서 76.7세까지 조금씩 높아졌다. 이것은 단지 100년이라는 기간에 50%이상 증가한 것이다! 이것을 다른 말로 표현하면, 20세기 후반 이전까지 미국과 다른 선진국에서 인간의 평균 기대수명이 성경에서 약속한 "three score and ten(즉 70년)"이라는 약속을 초과한 것은 아니었다. 물론, 19세기와 다른 시기에도 일부 사람들은 평균 수명을 넘어서까지 살았다. 즉, 이 말은 평균이 지닌 문제로 집단의 많은 사람들이 평균을 넘어서까지 살았으며, 많은 사람들은 그것에 도달하지도 못하였음을 의미한다.

일반적으로 미국의 평균 기대수명은 20세기 동안 빠르게 상승하였는데, 생애 초기에 발생하는 사망자 수가 감소하였기 때문이다. 보다 많은 개인이 출생 시, 유아기, 아동기에 더 많이 생존하면서 인간의 평균 기대수명은 증가하게 되었다. 그러나 시간이 흐름에 따라 사망률(특히 유아와 아동기)을 줄이고 평균 기대수명을 늘리는 것은 점점 더 어려워지고 있다. 젊은 사람들의 사망률을 낮추기가 어려울 때, 성인과 노인의 사망률이 개선되는 것은 전반적인 평균 기대수명을 늘리는데 보다 큰 영향을 미친다. 사망률을 낮추고 평균 기대수명을 늘리기 위한 캠페인은 대부분 초기에 성공하였고, 그리고 비교적 쉽게 달성하였다. 보다 훨씬 어려운 전투가 우리 앞에 놓여있다. 아마도 이것이 미국에서 평균 기대수명의 증가율이 최근 몇 년 동안 둔화되어온 이유이다(Glannon, 2002; Miller, 2002; Smith, 1995).

주목하여야 할 마지막 요점은 평균 기대수명이 증가하면서, 우리 사회에서 개인들이 노인을 죽음으로 인식하는 경향이 점점 더 강해지고 있고, 우리 사회에서 그만큼 그렇게 되어가고 있으며, 많은 사람들의 인식 속에 죽음은 노인과 관련되어 있다. 표 2.1은 2007년 미국의 전체 사망자 중 72.4%가 65세 이상의 노인임을 보여주고 있다.

사망원인 : 전염병과 퇴행성 질환

죽음과 관련된 양상 중에서 세 번째 요인은 **사망원인**과 연관되어 있다. 미국에서 1900년경 감염 또는 **전염병**으로 인한 사망자가 가장 많았다(표 2.3 참조). 이것들은 사람에서 사람으로 전염되거나 전파되는 급성질환이다(Ewald, 1994; Morse, 1993; Walters, 2004). 초창기 문화에서는 전염병은 산발적으로 전파되었다. 때때로 인플루엔자, 콜레라, 성홍열, 홍역, 천연두 및 결핵과 같은 전염병은 인간 공동체를 통해 더 퍼졌을 것이다. 아마도 유럽인들에게 이런 질병들 중에서 가장 유명했던 병은 14세기 흑사병으로 오늘날의 유럽 전체 인구보다 적었을 유럽 전체 인구 중 2천 5백만 명을 사망에 이르게 하였다(Gottfried, 1983).

전염병들은 때때로 설사, 메스꺼움, 구토, 두통, 발열과 근육통과 같은 관찰이 가능한 증상들을 동반한다. 백신이나 항생제가 없었거나 구할 수 없었던 문화, 그리고 오늘날 세계의 많은 저개발 또는 매우 빈곤한 지역에서, 전염병에 걸린 사람들을 신체적으로 치료해온 사람들은 뒤에 숨어 있는 원인을 다루기보다는 이러한 증상들을 주로 다루어 왔고 다루고 있다. 그들은 질병을 퍼뜨릴 가능성을 최소화하기 위해 환자들을 격리시키려고 노력해왔다. 그리고 그들은 따뜻한 불, 쉴 장소, 수분

표 2.3 미국의 1900년과 2007년의 10대 사망원인

순위	사망원인	사망률 (10만명 당)	전체 사망자 중 비율
1900			
	계	1,719.1	100.0
1	인플루엔자 및 폐렴 결핵	202.2	11.8
2	결핵(모든 유형)	194.4	11.3
3	위염, 십이지장염, 장염 등	142.7	8.3
4	심장질환	137.4	8.0
5	중추 신경계에 영향을 미치는 혈관 병변	106.9	6.2
6	만성신염	81.0	4.7
7	사고	72.3	4.2
8	암(악성신생물)	64.0	3.7
9	조기 유아기의 특정 질병	62.6	3.6
10	디프테리아	40.3	2.3
2007			
	계	803.6	100.0
1	심장질환	204.3	25.4
2	암(악성신생물)	186.6	23.2
3	뇌혈관 질환(뇌졸중)	45.1	5.6
4	만성하부호흡기 질환	42.4	5.3
5	사고(의도하지 않은 상해)	41.0	5.1
6	알츠하이머병	24.7	3.1
7	당뇨병	23.7	2.9
8	인플루엔자 및 폐렴	17.5	2.2
9	신장증, 신증후군, 신병증(신장질환)	15.4	1.9
10	패혈증	11.5	1.4

출처: U.S Bureau of the Census, 1975, Xu, et al, 2010

공급, 뜨거운 음식(닭 스프!), 그리고 열이 나는 이마를 닦을 차가운 수건을 제공했었고, 지속적으로 제공해오고 있다.

오늘날, 선진국 사람들은 비교적 인플루엔자, 폐렴, 패혈증과 인간면역결핍바이러스(HIV)와 후천성면역결핍증후군(AIDS)에 의한 감염으로 인한 사망을 제외하고는 전염병으로 인해 거의 사망에 이르지 않는다(HIV와 AIDS에 대한 설명은 초점 맞추기 2.1을 참조). 최근 몇 년사이에 조류독감, 수막염, 그리고 1999년 여름 뉴욕 시에서 9명이 사망한, 북미에서 처음 발견된 웨스 나일 바이러스와 같은 또 다른 전염병으로 인한 잠재적인 위험에 대해 우려하는 정도가 커지고 있다(Garrett, 1995)(비판적 숙고 #2 이슈 참조). 그리고 2010년 10월 지진으로 황폐해진 아이티에서 발생한 콜레라를 또 다른 예로 들 수 있다. 더 큰 범위에서 보면, 결핵과 같이 약물 내성이 생긴 전염병이 지닌 치명적인 가능성에 대해 특별하게 관심을 가져왔는데 그러한 병은 병약한 사람들이 가까운 거리에

초점 맞추기 2.1

AIDS와 HIV의 양상

1981년, LA와 뉴욕시의 건강한 남성들에게서 2개의 특이한 질병 조직(*Pneumocystis carinii pneumonia* and *Kaposi's sarcoma*)이 보고되었다(Centers for Disease Control [CDC], 1981a, 1981b, 1981c). 이 초기 보고서에는 동성애 남성들이 모두 포함되어 있었는데, 그들은 비교적 어린 나이(15세에서 52세)에 미국에서 거의 치명적이었던 질환에 감염되어 너무 빨리 죽었다.

더 많은 연구들로부터 또 다른 집단들에서 일어난 생명을 위협하는 득이한 상태와 사망이 유사하게 발견되었는데, 그 집단들은 혈우병 환자, 아이티 이민자들, 정맥주사를 놓는 마약중독자들, 부모 중 한 쪽 또는 두 사람이 질병에 걸린 가정의 어린이들, 그리고 질병을 가진 사람의 이성 상대들이었다. 이 사람들은 모두 세 가지 특징을 공유하고 있었다. (1) 만성적인 증후군- 알려지지 않은 근원적인 원인으로 인해 발생한 임상적인 실체 또는 인식 가능한 유형, (2) 이 증상을 경험하는 사람들의 면역체계에서 나타나는 명백한 결핍, 그리고 (3) 증상에 대한 유전적 또는 자연적인 근거가 없는 경우로 개인의 면역체계 결핍이 어떻게든 획득되었음(*acquired immune deficiency syndrome*)을 암시하였다. 그 증거들은 후천성면역결핍증후군(AIDS)을 가리켰다. AIDS는 개인의 면역체계가 기능장애를 일으켜서 그 개인은 기회감염 또는 특이한 질병에 의해 희생되어 사망에 이를 위험이 매우 높았다.

AIDS의 근본적인 원인이 알려지지 않았기 때문에 다양한 개인이 면역 기능장애를 왜 겪고 있는지 분명하지 않다. 그러나 근본적으로 질병통제센터(Centers for Disease Control, CDC, 1992a)는 AIDS를 정의하는 생물학적 표지를 제시할 수 있는 임상적인 발견을 할 수 있었는데 그것은 각 개인들이 CD4+ T-림프구(짧게는 T 세포라고 부름)를 가지고 있었고, 이것의 수는 마이크로미터 당 200개 미만이었다(정상적인 수는 마이크로 리터 당 약 1,000이었다). 이제 개인들은 증후군과 관련된 명백한 증상을 보이지 않을지라도 AIDS를 진단받을 수 있게 되었다. 결과적으로 사람들은 훨씬 일찍 진단받을 수 있게 되어서 AIDS를 가진 사람들이 이전에 기대했던 것보다 훨씬 더 오래 산다는 사실로 인해 이 질병을 가진 사람들의 평균 생존기간에 대한 이해가 바뀌었다. 그리고 더 많은 AIDS 사례들이 발견되었는데, 주로 성인 남성에게서 발견되었던 임상적 특성으로 해석되었을 때에는 질병으로 인지되지 않았던 여성과 어린이들에게서 특히 발견되었다.

AIDS가 혈우병을 앓는 사람들에게서 많이 나타났기 때문에 출혈을 해결하기 위해 수혈하는 혈액이나 혈액 제품이 AIDS를 일으키는 알려지지 않은 요인에 의해 오염되었을 가능성이 알려졌다. 비록 헌혈자가 선별되고, 잠재적인 오염물질을 제거하기 위해 혈액을 여과했지만, 미세한 바이러스는 오직 살균으로만 죽일 수 있었을 것이다. AID는 바이러스가 원인이라는 결론이 내려졌는데, 그 바이러스는 1983년 연구자들에 의해 밝혀진 caUed 인간면역결핍바이러스(HIV)이었다(Grmek, 1990). 즉, AIDS는 HIV에 감염된 후 발병된 상태이다.

바이러스 감염을 확인하게 됨에 따라 이러한 이질적인 병원체를 물리치기 위해 인간 면역체계가 만들어낸 항체를 검사하게 되었다(www.hivtest.org). 그럼에도 불구하고 HIV 감염을 알지 못한 사람, 또는 항체가 아직 만들어지지 않은 사람의 몸은 바이러스에 감염되어 있는 상태로 다른 사람에게 전염될 수 있었다. 질병통제센터(CDC)는 미국에 있는 HIV 양성 반응자 5명 중 1명 이상이 자신이 감염되었음을 알지 못하고 있다고 추정하고 있다(www.cdc.gov/hiv).

1990년대 중반에 새로운 치료법이 추가연구를 통해 개발되었는데, 이 치료법들은 면역체계를 파괴하는 속도를 늦추고, HIV를 가지고 사는 사람들의 건강을 증진시키며, HIV 전염능력을 가능한 한 감소시킬 수 있는 것들이었다. 결과적으로 HIV/AIDS와 관련된 사망은 미국과 많은 다른 나라에서 극적으로 줄어들었고, 2007년 미국에서 HIV 질병으로 인해 11,295명이 사망하였고, 2009년에는 전 세계적으로 약 4,000만 명이 HIV에 새로 감염되거나 HIV를 가지고 살아가고 있는 것으로 추정되었다(UNAIDS, 2010; Xu et al., 2010).

이 모든 것이 의미하는 바는 HIV 감염은 전염병의 시작이며, 많은 사람들에게 치명적임을 의미한다. 다른 사람들은 남은 생애동안 매일 치료를 하고, 신중하게 모니터링을 하며, 상당한 비용과 잠재적인 부작용에 대처할 것을 요구하는 만성적인 상태로 살면서 죽음을 피할 수 있다.

HIV 감염은 남자와 성관계를 갖는 남성 중에서 가장 가능성이 높은데, 추세를 보면 그들은 위험성이 큰(예: 보호되지 않는) 이성 접촉자와 주사약 사용자이다. 그리고 여성, 유색인종 및 전염병의 초기에 더 치명적임을 기억하지 못하는 젊은 세대들에게서 HIV 질환이 더 많이 발생하고 있다. 어떤 이유로든 혈액이나 체액을 공유하지 않음으로써 HIV를 얻을 위험은 줄어들 수 있는데, 예를 들어서 질, 구강 또는 항문 섹스를 하지 않거나 바늘이나 주사기를 함께 사용하지 않은 것이다. 항상 그렇게 하지 않을지라도 단 한 번의 노출만으로도 감염이 될 수 있다.

서 함께 머무는 병원이나 요양원 같은 환경에서 특히 더 위험할 수 있다(Platt, 1995). 또한 일부 사람들은 생물학적 무기를 테러 행위에 사용할 가능성이 많음을 우려를 해왔다(Cordesman, 2005; Miller, Engelberg, & Broad, 2001; Tucker, 2001).

오늘날 우리 사회에서, 신체 기관의 오랜 사용, 노화로 인한 쇠퇴, 생활양식 및 환경으로 인해 많은 수가 사망에 이르고 있다. 다른 말로 하면, 우리 사회의 사람들은 대부분 퇴행성 질환이라고 불리는 만성적인 상태나 원인으로 인해 죽게 된다. 사실, 미국에서의 4대 사망원인(심장병, 악성신생물 [암], 뇌혈관 질환, 만성 호흡기 질환 [이전에는 만성 폐쇄성 폐질환 또는 COPD라고 불렸음])은 퇴행성 질환의 범주에 들어간다. 이 퇴행성 질환 중 2가지(심장병과 암)로 인한 사망률이 몇 년 동안 점차 감소하여 왔다는 것은 사실이지만, 이 두 가지 질병이 최근 몇 년 동안 우리 사회의 모든 죽음 중 절반 이상을 차지하여 왔다(Xu et al., 2010).(미국의 주요 사망원인에 대한 추가 정보 website http://www.cdc. gov/ncipdwisqars/를 참조.)

퇴행성 질환에 의한 사망은 그 자체의 전형적인 특징을 가진다. 예를 들어, 관상동맥질환, 뇌졸중, 색전증, 동맥류 등과 같은 혈관질환은 때때로 급사나 예상치 못한 죽음을 초래할 수 있다. 근본적인 상태로 인한 결과이거나 노출이 비록 *storke* 라는 용어에서 뜻하는 바와 같이 갑작스러울 수 있지만, 그럼에도 불구하고 이러한 질병들 자체는 시간이 지나면서 천천히 진행되고 일반적으로는 점차적으로 허약하게 만들며, 그러나 종종 눈에 띄지 않는다. 그러한 허약상태가 드러나지 않았을 때, 첫 증상이 극적이고, 예기지 못한 갑작스런 죽음일 수 있다. 그러한 죽음은 잠을 자는 동안 또는

비판적 숙고
#2. 21세기 전염의 위협

1980년대 초기에 HIV와 AIDS의 출현은 비록 선진국에서 수년 동안 발생하지 않아왔을지라도 전염병이 다시 인간의 사망률에 영향을 미치는 주요한 요인이 될 수 있음을 사람들에게 경고하는 것이었다. 실제로 HIV 질환은 특정한 지역이나 특정 시기 동안 인구 집단의 많은 사람들에게 영향을 미치는 전염병으로 급속하게 변질되었고, 그러고 나서 특정 기간 동안 지리적으로 더 큰 지역에서 대다수의 사람들에게 전국적으로 영향을 미치는 전염병이 되었다. 그렇다면 이제 21세기에 유행하거나 전염될 또 다른 위험이 될 만한 예는 무엇일까?

2003년 아시아에서 처음으로 발견된 조류 인플루엔자 바이러스가 퍼지기 시작하였고 영국에서 2007년에 보고되었다(Cowell, 2007). 그 이후로 이것의 변형으로 감염된 사람 수가 계속 증가하여 왔다. 그런데 그것에 실제 감염된 사람들의 수는 적었던 반면, 이 집단의 사망률이 높다는 점이 우려스러운 일이었다(Eckert, 2007). 일부 추측에 따르면 바이러스가 더 변이하여, 인간과 인간 사이에서 전염되게 되면 수백만 명이 몇 개월 사이에 감염될 수 있다. 1918~1920년에 유행성 독감으로 인해 미국에서 50만 명이 사망하였다. 한 보고에 따르면, 만약 1918~1920년에 유행한 병이 오늘날 미국을 가격한다면, 거의 이백만 명이 사망할 것이며, 이 나라 30억 인구 중 30%가 감염되었을 것이라고 한다(Zaheer, 2007). 멜처, 콕스, 후쿠다(Meltzer, Cox & Fukuda, 1999)는 이러한 규모의 전염병으로 71~1,660억 달러의 비용이 들었으며, 그것의 80%는 이 질병으로 인한 사망에 기인한 것이라고 추정하였다. 또한 그러한 전염병은 의료 자원에 심각한 부담을 줄 수 있고, 치료를 훨씬 더 어렵게 만든다.

결핵은 전염병에 걸릴 위험이 있는 또 다른 질병이기도 하다. 1985년, 미국의 결핵 사례 수는 14%까지 증가하였다(Simone & Dooley, 1994). 특히, 결핵을 유발하는 바실루스 균주가 변형되었는데, 전형적으로 이 질환을 치료하는데 사용되어 왔던 몇 가지 약물에 대한 내성을 지니고 있다. 뉴욕시는 1990년대에 다약제에 대한 내성 균주를 경험했다. 이 전염병을 통제하는데 거의 10억 달러의 비용이 들었다(National Institute of Allergy and Infectious Diseases, [NIAID], 2005). 세계보건기구(WHO)는 매년 다약제 내성 결핵으로 2~3백만 명이 사망하였기 때문에 다약제 내성 결핵을 세계적인 비상사태로 규정하였다. 면역체계가 약한 사람, 영양불량으로 고통 받는 사람들, 고령자들이 질병에 가장 취약하지만, 세계적으로 결핵은 젊은 성인과 가임기 여성의 가장 큰 사망원인이다(NIAID, 2005). 다약제 내성 결핵과 관련된 사망률은 거의 70%로 높다(Simone & Dooley, 1994).

세 번째로 유행할 가능성이 있는 것은 포도상구균 박테리아(*Staphylococcus aureus* bacterium)이다. 이것은 그것을 통제하기 위해 여러 해 동안 사용되어온 여러 약제에 대해 내성을 지닌 균주를 진화시켜 왔다. 포도상구균 감염은 가장 일반적으로 의료기관에서 발견되어 왔다. 그러나 최근에 박테리아의 새로운 변종(지역사회에서 획득된 균주)은 이러한 기관들 밖에서 나타났으며 사망을 포함하여 더 심각하게 영향을 미치고 있다. 지역사회에서 획득한 바실루스는 전염성이 적어서 물집이 생기고 치료가 쉬운 셀루라이티스 염증을 일으키는 반면, 새로운 균주는 내장기관을 공격하고 혈류를 감염시킨다. 이러한 감염은 심장을 압도하거나 폐 조직을 파괴하여 사망에 이르게 한다(Voyich et al., 2005). 결론적으로 "침윤적인 MRSA(methicillin-resistant Staphylococcus aureus-포도상구균에 내성이 있는 메티실린) 감염은 특정 인구에 불균형적으로 영향을 미친다. 이것은 건강관리와 관련된 중요한 공중보건 문제이지만 더 이상 중환자실, 급성기질환 치료병원 또는 다른 보건치료시설에 국한되는 문제가 아니다(Klevins et al., 2007, p. 1763).

이러한 각각의 상황들은 인간 공동체, 심지어는 잘 발달된 건강관리 시스템을 갖춘 공동체에서 조차도 위협하는 전염병들이 있음을 보여주는 것이고, 유행병이나 전염병을 예방하거나 통제할 수 있다면 감염체가 진화하는 환경에 맞는 새로운 형태의 치료법을 개발해야 함을 설명하고 있다. 이를 위해서 재정적으로 그리고 창조적으로 막대한 투자가 요구된다.

의식을 잃자마자와 같이 비교적 통증이 없을 수 있다. 그러나 퇴행성 질환으로 인한 사망은 때때로 서서히 진행되고, 매우 고통스러울 수 있다. 심지어 심장마비는 "쉽게" 또는 "빠르게" 사망으로 이어지지 않기도 한다.

많은 사람들이 우리 사회의 주요 사망원인을 알고 있다. 알려져 있다고 생각되는 것들 속에서 부적절한 것을 발견하는 것은 여전히 놀라운 일이 아닐 수 없다(Largo, 2006). 현재 우리 사회의 두 번째 사망원인인 암을 예로 생각해 보라(Doka & Tucci, 2010). 사실, 암은 질병의 집합이며, 이것의 각각은 공격적으로 재생산되는 악성 세포와 자신만의 독특한 특징과 사망률을 지닌 질병을 포함한다(Mukherjee, 2010). 우리가 학생들에게 남성과 여성 사망의 주요 암 원인을 질문했을 때, 그들은 남성의 경우 전립선과 대장암, 여성에게서는 유방암이라고 답하는 경우가 가장 많다.

사실, 남성의 경우 1950년대 초반 이후, 여성의 경우에는 1980년대 중반 이후의 암 사망의 주요 원인은 폐암이었다! 2007년 미국에서 29,093명의 남성이 전립선암으로 사망한 것과 비하면 88,372명의 남성이 폐암과 기관지암으로 사망하였으며, 40,599명의 여성이 유방암으로 사망한 것에 비하면 70,388명의 여성이 폐암과 기관지암으로 사망하였다(Xu et al., 2007). "당신은 먼 길을 달려왔다. 애기야"라고 담배광고에서 언급한 여성들에게서 폐암 사망자 수가 많은 것은 특히 아이러니한 결과이다(그리고 한 여학생은 "그렇다면 그들은 우리를 여전히 왜 '애기야'라고 부르는가?" 라고 질문을 했다.

임종 궤적

사망의 다른 원인들은 임종 궤적이라고 불리는 임종 유형과 연관되어 있다(Glaser & Strauss, 1968). 그것들의 차이점은 기간과 모양에 의해 구분된다. 임종 궤적에 있어서 *지속시간*은 생명이 꺼져가기 시작하는 시점과 죽음이 완료된 시점 간의 시간을 가리킨다. 이것은 소위 '생과 사의 간격'이라고 불리는데, 패티슨(Pattison, 1977)은 이 기간은 죽음이 닥쳤음을 인식함에 따른 불안감이 커

여기에 있는 사람들 중 남성, 여성 그리고 어린이 몇 사람은 HIV 감염과 AIDS 발병 위험에 처해 있다.

지는 시기인 "급박한 위기 단계", 잠재적인 두려움과 도전을 포함할 수 있는 "장기적인-생-임종의 단계", 그리고 다른 유형의 죽음에 대한 희망과 우려에 대한 논쟁을 강조할 수 있는 "마지막 단계"를 포함한다고 설명하였다. 임종 궤적에 있어서의 **모습**은 죽어가는 과정의 진행을 말하는데, 그 과정이 어떻게 진행될 것인지, 죽음을 예상하는지 또는 예상하지 못하는지를 말한다. 일부 임종 궤적은 신속하게 또는 거의 순식간에 사망까지 이뤄지기도 하며, 다른 경우에는 오랜 시간동안 지속되기도 한다. 그리고 일부는 예측될 수 있기도 하고, 다른 일부는 아마도 완화와 재발의 일련의 과정이 포함되어 모호하거나 불분명할 수 있으며, 또 다른 경우에는 사전에 어떠한 예고도 없다(그림 2.1 참조).

대부분의 전염병들은 비교적 간단한 임종 궤적을 보인다. 감염이 된 시점부터 사망이나 회복까지의 기간이 대게 몇 시간, 며칠, 몇 주 정도로 짧은 시간으로 측정된다. 이와는 대조적으로 퇴행성 질환과 관련된 임종 궤적은 대개 더 길고 때로는 훨씬 더 길다. 만성질환에 따른 임종 궤적은 훨씬 예측이 덜 가능하고, 통증과 고통, 자신의 신체에 대한 신체적 통제력의 상실, 또는 정신적 능력의 상실로 오랜 시간을 보내기도 한다. 후자 유형의 임종 궤적을 보이는 질병으로 파킨슨병, 운동신경 질환(예를 들어 근위축성측삭경화증, 'ALS' 또는 '루게릭병'), 근위축증, 다발성경화증 그리고 특히 알츠하이머병이 포함되며, 우리는 이 책의 20장에서 이에 대해 논의할 것이다.

복잡한 임종 궤적을 보이는 퇴행성 질환의 예로서 암을 생각해보자. 비록 암은 25년 전보다 치명적인 진단을 훨씬 덜 받고 급박한 사망 예후를 훨씬 덜 보이는 질환임에도 불구하고 우리 문화에서 가장 두려운 질병이다(Mukherjee, 2010). 암을 두려워하는 많은 부분은 이 질병과 관련되어 있는 임종 과정과 관련되어 있다. 암에 대한 친숙한 이미지는 보통 장기간의 불편함, 통증과 고통이다. 이러한 이미지들은 대중매체를 통해 전달된 수많은 저명한 사람들의 개인적인 이야기를 통해 강화되어 왔다(6장의 초점 맞추기 6.1 참조). 그럼에도 불구하고, 이것이 암을 모두 적합하게 묘사 한 것은

37

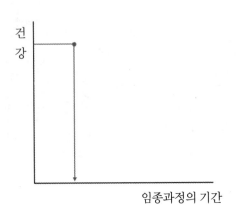

예측이 불가능한 시점에서 갑작스럽게
사망하는 경우

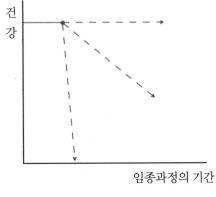

생명이 위험한 상태에 대한 해결책에
따라 건강상태를 지속, 건강상태 악화,
사망이 예측이 가능한 경우

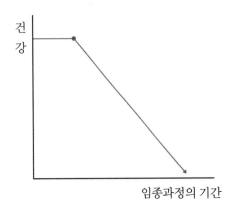

사망시점을 예측 가능하도록 천천히,
서서히 건강상태가 악화되는 경우

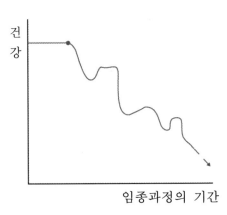

사망시점을 예측하기 어렵게 천천히,
모호하게 건강상태가 악화되는 경우

● 질병 시작 시점

그림 2.1 대조적인 임종 궤적들

아니다. 모든 암이 치명적이지 않으며, 어떤 암은 통증이나 불편감을 수반하지 않고, 어떤 암은 치료를 통해 5년 이상 생존 가능하다는 의미에서 완전히 또는 적어도 치료가 되며, 가족력과 개인의 환경에 따라 달라진다(Corr, 2010).

일부 퇴행성 질환을 치료할 수 있는 치료적 중재 효과는 임종 궤적의 지속기간과 예측가능성에 따라 복잡해진다. 중재가 성공적일 때, 그러한 질병에 걸린 사람의 삶의 질과 수명을 회복시킬 수 있다. 중재는 질병의 진행을 막을 수 있고, 영향을 받은 개인이 부분적으로 쇠약하거나 장애가 있는 상태에서 그들의 삶의 균형을 유지할 수 있도록 할 수 있다. 다른 중재들은 퇴행성 질환의 진행을 멈추거나 막는 것이 아니라 단지 늦출 수 있거나 질환을 가진 사람들의 임종을 연장시킬 수 있다. 생사의 연장은 몇 주, 몇 달 또는 심지어 몇 년의 기간으로 측정될 수 있다.

상대적으로 미국의 퇴행성 질환을 다루는 탁월함은 임종과 죽음에 대한 미국인의 경험을 변화시킨다. 비록 우리 사회에서 죽음이 덜 자주 발생하지만, 죽음이 발생할 때에는 죽음은 종종 길고, 모호하거나 예측 불가능한 임종 궤적과 관련이 있다. 따라서 가완디(Gawande, 2010, p. 39)는 다음과 같이 썼다. "우리의 최근 역사를 제외하고 임종은 일반적으로 간단한 과정이었다. 당신이 생명을 위협하는 질병과 죽음을 인식하는 데 걸리는 시간은 단지 며칠 동안이나 몇 주간이었다. 사람들은 그들이 나쁜 날씨를 경험하는 방식, 즉 작은 경고도 없이, 생명을 위협하는 질병을 경험한다." 한편으로는 퇴행성 질환과 더 길고 더 모호한 임종 궤적은 개인이 작별인사를 하고, 업무를 처리하고, 죽음을 준비하는데 많은 시간을 줄 수 있다. 다른 한편으로는 우리 사회의 전형적인 사망원인으로 인해 임종을 하는 것은 때때로 육체적, 정서적, 사회적, 영적, 그리고 재정적 자원을 낭비하게 한다.

사망 장소

1900년이라고 상상해보자. 당신은 죽어가고 있는 사랑하는 사람의 머리맡에 있다. 당신은 *그 사람의 집에* 있는데, 1900년의 미국인들 중 80%는 자신의 침대에서 죽었기 때문이다(Lerner, 1970). 당신과 당신이 사랑한 사람은 시선, 소리, 냄새, 그리고 친숙한 사람들에 의해 둘러싸여져 있다. 병원이나 다른 종류의 의료기관은 1900년대에 살던 대부분의 사람들이 죽음을 맞는 장소가 아니었다. 이것은 21세기 세계 대부분의 개발도상국에서 죽음을 맞는 사람들에게도 마찬가지다. 1900년에 그들을 돌봐주는 인적 자원이나 가족, 친구가 없는 사람들은 공공병원에서 죽음을 맞을 수 있었다. 1900년에 인적 자원이나 재정 자원을 가진 사람들은 자기 침대, 자신의 친구와 가족이 있는 평안한 집을 떠나 죽음을 맞을 다른 장소로 가는 것을 원하지 않았다. 대조적으로 오늘날의 미국에서는 68% 이상의 사람들이 낯선 장소에서, 낯선 침대에서 그리고 낯선 사람들에 둘러싸여 병원, 장기요양시설뿐만 아니라 호스피스 기관과 같은 *공공시설*에서 죽음을 맞는다(표 2.4 참조).

1900년에 당신과 가족의 다른 구성원들은 1차적으로 간병을 제공하는 사람들이었을 것이다. 죽어가는 사람에게 당신이 제공하는 것은 크게는 완화치료로, 고통스러운 증상을 치료하는 것이다. 열이 난다면, 당신은 차가운 수건으로 자주 닦아줄 것이다. 죽어가는 사람이 배가 고프다면, 당신은 익숙하고, 좋아하는 음식을 준비할 것이다. 만약 죽어가는 사람이 겁에 질렸다면, 당신은 그 사람의 손을 잡고, 그 사람의 곁에 앉아서 편안한 글을 읽어주거나 낭송해주고 사랑을 나눠줄 것이다.

표 2.4 2007년 미국의 사망 장소

합계	명	%	명 2,428,343[a]	% 100.0
병원 또는 의료센터				
입원환자	873,589	35.97		
외래환자	169,595	6.98		
도착시 사망	19,760	0.81		
계			1,062,944	43.77
호스피스 시설			66,292	2.73
요양시설/장기요양시설			526,210	21.67
사망자의 집			616,559	25.39
기타 장소			151,005	6.22
모름			5,333	0.22

[a] 자료는 미국 비거주자도 포함하고 있음.
출처: CDC, National Vital Statistics System, National Center for Health Statistics, Mortality Statistics Branch.(2010). Unpublished worktable dated 7/20/10.

죽음이 가까워 왔을 때, 당신은 같은 방 또는 가까운 방에서 머물고 있다. 사망한 후 당신은 인생이라는 드라마 속에서 사랑의 행동으로써 시신을 깨끗하게 하고 옷을 입혀준다. 친구와 이웃들이 조문할 동안, 시신을 침대에 그대로 잘 남겨둘 수 있다. 또는 당신과 다른 가족 구성원들이 직접 만들거나 다른 의미에서 죽은 이를 위한 마지막 행동으로 만든 관에 시신을 넣고 소생하거나 조문을 위해 영안실에 둔다. 당신이 인근에 있는 가족 공원이나 교회 마당을 파는 것을 도와서 만든 무덤에 시신은 장례식 후 가족에 의해 안치된다. 특별한 명예의 표시로써, 가족들은 무덤을 덮는다. 윌리엄 포크너(William Faulkner)의 소설 '내가 죽어서 누워있을 때(As I Lay Dying, 1930)'에는 이러한 어느 한 가족의 투쟁이 잘 묘사되어 있다.

이러한 상황에서 죽음은 친숙하다. 대부분의 사람들은 가족이 사망한 경우를 보고, 듣고, 경험하여 왔다. 어린이들도 이러한 상황에 함께 하였다. 만약 할머니가 집의 침대에서 돌아가셨다면, 어린이들은 할머니 곁에 앉아서 이야기하고 작은 일을 도움으로써 참여한다. 어린이들은 집에서 지내므로 그들이 깨어있는 동안 함께하고 장례식에 참여한다. 죽음은 어린이들의 삶에서 이방인이 아니다.

이러한 모든 관습은 전부는 아니지만 대부분의 미국인에게 바뀌었다. 1949년 우리 사회의 모든 사망자 중 49.5%가 일종의 의료기관에서, 주로 병원에서 사망하였다. 2007년까지 미국의 모든 죽음 중 68% 이상이 시설에서 발생했는데, 거의 44%는 병원과 의료센터에서 그리고 21% 이상이 장기요양시설에서 사망하였다(표 2.4 참조). 최근 몇 년 동안 호스피스 운동의 발전과 관련하여, 병원과 요양원에서 개인 주택과 호스피스 시설로 어느 정도 바뀌었지만, 여전히 우리 사회의 죽음의 대부분은 전통적인 공공시설에서 발생하고 있다. 일반적으로 20세기 후반의 우리 사회에서 많은 사람들의 죽음이 삶의 주류에서 점차 벗어나고 있다. 가족들은 가족 구성원의 죽음에서 참여자나 1차 간병인이 되기보다 점점 관중이 되어가고 있다. 오늘날 많은 미국인이 죽을 때, 그들은 그들이 가장 잘 아는 곳, 그들이 가장 잘 아는 사람들, 그들이 공유해 온 개인적이고 오랜 역사로부터 떠나 있다. 이것은 전문적인 간병인에 대한 비판이 아니다. 내 초점은 과거에 돌봄을 제공했던 동일한 사람이 아니라는 점에 있다. 죽어가고 있는 사람과 장기간 관계가 없을 때, 간병을 하는 사람들은 그 사람의 개인적인 관심, 가치, 욕구, 선호경향을 알 수 없다. 이것이 현대 미국인이 그들이 죽음보다 임종과정을 더 두려워하는 이유 중 하나다. 또한 이것은 생애 마지막 순간에 중요한 결정을 내려야 할 때 자신의 목소리를 듣고 존중하도록 하기위한 노력으로써 사전의료지시에 대한 관심이 커진 이유 중 하나이다(16장 참조).

지금은 집 밖의 장소에서 임종을 하기 때문에, 죽음이 우리들에게 알려지지 않거나 잘 알려지지 않는다. 이러한 환경에서 가족구성원들은 죽음의 순간에 함께 하지 못할 수 있다. 예를 들어 몰몬교, 정통 유대인, 아미쉬와 같은 특정 집단들을 제외하고는 시신을 닦고 옷을 입히는 마지막 사랑의 행위가 우리 사회에서 간호사, 간호조무사, 장의사 등과 같은 낯선 사람에 의해 이루어지고 있다. 시신은 사망한 장소에서 장례식장으로 옮겨졌을 것이다. 거기에서 준비가 끝난 후 가족들은 옷을 입고, 화장을 하고, 준비가 된 시신을 볼 수 있다. 여러 면에서 실제 사망사건은 대부분의 삶에서 감추어지고 삭제된다. 그리고 오늘날 많은 묘지에서, 가족은 무덤 속에 관을 넣기 전에 묘지로 가고, 묘지 입구나 가까운 성당과 묘지에서 마지막 이별을 한다. 이러한 모든 관습들로 인해 가족 구성원들은 무기력하고 공허한 관찰자로 남게 된다.

간단히 말하면, 자연스러운 인간 죽음의 많은 장면을 직접적이고 개인적으로 직면하는 것은 우리 사회에서 줄어들고 있다. 비록 이러한 상황이 호스피스 프로그램의 지원으로 변화되어가고 있지만, 죽어가는 사람과 죽은 사람을 돌보는 것은 우리 사회에서 가족으로부터 그리고 집 밖으로 멀리 벗어났다. 따라서 그들이 사랑하는 누군가의 죽음 직전, 그 순간, 직후에 경험 할 수 있는 사람은 거의 없다. 다른 모든 사람들에게 죽음은 점차 더 멀어지고 있고, 어떤 사람들은 삶의 주류로부터 멀어지거나 외계인이 되어버린다.

최근 사망 장소의 중요성에 대해 주목하는 다른 한 방법이 국제 비교와 전국 비교에서 나타나고 있다. 예를 들어 죽음의 질 지표(Quality of Death Index)를 영국 신문인 이코노미스트지(The Economist, Economist Intelligence Unit, 2010)에서 발표했는데 4가지 요인으로 전 세계 여러 국가에 대해 등수를 매겼다. 4개 요인은 생애 말기에 받을 수 있는 건강 보건 환경, 함께 할 가능성, 질, 그리고 생의 말기 돌봄에 드는 비용이다. 흥미롭게도 지수를 계산한 결과 미국과 캐나다는 겨우 9위를 차지했다. 영국과 호주는 함께 1위에 올랐다. 그 외에 2007년 캐나다가 미국에 비해 죽음과 관련한 만남에 있어서 더 유리한 조건이라는 사실이 유용한 자료들을 통해 알려졌다(비판적 숙고 #3 참조). 마지막으로 캐나다 호스피스완화의료협회(Canadian Hospice Palliative Care Association)와 다트머스헬스아틀라스(Dartmouth Health Atlas, www.dartmouthatlas.org)는 캐나다와 미국 내에서 생애 말기 돌봄의 중요한 변화를 보고하였다. 간단히 말하면, 당신이 사는 곳이 당신이 어떻게 죽을 것인지에 큰 차이를 만들 수 있다.

죽음을 맞는 모습의 변화에 영향을 미친 요인은 무엇인가?

이 부분에서는 죽음을 맞는 모습의 변화에 영향을 준 6개 요인을 살펴보고자 한다. 예를 들어 사망률은 이미 19세기 중반과 후반에 눈에 뜨이게 감소했다. 이러한 감소 현상을 무엇으로 설명할 수 있을까?

최초의 가장 중요한 요인은 18세기 후반과 19세기의 *산업화*이다. 이 역사적이고 사회적인 현상은 즉각적인 몇몇 결과를 가져왔다. 그러한 것들 중에 식량 생산의 증가, 더 좋은 의복, 더 나은 주거가 포함되며, 이 모든 것들은 사람들이 더 건강하도록 하는데 기여하였다. 산업화는 환경을 개선시켰고, 일반적으로 삶의 수준을 향상시켰다. 그것은 죽음이 인간의 삶에 덜 친숙한 방문객이 되었음을 의미한다.

또한 산업화는 보다 효과적인 통신수단의 발전, 예를 들어 전신과 전화와 같은 효과적인 통신수단의 발전, 그리고 철도, 고속도로, 더 효율적인 트럭 운송과 같은 보다 효과적인 교통수단의 발전을 가져왔는데, 이것은 죽음의 양상 유형을 변화시켰다. 예를 들어서 한 곳에서 수확을 못하더라도 다른 지역의 사람들에게 알릴 수 있고, 어느 곳의 여분은 그 곳으로 옮겨질 수 있으며, 영양실조와 기아는 완화되거나 해결될 수 있다. 대조적으로 최근 몇 년 동안 일부 빈곤한 사회에서 세계 다른 지역으로부터 보내진 식량이 부적절한 항만의 배송시설로 인해 가장 필요한 곳으로 식량이 배달되는 것을 막음으로써 그 식량이 낭비되고 있고, 그로 인한 기아와 영양실조로 많은 사람이 사망하고 있다.

사망률을 낮춘 두 번째 요인은 19세기와 20세기에 처음 성공을 거둔 *공중위생 대책*이다. 예를 들어 콜레라, 장티푸스, 뇌염과 말라리아와 같은 전염병으로부터 받는 위협은 모기 또는 쥐와 같은 매개체, 그 전파 경로와 이러한 매개체에 대한 통제에 대해 더 잘 이해하게 됨에 따라 감소되었다. 그리고 19세기 후반에 파스퇴르가 미생물에 의해 전염병이 발생함을 밝히면서, 그러한 질병을 앓고 있는 사람들에 대한 격리 또는 검역, 하수와 식수의 분리, 기본 위생시설의 개선이 이루어졌다. 이러한 활동들은 사망률을 낮추고, 사회 전체의 질병 유병률과 사망률을 예방하는데 도움을 주었다.

산업화와 공공위생 대책이 미국에서 사망률을 처음으로 낮추었을 때, 더 적은 수의 사람이 죽었다. 그러나 젊은 사람, 특히 영아는 높은 비율로 계속 사망하였다. 개인을 위한 영양과 예방적인 건

비판적 숙고

#3. 왜 죽음과 관련된 모습들이 북미에서 달라지는가?

북미의 두 나라는 여러 면에서 비슷하다. 그러나 아래의 표에서 볼 수 있듯이 미국과 캐나다의 죽음과 관련된 양상은 여러 면에서 명백하게 다르다. 왜 그렇다고 생각하는가? 특히 우리는 미국의 보건의료 시스템이 세계에서 최고라고 들어왔다. 만약 그것이 사실이라면 왜 캐나다가 다음과 같은 비교에서 많은 부분 더 나은 모습을 보이는 것일까?

두 나라의 주요 사망원인은 매우 비슷한데, 암이 2006년 캐나다 사망원인 1순위인 심장병보다 우위를 차지하였고, 당뇨병이 캐나다에서 6순위인 알츠하이머병보다 우위이었으며, 그리고 자살은 캐나다에서 사망원인 10위인 반면 미국에서는 11위이었다.

	미국[a]	캐나다[b]
전체 인구	301,621,157	32,927,372
사망자 수	2,423,712	235,217
비표준화 사망률(1,000 명당)	8.0	7.1
연령표준화 사망률(1,000 명당)	7.6	5.4
영아 사망률(1,000 명 출생 기준)	6.75	5.1
평균 기대수명		
전체	77.9 년	80.7 년
남성	75.4 년	78.3 년
여성	80.4 년	83.0 년
사망 장소		
병원	43.8%	66.6%[c]
병원 아닌 곳	56.0%	33.3%
미상	0.2%	0.1%

[a] National Center for Health Statistics(www.cdc.gov/nchs); Xu et al., 2010에서 2007년 자료 ; Centers for Disease Control and Prevention, National Center for Health Statistics. Compressed Mortality File 1999-2007. CDC WONDER On-line Database, compiled from Compressed Mortality File 1999-2007 Series 20 No. 2M, 2010a. Accessed at http://wonder.cdc.gov/cmf-icdlO.html on Nov 18, 2010 8:04:43 AM.

[b] Statistics Canada (http://www.statcan.gc.ca/), Deaths 2007(catalogue no. 84F0211X, published March 2010, retrieved November 15, 2010; Auger, 2003, Northcott & Wilson, 2008.

[c] 캐나다의 "병원이 아닌 곳"은 개인 집, 요양시설과 장기요양시설과 같은 간병시설, nursing stations과 단기보호시설, 그리고 지방, 중앙, 연방정부로부터 병원 허가를 받지 않은 다른 유형의 간병시설을 포함함. 캐나다에서 2007년 두 번째로 사망자 수가 많은 지역인 퀘벡은 주거시설과 장기 말기돌봄센터를 병원의 범주 안에 넣었음

강 조치는 전반적인 사망률, 특히 영아 사망률이 더 감소하기 전에 더 잘 이해되었어야 했다. 그러한 방안들이 점점 더 효과적인 방법으로 추진되었을 때, 1930년대 후반과 1940년대의 평균 기대수명은 의미 있게 향상되었다.

우리 사회의 사망률을 낮추는 세 번째 요인은 *개인을 위한 예방적인 건강관리*이다(Cohen, 1989). 이것은 백신 접종과 같은 기술에서 가장 명백하게 드러나는데, 이로써 각 개인은 예방접종을 받을 수 있거나 통제된 방법으로 질병에 감염될 수 있다(Allen, 2007). 예방접종 절차는 개인의 면역체계가 질병에 의한 미래의 공격을 방어할 수 있는 방어력을 구축할 수 있도록 하는 것을 목적으로 한다. 이러한 예방적인 조치들은 에드워드 제너(Edward Jenner)가 천연두 예방접종을 소개한 1798년에 도입되었다(Riedel, 2005). 그러나 그러한 또 다른 발전을 하는 데에는 거의 한 세기가 걸려, 1881년에서야 루이스 파스퇴르(Louis Paster)에 의해 탄저병 예방접종이 소개되었다(Wehrle & Top, 1981). 19세기 말이 시작되면서, 불규칙한 간격으로 진전됨에도 불구하고 사용 가능한 백신의 수는 빠르게 늘어났다. 이러한 백신들은 점점 더 많은 사람들을 치명적인 질병으로부터 보호해주었고, 때로는 어린 시절의 질병으로부터 보호해주었으며, 그래서 평균 수명 연장에 빠르게 기여하였다. 개인을 위한 예방적인 건강관리의 다른 방법에 건강한 식사와 운동에 대한 조언을 배포하는 매체의 사용, 흡연의 위험에 대한 경고, 그리고 임산부가 금주를 하고 불법적인 약을 사용하지 않도록 설득하기 위한 노력이 포함된다.

이 모든 요인들은 네 번째 요인이 나오기 전까지 죽음의 양상 변화에 영향을 미쳤고, 이 네 번째 변인은 *현대 치료지향적 의료*이며, 이것은 20세기의 2/4분기에 처음으로 중요한 의미를 가지게 되었다. 이때부터 병원은 건강관리에 주요한 기여를 하기 시작했다. 질병의 생물의학적 모델은 예방을 넘어서서 치료를 강조하는 경향이 강하였다. 의사들이 의료 서비스를 제공하는데 중요한 역할을 하게 되고, 주요 방법들로 건강을 회복 할 수 있게 되었다. 이러한 종류의 의료 서비스를 제공하기 위해 특별한 기술들이 개발되었고, 이 기술들 중 많은 것들은 상당히 비쌌다. 그래서 이러한 기술들은 특정 장소, 주로 병원에 설치되었으나, 지금은 때때로 전문의원에도 설치되어 있기도 하다. 우리 사회의 의료 서비스는 보통 아픈 사람이 있는 곳으로 찾아가지 않고, 환자가 의료 서비스를 제공하는 장소로 찾아오게 되어 있다.

오늘날 의학은 사망률을 줄이고 훨씬 더 일찍 시작되었던 변화에 가속도를 붙이는 주요한 요인이 되었다. 특히 페니실린과 같은 항생제가 성공적으로 도입된 이래 -세계 2차 대전 이후의 현상으로- 현대 의학은 적어도 선진국에서는 현대의 사망률과 평균 기대수명을 개선하는데 기여했다. 비록 영아 사망률이 총 사망률만큼 빠르게 감소하지 않았고 영아 사망률이 현재 수준에 1950년대 후반과 1960년대에 도달했지만, 초기의 요인들과 함께 현대 치료 지향적 의료는 전반적인 사망률과 영아 사망률에 영향을 미쳤다. 그리고 불행하게도 비록 "미국이 영국보다 의료 서비스에 더 많은 돈을 지불하고 있지만…. 여전히 미국인이 영국인에 비해 훨씬 덜 건강하다"(Banks, Marmot, Oldfield, & Smith, 2006, p. 2037).

죽음이 우리 사회에서 어떻게 발생하고 경험하는지와 관련된 중요한 5번째 요인은 *현대 가족의 특성*과 관계가 있다. 가족이 대가족으로 서로서로 가까이 살았던 확대된 사회집단이었고, 특히 여성을 포함한 가족원들이 집에서 지냈을 때에는 많은 구성원들이 환자, 죽어가는 사람, 그리고 죽은 사람의 시신, 유족을 돌보는데 참여할 수 있었다. 미국과 많은 나라의 인구가 고령화되고 가족이 적어지면서, 성인인 가족원 모두가 집 밖으로 나가서 더 많이 일해야 하게 되고, 국가나 세계로 더 많이 흩어져 살고, 일반적으로 서로서로 덜 연결되어 임종, 죽음, 사별이 전혀 다른 방식으로 이루어지고 있다(Seale, 2000). 이러한 경향은 가족과 다른 친족이 산산조각 나거나 존재하지 않는 경우에는 특히 더욱 그러하며, 우리 사회의 많은 독신자와 노숙인의 경우도 마찬가지다. 종교 공동체와 친밀한 이웃이 어느 정도 여유를 가질 수 있지만, 이동성이 크고 세속적이며 비인간적인 우리 사회의 많은 사람들에게 그러한 유대관계는 덜 전형적이며 덜 강력하고 덜 유용하다.

죽음이 우리 사회에서 어떻게 나타나고 경험하는가에 영향을 미친 6번째 요인은 최근 몇 년 동안 관심이 점차 증가하고 있는 *생활양식*이다. 우리가 삶을 살아가는 방식은 때때로 우리가 언제 어떻게 죽는가에 직접적으로 영향을 미친다. 사실, 1990년 사망률 자료를 사용한 한 기사(McGinnis & Foege, 1993)는 *미국에서 발생한 죽음의 거의 절반은 원칙적으로는 예방 가능한 원인에 의해 발생하였거나 그와 관련이 있음*을 입증하였다. 이러한 결론은 2000년 사망 자료를 사용하여 근본적으로 동일한 점을 밝힌 다른 연구자 집단(Mokdad, Marks, Stroup, & Gerberding, 2004)에 의해서도 지지받고 있다. 영양불량과 신체활동 부족은 담배 사용과 함께 우리 사회의 예방 가능한 죽음 중 실제적으로 가장 많은 수를 차지하고 있다.

예를 들어 이 장의 서두에서 나온 브라이언 리 커티스 이야기는 담배 사용이 가져온 유해한 영향을 분명하게 보여준다. 흡연은 우리 사회의 남성과 여성 모두의 사망에 주요 원인으로, 폐암과 기관지암의 중요한 요인이다. 더 나쁜 것은 흡연이 심장병과 수많은 다른 유해한 상태에 영향을 미친다는 점이다(Kessler, 2009). 따라서 2010년 11월에 연방의약청(Federal Drug Administration, FDA)은 담배 포장에 죽어가는 사람의 그림을 담은 그래픽 경고를 부착할 것을 요구했고, 2010년 12월 미국 보건복지부(Department of Health and Human Services, 2010)는 흡연의 위험을 알리는 30번째 외과의사보고서(Surgeon General report)를 발표하였다. 또한 최근 간접흡연이 매년 전 세계적으로 60만 명이상의 사람들의 사망원인이 되고 있고(능동적인 흡연자 중 510만 명이 사망하는 것으로 추정됨) 특히 어린이와 비흡연자에게 특별한 영향을 미치고 있다고 보고되었다(Oberg, Jaakkola, Woodward, Peruga, & Priiss-Ustiin, 2010).

마찬가지로 고 콜레스테롤 음식 섭취는 우리의 심장과 순환계에 문제를 야기할 소지를 지닌다. 그리고 다량의 알코올과 단 음료를 마시는 것과 함께 고당도 음식의 소비와 규칙적인 운동의 부족은 미국인의 비만과 당뇨병의 비율이 증가하고 있음을 설명하는데 도움이 된다. 나아가 우리가 안전운전을 하는지 여부가 자동차 사고로 인한 죽음에 영향을 미친다. 또한 총기 오용, 무방비한 상태에서의 위험한 성행위와 불법적인 약물사용은 요절과 피할 수 있는 죽음에 기여한다.

비만과 관련하여 국립보건통계청(NCHS)는 1999~2002 국민건강영양조사(National Health and

Nutrition Examination Survey)를 통해 20세 이상의 성인 중 30%(6천만 명이상)가 체질량지수(BMI) 30이상인 비만으로 분류되었고, 35%가 과체중(BMI-25)으로 분류되었다(BMI=파운드로 측정한 체중을 인치로 측정된 키로 나누고 다시 키로 나눈 후 703을 곱한 값, 인터넷에서 BMI 계산기를 이용 가능함). 그 외에 모든 어린이와 6~19세의 십대 중 16%가 과체중이다. 그리고 미국심장협회 (American Heart Association, Associated Press, 2004)는 미국 2세에서 5세까지의 어린이 중 10% 이상이 과체중일 것으로 추정하고 있다. 결과적으로 외과의사협회(Surgeon General)는 *과체중과 비만 예방 및 감소를 위한 행동 촉구*(a Call to Action to Prevent and Decrease Overweight and Obesity)를 발표하였고(U.S. Department of Health and Human Services, 2001a), 의학연구소(Institute of Medicine, 2004)는 '*유년기 비만 예방 : 균형 있는 건강*(Preventing Childhood Obesity: Health in the Balance)' 보고서를 발행하였으며, *뉴잉글랜드의학회지*(*New England Journal of Medicine*, Olshansky et al., 2005)는 비만이 평균 수명의 증가라는 장기적인 추세를 이미 지연시키기 시작하였음을 보고하였다.

아마도 가장 놀랍게도 100명이 넘는 은퇴한 고위 군장성 집단은 2010년 4월에 "싸우기에는 너무 뚱뚱하다"라는 제목으로 보고서를 발표하였고, 2010년 9월 21일에 의회 지도자들은 청년들이 너무 과체중이어서 군복무가 어렵고 이러한 상황은 군사 준비 태세와 국가 안보에 영향을 미칠 수 있으므로 현재 상황을 변화시키기 위한 노력이 요청된다고 보고했다(www.missionreadiness.org).

이 부분에서 요약된 6개 요인, 산업화, 공중위생 대책, 개인을 위한 예방적 건강관리, 현대 치료 지향적 의료의 등장, 현대 가족의 특성, 그리고 생활양식은 우리 사회에서 죽음을 이르게 하는데 영향을 미치는 가장 중요한 요인들이다. 이 요인들 중 몇몇은 수 세기 전부터 알고 있었지만, 다른 것들은 단지 최근에 들어서서 알려졌다. 이 요인들의 영향으로 수많은 중요한 방법들로 인해 죽음이 가정과 현대 삶의 주류로부터 쫓겨났다. 그리고 과거의 비공식적인 가족과 다른 사회 지원망의 자리를 대신한 지역사회의 지원을 받지 못한 채 죽음을 너무 자주 맞이하고 있다. 물론 이것은 죽음이 더 이상 우리 세계에 *어떠한 방식*으로도 들어오지 못한다는 것을 의미하는 것은 아니다. 문제는 죽음이 우리 세계에 들어올 때 죽음이 취할 형식이다. 예를 들어 사망률, 특히 출산과 영아와 관련된 사망률은 지금 미국의 경우 낮을 만큼 낮아서, 잠재적인 부모들은 더 적은 수의 자녀를 가지려고 하고 첫 임신을 미루는 결정을 할 수 있는데, 이것은 이전 시기의 부모들이 죽음이 그들의 계획을 망가뜨리는 것을 두려워하였던 것과 달리, 지금의 잠재적 부모들은 덜 두려워하기 때문이다. 다른 사람들은 자신의 담배와 알코올 사용, 그들의 불량한 식이요법, 신체 운동의 부족, 또는 자녀들의 예방접종의 중요성에 관해 너무나 안이하게 여길 수 있다. 우리 사회에서 이뤄지는 죽음의 형태는 여러 변인에 따라 달라지는데, 그러한 영향을 미치는 변인들은 죽음의 가장 보편적인 원인, 우리가 마주치는 임종 궤적, 사망 장소, 그리고 우리 가족, 우리 민족, 그리고 우리 지역사회가 임종, 죽음과 사별을 경험하는 각 개인들을 지원할 수 있는지 또는 그렇지 않은지 등이다.

우리 모두는 조만간 죽을 것이다. 그리고 우리는 살아있는 동안 죽음, 임종, 그리고 사별을 경험할 것이다. 이 장에서는 이러한 양상들이 과거에 우리나라에서 또는 세계의 많은 다른 지역에서 보인 것과 다름을 제시하였다. 오늘날 미국에서 죽음을 맞는 것은 특별한 경험들 중 중요한 요소이다. 이러한 죽음 관련 경험들은 여러 방식으로 많은 다른 인간들을 통해 바람직하게 개선되고 있다. 다른 방식으로는 죽음 관련 경험들은 덜 호의적인 함의를 가지기도 한다. 우리는 다음 장들에서 죽음과 관련하여 변화하는 경험들의 측면들을 더 살펴볼 것이다.

내용 요약

본 장에서 우리는 ***현대 죽음의 양상***, 특히 미국과 다른 선진국에서 발견된 죽음의 양상에 관해 배웠다. 우리는 이러한 양상을 그 자체로 살펴보았고, 그것들이 과거 우리 사회 또는 현재 세계의 다른 지역에 있는 개발 도상국가에서의 사망 패턴과 다르다는 것을 살펴보았다. 오늘날 미국에서 사망률은 전반적으로 낮아지고 있고, 평균 기대수명은 길어지고 있으며, 사람들은 전염병 보다는 퇴행성 질환으로 가장 많이 사망하고 있다. 그리고 전형적인 임종 궤적은 더 길고 더 모호해지고 있으며, 더 많은 사람들이 집보다는 시설에서 죽고 있다. 또한 우리는 죽음과 관련된 양상에서 이러한 변화와 상관관계가 있는 6개 변인 또는 주요한 요인, 산업화, 공중위생 대책, 개인을 위한 예방적인 건강관리, 현대 치료지향적인 의료 발달, 현대 가족의 특성, 그리고 생활양식을 살펴보았다.

용어 해설

공중위생 대책 : 안전한 식수를 제공하고 하수, 쓰레기 및 기타 오염물질을 처리하는 등 사회 구성원들의 건강을 보호하거나 증진시키기 위한 지역사회의 행동들

사망률 : 특정 인구 집단의 구성원의 사망자 수를 해당 집단의 총 구성원 수로 나눈 값. 보통 1,000명당 또는 10만 명당 사망자 수로 표시함

사망 장소 : 예를 들어 가정 또는 공공시설과 같은 죽음이 일어나는 물리적인 장소

산업화 : 특히 제조업과 같은 생산 수단으로서의 조직. 종종 수작업과 대조하여 기계화를 말함

생과 사의 간격 : 죽음 시작과 죽음 완료 간의 기간

예방적인 건강관리 : 질병에 걸리거나 생명을 위험에 빠뜨릴 가능성을 예방하거나 최소화하기 위해 고안된 의료와 건강관리

임종 궤적 : 기간(죽음이 시작된 시점과 죽음이 완료되는 시점 간의 시간)과 모습(죽어가는 과정, 죽음에 대한 예측 능력, 죽음이 예상되는지 또는 예기치 못한 것인지)에 의해 전형적으로 보여지는 임종의 패턴 또는 죽음에 이르는 방식

전염병 : 사람에서 사람으로 전염되거나 전파될 수 있는 질병

죽음, 임종과 사별의 양상 : 우리가 죽음과 관련된 사건들을 마주치거나 만나는 방식들

치료 지향적인 의료 : 질병을 치료하기 위해, 또는 질병이나 생명을 위협하는 상태의 진행을 멈추게 하거나 늦추기 위하여 주로 고안된 의학과 의료 서비스

평균 기대수명 : 한 집단의 구성원들이 살 것으로 예상되는 평균 햇수를 추정한 수치

퇴행성 질환 : 노화, 생활양식 및 환경과 관련되어 신체 장기가 장기간 손상되어 전형적으로 나타나는 질병

확대가족 : 서로 가까이 살고 있는 친족으로 구성된 큰 집단

복습과 토론을 위한 질문

1. 두 가지 유형의 통계자료를 사용하여 미국 사회에서 죽음의 양상 변화, 사망률과 평균 기대수명을 알 수 있다. 이러한 자료들은 지난 100년 동안 미국에서 어떻게 바뀌었는가? 이러한 변화들이 죽음, 임종과 사별의 양상에 어떠한 영향을 미쳤는가?

2. 100년 전 미국사회에서 살던 사람들은 종종 전염병으로 사망했다. 오늘날 그들은 퇴행성 질환으로 인해 사망한다. 우리는 이 두 가지 유형의 사망원인을 어떻게 구별하며, 전형적으로 그것들과 연관된 임종 패턴들은 무엇인가? 이렇게 다른 사망원인들은 여러분이 마주치는 죽음, 임종과 사별에 어떠한 영향을 미칠 수 있는가?

3. 본 장에서는 미국 사회에서 사람들이 전형적으로 죽음을 맞이하는 장소의 변화에 대해 주목하고 있다. 집에서 죽을 때와 집을 떠나 예를 들어 병원이나 요양시설과 같은 곳에서 죽을 때 죽음의 양상이 어떻게 다를지 생각해보라. 이러한 변화는 죽어가고 있는 사람의 죽음 양상과 생존해 있는 사람들의 죽음 양상에 어떠한 영향을 미칠 것인가?

추천 도서

사망률과 관련된 인구학적 연구를 위한 기초 자료:

Centers for Disease Control and Prevention(CDC). *Morbidity and Mortality Weekly Report.* Provides current information and statistics about disease. See www.cdc.gov.

National Center for Health Statistics(NCHS). This CDC agency offers various publications; among these, the *National Vital Statistics Reports* summarize preliminary and final mortality data. See also the NCHS homelpage at www.cdc.gov/nchs.

National Safety Council. *Injury Facts.* Published annually . See www.nsc.org.

U.S. Bureau of the Census.(1975). *Historical Statistics of the United States, Colonial Times to 1970, Bicentennial Edition.*

U.S. Census Bureau. *Statistical Abstract of the United States;* 매년 출판되며, 1년 또는 2년 전 자료를 반영하고 있음. 미연방인구조사국의 웹페이지 www.census.gov 참조.

웹자료

유용한 검색어: AVERAGE LIFE EXPECTANCY; COMMUNICABLE DISEASES; CURE-ORIENTED MEDICINE(OR CURATIVE CARE); DEATH ENCOUNTERS(OR DEATH-RELATED ENCOUNTERS (OR ENCOUNTERS WITH DEATH); DEATH RATES(OR MORTALITY RATES); DEGENERATIVE DISEASES; DYING TRAJECTORIES; FAMILY(SIZE/STRUCTURE); INDUSTRIALIZATION; INFANT MORTALITY RATES; LIFESTYLE; LMNG-DYING INTERVAL; LOCATION OF DEATH (OR PLACE OF DEATH); MATERNAL MORTALITY RATES; PREVENTIVE HEALTH CARE; PUBLIC HEALTH

본서와 연계된 웹사이트 Death & Dying, Life & Living, 제7판을 방문해 보라.

본서-특약 웹사이트는 전문용어 해설, 플래시 카드, 아래 소개된 웹사이트 연결로, 그리고 퀴즈 테스트 등을 포함하는 학습 도구들을 제공한다. www.cengagebrain.com을 방문하라.

일반 자료

American Cancer Society

Centers for Disease Control and Prevention

Centers for Disease Control and Prevention, Injury Prevention & Control: Data & Statistics (Web-based Injury Statistics Query and Reporting System)

Dartmouth Health Atlas

National Center for Health Statistics(NCHS)

National Safety Council

Statistics Canada

U.S. Census Bureau

World Health Organization

HIV/AIDS와 관련된 자료:

AIDS Education Global Information System(AEGIS)

American Foundation for AIDS Research

Canadian AIDS Society

Canadian HIV/AIDS Clearinghouse

Centers for Disease Control and Prevention

Centers for Disease Control and Prevention, National HIV & STD Testing Resources

Elizabeth Glaser Pediatric AIDS Foundation

HIV/AIDS Bureau, Health Resources and Services Administration, U.S. Department Health and Human Services

National AIDS Clearinghouse

National Association of People with AIDS

National Association on HIV Over Fifty

National Minority AIDS Council

National Native American AIDS Prevention Center

UNAIDS

제3장

죽음에 대한 태도 변화

목표

- "태도" 개념을 설명하고 죽음과 관련된 경험의 요소로써 죽음과 관련된 태도를 규명하기
- "죽음불안" 개념을 기술하고 개념을 이해하기
- 각 개인에게서 발견되는 죽음과 관련된 걱정과 반응의 기본적인 4개 범주를 알아보기
- 서구의 죽음에 대한 태도에서 지배적인 사회적 유형에 대한 이론을 살펴보기
- 북미의 현 시대 아미쉬의 삶과 17세기 뉴잉글랜드 청교도의 예를 통해 죽음 관련 경험에 있어서 태도의 역할을 살펴보기

죽음에 대한 아미쉬(Amish)의 태도

펜실베이니아 동부의 올드 오더 아미쉬(Old Order Amish) 공동체에서 평생을 살아온 존 스톨푸스(John Stolzfus)는 가장 평범한 이름 중 하나를 가지고 있었다. 스톨푸스 가족은 알자스로부터 18세기에 이민을 온 사람들로 부터 그 뿌리를 찾아내었는데, 16세기 재 침례교(Anabaptist) 운동을 한 스위스까지 기원을 거슬러 올라간다. 재 침례교도들은 어린이들이 선과 악에 대한 지식이 없이 세상에 들어왔고 그래서 죄를 씻기 위해 유아들이 침례를 받을 필요가 없다는 점을 이유로 유아 침례를 거부하였고, 그로 인해 유럽에서 박해를 당했다. 창립자인 제이콥 암만(Jacob Ammann)의 이름으로부터 유래된 아미쉬는 현재 유럽에 남아 있지 않지만, 미국의 24개 주와 캐나다 온타리오주에서 18만 명이 살고 있는 것으로 추정된다(Hostetler, 1994; Kraybill, 2001; Nolt, 2003; Nolt & Meyers, 2007; Weaver-Zercher, 2001; Zielinski, 1975, 1993).

친밀하게 밀착된 아미쉬 공동체의 일원으로서 존 스톨푸스는 종교적인 신념과 실천, 대가족, 그리고 농장 일에 집중하며 일생을 보냈다. 올드 오더 아미쉬 공동체는 그들의 고유한 의상으로 유명하다. 남자들은 고리와 구멍으로 고정된 무늬가 없는 검은 옷을 입고, 챙이 큰 모자를 쓰고, 콧수염 없이 턱수염을 기른다. 그리고 여성은 턱 밑에 끈으로 매는 모자와 긴 드레스를 입는다. 이 공동체 구성원들은 자동차 대신 소가 끄는 마차를 사용하고, 평화주의를 지지하며, 최신 차량용 전기와 공기 타이어를 사용하는 트랙터와 같은 많은 현대적인 장치들을 사용하는 것을 거부한다.

이러한 것들은 느리게 변화하는 문화를 외적으로 표현하는 것인데, 성경의 명령을 이해하고 따르기로 결정함으로 인한 것이다. 그것의 중심 가이드 라인은 "너희는 이 세대를 본받지 말고 오직 마음을 새롭게 함으로 변화를 받아 하나님의 선하시고 기뻐하시고 온전하신 뜻이 무엇인지 분별하도록 하라(로마서 12:2)"와 "너희는 믿지 않는 자와 멍에를 함께 매지 말라. 의와 불법이 어찌 함께하며 빛과 어둠이 어찌 사귀며(고린도 후서 6:14)"이다. 아미쉬 사회는 근본적으로 지역사회로 향함으로써 하나님을 경배하고, 인류의 사악한 환경들의 영향을 완화하며, 순종과 일치를 통해 윤리적인 관계에 가치를 둔다. 크레이빌(Kraybil, 2001 p. 28)이 쓴 것처럼, "아미쉬의 신앙은 일상생활과 분리되어 있지 않다. 그것은 그들의 삶의 방식 전체를 관통하고 있다." 아미쉬는 말로 전해 내려오는 것을 중시하고, 실천적인 지식과 자연 친화, 노인 공경, 자급자족을 위한 노력, 그리고 사회 규모로 소규모를 공유한다. 보통 지리적으로 근접한 25에서 30개 세대가 하나의 집회나 교회 지구를 형성하고, 격주로 종교 의식을 그들의 집에서 번갈아 가며 가진다.

스톨푸스 가족은 일출과 함께 기상하고 해질녘에 잠자리에 들었다. 어렸을 때, 존은 가족의 필요를 채우기 위해 집안의 허드렛일을 맡아서 했다. 그는 학교를 다니는 동안 이러한 종류의 일을 그의 나이, 성장과 성숙정도에 맞는 다른 책임과 함께 계속하였다. 존의 학교 교육은 8학년을 끝으로 계속되지 못하였는데, 아미쉬는 그들이 선택한 삶을 위해 충분하다고 생각하였기 때문이다. 그들은 추가적인 정규 교육은 전통적인 신념과 가치를 전복시키는 경향이 있다고 경계한다. 존은 16세에 그의 친구들처럼, 그들이 침례를 받을 것인지 아닌지를 각 개인이 결정하는 동안 *합법적인 탐색기간(rumspringa)*을 경험했는데, 이것은 아미쉬 공동체 삶의 엄격한 규율이 일시적으로 해제되는 성숙한 의식이다(Shachtman, 2006; Stevick, 2007). 그 후 그는 18세에 지역 교회에서 침례를 받았고, 그에 따라 교회에 공식적으로 헌신을 하게 되었다. 얼마 후인 11월 어느 날 그는 같은 공동체의 젊은 여인과 결혼하였다.

처음에 이 젊은 부부는 존의 가족과 함께 살았고, 그는 그들의 농장에서 계속 일했다. 결국 한 친척으로부터 작은 상속을 받고 가족으로부터 약간의 재정적 도움을 받아서 존 부부는 농사를 지을 그들 자신만의 소규모의 땅을 샀다. 존의 생애에 있어서 생산이 가능한 기간 동안 첫 세 자녀가 출생했고, 그 자신의 집을 건축했으며, 농장의 큰 곳간을 채우는 위대한 공동 활동을 하였다.

다섯 번째 자녀가 태어난 직후 존의 첫 번째 부인이 죽었다. 친척들은 그와 기꺼이 결혼하여 기존의 존의 자녀들의 엄마가 되어주고, 새로운 자녀를 낳아 줄 첫 아내의 미혼인 사촌을 찾아낼 때까지 아이들을 돌보는 일과 넓은 농장 일을 도와주었다. 그 후 여러 해 동안 삶은 조용하고 안정적인 방식으로 계속되었다. 결국 존의 결혼생활에서 출생한 자녀들이 자랐고 그들도 결혼했다. 존과 그의 두 번째 부인은 그들이 속한 공동체 구성원들의 존경을 받았는데, 그는 교회에서 가난한 사람들을 위한 집사 또는 목사로써 봉사하였고, 그녀는 교회 단체에서 일하고, 공동체 모임에서는 조용한 존재이었다.

좋은 삶이었다고 생각이 든 그때, 존은 활력과 주위를 돌아다니는 능력이 감소하기 시작했다. 아미쉬 풍습에 따라 '할아버지 집'이라고 불리는 작은 집을 제일 큰 농가 옆에 지었고 존은 거기로 물러났다. 은퇴 후 존은 성경을 읽고, 작은 나무 장난감을 깎아서 만들며, 두 번째 아내, 자녀와 손자녀들과 시간을 보내는데 집중하였다. 그가 더 이상 침대에서 나올 수 없을 때, 존과 공동체 사람들은 그의 죽음이 멀지 않았음을 깨달았다. 점차적으로 모든 연령대의 아미쉬 이웃들은 함께 기도하고 작별인사를 하기 시작했다. 존은 임박한 그의 죽음에 대해 공개적으로 이야기하고 다른 사람들에게 그들 자신의 죽음을 조용하게 받아들이고 준비할 수 있도록 격려하였다. 82세 나이에 어느 날 밤 존 스톨푸스는 자신의 침대에서 평화롭게 죽음을 맞이했으며, 그때 딸 중 한 명이 조용하게 흔들의자에 앉아 있었고, 손자 두 명이 같은 방에 있는 자기들의 침대에서 자고 있었다.

존의 몸은 아미쉬가 아닌 장의사에 의해 방부처리 되었고, 그러고 나서 남자 가족들이 전통적인 흰 옷을 그의 몸에 입히기 위해 집으로 돌아왔다(Bryer, 1979). 시신은 몇 주 전에 준비된 6면체 목조 관에 눕혀졌고, 관은 집 중앙에 있는 방에 몇 개의 판자 위에 놓여져 있었으며, 십 달러 지폐 두 장은 종이로 포장되어 있었다. 친구들은 이러한 많은 준비들을 도와주었고, 존을 알았던 사람들이 그의 죽음을 알고 있는지 확인했다. 그날 저녁, 그 다음날, 그리고 다음날 저녁, 공동체의 다른 회원들은 집에 와서 음식을 선물로 주었고, 실용적이고, 정서적이고, 영적인 지지를 존의 가족들에게 해주었다. 몇몇 사람들은 무덤이 준비될 때까지 시신 옆에 교대로 앉아있었고 다른 사람들은 장례식을 준비하였다. 존 스톨푸스의 장례식은 그의 삶 전체가 계속적으로 이어진 단순한 행사로 의식, 매장식, 행사 후 식사 등의 공동체 회원이 참여하는 친근한 의식이었으며, 그 다음 몇 주 또는 몇 달 동안은 위안을 위한 활동이 이루어졌다. 어느 누구도 이 죽음이나 이 사건에 의해 충격을 받지 않았고 놀라지 않았다. 경험, 전통, 공유된 태도들이 개인과 공동체 간에 서로 지지해주고, 삶과 죽음의 순환을 받아들이도록 준비시켰다.(외상으로 인한 사망 후 아미쉬의 애도 실제 사례, 초점 맞추기 3.1. 참조)

초점 맞추기 3.1

외상으로 인한 사망 후 아미쉬의 애도

2006년 10월 2일, 찰스 칼 로버트 4세(Charles Carl Roberts IV)는 펜실베이니아 남동부에 있는 니켈 마인스 아미쉬 학교(Nickel Mines Amish School)의 한 교실에 침입하였다. 성인 여성과 소년들을 풀어준 로버츠는 자살하기 전에 소녀 10명을 향해 총을 쏘았는데, 그들 중 5명이 사망하였고 다른 사람들은 부상을 입었다.

많은 미국인들은 아미쉬 공동체가 이런 주목할 만한 끔찍한 사건에 대해 보인 반응에 주목하였다. 공동체는 홍보를 기피하는 반응을 보였고, 매체에 대해 "클로즈 업과 사진 촬영"을 삼가달라고 요청하였다(Levin, 2006, p. 4A). 대신에 그들은 주 경찰을 통해 성명을 발표하였고, 그 중에는 "우리는 왜 이러한 일이 일어났는지 전혀 알지 못하고 이해하지 못한다. 그러나 우리는 신이 이 일을 허락하셨다는 것을 믿는다"(Levin & Hall, 2006, p. 3A)라고 말하였다. 가장 눈에 띄는 것은 아미쉬 공동체의 분노가 없었고, 이러한 비극에 직면한 일차적인 추모자들과 공동체를 위한 그들의 강력한 지원 시스템이 있었다는 사실이다.

아미쉬 삶의 4가지 자질은 이 공동체 사람들이 이러한 사건들에 대처하는 방식에서 두드러졌다(Hampson, 2006, p. 3A).

- 세상이 근본적으로 악하다고 믿기 때문에, 그들은 하느님의 계획을 받아들였다. 그러나 그것이 신비스럽거나 고통스러울 수 있다. 그리고 죽은 아이들은 지금 하늘나라에 있다는 것을 믿었다.
- 다른 뺨을 돌리고 원수를 사랑하라는 기독교인의 명령에 따라 행동하였기 때문에 아미쉬는 그들의 고통에 대항하지 않고, 당황한 로버츠 가족들을 위로하려고 노력하였다.
- 한 사람의 개성을 강조하는 방식으로 행동하지 않는 일반적인 관습을 지닌 아미쉬는 미디어에 발표하는 것을 서두르지 않았고 감정적인 모습을 공개적으로 보여주지 않았다.
- 이 공동체는 전형적으로 함께 가까이에서 일하고, 서로서로 돕기 때문에, 아미쉬는 다섯 어린이를 위한 일련의 철야, 장례, 매장 준비와 참여하는 사람들을 위한 식사 제공을 하나의 **공동체**로써 함께 행동하였다. 그들은 또한 총격사건이 난 학교 건물을 파괴하고 그들의 어린이들을 위한 새 학교를 공동체의 한 회원이 소유한 인근의 땅에 건설하였다.

이 모든 면에서 아미쉬는 종교적인 신념의 특별한 형태, 그들에게 해를 끼친 사람에 대한 기꺼운 용서, 용서를 위한 고통스러운 노력을 행동으로 보여줌으로써 아주 특별한 예를 제공하였다(Kraybill, Nolt, & Weaver-Zercher, 2007). 종교적 신념과 공동체 그 자체가 필요한 지원을 제공하였다.

태도는 무엇이고, 태도가 양상에 어떻게 영향을 미치는가?

제2장에서 우리는 죽음과 관련된 경험의 첫 번째 주요 요소로 **죽음과 관련된 양상**을 살펴보았다. 본 장에서 우리는 죽음과 관련된 경험 중 두 번째 주요 요소, 우리의 **죽음 관련 태도**를 를 살펴보고자 한다. **옥스퍼드 영어사전(Oxford English Dictionary)**에 따르면, **태도**라는 단어는 예술에서 나왔다. 원래 예술은 조각상이나 그림에서 인물의 배치나 자세를 의미했다. 그러한 정의는 신체 자세가 특정한 정신상태와 관련되어 있다는 관점으로 이어졌다. 거기에서 **태도**라는 용어가 "느낌이나 의견을 대표하는 행동이나 방식"과 관련되게 되었다(**Oxford English Dictionary**, 1989, vol.1, p. 771).

다른 말로 설명하면 태도는 자신을 표현하거나 세계 속에서 존재하는 방식이다. 한 사람의 신체 자세, 즉 태도가 주먹을 들어올리고, 일반적인 긴장감과 찡그린 얼굴을 하고 있다면, 그러한 자세 자체가 특정한 만남이 어떻게 발전해 나갈지에 영향을 미칠 것이다. 팔을 벌리고 미소를 짓고 있고 편안한 자세를 지닌 사람의 태도와 비교해보자. 일상 행동에서 표현되는 좋은 태도의 예로써 한 사람이 다른 사람을 만났을 때 악수를 하거나 반가움의 표시로 팔을 넓게 벌리고 포옹을 하거나 뺨에 키스를 하는 것 등이 있다. 이러한 두 행동 패턴은 그 자신의 통제권 안에서 친절, 적개심이 없음, 무기가 없음을 나타낸다. 이러한 태도는 환영을 받는 사람이 우호적이거나 친절한 반응을 하기 쉽게 함으로써 자신의 만남에 영향을 미친다. 따라서 사람이 세상에 존재하는 방식 또는 사람이 세상을 어떻게 만나는가 하는 것이 그가 갖는 만남의 종류와 이러한 만남이 어떻게 발전해 나가는가에 영향을 미친다. 그리고 그것은 다른 방식으로도 작동하는데, 사람의 만남은 그 자신의 신체 자세와 마음의 습관에도 영향을 미친다.

이것은 우리 인간이 우리 경험에 **기여**함을 의미한다. 우리는 단지 수동적으로 정보를 받기만 하는 사람이 아니다. 우리는 이전의 신념과 감정에 따라 일어나고 있는 일에 대한 지식을 만들고 구성한다. 우리는 특정한 방법으로 특별한 자세를 가지고 세상을 만난다. 아미쉬는 그들의 특별한 방식대로 태도를 취하고, 이 장의 마지막 부분에서 우리가 논의하게 될 청교도는 그들의 방식으로 하며, 우리도 어떤 방식 또는 다른 방식으로 태도를 취한다. 따라서 태도와 관련된 중요한 쟁점은 신념과 감정의 패턴이 우리가 생각하고 행하는 것 안에 들어가는 방식에 관한 것이며, 특히 우리의 태도가 세상에 관해 생각하고 행동하는 경향이나 습관적인 방식이 될 때 그렇다.

이것은 일반적인 태도와 죽음과 특별히 관련된 태도에도 모두 해당된다. 즉, 죽음과 관련된 태도는 우리가 맞이한 세계와의 많은 만남의 산물이고 결정 요인이다. 죽음에 대한 태도는 죽음과 관련된 양상의 여러 유형에 대해 우리가 쉽게 우호적이도록 만들기도 하고, 반면 우리가 비우호적으로, 심지어는 부정적이거나 적극적으로 적대적이도록 만들기도 한다. 동시에 우리 주변의 사건들은 우리 자신의 방식으로 우리의 지식과 세상에 대한 이해를 만드는데 도움을 준다. 죽음과 관련된 만남은 초점 맞추기 3.2에서 보여지는 죽음 관련 태도를 형성하는데 중요한 역할을 한다.

HIV와 AIDS와 관련하여 죽음에 대한 태도

　새로운 질병에 대한 첫 보고서가 나오고 사망의 주요 요인으로써의 등장하기까지 10년도 채 걸리지 않았다. 원인이 알려지지 않은 채 치명적인 증후군이 급속도록 증가하는 것은 전례 없었던 일이다(Centers for Disease Control and Prevention, CDC, 1992b). 많은 사람들은 당연하게 그들 주변에서 일어나는 너무나 빠른 변화에 놀랐다. 공포와 무지로 인해 나타난 초기 반응은 그들이 이러한 맥락에서 할 수 있는 것으로써 사회적 스티그마와 철저한 차별을 하는 것이었다(Sontag, 1978, 1989). HIV에 감염된 많은 사람들은 이전의 친구들에 의해, 직장에서, 학교에서, 주택 문제에서, 그리고 심지어는 몇몇 의료진에 의해 매우 심한 대우를 받았다. 일부 감염자들은 스티그마를 내면화하였으며, 그들의 HIV 상태를 숨기고, 심지어는 사회에서 그들 자신을 고립시켰다. 사회 비평가들은 정부가 주요 공공의료의 비극으로 발전하도록 무관심하였다고 주장하였다(Shilts, 1987).

　HIV가 확인되고 AIDS의 원인이 알려진 후, 성 행위와 마약을 불법적으로 사용할 때 바늘을 공유하는 것이 가장 직접적으로 연관되어 있다는 사실은 많은 사람들을 불안하게 만들었다. 어떤 사람들에게는 너무 쉽게 개인에 대해 도덕적 판단을 하였는데, 그들이 비도덕적인 행동에 참여했다고 생각했다. 이러한 태도는 좋지 않은 방식으로 그들 스스로에게 상처를 입혔다. 예를 들어서, 인디아나주 코코모에서, 라이언 화이트(Ryan White)라는 한 어린이는 그가 급우들에게 위험하다고 생각하는 몇몇 사람들로 인해 학교에 갈 권리를 거부당하였다(White & Cuningham, 1991). 그 어린이는 생명을 유지하기 위해 필요했던 혈액 제품으로 인해 AIDS에 걸린 혈우병 환자이었는데, 사실 면역체계가 손상된 어린이는 실질적으로 그의 동료로부터 감염될 기회위험이 훨씬 더 컸다. 부정적 태도의 또 다른 사례는 클리포드(Clifford)와 루이스 레이(Louise Ray) 가족으로, 혈우병을 앓는 아들 3명이 HIV에 감염되었음을 알게 되었을 때 드러났다. 그들은 플로리다의 아카다아에 있는 규모가 작은 지역에서 지원을 받길 기대했지만, 그들이 정규학교 수업에 아들들을 등록시키고자 했을 때, 그들은 추악한 시위와 죽음의 위협을 경험하였고, 익명의 사람들에 의해 그들의 집이 불타 버렸다(Buckley, 2001). 분명히 이러한 상황들 속에 내포된 태도는 새로 발견된 바이러스 매개체에 의해 병이 든 사람들에게 매우 큰 상처를 주었다.

　세계적인 관점에서 태도는 HIV와 AIDS를 직면함에 있어서 중대한 영향을 미쳤다. 특정 문화의 영향권에 있는 지역이 지닌 태도와 행동으로 인해 특정 국가의 많은 사람들이 HIV에 감염되었다. 대부분의 경우 이러한 태도와 행동들은 성적 행동을 수반한다. 이성 간의 전염은 일반적으로 콘돔에 대한 접근성 부족, 그것을 사용하는 것을 반대하는 종교, 문화, 심리적 영향과 여성과 소녀들에게 행해진 성 폭력 경험, 그리고 여성이 성 행위 시 통제할 수 없는 상황에서 벌어지는 것으로 모두 사하라 사막 아프리카와 다른 곳에서 발견되었다. 남성과 성 관계를 하는 남성 가운데 일어나는 HIV 감염은 동성애 행위를 인정하고 적절한 예방조치를 하는 것을 반대하는 종교적, 문화적 금기로 인해 라틴 아메리카와 같은 일부 지역에서 촉진되었다. 서유럽과 북미의 선진국을 포함한 다른 지역에서는 "몇몇 젊은 동성애 남자들은 친구들이 AIDS로 죽는 것을 보았기 때문에 그리고 몇몇은 치료제인 항리티로바이러스를 잘못 이해하였기 때문에 HIV의 위험에 대한 자만심이 커지고 있다"(UNAIDS, 2001, p. 9). 성적 전염의 모든 형태에서 여러 명을 성 파트너로 두는 것과 성적 네트워크가 큰 경우 HIV 감염이 촉진된다. 그러한 감염은 또한 매춘, 감염된 파트너, 마약 사용자의 성적 파트너를 통해

초점 맞추기 3.2

일반인들에게 전파될 수 있다.

　어느 시점에서 보면 질병통제센터(CDC, 2006, p. 587)는 "AIDS는 미국에서 더 이상 문제도 아니고 심각한 질병도 아니라는 신념이 널리 퍼지고 있다"고 지적하였다. 사실 질병통제센터는 "HIV와 AIDS는 잠재적으로는 치명적인 만성질환으로 남아 있다"(p. 588)고 한다. 어려움은 "자만심, 스티그마, 차별이 지속되고 있고, 위험을 줄이기 위한 행동을 채택하고 HIV 검사를 받으며 예방과 치료 서비스를 받고자 하는 동기가 사람들과 지역사회에서 줄어들고 있다"(p. 587)는 점이다. 이와 같은 태도의 결과로 부분적으로는 질병통제센터(CDC, 2010b)는 "대략 미국에서 56,000명이 매년 HIV에 감염되고 있고" 약 110만 명의 미국인이 HIV 양성반응을 보이고, HIV를 가진 사람들 중 약 21%가 그들 자신이 감염되어 있음을 알지 못하고 있으며, 그리고 "2007년에 HIV 진단을 받은 사람들 중 약 32%가 진단이 늦어서 AIDS로 발전하기 바로 직전 상태로 조기치료가 불가능하였다." 분명히 초기 HIV 검사는 질병의 전파를 감소시킬 것이며, 수명을 연장시키고, 치료비용을 줄일 수 있을 것이다. 그러한 검사는 고 위험군과 발병위험이 높은 집단의 사람들에게 특별히 중요하다.

　예를 들어 우리가 제2장에서 배웠던 것들을 생각해보자. 존 스톨푸스의 예와 달리 오늘날 대부분의 미국인들은 병원이나 다른 시설에서 죽는다. 결과적으로 그들의 죽음은 가족 및 친구가 있는 곳에서 물리적으로 멀리 떨어져서 일어날 수 있다. 그것은 그 죽음을 생존자들로부터 멀리하게 만든다. 오늘날 대부분의 미국인들은 종종 직접적으로 죽음에 직면하지 않는데, 죽음은 보이거나 보이지 않아야 하고 보여서는 안된다는 믿음에 기인하거나 그러한 믿음을 지지할 수 있는 상황에 의한 것이다. 그러나 이러한 상황을 다른 방식으로 생각해보자. 만약 스트레스가 불편하기 때문에, 스트레스에 직면해서 습관적으로 하는 방식이 멀리 떨어져 피하는 것이라면, 사람이 죽어가는 병원으로부터 멀리 떨어져 있어야 할 것이다. 이런 식으로 죽음에 대한 *태도*, 예를 들어 죽음은 스트레스가 크고, 그래서 스트레스 상황에서 벗어나 있어야 한다는 태도는 죽음의 양상에 영향을 미친다. 사람이 가지고 있는 태도는 죽음을 직면하는 것을 멀리하거나 멀어지게 할 수 있다.

죽음 관련 태도

죽음불안

　최근 몇 년 동안 죽음과 관련된 태도에 관한 많은 연구들은 **죽음불안**과 관련된 문제들과 연관되어 있다(e.g., Neimeyer, 1994; Neimeyer & Van Brunt, 1995; Neimeyer, Wittkowski, & Moser, 2004). 이 연구결과들은 흥미로운데, 특히 보고서들이 그들의 결론이 타당함을 반복적으로 확인하고 있어 흥미롭다. 예를 들어서 많은 연구에서 여성이 남성에 비해 죽음불안이 크다고 보고한다(Lester,

Templer, & Abdel-Khalek, 2006). 여성이 정말 남성에 비해 죽음에 관해 더 많이 염려하는지 또는 여성이 남성에 비해 정서적으로 강렬한 주제에 대해 토론함에 있어서 더 개방적인지는 명확하게 밝히지 않고 있다. 많은 연구들은 노인이 젊은 사람에 비해 죽음불안이 적다고 보고하고 있다 (Russac, Gotliff, Reece, & Spottswood, 2007). 또한 종교와 사후 세계를 굳게 믿거나 단호하게 믿지 않는 사람들은 그러한 가치 체계를 공유하지 않는 사람들에 비해 죽음불안이 덜한 것으로 보인다 (Wink & Scott, 2005). 죽음불안은 직업, 건강상태와 사별 경험과 같은 다른 인구학적 요인과 정신 병리학적인 성격 요인 측면에서도 다루어져 왔는데 그 결과는 보다 혼재되어 있다. 죽음불안은 삶이 진행됨에 따라 지속적으로 증가하거나 감소하는 것처럼 선형적이지 않을 수 있으며, 생애 성취와 미래와 과거에 대한 후회에 따라 달라질 수 있다(Tomer & Eliason, 1996).

죽음불안은 복잡하고, 아직까지 완전하게 이해가 된 주제가 아니다(Kastenbaum, 2000). 더욱이 죽음불안의 다양한 유형을 측정하고, 그러한 불안에 영향을 미치거나 미치지 않는 변인들을 결정하고, 서로 다른 집단에서 그들의 죽음불안을 비교하고자 연구자들이 노력하고 있지만, 여러 어려움에 직면해 있다. 예를 들어서 이러한 연구들 중 많은 부분은 다음과 같은 가정을 하고 있다. (1) 죽음불안은 존재한다(모든 인간과 모든 측면, 또는 일부에서라도?) (2) 개인은 그들의 죽음불안에 대해 기꺼이 공개하고, 그리고 공개할 수 있다. (3) 적절한 도구나 방법이 죽음불안을 측정하는데 유용할 수 있다. 사실 베커(Becker, 1973)는 인간이 자신의 죽음을 인식하는 것이 불안의 가장 큰 근원이라고 주장하는 반면에 프로이드(Frued, 1959c, p. 289)는 "우리 자신의 죽음을 상상하는 것이 불가능하고, 밑바닥부터 어느 누구도 자신의 죽음을 믿지 않으며, 우리 모두는 무의식적으로 우리 자신의 불멸을 확신하기 때문에" 인간은 그 자신의 죽음에 대해 염려하지 않을 수 있다고 믿었다. 더 나아가 개인이 죽음에 관해 염려를 할 수 있지만 이러한 주제에 대한 다수의 연구들이 질문지, 인터뷰, 투사 테스트에 대한 응답을 하는 자기보고 방식을 사용하고 대학생처럼 접근 가능한 집단을 대상으로 일회성으로 이루어진다(예: Thorson, Powell, & Samuel, 1998). 이러한 연구를 실행하는 연구자들은 다음과 같은 문제에 대해 해석하는데 민감하다. 그러한 보고가 얼마나 타당하거나 신뢰할만한가? 그들은 대표적인가? 아니면 맥락에서 벗어났는가? 특히, 한 사람의 죽음불안 점수가 낮다면, 그것이 죽음불안이 낮음 또는 두려운 감정에 대한 강한 거부와 적극적인 억압을 나타내는가? 두려움(특정한 초점에 대한 태도 또는 우려)과 불안(그들의 대상에 대해 좀 더 일반화되고 확산되거나 덜 구체화된 태도)간의 차이는 대부분의 이러한 연구에서 제외되고 있다.

죽음불안을 연구하는 도구는 15개의 문장으로 구성되어 있고 각 문장에 대해 참과 거짓으로 답하도록 만들어진 초기의 죽음불안척도(Templer, 1970; Lonetto & Templer, 1986도 참조바람) 이후 개선되어 왔고, 죽음불안 핸드북(Death Anxiety Handbook, Neimeyer,1994)에는 보다 최근의 척도들이 제시되고 있다. 그리고 이 분야에서 좀 더 세련되고 효과적으로 개발하려는 노력들(예를 들면 Neimeyer & Van Brunt, 1995)도 있다.

죽음과 관련된 관심과 반응들

죽음과 관련된 태도에 관한 우리 생각을 발전시키기 위한 방법들 중의 하나는 불안, 부인, 거부, 두려움과 같은 기피하는 태도에 단지 관심을 가지는 것뿐만 아니라 받아들이는 태도에도 더 많은 관심을 가져야 한다. 예를 들어 초점 맞추기 3.3은 기본적인 교훈을 즐겁고 유머러스한 패러디로 재생산하여 보여주는데, 멕시코의 죽음의 날에 치러지는 지방 축하행사를 통해 이해할 수 있다. 그리고 그것들의 관심에 특별히 초점을 맞추어 죽음과 관련된 태도를 구분하는 것은 유용하다. 예를 들어서, **죽음**이라는 단어는 종종 죽어가는 상황이나 상태가 아니라, **죽어가는 과정**또는 죽음에 임박함을 나타낸다. 따라서 우리가 "존이 매우 힘들게 죽음을 맞았다"라고 말할 때 우리는 그의 죽음의 사실이 아닌 그의 죽어가는 방식에 대해 언급하고 있을 가능성이 크다. 대신에 **죽음**이라는 단어는 때때로 **죽음의 결과**를 일차적으로 언급하기도 한다. 따라서 우리는 "메리는 존이 매우 힘들게 죽었음을 발견하고 있다"라고 말할 수 있다. 이렇게 다양한 방식으로 말하는 것은 죽음과 관련된 태도를 나타내는데, 죽음과 관련된 태도는 아래와 같이 하나 또는 그 이상에 중점을 둘 수 있다. (1) **나 자신의 죽어감**에 관한 태도, (2) **나 자신의 죽음**에 대한 태도, (3) **내 죽음 후에 나에게 일어날 것**에 관한 태도, (4) **타인의 죽어감, 죽음, 또는 사별**과 관련된 태도(Choron, 1964; Collett & Lester, 1969).

초점 맞추기 3.3

죽음과의 공존

나는 죽는다	*Yo muero*	*I die*
너는 사라진다	*Tu Falleces*	*You perish*
그는 굴복한다	*El sucumbe*	*He succumbs*
우리는 숨을 거둔다	*Nosotros expiramos*	*We expire*
너는 죽는다	*Vosotros os petateais*	*You kick the bucket*
그들은 퇴출된다	*Ellos se pelan*	*They check out*
그리고 우리 모두 먼지가 된다	*Y todos felpamos*	*And we all bite the dust*

출처: Garciagodoy, 1998, p. 295.

나 자신의 죽어감 감정, 가치, 자세 그리고 행동에 대한 방향을 포함한 태도는 **나 자신의 죽어감**에 대한 방향을 제시한다. 현대 미국인들은 일반적으로 길고, 힘들고, 고통스럽고, 품위가 없이 죽어가는 과정, 특히 개인의 욕구나 소망을 존중하지 않는 낯선 사람들의 돌봄을 받으면서 낯선 시설에서 죽어가는 과정을 경험할 가능성에 대해 두려워하고 불안해한다. 이러한 태도를 가진 사람들은 자신의 죽음이 어떠한 고통도 없이, 미리 알지 않고, 그리고 자는 동안에 일어나기를 바란다고 한

다. 어떤 사람들은 그들의 죽음에 관해 생각하지 않으려고 노력하는 반면 다른 사람들은 죽어가는 과정이 지나치게 길고 고통스럽지 않도록 명확히 하기 위해 사전의료지향서를 주도적으로 준비하기도 한다.

다른 사회에서 또는 다른 관심을 지닌 사람들 중 많은 사람들은 갑작스럽고 예기치 못한 죽음을 두렵게 여기는 태도를 지니고 있다. 그러한 사람들에게 있어서 "끝마치지 못한 일"을 해야 할 시간을 갖는 것이 중요한데, "끝마치지 못한 일"은 사랑하는 사람에게 "고맙다", "사랑한다", "내가 너에게 상처 준 모든 것에 대해 미안해", "네가 나에게 상처 준 모든 것을 용서한다", 또는 단순하게 "안녕" 짧게는 "신이 너와 함께하기를" 같은 말을 표현하는 것일 수도 있다(Byock, 2004). 다른 사람들은 "조물주를 만나기 위한 준비를 하기 위해" 충분한 시간과 인식을 가질 수 있기를 희망하고 또는 명상과 특별한 자세(개인적 통찰 3.1 참조)를 통해 그들 스스로 죽음을 준비하길 바란다. 많은 사람들은 그들이 죽은 후에 그들의 신이 어떻게 할지에 관해 개인적인 관심을 충족시키길 원한다. 다른 사람들을 위해 모범을 보이거나 또는 이타적이거나 종교적인 동기로 고통을 받는 것이 가치가 있다고 생각하는 일부 사람들은 용기와 어느 정도의 기대를 가지고 그들이 죽어가기를 고대한다. 나 자신의 임종에 대한 태도는 이러한 사례들의 핵심에서 볼 수 있다.

개인적 통찰 3.1

티베트 불교 스승의 죽음

1983년, 달라이 라마의 스승인 링 린포체(Kyabje Ling Rinpoche)는 일련의 작은 뇌졸중 중 첫 번째 뇌졸중으로 고통을 겪었다. 그해 크리스마스 날, 히말라야 산기슭의 링 린포체의 집에 네 명의 제자가 자연스럽게 함께 모였다. 그들의 우연한 만남을 그의 아래층 방에 앉아 기뻐하고 있을 때, 그들은 그가 방금 죽었다는 소식을 들었다. 그는 81세이었다.

죽음에 있어서 링 린포체의 탁월한 영적 성취는 아주 분명했다. 그는 특별한 명상 자세, 부처님이 열반에 들었던 자세로 죽었다. 티베트는 전통적으로 의식의 흐름이 몸에서 평화롭게 떠나도록 적어도 3일 동안은 죽은 사람의 몸을 죽은 자리에 그대로 두고 있다.

그가 숙련된 명상가라면 죽어가는 경험을 하는 과정에서 몇 가지 기술을 사용할 수 있다. 이러한 기술을 사용하면, 의식이 남아 있는 한 시신이 부패하지 않는다. 링 린포체는 죽음의 밝은 빛이라는 명상(meditation on the clear light of death) 기술을 13일 동안 유지하였다. 그의 생애 마지막 몇 주 동안 그를 돌보았던 스위스 제자는 모든 것이 만족스러운지 확인하기 위해 링 린포체의 방을 매일 방문했다. 그녀는 이 모든 시간 동안 링 린포체의 얼굴이 아름답고, 살결을 유지하였고 그의 몸은 죽음의 정상적인 징후가 전혀 없었음을 확인했다.

달라이 라마는 그의 스승의 영성에 너무 감동 받아서 링 린포체의 시신을 화장하는 대신에 방부처리하기로 결심했다. 오늘날 링 린포체의 동상은 다람살라에 있는 달라이 라마 궁전에서 볼 수 있다.

출처: From Blackman, 1997, pp. 73, 75.

나 자신의 죽음 죽음과 관련된 태도의 두 번째 범주는 죽음 그 자체, 특히 **나 자신의 죽음**에 대한 관심이다. 여기에서 중요한 쟁점은 임박한 나의 죽음에 대한 전망이 내가 지금 경험하고 있는 것에 어떻게 영향을 미치는 지에 관한 것이다. 예를 들어서 삶이 힘들거나 고난으로 가득 찬 사람들은 죽음 후에 무슨 일이 일어나든 간에 그들이 지금 경험하고 있는 시련을 중단시켜줄 삶의 종식을 기대할 것이다. 그러한 사람들은 비효과적일 것으로 여겨지는 힘들고 고통스럽고 비싼 중재를 거부할 것이다. 또는 내가 사랑하는 사람들과의 관계를 포함하여 내 인생을 내가 무척 중요하게 여긴다고 생각해보자. 이러한 경우에 죽음은 나에게 너무나 중요한 것들을 잃어버리는 것이기 때문에 나는 모든 가능한 수단을 써서 내 죽음에 대해 전적으로 저항할 것이다. 이 두 가지의 경우 중요한 초점은 죽음 후에 무슨 일이 일어나는지 또는 다른 사람에게 일어나거나 일어날 수 있는 것이 아니라, 내 죽음 그 자체와 나에게 미치는 즉각적인 영향에 관한 것이다.

내 죽음 후 무슨 일이 나에게 일어날 것인가? 죽음과 관련된 태도의 세 번째 범주는 **내 죽음 이후에 나에게 무슨 일이 일어날 것인가**에 관한 것이다. 여기에서 주된 관심은 죽음의 결과 또는 후유증이 자신에게 무슨 의미가 있는가와 관련된다. 일부에게는 그것은 알려지지 않은 불안감을 포함할 수 있다. 다른 이들에게 그것은 죽음 이후에 판단이나 벌을 받는다는 두려움을 포함할 수 있다. 또 다른 이들에게 그것은 고된 삶, 정직함 또는 신실함에 대한 하늘의 보상에 대한 기대나 희망에 좌우되기도 한다. 비슷한 방식으로 많은 사람들은 다른 삶으로 들어가는 다리나 여정으로 죽음 자체를 간주하기도 하는데, 예를 들어 그들의 존재 상태가 현재의 삶보다 더 나아지거나 먼저 죽은 사랑하는 사람들과 다시 만날 수 있다. 이 모든 태도는 나 자신의 죽음에 따르는 것으로 생각되는 자신을 위한 어떤 성과나 결과와 관련이 있다.

다른 사람의 죽어감, 죽음 또는 사별 우리가 살펴본 죽음 관련 태도는 개인의 경험과 죽음 이전에, 죽음 당시에 그리고 죽음 이후에 일어날 수 있는 일과의 관계에 관해 개인이 갖고 있는 태도를 포함한다. 죽음과 관련된 태도의 네 번째는 자기 자신이 아니라 **타인의 죽어감, 죽음 또는 사별**과 관련된 것이다. 예를 들어서 나는 타인의 죽어감과 죽음이 나에게 지닌 함의를 숙고할 수 있다. 나는 내가 사랑하는 사람이 직면한 도전과 상실을 통해 그가 아프고 죽어가는 모습을 볼 정도로 내가 충분히 강하고 담대하지 않을 것임을 걱정할 수 있다. 아니면 아마도 나는 과거에 나를 자주 돌봐주었던 사람을 돌보게 될 것이라고 예상한다. 만약 그렇다면, 나는 그가 제도적으로 돌보는 환경에 들어가기를 허락하기 보다는 나와 함께 집에서 지내도록 준비할 것이다. 똑같이 나는 내가 사랑하는 사람과의 이별이 임박하였음을 걱정할 것이다. 만약 죽어가고 있는 사람이 마음에 들지 않는 사람이거나 그의 투쟁 속에서 어려움을 크게 겪고 있다면, 나는 그 사람의 죽음과 연관되어 안도함을 기대할 수 있다. 아니면 내가 의지하던 사람이 떠나간 후에 내가 어떻게 살아갈지에 대해 두려워할 수도 있다.

대신에 그것은 나에게 가장 큰 관심사인 내가 죽어감과 나의 죽음이 다른 사람에게 지닌 함의일 수도 있다. 예를 들어서 나는 내 병과 죽어감이 내가 사랑한 사람들에게 끼치는 부담에 대해 걱정할 수 있다. 또는 내가 간 후 사랑했던 사람에게 무슨 일이 일어날지 또는 내 죽음이 내가 이미 추구했던 계획이나 프로젝트에 어떻게 영향을 미칠지 걱정할 수 있다. 이러한 걱정과 함께 일부 사람들은 그들이 할 수 있는 한 그들이 사랑하는 사람과 좀 더 많은 시간을 보낼 수 있다. 다른 사람들은 그들의 생존자를 돕기 위한 준비를 한다. 또 다른 사람들은 자신의 프로젝트를 완료하기 위해 또는 그들이 할 수 있는 한 오래도록 그들과 함께 하기 위해 노력을 배로 더한다.

메모리얼 데이를 기념하는 1909년산 카드

죽음과 관련된 태도의 몇 가지 함의

죽음과 관련된 태도에 대한 우리의 논의는 두 가지 주요한 함의를 가지는데, 첫째, 그 태도는 매우 다양하다, 둘째, 인간은 그들 자신의 죽음과 관련된 태도에 영향을 줄 수 있다는 것이다. **죽음 관련 태도의 다양성**측면에서 죽음에 대한 두려움과 불안에 관한 이야기를 듣는 것은 일반적이다. 두려움과 불안은 죽음과 관련된 태도의 친숙한 요인 또는 측면인데, 왜냐하면 죽어감, 죽음과 사별은 우리가 지금 알고 있는 일상생활과 크게 다르거나 심지어는 반대를 의미하기 때문이다. 따라서 만약 죽음의 함의와 관련하여 우리를 가장 괴롭히고 놀라게 하는 것이 무엇인지 또는 우리가 죽음에 있어서 가장 싫어하는 방식이 무엇인지 우리가 우리 자신에게 물어본다면, 두려움과 불안이 표면으로 드러나는 것이 결코 놀라운 일은 아니다. 그러나 죽음 관련 태도를 다루면서 항상 두려움과 불안감에 초점을 맞출 필요는 없다. 마치 삶과 생활의 다양한 측면에 대해 많은 다른 태도를 지니는 것처럼 일반적으로 인간은 죽음과 관련하여 광범위한 태도, 감정과 정서 그리고 그 함의를 수용할 수 있다.

죽음과 관련된 태도에 인간이 끼칠 수 있는 영향이라는 측면에 있어서, 인간은 그들 자신의 태도와 다른 가능한 태도를 인식할 수 있고, 그들이 가지기 원하는 태도를 어느 정도 자유롭게 선택할 수 있으며, 죽음과 관련된 문제에 대한 새로운 양상이나 추가적인 성찰에 비추어 태도를 바꿀 수 있다. 아래에 있는 코네티컷에 있는 1830년 무덤에 쓰인 글(Jones, 1967, p. 148)처럼, 수많은 묘비들은 사람들로 하여금 죽음과 삶에 대한 적절한 태도가 무엇인지 생각하도록 독려한다.

> 네가 가까이 오려면 나를 기억해라,
>
> 네가 지금 있는 것처럼, 나도 한 번 그렇게 있었다.
>
> 내가 지금 있는 것처럼, 너도 그러해야 한다,
>
> 죽음을 준비하고 나를 따르라.

또 다른 관점은 세계 2차 대전 당시 나치 수용소에서 살아남은 사람에 의해 제시되는데, 그는 "모든 것을 인간으로부터 빼앗을 수 있지만, 한 가지는 아니다. 그것은 인간의 마지막 자유로 주어진 상황에서 자신의 태도를 선택하고, 자신의 길을 선택하는 것이다"(Frankl, 1984, p. 86). 우리의 태도는 인간의 삶과 행동의 바탕이 된다. 그러나 비록 변화가 쉽게 이루어지지 않겠지만, 태도는 변할 수 있다.

죽음에 대한 서양 태도의 5가지 주요 패턴

역사학자, 사회학자 및 인류학자들은 죽음과 관련된 태도가 풍부하고 복잡함을 우리가 이해하도록 하는데 기여해왔다. 프랑스 문화역사학자인 필립 아리스(Philippe Aries, 1974b, 1981, 1985)는 현 시대까지 수 세기에 걸친 서구의 죽음에 대한 태도를 통찰력 있게, 그리고 교육적으로 설명했다. 그는 죽음에 대한 태도의 5가지 주요 패턴을 발견하였고, 그것들을 특정한 역사적인 시간의 틀과 어느 정도 연관시키고 있다. 그의 역사적인 분석은 설득력이 있을 수도 그렇지 않을 수도 있다. 어쨌든 여기에서 그것이 우리의 목적을 위해 중요한 것은 아니다. 대신 이 섹션에서 우리는 아리스가 제시한 5가지 주요 패턴을 간단하게 설명하고자 한다. 이러한 작업을 통해 드러나는 것은 우리가 앞에서 언급한 죽음과 관련된 태도의 다양함과 복잡성에 대해 더 넓게 인식하게 된다는 것이다. 이러한 경우에 초점은 주로 더 큰 규모의 사회적 태도와 문화적 태도에 있지만, 이와 비슷한 주제들이 개인의 태도에서도 발견될 수 있다.

아리스는 죽음에 대한 태도의 5가지 패턴을 *길들여진 죽음, 자기의 죽음, 먼 죽음과 임박한 죽음, 다른 사람의 죽음, 거부된 죽음*으로 명명하였다. 어떤 다른 사람들은 마지막 패턴을 *금지된 죽음*이라고 부르기도 한다. 5가지 패턴을 간단하게 설명하면 아래와 같다.

■ *길들여진 죽음*: 첫째, 죽음이 친밀하고 간단하다. 그것은 불가피한 것으로 간주되고, 그것을 피하려고 어떤 시도도 하지 않는다. 죽어가고 있는 사람들은 전형적으로 조용히 그들의 죽음을

기다린다. 둘째, 죽음은 공적이거나 사회적인 사건이다. 죽어가는 사람은 보통 사랑하는 사람들과 공동체 구성원에 의해 둘러 싸여져 있고, 그들 모두는 평화롭게 죽음을 기다린다. 참여자 중의 한 사람을 잃는 것이 공동체에 큰 영향을 미치는 것에 주목해야 한다(본 장의 앞부분에서 제시된 존 스톨푸스의 죽음과 비교해보라). 죽음이 잠자는 것의 일종으로 여겨지기 때문에 내세는 위협적이지 않다. 그리고 어느 한편에서는 영원한 천국의 기쁨 속에서 눈을 뜨거나 영원히 잠드는 것이다.

- **자기의 죽음**: 죽는 사람은 생과 사 양쪽 사회의 구성원들과는 별개의 다른 개인으로 간주된다. 죽음은 사람에게 커다란 불안을 안겨주는데, 사람은 미래의 상태에서 보상을 받거나 벌을 받는다고 믿기 때문이다. 이것을 위해 다음 섹션에서 다루는 뉴잉글랜드 청교도의 예를 보라. 자기의 죽음은 마지막 시험 기간을 필요로 한다. 이 순간에 하는 것은 죽은 후 자신에게 일어날 일, 실제로는 평생의 의미를 결정하는 것이다. 죽음 직전에 수호성인과 악마 간에 투쟁이 벌어지고 최종 판결이 이루어진다. 이와 비슷한 신념이 몇몇 종교의 전통에서 이어지고 있다. 예를 들어서, 일부 유태인은 죽음의 순간에 쉐마를 암송하는 것이 중요하다고 믿고 있다("들으십시오, 오 이스라엘 : 여호와는 우리 하나님이시며 오직 홀로 여호와여 주를 사랑 하옵소서. 당신의 영혼과 당신의 모든 힘으로"- 신명기 6: 4, 5). 이슬람교도들은 죽음의 순간에 거룩하신 하느님의 이름으로(Divine Name) 기원함으로써 구제를 받을 수 있다고 교육받는다(Jonker, 1997; Kassis, 1997). 그리고 일부 불교 신자들은 이러한 시점에 아미타불의 이름을 암송함으로써 사후에 결국 극락에 가게 될 것임을 확신할 것이다(Yeung, 1995). 서구에서는 죽는 순간의 불안은 잘 죽어감의 기술인 공식적인 아르스 모르엔디(ars moriendi)의 발전을 가져왔다(Kastenbaum, 1989a).

- **먼 죽음과 임박한 죽음**: 죽음에 대한 태도는 근본적으로 양면성을 지닌다. 죽음은 완전히 자연스러운 사건으로 간주되지만, 여전히 죽음을 멀리하려고 노력을 많이 한다. 죽음은 길들여지지 않고, 도발적으로 이루어진다. 죽음이 자연스럽기 때문에 죽음은 급박하게 온다. 죽음은 위험하고 무섭기 때문에 멀리 떨어져 있다. 간단히 말하자면, 죽음은 초대하고 물리치고, 아름답고 두렵다. 그래서 죽음에 대한 태도는 두 마음이다.

- **다른 사람의 죽음**: 여기서 관심의 주요한 초점은 생존자들에게 있다. 죽음은 주로 관계가 깨지는 것을 포함한다. 생존자들에게 죽음은 죽은 사람과의 견딜 수 없는 분리를 가져온다. 울고, 통곡하고, 무덤에 몸을 던지는 등과 같은 감정과 행동은 거의 통제 불가능할 것이다. 죽음에 대한 낭만적인 견해는 생존자들이 죽은 사람과 대화를 하려고 하거나 그들과 친밀감을 유지하도록 한다. 죽은 사람에게 죽음은 여러 유형의 재회 또는 다른 상태로 사랑하는 사람과 재결합하는 방식을 기다리는 기간이다.

- **거부된 죽음/금지된 죽음**: 제도적인 돌봄에 대한 의존이 커지면서 죽어가고 있는 사람들은 전

형적으로 공동체와 다소 고립되고 있다. 사람이 죽어가고 있다는 그 사실이 그 사람과 그 주위의 사람들에게 종종 부정되어진다. 또한 서구 사회의 의료화와 함께 죽음은 더 이상 완전히 자연스러운 것은 아니다. 몇몇 사람들은 그들의 죽음을 미루기 위해, 죽음을 막기 위해 고안된 특별한 개입을 추구한다. 초점은 그 사람의 죽음에 대한 다른 사람들의 반응과 죽음이 그들을 얼마나 불편하게 만들 것인지에 대한 것이다. 죽은 사람과 가장 가까운 동료만이 참석하는 짧은 장례기간을 제외하고 죽음이 발생할 때, 사회는 하고 있는 일과 행동을 멈추지 않는다. 이것은 마치 아리스가 "길들여진 죽음"이라고 설명한 것과 정반대이다. 죽음 전과 후의 정서는 억압되고 감추어지고 "안전한 방식"으로 전달된다. 애도 그 자체는 불건전해 보이거나 심지어는 병적으로도 보인다(Aries, 1974a). 죽음은 부자연스럽고, 금기시되고, 음란한 것처럼 보여서 "포르노"같다고 고어(Gorer, 1965a)가 말했는데, 죽음은 그와 같은 모든 방법들로 평범한 관점으로부터 감추어져 왔다.

이 5가지 패턴을 사회적 태도의 독립적인 범주 또는 스냅 사진으로 보는 것은 교육적일 수 있다. 사실, 아리스가 인정했듯이 5가지 패턴들은 문화적/역사적 시기와 심지어는 개인 내에서도 서로서로 중첩되어 있다. 또한 이 패턴들의 각각의 기본 요소를 연구할 때, 이것들이 오로지 서구의 패턴만이 아님이 명확해지고 있다. 오히려 그것들의 각각의 어떤 요소들은 거의 모든 문화에서 발견될 수 있다(이것을 보여주는 예를 5장에서 참조하라).

17세기 뉴잉글랜드의 청교도

죽음과 관련된 경험의 특성을 형성하는데 있어서 태도의 결정적인 역할은 마지막 예에서 볼 수 있는데 그것은 17세기 뉴잉글랜드 청교도의 예이다. 우리가 이 예를 선택한 이유는 뉴잉글랜드 청교도가 미국에 있어서 역사적인 집단이며, 그들의 견해가 현대의 죽음과 관련된 태도와 여러 면에서 다르기 때문이다. 이 예는 아리스가 설명하였던 패턴들이 엄밀하게 순차적이지 않음을 우리에게 다시 상기시킨다. 하나의 패턴은 다른 것으로 단순히 대체되지 않고, 다른 집단들은 다른 태도 패턴 또는 하나의 패턴의 다른 측면을 강조할 수 있다.

청교도들은 잉글랜드 교회 내 개혁주의 집단에서 시작되었다. 청교도들은 그들이 바라는 신념을 지키고 신앙을 실천할 수 있는 자유로운 새 땅을 찾아서 미국으로 왔다. 뉴잉글랜드 청교도들은 여러 식민지에서 정착하였지만 그들의 존재는 17세기 중후반 동안 매사추세츠에서 유난히 드러났다. 여기에서 그들은 설교와 개종의 중요성을 강렬한 개인 경험을 통해 강조하였다.

청교도들에게 존재하거나 일어난 모든 일들은 신성한 목적의 일부이었다. 그와 동시에 그들은 아담과 이브 이후의 인류 역사가 뿌리 깊은 악행으로 긴 내리막을 치달았다고 보았다. 이러한 상황에서는 어떠한 인간도 구원받기에 합당하지 않으며, 어떤 선한 행위로도 하나님의 은혜를 구할 수 없었다. 그럼에도 불구하고 청교도들은 하나님의 무한한 자비와 사랑 안에서 하나님이 구원을 위해 몇몇 사람을 선발하고 미리 결정하여 선택하셨다고 믿었다.

각각의 청교도가 지닌 가장 큰 의문은 자신이 하나님의 거룩한 선택을 받은 사람인지 여부이었다. 어느 누구도 그 질문에 대한 답을 할 확고한 지식을 가질 수 없었다. 그러한 지식을 가졌다고 생각하는 것은 하나님의 마음을 모두 이해했다고 생각하는 것이다. 게다가 구원을 확신한다는 것은 그가 실질적으로 사탄의 매혹적인 거짓말에 넘어갔다는 좋은 증거이기도 했다. 청교도들은 "영원한 생명에 대한 부활의 확실하고 명확한 희망"에 대한 확신을 전혀 가질 수 없었다.

그럼에도 불구하고 죽음에 대한 두려움과 개인 구원에 대한 질문은 아미쉬들에게서는 발견되지 않았던 방식으로 개인 청교도들에게서 드러났다. 각 청교도는 개인적인 타락의 무수한 표시 중에서 적어도 그가 선택된 소수라는 표시 또는 지표를 보이기 위해 그의 양심에 따라 지속적으로 투쟁하였다. 그래서 청교도주의는 "결코 끝나지 않는, 극심한 불확실성에 의해 표출된 믿음이다... 청교도들은 강력하고 끈질긴 죽음의 두려움에 의해 개인적으로 그리고 집단적으로 사로 붙잡혀 있는데, 반면 동시에 죽음을 영혼을 가두고 있는 지구로부터의 석방과 구원으로 보는 전통적인 기독교적 수사학에 매달려 있었다"(Stannard, 1977, pp. 75, 79). 청교도인들에게 사람은 항상 자신의 전적이고 총체적인 타락을 인식해야 하며, 동시에 무기력한 자신의 구원을 위해 간절하게 기도해야 한다.

청교도 설교자들은 사후의 잠재적인 공포와 행복 간에 대조됨을 누누이 말해왔다. 선택받지 못한 사람들은 저주 받은 자의 영원한 고통을 겪었다. 선택받은 사람들 가운데 있는 사람들도 실제로 죽음의 순간까지 확신이 부족하여 곤란을 겪었다. 그래서 스태너드(Stannard, 1977, p. 89)는 "뉴잉글랜드 청교도들은 전통적으로 낙천적인 수사학에도 불구하고 강력하고 명백한 죽음의 공포에 사로 잡혔다. 그것들에 대한 3가지 명백하고 진실되며 합리적인 믿음은 자연스러운 결과이었고, 3가지 믿음은 그들 자신의 완전하고 불변하는 타락, 하나님의 전지전능함과 의로움과 측량할 수 없음, 지옥의 말할 수 없는 공포에 관한 것이다.

뉴잉글랜드 청교도들 사이에서 죽음에 대한 태도는 어른뿐만 아니라 어린이와 사회 전반에 영향을 미쳤다. 청교도의 세계관은 어린이들에게 깊은 사랑과 강한 타락한 느낌과 죄의 오염을 모두 가지게 했다. 후자의 경우는 아미쉬와 너무 다르다. 그리고 뉴잉글랜드에서 청교도 시대의 유아와 어린이들은 죽음의 위험이 너무나 컸고, 부모들은 자녀들 중에서 몇 명밖에 살아남지 못할 것임을 예상하면서 자녀를 많이 낳았다. 이러한 이유로 인해, 자녀들과의 개인적인 관계에서 청교도 부모들은 "억제와 냉담함, 훈육을 강요하고, 영적으로 조숙하기를 독려하고자 하였다"(Stannard, 1977, p. 57).

청교도 어린이들은 그들이 언제라도 죽을 수 있음을 끊임없이 기억하도록 강요받았다. 그들은 심지어 자신의 부모가 그들에 대해 증언함에 있어서 개인적으로 판단하고 저주하는 위험으로부터 위협받았다. 사망 후 부모와 재회할 것이라는 기대는 용납되지 않았다. 그리고 만약 그들이 죄를 지음으로써 부모에게 해를 입힌다면 그들이 지니게 될 죄책감에 대해 생각하였다. 이러한 맥락에서, 어린이를 위한 책들은, 심지어는 어린이들이 알파벳을 배우는 뉴잉글랜드 프라이머(New England Primer, 1727/1962)조차도 어린 독자들이 죽음에 따른 위험과 가능한 결과를 상기시키도록 고안되었다. 이러한 태도는 오늘날의 태도, 심지어는 19세기에 강조했던 것, 예를 들어 유명한 매가피(McGuffey, 1866)의 독자들 중 한 명이 표현했던 사후에 어린이와 부모가 천국에서 새로운 삶을 위해 영원히 재회할 것을 강조한 것과 얼마나 다른가(Minnich, 1936a, 1936b; Westerhoff, 1978).

매장하는 관행은 뉴잉글랜드 청교도들의 죽음과 관련된 태도를 나타내는 특히 좋은 지표이다. 맨 처음에 청교도는 가톨릭교도의 과도한 관행에 대한 반작용으로 의례를 갖추지 않고 감정을 억제하였다. 즉 시체는 무의미한 껍데기로 간주되었고, 매장은 신속하고 간단하게 이루어졌으며, 슬픔이나 애통함의 과도한 표시는 권장되지 않았다. 장례식 설교는 매장할 때 이뤄지지 않았고 일반 설교와는 형태가 매우 달랐다.

17세기 후반에 뉴잉글랜드의 청교도 사회는 거룩한 사명을 위협하는 많은 변화를 겪었다. 존 윈스럽(John Winthrop), 토마스 쉐퍼드(Thomas Shepard), 존 코튼(John Cotton)과 토마스 후커(Thomas Hooker)와 같은 초기의 중요한 몇몇 지도자들은 영국의 시민전쟁과 종교적 관용에 대한 공식적인 교리가 그들이 강조한 교리적인 정의를 믿은 뉴잉글랜드 청교도를 고립시켰던 시기에 사망하였다. 그리고 미국에서 이민이 늘어나고 중상주의가 커지면서 청교도 공동체의 수와 의미가 줄어들고 사회는 점차 더 복잡해졌다.

반대로 궁지에 몰린 뉴잉글랜드 청교도들은 더욱 더 정교한 장례 의식을 발달시켰다. 장례식 당일에 교회 벨을 울리고, 장례 행렬이 관을 매장할 곳으로 인도되고, 매장 후 교회나 죽은 사람의 집으로 돌아온 사람들은 음식을 나누었고, 장례식에 참석했다는 증거로 독특하게 디자인된 값비싼 장례 반지를 나누어 낀다. 청교도 지도자들과 공동체의 기둥이 죽었을 때, 장례식에서 기도를 하고 장례식 설교는 추도 형태를 취했다. 고인의 도덕적이고 종교적인 성품을 찬미하는 구절이 정교하게 새겨진 묘비는 매장지를 표시하기 위하여 시작되었다. 분명히 뉴잉글랜드 청교도에게 존재하는 죽음에 대한 특별한 태도는 깊은 믿음에 의해 형성되었고, 진심어린 의례로 실행되었다

청교도의 관점에서 본 죽음: 윌리암 필립스
(1631-1695)의 장례식 초대장

내용 요약

   본 장에서 우리는 신념, 감정, 생각의 습관, 행동과 근원적인 가치의 집합인 죽음에 대한 태도를 살펴보았다. 그렇게 하면서 우리는 개인이 자신의 죽어감, 자신의 죽음, 죽은 후 자신에게 일어날 일, 그리고 타인의 죽어감, 죽음 또는 사별에 초점을 맞추었으며, 그로 인해 죽음에 대해 다양한 걱정과 반응을 가지고 있음을 알게 되었고 그것들이 그들의 걱정과 반응에 어느 정도 영향을 미칠 수 있음을 알게 되었다. 또한 우리는 아리스의 서구 역사에서 드러난 5가지 주요한 패턴, 길들여진 죽음, 자기의 죽음, 먼 죽음과 임박한 죽음, 다른 사람의 죽음, 거부된 죽음에 대한 설명과 두 가지 구체적인 예로써 오늘날 미국의 아미쉬와 17세기 뉴잉글랜드 청교도를 통해 죽음에 대한 다양한 사회적 태도를 보았다. 역사상, 오늘날의 미국에서 그리고 개별 미국인에게 있어서 죽음과 관련된 태도의 패턴은 매우 다르고 다양할 수 있다. 그러한 패턴들은 전부터 변화하여 왔으며, 변화할 수 있고, 변화할 것이며, 또 다시 변화한다. 인간이 죽음 앞에서 모든 곳에서 모든 시간에 걸쳐 어떻게 생각하고 느끼고 행동하는지에 대한 본질은 영원하지 않다.

용어 해설

거부된 죽음: 아리스가 사용한 문구로 죽음을 공격적이고 받아들일 수 없는 것으로 보는 죽음과 관련된 태도, 공개적으로 부정하고 숨기게 되는 어떤 부분

길들여진 죽음: 아리스가 사용한 문구로 죽음을 친숙하고 단순한 것으로 간주하는 죽음 관련 태도, 주로 지역 사회에 영향을 미치는 공개 행사에서 보여짐

아르스 모르엔디(ars moriendi): 말 그대로 "죽음의 예술"은 잘 죽기 위해 무엇을 해야만 하는가에 초점을 맞춘 실천

죽음불안: 어떠한 방식으로든 죽음과 관련된 염려 또는 걱정들

죽음에 대한 태도: 죽음과 관련된 신념, 의견, 느낌을 반영한 행동으로 세상에 대해 그 자신을 표현하고 세상에 존재하는 방식을 보여줌

죽음의 포르노그래피: 죽음이 더럽고 외설적이라는 측면에서는 거부된 죽음처럼 많은 부분 죽음에 대한 태도가 유사하지만, 어떤 면에서는 기분 전환과 흥미를 불러일으키는 측면이 있음을 고어가 언급하며 사용한 표현

복습과 토론을 위한 질문

1. 본 장에서는 죽음, 임종과 사별을 어떻게 묘사했는지 생각해보라. 2장에서 논의한 것처럼 태도가 죽음의 양상과 어떻게 다른가? 2001년 9월 11일 미국에서 일어난 테러 공격 또는 다른 주요한 사망사건들을 당신이 미디어를 통해 또는 직접적으로 경험한 죽음은 당신의 태도에 어떠한 영향을 주었는가?

2. 본 장에서는 죽음과 관련된 두 가지 구체적이 태도, 현 시대의 아미쉬와 17세기 뉴잉글랜드 청교도를 설명하고 있다. 이러한 태도들 간에 유사한 점과 다른 점을 살펴보라. 이 두 집단의 태도는 이들의 죽음, 임종과 사별에 어떻게 영향을 미쳤고 미치고 있는가?

3. 본 장에서 다루고 있는 죽음관련 관심과 반응의 네 가지 범주인 자신의 죽어감, 자신의 죽음, 죽은 후 자신에게 일어날 일, 그리고 당신이 사랑하는 사람의 죽어감, 죽음 또는 사별을 생각해보라. 이러한 범주들 중에서 현 시점에서 당신의 삶에 가장 중요한 것은 무엇인가? 죽음관련 태도 중 이 특별한 범주를 당신이 가장 중요하다고 선택하게 한 것은 당신의 삶에서 무엇인가? 이 범주 내에서 당신의 주요 관심사는 무엇인가?

4. 필립 아리스는 서구사회에서 5가지 유형의 죽음에 대한 태도가 발견되고 있음을 설명하였다. 이 다섯 가지 유형 중 당신에게 가장 친숙한 것은 무엇인가? 이 다섯 가지 유형 각각의 어떤 측면을 여러분 자신의 경험에서 찾을 수 있는가?

추천 도서

미국뿐만 아니라 서양의 예술, 문학, 대중문화에서 묘사된 죽음에 대한 다양한 태도에 관한 서적:

Bertman S. L.(1991). *Facing Death: Images, Insights, and Interventions*.

Crissman J. K.(1994). *Death and Dying in Central Appalachia: Changing Attitudes and Practices*.

Enright D. J.(Ed.).(1983). *The Oxford Book of Death*.

Farrell J. J.(1980). *Inventing the American Way of Death: 1830- 1920*.

Geddes G. E.(1981). *Welcome Joy: Death in Puritan New England*.

Hostetler J. A.(1994). *Amish Society(4th ed.)*.

Isenberg N ., & Burstein, A.(Eds.).(2003). *Mortal Remains: Death in Early America*.

Jackson C. O.(Ed.).(1977). *Passing: The Vision of Death in America*.

Kastenbaum R.(2000). *The Psychology of Death*.

Kraybill D. M.(2001). *The Riddle of Amish Culture(Rev. ed.)*.

Mack A.(Ed.).(1974). *Death in American Experience*.

69

Shachtman T.(2006). *Rumspringa: To Be or Not to Be Amish.*

Siegel M.(Ed.).(1997). *The Last Word: The New York Times Book of Obituaries and Farewells- A Celebration of Unusual Lives.*

Stannard D. E.(1977). *The Puritan Way of Death: A Study in Religion, Culture, and Social Change.*

Weir R. F.(Ed.).(1980). *Death in Literature.*

Zielinski J.M.(1993). *The Amish across America(Rev. ed.).*

웹자료

유용한 검색어: ARS MORIENDI; DEATH ANXIETY; DEATH ATTITUDES(OR DEATH-RELATED ATTITUDES); DEATH DENIAL; FORBIDDEN DEATH; PORNOGRAPHY OF DEATH; TAME DEATH.

본서와 연계된 웹사이트 Death & Dying, Life & Living, 제7판을 방문해 보라.

본서-특약 웹사이트는 전문용어 해설, 플래시 카드, 아래 소개된 웹사이트 연결로, 그리고 퀴즈 테스트 등을 포함하는 학습 도구들을 제공한다. www.cengagebrain.com을 방문하라.

American Anthropological Association

American Psychological Association

American Sociological Association

BELIEVE: Religious Information Source

Death Clock

제4장

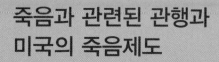

죽음과 관련된 관행과
미국의 죽음제도

목표

- 죽음과 관련된 경험의 요소로써 죽음과 관련된 관행을 알아보기
- 각 사회에서 죽음제도의 개념을 구성요소와 기능을 포함하여 알아보기
- 미국 사례를 통해 죽음과 관련된 관행을 알아보기
  1. 사고, 살인, 테러, 전쟁과 대량학살, 홀로코스트, 핵 시대와 관련된 인간이 유발한 죽음
  2. 죽음에 관한 언어와 죽음과 관련된 언어 간에 대조를 통해 살펴보는 죽음과 언어
  3. 다양한 죽음 경험들을 알리는 뉴스 보도와 환상화된 죽음과 폭력을 다룬 오락 등의 미디어에서 표현되는 죽음

2001년 9월 11일

2001년 9월 11일 미국 동부 해안은 맑은 가을날이었다. 그 날은 공포와 대규모의 죽음과 부상, 그리고 막대한 재산의 파괴로 가득 찬 날이기도 했다.

그 화요일 아침, 사람들은 뉴욕시의 110층짜리 건물인 세계무역센터와 버지니아 알링톤에 있는 미국 국방부 펜타곤에서 근무하고 있었다. 거의 비슷한 시간에 보스톤과 워싱턴 D.C. 그리고 뉴왁의 공항에서는 승무원과 승객들이 비행기에 탑승하였다.

이륙 직후 납치범들은 대륙횡단을 하기위해 기름을 가득 채운 비행기 4대를 강제로 빼앗았다. 납치범들은 비행기를 인수하고, 조종사를 내쫓았으며, 자신들의 목적을 위해 비행기를 다른 방향으로 돌렸다. 오전 8시 46분 비행기 한 대가 세계무역센터 북쪽 건물의 맨 위로부터 아래인 대략 20층을 향해 날아갔다. 18분 후 두 번째 비행기가 비슷한 방법으로 남쪽 건물에 추락하였다. 그 직후인 9시 37분에 세 번째 비행기가 미 국방부의 남서쪽으로 추락하였다. 네 번째 비행기에서 일부 승객들이 힘을 합쳐 납치범들에게 저항하였고, 그들과 싸워 워싱턴 D.C.의 국회의사당에 추락하려던 그들의 계획을 막았다. 그 투쟁의 결과, 마지막 비행기는 10시 직후에 펜실베이니아 남서부의 샹스빌이라는 작은 마을 부근에 추락하였다.

10시경 비행기가 부딪힌 충격과 제트 연료로 인해 점화된 화재로 세계무역센터의 남쪽 건물이 무너졌다. 약 29분 후 북쪽 건물도 무너졌다. 그 후에 세계무역센터 단지에 있는 4개 빌딩과 근처의 메리어트 호텔도 무너졌다.

비행기 4대에 탑승한 246명의 승객과 승무원이 이 사건으로 인해 사망하였다. 그리고 세계무역센터 현장에서 2,752명, 국방부에서 126명이 사망하였다. 세계무역센터 재난에서, 희생자들 중에는 복합건물에 들어있는 사무실, 상점, 음식점의 종사자와 방문객이 포함되었으며, 생명을 구하기 위해 빌딩 안으로 달려 들어가거나 인근 지휘소를 세운 400명이 넘는 소방관, 경찰관, 응급의료요원이 포함되어 있었다. 뉴욕 시에서는 화재로 인해 많은 시신이 소실되었거나 거대한 잔해 아래에 묻혔으며, 그 잔해들은 점차적으로 현장에서 제거되었다. 일부 시신들은 DNA 검사로 확인되었고, 많은 다른 가족들은 그들의 사랑하는 사람들의 시신을 결코 되찾을 수 없었다.

각 사회에서의 죽음제도

본 장은 우리 사회에서의 **죽음과 관련된 경험**에 대한 일반적인 견해 중 세 번째 핵심 요소인 **죽음과 관련된 관행**에 초점을 맞추고 있다. 우리의 목표는 2장에서 **죽음과 관련된 양상**과 3장에서 **죽음과 관련된 태도**에 대해 이미 배운 것을 보충하고, 양상과 태도가 관행에 어떻게 영향을 미치는지 보여주는 것이다. 이를 위해서 우리는 이 사건이 일어나기 전에는 상상하기조차 어려웠고, 미국인의 태도와 관행에 크게 영향을 미쳤던 죽음의 양상은 2001년 9월 11일 사건으로 시작하였다. 물론 미국에서 죽음과 관련된 관행들은 어리둥절할 정도로 다양한데, 너무 많아서 하나의 장에서 다루기에는 적당하지 못하다. 또한 우리는 관행을 만남과 태도로부터 완전히 분리할 수 없다. 그렇기 때문에, 우리는 여기에서 논의하려는 죽음과 관련된 관행을 구성하고 맥락을 제공하기 위해 "죽음제도"라는 개념을 사용하고자 한다.

카스텐바움(Kastenbaum, 1972, p. 310)은 죽음제도를 "죽음과 우리의 관계를 중재하고 표현하는 사회 물리적 네트워크"로 정의한다. 그는 모든 사회는 죽음과 시민 사이에 끼어드는 방식인 제도를 확립한다고 다소 공식적이고 명확하게 정의하였다. 제도에 주의집중이 될 때, 제도의 존재가 대다수 사회구성원들에게 쉽게 인지되는데, 사회제도는 사회 기반시설의 존재와 중요성, 그리고 죽음, 임종, 사별과 인간의 상호작용 속에서 이루어지는 사회화 과정을 반영한다(Parsons, 1951; Seale, 1998). 카스텐바움(Kastenbaum, 1972)에 따르면, 각각의 사회적 죽음제도는 자체의 구성요소와 독특한 기능을 가지고 있다(초점 맞추기 4.1 참조).

죽음제도의 몇몇 유형들은 *모든 사회에서* 발견된다. 그것은 어떤 측면에서는 공식적이고, 명확하고 광범위하게 인정받고 있지만, 그것은 대부분 숨겨져 있고, 다른 측면에서는 종종 암묵적이다. 블러너(Blauner, 1966)가 제시했듯이, 많은 소규모의 원시 부족사회들은 반복적으로 나타나는 죽음에 대해 많은 행동들을 준비해야만 했다. 북미와 서유럽 선진국에서와 같이 크고 현재적이고 비인간적인 사회에서의 죽음이 지니는 사회적 함의는 충격적인 사건이 발생할 때까지는 종종 덜 파괴적이고, 덜 눈에 띄고, 더 조심스럽다. 그러한 놀라운 사건의 예가 2010년 4월 20일에 일어난 사건이다. 과거 영국 석유회사(British Petroleum, BP)에 의해 운영되는 심해 지질층 시추 장비가 폭발하여 승무원 11명이 사망하고 17명 이상이 부상을 당한 사건이 발생하였다. 그 뒤, 손상된 우물에서 유출된 기름이 해양 및 야생동물뿐만 아니라 멕시코 걸프 연안의 어업과 관광산업에까지 막대한 피해를 주었다. 초점 맞추기 4.2에서 강조되었듯이 자연재해는 삶에 광범위한 손실을 가져오고 지역의 죽음제도가 부적절함을 보여주는 또 다른 예이다.

죽음제도가 실제로 일상 업무 속에서 작용을 하기 때문에, 현대 미국 사회에서의 죽음제도는 삶의 주류로부터 거리를 두고 죽음을 지키기 위해, 그리고 죽음의 많은 거친 측면들을 그럴싸하게 보이게 하기 위해 많은 중요한 방식들을 통해 행동을 취한다. 즉, 우리의 죽음제도는 종종 죽음을 부인하는 것을 지지하는 역할을 한다. 이것의 문제는 "개인으로서 우리가 반드시 알아야 할 바로 그것들을 마주치는 것을 막음으로써 전체 속에서 우리를 보호하기 위한 제도를 창조해(Evans, 1971, p. 83)" 왔을 수 있다는 것이다. 그러나 우리의 죽음제도의 다른 측면은 죽음에 대해 주의를 환기시키고 그 모습에 반응했다.

여기에서의 요점은 모든 사회는 죽음이 인간에게 보여주는 근본적인 도전에 대처하기 위한 어떤

초점 맞추기 4.1

사회적 죽음제도의 요소와 기능

죽음제도는 아래의 요소들을 포함한다.

- *사람*-장례식 책임자, 의료조사관, 검시관, 생명보험 대리인, 변호사와 꽃집과 같이 다소 직접적으로 죽음과 관련된 사회적 역할을 하는 사람들.
- *장소*-묘지, 장례식장, 의료기관, 전쟁 또는 재해가 일어난 "신성한 땅"과 같은 죽음과 관련된 특성을 가진 특정한 장소들.
- *시간*-현충일 또는 특정한 사람이 죽은 기념일과 같은 죽음과 연관된 시기.
- *물건*-사망진단서, 영구차, 신문에 실은 부고 또는 사망기사, 묘비, 사형 집행용 의자 또는 전기의자와 같은 죽음과 관련된 물건.
- *상징*-검은 상장, 두개골과 2개의 대퇴골을 교차시킨 그림, 특정 오르간 음악, 특정 단어와 문구("재에는 재, 먼지에는 먼지...")와 같은 죽음을 의미하는 물건과 행동.

죽음제도의 기능은 아래와 같다.

- 응급차의 사이렌이나 번쩍이는 불 또는 광폭한 날씨, 지진 또는 테러 행위의 가능성을 알려주는 대중매체의 경고에서처럼 *경고와 예상을 제공하기 위해*
- 경찰 또는 보완요원의 존재, 응급의료 제도 또는 국토관리청의 존재처럼 *죽음을 예방하기 위해*
- 현대 호스피스 프로그램과 병원 서비스의 일부 측면에서처럼 *죽어가는 사람을 돌보기 위해*
- 장례산업, 묘지와 화장터처럼 *죽은 사람을 처리하기 위해*
- 장례 의식 또는 유족을 위한 자조 집단과 같은 *사후 사회 통합을 위해*
- 많은 종교 또는 철학적 시스템의 경우처럼 *죽음에 의미를 부여하기 위해*
- 전쟁을 위한 훈련, 사형과 식량 비축을 위한 도살과 같은 인간 또는 동물을 *죽이는 행위에 대해 사회적으로 제재를 하기 위해*

제도를 가지고 있다는 것이다. 그래서 죽음, 임종과 사별에 대한 연구가 한 사회의 죽음제도의 본성과 그것이 작동하는 방식을 살펴보는데 도움이 된다. 이 책의 주제를 감안할 때, 우리는 이 장에서 항상 죽음제도가 최선을 다하여 작용하지 못했던 많은 예들을 다루고자 한다. 그러나 죽음제도가 작동하는 사회 안에서는 죽음제도가 많은 개인들에게 자주 유익하다는 점에 주목하는 것은 중요하다. 우리는 이 책의 남은 부분에서 효과적으로 작동하는 죽음제도의 많은 예들을 보게 될 것이다.

허리케인 카트리나, 아이티 지진, 일본 쓰나미와 죽음제도

죽음제도는 많은 유형의 죽음, 토네이도, 지진, 홍수, 화재와 폭설과 같은 자연재해를 포함한 죽음에 대해 사람들이 대응하도록 도우려고 한다. 그러나 이러한 유형의 자연재해와 다른 유형의 재해는 특히 인간과 사회적 결핍이 결합될 때 사회적 죽음제도에 큰 도전을 줄 수 있다. 여기에 우리는 일시적으로 지역의 죽음제도를 압도한 많은 유명한 재해 중에서 3개, 2005년 미국의 허리케인 카트리나, 2010년의 아이티 지진, 2011년 일본의 쓰나미를 살펴보고자 한다.

허리케인 카트리나는 원래 대서양에서 형성되어, 허리케인의 범주1로 남부 플로리다를 가로질러 멕시코 걸프 만을 넘어 북쪽으로 이동하면서 범주5로 강화되었다. 그리고 마침내 120마일에 이르는 허리케인 강도의 바람과 함께 범주3의 폭풍이 되어 2005년 8월 29일에 뉴올리안즈 동부 해변가로 상륙하였다. 미국의 죽음제도의 일부분은 허리케인 카트리나에 대해 대응을 매우 잘하였다. 예를 들어서, 국립허리케인센터(National Hurricane Center)는 태풍의 예상 경로에 대한 사전 경고를 제공하였고, 해안경비대 헬리콥터는 뉴올리안즈와 다른 곳에서 고립된 많은 사람들을 구조했다. 유감스럽게도 카트리나는 뉴올리안즈를 보호하기 위한 제방 시스템의 결함을 노출시켰다. 일부 제방은 태풍이 지나간 직후 무너지거나 넘쳤으며, 도시의 80%가 침수되었다. 그 결과 지방, 주, 연방 공무원들의 전반적인 노력들은 비판을 받았는데, 대중을 대피시키지 못하였고 그들에게 며칠 동안 피난처, 음식과 마실 수 있는 물을 제공하지 못하였다는 것과

허리케인 카타리나가 지나간 후 홍수가 난 뉴올리안즈의 스카이라인과 도시의 모습

같은 중요한 문제에 대한 리더십 부족과 관리에 대해 비판을 받았다. 결국 이 괴물 같은 태풍은 걸프만을 가로 질러서 1,800명이 넘는 사망자를 냈고, 8백억 달러 이상의 피해를 초래하였는데, 역사상 가장 비용이 많이 든 대서양 허리케인이었다.

서구에서 가장 가난한 나라인 아이티에서 예상 강도 7.0 수준의 지진이 2010년 1월 12일 수도인 포르토프랭스(Port-au-Prince) 인근 지표면으로부터 16마일 깊이에서 발생했다. 이 지진으로 인해 23만 명 이상이 사망하였고, 30만 명 이상이 부상을 당한 것으로 추정되었다. 광범위한 국제 원조 노력과 추가적인 재원 조달에 대한 약속에도 불구하고, 집, 공공건물, 기반시설들에 대한 막대한 피해가 2010년 말까지도 여전히 남아 있었으며, 약 81만 명의 사람들이 여전히 거리 또는 텐트 야영지에서 살고 있다. 안

초점 맞추기 4.2

타깝게도 아이티는 2010년 10월에 콜레라가 발생하였는데, 북쪽 지역에서 시작하여 수도까지 번졌다. 콜레라는 적절하게 마실 수 있는 물과 하수 처리로 예방이 가능한 질병인에도 불구하고 2011년 1월 초까지 3,600명이 사망한 것으로 추정되었다(Laughlin, 2011). 여기서 죽음제도는 존재하지 않았고, 제대로 기능을 하지 못하였다.

2011년 3월 11일 일본에서 위기를 초래한 일련의 세 사건이 일어났다. 먼저, 일본의 북동 해안에서 리히터 규모 9.0로 일본을 강타한 가장 강력한 지진이 발생했다. 둘째, 이어진 쓰나미는 방제벽을 넘어서서 해안으로 엄청난 양의 파도를 밀려 들어가게 했다. 이 사건 후 한 달 만에 14,000명 이상이 사망하였고, 그 지역이 광대하게 황폐화되었으며 12,000명이 여전히 실종되었으며, 수 십 만 명은 그들이 원래 살던 집을 떠나야 했다. 셋째, 이 지역의 몇 개 원자로에서 중대한 문제가 발생하였다. 이 발전소들이 자동적으로 정지되었지만 원자로 코어와 저장된 연료봉 풀을 식히기 위해서는 물이 필요했다. 전력을 사용할 수 없고, 디젤 발전기가 파괴됨에 따라 엔지니어들은 증기를 대기로 방출시키고 작은 폭발을 일으켰으며, 원자로에 펌프질을 하여 미래에 이것들을 사용할 수 없도록 만듦으로써 전력을 복원하였다. 이 모든 것은 핵 원료의 부분적 또는 완전한 용해를 피하기 위한 노력이었다.

이 사건들 이전에 일본은 자연재해에 대비하고 대응하기 위한 광범위한 제도를 갖추고 있었다. 수십 만 명의 군인과 경찰이 참여한 구조 노력은 즉각적으로 시작되었고, 그렇지 않았으면 잃었을 수많은 생명을 구했다. 그리고 많은 국가들이 이 재난에 대응하는데 돕기 위해 즉각적으로 수색과 구조팀과 다른 형태의 지원을 보냈다. 일본의 죽음제도에서 이러한 이점이 있음에도 총리는 세계 2차 대전 이래 직면한 최악의 위기라고 이 사건을 묘사했다.

미국의 죽음제도와 2011년 9월 11일 사건

2001년 9월 11일, 미국 대륙 내에서 발생했고 미국의 경제력과 국방력의 가장 두드러진 상징인 세계무역센터와 국방부를 강타하는 공격이 있었다(The Editors of *New York* magazine, 2001). 많은 사람들이 대처하고 살아남아야만 했던 전 세계 도처에서 벌어지는 테러리스트 공격처럼, 이 사건으로 무고한 남성, 여성과 어린이가 죽고 부상을 당했다. 그렇게 하면서, 이 공격은 미국 내에서 살인 테러리즘을 새로운 수준으로 끌어올렸는데, 국내외에 있는 미국인에게 영향을 미치는 다른 테러 사건들의 범위를 벗어난 것이었다. 이 공격의 희생자에는 다양한 민족, 문화, 인종, 종교와 배경을 가진 사람들이 포함되어 있었다. 예를 들어 미국이슬람관계위원회(Council on American-Islamic Relations)는 적어도 9월 11일 희생자 중에(납치범을 제외하고) 32명의 이슬람교도가 있었다고 보고하였다(www.cair.com). 호주, 독일, 인도, 이스라엘, 멕시코, 파키스탄, 한국과 영국 등의 80개 이상 국가의 국민들이 희생자 중에 포함되었다(Bumiller, 2001). 24명의 캐나다인이 세계무역센터에 행해진 공격으로 사망 또는 실종하였거나 사망한 것으로 추정되었다는 사실에서 가까운 사례를 볼 수 있다. 이 캐나다인들 중 대다수는 뉴욕에서 살았고, 세계무역센터에서 일을 하거나 방문하고 있었으며, 2명은 이 건물에 부딪힌 비행기의 승객이었다.

9월 11일에 많은 미국인들은 테러리스트들이 미국을 직접 공격하거나 공격할 수 있다는 사실에 놀랐다. 실제로 지난 몇 년 동안 식견이 높은 관찰자들은 미국 땅에서 일어날 몇몇 테러 유형을 예측해왔다. 불행하게도 미국의 죽음제도는 이러한 사건 전부 또는 일부를 피할 수 있었던 특별한 *경고와 예측*을 제공하지 못했다. 예를 들어 좀 의심스러운 사람이 미국에 입국했고 그중 몇 명은 비행교육을 이수하였다는 것과 일부 테러리스트 단체가 상업용 비행기를 무기로 사용하는데 관심을 가져왔다는 것을 파악하고 있는 것은 중요한 일이었다. 많은 이유로 인해 경고를 울리고, 특정한 예측을 하고, 효과적으로 정보를 전달하며, 국가를 보호하기 위해 그러한 정보에 대해 행동하는 매우 중요한 기능이 제대로 수행되지 않았다. 테러공격 국가위원회 보고서(National Commission on Terrorist Attacks, 2004; Kean & Hamilton, 2006 참조)에서 첩보와 조정에 많이 실패하였음이 확인되었고, 2011년 9월 11일 테러리스트의 공격 전후 첩보 활동에 대한 하원/상원 공동조사(the House/Senate Joint Inquiry into Intelligence Community Activities Before and After the Terrorist Attacks of September 11, 2001.)의 공동위원장으로 일한 전 상원의원 밥 그레이엄(Bob Graham, 2004)에 의해서도 상세하게 전해졌다.

9월 11일 당일에 미국 사회의 다른 요소와 죽음제도는 거의 즉각적으로 행동을 하였다. 비행기 중 한 대에 탑승한 일부 승객들은 납치범을 제압하기 위해 함께 노력하였고, 테러리스트의 목표를 좌절시키기 위해 노력하였다(Beamer, 2002 참조). 다른 사람들은 무슨 일이 일어나고 있는지를 핸드폰을 통해 외부에 알렸다. 또 다른 사람들은 자동응답기에 사랑하는 사람들을 위해 메시지를 남겼는데, 그러한 사람 중의 한 사람으로 세계무역센터 남쪽 건물에 추락한 유나이티드 에어라인 175편에 탑승했던 38세 승객 브라이언 스위니(Brian Sweeney)는 그의 아내 줄리에게 메시지를 남겼다.

> 이봐, 줄리, 브라이언이야, 나는 비행기를 타고 있고 이 비행기가 납치를 당해서 상황이 좋지 않아. 내가 당신을 사랑했다는 것을 당신이 알기 바라고, 당신을 다시 볼 수 있기를 바래. 만약 그렇게 되지 못한다면, 인생을 즐겁게 지내고 가능한 한 최선을 다해 살길 바래. 내가 당신을 사랑한다는 것을 알길 바라고, 무슨 일이 있어도 나는 다시 당신을 만나게 될 거야(St. Petersburg Times, 2001b).

많은 소방관, 경찰관과 다른 사람들이 비극의 현장에 뛰어들고 사망을 막기 위해 그리고 건물이 무너짐에도 불구하고 생명을 구하기 위해 그들 자신의 목숨을 버리고 불타는 건물에 뛰어들었을 때, 우리의 죽음제도는 보다 공적인 측면에서 명확하게 드러났다. 그리고 연방항공국(Federal Aviation Administration)은 추가 공격이 예상되는 미국 내 모든 비행기를 착륙시켰고, 공범들이 미

초점 맞추기 4.3

캐나다인과 2001년 9월 11일 공격

공격 직후 미국 내 모든 영공이 폐쇄된 결과, 캐나다 국민과 캐나다 사회 제도는 매우 유용한 방식으로 대응하였다. 출발지로 돌아가기 어려울 수 있는 아시아에서 북미로 향하는 모든 항공기들은 캐나다 서부, 주로 밴쿠버로 비행기를 돌리게 하였다. 대서양을 가로질러 서쪽으로 운항하는 더 많은 항공기들은 캐나다 동부로 공항을 대체하였다. 사고없이 안전하게 모두 착륙하였고 오후 6시까지 지상에 머물렀다.

이러한 위기에서 캐나다가 대응한 하나의 예를 뉴파운더랜드의 갠더라는 작은 도시(인구 규모 10,000명)에서 볼 수 있다(DeFede, 2002). 갠더는 세계 2차 대전 동안과 제트엔진이 여객기의 표준이 되기 전 급유를 중단시키는 역할을 하였기에 비정상적으로 긴 활주로를 자랑하였다. 그리고 갠더는 캐나다에서 가장 동쪽에 자리 잡은 상업 공항을 제공하고 있다. 지형적인 위치와 활주로 시설로 인해 갠다가 특히 대형 여객기와 그 여객기가 수송한 사람들을 수용하기에 적절하였다.

무엇보다도 2001년 9월 11일에 갠다의 주민들과 인근 다른 작은 마을은 38개의 항공편으로부터 내린 6,600명의 승객과 승무원을 그들의 가정과 시설에 친절하게 환영하였다. 그 모든 방문객들은 9월 16일 마지막 비행기가 출발할 때까지 특별히 관대하게 돌봄을 받았다.

국을 벗어나기 어렵도록 조치를 취하였다. 이러한 행동들은 미국 비행기 조종사들뿐만 아니라 캐나다와 그 사회 제도에 즉각적인 도전을 불러 일으켰다(초점 맞추기 4.3 참조).

9월 11일 공격에 대한 **FBI**의 조사가 이루어졌는데, **FBI**는 축하하는 내용의 전화통화 내용을 유심히 살피고, 이 테러 음모에 연관되었을 증인과 다른 사람들을 찾아내고, 공격에 필요한 자금 조달을 추적하기 시작했다. 그리고 병원과 구조대원들은 부상자와 죽어가는 사람들을 돌볼 준비를 하였고, 반면 병리학자들과 장의사들은 현장에서 시신을 찾아내고 신원을 확인하고 시신 처리를 위한 준비를 함으로써 시신을 적절한 방법으로 처리하였다. 불행히도, 사망자를 처리하는 것은 사망자를 발견하고 신원을 확인함에 있어서 부분적으로만 성공한 매우 길고 어려운 과정이었다 (Kastenbaum, 2004b).

9월 11일 이후 어느 날, 장기화된 스트레스와 한결같지 않은 정부의 대응에 대해 *사회적 단결*이 필요하다는 강력한 지지가 있었다. 뉴욕의 루디 줄리아니(Rudy Giuliani) 시장과 다른 정치 지도자 및 종교 지도자들은 이러한 노력을 확대하고 조정하기 위해 움직였다. 개인과 공동체는 이러한 상황에서 **죽음을 이해하도록** 돕고자 노력함에 있어서 의미 있는 도전을 받아들였다. 많은 미국인들은 함께 추모식에 가고 "뭉치면 산다(United We Stand)"라는 문구 또는 노래 "미국에 축복을(God Bless America)"과 같은 상징을 중심으로 모였다. 상담가들은 어른들이 아이들에게 이 사건에 대해 어떻게 말해야 하는지 조언을 하였고, 조지 W. 부시 대통령은 미국뿐만 아니라 문명 세계에 대한 공격으로써 이 사건에 대한 미국의 인식을 미국뿐만 아니라 세계에 알렸다. 의회는 새로운 국토안보부(Department of Homeland Security) 각료를 승인하였다.

마침내 카스텐바움(Kastenbaum, 2004b)이 지적한 것처럼 미국인들은 그들 자신을 난폭한 전사들에게 죽음을 당한 희생자로 인식을 빠르게 전환하였다. 대통령은 9월 11일에 최고조에 이르렀던 공모 뒤에 있는 사람들을 뿌리 뽑고 정의를 실현하기 위해 미국 군사력과 국제 정치 공동체를 움직였다. 이 사건은 어느 정도 *사회적으로 인정된 살인*을 초래했는데, 예를 들어서 알 카에다를 지원했다는 이유로 미국은 아프가니스탄을 침공하고 탈레반 지도자를 전복시켰다. 이후 미국은 그 당시 이라크의 지도자인 사담 후세인이 대량 살상을 위한 부기를 비축해 놓았고 세계를 위협한다는 믿음에 따라 -이후에 근거 없는 것으로 밝혀졌다(예: Mueller, 2006a, 2006b)- 이라크 침공을 준비하였다. 9월 11일 공격 이후 10년이 지난 2011년 5월 1일 미국은 알카에다 창시자인 오사마 빈 라덴을 파키스탄에서 살해하였다.

9월 11일 공격은 국내외에 있는 미국인들은 개인의 안전과 안보에 많은 어려움을 겪었다. 이 어려움들이 미국의 죽음제도를 완전히 압도하지는 못하였지만, 그것에 크게 영향을 미쳤다. 무엇보다도 이 사건들은 미국 사회를 다양한 방법으로 그리고 지역, 주, 국가 및 국제의 다양한 차원에서 집결시켰다. 2004년 테러공격에 관한 국가위원회는 9월 11일 공격에 기여한 체계적인 결함을 다룬 보고서를 발표하였고, 미국 정보와 국토안보보장을 개선하기 위한 권고안을 제출하였다. 많은 논쟁 끝에 각료급인 국가정보국장직을 새롭게 만들고, 국가위원회의 권고를 이행하기 위한 입법안이 국회에서 통과되었고, 대통령이 서명을 하였다.

인간이 유발한 죽음

20세기 동안 미국 사회와 전 세계는 인간이 그들 자신과 다른 사람들에게 행한 죽음이 수적으로 엄청나게 증가하였음을 목격하였다. 부분적으로 이것은 산 사람의 수가 증가한 결과에 따른 것이다. 지난 세기동안 일어난 인구 폭발은 무슨 일이 일어나던 간에 더 많은 사망을 필연적으로 가져올 수밖에 없다. 그러나 그것은 또한 대인 관계에서의 폭력을 증가시키는 요인인 긴장과 스트레스를 더 많이 유발할 수 있다. 그러한 폭력은 종종 조기 사망으로 귀결되기도 한다. 이 섹션에서 우리는 사고, 살인, 테러리즘, 전쟁, 인간학살, 인종청소, 홀로코스트와 핵 시대와 연관된 인간이 유발한 사망을 살펴보고자 한다(인간이 유발한 사망의 다른 예로 자살, 자살 보조와 안락사가 있으며 17장과 18장에서 다룰 것임).

사고
사고 또는 실수로 인한 부상은 미국 전체 인구에 있어서 5번째 주요 사망원인이며, 1세부터 44세

까지 사람들에게는 주된 사망원인이다(Xu, Kochanek, Murphy, & Tejada-Vera, 2010; National Safety Council, 2010). 2007년에 123,706명의 미국인이 사고로 사망하였고, 이는 10만 명당 41.0명, 그 해 총 사망자 중 5.1%에 해당하였다. 사고로 사망한 한 사람이 평균 10명의 생존자에게 영향을 미친다고 가정하면 백 만 명이 넘는 사람이 미국에서 2007년에 일어난 이러한 죽음의 영향을 받았고, 수백만 명의 사람들이 불구가 되는 부상으로 고통을 당했다. 사망자 중 43,946명 또는 35.5%가 자동차 사고로 인한 것이었다(이 숫자를 같은 해 이라크와 아프가니스탄에서 사망한 미국 군인 1,023명과 비교해보자. 그리고 전쟁이 시작된 이후 2011년 초반까지 이라크에서 사망한 미국 군인 수가 4,436명과 아프가니스탄에서는 1,472명인 것과 비교해 보자 [http://icasualties.org 참조]. 이러한 군인의 죽음을 많은 미국인이 우려하는 것은 당연한 것이다. 그런데 매년 자동차 사고로 더 많은 수가 사망함에도 불구하고, 미국인의 태도에는 거의 영향을 미치지 않는 것으로 보인다(Xu, Kochanek, Murphy, Tejada-Vera, 2010; National Safety Council, 2010). 사고로 인한 사망률은 1979~1992년 기간 동안 1/4이상 감소하였으나 2000년 이후에는 점차 증가하고 있다. 이러한 감소는 미국인들이 운전할 때 안전 의식을 보다 더 많이 갖도록 촉구하는 교육을 한 노력의 결과이다. 예를 들어 좀 더 운전을 조심해서 하고, 안전벨트를 착용하고, 음주 후 운전을 금하고, 운전 중에는 핸드폰을 사용하지 말고 문자 메시지를 보내지 않는 것 같은 것이다. 최근 몇 년 동안, 사고에 의한 전체 사망자 수가 증가하고 있는 것은 인구 증가와 고도로 발달된 사회에서 빠른 속도의 일 처리, 그리고 스트레스가 가득 찬 생활방식으로 인한 것이다.

국가안전위원회(National Safety Council)는 인간에 의해 유발된 여러 유형의 부상과 사망과 함께 사고로 인한 모든 유형의 부상과 사망을 연차보고서 '부상에 대한 사실들(Injury Facts, 2010)'에서 검토하였다. NCS는 또한 웹사이트(http://www.nsc.org/news_resources/Documents/nsclnjury Facts2011_037.pdf)에서 가장 최근 연도에 또는 한 사람이 평생에 걸쳐서 우발적인 부상으로 사망할 확률을 보여주는 차트와 같은 유용한 정보를 제공하고 있다.

자동차 사고는 우리 사회에서 가장 심각한 사망원인 중 하나인데, 모든 사회 하위 집단-남성과 여성, 젊은이와 노인, 그리고 각 인종과 문화 집단에 속한 개인들에게 영향을 미친다. 이러한 더 큰 인구 집단 내에서, 어느 특정한 집단의 행동들은 이러한 유형의 죽음에 노출될 가능성이 더 크다. 예를 들어서 15세부터 24세까지의 사람들은 교통사고로 인한 사망률이 지속적으로 가장 높았는데(2007년 10만 명 당 24.9명 사망), 75세에서 85세 사이의 사람들은 10만 명 당 21.8명, 85세 이상의 노인들은 10만 명 당 23.2명의 사망률로 근접하게 따라가고 있다(Xu et al., 2010). 또한 교통사고로 인한 사망률은 역사적으로 여성보다는 남성에게서 훨씬 더 높다.

교통사고로 인한 사망은 가장 자주 갑자기, 예상치 못한 상태에서, 폭력적으로 발생한다. 종종 죽은 사람은 사고로 인해 심하게 변형되거나 심지어는 불에 타기도 한다. 시나리오는 다음과 같을 수 있다. 경찰관이 문을 두드리거나 병원에서 걸리어 온 전화는 누군가의 죽음을 알려준다(Iserson &

조심해서 운전하도록 운전자들에게 촉구하기 위해 기둥 위에 올려져 있는 부서진 자동차

lserson, 1999). 불신과 부정이 따를 수 있다. "그 사람은 영화를 보러 갔었다. 그가 어떻게 죽을 수 있어?" 만약 시신이 변형되었다면, 생존자는 그것을 다시 보고 싶어 않아 할 것이다.

그렇지 않으면 만약 환자의 상태를 안정시키기 위해 병원으로 이송한다면, 응급조치를 시도하거나 사망 결정을 내리는 것은 − 때때로 신체기관, 조직, 안구 기증이 뒤따르게 되는데 − 충격을 받은 가족들에게 예상치 못한 문제를 일으킬 수 있다. 비현실적인 분위기는 그 경험에 스며들 수 있다. 그런 죽음에 따르는 슬픔과 애도는 종종 복잡해질 수밖에 없다.

살인

지금은 사망원인에 대한 새로운 국제 분류와 코딩 제도에서 "폭행"이라고 불리는 *살인*은 한 인간이 다른 인간을 죽이려고 하거나 실제로 죽이는 행동을 말한다. 2007년 미국에서 18,361건의 살인에 의한 사망사건이 발생하여 10만 명당 6.1명의 사망률을 보였다(Xu et al., 2010). 희소식은 다른 사망원인의 상대적 중요성이 변화하여 살인이 1990년에 11번째 주요 사망원인이었는데, 2007년에는 살인이 15번째로 줄어들었다는 점이다. 나쁜 소식은 살인으로 인한 사망자 수가 1980년대 후반 이후 점진적으로 증가해왔다는 것이다. 2001년에는 9월 11일 미국에서 일어난 공격으로 인해 급격하게 증가하였다. 이로 인해 미국의 살인 사건 사망자 수와 사망률이 21세기 선진국에서 매우 높아졌다는 점을 덧붙일 수 있다. 사실 현대 미국사회는 살인 사건의 수와 비율 모두에 있어서 오랫동안 산업화된 서구 사회를 이끄는 좋지 않은 특징을 보이고 있다(Seltzer, 1994).

살인으로 인한 사망 분포는 인구에 따라 크게 다르다. 아마도 살인에 관한 인구통계학적 특성 중 가장 충격적인 특징은 살인이 젊은이와 남성 사이에서 사망원인으로써 꼽힌다는 점이다. 선택된 인종과 문화적 집단에서의 살인에 대한 내용은 5장을 보라. 적어도 지난 10년간 살인에 의한 사망 비율은 15세에서 24세 미국인들에게서 가장 높음이 발견되었고(10만 명당 13.1명 사망), 25세에서 34세까지의 연령대에서 바로 뒤를 따른다(10만 명 당 11.7명 사망). 전체적으로 미국에서 모든 살인으로 의한 죽음의 73%는 15세에서 44세 사이의 사람들과 관련되어 있다. 최근에 15세에서 24세 연령대에서 살인이 사망의 두 번째 주요 원인으로 꼽히고 있다(사고가 앞서고, 자살이 뒤를 따름). 청년기 이후, 주요 사망원인으로써 살인은 연령이 증가함에 따라 일반적으로 감소하고 있다.

성별로는 미국 남성이 여성에 비해 가해자와 살인의 희생자가 될 가능성이 더 크다. 살인은 미국 사회에서 남성의 사망원인으로 특히 두드러지는데, 최근 몇 년 동안에 살인으로 인해 여성 1명이 사망할 때 남성은 3.8명이 같은 원인으로 사망하였다. 살인은 또한 아프리카계 미국인의 주요 사망원인으로 10만 명 당 22.2명이 사망하였다(남성은 39.5명).

미국의 살인에 의한 사망에 대한 분석에서 두 가지 특징이 드러나는데, 이것들은 이 주제를 더 잘 이해할 수 있게 한다. 첫째, 여러 해 동안 일어난 모든 살인의 약 50%는 가족 구성원 또는 지인들 간에서 일어났다(Seltzer, 1994). 이것의 또 다른 결과는 모든 살인의 90%에서 희생자와 가해자가 같은 인종이라는 점이다. 우리 사회에서 살인의 두드러지는 두 번째 특징은 총기 사용 또는 오용과 관련이 깊다는 점이다.

살인에 관한 자료로부터 우리가 알게 된 것은 살인이 미국인의 행동과 죽음의 양상에 있어서 중요한 요소라는 점이다. 살인은 죽음에 취약할 것으로 전형적으로 생각되지 않았던 집단인 청소년과 청년 집단의 사망원인으로 나타나고 있다. 그리고 일부 살인에 의한 사망은 완전히 일시적이고 그래서 무의미한데, 운전하면서 마구 총을 쏘아댈 때처럼 그 행동과는 무관한 사람에게 총을 쏘거나 노상에서 차를 강탈함으로써 이루어진다. 이러한 모든 요인들은 왜 살인이 현대 많은 미국인의 죽음에 대한 생각에 강력한 방식으로 끼어드는지 설명하는데 도움이 된다.

그럼에도 불구하고 어떤 의미에서는 살인 행동이 미국의 죽음제도에서 죽음을 논의하는데 그 중요성이 과장되고 있다. 예를 들어 대중 매체는 폭력과 살인 중 몇몇 예들이 마치 매일 일상적으로 일어나는 것처럼 과도하게 집중시키는 경향을 지속하여 왔다. 그래서 미국인 대부분은 1999년 4월 콜로라도 주 리틀톤의 콜롬바인 고등학교에서, 2007년 4월 버지니아주 블랙스버거의 버지니아 공대에서, 2011년 1월 8일 아리조나주 투산에 있는 한 수퍼마켓 밖에서 일어난 총격사건에 익숙하다. 이 사건들에 대해 많은 것이 알려져 있지만, 그 사건에 관해 아직 많은 것을 알아야 하고, 그 가능성을 최소화하기 위해 해야 할 일이 많이 남아있다(Cullen, 2009; Lazenby 외, 2007; Newman, 2004; 이 장의 비판적 숙고 #4와 19장의 비판적 숙고 #18에서의 주제를 참조하라).

학교에서의 살인에 대해 명심해야 할 한 가지는 그것들은 매우 비전형적인 경험이라는 점이다. 실제로 미국 교육부와 사법부(US Department of Education and Justice)의 연차보고서인 *2010년도 학교 범죄와 안전에 대한 지표*(Indicators of School Crime and Safety: 2010; Robers, Zhang, & Truman, 2010, p. 6)는 "2008년 7월 1일부터 2009년 6월30일까지 학교에 다니는 청소년들에게서 살 비록 희소하더라도 대부분의 미국인에게 안전한 환경이라고 여겨지는 상황에서 발생하는 대규모 살인이 지난 이십 년 동안 미국에서 일어났다. 예를 들어 1999년 4월 20일 콜로라도주의 리들톤에 있는 콜롬바인 고등학교에서 두 명의 학생이 여러 무기를 사용하여 12명의 학생과 한 명의 교사를 죽이고 자살하였으며, 몇몇 사람들도 부상을 입었다.

두 번째 예는 2007년 4월 16일 불만에 가득찬 조승희가 버지니아주 블랙버그에 있는 버지니아 공대 캠퍼스에서 32명을 살해하고 자살하였으며, 많은 다른 사람들이 부상을 당한 사건이다.

세 번째 예는 2011년 1월 8일 아리조나주 투싼에 있는 슈퍼마켓 바깥에서 일어난 사건으로 6명이 살해당했고 가브리엘 기포드(Gabrielle Giffords) 미국 대표를 포함하여 13명이 부상을 당했다.

폭스(Fox, 2007; Fox & Levin, 2005, 2006 참조)는 "미국 현대사에 있어서 가장 큰 8번의 대량 총격사건 중 7번이 지난 25년 동안 발생했다"라고 밝혔다. 그리고 그는 이러한 총격사건이 대규모 살인의 일부임을 지적했다. 폭스는 대규모 살인을 4명 또는 그이상의 사람들이 같은 사건으로 사망한 사건으로 정의하였고, 시간이 경과하면서 연속적으로 발생하는 살해사건과는 구별된다고 하였다.

폭스는 우리 사회에서 보인 몇몇 변화들이 이러한 비극적인 사건의 발생에 기여했을지도 모른다고 제시하였다.

- 우리는 이동성이 더 좋고, 뿌리가 없는 사회이며, 종종 우리는 의지할 친구나 가족이 없는 곳에서 살고 있다.
- 우리 중 더 많은 사람들은 우리와 가장 가까운 이웃이 누구인지 알지 못하는 도시 지역에서 살고 있다.
- 우리 중 많은 사람들은 안정적인 결혼이나 파트너 십, 확대가족 그리고 종교시설과 같은 전통적인 공동체가 지닌 친밀한 특성에 한 번에 접근할 수 없게 되있는데, 그러한 깃들은 지지를 제공해왔고 우리의 행동에 영향을 미치도록 행동해왔다.
- 우리는 개방적이고 민주적인 사회이며 다양한 방법으로 공격받기 쉽지만, 동시에 우리는 개인의 권리, 공격적인 경쟁과 즉각적인 만족을 강조하고, 성공하지 못한 사람들에게는 거의 동정심을 베풀지 않는다.
- 우리 중 더 많은 사람들이 총기류, 특히 강력하고 반자동 무기들과 함께, 그것들의 사용방법에 대한 지식과 훈련에 더 쉽게 접근한다.

폭스는 또한 이러한 대량 총격사건의 가해자, 주로 남성들의 전형적인 특성을 다음과 같이 설명하였다.

- 그들은 종종 좌절과 실패의 역사를 가지고 있으며, 실망스러운 삶에 대한 대처 능력이 부족하다.
- 그들은 다른 사람들이 그들에게 기회를 주지 않았고, 그들의 인종이나 민족 또는 성별로 인해 공정하게 대우를 받지 못한다고 비난하거나 불평해왔다.
- 그들은 일반적으로 친구 또는 가족으로부터 정서적 지지를 받지 못하였고, 종종 "외톨이"로 묘사된다.
- 그들은 일반적으로 그들이 보기에 격렬한 사건이나 큰 실망으로 인해 고통을 받았다.
- 그들은 복수를 위한 그들의 필요를 충족시키기에 충분한 강력한 무기에 접근이 가능하다.

인 15건과 자살 7건이 학교에서 발생했다"고 밝히고 있고 이어서 다음과 같은 말을 덧붙였다. "1992-1993년에서 2007-2008년까지의 기간 동안 매년 학교 안에서보다 학교 밖에서의 살인이 적어도 50배 이상 더 많았고, 학교 안에서보다 학교 밖에서 청소년의 자살이 적어도 150배 이상 많았다." 따라서 폭스와 레빈(Fox & Levin, 2006, p. 131)은 "학교 폭력이 과장되고 두렵지만, 학교가 실질적으로 우리 어린이들이 있을 수 있는 가장 안전한 장소이다"라고 진술하였다. 우리는 일반적으로 학교 폭력과 특히 살인에 대해 왜곡된 그림을 가질 수 있는데, 한 해설자(Twomey, 2001, 14a)는 "언론 매체가 범죄, 특히 폭력 범죄를 실제로 발생한 사건에 비례해서 보도하지 않기 때문이다"라고 지적하였다.

미국의 죽음제도에서 살인과 관련하여 명심해야 할 기본적인 사실은 1992년 이래 전체 미국 인구에 있어서 주요 사망원인으로써 살인의 상대적 중요성은 감소하였지만, 살인이 미국에서 사망원인으로 너무 자주 등장하여서, 현재 수준으로 수용이 가능한 것으로 간주된다는 점이다. 미국인들은 우리 사회에서 살인 폭력을 예방하거나 최소화하기 위해 노력해야만 한다. 그러기 위해서 우리는 미국에서 잘못되고 오해하기 쉬운 살인에 대한 인식을 배제할 필요가 있고, 죽음과 관련된 현상과 그 원인을 정확하고 사실적인 용어로 이해하여야 한다.

살인 폭력의 몇몇 사례들은 특히 충격적이고 상처가 깊어 잊지 못한다는 사실을 넘어서서 거의 모든 살인들은 폭력 행동에서 사망에 이르는 시간이 매우 짧아 갑작스럽고 예기치 못한 죽음으로 끝난다. 결과적으로 이러한 유형의 죽음은 생존자에게는 특별한 문제를 제기한다. 그들은 불분명하고, 상처가 깊고, 때로는 사회적 스티그마를 포함한 상황에서 예기치 못한 죽음에 직면한다. 비록 행위자가 확인되더라도 이것은 도움이 되지 않을 수 있다. 사실 행위자가 가족, 친구, 동료일 때 그리고 살인이 고의적으로 행해졌을 때 생존자의 슬픔은 더욱 복잡할 수 있다. 또한 행위자에 대한 법적 절차가 복잡할 수 있고 희생자 가족은 때때로 일부러 입을 다물거나 그러한 절차로부터 멀리 거리를 두기도 한다. 부당함의 표현과 통제력 부족으로 인해 드러나는 분노감은 그들의 애도를 복잡하게 만들 수 있다(Bucholz, 2002; Magee, 1983).

테러리즘

비록 테러리즘이 (1) 협박하고 공포를 만들기 위한 폭력적인 행동이나 위협, (2) 어떤 종교적, 정치적, 이데올로기적 목표를 수행하기 위한 행동, (3) 고의적인 방법으로 시민의 안전을 표적으로 하거나 무시하는 행위(Martin, 2003; Player, Skipper, & Lambert, 2002)로 언급되어 일반적으로 사용되지만 테러리즘이라는 단어에 대해 보편적으로 인정되는 하나의 정의는 없다. 따라서 리처드슨(Richardson, 2006, p. 4)는 "테러리즘은 정치적 목적을 위해 단순히 고의적이고 폭력적으로 민간인을 표적으로 하는 것을 의미한다"라고 했다. 리처드슨에 따르면 테러리스트들은 세 가지를 추구한다. (1) 그들 자신 또는 그들이 동일시하는 공동체에 대한 지각되거나 실질적인 상처에 대한 보복과

굴욕감을 돌려주기 위한 *보복*(2) 원인에 대한 홍보와 주의, 그리고 개인의 영광의 형태로, 그들의 공동체와 상대방에 의해 본질적으로 부여되는 종류의 *명성*, 그리고 (3) 테러리스트의 힘을 보여주고 그들의 메시지를 전달한 이후 상대방의 항복 또는 광범위한 억압을 끌어내기 위한 *반응*. 어쨌든 테러리즘은 현대의 죽음의 양상, 임종과 사별을 생각할 때 많은 사람들의 생각 속에서 큰 역할을 한다.

　테러리즘은 새로운 현상이 아니다. 이 용어 그 자체는 적어도 프랑스 혁명(Anonymous, 2002)까지 거슬러 올라갈 수 있지만, 테러라고 불릴 수 있는 행동은 심지어 고대 세계에서도 찾을 수 있다. 최근에 변화한 것은 테러리스트 행동의 빈도와 규모이다. 산업혁명과 그에 수반되는 과학과 기술 창조 이전에는 단 하나의 행동으로 수천 명의 생명과 수백만 달러 값어치의 재산을 단 몇 초 안에 파멸시킬 수 없었다. 이 테러를 주제로 다룬 문헌들이 많고 늘어나고 있지만(Benjamin & Simon, 2002, Carr, 2002; Jenkins, 2003; Laqueur, 2003; Lewis, 2003) 이것은 여전히 21세기 사람들이 가까운 미래를 위해 다루어야만하는 죽음과 관련된 새로운 현실이다. 우리는 가해자와 그들의 목표, 사용된 수단, 그리고 죽음, 임종과 사별에 대한 함의를 반영함으로써 여기에서 테러리즘을 탐구하고자 한다.

　테러리즘의 범인들과 그들의 목표　테러리즘의 세 가지 범주는 개인, 집단 또는 국가에 의해 수행되는 테러리스트의 행동들을 구분함으로써 식별될 수 있다. *개인에 의한 테러리즘*의 예를 보면, 한 사람이 외톨이로 행하거나 한 사람 또는 두 사람의 지원을 받아서 다른 사람을 해치거나 죽이고 재산을 파괴하는 행위에 참여하는 것이다. 종종 이것은 표적이 된 사람들에 대한 분노와 좌절감을 표현하거나 더 큰 사회를 움직여서 잘못된 인식을 교정하거나 원하는 다른 방식으로 행동하게 하려는 노력으로 표현된다. 예를 들어 테리 니콜스(Terry Nichols)의 도움으로 티모시 멕베이(Timothy McVeigh)는 1995년 4월 19일 오클라호마시에 있는 앨프레드 P. 뮤러 연방정부청사(Alfred P. Murrah Federal Building)를 폭격하여 169명을 사망하게 하였고 500명 이상에게 부상을 입혔다(Linenthal, 2001; Michel & Herbeck, 2001). 비슷하게 소위 순환도로 저격수라고 불리는 존 앨런 무하마드(John Allen Muhammad)와 리 보이드 말보(Lee Boyd Malvo)는 2002년 10월에 3주 동안 워싱턴 D.C.를 공포에 떨게 하였는데 열 사람을 죽이고 세 사람에게 부상을 입혔다. 이러한 유형의 개별 테러리즘은 집단 테러리즘과 함께 상대방보다 자기 자신이 더 약하다고 인식된 요원이 가장 자주 쓰는 전략이다.

　*집단 테러리즘*은 공식적으로 또는 비공식적으로 조직된 집단의 사람들이 종교적, 정치적, 또는 이데올로기적 이유로 상대방이라고 인식되는 사람들에게 해를 입히는 시도를 할 때 이루어진다. 예를 들어서, 남북전쟁이후 미국에서 쿠 클럭스 클랜(Ku Klux Klan, KKK)은 남부 백인의 삶의 친근한 양식을 보호하고 "그들의 자리에서" 자유롭게 지내는 아프리카계 미국인들을 내쫓기 위하여 위협, 구타, 린치와 다른 테러 행위에 관여하였다. 다른 유명한 테러리스트 행동의 예는 북아일랜드

의 급진적인 카톨릭과 개신교 파벌싸움의 행동에서 보였고, 중동의 팔레스타인 조직들과 체첸 분리주의자들이나 그들의 동조자들은 2002년 10월 모스크바의 극장을 탈취하였고 2004년 9월 러시아 남부에 있는 학교를 장악했다. 집단 테러리즘은 2004년에 후세인 정권이 전복된 이래 이라크에서 자주 발생하였다. 그때 이후 여러 파벌들이 외국인과 이라크 사람들, 군인과 민간인을 표적으로 길거리 폭탄, 저격, 박격포나 수류탄 공격, 그리고 납치와 같은 기술들을 사용하여 폭력을 행사하였다. 최근에는 비슷한 행동들이 아프가니스탄에서 일어났다. 이와 같은 노력들은 많은 다른 목표를 가질 수 있는데, 예를 들어서 외부인들이 나라를 떠나도록, 꼭두각시 정권으로 인식되는 것을 전복하고, 정치권력을 요구하거나 또는 별도의 국가를 세우도록 하는 것들이다.

국가가 지원하는 테러리즘은 정치적인 행정부가 그 자체 또는 이웃 국민을 대상으로 가장 자주 채택하는 전략이다. 이러한 유형의 테러리즘은 정부에 의해 명백하게 착수되거나 암묵적으로 지원될 수 있다. 이러한 종류의 테러리즘은 이민을 강요하거나 몰살시킴으로써 일반적으로 강한 쪽이 약한 집단에 대해 어떤 행동을 강요하거나 그들을 사회에서 떠나게 하려고 노력함에 있어서 사용된다. 예를 들어 사담 후세인은 1988년 이라크에서 쿠르드 공동체에 대한 테러 전술을 사용하였고, 1930년대 후반과 1940년대 초반 독일에서 나치가 그들에게 여러 문제에 대해 추궁을 하거나 그들의 목표에 대해 적대적이라고 믿는 많은 집단의 사람들을 제거하기 위해 행동했다.

테러리스트들이 사용한 수단들 테러리스트들은 그들 자신을 위험에 빠트릴 수도 있고 그렇지 않을 수도 있는 다양한 폭력적인 수단을 사용한다. 예를 들어서 티모시 멕베이는 **원거리에서 행동**하는 테러리즘의 형태를 취했다. 그는 피해가 발생하는 사건이 일어났을 때, 그가 그 행동 현장에 실제로 존재할 필요가 없는 트럭 폭탄을 사용하였다. 그것은 그를 위험에 직접적으로 빠트리지 않았다. 좀 더 최근에는 이라크에서 일어난 도로변 폭탄(즉석 폭발물, 즉 IED로 불림)과 박격포나 로켓추진 수류탄을 사용하는 히트 앤드 런 공격은 **원거리**에서 하는 행동과 유사하다. 미국인들과 미국의 이해관계자들은 자주 또는 가끔 이러한 종류의 테러 희생자가 되어 왔다. 예를 들어서 1989년 케냐와 탄자니아의 미국 대사관 밖에서 수분 간격으로 폭발한 차량폭탄, 1993년 세계무역센터 아래의 주차장에 설치된 폭탄, 1995년 사우디아비아의 리야드에 있는 미군 본부에서 터진 차량 폭탄, 그리고 1996년 사우디아라비아, 다렌의 코바르 타워(Khobar Towers) 밖에서 폭발한 트럭 폭탄 등이다. 이러한 행동들은 200명이 넘는 사람을 사망하게 하였고 수천 명 이상이 부상을 당했으며, 전부는 아니지만 많은 사람들이 미국인이었다. 이러한 유형의 테러리즘의 다른 두 가지 예들로 2010년 5월 1일 뉴욕시 타임스퀘어에서 차량폭탄을 터트리려한 시도와 2010년 11월 26일 오래곤주 포틀랜드의 크리스마스 트리 조명 행사에서 폭탄을 터트리려한 시도가 있는데, 둘 다 실패했다. 뉴욕에서의 가해자인 파이살 사자드(Faisal Shahzad)는 유죄를 인정받고 최근 가석방 없이 종신형을 선고받았다. 포틀랜드의 가해자인 모하메드 오스만 모하무드(Mohamed Osman Mohamud)는 FBI의 작

9월 11일 쌍둥이 빌딩이 무
너진 후 그라운드 제로 가
까이에서 소방호수로 불을
끄고 있는 뉴욕시 소방관

전 대상이었고 대량 살상을 위한 무기 사용을 시도하는 임무를 맡았었다.

대조적으로 일부 테러 행위들은 *가해자가 직접적으로 존재*한다. 이것들은 단지 경제적 목표보다는 어떤 정치적 목표를 달성하려는 전형적인 목적을 가지고 저격수 또는 납치 행동을 포함한다. 이러한 행위들은 비록 개인 테러리스트의 생명이 위험에 빠질 수 있음에도 불구하고 즉각적인 보복을 피할 수 있도록 자주 계획되어진다.

또한 개인과 집단이 *자기 파괴를 통해 테러리즘*에 참여해 왔는데, 테러리스트 자신의 생명을 희생하여 그들이 추구하는 죽음과 파멸을 달성한다(Gambetta, 2006). 자살 폭탄의 예로 가장 잘 알려진 이 사건은 수년 동안 이스라엘에서 행해진 친숙한 형태의 테러이었다. 그것은 1980년대와 1990년대에 스리랑카 북부와 동부에서 독립 국가를 창설하려는 폭력적인 분리주의 캠페인에서 타밀 엘람의 해방호랑이단체(Leberation Tigers of Tamil Eelam, LTTE)에 의해 자주 사용된 전술이었고, 그 캠페인은 2009년 5월 스리랑카 군대에 의해 LTTE가 격퇴될 때까지 아시아에서 가장 오랫동안 지속된 무력 갈등이다. 다른 자살 폭탄은 2000년에 일어났는데, 미국 구축함 *USS 콜(USS Cole)*이 예멘에서 폭발물을 실은 작은 보트의 공격을 받았고, 2001년 9월 11일에는 납치범들이 3대의 상업용 여객기를 빌딩으로 날아가게 했다(비판적 숙고 #5 참조). 이라크와 아프가니스탄에서 과격한 이슬람에 의해 실행된 자살 폭발을 이용한 테러 행위는 최근 몇 년 동안 익숙해졌다. 또 하나의 자살 폭발이 2009년 12월 25일에 실패했는데, 젊은 나이지리아인 우마르 파루크 압둘무탈라브(Umar Farouk Abdulmutallab)가 암스텔담에서 디트로이트로 향하는 비행기에서 속옷에 숨긴 플라스틱 폭발물을 폭발시키려고 했으나 성공하지 못했다.

비판적 숙고
#5 자살 테러에 대한 세 가지 시선

자살 테러리스트들은 교육을 받지 않았고 사회로부터 고립되어 있으며 쉽게 세뇌되어 망상적인 열망에 쉽게 빠져있는 사람들이 속한 종교 교단에서 나오는 것이 아니다. 또한 자살 테러리스트들은 주로 범죄조직으로부터 나오는 것만은 아니지만, 범죄조직의 구성원은 젊은이의 충동, 다른 사람을 해하는 것에서 느끼는 개인적인 만족감 또는 범죄 생활의 반사회적 습관에 의해 동기가 부여된다. 자살 테러리스트들이 정신적으로 아픈 사람 또는 개인이 너무 우울해서 취업을 하지 못하거나 삶을 즐기지 못하거나 생산적인 삶을 살 수 없어서 죽고 싶어 하는 사람 중에서 나오는 것은 아니다.

"일반적으로 자살 공격자들은 거의 사회적으로 고립되거나 임상적으로 미치거나 또는 경제적으로 가난한 사람은 거의 없고, 종종 교육을 받았고 사회적으로 통합되었으며 좋은 미래가 기대될 수 있는 매우 유능한 사람이다. 자살 테러리스트들의 프로필은 틀에 박힌 살인자, 종교적 광신자 또는 일상의 자살보다 정치적으로 의식 있는 개인의 모습과 더 많이 닮았다"(Pape, 2005, p. 200).

"대부분의 알 카에다는 중산층 또는 상류층 출신이며 거의 모든 이들이 온전한 가정 출신이었다. 그들은 대부분 대학교육을 받았고 자연과학과 공학에 대한 강한 성향을 가지고 있었다. 그들 중 몇몇은 종교학교를 마쳤으며, 그리고 많은 사람들이 유럽 또는 미국에서 훈련받았고 5개 또는 6개 언어를 하였다. 그들은 정신질환의 증후를 보이지 않았다. 많은 사람들은 그들이 지하드에 합류했을 때 그렇게 종교적이지도 않았다"(Wright, 2006, p. 301).

"자살 테러리스트들이 자포자기했거나 미쳤다는 대중적인 주장은 이 주제에 관한 어떤 연구와도 일치하지 않고 있다. 자살 테러리스트들은 혼자서 행동하지 않는다. 그들은 선발되어 훈련받고, 감독받으며 집단에 의해 격려를 받는다. 더욱이 명예를 위해 경쟁하는 많은 지원자들 중에서 선발된 사람들은 자신들이 심리적으로 건전하다는 것을 확실히 하기 위해 그들의 최선을 다한다고 일관되게 주장한다. 진실은 자살 테러리스트들이 단어의 의미상으로도 미치지 않았다는 것이다"(Richardson, 2006, p. 117).

테러리즘의 죽음, 임종과 사별에 대한 함의 테러 행위는 종종 외상적 손실을 초래하는 폭력적 수단을 사용한다(이 주제에 대한 더 많은 내용은 9장을 보라). 전형적으로 그것들은 갑작스러운 사망, 후속적으로 사망이나 장애를 가져오는 부상, 그리고 재산 피해(가끔 지역화 되거나 때때로 널리 퍼짐)를 초래한다. 죽음, 장애, 그리고 파괴는 상대방의 공식적인 대표를 목표로 하지만, 다른 사람을 덮칠 경우, 종종 무차별적이거나 무분별한 상해를 일으키기도 한다. 테러리즘과 연관된 죽음은 예상치 못하고 폭력적이며 인간 행동의 한 형태로 표현되는데, 인간행동의 형태는 인간의 삶을 부주의하게 무시할 때 종종 혐오스럽게 나타난다. 테러리즘의 행동 하나가 다수의 죽음과 훼손의 원인이 될 수 있고, 생존자의 생명을 직접적으로 위협하였을 수 있다. 그러한 죽음과 연관된 사별과 애도는 항상 복합적이다. 개인은 그러한 죽음을 준비할 시간이 거의 또는 전혀 없다. 시신이 훼손되었을 수 있고, 묻혀있는 생존자는 하찮게 여겨져 그대로 방치되었을 수 있다. 그들의 슬픔은 다른 인간이 이러한 죽음의 고의적인 행위자이었다는 것을 알게 되면서 복잡해진다. 그들은 테러 행위를 왜 미리 막지 못했는지 또는 무엇이 이러한 결과를 완화시킬 수 있는지를 고민한다. 그들은 테러리스트들이 그들의 행동에 의해 피해를 입을 사람들과 관련될 수 있는 또 다른 무고한 사람들에 대해 무관심하게 종종 행동했다는 점을 냉혹하게 인식하고 있다. 개인의 보호와 안전은 그러한 행동에 의해 도전을 받고 있는데, 개인의 보호와 안전은 삶과 세상에 관한 일반적인 가정이다. 그리고 생존자는 종종 가해자를 찾거나 기소할 수 없는 사회 제도에 의해 버림을 받은 것처럼 느낄 수 있다.

전쟁, 대량학살과 인종청소

전쟁, 대량학살 그리고 인종청소는 많은 사람들이 가해자와 희생자로 포함된 *사회적으로 승인된 죽음*을 시도하는 것에 적용되는 용어들이다. 전쟁, 대량학살 그리고 인종청소 모두가 폭력을 포함하지만, 그것들의 목표가 서로 다른데, *전쟁*의 목표는 전형적으로 다른 사회나 집단을 정복하는 것이고, *대량학살*은 집단의 존재를 말살하려는 의도를 가지고 집단에 대해 행해지는 폭력적인 범죄를 말하며, *인종청소*는 표면상으로는 인구 집단의 재배치를 의미하지만 실은 대량학살의 한 형태이다. UN과 같은 국제 단체는 전쟁의 실행을 규제하려고 했고(제네바 협약을 생각해보라), 대조해보면 그러한 단체들은 대량학살을 범죄로 정의하고 인종청소를 종종 범죄 활동으로 간주하여 비슷한 방식으로 다루어왔다. 각각의 경우에 수많은 사람의 죽음을 일으키기 위해서는 광범위하고 체계적인 조직을 필요로 한다.

전쟁이 일어난 경우에 발생하는 사망자 수는 깜짝 놀랄만하다. 20세기의 네 가지 예를 살펴보자. (1) 세계 1차 대전(1914-1918)에는 약 3,700만 명의 사망자가 발생했다 (2) 세계 2차 대전(1939-1945)에서는 2,200만에서 2,500만 명의 군인 사망자와 4,000만 명에서 5,200만 명의 민간인 사망자가 발생했다. (3) 한국전쟁(1950-1953)에서는 300만 명 이상의 전투원과 민간인 사망자가 발생했다. (4) 베트남 전쟁(1955-1975)에는 400만 명 이상의 많은 사망자가 발생하였다. 21세기에는 이라크와 아프가니스탄에서의 전쟁으로 5,900명 이상의 미군이 2011년 초에 사망하였고, 다른 많은 연합요원, 수많은 토착 민간인 그리고 여러 다른 나라에서 온 사람들이 사망하였다.

전쟁에서 죽은 사람들의 수에는 종종 식별하기 어려운 민간인 사망자는 포함되지 않는다. 군사령관들은 양쪽의 사망한 전투원을 세는데 그들이 알고 있거나 적어도 정확하게 추정하는 것이 중요하기 때문이다. 사망자 중의 한 사람이 어떻게든 민간인들과 연관되어 있지 않다면, 사망한 민간인의 수는 때때로 부수적인 손해로 경시되거나 무시되고 관심을 덜 가지게 된다. 그리고 민간인 사망자에 대한 숫자는 다양한 이유로 숨겨질 수 있는데 그 한 예가 전쟁 범죄의 증거를 피하기 위함이다.

아프가니스탄에서 무기를
들고 있는 젊은 병사들

20세기 중반에서 후반까지 일어난 **대량학살**의 예들은 손쉽게 확인된다. 1930년대에 조셉 스탈린(Josep Stalin)은 대대적으로 풍족한 농민집단이거나 가난한 농민 계층의 적으로 생각되는 독립집단인 부농 1,000만 명을 죽일 것을 명령했다고 추정되고, 마오쩌둥의 명령으로 3,000만 명의 중국인이 1951-1961년에 "위대한 약진"이 진행되는 동안 죽었을 것으로 추정되며, 중국인들은 1950년 이래 티베트인 백만 명 이상을 죽여왔고(Ingram, 1992), 공산주의자 크메르 루즈는 1970년대 후반에 소위 계층이 없는 사회를 만들기 위해 100~200만 캄보디아인을 살해했다(Skidelsky, 2004).

심지어 좀 더 최근인 1994년에 르완다 정부는 주류를 이루고 있는 후투 족에게 소수인 투치족 모두를 살해할 것을 요청했다(Gourevitch, 1998). 마찬가지로 수단 정부는 2003년 초 이래 그 나라의 서부 다르푸르 지역에서 진행 중인 대량학살을 지원해 왔다. 최고 약 470만 명이 살해되거나 실향민이 되거나 노숙자가 된 것으로 추정된다(www.savedarfur.org). 결과적으로 국제형사법원(International Criminal Court)은 대량학살의 책임을 물어 수단 대통령 오마르 알 바시르(Omar al-Bashir)의 체포영장을 두 번 발부하였다(2010년 7월 12일 최신).

인종청소와 관련하여 역사적인 맥락 속에서 그것을 대표하는 활동들을 볼 수 있지만, 세르비아인, 크로아티아와 보스니아인을 포함한 전 유고슬라비아 지역에서의 갈등 관계 속에서 1990년대에 미디어는 인종청소라는 문구를 대중화시켰다. 그 문구 그 자체는 고정되거나 법적 정의를 가지는 것은 아니지만 아래와 같은 방법으로 특징 지워진다.

인종청소의 재발에도 불구하고 인종청소는 정의를 내리기가 쉽지 않다. 한 쪽 끝에서는 그것은 강제 이주와 인구교류와 거의 구별되지 않으며, 다른 한편에서는 그것은 추방과 대량학살과 병합된다. 그러나 가장 일반적인 수준에서, 인종청소는 종교적 또는 인종적 차별, 정치적, 전략적 또는 이데올로기적 고려 또는 이것들의 조합으로 인해 특정 지역에서 "바람직하지 못한" 인구를 추방하는 것으로 이해될 수 있다.

이 정의의 어떤 측면은 인종청소의 소리를 비교적 좋게 들리게 하지만, 실은 이러한 과정에서 사용된 수단들이 살인, 고문, 자의적인 체포와 구금, 사법적인 처형, 강간 및 성폭력, 빈민가의 민간인 감금, 강제 철거, 민간인의 추방 및 이주, 고의적인 군사 공격, 민간인과 민간 지역에 대한 공격, 고의적인 재산 파괴 등을 포함한다. 따라서 2001년 2월에 세 명의 보스니아 세르비아인은 1992년과 1993년에 행해진 인종청소에 대한 UN 전범 재판에서 유죄판결을 받았다(St. Petersburg Times, 2001a).

벨 페일코프(Bell-Fialkoff, 1993, p. 110)는 다음과 같은 방식으로 미국에 대한 인종청소에 대해 언급을 하였고, 이로써 미국인들이 그에게 동의하는지 여부를 그들 자신의 역사에 반영하도록 촉구하였다.

이러한 정의에 따르면, 북미의 원주민이 서서히 흩어지고 전멸되는 것은 정말 인종청소였다. 국경을 확보하고 지키려는 그들의 노력에서 미국 정착민들은 인디언들을 그들의 땅에서 "깨끗이 정화시켰고", 비록 그러한 과정이 천천히 진행될지라도 19세기까지 민간 주도로 주로 실행되었다. 다른 한편에서는 수천 명의 아프리카인들이 그들의 고향 땅을 떠나게 된 것은 가혹한 것이며, 원주민들의 많은 지역에서 그것을 거부를 하였다는 사실에도 불구하고 인종청소로 고려되지 않았을 것이다. 목표는 원하는 특정한 집단을 추방하지 않고 노예 인구를 수입하는 것이었다.

우리가 전쟁, 대량학살, 인종청소와 연관된 사망자의 정확한 수를 그것들이 벌어졌던 많은 다른 상황에서 얻을 수 있을지라도 우리는 어떻게 그렇게 끔직한 사건을 이해할 수 있을까? 우리는 멀리 떨어진 곳에서 발생한 많은 사람들의 죽음을 어떻게(항상은 아니지만) 이해할 수 있을까? 많은 사람들은 사랑하는 사람의 죽음을 이해할 수 없음을 발견해왔다. 우리는 수천 또는 수백만 명의 죽음을 이해하는 방법을 생각조차 할 수 없다(Elliot, 1972). 여기에서 중대한 위험이 초래되고 있는데, 그 위험은 우리가 이러한 행동들에 익숙해질 수 있고, 그것들이 수반한 죽음의 숫자에 대해 민감하지 않게 될 수 있다는 점이다. 행동과 죽음 둘 모두를 생각조차 할 수 없는 것처럼 보여서 우리가 그것들을 이해하려는 노력을 그만둘 수 있다. 그러나 그러한 노력을 멈추는 것은 우리를 훨씬 더 취약하게 만들어 그것들을 용인하여 받아들이게 만든다.

홀로코스트

세계 2차 대전동안 나치 통치하에서 지구상에 있는 모든 계층의 사람들을 제거하기 위해 체계적인 프로그램이 시도된 것은 그 범위와 정치적 또는 이데올로기적 기초에 있어서 아직까지는 유일한 것으로 여겨지고 있다(Bauer, 1982; Dawidowicz, 1975; Friedlander, 2007; Pawelczynska, 1979; Reidinger, 1968). 나치는 1930년대 후반과 1940년대 초반에 600만 유럽계 유태인과 다른 수백만 명을 학살했다.

나치의 대량학살 프로그램은 단지 정치나 경제 또는 심지어 군대를 고려한 것이 아니라 특별한 이데올로기에 의해 불이 지펴졌다. 나치의 왜곡된 철학은 집시나 여호와의 증인과 동성애자와 같은 사람들이 속한 모든 범주와 함께 유태인 인종의 구성원을 *인간(Untermensch)* 과 인간이하로 분류하였다. 처음에 이것은 반 유대인의 폭동, 시민권과 인간권의 상실, 이주와 게토화 그리고 "강제수용소"로의 선적으로 이어졌다. 이러한 많은 캠프의 거주민들은 노예 노동력이 되어서 독일 전쟁을 위해 일했지만 이것은 극한의 고된 삶과 노동조건, 부적절한 식량 배급, 그리고 수많은 죽음을 가져온 모든 종류의 잔인한 압력으로부터 그들은 보호받지 못하였다. 동시에 무작위 폭력, 테러, 조잡한 형태의 체계적인 살인이 나치 통치하에서 캠프 지역 안과 밖에서 실행되었다. 이러한 공포에 대한 풍부하고 적절한 문서들은 직접 겪은 증인과 후기 역사가들로부터 얻을 수 있다.

1941년에 더 멀리 나아가기 위한 결정이 내려졌다(Browning, 2004). "최종 해결책"은 나치 통제 내에 있는 모든 지역으로부터 유태인을 근절시키는 것이었다. 효율성을 위해 사람을 죽이기 위해 때려 죽이기, 교수형, 총살, 기관총을 쏘아 큰 무덤에 그들을 모두 묻어버리기, 그리고 시신을 매장할 곳으로 옮길 폐쇄된 화물자동차에 탄 사람들에게 엔진 배기가스를 사용해 질식시키기와 같은 조잡한 살인 방법들이 악명 높은 가스실과 "근절 캠프(Vernichtungslager)"의 화장터로 대체되었다. 용어 그 자체가 중요한데 사람이 인간을 죽이는 것이지만 인간 해충을 박멸하는 것이었다.

홀로코스트의 마지막 단계는 점령한 폴란드의 아우슈비츠시 외곽에 있는 옛 군대 막사에서 일어났는데, 그 입구에는 오늘날까지 악명 높고 잔혹한 구호인 *"일은 사람을 자유롭게 만든다"*가 걸려있다. 그리고 비르케나우(Birkenau, Brzezinka)의 시골에서 약 2마일 떨어진 위성을 새롭게 건설하였다. 이곳 캠프 지휘관(Hoess, 1959, p. 160)의 말에 따르면 "역사상 가장 훌륭한 인간 근절센터"가 개발되었다. 그리고 여기에서, 그러나 다른 곳에서도 또한, 겉으로는 의학 연구라는 미명하에 잔인하고 끔찍한 실험이 수행되었다(Lifton, 1986; Michalczyk, 1994).

믿을 만한 계산에 따르면 아우슈비츠/비르케나우에서 "희생자의 수가 적어도 110만 명이며 그들 중의 약 90%는 거의 모든 유럽 국가 출신의 유대인이었다." 비록 자료마다 약간의 차이와 가정에 차이가 있을지라도 "캠프에서 사망한 유대인 희생자의 수는 약 135만 명으로 늘어나 아우슈비츠 희생자의 총 수는 150만 명에 도달한다"(Piper, 1994, pp. 62, 72). 이 모든 사망은 첫 수감자가 도착했을 당시 특히 1941년 9월 이후, 시안화 가스의 사용이 처음 시험되었던 때부터 소련이 캠프를

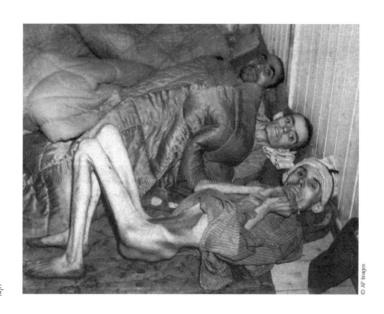

나치 강제 수용소의 포로들

해방시키고 남아있던 7,000명의 수감자를 석방하였던 1945년 1월 27일까지 일어났다. 끝으로 아우슈비츠/비르케나우에 매일 수송열차(전쟁을 위해 독일 군대가 필요로 하는 철도장비로 묶여 있는 것)로 도착한 사람들의 80%(주로 여성, 어린이와 노인)는 그들이 캠프에 도착하자마자 철도에서 악명 높은 "선택"으로 직접적으로 죽음을 당하였다.

이와 같은 일을 이전에는 세계 어디에서도 볼 수 없었다. 홀로코스트 이후 몇 년 동안 아우슈비츠를 방문하는 것은 여러 면에서 일상적이고 심지어는 평범한 환경과 인간 능력의 어두운 면을 생각나게 하는 수많은 공포 이미지 간의 엄청난 부조화에 직면하는 것이었다(Corr, 1993b; Czarnecki, 1989). 아마도 그것은 몇몇 작가들(Czech, 1990; Gilbert, 1993)이 홀로코스트의 공포를 비인간적이고 냉정한 방법들로 묘사하기 위해 연대기와 지도제작 기법을 사용한 이유이었으며, 반면에 다른 작가들(MacMillan, 1991; Wiesel, 1960)은 다른 장르로는 효과적으로 도저히 전달할 수 없는 홀로코스트에 관한 메시지를 상상력이 풍부하고 회상적인 방법으로 전달하기 위해 문학적인 방식을 사용했다. 그리고 홀로코스트의 죽음의 수용소 안에서 일어난 생존과 저항에 관련된 것들을 인상적으로 설명하였다(Des Pres, 1976; Langbein, 1994).

이러한 끔찍한 사건으로부터 얻은 많은 사람들을 위한 기본적인 교훈은, 마치 많은 근본적인 도덕처럼 간단하다: "우리는 경고로써의 홀로코스트와 선례로써의 홀로코스트 사이에서 선택을 해야 한다"(Bauer, 1986, p. xvii). 어떤 사람들은 홀로코스트 사실을 부인하려고 하지만(Lipstadt, 1993), 그 현실과 함의는 북아메리카의 죽음제도 내에서 계속 울려 퍼지고 있다(Novick, 1999). 다음과 같은 몇 가지 예를 생각해보라. *책 쉰들러 리스트(Schindler's List,* Keneally, 1982; Crowe, 2004를 보라), 스티븐 스틸버그가 동명의 제목으로 오스타 상을 수상한 영화(1993), 1993년 워싱턴 D.C.

에 헌정된 미국 홀로코스트 기념박물관(the U.S. Holocaust Memorial Museum, 전화 202-488-2642, www.ushmm.org), 로스앤젤레스에 1994년 생존자를 위한 쇼아영상역사재단(Shoah Visual History Foundation) 창립(전화 818-777-7802, www.vhf.org), 홀로코스트 조직협회(Association of Holocaust, Shulman, 2005)의 명부에 등재된 많은 기관들, 그리고 세계 제2차 대전 후 구 나치에 대해 미국 정보 요원에 의해 수집된 국립공문서관(National Archives)의 2010년 12월 10일 보고서 등이다.

핵 시대

핵 시대는 사회적으로 용인된 죽음과 지속적인 죽음과 연관된 위협의 한 형태를 소개하였는데, 처음부터 역사적으로 적절한 선례가 없는 것이었다. 1945년 7월 16일 뉴멕시코에 있는 트리니티 시험소에서 처음으로 원자력에 대한 제어가 풀렸다. 그것은 1945년 8월 6일에 히로시마에서 단 한 번의 번쩍이는 빛으로 10만 명을 사망하게 함으로써 살인을 위한 새로운 힘으로 등장하였고, 다시 3일 후 나가사키에서 두 번째 원자폭탄 투하로 5만 명 이상이 죽었다. 일본의 두 도시에 투하된 폭탄의 돌풍과 열로 인한 대량 살상은 처음에는 방사능의 지속적인 효과에 따른 것이었고, 추가적으로는 사망한 사람 수만큼 동일한 수의 죽음을 일으켰다고 여겨졌다.

히로시마에서 독특했던 것은 최초로 대규모 사망이 동시적으로 이루어짐과 그것들이 단일 핵 "장치"에 인한 결과라는 사실이었다. 그리고 방사선의 지연효과와 핵무기의 잠재력이 파괴적임은 분명하였다. 죽음에 직면하는 이러한 새로운 방식의 범위와 특성은 그 함의를 이해하고 명확히 하기 위해 기자들(예: Hersey, 1948; Lustig, 1977)과 학자(Lifton, 1964, 1967 등)에게 최선의 노력을 요구하였다. 또한 히로시마와 나가사키에서의 원자력 사용은 도덕적, 정치적 및 다른 측면에 관한 논쟁을 불러 일으켰다(예: Alperovitz, 1995; Lifton, 1982; Lifton & Mitchell, 1995; Maddox, 1995).

홀로코스트와 히로시마뿐만 아니라 다양한 테러 공격 모두에서 여성, 어린이와 노인이 남성 군인들처럼 쉽게 살해되었다. 세계 2차 대전동안 특히 집중적인 폭탄 투하와 전쟁을 수행하는 다른 방법들은 의도적으로 전투원과 비전투원 간의 구별을 모호하게 했다(Grayling, 2006). 이러한 기술들은 특정 군사 목표물을 손상시킨 것만큼 민간인 사기를 망가뜨리기 위해 사용하였다. 히로시마와 나가사키에서 수행된 전략들로 인해 생명 자체가 적절한 방어가 없는 위협 아래에 놓여있는 것처럼 보였다.

1945년 이래 핵무기의 치명적인 잠재력은 그것들의 정확성과 발사 방식과 함께 여러 번에 걸쳐 확대되었다(Arkin & Fieldhouse, 1985). 죽음과 파괴는 기록된 모든 역사에서 드러난 인간의 가장 난폭한 꿈-또는 악몽-을 넘어선 정도와 형태로 인류를 파멸시켰다.

핵무기와 연관된 긴장의 수준은 1991년 소련이 해산되고 일부 탄두와 그것의 납품 시스템을 파괴하는 노력이 이어지면서 어느 정도 감소하였다. 그러나 러시아와 다른 곳의 경제적 어려움이 남아있는 핵무기 문제를 다시 야기 시킬 수 있다는 새로운 걱정이 생겼다. 더 나아가 많은 사람들은 지금 일명 "여행가방 폭탄" 또는 원자로를 향한 비행기 충돌을 하는 테러집단이나 사악한 정부로부터의 핵 위협을 우려하고 있다(Allison, 2004). 그리고 2001년 이래, 국제 사회는 그들 자신의 핵무기를 보유하려고 하거나 개발하려고 하는 국가를 억제하거나 포기시키는 데에 어려움을 겪고 있다. 1947년에 핵과학자 발행지(Bulletin of the Atomic Scientists)는 핵무기의 위협으로부터 나중에는 기후 변화로 인해 세계가 직면할 특별한 위험에 대한 인식을 반영하기 위해 "최후의 심판 시계"를 만들었다. 2010년 1월 14일을 기준으로 그 시계는 자정 6분 전이었고 1990년 이래 세계는 총체적인 파괴에 가장 근접해 있다.

핵 시대는 원자력이 에너지 공급에 필요한 원천이 되면서 또 다른 얼굴을 드러냈다. 여기서 초기에는 친절하고 환영 받았고, 여러 면에서 그렇게 남아 있다. 그러나 1979년 펜실바니아주 쓰리마일 섬(Three Mile Island, Walker, 2004), 1986년 우크라이나의 체르노빌, 그리고 2011년 일본 자연재해 여파(초점 맞추기 4.2 참조)로 인한 원자로 사고는 평화로운 자원으로써의 원자력이 인류에게 매우 위협적일 수 있음을 보여주었다. 그런데 주변 지역에 치명적일 수 있는 폭발, 화재와 국지적인 방사능은 1986년 체르노빌 사건으로 인해 공중에 떠 있는 방사능과 땅, 물, 식량공급 및 사람들에 대한 오염과는 비교할 수 없다(체르노빌의 마지막 원자로는 2000년에 활동하는 원자로는 마침내 폐쇄되었다).

핵무기와 원자력과 연관된 이러한 위험들은 어떻게 억제되고 있는가? 그것들은 삶의 질을 유지하기 위한 자기 방어와 에너지원에 대한 합법적인 필요에 대해 어떻게 균형을 유지해야 하는가? 더 광범위하게 핵의 그림자 아래에서 산다는 것은 무엇을 의미하는가? 어떤 사람들에게 그 주제는 생각하기에 어려운 것 같았다. 그리고 그들은 해체와 부정의 기술을 통해 단순히 그들의 마음을 내려놓는다. 다른 사람들에게는 위협의 힘과 그것과 관련된 어떤 것을 하는 어려움이 삶의 기쁨과 미래에 대한 약속을 약화시킨다. 이것은 모든 사람에게 21세기 초 죽음과 관련된 경험에서 새롭고 전례 없는 차원이다.

되돌아보면 리프톤과 미첼(Lifton, Mitchell, 1995, p. xi)은 "당신은 히로시마 없이 21세기를 이해할 수 없다"라고 썼다. 우리는 20세기의 죽음 관련 경험들은 이 섹션에서 살펴본 인간이 유발한 죽음의 다양한 형태들을 고려하지 않고는 이해될 수 없다고 말할 것이다. 특히 테러리즘, 전쟁, 대량학살과 인종청소, 홀로코스트 그리고 핵 시대의 시작은 고려되어야 한다. 이 모든 것은 대량 죽음을 수반한다. 테러리즘, 전쟁, 대량학살과 인종청소는 종종 이념적, 종교적 그리고 정치적 갈등과 관련이 있다. 홀로코스트는 사악한 이데올로기에서 유래되었고 핵 시대는 새로운 기술을 반영했다. 각각의 경우에, 그 결과는 레비통(Leviton, 1991a, 1991b)이 "끔찍한 죽음"이라고 불렀던 것과 관련되어 왔는데, 그 끔찍한 죽음은 인간이 직면하는 죽음의 양과 질 둘 모두에 있어서 심지어 21세기인 지금에 조차도 중대하게, 그리고 대등하지 않는 정도로 탈바꿈 시켜버렸다. 카스텐바움(Kastenbaum, 2004b)은 이것을 "죽음의 큰 글자"로 묘사하였고 그것을 "거대한 규모의 죽음(macrothanatology)"

이라고 부를 것을 제안하였으며, 그는 이것을 "(a) 큰 규모로 일어난 죽음의 이야기, (b) 단순한 인과 관계 틀 안에 배치하기 어려운 복잡하고 영역이 여러 개인 과정을 통한 죽음의 이야기"라고 정의하였다.

죽음과 언어

사회와 그 사회의 죽음제도가 죽음이 경험되는 것을 통제하고 영향을 미치는 방법 중 한 가지는 언어 패턴과 관행에서 분명하게 드러난다. **죽음에 관한 언어와 죽음과 관련된 언어** 두 가지는 같은 것을 지적하는 것처럼 느껴질 수 있지만, 실은 매우 다르며 죽음에 관한 적절한 감정과 행동을 담은 강력한 사회적 메시지를 반영하고 있다.

죽음에 관한 언어

현대 미국의 죽음제도에서, 그리고 몇몇 다른 나라의 죽음제도에서도 마찬가지로, 많은 사람들은 종종 죽음이나 임종 같은 단어를 말하는 것을 피하는데 많은 시간을 보낸다. 이러한 직접적인 언어 대신에 개인들은 일반적으로 **완곡한 어법**을 사용한다. 즉, 비록 거칠고 보다 공격적인 언어가 의도한 것을 보다 더 정확하게 지칭할지라도, 그들은 그러한 언어들을 비교적 유쾌하고 비공격적인 말이나 표현으로 대체한다. 따라서 사람들은 죽지 않는다, 그들은 단지 "멀리 떠난다." 원칙적으로 완곡어법은 즐거운 방식으로 말하는 것이다. 실제로 그들은 보통 아름답게 치장하는 언어, 즉 불유쾌하거나 무례하거나 또는 험악하게 보이지 않도록 보다 섬세하고 좋으며 사회적으로 받아들일 수 있다고 여겨지는 언어를 쓰려고 하는 태도를 가지고 있다. 완곡어법을 사용하는 것 그 자체로는 바람직하지 않은 것은 아니지만, 그것이 과도할 때나 그것이 삶과 죽음의 현실에 직면하는 것을 꺼릴 때 바람직하지 않을 수 있다. "그녀는 죽은 것이 아닙니다. 그녀는 단지 잠자고 있습니다."와 같은 문구를 쓴 "조문 카드"에 대한 간단한 설문조사에서 이러한 점이 잘 드러나고 있다.

죽음과 관련된 완곡어법은 언어를 쓰는 대부분의 사용자와 학생들에게 친숙하다(Neaman & Silver, 1983; Rawson, 1981). 그것들은 많은 상황에서 발생한다. "생사학"(그 자체가 죽음과 관련된 학문이라는 것에 대한 완곡어법임)에 대한 관심이 최근에 생기기 오래 전부터 학자들은 이러한 역설을 인식하였다(예: Pound, 1936). 목을 매달아 자살하는 방법을 보여주는 그림으로부터 유래된 "황천객이 되었다(kicked the bucket)"와 "살해되었다(bought the farm)"와 같은 용어들은 죽음을 묘사하는 완곡어법이다. "사랑스럽게 떠난 사람들"은 "집으로 돌아가고", "휴식을 위해 눕거나" 또는 "보상을 받으러 갔다", "잠든 사람", "쓰러진 사람" 또는 "번호를 탄 사람"들에게도 마찬가지다. "훌륭한 경주"를 마치고 "마지막 다리에 서 있는" 사람은 "오랜 계산을 끝내었고", "막을 내렸다.", "더 이상 우리와 함께 있지 못하는" 사람들의 정확한 지위는 분명하지 않다.

전문 간병인들은 때때로 그들이 환자를 "잃었다" 또는 그 개인이 "숨을 거두었다"라고 말한다. 그러한 언어들은 항상 어떤 근본적인 기반을 가지고 있다. 한 사람이 사망한 배우자 또는 친구와의 사귐을 잃어버렸고, 영혼이나 마지막 숨이 생이 완료된 사람으로부터 나왔다. 그러나 오늘날 이러한 표현을 사용하는 사람들은 보통 그러한 언어적 징당화를 생각하지 않는다. 그들은 거의 종종 직접적으로 말하는 것을 꺼린다. 따라서 관료적인 의료 서비스에서의 과장법은 죽음을 환자 치료에 대한 부정적인 결과로 뒤틀어버리거나 또는 첩보기관은 살인에 관해 이야기하는 대신 "암살"에 관해 이야기 하는 방식으로 비틀어버린다.

영국 1698년 옥스포드 영어사전에 나온 단어 "undertaker"가 라틴 단어 mors와 death에 뿌리를 두고 1895년 미국에서 기원이 된 단어인 "mortician", 그리고 "장의사(funeral director)"나 "장례서비스 종사자(funeral services practitioner)"로 변화한 것은 완곡어법적인 경향과 직업 상의 범위가 확대되었음을 반영한다.

사람들이 지나치게 위장하거나 잔인하지 않은 방법으로 직접적으로 이야기할 때, 언어는 정확한 의사소통을 위한 도구로써 보다 효과적일 수 있다. 수의사가 매우 아픈 애완동물에게 일상적인 언어로 표현하려고 노력하는 우리 사회의 상태를 생각해보자. 우리 가운데 많은 사람들은 동물이 단순히 "죽었다" 또는 "안락사를 했다"와 같이 단순히 말하지 않는다. 오히려 그들은 "잠자고 있다." 이러한 말들은 성가신 질문을 멈추고 낮잠을 자라고 재촉을 받는 어린이들에게는 어떻게 받아들여질까? 구어체로, 그러나 효과적인 영어로 같은 요점을 다른 방식으로 표현하려고 노력하는 것은 매우 어려운 일이다. 어떤 사람들은 동물들이 "그들의 불행에서 벗어났다" 또는 "내려놓았다"라고 말한다. 그렇게 하는 것이 그것을 설명하는데 도움이 될까?

완곡어법은 전적으로 죽음과는 관련이 없다. 반대로 그것들은 항상 모든 종류의 금기시되는 주제들을 넘어서서 다룬다. 예를 들어 생식기 또는 배설기능에 대한 공통적인 표현을 생각해보라. 17세기 뉴잉글랜드 청교도와 19세기 미국의 낭만주의 운동은 죽음에 대해 쉽게 이야기할지라도 성에 관한 이야기를 단호하게 검열했다. 21세기에 들어서면서 사람들은 이러한 태도와 관행들을 쉽게 뒤집었고, 죽음에 관해서는 혀가 묶이지만 성에 관한 이야기를 하는 데는 아무런 제한이 없는 것처럼 보인다.

직접적인 말과 정직함이 항상 바람직한 것은 아니다. 솔직함이 훌륭할 수 있으며 또한 부적절한 것일 수도 있다. 마찬가지로 회피도 마찬가지다. 섹슈얼리티나 죽음과 관계없이 둘 다 지나치게 강조하거나 강조되지 않음은 균형이 맞지 않는 자세이다. 둘 다 삶의 현실의 핵심을 왜곡하고 비판한다. 아직도 니만과 실버(Neaman & Silver, 1983, pp. 144-145)가 얼마 전에 언급하였듯이 현대 미국 사회는 특별하다.

역사상 그 어느 때보다도, 죽음을 즐겁게 위장시켜서 경건하게 결말을 짓기 위해 문화는 언어와 관습의 체계를 보다 정교하게 만들어왔다.

　　죽음을 완곡하게 표현하게 된 동기는 여러 면에서 임신과 출산에 대한 언급을 위장하는 것과 유사하다. 거대한 미신들이 이러한 사건들을 둘러싸고 있는데, 거대한 혐오감과 사회적 부적절감도 마찬가지였다. 이러한 감정들에 의해 추진되어, 우리는 죽음의 흔적과 자존심을 없애버리려고 시도해왔는데, 실제로 죽음의 직접적이고 위협적인 이름을 강탈하여 죽음을 죽이려고 하였다. 용어들은 변하고, 완곡어법은 성장했지만 "죽음"이라는 단어는 회피되고 있다.

죽음에 관해 이야기하는 것을 피하려는 언어적 시도는 불쾌함을 우회하는 것 그 이상이다. 완곡어법은 개인적인 경험에 의해 확인되지 않거나, 균형 잡혀 있지 않을 때마다 문제가 된다. 대부분의 완곡어법은 죽음을 체험적으로 접촉한 풍부한 토양에서 비롯되었다. 죽음과 관련된 만남은 점차적으로 덜 빈번하게 이루어지고 미국 사회의 많은 곳에서 더 많이 제한되고 있기 때문에 이러한 언어의 근본적인 뿌리가 말라 버렸다. 최근 미국인의 죽음에 관한 대화에서 완곡어법 과잉으로 인한 문제는 그들이 삶의 중요하고 근본적인 사건으로부터 일종의 거리를 두거나 해체시키는데 그들 스스로가 기여한다는 점이다.

죽음과 관련된 언어

죽음과 관련된 언어는 대부분의 일상적인 언어에 해당함 있음을 이전 섹션에서 결론을 내릴 수 있다. 그러한 결론은 "죽은 잘못"일 것이다. 죽음과 임종에 연관된 실제 사건에 관한 이야기에서 죽음에 관한 언어가 회피되는 것은 매우 일반적이다. 그러나 호기심 크고 역설적인 반전으로 죽음과 관련된 언어는 실제 죽음이나 임종과는 아무런 연관이 없는 사건에 대한 이야기에서 사용된다(예: Partridge, 1966; Wentworth & Flexner, 1967; Weseen, 1934 참조).

현대 미국 사회의 대다수의 사람들은 죽은 건전지(dead batteries), 배달 불능 편지(dead letters), 무표정한 표현(deadpan expression), 상한 음식(dead giveaway), 마감시간(deadlines), 죽을 정도로 술을 마심(being dead drunk)를 매우 공개적으로 말한다. 모든 사람들은 기진맥진한 사람(people who are dead tired), 주저 않을 정도로 지친(dead on their feet), 절대 확실한(dead certain), 게으름뱅이(a deadbeat), 완전히 파산하여 무일푼이 된(dead broke), 아주 재미없는(deadly dull), 교착상태(deadlocked), 세상 모르고 잠든(dead to the world in sleep), 또는 무서워 죽을 것 같은(scared to death)을 알고 있다. 목표 사점(the target dead center)을 공격한 저격수는 사격의 명수(a dead eye)이거나 백발백중 명사수(dead shots)이다. 도박꾼들은 "데드 맨즈 핸드(dead man's hand)"(에이스와 8, 모든 흑인 카드; 와일드 빌 히콕(Wild Bill Hickok)이 총에 맞았을 때 잡고 있던 손)을 알아차리고,

트럭 운전자들은 비어있는 채로 집으로 돌아간다("deadhead"). 부모는 어린이들 중 "죽음에 처할" 어린이에 대해 "죽음에 대해" 걱정할 것이다. 당혹한 사람들은 "그들이 죽었으면 좋겠다" 또는 그들이 "그냥 죽을 수도" 있다. 생명을 위협하는 질병을 앓고 있는 오빌 켈리(Orville Kelly, 1977, 186)는 "나는 너를 다시 보고 싶어 죽겠다"라고 말했던 친구를 만나고 있다고 보고하였다.

비슷하게, 오늘날 사회에서 사람이 해야 할 일이 없을 때 사람들은 시간을 죽이는 것(killing time)이라고 말할 수 있다. 죽이게 옷을 잘 입는(fit to kill) 여자를 잘 홀리는 남자(ladykiller)와 남의 흥을 보는 사람(killjoy) 간에는 매우 큰 차이가 있다. 그리고 현대 미국인 대부분은 "출루해서 죽다(die on base)", "헛수고를 하다(flog a dead horse)" 또는 "불을 끄다(kill the lights)"가 무엇을 의미하는지 안다. "아주 죽은("dead as a doornail") 것은 문을 두드리는 사람이 초인종이 눈에 띄기 전에 문의 한 가운데에 못 머리를 박을 만큼 무감각하게 두들긴 것을 의미한다. 좋은 코미디언은 그들의 청중을 "포복절도(die of laughter)"해서 "죽게 만들고(slay)", 가난한 코미디언은 "기진맥진한다(die on their feet)."

이것들과 많고 많은 다른 비슷한 문구들에서 죽음과 관련된 언어는 말한 것을 강조하고 과장한다. 죽는 권리는 매우 옳고, 완전하거나 절대적으로 옳으며, 가장 올바른 것일 수 있다. 죽음 관련 언어는 의도한 의미나 감정의 깊이를 전달하기에는 그 자체로는 너무나 약한 단어나 문구를 극적이게 하거나 강력하게 만든다. 무엇이 말해지든 간에, 그것은 죽음의 궁극적인 면과 최종적인 면을 무엇으로든 고조시키거나 강조하려고 노력한다.

죽음과 관련된 언어의 이러한 친숙한 사용을 일반적인 완곡어법과 함께 배치하는 것은 현대 미국인의 죽음제도에서 언어적 관행에 흥미로운 교훈을 준다. 죽음의 언어는 미국인이 죽음 그 자체를 말할 때 종종 회피하지만 그들이 죽음을 직접적으로 이야기 하지 않을 때도, 때때로 열정을 가지고 종종 사용된다. 실은 언어는 강력하다. 이름을 붙여주는 것은 우리가 경험하는 현실에 영향을 미칠 수 있다. 아마도 이것이 죽음 관련 언어가 죽음과 아무런 관계가 없는 "비교적 안전한 상황"에서 쉽게 사용되는 이유이지만, 반대 경우에는 죽음을 부드럽게 하거나 간접적으로 죽음을 암시하기 위해 완곡어법을 사용한다.

죽음과 미디어

뉴스 보도와 오락 프로그램에서 명확하게 드러난 것처럼 미디어는 현대 미국의 죽음제도에 있어서 중요한 역할을 한다. 우리가 2장에서 보았듯이 많은 미국인들은 자연스러운 인간의 죽음을 개인적으로 경험하는 것에 제한받아 왔다. 그러나 대부분의 미국인들은 수천 명의 폭력적인 죽음 또는 외상적인 죽음을 대리경험하거나 간접적으로 경험하였다. 보통의 어린이가 초등학교를 졸업할 때까지 적어도 8,000건의 살인과 10만 번 이상의 폭력 행위를 목격했을 것으로 추정된다. TV 시청량에 따라 우리 청소년들은 그들이 10대들처럼 학교와 거리를 공격하기 전에 20만 번 이상의 폭력행동을 볼 수 있다(Huston 외, 1992, pp. 53-54). 이러한 대리경험은 신문과 잡지 또는 라디오에 의해 제공되는 뉴스와 오락을 통해 우리에게 전달되지만, 가장 영향력 있는 것은 TV와 전자매체이다.

다양한 사망 경험들 : 미디어의 뉴스 보도

2001년 9월 11일, 그리고 바로 그 다음날에, TV는 미국인들에게 끔찍한 죽음과 관련된 사건을 알리는데 최선을 다했다. 그 사건은 뉴스로 보도되고 그래픽 이미지를 공유하기 어려웠다. 그러나 중요한 점은 그것들이 일반적으로 미디어 또는 특히 TV의 전형은 아니었다는 점이다. 예를 들어서, 인간이 유발한 죽음, 이라크와 아프가니스탄에서 진행 중인 갈등과 다양한 자연재해로 인해 야기된 죽음과 파괴 장면은 TV 저녁 뉴스보도에서 널리 퍼졌다. 이것과 다른 미디어의 보도에서, 살인, 사건, 전쟁과 다른 형태의 외상적 죽음과 폭력은 주요 뉴스로써 가치가 있는 사건들이다. 이로 인해 "피를 흘리면, 이끌어낸다"는 슬로건이 유래되었다(Kerbel, 2000).

사실 폭력과 전쟁에 관한 일상적인 TV 설명들은 종종 죽음의 영향에 대해 일반 공중에게 심리적인 면역을 생기게 한다. 이러한 다양한 방식으로 폭력적인 죽음을 경험하는 것은 종종 거기 있었던 만큼 동일한 영향을 받는 것처럼 보이지는 않는다. 실제보다 작은 크기의 TV화면에서 누군가 총을 맞아 죽는 장면을 보는 것은 사건 속에서 직접적으로 참여하는 것과는 매우 다르다. 이러한 미디어에서 보여지는 죽음은 대부분의 사람들로부터 멀리 떨어져 있고, 비록 대리경험을 통해 자주 다양하게 마주침에도 불구하고 죽음 그 자체는 우리의 실제 경험 밖의 영역에 남아 있다.

이 문제는 정부와 미디어가 실제로 어떤 죽음을 숨길 때 발생한다. 공적인 정책의 일환으로써, 이라크와 아프가니스탄 전쟁에서 사망한 사람들의 유해는 미국에 도착하여 보여지는 것이 수년간 금지되었다. 미디어가 보여줄 수 있는 것을 제한함으로써 대중에게 전쟁의 죽음을 숨기려는 시도는 군사 행동의 완전한 현실을 파악하지 못하게 하는 것일 수도 있다(반례로 "PBS 뉴스시간(PBS News Hour)"은 사망자가 공식화되고 사진이 제공될 때, 서비스 구성원들의 사진을 보여주는 관행을 가지고 있다).

이러한 뉴스 가치가 있는 사건이 시간적으로나 거리적으로 멀리 떨어져 있는 이유 중의 하나는 오늘날 사회와 전 세계에서 *삶과 죽음을 선택적으로 묘사*하고 있기 때문이다. "뉴스 가치가 있는" 어떤 것은 색다른 것으로 정의된다. 우리는 이것을 알고 있으며 한 논평가(Krugman, 2001, p. 16A)의 말 속에서 진실을 알 수 있는데, "사람들이 하루 종일 보아야만 하는 미디어와 특히 뉴스 채널이 마약처럼 되었다." 결과적으로 뉴스 미디어는 특별한 사람의 죽음 또는 특별한 종류의 죽음만 점유하려고 한다. 자연스러운 인간의 죽음이 점차 덜 접촉하게 되는 사회에서 그것들은 개인에게 선택적이고 왜곡되고 감각적인 방법으로 죽음을 묘사한다. 평범한 방법으로 죽는 평범한 사람들은 뉴스 가치가 없다. 그들은 신문의 맨 뒷면에 부고에 보이지 않게 실리거나 TV 뉴스에서는 조용히 생략된다. 특히 TV는 극적인 시각 이미지를 동반할 수 있는 이야기에 집중적으로 초점을 맞춘다.

뉴스 가치를 정하는 규칙에 있어서 예외적인 한 가지는 개인의 사망, 생존자의 이름, 장례 또는 장례식 계획이 있는 경우라면 장례식 계획에 관한 사실을 보고하는 간단한 통지이다(Johnson, 2006). 전형적으로 이러한 부고(때로는 사망기사라고 불림)는 신문의 광고 섹션 근처에 알파벳순으로 작게 나타나는데, 일부 노인과 시각 장애가 있는 독자들의 불만사항의 원천이 되고 있다. 부고는 근본적으로 생존자에 의해 지불되는 공개 공지이며, 보통 장의사를 통해 주선되는 것이기 때문에 이 위치는 놀라운 것이 아니다. 그것들이 닮은 부류인 광고처럼, 부고는 일상생활의 평범한 사건을 기록한다. 그것들은 미디어가 유명인의 죽음을 알리기 위해 무료로 제공되는 뉴스 기사와 크게 다르다.

뉴스 가치가 있다고 여겨지는 것 중에서 선택된다는 것이 이상한 종류의 안심을 가져다준다. 그것은 사람들이 다음과 같은 생각들로 스스로 편안함에 취하게 한다. 나는 특별한 사람이 아니기 때문에, 그리고 나는 어떤 매우 특별한 방식으로 죽기를 기대하지 않기 때문에, 나는 신문이나 TV의 주요 사망과 나 자신 간에 거리를 둘 수 있고, 그래서 죽음과 불유쾌하게 관련되는 것을 피할 수 있다.

미디어 뉴스 보도에서 특별하고 고도로 선별된 드라마 같은 죽음은 추상적이고 공허하다. 그것은 삶의 명확한 모습, 감정, 짜임새 그리고 구체성이 결여되어 있다. 사람들은 너무 많은 특별한 뉴스 가치가 있는 사건들에 의해 충격을 받아서 두꺼운 피부를 가진 수동적인 관객이 되고, 죽음이 개인에게 들어오는 것에 강하게 맞선다. 그것은 규칙적이고 끝이 없고 항상 매우 재미가 없는 시리즈들로 우리 앞에 펼쳐진 멀리 있고 비정상적인 많은 상황 중에서 단지 하나 더 일 뿐이다.

더욱이 죽음의 이례적인 방식이 미디어에서 너무 선택적으로 보도되었기에 그 자체가 평범하거나 전형적으로 보일 수 있다. 예를 들어서 우리 사회에서 발생한 비극적인 학교 총격 사건을 극도로 극적이게 다룬 것은 많은 사람들로 하여금 실은 학교가 미국에서 어린이들을 위해 가장 안전한 장소 중의 하나임에도 불구하고, 고등학교에서 사망사건이 일상적으로 일어난다고 믿게끔 하였다(Robers, Zhang, & Truman, 2010). 적은 수의 사망을 부풀렸던 이 두려운 사건과 대조적으로, 간접적인 사건으로도 인식되지 않는 자신의 죽음은 가능성이 적고 덜 근접해 있는 것으로 여겨질 수 있다.

환상화된 죽음과 폭력: 미디어에서의 오락

뉴스 보도에서 벌어지는 죽음의 왜곡은 미디어의 많은 오락 프로그램에서 더욱 심각하다. 죽음과 폭력은 미국 오락 매체, TV, 영화, 비디오 게임과 음악 가사 등에서 계속 나온다(Wass, 2003). 그러나 이것은 전형적으로 매우 비현실적인 존재이다. 카우보이, 전쟁, 갱스터 영화, 경찰이나 군대 쇼, TV의 공상 과학 판타지, 비디오 게임에서 외계 침략자와의 전쟁, 그리고 "갱스터 랩"의 언어를 생각해보라.

이러한 미디어의 죽음에 대한 전형적인 묘사에서 가장 주목해야 하는 것은 그것이 보통 비현실적이고 *환상적*이라는 점이다. 죽는 사람들은 중요하지 않은 사람이거나 "나쁜 사람들"이다. 영웅이나 여주인공은 극단적인 위험에서도 반복해서 다시 살아나지만, 일반 배우들은 다음에 무사히 다시 나타나기 위해 한 주 만에 죽는다. 매우 그래픽적인 특성을 지닌 폭력적인 환상은 펼쳐지지만, 이러한 폭력과 죽음으로 인한 고통과 슬픔, 그리고 다른 결과들은 거의 나타나지 않는다. 살인이 일어나지만 관객은 그 가해자가 밝혀질 수 있을지에 관심을 가질 뿐이다. 살인은 발생하지만 그들은 보통 낭만적인 정의감을 만족시키고 그 결과에는 별로 관심이 없다. 죽음, 임종과 사별의 현실은 거의 드러나지 않는다. 따라서 슐츠와 휴에트(Schultz & Huet, 2000, p. 137)는 다음과 같이 결론을 내렸다. "미국 영화에서, 죽음은 두려움, 상처, 더한 공격성을 지닌 남성, 그리고 가장 일반적인 반응인 정상적인 슬픔 반응조차 결여된 남성에 의한 폭력적인 공격의 선정적인 흐름으로 왜곡되고 있다."

미국소아과학회(American Academy of Pediatrics [AAP], 1995)는 이 문제와 관련되어 연구를 했다. "미국 미디어는 세계에서 가장 폭력적이다. 그리고 미국 사회는 실생활 폭력에 높은 비용을 지불하고 있다."고 결론을 내렸다(p. 949). 어떤 사람들은 미디어 폭력과 실생활 폭력 간의 인과관계를 거부한다. 그러나 AAP는 현장의 대다수 연구원들(예: Comstock & Paik, 1991; Eron, 1993; Strasburger, 1993)이 그러한 연계가 확고함을 확신하였다고 밝혔다. 따라서 AAP는 "미디어 폭력은 미국 사회에서의 폭력의 단 하나의 원인은 아닐지라도, 그것은 단 하나의 가장 쉽게 해결할 수 있는 기여 요인이다"라고 결론을 내렸다.

TV의 어린이 만화 역시 죽음에 대한 특별한 시각을 보여주고 있다. 죽음이 종종 인용된 많은 예들보다 더 호의적일 수 있지만, 이 만화들은 다른 오락 형태의 복잡함을 단순화함으로써 우리의 요점을 입증한다. 어린이 시청자는 주의집중을 하는 시간이 짧고 항상 주의가 산만할 가능성이 크기 때문에, 구성이 흥미를 끌어야만 하고, 그것이 시청자를 붙잡을 정도로 계속적으로 발휘되어야 한다(Minow & LaMay, 1995). 따라서 TV 만화는 쥐를 쫓는 고양이 또는 고양이를 쫓은 개처럼 생생한 행동을 자주 강조한다. 이러한 행동이 나오는 만화의 상당수는 일부 어린이에게 죽음은 일시적이라는 인식을 잘못 강화시킬 수 있다. 예를 들어서 잘 알려진 *로드 러너(Road Runner)* 만화 시리즈에서 *와일리 E 코요테(Wile E. Coyote)*는 날지 못하는 새만 쫓다가 자신이 파놓은 함정에 빠지기를 반복한다. 그가 반복적으로 끔찍한 죽음을 경험하는 희생자란 사실이 분명하지만, 그는 항상 즉각적으로 부활하고, 결국 항상 살아남는다. 다른 말로 하면 *그는 결코 죽지 않는다. 그는 단지 계속 살해 당할 뿐이다.* 파괴 뒤에 기쁨과 즐거움, 슬퍼할 시간조차 없이 새로운 활동이 빨리 뒤따라온다. 만화는 끝없는 추격전을 지속적으로 하는 행동에 관한 것이다. 비록 그것이 그 주제에 관해 많은 메시지를 전달하려고 하지만, 그것은 실제 죽음에 관한 것이 아니다.

20세기 후반에 죽음은 성인 오락에서 더 생생한 존재가 되었다. 이전에는 영화에서 총을 쏘거나 칼에 찔려도 어느 누구도 피를 흘리지 않았다. 주먹 싸움은 술집에서 일어났고 6연발 권총으로 탕탕 쏘아댔고, 배우들은 벽에 비틀거리며 고꾸라져 죽었다. 그러나 그들의 옷은 깨끗하고 그들의 모자는 머리에 단단히 씌어져 있었다. 대조적으로 라이언 일병 구하기(Saving Private Ryan, 1988)이라는 영화는 잃어버린 팔다리와 소름끼치는 상처를 보여주었기 때문에 전쟁의 진정한 공포를 정확하게 보여줌으로써 널리 칭송받았다. 물론 미디어에서 충격과 공포는 종종 과도하다. 피, 상처에서 나와 엉겨 붙은 핏덩이, 그리고 충돌한 자동차의 그래픽 표현은 현대 오락을 통용시키기 위해 지불하는 표준요금이다. 너무 많은 인공적인 혈액과 겉으로 드러난 신체 상해는 오늘날의 영화와 TV 시청자들을 싫증나게 만든다. 그들을 놀라게 하거나 인상을 심어주거나 또는 그들의 관심을 붙잡아 두는 것은 더 이상 쉽지 않다.

보다 최근에는 어린이와 성인들을 대상으로 하는 많은 비디오 게임들은 관중들의 관심을 끌기 위해 환상적인 인물이나 실제 인물의 대역이 포함된 다양한 형태의 폭력과 죽음을 이용해왔다. 2004년 후반에 인터넷에서(적절한 비용을 지불하고) 다운로드할 수 있는 새로운 비디오 게임은 심지어 게임자가 존 F 케네디(John F. Kennedy) 대통령을 암살한 리 하비 오스왈드(Lee Harvey Oswald)의 역할을 맡는 것을 허용하고 있다! 존 F 케네디의 형제인 에드워드 케네디(Edward Kennedy) 상원의원은 이 비디오가 "비열하게" 묘사되었다고 말하였다. 그것은 장르 중에서 특별한 예인 것이 확실하지만, 결코 폭력과 죽음의 현실을 둔감하게 하는데 유일하게 기여한 것은 아니다(개인적 통찰 4.1 참조). 다시 말하지만, 죽음은 선택성과 환상의 과정을 통해 왜곡되고 있다.

분명히 선택성은 뉴스를 보도하거나 이야기를 하는데 피할 수 없고, 환상 그 자체로는 결코 건강에 해롭지도 않으며 바람직하지 않지도 않다. 어린 시절의 게임, 노래와 동화는 환상과 죽음으로 오랫동안 가득 차 왔고, 어린이들은 큰 어려움 없이 대처해왔다. 두 가지 요인, (1) 폭력과 죽음, 그리고 실제 생활의 결과가 존재하는 방식과 (2) 환상과 현실 간의 근본적인 차이에 대한 청중들의 확고한 이해가 중심이 되었다. 폭력과 유혈싸움이 증가하면서 우리 사회가 지닌 문제는 삶과 죽음의 현실에 대한 이해를 점점 느슨하게 하고 있다는 점이다. 선택성, 왜곡 그리고 환상이 삶에 대한 균형 잡힌 감사를 대체할 때, 이것들은 미디어의 죽음에 대한 묘사에서 위험해진다.

개인적 통찰 4.1

폭력과 죽음의 전자적 표현

포스트 모던 시대에 있어서 쌍방향 비디오 게임과 인터넷 이미지에서 폭력이 복제되는 것보다 더 흔한 것은 없다. 걸치레의 세계에서 사람들은 폭력에 의해 죽지만, 그들의 죽음은 진짜로 이해되기도 하고 이해되지 않기도 한다. 폭력은 죽음을 실현시킴과 동시에 죽음을 현실화 시키지 않는 것으로 보인다. 만약 모두가 비슷하다면, 게임, 죽음의 최종은 허구이고 결정할 수 없다... 학교 어린이들이 그들의 선생님과 친구들을 죽일 때, 우리는 그들이 몰두한 이미지에 의해 정복당했고, 비디오와 TV 모니터에서 매 시간마다 그들이 목격하는 가상 살인을 재현했다고 확신했다. 총의 방아쇠를 당기는 것과 마우스를 클릭하는 것 간에 그들에게 얼마나 실제적으로 차이가 있는가? 그들은 이렇게 죽고 상처받은 몸이 단지 이미지가 아니라는 것과 그 이미지가 상처가 난 몸의 표면이라는 것을 나중에서야 - 실물로 보고 말하기에는 항상 너무 늦게 - 알게 된다.

출처: Wyschogrod & Caputo, 1998, p. 303.

내용 요약

본 장에서, 우리는 2장과 3장에서 다룬 죽음 관련 양상과 태도에 대한 우리의 논의를 보완하기 위해 미국과 전 세계에 걸친 죽음과 관련된 관행 중 몇 개의 예를 선택하여 초점을 맞추었다. 우리는 미국의 죽음제도가 특히 어려운 도전에 반응하기 위해 어떻게 움직이는지 보여주기 위해 사회적인 "죽음제도"의 개념과 2001년 9월 11일에 미국에서 벌어진 테러 공격의 예를 소개하였다. 그리고 나서 우리는 현대 미국의 죽음제도가 작동하고 있음을 보여주는 일련의 예들을 보여주었다. 그 후 우리는 사고, 살인, 테러리즘, 전쟁, 대량학살, 인종청소, 홀로코스트, 그리고 핵 시대를 포함한 인간이 유발한 다양한 형태의 죽음을 설명하였다. 전반적으로 우리는 이러한 사건들이 인간의 죽음과의 마주침을 어떻게 바꾸었는지와 현재까지도 지속적으로 중요한 함의를 지님을 밝혔다. 다음으로 우리는 미국의 언어적 관행을 살펴보았는데 심지어는 그들이 죽음과 전혀 관련이 없는 주제를 토론하기 위해 죽음과 관련된 언어를 사용하는 것처럼, 많은 개인들이 죽음에 관한 이야기를 피하기 위해 완곡한 언어를 사용하는 것을 보았다. 마침내, 우리는 미디어에서, 뉴스 보도와 오락 모두에서, 고도로 선택적이고 환상적인 묘사를 하고 있음을 확인하였다.

우리가 이 책 전체를 통해 탐구하는 다른 많은 것들과 함께, 일부 연구자들이 우리가 "죽음을 부인하는 사회", 죽음이 사회적 또는 공적 존재로써 추방당한 상태에서 살고 있다고 결론을 내리는 것 (예: Gorer, 1965a; Kubler-Ross, 1969)이 옳지 않음을 이러한 죽음 관련 관행들을 통해 입증하고 있다. 이 장에서 제시된 증거는 미국에서의 죽음과 관련된 관행들이 단순히 죽음을 부정하는 것이나 죽음을 받아들이는 것이 아님을 논쟁(Dumont & Foss, 1972; Weisman, 1972)하는데 더 방어적일 수 있음을 제시하고 있다. 이러한 관행과 미국의 죽음제도는 다른 태도들과 함께 태도의 유형 모두를 - 때로는 구분해서 때로는 동시에- 보여주고 있다.

용어 해설

대량학살: 하나의 인종 전체의 전멸 또는 의도된 몰살

사고: 의도하지 않은 부상들

사회적으로 승인된 죽음: 예를 들어 전쟁이나 대량 학살처럼 다른 사회의 구성원들 또는 자신의 구성원들 사이에서 살해 및 사망을 초래하는 사회적인 행동

살인 : 인간이 타인을 죽이는 행동, 때로는 폭행으로도 부름

완곡어법: 단어 또는 표현을 대체할 언어로, 의도한 것을 보다 정확하게 묘사하는 것보다 덜 불쾌하고 덜 공격적이라고 생각되는 단어나 표현

인간이 유발한 죽음: 인간의 행동이나 무행동으로 인한 사망

인종청소: 다른 인종이나 종교집단의 사람들을 제거함으로써 인종적으로 균질한 지역을 만들기 위해 힘이나 위협을 행사하는 것.

죽음 관련 관행: 죽음과 관련된 양상과 행동으로부터 나오거나 또는 관계가 있는 친숙한 일상, 절차 및 행동

죽음 관련 언어: 죽음과 관련된 언어를 죽음과 관련이 없는 주제에 관한 이야기를 하거나 설명하는데 적용하는 말

죽음제도: 모든 사회가 죽음과 그 구성원 간에 중재하기 위해 적용하는 공식 또는 비공식적 구조로, 특별한 기능을 수행하도록 설계된 특정요소들로 구성됨

죽음에 관한 언어: 죽음, 임종과 사별과 같은 주제에 대한 말

테러리즘: 비전투원인 민간인을 의도적으로 표적으로 삼거나 그들의 안전을 무시하는 동시에 종교적, 정치적 또는 이데올로기적 목적을 위해 두려움을 일으키거나 위협하기 위해 이루어진 폭력적 행동이나 위협

핵 시대: 1945년 7월부터 현재까지의 기간으로 원자의 분열이 무기나 에너지원으로 사용될 수 있는 새로운 형태의 힘을 발휘하는 기간

홀로코스트: 1930년대 후반과 1940년대 초반에 유태인을 완전히 파멸시키거나 몰살시키기 위해 나치에 의해 시도된 인종 학살

환상화된 죽음: 비현실적으로 그려지는 죽음으로 특히 미디어에서 그러함

105

복습과 토론을 위한 질문

1. 본 장은 최근 미국에서의 죽음과 관련된 관행들 중 몇 개의 예들을 기술하였다. 우리 사회에서 죽음과 관련된 경험의 모자이크를 구성하는데 죽음과 관련된 관행이 죽음과 관련된 양상과 태도와 어떻게 연결되는지 당신은 보았는가? 우리 사회의 죽음과 관련된 관행에 대한 우리의 묘사가 당신의 사회 내에서 당신의 경험을 대표하는가?

2. 본 장은 죽음제도의 개념과 사람, 장소, 시간, 물건, 상징의 5개 요소를 소개하였다. 당신이 살고 있는 곳 안에서 죽음제도를 생각해보라. 이러한 제도를 구성하는 사람, 장소 등과 같은 어떤 구성요소를 여러분은 마주쳐보았는가?

3. 20세기에 폭력은 죽음의 양상에서 점점 더 중요한 요소가 되고 있다. 사고, 살인 또는 테러는 여러분이 마주친 죽음에 있어서 어떠한 역할을 하였는가? 사고로 인한 죽음, 살인 또는 테러리스트의 공격의 구체적인 예들을 생각해보라. 그 사건은 여러분의 태도와 행동에 어떻게 영향을 미쳤는가?

4. 본 장에서 당신이 죽음에 관한 언어와 죽음과 관련된 언어 세션을 읽거나 토론할 때, 적절한 추가적인 예들을 생각할 수 있는가?

추천 도서

테러리즘과 폭력에 관련된 서적:

Allison, G.(2004). *Nuclear Terrorism: The Ultimate Preventable Catastrophe.*

Combs, C. C., & Slann, M.(2002). *Encyclopedia of Terrorism*

Kushner, H. W.(2002). *Encyclopedia of Terrorism.*

Martin, G.(2003). *Understanding Terrorism: Challenges, Perspectives, and Issues.*

National Commission on Terrorist Attacks.(2004). *The 9/11 Commission Report: Final Report of the National Commission on Terrorist Attacks upon the United States.*

Pape, R. A.(2005). *Dying to Win: The Strategic Logic of Suicide Terrorism.*

Richardson, L.(2006). *What Terrorists Want: Understanding the Enemy, Containing the Threat.*

Sageman, M.(2004). *Understanding Terror Networks.*

Stevenson, R. G., & Cox, G. R.(Eds.)(2007). *Perspectives on Violence and Violent D*

Wright, L.(2006). *The Looming Tower: Al-Qaeda and the Road to 9/11.*

홀로코스트와 관련된 역사적, 전기적 그리고 문학적인 설명에 관한 서적:

Bauer, Y.(1982). *History of the Holocaust*.

Czarnecki, J. P.(1989). *Last Traces: The Lost Art of Auschwitz*.

Czech, D.(1990). *Auschwitz Chronicle, 1939-1945*.

Dawidowicz, L. S.(1975). *The War against the Jews 1933- 1945*.

Gutman, I., & Berenbaum, M.(Eds.).(1994). *Anatomy of the Auschwitz Death Camp*.

Pawelczynska, A.(1979). *Values and Violence in Auschwitz: A Sociological Analysis*.

Reidinger, G.(1968). *The Final Solution: The Attempt to Exterminate the Jews of Europe 1939-1945(2nd rev. ed.)*.

Wiesel, E.(1960). *Night*.

핵 시대의 시작과 그에 대한 함의에 관한 서적:

Arkin, W., & Fieldhouse, R.(1985). *Nuclear Battlefields*.

Hersey, J.(1948). *Hiroshima*.

Lifton, R. J.(1967). *Death in Life: Survivors of Hiroshima*.

Lifton, R. J.(1979). *The Broken Connection*.

완곡어법과 죽음 관련 언어에 관한 서적:

Neaman, J. S ., & Silver, C. G.(1983). *Kind Words: A Thesaurus of Eu phemisms*

웹자료

유용한 검색어: ACCIDENTS; ASSAULT; DEATH PRACTICES(OR DEATH-RELATED PRACTICES); DEATH-RELATED LANGUAGE; DEATH SYSTEM; ETHNIC CLEANSING; EUPHEMISMS; FANTASIZED DEATH; GENOCIDE; HOLOCAUST; HOMICIDE; LANGUAGE ABOUT DEATH; MEDIA AND DEATH; NUCLEAR ERA(또한 CHERNOBYL, HIROSHIMA, NAGASAKI, THREE MILE ISLAND); SOCIALLY SANCTIONED DEATH; TERRORISM; WAR.

본서와 연계된 웹사이트 Death & Dying, Life & Living, 제7판을 방문해 보라.

본서-특약 웹사이트는 전문용어 해설, 플래시 카드, 아래 소개된 웹사이트 연결로, 그리고 퀴즈 테스트 등을 포함하는 학습 도구들을 제공한다. www.cengagebrain.com을 방문하라.

Association of Holocaust Organizations

Council on American-Islamic Relations

Doomsday Clock

Federal Bureau of Investigation, Uniform Crime Reports

Save Darfur Coalition

Survivors of the Shoah Visual History Foundation

U.S. Department of Homeland Security

U.S. Holocaust Memorial Museum(Washington, D.C.)

제5장

문화적 유형과 죽음

본 장은 타쉘 C. 보르더(Tashel C. Bordere)
박사와 공동으로 저술하였다.

목표

제2장에서 제4장까지 우리는 죽음, 임종과 사별에 대한 경험들을 – 미국의 현대 죽음제도의 두드러진 특징과 함께 죽음과 관련된 양상, 태도, 그리고 관행들을 설명하면서 – 광범위하게 설명하고 있다. 이러한 설명은 미국 사회의 모든 개인들이 공유하고 있는 일반적인 배경을 다루지 않고 있다(Corr & Corr, 2003a). 오늘날 미국에서 사는 모든 사람들은 우리 사회의 전반적인 죽음제도와 상호작용을 어느 정도 강요 당하고 있다. 예를 들어서 더 큰 사회에 의해 임명된 일부 관리는 그 사람이 누구인지에 상관없이 사망자를 밝혀야만 한다.

그런데 이러한 이야기는 완벽하지 않다. 사실 미국은 하나의 보편적인 문화에서의 죽음제도와 단 하나의 죽음 관련 양상, 태도와 관행을 가진 유일한 존재가 아니다. 대조적으로 우리 사회는 그 경계 안에서 다양한 사회적 배경, 예를 들어 가족, 사회 계층, 인종, 민족, 그리고 종교와 같은 집단들 사이에서 풍부한 문화적 유산의 변화무쌍함을 가지고 있고, 각각의 문화적 배경은 죽음과 관련된 경험들의 일부 측면에서 독특한 유형을 나타낼 수 있다. 토마스(Thomas, 2001, p. 40)은 다음과 같이 정의를 하였다. "문화는 집단을 이루는 사람들에 의해 공유되는 가치, 생각, 신념과 행동의 기준이 하나로 통합된 것이며, 그것은 사람이 인생 과정을 통해 경험한 것을 받아들이고. 명령하고, 해석하고 이해하는 방식이다." 이 장은 다음의 목표를 추구함으로써 미국 사회 내의 하위 집단 가운데에서 발견되는 독특한 가치와 행동 유형을 다루고자 한다.

- 죽음과 관련된 경험과 상호작용하는 민족적, 문화적, 그리고 기타 요인들을 설명하기
- 미국에서 선택된 4개 인종/민족 집단에서 죽음과 관련된 양상의 특정한 유형을 설명하기: 히스패닉계 미국인, 아프리카계 미국인, 아시아 국가 또는 태평양 군도들을 배경으로 하는 미국인, 인디언과 알라스카 원주민
- 이 네 집단 내에서 죽음과 관련된 태도를 탐구하기
- 이 네 집단 내에서 죽음과 관련된 관행을 살펴보기
- 다른 개인과 집단을 측정하고 판단할 때 개인과 집단이 자신의 양상, 태도와 관행을 의식적 또는 무의식적으로 표준으로 삼아 민족중심주의 경향에 빠지지 않도록 하기
- 우리가 서로 이해하고 돕는 문화적으로 양심적인 방법을 추구함으로써 우리 모두가 배울 수 있는 많은 교훈 중 일부를 제시하기

행복한 장례식

어린 독자들을 위한 매력적인 그림책인 행복한 장례식(The Happy Funeral, Bunting, 1982)은 두 명의 어린 중국계 미국인 자매를 묘사하고 있는데, 이들은 할아버지 장례식에 참여할 준비를 하고 있다. 그들의 어머니가 메이-메이(May-May)와 로라(Laura)에게 할아버지의 죽음에 관해 이야기할 때, 그녀는 그가 행복한 장례식을 가질 것이라고 말한다. 소녀들은 그 개념에 대해 어리둥절해 한다. "그것은 슬픈 파티 또는 뜨거운 눈이라고 말하는 것과 같다. 그것은 이해가 되지 않는다"(p. 1).

메이-메이와 로라는 당혹스러워하고, 그들은 뒤따를 많은 사건들에 대해 모호해한다. 비록 그들이 할아버지를 사랑하였고 이 공동체 행사에 참여할 것을 분명히 기대하지만, 이 소녀들은 죽음과 장례식 경험이 많지 않았다. 그들은 공동체의 내부자이지만, 일어나는 일에 대해서는 여러 면에서 외부인이다. 무엇보다도 그들은 할아버지 장례식에서 행복할 것을 기대하지 않는다.

장례식장 여기저기에 꽃다발이 있고, 할아버지 관 앞에서 향이 타고 있었다. 영의 세계로 가는 지도, 약간의 음식과 반쪽짜리 빗(할머니는 자신이 죽은 후 남편과 다시 만날 때 합치기 위해 다른 반쪽을 가지고 있었다.) 등과 같은 할아버지의 "다른 곳으로의 여행"을 위한 선물들이 많이 있었다. 마분지로 지은 집, 노잣돈, 그리고 다양한 물건을 그린 그림들, 예를 들어 할아버지가 소년이었을 때 키웠던 큰 검은 개 챙(Chang)을 그린 그림, 할아버지가 이번 생에서는 결코 가질 수 없었던 종류의 은색 줄무늬가 있는 빨간 차를 그린 그림 등을 태웠는데, 이것들이 연기가 되어서 영원한 세계로 올라가면, 실물이 될 것이라는 생각을 바탕으로 한 것이다.

중국 복음교회 장례식에는 꽃이 더 많았고, 할아버지의 큰 사진이 틀에 끼워져 있다. 어른들은 할

아버지의 훌륭한 자질과 그가 한 많은 좋은 일에 대해 이야기를 나눈다. 일부 어른들은 울고 있고, 로라는 할머니가 얼마나 작으며 할아버지보다 더 나이가 많다는 것을 깨달았을 때 목구멍에 큰 덩어리가 걸린 듯하다. 식을 마친 후 한 여성이 문상객에게 "당신의 슬픔을 녹여줄" 작은 사탕을 준다 (p. 22). 그런 다음 양면이 유리인 자동차에 할아버지의 관을 싣고, 그의 사진을 두 대의 꽃차 중 하나의 지붕 위에 올려놓는다. 영적인 음악을 연주하는 밴드의 행진과 함께 자동차들은 차이나타운 거리 전역을 퍼레이드 한다.

묘지에서 할아버지의 관이 큰 구멍이 파져 있는 바닥의 옆에 준비된 나무 탁자 위에 놓여진다. 목사는 할아버지가 그의 영적 보상을 받으러 가고 있다고 이야기하지만, 로라는 할아버지가 만들곤 했던 멋진 연을 그가 날리고 있다고 생각하려고 노력한다. 이러한 모든 일이 일어나는 동안, 로라는 따뜻한 기억과 슬픈 감정, 미소와 눈물이 서로 엇갈린다. 근본적으로 그녀는 비록 그녀와 메이-메이가 할아버지가 죽은 것을 기뻐하지 않지만, 그의 장례식은 정말로 기뻤다는 것을 깨닫는다. 왜냐하면 할아버지는 그의 죽음을 준비하였고, 생애를 잘 살아왔음으로 인해 좋은 유산과 모든 사람에게 그에 대한 좋은 추억을 남겼기 때문이다. 엄마는 "우리는 그가 떠난 것이 기쁘다고 결코 말하지 않았다"(p. 30).

문화적 유형을 연구하는 우리 주제의 중요성

우리가 본 장의 서두에서 밝혔듯이, 지금까지 우리는 미국 사회에서의 죽음과 슬픔을 둘러싼 일반적인 문화 유형을 탐구해왔다. 그러한 유형들이 의심할 여지없이 존재하긴 하지만, 더 큰 사회 내에 있는 많은 하위 집단들 가운데 특정한 사회적, 역사적 맥락을 근거로 한 독특한 신념과 관행이 공존하고 있다. 이러한 신념과 관행들은 사별을 한 개인과 가족들이 효과적인 방식으로 이해하고 협력하여 일하는데 중요한 영향을 미친다(Fowler, 2008). 즉, 미국 사회의 구성원들은 그들의 삶 속에서 부딪히는 사건들에 대해 비슷한 문화적 배경과 입장에서 접근하는 것은 아니다. 이 장에서는 우리는 우리를 돕기 위해 미국 사회 내의 네 인종/민족 집단의 신념과 관행들에 있어서의 공통적인 패턴을 강조하고자 한다.

- *미국 사회에서 집단들 간, 집단들 내의 다양성을 평가하기*
- *맥락(예: 역사적, 가족적, 영적 맥락) 안에서 죽음과 슬픔을 둘러싼 양상, 태도, 관행에 대해 더 나은 민감성과 더 풍부한 이해력을 개발하기*
- *우리 지역사회 내의 다른 사람들을 더 효과적으로 돌보기 위해 우리 스스로에게 능력을 부여하기*

■ *이 장에서 설명하고 있는 그것들에 대한 우리의 경험을 비교하고 대조함으로써 우리 자신에 대해 더 많이 알기*

우리 자신과 다른 관행, 특히 죽음과 관련된 신념과 관행을 배울 때 공통적인 반응은 그것들을 "기괴하게" 보고, 종종 부족한 것으로 여긴다. 다른 말로 하면, "이해하기 어려운 관행은 보통 지배적인 사회에 의한 정신병리의 지표로 이해된다"(Hanson, 1978, p. 20). 그러나 그것들은 다른 문화가 그 일을 하는 방식을 나타내는 것일 수 있다. 즉, 한 집단의 개인에게 친숙하지 않은 관행들이 다른 집단의 개인에게는 전적으로 적절하고 가치 있는 것으로 간주될 수 있다. 이것을 인정하지 못하는 것은 "민족중심주의"의 특징인 비판적인 접근을 취하는 것이다(Anderson & Taylor, 2007). 그러한 사고의 좋은 예는 사망한 사랑하는 사람의 묘소를 방문하고 있었던 두 남성의 이야기에서 드러난다. 이 남성들은 각각 그들이 사랑했던 사람을 기념하기 위한 물건들을 가져왔다. 그중 한 사람은 다른 쪽을 보면서 말했다. "나는 네가 사랑한 사람이 그 쌀을 먹는 것을 보고 싶어." 다른 사람이 "네가 사랑한 사람이 이 꽃 냄새를 맡는다면, 내가 사랑한 사람은 이 쌀을 먹을 것이다"라고 대답을 했다. 한 사람에게 이상한 것이 다른 사람에게는 완벽하게 이해될 수도 있고, 삶에 대한 다른 문화적 시각을 보일 수도 있다. 알버트 아인슈타인(Albert Einstein)이 말했듯이 우리가 보는 세상은 단지 우리가 보는 세계일뿐이다. 다른 사람들은 그것을 다르게 본다. 다른 사람과 우리 자신을 더 잘 이해하고 평가하는 것은 우리로 하여금 임종, 죽음과 사별에 대처하는 사람들에게 더 민감하고 적절한 돌봄을 제공하는 위치에 있을 수 있게 하는 장점을 지닌다.

그러한 정보에 우리 자신을 제한하는 것이 아니라 우리의 인식을 제고하기 위해 그것을 사용하는 하나의 집단 내에서 그리고 집단 간에 존재하는 다양성과 복잡성에 관해 교육을 받는 것은 중요하다. 편협한 견해를 고수하는 것은 죽음과 가족의 슬픔을 둘러싼 수준 높은 신념과 관행일 수 있는 것에 대하여 잘못된 가정, 일반화 그리고 지나친 단순화를 하게 만든다. 문화는 정체되어 있지 않으며, 정치, 경제, 교육과 다른 요인들을 바탕으로 지속적으로 움직이고 변화한다. 그러므로 우리가 **문화적으로 양심적인 관행**을 취하거나 다양한 맥락 안에서 다양한 집단에 관한 지식의 발전에 개방적인 태도를 취할 때, 우리가 죽어가는 가족과 사별한 가족들을 이해하고 일하는데 있어서 효과적이다(Bordere, 2009a). 이러한 관점을 취함으로써 우리는 문화적인 죽음의 풍습이 지속적으로 발전하는 것과 함께 발맞출 수 있다.

이 책의 제2장부터 제4장까지의 구조와 미국 정부 소식통이 통계자료를 확인하고 조직화하는 방법에 이어서, 우리는 이 장에서 **4개의 주요 미국 인종과 민족 집단**, 히스패닉계 미국인, 아프리카계 미국인, 아시아와 태평양 군도 출신, 그리고 인디언과 알라스카 원주민의 죽음의 양상, 죽음에 대한 태도, 그리고 죽음과 관련된 관행들을 설명하고자 한다. 우리는 이 네 집단을 선택했는데, 독자들이 만날 가능성이 가장 높은 구성원이고, 조사 자료를 위한 기금을 이들을 대상으로 가장 많이 사용할 수 있기 때문이다.

죽음과 관련된 이슈들에 대처함에 있어서 다른 배경과 다른 문화를 지닌 사람들이 지지를 통해 서로 바라볼 수 있다.

우리는 미국에 있는 사람들은 이 네 가지 예를 훨씬 능가하여 더 다양함을 알고 있지만, 단 하나의 장에서 이 수많은 인구집단들을 모두 다 공평하게 다룰 수 없었다. 그리고 우리가 여기에서 먼저 관심을 기울인 네 개의 하위 집단 안에서 레즈비언, 게이와 장애인과 같은 다양한 사람들을 발견할 수 있다는 점에 주목하는 것이 중요하다. 사실 우리 모두는 모두 복잡하고 다각적인 개인이기 때문에, 어떤 집단에서나 죽음 관련 양상, 태도와 관행이 우리의 성 정체성, 군인인지 민간인지 여부, 장애, 성, 인종, 문화, 민족 또는 종교적 배경과 그 외 다른 모든 요인들에 의해 영향을 받을 가능성이 크다. 누군가 우리에게 지적했듯이 군대에 입대한 아프리카계 미국인 게이 남성은 아프리카계 미국인 하위 문화와 더 큰 문화 내에서 이성과 결혼한 흑인 남성보다 더 크고 다른 종류의 슬픔을 경험할 수 있다. 요약하면, 이 장은 매우 큰 주제 영역에 대한 초기 탐구를 위한 것이다. 제약 조건을 넘어서기를 원하는 많은 사람은 본 장의 마지막에 있는 추천 도서를 포함하여 다른 자료들을 활용함으로써 그렇게 할 수 있다.

일반적으로 이 장에서 다루는 네 집단 내에서의 보여지는 죽음의 양상에 대한 설명은 대부분 신뢰할 만한데, 그 이유는 그러한 내용들은 국립보건통계청(National Center for Health Statistic)이 수집한 인구 자료를 이용하였기 때문이다. 반대로, 사망 관련 *태도와 관행*에 대한 신중한 연구들은 전형적으로 특정 집단에서 구성원들을 선정하는 표집방법에 따라 좌우된다. 그러한 연구들은 인구 표본의 크기나 구성에서 한계를 갖기 때문에 그 집단 전체에 대해 일반화를 하기 어렵다는 점을 경고한다. 그러한 연구에 대한 우리 보고서는 본질적으로 이 집단들 내에서의 태도와 관행에 대해 짤막하게 묘사하고 있다. 이 책을 읽는 독자인 여러분은 이 장을 보완할 수 있는 여지를 충분히 많이 가지고 있다(비판적 숙고 #6 참조).

비판적 숙고

#6 독자들은 이 장에서 제시한 죽음과 관련된 경험에 대한 설명들을 어떻게 보완할 수 있을까?

인종적, 문화적으로 다른 많은 집단들에서 임종, 죽음, 사별 경험을 다룬 연구들이 한정되어 있기 때문에 우리가 이 장에서 다루는 4개 소수 문화들의 죽음 관련 양상, 태도 그리고 관행에 대한 프로파일을 단지 간단하게 제시할 수 있었다. 이러한 접근의 강점은 그것이 민족중심주의에 기꺼이 대항하는 것을 강조한다. 이러한 접근의 제한점은 이 문화들 중 하나에 속한 (또는 다른 문화에 집단에 속한) 독자는 여기에서 제시된 설명에서 자신의 경험을 인식할 수도 있고 그렇지 않을 수도 있음을 의미한다. 여러분 자신과 다른 사람이 이러한 문화와 다른 문화에서의 죽음의 양상, 태도와 관행에 대해 풍부하게 이해하는 것은 이러한 설명 중의 어떤 것이 그 자신의 경험과 비교할 수 있고 그렇지 않을 수 있음을 알 수 있는 시간을 가질 때 이루어질 수 있다. 또한 다른 사람들과 당신 자신의 문화와 가족의 경험을 생각하고 토론하는 것은 여기에 제공된 프로필을 채우거나 보완할 수 있고, 따라서 이 주제에 관해 우리가 더 많은 것을 배울 수 있다.

이 장을 통해 우리가 여기에서 공부하는 문화의 어느 것도 그 자체가 획일적이거나 균질하다고 할 수 없음에 우리는 주목한다. 결론적으로 특정 인구를 연구할 때, 이 연구에 참여하는 사람들이 소수 문화 전체를 대표하지 않을 수 있다. 종종 그들은 소수 문화 내에서도 일부 하위 집단을 대표하기도 한다. 따라서 히스패닉/라틴계 미국인 중에는 푸에르토리코, 멕시코계 미국인, 쿠바계 미국인과 중남미 국가의 출신의 사람들이 있다. 매우 다른 문화들이 있을 수 있다는 것은 명확하다. 그들이 동질적이지 않다는 것은 히스패닉, 라티노와 치카노와 같은 용어가 가장 적합한 기술

인지에 대해 이러한 문화권 출신 사람들 사이에서 벌어지는 토론을 통해 입증될 수 있다. 우리는 이러한 광범위한 집단의 일부 구성원들이 다른 것들보다 하나의 기술을 선호한다는 것을 알고 있다. 그러나 우리는 이 장에서 국립보건통계청(National Center for Health Statistics)이 미국 인구 내 하위집단을 구분하는 방식을 따라야 한다고 생각한다. 그리고 아프리카계 미국인 중에서 미국 출생, 카리브해 출생, 그리고 아프리카 출생의 사람들이 있다(Rodgers, 2004). 또한 아시아계 미국인은 중국, 일본, 캄보디아, 한국, 태국과 베트남 그리고 태평양 제도(예를 들어 하와이와 사모아)를 포함한 매우 상이한 사회에서 조상들을 추적할 수 있다. 마지막으로 때때로 미국 원주민 또는 캐나다에서는 "최초의 사람들"로 불리는 인디언과 알라스카 원주민 중에서 나바조, 주니, 다코타, 세미놀과 크로 뿐만 아니라 라류트와 에스키모 등과 같은 수많은 집단이 있다. 개개인 미국 인디언들은 북미 대륙의 거의 모든 지역에서 그들의 조상을 추적할 수 있다. 우리의 네 주요 집단들 내에서 이 많은 하위 집단들을 주요 집단 내 다른 것들로 근본적으로 교체 가능하거나 완전히 같은 것으로 생각하는 것은 고지식하고 편파적인 생각이다.

따라서 독자들은 고정관념의 위험을 피하여야 할 필요성을 염두에 두어야 한다. 이 장에서 논의되는 모든 사람들은 미국인임과 동시에 특정 문화 집단의 구성원이고, 개인이다. 자신의 죽음과 관련된 경험에서 그들 중 어느 누구도 다른 개인과, 심지어 그 자신의 문화집단의 다른 구성원과 완전히 똑같지 않은데, 그 이유는 모든 인간은 각각이 고유한 개인이기 때문이다.

히스패닉계 미국인

미연방인구조사국(US Census Bureau, 2010)의 자료에 따르면, 2007년 히스패닉이 미국 내 소수 집단 중 가장 커서 전체 인구 중 15%를 조금 넘었다(표 5.1 참조). 이것은 1990년 인구조사에서 2,240만 명이었던 히스패닉계 미국인 인구가 두 배로 증가한 것이다(Guzman, 2001). 그러나 이것은 신중하게 들여다 볼 필요가 있다. 인구조사 추정치는 미국의 50개주 거주 인구를 보여주는 것이다. 푸에르토리코 연방과 미국의 미국령 버진아일랜드, 괌, 미국 사모아와 북 마리나 연방과 같은 섬은 별도로 계산되며 표 5.1의 총계에는 포함되지 않았다. 그럼에도 불구하고 표 5.1의 총계는 인구에 있어서 매우 중요한 실질적인 변화와 인구조사 과정에서 유의미한 변화를 보여주고 있으며, 인구의 실질적인 변화는 주로 증가 추세이다. 1990년대와 21세기의 첫 10년 동안 히스패닉계 미국인 인구에서의 실질적인 변화는 높은 이민과 높은 출생률에 의한 것이며, 이민은 특히 멕시코 출신 사람들 중에서 많았다. 인구조사 과정에서의 변화는 조사범위와 조사 질문 자체를 포함한다. 조사 질문의 경우, 예를 들면 새로운 질문으로 "이 사람은 스페인/히스패닉/라틴계 사람입니까?"를 물었다. 보다 더 중요한 것은 최근 인구조사 설문에 응답한 사람들에게 그들 자신을 하나 이상의 인종 또는 문화 범주에 응답하는 것을 허용했다는 것인데, 이른바 "타이거 우즈에 대한 설명"에서 보여진다. 이 유명한 골프선수는 그 자신을 백인, 흑인, 인디언, 아시아의 조상이 섞인 인종인 "캐러비언"으로 설명하였다. 더 나아가 "히스패닉계" 미국인은 인종 범주가 아닌 문화 범주에 초점을 맞춘 것이다. 사실 히스패닉계 미국인은 어떤 인종이든 가능하다. 따라서 최근 인구조사는 오직 하나의 인종 범주, 백인계 미국인이나 아프리카계 미국인 등과 같이 공식적으로 분류되었던 일부 사람들, 예를 들어서 부모가 서로 다른 인종인 경우, 두 번째 범주를 추가할 수 있거나 또는 히스패닉으로 그들 자신을 분류할 수 있도록 하였다. 이 모든 것은 히스패닉계 미국인을 조사함에 있어서 개념적이고 방법론적인 문제에 관한 우리의 고민을 반영한 것인데, 그러한 문제는 이러한 다양한 인구 내에서 사회적, 문화적, 맥락적인 요인뿐만 아니라 보다 전통적인 성별과 발달 변수에 의해 정의되는 세밀한 집단들에 초점을 맞출 것을 권고하였다.

현재의 수치는 최근 인구조사에서 사용된 새로운 과정과 분류 체계에 따라 나온 것임에도 불구하고, 미국 인구 중 히스패닉의 비율(400만 명 이상 푸에르토리코 연방에서 별도로 계산된 숫자는 포함하지 않음)은 과거 수십 년 동안 분명히 증가하였으며, 현재 미국 사회에서 가장 큰 소수 집단이다. 히스패닉계 출신의 일부 사람들은 최근 이민을 왔으며, 다른 사람들은 수 세대 동안 미국 대륙에서 살았고, 모든 푸에르토리코인은 1917년 이래 모두 미국 시민권자이다.

표 5.1 미국의 1900년과 2007년 현재 인구

	1900[a]		2007[b]	
	명	%	명	%
전체 인구	75,994,000	100.0	301,290,000	100.0
남자	38,816,000	51.1	148,466,000	49.3
여자	37,178,000	48.9	152,824,000	50.7
히스패닉[c]	(NA)		45,472,000	15.1
비히스패닉 백인계 미국인[d]	(NA)		199,060,000	66.1
하나의 인종인 경우	(NA)		296,292,000	98.3
백인계 미국인	66,809,000	87.9	240,882,000	81.3
아프리카계 미국인	8,834,000	11.6	38,622,000	13.0
아시아계 미국인과 태평양군도	(NA)		13,761,000	4.6
인디언과 알라스카 원주민	(NA)		3,028,000	1.0
2개 이상 인종	(NA)		4,998,000	1.7

a 알라스카와 하와이는 제외함
b 푸에르토리코 연방과 미국 섬 지역에서 사는 사람들은 제외함. 2000년 인구조사에서 개인은 둘 이상
  의 인종뿐만 아니라 "히스패닉"임을 신고할 수 있었음. 따라서 2007년의 범주내의 숫자가 위에 제시
  된 전체 인구보다 많거나 적을 수 있음.
c 히스패닉 출신자는 모든 인종이 될 수 있음. 전체 인구에 대한 자료에는 포함되어 있지 않음
d 전체 인구에 대한 자료에는 포함되어 있지 않음
출처: U.S. Census Bureau, 2010.

히스패닉계 미국인의 죽음, 임종, 사별의 양상

히스패닉계 미국인 중의 사망자 수와 사망률을 조사하려고 하면 특별한 어려움에 부딪힌다. 미
국에서 사망률을 수집한 대부분의 자료들은 카운티 사무실의 기록에서 나온다. 그러한 기록은 사
망증명서에 의해 결정되는데, 사망증명서에는 사망한 사람의 인종과 특별한 히스패닉 기원을 기록
하는 공간을 별도로 제공하고 있다(16장의 그림 16.1 참조). 따라서 사망증명서를 작성하는 사람의
정확성과 그 사람의 정보출처의 신뢰성에 따라 많은 것이 좌우된다. 그럼에도 불구하고 이것들이
이용 가능한 최상의 자료이고, 여기에 나오는 모든 자료의 기초가 되고 있다.

미국 내에서 히스패닉계 미국인의 2007년 자살자 수와 연령표준화된 사망률은 표 5.2에 나와 있
다. 전체 인구 중 약 15%를 차지하는 집단임에도 불구하고 이들의 사망자 수는 놀랍게도 적어서
2007년 미국에서의 총 사망자의 5.6%에 불과하다. 그리고 히스패닉계 미국인 중 영아 사망률은
1,000명 출생시 5.7명이었고, 히스패닉계 미국인의 모성 사망률은 10만 명당 8.9명이었다(모성 사
망률은 임신 또는 출산과 관련된 사망을 포함한다). 이러한 모든 수치들은 같은 해 미국 전체 인구
의 사망률보다 더 낮은 것이었다(Xu, Kochanek, Murphy, Tejada-Vera, 2010).

표 5.2 2007년 미국의 특정 인종과 히스패닉계의 성별에 따른 사망자 수와 연령표준화 사망률(미국 인구 10만 명 기준)

	전체	연령표준화 사망률[a]	남자	연령표준화 사망률[a]	여자	연령표준화 사망률[a]
총계[b]	2,423,712	760.2	1,203,968	905.6	1,219,744	643.4
백인계 미국인 총합계	2,074,151	749.4	1,023,951	890.5	1,050,200	634.8
비히스패닉 백인계 미국인	1,939,606	763.3	948,662	906.8	990,944	647.7
히스패닉 출신[c]	135,519	546.1	75,708	654.5	59,811	452.7
아프리카계 미국인	289,585	958.0	148,309	1,184.4	141,276	793.8
아시아계와 태평양 군도 미국인	45,609	414.9	23,823	499.2	21,786	350.6
인디언과 알라스카 원주민	14,367	627.2	7,885	736.7	6,482	533.2

a 연령표준화 사망률은 매년 총인구의 연령 구성에 변화가 없다고 가정하여 사망률 수준을 보여줌. 연령표준화 사망률은 또한 다른 연령분포를 가진 인구의 성 또는 인종 집단 간에 사망률을 비교할 때 더 나은 지표임. (Xu et al., 2010, p. 3).

b 출신지가 명시되지 않은 경우는 총계에 포함되어 있지만, 구체적인 출신지 중에서는 제시되어 있지 않음

c 히스패닉 출신은 어떤 인종이든 상관없음. 인종과 히스패닉 출신은 사망신고서를 별도로 보고하기 때문에, 그리고 사망신고서와 인구조사에서 히스패닉 출신에 대한 보고가 일치하지 않기 때문에 이 자료를 해석함에 있어서 주의하여야 함.

출처: Centers for Disease Control and Prevention, National Center for Health Statistics. Compressed Mortality File 1999-2007. CDC WONDER On-line Database, compiled from Compressed Mortality File 1999-2007 Series 20 No. 2M, 2010.

Accessed at http://wonder.cdc.gov/cmf-icd10.html on December 31, 2010.

몇 가지 요인이 히스패닉계 미국인의 사망자 수와 사망률을 상대적으로 낮추는데 기여하고 있다. 예를 들어서, 이 지역사회 내에는 젊은이 비율이 상당히 높은데, 히스패닉계 미국 이민자들은 일반적으로 건강상태가 좋은 사람이 선택될 수 있었고, 일부 히스패닉계 미국인들은 심각하게 아플 때 또는 아픈 경우 자신들의 출신국으로 되돌아간다. 그러나 히스패닉계 미국인 인구가 나이 들어감에 따라, 미국에서 태어나는 구성원이 더 많아짐에 따라, 그리고 미국 사회의 주류에 통합되어 감에 따라 이 그림은 변화할 가능성이 크다. 그리고 이민자에 의해 지배된 많은 다른 문화 집단의 구성원들처럼, 히스패닉계 미국인들은 미국 내에서 그들의 주변 문화에 적응해감에 따라 그들은 종종 더 큰 문화의 많은 특성을 취하는데, 이러한 혼란은 죽음, 임종과 사별에 대한 히스패닉계 미국인들로 하여금 독특한 경험을 하게 한다(Rosenwaike & Bradshaw, 1988, 1989; Salcido, 1990; Soto & Villa, 1990). 사망원인을 보면, 히스패닉계 미국인들은 미국의 15가지 주요 사망원인 중 12개에서 연령표준화된 사망률이 상대적으로 낮다(Xu 외., 2010). 예외적인 세 가지는 당뇨병, 만성간질환과 간경화, 살인이다. 앞의 두 가지는 다양한 기저 원인을 반영하는 만성질환인 반면, 살인은 젊은 히스패닉계 미국인의 사망원인으로 전형적이다. 그럼에도 불구하고 히스패닉계 미국인 지역사회들

간에서 발견되는 살인률의 차이는 빈곤과 사회경제적 변인와 같은 다른 요인들이 작용하고 있음을 시사하는 것이다.

히스패닉계 미국인의 죽음에 대한 태도

우리가 죽음, 임종과 사별에 관련된 태도에 시야를 돌리면, 연구에 유용한 정보가 훨씬 적음이 분명해진다. 따라서 우리가 이 장에서 제시하는 것은 4개 소수 문화의 스냅 샷이다. 연구자들이 이 네 집단에 관해 최근에 배운 내용들을 독자들이 이해할 수 있도록 하기 위해 우리는 이 스냅 샷들에 대한 최근 연구들을 대부분 포함시켰다. 우리는 히스패닉계 미국인의 태도를 설명함으로써 이 스냅 샷 시리즈를 시작한다.

- *가족의 중요성*: 칼리쉬와 레이놀즈(Kalish & Reynolds, 1981) 연구에서 시작하여 현재까지 계속되는 연구들은 가족이 히스패닉계 미국인의 태도를 형성하고 보호 기능을 수행하는데 영향력을 크게 미치고 있다고 밝히고 있다(Umaiia-Taylor & Yazedjian, 2006). 칼리쉬와 레이놀즈(Kalish & Reynolds, 1981)는 그들의 연구에서 멕시코계 미국인 가족은 유대가 긴밀하고, 가족 단위에서 정서적 지지를 강하게 유지하고자 노력한다고 설명하였다. 이러한 주장은 토마스(Thomas, 2001)에 의해서도 강조되었는데, 그는 히스패닉계 미국인들은 가족의 돌봄을 받는 것에 높은 가치를 두고 있다고 보고하였다(Cox & Monk, 1993; Delgado & Tennstedt, 1997a 참조). 사실 토마스는 히스패닉계 노인들은 가족이 돌봄을 계획하고 제공하는데 폭넓게 관여해야만 함을 강조한다고 말하였다. 그렇게 하지 않는 것은 자신의 책임을 다하지 않는 것으로 보일 수 있다. 그리고 편찮은 부모님을 돌보는 푸에르토리코 아들에 대한 연구에서 델가도와 텐슈테트(Delgado & Tennstedt, 1997b)는 이 남자들은 이 역할을 '책임감'의 범위 밖에서 수행하는 것이라고 기술하고 있다.
- *종교의 역할*: 종교는 히스패닉계 미국인의 태도를 형성하는데 또 다른 중요한 영향력을 행사한다. 로스앤젤레스에 사는 멕시코계 미국인에 대한 칼리쉬와 레이놀즈(Kalish & Reynolds, 1981) 연구에서 그들의 90% 이상이 로마 가톨릭 신자임을 발견하였다. 사실 미국의 모든 히스패닉계에 있어서 지배적인 종교 역시 로마 가톨릭이다(Clements et al., 2003; Cox & Monk, 1993). 결과적으로, 장례식, 병자 성사, 죽은 자를 위한 기도와 같은 사후 의식에 관한 교회의 가르침은 히스패닉계 미국인들이 죽어가는 것과 죽음에 관해 생각하고, 접근하고, 대처하는 방법에 중요한 역할을 할 것이다. 아이가 죽은 멕시코계 미국인 가족들에 대한 사례연구에서 도란과 한센(Doran & Hansen, 2006)은 사후에 재결합할 것이라는 믿음이 가족들이 사망한 사람과의 연대감을 유지하고, 대처하는데 도움을 주었음을 발견하였다.
- *삶과 죽음 간의 관계*: 많은 히스패닉계 미국인들이 공유하는 하나의 믿음은 삶과 죽음 간에 지속적으로 관계가 있다는 것이다(Clements et al., 2003; Munet-Vilaro, 1998). 죽음은 삶을 보완

젊은 히스패닉 부부가 묘지
에 서 있다.

하는 것으로 간주되고, 살아있는 사람이 사후 세계에서 재결합할 것을 기대하고 현재의 삶에
서도 관계를 유지하는 지속적인 주기의 일부분으로 간주된다. 이 관계는 어린이의 죽음을 경
험한 멕시코 가정에서 죽음이 단일 사건이 아니고 변형되며 삶이 변화된 것으로 간주될 때 분
명하게 증명된다(Doran & Hansen, 2006). 죽음은 "평생동안, 보다 강력한 협상을 요구하는 과
정"이거나 현재의 삶에서 살아있는 가족과 죽은 아이들 간에 관계를 유지하기 위한 일치된 노
력으로 묘사되고 있다(p. 209).

- **운명론과 예측된 슬픔** : 뮤넷-빌라로(Munet-Vilaro, 1998)는 푸에르토리코의 백혈병을 앓는 아
  이들의 부모들은 비록 반대 경향도 증가하고 있음에도 불구하고 그 병을 "사망선고"로 간주하
  는 경향이 있고, 그 결과를 "치명적"이라고 여긴다고 밝히고 있다. 그리고 그녀는 이러한 태도
  가 부모와 자녀들이 근본적으로 죽음을 준비하도록 하는데 도움이 되었다고 믿었다. 그리고
  그라보우스키와 프란츠(Grabowski & Frantz, 1993)는 이러한 태도가 그들이 죽음을 받아들이
  는데 있어서 슬픔의 강도를 완화시키는데 도움이 되었다고 제시하였다(제9장에서 "예측된 슬
  픔"에 대한 다른 관점을 참조하라).

히스패닉계 미국인의 죽음 관련 관행

- **죽어가는 사람 돌보기** : 많은 다른 문화에서처럼, 히스패닉계 미국인 중에서 친척을 돌보는 사람
  들은 여성이 대다수이다(Cox & Monk, 1993; Delgado & Tennstedt, 1997a; Gelfand, Balcazar,
  Parzuchowski & Lenox, 2001). 그러한 돌봄이 돌봄을 제공하는 사람에게는 매우 스트레스를
  줄 수 있음에도, 콕스와 몽크(Cox & Monk, 1983)는 이러한 간병인의 대다수는 그들의 스트레
  스와 관련된 공적인 도움을 찾기 어렵다는 사실을 발견했다. 그들이 "그러한 프로그램을 사용

하는 것을 꺼리는 것은 가족문제를 외부인과 공유하는 것이나 부모나 배우자를 돌보는 것이 너무 힘들다고 인정하는 것에 대해 문화적으로 저항하는 경향에 기인한다"고 결론을 내렸다. 이러한 제안은 히스패닉계 미국인 문화에서 가족 구성원은 돌봄을 제공할 것으로 기대되고, 그렇게 하지 않는다면 가족에 대한 자신의 의무를 다하지 않는 것으로 간주된다는 앞에서의 언급과 일치한다. 이러한 종류의 이유들은 히스패닉계 미국인들이 가족을 위해 요양시설을 사용하지 않는 이유를 설명하는데 도움이 될 수 있다. 물론 히스패닉계 미국인들이 지배적인 문화에 더 잘 적응하게 됨에 따라 그러한 돌봄을 제공하는 가족의 능력이 약화될 수도 있다.

- **죽음에 함께 함**: 몇몇 연구들은 일부 히스패닉계 미국인들은 죽어가는 친척과 함께 있으면서 해결되지 않은 갈등을 해결할 수 있다는 가치를 발견했음을 밝히고 있다. 그러나 이와시나와 챙(Iwashyna & Chang, 2002)은 멕시코계 미국인들은 거의 집에서 죽지 않음을 발견했다. 죽어가는 사람들을 위해 돌봄을 제공하는 시설이 지닌 한계로 인해 그러한 환경에서는 이러한 가치를 실현하기 더 어려워질 수 있다.

- **애도의 관행**: 히스패닉계 미국인들이 애도를 하는 관행들은 보통 슬픔에 대해 공개적으로 표현하도록 하는데, 성별에 따라 다르다. "여성이 큰소리로 울부짖는 소리를 듣고, 고인의 이름을 부르고, 기절하는 것은 드문 일이 아니지만, 남성다움이 강조되는 라틴계 남성들은 정서적 반응을 억압한다. 라틴계 남성은 가족을 위해 '강해야 하고' 공개적으로 슬퍼하지 않아야 한다고 기대된다."

초점 맞추기 5.1

히스패닉 주제를 다룬 아동도서 두 권

내 형이 죽었다(My Brother Died/Desde Que Murio Mi Hermano, Munoz-Kiehne, 2000)는 형제의 죽음이 단지 꿈이었는지 또는 어떤 것이 그를 죽음으로부터 지킬 수 있는지를 궁금해 하는 아이를 묘사한 책이다. 이 아이는 가족의 슬픔뿐만 아니라 그가 겪는 두통과 복통과 같은 신체적인 반응을 이야기한다. 형제를 잊어버릴 것을 두려워하면서 아이는 그림을 그리기 시작하고, 형형색색의 그림은 점차 무지개가 되면서 인생이 나아갈 수 있음을 믿게 된다.

마미타를 위한 벽화(A Mural for Mamita/Un Mural Para Mamita, Alexander, 2002)는 어린 소녀, 그녀의 가족과 이웃들이 장례식을 계획하는 상황에서 어린이를 위한 도서이다. 이 행사는 오랫동안 아프다가 최근에 돌아가신 소녀의 할머니에게 경의를 표하기 위한 것이었다. 마미타는 식품잡화점의 소유주로 잘 알려졌고 이웃에게 크게 사랑을 받았다. 이 기념행사에서 소녀가 특별히 기여한 것은 마미타의 가게 벽에 그린 멋진 벽화이다. 히스패닉계 미국인은 가족과 확대된 공동체가 그들의 삶에서의 중심된 인물에게 헌사를 받치는 전통을 지니고 있다. 그리고 어른들이 마미타의 삶을 기념하는 행사임을 강조하고, 이러한 행사에 어린 소녀도 자유롭게 참여하도록 하며, 소녀가 할머니에 대한 사랑을 창조적으로 표현하도록 허락하는 방식들에 주목해야 한다.

이 두 도서는 영어와 스페인어로 출판되었다.

■ **사후의 의식**: 히스패닉계 미국인들은 죽음에 초점을 맞춘 의식을 다양한 형태로 할 수 있다. 관을 열어 놓고 교회에서 추도 미사를 드리며 매장지까지 행렬하는 것 등과 같은 어떤 것들은 지배 문화에서 취하는 의식과 많이 비슷하다(Clements et al., 2003). 일부 히스패닉 가족들에게 매장 장소를 둘러싼 결정을 하는 것은 어려운 과제 중의 하나이다. 가족과의 연결이 중요하기 때문에 일부 가족들은 고인을 어느 한 장소, 예를 들어 멕시코에 묻고 나서 다른 곳에 살게 되는 문제로 인해 어려움을 겪는다(Doran & Hansen, 2006, 초점 맞추기 5.1에서 다룬 두 편의 아동 도서에서 드러난 사건과 관행을 비교해보라).

■ **지속적인 연결과 고인의 존재**: 생존자와 고인 간에 지속적으로 연결을 유지하려고 하는 소망은 사망을 당한 많은 히스패닉계 미국인 가정의 관행, 예를 들면 꿈, 그림을 이용한 추억, 이야기, 유적, 신앙 기반의 연결 등에서 두드러지게 나타난다(Doran & Hansen, 2006; Shapiro, 1995). 비록 문학 작품이 희소하지만, 이러한 지속적인 연결을 다룬 일관된 주제는 이 문화 집단의 나이, 성, 계층과 세대를 넘어서서 애도 과정에 있어서 환영받고 중요한 기능을 한다. 고인이 생명 – 마치 생존자와 고인 간에 다양한 만남에서 그러한 연결을 허용한 자질과 능력 – 을 유지하는 것처럼 보이는데 그 연결은 종종 쌍방향이다. 예를 들어서 도란과 한센(Doran & Hansen, 2006)은 한 가족이 묘지를 방문하는 동안 그들이 사랑했던 고인이 실제로 존재하는 것처럼 환영한다고 전했다. 또한 생존자의 죽음에 대한 적응은 고인의 사후의 삶에 영향을 미칠 수 있고, 만약 생존자가 너무 많이 슬퍼하거나 선입견을 가진다면 고인이 "평화롭지" 못하거나 "편안하게 잠들지" 못할 것이라는 발견에서 우리는 인생, 즉 고인의 특성을 알 수 있다.

이러한 연결에서 사피로(Shapiro, 1995)는 보스톤에 사는 푸에르토리코의 여성 "카르멘"의 애도를 길게 설명하고 있는데 그녀는 그녀의 돌아가신 어머니가 꿈속에 나타나서 그녀에게 이야기를 한다고 이야기하였다. 그녀는 이러한 방문을 통해 위안을 얻음과 동시에 불안해했다. 비록 두 어린 자녀들이 그러한 경험을 두려워했을지라도, 그들은 또한 그들의 어머니가 "계속해서 가정에 실제로 존재한다"고 이야기했다. 나이가 많은 형제들 역시 그들도 어머니의 영적인 방문을 경험했다고 이야기했지만 그들은 이것을 어머니 영혼의 재현으로 이해하였다. 따라서 비록 다른 가족들도 다양한 방식으로 그러한 경험에 반응할지라도, 고인이 영적인 존재로 가족 내에 계속해서 존재한다는 생각이 푸에르토리코 문화에서 미국 문화에 비해 보다 편안하다는 것이 전반적으로 밝혀졌다(Shapiro, 1995, p. 169). 이러한 신념과 관행을 알지 못하거나 이해하지 못하는 것은 이 문화의 구성원들을 이해하고 좋은 돌봄을 제공하는데 필요한 개방적인 의사소통을 크게 방해할 수 있다.

문화를 넘어서서 예를 들어 고인과 꿈속에서 이야기하는 것과 같은 개인이 겪은 고인과의 다양한 경험을 기술하고 이익을 얻는 것은 주목할 만하다. 히스패닉계 미국인들은 다른 문화권의 개인보다 그들의 경험을 더 많이 보고할 수 있다.

- **종교와 관행**: 앞에서 언급한 히스패닉계 미국인의 종교적 신념과 관행에 덧붙여서 로마 가톨릭은 9일간의 기도를 보통 집에서 할 수 있다. 9일간의 기도는 장례식 후 9일간 고인의 이름을 부르면서 특별한 일련의 기도인 묵주기도를 드리는 것이다. 9일 기도 기간 동안 그 집은 폐쇄되고 가족은 방해받지 않고 애도할 수 있는 시간을 가질 수 있다.

- **죽은 자의 날**: 멕시코계 미국인 공동체에서 발견된 또 다른 의식은 **죽은 자의 날**이다 (Garciagodoy, 1998). 이 의식은 로마 가톨릭 전통(11월 2일, 로마 가톨릭의 위령 성월)과 스페인이 멕시코를 정복하기 전의 전통에서 유래를 찾을 수 있다. **죽은 자의 날**을 둘러싼 전통적인 관행은 청소를 하고 여러 제단에 물건을 올리며, 고인의 영혼을 위해 음식을 준비하고, 가족들은 고인의 무덤에 꽃을 심기 위해 묘지를 방문하는 것들을 포함한다(Munet-Vilaro, 1998). 그러나 문화가 진화됨에 따라 그들의 의식도 진화하고 있다. 그래서 미국에 사는 멕시코 가정들은 **죽은 자의 날**을 기념할 수도 있고 그렇지 않을 수도 있으며, 의식의 가치, 예를 들면 지속적인 연결과 같은 가치를 받아들이면서 다른 방식으로도 표현할 수 있다. 예를 들면, 연결의 가치를 반영하여 도란과 한센(Doran & Hansen, 2006)은 어느 가족은 죽은 아이가 가장 좋아했던 음식인 샌드위치를 **죽은 자의 날**에 먹는 것을 발견했다. 그런데 이러한 행위는 멕시코의 맥락에서 전통적인 의미로 해왔던 영혼에게 음식을 제공하는 것과는 반대이다. 그렇게 함으로써 가족은 평안함과 고인의 존재감을 발견했다. "당신은 당신이 그와 함께 먹고 있다고 생각한다."

아프리카계 미국인

아프리카계 미국인들은 미국 인구 중 두 번째로 많은, 전체 인구의 13%를 차지하는 소수집단이다(표 4.1 참조). 여러 면에서 아프리카계 미국인들은 아프리카 대륙, 노예 제도, 노예 거래, 그리고 차별 경험에 근원을 두고 있다. 노예 제도 자체는 죽음과 관련된 함의를 많이 지닌 관행이다. 이것은 살인을 포함하고 있는데, 살인은 재소자가 되어 그들의 종족에서 추방되고 신세계로 이송되는 동안 고통 받고 죽으며, 대서양의 이쪽에서 가혹한 삶과 노동조건에 처하는 것을 의미하며, 이 모든 것은 다른 사람의 소유가 될 수 있는 물건처럼 취급을 받는 존재가 되는 것이다. 이러한 배경들은 현대 미국에서 아프리카계 미국인이 죽음을 경험하는 여러 면에 영향을 미친다. 칼리쉬와 레이놀즈(Kalish & Reynolds, 1981)는 한 때 "미국에서 흑인이라는 것은 죽음과 접하고, 죽음에 대처하는 면에서 역사의 일부가 되는 것이다"라고 썼다(p. 103).

아프리카계 미국인의 죽음, 임종, 사별의 양상

사망자 수 측면에서, 아프리카계 미국인은 2007년 미국 전체 사망자 중 약 12%를 차지했다(표

죽은 자의 날 축제 중 할리우드 포에
버 공동묘지의 제단

5.2 참조). 연령표준화된 사망률은 1,000명당 9.6명으로, 이러한 사망은 표 5.2에서 제시된 미국 인구 전체와 모든 하위 집단에 비해 더 높다. 아프리카계 미국인 남성과 여성들의 사망률 역시 전체와 다른 하위 집단에 비해 더 높았다.

아프리카계 미국인이 사망률에 있어서 상대적으로 불리함은 단순히 민족성에 기인한 것이 아닐 수 있다는 점을 덧붙이는 것이 공평하다. 미국 사회의 많은 소수 집단들은 사회경제적 입장에서 불리하고, 그러한 불리함은 높은 사망률에서 항상 드러난다(Blane, 1995). 53만 명을 대상으로 10년 동안 진행된 연구는 고용상의 지위, 수입, 교육, 직업과 결혼상태뿐만 아니라 인종이 사망과 실질적으로 연관됨을 밝히고 있다(Sorlie, Backlund, & Keller, 1995, p. 949). 빈곤, 건강관리에 대한 부적절한 접근, 생명을 위협하는 행동의 높은 발생률은 사망률에 직접적이고 불행한 함의를 지닌다. 인종적, 문화적, 그리고 사회경제적 요인이 너무 복잡하고 밀접하게 얽혀 있어서, 하나의 집단으로써 아프리카계 미국인의 사망률에 영향을 미치는 인과요인을 규명하고 순위를 정하는 것이 어렵다. 그럼에도 불구하고 이 인구 내에서 일부 하위 집단의 구성원들과 더 이른 나이에 사망할 확률 간의 상관관계는 다른 하위 집단 또는 전체 인구보다 분명하다.

오늘날 아프리카계 미국인들이 직면한 상황을 여러 가지 방법으로 묘사할 수 있다. 예를 들어서 2007년에 태어난 아프리카계 미국인의 **평균 수명**은 79.4세로 추정된다. 그러나 일부 아프리카계 미국인 하위 집단에서는 다를 수 있다. 예를 들어 맥코드와 프리맨(McCord & Freeman, 1990)은 뉴욕시의 한 지역인 할렘에 사는 아프리카계 미국인 남성은 세계에서 가장 가난한 나라인 방글라데시에 사는 남성보다도 65세에 도달할 가능성이 더 적다고 설명했다. 이 저자들에 따르면 "할렘의 상황이 극단적이기는 하지만, 유일한 현상은 아니다. 비슷하게 높은 사망률을 보이는 것이 미국의 다른 도시에서도 발견되고 있다."

영아와 모성 사망률은 아프리카계 미국인에게서 지속적으로 높았다. 2007년 이 인구집단에서의

123

영아 사망률은 1,000명 출생시 13.24명이었다(Xu et al., 2010). 같은 해 179명의 아프리카계 미국인 여성이 출산과 관련하여 죽었고, 모성 사망률이 10만 명 출생 당 26.5명이었음이 보고되었다. 이러한 통계들은 그것들이 발생하는 근본적인 요인들을 직접적으로 제시하지 못하고 있다. 그럼에도 불구하고 다른 요인들이 일정하게 유지되는 연구들에서 이러한 사망률과 평균 기대수명의 일부 측면들이 인종이나 민족에 비해 교육, 사회경제적 지위와 더 직접적으로 관련이 있음이 발견되었다(Polednak, 1990). 이러한 발견은 놀라운 것이 아니다. 예를 들어 파월-그리너(Powell-Griner, 1988)는 영아 사망의 위험이 높은 것이 불법, 노동자 계층 가족들, 부적절한 태아 관리와 저체중 출생과 관련이 있다고 밝혔다. 이러한 요인들이 꽤 자주 서로 관련이 있는데, 이것들이 함께 합쳐지면, 영아와 다른 사람들을 조기 사망의 높은 위험으로 밀어 넣는데 집중될 수 있다(Plepys & Klein, 1995).

*사망원인*에 관해서 아프리카계 미국인들은 15개 주요 사망원인 중 9개에서 연령표준화 사망률이 상대적으로 더 높다. 가장 큰 불균형은 아프리카계 미국인들의 사망원인으로 살인과 관련 있다. 백인계 미국인이 아프리카계 미국인에 비해 6배 이상 많은데, 2007년 아프리카계 미국인 중 살인에 의해 사망한 숫자(8,870명)는 백인 미국인 중에서 살인으로 사망한 수만큼(8,914명) 되었다. 이 집단들에서 남성을 보면, 아프리카계 미국인 중 살인으로 인한 사망한 사람의 수(7,584명)는 실질적으로 그에 대응하는 백인계 미국인(6,541명)보다 더 많았다. 더 나아가 살인은 아프리카계 미국인 15세에서 24세 남성의 주요 사망원인이다. 우리 사회의 젊은 아프리카계 미국인 남성은 살인으로 사망할 특이한 위험에서 자신을 발견하게 된다. 비록 아프리카계 미국인이 자살로 인한 연령표준화 사망률이 백인계 미국인보다 더 낮다는 사실에 조금 위안을 찾을 수 있지만(인구 10만 명당 9.0명 대 12.3명) 자살로 인한 사망은 젊은 아프리카계 미국인 중에서 증가하고 있는 것으로 나타나고 있다. 이 집단에서 자살 위험을 완화시키는 문화적인 변인에 대한 추가 연구가 바람직하다(Utsey, Hook, & Stannard, 2007).

또한 1986년 초 "흑인과 히스패닉에서 AIDS 사례의 비율이 불균형적으로 높았다"는 것에 주목할 만하다(Institute of Medicine, 1986, p. 102). 2007년 미국에서 HIV로 인해 사망한 11,295명 중 6,470명이 아프리카계 미국인이었고, 후자의 2/3가 아프리카계 미국인 남성에게서 발생하였다. 명백하게 HIV 감염과 관련된 사망은 미국 사회 내에서 인종과 문화적 차이와 관련된 주요 불평등을 보여준다.

아프리카계 미국인의 죽음에 대한 태도

■ *가족의 중요성*: 아프리카계 미국인의 죽음, 임종과 사별과 관련된 태도에 대한 체계적인 연구가 이 분야에서 다년간 이루어졌지만 폭넓지 않다. 그러나 아프리카계 미국인의 죽어가는 사람을 돌보는 것에 관한 태도와 관련된 주요 주제는 일관되게 남아 있다. 상호의존을 중시하는 집합주의 문화와 함께, 문헌들은 가족 지지가 삶과 죽음과 관련된 상황에 대처하는 아프리카

대가족에 의해 집에서 돌봄을 받고 있는 생명을 위협하는 병을 앓고 있는 노인

계 미국인을 위한 주요 요소임을 설명하고 있다(Clements et al., 2003). 가족 안에서 가족 구성원의 부양에 초점을 맞추는 것은 요양시설에 거의 들어가지 않는 고령자를 돌봄에 있어서 분명해진다(Thomas, 2001; 이 책의 8 장 참조). 마찬가지로 우리는 아프리카계 미국인들 중에서 가족의 돌봄을 받으며 삶의 마지막 시간을 집에서 보내는 것을 강하게 강조하는 것을 발견한다. 예를 들어서 알츠하이머병을 가진 사람을 돌보는 아프리카계 미국인과 백인 미국인 간병인을 비교한 연구에서 오언, 구드디, 헤일리(Owen, Goode, Haley, 2001)는 아프리카계 미국인 환자의 53%가 집에서 죽는 반면 백인계 미국인 환자 중에서는 단지 38% 뿐이었다. 이러한 주제를 다룰 때, 다른 일반적인 지원의 원천은 친구, 교회, 동료 및 이웃에 의존하는 것을 포함한다.

헤이슬립과 프리비토(Hayslip & Preveto, 2005)는 죽음 관련 태도에 있어서 문화 변화의 영향을 조사함으로써 이 점을 더 깊이 고수하였다. 그들의 결과는 미국 내 아프리카계 미국인들과 다른 소수 문화 집단들은 가족 관계에 초점을 더 많이 맞추고 있으며, 자기 자신의 말기 예후에 관해 아는 것에 더 관심을 기울이고, 장례와 애도에 더 개인적으로 접근하는 방향으로 전환되었다는 관점을 지지한다.

- **의학계의 의혹**: 몇몇 연구자들은 일부 아프리카계 미국인들은 의학계에 대한 불신감을 드러내고 있다고 보고하였다(예: Jenkins, Lapelle, Zapka, & Kurent, 2005; Taxis, 2006; Winston, Leshner, Kramer, & Allen, 2005). 워터스(Waters, 2001)는 그녀의 연구에서 아프리카계 미국인들은 백인 미국인들보다 건강관리를 덜 받는다고 믿었다. 그들이 사전의료의향서를 작성한다면 그들은 적절한 의료적 돌봄을 받지 못할 것이라고 믿고 있음을 발견했다. 그러한 우려는 인

종과 민족적 불평등으로써 부당하게 여겨지지 않았는데, 의도적이든 비의도적이던 간에, 소외 집단에 대한 보건의료의 제공여부와 질 모두에서 발견되었다(Freeman & Payne, 2000; Geiger, 2002; Payne, Medina, & Hampton, 2003; Washington, 2006). 일부 연구자들은 많은 아프리카계 미국인들의 의료계에 대한 불신은 "의학적 인종 격리"라고 불렸던 사건으로 거슬러 올라갈 수 있다고 믿었고, 의학적 인종 격리는 의학적 무시 또는 학대와 같은 역사적인 경험이었으며, 터스키기 매독 실험에서 그러한 것이 발견되었다(초점 맞추기 5.2 참조).

아프리카계 미국인의 죽음 관련 관행

- *사전의료의향과 생명연장 거부*: 몇몇 연구자들(예: Owen, Goode, & Haley, 2001; Thomas, 2001; Tschann, Kaufmann, & Micco, 2003; Waters, 2001)은 보건의료 시스템에 의한 치료에 대해 아프리카계 미국인들이 지닌 의구심이 적어도 부분적으로는 사전의료계획과 생의 마지막 또는 사후 치료에 대해 저항하는 이유를 설명할 수 있다고 보고하였다. 그리고 비슷한 우려가 생명유지장치를 제거하는 것을 꺼리게 할 수도 있다.

초점 맞추기 5.2

터스키기(Tuskegee) 매독 연구는 무엇인가?

터스키기 매독 연구는 미국 공중보건국(U.S. Public Health Service)에 의해 1932년에 시작되었다. 이 연구는 백인계 미국인의 매독 감염과 비교하여 아프리카계 미국인에 있어서의 매독 감염의 결과를 연구하기 위한 것이었다. 연구자들은 연구를 위해 알라바마의 가난한 아프리카계 미국인 소작인 399명을 모집했다. 연구참여자들은 질병의 본질에 대해서 전혀 알지 못했다. 그들은 자신들이 "나쁜 피"를 가졌다고 말했다. 남성들은 처음에는 감염에 대해 알려진 치료만 받았다. 그러나 이 시점에서 연구결과가 평이하였기 때문에, 참여자가 죽을 때까지 질병의 진행사항을 연구하기 위해 치료가 중단되었다. 페니실린이 1940년대 중반에 이용 가능해지고 질병을 치료하는데 효과적임이 밝혀진 후에도 이 남성들은 치료를 받지 못하였다. 이 연구가 언론에 노출된 후 1972년에 중단되었다. 약 100명의 남성이 연구기간동안 이 병으로 사망했다(터스키기 연구에 대한 더 자세한 정보는 Jones, 1992; Washington, 2006 참조).

그러나 워싱톤(Washington, 2006, pp. 180-181)은 그녀가 "의학적 인종 격리"라고 부른 그녀의 저서에서 아래와 같이 관찰한 사항을 밝히고 있다.

> 그러나 아프리카계 미국인들의 보건의료 시스템에 대한 혐오감을 조사함에 있어서 이 연구의 이면을 보는 것이 중요하다. 수세기 전에 이루어진 실험적인 학대의 낡은 유형을 연구하기 보다는 터스키기 매독 연구라는 단일 사건에 초점을 맞춤으로써 최근의 탐구는 문제를 왜곡시키는 경향이 있는데, 아프리카계 미국인들의 경계심은 미국 의학과 아프리카계 미국인과의 상호작용을 특정 짓는 지속적인 실험적 학대에 대한 이해할 수 있는 합리적인 반응이기보다는 단 하나의 사건에 대한 과잉반응으로 만들어졌다.

■ **호스피스 서비스와 장기기증**: 많은 연구자들은 또한 아프리카계 미국인들이 호스피스 서비스를 이용하고 사후 장기를 기증할 가능성이 적다고 보고하여 왔다(예: Barrett, 2006; Greiner, Perera, & Ahluwalia, 2003; Minniefield, Yang, & Muti, 2001; Wasserman, Clair, & Ritchey, 2006; Yancu, Farmer & Leahman, 2010, 이 책의 16장 참조). 주목할 만한 것은 이러한 결정 중 일부는 불신과 관련이 적고 문화적 가치(예: 종교적 또는 영적 신념 "그것은 하느님의 뜻이야"), 충족되지 못한 욕구(예: 호스피스 직원의 다양성 부족), 또는 잘못된 정보(예: 호스피스의 목적 또는 장기기능의 필요성과 그것이 포함하는 것에 대한 잘못된 이해)와 더 많이 연관되어 있다는 점이다.

바로 앞에서 다룬 내용 중에서 소수 문화에서의 태도와 관행에 대한 우리 연구는 문화적으로 양심적으로 돌봄을 제공하는데 필요한 것에 조명을 맞추었다. 토마스(Thoms, 2001, p. 42)는 "생의 마지막과 관련된 주제에 대한 의사소통의 핵심은 이해와 합리적인 결정이다"라고 썼다. 좋은 의사소통의 방식을 통해 획득하는 것이 합리적인 결정과 좋은 의료 공급을 모두 방해할 수 있다(Mazanec & Tyler, 2003; Ward, 2003).

보다 폭넓게 보건의료 서비스 제공자들은 아프리카계 미국인들의 보건의료에 대한 신념과 동반되는 행동을 문화적으로 이해함으로써, 생애 말기에 문화적으로 적절한 의료를 이해하고 (West, 2004) 호스피스 및 완화의료에 대한 접근성과 이용에 영향을 미치는 장애물을 제거하는 것에 더 많은 노력을 기울이고 있다(Winston, Leshner, Kramer, & Allen, 2005). 이를 위해서 카가와-싱거와 블랙홀(Kagawa-Singer & Blackhall, 2001)은 말기 치료에 관해 가족들과 의사소통을 함에 있어서 필요한 문화 정보를 알려주는 목록을 제공하고 있다.

■ **애도 관행**: 애도 기간에 아프리카계 미국인들은 종종 장례 서비스를 이용하는데, 이것은 교회에서 카타르시스 또는 개방적인 표현의 장으로써 자주 행해진다. 상담 서비스는 이 인구집단에서는 거의 찾아볼 수 없다. 이 서비스는 의도적으로 정서적인 표출을 하도록 고안되는데 예를 들어서 "날아갈 거야(I'll Fly Away)"와 같은 음악, 예배, 장례식의 마지막에 관을 여는 것 등이다. 장례식은 위엄을 갖추고, 그들의 삶에서 사회적 지위를 성취하지 못한 사람들일지라도 때로는 "퇴장"하거나 "고향으로 돌아가는 것"을 축하하는 것처럼 한다(예: 관의 외양과 참석자 수 등으로 드러남).

뉴올리언스 재즈 또는 노예제도까지 거슬러 올라가 축하식으로 계속 존재하는 "세컨드 라인(Second line)" 장례 행렬에 참석한 흑인 남자 청소년들에 관한 한 연구에서 보르더 (Bordere, 2009b)는 청소년들은 죽음을 고인이 "여기보다 더 나은 곳으로" 가는 것으로 축하하고, 기억하며, 재결합하는 것으로 보도록 하는 의식으로 이해함을 발견했다. 초점 맞추기 5.3은 아프리카계 미국인 아동의 삶에서 삶, 죽음과 애도에 관한 네 권의 책에서 발췌한 예들을 제공한다.

초점 맞추기 5.3

아프리카계 미국인 주제의 네 권의 아동 도서

네 권의 아동 도서는 아프리카계 미국인 어린이가 연루된 상실과 죽음이 주제를 다룬다. 예를 들어 *아빠가 우는 것을 본 날(The Day I Saw My Father Cry*, Cosby, 2000)에서 어린 빌(Bill)이라고 불리는 소년은 형제와 친구들과 자주 논쟁을 벌인다. 이 소년은 앨런 밀스(Alan Mills)라고 불리는 이웃을 두고 있는데, 그 이웃은 화가 난 사람들이 협상과 타협을 통해 문제를 해결하도록 돕는다. 종종 앨런은 소년들에게 본보기가 되는 친숙한 방식으로 "메리 크리스마스"라고 말한다. 그런데 앨런이 심장마비로 갑자기 사망했을 때, 어린 빌은 아버지가 슬퍼하는 것을 처음 목격한다. 마침내, 소년들은 앨런의 지혜, 가치와 정신이 여전히 살아있음을 알게 된다.

시편 23편(Psalm Twenty-Three, Ladwig, 1997)의 독특한 묘사가 책의 제목으로 주어진다. 저자/일러스트레이터는 도시의 아프리카계 미국인 가정이 직면하는 사랑과 공포의 세계를 묘사한다. 그럼에도 불구하고 전체는 우리의 시련 속에서 우리를 인도하고 보호하는 사랑의 목자와 하느님을 비교하는 시편의 친숙한 본문을 통해 긍정적인 방식으로 구성하고 있다.

신앙의 또 다른 고백인 *달콤하고 달콤한 기억(Sweet, Sweet Memory*, Woodson, 2000)에서 나타난다. 할아버지가 죽은 후 사라라는 어린 아프리카계 미국인 소녀와 그녀의 할머니는 지지와 위로를 얻기 위해 함께 모인다. 그들은 할아버지의 인생을 회상하면서, 이야기와 그에 대한 추억 속에서 위안을 찾는다. 특히 그들은 그가 항상 "지구는 변한다... 우리처럼 그것은 살아있고 그것은 성장한다. 우리처럼 그것의 일부는 결코 죽지 않는다. 모든 것과 모든 사람들은 계속해서 나아간다"라고 말한 것을 생각해 낸다.

*위안(Solace)*은 아버지가 갑자기 돌아가신 후 다른 책에서 다른 방식으로 발견된다. 티아(Tia)는 10살 아프리카계 미국인 소녀이고, *티아를 위한 해바라기와 무지개: 아빠에게 작별인사하기(Sunflowers and Rainbows for Tia: Saying Goodbye to Daddy*, Alexander-Greene, 1999)의 주인공이다. 그녀는 그녀, 일곱 살 쌍둥이 남동생, 엄마, 할아버지가 예상치 못한 상실 후에 어떻게 느꼈는지를 설명한다. 티아는 엄마 또한 죽고 아이들이 혼자 남겨져서 느낄 두려움과 함께 그녀의 슬픔과 비통함에 관해 이야기한다. 그녀는 또한 사람들이 아버지에 대한 그들의 사랑을 표현하기 위해 집에 오고, 가족을 어떻게 지지하고, 나눌 음식을 어떻게 가져오는지와 관련하여 설명하고 있다. 무엇보다도 티아는 그녀가 아빠의 장례를 준비하는데 관여하고 의식에 참여하는 것이 도움이 된다는 것을 알고 있다. 특히 티아는 그녀가 장례식에 아빠가 좋아한 해바라기를 가져갈 수 있게 되었을 때와 묘지로 가는 길에 큰 무지개가 구름사이로 빛났을 때 위안을 얻었다.

- **장의사**: 아프리카계 미국인 공동체에서 장의사는 전형적으로 비정상적으로 높이 존중받는다. 아프리카계 미국인 공동체에서 가장 수익성이 높은 사업 중의 하나인 장례산업의 대표자로써의 그들의 지위는 한 개인이 지역사회에서 제대로 누어 쉬도록 하여야 할 필요성에 의해 높아졌다. 그에 따라 장의사는 아프리카계 미국인의 애도 관행에 있어서 전형적으로 중요한 사회적 인식을 제공하는데 도움을 준다.

- **스토리텔링의 중요성**: 로저스(Rodgers, 2004)는 노스 웨스트의 몇몇 아프리카계 미국인 미망

인의 애도 관행을 연구했다. 그녀는 그들의 슬픔을 다루면서 스토리텔링의 중요성을 강조했다. 아프리카계 유산 중 구술 전통으로 거슬러 올라가 이러한 중요성을 살펴보면, 로저스는 "스토리텔링은 모든 미망인의 사별 경험에 대한 설명의 핵심에 있다"라고 밝혔다. 그들의 이야기를 들어보고, 로저스는 여성들은 그 이야기 속에서 다양한 사람의 역할을 맡았는데, 목소리에 다양한 음색과 악센트를 사용하면서, 이야기가 실감나도록 손과 발과 몸짓과 얼굴표정을 사용하였음을 발견하였다. 그들이 이야기를 생생하게 연기하는 것은 그들의 애도 과정에서 도움이 되었다. 이외에도 로젠블랫과 월라스(Rosenblatt & Wallace, 2005a, 2005b)는 슬픔에 잠긴 아프리카계 미국인의 이야기들이 고인의 가족의 삶에서 인종 차별의 주제를 얼마나 자주 다루어지는지 보여주었다.

아시아와 태평양 군도 미국인

아시아와 태평양 군도 미국인은 그들의 근원을 아시아의 여러 나라와 태평양 군도에서 찾는 사람들이다. 그들은 미국 거주자 중 세 번째로 큰 소수 집단으로 전체 인구의 4.6%를 차지하고 있다(표 5.1 참조). 아시아계 미국인 중 가장 큰 공동체는 중국계 미국인이며, 필리핀, 인도, 베트남, 한국계가 그 뒤를 쫓고 있다. 아시아와 태평양 군도 공동체들 간의 차이는 많은 죽음 관련 주제를 다루는 연구들을 복잡하게 만든다(Else, Andrade, & Nahulu, 2007; Leong, Leach, Yeh, & Chou, 2007).

아시아와 태평양 군도 미국인의 사망, 임종, 사별의 양상

사망자 수 : 아시아계 미국인과 태평양 군도인 중에서, 2007년 미국에서의 사망자 수는 표 5.2에 제시되어 있다. 종합하면, 이들의 총 인구수는 현재 미국 거주 인구의 약 4.6%에 해당하며, 사망자 수는 해당 연도 전체 사망자의 약 1.9%를 차지하고 있다.

연령표준화 사망률 : 아시아계 미국인과 태평양 군도의 미국인 공동체 전체로 볼 때 연령표준화된 사망률은 1,000명당 4.2명으로 표 5.2에서 제시된 바와 같이 미국 인구에 있어서 모든 하위 집단에서 보이는 비슷한 비율보다 더 낮다. 아시아계 미국인 전체의 사망 주요원인은 암이다. 이 인구집단에서 2007년 사망원인 중 인간에 의해 유도된 경우인 자살과 살인에 의한 사망의 연령표준화 비율은 자살이 10만 명 당 6.1명, 살인은 10만 명 당 2.3명으로 현저하게 낮았다(Else & Andrade, 2008; Leong, Leach, & Gupta, 2008 Xu et al., 2010). 그럼에도 불구하고 하와이 토착민과 다른 태평양 군도 사람들의 자살에 대한 연구는 15세부터 25세 사이의 남성에서 그 비율이 가장 높음을 보고하였다(Else, Andrade, & Nahulu, 2007).

영아 사망률 : 아시아계 미국인들은 하위 집단들 간에 약간 차이가 있는데, 중국계 미국인 중에서

가장 낮은 비율이었고 필리핀계 중에서 가장 높았다. 그럼에도 불구하고 아시아계 미국인 전체의 영아 사망률은 1,000명 출생 당 4.4명이었고, 이러한 영아 사망률은 미국 내 다른 모든 하위 집단의 영아 사망률보다 한동안 현저하게 더 낮았다(미국질병통제센터 [CDC] 2010a).

로더데일과 케스텐바움(Lauderdale & Kestenbaum, 2002)은 1990년과 1999년 사이의 미국 내 6개 아시아계 미국인 집단(중국, 인도, 일본, 한국, 필리핀, 베트남)의 65세 이상 노인인구의 사망률 통계를 검토하였다. 이 연구는 메디케어 파트 B에 가입한 사람들을 바탕으로 했기 때문에 이 장에서 인용하는 대부분의 다른 연구들과 달리 표본 크기가 매우 큰데, 인도 남성 116,000명부터 중국 여성 737,000명까지 다양하다. 연구결과 아시아계 미국인 남녀 65세 이상의 사망률은 백인 인구와 비교하여 지속적으로 더 낮다. 이러한 차이는 사회경제적 지위, 이민자의 하위 집단과 미국 내에서 태어난 사람들 간의 관계, 또는 출신국의 사망률 수준과 연관이 없었다. 모든 하위 인구집단 중 빈곤수준 아래의 수입인 사람이 더 많은 베트남인들조차도 사망률에 있어서 다른 집단보다 더 유리할 뿐만 아니라 가장 큰 이점을 가지고 있음이 입증되었다.

아시아와 태평양 군도 미국인의 죽음에 대한 태도

- **의사소통 이슈** : 칼리쉬와 레이놀즈(Kalish & Reynolds, 1981)는 로스앤젤레스 일본 공동체 구성원들이 의사소통에 대한 통제를 지속할 것을 주장함을 발견하였다. 그래서 이 공동체의 구성원이 죽어가고 고통 속에 있을 때, 그들은 의료서비스를 받으면서 느낀 점들을 이야기하기를 억제하였다. 이러한 종류의 억제는 많은 아시아계 미국인들 사이에서 발견되는 태도로 나쁜 일에 대해 이야기하는 것이 실제로 그들에게 일어난다는 믿음과 같은 태도(Braun, Tanji, & Heck, 2001, Thomas, 2001)에 의해 영향을 받는다. 이러한 믿음은 일부 중국계 미국인들 사이에서 죽음이 왜 금기시되는 주제인지 설명하는데 도움도 줄 수 있다(Eisenbruch, 1984; Tanner, 1995). 이것은 또한 일본계 미국인(Hirayama, 1990), 캄보디아계 미국인(Lang, 1990), 중국계 미국인(Tong & Spicer, 1994)에 대한 몇몇 연구에서도 보이는데, 가족 구성원들은 죽어가는 사람에게 그가 죽음을 앞두고 있음을 말하지 않는 것을 선호한다(Thomas, 2001; 제19장의 초점 맞추기 19.1에서 보여주는 아동 도서 참조).
- **의사결정** : 많은 아시아계 미국인의 문화는 가부장적이고 위계적이다(McQuay, 1995). 우리 맥락에서 이것은 어떤 특별한 사람, 보통은 가장 나이 많은 남성 또는 적어도 가족 중 나이든 사람이 있고(Blackball, Murphy, Frank, Michel, & Azen, 1995; Crowder, 2000; Tong & Spicer, 1994), 이 사람이 가족 구성원의 보살핌에 관한 결정을 할 것으로 기대된다.
- **의사의 도움을 받는 자살** : 브라운과 동료들(Braun et al, 2001)은 의사의 도움을 받는 자살에 대한 하와이에 사는 여러 아시아계 미국인 집단의 태도를 연구했다. 이 집단들의 태도는 종교적인 요인과 지배 문화에 대한 적응과 관련이 있었다. 따라서 로마 가톨릭 신자였던 필리핀인

1세대는 안락사와 자살을 금지 행위로 보았다. 그러나 의료 서비스 분야에서 일해 왔던 필리핀인들은 호흡이 곤란할 경우 쓸데없는 치료를 보류하고 진통제를 제공하는 것이 적절하다고 믿었다. 연구대상인 5개 집단 중 필리핀인과 하와이 원주민은 의사의 도움을 받는 자살에 대해 거부감이 가장 컸다. 그래서 브라운과 동료들(Braun et al, 2001)은 연구대상 집단들 중 가장 건강상태가 좋지 않고 기대수명이 가장 짧은 하와이 원주민은 의료 시스템을 신뢰하지 못하였는데 그 이유는 그들이 보건의료 시스템으로부터 적절한 치료를 받지 못하여 두려워하였기 때문이라고 밝히고 있다. 이 연구에 참여한 중국계 미국인과 일본계 미국인의 많은 수가 의사의 도움을 받는 자살을 인정했고, 사실은 이 연구에 참여한 백인보다 더 많은 숫자이었다.

- *장례식에 대한 태도*: 크라우더(Crowder, 2000)는 샌프란시스코에서 중국 장례식을 연구했다. 그녀는 중국인 공동체 내에서 다양한 전통적인 풍습이 적절한지에 대한 의견들이 일치하지 않고 있다고 보고하였다. 이러한 의견 불일치는 지배 문화에 더 적응한 사람들과 미국에 최근에 이민 온 사람들 사이에서 나타나는 경향이 있다. 그러나 대부분의 아시아계 미국인들은 장례 의식을 매우 중요하다고 믿는다. 그것이 산 사람과 죽은 사람 간에 건강한 관계를 유지하도록 돕는다고 믿는다(Crowder, 2000; Hirayama, 1990; Kalish & Reynolds, 1981; McQuay, 1995). 크라우더가 그녀의 연구에서 참여자들에 관해서 "중국인에게 장례식은 중요한 삶의 통과 예식이다. 조상을 숭배하는 것은 중국 문화의 신념, 사회 구조와 종교적 관행의 초석이다. 죽음으로써 가족 구성원은 이로운 조상이 될 수 있고, 장례식은 이 전환을 가능하게 하는 의례 수단이다"라고 썼다(p. 452).

아시아와 태평양 군도 미국인의 죽음 관련 관행

- *애도 관행*: 칼리쉬와 레이놀즈(Kalish & Reynolds, 1981)는 로스앤젤레스에 있는 일본계 미국인의 애도 관행을 보고했고 그들이 매우 보수적임을 발견했다. 예를 들어서 그들은 재혼, 심지어 남편과 사별한 후의 만남은 적절하다고 믿는 사람은 이 집단에서 거의 없음을 발견했다.
- *서양과 비서양 요소가 혼합된 아시아계 미국인 장례식*: 크라우더(Crowder, 2000)는 샌프란시스코에서의 중국 장례식에 대해 길게 묘사를 하였다. 미국 내 중국계 미국인들이 가장 많이 거주하는 곳 중의 하나인 샌프란시스코의 차이나타운은 이러한 문화의 단면을 보여준다. 크라우더(2000)는 차이나타운은 큰 도시의 중심부에 위치하고 있기 때문에 이곳에서 사는 사람들은 큰 지역사회가 정한 행동에 대한 기대와 법적 테두리에 그들의 전통적인 관습을 적응시켜야만 한다고 보고하였다. 이러한 맥락에서 중국 장례식이 종종 서구적인 환경과 비서구적인 환경(보통은 출신국)이 융합된 의례임을 추적을 통해 알 수 있다. 이러한 전통들의 혼합은 사모아계 미국인 전통에서도 발견될 수 있는데, 사모아 전통, 정교한 기독교 의식, 그리고 새로운 환경의 현실이 결합되고, 보통은 돈과 좋은 사모아 매트를 선물 형태로 주는 것을 포함한다

사랑하는 사람의 죽음을 애
도하는 한국계 미국인 가족

(King, 1990).

- **중국계 미국인의 장례식에 대한 설명 한 가지**: 크라우더(Crowder, 2000)는 그녀가 관찰한 중국계 미국인의 장례식에서 5가지 요소를 확인했다. 이 장의 서두에 있는 장면과 이 설명을 비교해보라. 첫째, 영안실을 방문하였다. 이 방문에서 가족들은 서열 순(장남이 맨 앞, 그 다음 순으로)으로 서서 방문객들을 맞이한다. 관은 종이로 만들어진 집, 종이로 만든 사람 "하인", 그리고 종이돈과 같은 다른 물건들 사이에 놓여 있다. 이 모든 물건들은 묘지에서 불에 태워졌다. 둘째, 방문한 다음날에 장례식이 영안실에서 이루어졌다. 장례식에서 그녀는 감리교 목사가 의식을 진행하는 것을 보았다. 그리고 난 뒤 모든 사람들은 "그들의 마지막 존경을 표현했고" 참석자들은 행렬을 위해 줄을 섰다. 셋째, 행렬이 영안실을 떠날 때, 서양식 밴드가 연주를 하기 시작하였다. 행렬은 차이나타운을 지날 때, 단순히 종이로 된 "영혼"돈이 영구차에 던져졌으며, 이로 인해 시신을 훼방하는 나쁜 영혼들을 막을 수 있다고 믿었다. 넷째, 묘지에서 관을 무덤 속에 내려놓은 후 꽃을 무덤에 던지고, 종이집과 "하인" 및 돈을 불태웠다. 다섯째, 그리고 나서 장례식 파티는 "장수"를 위한 연회로 시도되었다. 이 연회는 조문객들을 위한 지지와 회복을 제공한다.
- **묘지 방문**: 많은 아시아계 미국인 공동체는 산 사람과 고인 간의 상호교류가 지속된다고 믿고 있으며, 살아있는 자손의 행복은 적어도 돌아가신 선조가 돌봐주는 것과 관련이 있다고 믿는다. 그래서 많은 집단의 사람들은 그들이 계속해서 선조들에 대해 관심을 갖고 돌보고 있음을 표현하기 위해 자주 묘지를 방문한다.

인디언과 알라스카 원주민

인디언과 알라스카 원주민 또는 미국 원주민, 통계적인 목적으로 알류트족(Aleuts)와 에스키모인을 포함한 인구집단의 죽음과 관련된 경험에 대한 유용한 정보를 얻는 것은 한정적이고, 신뢰하기 어려우며, 일반화하기가 쉽지 않다. 미국과 캐나다에는 수백 개의 인디언 부족 집단이 있고 100명보다 적은 크기부터 72만 9천명이 넘는 체로키족(Cherokee) 나바조족(Navajo)까지 크기가 다양하며 거의 298,000명 정도된다(U.S. Census Bureau, 2010). 각각의 인디언 집단은 죽음과 관련된 양상, 태도나 관행에 있어서 자신만의 고유한 패턴을 지니고 있다(Cox, 2010).

공식적인 통계에 따르면 미국에 거주하고 있는 인디언의 전체 인구는 300만 명을 막 넘었으며, 전체 인구의 약 1%를 차지한다(표 5.1 참조). 그러나 모든 인디언이 이들의 사망 관련 경험에 대한 자료를 쉽게 찾고 식별할 수 있는 부족 집단이나 부족의 영토 내에서 살지 않고 있다. 사실 인디언의 55%에서 60%는 북미의 도시지역에서 살고 있고, 그들은 외부 관찰자들의 눈에 여러 면에서 보이지 않을 것이다(Thompson & Walker, 2000). 그리고 몇 년 전 부분적으로 인디언 조상을 둔 개인이 추가적으로 670만 명이나 있다는 보고가 있었다(U.S. Congress, 1986). 이러한 이유들로 인해, 미국 사회에서 상대적으로 적지만 매우 이질적인 집단에 대해 죽음, 임종과 사별에 관해 일반화하는 것이 특히 부적절하고 위험할 수 있다.

인디언과 알라스카 원주민의 죽음, 임종, 사별의 양상

사망자의 수적인 측면에서, 인디언과 알라스카 원주민은 2007년 미국 총 사망자 중 약 0.6%로, 연령표준화 사망률은 1,000명당 6.3명이었다(표 5.2 참조). 그럼에도 불구하고 이것은 집계된 수치이며, 방금 앞에서 언급한 모든 한계를 지닌다. 죽음은 인디언과 알라스카 원주민에게서 매우 다른 방식으로 일어난다.

역사적으로 인디언과 알라스카 원주민의 사망원인으로 대부분 감염병, 당뇨병, 만성간질환과 간경변증뿐만 아니라 사고와 자살이 포함된다(Anderson & Smith, 2005). 이 원인들 중 일부는 덜 알려져 있고, 대부분 인디언의 평균 수명은 증가하고 있기 때문에 심장질환과 암이 이 집단에서 주요 사망원인으로써 더 중요해지고 있다. 인디언 남성과 여성 모두에서 다른 집단들에 비해 모든 질병에 대한 사망률이 더 낮았다.

인디언 영아 사망률은 1,000명당 9.2명으로 미국 전체 인구와 아프리카계 미국인을 제외한 이 장에서 다루는 하위 집단 전체보다 더 높다(CDC, 2010a). 모든 미국인 문화 집단들에서 나타나는 이러한 추세는 산모 교육과 가족 수입의 영향을 받는 것으로 보인다. 모든 문화 집단 중에서 인디언 유아는 급성유아돌연사증후군으로 사망할 위험이 가장 높다(Iyasu 외, 2002; Singh & Yu, 1995).

특정한 인디언 집단에 대한 연구는 중요한 정보를 산출해 냈다. 예를 들어 롱(Long, 1983)은 알코올 남용이 노스웨스트의 크로족(Crow) 인디언의 간경변으로 인한 높은 사망률을 가져왔다고 보고하였다. 롱은 또한 크로족 인디언의 살인으로 인한 사망이 전국 평균의 2배에서 8배로 발생한다고 이야기하였다.

많은 인디언 집단에서 교통사고는 사망률의 중요한 요인이다. 예를 들어서 마호니(Mahoney, 1991)는 뉴욕주에서 인디언 인구 중 교통사고로 인한 사망률이 높음을 발견하였고, 거의 미국 전체 사망률의 두 배가 되었으며, 남성 중에서 일어난 자동차 사고로 인한 사망 중 가장 많은 부분을 차지하고 있었다. 카르와 리(Carr & Lee, 1978)는 자동차 사고가 나바조족 남성의 주요 사망원인이며, 특정 정당에 소속된 여성들의 두 번째 사망원인임을 발견하였다. 캠벨(Campbell, 1989)은 몬타나의 인디언에 관련되어 유사한 보고서를 작성했다. 올슨과 동료들(Olson, et al., 1990)은 뉴멕시코의 아메리카 인디언 아동들에게서 자동차 사고로 인한 사망이 예외적으로 높음을 보고했다. 마지막으로, 롱(Long, 1983)은 크로족 인디언에게서 자동차 사고가 주요한 사망원인임을 보고했다. 그녀는 또한 이러한 사고의 대부분이 알코올 남용을 포함하고 있다고 쓰고 있다.

그러나 인디언에서의 자동차 사고로 인한 높은 사망률은 부분적으로는 그들이 차지한 지역에 기인하는데, 그들은 서로 멀리 떨어져 살고 있고 도로가 덜 발달된 곳에서 살고 있다. 이러한 환경에서 자동차 사용을 많이 하게 되는 것은 필요하지만 더 위험하다. 가난과 알코올 남용이 추가적으로 기여 요인으로 작용할 때 이러한 경향은 더욱 심해진다. 그러나 바크만(Bachman, 1992)은 일부 인디언 공동체에서 살인율이 높게 나타나는 것은 일종의 내부 식민지주의, 사회 해체, 문화적 갈등, 폭력의 하위 문화, 경제적 박탈, 알코올과 약물 남용과 같은 역사적인 경험과 같은 요인들이 영향을 미친다고 주장하였다. 사실, 사회경제적 지위와 다른 문화적 요인들이 통제될 때, "살인율에서 인종적 차이가 현저하게 줄어든다"는 것이 밝혀지고 있다(Bolinger, Offer, Barter, & Bell, 1994, p. 20).

인디언과 알라스카 원주민의 자살과 살인은 보고서의 주제로 경쟁적으로 다루어지고 있고, 특정 원주민 인구에 대한 신중한 연구를 필요로 하게 하였다(Alcantara & Gone, 2007, 2008, Olson & Wahab, 2006). 2007년에 자살은 393명 인디언과 알라스카 원주민의 사망원인으로 보고되었고, 연령표준화 사망률은 10만 명 당 11.5명이었던 반면, 살인은 이 인구집단에서 220명, 연령표준화 사망률은 10만 명 당 6.5명이었다.

특히 인디언과 알라스카 원주민 청소년의 자살을 과도하게 강조하는 것처럼 보이는 것과는 대조적으로 이러한 자살률을 감소시키는 중요한 보호요인은 문화적 연속성이다(Chandler & Lalonde, 1998; Chandler, Lalonde, Sokol, Hallet, 2003). 이 연구자들은 문화 시설, 교육 경험, 토지 소유권과 자치 정부를 포함하는 문화적 연속성을 허용하는 기회의 존재가 문화를 보존하고, 궁극적으로 이러한 청소년 집단에서 자살률을 감소시키는데 기여함을 발견하였다. 다른 보호요인으로 강한 가족 관계, 부족 지도자와의 연결과 사회적 지지를 포함한다.

인디언과 알라스카 원주민의 죽음에 대한 태도

- *자연의 역할과 삶의 주기*: 인디언의 죽음을 둘러싼 일반적인 신념체계는 죽음을 규범적이고, 자연스럽고 지속적인 삶의 주기의 한 부분이며, 영구적인 것과는 반대로 변형적인 것으로 본다(Van Winkle, 2000). 주기적으로 또는 더 구체적으로는 "네 가지"(예: 네 가지 요소, 사계절 달의 네 단계)로 일어나는 자연과 균형을 중요하게 여긴다(Chaudhuri, 2001). 워커(Walker, 2008)는 무스코그 크리크(Muscogee Creek) 부족은 자연 속에서 균형을 유지하고 지구가 새로운 삶을 살도록 죽음을 포함한 생애 주기를 보장하는데 죽음이 필수 요소라고 인식한다는 것을 발견했다. 무스코그 크리크 부족은 또한 죽음이후의 삶에 대한 신념을 공유하고 있는데, 그들은 죽음으로써 이미 사망한 사랑한 사람과 다시 재결합하게 될 것이라고 믿는다. 이러한 신념들은 크리크 부족들 사이에서 죽음에 대해 낙관적인 시각을 갖도록 하고 죽음을 축하하는 의식이 가능하게 한다.

  그럼에도 불구하고 특정 인디언 집단의 죽음에 관한 태도는 다음과 같은 범위를 가진다. 많은 크리크족 중에서 발견된 유한함을 받아들거나 불안함이 없음(Walker, 2008; Walker & Balk, 2007)으로부터, 호피족(Hopi) 인디언 중에서 종종 발견되는 높은 수준의 불안감(Mandelbaum, 1959), "아픈 사람을 집에서 죽도록 허락하기보다는 병원에서 죽도록 데려가는 것을 선호함"(Carr & Lee, 1978, p. 280)으로써 집을 죽음으로 오염시키지 않으려고 하는 터부를 지닌 나바조족에서 발견되는 죽음 회피(McCabe, 1994) 등이다.

  이러한 인디언의 관점의 차이는 각각의 인디언과 심지어는 인디언 개개인들이 다른 사람들이 민감해야 하고 존중해야만 하는 죽음에 대한 독특한 태도를 가질 수 있다는 점을 강조하다.

- *삶과 죽음의 관계*: 여러 해설자들(예: Brown, 1987; Hultkrantz, 1979; Walker & Thompson, 2009)은 많은 인디언 집단의 일반적인 주제는 삶과 죽음을 일직선이 아닌 원으로 또는 죽음을 삶의 일부분으로 간주하는 상호연결된 것으로 보는 경향이 있다고 설명한다. 이러한 믿음은 일부 인디언의 전설(예: 개인적 통찰 5.1 참조)과 인디언의 관점을 담은 네 권의 아동 도서(초점 맞추기 5.4 참조)에서 나타나고 있다.

- *의사소통 유형*: 죽음과 관련된 태도는 인디언의 생의 마지막과 사후에서 발견되는 의사소통 유형에서 볼 수 있다. 예를 들어, 토마스(Thoms, 2001)는 일부 인디언은 임종과정과 죽음에 대해 이야기하면 그것이 일어날 것이라고 믿는다고 보고하였다. 이러한 경향으로 인해 종종 사전의료의향서에 대한 논의를 거의 하지 못하게 된다. 나바조족 중에서는 특히 죽음과 관련된 대화는 고인의 이름을 말하는 것처럼 피한다. 이것은 크리크족 사이에서 발견되는 의사소통 유형과 상당히 대조적인데, 그들은 슬픔과 대처과정의 중심으로써 가족의 맥락 안에서 고인에 대한 기억을 이야기하고, 웃고 행복한 추억을 나누는 것을 가치 있게 여긴다(Walker, 2008; Walker & Balk, 2007).

개인적 통찰 5.1

사람은 왜 죽는가? 나바조족 전설

그들이 본토에 도착했을 때, 그들은("기원 진실"로써 나바조족 사람들은 이 세상에 그들이 출현한 최초의 사건을 기술한다) 그들의 운명을 거룩하게 하려고 시도하였다. 이것을 하기 위해, 누군가는 물속에 가죽을 긁는 도구(hide-scraper)를 던지면서 "만약 빠지면 우리는 멸망하고, 만약 떠다니면 우리는 살 것이다"라고 말한다. 그것이 떠다녔고 우리 모두 기뻐했다. 그러나 코요테(Coyote)는 "너의 운명을 신성하게 놓아두어라"라고 말했다. 그는 돌 하나를 집어 들고 "가라 앉으면 우리가 멸망하고, 떠다니면 우리는 살 것이다"라고 말하면서 돌을 물에 던졌다. 그것은 당연히 가라앉았고 우리 모두 그에게 화를 냈고 그에게 욕을 했다. 그러나 그는 그들에게 "만약 우리 모두가 살고 그래서 우리가 해왔던 것처럼 계속 증가한다면, 지구는 우리 모두를 포용하기에 너무 작게 될 것이며 옥수수 밭을 위한 공간이 남지 않을 것이다. 우리 각자가 살아야만 하지만 이 지구에서 한 번 시간을 보내고 나서 떠나면서 우리 아이들을 위한 자리를 만들어주는 것이 더 낫다." 그들은 그의 말에서 지혜를 보았고 조용해졌다.

Source: From Matthews, 1897, p. 77.

- **생존자의 행동과 사후 여행**: 클리먼츠와 동료들(Clements et al., 2003)은 일부 나바조족들이 사람이 죽은 후 생존자의 행동이 고인의 다음 세상으로의 여행에 영향을 미칠 수 있다고 믿는다고 보고하였다. 그래서 죽음 이후의 의식이 이 사람들에게는 매우 중요하다.

인디언과 알라스카 원주민의 죽음 관련 관행

- **죽어가는 사람 돌보기**: 생명을 위협하는 급성질환을 앓거나 또는 장기적인 만성질환을 가진 사람들로 캐나다의 외딴 지역에 사는 사람들은 도시에 있는 3차 병원에서 치료받도록 의뢰된다. 원주민들에게 이러한 관행은 환자들이 가정 공동체로부터 멀리 떨어져 있는 외국과 같은 문화 환경, 도시의 병원에서 죽음을 맞이하게 만든다. 위니펙, 카우페르트와 오'네일(Winnipeg, Kaufert & O'Neil, 1991)은 숙련된 원어민 통역사가 크리족(Cree), 오지브웨이족(Ojibway)과 이뉴잇족(Inuit)의 말기 환자를 위한 중재자로서 역할을 수행하는 방법을 설명하였다. (1) 언어 통역사, (2) 원주민의 건강 관습과 공동체의 건강문제, 말기에 이른 질병과 사후의식에 대해 의료진에게 설명할 수 있는 문화 정보원, (3) 원주민에게 생물의학적 개념을 설명하는 해설자, (4) 환자와 공동체의 옹호자로서 역할을 하며, 예를 들어, 환자가 그들의 공동체로 돌아가서 가족과 함께 마지막 시간을 보낼 수 있도록 한다.

- **애도 관행**: 슬픔과 그 표현의 측면에서 많은 소외 집단의 집단주의나 가족 지지의 중요성이 일치하게 되면, 타인에 대한 관심이 자기 자신을 위한 지지보다 우선할 수 있다. 이러한 유형은 무스코그 크리크 사회에서 분명하게 드러나는데, 이 사회는 가족(예: 가족, 일족, 공동체)을 위한 지지, 또는 슬픔에 대한 정서적 표현이 크거나, 외롭거나 혼자 있어서 그 정도가 큰 특별한

초점 맞추기 5.4

인디언 관점의 아동도서 네 권

네 권의 아동도서는 시간과 세대를 가로질러 삶과 죽음이 서로 얽혀있다는 인디언의 확신을 강조한다.

위대한 변화(The Greate Change, Horn, 1992)와 *다리 저편에(Beyond the Bridge*, Golvle, 1993) 각각은 지구에서의 삶을 영의 세계에서의 삶으로 전환되는 순간으로 죽음을 묘사한다. *위대한 변화*에서 인디언 할머니는 9살짜리 손녀 완다에게 죽음은 끝이 아니라 위대한 변화라고 설명한다. 그녀가 말했듯이 "우리가 삶을 얻기 위해 죽음이 필요하다." 죽음은 우리의 정신이나 영혼이 견디는 농안 우리의 봄이 어머니인 대지와 하나가 되는 삶의 순환고리의 부분으로 깨지기 어렵다. 마찬가지로 *다리 저편에*는 여성 노인 플레인(Plain)은 그녀의 사람들이 믿어왔던 사후세계를 경험하는 것을 묘사한다. 그녀가 죽고 그녀의 몸이 관습에 따라 준비될 때, 그녀는 다리 저편의 영의 세계를 보기 위해 어려운 경사길을 긴 시간 동안 오른다.

애니와 노인(Annie and the Old One, Miles, 1971)은 죽음이 삶의 한부분이라는 것을 유머를 사용하여 적절하게 알리고 있다. 이 책에서 노인이 된 그녀의 할머니는 10살짜리 나바조 소녀에게 "소녀의 엄마가 짜고 있는 새 양탄자를 베틀에서 빼게 될 때, 나는 어머니인 대지로 갈 것이다"라고 말한다. 애니는 엄마가 짜는 것을 멈추도록 해야 한다는 소망으로 학교에서 잘못된 행동을 하여 엄마가 학교에 선생님을 만나러 오도록 함으로써 그 결과를 막으려고 한다. 그리고 애니는 염소와 양을 우리에서 풀어줌으로써 어른들이 그것들을 찾으러 돌아다니는데 시간을 허비하게 만든다. 심지어 애니는 몰래 짜놓은 것을 풀어버리려고 노력한다. 어른들이 무슨 일이 벌어지고 있는지 알고서, 할머니는 애니에게 우리 모두는 삶과 죽음을 포함한 자연적 순환의 일부라는 것을 설명한다. 마침내 애니는 자신이 시간을 되돌릴 수 없다는 것을 알게 되고, 그녀는 스스로 양탄자를 짜는데 참여할 준비를 한다.

할머니의 쿠키 항아리(My Grandmother's Cookie Jar, Miller, 1987)은 인디언의 머리 모양을 한 할머니의 특별한 쿠키 항아리를 중심으로 한 이야기이다. 이 쿠키 항아리는 손녀에게 무서움을 약간 주기는 하지만, 할머니가 머리 수건을 치우면 무서움이 사라지고 손을 안으로 넣어 쿠키 하나를 꺼낸다. 매일 밤 항아리에서 꺼낸 쿠키를 나누어 먹을 때 할머니는 오래된 인디언 이야기를 해준다. 인디언의 방식, 인디언의 자존심, 인디언의 유머로 만들어진 그 이야기들은 이 어린 소녀에게 오랫동안 생생하게 남아있다. 그런데 어느날 할머니는 사라지고 할아버지가 인디언 머리를 소녀에게 준다. 할아버지는 소녀에게 그것은 쿠키가 아닌 할머니의 사랑과 할머니의 인디언 정신적 유산으로 가득 차 있다고 말한다. 할아버지는 손녀가 언젠가는 그녀 자신의 아이들을 가지게 될 것이고 자신이 그 항아리에 쿠키를 담게 될 것이라고 이야기한다. 소녀는 그녀가 각각의 쿠키로 할머니의 이야기를 할 때, 그녀가 할머니의 정신과 할머니 앞에 먼저 간 사람들의 영혼이 살아 유지된다는 것을 안다.

슬픔 속에서 "강한 사람"이 되는 것에 중점을 두고 있다(Walker, 2008). 슬픔 또는 애통한 감정은 예상되지만 긍정적인 적응이 뒤따라야만 하고 연장되어서는 안된다. 사실 크리크족 중에서 지식이 많고 존경할만한 사람(Micco)이나 인디언 의학 전문가가 우울로 인해 슬픔이 길어지는 경우에 개입한다(Walker & Balk, 2007). 예를 들어 프리스톤과 프리스톤(Preston &

Preston, 1991)은 크리족들 중에서 "비록 내적이고 개인적인 감정이 여전히 강할지라도, 지지가 외적으로 자기 신뢰와 평정을 되찾도록" 함을 발견했다(p. 155). 비슷하게 크로족 문화에서 롱(Long, 1983)은 이와 같이 슬픔의 내적인 표현을 강조하여 많은 어린이들이 감정적 슬픔에 대해 무미하게 반응하게 만들고 그들이 느끼는 것을 공유하거나 인식하는 것을 회피하게 하는 데 기여함을 발견하였다.

- *사후 의식*: 많은 인디언 집단들은 독특한 사별 의식을 가진다(예: Walker & Balk, 2007). 예를 들어 클리먼츠와 동료들(Clements, et al, 2003)은 다음과 같이 나바조족의 사후 의식을 설명하고 있다.

고인의 친척과 친구들은 사망 후 4일째에 시신을 씻기고 준비하고, 매장하고 애도하고 고인의 소유물을 다른 사람에게 주거나 아니면 아예 파괴하여 처분한다(종종 화장을 하기도 한다). 시신을 씻기고, 얼굴에 체이(chei: 부드러운 붉은 돌과 양의 지방을 혼합하여 만든 전쟁용 페인트)와 하얀 옥수수로 칠해주는데, 이것은 다음 세계로 여행을 떠나는 고인을 보호하기 위한 것이다. 고인에게 가장 좋은 옷을 입히고, 옥수수 꽃가루로 축복해준다. 고인의 머리카락을 집으로 돌아가는 것을 상징하기 위해 독수리 깃털로 묶어준다. 전통적으로 고인은 가족의 호건에 묻히고, 그리고 나서 그 호건은 버려졌다. 네 번째 날 아침에 고인의 친척과 친구들은 매장식에 그들 자신이 깨끗함을 나타내기 위해 씻는다(p. 23).

동 중앙 알래스카의 타나크로스 애서배스카족(Tanacross Athabaskans)은 사후의식 중에 장례식과 **추도행사**를 한다(Simeone, 1991). 장례식은 시신을 준비하고, 관과 무덤 울타리를 만들고, 기독교식 예배를 드린다. 친척이 아닌 사람들이 시신을 준비하는 일과 장례식 건물을 만드는 일을 하는데, 죽은 사람의 영이 친척들을 위험하게 만든다고 생각하기 때문이다. 그러나 축하연, 춤, 노래, 웅변으로 이루어진 3일간의 의식과 마지막 밤에 그들의 임무를 다한 사람들에게 나누어줄 선물(총, 구슬과 담요와 같은)은 친척들이 준비한다. 이 의식은 "고인과 사회를 분리하는 표시이며 공식적으로 마지막으로 슬픔을 표현하는 의미의" 추도행사이다. 그러나 축하연, 춤, 노래, 웅변과 관련된 3일 간의 의식을 준비하고 친척이 되어서 어젯밤에 의무를 다한 사람들에게 총, 구슬 및 담요 등과 같은 선물을 나누어준다. 이 기념식은 "고인의 사회와의 분리를 표시하고 슬픔의 마지막 공개적 표현"(Simeone, 1991, p. 159)이다. 선물을 나누는 이유는 주인공의 슬픔을 객관화하고 개인화하기 위한 것이다. 이러한 행사 전반을 통해 사회적 지지가 제공되고, 슬픔에 대한 강한 감정은 타나크로스 애서배스카족에게 합당화된다. 그러나 더 큰 사회적 맥락은 감정을 감추는 것을 가치 있게 여기는 문화에서 슬픔을 억제하는 것이다.

알라스카의 코디아크 섬(Kodiak Island)의 묘
지 표시

내용 요약

본 장에서 우리는 히스패닉계 미국인, 아프리카계 미국인, 아시아 국가나 태평양 군도에서 그들의 배경을 찾는 미국인 그리고 인디언 및 알라스카 원주민의 죽음의 양상, 태도, 관행을 살펴보았다. 그렇게 하면서 우리는 이 집단들 간 또는 집단들 내에서의 차이점과 유사점을 동시에 주의 깊게 살펴보려고 노력하였다. 우리는 또한 이러한 집단들에 대한 우리의 지식이 현 상태에서 불완전함을 반영하고 고정관념을 피하려고 노력하였다. 이 장에서 분석을 위해 선택된 네 집단을 통해 미국 사회 내에서의 죽음 관련 경험이 풍성하고 다양함을 알게 되었다. 각 집단들은 우리가 공유하는 더 큰 사회의 한 부분임과 동시에 자신의 독특한 죽음제도를 지닌 고유한 존재이다. 일반적으로 그러한 문화집단의 구성원의 자격은 출생과 사회화이다. 개인적으로 그러한 자격을 선택할 기회는 없다. 또한 민족중심주의적인 경향을 극복하는 것이 어려울 수 있는데, 민족중심적인 경향은 자신의 집단의 오랜 경험을 규범으로 끌어들이고, 다른 집단을 규범이 다양한 외부인들로 구분한다. 그러나 모든 사람들은 미국에 존재하는 다양한 문화 집단으로부터 배울 수 있다. 그러한 집단들의 죽음 관련 관행에 참여하고(외부인에게 그렇게 하도록 허락할 때), 그들의 태도와 의식을 읽고, 개인 경험을 나누는 것, 예를 들면 죽음과 임종에 관해 토론을 하는 것을 통해 다문화 사회에서의 개인과 시

139

민으로서 우리 모두를 풍성하게 할 수 있다. 이 다음에 제안되는 독서 목록에서, 우리는 죽음, 임종과 사별의 영역에서 북미 안과 밖에서 문화 연구를 위한 몇몇 자원들을 제시하고 있고, 우리는 이 책을 통해 그러한 작업의 예들을 종종 인용하고 있다.

용어 해설

문화 차이: 집단의 사람들에 의해 공유되는 일련의 가치, 아이디어, 신념과 행동 기준이 통합되어 나타나는 독특한 특징

아시아계 미국인: 아시아 대륙으로 거슬러 올라가 문화적 기원을 둔 미국인

아프리카계 미국인: 아프리카 대륙 특히 서 아프리카 국가의 흑인 문화로 거슬러 올라가 문화적 기원을 둔 미국인

인디언: 때로는 미국 원주민 또는 "First Nation Peoples"이라고도 불리며, 통계 목적으로는 종종 알래스카 원주민도 포함됨. 북아메리카의 토착민 집단으로 거슬러 올라가 문화적 기원을 둔 미국인

태평양 군도 미국인: 태평양 군도, 예를 들어 하와이와 사모아에 문화적 기원을 둔 미국인

히스패닉계 미국인: 주요 언어가 스페인어인 나라, 예를 들어 쿠바, 멕시코, 푸에르토리코뿐만 아니라 중남미국가들로 거슬러 올라가 문화적 기원을 둔 미국인.

복습과 토론을 위한 질문

1. 본 장은 우리에게 적어도 네 개의 상이한, 보다 특수화된 죽음제도를 보여주었다. 설명된 네 집단 각각에 고유 한 주요 요소는 무엇인가? 설명된 네 집단 사이에서 비슷한 주요한 요소는 무엇인가?

2. 당신은 죽음과 관련된 양상과 태도 간에서, 한 측면으로는 죽음 관련 관행, 다른 측면으로는 네 인구 집단 중 하나 이상에서 무엇이 중요한 관계라고 판단되는가?

3. 당신 자신의 인종, 종교, 가족, 또는 경제적 배경을 중심으로 생각할 때, 당신의 배경을 공유하지 않는 사람에게 설명하거나 옹호해야만 했던 특별한 죽음 관련 양상, 태도 또는 관행이 있었는가? 당신의 배경을 공유하지 않았던 사람에게 이상하게 엮여진 죽음 관련 양상, 태도, 관행은 무엇이었는가? 왜 그 사람에게는 이상하게 여겨졌는가? 당신은 그 양상, 태도, 또는 관행의 기원을 어떻게 설명하였는가?

추천 도서

문화적 다양성과 미국 사회 내에서의 다른 문화적 경험에 대한 문헌:

Andrews, M. M., & Boyle, J. S.(Eds.).(2007). *Transcultural Concepts in Nursing Care(5th ed.).*

Braun, K., Pietsch, J., & Blanchette, P.(Eds.).(2000). *Cultural Issues in End-of-Life Decision Making.*

Churn, A.(2003). *The End is Just the Beginning: Lessons in Grieving for African Americans.*

Cosby, B., & Poussaint, A. F.(2007). *Come On, People: On the Path from Victims to Victors.*

Cox, G.(2010). *Death and the American Indian.*

Doka, K. J., & Tucci, A. S.(Eds.).(2009). *Diversity and End-of-Life Care.*

Hayslip, B., & Preveto, C. A.(2005). *Cultural Changes in Attitudes toward Death, Dying, and Bereavement.*

Irish, D. P., Lundquist, K. F., & Nelson, V. J.(Eds.).(1993). *Ethnic Variations in Dying, Death, and Grief: Diversity in Universality*

JanMohamed, A. B.(2004). *The Death-Bound-Subject: Richard W right's Archaeology of Death.*

Leach, M. M.(2006). *Cultural Diversity and Suicide: Ethnic, Religious, Gender, and Sexual Orientation Perspectives.*

Lee, C. C.(Ed.).(2006). *Multicultural Issues in Counseling: New Approaches to Diversity(3rd ed.).*

Leininger, M., & McFarland, M.(2002). *Transcultural Nursing: Concepts, Theories, and Practices (3rd ed.).*

Leong, F. T. L., & Leach, M. M.(Eds.).(2008). *Suicide among Racial and Ethnic Groups: Theory, Research, and Practice.*

McGoldrick, M., Giordano, J., & Garcia-Preto, N.(Eds.).(2005). *Ethnicity and Family Therapy(3rd ed.).*

Mindel, C. H., Rabenstein, R. W., & Wright, R.(1997). *Ethnic Families in America: Patterns and Variations(4th ed.).*

Mo ller, D. W.(Ed.).(2004). *Dancing with Broken Bones : Portraits of Death and Dying among Inner-City Poor.*

Oliviere, D., & Monroe, B.(Ed.).(2004). *Death, Dying, and Social Difference.*

Parry, J. K.(Ed.).(2001). *Social Work Theory and Practice with the Terminally Ill(2nd ed.).*

Parry, J. K., & Ryan, A. S.(Eds.).(2003). *A Cross-Cultural Look at Death, Dying, and Religion.*

Pedersen, P. B., Draguns, J. G., Lonner, W. J., & Trimble, J. E.(Eds.).(2007). *Counseling across*

Cultures (6th ed.).

Purnell, L. D.(2009). *Guide to Culturally Competent Health Care*(2nd ed.).

Purnell, L. D., & Paulanka, B. J.(Eds.).(2008). *Transcultural Health Care: A Culturally Competent Approach* (3rd ed.).

Radin, P.(1973). *The Road of Life and Death: A Ritual Drama of the American Indians.*

Robben, A.(Ed.).(2005). *Death, Mourning, and Burial: A Cross-Cultural Reader.*

Rosenblatt, P. C., & Wallace, B. R.(2005b). *African American Grief*

Smedley, B. D., Stith, A. Y., & Nelson, A. R.(Eds.).(2004). *Unequal Treatment: Confronting Racial and Ethnic Disparities in Healthcare.*

Sue, D. W., & Sue, D.(2008). *Counseling the Culturally Diverse: Theory and Practice*(5th ed.).

Tomer, A., Wong., P. T., & Eliason, G. T.(Eds.).(2007). *Existential and Spiritual Issues in Death Attitudes.*

Washington, H. A.(2006). *Medical Apartheid: The Dark History of Medical Experimentation on Black Americans from Colonial Times to the Present.*

Whipple, V.(2006). *Lesbian Widows: Invisible Grief*

북미 사회 이외의 사망 관련 경험에 대한 보고서:

Abrahamson, H.(1977). *The Origin of Death: Studies in African Mythology.*

Brodman, B.(1976). *The Mexican Cult of Death in Myth and Literature.*

Counts, D.R., & Counts, D. A.(Eds.).(1991). *Coping with the Final Tragedy: Cultural Variation in Dying and Grieving.*

Danforth, L. M.(1982). *The Death Rituals of Rural Greece.*

Field, D., Hockey, J., & Small, N.(Eds.).(1997). *Death, Gender and Ethnicity.*

Garciagodoy, J.(1998). *Digging the Days of the Dead: A Reading of Mexico's Dias de Muertos.*

Goody, J.(1962). *Death, Property, and the Ancestors: A Study of the Mortuary Customs of the LoDagaa of West Africa.*

Hockey, J. L., Katz, J., Small, N., & Hockey, J.(Eds.).(2001). *Grief, Mourning and Death Rituals.*

Kalish, R. A.(Ed.).(1980). *Death and Dying: Views from Many Cultures.*

Kurtz, D. C., & Boardman, J.(1971). *Greek Burial Customs.*

Lewis, O.(1970). *A Death in the Sanchez family.*

Morgan, J. D., Laungani, P., & Palmer, S.(Eds.).(2003-2009). *Death and Bereavement around the World*(5 vols.).

Parkes, C. M., Laungani, P., & Young, B.(Eds.).(1997). *Death and Bereavement cross Cultures.*

Rosenblatt, P. C., Walsh, P. R., & Jackson, D. A.(1976). *Grief and Mourning in Cross-Cultural Perspectives.*

Scheper-Hughes, N.(1992). *Death without Weeping: The Violence of Everyday Life in Brazil.*

웹자료

유용한 검색어: AFRICAN AMERICANS AND DEATH; ALASKA NATIVES AND DEATH; AMERICAN INDIANS AND DEATH; ASIAN AMERICANS AND DEATH; CULTURAL DIFFERENCES; ETHNICITY AND DEATH; HISPANIC AMERICANS AND DEATH; NATIVE AMERICANS AND DEATH; PACIFIC ISLAND AMERICANS AND DEATH.

본서와 연계된 웹사이트 Death & Dying, Life & Living, 제7판을 방문해 보라.

본서-특약 웹사이트는 전문용어 해설, 플래시 카드, 아래 소개된 웹사이트 연결로, 그리고 퀴즈 테스트 등을 포함하는 학습 도구들을 제공한다. www.cengagebrain.com을 방문하라.

Association of Asian Pacific Community Health Organizations

Ethnic Elders Care

National Alliance for Hispanic Health

National Black Women's Health Imperative

National Minority AIDS Council

National Native American AIDS Prevention Center

U.S. Census Bureau

임종

광의의 의미에서 살아있는 모든 것은 잉태한 순간부터 *죽어간다* 또는 죽음을 향해 움직이고 있다고 할 수 있다. 그러나 이것은 *죽어감*의 의미를 가장 관용적인 목적으로 사용하기에 쓸모가 없을 정도로 최대치로 확장시킨 것이다. 우리 모두 어느 정도 넓은 의미에서 죽어간다고 할지라도, 우리 중 일부는 다른 사람들보다 더 적극적으로 죽어간다. 6장에서 8장에 걸쳐서 우리는 죽음에 임박한 사람들의 특별한 상황, 정확히 말해서 *임종*을 기다리는 상황에 대해 살펴본다.

어떤 사람들은 임종하는 이들이 이미 죽었거나 혹은 죽은 것이나 다름없는 것처럼 행동한다. 이는 부정확하며, 도움이 되지 않고, 심지어 상처가 된다. *죽어가는 사람은 살아있는 인간 존재이다.* 그들은 죽어가는 상태인 한 살아있는 사람이다. 그러므로 우리는 여기서 두 가지를 강조한다. (1) 임종은 인생 전체가 아닌 삶의 특정 부분의 특별한 상황이며, (2) 죽음은 죽어감의 결과인 것이지 그것과 같은 것이 아니다.

누군가는 언제 임종이 시작되는지, 언제 치명적인 상태로 발전하는지, 그 상황을 언제 의사가 인식하는지, 그러한 상황이 관련된 사람들에게 언제 알려지는지, 그 사람이 자신의 상황을 깨닫고 그 사실을 수용하는지, 혹은 상태를 회복하고 생명을 보전할 어떠한 방법도 없는 것인지 등에 대해서 묻는다 (Kastenbaum, 2009). 이러한 요소들 전부가 임종 상태를 정의하기에 충분한지는 불분명하다. 이 상황은 우리에게 영국 정치가 에드먼드 버크 (Edmund Burke, 1729-1797)가 모든 사람이 낮과 밤을 쉽게 구분할 수 있을지라도 오후에서 저녁이 되는 시점을 정확하게 결정할 수 없다고 말했던 것을 떠올리게 한다.

이러한 이유로, *언제 임종이 시작되는지* 보다는 *무엇이 임종과 관련이 있는지*에 초점을 맞추는 것이 더 도움이 될 것이다. 이에 6장에서 우리는 우리가 견디어냄을 이해하도록 도와주는 두 가지 유형의 이론적 모델과 더불어 *임종에 대처하는 법*을 탐색할 것이다. 이에 제6장에서 우리는 임종 대처의 이해를 돕기 위해 설계된 두 가지 유형의 이론적 모델과 더불어 *임종에 대처하는 법*을 탐색할 것이다. 제7장에서는 우리는 *개개인이 임종에 대처하는 사람들을 돕는 방법들*에 대해서 알아볼 것이다. 그리고 제8장에서는 *우리 사회가 죽어가는 사람들의 필요(needs)에 응답하는 방식*에 대해 우리 사회가 죽음을 대처하는 이들을 돌보는 공적인 프로그램을 조직하는 방식을 포함해 살펴볼 것이다. 여기서 우리는 호스피스 프로그램과 그들이 생애말기 치료를 위해 제공하는 것에 대해서 특별히 주의를 기울일 것이다.

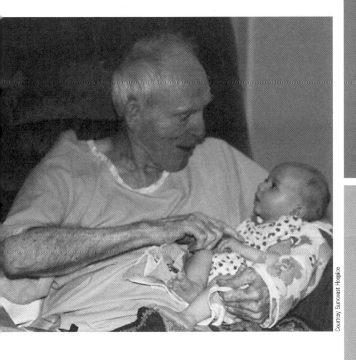

제6장

임종에 대처하기

목표

생명을 위협하는 질병에 걸린 사람이나 임종 과정에 있는 사람은 무엇보다도 사람이며, 살아있는 인간이다. 우리는 이 사실을 강조하는데 그 이유는 다음 내용들 모두에 있어서 근본적이기 때문이다. 죽어가는 사람들은 살아있는 인간이다. 생명에 제한을 가하는 조건이나 생명을 위협하는 질병을 가진 개개인에 대해서 구별되거나 특별한 무언가가 존재할 수 있다. 특히 이들이 적극적으로 죽어가는 경우, 임종의 압박이 삶의 소중함을 훼손시키기 때문에 그 구별되는 특징이나 특별함이 존재할 수 있다. 그러나 모든 다른 살아있는 사람들처럼 죽어가는 이들도 광범위한 니즈와 욕망, 계획과 프로젝트, 기쁨과 고통, 희망과 공포, 불안을 안고 있다.

임종은 우리의 생명과 삶아감의 경험의 일부(그러나 단지 유일한 부분)이다. 죽음은 생명이 다해 임종이 끝날 때까지 발생하지 않는다(McCue, 1995). 누군가는 이미 죽지 않았고 아직 죽어가는 과정인 것이다. 죽었다는 것은 죽어감을 거치는 것이며 죽어간다는 것은 여전히 살아있는 것이다.

죽어가는 사람은 단지 생화학적 체계의 기능이 쇠퇴하는 개개인을 일컫는 것이 아니다. 그것도 중요하지만 전체 이야기는 아니다. 임종은 인간의 경험이며 인간 존재는 해부학과 생리학의 객체 이상의 존재이다. 그리고 그들이 단지 그러한 객체에 불과하다면 우리는 죽어가는 사람의 다른 차원에 관심을 가질 필요가 없다.

사실 죽어가는 개개인은 복잡하고 독특한 존재이며 신체적, 심리적, 사회적, 영적 차원이 혼합되어 있디(Saunders, 1967). 심리적 어려움, 사회적 불편함, 그리고 영적 고통은 매우 강력하고, 압박적이며 중대하여 죽어가는 사람에게 신체적 부담으로 다가올 수 있다. 이들 차원 하나에만 초점을 두는 것은 한 개인의 전체성을 무시하고 그에게 가장 중요한 문제를 간과하는 위험에 처하게 만든다.

그러한 위험을 피하기 위해서 우리는 이 장에서 다음 목적을 추구하며 죽어가는 사람과 그에 관련된 사람들에 관한 일련의 이슈들을 탐색한다.

- 대처를 정의하고 그 핵심 요소를 설명하기
- 그와 같은 대처가 보통 한 사람 이상과 관련이 있음을 염두에 두면서 임종에 대한 대처를 설명하기
- 임종의 길목과 앎의 맥락의 개념들을 설명하기
- 임종에 대처하는 것이 무엇인지를 설명하기 위해 제시된 두 유형의 모델-하나는 단계, 다른 하나는 임무-를 설명하기
- 생명을 위협하는 질병을 안고 살아가는 삶의 다섯 단계에 대한 설명을 검토하기

생명을 위협하는 질병과 임종에 대처하는 한 가족

조세피나 라이언(Josephina Ryan)이 오른쪽 가슴에 작은 혹이 만져졌을 때 그녀의 나이 63세였다. 샤워 중 그 끔찍한 순간이 이르기까지 조는 자신이 매우 행운으로 가득한 삶을 살아왔다고 생각했다. 그녀와 매트(Matt)는 그가 그녀의 고국인 필리핀에 주둔했을 때 만났다. 결혼하고 나서 미국으로 돌아온 후 라이언 부부는 5남 1녀를 두었고 이제 자녀들은 잘 성장하여 그들의 삶과 커리어를 일구어 나가고 있었다. 아들 셋과 크리스티(Christy)는 결혼했고 이들은 부모에게 여섯 명의 손자손녀를 안겨주었다. 조는 자녀 양육에 매진하다가 3학년 교사로서 일터로 돌아갔다. 매트는 고등학교 교장선생님으로 은퇴를 앞두고 있었다. 그는 5년 전 전립선암을 진단받았을 때 조기에 발견해서 수술을 받아 회복했을 정도로 매우 운이 좋았다. 매트가 은퇴하면 그들은 더 많은 시간을 자녀들과 손자들을 방문하면서 여가용 차량으로 국내 곳곳을 여행할 계획이었다.

매트가 전립선암을 진단받았을 때 그는 골프채 클럽으로 머리를 얻어맞은 것 같았다. 그는 얼어붙었고 무엇을 해야 할지 알 수 없었다. 조는 그 과정 내내 강하게 버티어낸 사람이었다. 그녀는 교사직을 잠시 휴직하고 매트의 병원치료를 감독하였고 모든 자녀들과 연락을 주고받았으며 매트가 기댈 수 있는 잔잔한 바위 역할을 했다. 그것은 검사와 수술을 제법 빠르게 지나가도록 도왔고 매트는 수술 합병증을 겪지 않았다.

조는 유방암을 두려워했는데 그 병은 그녀의 친정어머니와 이모가 몇 년 전 세상을 떠나게 된 원인

이었기 때문이다. 그래서 조는 6개월 전 가족들의 주치의가 그녀의 연례 정기검진에서 그녀에겐 어떤 증상도 없다고 이야기해주었을 때 안심했었다. 그러나 이제는 그녀 차례가 온 것처럼 여겨졌다.

여전히 그녀가 처음 떠올린 건 매트와 아이들이었지 그녀 자신이 아니었다. 크리스티는 강인하지만 제이크(Jake)와 패트릭(Patrick)은 그들이 힘든 시기를 마주했을 때 어머니에게 의지했다. 게다가 톰(Tom)과 그의 아내를 제외하고 모두 멀리 떨어진 타지에 살았다. 생각해야 할 것들이 너무나 많았다!

조의 조직검사는 라이언 가족을 충격에 빠뜨렸다. 그들은 재빨리 치료에 대해 결정해야 했다. 부분적인 유방절제술과 의사들이 방사선 치료와 항암치료의 예방적 결합이라고 말하는 것이 모든 암세포를 제거할 것 같았지만 메스꺼움, 탈모와 다른 부작용들은 견디기 힘들었다. 매트는 그가 전 생애를 통하여 헤매고 다녔지만 더 이상 친숙한 길잡이를 인지하지 못하는 미아와도 같았다.

결국 조와 매트는 잠시 함께 좋은 시기를 보냈다. 그들은 진정으로 "공포"(그들이 암을 부르는 것처럼)가 완전히 떠나가길 소망했다. 그러나 몇 달 지나지 않아서(아마도 그 정도 지난 것처럼 보이듯) 암은 단지 잠깐 숨어있었을 뿐 복수하듯 다시 되돌아왔다. 조의 의사들은 이것이 새롭게 발병한 것인지 기존의 재발인지 확신할 수 없었다. 이번 암은 빠르게 진행하고 전이되기 위해 숨죽이듯 잠복해 있었던 것이 틀림없었다. 더 많은 검사가 이루어지고 새로운 진단을 하고 치료도 여러 차례 하였으나 암은 계속 전이되었다.

말기에 이르러 조는 거의 침대 밖으로 나가지 못했다. 기도가 라이언 가족을 위로했지만 이번은 진정으로 조와 매트와 그들을 사랑하는 모든 이들에게 어려운 시기였다.

대처하기

미국 해학가인 조쉬 빌링(Josh Billings, 1818-1885)은 "인생은 좋은 카드를 붙잡고 있는 것이 아닌 당신이 잡고 있는 그것들을 잘 활용하는 것으로 구성된다"고 관찰했던 것으로 알려져 있다. 우리가 특히 인생의 중요한 도전 순간에 대응하는데 있어 우리의 카드를 이용하는 방법은 매트와 조세피나 라이언이 그들의 고통을 겪어가며 배웠던 것처럼 우리가 어떻게 대처해야 할지에 대한 은유이다. 임종에 대한 대처와 관련한 이슈들을 이해하기 위해서 우선적으로 대처가 무엇을 의미하고 그것과 관련된 것이 무엇인지 명확히 하는 것이 도움이 될 것이다.

대처의 정의와 중심요소

*대처*는 "한 사람의 자원에 부담스럽거나 과도한 것으로 여겨지는 구체적인 외적 그리고/또는 내적 요구를 관리하기 위해 끊임없이 변화하는 인지적 행동적 노력"으로 정의되어 왔다(Lazarus & Folkman, 1984, p. 141; Monat & Lazarus, 1991와 비교할 것).

이 정의는 우리가 삶에 대한 대처와 임종에 대한 대처 모두를 이해하는데 도움이 될 수 있다:

- 변화하는 특성에 대한 구체적인 참조자료로, 대처의 *과정*에 초점을 맞추어 대처가 활동을 포함하며 정적이 아니라는 점을 강조
- 대처에 중점을 둔 *노력*, 즉 내면의 감정 상태를 특징으로 하는 정서적 특성뿐만 아니라 사고 나 행동에 관계없이 이러한 노력이 다양한 형태(인지, 행동 및 기타)를 취할 수 있음을 상기시켜 주는 것
- 한 사람이 할 수 있는 최선을 다해 살거나 또는 그것을 보듬기 위해 상황을 *관리*하는 시도를 강조함
- *스트레스라고 여겨지는 구체적인 요구사항*(그것이 어디에서 어떻게 시작되었는지 여부에 상관없이)을 확인하려는 노력과 대처를 연결시키는 것(이때 두 가지 추론에 주의한다. 인지되지 않은 요구는 보통 스트레스를 유발하지 않는다. 또한 인식은 변화하기 때문에 대처 과정은 새로운 인지에 적응할 수도 있다).
- *한 개인의 자원에 부담되거나 과도하다고 여겨지는 요구*의 대응에 행해지는 노력을 가리킨다. 그러므로 대처는 일상적인, 자동화된, 적절한 반응을 포함하지 않는 적응형 행동과는 구별된다.
- *대처 과정을 결과와 혼동하지 않도록 주의한다.*

요컨대, 대처는 스트레스가 많은 요구를 관리하기 위한 모든 노력이 포함되지만 그러한 노력은 성공적일 수도 있고 성공적이지 않을 수도 있다. 대처는 반드시 스트레스를 유발하는 요구를 극복하도록 노력하는 것이 아니다. 대처하는 사람은 아마도-다소 성공적으로- 특정 상황을 극복하고자 노력하지만 종종 그 스트레스를 유발하는 요구를 수용하거나, 감내하거나, 최소화하거나 혹은 피하는 것에 만족한다.

무스와 쉐퍼(Moos and Schaefer, 1986)는 대처기술을 세 가지 범주로 분류하여 대처에 관한 우리의 이해를 넓혔다(표 6.1 참조): (1) *평가-중심적 대처*(appraisal-focused coping)는 한 사람이 스트레스를 유발하는 상황을 이해하거나 평가하는 방식에 중심을 둔다. (2) *문제-중심적 대처*(problem-focused coping)는 한 사람이 그 문제 또는 스트레스 요인 그 자체에 대해서 무엇을 하는지와 관련이 있다. (3) *감정-중심적 대처*(emotion-focused coping)는 한 사람이 그의 인지된 문제에 대한 반응과 관련이 있다. 우리는 *반응-중심 대처*(reaction-focused coping)로 불리는 이 마지막 유형의 대처를 감정에만 한정시키지 않는 것을 선호한다(9장, p. 239 참조). 어떤 사건에서, 한 개인의 대처는 이러한 중심 관점 하나 내지는 전부를 강조할 수 있으며 무스와 쉐퍼(1986, p. 13)가 말한 것처럼 "*기술*이라는 단어는 대처의 긍정적인 측면의 기초를 이루고 대처를 상황이 요구하는 대로 배우고 유연하게 사용될 수 있는 능력"으로 그린다.

표 6.1 대처: 세 가지 초점 영역과 아홉 가지 기술

평가-중심의 *대처*

1. *논리적 분석과 정신적 준비*: 어떤 시기의 위기의 한 측면에 주의를 기울이고, 겉보기에 압도될 만한 문제를 작고 잠재적으로 관리 가능한 단위로 나누며, 과거의 경험을 그려내고 정신적으로 대안적 행위와 그것들의 가능한 결과를 예행연습함

2. *인지적 재정의*: 한 상황의 기본적인 현실을 수용하는데 있어서 인지적 전략을 사용하지만 유리한 무언가를 찾기 위해 재구성함

3. *인지적 회피 또는 부인*: 위기의 심각성을 부인하거나 최소화함

문제-중심의 *대처*

4. *정보와 지지를 찾음*: 그 위기와 대처 행동 및 예상 결과에 대한 정보 얻기

5. *문제 해결 행위를 취함*: 그 위기와 그 이후를 직접적으로 다루기 위한 구체적 행위를 취함

6. *대안적인 보상을 확인함*: 특정 진행과정과 위기에 관련된 손실을 활동을 변경하고 새로운 만족의 출처를 창설하여 대처하려고 시도함

감정-중심의 *대처*

7. *정서적 규율*: 괴로운 상황에 처했을 때 희망을 유지하고 자신의 감정을 통제하려고 시도함.

8. *감정적 분출*: 자신의 감정을 개방적으로 분출하고 지속적인 긴장을 완화시키는데 도움이 되도록 농담과 교수대 유머(gallows humor)를 사용함.

9. *체념의 수용*: 상황에 대해 타협을 하고 그것을 그대로 받아들이며 기본적인 상황은 변하지 않음을 결심하고 특정한 운명을 받아들임.

출처: From Life Transitions and Crises: A Conceptual Overview, by R.H. Moos and J.A. Schaefer. In R.H. Moos and J.A. Schaefer(Eds.) *Coping with Life Crises: An Integrated Approach*, pp. 3-28. Copyright 1986 Plenum Publishing Corporation. Reprinted with permission of Springer Science and Business Media.

학습되고 역동적인 행위로서의 대처

대처는 스트레스가 많은 것으로 여겨지는 상황에 대한 응답의 핵심이다(Corr & Doka, 2001). 그러한 상황은 삶 또는 죽음의 거의 모든 측면을 포함할 수 있다(어떤 유형의 중대한 상실-관계가 끝나거나 어떤 노력에서 성공하지 못하거나 혹은 일자리를 잃거나 이혼하는 등-과 복권당첨, 삶의 새로운 도전, 결혼, 또는 출산 등 보다 행복한 사건). 이러한 상황에서는 스트레스가 유발된다고 인지된다. 그것들이 인지되는 방식은 개인에 달려있다. 개인이 상황에 대응하는 방식은 그가 대응하는 법을 배우는 방식과 많은 관련을 맺고 있다(Corr & Corr, 2007a).

상실에 대한 대처를 생각하면서, 데이비슨(Davidson, 1975, p. 28)은 다음과 같이 썼다. "우리는 변화에 적응하는 *능력*을 가지고 태어났지만 우리는 모두 어떻게 상실에 대처해야 하는지를 *배워야* 한다." 개인들이 삶을 살아가면서, 그들은 그들 주변의 타인들이 이별, 상실, 마침에 어떻게 대처하는지 관찰한다 - 그 누구도 피할 수 없는 "필수 상실(necessary loss)", 예를 들어 자녀가 부모님이 슈퍼히어로가 아니라는 사실을 알게 되거나 성인이 스스로를 돌보지 못하게 된 노부모를 보게 되는

등의 사건. 종종 우리는 우리 자신의 삶 속에서 타인들이 대처 과정에서 사용하는 전략을 보고 시도하거나 혹은 단순히 과거에 우리에게 만족스럽다고 증명되었던 방법에 의존하곤 한다. 상황에 따라 다수의 대안이 없는 경우, 우리는 사용가능한 대처방식 중 선택의 여지가 거의 없다. 때때로 우리는 스트레스의 근원에 대해서 할 수 있는 것이 거의 없고 주로 그 상황에 대한 우리의 반응에 초점을 맞춰야 한다. 어떤 경우에도 각 개인은 삶의 도전에 대처하고, 필요에 대응하고 그 사람이 만족할 수 있는 방식으로 적응하도록 돕는 기술의 레퍼토리를 획득하려고 노력한다.

대처를 이해하고자 하는 데서 중요한 것은, "대처하고 있는 개인이 자신의 상황을 어떻게 인지하고 스트레스가 많은 특정 상황에서 실제로 생각하고 행동하는 것이 무엇인지 아는 것이다(Hinton, 1984; Silver & Wortman, 1980). 사람은 유사한 상황에서 일반 사람들이 하는 일이 아니라 개인이 할 수 있는 일, 해야 할 일, 또는 그러한 상황에서 일반적으로 하는 일이 아닌, 스트레스가 많은 만남이 전개 될 때 이 특정인이 실제로 생각하고 행동하고 있는 것을 물어야한다. 이장의 도입 부분 삽화에서 본 것처럼 매트와 조 라이언은 배우자의 생명을 위협하는 질병에 대해서 서로 다른 방식으로 대응하고 겪어냈다. 또한 대처법은 사람과 그 사람의 환경간의 관계가 변화함에 따라 변화되는 과정과 관련이 있기 때문에 서로 다른 시기에 서로 다른 형태의 대처가 이루어질 수 있다. 예를 들어 방어적인 대응은 문제 해결 전략 방법을 제공해줄 수 있다. 그러므로 중요한 것은 어떤 시기에든 그 개인이 대처하는 실제 초점이다.

누군가가 대처하는 것을 배우는 방식은 같은 가치를 가지는 것은 아니다. 대처의 몇 가지 방식은 대부분의 상황에서 유용하다. 어떤 것들은 특정 상황에서 가치가 있지만 그렇지 않은 경우도 있다. 어떤 것들은 단순히 그것들이 실제로 역효과를 나을 지라도 효과적일 수도 있다. 대처의 어떤 방법들은 누군가에게는 만족스러울 수 있지만 다른 이들에게는 상처가 될 수 있다. 과거와 현재의 상실에 대처하는 법을 더 잘 배울수록 미래의 상실에 효과적으로 대처할 수 있을 것이다.

각 특정 상황에서 우리는 다음과 같이 물을 수 있다: 개인이 스트레스를 받는다고 인지하는 것은 무엇인가? 그 개인은 그 스트레스에 어떻게 대처하는가? 왜 그는 이 특정한 방식으로 대처하는가? 이러한 질문들은 살아있는 동안 모든 다른 도전을 겪는 이들뿐만 아니라 임종에 대처하는 이들에게도 적용된다. 그 이유 때문에 죽음과 다른 종류의 스트레스 유발요인 내지 상실간에 중대한 차이가 있음에도 불구하고 누군가가 "작은 죽음(little death)"에 대처하는 방식(Purtillo, 1976) 및 생애전반에 걸친 기타 스트레스를 유발하는 도전들은 한 사람이 죽음 그 자체와 관련된 커다란 위기에 어떻게 대처할 수 있는지를 나타내고 있다.

임종 대처: 누가 대처하는가?

임종에 관련된 대처는 일반적으로 한 명 이상의 사람들이 관여한다. 우리가 그러한 대처에 대해 생각할 때, 그 대처 도전의 중심에 놓인 주인공, 즉 아픈 사람을 가장 자주 떠올린다. 바로 그곳이 우리가 항상 시작하는 지점이지만 임종에 대처하는 것이 아프거나 죽어가는 사람들에게 국한되지 않기 때문에 우리는 거기에 멈춰서는 안 된다. 그러한 상황에 처한 다른 사람들에게는 임종에 대처하는 것 또한 도전과제이다. 이 경우에는 죽어가는 이의 가족 구성원과 친구들을 포함한다(Grollman, 1995). 그런 경우들은 또한 한 외과의사가 분명히 밝혔듯이 죽어가는 이에게 주의를 기울이고 그 죽음에 직면해야만 하는 자원봉사자들과 전문 간병인과도 관련이 있다(Chen, 2006).

임박한 죽음에 맞서서 임종에 대처 하는 것은 이러한 과정에 끌려들어간 모든 사람들의 유한성과 한계에 대한 개인적 관점 내에서 깊게 공감하는 경험이다. 죽어가는 사람에게 "내 앞에서 죽지 마세요,"라고 말하는 가족 구성원은 아마도 사랑하는 이를 곧 잃을 거라는 것에 대한 고통을 이끌어 낼 지도 모른다. "난 오늘밤 스미스 씨(Mr. Smith)를 잃지 않길 바랍니다,"라고 말하는 간병인은 죽음의 임박 내지 스미스 씨의 죽음이 그 간병인에게 가져올 결과를 피하지 못하는 자신의 능력에 대한 절망감을 표현하는 것일 수도 있다. 가족들의 경우, 임종에 대처하는 사람들이 단지 특별한 존재들이 아닌 가족 제도와 사회의 구성원이며 그 모두가 그들의 대처에 영향을 미친다는 사실을 기억하는 것이 중요하다(Rosen, 1998). 예를 들어, 수년간 다퉜던 부모와 자녀 또는 두 형제간의 갈등 관계는 임종 대처 맥락에서 다루어야 할 특별한 사안을 야기할 수 있다.

임종에 대한 대처는 보통 다면적이다. 그것은 한 명 이상의 사람들이 관여하고 무슨 일이 진행되는지에 대해 하나 이상의 인지와 하나 이상의 동기들 그리고 한 가지 이상의 대처 방식들이 관여되기 마련이다. 임종 대처를 이해하고자 하는 사람은 그 활동에 관여하는 *각자*에 대해서 확인하고 그의 대처가 드러내는 것에 귀 기울일 필요가 있다(Kessler, 2000). 오로지 공감하는 듣기를 통해서만 각각의 특정 상황에서 개인의 대처가 무엇을 의미하는지 이해하게 되길 희망할 수 있다. 오로지 각 개인의 대처 노력을 이해하려는 노력에 의해서 우리는 그가 그 상황의 공유된 역동성에 어떻게 상호작용하는지 대해서 이해하기를 희망할 수 있다. 외적 행동, 근본적인 감정 및 핵심 변수에 대한 감수성은 그러한 듣기에 필수적이다(임종 대처에 대한 문헌의 예시에 대해선 초점 맞추기 6.1 참조).

임종 궤적과 인지 맥락들

글레이저와 스트라우스(Glaser and Strauss, 1965, 1968)는 임종 대처에 대해 두 가지 핵심 변수를 설명했다. 그것들은 임종 궤적의 속성과 관련된 사람들이 임종에 대한 정보를 알고 공유하는 정도이다. 이들 변수는 각 상황과 임종에 대처하는 사회적 맥락을 설명한다.

모든 임종에 있는 사람들은 같은 속도 내지 같은 방식으로 죽음을 향해 가지 않는다. 임종 혹은 사망에 이르는 과정은 각 개인의 사례마다 고유한 특징이 있다. 우리가 2장에서 본 것처럼 글레이저와 스트라우스(1968)는 우리가 *임종 궤적*을 두 가지 주요한 특징들에 대해서 이해하여야 한다고 제

초점 맞추기 6.1

생명을 위협하는 질병 대처에 관한 몇 가지 저서들

Albom, M.(1997). *Tuesdays with Morrie: An Old Man, A Young Man, and Life's Greatest Lesson*.

Barnard, D., Towers, A., Boston, P., & Lambrinidou, Y.(2000). *Crossing Over: Narratives of Palliative Care*.

Buchwald, A.(2006). *Too Soon to Say Goodbye*.

Chen, P. W.(2006). *Final Exam: A Surgeon's Reflections on Mortality*.

Cousins, N.(1979). *Anatomy of an Illness as Perceived by the Patient: Reflections on Healing and Regeneration*.

Fanestil, J.(2006). *Mrs. Hunter's Happy Death: Lessons on Living from People Preparing to Die*.

Frank, A. W.(2002). *At the Will of the Body: Reflections on Illness(new Afterword)*.

Gelfand, D. E., Raspa, R., Briller, S. H., & Schim, S. M.(Eds.).(2005). *End-of-Life Stores: Crossing Disciplinary Boundaries*.

Gunther, J.(1949). *Death Be Not Proud*.

Hanlan, A.(1979). *Autobiography of Dying*.

Jury, M., & Jury, D.(1978). *Gramps: A Man Ages and Dies*.

Kelly, O.(1975). *Make Today Count*.

MacPherson, M.(1999). *She Came to Live Out Loud: An Inspiring Family Journey through Illness, Loss, and Grief*.

Mandell, H., & Spiro, H.(Eds.).(1987). *When Doctors Get Sick*.

Pausch, R., with Zaslow, J.(2008). *The Last Lecture*.

Quindlen, A.(1994). *One True Thing*.* Romm, R.(2009). *The Mercy Papers: A Memoir of Three Weeks*.

Rosenthal, T.(1973). *How Could I Not Be Among You?*

Schwartz, M.(1999). *Morrie: In His Own Words*.

Tolstoy, L.(1884/1960). *The Death of Ivan Ilych and Other Stories*.* Wertenbaker, L. T.(1957). *Death of a Man*.

*Titles marked with an asterisk are fiction.

안했다. 그것은 임종의 시작과 죽음에 이르는 사이의 시간 또는 기간, 그리고 임종 과정의 확실성 내지 예측가능성이다(2장의 그림 2.1 참조).

어떤 임종 궤적은 완화, 재발, 완화라는 전복과정(up-and-down)을 포함하며, 종종 예측할 수 없는 방식으로 전개된다. 또 다른 임종 궤적은 매우 짧고, 심지어 즉각적인 시간 내에 완료될 수도 있다. 다른 경우에는 느리고 몇 주간, 몇 달간 혹은 알츠하이머나 치매와 관련된 기타 생애 말기 상황에서는 몇 년까지도 길어질 수 있다

분명한 것은, 이런 단순한 패턴의 변이들이 존재한다는 것이다. 예를 들어, 죽음이 일어날 때 또는 그 과정이 자체적으로 해결되는 순간, 그것의 궁극적인 결과가 명확해 질수도 예측 불가능할 수도 있다. 우리는 그 사람이 죽을 것이며, 언제 죽음이 발생하고 어떻게 일어날지를 알 수 있거나 또는 이러한 것들 중 하나 이상에 대해서 불확실할 수도 있음을 알 수 있다.

인지 맥락(Awareness contexts)은 임종에 대처하는 사람들 사이의 사회적 상호작용을 다루어야 한다. 글레이저와 스트라우스(1965)는 우리 사회에서 한 사람이 죽어간다고 밝혀지면 그 사람과 그의 가까운 친지들과 의료서비스 제공자들 사이는 적어도 4가지 기본 형태를 띨 수 있다고 주장했다.

1. *폐쇄형 인지*는 임종에 있는 사람이 그 사실을 깨닫지 못하는 상황이다. 스탭들 그리고 아마도 가족들은 그가 죽어가는 것을 알지만 그 정보는 죽어가는 사람에게 전달되지 않으며 그는 그 것에 대해서 의심도 못한다. 많은 사람들은(그리고 몇몇은 여전히 특히 특정 문화 집단에서는) 죽어가는 사람들에게 진단과 예후에 대해서 알려주지 않는 것이 바람직하다고 여길 것이다. 사실 이러한 종류의 지식은 오랫동안 감춰질 수 없다. 복잡하고 미묘하며 때때로 무의식적 인 방식으로 의사소통이 이루어지며 인지는 여러 단계로 발전 할 것이다. 예를 들어, 다른 사람의 행동 변화 또는 신체적 외모의 변화와 함께 질환의 진행과 관련된 자기 자신의 신체의 변화는 적어도 모든 것이 잘되지 않는다는 것을 점차적으로 또는 부분적으로 인식하게 한다.

2. *의심형 인지*는 아픈 사람이 자신의 상황에 관련된 정보를 모두 제공받지 못함을 의심하기 시작한 상황을 나타낸다. 여러 가지 이유로-예를 들어 테스트, 치료 혹은 기타 해당 문제에 관련이 없어 보이는 행동들- 아픈 사람은 들은 것보다 더 많은 것이 있다고 의심하기 시작한다. 이는 신뢰를 손상시키고 향후 소통을 복잡하게 한다.

3. *상호 위장*이란 한때 매우 흔했으며(그리고 여전히 그러하다), 관련 정보가 모든 당사자에게 열려있지만 그들간에 공유되지 않는 상황을 설명한다. 달리 말하면, 상호 위장은 그 사실을 말하기로 한 모든 이들이 그들이 모르는 것처럼 말하는 일종의 공동체적인 드라마와 관련이 있다. "이것은 응접실 식탁에 놓인 말,"이라고 칼리쉬(Kalish)가 이 책의 서문에서 말한 것이다. 상호 위장이 살아있기 때문에, 진실을 숨기거나 회피하는 전략이 일시적으로 실패할 때 당황스러운 순간들을 덮기 위해서 시행될 수도 있다. 이는 깨지기 쉬운 상황으로, 한 번의 실수로 전체 구조가 붕괴 될 수 있다. 상호 위장은 끊임없는 경계와 많은 노력이 필요하다. 결과적으로, 그것은 모든 사람들의 참여를 매우 요구한다.

4. *개방형 인지*는 죽어가는 사람과 다른 사람 모두가 죽음이 임박했다는 사실을 깨닫고 그에 대해서 논의하고자 하는 상황을 설명한다. 개방형 인지의 맥락을 공유하는 이들은 실제로 그 사람이 죽어간다는 사실을 논의하는데 많은 시간을 들일 수도 있고 그렇지 않을 수도 있다. 어떤 경우에 한 사람 내지 다른 사람이 그것을 당장 이야기하길 원치 않을 수도 있다. 결

국, 알려진 대로 "24시간 내내 죽어가는 사람은 없다." 그러나 거기엔 모른 척이 존재하지 않는다. 사람들이 그 상황의 현실을 논의할 준비가 되고 결심이 서 있다면 그들은 그렇게 할 수 있다.

이것은 인지 맥락의 네 가지 다른 유형들이며, 그것들은 침묵 또는 금지로부터 개방까지 선형상의 진행 단계에 놓여있지 않다. 그 지점은 사회적 상호작용과 임종 대처가 인지 맥락에 의해 영향을 받을 것이라는 것이다. 모든 인지 맥락은 어느 정도 잠재적인 대가와 이익을 가져 온다. 예를 들어, 사랑하는 사람의 임박한 죽음에 의해 발생한 가족 구성원(또는 직원)의 불안과 슬픔으로 인해 그 사건에 대한 논의가 너무 힘들어 질 수 있다. 현실을 회피하는 것은 어떤 이들에게는 어려운 순간을 이겨내게 해주며 특정 상황에서는 그 순간을 견디어내는 생산적인 방식이 될 수 있다.

일반적으로, 그러나 개방형 인지는 참여자가 그러한 상호 작용을 할 준비가 되어 있다면 정직한 의사소통을 가능하게 한다. 그것은 각 관련자가 다가오는 상실의 슬픔에 참여하도록 허락한다. 격정과 애정의 중요한 말을 할 수가 있다(Byock, 2004). 오래된 상처가 치유될 수 있다. 죽어가는 사람과 그 가족, 친구 혹은 신 사이에 끝내지 못한 과업을 해결 할 수 있다. 이러한 이점들은 강렬한 감정(분노, 슬픔 아마도 죄책감) 및 인정된 사실(예를 들어 완성되지 못한 과업들, 이루지 못한 선택과 일어나지 못한 사건)들을 인정하고 맞서야 하는 대가를 치르게 한다. 이는 꽤 어렵고 고통스럽다. 그럼에도 불구하고, 많은 이들에게 이러한 비용은 개방성 부족과 관련된 비용보다 낮다. 항상, 단기적으로나 장기적으로나 혜택과 비용의 균형을 유지한다.

이와 같이 대처, 임종 궤적, 그리고 인지 맥락을 염두에 두고 이해하면서, 우리는 임종 대처를 설명하기 위해 제시된 두 가지 유형의 모델들을 살펴보기로 한다.

임종 대처: 단계-기반 접근

임종 대처에 관한 가장 잘 알려진 모델은 스위스계 미국인 엘리자베스 퀴블러-로스 박사(Dr. Elisabeth Kübler-Ross)가 제시한 *단계-기반 모델*이다. 그녀의 책 *죽음과 임종에 대하여*(On Death and Dying, 1969)에서 퀴블러-로스는 임종과정에 있는 성인에게서 심리사회적 반응에 초점을 맞춘 일련의 인터뷰 결과를 보고하였다. 그녀는 그와 같은 반응(표 6.2 참조)에 관한 다섯 단계의 이론적 모델을 개발하였다. 퀴블러-로스는 이러한 단계들을 "서로 다른 시기별로 지속되고, 각기 대체되거나 나란히 그 시간대에 존재하는" "방어 기제"로서 이해하였다(p. 138). 게다가 그녀는 "보통 이 모든 단계를 거쳐 가면서 지속되는 한 가지는 *희망*"이라는 입장이었다(p. 138).

표 6.2 퀴블러–로스의 임종 대처 5단계

단계	일반적인 표현방식
부정	"난 아니야!"
분노	"왜 나지?"
협상	"네, 나예요, 그렇지만..."
우울	
반응	과거와 현재의 상실에 반응함
준비하는	앞으로 다가올 상실을 예상하고 반응함
수용	거의 공허한 기분의 단계로 설명됨

Source: Based on Kübler-Ross, 1969.

달리 말하면, 퀴블러-로스는 죽어가는 사람들이 스트레스를 받는 상황에 놓인 이들이라고 주장하였다. 그들은 스트레스를 받는 다른 사람들과 마찬가지로 살아있는 사람들이기에 그들의 상황에 대응하는 수많은 여러 가지 방식을 선택하거나 발달시키게 된다. 그러므로 죽어가는 사람들은 포기하거나 화를 내거나 혹은 지금까지 그들이 살아오면서 그들로 하여금 죽음을 수용할 수 있게 하도록 해주는 무언가를 발견함으로써 대처하게 된다. 다시 한 번 강조되어야 할 주요한 지점은 *서로 다른 사람들이 서로 다른 시간과 맥락에서 다른 방식으로 대처한다*는 것이다.

퀴블러-로스의 단계는 이 모델에 대해서 읽어보거나 또는 들어본 다수의 사람들에게 즉각적인 매력으로 다가오게 된다. 그녀의 작업은 죽어가는 사람들과 임종대처와 관련된 이슈를 공적이고 전문적인 주목의 대상이 되게 하는데 도움이 되었다. 그녀는 또한 다른 사람들이 그녀의 초기 보고서를 뛰어 넘을 수 있게 하였다. 특히 그녀의 모델은 서로 다른 상황에서 심리사회적 반응의 일반적인 패턴과 우리 모두가 익숙한 반응들을 확인했다. 게다가, 그것은 죽음을 안고 가는 삶의 인간적 측면, 임종에 대처하는 이들이 경험하는 강렬한 감정, 그리고 퀴블러-로스가 많은 사람들이 다루기 원하는 "미완성 과업(unfinished business)"이라고 부르던 것에 관심을 이끌어냈다. 퀴블러-로스는 그녀의 책을 "환자들을 인간으로 재조명하고, 그를 대화에 포함시키고 그로부터 환자에 대한 우리 병원의 관리의 강점과 약점을 배우는 새롭고 도전적인 기회에 대한 단순한 설명이라고 말했다. 우리는 그에게 우리의 교사가 되어 우리가 그 모든 걱정과 공포와 희망을 가지고 삶의 마지막 단계에 대해서 더 배울 수 있게 해달라고 요청해왔다."(p. xi)라고 하였다.

그럼에도 불구하고 퀴블러-로스의 모델을 우선적으로 수용하는데 있어서 유의미한 어려움들이 존재한다. 다른 이들의 연구(예를 들어, Metzer, 1979; Schulz & Aderman, 1974)는 이 모델을 지지하지 않는다. 사실 1969년 이 모델이 처음 나타난 이래로 그 유효성이나 신뢰성에 대한 독립적인 확인이 이루어지지 않았고 퀴블러-로스는 2004년 8월 자신이 사망할 때까지 그것들에 대한 어떠한 추가적인 증거도 제시하지 않았다. 반대로 죽어가는 이들과 일하는 수많은 임상인들이 이 모델이 부적절하고 피상적이고 오도되고 있음을 발견했다(예를 들어 Pattison, 1977; Shneidman, 1980/1995;

Weisman,1977). 시민 영역(popular arena)에서 널리 퍼진 찬사는 학자들과 죽어가는 이들과 작업했던 이들로부터의 날카로운 비판과 대조되었다(Klass, 1982; Klass & Hutch, 1985; 또한 비판적 숙고 #7 참조).

이 단계-기반 모델에 대한 한 가지 상세한 평가는 다음과 같은 점들을 지적한다. (1) 이런 단계의 존재가 증명되지 않았음. (2) 실제로 사람들이 단계1에서 단계5로 옮아갔다는 증거가 없음. (3) 그 방법의 한계가 제시되지 않음. (4) 기술과 처방 사이의 경계가 불분명함. (5) 개인 삶의 전체성이 죽어가는 과정에 해당되는 단계 때문에 무시되고 있음. (6) 엄청난 차이가 있는 자원, 압력, 즉각적인 환경의 특징들이 고려되지 않음(Kastenbaum, 2009). 그리고 7번째 요점으로 퀴블러-로스의 이론은 어떤 사회적 또는 문화적 영향과 관계없이 모든 사람들이 임종 스트레스에 반응하는 방법에 대해서 설명할 수 있다고 가정하거나 아니면 적어도 그렇게 할 것을 제안하고 있다. 그러나 사실 우리의 사회적, 문화적 장소는 우리가 스트레스에 반응하는 방식, 심지어 그런 반응에 대해서 생각하는 방식에 영향을 미치는 본질적인 구성요소이다. 제5장에서 간략히 언급했듯이, 서로 다른 문화는 그 구성원들이 스트레스에 어떻게 반응 할 것인지에 영향을 미치는 다양한 기대치, 가치 및 관행을 가지고 있다. 이것들을 하나의 이론에서 제외시키는 것은 실제 인간 경험에 대한 부적절한 설명을 제공하는 것이다.

퀴블러-로스가 단계로 설명한 특징들에 대해서 생각한다면 그것들이 실제로 다양한 반응들을 지시하기에는 너무 넓게 규정되어 있음을 알 수 있다. 예를 들어, 부정(denial)은 다음과 같은 범위의 반응을 설명할 수 있다. (1) 나는 아프지 않다. (2) 나는 아프다. 그러나 죽음은 오랫동안 찾아오지 않을 것이다. (3) 나는 심각하게 아프지만 죽어가는 것이 아니다. (4) 나는 죽어가지만 죽음은 오랫동안 찾아오지 않을 것이다. 또는 (5) 나는 죽어가고 있고 죽음은 곧 찾아올 것이다(Weisman, 1972). 마찬가지로 "수용(acceptance)"은 열정적인 환영, 괴로운 포기(resignation), 또는 여러 가지 다른 반응의 형태를 취할 수 있다. 게다가 부정과 수용 간의 순서가 존재할 수 있음을 언급해야 한다. 바이스먼(Weisman)은 아픈 사람으로 하여금 치료에 참여하고 희망을 품게 할 때는 부정도 긍정적인 가치를 제공 할 수도 있음을 지적한다. 더 나아가, 바이스먼은 개인에 따라 때로는 거짓을 선언하고 때로는 죽음의 접근을 부정하는 "*중간 지식*"이라는 개념을 제안했다. 이것이 진실이라면 중요한 질문은 "환자가 죽음을 수용하거나 부인하는가?" 라기보다는 "언제 누구와 함께 어떤 환경에서 환자는 죽음의 가능성을 논의하는가?" 이다.

게다가, 퀴블러-로스가 우울의 특징에 대해 말할 때, 누군가는 그녀가 말하는 우울이 일반적 대처과정이 아닌 정신과적으로 진단받은 임상적 우울증인지 아니면 슬픔을 의미하는지 궁금할 수도 있다. 더 나아가 우리는 임종이나 기타 삶에서의 중요한 사건에 대해 반응하는 다섯 가지가 넘는 수많은 방식이 존재함을 알고 있다.

게다가 퀴블로-로스가 확인한 구체적인 다섯 가지 방식이 더 큰 과정에서 단계로 서로 연결되어

비판적 숙고

#7 엘리자베스 퀴블러-로스의 유산으로부터 우리가 무엇을 배울 수 있는가?

엘리자베스 퀴블러-로스는 2004년 8월 24일에 세상을 떠났다(Kessler, 2004). 그녀의 사망 후, 우리가 그녀의 삶과 작업으로부터 물려받은 유산에 대해 반영하는 것은 적절하다(Kramer, 2005). 어떤 이들은 그녀의 주된 유산으로서 그녀의 책 *죽음과 임종에 대하여*(On Death and Dying, 1969)에서 제기된 것처럼 죽어가는 사람들이 경험하는 다섯 "단계"에 대한 설명인 그녀의 이론적 틀을 들기도 한다. 그러나 그녀가 광범위하게 청중과 독자의 관심을 불러일으켰던 강의, 발표 그리고 기타 출판물들만큼 중요한 것은 아니다. 자기 자신과 타인에게 좋은 보살핌 제공자가 되는 것과 관련된 기술에 관해 그녀가 가르쳤던 워크숍은 그녀 유산의 또 다른 중요한 부분이다. 그리고 유체이탈 경험과 내세에 관한 그녀의 사상에 대해 관심을 가지는 많은 사람들이 존재한다.

그럼에도 불구하고 일반적으로 아마도 엘리자베스 퀴블러-로스의 작업물에서 오랫동안 유지될 가장 중요한 교훈은 그녀의 1969년 책의 짧은 서문(p. xi)에서 확인될 수 있다(Corr, 1993a). 이러한 교훈의 첫 부분은 퀴블러-로스가 그녀의 독자들에게 환자를 인간으로 다시 보라고 요청했을 때 나타난다. 그녀는 이를 통해 임종에 대처하는 이들이 *여전히 살아있음*을 지적하였고 환자들이 말하길 원하고 필요로 하는 "미완성 과업"에 대해서도 되도록 자주 이야기했다. 그들은(아직) 죽은 것이 아니고 그들은 여전히 살아있고 활동적인 존재로 인정받을 자격이 있는 것이다.

두 번째 교훈은 퀴블러-로스가 그녀의 독자들에게 환자로부터 그의 질병과 관심사에 관한 우리의 관리영역의 강점과 약점에 대해서 배우기 위하여 내화에 환사를 잠여시키라고 요청했을 때 나타난다. 이 교훈은 단순히 환자를 위한 것이 아니라 임종에 대처하는 누구에게나 해당되는 것이다.

그러나 주요한 적용은 그러한 대처에 들어선 이들을 돕게 된 모든 개개인-전문가, 자원봉사자, 가족과 친구들-에 대해 이루어진다. 이 교훈에서 퀴블러-로스는 우리가 봉사하고자하는 사람들에게 *적극적으로 귀 기울이고* 자신의 과업과 필요에 부응하지 않는 한 효과적인 치료 제공자가 될 수 없다는 사실에 주목했다.

세 번째 교훈은 죽어가는 것에 대처하는 사람들에게 "우리 선생님이 되어 모든 근심, 두려움, 희망을 가지고 인생의 마지막 단계에 대해 더 많이 배울 수 있게 해달라고 요청할 필요성을 강조한다." 이러한 교훈의 수수께끼는 우리가 스스로를 더 잘 알기 위해서 우리는 죽어가거나 죽음에 대처하는 이들로부터 배울 필요성이 있다(한정컨대, 취약하고, 한정적이고, 유한하지만 또한 쾌활하고, 적응을 잘하고, 상호의존적이며 사랑할 만한).

차례로, 이들은 임종 중인 사람과 임종에 대처하는 모든 이들에 대한 교훈이다. 그것은 보살핌을 제공하는 사람이 되는 법, 우리 모두 가장 진실한 방식으로 우리 자신의 삶을 살아가는데 필요한 것에 관한 것이다.

있다고 생각할 이유가 없다(Friedman & James, 2008). 이는 중요한 점이며 퀴블러-로스도 유동성, 주고 받음, 이들 반응 중 두 가지를 동시에 경험할 가능성 혹은 하나 이상의 단계를 뛰어넘을 수 있는 능력에 대해서는 어느 정도 동의하고 있다. 이는 선형적 진행 및 회귀와 관련된 "단계"의 언어는 연결되지 않은 대처전략의 클러스터에 실제로는 적절하지 않다는 것을 나타낸다. 단계 이론은 상

대적으로 단순하고 직선적이며 예측 가능한 행동 경로를 설명하기 때문에 매력적이다. 어떤 것은 분명한 결론에 도달하지만 그런 이론이 반드시 타당하거나 신뢰할 수 있는 것은 아니다.

저자가 전적으로 책임질 수 없는 이 모델의 다른 문제는 많은 사람들이 그것을 오용한다는 것이다. 이 사실에 어느 정도 아이러니가 존재한다. 결국 퀴블러-로스는 죽어가는 사람이 객체화될 때 잘못 취급을 받는다고 주장하기 시작했다. 즉, 그들이 "간질환 환자" 또는 "심장병 환자"로 치료 받을 때를 말한다. 불행히도 *죽음과 임종에 대하여*의 출판 이래로, 어떤 사람들은 죽어가는 사람들을 "분노 사례"로 혹은 "우울 사례"로 취급하게 되었다. 다른 이들은 아픈 이들에게 그들이 이미 분노 단계에 있으니 협상이나 우울한 단계로 이제 "옮겨가야 한다"고 말했다. 그리고 또 다른 사람들은 그들을 임종 과정에 "붙어" 있는 것으로 보는 이들 때문에 당혹스러워 했다(그러나 내가 임종과정에 붙어 있다면 죽지 않는다는 뜻인가?). 퀴블러-로스의 단계 이론을 이렇게 단순히 오용하는 것은 임종에 대처하는 개인들의 특성을 도식적 과정의 다섯 범주(분노, 또는 우울 등등) 중 한 범주의 수준으로 줄인 이미 설정된 프레임에 강제로 집어넣는 것이다. 즉 로젠탈(Rosenthal, 1973. p. 39)이 그가 그 자신의 임종에 대처할 때 "보이지 않는 것은 단지 일반화만을 불러오는 것"이라고 쓴 이유가 바로 이 때문이다.

이 모든 점들은 단계의 언어와 선형적 이론의 은유(*첫 번째*는 부정 *그 다음*은 분노 *그리고 나서* 협상 등)가 단순히 임종에 대한 대처를 설명하는 기초로 충분치 않기 때문이다. 또한, 그것은 누군가가 하나 이상의 피상적이고 잠재적으로 오도되는 방식으로 이해한다면 그 사람이 "부정한다거나" 혹은 "수용에 이르렀다고" 말하기에 충분하지 않은 것이다.

아마도 임종 경험에 대한 광범위한 대응에 대해 이야기하는 것이 더 나을 것이다. 본질적으로, 이는 슈나이드먼(Shneidman, 1973a, p. 7)이 "정서의 벌집"이라고 부르던 것을 의미한다. 정서의 벌집이란 바쁘고, 윙윙거리는 감정, 태도 및 기타 반응의 능동적인 집합으로 한 사람이 이제 하나의 위치(예: 분노), 그리고 또 다른 위치(예: 부정)를 나타내면서 때때로 벌집으로 되돌아가는 것을 의미한다. 그 사람은 벌집으로 돌아가서 같은 기분을 반복 경험하게 되고 때로는 동시에 때로는 하루 차이로 혹은 장기간의 주기를 두고 경험할 수도 있다.

임종 대처: 과제-기반 접근법

왜 과제-기반 모델을 제시하는가?

임종 대처에 관한 *과제-기반 모델*은 그러한 대처를 이해하는데 수동적 또는 단순히 반응적인 방식을 강조하는 비유를 피하려고 한다. 바이스먼(Weisman, 1984)이 말한 것처럼 대처는 자동적 대응 또는 방어적 반응 이상으로 연관되어 있다. 또한 방어 태세는 상당히 부정적이다. 그것은 에너지를 어디에 적응하려고 하기 보다는 문제를 피하려는데 투입한다. 그것은 아마도 처음과 이후 일부분, 예를 들어, 개인 또는 사회적 자원을 이동시키는 시간을 버는 방법으로서는 유용할 것이다. 그러나 *대처하는 것 혹은 적어도 그렇게 할 수 있다는 것은 적극적인 과정이며 문제를 해결하거나 삶에서의 도전에 적응하고자 하려는 적극적인 방향성을 지니고 행동하는 것이다.*

과제는 임종 대처과정에서 취해질 수 있는 일이다. 사람이 다른 모든 일과 마찬가지로 임종에 대처할 때, 그는 항상 특정 과제를 하지 않도록 선택할 수 없다. 누군가는 작업을 진행하고, 다른 시간을 남겨 두거나 잠시 동안 작업 한 다음 옆으로 치울 수 있다. 일련의 작업에 직면하여, 그 사람은 이것 저것을 시도하기 위해 모든 작업을 수행할지 또는 모든 작업을 수행하지 않을지를 선택할 수 있다. 요점은 선택이 권한 부여를 의미한다는 것이다.

과제는 단순히 *필요*가 아니다. 그것들은 필요로 환원될 수 없고 아마도 필요 이상의 것을 포함할 것이며 이는 필요가 종종 누군가 행하는 과제 작업의 기초를 이루더라도 그러하다. *과제*라는 용어는 사람이 자신의 대처에서 무엇을 하려고 하는지, 필요한 무엇인가를 성취하기 위해 노력하고 있는 구체적인 노력을 의미한다. "필요성"의 언어에 초점을 두면 종종 다른 사람들이 도와 줄 수 있는 것에 포커스를 이동한다. 개인의 대처 작업을 지원하는 다른 사람들의 도움은 중요 할 수도 있고 필요할 수도 있다. 그러나 대개 자신의 대처 노력에서 두 번째 자리를 차지해야만 한다.

우리는 생명을 위협하는 질병과 임종에 대처하는 개인들이 행위자들이지 단순한 반응자가 아님을 보여주기 위해서 과제-기반 모델을 탐구한다. 그들은 다양한 방식으로 자신의 경험에 대처하는 방법을 결정한다. 이는 적어도 원칙적으로 임종에 대처하는 사람에게 열려있는 적극적인 노력에 중점을 둔다. 심지어 그러한 노력이 실제로 가능치 않더라도(예를 들어 한 개인이 의식을 잃은 상태여도), 과제-기반 모델은 다른 사람들이 그 개인의 입장에서 사물을 보고 그에 따라서 노력을 조정 또는 수정하기를 장려한다. 생명을 위협하는 질병을 가지고 살아가고 임종에 대처하는 인간 경험의 복잡성, 풍부함과 다양성을 이해하는 것이 중요하다.

임종 대처를 위한 과제-기반 모델

코르(Corr, 1992a)는 과제 작업의 네 가지 기본 영역이 임종에 대처하여 식별될 수 있다고 제안한다. 이 영역의 정체성에 대한 단서는 육체적, 심리적, 사회적, 영적 차원의 인간 삶의 네 가지 차원에서 비롯된다. 이 과제 작업의 네 가지 영역은 표 6.3에 제시되어 있다. 이 표에는 각 영역과 관련될 수 있는 임종에 대처하는 과정에서의 기본 유형에 대한 약간의 설명을 포함하고 있다. 그러나 그 대처에는 구체적이 상황에 대한 개별화된 대응과 관련이 있음을 상기해라, 그렇다면 임종 대처에 대한 완전한 이해는 그것에 대처하고 있는 각 개인이 취하는 구체적인 과제를 반영해야 한다.

표 6.3 임종 대처 과정에서의 과제 작업의 네 영역

과제 작업의 영역	임종 대처에 대한 과제의 기본 유형
신체적	*신체적 필요*를 만족시키고 다른 가치와 일치하는 방식으로 *신체적 괴로움*을 최소화함
심리적	*심리적 안정, 자율성* 그리고 *삶에서의 풍성함*을 최대화함
사회적	관련된 사람에게 중요한 *대인관계 애착*을 유지, 강화하고 *사회 내 집단 내지 사회 자체와의 선택적 상호작용*을 유지함
영적	*의미 있음, 연결성, 초월성*의 문제를 다루고 그렇게 하여 *희망*을 길러냄

Source: Based on Corr, 1992a.

신체적 과제 신체적 과제는 신체적 요구 및 육체적 고통, 즉 통증, 메스꺼움 또는 변비와 같은 문제에 대처하고 수분 및 영양 섭취와 같은 필요를 충족시키는 것과 관련이 있다. *신체적 요구*는 생물학적 삶과 기능을 유지하는데 근본적이다. 매슬로우(Maslow, 1971)가 주장한 것처럼 근본적인 신체 필요의 충족은 다른 필요를 충족시키는 작업이 마련될 수 있는 불가결한 기초이다. 게다가, *육체적 고통*은 그 자신과 남은 삶을 잘 이해하고 잘 보내기 위한 안정을 요구하는 것이다. 예를 들어, 강렬한 고통, 심한 구역질 또는 끔찍한 구토를 경험하는 개인들은 동시에 풍부한 심리사회적 또는 영적 상호작용을 할 수 없을 것이다.

그러나 인간은 신체적 요구와 육체적 고통을 다른 가치의 하위에 둘 수 있으며 때때로 이를 선택할 수 있음에 유의해라. 예를 들어 순교자들은 영적 가치를 위해서 고문을 감내하며 어떤 사람들은 그들이 사랑하는 이들을 보호하기 위해서 그들의 생명을 희생한 것으로 알려져 있다. 보다 간단하게 말하면, 임종에 있는 사람들은 숙련된 전문가의 끊임없는 관리를 통해 고통스러운 신체적 증상 관리에 있어서 보다 높은 수준을 달성할 수 있음에도 이런 기관에 입소하는 것 보다는 집에 머물기 위해 약간 높은 수준의 고통과 불편감을 수용할 수도 있다. 가정 내 서비스(in-home service)의 지원을 제공 받는 다른 이들은 시설을 더 선호할 수도 있다. 왜냐하면 혼자 있는 것, 낙상, 그리고 몇 시간 동안 돌봄을 받지 못하고 누워있는 것에 대한 두려움을 덜 느낄 수 있기 때문이다.

심리적 과제 임종 대처에 있어서의 과제 작업의 두 번째 영역은 심리적 안정, 자율성, 풍성함에 관한 것이다. 우리와 마찬가지로, 임종에 대처하는 사람들은 여러 면에서 안전하지 않을 수 있는 상황에서도 *안전감*을 추구한다. 예를 들어, 필요한 서비스를 제공하는 다른 사람에게 의존하는 경우, 해당 공급자가 신뢰할 수 있는지 확인하고 싶어한다.

또한 임종에 대처하는 대부분의 사람들은 가능한 한 자신들의 *자율성*을 보존하고 싶어한다. 자율성은 자기 자신의 생명(auto = self + nomous = regulating)에 대한 관리 또는 책임을 질 수 있는 능력을 의미한다. 사실, 아무도 자신의 삶 전체를 통제 할 수는 없다. 개개인은 제한되어 있으며 모든

생명을 위협하는 질병을 지니고 있다고 해서 당신이 좋아하는 활동을 지속하지 못함을 의미하진 않는다.

Courtesy Suncoast Hospice

것은 여러 가지 방식으로 상호 의존한다. 자율성은 이동의 정도와 개인이 일상적인 제한 내에서 행사할 수 있는 영향력의 종류를 지정한다. 그럼에도 불구하고 대부분의 사람들에게 어느 정도의 자기-통치(self-government)를 유지하는 것이 중요하다. 어떤 이들은 그들의 삶에 큰 결정을 스스로 하길 원하며, 다른 이들은 단순히 그들을 대신해 결정해줄 사람을 지정하기를 바란다. 어떤 이들은 일부 상징적인 결정에 있어서는 여전히 권한을 보유하지만, 자신들의 신체의 관리에 대해서는 상당 부분을 전문가에게 위임한다. 외부인은 자율권 행사 방법에 대해 미리 말할 수 없다. 그것은 *자기-통제(self-regulation)*의 개념을 저해 할 것이다(Gaylin & Jennings, 2003).

다수의 사람들에게 안전과 자율성을 확보하는 것은 *삶에서 심리적 풍성함*에 기여한다. 생애 말기에 이른 많은 사람들이 정기적인 면도와 이발을 하고 그들의 머리를 감고 단장하고, 특별한 목욕 파우더를 사용하거나 혹은 편안하고 멋진 방식으로 옷을 입는 것에 감사한다. 임종에 있는 사람들이 좋아하는 음식을 맛보거나 식사와 함께 와인 한잔을 마시는 오랜 습관을 지속하는 것이 그들의 심리적 안정에 중요하다. 여기에 관련된 논제는 *개인적 존엄성과 삶의 질*이다.

사회적 과제 임종에 대처하는 과제 작업의 세 번째 영역은 사회생활(social living)의 두 가지 상호 연관된 측면과 관련이 있다. 우리 각자는 사회 그 자체, 그리고 그 사회의 종속 집단과의 관계 뿐 아니라 다른 개개인과 애착으로 연결되어 있다.

사회적 과제의 하나는 대처하는 사람이 가치를 부여하는 *대인관계적 애착*을 유지하고 강화하는 것이다. 임종에 있는 사람은 종종 그들의 관심사를 좁힌다. 그들은 더 이상 국제 정치, 직장에서의 예전 직무, 대학 또는 프로스포츠, 혹은 큰 규모의 친목 집단에 관심을 가지지 않는다. 대신, 그들은 점차 더 적은 수의 개인(그리고 아마도 애완동물)이 현재 삶에서 가장 중요하다고 인지하는 이슈와 애착에 점점 더 집중할 수 있다. 이러한 방식으로 그들은 이전보다 덜 자신 있거나 보다 부담스럽다고 판단되는 책임으로부터 자유를 얻는다. 그들의 사회적 관심과 관심사의 범위는 그들의 새로운 우선순위에 맞게 변경된다.

각 개인이 집중*해야 하는* 분명한 대인관계적 과제는 없다. 오로지 개인만이 자신이 어떤 애착에 가치를 두는지 결정할 수 있으며, 이러한 결정은 임종 대처 과정을 통해 변경 될 수 있다. 그러나 각 애착의 중요성이 개인의 의사결정 문제가 아니라면 자율성은 근본적인 방식으로 제한된다.

임종 대처에서 이런 대인관계 차원의 결과는 각 개인이 적어도 두 세트의 과제를 갖게 될 것이다. 하나는 자신을 위해 다른 하나는 관련된 다른 사람들의 이익과 관련하여 행해지는 것이다. 예를 들어, 임종 중인 사람은 자신이나 가족 또는 간병인의 이익과 관련된 일들에 직면 할 수 있다. 그 사람은 너무 부담스럽고 도움이 거의 없기 때문에 치료를 위한 더 이상의 노력을 거절 할 수도 있다. 그렇게 해서 그 사람은 가족 구성원이나 간병인이 이 결정을 받아들이고 곧 다가올 죽음에 대한 그 함의와 화해하게 되도록 도와줄 의무를 질 수도 있는 것이다. 유사하게, 가족 구성원들은 그들 자신의 문제 뿐만 아니라 임종 중인 사람을 돕는 책임과 관련된 과제를 지닐 수 있다. 그들 자신을 위해, 그들은 간병의 부담으로부터의 휴식이나 해방을 구할 수 있다. 아픈 사람에게는 동료의식과 안정감 제공이 중요할 수 있다. 오로지 그 개인만이 자주 충돌하는 과제의 상대적 중요성을 결정할 수 있지만, 임종 중인 사람과 그 지지자가 이 문제에 관해 개방적으로 논의 할 수 있다면 대개 도움이 될 것이다.

사회적 과제의 두 번째는 *사회 내의 사회적 집단이나 사회 그 자체와 상호작용을 유지하기 위한* 것과 관련이 있다. 사회는 그 시민들을 해로움으로부터 보호하고, 특정 유형의 행동을 금지하며, 재산이 합법적인 상속인에게 올바르게 인도되도록 보장하고, 그리고 특정 종류의 지원과 이익을 제공하고자 한다. 사회 집단은 그들 고유의 종교적, 문화적 예식과 기대와 금지를 지니고 있을 수 있다. 삶에서의 모든 사건들처럼, 임종은 사회 체계 안의 사람과 관련이 있다. 이런 체계는 개인이 구성되고 구현하지만 그 집단의 관심사를 대표한다. 임종에 대처하는 사회적 과제는 바람직하거나 필요하다고 여겨지는 사회체계와 상호작용 하는 것, 사회와 그 조직이 계속해서 요구하는 것에 대응하는 것(예를 들어, 병원비와 수입세는 여전히 지불되어야 한다), 필요하다면 사회적 자원을 요청하는 것(예를 들어, 병원장비, 교통수단 혹은 자선단체에서 제공하는 "바퀴달린 식사 [Meals on Wheels]" 서비스를 얻기 위한) 등등을 포함한다.

영적 과제 임종 대처에 대한 영적 영역의 과제는 여러 가지 이유로 다른 세 가지 영역보다 설명하기가 어렵다. 하나는 "영적"이 의미하는 바에 대한 합의가 거의 존재하지 않는다는 것이다(Klass, 2006; Stanworth, 2003). 대부분은 "영적" 관심이 단지 종교적 관심에 한정되거나 그것으로 확인되

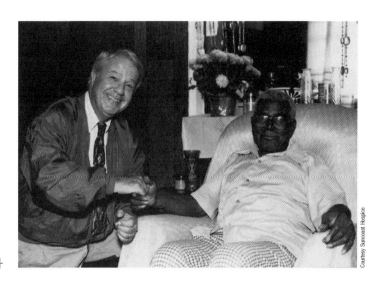

환자의 집에 방문한 목사

는 것이 아님에 동의할 것이다. 만약 종교적 관심과 영적 관심이 동일하다고 생각된다면, 종교적인 관계가 없는 사람은 해야 할 영적과제가 없다고 주장할 수도 있다. 그러나 이 믿음은 잘못된 것이고 도움이 되지 않는다. 심지어 간병인으로 하여금 임종 중인 사람이 고민하는 어떤 중요한 과제에 대해 중요한 단서를 놓치거나 무시하게 만들 수도 있다.

두 번째로, 북미 사회를 포함한 현대 사회에서는 점차 많은 하위문화가 구성되고 있고 이는 영적으로 또한 사실이다. 로마 가톨릭(Roman Catholics) 및 이슬람교(Muslims), 침례 개신교도(Baptist Protestant Christians) 및 힌두교(Hindus), 불교(Buddhists) 및 유니테리언(Unitarians), 다코타(Dakota) 및 주니 아메리카 인디언(Zuni Native Americans), 무신론자(atheists) 및 불가지론자(agnostics) – 이들과 다수의 다른 사람들(그리고 이들의 모든 변형물)은 우리가 임종에 대처하는 일부로 이해하고자 하는 영적 과제를 가진 사람 중에서 발견하게 될 것이다. 그러나 우리는 이러한 모든 전통과 영적인 이슈에 대한 입장을 알고 이해해야 할 필요는 없다.

임종 중인 사람들(그리고 그들 주변 사람들)의 영적 관심에 접근하는데 도움이 될 만한 한 가지 방식은 이 작업 영역을 통해 실행되는 공통된 주제를 확인하는 것이다(Doka, 1993b; Lattazi-Light, 2007). 영적 이슈는 보통 다음과 같은 하나 또는 그 이상의 관심사와 연결이 되며 이것들은 임종 과정에서의 영적 과제 작업의 중요한 구성요소가 된다.

의미 있음· 임종에 대처하는 사람들은 그들의 삶, 죽음, 고통 그리고 인간됨에 대한 의미를 확인, 인정, 혹은 공식화하기를 원한다. 여러 유형의 질문들이 이러한 환경에서 나오게 된다. 나의 삶은 의미로 가득찼는가(그리고 종종 이는 가치로 가득찼는가?를 의미함)? 내가 죽어야 한다면, 내 삶의

165

가치는 어떤 의미가 있는가? 나의 임종 또는 내가 사랑하는 이의 임종과 관련하여 왜 이렇게 많은 고통이 있는가? 인간이 된다는 것은 무엇을 의미하는가(그리고 만약 그렇다면 삶이 여전히 어떤 형태로 존재함에도 언제 인간이 되기를 멈추는가)? 이 질문들은 전체성과 통합에 대한 추진력이며 분열과는 멀어지는 것이다(Nabe, 1987).

연결성: 질병, 그리고 특히 생명을 위협할 수 있는 질병은, 한 사람의 생명에 있어서 통일성을 이끌어내는 연결성을 무너뜨리려고 위협한다. 예를 들어, 한 사람은 자신의 신체로부터(내가 하고 싶은 것을 하지 못하는 이유가 무엇인가?) 그리고 타인들로부터(왜 그들은 나의 고통을 이해하지 못하는가?), 그리고 그 자신이 믿는 초월자로부터(이 모든 면에서 신은 어디에 계시는가?) 단절된 느낌을 받을 수 있다. 이러한 상황에서 한 사람이 무너진 연결성을 다시 쌓아 올리거나 기존 관계를 유지하거나 심화시키는 것은 종종 중요하다. 이 작업에 대해서는 심리학적, 사회적 구성요소가 있으나 영적 측면이 다른 차원을 보다 심화시키거나 기초를 이루는데 그 이유는(다시) 그것이 의미(meaning)와 완전성(integrity)을 탐색하는데 연결돼 있기 때문이다.

초월성: 게다가 영적 과제를 작업하는 이들은 종종 의미와 연결의 초월적인 수준 또는 근원(source)을 바라보고 있다. "초월성"은 여기서는 보통을 넘어서는(그럼에도 불구하고 발견되곤 하는), 특히 궁극적이고 능가하는 가치를 지닌 것을 일컫는다. 이러한 관심사는 종종 *희망*의 문제와 관련이 있다(Groopman, 2004). 종교인들은 신 또는 몇몇 기본적인 현실(아트만 혹은 도[Atman or Tao])와의 연결성을 풍요롭게 하고 심화시키는 작업을 하거나 혹은 종교적 희망(죄를 덜고 싶거나 형이상학적 무지를 극복하거나 영원한 축복을 얻는)을 실현하고자 한다. 비종교인들 또한 초월적 희망에 초점을 맞출 수 있다. 예를 들어, 우주 속 한 개인의 삶보다는 현실에서 그들의 자리를 찾거나 그러한 요소들의 일부가 되거나 그들의 창작품, 제자 그리고 자손들을 통해서 그들이 죽고 나서도 그 사회의 삶에 계속해서 기여하는 등에 초점을 맞추려고 할 수 있다.

희망에 대한 초점은 시간에 따라 변화할 수 있고, 한 사람이 그의 희망에 대해서 행동하는 방식은 그 개인과 그가 속한 문화, 역사, 환경, 조건에 달려있다(예를 들어, Tong & Spicer, 1994 참조). 한 개인은 일차적으로 개인적 영감(난 열반을 실현할까? 나는 신을 직접 대면하게 될까?)에 초점을 맞추게 되는 한편, 다른 사람은 집단의 복지에 더 관심을 쏟을 수도 있다(내 자손들은 계속해서 그 집단의 계속되는 삶에 계속 기여할 것인가?).

영적 과제 작업은 다른 세 영역에서의 과제 작업들처럼 다양하고 여러 형태를 띠고 있다. 그리고 영적 과제는 비환원적으로 개인적이다. 한 개신교 신자의 영적 과제는 반드시(실제로, 거의) 다른 개신교 신자의 영적 과제와 같지는 않다. 이런 경우, 영적 과제를 올바로 이해하고 그가 영적 과제에 대처하도록 돕는 것이 중요하다.

과제-기반 모델에 대한 관찰 임종대처에 대한 과제 작업의 네 영역에 대한 개요는 잠재적인 과제 작업의 영역들을 설명한다. 이 영역들은 임종에 대처하는 모든 이들(단지 죽어가는 사람들만이 아닌)을 위한 과제의 일반적인 범주이다. 우리는 과제가 수행될 수도 있고 수행되지 않을 수도 있으며 일부는 더 또는 덜 필요하거나 바람직할 수도 있음을 지적했다. 우리는 또한 개개인이 특정 과제 또는 일련의 과제를 수행할 필요가 없음을 지적했다. 반대로, 과제-기반 모델은 정확히 임종 대처에 대한 권한부여와 참여를 촉진하기 위한 것이다. 이는 각 개인이 어떤 과제와 일련의 과제가 *그에게* 중요한지 결정하도록 허용될 것이며 허용되어야 함을 의미한다. 이러한 마지막 지점의 함의는 어떤 주어진 상황에서 한 사람의 과제는 다른 사람의 과제와 매우 불일치하거나 충돌할 수 있다. 이로 인해 한쪽 또는 양쪽 모두가 그 갈등을 극복하기 위한 방법을 찾게 된다. 고려해야 할 또 다른 점은 이러한 종류의 개별 과제가 완료된다 할지라도, 개인에게 닥친 모든 과제를 완료할 가능성은 전혀 없다는 것이다. 임종하는 사람에게 과제 작업은 죽음과 함께 끝난다. 살아가는 이들에게, 이러한 일들과 다른 과제는 사별을 대처하는 과정에서 발생 할 수도 있다. 이 작업 영역들은 7장에서 보듯이 임종에 대처하는 이들을 돕는 지침이 될 수도 있다.

생명을 위협하는 질병을 안고 살아가기

도카(Doka, 1993a; 2009)는 임종에 대한 대처를 생명을 위협하는 질병을 안고 살아가는 삶이라는 더 큰 맥락 안에 위치시켰다. 그렇게 하여, 그는 삶의 바로 마지막 순간에 대처하는 것뿐만 아니라 만성적으로 삶을 위협하는 질병의 진단이전과 이를 가지고 살아가는 상대적으로 긴 기간에 일반적으로 일어나는 독특한 스트레서에 주의를 기울였다. 심지어 이는 사람이 죽지 않아도 발생할 수 있으며 질병에서 회복하는 데 여전히 어려움을 겪어야한다. 이 모든 것에서, 도카는 인간의 삶이 항상 시간적이고 결과적이라는 사실을 관찰했다. 우리의 모든 경험에는 과거, 현재, 그리고 이후가 있다. 따라서, 임종 대처에 대한 좋은 모델은 생명을 위협하는 질병을 안고 살아가는데서 이미 일어난 것, 그것이 일어나는 과정에서의 일, 그리고 아직 오지 않은 일들에서 제기되는 도전에 관심을 두어야한다(또한 Stedeford, 1984 참조). 도카는 생명을 위협하는 질병을 안고 사는 삶에서의 과제 대처가 *다섯 단계*에 걸쳐 어떻게 다를 수 있는지를 설명함으로써 이를 보여주었다.

- *진단 전기(prediagnostic phase)*는 질환(illness) 또는 질병(disease)의 초기 지표와 관련이 있다. 내가 이 지표를 무시할 것인가?(그것이 더 나아질 것이고 "그것"이 스스로 사라질 것을 기대함으로써), 그것들의 출현에 대한 나의 정서적 반응을 최소화하고 그것들의 중요성에 대해서 조사하기로 결심할 것인가?(그렇다면, 어떻게? 가족이나 친구들에게 할 일을 알려주거나, 전

통적인 치료사에게 갈지 혹은 잠재적 문제를 조사하거나 진단하기 위해 의학적 또는 전문적으로 조언을 구하는 방법을 찾도록 요청할 것인가?) 이 모든 것들은 가능한 위험이나 위기를 인정하고, 걱정이나 불확실성을 관리하려고 하고, 건강추구 전략(health-seeking strategy)을 통해 따르는 것과 관련이 있다. 이 모든 것은 가능한 위험물 또는 위기를 인지하는 것, 불안 또는 불확실성을 관리하려고 노력하는 것, 그리고 건강추구 전략을 개발하고 따르는 작업을 포함한다.

■ 생명을 위협하는 질병의 *급성기(acute phase)*는 한 사람이 질환을 이해하려고 노력하고, 건강과 생활습관을 극대화하고, 대처 능력을 키우고, 약점을 제한하고, 질환으로 인해 야기한 문제들을 다루는 전략을 발전시키고, 치료-지향적 개입을 마련하고, 자신과 타인의 관점에서 진단의 효과를 탐색하고, 감정과 공포를 환기시키며, 그리고/또는 진단의 현실을 자신의 과거와 미래의 관점에 통합시키는 기간이다.

■ 생명을 위협하는 질병의 *만성기(chronic phase)*는 증상과 부작용 관리, 건강 요법 시행, 건강 위기 예방 및 관리, 스트레스 관리 및 대처 검토, 사회적 지지 최대화 및 고립 최소화, 질환에 맞선 삶의 정상화, 재정 문제 처리, 자기-개념 보존, 질환 경과 내내 타인과의 관계를 재정의하고 감정과 공포를 계속 환기시키며, 고통, 만성성, 불확실성과 쇠퇴에서의 의미를 찾는 것과 같은 과제와 관련이 있다.

■ 사망이 발생하지 않으면, *회복기(recovery phase)*는 아직 그 사람을 대처로부터 해방시켜 주지 않는다. 도카(Doka, 1993a, p. 116)는 과제는 여기서조차 지속적인데, 그 이유는 "회복은 단순히 삶을 이전으로 되돌리는 것이 아니다. 위기와의 만남은 우리를 변화시킨다. 우리는 더 이상 과거의 그 사람이 아니다."라고 언급했다. 회복기의 과제는 질병의 후유증과 재발에 대한 불안, 생활습관의 재구축 또는 재구성(reconstructing or reformulating one's lifestyle), 간병인과의 관계 재정의(이 장의 도입부분에 있는 전립선암을 성공적으로 치료한 후의 매트 라이언에 대해 생각해 보라)를 다루는 것을 포함한다.

■ *말기(terminal phase)*는 개인이 새로운 과제, 예를 들어 질환, 질환의 부작용 및 치료로 인해 발생한 지속적인 도전을 이겨내는 것, 간병인을 다루는 것, 그리고(아마도) 완치-지향적 중재(cure-oriented intervention)를 중단하거나 또는 불편한 증상을 최소화하도록 설계된 중재로 전환하도록 결정하는 것, 죽음을 준비하고 작별인사를 하는 것, 자기개념(self-concept)과 적절한 사회관계를 유지하는 것, 그리고 삶과 죽음의 의미를 찾는 것 등을 마주하는 시간이다 (이는 이장 첫 부분에 나오는 조 라이언이 암이 재발하고 겪은 상황이다).

도카의 변화 단계와 과제에 대한 탐색은 생명을 위협하는 질병에 대처하는 인간의 신체적, 심리적, 사회적, 영적 측면에 감수성을 가지려고 한다. 그것은 또한 모든 대처 활동에 영향을 미치는 3가지 중요한 요소들을 가져온다. 그 요소는 (1) 생명을 위협하는 질병과 임종 대처 과정에 들어가는 다양한 사회적, 심리적 변수(문화적, 사회적, 개인적), (2) 개인이 이 도전에 직면하는 발달적 맥락(제5부에서 탐구하는), (3) 질환의 속성, 그 질환의 궤적과 효과 및 치료이다.

임종 대처 이론은 어떻게 우리를 돕는가?

카스텐바움과 투엘(Kastenbaum and Thuell, 1995, p. 176)은 "우리가 말하는 '이론'이 예측력을 갖고 경험적 검증의 대상인 명시적 명제들의 응집된 집합을 의미한다면, 엄격하게 말해서, 임종에 관한 과학적인 이론은 존재하지 않는다고 말했다. 그러나 경험과 행동의 특정범위를 각각 강조하는 구별되는 이론적 접근법이 있다." 카스텐바움과 투엘이 검토한 세가지 접근법(그리고 다른 어디선가 탐색된; Corr, Doka, & Kastenbaum, 1999 참조)은 글레이저와 스트라우스(Glaser and Strauss)의 임종 궤적과 인지 맥락, 퀴블러-로스에 의해 발전된 단계기반 모형, 그리고 코르가 제안한 과제기반 모델이었다.

그럼에도 불구하고, 우리는 이론상의 관점에서 우리가 현재 원하는 모든 것을 가지고 있지 않다면 아무 것도 가진 것이 없다고 가정함으로써 절망에 빠져서는 안 된다. 이를 위해, 칼 융(Carl Jing, 1954, p. 7)이 다음과 같이 말한 바를 염두에 두는 것이 좋다.

"심리학에서의 이론은 마치 악마와 같다. 우리가 지향성과 체험적 가치를 위한 특정 관점을 필요로 한다는 것은 사실이다. 그러나 그들은 항상 언제든지 제쳐 놓을 수 있는 단순한 보조 개념으로 간주되어야 한다." 이러한 말은 관련된 두 가지 측면을 지니고 있다. (1) 이론은 분명히 우리와 우리가 이해하거나 도우려는 노력하는 사람들 사이에 장벽이 되어서는 안 되며 동시에 (2) 우리는 우리를 좋은 방향으로 안내하는 이론에 의존한다. 뿐만 아니라 이론은 우리가 주의 깊게 듣고 개인과 개인의 상황에서 우리가 배워야 할 중요한 것들을 이끌어내도록 도와준다. 그러므로 이 장에서 설명된 각각의 이론적 틀에는 한계가 있지만, 그것은 또한 각각의 장점을 가지고 있으며 각 이론만의 방식으로 임종에 대처하는 우리의 이해에 기여한다. 그렇게 함으로서, 이 이론들은 지금까지 이용 가능한 이 영역에 대하여 주요한 공헌을 대표하며, 우리 지식의 현재 상태를 정의한다.

내용 요약

이 장에서 우리는 임종 대처에 대해서 탐색했다. 그렇게 함으로써, 우리는 대처의 많은 요소와 대처에 관련된 많은 사람들에게 정의롭게 구현되는 방식으로 대처 과정을 기술하고자 했다. 비록 임종이 특별한 이슈와 도전을 가져다 줄 지라도 임종 대처는 삶의 대처 과정의 일부이다. 우리는 임종의 궤적과 인지 맥락, 임종 대처를 설명해주는 단계-기반 및 과제-기반 모델, 그리고 생명을 위협하는 질병을 안고 살아가는 다섯 단계에 대해서 살펴보았다. 또한 우리는 임종 대처에 대한 적절한 설명은 전체 인류, 개인, 그리고 모든 관련된 이들에 대해 언급되어야 한다고 주장했다.

용어 해설

대처: 인지된 스트레스 요인을 관리하기 위한 노력의 변화

삶을 위협하는 질병에 대처하는 5단계: 도카에 따르면, 그들은 진단전기, 급성기, 만성기, 회복기 그리고 말기임

인지 맥락: 그 상황의 사실에 대한 의사소통 유형으로 발생하는 임종에 대처하고 있는 사람들 사이의 사회적 상호작용

임종 궤적: 임종 양상 또는 임종 방법, 전형적으로 *기간*(임종의 시작과 사망 사이의 시간) 및 *모양* (임종의 과정, 예측가능성, 그리고 사망 예측 여부)에 의해 구별

임종 대처에 대한 과제-기반 모델: 임종 대처에 있어서 "과제 작업"의 영역을 기술, 코르는 신체적, 심리적, 사회적, 그리고 영적, 4영역으로 정의

임종 대처에 대한 단계-기반 모델: 대처 중인 사람들이 자신의 스트레서에 어떻게 반응하고 시도하는지에 대한 "단계"를 기술, 퀴블러-로스는 5단계로 정의(부정, 분노, 협상, 우울, 그리고 수용)

희망: 한 사람이 믿음과 신뢰에 기초하여 고대하는 기대, 여기서는 임종 대처와 관련

복습과 토론을 위한 질문

1. 당신 인생에서 꽤 아팠던 순간을 생각해 보시오. 그 당시 당신에게 가장 스트레스가 된 것은 무엇이었는가? 만약 당신이 두려움을 느꼈다면, 가장 큰 두려움의 근원은 무엇이었는가? 그 당시 다른 사람들이 당신을 위해서 무엇을 하기를 원했는가? 지금 비슷한 상황에 있는 당신을 상상해 보라. 단지 질병은 생명을 위협하는 것임을 덧붙인다. 이 두 상황에서 유사하거나 다른 점은 무엇인가?

2. 이장의 핵심은 대처의 개념이다. 과거에 당신은 어떤 방법으로 스트레스가 많은 상황에 대처 했는가? 과거에는 어떤 상황에서 스트레스가 많은 상황에 대처 했는가? 당신이 잘 아는 사람을 선택하라. 그리고 어떻게 그가 스트레스에 대처하는지 생각해 보시오. 당신 자신과 다른 사람의 대처방법의 장점과 한계는 무엇인가?

3. 임종 궤적, 인지 맥락, 단계-기반 모델, 그리고 과제-기반 모델에 대한 분석에서, 어느 것이 가장 크게(또는 적게) 혁신적이며 흥미롭고 유용한 것으로 보이는가?

4. 임종자의 대처 과정이 과제를 포함하고 있다고 생각한다면, 이 대처 모델이 임종자에 대한 당신의 이해에 어떻게 영향을 미칠 수 있는가? 당신의 상호작용이 임종자에게 어떻게 영향을 미칠 수 있는가?

추천 도서

임종대처의 다양한 측면에 대한 참고자료:

Ahronheim, J., & Weber, D. (1992). *Final Passages: Positive Choices for the Dying and Their Loved Ones.*

Doka, K. J. (1993a). *Living with Life-Threatening Illness: A Guide for Patients, Families, and Caregivers.*

Doka, K. J. (2009). *Counseling Individuals with Life-Threatening Illness.*

Heinz, D. (1999). *The Last Passage: Recovering a Death of Our Own.*

Kübler-Ross, E. (1969). *On Death and Dying.*

Lynn, J., & Harrold, J. (1999). *Handbook for Mortals: Guidance for People Facing Serious Illness.*

Oliver, S. L. (1998). *What the Dying Teach Us: Lessons on Living* (Rev. ed).

Staton, J., Shuy, R., & Byock, I. (2001). *A Few Months to Live: Different Paths to Life's End.*

Tobin, D. (1999). *Peaceful Dying: The Step-by-Step Guide to Preserving Your Dignity, Your Choice, and Your Inner Peace at the End of Life.*

웹자료

유용한 검색어: AWARENESS CONTEXTS; COPING; DYING TRAJECTORIES; HOPE; STAGES IN DYING; TASKS IN COPING WITH DYING.

본서와 연계된 웹사이트 Death & Dying, Life & Living, 제7판을 방문해 보라.

본서-특약 웹사이트는 전문용어 해설, 플래시 카드, 아래 소개된 웹사이트 연결로, 그리고 퀴즈 테스트 등을 포함하는 학습 도구들을 제공한다. www.cengagebrain.com을 방문하라.

American Self-Help Group Clearinghouse

Care Planner Network

Epidemiology of Dying and End-of-Life Experiences

Make-A-Wish Foundation of America

Mental Health America

National Mental Health Consumers' Self-Help Clearinghouse

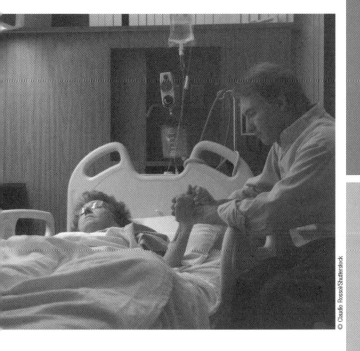

© Claudio Rossol/Shutterstock

제7장

임종에 대처하기:
개인이 도울 수 있는 방법

목표

- 임종에 대처하는 이들을 돕는 것이 인간적 존재와 전문가의 전문지식 모두를 필요로 한다는 것을 보여주기
- 보살핌의 네 가지 주요 차원(신체, 심리, 사회 그리고 영성)을 탐색하기
- 적절히 이해할 때, 대처 작업이 어떻게 도우미에게 지침이 될 수 있는지 명확히 하기
- 효과적인 소통의 중요성을 고려하기
- 스트레스, 피로 그리고 도우미들의 긴장을 점검하고 그들이 어떻게 스스로를 돌볼 수 있는지 설명하기
- 다시 한 번 희망의 중심성에 초점을 두기

생명을 위협하는 질병과 임종에 대처하는 한 가족을 도왔던 개인들

조세피나 라이언이 남편 매트가 전립선암으로 생명이 위태로웠을 때 그를 도와주었던 것처럼 매트도 조의 목숨을 앗아간 암과 새로운 한판 승부를 경험하게 되었을 때 그녀 옆에 있어주려고 노력했다. 그러나 매트는 진정으로 그녀에게 매우 도움이 되는 방법을 알 수 없었다고 인정했다. 그는 집을 청소하고, 세탁하고, 식사를 준비하는 등의 실질적인 문제를 처리하려고 노력했지만 가사 일에 능하지 못했고 그의 영혼은 힘든 순간으로 인해 고통스러웠다. 조는 매트가 좋은 의도였음을 알았고 그녀가 할 수 있는 한 병을 고쳐보려고 했으나 그녀의 기력은 점점 더 쇠약해져갔다. 그녀는 매트가 목적 없이 집 주변을 맴도는 것을 보기 힘들었고 그녀가 떠나고 나면 그가 어떻게 될지 걱정하게 되었다.

라이언 부부의 자녀들도 할 수 있는 한 도우려고 했다. 대부분은 장남 톰과 그의 아내가 라이언 부부를 도왔는데 그들이 같은 도시에 살고 있었기 때문이다. 그들은 몇 가지 가사 일을 도왔고 매트가 장을 보거나 기타 볼 일을 보는데 차를 태워주었다. 그것은 매트가 집 밖으로 외출하여 톰의 아이들을 보는데 도움이 되었지만 매트는 항상 조가 집에서 잘 있는지를 걱정했다. 사실 처음에 조는 톰이나 그의 아내 또는 그들 부부의 다른 자녀들이 잠시 부모가 사는 도시에 비행기를 타고 와서 도움을 주려는 것을 받아들이는데 능숙하지 못했다. 그녀는 항상 다른 이들에게 베풀고 자신감 넘치는 어머니였다. 그녀의 문화적 배경과 성격으로 인해 남들이 그런 역할을 떠맡는 것을 받아들이지 못했고 자녀들은 그녀에게 도움이 필요함을 알았을 때 어머니가 자신들을 밀어낸다고 불평했다.

조가 도움을 받아들이는데 좀 더 개방적이었다고 하더라도, 많은 친구와 이웃들 또한 도울 수 있는 진짜 유용한 방법을 알지 못했다. 어떤 이들은 도움이 되지 않는 충고나 빈말(cliché)를 늘어놓았고 다른 이들은 혼란만 가중시켰다. 라이언 부부는 그래도 섀런(Sharon)과 빌 애플게이트(Bill Applegate)와의 오랜 우정 덕분에 웃을 수 있었다. 애플게이트 부부는 모두 은퇴했다. 섀런은 간호보조사에서 빌은 매트가 일하는 고등학교의 교감이자 코치의 자리에서 은퇴했다. 섀런은 조에게 기본적이고 실질적인 간병에 대해 도움을 주었다. 그녀는 씻고 목욕하는 것이 사람들의 기분을 더 좋아지도록 하는 활동이며 또한 침대 생활에서 오는 욕창과 기타 합병증을 예방하는 활동임을 알았다. 조가 침대에서 벗어나지 못하게 되기 전에, 섀런은 매트와 톰에게 뻣뻣한 근육 운동을 돕는 방법과 그녀를 휠체어에 옮기는 법을 가르쳐주었다. 나중에 그녀는 그들에게 조를 침대로 옮겨 눕히는 방식에 대해서도 조언했다. 그리고 섀런은 손자손녀들이 "어린 도우미"로서 수행할 수 있도록 작은 일들을 마련하기도 하였다.

빌은 또한 매트와 시간을 보내고 매트가 미처 생각하기 어려운 잔디 깎기와 같은 실질적인 집안 일들을 해주었다. 그들이 함께 시간을 보낼 때, 매트와 빌은 실제로 많은 이야기를 나누지 않았고 특히 조에 대한 화제를 피했지만 조는 빌이 함께 해주는 것에 감사했다. 그리고 빌은 매트에게 그가 원할 때마다 무엇이든 논의할 수 있음을 알도록 확신을 주었다. 이 모든 질병과 조의 임종에 대한 전망으로 인해 매트는 매우 고립되고 당황스러워 했다. 빌의 관심은 상황을 보다 덜 끔찍하게 만드는데 도움이 되었다. 가끔 빌은 섀런이나 다른 가족들에게 매트의 마음에 대해서 말해주고 그들이 도울 수 있는 방법을 제시했다.

조의 죽음은 매트와 라이언 가족 전체 그리고 섀런과 빌 모두에게 매우 슬픈 사건이었다. 그러나 애플게이트 부부는 장례식장에서 매트가 조의 마지막 소원이 죽기 전에 가능한 오래 집에 머무는 것이었다고 말했을 때 기뻤다. 그는 애플게이트 부부의 도움 없이는 불가능했다는 것을 알았고 그래서 죽은 아내와 그의 가족을 위해 애플게이트 부부가 해줄 수 있는 한 모든 것을 할 수 있도록 도와준 지지에 대해서 얼마나 자신이 감사하는지 그들에게 알려주고 싶어 했다. 그는 "당신들 덕분에 매우 나쁜 시기가 조금 나아졌습니다." "그리고 그것 때문에 저는 항상 감사할 것입니다."라고 말했다.

임종에 대처하는 사람들을 도움: 인간적이고 전문적인 과제

임종에 대처하는 사람들을 돌보는 일은 특별한 훈련을 받은 사람들만 할 수 있는 활동이 아니다 (Goldman, 2002; Golublow, 2001; Wolfelt & Yoder, 2005). 확실히, 임종 중인 사람들과 임종에 대처하는 다른 이들은 특별한 필요를 가진 사람들이다. 그 필요 중 일부는 특별한 전문성을 지닌 사람들에 의해서 가장 잘 혹은 그들에 의해서만 제공될 수 있는 경우도 있다. 예를 들어, 임종 중인 사람은 마약성 진통제를 위한 의사의 처방이나 안수 받은 성직자의 성사에 의한 성례전이 필요할 수 있다. 그러나 요구되는 간병의 대부분은 특별한 필요와 관련이 없다. 심지어 그것들이 임종 대처 압박 속에서 특별한 강도를 지닐 지라도 모든 살아있는 인간에 공통된 근본적인 관심사를 포함한다.

예를 들어 임종 중인 사람들은 먹을 필요가 있고, 그들의 신체와 마음과 영혼을 단련시킬 필요가 있으며 무엇보다도 *신경을 쓰고 돌보는 것*이 필요하다. 매일 24시간 죽어가는 사람에게 필요한 대부분의 보살핌은 특별한 것이 아니다. 우리 누구나 해줄 수 있는 것이다. 한 손을 잡고 슬픔이나 기쁨을 공유하고 질문을 듣고 그에 답해주는 것이다. 이것이 보살핌의 인간적인 순간이며 이는 보살피려는 의지가 있고 그렇게 할 수 있는 모든 인간이 제공할 수 있다. 짧게 말하자면, "환자 보살핌의 비밀은 여전히 보살피는데 있다."(Ingles, 1974; p. 763; 또한 Peabody, 1927).

프랭크(Frank, 2002, pp. 45-49)는 이것에 대해 다음과 같은 방식으로 썼다.

의학에서 환자를 배치하는 일반적인 진단범주는 질환(illness)이 아니라 질병(disease)과 관련이 있다. 이것은 치료에는 유용하지만 보살핌에는 방해가 될 뿐이다... 보살핌은 범주에 포함되지 않는다. 그것은 그 사람에게 그녀의 생명이 가치 있음을 보여주는데, 왜냐하면 무엇이 그녀의 경험을 특별하게 만드는지 인식하기 때문이다. 어떤 사람에게 다른 사람을 분류할 권리는 없다. 하지만 우리 각자의 독특한 모습을 이해할 수 있는 특권은 있다... 통증이나 상실과 같은 용어는 아픈 사람 자신이 경험하기 전까지는 현실화 되지 않는다. 그러한 경험의 특별한 순간을 목격하고 그 모든 차이를 인정하는 것이 보살핌이다.

죽어가는 사람들은 대부분 버려짐, 자신의 신체와 삶에 대한 통제권 상실, 감당하기 어려운 고통이나 괴로운 상태에 놓이는 것 등을 걱정할 가능성이 높다. 런던 성 크리스토퍼 호스피스의 창설자이자 현대 호스피스 운동을 시작한 데임 시슬리 손더스(Dame Cicely Saunders)는 죽어가는 사람이 그들을 돌보는 이들에게 3가지를 요청한다고 말한 것으로 알려져 있다(Shephard, 1977): (1) *"도와주세요"*(나의 고통을 최대한 줄여주세요) (2) *"내 이야기를 들어주세요"*(내가 일을 직접 하거나 적어도 들을 수 있게 해주세요) (3) *"날 혼자 내버려두지 마세요"*(내 곁에 있어주세요, 내 시야에서 사라지지 마세요).

우리가 이러한 임종에 대처하는 이들을 도울 수 있는 수많은 방법을 인식하는 것은 중요하다. 때때로 도우미들이 할 수 있는 것은 단순하고 분명하다. 극적이고 세상을 뒤흔드는 것이 아니다(개인적 통찰 7.1 참조). 그러나 우리가 특별히 도움을 줄 수 없을 때 조차도, 우리 모두는 – 전문가와 비전문가 – 임종자와 그의 중요한 사람들을 경청하고 옆에 있어 줌으로써 "공감하는 존재"를 제공할 수 있다. 이는 섀런과 빌 애플게이트가 조와 매트 라이언을 도와주면서 배운 교훈이다.

개인적 통찰 7.1

해변에 휩쓸려온 불가사리의 이야기

한 남자가 춥고 흐린 어느 날 아침에 혼자서 해변을 걷고 있었는데 멀리서 다른 사람이 다가오는 것이 보였다. 점차 둘은 거리를 좁혔고 그 남자는 그 마을 주민 한 사람이 몸을 굽히고 무언가 주워서 물 밖에 던지는 것을 볼수 있었다. 그는 계속해서 바다에 무언가 던지기를 반복했다. 그들 사이의 거리가 좁혀지면서 그 남자는 주민이 해변에서 밀려온 불가사리를 주워 다시 그것을 바다에 던지는 것을 볼 수 있었다. 호기심에 그는 그 주민에게 다가가서 무엇을 하냐고 물었다.

"저는 이 불가사리들을 바다로 되돌려 보내고 있지요. 보시다시피, 현재 썰물인지라 이 불가사리들이 모두 해변에 올라왔어요. 애들을 바다로 되돌려 보내지 않으면 다들 산소가 부족해 죽을 겁니다."

"그러나 여기 해변에는 수천 마리의 불가사리가 있는데요." 그 남자가 대꾸했다. "그 불가사리들을 모두 다 되돌려 보낼 수는 없잖아요. 너무 많아요. 그리고 이 해안의 수백 군데 해변에서 같은 일이 반복해서 일어날 거구요. 아마도 당신은 그 차이를 만들어낼 수 없다는 것이 보이지 않나요?"

그 주민은 웃으면서 다시 몸을 굽혀 불가사리를 하나 집어서 바다로 되돌려 보내면서 대답했다. "이 하나에 대한 차이를 만들어내는 거지요."

출처: 작자 미상.

임종자에게 충분한 보살핌을 제공하기 위하여, 우리는 임종자의 수많은 공포와 걱정, 바람과 과제에 관심을 가져야 한다. 이는 임종자의 가족과 친구들에게도 똑같이 적용되어야 한다-그들 또한 임종에 대처하는 이와 마찬가지로 이를 겪고 있는 의미 있는 사람들이기 때문이다. 우리는 한정된 시간, 에너지, 정보 또는 자원의 압력 때문에 이러한 책임을 충족시키는데 다소 성공적이지 못할 수도 있다. 그러나 양질의 보살핌을 제공하는 것을 우리가 중요시한다면 우리는 임종에 대처하는 이들이 필요로 하는 것을 이해하거나 주의를 기울이는데 소홀하기 때문에 이러한 필요를 포착하는데 실패하지 않도록 해야 한다. 이 장에서 우리는 임종에 대처하는 이들에게 제공될 수 있는 도움의 방식들에 주의를 기울일 정보들을 제공한다.

보살핌의 차원들

신체적, 심리적, 사회적, 영적인 측면에서 임종에 대처하는 이들을 위한 *보살핌의 네 가지 주요 차원*이 존재한다(Saunders, 1967; Woodson, 1976). 여기서, 우리는 이 차원들이 임종자에게 적용되는 것을 특별한 관심을 가지고 차례로 살펴본다. 이 차원들은 또한 임종에 대처하는 다른 사람들, 즉 모든 전문가와 자원봉사 도우미/간병인들 뿐 아니라 임종자의 가족과 친구들과 관련 있다.

신체적 차원

많은 임종자에게 가장 시급한 필요 사항 중 하나는 신체적 통증이나 괴로움의 조절이다. 통증이 있을 때, 이는 적절히 연구되고 주의 깊게 이해되어야 한다(Melzack & Wall, 1991; Wall, 2002; Wall & Melzack, 1994). 우리는 적어도 두 종류의 통증, 급성통증(acute pain)과 만성통증(chronic pain)을 구분할 수 있다.

급성통증(acute pain)은 인간의 삶에서 본질적인 통증의 형태이다. 급성통증을 느끼지 못하는 사람은-예를 들어 뜨거운 난로를 만졌을 때- 심각한 해악의 위험에 노출되어 있다. 개인이 아플 때, 의사는 종종 통증이나 괴로움에 대한 신중하고 구체적인 설명을 이끌어 냄으로써 정확한 진단을 내리는 데 필요한 정보를 얻는다. 예를 들어, 신장결석(kidney stone)과 관련된 급성통증은 진단과 치료 모두를 인도한다. 그래서 급성통증은 현재의 인간 상태를 고려할 때, 항상 혹은 완전히 바람직하지 않은 것은 아니다. 사실, 그것은 우리의 삶의 양과 질 모두를 향상시킬 수 있다. 물론, 임종자 역시 급성통증을 겪는다. 그것은 그들의 생명을 위협하는 병에 직접적으로 연관되거나 혹은 그렇지 않은 증상들-신체적 통증 포함-을 발전시킬 수 있다. 이와 관련하여, 손더스(Saunders)는 치통은 죽어가고 있을 때 만큼 많이 아프다는 것을 간병인에게 상기시켰다*(Until We Say Goodbye, 1980)*.

그러나, *만성통증*(chronic pain)은 이러한 건설적인 기능을 하지 않는다. 만성통증은 진단에 도움이 되지 않는데 그 이유는 진단이 이미 이루어졌기 때문이다. 만성통증은 그 사람을 환경의 위험으로부터 보호하지도 않는다. 그것은 그냥 거기에 있으며 항상 거기에 있을 뿐이다. 날카롭거나 무디거나, 지속되거나 휴지기가 있거나, 만성통증은 그 순간 그것을 겪는 사람에게 배경으로 작용한다. 그것이 강렬해지면 그 고통을 겪는 사람의 신경은 온통 그곳에 집중될 수도 있다(LeShan, 1964).

생명을 위협하는 질병에서, 만성통증은 종종 죽음으로 이어지는 질환과 관련이 있다. 죽어가는 사람을 적절하게 간병한다는 것은 -그 기원이 어디든- 만성통증에서 오는 괴로움을 관리하거나 혹은 희석시키는 노력과 관련이 있다. 만성통증을 완전히 제거하는 것은 항상 가능한 일은 아니지만 괴로움부터 아픔에 이르는 그러한 통증을 줄여주는 것은 눈에 띄는 성과이다. 임종자의 돌봄은 만성통증이 통제되거나 적어도 대부분의 경우에서 상당히 감소하는데서 나타난다(Hanks et al., 2009; Saunders, Baines & Dunlop 1995; Twycross, 1994; Twycross & Wilcock, 2002). 좋은 연구를 통해 그 통증의 속성과 진통제의 역할, 그리고 통증관리를 위한 다른 치료 방식에 대해 너무 많이 알게 되었을 때 생애말기 보살핌에서의 불필요한 통증은 비극이다(Melzack, 1990). 만성통증은 임종자의 의식을 온통 통증으로 채워서 통증 외에는 아무것도 신경 쓰지 못하게 하는데, 적절한 약물과 지지요법은 그렇지 않다는 것을 보여줄 수 있다.

치료적 중재를 위한 도전은 개인의 요구를 만족시키기 위한 올바른 약품을 선택하고 요구에 대한 반응의 올바른 균형을 획득하며(과소나 과도한 복용을 피하며), 그리고 적절한 투약 경로를 채택하는 것이다. 생애말기 보살핌에서의 통증 관리의 철학은 종종 경구 투약의 약물 사용을 강조하는데(액체, 알약 또는 캡슐 형태) 이는 주사의 통증을 피하기 위해서이다. 그러나 주사와 좌약 모두 특정 사례에서는 적절하다고 여겨져 왔다(예를 들어 주사를 통한 빠른 결과가 요구되거나 또는 개인들이 구역질을 하거나 삼키지 못할 때). 보다 최근에는 천천히 주입되는 진통제 알약과 장기간 지속적으로 주입하는 장비(일부 당뇨병 환자가 인슐린 때문에 사용되는 것과 유사), 피부에 붙이는 패치 그리고 특별히 고안된 크림, 환자가 통제하는 진통제(만약 개인이 그들의 약물 주입에 대해서 통제와 자율성을 어느 정도 확보하고 도입되었다면 전반적인 약품 사용이 줄어들었을) 사용 등으로 보충되고 있다.

약물 치료는 *단지* 만성통증만을 통제하는 방법이 아니다. 질병의 속성에 대해서 더 잘 이해하게 된 연구를 통해 대부분의 통증이 심리적 구성요소를 지님이 밝혀졌다. 그러므로 맥캐퍼리와 비비(McCaffery and Beebe, 1989, p. 7)는 "통증은 그것을 경험하는 사람이 말하는 모든 것이고 경험하는 사람이 그렇다고 말할 때 존재하는 모든 것"이라고 썼다. 즉, 통증은 *한 개인이 그것을 인지할 때 괴로움이다.* 통증 관리는 아마도 그것이 유해한 자극의 효과 또는 경로를 막는 것처럼 그 인식의 성격의 임계점을 변경하려고 할지 모른다. 생체피드백, 유도된 상상, 명상, 치유적 터치 그리고 자기-최면의 기술은 또한 사람들이 그러한 효과를 관리하거나 그 통증을 통제하도록 도울 수도 있다. 그리고 또한 건설적인 심리학적 지지와 신체적 치료는 개개인이 근육과 관절을 활동성 있게 쉬고 유지하게 하여, 그 사람이 움직이지 않을 때 일어날 신체적 고통의 정도를 감소시키는데 도움이 된다. 이러한 치료법은 반대가 아니지만 약물 및 다른 중재와 함께 작동할 수 있다.

약물치료가 사용될 때, 장기 연구는 진행성 암의 장기 환자를 포함한 다수의 임종자가 용량을 "최대로 높이거나" 혹은 "약물에 취하지 않은 채"로 고용량의 강력한 진통제를 참을 수 있음을 보여주었다(Twycross, 1979b, 1982). 그 목적은 전신 마취(무의식 상태)가 아니라 차라리 진통효과(고통을 느끼지 않게 함)이다. 이 목적은 상황에 알맞은 약물을 선택하고 통증의 속성 및 수준에 맞춰 주의 깊게 투약하거나 복용량의 균형을 맞춤으로써, 대부분의 사례에서 달성할 수 있다(Storey, 1996; Twycross & Lack, 1989).(극단적인 경우에 약물은 "말기 진정"을 위해 사용될 수 있지만 이런 경우는 드물고 그것들은 매우 주의 깊은 평가를 요하며 이 마지막 휴식의 치료를 위한 비판적 윤리적 의사 결정과 관련이 있다[National Ethics Committee, Veterans Health Administration, 1997]).

올바른 약물이 사용되고 투약량이 통증을 통제하는데 필요한 정확한 수준으로 적정 내지 조정된다면 -더 이상이 아닌- 그 통증은 잘 관리되는 것이다. 올바른 약물은 중요하다. 통증은 예를 들어 조직의 직접적인 손상, 염증 또는 압력 등 여러 가지 요인에서 온다. 통증의 각 원인과 전달되는 경로는 각기 다른 적절한 약물을 요구할 수 있다. 또한, 각 약물은 개별 환자의 필요, 그 투약 방법, 투약 간격, 그리고 그 환자가 투약 중인 다른 약물과의 상호작용이나 부작용의 잠재적 문제 등의 관점에서 선택되어야 한다. 예를 들어, 진통제 데메롤(demerol)과 같은 약물 일부는 빠르게 작용하고 뛰어나며 급성통증 증세를 다루는데 유용하다. 그러나 그러한 약물은 만성통증을 지닌 사람에게는 충분히 오래 효력을 유지하지 못 할 수 있다. 만약 그렇다면, 이 처방을 받은 임종자는 다음 복용량이 투여되기 훨씬 전인 2-3시간 내에 다시 통증을 호소할 수도 있다. 이는 효과적인 통증 조절이 아니다. 모르핀과 기타 강력한 진통제는 생애 말기 치료에서 그 효과성이 입증되었는데 그것들의 효과가 다음 투약 시까지 만성 통증 관리에 충분할 만큼 오래 지속되기 때문이다.

강력한 진통제가 임종자에게 고용량으로 처방될 때도 *중독은 발생하지 않는다*. 이는 잘 정립된 연구(예를 들어, Twycross, 1976)에 의해 입증되었고 이제는 잘 알려져야만 한다. 심리적 "흥분"상태 및 이후 점차 투약 용량이 증가하는 등의 중독의 특징이 나타나지 않는다. 이는 아마도 약물이 몸 안에서 관리되고 흡수되는 방식과 관련이 있을 수 있다. 그것들은 일회분량(single dose)으로 경구 투약되거나 혹은 지효성 약물(time-release medication) 형태로 제공된다. 필요하다면 정맥주사 또는 주입을 사용할 수 있다.

임종자는 아마도 강력한 진통제에 *신체적으로 의존*하게 될 수도 있다. 그러나 예를 들어, 스테로이드의 사용과 같은 또 다른 상황에서도 발생할 수 있다. 여기서, 의존은 단지 누군가가 갑작스럽게 약물을 중단할 수 없거나 여전히 유해한 부작용 없이 그것을 필요로 하는 상태를 의미한다. 기저 정서 장애가 없는 신체적 의존은 쉽게 종결되며 오랫동안 추가적 문제를 발생시키지 않는 것으로 알려져 왔다(Anonymous, 1963). 달리 보면, 몸이 경험한 통증을 다루기 위해 약물을 사용하는 것처럼 보이며, 약물이나 용량이 올바르지 않은 경우 신호를 보낸다. 용량이 너무 작거나 약하면 통증이 돌아온다. 너무 많거나 강한 용량은 나른함을 유도한다.

개인이 통증을 제대로 관리 할 수 있다는 것을 알게 되면 제공된 투여량을 줄일 수 있는데, 이는 예상되는 통증에 대해 더 이상의 두려움이 없고 긴장되지 않기 때문이다(Twycross, 1994; Twycross & Wilcock, 2002). 효과적인 약물 치료는 불안감을 줄이는 안전감을 제공한다. 그러한 통증의 심리적 구성요소를 다루는 것이 진통제의 투약량을 줄일 수 있고 불편함을 보다 쉽게 관리할 수 있다. 그러므로 이완(relaxation)은 실제로 개인이 더 큰 통증을 참고 더 낮은 용량의 투약을 수용할 수 있게 한다. 임종자는 신체적 통증보다 고통스러운 것 또는 훨씬 더 괴로운 다른 신체적 증상을 경험할 수도 있다(Saunders & Sykes, 1993). 이러한 증상에는 변비(마약성 약물의 일반적인 부작용), 설사, 메스꺼움, 구토를 포함한다. 때때로 무력감, 이용 가능한 에너지의 감소, 식욕부진, 호흡곤란이 있다. 마찬가지로, 자기 이미지와 타인에게 비치는 자기 모습에 중요한 가치를 두는 사람에게는 탈모, 눈 주위의 다크서클, 피부색의 변화도 중대한 문제가 될 수 있다. 또한 오랫동안 침대에 누워 있거나 앉아 있으면 피부 궤양이나 욕창이 추가적인 불편함과 감염의 잠재적인 원인이 될 수 있다. 이러한 종류의 불편함을 줄이는 것은 언제나 효과적인 임종자 간병의 관심사였다(Kemp, 1999). 탈수는 임종자에게 자주 발생하는 문제를 보여준다(Zerwekh, 1983; 또한Gallagher-Allred & Amenta, 1993 참조). 정맥주사가 이용될 수 있으나 그 방법은 생애 말기의 아픈 사람의 부담에 더 큰 고통의 근원이 될 수 있다. 또한, 이미 쇠약해지고 장기체계가 더 이상 효과적으로 기능하지 않는 신체에 과도한 체액을 유발할 수 있다. 종종 한 모금의 주스나 기타 액체, 얼음 조각 또는 좋아하는 맛으로 입술을 축이는 것은 삶의 질을 유지하는데 충분할 수 있다. 이는 효과적인 임종자의 간병은 그들의 모든 괴로운 신체적 증상을 다루고 반드시 그들의 현재 상황에 적합한 방식으로 이루어져야 함을 보여준다. 이러한 간병은 의사, 간호사, 다른 전문 간병인의 개입이 필요할 수 있다. 그러나 가족 간병인과 중요한 사람들 또한 이런 상황에서 중요한 역할을 담당한다. 특히 아픈 사람에게 가장 도움이 되는 방법과 그들 자신의 신체적 요구(예, 피로)가 충족되는 방법을 보여줄 때 그렇다.

심리적 차원

또 다른 관심사는 임종에 대처하는 *심리적 차원*과 과제를 중심으로 전개된다. 간병인은 임종자의 신체적 차원을 담당하는 이들보다 이런 우려를 가지고 일하는 것이 훨씬 불편할 수도 있다. 신체적 통증을 가진 사람과 함께 하는 것도 힘들지만 우리는 소위 부정적 기분에 직면하는 것에 더 어려움을 느낀다. 그럼에도 불구하고 죽어가는 사람은 종종 이러한 종류의 감정을 표현하려고 한다. 그런 사람은 분노와 슬픔, 걱정과 공포를 경험할 것이다. 그러한 기분에 맞서 사람들은 어떻게 말하고 행동하는 것이 옳은지 궁금해 한다.

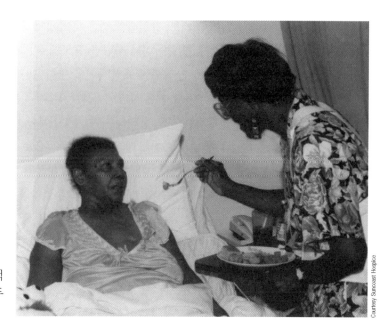

식사를 즐기는 것은 신체적으로나 심리적으로나 모두 이익이 된다.

종종, 말하거나 행동하는데 구체적이거나 보편적인 옳은 방식은 존재하지 않는다. 그러나 그것이 아예 할 말이나 할 행위가 *없음*을 의미하는 것은 아니다. 사실, 누군가는 도움이 될 만한 많은 것을 말하거나 행동 할 수 있다. 종종, 가장 도움이 되는 것은 단순히 *옆에 있고 들어주며*말하는 것 전부가 진실하고, 신뢰할 만하고, 지원적이고 배려한다고 확신시키는 것이다(Zerwekh, 1994). 모든 두려움, 분노 또는 슬픔을 사라지게 하는 방식을 찾는 것은 가망 없는 탐색을 시작하는 것이다. 이들 감정은 현실이며 그것들은 겪어내야 하는 것이다.

한 학생이 예전에 우리에게 임박한 죽음의 예후를 알리는 사람은 슬프거나 우울해질 것이라고 믿으며, 그 감정은 바람직하지 않다고 생각한다고 말했다. 그녀는 그것이 발생하지 못하도록 하는, 또는 발생했더라도 그것을 끝낼 수 있는 수단을 찾겠다고 말했다. 그것은 비현실적이다. 누군가에게 불행한 소식이 전해지면 -어떤 종류의- 슬픔은 *적절한*반응이다. 또한, 많은 전문 간병인을 비롯한 일부 사람들은 너무 빨리 우울로 인한 슬픔을 확인해버린다. 그러나 사람이 죽을 것이라는 것을 깨닫는 것은 상실(아마도 수많은 상실)과 마주하는 것이며 그 상실에서 인간은 슬퍼하게 된다.

분노는 특히 불편해질 수 있는 또 다른 감정이다. 분노는 종종 누군가의 필요가 좌절되거나 누군가 다쳤을 때 이해할 수 있는 반응이 아니라, 건설적 또는 파괴적으로 표현될 수 있는 반응인 파괴적인 감정으로 간주된다. 임종에 대처하는 이들은 종종 많은 분노를 느낀다. 그들은 그들이 경험하고 있는 상실과 아무 이유 없이 타인들이 행복하고 건강하고 만족스러운 삶을 살고 있다는 것 때문에 화를 낼 수도 있다. 또한, 신체적 또는 다른 제한 때문에 임종자의 분노는 그것이 표현될 수 있는 방식에서 제한될 수도 있다. 놀랍지 않게도, 강렬한 느낌은 타인에게 투사될 수 있다. 즉, 적절한지 여부와 상관없이 가장 쉽게 이용 가능한 사물이나 사람을 향하게 된다.

이러한 종류의 분노는 확인되고, 인정되며 표현되어야 한다. 이러한 감정을 간단히 사라지게 할 수는 없다. 감정은 현실이다. 누구도 어떤 사람이 느끼는 감정을 멈추게 할 수 없다. 강렬한 감정을 항상 억눌러야 한다고 생각하는 것도 합리적일 수 없다. 예를 들어 분노와 아드레날린의 과다 분출은 함께 진행된다. 분노가 멈추고 아드레날린이 신체적으로 홍수를 이룬다. 불평, 불만 내지 비명의 대상이 도우미일 때, 그러한 분노와 기타 강렬한 감정의 표현에 일반적으로는 개인적인 이유가 전혀 들어있지 않음을 깨닫는 것이 매우 위로가 되지 않을 수도 있다. 그러나 그런 경우가 종종 있다.

그러한 상황에서, *자신의 불편함에 익숙해지는 것을 배우는 것*이 중요할 수도 있다. 즉, 도우미로서 우리의 과제는 임종자가 더 이상 그러한 감정을 품지 않도록 하는 마법과도 같은 "올바른" 일을 찾는 것이 아니다. 그들이 왜 그렇게 느끼는지를 말하게 하고 그들에게 신체적 또는 언어적 단서를 통해 그렇게 하는 "허락"을 하는 것, 즉 정말로 듣는 것이 아마도 할 수 있는 가장 유용한 방법일 것이다(Nichols, 1995).

또한, 죽어가는 많은 사람들이 누군가에게 "당신이 어떻게 느끼는지 알아요"라고 말하는 것이 도움이 되지 *않는다*고 보고했다. 한 가지에 있어서, 이는 거의 확실하게 사실이 아니다. 대부분의 사람들은 그런 말을 한 상대방의 상황에 실제로 놓여 본 적이 없으며 아무도 다른 사람의 감정을 실제로 경험할 수 없다. 또한 그러한 발언은 종종 상대방의 감정을 최소화하거나 단순화하려는 시도로(옳건 그르건) 인식된다.

"부정적" 감정을 경험하는 이들이 어떻게 도움을 받을 수 있는가? 만약 이 질문이 어떻게 누군가가 그 감정을 멈추게 할 수 있는가?를 의미한다면, 그 질문은 우리의 감정에 대한 불편함과 임종에 대처하는 사람들의 욕구보다 불편함을 끝내야 할 필요성에 대해 더 많이 말할 수 있다. 여기서 두 가지가 언급되어야 한다. 첫째, *외부인은 다른 사람이 다른 감정 또는 더 좋은 감정을 느끼게 할 수 없다.* 둘째, *그것은 종종 부적절한 목표이다.* 죽어가는 사람들은 자신의 삶의 경험과 함께 살아야 할 때처럼 자신의 감정과 함께 살아야 한다. 그들은 자신의 감정을 식별하는 데 도움을 줌으로써, 자신의 특정 상황에 맞는 감정을 인정함으로써(실제로 그렇다면) 자신의 감정을 환기시키거나 공유하도록 허락함으로써 도움을 받을 수 있다(Corr & Corr, 2008a).

여기에는 마법의 공식이 존재하지 않는다. 올바른 행동이나 진술에 대한 요리책이 존재하지 않는다. 그럼에도 불구하고 죽어가는 사람을 돕는 것처럼 보이는 것은 누군가가 그들의 말을 듣고 그들이 느끼는 것을 진지하게 받아주는 것이다. 이것은 도움이 될 수 있는 한 가지 방법이다. 조력자는 그러한 사람들(물리적, 감정적, 존재적으로) *곁에 있고* 그들이 말하는 것에 *주의를 기울일* 수 있다(개인적 통찰 7.2 참조). 조력자들이 그들의 내적 독백을 그만두고, 그들이 "올바른" 답변을 찾기를 그만 둔다면, 그리고 그들이 단지 *공감하면서 듣는다면*, 그것이 도움이 될 수 있다(Wooten-Green, 2001). 예를 들어, 조력자들은 오디오테이프 또는 비디오테이프를 만들거나 또는 단순히 대화 또는 글로 누군가의 생각을 공유하는 것과 같은 삶의 리뷰 활동에서 회상하고 참여하고자 하는 사람들을 격려할 수 있다(Pelaez & Rothman, 1994). 이러한 활동은 도움이 되는데 그들이 죽어가는 사람에게 명료하고 큰 소리로 "당신이 중요해요, 당신과 당신 감정은 현실이고 내게 중요합니다"라고 말하기 때문이다. 그것은 또한 타인들이 그 사람이 필요하다고 생각하는 것보다는 죽어가는 사람이 필요한 바를 듣는데 도움이 된다. 다른 사람을 이해하고 함께 느끼기 위해 도달하는 *동정심이나 공감*(Compassion or empathy)은 위계적이고 먼 관점에서 다른 사람을 불쌍히 여기는 *동정*(pity)과는 상당히 다르다. 가필드(Garfield, 1976, p. 181)가 몇 년 전 쓴 것처럼 "말기 환자에게 효과적인 심리적 지지를 제공하는데 있어 가장 큰 단일 장애물은 막강한 전문 스탭들이 "우리"와 "그들"을 구분하는 것이다."

개인적 통찰 7.2

좋은 청취자가 된다는 것

내가 좋은 청취자라면 다른 사람을 방해하거나 듣는 척 하면서 나의 다음 말을 계획하지 않는다. 나는 말한 것을 듣고자 노력하지만, 말하지 않은 것과 말한 것 그 행간에 대해서 열심히 듣는다. 나는 서두르지 않는다. 왜냐하면 대화를 위해 미리 지정한 목적지가 없기 때문이다. 우리는 이미 여기에 있으므로 거기에 갈 필요가 없고 현재 나는 말하고 있는 사람 앞에 완전하게 존재하고 있다. 연자는 분류하거나 조작해야 할 대상이 아니지만 우리와 다른 점이 있더라도 이해할 수 있는 삶의 상황을 가진 객체이다. 내가 좋은 청취자라면 우리가 공통으로 갖고 있는 것은 우리가 갈등하는 것보다 중요해보일 것이다.

이것은 내가 아무 말도하지 않는다는 것을 의미하지 않는다. 나는 선언문을 발행하거나 고발을 하기보다는 질문을 하는 편에 가깝다.

출처: Westphal, 1984, p. 12

우리가 인간으로서 가장 어려운 의무 중 하나는 고통을 겪는 이들의 목소리를 듣는 것이다. 아픈 사람의 목소리는 무시되기 쉬운데 그들의 목소리는 종종 떨리고 전달하려는 메시지가 섞여있기 때문이다. 특히, 편집자들이 그것을 건강한 사람들이 읽기에 적합한 상태로 만들기 이전의 그들의 말하는 형태가 특히 그렇다. 이런 목소리는 우리 대부분이 우리의 취약성을 잊어버릴 것이라고 생각한다. 듣기는 어렵지만 그러나 그것은 또한 근본적인 도덕적 행위이다... [게다가] 타인의 말을 듣는 데서 우리는 우리 자신을 듣게 된다. 그 이야기에서 목격의 순간은 개개인이 다른 사람을 위할 때 상호 필요성을 결정짓는다.

출처: Frank, 1995, p. 25

183

교구 방문객이 호스피스 환자를 접견하고
있다.

　적어도 많은 경우에, 도움이 될 수 있는 또 다른 것은 *그 사람을 만지는 것*이다. 어떤 이들은 신체적 접촉을 불편해 한다. 홀(Hall, 1966)이 그가 "근접학(proxemics)"이라 불렀던 분석에서 적었던 것처럼 그런 사람들은 자신 주변에 상당히 큰 개인 공간을 유지하며, 그들은 아마도 타인들이 그 공간을 침입하는 것을 거부하고 저항할지 모른다. 그러나 아픔은 이러한 장벽을 무너뜨릴 수 있다. 예를 들어, 신체 마사지는 심리적으로 도움이 될 수 있다. 종종 친구나 관련 있는 사람들이 손목이나 팔을 만져주거나 손을 잡거나 포옹을 해주는 것이 도움이 될 수 있다. 모든 사람이 이것에 호의적으로 대응하는 것은 아니다. 각자가 개인적인 기대와 가치를 가진 개별 인간이다. 도우미들은 이 시점에서 죽어가는 이의 가치를 존중해야 한다. 허락을 구하는 것이 바람직할 것이다. 그러나 임종에 대처하는 다수의 사람들에게 부드럽게 만져주는 것은 심리적으로 치유가 된다.

　어떤 준비와 훈련이 도움이 될 수 있지만, 임종자의 심리적인 과제의 많은 부분이 조력자가 전문 간병인이건 아니건 상관없이 누구에게나 도움을 받을 수 있다(Doka, 2009; Parkes, Relf, & Couldrick, 1996). 심리적 차원의 임종 대처가 더 깊어지고 개인의 삶의 질을 방해한다면, 전문 카운슬러나 치료사가 도움이 될 수 있다. 마찬가지로, 심리적인 과제를 돕는데 특히 유능한 사람들은 임종 대처가 임상적 우울증, 혼란 상태, 또는 정신 질환의 특정 형태를 동반 할 때 도움을 요청할 수 있다(Stedeford, 1978; 1984). 어쨌든, 이 시간의 삶을 가능한 한 좋게 하기 위해 필요로 하는 모든 케어를 제공하는 것이 목적이라면, 그 사람이 죽어 간다는 이유만으로 특정 전문성이나 치료 방식을 부적절한 것으로 간주해서는 안 된다는 교훈이 있어야 한다.

　임종에 대처하는 것 그 자체가 자살 경향성과 같은 정신의학적 문제와 관련이 있다는 증거는 없다(Brown, Henteleff, Barakat, & Rowe, 1986). 그러므로 스테디포드(Stedeford, 1979; pp. 13-14)는 임종에 대처하는 이들의 간병에 대한 일반적인 규칙으로서 "복잡한 심리 치료가 감수성, 환자를 이끌기 보다는 환자를 따르려는 의지, 임종 심리에 대한 지식, 그리고 죽음의 필연성을 수용할 수 있는 능력만큼 필요한 것은 아니다."고 주장하였다. 결론적으로, 우리는 우리의 실제 사망률과 심각한 손상에 대한 이전의 경험에 대처할 수 있을 때 임종자나 임종에 대처하는 사람을 가장 잘 도울 수 있는 것이다. 그렇게 하지 않는 것은 종종 우리의 돕는 능력을 복잡하게 하는데 그 이유는 누군가의 요구가 해결되고 있는지를 평가하는데 실패할 수 있기 때문이다. 죽어가는 사람들과 그 가족들을 보살피는 측면에서의 근본적인 기준은 *보살핌(caring)이 도움을 주려고 하는 사람의 필요와 과제와 관련이 있어야 하고 관련이 있는 것처럼 보여야 한다는 것*이다. 간병인은 항상 "*이 특정 환자에게 가능한 여러 치료 방법 중에서 상대적 가치는 무엇인가?*" 물어야 한다(Cade, 1963, p. 3).

사회적 차원

임종 대처에서 *사회적 차원*은 보통 신체적, 심리적 차원만큼이나 압박감을 느낀다. 사회적 차원은 우선 대부분의 개인이 그들의 삶에서 풍부한 역할을 차지하는 하나 이상의 사람들과 맺고 있는 특별한 관계에서 표현된다. 이 특별한 사람들은 그 사람이 그의 친밀한 성취와 업적을 가져다주는 경우이다. 이들 관계 내에서 개개인은 안전과 안정을 찾는다. 그들의 쉼터에서 그는 계획을 세우고, 문제를 겪어내고 의미 있는 것을 정의한다. 여기서 사랑은 가장 기본적으로 둘 이상의 사람들의 삶에서 표현된다. 종종 그러한 특별한 사람의 존재 속에서 보다 나은 기분을 느끼고 삶의 문제에 덜 휩싸이는 느낌을 갖는 것만으로도 충분하다.

임종에 대처하는 사람들은 그들이 가치 있다고 생각하는 관계가 증진되고 장려될 때 도움을 받을 수 있다. 활력이 낮으면 그들이 한때 중요하다고 여겼던 관계를 모두 지탱하지 못하게 될 수도 있다. 개인들이 참여하는 집단은 그 형태, 크기 또는 성격이 변화할 수 있으며, 임종에 대처하는 이들은 아마도 이러한 관계의 가장 중요한 요소를 유지하는 방법이 보여 지기를 원할 것 있다. 그들은 계속해서 그들의 삶에서 특별한 사람들과 관심을 주고받기를 원할 것이다. 이 특별한 사람들의 정체성, 임종에 대처하는 사람이 가진 애착의 본질, 그리고 그러한 관계가 유지되고 성숙되는 방식에 대한 감수성은 보살핌과 도움의 중요한 부분이다.

사회적 차원은 또한 가족, 노동력 그리고 지역사회 전체에서 한 사람의 역할과 위치에 대한 관심을 포함한다. 예를 들어, 경제적 관심사가 매우 중요할 수 있다. 우리 사회에서, 많은 사람들이 보건의료 비용과 죽어가는 사람이 이전에 제공 받았던 수입이 없어지므로 그들 가족이 경제적으로 생존할 수 있는 방법에 대해 걱정한다. 다른 걱정거리도 또한 존재한다. 내가 직장에서 시작한 프로젝트를 끝마칠 수 있을까? 내 사업(고객, 소비자, 주주, 피고용인, 학생, 파트너십)에 어떤 일이 일어날까? 내 배우자는 어린 아이들의 한부모가 되는 것에 어떻게 대처할 수 있을까? 누가 내 노부모님이

개인이 사회적 돌봄의 한 형태임을 흥미로운 자료를 통해 읽어줌

나 나이 들어가는 배우자를 부양할 것인가?

이러한 유형의 질문들은 수많은 죽어가는 이들에게서 제기된다. 이런 우려에 도움이 되는 하나의 대응은 우선 임종에 대처하는 이들이 그들의 걱정거리를 말하게 해주고 그 다음 그들의 옹호자가 되는 것이다. 즉, 사람들은 그들의 구체적인(혹은 그다지 그렇게 구체적이지 않은) 문제에 대한 지원이 될 수도 있는 자원을 찾도록 들어주고 도와줄 수 있다. 때때로 옹호는 다른 사람들을 대신하거나 또는 다른 사람들 대신 그들의 필요를 충족시키기 위해 노력하는 행위를 포함한다. 종종 옹호는 개인이 자신의 요구 사항을 충족시키기 위해 스스로 행동하도록 유도하거나 권한을 부여하는 것을 의미한다. 그것은 다른 사람으로부터 대처하는 일을 받아들이는 것을 막을 수도 있음을 유의해야 한다. 그것은 사람이 그의 선택을 인지하도록 돕고 자신의 과제를 성취하는 방법을 생각하도록 돕는 것만으로도 충분할 수 있다. 사회적 역할은 사람들이 자율성을 확인하고 유지하는데 좋은 기회를 제공한다. 사회복지사, 가족 치료사, 카운슬러와 변호사들은 종종 사회적 과제 영역에서 도움이 될 수 있다.

영적 차원

죽어가는 사람들은 종종 여러 종류의 *영적 과제*에 직면한다. 이러한 과제의 상당수는 의미를 찾고, 그 자신과 타인 그리고 그가 탁월한 것으로 인식하는 것과의 연결성을 확립, 재확립 및 유지하는 것과 관련이 있다(Longaker, 1998; 또한 이 책 6장 참조). 한 사람의 삶에서의 영적 차원이 신체적, 심리적 사회적 차원을 통해 종종 기초를 이루고 그것에 의지하는 것이지 그것들과 구별되는 것이 아님을 아는 것이 중요하다.

간병인은 타인에게 의미나 연결성을 *제공*할 수 없으며 그러한 개인에게 초월자의 경험이나 이해

186

임종에 대처하는 이와 함께 기도하거나 명상하는 것은 영적으로 가치 있을 수 있다.

를 줄 수 없다. 요청을 받으면, 누군가는 타인과 그 확신을 공유할지도 모른다. 그러나 죽어가는 사람이 영적 질문을 던지면, 그들은 우리의 답변에 흥미가 없을 수도 있다. 대신 그들은 "그들 자신의 이야기를 하려고" 혹은 "그들 자신의 노래를 부르고자" 노력한다(Brady, 1979).

우리가 처음 영적 이슈를 제기하는 이들과 함께 앉았을 때, 우리는 신중하게 대답하기 시작했다. 때로 이들은 우리를 쳐다보고 우리의 말을 듣는 것처럼 보였다. 때때로 그들은 우리의 대응에 대해 곧장 말하곤 했다. 우리가 말하기를 그만두면 그들은 계속해서 이들 문제에 대한 그들의 생각을 진행시켰다. 궁극적으로, 우리는 사람들이 그들의 마음속에서 이러한 이슈를 분명하게 표현하는 방법으로 영적으로 중요한 것에 대해 질문한다는 것을 배웠다. 말하기는 그들의 생각을 발전시키는 방법이며 아마도 우리가 그들에게 그들의 대답을 만들도록 허용할지 여부를 결정하려고 시도했을 것이다. 다시 말하면, 일반적으로 요청되는 것은 누군가 옆에 있고, 공감해주고 들어주고 *그들의 여정에 동행해주는 것*이다(Ley & Corless, 1988; Savage, 1996; Zlatin, 1995).

도우미는 이 과정에서 도울 수 있다. 사람들은 다양한 방식으로 의미, 연결성, 초월자의 경험을 발견한다(Binkewicz, 2005). 이들 중에는 사물(성스러운 책, 시집, 사진, 아이콘, 조각), 장소(모스크, 나무 오두막, 누군가의 집), 종교 예식 행위(텍스트 읽기, 성사 주기, 기도, 타인이 안수해주기), 공동체나 특정 집단(교회 합창단 내지 지지 집단), 특정 시간(라마단의 달, 속죄의 날, 성탄, 누군가 혹은 사랑하는 사람의 생일, 삶에서 중요한 기념일), 가르침과 아이디어(그리스도교 인에게 있어서 사도 신경, 무슬림에게 있어서 샤하다[Shahada], 유대인에게 있어서 쉬마[Shema] 등), 그리고 특정 사람들(샤먼, 랍비, 이맘, 혹은 가족 구성원-아마도 자녀)가 있다. 주의 깊게 묻고 듣는다면, 간병인은 어떤 개인이 도움이 될지 판단하는 것을 탐색할 수 있다. 이를 염두에 두고 간병인은, 그 사람이 도움 자원에 다가가게 하거나 혹은 그 사람에게 도움이 될 자원을 가져올 수 있다(Mazanec & Tyler, 2003). 이러한 방식으로, 간병인은 그의(간

187

병인이 아닌) 영적 여정에서 죽어가는 사람을 도와주는 동안 자신의 마음속에 자신의 신념을 품을 수 있을 것이다. 영적 탐구는 죽음의 순간에 조차도 거의 완성되지 않는다. 의미를 찾고, 연결성을 키우며, 희망을 쌓는 일은 한 사람의 삶 전체에 걸쳐 풍요롭고 깊어 질 수 있다. 간병인의 역할은 이 지속적 과정을 지지하고 유지하는 것이다. 영적 문제로 어려움을 겪고 있는 죽어가는 사람을 지원하는 중요한 수단은 개인의 창의성에 대한 기회를 강화하는 것이다(Bertman, 1999; Bolton, 2007; Romanoff & Thompson, 2006). 예를 들어, 호스피스는 음악, 문학, 드라마, 시각예술, 금속공예 등에서 창의적인 기회를 제공하는 풍성한 프로그램을 개발해왔다(Bailey et al, 1990). 이런 종류의 예술적 노력은 살아감과 죽어감의 대처에 있어 특별히 인간의 자질을 반영한다. 이것은 다양한 장소(시설 또는 가정에서) 행해질 수 있으며, 그곳에서 도우미는 임종에 대처하는 사람들과 함께 의미와 연결성을 증진시키는 작업을 할 수 있다.

마지막 하나의 단어는 실제로 임종에 대처하는 사람을 도울 수 있는 모든 차원에서 이루어져야 한다. 왜냐하면 그 사람이 그 문제를 한 번 다룬 것이 그 문제가 해결되었다는 것을 의미하지 않기 때문이다. 그 문제는 다시 발생할 수 있다. 다음과 같은 질문 "누가 내 아이가 좋은 교육을 받도록 봐줄 것인가?" 혹은 "26세에 내가 죽어간다는 것은 무슨 의미인가?" 등은 다시 반복해서 찾아올 수 있다. 도우미는 그 사람이 어디에 있든 *이 순간에* 그 사람의 말을 들을 준비가 되어 있어야 한다. 죽어가는 사람이나 임종에 대처하는 사람과 그 사람의 말을 듣는 사람들이 함께 도착해야하는 고정된 목표는 없다. 질문이나 요청을 하는 것이 현명치 않을 지라도 -죽음은 항상 예측하지 못하는 방문객이다- 누군가는 삶이 지속되는 한 더 많은 질문, 필요, 욕구와 관심사가 있다는 것을 확신할 수 있다. 삶의 매 순간이 *새로운* 일을 발생시키는 것 외에 다른 이유가 없다면, 인생의 모든 일을 끝낸 사람은 아무도 없다.

도움에 대한 가이드라인으로서의 과제

우리가 이 책에서 임종 대처에 대한 과제-기반 접근을 강조하는 한 가지 이유는 임종에 대처하는 이들을 돕는데 대한 가이드라인을 확인하기 위한 것이다. 우리는 이 가이드라인을 임종자나 임종자에게 영향을 받는 다른 사람(가족, 파트너, 연인, 친구 혹은 간병인)이 추구하는 구체적인 과제에 초점을 맞추어 발전시킬 수 있다. 도우미(전문가이든 일반인이든)는 그런 과제 작업을 가진 사람들의 업무를 촉진시키고 도울 수 있다. 물론, 이런 종류의 도움을 원하지 않는 사람도 있다. 또는 도움을 요청받은 사람에게 도덕적 또는 법적으로 용인 할 수 없는 행위(예: 자살)를 통해 자신의 인지된 과업을 수행하려고 시도하는 것일 수 있다. 자신의 인생에서 어떻게 살아갈 것인지의 한 사람의 선택이 반드시 항상 타인에게 의무를 부과하는 것은 아니다.

임종에 대처하는 사람이 잠재적인 과제를 인지하고 응답하는 방식을 주의 깊게 관찰하는 것은 도움을 위한 구체적인 접근을 그릴 수 있다(초점 맞추기 7.1 참조). 예를 들어, 임종자는 사이가 틀어

초점 맞추기 7.1

돌봄에 대한 다섯 가지 주제와 실용적인 제안

주제	실용적인 제안
1. 당신은 다른 개인들과 다른 사람임을 기억하라	당신이 찾는 의미 있는 것에 대한 답을 제공하는데 신중하라. 각 사람은 고유의 경험이 있으며 그 자신의 의미를 찾아야 한다. 당신의 관점에 대해 질문을 받으면 절대적 진실을 제공해야 하거나 의도하는 사람처럼 말하지 말되 차라리 당신의 삶의 경험에 비추어 어떤 의미 있는 것을 발견한 것처럼 대답하라.
2. 죽음을 앞두고 있거나 사랑하는 사람의 죽음을 목전에 두는 것은 각 개인이 스스로 겪어야 하는 과제의 정도에 관한 심오한 경험임을 인식하라	진정으로 같이 있어라. 이는 특정 순간에 그와 함께 있고 그의 과제에 집중해주는 것을 의미한다. 임종에 대처하는 이가 그의 특정, 개별 인생 경험을 그의 성공, 노력, 실패와 의미를 찾는 것과 더불어 함께 말하려고 하는 것을 들어라. 그 사람에게 이러한 인생 경험과 의미를 탐색하는 것을 이해할 안전한 공간을 허용하라. 주의 깊게 듣고 다른 사람이 이 특정 순간에 무엇을 의미하는 지를 상상하여 타인의 경험을 이해하도록 하라. 미묘하거나 명백한 그 증거에 주의를 기울여 그 사람이 이 특정 순간에 예를 들어 그가 혼자 있고 싶어 하는지 혹은 당신과 같이 하려고 하는지 혹은 다른 사람과 같이 있고 싶어 하는지 등에 대해서 호응한다. 존재의 형태로서 침묵을 수용한다. 그 침묵에 대한 당신의 불편함을 인식하고 수다나 가르침으로 그것을 채우려는 충동을 억눌러라.
3. 당신이 돌보는 사람의 의미와 가치를 존중하라	타인의 의미와 가치에 판단을 하지 않도록 하라. 우리 누구도 타인의 인생 경험이 어떠한지 어때했었는지 그리고 우리 누구도 우리의 지식이나 이해에서 오류가 없는지에 대해서 완벽하게 자신할 수 없음을 염두에 두라.
4. 그 사람의 의사 결정 능력을 강화하고 그의 실제 결정을 지지하라	한 개인이 그의 선호도, 욕구, 가치, 필요를 명료화하는 것을 돕기 위한 질문을 하고 그 사람이 당신의 질문에 대한 대응에 기초해 선택하게 도우라. 다른 간병 제공인이 그의 결정을 실현하고자 하는데 그 사람을 지지해준다.
5. 그의 삶과 의미에 대해서 그와 같이 회상하라	그의 삶의 경험에 관해서 그 사람에게서 이야기를 이끌어내라. 그 사람이 그가 기억하고 그 이야기를 반복하여 회상하는 것을 허용하고 그를 지지하라. 이들 이야기를 기록하여 공유될 수 있게 하라. 그 사람에게 중요하고 기억의 과정에 도움이 될 때, 노래, 독서, 예식 혹은 기도를 그 사람(과 소중한 이들이) 이용할 수 있게 하라-그래서 의미의 발전을 지지한다.

출처: Colorado Collaboration on End-of-Life Care로부터(날짜 없음)

진 친척과 연락을 다시 하려는 욕구를 표현할 수도 있다. 그것은 도우미로 하여금 전화를 걸거나 이메일을 보내거나 편지를 쓰거나 혹은 도우미가 그 사이가 틀어진 친척과 중간에서 적절히 첫 연락을 중재하는 등으로 돕는 방식을 이끌어낼 수 있다.

가족들은 종종 그들의 죽어가는 친척 중 한 사람이 필요로 하는 보살핌의 상당 부분을 제공하고 그렇게 하길 원할 가능성이 가장 높은 사람들이다. 그들은 죽어가는 사람을 둘러싼 자연스럽고 비공식적인 네트워크를 구성한다. 따라서 이 작업에서 그들을 격려하고, 그들의 강점을 이끌어내고, 그들이 한계를 인식하도록 격려하고, 그들이 질환이 진행됨에 따라 직면할 수 있는 어려움을 예측하는데 도움을 주는 것이 중요하다(Corr & Corr, 2008b; Doka, 2008; Hospice Foundation of America, 2007; McCleery & Thorn, 2009, National Institute on Aging, 2008). 무엇보다도, 가족 간병인의 필요를 인식하고 그들이 과도한 영웅적인 노력으로 지치지 않게 지지하는 것이 중요하다. 가족 외의 전문가 및 기타 도우미는 가족 간병인이 죽어가는 친척과 서로서로를 돕기 위해 가족 간병인을 활성화하고 모니터링 하는 데 중요한 역할을 수행 할 수 있다.

집에서 임종자를 돌보는 가족에게 있어서 도우미는 간병이라는 물리적 짐으로부터 일시적인 해방을 제공하거나 혹은 심리적, 사회적 활력을 위한 휴식 시간을 줄 수 있다. 도우미는 아마도 방해받지 않고 자거나 휴식을 취할 시간을 가족 간병인에게 제공하기 위해 신체적 돌봄의 일부를 떠맡을 수도 있다. 아니면 도우미는 단지 죽어가는 사람 옆에 앉아서 가족이 시장을 보거나 영화를 보거나 혹은 다른 활력 회복을 위해 외출할 기회를 제공할 수도 있다. 지각력이 있는 도우미는 죽어가는 사람과 그 배우자가 함께 시간을 보내도록 어린 아이들을 공원에 데리고 나올 수 있다.

로젠(Rosen, 1998; 또한 Davies, Reimer, Brown, & Martens, 1995 참조)은 그들의 가족 중 죽음을 앞둔 이의 경험을 설명하였다. 로젠에 따르면, 이러한 경험은 증상이 처음 진단 될 때까지의 준비 단계, 실제로 치명적인 질병과 함께 생활하는 중간 단계 그리고 그것과 관련된 돌봄제공 작업, 그리고 임박한 죽음과 작별 인사를 하는 과정을 수용하는 최종 단계(이를 6장 pp. 162-164에서 생명을 위협하는 질병을 지닌 삶의 다섯 단계에 관한 도카의 설명과 비교해보라)로 구성되어 있다. 이 과정에서의 서로 다른 시점에서 그런 가족을 돕는 많은 방법이 있다. 예를 들어, 로젠은 도우미가 가족의 구조, 역사 및 관계를 식별하기 위해 3세대 가계도(a three-generation family tree)를 사용하도록 권장했다(Gerson, McGoldrock, & Petry, 2008; McGoldrick & Gerson, 1988). 이 가계도는 가족 내 대인관계 및 도우미가 동원하려고하는 내부 자원을 묘사함으로써 도움을 줄 수 있는 일종의 로드맵을 제공한다. 로젠은 또한 가족이 익숙한 방식("의식")과 그리고 그들이 해결해야 할 필요가 있는 작업에 그들의 주의력과 에너지를 집중시키는 구체적인 제안("코칭")을 돕는데 문학과 영화자료를 사용할 수 있음을 보여주었다. 이러한 접근에서 주의해야 할 것은 도우미가 사용하는 전략들이 해당 가족의 구체적 특징과 그 문화적 또는 민족적 배경에 적응되어야 한다는 것이다.

이것은 단지 몇 가지 예시일 뿐이다. 원칙은 이러한 *대처작업(coping task)이 구체적*(concrete),

특정적(specific), 개별적인(individual) 상황에서 항상 적절하다고 평가되는 경우 도우미의 가이드라인이 될 수 있다는 것이다. 예를 들어, 그들이 함께 이야기하면, 임종자와 도우미는 수행 할 수 있는 많은 대처 작업에 합의 하게 될 것이다. 그러면 기민한 도우미는 임종자가 (있을 경우) 어떤 작업을 먼저 수행해야하는지 결정할 수 있게 되며, 그리고 언제, 심지어 시간이 지남에 따라 결정을 바꿀 수도 있다. 이것은 임종자의 자율성을 향상시키고 너무 많은 것이 그의 통제로부터 벗어나게 될 그 시간에도, 여전히 그가 보유하는 통제력을 보여준다. 여기서 도우미는 임종자의 삶에서 너무 많은 것이 안전하지 않더라도 안전감을 길러준다.

임종에 대처하는 개개인은 어떤 순간에 그들에게 중요한 과제를 선택함으로써 우리를 놀라게 할 수 있다. 그들은 별로 친하지 않은 사람들의 방문을 허용하는 것보다는 그들 회사에 사랑하는 반려동물을 두는 것이 더 중요할 수 있다. 그들은 여전히 다른 사람들에게 어떻게 보일지에 대해 또는 다이어트 프로그램을 따르는 것에 마음을 뺏길 수 있다. 그들은 정신과 의사보다는 병원 관리인과 이야기하는 것이 더 편안할 수도 있다. 그들은 영적 충고를 해주는 목사보다는 안경을 닦아주고 등을 문질러주고 또는 발톱을 정돈해주는 이들에게 더 고마워할 수 있다. 그들은 식품부서에 주의를 기울여 계획한 영양식사 보다 영국인이 "당신들이 좋아하는 것을 조금만(a little of what you fancy)"(Willians, 1980)로 기술한 패스트푸드 햄버거나 감자튀김의 마지막 맛에 더 관심이 있을 것이다.

이 반응의 범위는 죽어가는 사람들이 살아있는 인간이라는 것을 우리에게 다시 한 번 상기시켜준다. 그들은 타인의 노래에 "부드럽게 살해당하"는 것이 아니라 적절한 방법으로 자신의 삶을 살아가기 위해 그들 자신의 노래를 부를 필요가 있다. 이것은 도우미가 단지 수동적이어야 한다는 것을 의미하지 않는다. 한 사람은 해야 할 일을 제안하고, 선택지를 제공하고, 기회를 제공 할 수 있다. 가끔 그들이 원하지 않지만 그들의 욕구를 충족시킬 무언가를 아직은 그들이 깨닫지 못한 방식으로 하도록 강력하게 촉구하는 것이 중요하다. 경력이 많은 간병인은 이와 같은 사안에 대해 언제 주장을 해야 하고 언제 물러날지를 배운다. 그러나 결국, 의사결정은 도움을 주는 사람이 아니라 주로 도움을 받는 사람이 내리는 것이다.

모든 유형의 도우미는 임종자의 말을 경청하고 안내해야 한다. 그렇지 않으면, 도우미는 단지 자신의 아젠다를 임종자에게 강요할 뿐이다. 누군가 임종과 솟구치는 강한 감정, 그리고 충동에 대처하는 것을 배우면 모든 것을 다시 올바르게 만들도록 노력하게 될 수도 있다. 그것은 자주 가능하진 않지만, 가능한 것이 아무 것도 없다고 결론지으면 안 된다. 한 개인이 살아있는 한, 그의 삶의 질을 개선시킬 어떤 것도 가능하다. 이 때문에 우리는 임종에 대처하는 사람을 향해(떠나가는 것이 아닌) 나아가야 한다.

어떤 사람이 하는 일이 항상 가장 중요한 것은 아니다. 중요한 것은 누군가의 행동은 그 사람의 걱정거리를 보여 준다는 것이다. 종종, 그 행동은 단순하고 구체적인 것일 수 있다. 그 제스처는 허용되지 않을 수 있으며, 승인되지 않을 수도 있다. 임종자는(다른 사람들처럼) 성격이 심술궂어지거나 지칠 수 있다. 간병인에게 그것들은 중요하지 않다. 왜냐하면 그 제스처는 자신이 아닌 다른 사람을 위해 만들어진 것이기 때문이다.

도우미가 생각하기에, 도움은 도움을 받아야 할 사람이 있어야 한다고 생각하는 곳이 아니라 도움을 받아야 할 사람이 있는 바로 그곳에서 도움을 받아야 하는 사람과 함께 시작해야 한다. 그러므로 도우미 역시 자신의 재능, 장점, 한계와 함께 자신이 있는 곳에서 시작해야 한다.

정직한 감정이나 불확실한 느낌을 공유하는 것이 좋은 출발점이 될 수 있다. 웃는 것, 관심을 보이며 판단하지 않는 방식으로 듣는 것, 그리고 단지 조용히 있어 주는 것이 종종 고맙게 생각된다. 무감각한 진부함을 피하는 것은 좋은 생각이다(Linn, 1986). 구체적이고 실질적인 방식으로 도움을 제공하는 것이 바람직하다. 자신의 희망을 일깨우는 것, 성장의 기회를 조성하는 것(Byock, 1997), 그리고 다른 사람의 삶이 나 자신의 삶에 의미가 있다는 신념을 공유하는 것(종종 비언어적 방식으로)은 감동적인 보살핌을 받을 수 있게 한다. 사실상 어떤 말도 할 수 없을 때, 임종자의 손을 잡고 함께 우는 것은 많은 것을 말해준다.

효과적인 의사소통

과거 우리의 죽음제도(death system)는 종종 임종자에게 그들의 진단과 예후에 대해서 직접 말하지 말 것을 권고했다(예를 들어 Oken, 1961; 6장에서 폐쇄된 인지의 맥락에 대한 논의를 생각해보라). 솔직함이 희망과 살고자 하는 의지를 꺾거나 또는 자신의 삶을 끝내도록 부추긴다고 생각했다. 사실, 이것이 일어났다거나 또는 일어나지 않았다는 증거는 없다. 그럼에도 불구하고 *효과적인 의사소통*의 주요 문제는 특정 의사소통 행위가 임종자들의 필요에 부응하고 사려 깊게 보살피는 방식으로 수행되는지 여부이다. 의사소통의 내용은 그것이 표현되고 이해되는 방식만큼 중요하지 않을 수 있다. 거짓말이 해악을 끼칠 수 있는 것과 마찬가지로 취약한 사람에게 진실은 잔인해질 수 있다 임종자의 손을 잡아주고 그 사람과 함께 우는 것은 사실상 말이 가능하지 않을 때 소리를 낸다.

대부분의 경우에, 우리의 죽음제도는 이제는 임종자에게 그들의 진단과 예후에 대해 솔직하게 말할 것을 장려한다(Novack et al., 1979). 부분적으로, 이것은 사람들이 "생애 말기 이슈에 대한 의사소통이 합리적 결정을 내리고 이해하도록 하는 열쇠다"라는 것을 깨달음으로써 발생하였다(Thomas, 2001, p. 42). 따라서, 그런 의사소통을 방해하는 것은 합리적인 의사 결정과 좋은 치료의 제공 모두를 차례로 방해 할 수 있다(Fallowfield, Jenkins, & Beveridge, 2002). 또한, 사회는 사전동의서(informed consent)와 환자의 권리를 점차 강조하기 시작했다(Annas, 2004; President's Commission, 1982, Rozovsky, 1990). 전문적 개입 또는 지지 치료에 대한 동의는 제안된 중재 및 예

연령 차이가 효과적인 의사소통의 장애물일 필요는 없다.

상되는 결과(outcomes)와 같은 현재 상황을 이해하는데 필수적인 정보에 기반하지 않는 한 자유롭게 이루어질 수 없다. 긴박한 상황에서 조차도, 보살핌을 위해 필수정보가 제공될 수 있으며, 동의는 관련된 모든 사람들의 존엄성을 증진하는 방식으로 얻을 수 있다.

임종 대처에 효과적인 의사소통을 향상시키는 방법의 두 가지 좋은 예가 있다. 버크먼(Buckman, 1992b)은 나쁜 뉴스를 전달하는 방법에 대해 일련의 제안을 했다(표 7.1 참조). 결코 쉬운 작업이 아니지만, 자신의 상황에 대해 알아야하는 사람에게 그리고 정보를 전달할 필요가 있고 도움을 받을 수 있는지 확인해야하는 도우미 모두에게 필수적이다. 표 7.1에 제시된 단계는 필수적인 보편적 시나리오는 아니지만, 효과적인 의사소통을 위해 도우미가 준비해야 할 더 큰 문헌임을 그들은 지적한다(예를 들면, Buckman, 1992a; Cassell, 1985; Faulkner, 1993).

게다가 캘리넌과 켈리(Callanan and Kelley, 1992, 또한 Sanders, 2007 참조)는 그들이 "임박한 죽음의 인지(nearing death awareness"라고 부르는 것에 대해 조사했다. 이 개념은 죽어가는 사람들의 의사소통이 빈번하거나 수수께끼 같이 모호한 표현으로 치부됨을 인정한다. 대신, 캘리넌과 캘리는 그런 의사소통이 실제로는 (1) 임박한 죽음에 대한 특별한 인지 그리고 죽어가는 개인이 경험한 죽음을 묘사하려는 노력, 또는 (2) 개인이 평화로운 죽음을 경험하기 전에 무엇이 필요한지에 대한 마지막 요청의 표현 중 하나를 반영한다고 주장한다. 이러한 대안들은 임종자에 의해 수행되는 특별한 일련의 의사소통에 주의를 기울이고, 다시 한 번 *능동적인 청취*(active listening)의 필수적인 역할을 강조한다.

효과적인 의사소통은 한 개인이 임종에 대처할 때 삶의 희망과 질을 향상시키는 중요한 부분이다. 그것은 또한 자기-돌봄(self-care)에 있어서 그리고 도우미 자신의 필요를 충족시키기 위한 도움

표 7.1 나쁜 소식을 전달하는 방법: 6단계의 프로토콜

1단계	조심스레 시작하라. 신체적 맥락을 잘 고려하라. 인간적으로 가능하다면 적절한 상황에서 누가 합석해야 하는지 주의를 기울이며 면대면으로 말하라
2단계	얼마나 그 사람이 알고 있는지 알아보라. 지적인 이해, 소통 방식과 감정적 내용을 위해 들어라
3단계	얼마나 그 사람이 알고자 하는지를 알아보라. 어떻게 진행되는지 그 사람이 알고자 하는 정도를 결정하라. 향후 더 문제를 탐색하려는 의지를 제공하라
4단계	정보를 공유하라. 그 사람의 입장에서 시작하라. 원하는 목적의 아젠다를 지닌다. 작은 덩어리로 단순하고 비기술적인 언어로 정보를 공유하라. 수신을 자주 체크하라 자주 정보를 강화하고 명료하게 하라. 소통 수준을 체크하라. 그 사람의 관심사를 들어라. 당신의 아젠다와 그 사람의 아젠다를 혼합시켜라
5단계	그 사람의 감정에 대응하라. 그 사람의 반응을 확인하고 알아준다.
6단계	미래를 계획하고 그에 따른다

출처 : Based on Buckman, 1992a.

을 받는데 있어서 중요하다. 누군가 도움을 주려고 하는 사람과 소통을 하는 방식은 모든 도움이 필요한 상호작용의 하나의 모델이 될 수 있다. 타인을 돕는데 있어 과제는 두 가지 기본 수준에서 나타난다. 첫째는 심지어 사람이 자신의 불편함에 편안함을 요구하고 침묵 속에서 함께 조용히 앉아있는 것 외에 아무것도 할 필요가 없을 때조차도 임종자와 임종에 대처하는 다른 사람들과의 관계를 유지하는 것, 그리고 둘째는 임종에 대처하는 특정 개인의 일부분인 신체적, 심리적, 사회적, 그리고 영적 임무를 식별하고 효과적으로 대응하기 위한 방법을 배우는 것이다. 스스로를 돕는 과정에서의 과제는 돕는 역할에서 보다 큰 만족을 얻기 위해 효과적인 커뮤니케이션을 사용하는 것과 모든 도우미가 필요로 하는 전문적이고 개인적인 지원을 찾는 것이다.

도우미 돕기: 스트레스, 동정적 피로, 소진 및 자기돌봄

임종 대처에 대한 과제-기반 접근법은 도우미들도 또한 고려해야 할 자신의 대처법이 있다는 것을 상기시킨다. 스트레스를 효과적으로 관리하고 동정피로(compassion fatigue) 또는 간병인의 소진 진행을 효과적으로 예방하기 위해서 자기-돌봄은 필수적이다(Corr & Corr, 2008b; Grollman, 1995). 이러한 해로운 상태는 도우미가 감정적으로 예민한 상황에 깊게 또는 장기간 노출되었을 때 발생할 수 있다. 왜냐하면 아마도 위기에 처한 것을 목격하거나 요청 받는 것에 대해 도덕적 괴로움을 느끼기 때문이다. 그러한 상황에서 일어나는 스트레스는 억압적이고 더 이상 참기 어려운 어려움으로 인지될 수 있다. 그것이 발생하면, 도우미는 정서적으로 쇠약해지면서 *동정피로(compassion fatigue)*를 경험할 수 있다. 스트레스의 근원으로부터 자신을 멀리하고 물러나려고 하는 것은 당연

한 일이다(Figley, 1995). 소진(burn out)은 도우미가 신체적, 감정적 그리고 정신적으로 지친 동정 피로의 극단적인 형태로 특히 무력감과 케어 제공자로서의 목표를 달성할 수 없음이 결부되어 감정적으로 날카로운 상황에 장기간 처해 있었기 때문이다.

그들이 가족구성원이든, 자원봉사자 또는 전문가이든 도우미는 필요와 한계를 지닌 인간이다. 그런 이유로, 도우미는 스트레스에 대처하고 자신의 자원에 과부하가 걸리지 않도록 하는 효과적인 방법을 찾아야 한다. 그렇지 않으면, 그들은 생산적인 방법으로 돕는 것을 지속할 수 없게 된다. 최고의 도우미는 자기 자신의 스트레스 요인과 문제에 압도당하는 감정 보다는 풍요롭고 만족스런 삶의 토대에서 일하는 사람들이다(Larson, 1993). 훌륭한 도우미는 대인 관계 및 조직적 지원을 통해 중요한 사람이 죽어 갈 필요가 없다는 것을 증명한다(Papadatou, 2009).

비디오테이프 뉴에이지 호스피스의 심장(The Heart of the New Age Hospice, 1987)에서, 생명을 위협하는 아픔을 지닌 여성이 타인을 돕는 토대를 다음과 같이 설명했다. "사랑이 없는 의무는 터무니없다. 사랑의 의무는 수용할 수 있다. 의무 없는 사랑은 신성하다" 도우미는 오롯이 자신의 욕구가 필요로 하는 것만 할 수는 없다. 그들은 자신이 돕고 있는 사람을 신경 써야 하지만 또한 그들의 사랑에 자신을 포함해야 한다. 최고의 도우미는 또한 자신을 돌볼 줄 알고 자신의 욕구를 충족시키기 위해 시간을 들이는 사람이다. 다시 말해서, 도우미는 다른 사람들의 필요와의 상호작용에서 극단적 간섭과 극단적 거리 간의 균형을 유지하기 위해 노력해야 한다(International Work Group on Death, Dying, and Beravement, 2006; Papadatou, 2000; Vachon, 2007). 바람직한 균형은, 종종 "분리 가능한 관심(detached concern)"(Larson, 1993), "분리 가능한 동정(detached compassion)"(Pattison, 1977), 또는 "외상 치료(trauma stewardship)"(Lipsky, 2009)로 불리며, 도우미가 도움의 역할을 효과적으로 지속하도록 도와주는 사람의 상황으로 들어가는 것이다. 이러한 자세는 각 도우미에 의해 개별적인 방법으로 이루어져야 하며 확실히 상당한 자기 인식을 요구한다. 나우웬(Nouwen, 1972)은 간병인이 반드시 그들이 "상처 받은 치료사"임을 인정해야 함을 지적함으로써 이점을 강조했다.

도우미의 스트레스와 소진은 수많은 연구의 주제가 되어왔다(예를 들면, Selye, 1978b). 한 가지 흥미로운 발견사항은 스트레스는 임종자 및 임종에 대처하는 다른 사람과 일한다는 사실보다는 그 사람이 일하는 상황에서 보다 많이 발생한다는 것이다(Vachon, 1987, 1997). 각각의 경우에, 특정한 스트레스의 원인과 그 스트레스를 다양한 방식으로 변형시킬 수 있는 매개체를 신중하게 조사해야 한다(Friel & Tehan, 1980). 보살핌을 제공하는 조직 구성원 내에서 스트레스를 해결할 수 있는 사려 깊은 프로그램에는 신중한 직원 선택, 훈련, 팀 빌딩, 감독 그리고 공식 및 비공식 방법 지원 제공과 같은 요소가 포함된다(Papadatou, 2009). 그러한 프로그램이 보살핌에 대한 개인 철학의 발전과 보살핌(자기-돌봄인지 타인에 의한 보살핌인지)에 대한 자신의 욕구에 대한 관심이 결부될 때, 임종에 대처하는 사람을 돕는 것은 우리 사회에서의 많은 다른 활동 보다 스트레스가 많을 필요는 없다(Harper, 1994; LaGrand, 1980; Lattanzi, 1983, 1985).

표 7.2 스트레스 관리와 자기-보살핌을 위한 제안들

- 사전대책을 세워라: 효과적인 개입은 좋은 예방으로 시작한다.
- 의무를 맡아라: 다음 중 하나 이상에 초점을 맞추는 적극적 전략을 채택하라: 당신의 스트레스를 유발하는 상황과 그 근원에 대한 평가, 그 상황에서 당신이 할 수 있는 일 혹은 그 상황에서 당신의 반응에 대해 할 수 있는 일
- 한계를 설정하라: 요구와 자원 사이의 역동적 균형을 찾아라, 당신이 돕고 있는 시간과 관여를 제한해라.
- 구획을 져라: 당신의 가정생활과 직장생활 사이에 어느 정도 물리적, 심리적 거리를 두어라
- 스트레스에 튼튼한 시야를 개발하라.
  잠재적으로 스트레스가 큰 상황을 도전 과제, 즉, 위협 보다는 성장의 기회로 보도록 노력하라.
  직장, 가족, 우정에 대한 당신 약속의 균형을 맞추기 위해 노력하라
  삶의 경험이 한계 내에 있고 당신의 통제 안에 있다는 확신을 발전시키도록 노력하라(유머감각은 스트레스를 유지하고 시야를 넓히도록 노력하라
- 가능성의 예술을 실천하라: 당신이 할 수 없는 것이 항상 많더라도 당신이 할 수 있는 것을 하라. 참을성을 지니고 창의적으로 행동하라.
- 의사소통 및 갈등 해결 기술을 향상시켜라: 스트레스는 종종 당신이 보살피고 있고 동정심을 가지고 있으나 무슨 말을 하고 무엇을 해야 할지 모를 때 발생한다.
- 젊어져라: 스트레스는 불가피하므로 자기-돌봄을 위해 운동, 휴식, 그리고 명상 기술을 채택하라
- 당신 자신을 알라: 당신 자신과 친구가 되라. 당신 내적 불만을 다스려라.
- 당신의 자존감을 유지하고 강화하라: 당신의 기술과 당신 자신에 대한 긍정적인 시각을 개발하라. 좋은 일을 하면 기분이 나아질 수 있다. 당신이 의미 있는 일에 헌신했음을 인지하는 것은 당신 자신에 대해 더 잘 느끼도록 도와준다.
- 당신의 사회적 지지를 강화하라: 격려, 지지 그리고 피드백은 자존감 및 자기 효능감을 강화할 수 있다.

출처: Larson, 1993에 기초하여.

스트레스를 관리하고 자신을 돌보는 효과적인 프로그램의 다수의 기본 요소는 표 7.2와 셀리 (Selye, 1978a, p. 70)가 "삶의 스트레스에 최고의 해독제가 되는 레시피"라 불렀던 일련의 제안에서 발견된다.

첫 번째 요소는 당신 자신의 스트레스 수준을 찾고, 당신이 경주마인지 거북이인지를 결정하고 그에 따라서 당신의 인생을 사는 것이다. 두 번째는 당신의 목표를 선택하고 그것들이 진정 당신의 선택이며 당신에게 부과된 것이 아님을 확인하는 것이다. 그리고 이 레시피 상의 세 번째 요소는 이타주의적 이기주의로 타인에게 필요한 존재로서 스스로를 바라보고 그들의 선의를 얻는 것이다.

좋은 도우미는 그들의 강점과 약점(개인적 통찰 7.3 참조)을 평가할 필요가 있다. 뿐만 아니라 자신이 돕고 있는 임종자나 가족일지라도 타인의 제안과 지지에 개방적이어야 한다. 실제로, 임종자가 고통스러운 증상의 부담에서 자유롭고 안전감을 느끼게 될 때, 주변 사람을 돌보는데 있어 매우 사려 깊고 민감할 수 있다. 간단히 말해서, 우리 중 누구도 다른 사람 또는 나 자신의 사망에 대처할 필요가 없다. 우리 모두는 대처하는 것을 우리 자신의 임무로 바라봄으로써 도움을 받을 수 있다.

> **개인적 통찰 7.3**
>
> ### 사람의 한계에 직면하고 이해하기
>
> 당신이 당신의 한계에 직면하고 이해하게 되면, 당신은 그들과 함께 일할 수 있다.
>
> 대신 당신이 그것을 인지하는 것과 상관없이, 당신이 그들을 무시하면 그들은 당신을 반대하고 방해할 것이다.
>
> 그리고 많은 경우, 당신의 한계가 당신의 강점이 될 수 있음을 알게 될 것이다.
>
> 출처: Hoff, 1983, pp. 48-4

희망

이는 우리에게 희망의 주제를 가져다준다. 때로 임종자에게는 더 이상의 희망이 없고, 그들은 절망적인 사례이며, 임종자와 함께 일하는 것은 절망적인 노력이라고 말한다. 이런 주장은 희망이 인간의 삶에서 맡고 있는 역할에 대해 편협하게 이해하고 있음을 보여준다(Corr, 1981; Cousins, 1989). 우리는 모든 종류의 것들에 희망을 품어야 한다. 나는 누군가가 나를(계속해서) 사랑해주길 희망한다. 그는 오늘밤 저녁식사로 자신이 좋아하는 음식을 먹을 수 있기를 희망한다. 그녀는 그녀의 여동생을 다시 볼 수 있기를 희망한다. 우리 대다수가 가능한 한 오래 살기를 희망한다. 어떤 임종자들은 특별한 생일, 휴일, 또는 새로운 손자의 출생 시까지 살고 싶어 한다. 많은 사람들은 그들의 영적 신념에 기반한 결과를 희망한다. 아마도 우리 모두는 우리 자신들의 상황과 우리가 사랑하는 이들의 상황이 적어도 우리가 죽어가는 동안 그리고 우리가 죽고 나서도 조금은 나아지길 희망한다. 여기서, 치유에 대한 희망은 좋은 임종과정과 죽음에 대한 희망을 줄 수 있다(Webb, 1997). 도우미들은 비록 곧 끝날지 모르는 삶이라도, 자신의 중재가 차이를 만들어 내기를 희망한다. 죽음이 올 때까지, 대부분의 우리는 우리를 불편하게 만드는 것들이 무엇이든 우리의 삶에서 감소되거나 제거되길 희망한다. 이 마지막 희망은 우리가 즐겁게 할 수 있는 다른 희망과 마찬가지로 항상 이루어지는 것은 아니다. 여전히, 그것은 많은 것 중 단지 하나의 희망일 뿐이다.

인생에서 완전히 절망적인 상황은 거의 없다. 그래서 누군가 "이 상황은 절망적이야"라고 말할 때, 그것은 단지 상상의 실패를 의미할 지도 모른다. 종종 그것은 외부인(예를 들면 간병인)의 관점과 그의 판단-이런 상황에서 그 사람에게는 치료 가능성이 없다-를 나타낸다. 일반적으로, 이러한 유형의 진술은 화자가 오로지 특정 환경에서는 실현될 수 없는 하나의 희망 또는 좁은 범위의 희망에만 집중하고 있음을 나타낸다. 희망의 치료 가능성을 평가하는 것이 훨씬 낫다. 이는 중요한 지점이지만, 그러나 그것은 또한 다음과 같은 밝은 방식으로 제시될 수도 있다. "결국, 희망에는 단-다중 불포화지방, 콜레스테롤, 설탕, 인공감미료, 맛 또는 색깔이 포함되어 있지 않다. 그것은 FDS

10대 호스피스 자원봉사자들이 중요한 생일 기념일 축하를 도와주고 있다.

에 의해 '일반적으로 안전하다고 인정되는'것으로 분류되며 항암물질로 알려져 있다"(Munson, 1993, p. 24).

사실, "기대를 충족시키는데 중심을 둔 희망은 점점 좋아지는데 초점을 둘 수도 있지만, 그보다는 아직 할 수 있는 것에 더 자주 초점을 둔다."(Davidson, 1975, p. 49). 희망은 특유의 인간적인 현상이다(Veninga, 1985). 그러나 그것은 유동적이어서, 종종 우리 자신을 발견하는 실제 상황에서 변화에 적응하기 위해 초점을 변화시킨다. 다시, 임종에 대처하는 사람들을 도우려고 하는 이들의 희망을 포함하여, 우리는 각 개인이 희망의 목적을 결정하도록 주의 깊게 들어주어야 한다. 우리는 또한 현실에 기반을 둔 희망과 단지 화려한 욕구를 표현한 것에 불과한 비현실적인 소원을 구분해야 한다.

내용 요약

이 장에서 우리는 개인이 전문가이든 일반인이든 임종에 대처하는 사람들을 돕는데 기여할 수 있는 방법에 대해서 탐색했다. 우리는 보살핌에서의 4가지 주요한 차원(신체적, 심리적, 사회적, 영적)을 고려하였고 타인과 그들 자신을 돕기 위한 가이드라인을 제시하는 직무-기반 모델을 그렸다. 마지막으로 우리는 효과적인 의사소통과 도우미를 돕는 법과 희망에 대해서 몇 가지 코멘트를 하였다.

용어 해설

공감하는 존재: 고통을 겪는 사람이 자신을 이용하도록 하는 것, 능동적 청취, 공감, 동정심으로 특징지어짐

급성통증: 개인 삶의 어느 차원에서의 고통으로 시간제한이 있다는 특징을 가짐. 또한 재발될 수 있으며 경도(mild), 중등도(moderate), 중강도(severe)로 구분할 수 있음

능동적인 청취: 자기 자신의 관심사에 간섭받지 않고 다른 사람이 자신을 이용할 수 있게 하는 것, 그리고 다른 사람의 욕구와 관심에 완전히 주의를 기울이는 것

동정심: 다른 사람과 "함께 느끼는 것", 존재감, 능동적 청취, 그리고 공감을 포함함. "동정"과 대조를 이루며 항상 "내려다보는"의 의미를 가짐

동정피로: 도우미가 감정적으로 쇠약해진 상태, 감정적으로 쇠약해진 상태에서 강력한 또는 장기간의 개입의 결과로 발생

만성통증: 개인 삶의 어느 차원에서의 고통으로 진행 중이며 시간제한이 없다는 특징을 가짐. 경도, 중증도, 중강도로 구분할 수 있음

소진: 도우미가 신체적, 감정적 그리고 정신적으로 지친 동정 피로의 극단적인 형태로 특히 무력감과 케어 제공자로서의 목표를 달성할 수 없음이 결부되어 감정적으로 날카로운 상황에 장기간 처해 있었기 때문

스트레스: 압박 또는 중압감을 초래하는 어려움 또는 역경, 이 경우 죽음 관련 이슈와 관련되어 있음

의존: 약물 또는 다른 지원에 의지하는 것으로 반드시 중독의 특징을 의미하지 않음. 바람직하지 않은 부작용을 피하기 위해 약물 또는 다른 지원의 단계적("완전 중단" 아님) 중단 또는 철회하는 것이 요구됨

임박한 죽음의 인지: 임종자의 커뮤니케이션, 이것은 (1) 죽음의 절박함에 대한 특별한 인지 그리고 개인이 경험하는 것처럼 기술하려는 노력, 또는 (2) 개인이 평화로운 죽음을 경험하기 전에 요구되는 것이 무엇인지에 대한 마지막 요청의 표현에 반응함

임종에 대처하는 개인을 위한 보살핌의 4차원

신체적: 신체적 고통 또는 신체적 고통의 다른 원인을 다루기 위해 고안된 것

심리적: 정서적 또는 인지적 어려움을 해결하기 위해 고안된 것

사회적: 대인관계의 긴장 또는 어려움, 사회집단 또는 조직과의 상호작용을 다루기 위해 고안된 것

영적: 개인이 의미를 찾는 것을 돕기 위해, 자신, 타인 그리고 초월자로 인지된 사람과의 연결성을 확립, 재확립하고 유지하는 것을 돕기 위해 고안된 것

중독: 진통제(특히, 마약)에 대한 습관적 의존 형태로 심리적 "최고치"그리고 꾸준히 복용량을 증가하고자 하는 갈망

효과적인 의사소통: 누군가의 특정 행동이 다른 사람의 요구에 반응하고 사려 깊고 돌보는 방식으로 수행되는 상호작용, 교환의 내용과 그것이 표현되고 이해되는 방식 둘 다 중요함

희망: 신념과 믿음에 근거한 기대, 서로 다른 관점을 포함할 수 있음

복습과 토론을 위한 질문

1. 당신이 사랑한 사람이 꽤 아프거나 또는 죽어갈 때 당신의 인생에서 잠시 생각해 보시오. 그 당신 당신에게 가장 스트레스가 되었던 것은 무엇입니까? 당신은 무엇을 했습니까? 지금 생각해 볼 때, 아픈 사람 또는 죽어가는 사람에게 도움이 되었거나 또는 도움이 되지 않는다고 생각하는 것은 무엇입니까?

2. 이장에서, 우리는 임종케어의 측면 또는 4차원으로 기술했다: 신체적, 심리적, 사회적, 영적. 당신이 아는 임종자에 대해 생각해 보시오(또는 3장에서 기술된 Amish man 또는 6장에서 기술한 매트 리안 그리고 다시 이장의 시작 부분 근처의 예를 사용하시오). 당신이 선택한 케이스에서, 이런 4차원 또는 돌봄의 양상이 어떻게 나타납니까?　.

3. 이장에서, 우리는 효과적인 의사소통이 임종자와 그 사람들을 돕는 사람들 모두에게 중요하거나 중요 할 수 있다고 지적했다. 임종자와 그들의 도우미에게 의사소통이 중요한 이유는 무엇인가요? 그 사람들 간의 효과적인 의사소통을 촉진시키는 것은 무엇인가요? 의사소통의 나쁜 예와 좋은 예를 당신의 경험 속 사례는 무엇입니까?

4. 이장에서, 우리는 희망이 임종자와 그들을 돕는 사람들 모두를 위해 중요할 수 있다고 제안했다. 그들이 곧 죽을 것임을 아는 사람들 또는 그들이 돌보는 사람이 곧 죽을 것임을 아는 사람에게 희망이 어떻게 중요한가요? 당신에게 희망은 무엇을 의미합니까?

추천 도서

임종자 돌봄의 개척자였던 두 여성의 삶, 견해, 그리고 유산에 대한 읽을거리:

Clark, D.(Ed).(2002). *Cicely Saunders—Founder of the Hospice Movement. Selected Letters 1959-1999.*

DuBoulay, S.(1984). *Cicely Saunders: The Founder of the Modern Hospice Movement.*

Gill, D. L.(1980). *Quest: The Life of Elisabeth Kübler-Ross.*

Kübler-Ross, E.(1997). *The Wheel of Life: A Memoir of Living and Dying.*

Saunders, C.(2003). *Watch with Me: Inspiration for a Life in Hospice Care.*

Welch, F. S., Winters, R., & Ross, K.(Eds.). *(2009). Tea with Elisabeth: Tributes to Hospice Pioneer Dr. Elisabeth Kübler-Ross.*

임종에 대처하는 사람들을 도울 방법에 대한 참고자료:

Berzoff, J., & Silverman, P.(Eds.)(2004). *Living with Dying: A Comprehensive Resource for Health Care Professionals.*

Buckman, R.(1992a). *How to Break Bad News: A Guide for Health Care Professionals.*

Buckman, R.(1992b). *I Don't Know What to Say: How to Help and Support Someone Who Is Dying.*

Byock, I.(1997). *Dying Well: The Prospect for Growth at the End of Life.*

Callanan, M., & Kelley, P.(1992). *Final Gifts: Understanding the Special Awareness, Needs, and Communications of the Dying.*

Cassell, E. J.(1985). *Talking with Patients: Vol. 1, The Theory of Doctor-Patient Communication; Vol. 2, Clinical Technique.*

Cassell, E. J.(1991). *The Nature of Suffering and the Goals of Medicine.*

Davies, B., Reimer, J. C., Brown, P., & Martens, N.(1995). *Fading Away: The Experience of Transition in Families with Terminal Illness.*

Doka, K. J.(2009). *Counseling individuals with life-threatening illness.*

Kemp, C.(1999). *Terminal Illness: A Guide to Nursing Care(2nd ed.).*

Kuhl, D.(2002). *What Dying People Want: Practical Wisdom for the End of Life.*

Landay, D. S.(1998). *Be Prepared: The Complete Financial, Legal, and Practical Guide for Living with a Life-Threatening Condition.*

Nouwen, H.(1994). *Our Greatest Gift: A Meditation on Dying and Caring.*

Parkes, C. M., Relf, M., & Couldrick, A.(1996). *Counseling in Terminal Care and Bereavement.*

Quill, T.(1996). *A Midwife Through the Dying Process: Stories of Healing and Hard Choices at the End of Life.*

Rosen, E. J.(1998). *Families Facing Death: A Guide for Health Care Professionals and Volunteers(Rev. ed.).*

Sanders, M. A.(Ed.)(2007). *Nearing Death Awareness: A Guide to the Language, Visions, and Dreams of the Dying.*

Saunders, C. M., & Sykes, N.(Eds.)(1993). *The Management of Terminal Malignant Disease(3rd ed.).*

Twycross, R. G.(1994). *Pain Relief in Advanced Cancer.*

Twycross, R. G., & Wilcock, A.(2002). *Symptom Management in Advanced Cancer(3rd ed.).*

Wall, P.(2002). *Pain: The Science of Suffering.*

Werth, J. L., & Blevins, D.(Eds.).(2006). *Psychosocial Issues near the End of Life: A Resource for Professional Care Providers.*

Wooten-Green, R.(2001). *When the Dying Speak: How to Listen to and Learn from Those Facing Death.*

가족 간병인 및 기타 도우미 지원관련 참고자료:

Figley, C. R.(Ed.).(1995). *Compassion Fatigue: Coping with Secondary Traumatic Stress Disorder in Those Who Treat the Traumatized.*

Grollman, E. A.(1980). *When Your Loved One Is Dying.*

Harper, B. C.(1994). *Death: The Coping Mechanism of the Health Professional(Rev. ed.).*

Larson, D. G.(1993). *The Helper's Journey: Working with People Facing Grief, Loss, and Life-Threatening Illness.*

Lipsky, L., with C. Burk.(2009). *Trauma Stewardship: An Everyday Guide to Caring for Self while Caring for Others.*

Papadatou, D.(2009). *In the Face of Death: Professionals Who Care for the Dying and the Bereaved.*

웹자료

유용한 검색어: ADDICTION; BURNOUT; COMPASSION; COMPASSION FATIGUE; DEPENDENCE; DIMENSIONS OF CARE; EFFECTIVE COMMUNICATION; EMPATHY; HOPE; PAIN(ACUTE AND CHRONIC); STRESS.

본서와 연계된 웹사이트 Death & Dying, Life & Living, 제7판을 방문해 보라.

본서-특약 웹사이트는 전문용어 해설, 플래시 카드, 아래 소개된 웹사이트 연결로, 그리고 퀴즈 테스트 등을 포함하는 학습 도구들을 제공한다. www.cengagebrain.com을 방문하라.

Americans for Better Care of the Dying

Association for Clinical Pastoral Education

Association for Professional Chaplains

Caring Connections

Family Caregiver Alliance

Growth House

National Alliance for Caregiving

National Family Caregivers Association(NFCA)

Pain.com

Courtesy Suncoast Hospice

제8장

임종에 대처하기: 지역사회가 도울 수 있는 방법

목표

- 임종 대처 중인 사람들을 돕는데 관여하는 미국 내 공식 돌봄 프로그램을 탐색하기
- 임종에 대처 중인 사람의 요구에 대한 인식과 대응의 중요성에 대해 언급하고 요양시설의 장점과 약점에 대한 구체적인 참고자료 그리고 더 나은 생애말기 돌봄을 위한 요구의 증가하는 인지에 대해 코멘트하기
- 임종에 대처하는 사람을 돌보는 기관 프로그램의 10가지 원칙 또는 바람직한 요소를 확인하기 위한 호스피스 철학 검토하기
- 임종에 대처하는 개인을 돌보는 4개 기관을 대상으로 현대 사회의 역사적 발전과 실제적인 역할을 설명하기: *급성치료 중심의 병원*(hospital), *만성치료 중심의 장기요양시설*(long-term care facilities), *가정간호 중심의 가정간호 프로그램*(home health program), *생애말기 치료 중심의 호스피스 프로그램*(hospice program)
- *호스피스 케어*(hospice care)와 *완화의료*(palliative care)의 유사점과 차이점을 설명하기

생명을 위협하는 질병과 임종에 대처하는 한 가족을 도왔던 사회기관들

매트와 조세피나가 필요로 했던 돌봄의 일부는 한 지역 병원에서 제공해주었다. 각자가 그곳에서 진단과 초기 진료를 받았고 초기 수술 이후 외래 클리닉에서 두 사람 모두를 볼 수 있었다. 매트는 정기적인 추적관찰(follow-up) 외에 더 이상의 치료가 필요하지 않을 만큼 운이 좋았다. 불행히도 조의 상황은 더욱 복잡해졌는데, 특히 그녀의 악화된 질병으로 인한 요구에 직면했을 때 더욱 그랬다. 한동안 한 공동체의 가정간호 프로그램(home health care program)이 주중 낮 시간을 이용해 정기적으로 간호 인력을 파견해서 도움을 주었다.

그럼에도 불구하고 조의 건강이 나빠지면서 조가 도움을 받아야 할 요구도 늘어났다. 그 당시 그녀는 집에 머물러 있지 않으려고 했다. 왜냐하면 무슨 일이 일어날지 두려웠고 그녀의 가족들이 그녀의 보살핌을 짐으로 여기는 것을 받아들이기를 원하지 않았기 때문이다.

그 시점에, 그녀의 어머니가 세상을 떠나기 전 돌봄을 받았던 지역 너싱홈(nursing home)의 안전은 조에게 좋은 대안을 제공하는 것처럼 보였다. 그녀는 너싱홈의 느긋한 속도가 맘에 들었고 심지어 거기서 친구를 사귀기까지 했다. 그러나 시간이 흐르면서 조는 그곳 거주자들 상당수가 자신보다 더 나이가 많음을 알게 되었다. 어떤 사람들은 혼란스러워했고 관계를 유지하기 어려웠다. 매트는 조가 어떤 종류의 시설에 머무르는 것이 좋은 생각인지에 대해 늘 확신이 없었으며 집에서 그녀를 너무 많이 그리워했다. 더 이상 참을 수 없는 일은 시설 거주자 중 한 명이 의도치 않게 라이언 부부의 아들인 톰의 아이들을 놀래 켰을 때 벌어졌고, 그 이후로 톰의 가족들의 방문 횟수는 줄어들었다.

조는 매우 외로웠고 누군가 지역 호스피스 프로그램 대표와 이야기해보라고 제안할 때까지 자신의 문제로 당황스러워했다. 그 일로 인해 호스피스 입원환자병동(hospice inpatient unit)으로 옮겼다. 조와 그녀의 가족을 위한 호스피스 팀의 지원은 고통의 근원을 최소화했고 그들의 삶의 질을 향상시켰다. 조의 통증과 다른 증상들은 이제 효과적으로 관리되었다. 그녀의 신체적 상태와 마음상태는 굉장히 좋아졌다. 조는 거의 기적적으로 자신의 삶에 대한 통제권을 되찾은 것처럼 느꼈다.

결국, 호스피스 가정간호(hospice home care) 팀의 지원으로 조는 집에 가서 수개월 동안 매트를 비롯한 그녀의 가족과 함께 지낼 수 있었다. 결국, 호스피스 팀의 도움을 받아 그녀는 자신의 집 안의 침대에서 세상을 떠났다.

임종에 대처하는 사람들의 욕구를 인식하고 대응하기

"사람들이 죽어갈 때 가장 필요로 하는 것은 고통스러운 질병의 증상에서 해방되는 것, 돌봄 환경의 안전, 전문적인 간병의 지속적 제공 그리고 그와 가족이 버림당하지 않을 것이라는 확신"이다

(Craven & Wald, 1975, p. 1816). 이 하나의 문장은 죽어가는 사람들의 많은 관심사와 기관의 돌봄 프로그램이 필요로 하는 것을 항목화 하고 있다.

1960년대와 1970년대에 일부 간병인들은 임종자에게 제공되는 보살핌이 그들의 요구를 제대로 인지하고 대응하는 것인지 궁금해 하기 시작했다. 영국(예를 들어 Hinton, 1963; Rees, 1972), 캐나다(예를 들어, Mount, Jones, & Patterson, 1974) 그리고 미국(예를 들어, Marks & Sachar, 1973)에서 수행된 연구들은 그 질문에 대한 답이 '아니오'임을 확인했다. 3가지가 핵심적인 것으로 보였다. (1) 간병인은 임종자 개인이 경험하는 통증의 수준과 다른 괴로움의 형태를 항상 깨닫거나 인정하지 않았다. (2) 간병인은 임종자의 필요에 응답할 처분 가능한 효과적인 자원을 늘 가지고 있거나 또는 가졌었다고 믿지 않았다. (3) 임종자 개인은 자신의 바람이 무시될까봐 걱정했다. 실제로, 이것은 임종자가 종종 다음의 말을 듣는다는 것을 의미한다. "당신의 통증은 당신이 말하는 것만큼 나쁠 수 없습니다", "당신이 실제로 그렇게 느낄 수는 없습니다", "당신은 꼭 정신을 바짝 차려야 합니다", "우리는 더 강한 마약성 진통제를 투여할 수 없으며 당신은 중독될 위험에 있습니다", "우리는 진짜로 그것이 필요 할 때까지 정말 강한 그 약물을 아껴야 합니다", "우리가 할 수 있는 일은 더 이상 없습니다."

도움을 주고자 하는 간병인이 제공 할 자원이 없는 것은 불행한 일이다. 따라서, 많은 사람들이 새로운 마약성 진통제가 임종자를 돕는데 사용될 수 있었을 때 고마워했다. 그러나 죽어가는 사람들의 필요가 인정되지 않을 때, 그리고 이러한 필요를 충족시키기 위해 가용 자원을 동원할지 여부에 대한 부적절한 이해나 잘못된 공포로 인해 더욱 복잡해질 때, 이것은 비극이다.

다음과 같은 몇 가지 핵심 포인트에 대해 새로운 관점이 요구되었다.

- 임종에 대처하는 사람들의 상황(Noyes & Clancy, 1977; Pattison, 1977)
- 한 사람이 죽어갈 때 통증의 속성(LeShan, 1964; Melzack & Wall, 1991; Wall & Melzak, 1994)
- 임종자를 위한 적절한 치료법, 이것에는 신중하게 선택된 진통제, 다른 약물들, 그리고 보조적 치료 중재와 관련이 있다(Melzack, Mount, & Gordon, 1979; Melzack, Ofiesh, & Mount, 1976; Twycross, 1976; 1979a)
- 전체적인, 개인-중심 치료 그리고 학제간 팀워크의 가치(Corr & Corr, 1983; Saunders & Sykes, 1983).
- 생애말기 대화의 중요성, 이는 의사결정에 도움이 되고, 임종자, 그의 가족구성원, 그리고 돌봄을 제공하는 전문가와 관련 있음(Larson & Tobin, 2000)
- 임종에 대처하는 사람들에게 제공되는 사회조직의 프로그램이 제공된 케어에 영향을 미치는 방식(Saunders, 1990; Sudnow, 1967)

이 새로운 구성요소들은 모두 호스피스 철학에 내재되어 있다. 그것들은 호스피스와 완화의료 프로그램(palliative care programs)에서 시행되어왔다. 이 구성요소 중 일부는 또한 임종에 대처하는 이들을 위한 다른 돌봄 프로그램에 통합되어 왔다.

1990년대에, 생애 말기 돌봄에 대한 관심이 증가하였고, 이는 점점 많아지는 문헌(e.g., Webb, 1997)과 의학연구소(Institute of Medicine)에서 의뢰한 연구(Field & Cassel, 1997)에 의해 확인되었다. 대규모 조사연구에서 얻은 증거는 생애말기 돌봄에서 지속적인 결핍을 확인했다. 핵심연구는 미국 5개의 수련병원에서 실시된 통제된 임상연구의 양적 데이터를 제공했다(SUPPORT Principal Investigators, 1995). SUPPORT(치료 결과 및 위험에 관한 예후와 선호도에 관한 연구: Study to Understand Prognoses and Preferences for Outcomes and Risks of Treatments) 프로젝트는 9가지의 생명을 위협하는 진단 중 하나 이상 진단받고 병원에 입원한 9,105명의 성인 환자를 대상으로 생애 말기 선호도(end-of-life preferences), 의사결정 및 중재를 조사하였다. 2년간에 걸친 그 연구의 제1 단계에서는 4,301명의 환자들을 관찰했고 의사소통에서의 실질적인 부재, 생애말기의 과도한 치료-지향 치료의 과용, 사망에 앞선 극심한 고통을 관찰했다. 2년간의 제2단계 연구에서는 4,804명의 환자들을 중재군과 대조군으로 무작위 할당하여 두 군을 비교했고 또한 1단계 기저결과와 비교했다. 중재군의 의사들은 그들의 환자들의 상태에 대해서 개선되고 컴퓨터에 기반한 예후 정보를 받았다. 게다가, 특별히 훈련된 간호사들이 각 병원의 중재군에 배치되었다. 이들은 선호도를 이끌어내고, 결과에 대한 이해를 높이고, 통증 조절에 대해 더 주의를 기울이고, 사전 치료계획을 촉진하고, 환자-의사간 소통 강화를 위해 환자, 가족, 의사, 그리고 병원직원과 여러 번의 접촉을 가졌다.

SUPPORT 연구는 결과를 평가하기 위하여 다음 기준을 적용했다. 적용기준은 "회생시키지 마시오"(Do not resuscitate [DNR])라는 명령서의 작성, 회생시키는 것을 철회할 지 여부에 관한 환자와 의사의 합의(그들의 첫 인터뷰에 기반을 둔), 사망 전 기계호흡이나 식물인간 상태로 중환자실에서 보내게 될 날짜 수, 통증의 빈도와 중증도, 그리고 병원 자원의 이용이다. 결과는 좋지 못했다. 2단계 중재는 "돌봄이나 환자의 결과를 개선하는데 실패했고"(p. 1591) 연구자들이 "우리는 문제적인 상황을 남겨두었다. 우리가 심각하게 아프거나 임종자의 보살핌에 대해 그린 그림은 매력적이지 않다"라는 결론을 내리게 했다(p. 1597). 이는 연구의 범위, 그 목표상의 결과를 측정하기 위한 능력, 신중한 중재의 설계, 이런 유형의 돌봄을 위해 우리 보건의료시스템 내에서 잘 정립된 전문지식 기반 모델, 그리고 생애말기 의사결정 및 돌봄의 질과 관련된 최근 쟁점에 대한 윤리적, 법적, 공공적, 정책적 관심의 정도 측면에서 엉망진창이었다. 불행히도, SUPPORT 프로젝트 및 다른 연구(예를 들어 Curtis et al., 2011; Krumholz et al., 1998; Supportive Care of the Dying: A Coalition for Compassionate Care, 1997) 모두의 데이터를 사용한 다른 연구에서 유사한 결과가 확인되었다. 분명한 것은, 우리 사회의 생애말기 돌봄의 개선을 위해 보건의료조직 및 보건의료체계를 비롯한 개인, 전문가, 그리고 지역사회 모든 수준에서 이루어져야 할 것이 많이 있다.

호스피스 철학과 원칙들

이전 섹션에서 설명된 문제에 대응하기 위해, 필요한 것은 임종자와 그 가족의 돌봄에 대한 새로운 철학 또는 돌봄 방법의 개발이다. 그것을 개발하는 것은 캐나다 호스피스/완화의료협회(Canada Hospice/Palliative Care Association, www.chpca.net; Ferriset al, 2002)와 미국 국립호스피스와 완화의료기구(National Hospice and Palliative Care Organization, NHPCO, www.njpco.org, 2010b) 모두에 의해 성립된 일련의 호스피스 표준에서 현실화되었다. NHPCO의 작업을 끌어내면서 코너(Connor, 1998, pp. 3-4)는 "호스피스 케어"를 다음과 같이 정의하였다.

> [A] 말기 환자에게 완화의료를 제공하고, 환자, 가족, 배우자 또는 중요한 사람들에게 주 7일, 일 24시간 동안 지원 프로그램을 제공하는 조정된 프로그램이다. 환자/가족, 보건의료전문가, 그리고 자원봉사자로 구성된 의학적으로 연계된 다학제 팀이 질병말기, 임종과정, 그리고 사별 중에 있는 사람의 신체적, 사회적, 영적 그리고 감정적 욕구에 기초한 종합적인/사례 관리 서비스를 제공한다. 전문적 관리와 지속적 돌봄이 가정, 병원, 장기요양기관, 그리고 주거환경을 포함하는 다양한 환경에서 유지된다. 환자/가족, 보건의료 전문가와 자원봉사자, 의학적으로 지향하는 다학제 팀에 의해 제공된다. 전문적인 관리와 치료의 지속은 가정, 병원, 장기요양시설 및 거주시설 전반에 걸쳐 유지된다.

우리는 호스피스 철학과 그것의 중심 원칙들을 다음의 10가지로 요약할 수 있다. 제대로 이해되고 정확하게 적용되면, 이들 원칙은 임종에 대처하는 개개인에 대한 실질적인 돌봄 프로그램 지침의 핵심 요소가 될 수 있다.

1. *호스피스는 생애말기 돌봄이 주요 임무인 시설이 아니라 철학이다.* 잉글랜드에서 호스피스 운동은 그 자체의 시설을 지으면서 시작되었다. 이는 특정 시기에 특정 국가의 사회적 상황과 보건의료 체계를 반영했다. 이런 방식으로 기존 구조물을 벗어나는 것은 혁신을 위한 고전적인 경로이다. 그러나 호스피스 케어 전달에 있어서 시설이 필수적인 것은 아니다. 핵심은 서비스와 그 돌봄 자체의 질을 활성화하는 원칙이다. 그 돌봄의 철학-관점, 태도, 접근-이 중심점이며, 임종에 대처하는 이들에 초점을 맞추는 것과 궤를 같이 한다.

2. *호스피스 철학은 죽음이 아닌 생명을 주장한다.* 임종은 자기-한계적인 상황이다. 개개인은 타인의 도움 없이 스스로 죽을 것이며 그렇게 할 수 있다. 도전하는 작업은 생명을 지지하는 것이지 사람들을 죽게 하거나 혹은 죽음에 이르게 하는 것이 아니다. 한 개인이 살아가도록 돕는 것은 그 사람에게 죽음이 임박하고 임종 과정에서 괴로움을 경험할 때 특히 어렵다. 임종 과정은 삶의 질

에 특별한 압력을 가한다. 핵심은 삶을 확인하는 것, 임종에 대처하는 사람들을 돌보고 배려하는 것이다. 왜냐하면 그들은 이런 특별한 압력을 가지고 살며 견디고 있기 때문이다.

3. *호스피스 철학은 현재 삶의 질을 극대화하기 위해 노력한다.* 호스피스는 불편함을 최소화하고자 하는 완화 또는 증상-지향적 치료(symptom-oriented care)의 한 형태이다. 치료에 대한 관심사를 버리지 않고, 호스피스 철학은 치료가 더 이상 합리적이지 않을 때 다른 형태의 돌봄에 초점을 맞추었다. 이는 단순히 "적극적인 치료(active treatment)"(보통 완치-지향적 치료의 의미로 사용되는 부정확한 표현)의 반대말이 아니다. 왜냐하면 그것은 단지 약간의 수동적 방식의 돌봄으로 만들기 때문이다. 사실, "임종 환자의 돌봄은 임종 환자에게는 특화된 적극적 치료이다."(Liegner, 1975, p. 1048; 재출판 2000, p. 2426). 따라서, 임종 대처자를 위한 호스피스와 다른 바람직한 돌봄 프로그램들은 적극적이고 공격적인 돌봄 방법을 구체화한다. 그 돌봄 방법은 고통이 발생하는 기저 조건이 중단되거나 역전될 수 없는 경우에도 생애 말기의 개인적 성장에 대한 전망뿐만 아니라 고통을 주는 증상의 경감에 초점을 둔다(Byock, 1996). 손더스(Saunders, 1976, p. 674)가 관찰했듯이 이것은 "삶의 오랜 패배가 *임종시에 긍정적인 성취*로 점차 바뀔 수 있다는 점에서 그 환자의 질병에서 유일한 시간이다."

4. *호스피스 접근은 환자와 가족 단위(patient-and-family unit)의 돌봄을 제공한다.* 이는 임종자와 그가 "가족"으로 여기는 이들이 돌봄을 받고 돌봄을 제공하는데 도움이 되는 단위를 구성한다(그림 8.1을 보라). 호스피스 케어는 임종 대처에 관련된 모든 사람(가족, 친구, 기타 관련된 사람과 함께하는 아픈 사람)에게 안전감과 돌봄 환경의 지지를 제공하기 위해 노력한다(Stedeford, 1987). 여기서 원칙은 임종에 대처하는 사람들을 위한 가족-중심적 돌봄의 중요성이다.

5. *호스피스 케어는 전체론적인 케어이다.* 호스피스 케어는 도움을 받는 사람들이 전체적인 인간임을 인지하면서, 그들이 신체적, 심리적, 사회적, 영적 과업을 수행하도록 돕는다. 그것은 이러한 관심사에 귀 기울이고 이러한 각 차원에서의 삶의 질을 높이기 위해 노력한다. 좋은 생애말기 돌봄은 본질적으로 전체론적이다(Lloyd-Williams, 2003).

6. *호스피스는 사랑하는 사람의 사망 전과 후에 임종, 사망, 상실에 대처하는 가족들에게 지속적인 돌봄과 현재 진행형 지지를 제공한다.* 가족 및 친구를 위한 돌봄은 그들이 사랑하는 사람의 사망 후 뿐 아니라 사망 이전과 관련이 있다. 좋은 생애말기 돌봄은 그 개인들에게 긍정적인 영향을 주기 위한 것이다(Christakis & Iwashyna, 2003). 우리는 10장과 11장에서 유족을 돕는 방법을 토론할 때 이 주제로 돌아올 것이다.

7. *호스피스 접근법은 학제간 팀워크를 통해서 전문 기술과 인간적 존재를 결합한다*(그림 8.1 참조). 생애 말기 치료와 괴로운 증상의 관리에서의 전문성은 필수적이다. 전문 의료 및 간호 치료는 중요하다. 그러나 인간적인 동반자 관계의 이용 가능성 또한 똑같이 중요하다. 전문적인 간병인은 인간적 존재성을 제공할 수 있지만 이는 종종 호스피스 자원봉사자의 특별한

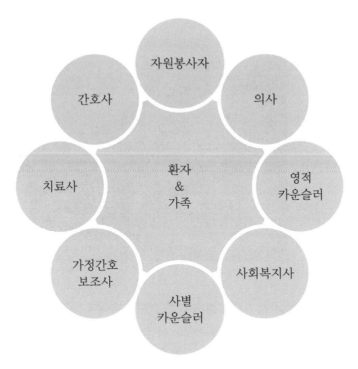

출처: 국가 호스피스와 고통 완화 치료 기구의 허락을 받아 사용함.

그림 8.1 호스피스 다학제 팀

선물이다. 누군가의 전문성과 존재의 적절한 이용은 임종자와 그 가족의 필요를 정확히 이해하기 위해 적극적으로 듣고 그렇게 하는데 달려있다. 모든 팀원은 도움을 받는 이들의 필요와 소원에 주의를 기울이고 다른 팀원들에게 그 관심사에 대해서 알려줄 수 있다. 학제간 팀워크는 호스피스 프로그램이 돌보는 모든 이들을 돕는데 있어서 다른 사람들의 특별한 기술과 능력, 정보와 통찰을 교환할 시간, 그리고 일정 양의 "역할 흐림"에 대한 존중을 요구한다. 단지 다학제적이 아닌 학제간 팀워크는 좋은 생애 말기 돌봄에 필수적이다.

8. *호스피스 프로그램은 하루 24시간 일주일 내내 서비스를 제공한다.* 호스피스는 임종자와 그 가족들을 돕는 보살핌의 공동체를 재창조하고자 한다. 그런 공동체가 이미 자연적으로 존재하고, 임종자와 그 가족들이 심각한 어려움을 겪을 때마다 공식 호스피스 프로그램이 필요하지 않을 수 있다. 이런 프로그램은 필요가 있을 때 그리고 필요가 있는 곳에 존재하며 돌봄 공동체처럼, 아마도 전화 연결이나 돌보는 사람의 머리맡에 간병인을 배치 할 수 있는 능력을 통해 24시간 사용할 수 있어야 한다. 좋은 생애말기 돌봄은 휴가나 휴일이 없다.

9. *호스피스에 참여하는 이들은 서로를 지지하는데 특별한 관심을 기울인다.* 임종 또는 사별에 대처하는 사람들을 위한 돌봄이나 학제간 팀의 구조 내에서 일하는 것은 스트레스를 유발할

211

미술 치료는 생명을 위협하는 질병을 겪고 있는 사람에게서도 창의성을 자극할 수 있다.

수 있다. 그러므로 호스피스 프로그램은 그들 스태프 구성원과 자원봉사자들을 위한 공식, 비공식적인 지원 프로그램을 모두 제공한다. 이는 효과적인 생애말기 돌봄을 제공하는 어떤 프로그램에서도 중요하다.

10. *호스피스 철학은 생명을 위협하는 질병, 임종, 죽음 또는 사별을 겪는 다양한 개인과 그 가족들에게 적용될 수 있다.* 그 현대적 사용에서 호스피스 케어는 원래 주로 암과 같은 질병 특히 노년층의 질병과 관련된 것이었다. 그러나 호스피스 철학은 이러한 조건이나 특정한 환경과 제도에 국한되어서는 안 된다. 호스피스 철학으로부터 편익을 얻기 위해서, 환자와 가족 단위의 직무에 대한 서비스를 제공할 수 있는 시간과 기회가 있어야 한다. 그러므로 호스피스 및 다른 형태의 최적의 생애말기 돌봄은 사망이 시작되고 죽음이 임박했다는 사전 통보(며칠, 몇 주 혹은 몇 달 내로)가 필요하며, 호스피스 철학의 혜택과 제약을 기꺼이 받아들이고, 특정 환경에서 서비스를 동원할 수 있는 기회를 제공한다. 이러한 조건에서 호스피스 철학은 최근 몇 년 간 생애말기 다양한 범위의 질환(HIV/AIDS와 말기 신장 관련, 심장 관련, 알츠하이머 관련 질환) 및 아동과 청소년이 관련된 상황에 적용되어 왔다.

임종 대처자를 위한 네 가지 돌봄 프로그램

이장의 거의 첫 부분에서 우리는 조 라이언과 그녀 가족의 경험에 대해 다루었다. 우리는 이들의 경험을 보다 완전히 이해하고 호스피스 원칙이 조가 특히 그녀의 마지막 어려운 시기를 견디는 동안 만났던 돌봄 프로그램의 발전, 역할, 기본적인 기능에 대해서 검토함으로써 어떤 상황에서도 실행에 옮겨질 수 있는 보다 적절한 방법에 이를 수 있다. 이러한 종류의 프로그램은 주로 기관과 연관되어 있고 몇몇 물리적 시설에 기초를 두지만 진짜 위독한 임종을 경험하는 사람에게 제공되는 서비스이다. 여기서 관련 기관은 병원, 의료기관, 장기요양시설(종종 요양원이라고 불리는), 가정간호 프로그램 그리고 호스피스 프로그램이다. 이들 각 기관은 특정 유형의 돌봄에 특화되어 있으나, 모든 프로그램은 임종에 대처하는 개인을 보살피고 생애말기 돌봄을 개선하고자 현재 당면한 많은 과제를 해결하는 역할을 맡고 있다(Jennings, Kaebnick, & Murray, 2005).

급성치료: 병원

오늘날 미국에서 대부분의 사람들은 대부분의 급성 의료 치료를 병원에서 받으며, 대략 44%가 사망한다. 결과적으로, 병원은 미국 사회에서 삶의 끝을 형성하는데 중요한 역할을 하고 있다(Kaufman, 2006). 병원은 고대로부터 기원되었다.

*병원*이란 단어는 중세 라틴어 *hospitale*에서 유래한 것으로, "순례자, 여행자 그리고 이방인의 접대와 환영"을 의미한다(*Oxford English Dictionary*, 1989, vol. 7, p. 414). 고대 세계에서, 본래 병원은 순례자들, 여행자들, 필요한 사람들, 난민들, 약자들, 고령자들, 그리고 아프거나 다친 사람들을 받아들였다. 그러한 기관은 보통 종교 단체나 공동체 유형과 연관이 있었다.

서구문화가 보다 도시화되면서 병원은 변하기 시작했다. 서구사회에서 노동의 분화가 특징으로 자리 잡기 시작했다. 직무 수행에 있어서 전문화는 정상적인 운영 방식이 되었다. 더 이상 한 기관이 근본적으로 다른 다수의 기능을 수행하지 않았다. 대신에 분리된 기관이 이제 분리된 기능을 수행했다. 이들 변화는 19세기 말까지 대체로 완성되었다.

19세기까지 미국에서는 병들어 죽어가는 사람들을 돌보는 것이 주로 가정에서 가족구성원들에 의해 제공되었다. 병원은 그러한 돌봄에 거의 아무런 역할도 수행하지 않았다. 사실, 1800년대에 미국에는 오직 두 개의 사립병원이 있었으며, 하나는 뉴욕에 다른 하나는 필라델피아에 있었다(Rosenberg, 1987).

물론, 그 사회에서조차, 집에서 간호를 받기엔 너무 아프거나 또는 집에서 돌봐줄 사람이 없는 이들도 있었다. 만약 그러한 사람들이 가난해서 그들을 돌볼 사람을 고용할 수 없는 경우, 그들은 결국 *구빈원(almshouse)*에서 생애를 마쳤다. 구빈원은 광인, 장님, 등이 굽은 이들, 노인, 알코올 중독자, 여행자 혹은 류마티즘, 기관지염 내지 흉막염에 걸린 보통 사람들을 수용했다. 이 다양한 종류의 사람들은 서로 자유롭게 섞여 있었다. 구빈원은 종종 사람들이 가득 찬 대규모의 병동을 지녔다. 종종 한 침대에서 1인 이상 잠들기도 했다. 그런 시설들이 대개 자금이 부족했기 때문에, 일반적으로 어둡고 답답하고 불쾌한 장소였다. 자발적으로 그곳에 들어오는 경우는 거의 없었다.

현대 병원들은 19세기 초에 조직되기 시작했다. 처음부터, 그들은 주로 *교육적*기능을 지닌 것으로 여겨졌으며 의학적 치료의 주체로 인식되지는 않았다. 이 초기 병원들은 제공하는 것이 거의 없었고 기피하는 것이 가능한 사람들은 병원을 기피했다. 왜냐하면 초기병원은 종종 "부자연스럽"고 비도덕적으로 보였기 때문이다. 이에, 의사 V. M. 프란시스(Francis)(1859, p. 145-146)는 남북전쟁 발발 직전에 "병원에 입원한 사람들은 대부분 매우 가난하고, 그들이 극심한 스트레스 환경에 내몰리기 전까지는 거의 가는 법이 없었다. 그들이 임계점을 넘었을 때, 그들은 질병뿐만 아니라 반쯤 기아 상태이고 가난하고 인간성이 말살되고 모든 해변에서도 가장 금지된 추운 황량한 해변가의 자비에 의탁한 채로 발견되었다."고 적었다.

또한, 19세기 중반까지, 병원 내에서 제공되는 치료는 다른 데서 제공되는 치료보다 낫지 않았다. 병원치료는 주로 환자들에 의한 증상의 보고와 그러한 증상(대개 근본적인 원인에 영향을 미치지 않음)의 "치료", 그리고 그들이 할 수 있는 것을 했다. 이는 대부분 신체가 스스로 치유되도록 허용하고, 특히 그 과정에 간섭하지 않았다. 기본적으로, 좋은 병원이 제공하는 것은 휴식을 취하고, 비바람을 피하고, 적절한 음식을 먹는 장소였다.

1860년대 미국 남북전쟁이 주요한 변화를 가지고 왔다. 우선, 질병에 대한 이해가 바뀌었다. 지금까지, 로젠버그(Rosenberg, 1987, pp. 71-72)가 집필한 바와 같이, 신체는 "환경과의 끊임없는 상호작용 체계.... 신체의 모든 부분은 필연적으로 모든 다른 것과 불가분의 관계이다." 건강과 질병은 "전체 유기체의 일반적인 상태…. 특정 질병의 존재에 관한 개념은 이러한 관념과 행동의 체계에서 상대적으로 작은 역할을 했다." 하지만 이제 질병은 특정한 실체와 예측 가능한 원인에 의한 것으로 보기 시작했다. 1860년대에, 파스퇴르(Pasteur)와 리스터(Lister)는 질병의 세균이론(the germ theory)에 기여했다. 이는 질병의 원인과 질병 치료를 위해 무엇을 할 수 있는지에 대한 서구 문화의 이해를 극적으로 바꾸어 놓았다. 이후에, 그 이론과 기술을 가진 과학은 근대 의학의 얼굴을 바꾸어 놓았다. 인간의 신체는 복잡한 기계로, 질병은 그 신체의 기계적 측면의 고장으로 그리고 치료는 "고장난 부위"를 고치는 것으로 또는 우리가 최근 몇 년간 많은 사례에서 본 것처럼 그 부분을 교체하는 것으로 생각되었다. 로젠버그가 썼듯이(Rosenberg, 1987, p. 85) "이 질병을 이해하는 새로운 이해 방식은 본질적으로 병원의 중요성을 강조했다."

남북전쟁은 또한 새로운 아이디어를 가르쳤다. 청결, 질서 그리고 환기는 건강을 되찾는데 큰 도움이 되는 것으로 밝혀졌다. 미국 역사에서 처음으로 모든 사회 계층의 사람들(주로 군인)이 (군인)병원에서의 치료를 경험했다. 병원에 대한 태도가 변했다.

남북전쟁 직후, 많은 병원들이 새로 지어졌다. 1873년에 미국에는 178개의 병원이 있었다. 이 숫자는 1909년까지 4,359개에 이르렀다(Rosenberg, 1987). 보건의료, 그리고 결과적으로 임종 케어가 병원으로 옮겨갔다.(로젠버그 [Rosenberg, 1987, p. 31]에 따르면 한 필라델피아 구빈원 외과의가 1859년에 "죽은 사람의 시신이 종종 병동에 남겨져 있고 살아있는 환자들이 보고 있는 가운데 관에 직접 담긴다."고 불평했던 것이 한편으로는 흥미롭다. 어떤 이들은 이것이 살아있는 환자들에게 매우 힘겹다고 믿었고 대개는 그러한 일들이 대중의 눈길로부터 감춰져야 한다고 권유했다. 여기에

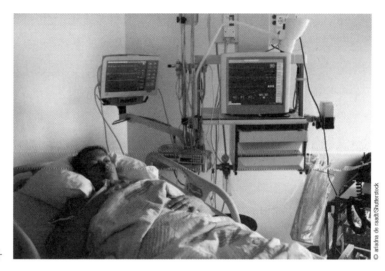

병원에 누워 있는 심장질환자

아리스[Aries, 3장 참조]가 우리시대에 발견한 세균 아이디어가 있다 : 죽음의 부정). 남북전쟁 이후 사람들은 점차 병원에서 사망하게 되었다.

이 사실은 보건의료 제공자와 소비자에게 똑같이 갈등을 양산했다. 로젠버그(Rosenberg, 1987, p. 150)가 쓴 것처럼, "일반적인 미국인은 병원을 받아들이기 시작했다… 전향적인 환자들은 치유의 희망뿐만 아니라 정확하고 과학적이고 효과적인 새로운 종류의 의학의 이미지에 의해서도 영향을 받았다." 그 결과, 병원들은 이제 특정 질병을 치료하는 장소로 기대되었다. 제대로 기능하지 못하는 신체부분을 기능적으로 작동하게 만들고 그 다음 그 사람은 그의 생명을 얻는 것이었다. 이러한 맥락에서 만약 *효과적*이 완치시킬 수 있는 능력을 의미한다면, 사망은 "과학적인" 의학이 항상 효과적인 것은 아니라는 불행한 알림이다. 이러한 종류의 병원에서, 이러한 병원의 의학적 관점에 따르면, 죽음은 이례적이고, 비정상적인 것이다. 의료 서비스 제공자에게 죽음은 개인적인 비효율성의 결과로 보일 수도 있다. 그는 문제가 된 신체의 부분을 "고칠 수" 없었다. 그래서 죽음은 일종의 실패를 수반하는 것으로 인식된다.

19세기 말까지 "죽어가는 환자는 체계적으로 특별한 병실로 옮겨졌다."(Rosenberg, 1987, p. 292). 어떤 장소에서는, 전체 병동이나 유닛을 회복을 기대하지 않았던 사람들에게 할당했다. 그들은 가능한 수준에서 눈과 마음에서 멀어졌다.

1960년대에 임종자에 대한 병원의 치료(또는 효과적 치료의 부족)를 향한 구체적인 비판이 시작되었다. 우리 문화에서의 병원은 대부분 *급성치료(acute care)*를 위한 단기보호시설(short-term facility)이다. 그것의 목적은 주로 특정 질환을 치료하고 사람들이 병들기 전에 그들이 가지고 있는 기능적 능력을 가지고 사회로 돌아가는 것이다. 간단히 말하면, 병원은 사람의 치료와 관계된 의학적 전문성이 우선이다(Starr, 1982). 이것이 수많은 병원들이 현재 "의료센터(medical centers)", "건

215

강센터(health centers)"라고 불리는 이유이다. 그러므로 채플(Chapple, 2010)은 대부분의 미국인들이 현재 병원에서 사망한다는 사실에도 불구하고, 이러한 기관의 조직적 구조와 사망자 구제에 대한 이념이 병원을 임종자의 치료에 불만족스러운 장소로 만든다고 주장한다.

우리 문화에서, 급성치료는 비싼 사업이다. 진단도구는 정확해졌지만 가격도 비싸졌다. 청진기는 비싸지 않은 진단도구이다. 그러나 CAT 스캐너는 그렇지 않다. 맹장적출수술은 상대적으로 비싸지 않은 시술이다. 그러나 신장이나 심장/폐 이식 수술은 그렇지 않다. 상태를 호전시킬 치료법이 없는 경우, 누군가에게 병원에서 시간을 보내도록 허락하는 것은 침대 공간과 그리고 치료중심의 중재 기술에 특별히 훈련된 바쁜 돌봄 제공자의 시간과 에너지를 낭비하는 것으로 보일 수 있다. 그 역사적 맥락에서, 이러한 주장은 말이 되는 것처럼 보인다. 1980년대 병원의 비싼 서비스를 보다 경제적이고 효율적으로 이용하기 위한 시도에 경제학자와 보건정책 입안자들이 관련된 것은 놀라운 일이 아니다(Stevens, 1989). 그 결과, 어떤 병원들은 사업을 접었고 그 수가 1980년에 거의 7,000개에서 2007년에 5,709개로 감소했다(U.S. Census Bureau). 그럼에도 불구하고, 2008년 입원환자 병원서비스에 대한 메디케어(Medicare)의 편익은 거의 1290억 달러에 달했다.

그러나 경제적 효율성은 급성 치료 기관에 대한 유일한 기준이 되어서도 안 되며 될 수도 없다. 특히, 임종자에 대한 인도적인 돌봄은 조 라이언이 그녀가 병원에서 배웠던 것처럼 추가적인 가치를 고려해야 할 것이다.

장기 또는 만성치료: 장기요양시설

조 라이언과 그녀의 가족이 경험하고 미국에서 다수의 사람들이 사망하는 다른 유형의 시설은 장기요양시설(long-term care facility)이며, 종종 너싱홈(nursing home)으로 불리기도 한다. 1930년대 이전에 장기요양시설은 이 나라에 존재하지 않았다(Moroney & Kurtz, 1975). 그것들은 병원이 보다 급성치료시설이 되고 도시화가 가족의 속성을 확대가족이나 집성촌 구조에서 보통 남편, 아내 그리고 미성년 자녀나 혹은 다른 친척들과 멀리 떨어져 사는 자녀로 한정된 핵가족으로 변화하도록 하면서 등장하였다. 또한 평균 수명이 증가하고 다수의 미국인들이 더 이상 그들이 죽기 며칠 전이나 몇 시간 전까지 일할 필요가 없게 되었다 그들은 일을 하지 못하게 되거나 혹은 여러 가지 이유로 사망하기 훨씬 전에 은퇴를 결심한다. 이들 중 다수가 그들 스스로 보살핌에 대한 지원을 요구하거나 그들이 그들의 남은 삶을 살아가면서 일상의 활동에 대한 도움을 요구해왔다. 이렇게 그들은 *보다 젊은 만성질환* 집단 또는 *기타 장애 조건을 가진* 집단, 즉 그들 스스로를 돌보는데 문제를 경험한 이들의 집단에 합류하게 되었다.

이러한 요소들은 이러한 조건을 지닌 사람들을 돌보는 동안 장기적이고 만성적인 장애와 질병이 증가하는 상황을 초래했다. 장기요양시설은 이 격차를 메웠다. 일반적으로 생활공간을 제공하고, 생활의 일상적인 활동을 도왔으며 그리고 일정수준의 도움 또는 숙련된 간호를 제공한다. 장기요양시설은 보통 집중적인 의사 진료를 제공하지 않는다.

그들의 삶 말기에 속하는 아픈 이들에게 재정적 지원을 제공하는 메커니즘을 개발하는 것은, 특히 사회보장법(the Social Security Act)이 1935년에 통과된 이후에 장기요양시설의 확장에 중요한 부분을 차지하였다. 개인의 저축, 친척, 정부, 의료보험과 은퇴 패키지(대개 고용주가 비급여수당으로 제공하는) 로부터 이용 가능한 기금과 함께, 잠재적인 간병 제공자는 이 새로운 정의된 집단에게 서비스를 제공하는 것을 생각하기 시작했다. 65세 이상의 장기요양시설 거주자에 대한 서비스 지불의 일차적 출처는 현재 메디케이드(Medicaid), 메디케어(Medicare) 그리고 개인적 재원(개인 보험, 입소자 자신의 수입, 가족 지원, 사회보장 수익, 은퇴기금 등)을 포함한다.

1980년대까지, 대부분의 병원은 스스로를 영리기업으로 생각하지 않았다. 반면, 많은 장기요양시설들은 서비스 제공과 수익성 있는 사업 모두를 생각했다. 이는 장기요양시설에 대한 압박으로 작용하였으며 그 이유는 그들이 제공하는 돌봄의 종류(노동집약적이고 항상 돌봐야 하는)가 비쌌기 때문이다. 실제로, 대부분의 장기요양시설에서 일하는 이들은 간호조무사(nurse aids)로, 이는 노동의 비용을 줄여서 가격을 통제하고 수익을 증대했음을 의미했다. 장기요양시설은 종종 직원 이직률이 높기 때문에, 신입직원에게 최소한의 훈련을 실시한다고 하더라도 이 훈련은 지속적으로 반복되어야 한다. 돌봄 제공자와 보살핌을 받아야 하는 사람 양자 모두에게, 이는 종종 새로운 사람과 성격을 만나고 배워야 함을 의미했다. 이는 제공되는 돌봄이 지속적이지 않고 불확실한 것처럼 여겨졌다. 장기요양시설에는 여러 가지 유형이 존재하며, 이것은 미국의 여러 지역에서 달리 설명될 수 있다. 아마도 가장 잘 알려지고 이 책 내에서 우리의 관심사와 가장 관련이 있는 것은, 전문 간호사가 각 거주지의 주치의 지시에 따라 24시간 돌봄을 제공하고 간호보조원 및 조무사가 제공하는 병상관리를 지도하는 *전문간호시설(skilled nursing facility)*이다. 이 시설들은 주로 스스로를 돌볼 수 없거나 일상생활 활동을 영위할 수 없는 만성적인 건강 상태를 경험하는 이들에게 제공되는 것이다. 예를 들면 진행된 단계의 알츠하이머 환자들은 방향 감각 상실, 기억 상실, 배회 및 투쟁적인 경향을 보이는데, 이런 모든 경우 지속적인 관리를 요한다. 몇몇 전문 간호시설은 호흡기에 의존하는 환자와 같이 특수 집단에게 서비스를 제공한다. 2004년 미국에는, 16,100 개의 전문 간호시설이 대략 170만 개의 병상을 가지고 있다.

민간보험 또는 본인부담금 외에도, 메디케어(Medicare)는 전문 간호에 대한 자금의 주요 원천이다. 2008년에 메디케어는 전문 간호시설이 제공한 서비스에 대해서 거의 240억 달러를 제공했다(U.S. Census Bureau, 2010). 장기 요양에 대한 모든 유형의 풍부한 정보는 국립장기요양정보관리센터(the National Clearinghouse for Long-Term Care Information, www.longtermcare.gov), 메디케어(www.medicare.gov/longtermcare/statis/home.asp), 그리고 미국건강관리협회(the American Health Care Association, www.ahca.org)와 같은 수많은 출처에서 이용할 수 있다.

다른 장기요양시설은 간헐적인 요양시설부터 거주용 요양시설(때때로 독립적인 생활시설

[independent living facilities], 보조생활시설[assisted living facilities], 쉼터[shelter care facilities], 또는 보호가정[board-and-care homes]으로 불린다)에 이르기까지 다양하다. 이들 시설의 일부는 필요시 일정 수준의 전문적인 지원을 제공하는 반면 다른 시설은 공식적인 간호 지원을 제공하지 않는다. 수많은 기관들이 같은 제도 내에서 여러 차원의 다른 서비스를 제공한다. 민간 보험이나 자기부담금 외에도 연방 및 주 합동 메디케이드 프로그램(Medicaid programs)이 이러한 유형의 장기요양서비스를 위한 주요 자금 출처이다.

장기요양시설 내 개인들은 보통 두 집단으로 나눌 수 있다: "단기 체류자"는 보통 병원으로부터 와서 재활을 하거나 혹은 집으로 돌아가거나 상대적으로 단기간 내에 사망한다. "장기 체류자"는 여러 달 내지 수년 간 죽을 때까지 시설에 머무는 이들이다. 장기요양시설이 입소자의 약 30%를 매년 퇴원시킨다는 사실은 그들의 재활 역할의 중요성을 보여준다. 대부분의 장기요양시설의 점유율은 꽤 높다. 이러한 시설의 많은 입소자들은 매우 의존적이다. 상당수가 꽤 연령대가 높고 만성질환에 시달리며 혼란스러워하고 심지어 감정적으로 불안정하다. 그러한 개인의 대부분은 지역사회 내에서 이용 가능한 간병인이 부족한 경우가 많다. 그들은 비혼, 사별, 무자녀, 또는 일반적으로 전체 인구 집단에 비해서 경제적으로 어려운 상태이다. 장기요양시설이 짧고 집중적인 재활에서부터 무능력하고 정신적으로 손상을 입고, 중한 장애를 지녔거나 혹은 매우 늙고 약한 사람에게 이르기까지 상당히 다른 종류의 간병을 필요로 하는 사람들에게 서비스를 제공함에도 불구하고 그것은 장기간 만성적으로 장애를 지닌 사람들이 장기요양시설의 병실을 차지하고 있다.

2004년에 65세 이상 인구의 150만 명 이상이 미국 내 숙련된 간호 요양 시설의 거주자로 추산되었다(U.S. census Bureau, 2010). 이들 입소자 중 백인(거의 90%)과 여성(75% 가량)이 압도적으로 많다. 여기서 유의할 중요한 점은 이 150만 명은 각 연령대 전체 인구의 약 4.1%에 불과하다는 것이다. 그러므로 미국에서 노인이 된다는 것이 요양원에 있음을 의미하는 것은 잘못된 것이다. 우리 사회의 대부분의 고령 성인들은(65세 이상인 3,600만 명이 넘는 95%의 미국인들) 장기요양시설에 살지 않는다. 그럼에도 불구하고, 인구의 고령화와 대다수 주민들이 장기적인 제도적 치료를 필요로 하게 됨에 따라 장기요양시설에 대한 압박감은 커지게 될 것은 분명하다.

많은 장기요양시설의 상대적으로 낮은 수준의 직원 교육과 보상에 우리 사회가 만족하고 있는 것처럼 보인다. 이러한 현상은 우리가 이 시설의 증가하는 중요성에 가치를 적절하게 부여하지 않고 있음을 보여준다. 그럼에도 불구하고, 급성 치료에서의 보다 바쁜 속도와 빠른 환자 회전과는 대조적으로, 많은 입소자와 장기요양시설 근무자들은 지속적으로 개인적인 관계를 발전시킬 수 있는 기회와 함께 보다 느리고 규칙적인 일상을 선호한다(이 중 일부가 장기요양시설의 직원이 부족한 경우에는 정확한 것이 아님에도 불구하고). 그러므로 516,706명의 입소자, 가족, 직원을 대상으로 한 광범위한 인터뷰는 "우리는 2005 - 2008년에 소비자와 피고용인의 만족도가 증가했음을 보았다. 이러한 높은 수준의 만족도는 2008년 이래로 안정적이다. 그 증가는 비영리 및 개인시설 등과 같

한 보조원이 장기요양시설의 입소자와 긴밀한 관계를 맺고 있다.

은 부문과 다수의 지리적 영역(주, 도시, 교외, 시골)에서 일관되게 나타난다"고 보고했다(My InnerView, 2010, p. 2).

많은 장기요양시설은 입소자에게 높은 수준의 표준서비스를 제공한다. 그러나 여전히 미디어, 공공 및 입법기관은 너싱홈과 기타 장기요양시설에서 제공하는 케어의 질에 대해 주기적으로 항의한다. 많은 사람들이 장기요양시설의 케어의 질에 만족하지 못하고 있고 우리 모두는 "나를 요양원에 보내지 말라"고 호소하는 연로한 친척들과 가족 관계를 이루고 있다.

장기요양시설에서의 삶과 임종의 질은 다양한 방법으로 측정될 수 있다. 한 지표는 입소자와 시설 밖의 사람들의 한정된 접촉에서 발견되며 일부 입소자들은 아예 방문자가 없거나 있더라도 소수가 불규칙적으로 방문하는 상황이다. 많은 사람들에게 이는 외부의 사회적 관계(social network) 이탈 또는 축소를 의미한다. 사람이 장기요양시설에서 임종을 맞을 때 너무 많은 격리조치가 취해지고 있고, 변화되고 있긴 하지만 사별에 대한 기관 공동체의 관심이 불충분하다는 주장이 제기되었다(Shield, 1988). 급성 질환이나 기타 이유로 어떤 개인들은 사망 전에 장기요양시설에서 급성 병원으로 옮겨진다(Bottrell, O'Sullivan, Robbins, Mitty, & Mezey, 2001; Travis, Loving, McClanahan, & Bernard, 2001). 그럼에도 불구하고 2007년 미국 사망의 거의 22%가 장기요양시설이나 요양원에서 발생했다.

장기요양시설은 미국인들이 명백히 원하거나 필요로 하는 서비스를 제공한다. 누군가는 장기간 만성적인 장애를 안고 있으며 종종 죽어가는 사람들을 오랫동안 돌본다. 이것은 아마도 우리가 편하게 선택할 수 있는 것이다. 예를 들어 이러한 유형의 기관 프로그램은 적어도 한동안 조 라이언과 그녀 가족의 필요에 잘 맞았다. 그러나 장기요양과 만성질환을 위한 기관은 죽어가는 사람들의 요건에는 잘 맞지 않을 수도 있다.

조 라이언은 결국에는 그녀의 너싱홈에서 제공할 수 없는 서비스의 수준과 유형이 필요했다. 이러한 유형의 상황은 종종 죽어가는 사람들의 고정관념, 그들은 외롭고, 공포에 질렸으며 심각한 장애를 가지고 있으며 소통에서 벗어나지 못하고 간호를 받지 못하며, 아마도 관심 밖의 사람들이라는 고정관념에 기여한다. 이러한 고정관념은 아마도 많은 보조생활시설에서 제공되는 실제 간병의 관점에서는 불공평하다. 하지만 가족이나 친구들과 이러한 시설을 경험했던 경험하지 못했던 많은 사람들의 마음속에서는 상당히 가까이 다가온 일이다. 달리 말하면, 장기요양시설은 병원처럼 우리 사회에서 죽어가는 이들을 위한 편안한 제도적 모델을 항상 제공하지는 않는다. 그럼에도 불구하고, 병원과 보조생활시설은 최근 몇 년 간 죽어가는 사람들에 대한 대응을 많이 개선했고 많은 경우에 호스피스 원칙이나 간호 프로그램과 연결시켜 왔다(Cassarett, Hirschman, & Henry, 2001; Henderson, Hanson, & Reynolds, 2003; national Hospice and Palliative Care Organization [NHPCO], 2001; Zerzan, Stearns, & Hanson, 2000).

가정간호: 가정간호 프로그램

가정간호 프로그램은 많은 사회에서 보건의료체계(health care system)의 일부로 오랜 역사를 가진다. 이런 프로그램은 잉글랜드 지역의 간호사 구조와 캐나다의 빅토리아 여왕시대 간호사 훈장(the Victorian Order of Nurses, VON)에서 찾아볼 수 있다. 미국에서는 많은 도시들과 카운티 공중보건부와 방문간호사협회(VNA), 그리고 민간 가정간호기관이 가정간호서비스를 제공한다.

지난 20년간 미국에서 가정간호가 빠르게 성장한 것은 새로운 필요에 대한 응답으로 사회와 그 보건의료체계의 변화와 궤를 같이 한다. 예를 들어 HIV와 AIDS 감염, 연약하고 혼란에 빠진 노인들의 증가가 가정간호에 대한 새로운 수요를 창출했다. 또한 1980년대에 정신 질환 환자 다수가 정신병원 및 기타 시설에서 공동체로 옮겨왔다. 보다 최근에, 입원환자 기금에 대한 연방과 기타 제3자 지급 제한이 이루어졌고(예를 들어, 특정 건강 상태에 대해 고정된 금액으로 지불하는 "포괄수가제(diagnostic-related groups)"), 이는 급성치료 기관이 이전 보다 더 빨리(보통 훨씬 빨리) 환자를 퇴원시키도록 압력을 가하는 것이었다. 가정간호의 성장 이면의 몇몇 요소는 가능한 한 비싼 시설에서 환자를 돌보지 않도록 보건의료 비용을 제한하고자 하는 욕구만큼이나 근대 호스피스 운동의 추진과 유사했다. 어쨌든, 가정간호는 여러 형태로 확대되었고, 이 가정간호가 전통적인 가정간호기관에 의해, 민간영역의 새로운 가정간호 기관에 의해, 새롭게 개발된 병원 가정간호부서 또는 포괄적인 호스피스 프로그램에 의해 제공되는지 여부에는 관계가 없었다.

이 장에서 다루는 다른 세 가지 기관과 달리 가정간호 프로그램은 특정 종류의 질환에 의해 구분되지 않는다. 모든 가정간호는 본질적으로 전문 간호(사회복지사, 카운슬러, 성직자, 약사, 물리치료사,

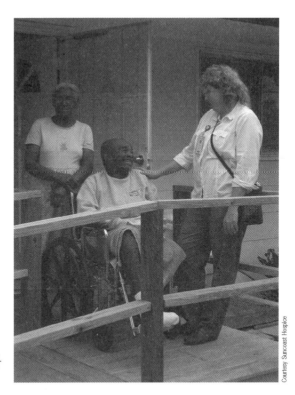

가정간호 간호사가 환자와 그의 아내를 방문하
고 있다.

주부, 언어치료사 혹은 음성학자와 같은 이들의 보강과 함께)의 형태를 띤다. 또한 모든 가정간호는 광
범위한 여러 가지 질병이나 조건으로부터 나오는 문제를 다룰 수 있다. 이 간호의 두드러진 형태는 *그
것이 제공되는 장소*이다. 가정간호 프로그램은 그 서비스가 환자 자신의 집에서 제공된다. 대부분의
경우 메디케어와 메디케이드 그리고 민간 재정 자원이 우리 사회의 가정간호 비용을 지불한다.

　대부분의 가정간호 프로그램은 임종자 돌봄을 제공하지만, 그런 유형의 돌봄 제공을 우선적으
로 또는 전적으로 전념하는 것은 아니다. 사실, 가정간호 프로그램의 몇몇 스태프들은 임종자 돌봄
에 있어서 광범위한 경험과 지식을 발전시켰다. 그러나 간호시설로서 가정간호 프로그램은 보통
생애 말기에 특화된 전문성을 주장하지 않는다. 대부분의 전문 간호를 제공하는 가정간호 프로그
램은 이제 하루 24시간 일주일 내내 이용 가능하다. 어떤 가정간호 프로그램은 또한 돌봄에 대한 다
학제 팀을 제공하지만 그것은 아마도 제3자 지불이 어떤 유형의 서비스, 예를 들어 영적 감정적 보
살핌에 대해서 보상하지 않을 때 문제가 될 수 있다. 이런 환경에서 가정간호 프로그램은 그 숙련된
간호사가 일반적인 가족과 환경 문제를 평가하고 대응하는 것에 의존하든가 또는 다른 공동체 기
관으로부터 추가적인 필요를 요하게 된다. 짧게 말하자면, 많은 가정간호가 반드시 환자나 가족의
필요에 의해서가 아니라 비용을 통제하고자 하는 욕망과 관련된 진단 범주와 자금에 기초한다. 물
론 이것은 광의의 일반화이다.

221

2008년 가정간호 서비스에 대한 메디케어의 편익은 거의 66억 달러에 달했다(U.S. Bureau, 2010). 모든 유형의 가정간호 서비스에 관한 정보는 다수의 출처, 예를 들어 메디케어(www.medicare.gov/ HomeHealthCompare.search.aspx)와 고연령, 노인 간병(www.aging-parents-and-elder.com)에서 제공하고 있다.

최근 몇 년 간, 다양한 경제적, 조직적 기타 요소들이 우리 사회에서의 가정간호 프로그램에 영향을 미쳤다. 많은 새 가정 간호 프로그램이 시작되었지만 사업에 성공한 것은 드물다. 다른 것들은 그들의 서비스에 호스피스 구성요소를 추가하거나 또는 그들의 일에서 호스피스 철학의 일부 측면을 통합시켜왔다. 어떤 상황에서는, 호스피스 환자가 개선을 보이면 그는 그의 조건이 악화될 때까지 퇴원해서 가정간호 프로그램을 이용하도록 하며 악화 시에는 호스피스 시설에 재입원하게 된다.

생애 말기 돌봄: 호스피스 프로그램

배경. 호스피스 프로그램은 가장 최근에 보건의료체계에 추가되었고 조 라이언이 그녀의 생애 말기에 이용했던 것이다. 조의 상황이 가리키듯이 호스피스 프로그램은 임종에 대처하는 이들을 돌보는 중요한 방식이 되었다. 그들은 특유의 돌봄 철학(이미 언급한 것처럼)에서 벗어나 그들이 제공하는 돌봄의 대부분을 가정에서 제공한다. 이러한 이유로, *호스피스*는 장소를 가리키는 명사보다는 돌봄을 가리키는 형용사로서 사용되는 것이 더 적절할 것이다. 이 구분을 이해하기 위해서 우리는 호스피스 프로그램이 발달해온 연혁을 살펴보아야 한다.

죽어가는 이들을 돌보는 오래된 인간의 전통을 이용하는 것 외에도, 호스피스 프로그램은 지친 여행자들에게 휴식과 지원을 제공한 중세 시설로까지 그 뿌리를 거슬러 올라갈 수 있다(Stoddard, 1992). 현대적 관점에서, 호스피스 프로그램은 삶의 여정의 마지막 단계에 이른 이들에게 돌봄을 제공한다. 죽어가는 이들 혹은 치료-지향적 중재에 어떤 합리적인 희망도 없는 이들에게 그들 가족과 더불어 일차적으로 돌봄을 제공하도록 설계되었다.

현대의 호스피스는 아일랜드와 잉글랜드의 수녀회가 운영하는 시설로 거슬러 올라간다. 그러나 1967년에 런던 남동부에 성 크리스토퍼스 호스피스(St. Christopher's Hospice)를 설립한 데임 시슬리 손더스(Dame Cicely Saunders)로부터 위대한 추진이 시작되었다. 원래 간호사 출신인 데임 시슬리는 등을 다치고 나서 사회복지사가 되었고 불치병 환자와 죽어가는 이들에게 더 좋은 돌봄을 제공하고자 했다. 그녀는 1950년대에 런던 이스트 엔드의 성 조셉 호스피스(St. Joseph's Hospice)에서 그러한 견해를 발전시켰고 죽어가는 이들의 만성 통증 관리에 대한 약물 투여 연구를 수행했다. 훗날 그녀는 성 크리스토퍼스(St. Christopher's)를 그녀의 이론을 정립할 임상시험, 연구, 그리고 임종자 돌봄을 위한 교육을 수행하는 사설입원기관으로 설립하고자 잉글랜드 국민건강보험(the National Health Service, NHS)을 떠났다.

처음엔 이러한 혁신은 특수한 목적을 가진 독립적인 입원시설에서만 수행 될 수 있다고 여겨졌다. 그러나 잉글랜드에서 이 원조 호스피스 모델은 민간 자본으로 지어진 입원 시설로 이어졌고, 그 다음에 운영을 위해 NHS로 전환 되었으며, 결국 몇몇 NHS 병원 내에 입원 병동을 설치하였다 (Ford, 1979; Wikes et al., 1980). 잉글랜드는 또한 일반 개업의와 지역 간호사들의 업무를 지원하기 위해 설계된 호스피스 가정간호팀(Davies, 1999) 뿐만 아니라 급성 병원에서 죽어가는 이들의 간병 에 대해 조언하는 병원지원팀(Dunlop & Hockley, 1998)과 호스피스 데이케어 프로그램(Corr & Corr, 1992a, Wilkes, Crowther, & Greaves, 1978)의 발전을 보였다. 이 발전은 북미 및 세계 각지의 호 스피스 케어 발전과 유사한 점도 있고 다른 점도 있다(Clark, 2007; Clark, Small, Wright, Winslow, & Hughes, 2005).

이 분야에서 캐나다의 노력은 1970년대 중반 몬트리올의 로얄 빅토리아병원(the Royal Victoria Hospital)과 위니펙에 있는 성 보니파스 종합병원(St. Boniface General Hospital)에서 이른바 "완화 의료 서비스(palliative care services)" 개발과 함께 시작되었다.

일반적으로 이 서비스는 대형 급성치료 대학병원에 기초한 입원시설, 상담 서비스, 가정 간호 서 비스와 유족 사후 프로그램(예를 들어 Ajemian & Mount, 1980)을 포함했다. 현재 500개가 넘는 다 양한 프로그램과 서비스가 캐나다 전역에서 호스피스/완화의료를 제공한다. 또한 국가 전역에 걸 쳐 주정부 단위 호스피스/완화의료 협회와 국가 수준의 캐나다 호스피스/완화의료 협회(Palliative Care Association, www.chpca.net)가 존재한다.

미국의 호스피스 케어. 미국에서 호스피스 케어는 1974년 9월 지역사회-기반 가정 간호 프로그 램이 코너티컷 주의 뉴 헤이븐(New Haven, Connecticut)에서 시작되면서 탄생하였다(Foster, Wald, & Wald, 1978; Friedfich, 1999; Lack & Buckingham, 1978). 이후, 호스피스 프로그램은 전국 으로 퍼져 나갔다(Connor, 2007). 2009년에 국립 호스피스와 완화의료기구(the National Hospice and Palliative Care Organization, 2010a)는 50개 주, 콜롬비아, 푸에르토 리코, 괌 등지에 약 5,000개 의 호스피스 운영 프로그램을 두고 있다고 추산했다.(호스피스 프로그램에 대한 추가적인 정보나 어떻게 지역 호스피스 프로그램에 연락하는 지에 관해서는 800-658-8898 상의 호스피스 헬프라인 으로 전화 또는 1731, King Street, Suite 100, Alexandria, VA, 22314; 703-837-1500, www.nhpco.org 상의 국가 호스피스와 완화의료 기구로 연락하면 된다. 미국 호스피스재단이 지원하는 다른 출처 는 www.hospicedirectory.org 이다).

2010년 미국의 호스피스 프로그램은 매우 다양한 조직 모델을 보여주었다(National Hospice and Palliative Care Organization [NHPCO], 2010a). 대부분은 독자적인 독립 기관이었다. 다른 것들은 병원기반, 가정간호 기관의 부서, 또는 장기요양시설 및 다른 기관에 기반을 두었다. 미국 내 호스 피스 프로그램의 대략 49%가 그 특성상 비영리였다. 47%는 영리였고, 4%는 상이군인 행정 (Veterans Administration)과 같은 정부기관이 운영했다(Grassman, 2009). 미국 호스피스 프로그램의 19.6%는 자체 입원시설을 보유하고 있었다.

1982년에 호스피스 케어를 위한 기금이 메디케어 편익으로서 승인되었다(Miller & Mike 1995). 이러한 편익은 메디케어 자격을 갖춘 노인들을 위한 가정간호를 강조했다. 입원 기준은 보통 말기 질환의 진단과 6개월 이내의 생존 예후, 그리고 가정 내 일차적 간병인의 존재(이 마지막 요건이 더 이상 대부분의 호스피스 프로그램에 적용되지 않지만)를 요구했다. 호스피스 서비스는 네 가지 기본 범주에 해당되었다. 정기적 가정간호(routine home care, 모든 호스피스 서비스의 거의 96%를 차지하는 범주), 일반 입원환자 간호(general inpatient care), 지속적인 가정 내 간호(continuous in-home care, 지정된 시간 단위로 훈련된 호스피스 직원을 제공), 단기입원간호서비스(short-term inpatient respite care). 다른 보상 비율이 이들 각 범주에 적용된다. 이들 비율은 시간이 지남에 따라서 증가하며 각기 다른 지역의 차별적인 비용을 고려하여 조정된다.

호스피스 서비스의 83.7%를 지불하는 메디케어 호스피스 혜택에 관하여 두 가지 주목할 만한 점이 있다(다른 호스피스 자원출처는 관리의료 또는 민간의료보험, 메디케이드와 자선 기부금을 포함한다). 첫째로 그것은 가정간호를 강조하고 상환방식은 후향적인 서비스별 수가제(fee-for service) 기반에서, 전향적인 확정률(falt-rate) 기반으로 이전한다. 따라서 호스피스 프로그램은 죽어 가는 사람이 진료에 등록하는 각 날의 특정한 비율 범주에 명시된 금액을 받는데, 그 날 실제로 환자에게 제공하는 서비스와는 무관하다(Inglehart, 2009).

두 번째, 메디케어 호스피스 편익 하에서 제공되는 모든 돈(일차 주치의에게 지급되는 것을 제외하고)은 직접 호스피스 프로그램에 지불된다. 그러므로 프로그램은 각 개인의 간호 계획을 설계하고 시행할 책임이 있다. 어떤 서비스도 간병 계획을 포함하지 않고 호스피스 다학제 연구팀에 의해 승인되지 않으면 상환되지 않는다. 이는 호스피스 프로그램에 가격을 낮추는 인센티브를 제공하고 단지 개인 환자와 가족 단위의 필요에 관련된 케어만을 제공하게 한다. 다학제 팀의 중심성은 우리에게 호스피스의의 독특한 특징을 다시 한 번 상기시킨다. 그 팀은 환자와 그 가족 양자 모두에 초점을 맞추고 그 팀은 여러 다른 학제로부터의 전문가들뿐만 아니라 영적 보살핌의 포함, 가정 간호 방문, 사별 서비스(그림8.1 참조)와 함께 훈련된 자원 봉사자의 적극적 참여를 포함한다. 호스피스 케어에서는 한 사람(일반적으로 주치의)의 지시하에 의료 전문가들이 독립적으로 일하는 다분야 팀워크로 특징 지워지는 상황이 아니라 전체 팀이 케어의 계획을 수립하고 시행한다.

본질적으로 미국에서 호스피스 서비스에 대한 다른 보상 형태의 모델이 된 메디케어 호스피스 편익은 자격을 갖춘 개인에게 바람직한 선택이다(이 혜택에 대한 추가적인 정보에 대해서는 www.cms.hhs.gov/MLNProduct/downloads/hospice_pay_sys_fs.pdf 상의 메디케어 학습 네트워크[Medicare Learning Network]에 문의하시오). 이 혜택은 메디케어 자격증(Medicare certification)을 취득한 모든 미국 호스피스 프로그램(거의 93%)에서 이용 가능하다. 그 혜택은 연방법에 의해 변화될 수 있지만 현재는 다른 메디케어 편익보다 광범위 하며 제공된 케어의 모든 비용을 확보하도록 의도되었다. 그것이 호스피스 프로그램에 대한 보상의 상한선을 포함하고 있지만, 그것은 프로그램 평균 및 총 혜택일수로 환원되면 특정 개인에게 적용되는 수치가 아니다. 사실 한 개인이 메디케어-인증 호스피스 프로그램을 받아들이고 계속해서 그 서비스의 자격을 유지하는 한, 자금이 상환을 위해 여전히 유출되든 아니든 간에 상관없이 법은 비자발적인 퇴출을 금지한다. 호스피스 서비스에 대한 메디케어 혜택은 2008년에 전체 114억 달려였다(U.S. Census Bureau, 2010). 호스피스 케어의 자발적인 탈퇴는 가능하다. 그러나 최근 연구(Galrson et al., 2010)는 말기 암 환자가 이 옵션을 택하는 경우 결과적으로 더 긴 입원을 경험하고 병원에서 죽을 가능성이 더 높고(집에서 사망하는 것 보다) 더 높은 비용이 발생할 가능성이 높음을 보였다. 또한 호스피스 케어는 43개 주와 콜롬비아 지역에서 메디케이드에 의해 커버되며, 뿐만 아니라 관리된 케어 계획의 82% 및 대부분의 개인 보험 계획을 보장한다.

어떤 사람들은 미국의 호스피스 케어가 사망과 매우 가깝다고 생각한다. 예를 들어, 메디케어 가이드라인 하에서 호스피스 케어에 들어선 환자는 그가 죽어가는 사실을 수용하고 치료-지향 중재를 막는데 동의해야 한다(개개인이 호스피스 프로그램을 언제든지 철회할 수 있지만). 이것은 강한 생명의 존엄성을 가진 미국의 일부 소수민족, 예를 들면, 아프리칸 아메리칸과 같은 소수민족이 호스피스 케어 기회를 이용하지 않는 이유이며, 호스피스 이용에 있어 지리적 불균형이 생기는 원인일 수 있다(Connor, Elwert, Spence, & Christakis, 2007; 2008).

NHPCO는 2009년에 호스피스 프로그램이 1.56백만 명이 넘는 환자를 수용하고 있다고 추산했다. 같은 해에 대략 1.02백만 명의 미국인이 호스피스 치료를 받다가 사망했으며, 그해 사망한 미국인의 대략 41.6%에 해당한다. 243,000명은 살아서 퇴소했고 294,000명은 2009년에 입소하여 2010년에도 여전히 입소 중 이었다. 2009년 호스피스 환자의 68.6%가 그들이 집이라고 부르는 곳에서 사망할 수 있었다(개인 소유 거주지, 요양원 혹은 기타 주거 시설). 그리고 21.2%가 호스피스 시설에서 사망했다. 단지 10.1%의 호스피스 환자들만이 급성치료 의료기관에서 사망하였고 이는 그러한 기관에서 사망한 일반 인구 집단과 대조되는 것이다. 2009년에 호스피스 치료에 등록한 평균 기간은 69일, 중앙값은 21.1일 이었다.

2009년 호스피스 환자는 NHPCO에 의해 다음과 같이 설명되었다.

- 53.8%가 여성이고 46.2%가 남성이다.
- 환자의 83% 이상이 65세 이상이다.
- 80.5%가 백인(Caucasian Americans)이고 19.5%가 소수 인종, 아프리카계 미국인(8.7%), 아시아계 미국인 또는 태평양 군도 사람(1.9%), 아메리칸 인디언 또는 알래스카 원주민(0.2%) 그리고 자신이 다인종이거나 달리 분류된다고 한 이들(8.7%)이다.
- 입소 상 진단요인은 말기암(40.1%), 특정되지 않은 쇠약증세(13.1%), 말기 심장질환(11.5%),

호스피스 케어는 많은 유형의 자원봉사자들이 좋은 돌봄-심지어 동물에 이르는-의 유형에서 역할을 할 수 있음을 인정한다.

알츠하이머를 포함한 치매(11.2%), 폐질환(8.2%), 그리고 중요한 기타 호스피스 입소의 진단은 뇌졸중이나 혼수상태, 말기 신장질환, 운동 신경 질환, 말기 간질환, 그리고, HIV/AIDS 등이다.

이 마지막 통계를 통해, 미국 호스피스 치료가 암 환자에 국한되지 않음이 명백해졌다. 이 서비스는 다른 진단을 받은 사람들에게 적용될 수 있고 적용되어 왔다(예를 들어 Lynn, 2008; Murray & Sheikh, 2008). 이는 호스피스 사용이 "간병인에게 높은 부담을 주는 질환이나 예후의 정확성을 성취하기 더 쉬운 질환의 경우 더 높다"는 것이 사실임에도 불구하고 그렇다(National Hospice and Palliative Care Organization[NHPCO], 2010a, p. 7).

대략 468,000명의 자원봉사자들이 2009년 호스피스 프로그램에 약 2,200만 시간 기여했다. 자원봉사자들은 직접적인 환자 케어, 임상 지원(예를 들어 행정 활동), 일반적 지원 활동(예를 들어 기금 마련 내지 이사회 구성원으로서)을 제공한다. 모든 메디케어 비용의 28%가 생애 마지막 해를 살아가는 사람들의 간병에 그리고 그 비용의 거의 50%가 인생의 마지막 두 달 동안 소비되며, 가정의 호스피스 케어는 종종 보다 비싼 입원을 대체한다.

2009년 NHPCO 통계에 따르면, 호스피스 프로그램이 호스피스 환자 한 명 당 평균 두 명의 가족에게 최소 1년간 사별 케어를 제공하였다. 게다가, 호스피스 프로그램의 대다수(91.9 %)는 2009년 호스피스 사별 서비스의 약 18.2%를 지역 사회 구성원들이 받는 등 지역 사회에 사별 서비스를 제공했다.

미국 호스피스 서비스를 확장하고 평가하려는 노력. 호스피스 원칙은 서로 다른 상황에서 서로 다른 방식으로 시행되어 왔다(Kastenbaum, 1997). 이러한 차이는 특정 사회의 요구와 관련이 있으며, 특히 의료 및 사회 서비스 시스템의 구조와 관련이 있다. 미국에서 가정 간호에 대한 호스피스의 강조는 입원 치료를 최소화하고 가정 간호를 보다 적절하고 경제적인 것으로 장려하기 위한 것이다. 호스피스 운동은 또한 의사들에게 전원시키고(Teno & Connor, 2009), 소외된 집단을 진료하고, 호스피스 서비스에 대한 접근성을 확대하고(Jenning, Ryndes, D'Onofrio, & Baily, 2003), 문화적 다양성의 중요성을 강조하고(Infeld, Gordon, & Harper, 1995; National Hospice and Palliative Care Organization [NHPCO], 2007), 교육기관 및 기타 지역 사회 단체와의 제휴를 구축하고(예를 들어, Roscoe, Egan, & Schonwetter, 2004), 미래의 유산을 반영하도록(Corless & Foster, 1999; Parkes, 2007b) 장려하는 노력을 해왔다.

다섯 개의 최근 연구들이 미국에서의 호스피스 케어의 다른 측면들을 평가하고자 했다.

- 첫 번째 연구(Connor, Elwert, Spence, Christakis, 2007b)는 1998년-2002년 전체 메디케어 수혜자의 5%를 표본으로 하여, 5종의 암과 선천성 심부전 환자 4,493명의 환자들의 후향적 통계분석을 사용했다. 이 연구는 "평균 생존 기간은 비-호스피스 환자에 비해서 호스피스 환자들이 29일 더 길었다"(p. 238). 이 코호트에서, 약물치료와 호스피스 케어의 다른 측면은 불편한 증상을 관리하고 삶의 질을 개선하기 위한 것이었을 뿐아니라 실제로 환자와 환자 가족에게 특히 중요한 방법으로 생명을 연장했다.

- 두 번째 연구(Taylor, Ostermann, Van Houtven, Tulsky, Steinhauser, 2007; Zhang et al. 2009 또한 참조)는 호스피스 케어가 환자당 평균 2,309 달러의 메디케어 비용을 감소시켰으며, 호스피스 케어에 더 오랜시간을 투자한다면 10명의 환자 중 7명이 더 많은 비용을 더 절약할 것임을 보여주었다. 이 연구는 "긴 것을 줄이는 것에 초점을 맞추는 것과 대조적으로, 단기 거주를 증가시키는 것에 더 많은 노력이 투자되어야 한다"라고 결론지었다(p. 1476).

- 세 번째 연구(Teno et al. 2004)는 사랑하는 사람들이 받았던 케어에 대한 가족의 평가에 대해 보고했다. 이 연구는 다음과 같이 결론을 내렸다. "호스피스 서비스를 받은 환자의 가족들은 전반적인 케어의 질에 보다 만족했다. 70.7%가 시설 환경[즉 병원이나 요양원]에서 혹은 가정 간호 서비스를 받아서 사망한 이들의 50% 미만과 비교해 '우수하다고' 평가했다"(p. 88).

- 네 번째 연구(Rhodes, Teno, and Connor, 2007)는 사별한 아프리카계 미국인 가족 구성원들을 조사했다. 그들은 다른 환자 집단에 제공된 케어에 반해 그들이 사랑하는 사람들에게 제공된 케어에 있어 불평등하다고 인식했으나 그들이 호스피스 프로그램에 등록된 경우 그 불평등이 줄어들었다고 보고했다.

- 다섯째 연구(Temel et al. 2010)는 폐암 환자들이 조기에 완화 의료 치료를 받았을 때, 삶의 질과

Courtesy Suncoast Hospice

어머니가 사망한 후 호스피스 프로그램에 한 아이가 보내온 감사 편지

기분에서의 의미 있는 개선을 획득했다고 보고했다. 그들은 또한 현재 기준으로 완화 의료 치료를 연기한 이들보다 23.3% 더 오래 생존했다. 조기에 완화 의료 치료를 받은 환자의 중간 생존율은 표준 치료를 받은 이들보다 2.7개월 더 길었다. 연구자는 "호스피스 프로그램에 조기에 전원되어, 환자들은 더 나은 증상 관리로 이어지는 진료를 받을 수 있고 이는 그들의 상태를 안정시키고 생명을 연장시킨다."고 가정했다.

다른 연구는 호스피스 케어에서 일하는 이들의 의욕이 높다는 것을 보여줌으로써 이러한 연구를 보완해 왔다(Richardson, 2007).

소아 완화의료 및 호스피스 케어. 호스피스 철학을 아동과 그 가족에게 적용하려는 노력은 1982년 잉글랜드 옥스퍼드에서 헬렌 하우스의 설립으로 시작되었다. 이곳은 생명을 위협하거나 시한부 상태(life-limiting conditions) 아동과 그들의 가족에게 임시위탁돌봄, 생애말기 돌봄 및 장기 가족 지원을 목적으로 하는 시설이었다(Worswick, 2000). 2010년까지, 영국 및 다른 개발도상국에서 44개 이상의 프로그램이 아동과 그 가족을 대상으로 제공되는 호스피스 완화의료/돌봄 서비스를 제공하고 있었다.

미국에서는, NHPCO의 Children's Project on Palliative/Hospice Services 프로그램(ChiPPS, 아동 완화의료/호스피스 서비스 프로젝트, 1998)과 병행된 다른 프로그램은 최근 몇 년 간 아동 완화의료 및 호스피스 케어에 대한 관심을 크게 향상시켰다. ChiPPS는 자체적으로 무료 전자 뉴스레터 (www.nhpco.org/pediatrics에서 이용 가능), 교육용 자료, 그리고 *아동 완화의료와 호스피스의 시행 기준*(Standards of Practice for Pediatric Palliative Care and Hospice)을 개발하였다(National Hospice and Palliative Care Organization [NHPCO], 2009).

게다가 국제아동완화의료네트워크(International Children's Palliative Care Network, www. icpcn.org.uk)는 이러한 유형의 돌봄에 대한 국제 표준의 역할을 하는 헌장을 갖고 있다. 다른 교육적 커리큘럼이 ChiPPS에 의해 출판되었고(NHPCO, 2003), 아동 완화의료에 관한 이니셔티브(the Initiative for Pediatric Palliative Care, 2003)와 생애말기 간호교육 컨소시엄(the End-of-Life Nursing Education Consortium, 2003)이 이에 해당된다. 마지막으로, 아동 호스피스와 완화의료 연합(the Children's Hospice and Palliative Care Coalition)은 진단, 치료, 사망, 그리고 사별을 통해 자녀의 생명을 위협하는 질병과 관련된 문제에 대처하는 부모를 위해 영어와 스페인어로 된 온라인 지원 사이트를 구축했다(www.PartnershipforParents.org;www.PadreCompadres.org).

NHPCO 및 ChiPPs와 작업하면서, 아동 완화의료 및 호스피스 케어는 다음과 같이 설명되었다.

> 만성적, 복합적 그리고/또는 생명을 위협하는 상태에 있는 아동과 그 가족들에게 유능하고 동정적이며 지속적인 보살핌을 전달하는 철학과 조직화된 방법 모두... 이 보살핌은 삶의 질 강화, 고통의 최소화, 기능의 최적화, 개인적-영적 성장의 기회를 제공하는 것에 초점을 둔다. 아동, 가족 그리고 간병인을 중심으로 한 다학제 팀의 협력을 통해 계획되고 전달된, PP/HC는 병행질환 치료법 또는 케어의 주요 초점과 함께 제공할 수 있고 해야만 한다(Freibert, 2009, p. 2).

아동 완화의료 및 호스피스 케어의 거의 모든 측면은 아동 돌봄 제공자의 인식과 더불어 소수의 적절한 아동, 가족의 다양한 상황 및 필요성, 다양한 생명-위협적 또는 시한부 상태, 다양한 질병경로, 그들에게 필요한 여러 서비스, 적절한 케어의 전달 방법, 자금조달 기전, 연구 패러다임, 교육 주도권, 소통 전략, 윤리적 관심사, 직원 비율과 관리, 효과적인 통증/증상 관리 중재에 따라 복잡하다 (Davies et al., 2008).

잉글랜드 생명위협 및 말기상태 아동과 가족을 위한 협회(the Association for Children with Life Threatening or Terminal Conditions and Their Families in England, www.act.org.uk)가 주도한, NHPCO(2009)는 아동 완화의료 및 호스피스 케어에 적합한 아동의 네 가지 진단범주를 다음과 같이 설명하였다.

- 집단1: 완치적 치료가 이용 가능하지만 실패할 수도 있는 생명을 위협하는 상태, 완화의료 서비스에 대한 접근이 생명연장 치료 그리고/또는 치료가 실패할 경우에 유익할 수 있다(예를 들어,

진행된 암이나 복잡하고 심각한 선천성 심장 질환)

- 집단2: 조기 사망이 불가피한 상태로, 생명연장, 정상적인 활동 참여, 삶의 질 유지를 위해 장기간의 집중치료가 필요할 수도 있다(예를 들어, 섬유종이나 심한 면역결핍)
- 집단3: 완치적 치료 옵션 없이 진행 중인 상태로, 진단 이후 치료방법은 오로지 완화의료이며 몇 년 이상 연장 될 수 있다(진행 중인 중증의 대사장애 및 특정 염색체 질환).
- 집단4: 합병증과 조기 사망의 가능성을 유도하는 복합적인 보건의료 필요를 가지며, 돌이킬 수 없으나 진행되지 않는 상태(예를 들어, 중증도의 뇌병변 또는 중증의 뇌기능부전).

그리고 이러한 유사한 조건을 지닌 아동들은 병원-기반 프로그램, 독립적인 아동 호스피스 시설, 호스피스-기반 프로그램, 공공기관 또는 장기요양시설-기반 프로그램에서 완화의료와 호스피스 케어를 받을 수 있다. 그러나 이러한 서비스 중 몇몇의 가용성은 제한적이며 이러한 서비스간의 전환이나 이 서비스와 가정간의 전환에 세심한 주의를 기울여야 한다.

호스피스 케어와 완화의료

호스피스(그 다양한 형태로)란 단어가 그 자체로서의 역사와 의미를 가진 것처럼 *완화적*(palliative) 및 *완화*(palliation)란 단어도 마찬가지이다(그리고 관련 용어들: Oxford English Dictionary, 1989, vol.11, p. 101). 보건의료에서, "완화하다"는 "질환을 치료하지 않고 증상을 감소시키는 것"을 의미한다. 일반적인 감기의 치료는 일종의 완화치료인데 그 이유는 일반 감기에 대한 치료법은 없을 지라도(혹은 다른 수많은 일상적인 질환처럼), 개개인이 기침을 하거나 감기에 걸렸을 때, 아스피린, 소염제, 항히스타민제, 거담제, 원치 않는 분비를 제거해줄 수 있는 기타 약물 및 다른 중재(휴식, 수분 섭취, 영양가 있는 음식 섭취)가 종종 삶의 질을 개선하는데 이용된다. 즉, 신체 자체 자원이 침략자를 물리치고 사람을 더 건강한 상태로 복원하는 동안, 증상은 감기의 원인이 된 바이러스가 그 생물학적 궤적을 통과하여 자연적으로 한계에 도달할 때까지 완화된다. 한편, 치료가 제공되지 않더라도 대부분의 사람들은 자신들의 고통이 적어도 부분적으로 감소되는 것에 감사한다. 모든 형태의 완화 치료는 기저 원인보다는 통증을 다루는 것을 의미한다(Twycross, 2003).

일반적으로 호스피스 케어는 완화의료의 한 형태이다. 이는 주로 임종자 또는 삶의 말기에서 생명을 위협하는 상태에 있는 사람을 괴롭히는 증상에 대해 다룬다. 언어적 사용 측면에서, *완화 의료*와 *호스피스 케어*를 따로 분리하고 후자를 전자의 한 종류나 하부유형으로 취급하는 것이 더욱 정확할 것이다. 사실 호스피스 운동의 역사 중 한 시기에는(그리고 아마도 오늘날 몇몇 맥락에서는), 그것들이 본질적으로 같은 것을 의미하는 것으로 여겼다. 그러므로 세계보건기구(1990, p. 11)는 완화의료를 다음과 같이 정의한다.

> 그 질환이 완치-지향적 치료에 반응하지 않는 환자들에 대한 적극적인 전체적 치료. 통증과 다른 증상 그리고 심리적, 사회적, 영적 문제들의 통제가 가장 우선한다. 완화의료의 목적은 환자와 그 가족들이 최상의 삶의 질을 성취하는 것이다.

우리가 캐나다 호스피스/완화의료기관(the Canadian Hospice/Palliative Care Organization)의 이름에서 그리고 우리의 아동 완화의료 및 호스피스 케어에 대한 설명에서 보았듯이, 때때로 이 두 간호 방식을 구분하는 것이 어렵고 아마도 그들이 함께 일할 때 그들을 구분하는 것은 중요하지 않다(Aungst, 2009). 호스피스와 완화의료 모두의 핵심 목적은 효과적인 통증과 증상 관리, 전체적인 케어, 그리고 제공 장소 및 방법에 관계없이 관련 서비스간의 완벽한 연결을 포함한다.

최근, 의학계의 많은 사람들이 *완화의료*라는 문구를 채택하여 그것을 *호스피스 케어* 보다 넓은 의미와 좁은 의미 두 가지 모두로 사용한다. *완화의료(Palliative care)* 또는 *완화의학(Palliative medicine)*은 이제 주로 고통스러운 증상을 다루는 의료의 한 형태를 지칭하는 것으로 사용된다(Hanks et al., 2009; Meier, 2010; Morrison & Meier, 2004). 그러나 한 사람(주로 주치의)의 지시하에 보건분야 전문가들이 독립적으로 일하는 전통적인 다학제 팀워크와는 달리, 모든 서비스 범위와 통합적 팀 접근이 반드시 전형적인 호스피스 케어를 의미하는 것은 아니다(O'Connor, 1999). 학제 간 팀의 중심성이 없다면, 형용사 *완화적*의 협의의 의미에서, 일차 강조 사항은 의사의 역할, 통증과 증상의 관리, 그리고 가장 흔히 병원-기반 치료일 가능성이 높다(Morrison, Maroney-Galin, Kralovec, & Meier, 2005). 그럼에도 불구하고 퀼(Quill, 2007, p. 1912)은 다음과 같이 언급하였다. "완화의료 운동은 계속해서 미국 내에서 극적인 성장을 하고 있다. 대부분의 의과대학 병원 센터는 이제 완화의료 상담 서비스를 구비하고 있고 그런 프로그램을 시작하는 다른 병원들이 증가하는 추세이다." 이 발전이 어떻게 이루어질 지는 의사교육, 제도적 구조와 관리의료 프로그램을 통한 보상 정책에 달려있다(National Hospice and Palliative Care Organization [NHPCO] & the Center to Advance Palliative Care in Hospitals and Health System, 2001).

동시에, *완화의료*의 의미는 *호스피스 케어* 보다는 넓을 것이다. 왜냐하면 전자가 반드시 생애말기 돌봄에 국한되지 않기 때문이다. 이러한 의미에서, 완화의료는 통증 및 다른 고통스러운 증상 관리를 위해, 그 통증의 원인에 대한 언급이 있든 없든 또는 통증과 임종 및 사망과의 관련성에 대한 언급이 있든 없든, 의사-중심의 많은 노력을 기울이게 될 것이다. 가장 풍요로운 관점에서 볼 때, 이러한 완화의료의 의미는 더 넓은 범위의 환자에게 통증과 증상 관리의 중요한 자원을 가져올 수 있다(이중 일부는 호스피스 운동의 작업에서 기원하여 채택됨). 그리고 가장 피상적인 관점에서 보면, 완화의료의 이러한 사용법은 전통적인 신체적 및 심리학적 치료 형태 이상을 의미하지 않을 수도 있다.

이것은 단지 언어적 사용에 있어서의 자의적인 변화만은 아니다. 그것들 뒤에는 수많은 경쟁하는 세력들이 존재한다. 예를 들면, 한편으로 어떤 사람들은 호스피스 케어 관리 규정에 의한 한계, 그리고 호스피스라는 단어와 약간 관련된 "사망 선고"로 인식되는 것에 의한 한계에 부딪혔다. 다른 한편으로, 완치-지향적 치료와 동시에 완화의료를 도입함으로써(Bakitas et al., 2009; Kelley & Meier, 2010;Temel et al., 2010) 질환진행 과정 초기에 괴로운 증상 관리를 시작하길 원해왔다("호스피스 케어를 업스트림으로 옮기기"라고 말했다). 또한 이는 공격적인 완치-지향적 중재의 중단을 원하는 환자와 가족에게 사용가능한 선택지를 제공할 수 있다.

제도적인 반복

미국의 죽음제도 내에서, 우리가 이 장에서 살펴본 것처럼 현재 임종에 대처하는 대부분의 사람들을 위한 네 기관은 다음과 같다.

1. 모든 유형의 *병원*(종합병원, 전문의료기관 및 정신건강기관, 그리고 3차 의료 외상센터나 수련병원)은 *급성 치료*를 제공하며, 가역적 또는 고칠 수 있는 상태에 대한 완치-지향적 중재와 함께 질환(illness) 및 질병(disease)의 평가와 진단을 강조한다. 대부분의 병원은 예를 들어 응급실, 병실 또는 수술실, 그리고 집중치료실, 또는 외래진료실 및 클리닉과 같은 병원 소유의 내부시설을 통해 폭 넓고 다양한 의료서비스를 제공한다. 의사들은 또한 자신의 진료실, 지역사회 클리닉, 그리고 다양한 전문센터에서 몇 종류의 치료를 제공한다. 이런 서비스의 대부분은 주로 임종자를 위해 설계된 것이 아니다. 그럼에도 불구하고, 병원기반 치료의 상당 부분은 삶의 마지막 6개월을 향해 있다(Jacobs, Bonuck, Burton,, & Mulvhill, 2002). 또한 2007년 우리 사회에서 전체 사망의 약 44%가 병원에서 발생했거나 또는 사망확인과 증명을 위해 병원을 찾아온 경우였다(2장의 표 2.4 참조).
2. *장기요양시설 또는 너싱홈*은 *만성적 돌봄*을 제공한다. 즉, 만성적 질병 및 기타 장애가 있는 개인에게 보호, 간호 및 재활치료를 제공한다. 그런 기관이 단순히 노인에게만 서비스를 제공하는 것이 아니며, 우리 사회에서 아주 적은 분률의 노인들만 그런 기관에 입소하는 것도 아니다. 2007년, 우리 사회에서 일어난 전체 사망의 대략 22%가 장기요양시설에서 발생했다(2장의 표 2.4 참조).
3. 많은 유형의 *가정간호 프로그램*(카운티, 시 단위 보건부 또는 방문간호사협회, 민간 가정 간호 시설, 병원의 가정간호과 등의 서비스)은 주로 전문적 간호와 보조적인 돌봄 형태의 *가정간호*

를 주로 제공한다. 이러한 간호는 여러 종류의 고객들 그 중에서도 임종자에게 제공된다.

4. *호스피스 프로그램*은 *생애말기 돌봄*을 임종자와 그 가족들에게 제공한다. 그러한 돌봄은 호스피스 다학제 팀의 지도하에 행해진다. 우리 사회에서 호스피스 서비스는 대부분 가정에서 일어나지만 그것들은 또한 병원, 장기요양시설 혹은 호스피스 입원환자병동 혹은 호스피스 데이케어 프로그램에서도 제공될 수 있다. 미국에서의 호스피스 프로그램은 본래 노인 암 환자에게 주로 제공되었으나 이제는 그것에만 해당되는 것만은 아니다. 현재 암 진단은 미국 호스피스 입원의 절반 이하를 차지한다. 사실 호스피스 원칙은 이제 AIDS 환자(O'Neill et al., 2003), 근위축성측색경화증(ALS 혹은 루게릭 병)과 같은 운동신경 질환(Thompson, Murphy, & Toms, 2009), 알츠하이머와 기타 다른 형태의 치매 환자(Corr, Corr, & Ramsey, 2004), 기타 다양한 생명을 위협하는 상태, 예를 들어 말기 심장, 폐, 신장 질환을 지닌 환자들의 돌봄에도 적용되고 있다. 최근 몇 년 간, 호스피스 프로그램과 기관들은 또한 아동, 청소년 그리고 그들 가족을 위한 아동 완화의료 및 호스피스 프로그램을 지원하고 개발하는데 선두를 달렸다. 이러한 수많은 발전의 결과, 호스피스 프로그램은 우리 사회에서 사망하는 모든 이들의 40% 이상을 보살피고 있다.

내용 요약

이 장에서 우리는 우리 사회가 공적인 프로그램과 제도를 통해 임종에 대처하는 개개인에 대하여 돌봄을 제공하는 방법들을 검토하였다. 우리는 그러한 돌봄에 대한 모델로 기능하는 호스피스 철학에서의 10가지 원칙을 확인하는 방식으로 이를 진행하였다. 또한 우리는 임종자와 그의 가족을 돌보는 것에 대한 특별한 언급과 함께 병원, 장기요양시설, 가정 간호 프로그램, 그리고 호스피스 프로그램에서의 돌봄의 역사적 발전과 현재 관행을 설명했다. 또한 우리는 호스피스 케어와 완화의료의 관계에 대해서도 약간의 코멘트를 덧붙였다.

용어 해설

가정간호: 거주지에서 개인에게 제공되는 간호 및 기타 보조적 서비스

가정간호 프로그램: 가정간호 서비스를 제공하는 기관

급성치료: 개인을 완전한 건강 상태로 되돌리거나 최소한 질환의 진행을 중단하거나 지연시키기 위해 특정 질환을 진단하고 치료하는 완치-지향적 서비스

너싱홈: 장기요양시설 참조

다학제 팀워크: 돌봄에 대한 계획과 실행을 함께 하기위해 전문 간병인, 자원봉사자들로 조직화

된 그룹이 제공되는 서비스, 일반적으로 특정 양의 "역할 흐림"을 수반, 보건의료 전문가들이 주로 느슨한 통제 하에 독립적으로 일하는 다학제 팀워크와 대조됨

만성치료: 재활이 필요하거나 일상생활 활동 수행을 할 수 없는 개인을 위한 서비스

병원: 급성 치료 서비스를 제공하는 기관, 종종 "의료센터" 또는 "건강센터"로 불린다.

생애말기 돌봄: 몇 주 또는 몇 달 내 사망할 사람과 그의 가족에게 함께 제공하는 서비스

완화의료: 근본적인 원인을 치료하지 않고 질환의 증상을 감소시키기 위해 설계된 서비스

장기요양시설: 만성 치료 서비스를 제공하는 기관, 주거지 돌봄, 중급 돌봄, 또는 전문 간호시설일 수 있음

호스피스 철학: 생명을 확인하는 돌봄에 대한 관점, 태도, 접근과 임종에 대처하는 환자와 가족 단위를 위해 현재 생활의 질을 최대화하려는 시도

호스피스 프로그램: 여러 환경에서 다학제 팀을 사용하여 임종자와 가족들에게 전체적인 관리 연중 무휴 제공하는 호스피스 서비스를 제공하는 조직

호스피스 케어: 호스피스 철학을 구현하기 위해 설계된 서비스, 생애 말기에 제공되는 완화의료의 형태

복습과 토론을 위한 질문

1. 이장의 시작 부분 삽화에서 묘사한 것처럼 조 라이언의 상황에 대해 생각해 보십시오. 특히 다른 시점에서 그녀의 경험에 집중하려고 노력하십시오. 그녀가 처음으로 오른쪽 가슴의 작은 덩어리를 발견했을 때, 유방절제술이 필요하다고 들었을 때, 얼마 후 암이 다시 자랐을 때, 그녀가 지역사회 가정간호 프로그램에서 서비스를 받았을 때, 그녀가 너싱홈에 입원했을 때, 그녀가 지역의 호스피스 입원병동으로 전원 되었을 때, 그녀가 집에 돌아가서 가족과 함께 있을 때, 그리고 그녀가 인생의 막바지에 다다랐을 때. 조 인생의 서로 다른 지점에서 그녀에게 어떤 유형의 서비스가 필요했나? 서로 다른 시점에 그녀의 필요에 가장 적합한 돌봄 프로그램은 무엇인가?

2. 이장에서는 병원, 장기요양시설, 가정간호 프로그램 및 호스피스 프로그램에서 제공하는 것을 포함하여 몇 가지 유형의 케어에 대해 논의했다. 생명을 위협하는 질병을 가진 사람에 대해 생각해 보십시오(친척이나 친구와 같이 아는 사람을 생각할 수도 있습니다). 이 프로그램들 각각에 의한 돌봄의 장점과 한계는 무엇인가?

3. 돌봄에 대한 호스피스 철학에서 필수적인 요소들을 어떻게 설명할 수 있는가? 왜 이러한 요소들이 영국, 캐나다, 그리고 미국에서(적어도 처음에는) 서로 다른 방식으로 수행되었다고 생각하는가? 호스피스 유형별 원칙을 미국의 다른 기관(예를 들어, 병원, 장기요양시설, 또는 가정

간호 프로그램)에서 구현할 수 있는가?

4. 만약 당신이 호스피스 프로그램이나 다른 형태의 완화의료 프로그램을 경험하였다면, 그것은 어떤 유형의 경험이었나?

추천 도서

호스피스와 완화의료 원칙이 명시된 서적들:

Altilio, T., & Otis-Green, S.(Eds.).(2011). *Oxford Textbook of Palliative Social Work*.

Bruera, E., Higginson, I. J., Ripamonti, C., & Von Gunten, C. F.(2009). *Textbook of Palliative Medicine*.

Connor, S. R.(2009). *Hospice and Palliative Care: The Essential Guide(2nd ed.)*.

Ellershaw, J., & Wilkinson, S.(2003). *Care of the Dying: A Pathway to Excellence*.

Ferrell, B. R., & Coyle, N.(Eds.).(2010). *Oxford Textbook of Palliative Nursing(3rd ed.)*.

Field, M. J., & Cassel, C. K.(Eds.).(1997). *Approaching Death: Improving Care at the End of Life*.

Hanks, G., Cherny, N. I., Christakis, N. A., Fallon, M., Kaasa, S., & Portenoy, R. K.(Eds.).(2009). *Oxford Textbook of Palliative Medicine(4th ed.)*.

Jesse, G., Taylor, M., & Kurent, J. E.(2002). *A Clinician's Guide to Palliative Care*.

Keegan, L., & Drick, C. A.(2011). *End of Life: Nursing Solutions for Death with Dignity*.

Lipman, A. G., Jackson, K. C., & Tyler, L. S.(Eds.).(2000). *Evidence-based Symptom Control in Palliative Care: Systemic Reviews and Validated Clinical Practice Guidelines for 15 Common Problems in Patients with Life-limiting Disease*.

Lynn, J., Schuster, J. L., & Kabcenell, A.(2000). *Improving Care for the End of Life: A Sourcebook for Health Care Managers and Clinicians*.

Meier, D. E., Isaacs, S. L., & Hughes, R.(Eds.).(2010). *Palliative Care: Transforming the Care of Serious Illness*.

Randall, F., & Downie, R. S.(1999). *Palliative Care Ethics: A Companion for All Specialties(2nd ed.)*.

Randall, F., & Downie, R.(2006). *The Philosophy of Palliative Care: Critique and Reconstruction*.

Saunders, C. M., Baines, M., & Dunlop, R.(1995). *Living with Dying: A Guide to Palliative Care(3rd ed.)*.

Smith, S. A.(2000). *Hospice Concepts: A Guide to Palliative Care in Terminal Illness*.

Twycross, R. G.(2003). *Introducing Palliative Care(3rd ed.)*.

Victoria Hospice Society, Cairns, M., Thompson, M., & Wainwright, W.(2003). *Transitions in Dying and Bereavement: A Psychosocial Guide for Hospice and Palliative Care*.

Watson, M., Lucas, C., Hoy, A., & Wells, J.(2009). *The Oxford Handbook of Palliative Care(2nd ed.).*

Webb, M.(1997). *The Good Death: The New American Search to Reshape the End of Life.*

아동 호스피스와 완화의료 원칙에 대한 참고자료:

Armstrong-Dailey, A., & Zarbock, S.(Eds.).(2009). *Hospice Care for Children(3rd ed.).*

Brown, E.(with Warr, B.).(2007). *Supporting the Child and the Family in Paediatric Palliative Care.*

Carter, B. S., & Levetown, M.(Eds.).(2004). *Palliative Care for Infants, Children, and Adolescents: A Practical Handbook.*

Field, M. J., & Berhman, R. E.(Eds.).(2003). *When Children Die: Improving Palliative and End-of-Life Care for Children and Their Families.*

Goldman, A., Hain, R., & Lieben, S.(Eds.).(2005). *Oxford Textbook on Pediatric Palliative Care.*

Hilden, J. M., & Tobin, D. R.(with Lindsey, K.).(2003). *Shelter from the Storm: Caring for a Child with a Life-Threatening Condition.*

Huff, S. M., & Orloff, S.(Eds.).(2004). *Interdisciplinary Clinical Manual for Pediatric Hospice and Palliative Care.*

Orloff, S., & Huff, S.(Eds.).(2003). *Home Care for Seriously Ill Children: A Manual for Parents(3rd ed.).*

의학, 병원 및 장기요양시설의 개발에 대한 참고자료:

Bennett, C.(1980). *Nursing Home Life: What It Is and What It Could Be.*

Chapple, H. S.(2010). *No Place for Dying: Hospitals and the Ideology of Rescue.*

Gubrium, J. F.(1975). *Living and Dying at Murray Manor.*

Kaufman, S. R.(2006). *And a Time to Die: How American Hospitals Shape the End of Life.*

Moss, F., & Halamanderis, V.(1977). *Too Old, Too Sick, Too Bad: Nursing Homes in America.*

Rosenberg, C. E.(1987). *The Care of Strangers: The Rise of America's Hospital System.*

Shield, R. R.(1988). *Uneasy Endings: Daily Life in an American Nursing Home.*

Starr, P.(1982). *The Social Transformation of American Medicine.*

Stevens, R.(1989). *In Sickness and in Wealth: American Hospitals in the Twentieth Century.*

웹자료

유용한 검색어: ACUTE CARE; ASSISTED LIVING FACILITIES; CHRONIC CARE; END-OF-LIFE

CARE; HOME HEALTH CARE; HOME HEALTH PROGRAMS; HOSPICE CARE; HOSPICE PHILOSOPHY; HOSPICE PROGRAMS; HOSPITALS; INTERDISCIPLINARY TEAMWORK; LONG-TERM CARE FACILITIES; NURSING HOMES; PALLIATIVE CARE.

본서와 연계된 웹사이트 Death & Dying, Life & Living, 제7판을 방문해 보라.

본서-특약 웹사이트는 전문용어 해설, 플래시 카드, 아래 소개된 웹사이트 연결로, 그리고 퀴즈 테스트 등을 포함하는 학습 도구들을 제공한다. www.cengagebrain.com을 방문하라.

Aging Parents and Elder Care

American Academy of Hospice and Palliative Medicine

American Health Care Association

American Hospice Foundation

American Hospital Association

American Journal of Hospice and Palliative Medicine(published by Sage Publications)

Canadian Hospice/Palliative Care Association

Catholic Health Association of the United States

Center to Advance Palliative Care

Children's Hospice and Palliative Care Coalition

Children's Project on Palliative/Hospice Services(ChiPPS)

End-of-Life Nursing Education Consortium(ELNEC)

Foundation for Hospices in Sub-Saharan Africa

Hospice and Palliative Nurses Association

Hospice Association of America

HospiceDirectory.org

Hospice Foundation of America

Initiative for Pediatric Palliative Care(IPPC)

Institute on Care at the End of Life, Duke University Divinity School

International Association for Palliative Care

Journal of Palliative Care(published by the Centre de recherche, Institut universitaire de gériatrie de Montreal)

Medicare National Association for Home Care

National Clearinghouse for Long-Term Care Information

National Hospice and Palliative Care Organization

Partnership for Parents/Padres y Compadres

Social Work Hospice and Palliative Care Network

VA Hospice and Palliative Care(VAHPC) Initiative, U.S. Department of Veterans Affairs

사별

"죽음의 근본적인 특징은 양면성이다....죽음에는 항상 두 부류의 사람이 있다. 죽는 사람과 사별해야 하는 사람들이다."(Toynbee, 1968a, p. 267). 사실, 사별은 제3부에서 보았듯이, 그 상황이 훨씬 더 복잡하다. 죽음이 다가오기 전에 임종과정에 대처하는 문제는 죽음을 맞이하는 사람뿐만 아니라 그 가족이나 친구들, 그리고(전문가나 봉사자인) 의료 관계자들에게까지 영향을 미친다. 죽는 사람을 제외한 모든 사람들이 살아남을 사람들이다. 이 모든 사람들에게는 "인간의 죽음이 단지 끝이 아니다. 새로운 시작이기도 하다"(Shneidman, 1973a, p. 33).

제4부에서는 사별한 사람들의 경험을 다룬다. 대부분의 사람들은 자신의 삶에서 어떤 형태이든 사별을 경험하기 때문에, 누구나 이러한 경험에 대해 어느 정도는 알고 있다. 이러한 점에서, 일반적으로 상실은 인간의 삶에서 가장 근본적이고 매우 익숙한 경험 중 하나이다. 그러나 상실은 아주 방대한 주제이고 죽음과 관련된 상실과 그에 따른 결과를 더 잘 이해하기 위하여 우리가 할 수 있는 일은 많다. 그리고 이것이 이 책에서 우리가 특히 관심을 갖고 있는 내용이다. 제9장에서는 *상실과 슬픔에 대처하는 사람이 경험하는 핵심적인 요소들과 변인들*을 설명한다. 제10장에서는 *유가족들을 도우려고 하는 사람들을 위한 실용적인 지침*을 제공한다. 그리고 제11장에서는 *우리 사회 안에 있는 공동체가 이러한 활동에 공헌할 수 있고, 사별한 사람들을 돕기 위해 조직을 구성하는 방법들*에 대해 알아본다.

제9장

상실과 비통에 대한 대처

목표

- 죽음과 관련된 상실과 비통함의 본질, 그것들을 이해하기 위해 사용된 특정 언어와 개념, 그리고 그것들을 대처하는 데 관련된 노력에 대해 알아보기
- *상실과 사별*의 핵심 개념 정의하기
- 비통함 그 자체의 개념과 개인의 비통에 영향을 끼치는 *다섯 가지 주요 변인*들을 명확히 하기
- 책에서 사용된 *애도*란 용어의 정의 내리기
- 일반적 또는 단순한 애도에 대한 해석 검토하기:
  1. *단계나 임무*를 포함하는 것
  2. *과정*을 포함하는 것: *지속적인 유대, 이중 과정 모델, 의미 재구성*
- 끝이 있는 것으로서의 애도에 대한 설명과 지속적인 성장과 변화의 기회라는 설명을 대조하기
- 다음의 변인과 관련된 슬픔과 애도의 내용 말하기: 성, 가족, 예상된 상실, 외상성 상실, 그리고 복잡성 비애 반응

상실을 경험한 한 여자

스텔라 브리지만(Stella Bridgman)은 40대 초반이던 때, 18살이던 아들의 자살을 경험했다. 그의 죽음은 약물 중독(마리화나와 맥주로 시작해서 양주와 코카인 그리고 크랙으로까지 더 심각해졌다)과 가정, 학교, 그리고 아르바이트에서 겪었던 어려움들과 연관된 끔찍하고 안타까운 사건이었다.

아들의 행동이 어긋나고 자기 파괴적이었다는 것을 알고는 있었지만 아들의 시체를 보았을 때, 그녀는 엄청난 충격을 받았다. 찌르는 듯한 그 고통은 너무도 컸다. 나중에 그녀는 "마치 복부를 얻어맞은 것과 같은 느낌이었어요."라고 말했다. 스텔라는 수년간 자신의 삶에서 중심을 차지했던 사람을 잃어버리고 자신의 몸에서 혼이 빠져나가는 듯한 경험을 했다. 그녀는 자신이 낳은 아들이(자신이 보았듯이) 그렇게 잔인한 방법으로 자신을 거절했다는 사실과 자신이 그에게 준 생명을 그가 거부했다는 사실에 매우 큰 상처를 받았다.

동시에, 스텔라는 자신과 15살 난 딸에게 이런 짓을 한 아들에 대해 몹시 화가 났다. 그리고 아들의 죽음을 막기 위해 자신이 했던 일 이외에 또 다른 것들이 있지는 않았는지 계속해서 스스로에게 물으면서 죄책감을 느끼기도 했다.

아들의 죽음이 스텔라가 경험한 첫 번째 상실은 아니었다. 그녀가 어렸을 때, 아버지는 먼 전쟁터에서 돌아가셨다. 아버지에 대해서는 아는 것이 전혀 없었다. 담배를 즐겼던 어머니는 아주 젊었을 때부터 폐암을 앓고 있었고, 10여 년 전에 힘든 투병 생활을 하다가 돌아가셨다. 그것이 그녀가 살면서 처음 경험한 진정한 의미를 지녔다고 할 수 있는 죽음이었다.

5년 뒤, 자동차 화재 사고로 인한 남편의 죽음은 또 다른 잔인한 경험이었다. 그녀에게 남겨진 것은 어린 두 자녀, 얼마 되지도 않는 보험금과 저축해놓은 돈, 그리고 일할 곳이 없다는 것이었다. 그녀는 이렇게 될 것이라고는 전혀 생각지도 못했다. 자신이 알고 있는 고인의 아내들은 모두가 나이든 사람들이었다. 스텔라는 자신이 다니던 교회에 의지하면서 자신의 아이들을 더욱 감싸 안고 다시 일터로 돌아갔다.

나중에 스텔라는 교회활동을 하면서 아내와 사별한 남자와 재혼을 했다. 그러나 아들은 양아버지와 그가 데리고 온 세 명의 형제들과 함께 새롭게 '복합' 가정을 이루는 것을 원하지 않았다.

인생에서 경험한 중요한 죽음들마다 그녀에게 다른 영향을 끼쳤다. 어머니가 돌아가셨을 때, 그녀는 마치 자신의 과거가 모두 죽어버린 것과 같은 경험을 했다. 항상 그녀 곁에 계셨던 부모님의 도움 없이 살아간다는 것이 힘들다는 것을 알게 되었다. 첫 번째 남편이 죽었을 때, 스텔라는 어머니의 죽음 이전과 이후에 자신의 삶에서 편안함을 느낄 수 있었던 당시의 상황이 끝나버리는, 자신의 현재가 죽는 것과 같은 느낌을 가졌다. 그런데 아들의 자살은 자신의 미래에 대한 희망이 죽어버린 것과 같은 것이었다. 그 모든 것을 넘는 새로운 충격적인 상황을 그녀는 견뎌낼 수 있을까? 자신과 자신의 딸을 위해서 다시 한 번 힘을 내어 일어설 수 있을까?

"내가 뭘 했다고?" "왜 이런 일들이 일어나지?" 그리고 "어떻게 해야 할까?" 스텔라는 계속해서 자신에게 물었다.

상실과 사별

사랑은 "운에 몸을 맡기는 것이다"(Bacon, 1625/1962, p. 22). 사랑이나 다른 사람에 대해 애착을 형성했던 경험이 있는 사람이라면 상실에 따른 고통을 겪을 위험이 있다. 그렇다면, "슬퍼하는 것은 사랑에 대한 값을 지불하는 것이다"(Shneidman, 1983, p. 29).

사람은 당연히 사랑 속에서 상대방과 함께 하고 자신의 삶을 풍성하게 한다. 애착은 매우 특별하면서도 지속적인 관계로서, 그것을 통해 인간은 기본적인 욕구를 충족시킨다(Bowlby, 1969-1980; Parkes, Stevenson-Hinde, & Marris, 1993). 스텔라 브리지만은 자신이 알지도 못하는 아버지 그리고 어머니와 두 남편, 자신의 자녀들, 두 번째 남편의 자녀들을 사랑했다. 이런 식으로 사랑하지 않는다면 애착에 대한 보상을 얻지 못할 것이고, 자신의 삶을 제한하고 질적으로 저하시킬 것이라고 경고하는 작가들도 있다. 예를 들면, 루이스(1960, p. 169)는 다음과 같이 적고 있다.

> 사랑에 빠지는 것은 상처받기 쉽다는 것이다. 무엇이든 사랑하게 된다면, 당신의 마음은 상처를 입을 것이며 산산조각날 수도 있다. 만약 마음을 전혀 다치지 않게 하려면, 아무에게도 마음을 주지 말라. 동물에게도 주지 말라. 조심스럽게 마음을 잘 싸매고서 취미나 약간의 명품들로 겉을 두르고, 모든 얽힌 관계는 피하고, 이기심이라는 장식함이나 관 속에 봉인하라. 장식함 안의 안전하고 어둡고 움직임도 없고 무풍의 상태인 곳에서 마음은 변할 것이다. 그것은 상처받지 않을 것이다. 부서지지 않을 것이며 뚫고 들어갈 수도 없을 것이며 구제받을 수도 없게 될 것이다....천국 이외의 곳에서 사랑이라는 위험과 격변으로부터 완전히 벗어날 수 있는 곳은 오직 지옥뿐이다.

칼리쉬(1985b, p. 181)도 "당신이 가지고 있는 것은 언제든지 잃을 수 있고, 당신과 연결된 것은 언제든지 당신과 떨어질 수 있고, 당신이 사랑하는 것은 언제든지 당신 곁을 떠날 수 있다. 잃을 것이 아무것도 없다면 당신은 아무것도 가지고 있지 않다는 것이다."라는 말을 덧붙였다. 달리 말하면, 상실에 따른 고통의 경험에 대한 유일한 대안은 잃을 만한 것을 우리 삶에서 가지지 않는 것이다. 브랜트너(in Worden, 1982, p. xi)가 적절하게 말했다고 보이지만, "사랑을 피할 수 있는 사람만이 슬픔을 피할 수 있다. 중요한 것은 그것으로부터 배우고 사랑에 상처입기 쉬운 상태로 있는 것이다." 슬픔과 애도하는 것을 배우기 위하여 먼저 상실과 사별에 대한 몇 가지 생각들로부터 시작해보자.

상실

살아가는 동안 경험하게 되는 상실에는 여러 종류가 있다(Harris & Gorman 2011; Hooyman & Kramer, 2006; Viorst,1986). 예를 들면, 사랑하는 사람과 헤어질 수도 있고 직장에서 해고를 당하거나 집을 떠나 다른 곳으로 이사를 가거나 아끼던 물건을 찾지 못하거나 경기에서 지거나 신체의 일부를 절단해야 하거나 가깝게 지내던 사람의 죽음을 경험할 수도 있다. 다른 중요한 상실들과 이러한 상황의 공통점은 모두 사람이나 물건, 지위, 관계를 빼앗긴다는 것이다. 이것은 *1차 상실(primary loss)*로서 애착이나 관계가 끝나는 것을 말한다. *2차 상실(secondary loss)*은 1차 상실에 따른 것이다(Harvey, 1998).

스텔라 브리지만의 예에서 분명하게 나타났듯이, *죽음과 관련한 상실*은 끝과 헤어짐 그리고 또 다른 상실을 동반한다. 어떤 죽음이든 살아있는 사람이 그 상실을 해석하는 방법과 그 사람과 어떤 관계에 있었는가에 따라 그 의미는 다를 것이다. 예를 들면, 죽음은 사랑하는 배우자나 연인과의 끝을 뜻할 수도 있고, 부모와의 영원한 이별일 수도 있고, 자식을 잃는 것일 수도 있다. 죽음은 고통스런 애착으로부터 아니면 죽어가는 사람의 고통으로부터의 안식을 포함하는 것일 수도 있다(Elison, 2007; Elison & McGonigle, 2003). 그렇다고 하더라도 죽음과 관련된 상실은 적어도 시련을 받는 것이며 고통스러운 것이다. 왜냐하면 그 상실은 내 인생을 바꿀 수도 있고 영향을 끼칠 수도 있기 때문이다. 아무리 죽음을 사후세계가 있다는 관점으로 바라보거나 사랑하는 사람과의 궁극적인 재회로 보거나 우리와 계속 소통하는 선조들의 영역으로 넘어가는 과도기로 본다고 하더라도, 나는 언제나 남겨진 사람이 될 것이며 더 이상 고인을 직접적이고 신체적으로 느낄 수 없게 될 것이다. 더구나 죽음으로 인한 상실은 임종 기간이 길고 힘든 경우나 죽음이 갑작스럽고 예상하지 못했거나 충격적인 경우와 같이 때로는 복잡하기도 하다.

죽음과 연관되지 않은 상실 또한 그 나름대로 복잡할 수 있다(Harvey, 1998). 죽음에 따른 상실과 마찬가지로 그런 상실도 마음을 아프게 할 수 있다, 어떤 경우에는 더 괴로울 수도 있다. 예를 들면, 미국에서 결혼한 사람들 중 거의 반 정도가 지금은 이혼한다. 이런 일이 일어났을 때, 주로 배우자 중 한 명은 관계를 끝내고 싶어 하고 다른 배우자는 그렇게 하고 싶지 않거나 결심을 확실히 내지 못하는 경우가 자주 있다. 어쩌면 그 상황과 관계된 제3자(자녀와 같은 경우)가 바로 영향을 주지는 못하더라도 그 영향을 직접 받을 수 있다. 사람들은 각자 이혼하면서 다른 형태로 상실을 경험할 것이다. 죽음의 경우와 같이 이혼 과정에서도 상실은 늘 있다. 죽음과 항상 관계되는 것은 아니지만 의도적인 선택, 죄의식, 책임감과 같은 요소들이 있기도 하다. 이혼은(실제가 아니라면) 이론적으로 화

어린아이들도 다양한 단계와 형태의 시련과 상실을 겪을 수 있다.

해의 기회란 점과 그 사건의 결과에 따라 관련된 사람들의 다음 생활을 결정하게 되는 피할 수 없는 영향 때문에 복잡해질 수 있다. 죽음 그 자체와 관계되지는 않지만, 이혼이 인간이 경험하는 상실의 다양한 형태 가운데 하나의 예이며 상당히 강력한 것으로 언급되고 있다는 점에 주목하자.

삶을 돌아볼 때, 우리는 종종 사람이나 물건을 잃고 나서야 그들이 우리에게 얼마나 큰 의미가 있었는지 안다. 어떤 때는 그들을 잃은 뒤에서야 그들의 의미와 가치에 대해 온전하게 감사를 느끼게 되기도 한다. 어떤 상황이든지 상실에 대한 경험을 이해하려면 우리는 *근저에 있는 관계성과 애착*을 돌아보아야만 한다.

사별

*사별*이라는 용어는 상을 당한 상태이거나 잃은 상태를 말한다. 달리 말하면, 사별은 그것을 경험하는 사람이 소중하게 생각하는 사람이나 그 무언가를 잃었다는 사실이 실재의 상황임을 확인시킨다(Corless, 2001). 사별에는 세 가지 중요한 요소가 있다. (1) 소중하게 여긴 사람이나 물건과의 관계성 또는 애착, (2) 그 관계에 대한 상실 즉, 결말, 끝, 헤어짐, (3) 상실함으로써 소중하게 여겼던 사람이나 그 무엇을 잃은 사람.

명사 *bereavement*와 형용사 *bereaved*는 둘 다 고어인 동사 *reave*에서 파생되었으며, 그 의미는 "빼앗다, 훔치다 또는 강제로 박탈하다"란 뜻이다(*Oxford English Dictionary*, 1989, vol.13, p. 295). 결국, 사별한 사람은 소중하게 여기던 사람이나 어떤 것을 박탈당하거나 빼앗기거나 강탈당하거나

245

약탈당하여 여의게 된 사람이다. 원칙적으로 말하자면, 사별한 사람들이 경험하는 상실의 종류는 다양하다. 사실, 이 말은 죽음을 통해 상실을 경험하는 사람들의 경우에 가장 많이 사용된다. 달리 말하면, 우리의 언어는 죽음을 상실로 인식하려는 경향이 있고 죽음에는 항상 사별한 사람에게 소중한 어떤 사람이나 어떤 것에 대한 어느 정도 잔인한 상실이 있었다는 사실을 수반한다.

비통함

여기에서는 비통함에 대해 세 가지 질문을 던져본다. (1) 비통함은 무엇인가? (2) 비통함은 어떻게 질병과 우울증, 죄책감과 연관되는가? (3) 비통함은 상실에 대한 지극히 정상적이고 건강한 반응인가?

비통함은 무엇인가?

비통(Grief)은 상실에 대한 사람들의 반응을 지칭하는 용어이다. 심각한 상실을 경험할 때, 사람은 비통을 경험한다. *비통*이라는 단어는 상실의 충격에 대한 내적이면서 외적인 반응을 나타낸다. 이 용어는 사별한 사람을 짓누르는 아주 심각한 무게감에서 나온 말이다(*Oxford English Dictionary*, 1989, vol. 6, pp. 834-835). 심각한 상실에 대해 비통을 경험하지 못했다면 그것은 정상적인 것이 아니다. 그것은 상실하기 이전에 진정한 애착이 없었거나, 그 관계가 정상적이지 않고 복잡하거나 또는 상실에 대해 자신의 반응을 숨기거나 억누르고 있다는 것을 의미한다.

*비통*이라는 용어는 주로 *상실에 대한 정서적인 반응*으로 정의되지만, 이렇게 설명하는 것에 대해 주의할 필요가 있다. 엘리아스(Elias, 1991, p. 117)가 말한 것처럼, "포괄적으로 말하자면, 정서에는 육체적[즉, 신체적이거나 물리적인], 행동적 그리고 감정적인 세 가지 요소가 있다." 결과적으로, "*정서(emotion)*라는 용어는 전문가들 사이에서도 두 가지 다른 의미로 사용되고 있다. 넓은 의미와 좁은 의미로 동시에 사용되는데, 넓은 의미에서 *정서*는 육체적, 감정적, 행동적인 측면이 합쳐진 유기체와 관련된 반응 양상을 지칭하는 용어이다....좁은 의미에서 *정서*는 단지 증상의 감정적 요소를 지칭하는 것으로 쓰인다."(p. 119)

비통은 분명히 감정을 포함하며 비통함의 정서적이나 감정적인 차원을 생각하게 되는 것은 지극히 정상적이다. 누구든 비통을 경험했거나 비통에 빠진 사람을 대면했던 사람이라면, 비통함이 지닌 두드러진 특징인 감정을 쏟아내는 일에 대해 익숙할 것이다. 그러나 *상실에 대한 반응은 단지 감정(feeling)의 문제가 아니라는 사실*을 아는 것 또한 중요하다. 비통은 이러한 정서에 대한 좁은 의미의 이해와 상실에 대한 정서적 반응보다 훨씬 더 넓고 복잡하며 깊숙이 자리잡고 있다(Doka, 2007b; Rando, 1993).

외로움은 상실했을 때 빈번하게 찾아온다(삽화 출처:
눈물의 수프-개인적 통찰 10.3 참조)

비통함은 다양한 방법으로 경험되고 표현된다(Worden, 2009). 여기에는 육체적, 심리적(정서적/인지적) 그리고 행동적인 차원이 포함되어 있으며, 다음과 같이 나타난다.

■ 속이 빈 느낌이고 목이 붓거나 가슴이 답답하거나 팔이 아프고 소음에 예민해지거나 숨이 차거나 기력이 떨어지거나 근육이 약해지거나 입이 마르고 신체 조절 능력이 상실되는 것과 같은 *신체 감각*
■ 슬픔, 분노, 죄책감이나 자책, 불안함, 외로움, 피로, 무기력함, 충격, 갈망, 해방감, 안도감, 무감각함이나 객관화와 같은 *감정*
■ 불신, 혼돈, 집착, 고인이 현현하거나 초자연적 현상을 경험하거나 고인이 꿈에 보이는 것과 같은 *생각이나 인지*
■ 입맛이 없어지고 잠을 설치며 넋을 잃거나 이전에 만족했었던 활동들에 대해 관심을 잃거나 울고 고인이 생각나는 것들을 피하고 고인을 부르짖거나 계속해서 찾으며 한숨을 쉬고 쉼 없이 과도한 활동을 하거나 고인을 떠올리는 장소를 방문하거나 물건을 간직하는 *행동*

비통함에는 다음과 같은 사회적이고 영적인 차원도 있다.

247

- 대인 관계나 조직, 사회 단체 내에서 자신의 역할에 문제가 있는 *사회적 어려움*
- 삶의 의미, 신이나 강력한 힘에 대한 적대감, 자신의 가치관에 의지하거나 이 특정한 상실에 대처하기에는 충분하지 않을 수도 있다고 깨닫는 등 이러한 것에 대한 *영적인 추구*

비통함을 단지 감정적인 문제로 치부해 버리는 것은 오해의 소지가 있는 것이며 상실에 대한 이러한 폭넓은 반응을 놓치는 것이다.

우리는 비통함의 완전한 의미를 파악하고자 노력하면서, 사별한 사람의 경우, 질병과 건강하지 못한 상태에 있을 위험성이 높다는 보고 자료들을 참고해야 한다(Glick, Weiss, & Parkes, 1974). 다른 자료들에서는(예를 들면, Martikainen & Valkonen, 1996; Steinbach, 1992) 비통함이 상실한 사람들을 죽음으로 이끄는 데 중요하게 작용하기도 한다고 말한다.

비통함은 어떻게 질병과 우울증, 죄책감과 연관되는가?

우리는 비통함을 다른 세 가지 현상 즉, 질병, 우울증, 죄책감과 비교하고 대조해 보면서 더 많은 것을 알 수 있다.

첫째, 어떤 저자들은(예를 들면, Engel, 1961) *비통함과 질병* 사이에 많은 유사성이 있다는 점에 주목해 왔다. 예를 들면, 심각한 상실을 경험한 사람은 일시적으로라도 제 역할을 담당하는 데 영향을 받을 수 있다. 그 과정을 표현하는 데 치유를 위한 은유적 표현들이 보통 사용되며, 이렇게 손상된 기능을 극복하는 데는 시간이 요구된다. 비통함은 "편안하지 않은 것(dis-ease)"으로서 일상적인 균형에 어긋난 불편한 것이고 신체적 또는 정신적으로 아프거나 건강하지 않은 상태를 의미하는 "질병"은 아니다. 사실, 대부분의 비통함은 상실에 대한 적절하고 건강한 반응이다.

둘째, 슬픔이나 비통함의 다른 흔한 징후들은 우울증으로 진단되었을 때의 일부 증상과 매우 유사하다. 그러나 *임상적 우울증(clinical depression)*은 정신적 장애나 질병이지만 비통함은 상실에 대한 건강한 반응이다. 프로이드(1959a)는 이미 오래 전에 애도와 그가 말하는 "*우울증(melancholia)*"의 차이를 알고 있었다. 프로이드는 애도를 비통함과 관련된 정상적인 과정이라고 명시했고 우울한 병적인 상태를 우울증(melancholia)이라는 언어로 표현하였다.

비통함과 임상적 우울증은 모두 압박감에 짓눌린 경험과 세상에 대해 위축되어 있는 상태와 관련된다. 그러나 임상에서의 우울은 비통함의 복잡하고 병리적인 형태로서 그것은 이중적으로 "사랑하는" 사람에 대한 분노의 충동이면서 그 자신에 대해 내적으로 향하게 되는 분노의 충동으로 표현된다(Clayton, Herjanic, Murphy, & Woodruff, 1974). 정상적으로 비통에 따른 반응은 우울증에서 흔히 발견되는 자존감의 상실을 동반하지 않는다. 워든(2009, p. 32)이 주목한 것처럼, "비통함과 우울이 유사하면서도 객관적이고 주관적인 특징들을 공유하고 있다고 하더라도 그 상황은 서로 다르다. 우울은 사별과 겹치는 부분이 있는 것이지 같은 것이 아니다…. 비통에 빠졌을 때 세상은 불쌍하고 공허한 것처럼 생각되며 우울한 경우에는 자신이 불쌍하고 공허해 보인다고 프로이드는 생각했다. 비통함과 우울에 대한 다른 연구(예를 들면, Schneider, 1980; Zisook & DeVaul, 1983, 1984, 1985)도 이 두 가지가 실제로는 다른 종류의 경험이라는 점을 확실히 보여준다. 따라서 스텔라 브리지만은 상실과 비통함 때문에 괴로워한 것이지 임상적으로 우울했던 아니었다.

셋째, *죄의식*은 비통한 반응의 일부일 수 있다. 그러나 중요한 것은 죄책감의 문제를 더 넓은 비통한 경험과 구분하고 그것을 별도로 처리하는 것이다. *비통함*은 상실에 대한 반응을 뜻하는 넓은 의미의 용어이고, 죄책감은 상실에 대한 책망(주로 자책), 잘못, 비난하는 감정을 말한다. 사별한 사람이 경험하는 죄책감은 현실적이나 비현실적일 수 있다. 죄책감은 자신의(예를 들면, 부모나 보호자로서) 역할이나 자신이 할 수 있었던 것이나 하지 못했던 것에서 생겨나는 것을 시사한다. 예를 들면, 스텔라 브리지만은 자신의 아들이 스스로 문제를 일으키고 죽음까지 초래했다는 것을 알고 있었는데도 불구하고 자신이 아들을 도울 수 있었던 방법들을 더 찾지 못했던 것에 대해 괴로워했다. 결국에 그녀는 자신이 할 수 있는 최선을 다 했다는 사실과 자신의 아들이 목숨을 끊은 것에 대한 책임은 궁극적으로는 아들에게 있다는 사실을 깨달았다.

*비현실적인 죄책감*은 상실에 따른 *현실 검증(reality testing)*의 과정에서 이뤄진다. 그것은 일시적으로 잘못을 인정하지만, 결국에는 죽음을 막기 위해 사별한 사람이 할 수 있는 것은 아무것도 없다는 점을 확신하는 한 가지 방법이 된다. 임상적 우울증과 비교해서, 죄의식은 사별을 경험할 때, "전반적인 책임이라기보다는 상실의 어떤 특정한 측면과 보통 관계된다."(Worden, 2009, p. 32)

비통함은 상실에 대한 지극히 정상적이고 건강한 반응인가?

상실에 따른 복잡하지 않은 비통함은 건강하고 정상적이며 적절한 반응이다. 메이(May, 1992, p. 3)는 다음과 같이 말한다.

> 비통함은 장애인 것도 아니며 치유의 과정도 아니다. 그것은 건강 그 자체의 표현으로서, 사랑에 대한 온전하고 자연스러운 표시이다. 그러나 비통함을 더 나은 어떤 것을 향한 단계로 간주해서는 안 된다. 아무리 그 고통이 크더라도 그리고 삶에서 가장 큰 고통일 수도 있겠지만, 비통함은 본질적으로 끝이 있고 사랑의 순수한 표현일 수 있다.

린스트롬(Lindstrom, 2002, p. 20)도 비슷한 맥락에서 다음과 같이 말했다. "과거와 현재, 미래의 관점에서 생각할 수 있다는 것, 사랑하는 것, 그리고 비통해하는 것은 인간 존재의 역경과 존엄성의 일부이다. 그림자가 풍경의 깊이를 더하듯이, 비통함은 인간의 삶에 의미와 관점을 부여할 수 있다."

사별한 사람이 자기 스스로나 상황에 대해 편안할 수는 없겠지만, 단지 그러한 이유 때문에 의학적으로나 정신 의학적으로 질병에 걸리거나 우울한 상태인 것은 아니다. 죽음과 비통함, 사별이라는 경험이 비록 많은 사람들에게 아주 흔하거나 보통 있는 일이라고 할 수는 없지만, 드문 경험이라고 해서 그것들이 마치 질병과 건강 사이의 관계처럼 비정상적이거나 이질적이라는 것을 의미하지는 않는다. 스텔라 브리지만은 그녀의 삶에서 여러 죽음을 경험했다. 죽음들마다 나름대로 힘들고 어려웠지만 매 상황마다 그녀는 비통함이 정상적인 것이고 상실과 함께 오게 된다는 사실을 알게 되었다.

이러한 이유로 이 책에서는 증상이 아니라 비통함의 표현이나 징후로서 다룰 것이다. 증상은 질병의 표현이지만 사별과 비통함은 단순히 증상이 나타나는 질병의 상태가 아니다. 사별과 비통함은 흔치 않고 힘든 경험이기는 하지만 그 자체가 비정상적이거나 병적이고 유해한 것은 아니다.

자신이 죽게 되면 친구들에게 슬퍼하지 말고 파티를 열라고 말하는 사람들이 있다. 그런데 이것은 비통함과 인간 애착의 본질을 무시하거나 잘못 이해하는 것이다. 이렇게 말하는 것은 사람들이 실제로 경험하고 있는 일이나 경험할 필요가 있는 일들을 경험하지 말라는 것이다. 상실에 대한 솔직한 반응은 실제적인 것이다. 그것은 의지대로 이뤄지는 것이 아니다. 모든 인간 존재는 의미 있는 상실에 대해 반응한다. 큰 상실을 겪었을 때 바로 일어나는 반응을 조절할 수 있는 사람은 많지 않다. 더구나 상실은 살아가는 사람에게 사회적인 영향력을 지속적으로 미친다(Osterweis, Soloman, & Green, 1984). 누군가를 사랑할 때, 우리는 기쁜 감정을 느끼며 내가 표현하고자 하는 여러 반응들을 경험한다. 사랑하는 사람을 잃었을 때에도 우리는 비통한 감정을 느끼고 여러 반응을 보이게 되며 그 반응을 분출하거나 표현하고자 한다.

더구나 우리가 느끼는 비통함의 일부만이 고인을 위한 것이다. 더 많은 부분에서 우리가 느끼는 비통함은 남겨진 사람들처럼 우리 자신을 위한 것이다.

> 사랑하는 사람이 죽었을 때, 당신은 자신의 느낌을 분명하게 해줄 몇 안 되는 순간들과 사건들을 최대한 떠올리게 된다. 그것은 고인이 아니라 당신 자신의 느낌이다. 그 사람을 정말 많이 사랑했다면...자신에 대한 느낌이 여러 차례 분명해질 것이며, 그만큼 많은 순간들을 기억하게 될 것이다(Banks, 1991, p. 43).

이러한 이유 때문에, 고인이 기나긴 고통을 끝내고 고통에서 벗어나 마침내 평안하게 되었다고 생각하는 경우에도 비통함을 경험한다. 이것이 우리가 신학과 종교적인 믿음으로 고인이 새롭고 더 나은 삶의 세계로 떠났다는 사실을 확신하면서도 비통함을 경험하는 이유이다. 그 어떤 일이 일어나든지 상실한 사람은 실질적으로 상실을 경험한다. 그러한 상실에 대해 비통해하며 반응하는 것은 이기적인 것도 아니며 부적절한 것도 아니다. 그것은 현실적으로 인간의 반응일 뿐이다.

우리가 이미 알고 있듯이, 평균 기대 수명이 대폭 늘어난 사회에서 사별과 비통은 점점 더 줄어들고 흔치 않은 것으로 경험될 수 있다. 그러나 죽음과 대면하는 이러한 변화 때문에 사별이나 비통함을 비정상적인 것으로 간주해서는 안 된다. 상실, 죽음, 비통은 인간 삶에서 정상적이고 자연스러운 일부이다. 이 경험들은 흔하지 않고 보통 통제할 수 없는 감정과 연관되기 때문에, 사별한 사람에게 는 마음의 평정을 잃어버리는 것으로 보이기도 한다. 그러나 이것은 사실이 아니라고 봐야 한다. *죽 음에 반응하는 것은 건강한 과정이지 병적인 것이 아니다.* 비통함에 맞서고 소중한 대상을 잃어버 렸을 때 반응을 한다는 것은 용기를 필요로 하는 것이지만, 이러한 것들은 결국 자신을 위해서 이뤄 지는 것이다(Fitzgerald, 1995; Tatelbaum, 1980).

물론, 상실과 비통은 신체나 정신 질환을 앓고 있는 사람뿐만 아니라 건강한 사람까지도 아프게 한다. 따라서 모든 경우에 있어서 개인에게 맞는 적절한 비통함이 이뤄져야만 한다. *비통함은 매우 개별화된 현상*이며 특정한 상실과 비통해하는 사람에 따라 다양하게 나타난다. 비통함에 빠진 같 은 사람이라도 상실을 경험할 때마다 다르게 반응할 가능성이 크며, 같은 상실에 대해서도 비통해 하는 사람들마다 다르게 반응한다. *어떤 상실이 경험될 때, 그에 따라 이루어지는 보편적인 반응이 라는 것은 없기 때문에, 어느 개인의 비통함이 사람들을 평가하는 하나의 기준으로 받아들여져서 는 안 된다.* 이러한 점을 명심하기 위해서는 상실과 관련된 다양한 범주의 징후들에 대해 잘 배려하 면서 포용하는 태도를 지녀야 한다. 이렇게 이뤄졌을 때, 상실에 대한 다양한 정상적인 반응들은 병 리학이나 병의 이상 증세와 혼동하지 않게 될 것이다.

때로는 상실로 인하여 치료 개입이 이뤄져야 하는 복잡성 비애의 반응이 일어나는 경우도 있을 수 있다. 복잡성 비애에 대한 주제는 본 장 마지막 부분에서 다시 다루겠다.

사별과 비통함에는 어떤 차이가 있는가?

사별과 비통함에 영향을 주는 다섯 가지 주요 변인:

1. 떠난 사람이나 대상에 대해 상실한 사람이 지니는 *애착의 정도나 지각된 가치의 본질*
2. 상실이 일어난 방식과 당시 사별한 사람의 상황
3. 상실한 사람이 이전의 상실 경험에서 배운 대처 방식
4. 상실한 사람의 성장 상황 즉, 아동, 청소년, 성인 또는 노인일 때 비통과 애도에 끼친 영향(Corr, 1998a).
5. *상실 후,* 가족, 친구, 타인, 사회 기관에서 *사별한 사람에게 도움이 될 수 있도록 제공하는 지지 의 성격*(Parkes, 1975b; Sanders, 1989)

우리는 본 장에서 앞의 세 요소를 비통함과 관련된 가족이라는 맥락에서 살펴볼 것이다. 제10장

난초와 손으로 만든 십자가
와 함께 성서 위에 있는 군
번줄

과 제11장에서는 사회적 지지에 대해 다루고, 제5부에서는 발달에 관한 주제를 검토할 것이다.

*이전의 애착*이 보이는 것과 항상 같은 것은 아니다. 관계의 진정한 의미는 그 관계가 끝날 때 아는 것이다. 어떤 관계는 여러 방면에서 의존적이고 폭력적이고 이중적이고 비뚤어지고 복잡하다. 거의 모든 관계가 다차원적이다. 사랑하는 사람은 내 인생에서 여러 가지 면에서 소중하다. 예를 들면, 배우자나 동료, 내조자, 주부이면서 때로는 적이고, 연인, 경쟁자, 아이의 부모이고, 어려울 때 안내자이고 가장이고 비판자이고 위로해주는 자이다. 이러한 각각의 모습들이 내 비통한 경험에 영향을 주고 애도되어야만 하는 상실을 나타내기도 한다. 어떤 사람과 폭력, 학대, 폭행 또는 애증의 관계에 있는 경우, 그 사람이 죽었을 때 특별한 어려움과 연관될 수도 있다.

*상실이 일어난 방식과 당시 사별한 사람의 상황*또한 비통함을 경험하는 방식과 매우 중요한 관계가 있다. 상실이 일어난 방식을 보자면, (스텔라 브리지만의 아들이 자살이나 자연 재해로 인한 예상치 못한 죽음이나 폭력으로 인한 상실과 같이) 어떤 상실은 갑작스럽고 충격적으로 또는 정신적 외상을 초래한다(Doka, 1996b). 어떤 상실은 예견되거나 예상할 수 있지만 그렇지 않은 경우도 있다. 또 어떤 상실은 때 이른 경우도 있고 우리의 예상과 달리 자연의 섭리와 정반대로 일어나기도 한다. 다른 상실은 삶의 전반적인 양식과 아주 잘 어울리는 경우도 있다. 대개, 죽음은 시간을 지키지 않고 우리가 대비하기 훨씬 전이나 이후에 일어날 수도 있고 가장 어려운 경우에 발생할 수도 있다(Rando, 1984).

상실 그 자체의 특성에 덧붙여서, *상실 당시 사별한 사람의 상황*또한 전반적으로 사별의 경험을 형성하는 데 영향을 끼친다. 예를 들면, 신체적으로 건강하고 정신적으로 최상의 상태이면서 편안하게 생활을 영위하는 사람이라면 육체적, 정신적으로 그리고 다른 역경을 감당해야 하는 사람보다 상실에 대처하는 상황이 훨씬 더 낫다. 셰익스피어는 글에서(Shakespeare, Hamlet, IV, v: 78), "슬픔은 첩자처럼 혼자 오는 것이 아니라 대군처럼 몰려온다."라고 말한다. "비가 왔다하면 쏟아져 내린다."라는 잘 알려진 말도 있다. 인용된 이 구절들이 의미하는 내용은 상실은 대개(아니면 보이기에는 적어도) 서로 더해지고 잠깐 부슬부슬 내리던 비가 폭우처럼 들이붓듯이 변한다는 것이다. 어떤 상실은 무겁고 힘든 역경에 처해 있을 때 일어난다. 어떤 경우는 한 사람에게 상실이 지속적으로 발생하기 때문에 복잡한 경우도 있다. 어떤 상실은 한 순간의 돌이킬 수 없는 사고로 주변 가족들의 죽음과 같이 동시에 많은 사람들이 죽는 경우도 있다. 2001년 9월 11일의 사건은 대규모 참사로 발생한 수천 명의 사망자에서 나타난 복잡한 문제를 드러낸다. 예를 들면, 뉴욕의 세계무역센터(World Trade Center)에서 희생당한 수많은 사람들은 결혼을 했고 대체로 젊거나 중년이었다. 희생자들의 배우자들 중 상당수가 그 당시 임신 중이었다. 남편이 죽자 홀로 남겨진 여성들은 스스로 임신과 출산에 대한 고난을 마주해야 했다.

제6장에서 우리는 사람들이 일생동안 *각자 자신만의 대처 전략을 만들게 된다*는 점을 지적했다. 이것은 스트레스 요인을 다루기 위해 지속적으로 변화하려고 노력하는 것이다. 각자의 대처 전략은 어느 정도 효과가 있다. 소중한 대상을 상실하거나 죽음이 일어났을 때, 우리는 이전에 습득했던 대처 전략과 기술을 반복적으로 사용하려고 한다. 삶에서 죽음과 다른 상실 간에 있는 차이점에도 불구하고 죽음과 사별에 대해 어떻게 대처할 것인지 알아보려면 그 사람이 이전에 죽음과 사별에 대해 어떻게 대처해 왔는지 물어보는 것이 경험상 좋은 방법이 되기도 한다(Shneidman, 1980/1995). 새롭고 더 효과적인 대처 기술을 개발하는 일은 죽음이나 소중한 대상을 잃은 상실에 따른 즉각적인 영향이 있을 때보다 더 많은 시간과 노력이 필요하다. 그래서 처음에 스텔라 브리지만은 아들의 자살로 인한 상실과 비통에 대해 자신이 충분히 대처할 수 있다고 생각하지 않았던 것이다.

애도: 적응

본 장 첫 부분에서 스텔라 브리지만의 사례를 자세히 보면, 비통과 애도 간에 중요한 차이가 있다는 점을 알 수 있다. 예를 들면, 스텔라는 아들의 죽음으로 깊은 충격을 받은 것으로 표현된다. 그녀에게는 매우 힘든 상실이었고 그녀는 비통에 빠졌다. 그런데 이전에 경험했던 죽음에 따른 상실과는 다르게 이번에는 애도하는 것에서 크게 더 나아간 것이 없었다.

애도에 대한 언어

이 책에서 우리는 애도를 상실과 비통함에 대처하고자 하는 사람들이 겪는 필수 과정이라고 생각한다. 이는 상실한 사람이 건강한 삶으로 나아갈 수 있도록 하고 자신들이 스스로 찾으려는 새로운 세상에 적응할 수 있도록 하는 데 모두 중요하다. 예를 들면, 애도에는 두 가지 보완적인 형태나 측면이 있다. 한 가지는 *내향적이거나 사적이고 개인적인 과정*으로서, 상실과 그 상실에 대한 비통에 대처하고 감당하려는 내적인 갈등이다. 또 한 가지는 *외향적이거나 공적이고 대인 관계의 과정* 으로서, 비통함을 겉으로 드러내 보이고 함께 나누는 표현이고, 함께 사회적 지지를 얻으려고 노력 하는 것이다. 어떤 작가들은(Wolfelt, 1996와 Neimeyer와 Attig로서 나중에 본 장에서 언급됨) 두 측 면의 차이점을 강조해서, 비통함은 상실에 대처하는 내적인 차원에서 사용하는 용어이고, 애도는 비통함의 대인 관계나 사회적 표현으로 사용하고자 한다. 우리는 애도의 두 가지 측면을 지칭하는 하나의 용어를 더 선호한다. 그리고 이 용어를 인간 존재의 개인적 차원과 사회적 차원의 상호 작용 을 지칭하는 용어로 사용한다. 본 장에서는 애도의 내적 또는 정신내적인 차원에 집중한다. 제10장 과 제11장에서는 애도의 공적 또는 대인 관계적 측면을 검토할 것이다.

*애도*란 용어의 의미를 파악하는 또 다른 방법은 예수의 산상설교에서 말한, "슬퍼하는 자에게 복 이 있으니, 그들은 위로 받을 것이다."라는 내용을 살펴보는 것이다. 사별, 상실, 비통은 짐을 지는 것인데 어떻게 축복일 수 있을까? 사별의 경험에서 축복은 애도와 상실을 통해 성장할 수 있는 능력 안에 있을 뿐이다. 슈나이드만(1980/1995, p. 179)이 쓴 것처럼, "애도는 인간이 지닐 수 있는 가장 심오한 인간 경험 중 하나이다.... 사랑하는 사람과의 이별을 슬퍼하는 깊은 공감과 그에 대한 상실 의 기억을 계속 소중히 간직하는 것은 인간이 지닌 가장 숭고한 특성 중 하나이다."

애도에 대한 해석 또는 이론

상실에 대한 반응을 살펴보고 이해하려고 노력할 때, 어려운 점은 그 반응들이 복잡하고 개인적 이며 문화적으로 영향을 받는다는 것이다. 이러한 통찰은 최근의 문헌에서 비통과 애도에 대해 새 롭게 다루기 시작한 방식이다. 몇 년 전까지만 하더라도, 상실에 대한 대응이 어떻게 이뤄지는지에 대해서는 표준 모델이 있었다. 도카(Doka, 2007b)는 이 모델에 대해 프로이드(1959a)의 글로 소급 시키고 있다. 그 글에서 프로이드는 상실에 대응하는 사람들은 비통함을 "끝마쳐야" 한다고 주장 했는데, 그는 비통함을 사람들이 상실의 결과로 경험하게 되는 정서라고 보았다. 이러한 점에서 상 실 반응에 대한 주요 모델에서는 애도가 수용될 수 있는 방식으로 "완성"되어야 한다면, 어느 정도 의 "비통의 작업"이 이뤄지고 행하고 표현되어야만 한다는 것이고 비통의 작업은 상실과 관련된 정 서와 함께 이뤄져야 한다는 것이다.

인간의 애도 경험을 하나의 간단한 그림으로 조직화하려는 이러한 시도는 초기 연구에서 하나의 이론적 틀 또는 모델로 귀결되었는데, 이것은 다음과 같이 몇 가지 가정에서 시작되었다. (1) 상실에 대해 인간이 어떻게 반응하는지에 대해서는 몇 가지 보편적인 행동 방식이 있다. (2) 그 방식은 어떤 완성된 목표를 향해 애도자가 성공적으로 끝마치는 일련의 규범적인 단계로 이해하는 것이 가장 좋을 것이다. 이런 가정의 결과로, 애도에 대해 수년간 이뤄진 주된 인식 방법은 어느 정도는 애도 작업이 이뤄지는 방법을 밝혀줄 수 있는 이러한 단계를 알아내고 묘사하려는 것이었다(Corr & Corr, 2007b; Issues for Critical Reflectio #8 참조).

254

비판적 숙고
#8 비통함의 단계

모두가 알다시피, 퀴블러 로스(Kübler-Ross, 1969)는 죽음에 대응하는 다섯 단계 이론을 제안했다. 제6장에 등장하는 이 이론에 대한 비판에도 불구하고, "다섯 단계"의 개념은 대중의 심리를 사로잡으면서, 여전히 의료나 다른 교육의 몇 가지 유형으로 남아 있다(Downe-Wamboldt & Tamlyn, 1997). 더구나 그 적용에 있어서 타당성이 결여되어 있음에도 불구하고, 본래 가지고 있는 적용의 한계를 알아채지 못한 사람들은 이 이론적 도식(죽음이 임박하다는 사실을 알고 있는 성인 말기환자들과 인터뷰한 내용에서 비롯됨)을 또 다른 인구 범주에(예를 들면, 아이들) 계속해서 시도하고 있다. 퀴블러 로스 자신과 그녀의 동료(Kübler-Ross & Kessler, 2005)는 그 이론을 사후 경험에 적용하였지만, 다음과 같이 적고 있다.

이 단계들은 소개된 이후로 계속 발전되어 왔는데, 과거 30년 동안 매우 잘못 이해되고 있다....많은 사람들이 지닌 상실에 대한 반응이기는 하지만 전형적인 상실이라는 것이 없듯이, 상실에 대한 전형적인 반응이라고 하는 개념도 없다. 우리의 삶만큼이나 우리의 비통함 또한 개별적이다.

이 다섯 단계는 우리가 느끼고 있을지도 모르는 것들을 표현하고 확인하는 데 도움을 주는 도구이다. 그러나 그것은 비통의 일정 과정에서 거쳐 가야 하는 것들이 아니다. 모든 사람들이 그 모든 단계를 거치거나 정해진 순서대로 나아가는 것도 아니다.(p. 7)

이런 경고에도 불구하고, 최근 2007년에 맥시제스키(Maciejewski), 장(Zhang), 블록(Block), 그리고 프리거슨(Prigerson)은 자연사로 사별을 경험한(대부분은 배우자의 죽음을 경험한 노인, 백인, 여성으로 구성됨) 233명의 선별된 실험 참가자 집단과 회고 인터뷰를 바탕으로 비통 이론의 또 다른 단계에 대한 경험적 정당성을 제공했다. 연구에서 저자들은 죽음으로 인한 상실에서 오는 순차적인 반응들을 불신, 그리움, 분노, 우울의 네 가지로 구분했다. 그들은 또한 수용을 초기의 주된 반응이라고 보고했다. 그들에 따르면, "불신은 상실 후 한 달 때 가장 높았다가 점차 낮아졌으며, 그리움은 상실 후 4개월, 분노는 상실 후 5개월, 그리고 우울은 상실 후 6개월 때 최고조에 달했다. 수용은 연구 관찰 기간 내내 증가했다"(p. 297). 이 연구에 근거하여 그들은 비통함의 다섯 가지 지표의 최고치가 모두 6개월 이내에 발생하기 때문에, 이러한 "단계"와 기간은 "정상적"인 비통의 과정을 설명한다고 결론지었다.

그러나 다양한 인종의 젊은이 가운데 자연적인 원인 또는 폭력적 원인으로 인해 사별을 경험한 이들을 표본으로 행한 최근의 홀랜드와 니메이어의 연구(Holland & Neimeyer, 2010)에서는 이 단계 이론에 대해 제한적인 지지만 발견할 수 있었다. 저자들에 따르면, 사람들은 상실 이후에 시간에 관계없이 개별화된 의미 만들기 과정에 참여한다. 그리고 비통과 상실을 초기 6개월 기간을 넘어서는 나선 형태의 원형 과정으로 설명하는 연구자들도 있다(〈개인적 통찰 9.3〉의 마지막 세 줄에 특히 주의하여 읽어라).

만약 비통과 애도가 사별이라는 여정의 과정에서 시간에 따라(예를 들면, 기념일) 증가하거나 감소하는 경향이 있다면, 왜 그렇게 많은 사람들이 비교적 만족스런 결과(수용)에 대한 일련의 반응을 통해 초기의 위기(진단이나 죽음)에서부터 비교적 직선적 형태를 보이는 선형 이론(단계)에 끌리는가 하는 점이 의문으로 남는다. 홀랜드와 니메이어(2010)는 "인간은 예측과 통제의 감각을 강화시키는 형태로 경험의 유입을 조직하기 위한 유형을 상습적으로 모색하는 존재"란 점을 포함해서 그 뒤에 있는 몇 가지 이유들을 제시하고 비통에 대한 대응 반응의 순차적인 구성은 기본적으로 인간 사고의 서사적 구조와 일치한다는 점을 제시한다(p. 116). 임종과 사별에 관한 이론 내에서 비극에서부터 승리에 이르기까지 한 영웅에 관한 이야기를 만들려고 하는가?

이 모든 내용은 이번 장에서 비통함과 애도에 관한 다른 해석이나 이론들을 분석하면서 생각할 거리들을 많이 제공해 준다.

그러나 최근에 기본적인 가정과 그 타당성의 측면에서 이 모든 모델에 대해 문제가 제기되고 있다(Doka, 2007b; Jordan& Neimeyer, 2007; Konigsberg, 2011). 따라서 이제는 상실에 대한 반응은(보편적인 유형이 있는 것이 아니라) 더 개인적이라는 점, 문화적인 규범과 요구에 영향을 받는다는 점, 그리고 상실이 일어났을 때, 경험되는 정서보다 이러한 반응이 더 관여된다는 점이 제시되고 있다(Rosenblatt, 2007). 사실, (앞에서 비통의 반응에 대한 설명에서 지적한 점이지만) 이러한 반응들은 인지적, 정서적, 행동적, 그리고 영적인 요인들을 포함하며, 일반적으로 복잡하고 불가피하게 사적인 방법으로 모두가 서로 작용한다. 그리고 이러한 반응들은 항상 어떤 특정한 문화적 환경 안에서 일어나고 결국에는 어떤 특정한 방식으로 개인적인 반응들이 표현된다. 애도에 대한 다른 해석과 영향들을 검토하면서 이러한 생각들을 염두에 두는 것이 좋겠다.(여기에서 애도에 관한 설명은 제한된 분량 때문에 선별적으로 이뤄질 수밖에 없다는 점에 주의하기 바란다. 또 다른 주요 모델 Rando [1993], Rubin [1999] and his colleagues [Rubin, Malkinson & Witztum, 2003], and Sanders [1989; Doka, 2006] 참조)

애도: 국면과 과제를 포함한 해석

애도의 국면과 과제에 대한 설명으로 유명한 두 이론에 대해 검토할 것이다.

애도의 국면

보울비(Bowlby, 1961, 1969-1980)와 파크스(Parkes, 1970b, 1996)는 애도의 네 가지 국면을 폭 넓게 설명하기 위해 (1) 충격과 망연함 (2) 그리움과 찾음 (3) 혼란과 절망 (4) 재구성이라는 *국면기반이론(phase-based theory)*을 제시했다(<표 9.1> 참조). 이 국면은 전반적인 *실현*의 과정에 있는 요인들로서, 외적, 객관적인 세계에서 실제인 것들을 내적, 정신적 세계에서 현실화하는 것이다.

*충격과 망연함*의 국면은 이미 다른 상황이나 나중에 비통해 하면서 반복되는 것이기는 하지만 상실에 대한 첫 번째 반응에서 나타난다. 사별자는 죽음에 대한 충격으로 실신의 상태에 있다. 사별

자는 멍한 상태로 고립된 느낌을 받으며 마치 자신의 균형 잡힌 익숙한 삶에서 중단된 느낌을 받는다. 또한 죽음에 대한 너무도 많은 소식들로 주체하지 못하고 다른 어떤 것도 받아들이지 못하는 상태가 된다. 어떤 사람은 이 효과가 마치 눈에 보이지 않는 벽으로 둘러싸인 느낌으로서 일종의 "정신적 마비" 또는 "정신적 차단" 상태라고 말한다. 많은 사람들이 2011년 9월 11일에 발생했던 비극적인 사건을 경험했다. 충격으로 망연해진 사람들은 영양과 물의 섭취 또는 일의 결정 등과 같은 기본적인 활동을 수행하는 데 어려움을 겪었다. 이러한 점은 반갑지 않은 고통과 좋지 않은 소식들에 대한 자연스러운 방어 반응이다. 이 반응은 주로 일시적으로 잠깐 지나는 현상이지만 때로는 반복되기도 한다.

*그리움과 찾음*의 국면은 원래 있었던 상태로 돌아가려는 노력을 의미한다. 비통함 속에서 충격을 헤쳐가면서 사람들은 상실의 심각성을 알게 되고, 상실을 받아들이지 않거나 더 이상 존재하지 않는 대상을 포기하지 않으려고 한다. 사별자는 지나가 버린 시간을 애타게 *그리워하고* 떠난 이의 자리를 정돈하거나 저녁 6시가 되면 그녀가 마중 나오는 익숙한 상황 속에 빠져 있는 자신을 발견하게 된다. *찾음*은 그를 닮은 사람을 많은 사람들이 밀집해있는 가운데서 잠깐 보거나 잠깐 스쳐가는 그녀의 향수, "함께 듣던" 곡의 선율 등으로 유발된다(Parkes, 1970b). 사실, 그리움과 찾음은 죽음의 경우 이뤄질 수 없는 것이다. *그대 다시는 고향에 가지 못하리*라는 제목의 소설(Wolfe, 1940)에서도 말하듯이, 과거는 더 이상 이전과 같지 않다. 그러한 사실을 안다는 것은 사별자의 상실에 대한 깊이와 정도 그리고 그 마지막을 인식한다는 것이다.

*혼란과 절망*의 국면은 과거를 되돌릴 수 없는 무능함에 대한 반응이다. 만약 과거가 진짜로 가버린 것이라면, 지금의 나는 누구인가? 나는 아직도 한 사람의 아내이고 부모인가? 내 자식 중 한 명이 죽었다면, 내 자식들 숫자에서 그 아이만 빼면 되는 것인가(개인적 통찰 9.1 참조)? 이것은 일상의 삶에서 실제적인 문제이고 자아 정체성에 관한 물음이다. 이제는 누가 저녁을 준비하고 내 자녀를 돌보고 또 월급을 갖고 집에 올 것인가? 자식의 죽음으로 우리 둘 모두 고통을 받고 있는데 어떻게 서로를 위로할 수 있겠는가? 집을 팔고 나머지 가족이 살고 있는 곳으로 이사를 가야 하는가? 이런

표 9.1 애도에 대한 국면 기반과 과제 기반의 해석

네 가지 국면(Bowlby/Pares)	네 가지 과제(Worden)
충격과 망연함	상실의 현실을 받아들이기
그리움과 찾음	비통함에서 오는 고통을 달래기
혼란과 절망	고인이 없는 세상에 적응하기
재구성	새로운 삶을 시작하면서 고인과 지속된 연결고리 찾기

출처: Parkes, 1970b, 1996; Worden, 2009에 따름.

저런 질문들에 대해 답하는 것도 힘든 일이고 그렇게 많은 새로운 도전들에 대해 집중하기도 어렵다. 또 새롭게 필요해진 그 많은 일들을 직면하면 산만하고 당황하기 쉽다. 대부분의 것들이 이전에 당연하다고 여기던 것들에 대해 묻는 것이다. 하나씩 잠깐 아니 한 시간 또는 하루 동안 한다는 것은 상당히 버거운 일이다. 혼란과 방향을 잃어버린 상황에서 사람들은 앞으로 나아가기 위해 고군분투한다.

재조정 국면은 생활의 조각들을 다시 모으기 시작하고 새로운 방식으로 만들어 나갈 때 보인다. 죽음이나 소중한 대상의 상실 이후에 삶은 결코 이전과 같을 수 없다. 몇 가지 차이는 돌이킬 수 없다. 사별자는 더 이상 상대가 없는 방식으로 새로운 삶의 방식을 모색해야 한다. "새로운 정상적인 모습"은 미래의 삶을 위해 이루어져야 한다. 대부분의 사별자들은 자신의 삶에서 나름대로 재조정을 하게 된다. 개인적인 노력을 통해서 새로운 삶의 방식을 일구고 분명히 나타낸다는 것은 실로 용감한 일이다.

어떤 저자들은 5단계(Weizman, 2005)나 7단계(Kavanaugh, 1972) 또는 10단계(Westberg, 1971)의 애도 모델을 제시한다. 그리움/탐색과 혼란을 묶어서 (1) 충격 (2) 심하고 활성화된 비통의 기간 (3) 육체와 정신의 균형 재정립(Gorer, 1965b; Tatelbaum, 1980)의 3단계 모델로 통합하여 제시하는 저자들도 있다. 또 이와 유사하게 란도(Rando, 1993)는 애도에서 넓은 의미의 3단계 즉, 회피, 대립 그리고 적응 단계를 제시했다. 이 모델들에서 단계의 수는 애도의 경험을 이해하는 데 도움이 되는가 하는 문제만큼 중요한 것은 아니다.

개인적 통찰 9.1

앤드류와 토마스

간단한 질문 하나,
예전에는 문제도 아니었던 질문.
"아이들이 있나요?"
매우 간단한 질문.
쉽다. "네"라고 나는 답한다, 그러나,
"몇 명이나요?"라는 질문에는 뭐라고 해야 하지?
"두 명이요." 나의 냉정한 마음은
늘 이렇게 말한다.
한 명은 죽었어요.
내가 꼭 한 명만 말해야 하나?
절대로 아니다.
내게는 두 명의 아들이 있으니까.

출차: *The Andrew Poems*, by S. Wagner, p. 36.

애도의 단계 기반의 모델들은(어떤? 대부분의?) 애도에서 나타나는 공통된 요인들을 광범위하게 일반화한다. 그러므로 그 모델들을 애도하는 이들에게 적용할 때 주의해야 한다. 특정 인구 계층에 기반한 모델이 그 집단을 넘어선 다른 경우에는 잘 적용되지 않는다는 사실 또한 논쟁이 되어 왔다(Wortman & Silver, 1989, 2001). 게다가 애도의 국면기반이론이 한 단계가 다른 단계를 뒤따라 일어나는, 융통성 없고 직선적인 이론으로 설명될 수 있다고 보는 사람들도 있다. 이러한 점은 얼마나 많은 시간이 애도하는 데 필요할 것인지에 대한 이야기와 애도하는 사람들은 다른 것은 하지 않으면서 이러한 단계를 거의 수동적으로 "통과한 것"이라는 생각으로 이어진다. 이것은 마치 애도를 더러운 차가 자동 세차 기계에 들어가서 아무런 노력없이 단계들을 겨우 마치고 마침내는 "깨끗하게" 되는 과정의 경험으로 생각하는 것 같다. 이러한 지적들은 사별의 경우에 동일한 단계를 적용시켜보려는 노력이 있었다는 사실에도 불구하고 제6장에서 임종에 대처하는 단계기반이론과 비슷하다(Kübler-Ross & Kessler, 2005; 〈개인적 통찰 9.2〉 참조).

개인적 통찰 9.2

비통의 다섯 가지 단계

당신을 잃은 그날 밤
누군가가 나에게
비통의 다섯 가지 단계를 일러줬다.
그대로 해보라고 그들은 말했다.
절단 수술을 받은 후에
계단 오르는 것을 배우는 것처럼 쉽다.
그래서 나는 오르기 시작했다.
***부정**하는 것이 첫 순서였다.*
나는 아침에 식탁에 앉아
조심스럽게 둘을 위한 식사 준비를 했다.
당신은 저쪽에 앉았고,
나는 토스트를 건네주었다.
나는 신문을 건넸고,
당신은 신문 뒤에 숨었다.
***분노**는 더 익숙한 듯하다.*
나는 토스트를 태웠고,
신문을 낚아채서 주요 뉴스들을 읽었다.
그런데 이것들은 당신의 떠남을 일깨웠고,
*나는 **협상**의 단계로 옮겨갔다.*
어떤 것을 당신과 맞바꿀까?
폭풍 뒤의 고요함?

타자를 치는 내 손가락?
*결정을 내리기 전에, **우울함**이*
솟아올랐고, 줄어든 관계,
가방은 끈으로 묶여 있다.
가방에는
안대와 수면제 병이 있다.
아무런 느낌도 없이
나는 계단 아래로 미끄러진다.
*그리고 늘 **희망**은*
불안정한 네온 등 안에서
깜빡거린다.
희망은 하나의 이정표,
하늘을 똑바로 가리킨다.
***희망**은 삼촌의 이름,*
그는 그것 때문에 죽었다.
일 년 뒤,
내 발이 당신 묘비 위에 미끄러져도
나는 여전히 오르고 있다.
늘어선 나무는
사라진 지 오래다.
초록색은

개인적 통찰 9.2

내가 잊어버린 색이다.

그러나 이제 나는

향해 오르는 것을 본다.

수용이라고

대문자로 쓰인

특별한 제목의 글.

수용,

그 이름은 불빛 속에 있다.

나는 몸부림치며,

손짓하며 소리친다.

그 아래로, 내 삶은 파도와 같이 펼쳐지고

내가 알고 있던, 꿈을 꾸던

모든 풍경이 있다. 그 아래로

물고기들은 뛰어 오르고,

당신의 목에서 맥박을 느낀다.

수용. 나는 마침내

도달하였다.

그러나 무언가 잘못되었다.

비통은 순회하는 계단이다.

나는 당신을 잃었다.

출처: Pastan, 1978, pp. 61-62

애도 과정에서의 과제

워든(2009)은 우리가 애도를 단계나 국면보다 과제라는 측면에서 생각할 것을 권한다. 그는 *애도 과정에서 네 가지 과제를 포함하는 과제기반이론*을 제시했다. (1) 상실의 현실을 받아들이기 (2) 비통함에서 오는 고통을 달래기 (3) 고인이 없는 세상에 적응하기, 그리고 (4) 새로운 삶을 시작하면서 고인과 지속된 연결 고리 찾기(표 9.1 참조). 이러한 과제기반모델은 애도가 활동적인 과정이라는 점을 강조하는 중요한 이점이 있다. 그리고 이것은 제6장에서 검토한 임종에 대처하기 위한 과제기반모델을 설명하는 데 몇 가지 방법에서 유사하다. 여기에서 애도 과정에서의 네 가지 과제를 살펴보는 것은 애도의 기본적인 역학 관계와 그 복잡성을 이해하는 또 다른 이해 방식을 제공한다.

워든은 첫 과제를 *상실의 현실을 수용*하려는 노력과 관계된다고 보았다. 이러한 노력은 초기 비통의 반응에서는 눈에 띄지 않지만, 장기적으로 애도 작업에 포함된다. 사랑하는 사람의 죽음에 직면했을 때, 사람들은 주로 즉각적으로 현실을 인정하지 않는다. "사실일 리가 없어." 또는 "나에게 이런 일이 일어날 리가 없어."라고 말한다. 삶에서 일어나는 중요한 변화에 대한 일시적이고 순간적인 반응으로서, 이러한 것은 완전히 이해할 수 있다. 그럼에도 불구하고, 상실을 현실로 받아들이고 비통함에 대처한다는 것은 죽음을 현실로 받아들이고 이해한다는 것을 포함한다.

상실을 현실로 받아들이지 못하면 망상이나 특이한 방향으로 전개된다. 예를 들면, 영국의 빅토리아 여왕은 죽은 남편(앨버트 공)의 옷과 면도기를 그가 죽은 뒤에도 매일 놓아두었다. 이러한 노력은 죽음의 찰나에 그 냉혹한 결과를 직면하지 않기 위해 삶을 유예하려는 극단적인 시도이다. 이러한 것은 자신의 삶을 바꾸지 않고 떠난 사람과 계속 연결된 상태에 있으려는 시도이기도 하다. 그러나 그런 삶이 과거와 마찬가지로 변하지 않은 상태로, 미래의 어느 순간에 다시 시작될 것이라고 기대하는 것은 비현실적일 뿐이다.

워든에 따르면, 사별한 사람은 애도 과정에서 두 번째 과제인 *비통함의 고통을 달래기*에 직면한다. 파크스(1996, p. 191)가 말하듯이, "이 고통을 지속적으로 회피하거나 참도록 하는 것이 애도의 과정을 연장시킬 수 있을 것이다." 생산적인 애도는 사별의 고통이 필수적이고 적절하다는 것을 인정하는 것이다. 과제는 특정 개인을 완전히 압도하지는 않도록 고통을 경험하는 방식을 찾는 것이다. 사별자의 고통의 강도와 그의 세계를 사로잡는 경향성은 건강하게 애도가 진행되면서 점차 수그러든다. 어떤 어머니가 다음과 같은 말을 했다. "당연히 그래야지. 그렇게 고통스럽게 살아갈 수는 없어." 다른 사별자들은 비통한 고통과 함께 살아가는 법을 배웠다고 말한다.

고통은 개인뿐만 아니라 주위 사람들에게도 고통스럽다. 놀랄 일도 아니지만, 많은 사람들은 비탄의 고통을 피하려고 한다. 어떤 사람은 괴로움을 감추려고 약물이나 술에 의존하지만, 이러한 방법은 몸과 마음을 망칠 뿐이다. 또 어떤 사람은 디즈니 영화, *라이온 킹*에서 아버지의 죽음 이후, 어린 심바(Simba)가 했던 것처럼, 정말로 상실이 일어났던 장소에서 도피함으로써 비통함에서 벗어나려고 하는 사람도 있다(Adams, 2006). 고인에 관한 기억과 흔적을 모두 지움으로써 상실 이후의 비통의 괴로움을 직면해야 한다는 과제를 덜어내고자 하는 사람들도 있다. 그러나 도피를 통한 이러한 대처 전략은 소용이 없다. "머지않아 비통함을 회피하는 사람들은 보통 일종의 우울증을 겪으며 어쨌든 무너진다."(Bowlby, 1969-1980, Vol.3, p. 158).

비통함의 표현을 불편하게 생각하는 사회는 사별자에게 상실이 정말 그렇게 충격적이지는 않다는 점을 확인시키거나 상실로부터 회피하도록 함으로써 비통함에 따른 고통에서 도피하도록 조장한다. 이러한 잘못된 메시지는 사람들이 비통함에 "굴복"해서는 안 된다는 것이다. 이러한 메시지를 주는 사람들은 그것을 병적이고 건강에 해로운 경험으로 간주하는 것 같다. 사회는 애도가 필요하다는 점을 마지못해 인정하기도 하지만 그때는 비통함에 "망가졌다"고 언급하는 등 애도는 개인적으로 혼자 이뤄져야 한다고 말한다.

완수하는 데 도움이 필요할 수 있는, 그리고 마쳐야할 과제를 금지시켜버리는 것은 당사자 개인에게 해로울 수 있으며 사회 자체적으로도 그렇다. 애도는 원칙적으로 건강하고 유익한 과정이다.

워든이 주장하는 애도의 세 번째 과제는 *고인이 없는 세상에 적응하기*이다. 파크스는 "어떤 사별에서든 무엇을 잃어버렸는지 분명한 것은 없다."고 적고 있다(1987, p. 27). 사별자는 이제는 끊어진 관계의 중요성을 결정하기 위해, 고인이 담당했던 관계 내에서의 다양한 역할들을 각각 확인하기 위해, 그리고 고인이 더 이상은 그러한 역할을 다할 수 없다는 사실에 적응하기 위해 발견의 항해에 가끔씩은 참여할 필요가 있다. 이 일은 힘든 일이다. 사별자는 이러한 과제를 무시하거나 그 필요한 것에서부터 물러서려고 할 수도 있기 때문이다. 그러나 삶은 앞으로 나아가라고 우리를 부른다. 배우자가 죽었든 그렇지 않든, 어린 아이들은 옷을 갈아입어야 하고 목욕도 해야 하고 밥도 먹어야 한다. 누군가는 식탁 위에 음식을 놓아야 하고 설거지도 해야 한다. 무기력함에 사로 잡혀 새로운 도전이나 2차 상실을 회피하는 행동은 건설적인 대처 방법이 아니다. 특히 장기적 또는 영속적인 입장에서 그렇다. 많은 사별자들의 경우, 고인이 예전에 담당했었던 역할들을 담당하고 새로운 방법들을 개발하는 일은 상실에 적응하고 죽음 이후에 성장을 가져오는 것이다(Jozekowski, 1999).

워든은 애도의 네 번째 과제를 사별한 사람에게 *새로운 삶을 시작하면서 고인과 지속된 연결 고리를 찾으라*고 말하는 것으로 설명한다. 이러한 과제는 서로 밀접한 두 가지 도전으로 구성된다. 지속된 연결을 찾는다는 것은 사별한 사람이 고인을 "잊거나" 그에 관한 기억을 없애서는 안 된다는 것을 의미한다. 그것은 가능하지도 않고 바람직한 것도 아니다(Volkan, 1985). 새로운 삶을 시작한다는 것은 고인이 나타나지 않더라도 삶을 건강하게 살아갈 수 있는 방법들을 찾아낼 수 있다는 것을 의미한다. 그것은 재혼을 하거나 또 아이를 갖는다는 결정 등 또 다른 관계에 꼭 힘을 쏟아야 한다는 것을 포함하지는 않는다. 이러한 것에 대한 선택이 모든 사별자들에게 있는 것은 아니다. 사별자가 새로운 관계에 접어든다고 하더라도 그 두 관계가 결코 이전과 같지는 않다는 사실을 인식하는 것이 중요하다. 그 어떤 새로운 관계가 되더라도 그 사람의 삶에서 이미 끝냈던 똑같은 역할을 담당하거나 동등하게 이뤄지는 관계일 수는 없다.

죽음은 분명히 관계를 변화시킨다. 그렇지 않다고 생각한다면, 그것은 자신을 속이는 일이다. 따라서 워든의 네 번째 애도 과제는 사별자가 고인과의 관계 또는 그에게 쏟는 노력을 여전히 만족스런 방식으로 수정하거나 조정하도록 일깨운다. 그것은 변화된 삶과 죽음의 환경을 반영하는 것이기도 하다. 워든(1996, pp. 15-16)이 이전에 다음과 같은 말을 했던 이유도 이러한 점 때문일 것이다. "사별자를 대면하는 과제는 고인과의 관계를 포기하는 것이 아니다. 감정적인 생활에서 고인을 위한 새롭고 적절한 공간, 이 세상에서 그들이 효과적으로 살아갈 수 있도록 해주는 공간을 찾는 것이다." 결국, 그러한 문맥에서 그는 네 번째 과제를 "삶 안에서 고인을 재배치하고 그 사람을 기억할 수 있는 방법을 찾는 것"이라고 조금 다르게 표현했다.

워든의 네 번째 과제를 잘 하게 되면, 사별자는 자신의 정체성을 확인하게 되고 이미 발생한 상실을 고려하여 고인과의 관계를 조정하게 되고, 미래의 삶의 질을 감소시킬 정도로 과거 때문에 지장을 받아 신경질적으로 되어 버리는 것을 피하게 되고, 그리고 새로운 애착과 관계성을 받아들이게 된다. 상징과 상징적 행위는 이 네 번째 과제에서 중요할 수 있다(개인적 통찰 9.3 참조).

워든의 이론은(애도의) 대처에 대한 해석을 제시한다. 원칙적으로는 상실과 비통함에 대처하는 적극적인 방식이다. 그가 말하는 과제 수행 노력을 통해 사별자는 그들의 삶을 조절할 수 있는 몇 가지 조치들을 다시 취할 수 있다. 워든(2009, p. 39)은 애도의 과제에 대해 "정의에서 순서적인 것으로 제시되고 있다고 하더라도, 지정된 순서에 따라 다뤄질 필요는 없다."라고 말하고 있다. 그리고 다음과 같이 말을 덧붙였다. "과제는 다시 돌아오기도 하고 시간이 지나면서 반복해서 풀어나가야 할 수도 있다. 다양한 과제는 동시에 이뤄질 수도 있다. 비통함은 유동적인 과정이다."(p. 53).

죽은 남편과의 지속된 관계 찾기와 새로운 삶을 살아가는 네 명의 여인

네 명의 여인은 자신들의 남편이 죽은 뒤에 서로 다른 방식으로 결혼 반지를 다루고 있다. 첫 번째 여인은 반지를 빼어 보석함에 넣어버렸다. 그녀는 "죽음이 갈라놓기 전까지 우리는 결혼한 상태였죠. 더 이상은 아닙니다."라고 말했다. 이 말이 고인이 된 남편을 더 이상 사랑하지 않는다는 것을 의미하지는 않는다. 그녀는 죽음이 그들을 갈라놓았고 이별은 영원하다는 사실을 행동을 통해 강조하고 싶었다.

두 번째 여인은 왼쪽 세 번째 손가락에 계속 결혼반지를 끼고 있었다. 자신의 남편이 죽었다는 사실을 알고 있었지만 여전히 그와 연결되어 있다는 점을 강조하고 싶었다. 그녀는 오랜 세월 행복했고 만족스러웠던 결혼 생활에 대해 매우 만족해했다. 그녀는 남편을 새롭게 찾거나 다른 남자와 새로운 관계를 맺고 싶어 하지 않았다.

세 번째 여인은 왼쪽 세 번째 손가락에 있던 결혼반지를 오른쪽 손가락에 꼈다. 그녀는 반지를 완전히 빼내버리거나 숨기고 싶어 하지 않았다. 왜냐하면 그 반지는 자신의 할머니에게서 물려받은 중요한 보물이었기 때문이다. 그녀는 또한 죽은 남편과 여전히 연결되어 있는 어떤 실재적인 표지를 갖고 싶어 하면서도 더 이상 결혼한 상태는 아니라는 것을 밖으로 보여줄 수 있는 것을 찾았다.

네 번째 여인은 남편의 시신이 묻히기 전에 결혼반지를 없앴다. 그녀는 보석 세공사에게 결혼반지를 새롭게 펜던트로 만들어서 매일 목걸이를 하고 다닌다. 그녀는 "이제 내 죽은 남편과는 새로운 관계예요. 그리고 나의 예쁜 펜던트는 새로운 관계를 상징하죠."라고 말했다.

출처: Corr, 2001a 참조.

애도: 과정이 수반되는 해석

과정을 포함하는 것으로서의 애도에 대한 설명은 적어도 잠정적으로는 상실과 미래를 위한 새로운 삶의 방식을 만들어 나가는 것에 대해 애도자가 할 수 있는 일에 초점을 맞춘다. 이러한 설명은 고인을 나타내는 것과의 지속적인 유대를 형성하려는 노력과 이중 과정 모델, 남은 사람들을 위한 의미 복원의 중요성에 대한 이론에 관한 내용을 포함한다.

지속적인 유대

다른 자료들과 마찬가지로 사별한 어린이, 배우자 그리고 부모에 관한 연구를 보면, 클라스(Klass), 실버만(Silverman) 그리고 닉만(Nickman)(1996; Field, 2006 참조)은 고인과의 지속적인 관계를 유지하려는 노력이 많은 사별자들에게 중요하다는 점에 주목했다. 이러한 유대 관계는 그 사람을 표현하는 것과 내적으로 지속적인 연대를 유지한다는 것을 포함한다. 이러한 유대는 정적이지 않고 역동적이다. 여기에는 시간이 지난 뒤에 상실의 의미에 대한 타협과 재협상이 포함된다. 지속적인 유대는 고인이 사별자의 내적인 삶 안에서 바뀌고 변화하지만 지속적으로 존재하는 방향으

개인적 통찰 9.4

애도는 언제 끝나는가?

상실에 따른 정서적 고통은 잊을 수 없는 쪽으로 옮겨간다. 오히려 기억을 풍부하게 하는 방향으로 움직인다. 기억은 애도자의 성격을 형성하는 일부가 된다. 그 사람이(또는 소중한 것이) 더 이상 이 척박한 세상에 나타나지는 않지만 내 마음 속에 확실히 자리를 잡을 때 애도 작업은 완결된다. 우리들은 각자 자신의 방식과 속도에 맞춰 애도를 하지 않으면 안 된다. 많은 사람들의 경우, 1년이면 끝나는 것 같다. 그런데 더 많거나 그보다 적은 시간이 필요한 사람들도 있다. 남은 삶의 기간 동안에도 비통함은 주기적으로 자주 느껴지게 될 것이다. 애도 과정에서는 자신만의 깊이와 리듬을 자유롭게 발견할 수 있어야 한다. 인위적으로 속도를 더해서는 안 된다. 몸에 난 상처와 마찬가지로 상실은 하룻밤에 치유되지 않는다. 조직 성장의 단계를 빠르게 하는 방법이 없으며 애도의 치유 과정에 속도를 더할 수 있는 방법이 없다. 그러나 애도가 모두 끝났을 때, 애도자는 사랑하는 사람이 더 이상 영웅이나 악당이 아니라 인간의 차원에서 그 존재가 내재한다고 느끼게 된다. 객관적인 시간에서는 그 사람의 상실을 돌이킬 수 없지만, 마음과 가슴 안에 그는 새로운 형태로 존재하며 죽음의 고통과 쓰라림 없이 내면의 시간 속에 다정하게 존재하게 된다. 일단 사랑하는 사람이 이렇게 받아들여지면 그는 결코 억지로 지워지지 않는다.

출처: *And a Time to Live: Toward Emotional Well-Being During the Crisis of Cancer*, by R.C.Cantor, pp. 66-67. Copyright © 1978 by Harper&Row, New York. Reprinted by permission of the author.

로 전개된다. 이러한 유형의 연대는 "위안과 편안함, 지지를 제공하고 과거에서 미래로 쉽게 이행하도록 한다."(p. xviii)

이 저자들에 따르면, "지속적인 유대는 대부분의 학문적 연구나 임상 연구에서 간과되거나 과소평가되었다."(p. xvii) 그리고 "죽거나 곁을 떠난 사람과의 관계에 대한 사회적 확인은 거의 이뤄지지 않았다."(p. xviii) 그럼에도 불구하고 사람들은 지속적인 유대가 "사람들이 경험하고 살아가는 현실"을 반영해주는 새롭고 변화된 관계를 포함한다고 믿는다(p. xix). 그것은 정상적인 애도 과정의 측면인 것으로서 정신병리학과는 관계가 없다. 스트뢰브(Stroebe)와 슈트(Schut)(2005)는 고인과의 유대를 지속하거나 포기하는 것이 어떤 방식으로 또는 어떤 환경에서 그리고 누구에게 도움이 되거나 해로운지에 대한 핵심 논점을 제시했다. 도카(Doka, 2011)도 지속적인 성장이 가능할 때, 이러한 관련성으로 인해 사별자가 그들의 상실을 인정하게 되는 긍정적인 방향으로 영향을 줄 수 있다는 점을 말했다.

앤더슨(Anderson, 1968, p. 5)은 "죽음은 삶을 끝내지만 관계를 끝내는 것은 아니다."라는 점을 말하면서 다른 방식으로 지속적인 유대 관계를 언급했다. 이것이 사실이라면, 애도는 "풍부한 추억"을 포함하는 것이기도 하다(Cantor, 1978; 〈개인적 통찰 9.4〉 참조, 여기에는 애도의 결과를 치유 또는 완료라는 관점에서 말하고 싶지는 않지만 관련된 흥미로운 통찰 내용들이 포함되어 있다.) "풍

아버지가 상실의 아픔을 겪는 아들을 위로하고 있다.

부한 추억"이라는 개념은 사별자와 함께 새로운 삶의 양식으로 남겨진 유산을 옮기기 위하여 그 관계를 재정립하려는 노력을 포함한다. 그렇다면, 효과적인 애도를 통해 사별자는 잃어버린 것을 완전히 포기하지 않더라도 새로운 상황 속에서 의미 있는 삶을 원하는 대로 살아갈 수 있게 된다.

어떤 연구 결과들에서는 고인과 죽음 이후에 소통이 이뤄졌다거나 생활 속에서 고인의 존재감을 느낀다고 말하는 사별자들의 사례를 보고하고 있다. 이들은 대부분 놀랍고 과학적으로 설명되지 않는 이러한 경험을 통해 편안함을 느낀다(LaGrand, 1997, 1999, 2001, 2006 참조). 애도에 있어서 한 가지 문제는 이런 경험이 갖는 의미를 결정하는 것이며 이러한 경험들을 건강하고 살아있는 삶 속으로 통합시키는 방법을 찾는 것이다.

이중 과정 모델

이중 과정 모델(The dual process model, Stroebe and Schut, 1999)은 보완 관계가 되는 두 대응 과정의 쌍 사이에 오고 가는 과정이 중심이 된다. (1) *상실 중심(loss oriented)* 또는 상실에 대한 대처가 주된 과정 (2) *회복 중심(restoration oriented)* 또는 "회복"에 대한 대처가 주된 과정의 두 가지이다(그림 9.1 참조). *상실 중심 과정(Loss-oriented processes)*은 사별자의 삶을 차지해버린 비통함, 비탄 작업, 고인과의 유대 관계 단절, 변화에 대한 저항 극복을 포함한다. *회복 중심 과정(Restoration-oriented*

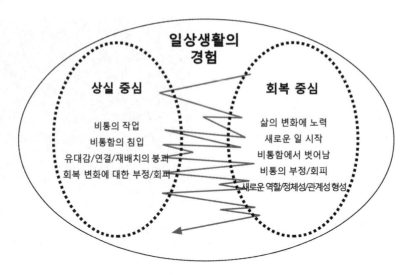

출처: M, Stroebe and H. Schut. Reprinted by permission.

그림 9.1 사별에 대처하는 이중 과정 모델

*processes)*은 삶의 변화에 노력, 새로운 일 시작, 비통함으로부터 주의를 돌리거나 벗어나는 것을 포함한다. 이 모델에서 "회복"은 애도자가 이전에 경험했던(더 이상 존재하지 않는) 세계나(상실 때문에 산산조각이 나거나 상당히 흔들린) 가상적인 옛 세계를 다시 한 번 만들어보려는 것이 아니라는 점에 주의해야 한다. 오히려 사별자가 있게 되는 새로운 세계에 적응하려는 노력과 관계가 있다(Parkes, 1993). 이 모델에 따르면, 회복되는 것은 이전의 삶이 아니라 현재와 미래에 생산적으로 살아가는 능력이다.

다시 말해서, 이중 과정 모델은 사별을 대처하는 데 있어서 역동적이고 서로 관련된 두 과정 사이에 상호 작용이나 영향을 상정한다. 상실을 "극복하는 것"과 1차 상실에 대한 비통함의 반응은 이 이중성의 한 면만을 나타내는 것으로 생각된다. 이중 과정 모델은 또한 사별에 대한 대처가 (1) 문화집단에 따라 (2) 개인에 따라 (3) 시기에 따라 다르게 강조되어야 한다는 점을 제시한다. 중요한 점은 애도의 어떤 과정에서는 상실에 대한 대처 그 자체에 집중하지만 다른 애도 과정에서는 건강한 삶으로 나아가는 데 보다 초점을 맞춘다는 점이다. 따라서 이 모델은 사별자의 대처 노력과 애도의 활동 가능한 특성 그리고 관련 과정의 복잡성을 강조한다.

의미 재구성

인간은 삶에서 일어난 많은 사건들을 자연스럽게 "이해하려고" 노력한다. 이미 있는 틀 안에서 "의미 찾기"를 하거나 새로운 방식으로 "의미 재구성"을 하는 것이 일반적이다. 소중한 대상에 대한 상실로 고통을 받을 때, 기존의 의미에 대한 도전은 특히 긴급한 사안이 된다(Davis &

개인적 통찰 9.5

선한 사마리아인과 다친 사람

인간은 보통 삶에서 발생한 사건들에 대해 이해하거나 의미를 만들려고 노력한다. 물론 그러한 노력들은 사후 사별의 상황에만 국한되는 것은 아니다. 예를 들면, 런던의 성 크리스토퍼(St. Christopher) 호스피스에 있던 한 환자의 경우이다. 그녀는 진행성 마비로 죽음을 맞이하고 있었고 죽음 직전에 자신의 상황을 회고했던 적이 있었다. 이미 대부분의 근육을 조절할 수 없었고 머지않아 말하고 음식을 삼킬 수 있는 능력도 상실해버릴 사람으로서, 그녀가 왜 자신에게 이런 끔찍한 고통이 일어나야 하는지 물을 것이라는 사실을 이해하기는 어려운 일이 아니다.

이 사례에서, 이니드 헨크(Enid Henke, 1972, p. 163)는 그 특정한 시기에 그녀의 삶에 어떤 목적이 있는지, 그 순간에 그녀에게 일어난 일이 전반적인 그녀의 삶의 이야기에 어떻게 들어맞을 수 있는지에 대해 의문을 가졌다. 결국 그녀는 "나의 현재의 목적은 단지 다른 사람의 기도와 친절을 받고, 나에 대해 사랑스럽게 관심을 가져주는 사람들, 서로 잘 알지 못하는 많은 사람들을 서로 연결해주는 것이다."라는 결론에 이르게 되었다.

그녀와 함께 회고를 하던 친구는 누가복음(10:25-37)의 친숙한 비유를 언급하면서, "너는 천성적으로 차라리 선한 사마리아인이 되는 것이 낫지, 다친 유대인이 되지는 못할 거야."라고 말했다.

헨크는 다음과 같이 답했다. "비유 내용을 말할 때, 다친 사람이 회복되었는지에 대해서는 사람들이 말하지 않는다는 사실에 나는 관심이 있었어. 난 그 사람이 나았을 것이라고 늘 믿고 있었어. 그런데 그가 회복되지 못했다고 하더라도, 그 이야기가 여전히 진정한 이웃 사랑을 말하는 완전한 하나의 예라는 점에는 변함이 없을 거야."

모든 비유에는 해석의 여지를 남겨 놓는 열린 결말의 특성이 있다. 헨크는 여기에서 선한 사마리아인의 비유를 통해, 진행 중인 자신의 병으로부터 회복될 수 없는 자신의 상황을 이해한다.

Nolen-Hoeksema, 2001). 큰 영향을 끼치는 상실을 대면할 때, "의미 재구성"이라는 문구는 "의미 만들기"와 "의미 찾기"를 모두 포함하며 애도와 관련된 것에 대한 생각을 다르게 하는 것이다. 이것은 삶의 무질서와 혼란스런 요인들에 대해 구조화하거나 일관성을 부여하려는 인간의 자연스러운 욕구를 반영한다(〈개인적 통찰 9.5〉 참조). 예를 들면, 니메이어(Neimeyer, e.g., 1998, 2000, 2001, 2007)는 사별자가 그들의 삶에서 의미를 재구성 하는 데 참여해야 한다는 점을 논증하고 "상실에 대한 의미 재구성이 비통함의 핵심 과정이다"라는 주장까지 했다(1998, p. 110)(니메이어와 몇몇 사람들은 비통함(grieving)과 비통에 잠긴 사람(griever)이라는 단어보다 애도함(mourning)과 애도하는 사람(mourner)으로 말하기를 선호한다.)

니메이어(2000)에 따르면, 의미 재구성은 사랑하는 사람의 죽음뿐만 아니라 유가족의 삶에 대해서도 새로운 의미를 만들거나 찾으려는 노력을 포함한다. 여기에는 개인이 상실의 의미를 이해하는 과정과 사별자의 삶 속으로 그 과정의 결과가 통합되어 들어가는 것이 포함된다. 큰 영향을 끼치는 상실 뒤에 의미 재구성은 다음의 두 가지 중요한 방법으로 이뤄진다. (1) 종교, 철학, 또는 영적인 틀을 통해 보통 이루는 상실의 의미를 유익하고 호의적으로 설명함("그는 이제 하나님과 함께 있어."; "더 이상 괴롭지 않고 이제는 편히 있게 되었어.") (2) 남겨진 사람들에게 해당되는 긍정적인 이점에 대해 집중하기("나는 이제 더 세심하고 배려심이 많게 되었어."; "우리는 더 가까워졌고 가정에 더 집중할 수 있어.") 물론 이 두 방법은 사별자가 자신들의 삶에서 의미를 재구성하기 위해 모색하는 예시일 뿐이다. 사람들은 자신만의 방법으로 자신만의 속도로 의미를 재구성할 것이다. 그 결과, 이러한 접근법으로 애도를 해석하는 것에 대해 지지하는 사람들은 이것이 "시간이 지나면 비통함은 예견되는 유형으로 이뤄진다"는 주장에 대해 이의를 제기하는 것이라고 주장한다(Holland, Currier, & Neimeyer, 2006, p. 183).

니메이어(2007, pp. 195, 199, 203)에 따르면, 의미 재구성의 과정에 핵심이 되는 세 가지 원칙이 있다. (1) "비통함은 상실로 인해 시험받게 된 의미의 세계를 재구성하거나 재확인하는 것을 수반한다." (2) "사별에 대한 적응은 보통 고인과의 지속된 연대를 포기하는 것이 아니라 재설정하는 것을 포함한다." (3) "서사 방법은 상실로 인해 붕괴된 자전적 일관성을 회복하거나 다시 기술하는 데 중요한 역할을 한다." 어떤 일이 일어났는지 이야기로 만들거나 서술하는 일은 화자에게 정서적인 긴장감을 풀어주거나 해소시키는 기회가 되기도 하며 "복잡한 사건들과 인식한 내용들을 하나의 종합적인 구성 단위로 줄여주는 이야기"를 만들어냄으로써 기억들을 생생하게 유지시키는 데 도움을 주기도 한다(Bosticco & Thompson, 2005 p. 10). 다른 저자들은 서사 또는 "이야기 추진"이 무의미한 것들에서 의미를 찾거나 무질서 가운데에서 질서를 찾으려는 많은 애도자들에게 여러 방법을 제공한다는 점에 동의한다(예를 들면, Ashenburg, 2004; Bosticco & Thompson, 2005; Frank, 2010; Gilbert, 2002; Harvey, 1995; Hedtke & Winslade, 2004). 지지와 공감을 하며 듣는 사람들 앞에서 그렇게 하기 위한 이야기를 해야 하는 사람들에게 이것이 얼마나 중요한 것인지 다시 한 번 주의하기 바란다.

비통에 잠긴 사람들은 각자의 문화와 공동체와 연결되어 다른 시간, 다른 방법으로 의미를 재구성한다. 어떤 사람들은 그들의 상실감이 이미 존재하는 의미의 틀, 예를 들면 종교적 또는 철학적인 신념에서 발견되는 구조에 딱 들어맞기 때문일 수도 있겠지만, 자신들의 감정과 실제적인 문제들을 정리하는 정도라도 자신들의 삶을 살아갈 수 있다(Braun & Berg, 1994). 어떤 사별자들은 자신들이 그리 애착을 보이지 않던 대상의 상실에 대해 이해하려는 강한 필요성을 느끼지 못하기도 한다. 반대로, 폭력이나 외상성 상실을 경험한 사람들은 자신들의 삶에서 의미를 재구성 하는 데 매우 어려움을 겪기도 한다. 그러나 데이비스(Davis)와 그의 동료들은(2000) 갑작스런 예상치 못한 죽음을 경험한 어떤 사람들의 경우, 자신들의 상실에 대한 의미를 찾으려고 하지 않으며 그 때문에 더 나쁘게 되지 않을 수도 있다는 점을 주장할 자료를 제시하였다.

아티그(Attig, 2000) 또한 사별자의 경우, "눈앞의 사랑(loving in presence)"에서 "이별 상태의 사랑(loving in separation)"으로 옮겨가는 데 도전을 받는다는 자신의 관점에서 서사를 강조했다. 아티그(2011)에게 이러한 도전은 "세상을 다시 배우는 것"과 관련된 것으로서, 그는 이것을 "어떻게 상실 이후에 다시 의미 있게 삶을 살아갈 것인가에 대해 배우는 다차원적 과정"이라고 표현한다(p. xxxix). 그리고 "처음에는 결코 쉽지 않지만, 분리된 고통을 넘어 우리의 기억과 유산 속에 사랑하는 이에 대한 변치 않는 의미와 지속적인 존재감을 확신할 수 있다."는 말을 덧붙인다(p. liii). 아티그에 따르면, 세상을 다시 배우는 과정에는 가족 구성원 안에서 그리고 공동체와 문화 안에서 각자의 개별적인 비통함이 포함되어 있으며, 그 방식은 "인간 전통에서 생명에 대한 여러 가지 엄청난 불가사의한 일과도 연관"되고 "눈앞의 사랑에서 없을 때의 사랑으로 다양한 측면의 변화가 가능하도록 하는 형태로 이뤄진다(Attig, 2001, p. 34).

애도 과정의 설명과 중요한 특징

애도의 *과정*에 대한 설명에는 역동성 즉, 상실에 대처하고 사별자 스스로 새로운 세계에 적응하기 위한 여러 방법들을 찾는 데, 개방적이고 지속적인 과정이 함께 포함된다. 이것은 고착화된 단계가 아니며 "규범적"이라고 하는 현재의 틀과 양립할 수 있는 것도 아니다. 오히려 상실 이후의 개인적 여정의 서사나 이야기에 가장 잘 들어맞는다. 여기에서 설명되는 애도의 과정은 상실에 초점을 두지만 그것을 넘어 미래까지 포함한다. 그것이 강조하는 점은, 우리를 둘러싼 것들과 사회, 문화의 영향을 분명히 받지만 삶에서 어떻게 균형을 회복할 것인지, 어떻게 삶에서 의미를 찾거나 재구성할 것인지, 그리고 어떻게 고인과 건강한 유대 관계를 맺을 것인지에 대한 내용이 매우 개인적인 과제라는 점이다.

애도: 잠재적으로 변화할 수 있는 경험

애도에 대한 탐구를 통해 중요한 많은 교훈들을 얻었다. 이제 몇 가지 교훈을 통하여 연구에서 제기되는 두 가지 질문 즉, 애도에는 *정해진 종점*이 있는지, 그리고 이러한 경험에서 *성장과 변화를 위한 기회*는 있는지에 관해 검토해보자.

정해진 종점

애도가 어떻게 이해되더라도 그 목표는 주로 *회복, 완성* 또는 *해결*을 이끄는 것으로 설명된다 (Osterweis et al., 1984; Parkes & Weiss, 1983). 이 용어들은 당대 학자들과 저자들 사이에 환영받지 못하고 있다. 예를 들면, 비통함에서 회복된다는 것은 비통이 병이나 질환처럼 건강하지 못한 상황이라는 것을 말하는 것처럼 보인다. 또한 일단 회복되거나 "치유되었다"고 한다면, 기본적으로 다시 변하지는 않을 것이라는 점을 의미하는 것으로 보인다. 또한 *회복, 완성* 또는 *해결*이라는 용어들은 *애도의 정해진 종점*, 최종적인 마지막 종결을 시사하며, 이후에는 더 이상 애도할 일이 없게 되는 것을 의미하게 된다. 만약 이것이 사실이라면, 애도는 원칙과 시간 안에서 인식이 가능하게 되며 미리 결정된 결과를 지닌 것으로 된다.

정해진 종점은 애도의 목표라고 불리기도 한다. 보통 프로이드(1959a)의 관점이나 적어도 고인과의 정서적 애착의 분리 또는 멈춤을 주장하는 정신분석학 이론과 연결되어 있다. 그런데 프로이드와의 관련성에 대해서 일부 학자들(예를 들면, Rando, 1993; Siggins, 1966)은 그의 입장을 잘못 말하고 있는 것이라고 문제점을 제기하고 있다. 사별에서 지속적인 유대 관계에 주목하는 것은 애도는 분리, 즉 고인을 "놓아 보내기"나 "잊어버리기"에 지나지 않는다는 견해를 거부한다.

사별에서 정해진 종점은 말할 필요도 없이 사실인 것으로 받아들여진다. 왜냐하면, 애도의 단계 기반이론과 아주 부합하는 것으로 보이기 때문이기도 하고, 또 애도에 필요하거나 충분한 시간으로서 몇 주나 몇 달, 일 년 등 특정한 시한을 두려고 하는 우리의 바람 때문이기도 하다. "시간이 약이다"라는 말을 우리는 자주 듣는다.(이 격언은 사별과 신체의 상처를 비교하는 데에는 상당히 잘 맞는다.) 그런데 사실 정확한 말이 아니다. 시간만으로는 해결되지 않는다(Smith, 2004c). 단지 "끝나기를 기다리는 것" 이상으로 해야만 한다. 정말 중요한 것은 그 시간이 애도라는 개인의 여정에 어떻게 사용되는가에 달려 있다. 핵심이 되는 쟁점은 생산적인 애도가 이뤄질 수 있도록 하는 활동의 본질과 사별자를 어느 곳으로 이끌 것인가 하는 문제이다. 한 참관인이 논평을 했듯이(S. J. Fleming, personal communication, 9/28/95), "중요한 것은 우리가 사용해야 할 시간이 아니라 우리가 가진 시간을 사용하는 것이다."

앞에서 비통과 애도를 마치 병적인 상태로 보는 견해에 대해 비판했다. 여기에서 "회복"을 죽음 이전의 생활 방식으로 다시 돌아가는 것이 아니라 상실 이후 새로운 삶의 방식으로 나아가는 것을 의미하는 것으로 사용하지 않는다면, 이것 역시 적합하지 않아 보인다(Balk, 2004). 만약, 애도가 정말 개인적인 여정이라면 모든 사별자들에게서 하나의 정해진 결과가 나올 필요는 없게 된다. 애도에는 적어도 사별자들에게 상실과 그 여파에 대한 대처, 극심한 비통 속에서 급히 요구되는 사항들에 대한 고심, 죽음 이후의 새로운 삶 속으로 관계성의 맥을 적절한 방법으로 이어가는 것, 그리고 그 사람이 남은 삶 동안에 "새로운 삶"을 살고 발전할 수 있도록 하는 내용을 포함하게 된다.

워든(Worden, 2009, p. 76)은 다음과 같이 말한다. "애도가 언제 끝나는지를 묻는 것은 '얼마나 더 높이 가야 하는가?'라는 질문과도 어느 정도 같다. 준비된 답은 없다." 그는 계속해서, "사람들이 다시 삶에 흥미를 갖고, 더 희망적으로 느끼고, 감사함을 다시 느낄 때, 그리고 새로운 역할에 적응하게 될 때, 애도가 끝날 수 있다는 느낌이 든다. 애도가 결코 끝나지 않을 것 같은 느낌이 들기도 한다."(p. 77) "언제 비통함이 없어지나요?" 또는 "애도가 끝나셨나요?"라는 질문을 받은 사별자들은 보통 "전혀요."라고 답한다. 사별자는 상실과 극심한 비통한 상태의 첫 충격으로부터 회복될 수도 있는 반면에, 다시 터져 나오는 비통함을 경험하거나 상실과 비통함을 안고 살아가는 법을 배우는

개인적 통찰 9.6

작고 날카로운 돌부리

8살쯤 되었을 때, 우리 가족은 알라바마의 버밍햄 지역으로 이사를 갔다. 어머니와 아버지는 도시를 감싸고 있는 산의 한 쪽에 위치한 집을 사셨다. 아버지는 작은 공간을 원했다. 그래서 집 옆에 붙은 집터를 사셨는데 이웃과도 확실히 떨어진 곳이었다. 문제는 그 터가 집에서 볼 때 꽤 가파르게 있다는 점이다. 판매원으로서 거래를 할 때 늘 주의하시는 아버지는 몇 트럭 분량의 흙을 샀고 우리는 곧 땅을 평평하게 만들었다. 우리는 농구 골대도 세웠고 운동을 할 수 있는 넓은 뜰도 마련했다.

흙을 채울 때는 작고 날카로운 돌들 때문에 성가셨다. 그것 때문에 발을 다쳤고 넘어질 때마다 고통스러웠다. 아버지는 우리 형제들이 있는 곳으로 오셔서 작은 돌들을 양동이에 하나 가득 채우는 데 10센트를 주겠다고 제안하셨다. 1953년 당시에는 큰돈이었다. 그래서 우리는 몇 시간 동안 돌들을 주었다. 뜰에 있는 돌멩이들은 없앤 것 같았다. 특별히 풍족한 것은 아니었지만 자랑스러운 것만은 확실했다. 그 다음에 비가 내렸다. 다음날 아침, 우리는 돌을 막 주웠던 뜰로 나갔다. 그런데 작고 날카로운 돌들이 가득했다. 그동안 우리는 전혀 일하지 않은 것만 같은 상황이었다.

이 일이 생각난 것은 내가 35살의 딸이 뇌종양으로 죽음을 맞이했던 로건(Logan)-목사였던 그녀의 남편은 죽었다-과 함께 비통을 함께 나누고 있을 때였다. 우리는 그녀에게 고통과 슬픔을 가져온 그녀의 감정들과 많은 기억들을 대하는 데 수개월을 함께 했다. 몇 개월이 지난 뒤에, 실제로 진전이 있어 보였다. 그런 뒤에 그녀는 자신에게 고통을 가져왔던 사소한 것들, 그녀가 이미 잊고 있었던 조그만 것들에 대해 내게 말해주었다. 하얀 장갑, 호수에서 오리 모이 주기, 애플비 레스토랑(Applebee's Restaurant), 템파베이 버커니어스(Buccaneers) 풋볼팀, 그리고 보기에 위험하지 않은 것들이었다. 우리 둘 사이에는 논의하고 다뤄야 할 것들이 많이 있다. 각각 이루지 못한 희망에 대한 괴로운 기억이고 힘차고 밝은 꿈의 빛은 갑자기 꺼져버렸다.

우리는 천천히 걸으면서 그것들을 한 번에 하나씩 가져가고 있다.

출처: John Fitts, 사용 허가됨

것을 포함한 모든 애도를 완전히 처리하지 못할 수도 있다(〈개인적 통찰 9.6〉 참조). 이러한 점에서 프로이드(1960, p. 386)는 다음과 같이 아들을 잃은 친구에게 편지를 썼다. "그런 상실 뒤에 겪는 극심한 애도의 상태가 가라앉을 것이라는 것을 알고는 있지만, 우리는 슬픔을 가눌 수 없는 상태에 있을 것이고 대신할 것을 결코 찾지 못할 것이라는 사실 또한 알고 있습니다. 그 간극을 무엇이 채우든지, 아무리 다 채워진다고 하더라도 결국은 다른 것입니다."

성장과 변화의 기회

애도를 통해 더 나은 사람으로 성장할 수 있는 가능성은 죽음에 대한 대처를 통해 성장할 가능성과 유사하다. 중국어의 "위기(危機)"라는 단어는 "위험"과 "기회"라는 두 의미로 표현된다고 한다. 언어학적으로는 정확할지 모르겠지만, 우리가 파악해야 하는 점은 이중 과정 모델에서 말하는 것처럼, 사별이 상실과 회복을 포함한다는 점이다. 그럼에도 불구하고, 여기에서 말하는 "기회"를 어떤 이득이나 이익을 찾는 좋은 기회라고 생각해서는 안 된다. 오히려 새로운(혹은 위험한) 일이 시작되는 중요한 시기를 의미한다. 이러한 점에서 임종과 사별은 모두 위험한 기회를 포함한다. 그것은 색다른 경험이며 도전일 수 있으며 그 결과가 우리를 더 좋거나 안 좋게 만들 수 있다. 그러나 사별자에게는 긍정적인 성장도 치러야 할 대가가 무거울 수 있다(〈개인적 통찰 9.7〉 참조).

대략적인 지침이나 경험적으로 보면, 사별자가 고인을 생각하게 되었을 때 이전에 경험했던 정도의 고통을 겪지 않을 때, 애도 과정이 성공적으로 이뤄지고 있다고 말할 수 있을 것이다. 그 능력은 주로 사별자가 자신의 삶에 노력하고 일상적인 삶을 다시 시작할 때 명확하게 증명된다. 대부분의 사람들의 경우, 우리 사회가 보통 인정하는 것보다 훨씬 더 오랜 시간이 필요하며, 사람에 따라 그렇게 오랜 시간이 걸리지 않는 경우도 있다. 사별이 이뤄진 첫 해는 기념일이나 특별한 날들, 사별자에게 고인의 부재와 이미 경험했던 상실이 다시 떠오르기 때문에, 사별자에게 특별한 도전의 시기이며 "기념일 반응(anniversary reactions)"이 특히 두드러지는 시기이다. 그러나 이 한 해의 경우만 특별한 것은 아니다. 첫 해의 경험으로 끝날 것이라는 생각 때문에 그 다음 해가 더 힘들 수도 있다(Clayton, 1973, 1974; Glick et al., 1974; Parkes, 1970a).

애도는 안 좋은 시기에서 돌아오는 것 이상이다. 즉, 앞으로 나아가는 법을 배우는 것이다(Stearns, 1988). 대부분의 경우는 아니라고 하더라도, 많은 애도자들은 회복하게 되고 힘겨운 사별의 경험을 했더라도 자신의 삶이 나아지고 있다는 점을 알게 된다. 그러나 미래의 어느 다른 곳에서 다시 상실 때문에 애도에 잠길 가능성도 있다(Bonanno, 2004, 2009; Dutton & Zisook, 2005; Gorman, 2011a; Rynearson, 2006). 애도 과정을 성공적으로 이겨낸 사람은 단어의 의미대로, *생존자(survivor)*가 된다(Corr, 2003). 그들은 사랑하는 사람을 잃은 뒤에 계속 살아남아 있을 뿐만 아니라 그것을 넘어 자신들의 상실과 비통한 반응들에 대해 건설적인 방법으로 대처하며, 사랑하는 사람의 죽음으로 거칠게 떠밀린 새로운 세계에 자신들의 삶을 맞추고 재구성하려고 노력한다. 이러한 일은 실로 영웅적이고 놀라운 성취이다.

개인적 통찰 9.7

아들의 사후, 아버지의 성장 경력

아론(Aaron)의 삶과 죽음을 계기로 나는 이전보다 훨씬 더 예민한 사람, 더 목사다운 목사, 더 공감적인 상담가가 되었다. 내 아들이 돌아올 수 있다면 얻은 이 모든 것들을 당장이라도 포기할 수 있다. 선택할 수 있다면, 경험을 통해 얻었던 이 모든 영적인 성숙과 깊이를 포기할 것이며, 평범한 랍비였으며, 어떤 사람은 도와주지만 그 외의 다른 사람은 도와주지 못하는 무관심한 상담가였으며, 밝고 행복한 한 소년의 아버지였던 15년 전의 나로 있고 싶다. 그러나 나는 선택할 수 없다.

출처: Kushner, 1981, pp. 133-134.

비통, 애도 그리고 젠더

성인의 사별에 대한 연구는 역사적으로 여성을 중심으로 이뤄졌다. 이것이 강조하는 점은 사별한 남성보다 사별한 여성이 더 많기 때문에, 우리 사회에서 여성이 남성보다 더 논의하고 비통을 나누려고 한다는 점이다. 그러나 최근에 이뤄진 연구는 비통, 애도 그리고 성에 대해 반대되는 관점을 보여주고 있다. 어떤 사람들은 애도의 "여성적 모델"을 설명하고자 하였고 그 모델이 비통해하는 올바른 방법이라고 시사하거나 분명히 주장했다. 예를 들면, 슈타우다허(Staudacher, 1991, p. 3)는 "비통해하는 방법은 단 한 가지밖에 없다. 그 방법은 비통의 가장 중요한 부분을 겪는 것이다. 사랑하는 사람의 죽음 후에 불가피한 정서적인 영향을 경험함으로써, 결국 상실을 치유하는 것이 가능하게 된다." 여기에서 경험한다는 것과 정서를 표현한다는 것은 종종 남에게 관심을 보이거나 도움을 받아들이는 것과 연관되며, 건강한 사별을 위해 필수적이다. 부분적으로 이것은 사람에게 있는 비통의 반응인 것이며, 정말 강조되는 점은 이러한 반응들이 어떻게 표현되는가 그리고 상실과 비통함에 어떻게 대처하는가에 대한 것이다. 슈타우다허는(많은) 여성들의 애도 과정에 대한 이러한 설명을 "관습적"이거나 상실과 비통함에 대한 적절한 반응이라고 생각하고 그렇기 때문에 모두가 그렇게 해야만 한다고 보고 있다. 결과적으로, 남성 사별자들의 경우는 자신들의 감정을 무시하고 비통함을 감추고 자신들의 정서를 함께 나누려고 하지 않고 또 도움을 거절하는 것으로 보일 수 있기 때문에 불리하게 작용하는 것으로 보인다. 성의 관점에서는 비통한 상태의 여성이 유리한 셈이다. 여성이 올바르게 애도하는 것이고 남성은 그 애도의 방식을 따라가야 하는 것이 된다.

당연히, 반대되는 이론인 "남성적 비통"을 개발한 학자들도 있다(Golden, 1996; Lund, 2000). 남성 사별자는 분노와 죄책감의 감정에 집중하고, 다른 정서적 반응을 억누르고, 자신의 나약함을 감추고, (감정에 비해) 상실에 대한 생각을 강조하고, 혼자 있고자 하고, 비통을 공유하거나 도움을 청하지 않으려고 하고, 자립을 중시하고, 보호자로서의 역할을 맡고, 실질적인 문제를 해결하려고 하거나 신체 활동에 참여하려고 하고, 일에 몰두하려고 한다는 것이다. 이러한 관점에 따르면, 남성들은 상실과 사별에 대처하는 자신들만의 독특한 방식이 있으며 "남성적"이란 선택에 따라 진행할 수 있도록 허용되어야 하는 것이다.

제3의 관점은 *애도 유형(grieving style)* 이론을 말한다. 내용은 슬픔을 *직감적*으로 표현하는 사람(intuitive griever)은 경험과 정서의 표현을 강조하고, 슬픔을 *도구적*으로 표현하는 사람(instrumental griever)은 실질적인 문제와 문제 해결에 초점을 맞춘다(Doka & Martin, 2010). 이 두 가지 애도 유형은 혼합 또는 *부조화된(dissonant)* 유형이 넓은 중앙 부분을 차지하는 영역에서 기둥 역할을 하는 것으로 설명된다. 이 관점에서 중요한 점은 성이 아니라 어느 유형인가 하는 점이 논점이다. 여성과 남성은 상실에 대해 다른 반응을 보이며 비통함에 대해 다른 방식으로 대처한다. 그러나 모든 여성들이 획일적이고 틀에 박힌 방식으로 사회 활동을 하는 것이 아니며, 모든 남성들이 또한 획일적이고 반대되는 방식으로 사회화되는 것도 아니다. 양성 모두 다른 성장 배경과 성격, 삶의 방식을 갖고 있다. 그 결과 어떤 여성은 슬픔을 도구적으로 표현하고 어떤 사람은 슬픔을 직감적으로 표현하는 사람이 된다.(영화 *보통 사람들(Ordinary People)* [Guest, 1976]이란 소설과 영화에서 등장하는 차갑고 거리감 있는 어머니와 따뜻하고 지지해주는 아버지의 경우가 이 점을 잘 설명한다.)

결국 자신의 정서를 억제하기보다 비통함을 표현하는 남성이 "여성적"인 것은 아니며, "남성적"인 여성인 것도 아니다. 또한 여성이 비통함을 공유하지 않는다고 해서 여성이 아닌 것도 아니다. 다른 사람에게서 이뤄지는 그러한 판단은 단지 사별자가 이미 대처하고 있는 많은 어려움들 위에 또 다른 스트레스를 더하는 것일 뿐이다. 사실, 많은 남성들과 여성들이 혼합 또는 부조화된 애도 유형을 선택할 수도 있다. 그것은 다른 상황에서 전적으로 직감적이지도 않고 도구적이지도 않다. 따라서 상실과 비통에 대처할 때, 사별자 집단의 구성원이 어떤 특정한 성인 것과는 관계없이 그 집단에서 공유되는 유형이 발견된다고 하더라도 개인의 특성은 정당화되고 강조되기까지 하는 것이다.

비통, 애도 그리고 가족

비통은 일상 생활에서 잘 이해될 수 있는 내용이며 상실에 대한 개별적인 반응으로서 전문적으로 연구되고 있다. 최근까지만 하더라도 사별에서 가족이나 다른 유사한 사회 조직의 역할에 대해서는 별다른 주목을 하지 않았었다(Brabant, 1996; Shapiro, 1994). 여기에서 우리는 네 가지 질문을 할 수 있다. (1) 가족은 가족의 사별에서 얼마나 중요한가? (2) 가족은 가족의 사별에 어떤 방식으로 다르게 영향을 끼치는가? (3) 가족은 한 구성단위로서 비통을 경험하는가? (4) 가족은 한 구성단위로서 상실과 비통에 대처하는가?

첫 번째 질문에 대한 대답은, 최소한 가족 내의 비통함은 "가족의 사회적이고 관계적인 맥락 안에서 서로 영향을 주거나 다른 사람의 영향을 받으며, 가족 구성원의 상호 작용으로 이뤄진다"는 것이다(Gilbert, 1996, p. 271). 이것은 가족 체계가(무엇을 "가족"이라고 여기든 또 어떻게 구성되었든) 그 구성원의 경험에 거의 언제나 영향을 끼친다는 점을 의미한다.

두 번째, 가족은 구성원의 사별에 영향을 끼치는 방식에서 다르다. 그들은 원하거나 할 수 있는 정도에서, 가족의 구성원이 관계를 중시하고, 상실을 인식하고, 비통함을 표현하고, 자신들만의 방식으로 애도할 수 있도록 교류하고 영향력을 미친다. 매 가정마다 자신들만의 방식으로 그 구성단위 내에서 관계를 형성한다. 예를 들면, 단단히 관계가 묶인 가정의 경우 가족들은 서로 매우 밀접하게 묶이게 되고 관계가 느슨한 가정의 경우는 자율성이 더 주어지기 때문에 가족에 대한 지지가 많지 않을 수도 있다. 어떤 가정은 가족이 비통과 애도를 표현하는 방식에 대해 상당한 자유를 부여한다. 그런데 모든 가족들이 비통과 애도를 같은 방식으로 표현하기를 기대하는 가정들도 있다. 제5

장에서, 히스패닉계 미국인 가정에서는 여성에게 슬픔을 자유롭게 표현하도록 하지만 남성에게는 절제하고 무덤덤하게 받아들이도록 한다. 가족의 비통함과 관련될 수 있는 가정의 또 다른 특징들은 가족 체계가 소통이 닫혀 있는지 열려 있는지, 대가족의 유용성, 가족의 사회적 경제적 자원, 가족 체계에서 고인이 된 가족의 이전 역할과 기능, 그리고 사망했을 때 갈등이나 소원했던 관계의 여부를 포함한다(Walsh & McGoldrick, 2004b). 간단히 말하면, 가족은 그 비통과 애도의 표현 방식에 대해 용인할 수도 제한할 수도 그리고 지지할 수도 그렇지 않을 수도 있다.

가족은 또한 발달학적 생애 주기에서 그 위치가 다르다(McGoldrick & Walsh, 2004). 이론가들이 3대 가족 생애 주기로 표현하는 가족 체계에서 상실은 다른 상황들에서 발생할 수 있다(Carter & McGoldrick, 1988; McGoldrick, Carter, & Garcia-Preto, 2010):

- 가족 가운데 결혼하지 않은 젊은 성인
- 결혼을 통해 함께 새로운 가정을 꾸리는 젊은 부부
- 어린 아이들이 있는 가정
- 청소년이 있는 가정
- 자녀를 독립시키고 떠나보내는 가정
- 만년 생활을 하는 가정

위 각 가정의 유형은 다른 발달학적 어려움에 대처하는 경우이다. 예를 들면, 신혼부부는 가족 체계 발전에 대한 헌신이라는 점을 위해 노력할 것이다. 반면 자녀를 독립시키고 떠나보내는 안정된 부부는 개인과 가족의 정체성이라는 익숙하지 않은 논점에 대해 대처해야 할 것이다. 신혼부부는 "우리 모두 이전의 독립된 삶에서 새로운 가족으로 잘 해나갈 수 있을까?" 또는 "우리 함께 노력해서 부모가 되고 아이들을 잘 낳을 수 있을까?"라고 물을 수 있다. 반면, 이미 자녀를 독립시키고 떠나보내는 부부의 경우는 "우리는 새롭게 애들이 없는 빈자리에 적응할 수 있을까?" 또는 "자녀를 보내는 일을 완성해야 하는 부모로서, 그 역할이 아직 우리에게 남아 있는가?"라고 물을 수 있을 것이다. 간단히 말해서, 생애 주기에서 가정은 다른 상황에 따라 사별 가족에게 사용할 수 있는 다른 힘과 대책을 가질 수 있다는 것이다. 그러한 가정은 상실로 인해 다른 방식으로 영향을 받을 수 있고 상실의 다른 유형에 따라 영향을 받을 수 있다.

제3의 질문은 가정이 하나의 가족 단위로서 비통한 상태에 있는가 하는 문제이다. 가족의 개별적인 비통과 애도라는 맥락에서는 가정에 대한 사고를 넘어선다. 샤피로(Shapiro, 1994)는 비통함은 가족이 겪는 과정이라고 주장하지만 몽고메리와 퓨어(Montgomery and Fewer, 1988)는 이것이 개인과 가족 단위의 속성을 혼동하는 것이라고 주장한다. 몽고메리와 퓨어에 따르면, 상실에 대한 반응은 가정 안에서 찾을 수 있고 가족은 애도의 공적 또는 대인 간 애도의 과정에 관여한다. 그러나 가정은 상실과 비통 경험의 대인 간 과정과는 관계가 없다. 그 이유는 아마도 가정이 사람은 아니기 때문이다. 이러한 이유로 가족 구성원의 비통과 애도에서 중요한 차이점을 발견하기도 한다. 길버트(Gilbert, 1996, p. 273)는 "가정은 비통해하지 않는다. 단지 가족 개인이 비통해하는 것이다. 이것은 다양한 맥락 안에서 이뤄지며 그 가운데 하나가 가정이다."

그럼에도 불구하고 죽음과 같은 중대한 상실이 가족 체계에 혼란을 가져온다는 점은 분명하다. 그리고 가정은 그러한 혼란에 대해 대처해야만 한다. 따라서 네 번째 질문에 대한 대답은 사별 가족은 상실과 비통함에 대해 조직적인 형태로 관여한다는 것이다. 죽음은 어떠한 삶이어야 하는가와 같이 보통은 가정 내에서 언급하지 않는 가정들, 확실하게 자리 잡은 역할과 관계성, 그리고 일상에서의 책무와 일과들에 대해 영향을 미친다. 가정 생활의 이러저러한 면들은 다시 검토되고 재설정되어야 한다(Lamberti & Detmer, 1993). 게다가 상실과 비통함은 "한 세대가 다음 세대와 구분되는 경계를 넘어서 영향을 미친다"고 할 수 있기 때문에, 소중한 사람의 죽음으로부터 "여러 세대에 걸친 파급 효과"가 있을 수 있다(Detmer & Lamberti, 1991, p. 366).

월시와 맥골드릭(Walsh and McGoldrick, 2004b)은 죽음 이후에 두 가지 과제가 가족 구성원과 가족 단위의 앞에 놓이게 된다고 주장한다. 그것은 (1) 죽음이란 현실을 인정하여 공유하고 상실의 경험을 공유하는 것이며 (2) 가족 체계를 재구성하고 다른 관계성과 삶의 추구에 재투자하는 것이다. (이 두 가지는 각각 워든이 설명한 내용인, 개인의 두 가지 애도 과제를 폭넓게 갖추고 있으며 결합하고 있으며, 그것들을 가족 체계의 전문 용어로 다시 진술하고 있다는 점에 주의하라; Walsh & McGoldrick, 1988와 비교하라.) 죽음이란 현실을 인정하고 상실의 경험을 공유하는 것은 상실과 그 결과를 인식한다는 것과 비통한 반응을 공유하는 것, 가족 체계 내에서 개인의 차이점을 인정하는 것을 포함한다. 가족 체계를 재구성하기 위해서는 가족 구성원에게 가정이 그들에게 무엇을 의미하는지의 문제와 가족으로서의 자신들의 정체성을 재설정하도록 요구한다. 게다가 가족 구성원은 고인이 담당했던 역할과 활동들을 다시 할당하거나 포기해야만 한다. 이장의 앞부분에서 언급했듯이, 재투자는 고인과의 관계를 재구성 또는 변화시키는 것을 포함한다. 왜냐하면 가족 구성원이 설령 미래를 향해 나아갈 때도, 고인과 그들과의 과거와 연결되었다는 느낌을 계속 유지하기 위해서이다. 개방되고 정직하고 지지가 이뤄지는 소통은 모든 과제에서 필수적이다. 가족을 담합시키는 가족 행사나 문제 해결 방식을 공유하는 것, 예를 들면 추모 행사나 기념 활동, 기도 등은 유익한 경우가 많다(Bowen, 1991; Imber-Black, 1991; Kissane & Bloch, 2002; Nadeau, 1998).

예견된 비통과 애도

*예견된 비통*의 개념은 린데만(Lindemann, 1944)이 처음 제시한 개념으로서, 이후로 수많은 연구

개인적 통찰 9.8

애드가 앨런 포(Edgar Allan Poe)의 1848년 1월 4일 편지에서 발췌

당신은 "부조리한 것을 통탄하게 만드는 '끔찍한 악마'가 무엇인지 나에게 넌지시 알려줄 수 있나요?"라고 말합니다. 예. 나는 그 이상으로 알려드릴 수 있습니다. 이 '악마'는 사람에게 닥친 가장 강력한 존재입니다. 6년 전, 그 누구보다도 사랑했던 나의 아내가 노래를 부르는 도중에 혈관이 파열되었습니다. 그녀의 삶은 절망적이었습니다. 나는 그녀에게 작별을 고했고 그녀의 죽음이 가져올 모든 괴로움을 경험했습니다. 어느 정도 그녀는 회복되었고 나는 다시 희망을 갖게 되었습니다. 일 년이 끝날 무렵, 혈관이 다시 터졌습니다. 나는 똑같은 상황을 다시 경험했습니다. 그 후 다시 일 년이 지났습니다. 그리고 다시 또 또, 심지어 변동 구간마저 반복되었습니다. 매번 나는 그녀의 죽음으로 경험할 모든 괴로움을 겪고 혼란이 매번 시작될 때마다 나는 그녀를 더욱 사랑하고 더 집요하게 그녀의 삶에 집착하게 되었습니다. 그런데 나는 체질적으로 예민하고 비정상적일 정도로 신경을 씁니다. 나는 미쳐 갔고 끔찍한 제정신의 상태로 되는 간격은 길어졌습니다. 완전히 무의식의 상태에 있는 동안, 내가 얼마나 많은 술을 자주 마셨는지는 신만 알고 있을 것입니다. 당연히 나의 적들은 제정신이 아니기에 술을 마신 것이 아니라 술에 미쳤기 때문이라고 했습니다. 나는 아내의 죽음에서 어떤 것을 발견했을 때, 영원히 치료할 수 있다는 모든 희망을 거의 버렸습니다. 내가 인간으로서 할 수 있고 견딜 수 있는 것, 그것은 내가 이성을 완전히 잃지 않고서는 더 이상 견딜 수 없는 희망과 절망 사이를 오가는 끔찍한 움직임이었습니다. 그때 내 삶이었던 것의 죽음 속에서 나는 새로 새로운 삶을 부여받았습니다. 그러나 "오, 신이시여! 얼마나 우울한 존재인지."

출처: Poe, 1948, vol. 2, p. 356

가 이뤄지고 있는 주제이다(예를 들면, Aldrich, 1963; Fulton & Fulton, 1971; Fulton & Gottesman, 1980; Rando, 1986c, 2000; Siegal & Weinstein, 1983). 넓게 말하자면, 예견된 비통은 아직 실제로 일어나지는 않았지만 일어날 것이 예상되는 소중한 대상에 대한 상실과 연관되어서 사전에 일어나는 비통의 경험을 말한다. 예를 들면, 죽음이 임박한 상황과 관련되어 있으며 사전에 비통이 일어난다. 죽음의 사전 경고가 예견된 비통에는 필요한 조건이다. 그런데 문제의 핵심은 상실을 아직 실제로 인식하지는 못했지만, 그 예견된 상황에 대한 비통한 반응이다. 에드가 앨런 포우의 경우, 아내의 예견된 죽음에 대해(한 차례 이상) 자신의 반응을 표현한 것에서 예견된 비통과 애도의 명백한 하나의 예시로 제시된다(〈개인적 통찰 9.8〉 참조). 그리고 예견된 비통에 대한 유사한 예시는 죽음에 직면한 어린 아이들에서 보고되고 있다(Sourkes, 1996).

란도(Rando, 1986c, p. 24)는 예견된 비통을 "사랑하는 사람을 곧 잃을 것이라는 인식과 과거, 현재 그리고 미래에서의 상실들과 연관된 생각에 대한 반응으로 자극받고 부분적으로 시작하게 되는 애도, 대처, 상호 작용, 계획 그리고 사회심리적 재편성을 둘러싼 현상"이라고 처음에 정의했다. 이것은 매우 광범위한 정의로서, 비통한 반응과 애도의 과정을 모두 포함한다. 즉, 과거, 현재 그리고 미래의 상실을 동등하게 처리하고, 임종자가 죽음으로 옮겨가는 시간 단위의 이동을 포함하고, 임종자와 유가족들을 포함한 모든 관점을 포함한다.

이 정의에서 한 가지 문제는 논의가 되고 있는 비통이 오직 미래나 예견된 상실에만 한정되지는 않기 때문에, 이 *예견된*이라는 형용사가 적절하지 않게 보인다는 것이다. 또 하나의 문제는 비통과 애도를 모두 포함하는 정의이기 때문에, *비통*이라는 명사가 정확하지 않다는 것이다. 이러한 이유 때문에, 란도(1988a)는 처음에 예견된 비통의 현상이 실제이기는 하지만, 그 용어 자체는 부적절한 단어라고 논박했다. 그 뒤에, 그녀는 *예견된 애도의 임상적 차원(Clinical Dimensions of Anticipatory Mourning)*이라는 책의 제목에서 *예견된 애도(anticipatory mourning)*로 바꿨다.

어쨌든, 예를 들면 남편이 임종 과정에 있을 때, 부인은 집안일을 도와주던 남편의 도움을 이미 잃었다는 사실(과거의 상실), 자신에게 애정을 나타내면서 보여주었던 그 활기찬 표현들을 현재 잃어버렸다는 사실(현재 또는 지금 진행 중인 상실), 그리고 남편의 존재에 따른 편안함과 함께 계획했던 은퇴 이후의 생활을 곧 잃게 될 것이라는 사실을 인식하게 된다는 점은 분명해 보인다. 이러한 상실은 그 자체로 비통한 반응을 가져 오고 그 상실, 그리고 그것과 관련된 비통한 반응에 대처하고자 하는 애도 과정을 자극하게 된다. 그렇다고 이러한 경험들이 살아있는 두 사람 간의 애착이 나타나는, 사랑하는 관계를 유지한다는 것과 양립하지 않을 필요는 없다. 결국 동반자들은 직업이나 사랑하는 가정, 사랑하는 부모나 친구 등 다른 상실들을 경험하면서 그 상실을 통해 계속해서 서로 사랑하기 때문이다.

예견된 비통의 개념에 대한 비판에 대해(예를 들면, Fulton, 2003), 예견된 비통과 예견된 애도를 구분하는 것이 유용하다는 의견이 제시되고 있다(Corr, 2007a). 이러한 관점에서 예견된 비통은 아직까지 발생하지 않았고 그 과정에 있지도 않은 상실, 즉 예상되기는 하지만 아직 구체적으로 된 것은 아닌 상실에 대한 반응만을 포함하는 것으로 좀 더 좁게 이해될 필요가 있다. 그렇다면 예견된 애도는 예견된 상실과 그와 관련된 비통함에 대해 대처하려는 노력을 말한다. 이미 인식된 상실은 죽음 이전에 이미 발생하고 예견되지 않았다고 하더라도 비통과 애도의 익숙한 과정을 따르게 된다. 이와 같이, 죽음 이전의 모든 경험은 임종에 반응하고 대처하는 더 큰 맥락에서의 요건이다(Corr & Corr, 2000). 죽음 이전에 일어나는 모든 것에 있어서, 이러한 경험들이 사후 비통과 애도를 대신할 것으로 기대되지는 않지만 사후에 일어나는 것들과 관계가 있다.

외상성 상실과 죽음

죽음이나 상실이 다음과 같이 어떤 객관적인 요인을 포함하는 상황일 때 *외상성(traumatic)*이라고 말한다. 예를 들면, "(a) 예견되지 않고 돌발적으로 발생 (b) 폭력, 훼손 그리고 파괴 (c) 예방 가능성 또는 임의성 (d) 다수의 죽음 (e) 개인 또는 대규모적으로 위협이 있거나 다른 사람의 죽음과 훼손에 직면하게 되는 충격적인 상황이 이뤄지는 곳에서 애도자 개인이 죽음과 대면하는 경우"이다 (Rando, 1993, pp. 568-569). 우리가 살펴본 이 모든 것들은, 2001년 9월 11일, 미국에서 발생한 테러 와 2004년 12월에 발생한 아시아 쓰나미, 2005년 8월에 발생한 허리케인 카트리나, 2007년 4월 버지 니아공대 총격 살인 사건, 2010년 1월 아이티 지진, 그리고 2011년 1월 아리조나 턱슨(Tucson, Arizona)에 있는 한 마트에서 일어난 총격 사건 등에 적용될 수 있다.

첫째, 상실이나 죽음이 *갑작스럽고 예기치 않을 때*, 그 충격의 영향은 애도자가 대처할 수 있는 능력의 한계를 넘어선다(Rando, 1996). 작별 인사할 기회도 없고 미완인 상태에서 끝내야 한다 (Doka, 1996b). 이런 사건은 이해되지 않기 때문에 그 사건들을 돌이켜 보고 통합하고 이해하려고 하는 데 사로잡히는 경우도 있다. 또한 외상성 사건들은 극심한 정서적 반응(예를 들면, 두려움, 불 안감, 그리고 쉽게 상처받음, 조절 능력 상실 등)을 동반하고 생리적인 각성(자극/흥분)의 증가가 이 뤄진다. 게다가 정신적 외상에는 상실을 확인할 수 있는 시신을 발견하지 못하는 2차 손상이 뒤따 르기도 하며, 다른 사람을 구하거나 부상자를 돌보고자 하고 법적 자문에 대한 요구가 이어지기도 한다.

둘째, 외상성 사건에서 *폭력, 훼손 그리고 파괴*는 추가적으로 공포와 두려움, 불안감을 야기하기 도 한다. 이러한 감정들은 마음의 상처, 희생, 무기력감과 함께 일어날 수 있다. 또한 기괴한 죽음에 대한 상상이나 복수하려는 공격적인 생각, 그 사건들을 반복적으로 생각하기도 한다(Rynearson, 2001, 2006).

셋째, 외상성 사건을 *예방할 수 있었을 것*이라고 생각하면, 애도자는 그 사건을 피할 수 있었다고 여긴다. 그 사건은 이유 없는 폭력일 수도 있고 의도적이거나 너무나 무책임했기 때문에 발생한 것 처럼 보일 수도 있다. 결과적으로 정신적 외상을 겪는 희생자는 화가 나고 분노하고 좌절하게 된다. 따라서 그들은 사건의 원인을 찾으려고 하고 책임을 지우고 처벌하려고 필사적으로 노력한다. 외 상성 사건이 *임의*로 일어나는 것이라고 인식되면, 그 예측 불가능성과 통제 불가능은 공포로도 작 용한다. 그러한 공포를 막기 위해, 애도자와 희생자들은 정말로 그 사건은 임의적이고 예측 불가능 한 것이라는 생각 때문에 자신들을 보호해줄 수 있는 방법으로 그에 대한 대안을 선택하게 되고, 그 사건에 대해 자신들의 탓으로 돌리기도 한다.

넷째, 외상성 사건에서 *다수의 죽음이나 상실*을 경험하는 것은 사별 애도의 과부하(bereavement overload) 형태를 만들어 낼 수도 있으며(Kastenbaum, 1969), 이것은 각 개인의 비극적인 사건에 대 해 애도자가 상실과 비통한 반응 그리고 애도 과정을 해결하고 처리해 나가는 데 어려울 수도 있다. 다수의 죽음과 상실은 2011년 9월 11일 발생했던 대재앙과 같이 그 특유의 특징을 가지고 있는 공적 비극의 측면이기도 하다(Corr, 2003; Lattanzi-Licht & Doka, 2003).

다섯째, 외상성 사건에서 애도자가 *개인적으로 죽음에 직면*하는 것은 개인의 생존에 심각한 위 협을 수반할 수 있으며, 다른 사람의 죽음이나 훼손을 직면하게 되는 끔찍하고 충격적인 상황이 따르기도 한다. 전자의 경우, 공포, 두려움, 각성의 고조, 버려진 느낌과 무기력감, 마음의 상처가 증가하게 되는 경험을 하기 쉽다. 후자의 경우는 끔직한 감각적 자극(시각, 청각, 후각) 때문에 공포의 악몽, 회상, 거슬리는 형상이나 기억과 같은 반응성 있는 현상이 일어나기도 한다.

이 다섯 가지 객관적인 요인 중 하나 또는 그 이상이 어떤 외상성 사건에서든, 즉 2001년 911 사건, 버지니아 공대 총격 사건(2007년 4월), 아리조나 사건(2011년 1월)이나 강간, 구타, 근친상간, 또 다른 범죄성 폭행, 절도, 고문, 테러나 전쟁 관련 잔학 행위와 같이 인간이 야기한 피해 사건이든지 아니면 자연 재해(생명을 위협하는 질병, 심각한 사고, 허리케인, 토네이도, 지진, 쓰나미, 홍수)와 같은 상황이든지 관계없이 발견된다. 이런 사건의 결과 발생하는 상실이나 죽음은 인간이 경험하는 일반적인 범위 밖의 일로서, 보통 극심한 공포, 두려움 그리고 무기력감과 연관된다(Zinner & Williams, 1999). 많은 사람들이 외상성 사건의 결과로 발생되는 스트레스 반응 증후군(stress response syndrome)을 *외상 후 스트레스 장애(posttraumatic stress disorder, PTSD)*와 연계시킨다. 그 기본적인 증상의 범주에는 외상성 사건을 다시 경험하는 것, 외상성 사건과 관련된 자극적인 상황을 피하거나 일반적인 즉각적 반응의 마비, 생리적인 각성의 증가 현상이 포함된다. 이 점에 대해, 복잡성 비애(complicated grief)와 구별된다고 주장하는 사람들도 있다. 그러나 이러한 주장은 다음의 장에서 다루겠지만 여전히 논란이 많다.

외상성 사건은 우리의 *가정적 세계(assumptive world)*를 깨뜨리는 것으로 보고되고 있다. 그것은 세계와 자아에 대해 인식, 계획, 행동하는 하나의 수단으로서 확신을 갖고 사용되고 유지되는 가설을 굳게 설정한 것이다(Parkes, 1975a, p. 132). 쟈노프 불만(Janoff-Bulman, 1992)은 가정적 세계를 "시간에 따라 발전하는 개념 체계로서, 세계와 우리 자신에 대해 기대감을 제공하는 것"으로 묘사했다(p. 5). 그녀는 가정적 세계에서 대부분의 사람들은 "세상이 자애롭다.", "세상은 의미가 있다.", "자아는 가치가 있다"라는 가정을 근본적으로 설정한다고 주장했다. 그녀는 그러한 믿음이 폭넓기는 하지만 무모하지는 않은 가정들이라고 주장했다. 왜냐하면 그것들은 "새로운 행위를 하는 데, 우리의 한계를 검증하는 데 필요한 신뢰와 확신을 제공하기 때문"이라고 주장했다(p. 23)

만약 우리가 외상성 사건을 근본적인 가정에 끼치는 영향이라는 면에서 고려한다면, "최종적으로 그것은 희생자들의 핵심적인 대처 과제가 되는 이러한 신뢰를 다시 쌓는 것, 즉 실행 가능하고 위협적이지 않은 가정적 세계를 재건하는 것이다."(Janoff-Bulman, 1992, p. 69) 앞에서 살펴보았듯이, 이것은 단지(여기에서는 외상성 사건의) 희생자가 되는 것에서 단어의 의미 그대로 생존자, 즉 죽음에서 살아남을 뿐만 아니라 상실 이후에 건강한 방법으로 살아감으로써 사별을 견뎌내는 사람으로 되는 길이다(Corr, 2002b, 2003; O'Hara, 2006). 이러한 생존의 길은 의미 창출이나 의미 재건을 위한 도전적인 형태이다. 왜냐하면 상실과 비통은 모든 사별의 과정에서 찾을 수 있고, 애도자들은 직면한 외상성의 측면을 대처해야 하기 때문이다(Beder, 2005; Kauffman, 2002). 쟈노프-불만(1992)은 외상성 사건을 효과적으로 대처하고 근본적인 신념과 가정적 세계에 대해 도전하는 생존

캘리포니아 로스엔젤리스 근처 언덕의 화재폭풍

자들에 대해 다음과 같이 묘사했다.

> 이 생존자들은 비극의 가능성을 알지만 그것이 자신들의 자아와 세계관으로 스며들도록 하지는 않는다....

> [이러한 생존자들에게] 세상은 자애롭지만 또 완전히 그런 것은 아니다. 어떤 사건은 이해가 되지만 항상 그런 것은 아니다. 자기는 괜찮고 능숙하지만 때로는 현실적으로 무력하다....

> 환멸이 있지만 대개 절망에 따른 환멸은 아니다.

> 오히려 희망에 따른 환멸이다....

> [끝으로, 이 견해는] 좋고 나쁜 현실적인 가능성-인간의 노력으로 막을 수 없는 재난, 인간의 한계를 넘어서는 승리에 대해 인정하는 것을 포함한다.(pp. 174-175)

우리는 두 가지 중요한 점을 마음에 새기면서 이 논의를 마치려고 한다. 첫째, 외상성 사건이나 외상성 죽음을 외상성 사별과 구분하는 것이 유용할 것이다. 즉, 사건에 대한 대응과 반응의 특징이 사건 그 자체의 특성에 따라 다를 수 있기 때문이다. 또한 어떤 사람들은 객관적으로 외상성이라고 인정하지 않는 사건인데, 그 사건과 관련해서 외상성 사별을 경험하는 사람들도 있다. 둘째, 외상성 상실과 관련된 고통을 최소화하지 않고서도, 캘훈과 테데스키(Calhoun & Tedeschi, 2006; Calhoun & Tedeschi, 1999 참조; Tedeschi & Calhoun, 1995, 2007; Tedeschi, Park, & Calhoun, 1998)는 특히 "전문가 동료"-외상성 상실과 관련된 논점들을 직면할 때, 사별, 비통, 정신적 외상, 임상 훈련과 한계와 애매한 점을 알아차리는 사람-의 도움을 받았을 때, 외상 후 성장(posttraumatic growth)이 가능하다는 점에 주목했다.

복잡성 비애 반응

지금까지 인간의 비통과 애도에 대한 경험은 적어도 대부분의 경우에 정상적이고 건강하다는 관점을 취했다. 그러나 모든 과정이 왜곡되고 건강하지 못할 수도 있다. 여기에서 복잡성 비애라는 주제를 거론하는 이유는 "건강하고 복잡하지 않은 비통"을 논의한 이전의 논의점과 대조해보고 싶기 때문이며, 복잡성 비애가 그것을 경험하는 상대적으로 소수의 사람들에게는 그 자체로 중요하기 때문이다. 이 사람들은 과도하고 해로운 형태로 비통을 경험하며, 그것은 그들을 지속적으로 압도하고 비생산적이고 부적응의 행위 속에 가둬버린다. 간단히 말하자면, "복잡성 비애"는 일탈적이고 건강하지 않다는 의미에서 흔치 않은 비정상적인 비통의 반응 또는 애도의 과정을 말한다.(모두는 아니지만 그래도 많은 사람들이 문헌들에서 이 주제를 다룰 때, 우리가 이 책에서 사용하고 있는 비통과 애도의 차이를 구분하지 않고 있다.) "복잡한(complicated)"이란 형용사는 "병적인(pathological)"이라는 용어가 어투에서 너무 판단이 들어가 있기 때문에 최근의 저자들이 기피하면서 사용하게 되었다(Volkan, 1970, 1985).

복잡성 비애의 반응은 오랫동안 일반적으로 인정되어 왔다(예를 들면, Demi & Miles, 1987). 다른 많은 저자들처럼, 워든(2009)은 복잡성 비애의 반응을 다음과 같이 네 가지로 말한다.

- *만성적 비통의 반응*: 지속되는 시간이 과도하게 길고 만족스러운 결론에 결코 도달하지 못하는 것이다. 사람들은 자주 자신이 다시 생활할 수 있는 상태로 나아가지 못할 것이라고 인식한다.
- *지연된 비통의 반응*: 상실이 이뤄졌을 때, 비통을 겉으로 드러내지 않고, 억제되고, 연기되면서 표면에 나타나지 않다가, 그 뒤에 일어나는 상실이나 어떤 계기가 되는 사건에 대해 주로 과도한 반응을 보이며 일어나는 경우가 대부분이다.
- *과장된 비통의 반응*: 여러 방식에서 과도하고 장애가 초래되며, 혐오증이나 비이성적인 공포감으로 전개되거나 신체나 정신 증상, 또는 일탈이나 부적응 행위로 이어지기도 한다.
- *감춰진 비통의 반응*: 비통을 완전히 느끼지 못하는 경우를 포함해서(Deutsch, 1937), 사람들이 증상을 경험하거나 행동하는 데, 어려움을 느끼기는 하지만 그것이 상실과 관련된 것이라는 것

을 인정하지 않는다.

일반적으로 복잡성 비애 반응은 고인과의 관계(예를 들면, 이중적이거나 의존적, 또는 자아 도취적인 관계)가 어려워진 결과 때문에 일어나는 것으로 보인다. 구체적으로 보면, 죽음의 상황(예를 들면, 죽음의 사실을 받아들이지 않거나 그에 대한 불확실성, 또는 다수나 외상성 상실의 상황), 사별자 자신의 이력이나 성격(예를 들면, 우울증 경력, 극도의 정서적 우울에 대해 보호하는 태도에서 물러나거나 의존하려는 느낌을 잘 견디지 못하는 성격, 가정에서 "강한" 사람인 것을 포함하는 자아 개념), 또는 사회적 요인들(예를 들면, 사회적으로 말할 수 없거나 사회적으로 부정됨으로써, 상실의 박탈이 이뤄질 때, 또는 사회적 지지망이 결여되어 있을 때)이다.

파크스(Parkes, 2006b, p. 2)는 "수많은 임상 연구에서 복잡성 비애가 있다는 점을 지지하고 있다. 그것은 보통 두 가지 형태, 즉 억압 또는 연기된 형태와 만성적이거나 지속적인 형태를 보인다."고 주장하고 "두 형태 가운데, 만성적인 형태가 가장 빈번하다."고 덧붙였다.

그럼에도 불구하고, 파크스(Parkes, 2006b, p. 2; 2007a도 참조)는 다음과 같은 말을 추가로 하고 있다.

> 이러한 증거에도 불구하고, *정신질환진단 및 통계편람*(the *Diagnostic and Statistical Manual of Mental Disorders*, DSM)의 저자들은 한편으로는 복잡성 비애이고 또 다른 한편으로는 사별, 특히 임상적 우울증 때문에 야기될 수 있는 다른 정신 질환으로 명백하게 구분되지 않는다는 이유 때문에, 정신 질환 진단으로 병리학적 또는 복잡성 비애를 포함하는 것에 대해 꾸준히 반대해왔다.

최근에 이러한 논의들을 통해 "복잡성 비애"라는 정확한 의미를 정의하고, 분명한 임상적 단위로서 설정할 수 있는 경험적 자료들을 제공하려는 노력들이 많이 이뤄졌다. 이러한 노력들은 지금도 계속되고 있으며 앞으로 더욱 발전할 것으로 보인다(예를 들면, Shear et al., 2011). 이러한 노력은 파크스(2006a)가 조직한 "복잡성 비애 심포지엄(Symposium on Complicated Grief)"으로 대표될 수 있는데, 그 곳에서 이 분야의 주요 지지자들은 복잡성 비애가 애착 장애의 새로운 DSM 범주 내의 분명한 단위로 인정되어야 한다고 제안했다. 그들에 따르면, "복잡성 비애"의 진단은 다음과 같은 경험을 하는 상대적으로 소규모 집단에 적합하다.

- 지속적이고 지장을 일으킬 정도로 고인을 갈망하고 그리워하고 열망함
- 일군의 증상이 날마다 반복되거나 우울하고 지장을 주는 정도로 심함
- 사회나 일 또는 다른 중요한 분야에서 장애의 증세로 두드러지고 지속적인 기능장애가 야기됨
- 최소 6개월 동안 장애 증상이 지속됨

더 최근 들어서는 이 저자들이 "복잡성 비애 장애(complicated grief disorder)"보다 "연장된 비애 장애(prolonged grief disorder)"란 용어를 더 선호한다. 그러나 전반적으로 이들의 목표는 DSM에 이러한 장애의 형태들을 포함하는 것에 대해 여전히 찬성하는 것이다(Prigerson, Vanderwerker, & Maciejewski, 2008).

보난노(Bonanno, 2006)와 파르크 심포지엄(2006a)에 참여했던 연구자들과 같이 "복잡성 비애"란 용어를 내세우려는 비평가들은 힘든 사별의 경험이 있을 때, 가족과 친구들에게서 친숙하게 이뤄지는 지지의 작업을 밖에서 훈련받은 전문가들에게 넘겨버린다면, 정상적인 경험인데도 낙인을 찍거나 병리적인 것으로 간주하고 치료해야 하는 것으로 간주할 위험성이 있다고 주장한다. 그리고 복잡성 비애는 내적 실재라기보다 문화와 역사적인 배경을 갖고 외적으로 부과되는 사회적 역할인 것이라고 주장한다. 복잡성 비애라는 개념을 정의하고 옹호하기 위해서는 그러한 비판을 고려해서 외상성 비애와 외상 후 스트레스 장애의 관계성을 분명히 하고(Ehlers, 2006 참조), 비통과 애도에 대한 기존의 이해 범위 내에서 그 위치를 찾으려는 노력을 해야 한다.

도움을 주는 사람들은 비통과 애도에서 잠재적인 복잡성의 문제에 주의하고 비통의 반응에서 복잡성의 내용을 푸는 데 필요한 적절한 도움을 구하는 것이 중요하다. 그러나 어쩔 수 없는 비통에 따른 반응 때문에, 특이하지만 건강한 비통의 반응과 복잡하고 건강하지 못한 비통의 반응을 구분하고 유용한 치료법을 모색하는 데 전문가의 의견이 종종 요구된다(Figley, 1999; Jacobs, 1999; Naparstek, 2005; Rando, 1993).

내용 요약

본 장에서는 인간이 경험하는 상실, 사별, 비통 그리고 애도와 관련된 핵심 요소들을 검토했다. 우리는 비통을 어떻게 이해할 것인지 그리고 그 많은 징후들에 특히 주의하면서, 그 경험들에 영향을 끼치는 변수들에 초점을 맞췄다. 그 다음에 단계나 과제, 과정들(지속적인 유대, 이중 과정 모델, 의미 재구성), 그리고 애도는 정해진 종점으로 이어지는지 또는 성장과 변화를 위한 기회를 제공하는지에 대한 비교되는 관점과 관련된 이론을 포함하여 애도에 대한 일련의 해석을 설명했다. 그 다음에 성과 가족, 예견된 비통과 애도, 외상성 상실과 죽음, 그리고 복잡성 비애 반응들을 살펴봤다.

용어 해설

가정적 세계: 개인에게 세상과 자신에 대한 기대감을 제공하여 계획과 행동이 이뤄지도록 하는 개념적 체계. "세상이 자애롭다", "세상은 의미가 있다", "자아는 가치가 있다"와 같이 대부분의 사람들이 갖는 근본적 가정

가정 또는 가족 체계 : 일반적으로 구성원의 슬픔과 비통, 애도의 경험에 영향을 끼치는 핵심 맥락으로서 여러 형태가 있을 수 있음

복잡성 비애 반응 또는 복잡성 애도: 일탈적이고 건강하지 않다는 의미에서 비정상적인 비통의 반응 또는 애도의 과정임. 사별자를 압도하며, 부적응 행위로 이어지고 애도하는 가운데 만족스러운 결과가 이뤄지는 것을 저해함

비복잡성 비애 반응: 상실에 대한 건강하고, 정상적이고 적절한 반응

비통: 상실에 대한 반응을 지칭하는 용어. 신체적, 정신적(정서적, 인지적), 행동적, 사회적 또는 영적 반응들을 포함할 수 있음

비통의 작업: 상실과 비통에 대처하는 과정. 이 책에서는 애도와 동등하게 사용되는 용어

비통함: 이 책에서는 애도라고 말하는 것의 내적 또는 정신내적인 차원을 지적하기 위해 일부 학자들이 사용하는 용어

사별: 소중하게 여겼던 사람이나 대상의 상실을 경험하게 되는 개인의 실재적인 상황. 세 가지 중요한 요소: 소중하게 여긴 사람이나 물건과의 관계성 또는 애착, 그 관계에 대한 상실, 상실함으로써 소중하게 여겼던 사람이나 그 무엇을 잃은 사람

사별과 비통함의 경험에 영향을 주는 다섯 가지 변인: 이전의 애착의 본질, 상실이 일어난 방식과 사별한 사람의 당시 상황, 사별한 사람의 대처 전략, 사별한 사람의 성장 상황, 사별한 사람에게 도움이 될 수 있도록 제공하는 지지의 성격

상실: 죽음이나 다른 방식으로 소중한 사람, 물건, 지위, 관계로부터 분리되거나 빼앗기는 것. 1차 상실은 기본적인 애착이 끝나는 것을 포함하며, 2차 상실은 1차 상실에 따른 것

(사별한 인한) 생존자(Survivors (of bereavement)): 죽음 이후 건강한 삶을 찾아가는 사람들

실현: 상실의 모든 의미를 "현실화"하는 것과 관련된 것을 표현하는 파크스의 용어. 외적인 객관적 세계에서 실제인 것들을 내적, 주관적인 세계 안에 "현실화"하는 것

우울증(Melancholia): 임상적 우울증에 대해 프로이드가 사용한 용어

의미 재구성: 사랑하는 사람의 죽음 그리고 사별한 사람의 새로운 삶에서 새로운 의미를 찾고 만듦으로써 상실을 이해하려는 노력

애도: 상실과 비통에 대한 반응으로서 그 경험들과 그에 대한 대처, 그리고 현재의 삶 속으로 그것들을 통합시켜 함께 살아가는 법을 배우려는 노력을 포함함. 어떤 저자들은 애도를 비통과 의례의 외적 또는 사회적인 표현으로 제한함

애도 결과: 많은 일반인들과 이론가들은 회복, 완성 또는 해결과 같은 정해진 종점을 말하지만, 우리는 애도를 성장과 변화를 위한 기회를 제공하는 개방적인 형태의 과정으로 생각하기를 선호하다

애도에 대한 해석 또는 이론

　애도 과정: 애도를 그 과정을 포함하는 것으로 설명. 예를 들면, 이중 과정 모델과 의미 재구성

애도 과정에서의 과제: 애도를 일련의 과제를 포함하는 것으로 설명. 즉, 상실의 현실을 받아들이기, 비통함에서 오는 고통을 달래기, 고인이 없는 세상에 적응하기, 새로운 삶을 시작하면서 고인과 지속된 연결 고리 찾기

애도의 단계: 애도를 설명하는 일련의 단계, 예를 들면 충격과 망연함, 그리움과 찾음, 혼란과 절망, 재구성

애착: 개인이 기본적인 욕구를 만족하게 되는 관계성

예견된 비통과 애도: 일어날 것으로 예상되는 소중한 대상에 대한 상실과 연관되어서 사전에 일어나는 비통과 애도의 경험

외상성 상실: 충격적인 상실로서 가정적 세계를 깨뜨리는 객관적 요인임

지속적인 유대: 고인과 역동적이고 지속적인 관계 형성. 이 지속적인 관계는 고인이 사별자의 내적인 삶 안에서 항상 존재하지만 변화되는 상태로 존재한다.

직감적 애도와 도구적 애도: 애도 유형의 영역에서 대조되는 두 극단에 사용되는 용어. 즉, *직감적*이란 용어는 경험과 정서의 표현을 강조하며, *도구적*이란 용어는 실질적인 문제와 문제 해결에 초점을 맞춤

죄책감: 상실 또는 죽음에 대한 책망(주로 자책), 잘못 또는 비난하는 감정

풍부한 추억: 캔터(Cantor)의 말에 따르면, 사별자의 새로운 삶의 양식으로 남겨진 긍정적인 유산을 옮겨 나아가기 위하여 애도에서 이뤄지는 상실한 사람(또는 대상)과 관계를 재정립하려는 노력

(사별 또는 정신적 외상의) 희생자: 상실로 인해 상처받고 피해를 입고 사별을 당한 사람들

복습과 토론을 위한 질문

1. 당신의 삶에서 중요했던 사람이나 물건을 잃었던 때를 생각해 보라. 무엇 때문에 이것이 당신에게 중요한 상실의 경험으로 되었는가? 다른 사람이나 물건을 잃은 것이라면, 또는 다른 방식으로 그 상실이 발생했던 것이라면 어떻게 달라졌을까?

2. 그 상실에 대해 당신은 어떻게 반응했는가? 신념과 감정, 행위(행동) 등을 포함하여 상실에 대한 당신의 반응을 가능한 한 완벽하게 묘사해 보라.

3. 상실에 대해 당신은 어떻게 대처했는가? 그 상실에 대처하거나 현재의 삶에 통합할 수 있도록 도움을 준 것은 무엇인가? 도움이 되지 않은 것은 무엇인가? 왜 그것은 도움이 되지 않았는가?

추천 도서

상실, 비통 그리고 애도의 입문서:

Davidson, G. W.(1984). *Understanding Mourning: A Guide for Those Who Grieve.*

Freeman, S. J.(2005). *Grief and Loss: Understanding the Journey*.

Harris, D. L.(Ed.).(2011). *Counting Our Losses: Reflecting on Change, Loss, and Transition in Everyday Life*.

Viorst, J.(1986). *Necessary Losses*.

Westberg, G.(1971). *Good Grief*.

사별의 추가 분석은 다음 도서 참조:

Attig, T.(2011). *How We Grieve: Relearning the World(rev. ed.)*.

Calhoun, L. G., & Tedeschi, R. G.(Eds.).(2006). *The Handbook of Posttraumatic Growth: Research and Practice*.

Bonanno, G. A.(2009). *The Other Side of Sadness: What the New Science of Bereavement Tells Us about Life after Loss*.

Center for the Advancement of Health.(2004). *Report on Bereavement and Grief Research [Special issue.] Death Studies*, 28(6).

Doka, K. J.(Ed.).(2007a). *Living with Grief: Before and After the Death*.

Doka, K. J., & Martin, T. L.(2010). *Grieving Beyond Gender: Understanding the Ways Men and Women Mourn(rev. ed.)*.

Klass, D., Silverman, P. R., & Nickman, S. L.(Eds.).(1996). *Continuing Bonds: New Understandings of Grief*.

Konigsberg, R. E(2011). *The Truth about Grief: The Myth of Its Five Stages and the New Science of Loss*.

Nadeau, J.(1998). *Families Make Sense of Death*.

Neimeyer, R. A.(Ed.).(2001). *Meaning Reconstruction and the Experience of Loss*.

Neimeyer, R. A., Harris, D. L., Winokuer, H. R., & Thornton, G. F.(Eds.).(2011). *Grief and Bereavement in Contemporary Society: Bridging Research and Practice*.

Okun, B., & Nowinski, J.(2011). *Saying Goodbye: How Families Can Find Renewal through Loss*.

Osterweis, M., Solomon, F., & Green, M.(Eds.).(1984). *Bereavement: Reactions, Consequences, and Care*.

Parkes, C. M., & Prigerson, H. G.(2010). *Bereavement: Studies of Grief in Adult Life(4th ed.)*.

Parkes, C. M.(2006c). *Love and Loss: The Roots of Grief and Its Complications*.

Rando, T. A.(Ed.).(2000). *Clinical Dimensions of Anticipatory Mourning: Theory and Practice in Working with the Dying, Their Loved Ones, and Their Caregivers*.

Raphael, B.(1983). *The Anatomy of Bereavement*.

Sanders, C. M.(1989). *Grief: The Mourning After*.

Stroebe, M. S., Hansson, R. O., Stroebe, W., & Schut, H.(Eds.).(2001). *Handbook of Bereavement Research: Consequences, Coping, and Care.*

Stroebe, M. S., Hansson, R. O., Schut, H. A., & Stroebe, W.(Eds.).(2008). *Handbook of Bereavement Research and Practice: Advances in Theory and Intervention.*

Walter, C. A., & McCoyd, J. L. M.(2009). *Grief and Loss across the Lifespan: A Biopsychosocial Perspective.*

웹자료

유용한 검색어: ANTICIPATORY GRIEF AND MOURNING; ASSUMPTIVE WORLDS; ATTACHMENTS; BEREAVEMENT; COMPLICATED GRIEF REACTIONS OR COMPLICATED MOURNING(CHRONIC, DELAYED, EXAGGERATED, MASKED); CONTINUING BONDS; DEPRESSION; ENRICHED REMEMBRANCE; GRIEF; GRIEF WORK; GRIEVING; GUILT; LOSS; MEANING RECONSTRUCTION; MELANCHOLIA; MOURNING; OUTCOMES OF MOURNING; SURVIVORS; TRAUMATIC LOSS, UNCOMPLICATED GRIEF REACTIONS.

본서와 연계된 웹사이트 Death & Dying, Life & Living, 제7판을 방문해 보라.

본서-특약 웹사이트는 전문용어 해설, 플래시 카드, 아래 소개된 웹사이트 연결로, 그리고 퀴즈 테스트 등을 포함하는 학습 도구들을 제공한다. www.cengagebrain.com을 방문하라.

AARP(formerly American Association of Retired Persons)

Bereavement Resource Forum

Genesis Bereavement Resources

*Grief Digest Magazine(*published by Centering Corporation)

GriefNet, Rivendell Resources

*Living with Loss: Hope and Healing for the Body, Mind and Spirit(*published by Bereavement Publishing, Inc.)

Living with Loss Foundation

MedlinePlus

National Grief Support Services, Inc.

U.S. National Institute of Mental Health, National Institutes of Health

제10장

상실과 비통에 대한 대처: 개인이 도움을 주는 방법

목표

- 사별자의 *5가지 기본적인 요구* 확인하기
- 사별자에게 전달되는 *도움이 되지 않는 메시지* 서술하기
- *박탈된 비통과 애도*의 개념 설명하기
- *애완동물의 상실과 반려 동물의 죽음*의 의미에 대해 토론하기
- 사별자를 돕기 위한 *건설적인 제안* 제시하기
- *개인이 애도과정에 있는 사별자에게 인지적, 효과적, 행동적, 그리고 평가적 과제*를 갖고 도울 수 있는 방법들 알아 보기
- *상호 도움 프로그램*과 *스테반 돌봄 사역*(Stenphen Ministry)과 같은 일대일 도움 프로그램의 예시 제시하기
- *비복잡성 비애를 촉진하기 위한 열 가지 원칙*을 살펴보고 설명하기

애도에 잠긴 여인을 도운 사람들

스텔라 브리지만(제9장 서두 부분의 이야기 참조)은 어머니가 오랜 투병 끝에 돌아가셨을 때, 남편과 근처에 사는 몇 분의 친척과 친구들에게 의지하여 위로를 받았다. 그들은 그녀가 일상생활을 다시 할 수 있도록 충분한 도움을 주었다.

그러나 그녀의 첫 번째 남편이 죽고, 십대인 아들이 자살을 하자 상황은 악화되었다. 그녀의 친구들과 동료들은 그녀를 멀리했고 도움이 되지 못했다. 그들은 그녀의 극심한 괴로움에 대해 불편해했다. 그리고 스텔라는 자신이 부당한 대우를 받고 있으며 심지어 자살로 인한 죽음과 관련되어 있기 때문에 낙인이 찍혔다는 느낌을 받았다.

어떤 사람들은 스텔라에게 그녀가 어떻게 느끼는지 알고 있다는 점을 말하려고 했으나 그러한 말은 그녀에게 도움이 되지 않았다. 왜냐하면 그들 가운데 어느 누구도 그녀와 같은 상실을 경험하지 않았으며 그들의 말은 그녀가 경험하고 있는 것을 최소화하려는 것이라는 것을 알고 있었기 때문이다. 많은 사람들이 그녀의 아들 이름을 언급하지 않았다. 왜냐하면 스텔라의 기분을 나쁘게 만들 뿐이라고 생각했기 때문이다. 그들은 특히 아들이 어떻게 생을 마감했는지에 대해 말하는 것을 어려워했다. 주로 사람들은 스텔라를 피하려고 했고 그녀의 상실을 기억나게 하는 것들을 가까이 하지 않았다.

다른 사람들이 스텔라를 멀리 했을 때, 그녀는 고독감을 느꼈고 외로웠다. 사람들은 아들의 이름을 언급하려고 하지 않았으며, 스텔라는 이것이 그녀의 첫 상실을 더욱 심각하게 만든다고 생각했다. 사람들은 그녀의 아들에 대해 말조차 하지 않음으로써, 아들에 대한 언급과 그의 삶에 대한 모든 기억들을 없애고 있는 것만 같았다. 무엇보다도 도움과 지지를 기대했던 사람들이 그러한 행위를 하자 스텔라는 마음에 상처를 받았다.

스텔라는 진심으로 도움을 줬던 한두 명의 사람을 만났다. 그 사람들은 그녀를 가볍게 포옹하고 직접 방문하거나 전화로 그들의 이야기에 귀를 기울였으며 그녀의 옆에 계속 남아 있었다. 그들의 존재 덕분에 스텔라는 그녀가 말하는 것, 표현하고자 하는 느낌에 대해 주의하지 않아도 되었다. 어느 누구도 그녀에게 그 비탄을 "극복해야 한다"는 것처럼 행동하는 사람은 없었다. 한 친구는 스텔라에게 음식을 갖다 주거나 영양가 있는 식사를 차려주기도 했다. 또 다른 친구는 그녀에게 상실에 대해 말할 수 있도록 하고 함께 밖으로 산책할 것을 권유하기도 했다.

스텔라는 성경에 나오는 욥의 이야기를 알고 있었다. 그래서 그녀는 "하나님은 우리가 감당할 수 있는 만큼의 짐을 주십니다."라는 말을 해준 교회의 어른과 이러한 비극을 그녀에게 내린 하나님에 대한 분노를 표출하려고 했을 때, 옆에서 현명하게도 조용히 있어 주었던 젊은 성직자의 차이점을 잘 이해하고 있었다.

친구들은 운동을 권장함으로써 슬픔에 잠긴 사람을 도울 수 있다(삽화출처: 눈물의 수프, 개인적 통찰 10.3 참조)

사별자에게 기본적으로 필요한 것

데이비슨(Davidson, 1984)은 사별자에게 필요한 다섯 가지, 즉 사회적 지지, 영양, 수분 섭취, 운동 그리고 휴식를 말하고 있다. 이 가운데 사회적 지지는 가장 많이 언급되며, 죽음 이후에 복잡성 비애인지 비복잡성 비애인지를 결정하는 주요 변인이기도 하다. 제9장에서 사별과 비통의 차이를 만드는 변인들을 살펴봤다. 그 내용은 이전의 애착의 본질, 상실이 일어난 방식과 사별한 사람의 당시 상황, 이전의 상실을 다루는 방법을 배우는 대처 전략, 이전의 상실을 대하는 데 사용하는 개인이 배운 대처 전략, 사별한 사람의 성장 상황, 상실 이후의 사별한 사람에게 이뤄지는 지지의 성격과 유효성이다. 여기에서 제일 마지막인 사회적 지지만이 죽음이 일어난 뒤에 변화의 여지가 있다 (Morgan, 2001 참조). 따라서 이 장과 다음 장에서 이것을 주된 주제로 한다.

비디오 테이프 자료인 *Pitch of Grief*(1985)에서 경험 많은 호스피스 봉사자는 사별자에게 가장 큰 도움이 되는 것은 한 가지, "배려해주는 사람이 옆에 있는 것"이라고 말한다. 그런 사람이 해주는 말이나 행동이-더 좋거나 나쁜 것일 수도 있기는 하겠지만-그 사람이 돌봐줄 수 있고 도움이 될 수 있다는 사실보다 더 중요하지는 않다(Donnelley, 1987). 이 책에서 전반적으로 살펴본 점이지만, 듣는다는 것은 다른 사람에게 전념할 수 있는, 자신의 관심사는 잠시 미뤄두고 다른 사람에게 그 사람의 걱정거리를 이야기하도록 하는 방식이다(〈개인적 통찰 10.1〉 참조).

데이비슨이 주장한 또 다른 요인은 사별에 관한 문헌에서 종종 무시되어 왔다. 사별자들은 음식

Illustration © Taylor Ellis. Reprinted with permission of Grief Watch

---

개인적 통찰 10.1

들어보세요.

내 말을 들어 달라고 당신에게 말할 때면,

당신은 내게 충고하기 시작하고,

내가 말한 것은 하지 않았지.

내 말을 주의 깊게 들어달라고 말하면,

당신은 내가 그렇게 생각해서는 안 되는 이유를 말하기 시작하고,

내 감정을 짓밟아 버리지.

내 말을 들어 달라고 당신에게 말할 때면,

당신은 내 문제를 해결하기 위해 무언가를 해야 한다고 느끼고,

그것이 이상하게 보일지 모르지만, 나를 실망하게 만들지.

들어보세요. 내가 원하는 것은 당신이 들어주는 것.

말하거나 행동하는 것이 아니라-그저 내 말을 들어주는 것.

당신이 나를 위해 어떤 일을,

나를 위해 내가 해야 하는 일을 할 때면,

나는 두려움과 무능함을 느끼게 되지.

그러나 내가 느끼는 나의 감정을,

아무리 비이성적이라고 해도, 단순히 사실로 받아줄 때,

당신을 설득하려고 하지 않을게.

그리고 내 감정 뒤에 있는 것을

이해할 수 있을 거야.

그러니, 귀를 기울여 들어주기만 해줘.

그리고 말하고 싶다면,

잠시만 차례를 기다려 그러면 내가 들을게.

출처: 작자 미상, *St. Louis Post - Dispatch*, September 19, 1988, p. D3

에 대해 관심을 잃거나 전반적으로 식욕을 잃기도 한다. 그들은 영양가 있는 음식을 준비하는 데 힘이 없거나 집중하지 못하기도 한다. 여러 공동체에서 친구들이나 이웃들이 음식을 사별자에게 가져가는 전통이 있는 이유도 이 때문이다. 게다가 영양소를 적절하게 섭취하지 못할 경우, 사별자들은 탈수 증세를 일으키기도 하고 영양가 없이 칼로리만 높은 음식이나 술을 많이 마심으로써 영양 부족으로 인한 탈수 상태에 빠지기도 한다.

마찬가지로 운동과 휴식 또한 사별자에게 필요하다. 어떤 사별자는 불면증이나 수면 장애를 겪기도 하고 또 다른 사별자는 계속 잠을 자는 데도 전혀 쉬었다는 느낌이 들지 않는 경우도 있다. 건강한 운동과 숙면은 애도 과정을 생산적으로 만드는 데 도움이 된다.

사별자를 돕고자 하는 사람들이라면 그들이 충분한 영양과 수분 섭취, 운동 그리고 휴식을 얻을 수 있도록 더 많이 배려할 수 있을 것이다.

도움이 되지 않는 메시지들

너무나도 자주, 우리 사회는 사별자들에게 도움도 안 되는 메시지들을 전한다. 주로 다음과 같은 내용들이다. (1) 이미 겪고 있는 상실을 최소화하기 위해 (2) 경험하는 것에 대해(적어도 공개적으로는) 커다란 비통의 반응들을 보이지 말라는 책망 (3) 원래의 삶으로 빨리 돌아가고 비통과 애도로 다른 사람들을 방해하지 말라는 제안(Baugher, 2001).

이러한 메시지의 첫 번째 부류는 다음과 같은 표현들과 연관된다.

- "네 아이가 죽었으니, 하늘에 아기 천사가 있는 거야."(내가 임신한 것이 하늘에 천사를 두려고 한 것은 아니었다.)
- "언제든지 아기를 가질 수 있어." 또는 "또 아이들이 있잖아."(어느 경우도 죽은 아기를 대신할 수는 없다.)
- "넌 아직도 어려, 다시 결혼하면 되지."(그런다고 내 첫 배우자가 돌아오는 것도 아니고 내 상실의 고통을 줄여주는 것도 아니다.)
- "오랫동안 행복한 결혼 생활이었잖아."(이것은 내가 상실한 것에 대한 고통을 더욱 아프게 만들 뿐이다.)
- "어쨌든, 할아버지 연세도 많이 드셨잖아."(나에게 더 소중하게 느끼도록 만든다.)

사별자의 관점에서 볼 때, 이러한 메시지들은 그들이 경험하는 상실이 그다지 중요하지 않다거나 고인은 대체될 수도 있는 존재란 점을 말하려는 것처럼 보인다. 어떤 메시지들은 유가족이 고인에 대한 생각을 그만 해야 한다고 말한다(〈개인적 통찰 10.2〉 참조). 이와 관련되어서 의미하는 점 한 가지는 사별과 비통이 그렇게 힘든 경험으로 인식되어서는 안 된다는 점을 포함한다. 또 다른 점은 사별자의 친구나 친척 또는 사회가 전체적으로 사별자의 비통과 관련해서 그들의 일상적인 일과에 너무 많은 변화가 일어나도록 허용해서는 안 된다는 뜻을 포함하고 있다.

사별자를 향한 메시지의 두 번째 부류는 사별자가 경험하는 비통의 깊이와 강도를 억누르려는 것이다. 예를 들면, 다음과 같은 말을 듣는 사별자들의 경우이다.

- "강해져야 해." 또는 "꿋꿋하게 참고 견뎌."

개인적 통찰 10.2

비통할 때 이사도라 던컨(Isadora Duncan)에게 도움이 된 것

두 어린 아이가 사고로 죽은 뒤에, 이사도라 던컨은 그녀가 비통에 빠졌을 때, 도움이 되었던 사람들과 도움이 되지 않았던 사람들을 비교해서 그녀의 자서전에 다음과 같이 적었다.

그녀(던컨의 친구, 엘리노라 두세(Eleanora Duse))는 팔로 나를 껴안고 내 고통을 위로하면서 다독거려주곤 했다. 단지 위로하는 것이 아니라 그 자신의 가슴으로 내 슬픔을 가져가려는 것처럼 보였다. 그리고 다른 무리의 사람들은 견딜 수 없었다. 왜냐하면 그들은 모두 내가 잊어버리도록 나를 웃기려고 코미디를 하려고만 했기 때문이다. 그런데 엘리노라는 "데이드레와 패트릭에 대해 말해줘."라고 말했고 그들에 관한 작은 얘기 거리나 행동에 대해서도 반복해서 말할 수 있도록 해줬다. 그들의 사진을 보여줄 수도 있었고 그녀는 사진을 보고 입을 맞추고 울기도 했다. 그녀는 결코 "비통해 하지마."라는 말을 하지 않았다. 나와 함께 슬퍼해줬고 어린 아이들이 죽은 뒤 처음으로 나는 혼자가 아니라는 사실을 느꼈다.

■ "괜찮아질 거야", "냉정을 잃지 마", "얼굴에 웃음을 지어."
■ "이제는 네가 이 가정의 기둥이야."
■ "아직도 정신을 못 차리니? 벌써...[4주, 6주, 1년]이야."
■ "네게 필요한 것은 바쁘게 있는 거야, 원래대로 일하고 그녀는 잊어."

사실은 아무도 자신이 겪고 있는 것을 쉽게 중단할 수는 없다. 소중한 대상을 상실한 것에 대한 느낌이나 반응들은 모두 사실이다. 이러한 비통의 반응은 삶을 통해서 함께 이뤄져야 하는 것이다. 그러한 반응들은 나름대로의 방식과 속도로 변해간다. 두 번째 메시지에는 사별자가 어떤 감정이나 비통의 어떤 반응들을 경험하는 것이 좋지 않다는 의미가 담겨 있다. 비통의 반응이 원칙적으로 인정된다고 하더라도, 사별자들에게 어떤(특히 공식적이나 강력한) 방식으로 반응해서는 안 된다는 뜻을 비치기도 한다. 그런 메시지에 담긴 주된 의미는 사별자 주위에 있는 사람들에게 그런 방식으로 비통을 표현하는 것이 용납되지 않는다는 뜻이다. 달리 말하자면, 메시지의 진짜 뜻은 당신의 비통함이 다른 사람들을 불편하게 만들고 있고 따라서 부적절하다는 것이다.

메시지의 세 번째 부류는 처음 두 부류의 변형된 형태이다. 이것은 "억압된 용인"이라고 불리는 것으로 미국 사회에서 흔히 있는 일이다. 이것은 다른 사람을 방해하지 않는 한, 자신들이 하고자 하거나 말하고자 하는 것(이 경우에는, 자신들이 원하는 방식으로 비통을 경험하거나 표현하는 것)을 할 수 있다고 하는 견해이다. 따라서 사별자들이 꼭 원한다면 어느 정도 미묘한 방식을 통해-보통은 전혀 미묘하다고 볼 수 없는 방식이지만-자신들이 원하는 대로 비통을 표현할 수 있다는 것은 분명하다. 그러나 그렇게 하는 경우 반드시 주위 사람들을 번거롭게 해서는 안 되며, 공동체 사회의 평온함과 행복감을 깨뜨리지 않도록 주의해야 한다. 이러한 관점은 사별한사람에게 하루 이틀정도의 휴식을 주기도 하지만 그 다음에는 원래의 자리로 돌아와 아무 일도 없었던 것처럼 역할을 수행하도록 하는 직장의 관행에서도 나타난다(Fitzgerald, 1999; Wolfelt, 2005b).

따라서 우리 사회에서 말하는 비통의 "수용"은 조직에 대한 수용의 가능성을 의미하는 것이지 사별자에 대한 것이 아니다. 케네디 대통령이 암살당하고 레이건 대통령이 죽었을 때, 미국 사회는 영부인들이 공식적으로 사별을 대하는 방식에 대해 박수를 보냈다. 그것은 그들이 사회와 언론에 절제된 모습을 보여줬기 때문이 아니라 그들로 인해 방해받지 않았기 때문에 찬탄할 수 있었던 것이다. 물론 케네디 여사는 남편의 갑작스런 폭력적 죽음을 목격했던 반면에 레이건 여사는 알츠하이머병으로 인해 남편의 죽음을 오래 전에 예상하고 있던 상황이었다. 그럼에도 불구하고, 이 두 부인의 사례가 대부분의 사별자들과는 관계가 없고 그들에게 적용되지 않을 수도 있다는 점과 상실에 대한 반응을 표현하는 데 어려워하는 사람들에게는 특히 도움이 되지 않을 수도 있다는 점은 거의 무시되어 왔다.

박탈된 비통과 애도

우리가 설명했던 내용인 도움이 되지 않는 메시지는 사람들이 사별자들을 도우려고 시도했던 (또는 노력하지 않았던) 방식으로 했을 때 실패했던 사례만을 말하지는 않는다. 보통 이러한 결점은 특정한 사회적 또는 문화적 맥락을 반영한다. 이러한 맥락을 통해서 사회적인 죽음 제도에서는 사별 과정에서 사회적으로 용인되는 것인지 적절한 것인지에 대한 관점을 그 구성원들에게-공식적이고 분명한 방식이거나 좀 더 비공식적이고 민감한 메시지를 통해서-전달하는 것이다. 사회와 그 구성원이 비통과 사별의 경험을 박탈할 때, 이러한 사회적 규범은 사별자 개인에게 상처가 되는 경우도 자주 있다.

*박탈된 비통*은 "공개적으로 인정받지 못하거나 공식적으로 애도를 함께 하지 못하거나 사회적으로 지지받지 못하는 상실이 일어났을 때, 사람들이 경험하게 되는 비통"이다(Doka, 1989b, p. 4). 비통을 박탈한다는 것은 특정한 개인이 사별자로서 인정받지 못하거나 역할을 할 수 없다는 것을 가리킨다. 여기에서 중요한 점은 비통을 박탈한다는 것이 단지 주목받지 못하고 잊혀지고 감춰진다는 것이 아니다. 사회적으로 받아들여지지 않는다는 것이며 지지를 받지 못한다는 것이다.

도카에 따르면(1989b, 2002a), 비통이 박탈될 수 있는 경우가 3가지 있다. 관계나 상실 또는 애도자가 인정받지 못하는 경우이다. 도카는 자살이나 AIDS와 같이 죽음의 몇 가지 유형의 경우는 인정받기 어렵거나 사회적으로 심각할 정도의 오명을 쓸 수 있다는 점도 덧붙였다. 이 장의 첫 부분에 언급된 스텔라 브리지만의 자살로 인한 죽음의 경우도 이러한 가능성이 있을 수 있다는 점을 확인했다.

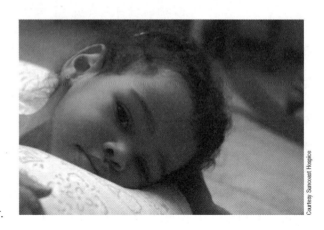

슬픔은 어린이들의 삶의 일부이다.

*관계*는 사회적인 인정을 받지 못할 때 박탈되는 것이다. 예를 들면, 어떤 예상치 못했던 과거나 감춰졌던 관계가 공식적으로 인정받지 못하는 것이거나 사회적으로 승인되지 못할 수도 있다. 여기에는 친구, 동료, 친척 또는 이전의 배우자와의 관계(Scott, 2000)-원칙적으로는 이 모든 경우가 인정되겠지만 사별과 관련해서는 그렇지 않다-와 다른 사람들에게 그다지 중요한 것으로 인정되지 않는 관계들, 예를 들면 혼외 관계나 동성 관계 같은 경우들도 포함될 수 있다. 폴타와 덱(Folta and Deck, 1976, p. 235)은 해소되지 않은 비통의 결과, 유병과 사망률은 친척보다 친구들의 경우에 더 높을 수 있다는 결론을 맺고 있다(p. 239).

*상실*은 그 중요성이 사회에서 인정받지 못할 때 박탈되는 것이다. 주산기 사망, 선택적 낙태와 관련된 상실, 또는 신체 부분 상실이 여기에 포함될 수 있다. "네가 살아있다는 것만으로 감사해."라는 말을 들을 때, 이러한 상실은 보통 무시되고 축소된다. 어린이, 청소년, 성인 또는 노인(이 장에서 다음 부분)에 상관없이 누군가에게는 비통의 중요한 근거로 될 수 있는 애완동물의 죽음 같은 경우도 이와 유사하게 인정받지 못할 때가 있다. 또한 치매는 사랑하는 사람이 생물학적으로는 여전히 살아 있지만 심리 사회학적으로는 이미 죽었다고 생각하는 방식으로 개인의 인격이 지워져 버릴 때, 그로 인한 상실이 일어나는데, 이때도 사회로부터 인정받지 못하는 경우가 종종 있다.

*애도자*에게 박탈이 이뤄지는 것은 그 사람에게 애도할 자격이 있다거나 그 사람은 애도할 필요가 있다고 하는 인정을 사회적으로 받지 못할 때 이뤄진다. 어린이와 노인들의 경우, 정신적으로 이상이 있는 사람인 것처럼 박탈되는 경우가 종종 있다(Kauffman, 2004).

이러한 *사별의 구조적 요소*(관계, 상실 그리고 애도자)에 덧붙여, 코르(1998b, 2002a)는 사별의 *동적 또는 기능적 요소*(비통과 애도) 또한 박탈될 수 있다는 점을 주장한다. 예를 들면, 사별자는 사회로부터 개인이 슬픔을 표현하거나 겪는 방식이 올바르지 않다거나 상실과 비통에 대처하는 방식이 용인될 수 없다는 말을 들을 수도 있다. 비통과 애도에 대한 반응이 다른 사람들을 불편하게 만들거나 익숙하지 않다는 이유 때문에 거부되는 경우도 있다.

그러나 "박탈된 비통의 문제는 역설적으로 표현될 수 있다. 박탈된 비통의 본질은 지지의 원천을 없애거나 축소하면서 비통에 대한 추가적인 문제들을 일으킬 수 있다는 것이다."(Doka, 1989b, p. 7). 박탈된 비통에는 격심한 정서적 반응들(예를 들면, 분노, 죄책감, 무기력감), 이중적인 관계(낙태의 사례나 한 때는 사랑했지만 지금은 아닌 경우 등), 동시에 발생하는 위기(법적이고 재정적인 문제와 관련된 경우 등)가 포함된다. *박탈*됨으로써 애도를 용이하게 하거나(장례식 계획이나 참여 때의 역할 등) 사회적인 지지(예를 들면, 직장에서 휴가 사용, 상실에 대해 말하는 것, 공감을 얻거나 어떤 종교적 전통에서 위로를 얻음)를 얻을 가능성은 없어질 수 있다.

반려 동물의 죽음

애완동물이나 반려 동물의 죽음은 사회적으로 잘 인정받지 못하고 박탈될 수 있는 상실의 예이다. 이러한 상실을 간단히 살펴봄으로써, 앞에서 사별에 대해 말하면서 도움 제공자들에게 유익한 가르침이 되고 사별자들의 애도 과정에 필요한 것들을 도와주는 데 준비해야 하는 것들에 대해 말했던 내용들을 보강하게 될 것이다.

어린이들은 야생이나 가축들을 통해 처음으로 죽음의 사례를 대한다. 아동 도서인 *샬롯의 거미줄(Charlotte's Web*, White, 1952)을 보면, 펀(Fern)이란 이름의 소녀는(나중에 샬롯이라는 이름의 거미와 함께) 생명이 위태할 정도로 약하게 태어난 돼지 윌버(Wilbur)를 구한다. 2006년 캔터키 경마대회에서 우승을 차지했던 순종 경주마 바바로(Barbaro)의 사례는 동물의 죽음과 관련된 또 다른 예시이기도 하고 많은 지지자들에게 영향을 끼쳤던 분명한 경우이다. 바바로는 프리크네스 스테이크스(Preakness Stakes) 경주가 끝나고 2주 뒤에, 오른 쪽 뒷다리의 뼈가 몇 군데 부러졌다. 많은 사람들이 그의 목숨을 구하려고 여러 차례 시도했지만 2007년 1월 29일, 끝내 안락사를 맞이하게 되었고 많은 사람들이 슬퍼했다.

애완동물은 어린이가 세상이 무섭고 두렵게 느낄 때 무조건적인 사랑을 그들에게 준다. 대부분의 애완동물들은 인간보다 수명이 짧기 때문에, 이들의 죽음은 어린이뿐만 아니라 다른 사람들이 상실, 슬픔 그리고 죽음에 대해 배울 수 있는 경험이 되기도 한다(Kaufman & Kaufman, 2006). 그 결과, 반려 동물의 죽음은 죽음과 관련된 어린이용 도서에서 익숙한 주제가 되었다(Corr, 2004b; 초점 맞추기 10.1 참조). 반려 동물을 통해 어린이, 청소년, 그리고 다른 인간들이 또 다른 생명체들을 돌보는 책임감을 배우게 되고 그것을 통해 자존감을 향상시키게 된다(Rynearson, 1978).

동물들과 친밀감을 갖는 것을 인정하지 않거나 그 중요성을 무시하는 사람들도 있다. 이러한 태도 때문에 좋은 의도를 가졌더라도 사별의 경험이 더욱 힘들게 될 수도 있다. 예를 들면, *사고(The Accident*, Carrick, 1976)에서 트럭에 치어 죽은 개의 경우는 너무 빨리 묻어버린 경우이다. 부모는

초점 맞추기 10.1

아동용 도서에 표현된 애완 동물의 죽음

여기에 몇 가지 예시로 인용이 되지만, 애완 동물이나 반려 동물의 죽음에 관해서는 많은 책들에서 다루고 있다(추가적인 제목과 여기에서 언급되는 내용에 대한 서지정보는 부록 A 참조). 다음의 책 두 권은 성인들이 처음에는 이런 죽음의 유형에 대해 별로 민감하게 반응하지 않다가 나중에는 상황을 좋게 만들게 된다는 내용을 다루고 있다. *단지 물고기가 아니야(Not Just a Fish)*란 책에서 메리베쓰는 자신의 금붕어가 어항 안에 떠 있는 것을 보고 충격을 받는다. 사람들이 퍼퍼(Puffer)의 죽음을 위로한다고 하지만 오히려 "단지 물고기잖아"라고 말하는 것에 대해 화가 난다. 그때 아빠는 메리베쓰가 묻어주려고 했었는데, 퍼퍼를 화장실 변기에 넣고 물을 내려 버린다. 그런데 이모 리지는 메리베쓰의 상실을 이해하고 추도식을 마련하고 물고기 그림이 있는 하트 모양의 핀을 선물해준다.(이미 언급된 내용이지만) 어린이에게 필요한 것을 이해하지 못한 또 다른 경우는 크리스토퍼의 개가 트럭에 치여 죽게 된 *사고(The Accident)*에서 볼 수 있다. 그의 부모는 크리스토퍼가 함께 참여하지 않았는데 다음 날 아침 서둘러서 개를 땅에 묻어버린다. 그와 아빠가 함께 보저의 무덤에 묘비를 세워주면서 그의 분노는 눈물로 바뀌게 된다.

몇 권의 책들은 자연적인 원인으로 죽은 애완동물들의 죽음을 묘사한다. 예를 들면, *머스타드(Mustard)*라는 이름의 늙은 고양이가 죽자 알레스와 그의 아빠는 머스타드가 사용했던 그릇들과 얼마의 돈을 동물 보호소에 기부한다. 그는 비통에 빠져 있었기 때문에, 새로운 애완 동물을 키우자는 호의에서 이뤄진 제안을(당시에는) 거절한다. 비슷한 경우이지만, *성장의 시간(Growing Time)*에서 애완견 콜리의 죽음을 경험한 뒤에 제이미는 아버지가 데리고 온 새로운 강아지를 처음에는 받아들일 준비가 되어 있지 않았다. 자신의 비통을 표현할 수 있게 된 다음에서야 새로운 관계로 받아들일 수 있게 된다. 개가 죽은 뒤에 가족들은 엘피에게 자신들이 사랑한다는 사실을 애기하지 못한 것에 대해 후회한다. 소년은 매일 밤마다 자신은 그렇게 했다고 말한다. 그는 엘피에 대한 자신의 사랑이 죽음 이후에도 계속 이뤄질 수 있다는 점을 알게 되고, *항상 사랑해(I'll Always Love You)*라고 말한다. 그는 엘피가 다시는 돌아오지 않는다는 사실과 언젠가는 자신이 새로운 강아지를 맞이할 준비가 될 것이라는 사실을 알지만, 곧바로 새로운 강아지를 원하지는 않는다.

*그런트와 제스퍼의 날(Grunt and Jasper's Day)*은 여러 건강상의 문제가 있던 늙은 개에 대해 안락사를 시킬 것인가를 다룬 따뜻한 내용의 이야기이다. 각 상황마다 어린이와 부모가 함께 개를 수의사에게 데려갔고 일이 있을 때마다 함께 참여한다. 죽음은 신속하면서도 조용하게 진행되었고 시간은 함께 했던 기억들에 초점을 맞춘다.

추도 활동을 다루는 책들 가운데, *비올렛이 죽었을 때(When Violet Died)*는 기르던 새가 죽은 뒤에 어린이들이 올렸던 장례식에 대해 묘사한다. 어린이들은 영원한 것은 없다고 생각하며 슬퍼한다. 그러나 에바는 집 고양이의 임신과 아기 고양이를 포함해서 생명의 끊임없는 일련의 변화를 통해 생명은 또 다른 방식으로 이어진다는 사실을 인식하게 된다. 그래서 에바는 "영원한 것은 아무것도 없겠지만, 그것을 오래오래 있도록 할 수 있는 방법은 있다"고 결론을 맺는다. 다른 책에서는 애완 고양이가 죽자, 소년의 어머니는 바니의 장례식에서 말할 그의 10가지 좋은 점을 생각해볼 것을 제안한다. 처음에는 9가지 밖에 생각할 수 없었다. 그러나 정원에서 소년은 *바니의 열 번째 좋은 점(The Tenth Good Thing About Barney)*을 생각하게 되었다. 바니는 땅에 있고 꽃들이 자랄 수 있도록 도와준다…고양이에게 그 일은 상당히 괜찮은 일이다."

어린이와 반려견 간의 애착은 둘 모두에게 안전감을 제공한다.

어린 아들이 당한 슬픈 사건의 짐을 덜어내려고 그가 없을 때 개를 묻고자 했던 것이다. 그들은 아들이 그 중요한 예식에 참여하고, 자신의 사랑과 비통을 표출하고, 고속도로를 따라 개와 함께 걸어갔을 때 개가 어느 방향에 있는지 충분히 주의하지 못했던 그의 죄책감을 누그러뜨리는 것이 아들에게 필요하다는 사실을 인지하지 못했던 것이다. *머스터드(Mustard,* Graeber, 1982)와 *항상 사랑해(I'll Always Love You,* Wilhelm, 1985)와 같은 책에서도 사별한 어린이들은 사별한 애완 동물이 죽었을 때, 곧바로 새로운 동물을 가질 수 있는 기회를 거절함으로써 어른들에게 유용한 교훈을 준다.

게다가 반려 동물은 외롭고 홀로 생활하는 사람들에게 편안함을 주고, 오랫동안 보호 시설에 있지 못했다면 사회적인 접촉이 제한적으로 이뤄졌을 거주민들에게 기쁨을 주고, 위험한 상황에서 사람들을 지키는 데 도움을 주고, 법 집행이나 군대에서 중요한 임무를 수행한다. 또한 다양한 유형의 장애를 지닌 많은 사람들은 안내를 하고 다양한 활동에 도움을 주는 도우미견들과 장기간에 걸쳐 애착 관계를 발전시킨다. 삶에서 이러한 관계가 중요하다는 점을 생각한다면, 이들의 죽음이나 상실은 관계된 사람들에게 큰 영향을 미칠 수 있다(Planchon, Templer, Stokes, & Keller, 2002; Ross & Baron-Sorenson, 2007).

인간이 더 이상은 동물을 보살펴 주지 못하고 다른 사람들에게 맡겨야 할 때, 필요하지만 비싼 동물 치료비용을 감당하지 못할 때, 새로운 거주 지역이나 기관으로 옮기면서 모든 것을 완전히 포기해야 할 때, 병들고 허약한 동물을 안락사 시켜야할 것인지 중요한 선택에 직면하게 되는 이러한 상황에 있을 때 상실과 비통의 경험은 매우 깊어진다(Stewart, 1999). 문제는 이러한 유형의 경우는 드물거나 설령 있더라도 그 상실과 비통에 대한 대처를 도와주는 체계가 잘 알려지거나 넓게 수용되지도 않기 때문에 매우 심각하게 영향을 줄 수도 있다(Carmack, 2003; Sife, 2005; Toray, 2004; Wolfelt, 2004b; Wrobel & Dye, 2003).

도우미견 주인과 사별

도우미견은 인지, 발달, 신체 또는 정서 장애가 있는 사람들을 포함하여 시각이나 청각 손상을 입은 수많은 사람들에게 도움을 제공한다. 보통 장애가 있는 사람과 도우미견은 강하고 특별한 유대관계를 발전시킨다. 그들이 공유하는 많은 규칙들과 발전시켜온 관계성은 그들 사이의 애착을 강화시키고 굳건하고 상호 의존적인 관계로 만든다. 이러한 동반자 관계에서 일상의 생활에서 사랑과 수용, 돌봄, 우정, 실질적인 도움이 제공된다.

죽음으로 인해 이 관계가 심각해질 때, 주인에게는 다양한 상실과 비통의 반응이 있게 된다. 무엇보다도 동물과 함께 했던 헌신적인 관계가 상실되지만 2차 상실 또한 중요하다. 예를 들면, 도우미견에게서 지원을 받았던 독립성, 보안, 안전, 용기 그리고 사회적 관계망을 발전시키는 영역이 이제는 제대로 작동하지 않게 된다. 각 영역들과 다른 상실들 때문에 주인은 비통하게 될 것이고, 불안감과 함께 죄책감이 생겨날 수 있다. 주인은 그 죽음에 어느 정도의 책임이나 영향을 끼치지 않았는지 의문을 품게 될 것이다. 주인들은 사랑하는 개를 암에서 구하지 못했다는 점 때문에 죄책감을 느낄 수도 있다. 수의사나 가족, 친구들에게 잘못된 것을 말한다는 이유로 분노를 느낄 수도 있다.

거동 장애가 있는 사람들은 더 이상 도우미견의 도움을 받을 수 없을 때, 신체적으로 그리고 정서적으로 지역 사회에서 도움을 구하는 데 매우 힘들게 된다. "미래에 대한 두려움" 그리고 "앞으로 어떻게 하나?"와 같은 반응들이 비통의 초기 단계에서 주된 주제가 되어 버린다. 사랑하는 동반자가 없이 어떻게 계속 살아갈 수 있을까?

대부분의 사람들은 거의 신경 쓰지 않겠지만, 잠자리에 들거나 일어나는 일, 옷 입는 일 그리고 일과 활동과 같은 일상적인 일들이 그들에게는 어려운 일이다. 일단 경험했던 안전감을 이제는 상실하게 됨으로써 고독과 위축된 상태에 놓이게 될 지도 모른다.

우리는 도우미견과 사별한 주인들이 직면하는 정서와 어려움의 복잡성 그리고 그때 경험되는 깊은 상실감을 거의 이해하지 못하는 세계에 살아가면서 이러한 비통의 반응들을 악화시킨다. "그냥 개일 뿐이잖아" 또는 "또 한 마리 얻으면 되지"라는 말을 함으로써, 도우미견을 사별한 사람들의 비통함을 박탈하고 비통한 상태에 있는 그들을 더 외롭게 느끼도록 만들어버리는 경향이 있다. "안됐군요." 또는 "내가 도와줄 것은 없을까"와 같은 말을 고맙게 생각하며 이해와 지지를 보내는 중요한 단계로 작용한다.

출처: Rickie Robinson and Katherine Schneider.

이미 인간에게 동반자가 된 애완동물의 죽음은 상실과 관련해서 그 중요성이 애완동물 상실과 사별협회(Association for Pet Loss and Bereavement, P.O. Box 106, Brooklyn, NY 11230; tel. 718-382-0690; www.aplb.org)와 국제 애완동물묘지 및 화장협회(International Association of Pet Cemeteries & Crematories, 4991 Peachtree Rd., Atlanta, GA 30341; tel. 800-952-5541; www.iaopc.com) 그리고 www.petloss.com과 같은 인터넷 자료들과 미국에서 애완 묘지 수 증가, 죽은 동물을 기념하려는 노력 등에 잘 나타난다(Spiegelman & Kastenbaum, 1990). 어떤 보고서에서는 많은 애완동물묘지들에

장애를 가진 사람들은 종종 독립을 증진하는 서비스 견과 긴밀한 유대 관계를 형성한다.

서(보통 화장 후) 유골의 일부를 죽은 애완동물과 함께 묻힐 수 있도록 요구하는 내용을 수용하여 허용하는 경우도 점차 증가하고 있다는 점에 주목했다(Associated Press, 2011).

애완동물의 상실과 반려 동물의 죽음에 관한 다음과 같은 견해들에서 모든 상실에 적용할 수 있는 몇 가지 교훈을 얻을 수 있다. (1) 상실을 기리는 데 정말 핵심이 되는 것은 그 관계성이지(여기에서는 애완동물) 관계성의 대상이 아니다. (2) 죽음 또는 상실의 본질과 발생한 그 방식은 사별에 영향을 끼친다. (3) 사별한 사람의 환경-발달학적(어린이, 청소년, 성인, 노인) 그리고 상황적(예를 들면, 홀로 사는 사람, 지지가 이뤄지는 가정, 시설, 이전에 사별을 경험했는지의 여부, 장애를 갖고 활동하는 경우) 여건 또한 중요하다. 애완동물의 상실과 반려 동물의 죽음에 직면한 사람들은 다른 사람들이 시간 여유를 갖고 그들이 동물들과 함께 했던 관계성의 가치를 인정해주고, 그들이 직면한 어려움과 경험하고 있는 상실을 이해해주고, 그 결과 필요한 것들을 함께 살펴줄 때 도움과 지지를 얻을 수 있게 된다(Adamec, 2000; Butler & Lagoni, 1996; Harris, 1998; Lagoni, Butler, & Hetts, 1994; Straub, 2004).

도움이 되는 건설적인 제안들

앞에서 언급했지만, 개인적으로 사별한 사람들의 마음에 상처를 주었거나 도움을 주지 못한다고 비난 받지는 않는다. 우리는 그들의 비통과 사별이 박탈되는 것을 피할 수 있고 여러 방식으로 그들에게 도움을 줄 수 있다. 예를 들면, 10살 된 딸이 갑작스럽게 예상치 못한 죽음을 경험한 뒤에, 그 아빠는 다음과 같은 교훈들을 사별한 사람들을 위해 적었다(Smith, 1974, pp. 35-40).

1. 이미 일어난 일에 대해서 자책하지 않기
2. 용감하거나 강한 모습으로 있지 않기
3. 회피하려고 하지 않기
4. 아이가 살았던 곳에 당신의 남은 생애를 묶어 두는 것이 죽은 아이를 위해 당연하다고 느끼지 않기
5. 불행하다고 생각하지 않기

조력자들에게 스미스(Smith, 1974, pp. 47-52)는 다음과 같이 충고한다.

1. 죽음 직후, 바로 도울 수 있는 구체적인 일을 하거나(예를 들면, 가족을 대신해서 알려야 하는 사람들에게 알리고, 전화를 받고 가족들이 불필요한 잡무들에서 벗어날 수 있도록 한다) 돕겠다는 당신의 의지를 구체적인 방법으로 알려라.
2. 가족이 혼자 있고 싶어 하면 그 선택을 존중하라.
3. 장례 기간에는 구체적인 방법으로 도와라(예를 들면, 음식, 청소, 운전 등).
4. 장례 후 힘든 시기에 사별자와 접촉하는 것을 피하지 말라.
5. 고인이 죽기 전에 자연스럽게 하던 대로 고인의 이름을 부르고 행동하라.
6. 사별자가 고인에 대해 언제 어떻게 말하든지 말할 수 있도록 하라.
7. 대답할 수 없는 질문에 답하려고 하지 말고 상처 받기 쉬운 사별자들에게 종교적 또는 철학적 신념을 강요하지 말라.
8. "기분이 어떤지 알아"-아무리 그렇게 보인다고 하더라도-라는 말을 하지 말라. 똑같은 길을 실제로 걷는 것이 아니라면 결코 사실이 아니기 때문이다.
9. 여유를 갖고 사별자들이 애도의 과정에서 자신들의 방식으로 해결하는 방식을 찾도록 하라.

친구들은 소중한 대상의 상실에 대해 비통해하는 사람들에게 다가가는 데 주저하거나 적절하지 않다고 생각하기도 한다. 그러나 아무것도 안 하는 것보다 도움을 주려고 하는 편이 더 낫다. 도우려고 할 때, 상투적인 표현이나 빈 말은 피하는 것이 좋다(Linn, 1986). 사별한 사람에게 다음과 같은 말을 해도 괜찮을 때가 있다. "어떤 말을 해야 할 지 모르겠다," "뭘 도와줘야 할 지 모르겠어," "지금 뭘 도와줄까?" 그리고 그저 사별자의 옆에 앉아 있거나 함께 우는 것이 가장 큰 도움이 되는 경우도 있다(《개인적 통찰 10.3》).

개인적 통찰 10.3

눈물의 수프

*눈물의 수프-상실을 치료하는 요리법(Tear Soup: A Recipe for Healing After Loss)*이라는 책에는 "모두가 그랜디(Grandy)라고 부르는 나이 들고 현명한 여인"(p. 1)에 관한 이야기가 있다. 그녀는 커다란 상실을 막 겪는 중이었다. 그랜디는 "눈물의 수프"를 끓이면서 상실과 직면하고 있었다. 남비에 눈물과 감정, 기억, 의구심 등을 가득 채우고 "눈물의 수프"를 만들면서 상실과 맞서고 있다. 눈물의 수프를 만드는 일은 혼자서 해야 하고, 골치 아픈 일이고, "사람들이 원하는 것보다 늘 시간이 더 오래 걸린다"(p. 6). 그 결과 수프의 맛은 쓰고 만드는 일은 힘들지만 해야만 하는 일이다.

*눈물의 수프*는 이런 끔찍한 상실이 왜 일어났는지 그리고 그들이 그렇게 외로워할 때 신은 어디에 있었는지 알지 못하기 때문에, 사별한 사람이 느끼는 신에 대한 분노를 포함해서 만나는 모든 감정과 경험들을 확인시켜준다. 이 책에서는 사별한 사람들에게 참된 신앙만 있다면 깊은 슬픔과 분노 그리고 외로움 같은 것들은 피하게 된다는 거짓된 충고 따위를 거부한다. 대신 그랜디는 신을 계속 믿으면서 "신이 자신에게 부여한 모든 감성들에 대해 감사를 드려야 한다는 점을 상기시켰다."(p. 29)

*눈물의 수프*는 사회에 있는 사람들이 사별자들에게 그리 도움이 되지 않는다는 점을 말한다. 그들은 뭔가를 해결하려고 하고 할 수 없을 때 무기력감을 느낀다-그래서 그들은 언제 이것이 끝날지 알고 싶어 한다. 가끔 친구라고 생각되던 이들이 시야에서 사라져 벗어나 있을 때가 있다. 더 안 좋은 점은 사별자들에게 눈물의 수프를 올바로 만들어 주는 방법을 보여줘야 하는 책임을 맡는 것이다. 그랜디는 진정한 도움은 곁에 있어주고 들어주기만 하는 특별한 사람들로부터 나온다는 점을 우리에게 가르쳐준다. 사별자들에게 배려가 깊다는 것은 무슨 말에 주의해야 하는 것이 아니라 어떻게 느끼는지 그들에게 물어보지 않는 것이다.

*눈물의 수프*는 "특별 수프 모임"에 대해 호의적으로 말해준다. 그곳에서는 사별자들이 웃고 더 울 수 있는 이야기들을 공유할 수 있고 "수프를 만드는 데 눈물을 흘리거나 더 요구하는 것이 나쁜 태도로 생각되지도 않는다."(p. 37) 결국, *눈물의 수프*는 어느 날 눈물의 수프가 아닌 다른 어떤 것을 먹을 수 있다는 희망을 보여준다. 이것은 그랜디가 눈물의 수프와 완전히 끝났다는 것을 의미하는 것은 아니다. 그러나 그것을 만드는 일이 힘들게 이뤄졌고 약간의 수프를 냉장고에 보관하면서 가끔씩 맛을 보기는 하겠지만, 그녀는 자신이 살아남을 것이라는 사실을 알고 있다.

출처: Based on Schwiebert and DeKlyen, 1999.

애도 과정의 과제를 통해 사별자 돕기

"모든 사별자들의 경우, 어떤 도움에서든지 맞닥뜨려야 하는 핵심적인 문제는 고인 없이 삶을 꾸리는 법을 배워야 하는 것이다."(Silverman, 1978, p. 40) 제9장에서 검토하였던 애도의 과제에 대한 워든(2009)의 설명에서 한 가지 중요한 점은 사별자들에 대한 도움이 어떻게 가장 유용하게 제공될 수 있는지를 결정하는 방식에서 사별자들을 돕는 사람들이 결정할 수 있다는 점이다. 그러나 워든의 과제는 사별자들을 위해 특별히 고안된 것이다. 결과적으로 이러한 과제는 조력자들에게 안내 지침을 제공하는 것으로 맞춰질 필요가 있다. 여기에서는 사별자들이 무엇을 알거나 믿고 있는지(인지적 과제), 그들의 정서 또는 상실을 어떻게 느끼는지(정서적 과제), 어떻게 행동하는지(행동적 과제) 그리고 무엇에 가치를 두는지(평가의 과제)를 포함하는 과제를 통해 그들을 돕는 방법들을 탐구함으로써 작업을 수행한다.

이 과정을 통해, 조력자들은 한 가지 중요한 점을 염두에 두어야 한다. 사별자가 삶을 조절할 수 없을 때, 그리고 강한 느낌이나 반응, 고통을 감당하기에는 너무 취약할 때, 외부자는 사별자의 애도 과제를 떠맡지 않도록 주의해야 하고 또 은근히(또는 그렇게 미묘하지는 않더라도) 자신들의 방식으로 만들어가지 않도록 해야 한다(Wolfelt, 2005a).

자신이나 다른 사람에게 직접적인 해를 끼치는 행위를 하는 것으로 판단될 수 있는 완전히 병리학적으로 이상이 있는 경우를 제외하고, 사별자의 애도는 자신의 방식에 따라 이뤄져야 한다(〈개인적 통찰 10.1〉을 다시 읽을 것). 이것이 *나의 비통함을 내게서 빼앗아가지 마세요(Don't Take My Grief Away from Me)*란 책 제목이 의미하는 것이다(Manning, 1979).

인지적 과제로 돕기

사별한 사람들은 무슨 일이 있느냐고 묻는다. 그들은 모두 *정보에 대한 욕구*가 있다. 무슨 일이 일어났는지에 대한 사실을 아는 것은 그 사건이 개인의 내적 세계에 실제로 있도록 하는 중요한 단계이다. 그래서 많은 사별자들이 죽음이 일어난 자세한 상황에 대해 반복적으로 묻는 것이다. 외부자들은 종종 이러한 과정을 견디지 못하기도 한다. "그녀를 친 차가 파란색인지 빨간색인지 무슨 차이가 있어? 그런다고 살아나?"라고 그들은 말한다. 그러나 이것은 요점을 놓치는 것이다. 사별자는 이렇게 세부적인 내용들을 지적인 모자이크 안에 채울 수 있을 때 비로소 그 유형의 실재를 파악할 수 있게 된다. 그때까지는 텅 빈 상실이며, 색도 없고, 삶 같지도 않고, 실제인 것도 사실인 것 같지도 않게 보인다. 인지적 과제나 다른 과제들이 자신들을 둘러싼 여건을 통제할 정도로 익숙했던 사별자들에게는 특히 중요할 수(그리고 어떤 때는 어려울 수도) 있다. 사회적인 역할(예를 들면, 성직자, 상담가, 의사 또는 다른 인정받는 조력자 등) 때문에 정보를 얻거나 다른 사람으로부터 도움을 받는 것이 어려운 사별자들의 경우에 인지적인 과제가 어려울 수도 있다.

신속하면서도 정확하고 믿을 수 있는 정보를 제공한다는 것은 조력자들에게 핵심적인 역할이다. 전화를 받았던 어느 날, 아서 스미스(Arthur Smith, 1974)는 집에서 600마일 떨어진 곳에서 성직자 회의에 참여하고 있었다. 아내는 "레이첼이 아침에 죽었어요."라는 간단한 말만을 했다. 스미스는 나중에, "사랑하는 사람이 죽었다고 달리 표현할 방법이 없다"고 적었다(p. 8). 그런데 그 상황에서 스미스가 보인 첫 반응은 그의 교구에서 죽을 수도 있는 병들고 나이든 사람들을 훑어보는 것이었다. 그런 이름을 가진 사람을 찾지 못했을 때, 그는 "어느 레이첼?"이라고 물었다. 뒤이은 깊은 침묵이 딸 레이첼의 죽음과 그의 깊은 상실감이 믿을 수 없는 사실로 다가오기 시작했다는 것을 순간적으로 알려줬다.

정보는 죽음이 예상치 못하거나 시기적으로 맞지 않고 정신 외상성이거나 자초한 것일 경우에 특히 중요하다. 커다란 상실의 충격은 실제가 아니라는 생각을 일으킨다. "그래, 이것은 아닐 거야," "이런 일이 일어날 수 없지," "악몽이 틀림없어."와 같은 반발심이 즉시 생겨난다. 생존 가능성, 상실의 원인, 몸의 회복 등 정보 사항은 시급히 요청된다. 추가적인 정보 요청이 답변이 있다는 것을 의미하지는 않는다. 실제로 답변이 없을 수도 있다. 이렇게 하는 것은 실제 상황인지를 확인하고 죽음이 실제로 일어난 것인지 반복적으로 확인하려고 하고 또한 그것이 결코 충분히 설명될 수 없을 것이라는 냉엄한 진실을 직면하려고 하는 노력이다. 실제 상황인지를 확인하는 것은 사별자가 충격과 혼란으로부터 그들의 상실과 비통함에 대해 건설적으로 대처하는 과정으로 이동하는 하나의 방법이다.

예를 들면, 유아 돌연사 증후군(Sudden Infant Death Syndrome, SIDS)의 경우, 죽음에 대한 결정적인 원인은 아직 알려져 있지 않지만, "증후군" 또는 사건의 유형은 파악할 수 있다는 점에서 중요하다. 그 증후군에 대한 적절한 진단과 관련된 조사와 부검은 자녀의 죽음을 초래한 것과 죽음을 막기 위해 할 수 있는 일은 없다는 사실을 사별자 부모들에게 확신시켜주는 근거로서 중요하게 작용한다(제12장의 〈초점 맞추기 12.1〉 참조).

정서적 과제로 돕기

조력자는 사별자에게 감성적 또는 정서적인 반응을 통해 도움을 줄 수 있다. 이러한 반응은 주로 감정적이고 신체적인 요소를 포함한다. 대부분의 사별자들은 *상실이나 죽음에 대한 그들의 반응을 표현할 필요*가 있다. 이를 위해서 그들에게는 낯설고 익숙하지 않은 감정과 다른 반응들을 확인하고 분명히 설명하는 데 도움이 요구된다(Mannino, 1996; Zeitlin & Harlow, 2001). 어떤 사별자들은 비통의 반응을 알아차리거나 설명하는 데 어려움을 겪기도 한다. 그들은 자신과 다른 사람들에 대해 다음과 같이 질문한다. "나한테 무슨 일이 일어난 거지?" "내 몸의 반응이 왜 이렇게 이상하지?" "왜 그런 이상한 정서 반응이 나타나고 감정의 변화가 심한 것일까?" 이미 알고 있거나 민감한 조력자들이라면 사별자들이 경험하는 정서적인 반응들에 대해 명칭을 말할 수 있을 것이다. 조력자들은 또한 강한 감정이나 다른 반응들을 표현하는 적절한 방법을 찾는 데 도움을 줄 수도 있다. 적절한 방법은 사별자와 관련된 다른 사람들에게도 안전감을 제공해 준다.

가장 필요한 것은 정서적 반응의 적절성을 인정해주고 그 표현을 알아줄 수 있는 돌보미들이다. 예를 들면, C. S. 루이스(C. S. Lewis, 1976)가 아내가 죽은 뒤에 겪은 변화무쌍한 반응들과 감정을 적은 내용을 책으로 출간한 *헤아려 본 슬픔(A Grief Observed)*을 읽으면서 위로를 받은 사별자들이 많이 있을 것이다. 그는 원래 자신의 비통을 분출하는 것으로 자신을 위해 썼다. 그런데 그의 기술 내

유가족은 개인적으로 의미 있는 방식으로 사망
현장을 표시할 수 있다.

용은 다른 사별자들의 마음과 같았기에 울림을 주었고 그의 책은 꼭 필요한 많은 것들을 표준화하고 재확인해 주었다. 상실에 대한 생각과 감정, 그리고 다른 반응들을 기술해낸 이 모델을 이어서 사별의 경험을 일기나 기록으로 남겨두는 사별자들이 좋은 결과물들을 내고 있다(Hodgson, 2008; Lttanzi & Hale, 1984). 사별자들이 저술한 저작들이 있으며(제14장에 있는 〈초점 맞추기 14.1〉 참조), 이러한 상황에 있는 사별자들에게 도움을 주고자 하는 책들도 많이 있다(예를 들면, Grollman, 1977; Rando, 1988b; Sanders, 1992; Tagliaferre & Harbaugh, 1990).

행동적 과제로 돕기

사별자는 자주 상실에 대한 자신들의 반응을 표출할 필요가 있다. 비통의 행동적인 차원은 *어떤 외적인 사건이나 행위를 통해 죽음을 알아차리거나 표시*를 하는 활동의 형태로 자주 나타난다. 예를 들면, 오토바이 사고 현장에서 임시로 길가에 있는 표시를 자주 본다(Clark & Cheshire, 2004; Clark & Franzmann, 2006; Everett, 2002; Haney, Leimer, & Lowery, 1997; Reid & Reid, 2001; 제11장에서 충분히 다룰 예정이다). 사별의 상황에서 또 다른 행동 과제의 형태는 *고인의 삶이나 고인이 남기고 간 유산을 기억하도록 기획된 추모 활동*에서 찾아볼 수 있다. 사별한 여성은 죽은 남편을 알고 있던 사람들뿐만 아니라 잘 알지 못했던 사람들로부터도 받았던 위로의 글에 의견을 달면서 추모 활동의 가치를 기술했다(〈개인적 통찰 10.4〉; Haley, 2001 참조). 이러한 추모 행사의 목표는 그 사

개인적 통찰 10.4

위로의 편지

사람들은 자신들의 말이 적절하지 않거나 죽음 그 자체를 언급해야 하는 고통을 염려하면서 위로의 글을 쓰는 것을 두려워한다. 그리고 가까운 사람의 죽음이 이르렀을 때까지 그러한 편지가 얼마나 감사한지에 대해서 아는 사람은 거의 없다.

조지에 대한 편지가 도착할 때는 매일 어둠에서 빛나는 순간이었다. 편지들은 나를 울렸고 그 덕분에 나는 그에게 가까이 있다는 느낌을 받았다. 편지 덕분에 그가 사람들에게 불어넣었던 사랑이 나를 감싸고 있다는 느낌이 들었다. 최고의 편지들은 조지에 대해 간직하고 있던 것들을 말해주거나 내가 알지 못했던 과거 이야기들을 자세히 이야기해 주는 더 길고 더 구체적으로 쓴 글들이었다. 다른 글들은 너무나도 가슴 아픈 내용들이었다. 한 때 그런 글들을 쓰는 것을 회피했었다. 그러한 고통을 제공하는 내용에 대해 곱씹어보는 것은 좋지 않으며 상처에 소금을 뿌리는 것과 같다고 생각했기 때문이다. 그러나 이제는 그렇게 하는 것이 잔인한 것이 아니라는 사실을 안다. 기억한다는 것의 고통과 함께 많은 기쁨이 함께 결합되어 있다.

출처: Rebuilding the House, by Laurie Graham(Viking Penguin, 1990), copyright Laurie Graham, 1990. Reprinted with permission.

람이나 잃어버린 것에 대한 기억을 적게나마 보존하려는 것이다. 이것은 다소 공식적이나 공개적인 방식으로 이뤄지며 어떤 행동이나 외적인 행동을 항상 포함한다. 예를 들면, 죽은 사람을 기념하여 나무를 심을 수 있다. 가끔씩 방문할 수도 있고 새로운 생명을 키운다는 점에서 특히 적절한 방법이라고 생각된다.

장례식의 두드러진 점(제11장 참조)은 고인에 대한 추모와 기억이 관련되기 때문에, 더 간단한 추모의 형태로 밤을 새거나 장례에 참석하는 것이 있다. 다른 추모 행위로는 사진과 기억들을 모은 스크랩북을 만드는 것과 고인의 삶을 상징하는 콜라주를 만드는 것, 고인에 대한 시를 쓰는 것, 가계도에서 고인의 위치를 찾아보는 것 등이 포함된다. 중요한 것은 추모 행사가 이뤄지는 방식이라기보다 이제는 그의 삶이 끝났다는 것을 알아차리고 그 자체를 넘어선 의미나 영향을 기념하기 위해서 이뤄진다는 점이다.

가치적 과제로 돕기

사별자를 돕는 네 번째 영역은 *상실에서 의미를 깨달아야 하는 것*에 대한 내용이다. 의미를 찾거나 만드는 과정은 제9장에서 설명된 사별의 상황에서 핵심적인 내용이다(Cox, Bendiksen, & Stevenson, 2004b; Lamm, 2004 참조). 죽음과 상실에서 개인의 삶에서 의미의 기반이라고 받아들여지던 것들이 심각하게 도전받기도 한다. 애도는 옛날의 가치 틀을 되살리거나 삶에서 바뀐 현실을

307

고려하여 새로운 틀을 세우고자 모색하는 과정을 촉진시킨다.

심각한 상실 속에서 의미를 찾고자 노력하는 부모의 사례는 *착한 사람들에게 나쁜 일이 일어날 때(When Bad Things Happen to Good People, Kushner, 1981)*에서 찾아볼 수 있다. 이 책에서 랍비인 해롤드 쿠시너(Harold Kushner)는 아들이 앓고 있던 희귀병(선천성 조로증)과 대처하면서 겪었던 어려움과 어린 나이에 맞이한 죽음에 대해 기술했다. 쿠시너는 또한 가족의 여러 행사들에서 의미를 만들거나 찾는 과제에 집중했다(〈개인적 통찰 9.7〉 참조). 그가 결론적으로 택한 내용은-주로 신은 우리들에게 일어나는 나쁜 일들에 대해 책임이 없다-많은 사별자들에게 위로가 되는 근거가 되었다.

어떤 사람들은 기본적인 가치관 속에 상실을 직접적으로 포함하고 있거나 적어도 의미가 분명해지기 시작할 때까지 참을 수 있다는 신앙이나 믿음을 갖고 있다. 다른 사람들은 반복해서 궁극적인 질문을 한다. 왜? 의미를 만드는 어떤 방법들은 특이하고 많은 것들이 인간들 사이에 널리 공유되기도 한다. 어떤 사별자들은 종교 단체에서 종교적 신념을 공유하며 위로를 얻기도 하고 개인적으로 철학이나 영적 믿음에 의지하기도 한다. 대부분의 모든 인간들에게는 죽음이 사랑하는 사람을 데려가더라도 살 가치가 있다고 하는 어떤 신념이 필요하다.

사별자를 돕기 위한 일대일 개입을 촉진시키기 위해 고안된 프로그램

애도 과제를 통해 사별자를 돕는 안내 지침을 넘어서, 일대일 관계에서 사별자를 도울 수 있도록 모색된 프로그램이 여러 가지 있다. 일대일로 도움 관계를 도와주는 지역 사회 기반의 프로그램에 관한 좋은 예시는 보스톤 지역에서 시작된 Widow-to-Widow 프로그램이다(Silverman, 1969, 1986, 2004, 2007). 공적 보건 관점과 *이행*(여기에서는 아내에서 사별한 여성으로)으로서의 사별의 중심점에 집중하면서, 이 프로그램은 사별한 여성들 자신에게 관심을 두고 그들이 어떻게 바라보는지 그리고 자신들에게 필요한 것을 어떻게 다루는지를 묻도록 했다. 그 결과 Widow-to-Widow 프로그램은 사별한 상태에 있는 그들이 유사한 상황에 처한 다음 사람들을 돕는 데 가장 좋은 위치에 있다는 전제-나중에 *상호 도움*이라고 불림-위에 만들어지게 되었다. 이 프로그램은 공동체 내에서 요청하는 사람들뿐만 아니라 공동체에 새롭게 들어온 모든 사람들에게 도움이 제공된다는 점에서 차이가 있다.(홀로 사별한 지 적어도 2년 정도 된)잠재적인 조력자들은 상담사의 도움을 받고 자신들만의 계획과 절차를 모아 개발한다. 프로그램 자체가 사별자를 돕는 기본적인 많은 방법들을 분명히 나타내는 데 도움을 주었다. 실버만(Silverman, 1986, p. 210)이 주장하듯이, "일반적으로 상호 도움은 사람을 병으로 치료하지 않고 동료로부터 배운다고 하는 이미지 향상에 주안점을 둔다는 점 때문에 전문가의 도움보다 강점을 갖고 있다." 상호 도움의 주안점은 전문가들보다 '인정 많은 친구들'(The Compassionate Friends)과 같이 사별 경험이 있는 사람들이 이끌어 가는 사별자를 위한 지지 모임에서도 찾을 수 있다(제11장 참조).

　사별자를 위한 일대일 도움 관계를 지원하는 다른 사례는 성직자, 교회 방문자, 신앙에 기반한 사회 단체, 그리고 목회 간호사들이 제공하는 경우이다. 일대일 관계를 발전시키려는 신앙에 기반을 둔 프로그램의 한 사례는 스테반 돌봄 사역(Stephen Ministry, 성경에 나오는 사람의 이름을 따서 지음, 사도행전 6-8, 고통 받는 사람들을 돌봄)에서 찾아볼 수 있다. 스테반 돌봄 사역(2045 Innerbelt Business Center Drive, St. Louis, MO 63114-5765; tel. 314-428-2600; www.stephenministries.com)은 기독교인이면서 초교파적인 단체로서 등록된 회원과 다른 단체들에 있는 스테반 리더에 대해 7일 간 과정의 리더십 교육과 자료와 지속적인 지원을 제공한다. 리더들은 차례대로 조직의 구성원들이 일대일로 어려움에 처한 사람들에게 직접적으로 도움을 제공하는 스베반 돌봄 사역을 할 수 있도록 준비한다. 1975년에 처음 생긴 뒤에, 이 프로그램에는 50개의 주, 10개의 캐나다 교구들 그리고 23개의 다른 주에 있는 150개가 넘는 기독교 교파들에서 만 명이 넘는 회원들이 참여하여 봉사를 하고 있는 것으로 추정된다. 이 프로그램을 통해서 55,000명의 스테반 리더와 50만 명 이상의 돌봄 사역자들이 여러 가지로 상처를 입은 사람들에게 도움을 제공할 수 있도록 훈련을 받은 것으로 추정된다. 스테반 돌봄 사역과 Widow-to-Widow 프로그램의 회원들은 이 장에서 개략적으로 서술한 도움의 안내 지도에 따라 개인에 기반하여 사별한 사람들에게 도움이 될 수 있도록 노력하고 있다.

비복잡성 비애를 촉진하기: 비통에 대한 상담

　지금까지 우리는 동료뿐만 아니라 같이 비통해 하는 사람으로서 사별자들과 "함께 옆에서 걷는" 방법들을 살펴보았다(《개인적 통찰 10.5》). 이것은 비통과 애도가 지극히 정상적이고 복잡하지 않다는 우리의 생각을 반영한다. 그것들은 훈련을 받았든 받지 않았든 사려 깊은 돌보미들을 통해 충분히 돌봄을 제공받을 수 있다. 전문가의 개입이 도움이 될 수는 있겠지만 대개 요구되지 않는다.

　전문가의 도움을 말할 때, 워든(2009)은 비통 상담과 비통 치유 간에 중요한 차이점을 제시한다. 전자는 정상적이거나 비복잡성 비애와 애도에 대처하는 사별자들의 작업을 돕거나 가능하게 하는 것과 관계된다. 후자의 경우는 비정상적이고 복잡성 비애 반응을 보이는 사람들을 돕기 위한 보다 전문적인 기술을 말한다. 사별자를 돕기 위해서는 복잡성 비애의 반응에 대해 주의해야만 한다(Cox, Bendiksen, & Stevenson, 2004a), 이러한 점들이 보일 때, 개인은 비통 치유를 위한 적절한 자료들을 참고해야만 한다(Rando, 1993; Sprang & McNeil, 1995). 그러나 정상적인 비통의 반응을 비정상적이거나 병리학적인 반응으로 잘못 이해해서는 안 된다. 왜냐하면, 사별자들을 잘못 이해하는

개인적 통찰 10.5

슬픔의 시간을 위하여

당신이 비통에 대한 고통을 함께 나누며,
  당신의 마음 속 고통은 내 안에서 울립니다.
  당신이 느끼는 모든 감정을 알지 못하고
  고통의 짐을 함께 지지 못한다는 것도 알아요.

그러나 사랑으로 줄 수 있는 것을 드릴 수 있어요.
  보살피는 힘,
  고요한 폭풍우가 휩쓸린 커다란 상실의 황량함을
  이해하려는 자의 따스함.

저는 이렇게 조용하게 함께 하고,
  저 외로운 길 위를
  당신은 홀로 걷지 않을 거예요.

Source: From Meditations of the Heart, by Howard Thurman.
Copyright © 1953, 1981 by Anne Thurman. Boston: Beacon Press.

것일 수도 있고 완전히 전문화된 도움이 필요할 수도 있기 때문이다.

비통 상담은 사별자와 일대일 개입의 형태로 이뤄진다. 이 작업을 위해서는 제대로 준비되고 자격을 갖춘 사람이 담당해야 한다. 비복잡성 비애와 애도에 대처하는 사람들을 돕기 위한 전문가 개입으로서 비통 상담은 심리학자, 사회 복지사, 성직자, 간호사, 의사, 상담사, 장례지도사 등에 의해서 이뤄질 수 있다. 그런데 중요한 점은 비통 상담사로서 모든 전문가들의 수준이 비슷하지는 않다는 것이다. 또한 비통 상담이 실제로 효과가 있는지(어쩌면 더 해로울 수도), 그렇다면 누구를 위해서 하는지에 대한 연구들에서 최근에 논란이 되고 있다(Allumbaugh & Hoyt, 1999; Currier, Holland, & Neimeyer, 2007; Forte, Hill, Pazder, & Feudtner, 2004; Jordan & Neimeyer, 2003; Larson & Hoyt, 2007a, 2007b; Neimeyer, 2000). 생산적인 비통 상담은 돌봄 공동체에서 나오고 있으며, 사별과 애도의 경험에 대한 깊은 이해와 함께 그 문제들을 대처하는 개인들을 돕고 문제를 해결하는 과정의 기술을 더하고 있다. 이러한 상담을 위해, 워든(2009)은 다음가 같이 10가지 기준을 제시했다. 많은 이 원칙들은 사별자를 돕는 비전문적 방식과도 관련이 있다.

1. ***유가족이 상실을 현실화하는 것을 돕는다.*** 상실에 보통 동반되는 비현실이라는 생각과 비교해서 이 원칙은 "상실이 실제로 일어났다는 사실과 그 사람은 죽었고 다시 돌아오지 않는다

는 사실을 완전히 알아차리도록" 권한다(Worden, 2009, p. 90). 2001년 9월 11일, 세계 무역 센터가 붕괴된 뒤에 생생하게 알려주듯이, 이것은 비행기 사고, 자연 재해, 전쟁 또는 테러 공격으로 죽은 시신을 확인하는 것이 왜 중요한지를 설명하는 하나의 이유이다. 또한 단순히 사별자들이 그들의 상실을 말하도록 도울 수도 있다. 공감하며 듣고 열린 질문을 통해 묘지를 방문하는 것처럼 상실의 환경을 반복적으로 돌아보도록 격려할 수 있다. 직계 가족 구성원들은 이러한 사항들을 잘 알고 있기 때문에 그들이 반복적으로 말하는 것을 견디지 못할 수도 있다. 그러나 세익스피어가 맥베드(IV, iii: 209)에서 말하고 있듯이, 사별한 사람은 "슬픔의 말"을 해야 한다. 배려심 있는 돌보미라면 상실을 알아차리고 그 충격에 공감하며 성장의 중요한 과정에 도움을 줄 수 있다. 그러나 사별자들이 아직 현실을 감당할 준비가 되지 않은 것으로 보인다면, 그들에게 죽음의 현실을 파악하도록 너무 강압적이거나 너무 빠르게 재촉해서는 안 된다. 그 사람의 신호에 따라야 한다(〈개인적 통찰 10.6〉 참조; 그러나 이러한 비통과 애도의 매우 민감한 표현이 "비통의 단계"에서 하나의 틀을 어떻게 취하는지 주의하라).

개인적 통찰 10.6

내 가족과 친구들에게 쓰는 편지

이번 휴가철에 나에게 너무 많은 것을 바라지 않아서 고마워요.

이번 크리스마스는 아이 없이 보내는 첫 번째 크리스마스가 될 것이고 나는 라디오, TV, 신문과 가게들에서 휴일 "기분"을 낼 수 있는 모든 것을 다 할 수 있어요. 우리는 즐거운 기분이 들지 않을 것이고 이번 크리스마스를 작년과 같이 보내는 척하려고 해도 아이를 잃었는데 불가능하겠지요.

필요하다면 내 아이에 대해 말할 수 있도록 해주세요. 내 눈물에 불편해하지 말고요. 내 마음은 찢어지고 눈물은 내 슬픔을 끝나게 하는 하나의 방법이랍니다.

나는 내 아이를 기념하는 특별한 무언가를 계획하고 있어요. 아이에 대한 우리의 기억이 여전히 있을 수 있도록 이렇게 하려는 것을 알아주세요. 내가 두려운 것은 내가 잊는 것이 아니라 여러분들이 잊어버리지 않을까 하는 것입니다.

정상적인 것이라고 생각되지 않는 것을 내가 하더라도 나를 비난하지 말기 바랍니다. 나는 이제 다른 사람이고 이 달라진 사람이 아이의 죽음을 받아들이기까지는 긴 시간이 걸릴 수도 있을 것입니다.

내가 이 비통의 단계에서 살아남기 위해서는 당신의 인내와 지지가 필요합니다. 특히 이런 휴가 기간과 일 년 중 "특별한" 날에 더욱 그래요.

이 휴가철에 나에게 너무 많은 것을 기대하지 않은 것에 대해 감사합니다.

사랑해요,

사별한 부모가

출처: "A Letter to My Family and Friends" in M. Cleckley, E. Estes, and P. Norton(Eds.), We Need Not Walk Alone: After the Death of a Child, Second Edition, p. 180. Copyright © 1992 The Compassionate Friends. Reprinted with Permission.

2. **유가족이 확인하고 감정을 느끼도록 돕는다.** 많은 사별자들은 죄책감, 불안감, 공포, 무기력 또는 슬픔과 같은 불쾌한 감정을 자각하지 못하거나 건설적인 애도가 가능한 방식으로 그들의 감정과 상실에 대한 반응을 표현하지 못하기도 한다. 조력자는 사별자가 상실에 대한 반응을 알아차리도록 도울 수 있고 적절하게 집중이 이뤄질 수 있도록 한다. 예를 들면, 어떤 사람들은 돌봄 제공자들에게 죽음을 막지 못한 것을 비난하기도 한다. 또 어떤 사람들은 사별을 경험했지만 그다지 영향을 받은 것처럼 보이지 않는 사별자들에게 화를 내기도 한다. 그리고 자신들이 했던 것과 하지 못했던 것들에 대해 자신에게 분노하는 사람들도 있다. 그리고 마지막으로 사별자에게 많은 문제들을 남겨놓고 죽어버린 것에 대해 고인에게(보통 인정하기 어렵지만) 화를 내는 사람들도 있다. 따라서 캐인(Caine, 1975)은 생활 속에서 많은 어려움과 대처해야 하고 홀로 아이들을 양육해야 하는데, 남편이(자신이 생각할 때는) 준비가 되지 않은 자신을 홀로 남겨놓고 떠나 버린 것을 책망했다.

"남편의 어떤 점이 그리운가요?"와 "남편의 어떤 점이 그립지 않은가요?"와 같은 질문들은 긍정과 부정적인 감정 사이에서 중심을 잡도록 도와줄 수도 있다. 전반적인 비통 반응의 부분으로서 비현실적인 죄책감이 경험될 수 있으며, 이것이 현실 검사에 반응할 수도 있고 "우리는 할 수 있는 모든 것을 했다."고 하는 인식을 가져오도록 할 수도 있다. 많은(그러나 모두는 아닌) 사별자들에게 요구되는 것은 그들의 슬픔과 울음을 억누르는 것이 아니라 오히려 표현하도록 부드럽게 격려하는 것이다. 분노와 책망과 같은 강한 감정들을 인정하는 것은 비통에 빠진 사람이 상황을 넓게 볼 수 있도록 하고 정리할 수 있도록 도와준다. 죽음 전에 긍정적인 일들을 했다는 것과 아직 해결되지 않았거나 조절하지 못하는 때일지라도 여전히 어떤 효과적인 방식으로 행동할 수 있다고 인정함으로써 마음이 편해질 수 있다. 그러나 비통에 빠진 사람은 자신이 용서하고 편안할 수 있어야 한다. 왜냐하면, 조력자들은 그 과정을 가능하도록 하거나 세심하고 조심스럽게 그렇게 하도록 해야 한다.

3. **고인 없이 살 수 있도록 돕는다.** 조력자는 사별자가 자신의 결정을 내리거나 문제를 처리하도록 도울 수 있다. 극심한 비탄을 경험하는 과정에는 좋은 판단을 내리기가 쉽지 않기 때문에, 그런 시기에는 사별자들에게 재산을 팔거나 직업을 바꾸거나 전근하는 것과 같이 큰 생활의 변화를 일으킬 수 있는 일을 결정하지 말도록 권한다. 주디 블룸(Judy Blume)의 청소년용 소설, *타이거 아이즈(Tiger Eyes*, 1981)의 핵심적인 교훈은 뉴저지 애틀랜틱시티(아버지가 7-Eleven 가게에서 강도에게 죽임을 당한 곳)에서 이모가 있는 뉴멕시코의 로스 앨러모스로 이사를 간 것은 십대 소녀와 그녀의 어머니, 남동생이 서로 간의 관계와 비통에 대처하는 방법이라는 측면에서 결코 생산적이지 않다는 점을 아는 것이다.

그럼에도 불구하고, 조력자의 역할은 사별자를 위해 그 문제를 떠맡거나 사별자를 위해 결정하는 것이 아니다. 따라서(손 등을 잡거나 포옹할 필요에서 새로운 사람과 친밀감을 얻는

상담자와 이야기 하는 것은 어린이와 청소년들이 자신의 상실과 슬픔에 대처하는데 도움이 될 수 있다.

문제에 이르기까지 사별의 상황에서 성적인 문제를 어떻게 처리할 것인가와 같은) 독자적인 결정을 해야 하는 경우와 관련해서 쟁점이 발생할 때, 조력자의 주된 역할은 결정을 하는 과정에서 그 사람을 도우기만 할 뿐이다. 이것은 타당성과 비심판적 방법으로 이뤄지는 것이 가장 좋다. 사별자에게 새롭고 효과적인 대처 기술을 얻도록 하는 것은 사별의 상황에서 자신들이 무력하다고 인식하는 사람들에게 자율권을 주는 것이다.

4. ***상실에서 의미 찾는 것을 돕는다.*** 제9장에서 살펴봤듯이, 삶에서 사랑하는 사람의 죽음이나 소중한 상실의 경험 속에서 의미를 찾는다는 것은 사별한 사람에게 매우 개인적인 과제이다. 조력자들은 소중한 상실에 단순히 의미를 부여할 수 없으며 그 상실이 개인에게 무엇을 의미하는지 결정할 수도 없다. 그럼에도 불구하고 그들이 함께 살아가는 의미를 찾거나 현재 살아가는 변화된 세계에 의미를 다시 부여할 때, 조력자는 그들을 도울 수 있다. 어떤 사람은 조력자들의 도움을 받는 사람들이 자신들의 신념을 잘 이룰 수 있도록 하는 동안, 조력자들은 자신들의 신념을 마음속에 간직할 것을 권한다. 어떤 사별자들은 어떤 의미가 존재한다는 것을 특정한 방식이나 전체적인 면에서 확신을 심어주는 종교적 또는 영적 신념을 통해 편안함을 찾는다. 고인이 행동한 방식을 통하여 상실이 일어난 원인을 설명하는 사람들도 있다. 상실을 통해서 어떤 것을 배울 수 있는 사건으로 생각하는 사람들도 있다. 상실에 만족할 만한 이유를 부여할 수 없는 경우에도 많은 사람들은 사랑하는 사람을 빼앗긴 죽음의 방식과 연관된 활동들에 의미를 부여하는 경우가 있다. 예를 들면, 죽은 사람의 이름으로 추모 행사나 장학금을 만드는 경우도 많고 총기 사건이나 음주 운전을 최소화하는 로비 활동을 통해 사랑하는

313

사람의 죽음이 헛되지 않도록 하고 무의미하고 불필요하며 유사한 죽음이 앞으로 일어나지 않기를 희망하는 사람들도 있다.

5. **정서적으로 고인의 위치가 다시 이뤄지도록 한다.** 이 원칙은 사별자가 새로운 관계를 형성하도록 격려하는 것에 관한 내용만이 아니다(제9장의 〈개인적 통찰 9.3〉 참조). 시간이 지나면서 적절할 수도 있다. 그러나 충분한 애도를 막는 방식으로 너무 서둘러서 그렇게 하도록 하지 않는 것이 중요하다. 이 원칙의 핵심은 "상실한 사랑하는 사람을 위해 유가족이 자신의 삶에서 새로운 자리, 유가족이 삶과 함께 앞으로 나아갈 수 있고 새로운 관계를 형성할 수 있는 자리를 찾도록 돕는 것이다."(Worden, 2009, p. 99) 이 원칙은(이 목록의 다른 항목들과 함께) 상실의 인식과, 비통의 표현, 관계성의 재구성, 지속적인 유대감을 나타내는 "연결 대상"을 통해 잘 설명된다. 아들로서, 곧 폐장하는 시키고의 야구 경기장(Comiskey Park)에서 열린 마지막 경기를 참관하는 것은 아버지와 함께 했던 좋은 추억들을 상기시켜 주는 소중한 것이며, 그가 이전에는 회피했던 방식으로 비통을 경험하고 표현할 수 있도록 도와주는 것이고, 그와 함께 미래로 나아가도록 하는 소중한 기억을 주는 것이다(Krizek, 1992). 고인과의 관계를 재구성하는 것은 고인을 무너뜨리거나 대체하거나 모욕되게 하려는 것이 아니다. 이것은 사별자가 가능한 앞으로의 삶을 살아가도록 하고 그들을 사랑하고 돌봐줬던 고인도 그들이 살아가기를 원할 것이기 때문에 그들이 살아갈 수 있도록 격려하는 것이다.

6. **비통해할 시간을 준다.** 풍부하고 다양한 관계성에서 애착을 재구성하고 이제는 끝난 과거 측면의 문을 닫아버리는 데는 시간이 필요하다. 친밀한 관계는 많은 단계를 토대로 발전하며 많은 결과를 가져온다. 애도가 상실에 필요한 것이라면 역시 복잡할 수 있다. 어떤 사람들은 자신들이 삶에서 빠르게 균형을 찾고 익숙한 삶으로 바로 다시 돌아간다. 그들은 좀 느리게 회복하거나 상실과 비통을 대하는 데 더 어려움을 느끼는 사별자들을 힘들어 한다. 그들은 장례 기간과 사별 초기에 있었던 많은 지원들을 더 이상 쉽게 받을 수 없다는 점에서 사별자들이 소중한 기념일이나 죽은 뒤 3개월에서 6개월 정도가 되면 아주 힘들어 한다는 사실을 알지 못할 수도 있다. 실제로 조력자와의 접촉이 항상 빈번하게 이뤄질 필요는 없다고 하더라도 많은 사람들이 생각하는 것보다 훨씬 더 오랜 기간 동안 실질적인 조력자의 도움이 필요할 수도 있다.

7. **"정상적인" 행위를 해석하라.** 많은 사별자들이 자신이 "미쳤다"거나 "제정신이 아니다"라는 생각을 한다. 그 이유는 생활하면서 주로 경험하는 것이 아니기 때문이며 일시적이나마 과거와 같이 이전과 같이 활동할 수 없기 때문이다. 사별에 대한 지식이 있거나 경험한 사람은 정상적인 비통의 반응이 될 수 있도록 도울 수 있다.("환각?"과 같은) 특이한 경험이나 고인에 사로잡히는 현상들은 사별 과정에서 흔히 있는 것이며 보통 그 사람이 정말로 미쳤다고 하지도 않는다는 사실로 안심시키는 것이 좋을 것이다. 이렇게 격려해주는 것이 힘든 시기에 있는

사별자를 잘 안내하고 용기를 북돋아 주는 것이다.

8. ***개인의 차이점을 고려하라.*** 이 원칙은 조력자들에게 중요하다. 한 사람의 죽음은 사랑하는 사람들에게 다른 방식으로 영향을 미친다. 사별자들은 각자가 고인과 자신만의 관계와 대처 기술을 갖고 있는 특별한 사람이다. 사람들은 각자 자신만의 방식으로 애도한다. 비통의 반응과 애도 과정에서 개인의 특성을 고려하여 돕는다는 것은 특히 가족이나 구성원을 잃어버린 조직에게 중요하다. 특히 부모 간에 아이의 죽음에 대해 각자 다른 반응을 보일 수 있다는 점을 이해하도록 노력하는 것이 훨씬 더 중요하다. 조력자로서 그들이 도우려고 하는 사별자 개인의 독특한 점을 존중할 필요가 있듯이, 사별자들은 똑같은 상실로 영향을 받는 사람들 가운데서도 비통과 애도의 개인적 특성을 존중해야만 한다.

9. ***방어하고 대응하는 방식을 검토하라.*** 조심스럽고 신뢰할 수 있는 방식을 통해 사별자들이 자신들만의 방식으로 대처할 수 있도록 유도함으로써 조력자들은 사별자가 자신들의 행위를 알고 평가하고(필요하면) 행동을 고칠 수 있도록 할 수 있다. 이것은 직접적이라기보다 사별자가(어떤 때는 공동의 노력으로) 자신의 생각이나 행위를 평가하도록 하는 방법으로써 다른 대처 방식을 제안하는 조심스러운 작업이다. "하루를 보내는 데 무엇이 도움이 된 것 같나요?" 또는 "감당하기 가장 어려운 것은 무엇인가요?"와 같은 질문들이 사별자가 대처하는 방식을 이해하는 데 도움을 줄 수 있다.

10. ***병적 이상을 확인하고 알아보라.*** 사별자를 돕는 대부분의 사람들은 전문적인 기술이나 복잡성 비애 치료사 자격증을 갖고 있지 않기 때문에, 혼자 복잡성 비애 반응을 대할 준비가 되어 있지 않다(Rando, 1993; Sanders, 1989; Sprang & McNeil, 1995). 그러나 조력자와 상담사들은 복잡성 비애 현상에 주목하고 필요한 사람들에게 적절한 자료들을 참조하도록 하는 중요한 역할을 담당할 수 있다. 이렇게 소개하는 것은 실패가 아니라 자신의 한계를 인식하는 책임 있는 행동이다.

내용 요약

본 장에서는 개인이 상실과 비통에 대처하는 사람들을 도울 수 있는 여러 방식들을 살펴봤다. 사별자들에게 도움이 되지 않는 메시지의 사례를 설명했고 박탈된 비통의 개념을 소개하고 분명하게 말했으며, 반려 동물이나 애완동물과 관련된 상실이 잘 인정받지 못한다는 점과 그 상실이 박탈될 수 있다는 점을 말했다. 우리는 사별자의 애도 과정에서 과제를 통해 사별자들에게 도움이 될 수 있는 방식들을 살펴봤다. 이러한 도움은 기본적으로 사별자와 "친구되기"를 위한 프로그램으로 이뤄진다. 그리고 공동체에 기반한 프로그램과 신앙에 기반한 프로그램으로서 사별한 사람들에게 일대일에 기반하여 개인적으로 도움을 줄 수 있도록 하는 프로그램의 예로서, Widow-to-Widow프로그램과 스테반 돌봄 사역을 설명했다. 더 나아가 전문적인 비통 상담의 근거가 되는 원칙들이 비복잡성 비애와 애도에 대처하는 사별자들을 도우려고 하는 사람들에게 지침이 될 수 있는 내용과 유사하기 때문에, 비복잡성 비애에 대한 10가지 원칙을 설명했다.

용어 해설

박탈: 관계성, 상실, 비통에 빠진 사람, 비통 또는 애도에 적용됨

박탈된 비통: 공개적으로 인정받지 못하거나 공식적으로 애도를 함께 하지 못하거나 사회적으로 지지받지 못하는 상실이 일어났을 때 사람들이 경험하는 비통이나 애도

비통 상담: 정상적이거나 비복잡성 비애와 애도에 대처하는 사별자를 도움

비통 요법: 비정상적이거나 복잡성 비애 반응에 대처하는 사별자를 도움

사별자 돕기

  가치적 과제로 돕기: 상실에서 의미를 찾거나 이해하도록 돕는 노력

  인지적 과제로 돕기: 상실이나 죽음에 대한 정보를 얻도록 돕는 노력

  정서적 과제로 돕기: 건설적인 방법으로 상실이나 죽음과 관련된 정서와 감정을 표현할 수 있도록 돕는 노력

  행동적 과제로 돕기: 고인의 삶이나 고인이 남기고 간 유산을 기억하도록 기획된 추모 활동을 포함하여 외적인 사건이나 행위를 통해 죽음을 알아차리거나 표시를 할 수 있도록 돕는 노력

사별자를 돕는 일대일 개입: 이전에 사별 경험이 있거나 훈련을 받은 일반인들이 사별자들을 돕도록 기획된 프로그램

사별자에게 도움이 되지 않는 메시지: 상실을 최소화하려는 시도, 공적으로 강한 비통의 반응을 느끼거나 표현하지 말라는 책망, 원래의 생활로 빨리 돌아가라는 제안 그리고 비통과 애도로 다른 사람들을 방해하지 말라는 제안을 보통 포함함

사별자에게 필요한 기본적인 다섯 가지: 사회적 지지, 영양, 수분 섭취, 운동, 휴식

스테반 돌봄 사역: 일대일로 어려움에 처한 사람들에게 직접적으로 돌봄을 제공하는 조력자들을 위하여 리더십 교육과 지원을 제공하는 초교파적인 기독교 프로그램

애완동물 상실: 죽음, 상실 또는 애완 동물이나 반려 동물과 관계가 끝남

Widow-to-Widow 프로그램: 이전에 상실을 경험한 사람이 최근 상실을 경험한 사람을 일대일에 기반하여 도움을 주는 상호 도움 프로그램

1. 삶에서 사랑하는 사람의 죽음을 경험했거나 소중한 것을 상실했을 때가 언제였는지 생각해 보라. 그때 당신과 함께 또는 당신을 위해 무엇을 해주었으면 좋겠다고 생각했는가?

2. 사별자들은 사별 과정에 있을 때 자신들을 도우려고 했던 사람들이 도움이 되지 못했었다고 말하는 경우가 자주 있다. 다른 사람의 도움을 필요로 했거나 받고자 했지만 받을 수 없었던 때가 있었는지 생각해 보라. 어떤 요인들(예를 들면, 사람, 상황 등) 때문에 필요로 했던 도움을 받을 수 없었는가?

3. 당신이 경험했던 상실이나 911 사건 또는 다른 중대했던 사회적인 비극과 관련해서 다른 사람이 경험한 상실에 대해(직접적 또는 언론을 통해) 목격했던 내용에 대해 생각해 보라. 어떤 유형의 상실에 관심이 있는가? 그런 상실에서 주된 특징은 무엇인가?

추천 도서

비통해 하는 사람들을 돕기 위한 조언 관련 서적:

Adams, C. A.(2003). *ABC's of Grief: A Handbook for Survivors.*

Attig, T.(2000). *The Heart of Grief: Death and the Search for Lasting Love.*

Bowering, G., & Baird, J.(Eds.).(2009). *The Heart Does Break: Canadian Writers on Grief and Mourning.*

Fitzgerald, H.(1995). *The Mourning Handbook: A Complete Guide for the Bereaved.*

Grollman, E. A.(Ed.).(1981). *What Helped Me when My Loved One Died.*

Kushner, H. S.(1981). *When Bad Things Happen to Good People.*

Lewis, C. S.(1976). *A Grief Observed.*

Moffat, M. J.(1982). *In the Midst of Winter: Selections from the Literature of Mourning.*

Neimeyer, R. A.(1998). *Lessons of Loss: A Guide to Coping.*

Rando, T. A.(1988b). *How to Go on Living when Someone You Love Dies.*

Schiff, H. S.(1986). *Living through Mourning: Finding Comfort and Hope When a Loved One Has Died.*

Schwiebert, P., & DeKlyen, C.(1999). *Tear Soup: A Recipe for Healing after Loss.*

Smith, H. I.(1999). *A Decembered Grief: Living with Loss when Others Are Celebrating.*

Smith, H. I.(2004a). *Grievers Ask: Answers to Questions about Death and Loss.*

Smith, H. I., & Jeffers, S. L.(2001). *ABC's of Healthy Grieving: Light for a Dark Journey.*

전문 조력자들을 위한 안내서:

Becvar, D. S.(2003). *In the Presence of Grief: Helping Family Members Resolve Death, Dying, and Bereavement Issues*.

Cook, A. S., & Dworkin, D. S.(1992). *Helping the Bereaved: Therapeutic Interventions for Children, Adolescents, and Adults*.

Crenshaw, D. A.(1995). *Bereavement: Counseling the Grieving throughout the Life Cycle*.

Doka, K. J.(Ed.).(1989a). *Disenfranchised Grief: Recognizing Hidden Sorrow*.

Doka, K. J.(Ed.).(2002a). *Disenfranchised Grief: New Directions, Strategies, and Challenges for Practice*.

Hansen, A.(2004). *Responding to Loss: A Resource for Caregivers*.

Hanson, J. C., & Frantz, T. T.(Eds.).(1984). *Death and Grief in the Family*.

Hooyman, N. R., & Kramer, B. J.(2006). *Living through Loss: Interventions across the Life Span*.

Jeffreys, J. S.(2005). *Helping Grieving People When Tears are Not Enough: A Handbook for Care Providers*.

Rando, T. A.(1984). *Grief, Dying, and Death: Clinical Interventions for Caregivers*.

Rando, T. A.(1993). *Treatment of Complicated Mourning*.

Sanders, C. M.(1992). *Surviving Grief ⋯ and Learning to Live Again*.

Sprang, G., & McNeil, J.(1995). *The Many Faces of Bereavement: The Nature and Treatment of Natural, Traumatic, and Stigmatized Grief*.

Stewart, M. F.(1999). *Companion Animal Death: A Practical and Comprehensive Guide for Veterinary Practice*.

Thompson, N.(Ed.).(2002). *Loss and Grief: A Guide for Human Service Practitioners*.

Walsh, F., & McGoldrick, M.(Eds.).(2004a). *Living beyond Loss: Death in the Family*(2nd ed.).

Walter, T.(1999). *On Bereavement: The Culture of Grief*.

Webb, N. B.(Ed.).(2004). *Mass Trauma and Violence: Helping Families and Children Cope*.

Weizman, S. G.(2005). *About Mourning: Support and Guidance for the Bereaved*.

Worden, J. W.(2009). *Grief Counseling and Grief Therapy: A Handbook for the Mental Health Practitioner*(4th ed.).

웹자료

유용한 검색어: DISENFRANCHISED GRIEF; GRIEF COUNSELING; GRIEF THERAPY; PET

LOSS; STEPHEN MINISTRY; TASKS IN MOURNING; WIDOW-TO-WIDOW PROGRAMS.

본서와 연계된 웹사이트 Death & Dying, Life & Living, 제7판을 방문해 보라.

본서-특약 웹사이트는 전문용어 해설, 플래시 카드, 아래 소개된 웹사이트 연결로, 그리고 퀴즈 테스트 등을 포함하는 학습 도구들을 제공한다. www.cengagebrain.com을 방문하라.

American Counseling Association

Association for Clinical Pastoral Education

Association for Pet Loss and Bereavement

Association for Professional Chaplains

Bereavement and Advance Care Planning Services, Gundersen Lutheran Medical Foundation

International Association of Pet Cemeteries & Crematories

National Mental Health Association

Pet Loss Grief Support Website

Stephen Ministries

© Douglas Litchfield/Shutterstock

제11장

상실과 비통에 대한 대처: 장례식과 공동체가 돕는 방식

목표

- 예식의 역할과 위기에 처한 개인을 돕기 위한 공동체의 지지 설명하기
- 상실과 비통에 대처하는 사람들을 돕기 위해 기획된 공동체 프로그램의 4가지 유형 기술하기
  1. 장례식과 추모 예식
  2. 상조회의 사후 돌봄 프로그램
  3. 호스피스 사별 후속 프로그램
  4. 사별자를 위한 지원 단체

애도 과정의 여성에게 지원을 제공한 사회 기관

스텔라 브리지만(Stella Bridgman, 제9장과 제10장 첫 부분에 소개된 글 참조)은 아들의 장례식을 통해 위안을 얻었다. 최근 아들의 삶은 너무나 힘든 생활이었다. 그런데 아들의 친구와 학교 친구들, 직장 동료들이 많이 참석해줘서 그녀는 놀랐다. 그들은 그녀에게 죽은 아들이 자신들에게 어떤 의미가 있었는지 그리고 그가 도움을 줬던 기억들을 말했다. 아들이 아버지 옆에 묻혔을 때, 스텔라는 그가 마침내 안식을 얻게 되었다고 믿었다.

장례식과 그 후 몇 개월이 지났을 때, 상조회의 사후 돌봄 전문가들은 가끔씩 스텔라가 잘 지내는지 확인하고 상실과 비통에 관한 짧은 소식지를 건네줬고 그녀가 읽을 만한 책들을 추천했으며, 언제든지 그녀가 원할 때 질문할 수 있도록 했다. 그녀의 아들이 호스피스에 있지는 않았지만 사후 돌봄 전문가들은 지역 호스피스에 있는 공동체 사별프로그램을 문의해주고 그곳에서 제공하는 자료들을 받을 수 있도록 했다.

아들이 죽은 뒤 4개월이 지나서 스텔라는 상실의 모든 충격을 그때서야 경험하는 듯한 느낌을 받았다. 사후 돌봄 전문가의 도움을 받고, 한 친구가 그녀를 사별한 부모를 위한 국제 지원 단체인 자비로운 친구들의 한 지부 모임에 데리고 갔다. 스텔라도 이 단체에 대해 들어본 적은 있었지만, 자기 발로 모임에 참여하기에는 위축되어 있었다. 이 단체가 나를 낯설어할까 반길까? 도움이 될까 안 될까? 내 반응에 내가 정신을 못 차리거나 이 단체에서 내가 견디지 못하면 어떡하지? 신체적으로나 정서적으로 집까지 운전을 하지 못하면 어떻게 하지? 친구가 옆에 있어주고 지지를 해줬기에 그녀는 이러한 불안감을 진정시킬 수 있었다.

이 단체는 스텔라가 그녀의 고통과 분노, 죄책감 그리고 다른 강한 감정들을 표현했을 때 물러서지 않았다. 회원들은 그녀가 이러한 감정들을 분출할 수 있도록 도와줬고 그녀의 반응이 정상적이라는 점을 인정해줬다. 그들은 스텔라가 사별한 부모로서 그녀의 질문이 당연하다는 것을 알고 있었고 그녀의 경험을 인정해줬다.

어느 모임에서 스텔라는 자신이 미쳐가는 것 같다고 말했다. 회원들은 자신들 또한 자주 그런 경험을 느낀다고 동감을 표시했다. 스텔라는 다른 사별자 부모가 죽은 자녀에 대해 눈물을 흘리지도 않으면서 말하는 것을 보고 놀랐다. 어떻게 그들은 자신들의 삶을 살아갈 수 있는지, 휴가철을 어떻게 보내는지, 그리고 어떻게 때로는 웃기까지 할 수 있는지? 스텔라는 이 사람들이 "죽음의 그림자가 깔린 골짜기"에서 걸어왔고 이제는 살아갈 수 있는 길을 발견할 수 있었다면 자신 또한 할 수 있을 것이라고 자신에게 말하려고 노력했다. 그러나 그때까지는 어떻게 해야 할지 몰랐다.

시간이 지나고 회원이 되면서, 다른 부모들은 스텔라에게 끔찍한 상실을 이겨낼 수 있고 비통의 반응을 효과적으로 대처해갈 수 있다는 것을, 삶은 다시 좋아질 것이라는 사실을 보여줬다. 또한 단체의 회원들은 스텔라에게 어떤 충고를 주지 않으면서도 그녀에게 역할 모델이 되었고 그녀에게

2010년 8월 22일, 워싱턴 실버데일에서 지역 소방대원과 해군 관계자들이 뉴욕 9/11 기념물에 있던 국기를 접고 있다.

어떻게 자신의 삶을 살아갈 것인지를 결정하는 선택 사항을 제공해줬다.

생애 위기와 예식

대부분의 인간의 삶에서 예식은 중요한 역할을 한다. 인류학자들이나 다른 사람들은 핵심 용어를 다양하게 정의하면서 예식에 관해 수년간 연구해왔다. 예를 들면, 미첼(Mitchell, 1977, p. xi)은 *예식(ritual)*이란 단어를 "공동의 상징적 활동에 대한 보편적 단어"로 설명했다. 예식과 관련된 공동의 또는 공동체의 상징적 활동에는 일반적으로 두 가지 요소가 있다. 외적(신체적) 행동과 사회적 행동이다. 전자는 내면의 현실을 상징하는 몸짓, 자세 그리고 움직임과 같은 것이고, 후자는 보통 예식 활동에 포함되는 공동체이다(Douglas, 1970).

우리는 인간 사회에서 이러한 예식의 활동을 확인할 수 있다. 반 게넵(Van Gennep, 1961)은 예식과 삶의 위기 또는 인간 삶에서 중요한 전환점이 되는 자녀의 탄생, 성인식, 결혼, 죽음과 같은 경우의 관계를 강조했다. 위기는 인간 삶에서 중요한 변화나 붕괴와 관련되기 때문에, 혼란을 야기할 수 있다. 결과적으로 위기는 제9장에서 언급했듯이, "위험한 기회"이다. 예식은 그러한 사건들의 질서나 방향성을 설정하는 데 어느 정도 기여할 수 있다. 결과적으로 예식이 목표를 달성할 수 있도록, 예식은 평범하지 않은(그러나 항상 예상치 못한 것은 아닌) 상황에서 어떻게 행동해야 하는가에 대한 인내를 함으로써 낯선 것을 보다 친숙하게 만든다. 달리 말하자면, 예식은 낯설거나 평범하지 않은 인간 삶을 어느 정도 "길들이려고" 한다.

죽음은 인간 삶에서 가장 중대한 장애물이자 혼란 가운데 하나이기 때문에, 역사를 통틀어 인간

길가의 개인 기념물이 표준화된 주정부의 기념 표지판으로 대체되었다.

이 죽음의 영향을 받은 삶을 질서 있게 만들려고 노력해 왔다는 것은 놀랄 일도 아니다(Bendann, 1930; Puckle, 1926). 고고학자들과 인류학자들은 그들이 발견한 많은 고대 유물들 가운데 어떤 것들은 죽음과 매장의 의식과 연관되었을 것으로 보고 있다. 또한 선사 시대에서 최근으로 진행되듯이, 죽음과 관련된 예식들은 모든 사회적 죽음 제도 안에서 발견된다. 마거릿 미드(Margaret Mead, 1973, pp. 89-90)는 "내가 알기로, 죽음이 중요하지 않을 사람은 없으며, 예식을 통해 다뤄지지 않을 사람은 없다."

그럼에도 불구하고, 사회에서 많은 사람들은 예식 활동을 피하려고 하고 예식 따위는 필요 없다는 것처럼 행동한다. 예를 들면, 졸업식 행사에 오지 않거나 장례식에 참석하지 않으려고 하는 사람들이 있다. 미국 사회가 의례화 된 행위를 그만두려는 노력을 하고 있다고 주장하는 사람들도 있다. 그러나 그것은 정확한 표현이 아니다. 우리는 삶에서 중요한 순간에 예식의 필요성을 느낀다. 그 증거는 사회의 많은 개인이나 공동체들의 행동에서 찾을 수 있다. 예를 들면, 군대에서는 군복무를 하는 사람의 죽음 소식을 접하면, 사상자 지원 장교를 정하여 가족들에게 세심하면서도 공식적인 방법으로 그 소식을 전하며 가족이 필요로 하는 도움을 제공하려고 노력한다(Sheeler, 2008). 군인과 경찰, 소방관이 죽는 경우, 장례와 매장, 추모 활동이 공식적이고 정성스럽게 이어진다. 담당자들은 제복을 착용하여 장례식에 참석하고, 국기를 꼼꼼하게 접고 유가족에게 전해준다. 나팔수는 "영결 나팔"을 불고 조총 부대는 하늘로 총을 쏘아 올린다. 스포츠 선수들도 팀원이 죽으면, 검은색 밴드를 팔에 착용하며 그 선수의 등 번호는 영구 결번이 되기도 한다. 어떤 공동체에서는 유명하거나 특

324

별히 존경받는 사람이 죽는 경우 조기를 게양하기도 하며 사회적인 행사에서 이뤄지는 묵념을 올리기도 한다. 자동차 사고로 사랑하는 사람이나 친구가 죽었을 때, 그곳을 표시하기 위하여 비공식적으로 길가에 기념비를 세우고자 하는 친구, 가족과 같은 작은 사회단체들도 있다(Clark & Cheshire, 2004; Clark & Franzmann, 2006; Everett, 2002; Haney et al., 1997; Reid & Reid, 2001). 이러한 다양한 예시들을 통해, 우리는 많은 사별자들이 홀로 조용히 괴로움을 겪지 않는다는 것을 알게된다. 대신에 그들은 무슨 일이 일어났는지 주목하도록 하고, 자신들의 상실과 비통이 알려지도록하며, 대중에게 말하고, 자신들의 애도에 공동체가 참여하도록-공동체가 이러한 행동에 대해 항상용인하는가는 상관없이-촉구한다(〈비판적 숙고 #9〉 참조)

비판적 숙고
#9 길가의 기념물에 대한 비판과 반응들

길가의 기념물은 원래 라틴-아메리카 문화에서 시작되었다. 거의 200년 전에 미국 남서부(텍사스, 뉴멕시코, 애리조나)에서 나타나기 시작해서 최근 수십 년간(알래스카와 하와이를 포함한) 미국 전역으로 확산되고 있다.

콜린스와 라인(Collins와 Rhine, 2003)은 이러한 추모 기념물을 연구하여, 이러한 기념물들이 교통 사고가 발생한 곳에서 자주 보이고 익사 사고, 살인 사건, 자살 등이 일어난 곳에서도 발견되고 있다는 점을 발표했다. 길가의 기념물은 젊은이가 갑작스럽게 폭력적인 죽음을 당했을 때, 가장 많이 보였으며 공유지나 사유지에 세워진다. 사별한 사람들은 죽음이 발생한 곳에 최대한 가까운 곳에 길가 추모 기념물을 세운다. 그들은 종종 기념물을 이용하여 그 곳이 어떤 의미에서는 자신들에게 "성스러운" 곳이라는 것을 표시하기도 한다. 이것은 어떤 종교적 상징(보통은 십자가)이 표지의 일부로 사용될 때 특히 분명해진다. 그리고 콜린스와 라인은 "꽃, 노트, 시, 사진, 음악 테이프, CD, 스카프, 바람개비, 풍선"과 같은 것들, 그리고 어린이들이 희생자일 경우는 "테디 베어, 인형, 장난감 또는 스포츠 장비" 등도 사용되고 있다는 점을 확인했다(pp. 230-231).

이러한 기념물들은 논란의 여지가 없지 않다. 콜린스와 라인은 이 비판을 네 가지 주된 유형으로 분류하였다. 첫 번째는 도로 통행권의 유지 문제이다. 이 기념물들은 통행에 방해가 될 수 있기 때문에, 어떤 주에서는 그것들을 철거하기도 하고 또 어떤 주에서는 자발적으로 설치한 기념물을 주에서 허가한 기념물로 대체하도록 하는 경우도 있다. 주에서 허가한 기념물은 사별자들이 자발적으로 세운 기념물보다 평범하고 개인적인 특징이 없다. (두 기념물 간의 차이점에 대해서는 p. 324 사진에서 볼 수 있다.)

두 번째 반대 의견은 안전에 대한 문제이다. 어떤 사람들은 길가 기념물이 운전자들의 주의를 산만하게 하고 죽음이 일어났다는 표지가 위험한 것이 된다는 것이다.(콜린스와 라인은 길가의 기념물을 설치한 대부분의 사람들이 다른 사람들에게 경고를 하려고 표지를 세운 것은 아니란 점을 발견했다는 점에 주목해야 한다.) 그러나 콜린스와 라인이 말했듯이, 이 기념물들은 대부분 작고 쉽게 지나칠 수 있는 정도이고 잠재적으로 산만하게 한다는 점에서는 우리가 길을 따라 가면서 볼 수 있는 많은 광고판들에 비해 그다지 의미가 없다.

세 번째 의견은 길가 기념물들을 시각 공해의 하나로 보는 경우이다. 이곳에 설치된 다양한 종류의 기념물들에 대해 조형적으로 좋지 않다고 보는 사람들도 있다. 그러나 콜린스와 라인은 자신들이 면담한 대부분의 사람들이 사별자들의 비통에 매우 민감했고 기꺼이 미관상 안 좋은 점은 감수하겠다는 뜻을 나타냈다고 밝혔다.

콜린스와 라인이 분류한 마지막 비판은 기념물들이 공공장소나 공적인 재산에 설치된다는 사실에 관한 것이다. 그들은 종교적 상징물을 표지의 일부로 사용하는 경우도 있는데, 이것이 정교분리를 위배하는 것이라고 주장하는 사람들도 있다. 개인적으로 세워진 길가의 기념물을 반대하는 사람들은 종교적인 상징 없이 주에서 승인한 표지물로 세워져야 한다고 주장한다. 그러나 주에서 승인한 표지들은 개인적인 특성이 부족하고 죽음으로 사별한 사람들의 비통에 대해 별로 공감을 얻지 못하는 것처럼 보일 수도 있다.

그러나 예식의 가치나 효과가 모든 사별자나 공동체에게 동등하게 작용하는 것은 아니다. 많은 민족과 문화 단체들에게는 자신들만의 예식이 있다(제5장 예시 참조). 부분적으로 그러한 예식에 익숙하지 않거나 다양한 구성 요소들의 의미를 이해하지 못하기 때문에, 이런 단체들의 구성원이 아닌 경우는 그러한 예식을 편안하게 여기지 않을 수도 있다. 구성원인 경우라도 그러한 예식이 개인석으로 갖고 있지 않은 견해를 나타내거나 그들이 경험하고 있는 점을 나타내지 못하고 있기 때문에 예식에서 위로를 거의 얻지 못하는 사람도 있다.

본 장의 네 부문에서 살펴볼 점은 다음과 같다.

- 현대 미국의 장례식에서 주요 요인들에 대한 설명
- 이러한 관례 행사의 가치에 반대된 견해에 대한 간략한 의견
- 그러한 예식과 관련된 세 가지 중요한 임무에 대한 분석
- 사별자를 돕기 위한 기념 활동과 묘지 역할에 대한 설명

현대 미국 장례식의 전형적인 요인

미국의 사망 제도에서 이뤄지는 장례식에는 여러 형태가 있다. 여기에서는 지역 문화, 종교, 문화, 민족적 관점에 따른 차이점을 살펴보면서 일반적으로 이뤄지는 관례의 내용을 설명한다. 현대 미국 장례식에서 볼 수 있는 전형적인 요인들은 다음과 같다.

- 죽음의 장소에서 시신을 옮기기
- 신체를 살펴보거나 마지막 정리를 위해 준비하기

- 시신을 살펴보기
- 장례식
- 마지막 정리를 위해 시신을 옮기기
- 묘나 지하 무덤으로 지하에 매장 또는 지상에 안장

제2장에서 배웠듯이, 오늘날 미국에서 사람들의 죽음은 공공 기관을 통한 형태로 이뤄지는 것이 대부분이다. 죽음이 발생하면, 가족이 현장에 없는 경우는 직원들이 연락을 취하고, 그들이 도착할 때까지 시신을 조심히 다루면서 정리하고, 지역 장의사와 연락을 취할 수 있도록 돕고, 또 죽음이 일어난 장소에서 시신을 옮기는 작업을 한다. 호스피스나 가정 방문 돌봄팀의 구성원들도 집에서 죽음이 일어나는 경우에 같은 일을 담당하곤 한다.

많은 미국인들은 장례 절차와 관련된 일에 전혀 익숙하지 않은 것으로 알려져 있다(Michaelson, 2010). 사실, 그들의 역할은 매우 간단하다. 먼저 시신 매장이나 다른 방식으로 처리가 제대로 이뤄질 수 있도록 사망 진단서를 위한 준비를 하는 동안에 시신을 장례식장으로 옮기는 일을 한다. "직접적인 처리"가 이뤄지는 경우, 장의사는 단지 시신을 화장터나(의료 교육과 연구를 위해 기증된 경우에 지역 의과 대학의 해부실 같이) 다른 적절한 장소로 시신을 옮기기만 하기도 한다. 인간으로서의 가치를 지녔던 사람의 유해로서 그 시신에 대한 존중을 나타내고 삶과 죽음에 대해 개인이나 그가 속한 조직이 갖고 있는 종교적, 철학적 믿음에 따라 행동하려는 노력이 이뤄지게 된다(Ball, 1995; Habenstein & Lamers, 1974; Kephart, 1950).

미국의 죽음 제도에서는 시신의 대부분을 장례업 관계자들이 씻고 방부 처리하고 옷을 입히며, 다양한 표현으로 사용되는 고인과의 대면(viewing, visitation, wake 등으로 표현됨)을 위한 준비를 한다. *방부 처리*는 미국의 남북 전쟁 시기, 먼 전쟁터에서 전사한 시신을 고향 땅으로 운구할 수 있도록 사용된 이후에 널리 퍼지기 시작했다(Mayer, 1996). 가장 유명한 예는 아브라함 링컨(Abraham Lincoln)의 경우로, 그의 시신은 암살당했던 워싱턴(Washington D.C.)에서 일리노이 주의 스프링필드(Springfield, Illinois)로 철도를 통해 운구되었다. 이 여정은 시신이 빠르게 부패될 수 있는 더운 시기에 이뤄졌는데, 특히 운구 열차가 비통에 빠진 미국인들이 애도할 수 있도록 많은 역에 정차하는 상황 속에서 이뤄졌다. 부패가 정상적으로 이뤄지는 생물학적 과정이 지연되지 않았다면, 링컨의 시신은 목적지에 도착하기 훨씬 전에 사회적인 반감의 대상이 되었을 것이다.

오늘날 이뤄지는 방부 처리는 체액과 혈액을 제거하고 대신 부패와 피부색의 변화를 지연시키는 인공 방부제를 넣는다. 방부 처리가 이뤄질 때는 시신의 외형적인 모습을 복원시키는 것이 이뤄질 수도 있고 그렇지 아닐 수도 있다. 주나 연방법에서는 기차나 비행기와 같은 일반 운송 수단을 통해 시신을 운반해야하는 상황이 아니라면 방부 처리를 요구하지 않는다. 현대 미국의 사망 제도에서는(예를 들면, 장례식장과 같이) 공개적인 모임에서 고인과의 대면이 이뤄지는 경우나 관을 공개한 상태에서 이뤄지는 장례식의 경우에 방부 처리가 이뤄지는 것이 대부분이다(Iserson, 2001; Raether, 1989). 방부 처리를 지지하는 사람들은 버려지는 체액과 혈액에 오염된 물질을 중화시키고 시신을 소독함으로써 병의 확산을 방지한다고 주장한다. 물론 직접 화장하거나 밀봉된 상태로 즉시 매장하거나 시신을 냉장 보관하면 똑같은 결과를 얻을 수 있다. 사실 방부 처리는 시신의 조직이 부패되는 것을 늦추기 위해 이뤄진다. 규모가 크고 분산된 사회에서 고인의 친척이나 친구들이 먼 거리에서 와서 함께 할 수 있도록 시간적으로 여유를 주고 그들이 함께 고인과 대면할 수 있도록 한다.

미국 사회에서는 고인과 대면이 이뤄지는 동안에 보통 전신이나 상반신을 볼 수 있도록 관을 열어 공개한다. 개인적인 선호도나 시신의 상태에 따라 관이 닫힌 상태에서 이뤄지는 경우도 있다. 애도자들은 관 가까이에 가서 보통 짧은 기도나 되돌아보는 시간을 갖는다. 그들은 다시 돌아와 바라보고 만지고 고인에게 입맞춤을 하기도 한다. 이러한 행동들은 마지막 인사를 하는 것이고 그들 마음속에 마지막 인상을 남겨 놓으려는 것이다. 비록 차갑게 굳어버린 살아 있는 생명체의 몸과는 다르지만 고요하면서도 강력한 방식으로 살아있는 몸과는 다른 실재적인 것들을 전한다. 사람들은 장례식에 참석하여 모이면서 고인에 대해 공유하는 이야기들이 있다는 점을 알게 되고 회고를 통하여 고인에게 영향을 받은 사람들의 역사와 기억 속에 그 사람(그리고 그들)은 자리 잡을 수 있게 된다.

장례나 종교적 의식에 따라 미국에서 이뤄지는 시신의 처리 방법은 보통 다음과 같이, 땅속 매장 / 지하묘, 지하 납골묘, 능 형태의 무덤 / 화장과 그 이후의 유골에 대한 처리 / 과학적 연구나 전문 교육을 위해 의료 기관이나 다른 기관에 해부용이나 유사한 다른 목적용으로 기증과 같은 방식들 가운데 하나로 이뤄진다(Habenstein & Lamers, 1962; Iserson, 2001).

*땅속 매장*은 미국에서 가장 일반적으로 시신을 처리하는 형태이다. 대체로 죽은 뒤 며칠 뒤에 시신이 묻히게 되는데, 정통 유대인이나 무슬림들의 경우는 24시간 내, 해가 지기 이전에 묻으려고 한다. 우리 사회에서 죽음과 매장 사이에 필요한 시간은 보통 시신 처리를 위한 준비와 필요한 정리, 그리고 무엇보다 가족들과 다른 중요한 사람들이 먼 곳에서 와서 모이는 데 요구된다. 지상 구조물의 형태로 *안치*하는 것은 기본적으로 땅속 매장의 변형된 형태이다.

매장의 경우, 미국에서 이런 형식으로 시신을 처리하는 전형적인 모습은 장례식장이나 예배 장소에서 묘지가 있는 장소로 의례를 갖춘 자동차의 행렬이 이뤄지고, 그 뒤에 애도자들이 묘지에 놓인 관 주위에 모여 고인에게 마지막 인사와 간단한 기도를 올리고, 무덤 속으로 관을 내리고, 관 위에 개별적으로 상징적인 의미로 흙을 한 번 삽으로 떠 뿌린 뒤에 무덤을 덮는다. 최근에는 격식을 갖춘 자동차 행렬이 줄어들고 있다. 또한 조문객들에게는 관이 지하 묘지나(관을 보호하고 땅의 침하를 방지하기 위해 무덤 안에 만든 콘크리트 형태의) 곽 안에 안치되기 전에 묘지를 떠나도록 권하고 있으며, 안치실은 봉인되고 무덤은 흙과 잔디로 덮는다. 공동묘지에 예배당을 세우고 묘지보다 그

곳에서 마지막 예식을 거행하는 것을 선호하는 경우도 있다. 이러한 점은 묘지 관계자들 사이에 작업 할당과 주로 관계가 된 것이고 작업자들이 관을 땅속에 내리고, 안치실이나 콘크리트 곽에 안치하고, 무덤을 덮는 작업들을 하면서 조문객들의 마음을 속상하지 않게 하려는 의도에 따른 것이기도 하다.

*화장*은 방부 처리, 고인과의 대면, 그리고 장례식의 대안으로 여겨지는 경우가 많다. 그러나 화장과 마지막 처리 단계 사이에는 이러한 과정이 뒤따르게 된다. 그 과정은 주로 시신을 관 형태의 보관함에 넣어서 강한 열로 그 크기를 줄이는 것도 포함한다(Jupp, 2006; Prothero, 2001). 그 보관함이 꼭 관일 필요는 없다. 화장시설에서는 폐쇄되고 단단한 그리고 연소 가능하면서도 다루기 쉽고 안전한 보관함에 안치되어 운구 될 수 있도록 하고 있다. 그 다음에 시신과 보관함은 870℃에서 980℃ 정도에서 2시간에서 2시간 30분 동안 가열된다. 인간의 몸은 수분으로 대부분 구성되어 있기 때문에 수분은 다 증발한다. 높은 온도에서 화장될 때 다른 부드러운 조직들도 자연 연소가 이뤄지고 이러한 과정을 통해 유골은 급격하게 줄어든다. 남는 것은 열에 증발되지 않는 단단한 뼈의 일부와 재이다. 남은 유골은 식으면 모아서 거친 가루 형태로 분쇄한다. 그 다음에 화장이나 그 유골을 담당한 사람은 남은 재를 어떻게 할 것인지 결정한다. 화장한 뒤의 분골은 물에 뿌려지거나 항아리, 단지 등에 보관되기도 한다. 항아리는 사별자가 보관하기도 하고 땅에 묻거나 큰 규모의 분골 안치소의 한 (작은 칸의) 자리에 놓이게 된다. 최근에는 그 일부를 공중에 뿌리거나 인공 암초 구조물과 함께 수중에 묻기도 한다(상담은 Eternal Reefs, tel. 1-888-423-7333 or www.eteranlreef.com).

슬론(Sloane, 1991, p. 220)은 "지난 40년 간 미국의 장례 산업에서 가장 주목할 만한 변화는 매장으로 시신을 처리하는 방법이 다시 이뤄지고 있다는 점이고 꾸준하게 화장을 통한 방법이 증가하고 최근에 두드러지고 있다는 점이다." 지상에 안치하는 것은 땅의 상태(예를 들면, 뉴 올리언스의 일부 지역과 같이 지하수위가 높은 곳)와 같은 변수를 반영하여 이뤄지는데, 지하 매장이 어렵거나 불가능한 경우, 공간 확보를 위한 목적 또는 둘러싸여 있고 건조하고 따뜻하고 대기 환경 등의 구조적인 면에서 마지막 매장의 장소로 선호되는 경우에 이뤄진다.

2007년, 미국에서는 화장장의 수가 2,113곳에서 826,459곳으로 늘어났다. 이 숫자는 2007년 미국 사회에서 2.4백만 명의 사망자 가운데 34%가 화장을 택했다는 것을 나타낸다. 미국에서 화장을 가장 많이 하는 지역은 캘리포니아, 플로리다, 텍사스 그리고 뉴욕 주이다. 화장을 택할 비율은 최근에 꾸준히 증가하고 있으며 2015년에는 44%, 2025년에는 대략 56%를 기록할 것으로 보인다(Cremation Association of North America [CANA], 2010; www.cremationassociation.org). CANA는 화장에 대한 관심이 증가하는 이유를 낮은 비용, 성향에 따른 다양한 선택 제공, 전통적인 매장의 환경 영향에 대한 관심, 원하는 곳에 화장된 분골을 운반할 수 있는 능력, 그리고 많은 종교들에서 화장을 보다 더 용인하고 있는 점 등으로 말하고 있다.

현대의 미국인들 가운데는 *자신의 몸을 교육이나 연구용으로 기부*하는 것을 선호하는 사람들도 있다. 원한다면, 받으려고 하는 기관과 미리 협의가 되어야만 한다. 왜냐하면 최근에는 우리 사회에도 이러한 제공의 사례가 적지 않기 때문이다. 또한 이러한 목적을 위해서는 시신을 조심스럽게 보존해야 하고 시신의 부패를 방지하는 데 요구되는 기술적인 면은 기존의 방부 절차에서 사용되는 것보다 훨씬 더 엄격하다. 따라서 시신을 제공 받는 기관은 보통 공식적인 신체 기증에 대한 계획서가 있으며 사망하면 바로 시신에 인도받는 것이 일반적이다. 과학이나 교육용으로 시신을 사용한 뒤에는 그 기관에서 화장하거나 매장을 하기도 하고 가족들에게 다시 전하여 비슷한 처리가 이뤄지도록 한다.

전통적인 장례에 대한 대안으로 많이 이뤄지는 *추모식*이다. 근본적으로 추모식은 시신이 없는 상태에서 앞에서 설명한 많은 절차들이 이뤄진다. 추모식은 바다에서 실종되거나 다른 이유로 확인되지 않는 경우, 바로 시신이 화장되고 재가 뿌려진 경우, 시신이 의학 연구나 교육용으로 기증되거나 다른 비슷한 상황일 때 이뤄진다. 추모식의 초점은 고인을 보통 고인의 삶을 음악, 시, 낭독, 추도문 등을 통해 기념하는 것이다(Hickey, 2006; Moore, 2009). 북아메리카에서 *기념회(Memorial society)*는 경비 절감과 시신에 대해 부적절하게 역점을 두는 것에서 전환을 시키는 하나의 방법으로 추모행사를 장려한다(Carlson, 1998; Morgan & Morgan, 2001). 그들은 방부 처리, 관 그리고 고인과의 대면을 위해 준비하는 여러 다른 사항들을 선호하지 않는다. 이런 관점은 "자연" 또는 친환경적인 매장을 지지하는 사람들과 양립할 수 있는 점이다(Harris, 2007).

연방거래위원회(Federal Trade commission)가 장례업을 규제하고 있지만, 전국적으로 그리고 개별 장례식장에서 요구하는 가격차가 크기 때문에, 우리는 장례 서비스와 관련된 물품에 대한 단일한 정확한 가격표를 제공할 수 없다. 가격을 결정하는 가장 단순한 방법은 지역 장례식장에 전반적인 가격표를 문의하거나 장례지도사와 '사전 필요' 계획을 작성해보는 것이다(Bern-Klug, DeViney, & Ekerdt, 2000). 사전 계획은 미국에 있는 모든 장례식장에서 개인의 특별한 계획에 맞춰 비용을 산출할 수 있도록 제공하고 있다. 〈초점 맞추기 11.1〉을 통해 미국 장례 서비스의 가격에 포함되는 주요 가격 항목들을 확인할 수 있다. 대부분의 장례식장에서 항목별로 산정된 가격보다 절약할 수 있는 묶음 형태의 서비스를 제공하고 있다는 점을 염두해두기 바란다. 미국의 장례 서비스에 대한 더 많은 정보는 지역 자료들(예를 들면, 장례식장, 추모회, 묘역, 화장터와 같은 곳), 그리고 〈초점 맞추기 11.2〉에 있는 전국 단체들을 통해 얻을 수 있다.

미국 장례지도사의 가장 중요한 임무 가운데 하나는 재난 사망자 대응팀(Disaster Mortuary Operational Response Team, DMORT, 1998)의 구성원으로서 대규모 재난에 대처하는 일이다(DMORT, 1998). DMORT의 구성원으로서 연방 직원의 임시적인 역할을 담당하여 임시 영안실을 설치하고, 현장 지문과 법의학적인 면에서 치아와 인류학적인 방법을 통해 희생자 확인에 도움을 주고, 유해와 관련된 과정과 준비, 처리 등을 담당한다. 이러한 작업의 중요성은 911에 뒤이은 사건들에서 분명해졌다(Hazell, 2001).

초점 맞추기 11.1

주요 장례 서비스와 물품 비용 항목

서비스	포함 사항
장례지도사와 직원의 기본 서비스와 간접비	하루 24시간 직원 대응 가능, 1년 365일 우선 통화 / 준비 회의 개최 / 장례식 계획 / 가족, 성직자와 상담 / 유해 보관 / 필요한 공지 사항 준비 및 정리 / 필요한 경우, 사망 진단서와 처리 확인서 확보 및 기록 / 묘지, 화장 그리고 최종 처리와 관련된 제3자와의 조정 / 사별 코디네이터 서비스 제공 / 기본 간접비용에 비례하여 추가(예를 들면, 시설 유지, 장비와 물품 비용, 보험과 관리 지출)
장례지도사와 직원의 추가 서비스	다른 시설에서 이뤄지는 예식이나 추모회, 최종 처리 장소에서 이뤄지는 예배나 납골 등 / 저녁, 일요일, 휴일 혹은 다른 특별한 서비스에 대한 추가 비용 등에 대한 조정과 지도
방부 처리	보통 법적으로는 요구되지 않으나 특정 장례 절차가 선택되었을 경우 필요할 수 있음(예를 들면, 고인과의 대면, 장례식 연기, 시신의 장거리 운구, 특정한 질병의 경우)
이외의 시신 준비	예: 복원, 미용, 씻고 소독, 손톱 손질, 의복
장례식장으로 운구	보통 거리에 따라 이뤄지며 약정된 거리를 초과하는 경우 추가 요금
고인과의 대면을 위한 시설 및 직원 제공	장례식장에서 첫째 날 / 일수에 따른 요금 부과
부검, 장례식, 추모식, 접객을 위한 시설 및 직원 제공	장례식장 / 다른 장소 또는 시설의 경우
차량 사용	영구차 / 업무용 혹은 다용도 차 / 리무진
목회 활동 / 음악	
묘지 구획 및(또는) 다른 요금	
다른 장례식장으로 유골 운구 또는 인수	

물품	포함 사항
	관, 외부 매장용 관(아치모양 혹은 묘지 컨테이너), 화장용 컨테이너/단지, 손님 방명록, 답례품 카드, 추모 서류철, 꽃, 의복

대체 가능 항목

직접 화장(장례지도사와 직원의 기본 서비스, 간접비용의 비례 항목, 유골 처리, 요구하는 경우 화장장으로 운구, 필요한 허가 사항, 화장), 섬유판이나 합성 소재 등을 이용한 대체 용기.

관과 함께 즉각적인 매장(장례지도사와 직원 기본 서비스, 간접 비용의 비례 항목, 유골 처리, 화장장으로 운구). 구매자가 제공하는 관의 유무.

출처: Based on Canine, 1999, and general price list(effective December 1, 2008) from Weeks' Funeral Homes, Buckley and Enumclaw, Washington.

장례 및 관련 사안에 관한 정보 제공 국가 선정 기관

Catholic Cemetery Conference
1400 South Wolf Road
Building #3
Hillside, IL 60162-2197
888-850-8131; 708-202-1242

Cremation Association of North America
401 N. Michigan Avenue
Chicago, IL 60611
312-245-1077
www.cremationassciation.org

Funeral Consumers Alliance
33 Patchen Road
South Burlington, VT 05403
800-765-0107; 802-865-8300
www.funerals.org

International Association of Pet Cemeteries &
Crematories
4991 Peachtree Road
Atlanta, GA 30341
800-952-5541
www.iaopc.com

International Cemetery, Cremation, and Funeral
Association
107 Carpenter Drive,
Suite 100
Sterling, VA 20164
800-645-7700; 703-391-8400
www.icfa.org

International Order of the Golden Rule
3520 Executive Center Drive,
Suite 300
Austin, TX 78731
800-637-8030; 512-334-5504
www.ogr.org

Jewish Funeral Directors of America
385 Craig Court
Deerfield, IL 60015
888-477-5567; 847-607-9156
www.jfda.org

Monument Builders of North America
136 South Keowee Street
Dayton, OH 454402
800-233-4472; 847-803-8800
www.monumentbuilders.org

National Funeral Directors Association
13625 Bishop's Drive
Brookfield, WI 53005-6607
800-228-6332; 414-789-1880
www.nfda.org

National Funeral Directors and Morticians
Association
6290 Shannon Parkway
Union City, GA 30291
800-434-0958; 404-286-6680
www.nfdma.org

Neptune Society
1250 S. Pine Island Road,
Suite 500
Plantation, FL 33324
800-637-8863; 954-556-9400
www.neptunsociety.com

Selected Independent Funeral Homes
500 Lake Cook Road,
Suite 205
Deerfield, IL 60015
800-323-4219; 847-236-9401
www.selectedfuneralhomes.org

현대 미국에서 이뤄지는 장례식의 가치에 관한 반대 관점

대규모의 다인종 사회인 미국의 현대 사회에서 이뤄지는 장례식의 가치에 관한 의견은 오랫동안 다양하게 이뤄져 왔다. 주로 다음과 같은 세 가지 관점이 지배적이다.

- 죽음 이후의 예식 폐지: 이 견해는 미국의 장례식과 추모 행사가 일종의 환상적인 현실 도피를 나타낸다는 것이다(Mitford, 1963, 1998). 즉, 이러한 예식들은 폐기되어야 하고 장례식에 투입되는 시간, 에너지 그리고 돈은 다른 방법으로 사용되어야 한다는 것이다.
- 예식의 수정: 이 견해는 전형적인 미국의 장례식이 지나치게 호화롭고 비싸기 때문에, 죽은 뒤 2~3주 뒤에 시신이 없는 상태에서 그다지 호화롭지 않게 추모식을 거행하는 형태로 대체될 수 있다는 것이다(Carlson, 1998; Irion, 1991; Morgan & Morgan, 2001). 이러한 관점은 예식의 한 형태를 통해 다른 예식을 대체할 수 있다는 것으로서, 죽음과 관련된 모든 예식을 반대하는 것은 아니다.
- 수정을 최소화하여 전통 예식을 지속: 이 견해는 예식을 통해 사람들이 죽음을 맞이했을 때 지장을 받고 힘들고 혼란스러울 수 있는 상황을 이해하고 그 상태에서 벗어날 수 있도록 돕는다는 점을 주장한다(Long, 2009; Manning, 2001; Raether, 1989). 그리고 예식 활동은 비통 작업에서 건설적인 역할을 담당한다(Howarth, 1996; Romanoff & Terenzio, 1988).

흥미롭게도 이 주제들에 대한 연구는 성직자들로부터 장례업에 대한 양쪽의 비평들(예를 들면, Fulton, 1961; Kalish & Goldberg, 1978)과 일반 대중 사이에 만족감이 높다는 점을 보고하고 있다 (Bolton & Camp, 1987; Fulton, 1978; Kalish & Goldberg, 1980; Marks & Calder, 1982). 하이랜드와 모스(Hyland and Morse, 1995)는 이러한 서비스가 사별자들이 아주 힘든 상황에서 낯선 사람들로부터 비교적 짧은 계약 기간 동안에 제공되는 것임에도 불구하고 장례업 직원들로부터 편안함을 제공받고 있다는 인식이 대중들에게 널리 확산되어 있다는 것은 놀랄 만한 성과라고 주장했다. 또한 케이나인(Canine, 1999)은 연구 결과에서 장례업에 종사하는 대다수의 응답자들은 "가족에 대한 서비스"를 최우선으로 하고 있다고 제시했다. 이러한 증거에 근거한다면, 미국의 장례 체계 내에서 장례식에 대한 사회적 불만이 널리 확산되어 있다거나 장례업에 종사하는 사람들이 사회적인 이익을 염두에 두지 않고 활동하고 있다고는 주장할 수 없을 것이다. 물론 특정 개인이나 집단들은 장례식에 자신들이 참여할 것인지를 결정해야 하고 그 예식의 가치에 대한 평가를 내려야 한다. 분명한 점은 이러한 민감한 영역에서, 일반적인 상황에서의 장례식의 역할과 특수한 상황에서 특별한 장례식이 유용한 서비스를 제공하는지에 대해서는 의견의 차이가 있을 수 있다는 점이다.

다음 부분에서 생산적인 장례식에 영향을 미치는 세 가지 기본적인 임무를 분석한 내용을 제공할 것이다. 이 분석을 통해, 장례식과 다른 기념행사의 특징과 목적에 대해 더 잘 이해할 수 있기를 바란다. 우리는 또한 이러한 예식들이 당신의 삶에서 효과적으로 중요한 것들을 제공하고 있는지 결정할 수 있도록 도움을 주고자 한다. 그 목적을 위해서, 장례식이나 다른 어떤 형태의 추모식을 계획하거나 참석하는 경우, 이러한 몸짓이나 이러한 행위, 이러한 말들은 무엇을 의미하거나 뜻하는지를 묻는 것은 항상 타당한 것이다. 어떤 사람이 비통에 잠겨 있을 때 이러한 질문을 한다는 것은 어려울 것이다. 당신이 근거를 갖고 죽음 이후의 예식에서 원하는 것을 생각하기에는 예식이 이뤄지기 전에 하는 것이 더 좋을 것이다. 장례식과 추모 예식에 개인과 사회적 임무를 고려할 수 있는 사전 계획을 통해 개인, 가족 그리고 사회적인 요구를 성공적으로 만족시키는 장례가 이뤄지는 데 도움을 줄 수 있을 것이다.

장례식과 관련된 세 가지 임무

인류학자들과 사회학자들의 학술 저작에서는(Durkheim, 1954; Fulton, 1995; Goody, 1962; Malinowski, 1954; Mandelbaum, 1959) 장례식을 설명하는 데 *기능*이라는 용어를 사용한다. 이 책에서는 사별자와 영향을 받을 수 있는 개인들이 죽음에 따른 영향을 받게 되는 삶에서 다시 주도적으로 살아갈 수 있도록 적극적인 방법을 통해 격려하고자 한다. 따라서 장례식과 다른 추모식을 *과제-기반 접근(task-based approach)*을 통해 해석할 것이다. 이러한 예식들은 일반적으로 사별자와 사회가 다음과 같은 세 가지 임무를 수행할 수 있도록 도움을 제공해야 한다고 제안할 수 있다. (1) 시신을 적절한 방법으로 처리 (2) 죽음의 함축된 의미를 현실화하는 데 공헌 (3) 재통합과 지속적으로 의미 있는 삶에 도움(Corr, Nabe, & Corr, 1994). 우리는 장례식과 추모식의 내용들을 설명하고 평가하는 데 이러한 임무들을 사용할 것이다.

시신 처리

장례식에서 첫 번째 임무는 *적절한 방법으로 시신을 처리*하는 것이다. 이 임무를 수행하지 못한다는 것은 자신은 물론 사회적 태도와 공중 보건을 위태롭게 만드는 것이다. 스테이플스(Staples, 1994, p. 255)는 다음과 같이 적고 있다. "비통과 매장의 예식은 고인을 품고 가는 것이다. 이러한 의식을 회피한다면 당신은 원하지 않는 형태로 항상 고인과 함께 하는 위험에 처하게 될 것이다. 당신이 놓쳐 버린 장례식을 주의 깊게 가려 보라." 모든 사회에서 시신의 처리가 이뤄지는 방식은 인간으로서의 가치를 지녔던 사람의 유물로서 신체에 대한 존경을 담고 이뤄지게 된다. 그러므로 대부분의 사람들은 시신을 단순히 버려두거나 바닥에 남겨두는 것에 대해 불편함을 느낀다(Iserson, 2001). 게다가 시신을 다루는 데에는 삶과 죽음에 대한 개인적 그리고 그 사회가 지닌 종교적 또는 철학적 신념에 따른 행위가 필요하다(Ball, 1995; Kephart, 1950). 이 두 가지 가운데 어떤 것에 대해서든 결례는 소포클레스(Sophocles)의 *안티고네(Antigone)*에서와 같이 심각한 문제를 야기할 수 있다. 연극에서 안티고네는 죽은 오빠의 시신이 땅에 묻혀야 한다는 것을 염려하지만, 크레온 왕은 시신을 매장하는 것이 반역자에게 존경을 표시하는 것으로서 부적절하다고 보았다.

현대 미국 사회에서 시신을 어떻게 처리하는 것이 적절한 것인가에 대한 질문은 상당히 복잡하다. 미국은 규모가 크고 다양한 사회이기 때문에, 사람과 우주 또는 사후의 본질에 대해 종교적 또는 철학적으로 다양한 범주의 신념을 그 안에서 발견하게 된다. 그러한 신념과 함께 하거나 또는 다르게, 관습은 많은 미국인들이 시신을 처리하는 지침으로 보통 작용한다. 예를 들면, 방부 처리, "고인 방문"(시신과 "대면" 유무), 종교적이나 비종교적인 장례식 또는 추모식 행사, 화장 그리고 시신의 매장이나 화장 후 땅속에 안치할 지 등을 결정하는 것은 자신이 지니고 있는 신념이나 익숙한 관습에 근거를 두고 주로 이뤄지게 되는 것이 보통이다. 이러한 결정을 하는 핵심은 인간의 몸을 존경의 태도와 적절하다고 간주되는 방법을 통해 처리할 필요성을 느끼는 데 있다.

죽음의 함축된 의미를 현실화하기

장례와 추모식의 두 번째 임무는 죽음의 함축된 의미를 현실화하는 데 공헌하는 것이다. 이것을 "자각"하게 되는 것 또는 고인과의 "분리"를 이루는 것으로 묘사하는 경우도 있다. 이 임무는 개인적으로 그 과정에 연관된 사람이라면 보이는 것처럼 그렇게 쉽지 않을 수도 있다. 사실, 죽음 직후 사별의 과정에서 현실적 그리고 비현실적 또는 상징적 그리고 글자 그대로인 요인들을 찾아낸다는 것이 많은 사람들에게는 어려운 일이다.

그러므로 고인의 유골을 일부라도 찾는다는 것은 매우 중요한 일이다. 이것은 2001년 9월 11일 이후에 세계 무역 센터의 돌무더기 속에서 시신의 일부를 찾으려고 온갖 노력을 했다는 사실에서도 분명히 나타난다. 뉴욕 시내에 사는 어떤 사별자들이 적어도 땅에 묻을 시신을 찾은 유가족들은 다행이라고 표현했던 것도 이러한 점을 설명해준다. 개별 사별자의 경우, 죽음의 함축된 의미를 현실화하는 임무를 달성할 수 없다면, 그 사람의 삶은 여러 가지 심각한 상태로 붕괴될 수 있다. 따라서(적어도 이 생에서) 고인이 살아있는 사람들과 영원히 분리된다는 것을 깨닫는 과정에서 도움이 될 수 있는 조치들이 이뤄지는 것은 유용할 수 있다.

장례식은 고인으로부터 사별자가 정신적으로 분리되는 과정에서 도움이 될 수 있다(Turner & Edgley, 1976). 어떤 사람들은 시신을 직접 보는 것이 죽음을 현실로 받아들이도록 하는 데 도움을 줄 수 있다고 주장한다. 이들은 시신을 발견하지 못했을 때, 예를 들면 바다에서 실종되거나 전쟁에서 영원히 돌아오지 못하거나 끔찍한 폭발이나 화재로 타버린 경우와 같은 경우, 사별자들은 죽음을 받아들이는 데 특별히 도전을 받는다는 것까를 갖고 이러한 주장을 더욱 굳건히 한다. 닫힌 관 속에 유골의 징표 정도라도 있는 것으로 보인다면 사별자에게는 도움이 될 수 있는 것이나(〈개인적 통찰 11.1〉 참조).

뉴욕의 셸던에서 2011년 3월 18일, 경찰들이 동료 경찰관의 장례 행렬을 호송하고 있다.

실제로 장례식이 죽음의 함축된 의미를 현실화하는 데 도움을 준다면, 그것과 관련된 행동들과 활동들은 고인을 살아있는 사람들과 영원히 분리시키는 것을 의미한다. 어떤 사람들은 현대 미국의 장례식이 죽은 사람과의 분리가 이뤄질 수 있도록 하는 데 실패하고 있다고 비판한다. 예를 들면, 화장을 하고 관에 값비싼 치장을 한다는 것은 죽음보다 오히려 삶을 더 고취시키려는 모습으로 보일 수 있다는 것이다(Harmer, 1963, 1971; Mitford, 1963, 1998). 사별자에게 죽음을 현실화하도록 하는 것이 중요하다고 한다면, 죽은 사람에게 베개를 베도록 하고 침상에 눕히고 아름다운 침구들로 치장하고 있는" 것처럼 보이도록 하는 것은 오히려 역효과가 될 수 있다. 그리고 그렇다는 말을 듣고 있기도 하다. 여기에서 보이는 갈등은 죽음의 함축된 의미를 현실화하는 임무와 사별자에게 사랑하는 고인의 몸을 위로가 될 수 있도록 마지막으로 "기억될 형상"을 제공하려는 욕구 사이에서 작용하고 있는 것 같다. 어떤 비판가들은(가령 Morgan & Morgan, 2001) 현대 미국의 장례식의 경우 *시신*그 자체에 너무 많은 신경을 쓰고 있다고 주장한다. 이러한 관점에서는 죽음의 함의를 현실화

개인적 통찰 11.1

남편의 사망 후, 회복된 것에 대한 어느 부인의 이야기

내 남편인 로널드 브릿와이저(Ronald Breitweiser)에 대한 기억 가운데 가장 마지막까지 남아 있는 것은 "여보, 나는 괜찮아요. 당신이 걱정하지 말았으면 좋겠소. 사랑해요."라는 그의 마지막 말일 것이다. 론은 남자와 여자가 타워 원(Tower One) 꼭대기에서 떨어지는 것을 보며 그 말을 했다. 4분 후, 유나이티드 비행기 175편이 타워 원 빌딩에 부딪쳤다. 그리고 나는 더 이상 남편 론과 이야기를 나눌 수 없었다.

나는 무슨 일이 그에게 일어났는지 잘 모른다. 그가 뛰어내렸는지 아니면 언기에 질식해서 죽었는지도 모른다. 그가 구석에 몸을 웅크리고서 바로 앞에서 타 들어가는 카펫을 보며 죽음이 가까워지고 있는 것을 알고 있었는지 아니면 건물이 붕괴되면서 깔릴 때까지 살아있었는지도 모른다. 밤에 머리를 그의 베개에 둘 때마다 이러한 영상들이 계속 떠오른다.

내가 생각해왔던 꿈, 내가 그렇게 필사적으로 믿고자 했던 것, 그가 순식간에 재로 변하여 하늘로 떠올라 갔다고 믿으려는 것이 결코 그의 운명은 아니었다는 사실을 나는 알고 있다. 왜냐하면 결혼반지를 일부 왼쪽 팔과 함께 그 자리에서 발견할 수 있었기 때문이다. 결혼반지는 새까맣게 탔고 흠집이 나 있었다. 그러나 여전히 둥글고 그 외의 손상은 없는 상태였다. 나는 그 반지를 오른손에 끼고 있으며 내가 죽을 때까지 계속 간직할 것이다.

출처: Kristen Breitweiser, Co-chairperson of the September 11 Advocates, Testimony on September 18, 2002, before the House/Senate Joint Inquiry into Intelligence Community Activities before and after the Terrorist Attacks of September 11, 2001(as cited in Graham, 2004, p. 171)

하는 것을 그 사람을 떠난다는 것에 주로 관심을 갖고 하고 있으며, 그것을 그 사람과의 관계를 재설정하는 전반적인 과정의 일부로 생각하는 것이다. 사람은 단지 육체만이 아니기 때문에, 이러한 견해에서 주장하듯이, 주로 관심을 갖는 것은 그 몸이 아니라 그 사람을 상실한다는 것이다. 이러한 의미에서 가족과 친구들이 모인다는 것은 중요한 관계성을 사회적으로 증명하는 것이며 죽음을 현실화하는 것이다.

현실화 그리고 분리와 관련된 논의는 매장이 이뤄지는 장소와 관련해서도 일어난다. 조문객들에게는 시신이 땅속에 안치되기 전에 그 장소를 떠나도록 권한다. 다른 사례로서, 공동 묘지의 경우는 조문객들에게 마지막 예식을 행하도록 하고 장지가 아닌 묘지가 있는 교회에서 시신과 이별하도록 권한다. 이러한 행위의 이면에 있는 몇 가지 동기, 즉 공동 묘지 직원들이 긴장한 조문객들의 시선에서 벗어나 자신들의 속도에 맞게 업무를 끝낼 수 있도록 한다는 점에서는 이해할 수도 있겠지만, 조문객들을 멀리 보내버리는 것은 그들이 죽음을 현실화할 수 있도록 한다는 것과 거리가 있는 것이며 죽음의 함축된 의미를 현실화한다는 의도와도 역행하는 것일 수 있다.

두 번째 비판은 현대 장례식과 많이 관련되는 비용의 문제와 직접적인 관계가 있다(Arvio, 1974; Bowman, 1959). 밀폐되거나 방수되는 금속으로 된 관은 상당히 비싸다. 비판가들은 그렇게 공을 들여서 상품화한 진정한 목적이 무엇인지를 묻는다. 시체가 썩는 것을 방지한다고 하더라도 왜 그것이 중요한 것일까? 그리고 사실 호기성 박테리아나 비호기성 박테리아의 활동을 억제할 수만 있다면 이라고 생각하지만 그렇지도 않다.

이러한 질문에 대한 대답은 애도를 경제적인 차원보다 정신적인 차원에 두고 있는 것으로 보인다. 어떤 사람들은 장례와 매장에 소비하는 것을 애도자가 죽은 사람을 위한 존경과 사랑을 보여줌으로써 만족감을 느끼도록 한다고 주장한다. 결국, 관을 구입하고 장례와 매장과 관련된 비용을 지불하는 것은 대부분의 사람들이 집과 자동차를 구매하며 초과된 것일 뿐, 살아가면서 가장 기본적인 것으로 경제적인 지출이 필요한 내역이라는 것이다. 이러한 점에서 장례와 관련된 비용은 고인에 대한 일종의 "작별" 선물이거나 사랑의 마지막 표현으로 볼 수 있을 것이다. 적어도 간접적으로는 이렇게 지출함으로써 고인이 이 사람들이 공동체를 떠났다는 사실을 인식할 수 있을 것이다.

장례와 관련해서 이뤄지는 구매에 대해 어떤 사람들은 고인에 대해 해줄 수 있는 마지막 선물이나 접대라고 생각한다. 덧붙여서 시신이 "위험으로부터 보호"를 받을 것이라는 확신은 사별자에게 정신적으로 만족감을 줄 수 있다. 이것은 구매자가 구입하는 그 상품이나 서비스가 실제로 그들이 생각하는 것들을 성취시켜주는가에 관계없이 사실일 수도 있다. 결국 여기에서 말하는 대부분의 것들, 특히 정신적인 요인들은 생활하는 데 필요한 것을 제공하기 위해 고안된 것이다(Jackson, 1963). 어떤 장의사가 말하듯이, "그 가치가 오직 가격에 따라 결정되는 패스트푸드 식당과 다르게, 죽음의 예식에서 그 가치는 사별자에게 제공하는 편안함과 위로에 따라 결정되어야 한다."(Weeks, 2001, p. 188)

재통합과 지속적인 삶

죽음과 붕괴 우리가 사랑하는 사람의 죽음은 붕괴, 즉 우리가 알고 이해하고 있던 세계를 깨뜨린다. 따라서 사별자가 직면하게 되는 세 번째 임무는 *새로운 통합을 이루고 그 지속적으로 의미있는 삶을 살아가는 것이다.* 많은 사람들에게 죽음 이후의 장례식과 다른 활동들은 이러한 과정을 시작하는 데 중요한 역할을 한다. 사별자가 경험하는 붕괴는 네 단계에서 하나 이상의 경우에 발생할 수 있다. 첫째, 자신의 삶에서 소중한 사람의 죽음을 경험한 사람들은 *개인적 단계에서 붕괴*를 다양한 형태로 경험하곤 한다. 그들은 자신들 안에서 통합이나 완전성의 상실을 경험할 수도 있다. 그들은 "내가 미쳐가는 것일까?"라는 질문을 할 수도 있다. 수면이나 식습관, 건강 문제가 사랑하는 사람의 죽음으로 완전히 붕괴될 수도 있다. 간단히 말하자면, 그들이 생활하던 세계에서 형성된 습관과 그들 자신의 익숙한 완전성이 죽음으로 완전히 파괴될 수 있다. 그런 뒤에 그 사람은 완전히 새롭게 변하지는 않더라도 어느 정도는 변한 상태에서 자신을 정리할 수 있는 임무를 마주할 수 있게 된다.

둘째, 죽음에 따른 영향으로 *가정 단계에서 붕괴* 현상이 분명해진다. 한 사람의 죽음은 그 사람과는 것과 연결되어 나무나 돌로 표지되던 형태에서 대리석, 화강암, 그리고 청동의 형태로 나타나게 되었다(Forbes, 1927; Gillon 1972). 어떤 표지물들은 단순히 평범한 형태였다(예를 들면, 고인의 이름과 탄생과 사망일자 정도만 제공하는 형태). 예술적 상징이나 3차원적인 조각품 등이 포함되는 다른 형태들도 있다. 과거에 묘지의 표지물 가운데는 정교하고 인상적인 묘비명을 새겨놓는 경우도 있었다(〈개인적 통찰 11.2〉 참조; Coffin, 1976 참조; Mann & Greene, 1962, 1968; Meyer, 1992; Reder, 1969; Wallis, 1954). 최근에 미적인 측면과 관리비를 낮추려는 목적으로 묘비를 바닥에 명판 형태로 하는 경우가 대부분이다. 그것이 어떤 형태이든지 이 묘비는 고인의 삶을 기리고 그 마지막을 새겨놓은 것이다. 미국의 묘지에서 다른 형태의 기념상은 어떤 커다란 능이나 무덤, 지상 건축물과 함께 펼쳐진 풍경 가운데 중심부를 차지하는 종교적이거나 예술의 추상적인 대상물의 형태에서 찾아볼 수 있다(Keister, 2004).

추모의 세 번째 영역은 *추모 사진*으로서 19세기부터 시작된 사진 기술을 폭넓게 사용하면서 발전하게 되었다. 추모 사진은 사별자가 고인과 그 장례식을 직접 보면서 기억할 수 있도록 해준다 (Burns, 1990). 전문 사진사들이 찍거나 관리하는 사진뿐만 아니라 친척들이 찍은 속성 사진까지 해당된다. 최근에 들어서는 마지막 순간에 삶을 기억하고 과거를 기억하는 연결고리를 만들기 위해 비디오 촬영을 사용하는 사람들도 있다. 기술적으로 더 발전이 이뤄지면서 월드 와이드 웹(World Wide Web)을 통해 고인을 기리는 방법으로 발전하고 있다(De Vries & Roberts, 2004).

어떤 사람들에게는 추모 사진이 불편할 수도 있다(예를 들면, Lesy, 1973). 그러나 *The Harlem Book of the Dead*에서 묘사된 것처럼 이러한 의식들과 많은 변형된 형태들 대부분이 개인들의 욕구를 충족시킨다는 점을 증명해준다. 사실, 추모 사진을 통해 많은 사별자들은 고인과 거리를 둘 수 있게 되는 동시에, 그 상실의 영향을 인식하게 되며, 고인의 사진을 지니면서 자신의 인생을 살아가게

개인적 통찰 11.2

벤자민 프랭클린의 묘비명

인쇄업자 벤자민 프랭클린,
(낡은 책의 표지와 같이,
내용들은 낡아 빠졌고
글자와 금박은 벗겨져 나갔다)
몸은 여기에 누워 벌레에게 먹히고 있다.
그러나 그 작품은 사라지지 않을 것이니,
그것은(그가 믿는 바와 같이) 한 번 더
새롭고 아름다운 판으로
저자에 의해
수정되고 개정될 것이기 때문이다.

된다(Ruby, 1987, 1991, 1995). 이것은 본 장에서 설명되는 세 가지 임무와 유사하다. 추모 사진에 대한 대조되는 반응은 애도에 도움이 된다고 생각되는 의례와 그러한 의례 행위에 대해 이해 부족 또는 불편해 하는 일부 대중 사이에 있는 긴장감을 설명해준다. 장례와 추모 예식을 새롭게 이해하려는 노력은 우리 사회에 있는 이러한 긴장감을 완화시키는 데 도움을 줄 수 있을 것이다.

당대 애도 예식의 네 번째 영역은 월드 와이드 웹을 통해 부상하고 있는 가능성의 결과로서 최근에 발전하기 시작했다. 예를 들면, 고인이 된 사랑하는 사람에게 헌사를 바치는 사람들도 있다(De Vries & Rutheford, 2004; Jones, 2004; Roberts, 2004). 또 어떤 사람들은 컴퓨터 기술을 이용하여 자신들의 비통에 대한 반응을 표현하거나 공유하는 새로운 방법을 찾기도 하고 위로가 될 만한 곳들과 접속해 보기도 한다. GriefNet(www.griefnet.org)은 이러한 목적을 충족시키는데 가장 잘 알려진 웹사이트 중 하나로서, 4부의 각 장절 마지막에 기재된 일부 자료들과 같은 내용이다.

장례업의 사후 돌봄 프로그램

최근에 발간된 책 제목에서 나온 것과 같이, 장례업에 종사하는 많은 직원들이 *친구가 떠났을 때* (*When All the Friends Have Gone, Weeks & Johnson, 2001)* 그들이 할 수 있는 것으로서 *사후 돌봄*을 생각하기 시작했다. 이 관점에서 "사후 돌봄"은 장례 이후에 사별자들에게 제공되는 도움과 지지를 포함하며 그 가족 구성원들과 친구들은 익숙했던 자신들의 삶으로 돌아가게 된다. 엄격하게 말해서 이 용어는 장례업 종사들의 업무에 한정되어 쓰이지는 않지만, "사후 돌봄"은 장례업 내에서 특수한 의미를 갖게 되었다. 존슨과 윅스(Johnson and Weeks, 2001, p. 5)는 다음과 같이 말했다.

> 장례식장에서 제공되는 사후 돌봄은 고객에게 도움과 돌봄을 제공하는 관계를 유지하고, 예상되는 시신 처리와 수반되는 예식을 넘어 고객의 가족들에게 지속적인 서비스를 제공하고, 고객과 그 공동체에 대해 죽음, 상실 그리고 비통의 교육을 제공하는 하나의 조직화된 방법으로 정의될 수 있다.

장례업에서 사후 돌봄은 고객이지만 원래는 죽기 이전에 지역 사회에서 친구였고 이웃이었던 그 사별자 가족의 안녕을 위한 장례지도사들의 지속적인 관심에 근거를 두고 있다. 이 점에서 장례지도사들은 그 공동체 구성원의 사별에 대해 필요한 것을 맞춰 사별자들에게 공감할 수 있는 것을 제공해주려고 노력한다. 존슨과 윅스가 비공식적 혹은 사후 돌봄의 "일상적" 단계로 설명하고 있듯이, 이것은 사후 돌봄의 4가지 가능 단계의 첫 번째이다. 그것은 사별자가 말하는 동안 잘 들어주기, 그들이 여러 요식적이고 공식적인 서류작업을 마칠 수 있도록 도와주기, 비통과 사별에 관한 기본적인 인쇄물 가까운 사람들에게 많은 의미를 갖는다. 그 죽음은 고인의 소득 손실과 소유 재산의 손실, 그리고 어떤 특정 금융 거래를 주로 다루던 사람의 상실과 같이 가족 전체에게 경제적으로 파급을 가져올 수도 있다. 죽음은 또한 고인과 가장 친했던 사람들과의 관계와 사회의 다른 사람들과의 관계에도 영향을 끼친다. 가족 구성원들도 서로의 관계에서 파괴를 경험할 수 있다. 그들은 서로 간에(부모님이 돌아가신 상태에서 형제자매간의 상호 관계) 그리고 가족 단위에 대해(어떤 임무에 대해 누가 책임지는가의 문제) 그 관계를 새롭게 재조정해야 할 수도 있다. 어떤 사별자들은 고인의 상대적인(배우자, 자녀 또는 부모) 관계로서 일부 사회적 정체성을 상실하기도 한다. 죽음은 새로운 긴장감을 유발하는 것과 마찬가지로 원래 가정 내에 있던 긴장감을 악화시킬 수도 있다. 이러한 모든 영향은 죽음과 관련된 가족 붕괴의 형태이다. 그것은 가족 구성원들에게 가족 단위를 재통합하는 임무를 부과하는 것이다(Friedman, 1980; Goldberg, 1973).

셋째, 거의 모든 죽음은 *사회적 단계의 붕괴*에 영향을 끼칠 수 있다. 이것은 대통령이나 유명 연예인과 같이 유명 인사나 사회석 지위가 높은 사람이 죽었을 때, 가장 잘 드러나지만 어떤 사람의 죽음이라도 어느 정도는 사회적인 붕괴에 영향을 끼칠 수 있다. 그 사람이 하던 결정을 누기 할 것인가? 그 사람의 직업과 관련된 일을 누가 맡을 것인가? 카풀에서 누가 더 자주 운전해야 할 것인가? 사회 구조-시민 전체인 경우도 있지만 대부분의 경우는 사회의 어떤 단계(사업이나 학교, 교회)-는 다시 작동되어야 하기 때문에 사회는 통합된 단위로 다시 작동할 수 있게 된다.

넷째, *영적 단계에서 붕괴*는 지적이고 가장 긴급한 정서적일 수도 있는 임무를 포함할 수 있다. 그 사람이 더 이상 존재하지 않는 세상을 어떻게 이해할 수 있을까? 임종 기간을 거치며 남겨진 것은 분노, 좌절, 그리고 절망이다. 많은 사람의 경우, 이것은 초월성을 지녔다고 하는 존재로부터 배제되었다는 느낌이나 불안감을 수반한다(예를 들면, 하나님). 만약 그 사람이 어떤 종교 신앙을 가졌다면 그 신앙은 심각한 도전을 받을 수도 있다("어떻게 하나님이 그렇게 고통스럽게 죽도록 했을까?"). 다른 믿음은 불확실성과 불안감을 만들어내기도 한다. 예를 들면, 무슨 일이 사랑하는 그녀에게 일어났기에 그녀는 죽은 것일까 하는 불안감이다. 여기에서 임무는 이 세상이 어떻게 작동하는지 이해하고 초월성을 지녔다고 생각되는 그 존재와의 관련성을 재조정하는 것과 관계된다.

새로운 통합 성취 사람들을 하나로 모으는 데 있어서 장례 그리고 그와 관련된 예식들은 *개인 단계에서 재통합*과정을 시작하도록 도울 수 있다. 애도자는 자신이 혼자라는 생각을 할 필요가 없다. 그들이 해야 할 임무는 장례식에서 옆에서 도와주는 사람들을 통해 부분적으로 성취될 수 있다. 애도자는 자신이 경험하는 비통과 혼란으로 인해 감당할 수 없다고 느껴도 단순히 망망대해를 무기력하게 표류하고 있는 것은 아니다. 이미 죽음이 일어났다는 사실을 바꿀 수는 없다. 그러나 그들은 친척, 친구 그리고 다른 사람들의 도움을 받으며 그 사실에 대해 어떻게 대처하고 어떻게 다시 자신

어린이들을 추모 활동에 참여시킴으로써, 그들이 삶에서 소중한 사람을 상실했을 때 대처하고 기억할 수 있도록 하는 데 도움을 줄 수 있다.

의 삶을 어느 정도 조절할 것인가 결정할 수 있다.

현대 미국 사회에서 죽음이 일어난 다음에, 가족 단위에서 재통합이 일어나는 가장 명확한 현상은 그동안 일상생활에서는 신체적이나 지리적인 문제 등으로 서로 보지 못했던 사람들을 함께 모이게 한다는 것이다. 우리 사회에서 가족들은 여러 도시나 주에 흩어져 있다. 장례식은 분명히 신체적으로뿐만 아니라 정신적이나 정서적으로도 통합이 이뤄지는 순간이다. 반농담조로 장례식이 있을 때만 함께 모이는 것 같다고 말하는 가족들도 있다.

어떤 사회 모임에서는 장례식이나 죽음과 관련된 다른 예식들이 몇 달 혹은 몇 년 동안(이 기간 동안 다양한 단계의 활동이 이뤄짐) 지속되는 경우도 있다. 이에 대한 좋은 하나의 사례가 옷을 찢거나 뜯는 유대인의 전통(*Keriah*)인데, 이것은 삶의 붕괴를 상징하는 것이고, 고인을 위한 기도문을 염송하면서(*Kaddish*), 특정 기간 동안에 특별한 방식으로 활동들을 준비하게 된다(Lamm, 2000). 고든(Gorden, 1974, p. 101)은 "유대교에서는 비통에 차원과 단계가 있다고 보고 있으며, 애도가 이뤄지는 한 해를 체계적으로 구분하여 3일은 깊은 비통함의 기간, 7일은 애도 기간 [*shivah*], 30일은 서서히 적응하는 기간 [*Sh-loshim*], 11개월은 기념하고 치유하는 기간으로 정한다."라고 적고 있다. 이와 같은 활동을 통해, 사별자가 위기를 경험하는 동안 자신들의 길을 찾고 고인이 없는 새로운 세계로 들어갈 수 있도록 돕는 지원 체계가 가동하게 된다.

이와 반대로, 우리 사회에서는 죽은 뒤 몇 일만에 장례를 치루는 사람들이 많다. 그 후에 조문객들은 다시 흩어지고 거기에 있던 많은 사람들은 비통과 애도를 경험하며 약속되지도 않고 표지도 없는 길을 걸어가야 한다. 이러한 상황에서 통합은 이뤄지기 어려울 것이다(우리 사회에서 이뤄지는 기존의 장례식의 한계성을 깨닫게 된 것이 본 장의 뒷부분에서 다루게 되지만, 장례 시도자들이 사별자 지원을 위한 "사후 돌봄" 프로그램을 발전시키게 된 하나의 동기일 것이다). 어떤 의식이든지 이런 상황에서 가장 중요한 것은 개인이 장례식을 어떻게 활용하는지 그리고 예식 후에 어떻게 계속해서 시작할 수 있을까 하는 점에 대한 것이다.

추모객들은 촛불 추모식에
서 슬픔을 나눈다.

*사회적 단계의 통합*에 대해서는 죽음으로 인해 사회가 무너지지는 않는다 하는 생각이 들도록
장례식이 도움을 줄 수 있다는 것이다. 이러한 점은 케네디(1963), 레이건(2004), 그리고 포드(2006)
대통령의 경우와 같이 국가 수장들의 장례식에서 볼 수 있다. 1997년 웨일스의 공주였던 다이애나
의 죽음과 관련해서 이뤄졌던 장례와 죽음 이후의 행사들의 경우도 해당 지역뿐만 아니라 전 세계
에서 많은 사람들이 함께 모여들었다. 이런 장례식과 같은 공적인 예식 활동은 지역 사회의 지속 가
능성을 증명하고 개인들이 더 나은 미래 사회를 위해 다시 일할 수 있도록 하는 기회를 제공했다
(Anderson, 1998; Greenberg & Parker, 1965; Wolfenstein & Kliman, 1965).

*영적인 단계에서 재통합*은 장례식을 통해 사별자들이 죽음의 의미에 대한 질문에 답을 할 수 있
는 경우, 특정한 영적 또는 종교적 신앙을 가진 사람들은 성취할 있는 것이다. 장례식은 또한 사별자
들이 지원을 하는 신앙 모임에서 확고하게 자리 잡을 수 있도록 돕는다. 대부분의 종교 전통에서는
예식을 확립하고 이러한 방식을 통해 사별자들을 돕는다. 이러한 예식들은 많은 신자들에게 신의
지속적인 지지나 이 삶에서의 어떤 가치 체계 그리고 그 다음에 대해서까지 확신할 수 있도록 한다.
사람들이 이런 형태의 신앙을 가지고 있든 없든 관계없이 고인은 장례식이나 추모식에 참석한 사
람들이 공유하는 이야기를 통해 그 개인에게 영향을 받은 사람들의 역사와 기억 속에 확실하게 자
리를 잡게 된다.

그렇다면 장례식은 사별자가 죽음 이후에 경험하게 되는 개인, 가족, 사회 또는 영적인 붕괴를 극
복할 수 있도록 도움을 줄 수 있는 것이다. 이러한 형태의 통합을 완전히 달성하기 위해서는 오랜 시
간과 노력이 필요하게 된다. 우리가 미국에서 흔히 알고 있는 장례식은 이러한 임무를 달성하는 것
과는 너무 멀리 떨어져 있는 것 같기는 하지만, 그래도 시작이 될 수는 있을 것이다.

묘지와 추모 활동의 선택

미국의 죽음 제도에서 장례식은 상실과 비통에 대처하는 사람들을 지지하고 도와주려고 하는 공동체에서 공식적인 방법으로만 이뤄지는 것은 아니다. 고인과의 대면뿐만 아니라 장례식, 매장 또는 유골이 처리되는 이외의 다른 형태, 또 다른 기존의 추모 활동을 묘지, 기념상, 기념 사진 그리고 월드 와이드 웹(World Wide Web)을 활용한 애도 등에서 볼 수 있다.

미국에서 죽음에 따라 이뤄지는 활동들은 독특하게 미국식 죽음 방식이라는 형태로 점차 발전하고 있다(Coffin, 1976; Fales, 1964; Farrell, 1980). 먼저 공동묘지는 미국 사회에서 많은 단체들을 통해 오랜 시간에 걸쳐 이뤄져 왔다.

- 17세기와 18세기 특히 전형적인 형태로서 국경 묘지, 가정 주택 묘지, 교회 묘지, 무연고 묘지, 그리고 마을이나 도시의 공동묘지(예를 들면, 코네티컷 주에 있는 뉴 헤이븐 공동묘지(New Haven Burying Ground))
- 19세기 시골 묘지에서 유래된 형태(보스턴 지역에 있는 마운트 오번(Mount Auburn))와 잔디 공원 형태의 묘지(신시내티에 있는 스프링 그로브(Spring Grove))
- 20세기 추모 공원(로스앤젤레스에 있는 포리스트 론(Forest Lawn) 형태)(Kastenbaum, 1989b; Sloane, 1991)

비슷한 역사가 특히 아프리카계 미국인들의 독특한 성향에 맞춰 아프리카계 미국인의 묘지에 기록되어 있다(Holloway, 2003; Wright & Hughes, 1996).

미국의 많은 묘지들이 개인 소유이지만 국가(참전 용사를 위함), 공공(시, 주), 종교 단체 소유인 경우도 있다. 최근 100년에서 150년 동안, 많은 공동묘지들이 미적인 측면을 강조하면서 고풍스럽고 목가적인 풍경까지 연출했다. 캘리포니아 주 글렌데일에 있는 포레스트 론 공원묘지(Forest Lawn Memorial Park)와 같이 어떤 지역은 관광 명소가 되기도 했는데, 문학적으로 풍자의 대상(Huxley, 1939; Waugh, 1948)이나 학문적 연구 대상(French, 1975; Rubin, Carlton, & Rubin, 1979; Zanger, 1980)이 되기도 한다. 최근에 미국 사회는 애완 동물이나 반려 동물의 묘지 수가 급증하고 있다는 점에 주목하고 있다(Spiegelman & Kastenbaum, 1990). 미국에서 묘지의 다양성과 변화하는 모습은 죽음이나 사별과 관련된 변화된 태도를 반영한다. 아직까지는 모든 묘지에서 시신이나 유골을 처리할 수 있는 특별한 장소와 사별자가 죽음을 현실적으로 인식할 수 있도록 하는 특별한 위치, 그리고 고인과 연결 고리를 유지할 수 있도록 하는 특별한 상황에 따른 도움을 제공하고 있다(Bachelor, 2004; Francis, Kellaher, & Neophytou, 2005).

추모 활동의 두 번째 차원은 *기념상*의 역사에서 살펴볼 수 있다. 이 역사는 묘지의 형태가 전개되는 것과 연결되어 나무나 돌로 표지되던 형태에서 대리석, 화강암, 그리고 청동의 형태로 나타나게 되었다(Forbes, 1927; Gillon 1972). 어떤 표지물들은 단순히 평범한 형태였다(예를 들면, 고인의 이름과 탄생과 사망일자 정도만 제공하는 형태). 예술적 상징이나 3차원적인 조각품 등이 포함되는 다른 형태들도 있다. 과거에 묘지의 표지물 가운데는 정교하고 인상적인 묘비명을 새겨놓는 경우도 있었다(〈개인적 통찰 11.2〉 참조; Coffin, 1976 참조; Mann & Greene, 1962, 1968; Meyer, 1992; Reder, 1969; Wallis, 1954). 최근에 미적인 측면과 관리비를 낮추려는 목적으로 묘비를 바닥에 명판 형태로 하는 경우가 대부분이다. 그것이 어떤 형태이든지 이 묘비는 고인의 삶을 기리고 그 마지막 을 새겨놓은 것이다. 미국의 묘지에서 다른 형태의 기념상은 어떤 키다란 능이나 무덤, 지상 건축물과 함께 펼쳐진 풍경 가운데 중심부를 차지하는 종교적이거나 예술의 추상적인 대상물의 형태에서 찾아볼 수 있다(Keister, 2004).

추모의 세 번째 영역은 *추모 사진*으로서 19세기부터 시작된 사진 기술을 폭넓게 사용하면서 발전하게 되었다. 추모 사진은 사별자가 고인과 그 장례식을 직접 보면서 기억할 수 있도록 해준다(Burns, 1990). 전문 사진사들이 찍거나 관리하는 사진뿐만 아니라 친척들이 찍은 속성 사진까지 해당된다. 최근에 들어서는 마지막 순간에 삶을 기억하고 과거를 기억하는 연결고리를 만들기 위해 비디오 촬영을 사용하는 사람들도 있다. 기술적으로 더 발전이 이뤄지면서 월드 와이드 웹(World Wide Web)을 통해 고인을 기리는 방법으로 발전하고 있다(De Vries & Roberts, 2004).

어떤 사람들에게는 추모 사진이 불편할 수도 있다(예를 들면, Lesy, 1973). 그러나 *The Harlem Book of the Dead*에서 묘사된 것처럼 이러한 의식들과 많은 변형된 형태들 대부분이 개인들의 욕구를 충족시킨다는 점을 증명해준다. 사실, 추모 사진을 통해 많은 사별자들은 고인과 거리를 둘 수 있게 되는 동시에, 그 상실의 영향을 인식하게 되며, 고인의 사진을 지니면서 자신의 인생을 살아가게

개인적 통찰 11.2

벤자민 프랭클린의 묘비명

인쇄업자 벤자민 프랭클린,
(낡은 책의 표지와 같이,
내용들은 낡아 빠졌고
글자와 금박은 벗겨져 나갔다)
몸은 여기에 누워 벌레에게 먹히고 있다.
그러나 그 작품은 사라지지 않을 것이니,
그것은(그가 믿는 바와 같이) 한 번 더
새롭고 아름다운 판으로
저자에 의해
수정되고 개정될 것이기 때문이나.

된다(Ruby, 1987, 1991, 1995). 이것은 본 장에서 설명되는 세 가지 임무와 유사하다. 추모 사진에 대한 대조되는 반응은 애도에 도움이 된다고 생각되는 의례와 그러한 의례 행위에 대해 이해 부족 또는 불편해 하는 일부 대중 사이에 있는 긴장감을 설명해준다. 장례와 추모 예식을 새롭게 이해하려는 노력은 우리 사회에 있는 이러한 긴장감을 완화시키는 데 도움을 줄 수 있을 것이다.

당대 애도 예식의 네 번째 영역은 월드 와이드 웹을 통해 부상하고 있는 가능성의 결과로서 최근에 발전하기 시작했다. 예를 들면, 고인이 된 사랑하는 사람에게 헌사를 바치는 사람들도 있다(De Vries & Rutheford, 2004; Jones, 2004; Roberts, 2004). 또 어떤 사람들은 컴퓨터 기술을 이용하여 자신들의 비통에 대한 반응을 표현하거나 공유하는 새로운 방법을 찾기도 하고 위로가 될 만한 곳들과 접속해 보기도 한다. GriefNet(www.griefnet.org)은 이러한 목적을 충족시키는데 가장 잘 알려진 웹사이트 중 하나로서, 4부의 각 장절 마지막에 기재된 일부 자료들과 같은 내용이다.

장례업의 사후 돌봄 프로그램

최근에 발간된 책 제목에서 나온 것과 같이, 장례업에 종사하는 많은 직원들이 *친구가 떠났을 때 (When All the Friends Have Gone, Weeks & Johnson, 2001)* 그들이 할 수 있는 것으로서 *사후 돌봄*을 생각하기 시작했다. 이 관점에서 "사후 돌봄"은 장례 이후에 사별자들에게 제공되는 도움과 지지를 포함하며 그 가족 구성원들과 친구들은 익숙했던 자신들의 삶으로 돌아가게 된다. 엄격하게 말해서 이 용어는 장례업 종사들의 업무에 한정되어 쓰이지는 않지만, "사후 돌봄"은 장례업 내에서 특수한 의미를 갖게 되었다. 존슨과 윅스(Johnson and Weeks, 2001, p. 5)는 다음과 같이 말했다.

장례식장에서 제공되는 사후 돌봄은 고객에게 도움과 돌봄을 제공하는 관계를 유지하고, 예상되는 시신 처리와 수반되는 예식을 넘어 고객의 가족들에게 지속적인 서비스를 제공하고, 고객과 그 공동체에 대해 죽음, 상실 그리고 비통의 교육을 제공하는 하나의 조직화된 방법으로 정의될 수 있다.

장례업에서 사후 돌봄은 고객이지만 원래는 죽기 이전에 지역 사회에서 친구였고 이웃이었던 그 사별자 가족의 안녕을 위한 장례지도사들의 지속적인 관심에 근거를 두고 있다. 이 점에서 장례지도사들은 그 공동체 구성원의 사별에 대해 필요한 것을 맞춰 사별자들에게 공감할 수 있는 것을 제공해 주려고 노력한다. 존슨과 윅스가 비공식적 혹은 사후 돌봄의 "일상적" 단계로 설명하고 있듯이, 이것은 사후 돌봄의 4가지 가능 단계의 첫 번째이다. 그것은 사별자가 말하는 동안 잘 들어주기, 그들이 여러 요식적이고 공식적인 서류작업을 마칠 수 있도록 도와주기, 비통과 사별에 관한 기본적인 인쇄물

(보통 팜플릿 형태) 제공하기 등을 포함한다. 추가로 직원이 제공되지 않으며 비용도 최소한이다.

1980년대와 그 이후 몇 년 동안에 사후 돌봄 프로그램이 장례업 내에서 보다 형식화되면서, 그 기획과 실행은 서비스를 받는 공동체 구성원들의 요구와 요구하는 자료들에 따라 크게 변화되었다. (사후 돌봄 프로그램이 공동체 교육과 전체적으로 대중에 대한 교육을 포함할 때, 그것은 더 이상 특정 죽음에 따른 활동에 제한되지 않으며 따라서 죽음 이후의 돌봄을 넘어선다는 점에 주목하라.) 사후 돌봄은 장례업에서 비교적 최근에 발전된 것이기 때문에 그 업계를 잘 아는 회원은 "사후 돌봄의 영역은 경험과 실험 과정을 통해 만들어지고 창출된 것이다"라고 말했다(Miletich, 2001, p. 33).

시후 돌봄을 시행하는 장례식장에 대한 법적 책임의 문제와 해당 주에서 달리 인정하거나 자격증을 발급하지 않았는데도 사후 돌봄 담당자를 "상담가" 또는 "치료사"로 부르는 것이 적절한가에 대한 우려감이 있기는 하다. 그럼에도 불구하고 사후 돌봄이 어떻게 정의되거나 설명되는 것에 상관없이 미국 내의 대다수 장례식장에서 현재 사후 돌봄의 형태를 제공하고 있는 것으로 추산되고 있다. 본 장의 첫 부분에 나온 일화에서 살펴봤듯이, 스텔라 브리지만은 아들이 죽은 뒤에 사후 돌봄 코디네이터로부터 도움을 받았다. 이와 같이 사후 돌봄은 상실과 비통에 대처하는 사람들을 위한 공동체 지원과 도움의 측면에서 당대 미국의 죽음 제도 내에서 증가하고 있는 것이 현실이다.

호스피스 프로그램에서 사별의 후속 조치

미국의 호스피스 프로그램에 요구되는 점은 돌봄 제공을 받는 가족 구성원에 대한 지지와 상담을 제공하는 것이다. 이 서비스는 임종 과정에 있는 사람과 그 가족 구성원의 요구 사항을 해결해야 한다는 호스피스 철학과 전인적 돌봄에서 직접적으로 생겨난 개념이다(책의 제8장 참조). 환자와 그 가족을 위한 이러한 돌봄은 죽음의 순간이 아니라 호스피스 프로그램에 들어가는 순간에 시작되는 것이다. 즉, 돌봄은 사랑하는 사람의 죽음에 앞서 그 가족들의 요구를 충족시키려고 하는 가족 구성원들에게 제공되는 것이다. 죽음 이후에 호스피스 돌봄은 더 이상 고인이 된 사람에게는 필요 없지만, 가족 구성원들은 오래된 많은 문제들과 계속해서 대처해야만 하고 새로운 도전을 해결해야만 한다. 결과적으로 사별의 후속 조치 서비스가 호스피스 업무의 핵심적인 사항이 된다(Arnold, Bruno, Corr, Eisemann, & Sunter, 2004a, 2004b).

모든 가족들이 호스피스 프로그램으로부터 사별 후속 조치 서비스를 필요로 하거나 받는 것은 아니다. 어떤 수단이 임종을 대처하는 데 충분한 것인지에 관계없이, 자신들만의 수단을 통해 사별을 충분히 대처해가는 사람들도 있다. 게다가 호스피스 프로그램은 유가족들이 남은 생애 동안에 호스피스 서비스에 의존하게 되는 것을 원하지 않는다(그러한 책무를 뒷받침할 수 있는 수단이 있는 호스피스 프로그램은 거의 없다). 따라서 호스피스의 사별 후속 조치는 상실과 사별을 대처하는 데 도움이 필요한 가족 구성원들을 돕기 위해 기획된 과도기적인 서비스로서, 보통 사랑하는 사람이 죽은 뒤 처음 12개월에서 18개월 동안에 제공된다. 그 특성이나 기간에 있어서 이러한 지원의 능력을 넘어서는 주제들에 대해서는 보통 특정한 평가가 요구되며 전문가 상담이나 치료가 필요하게 될 가능성이 있다.

호스피스의 사별 후속 조치 프로그램은 보통 주의 깊은 평가를 거쳐 사별 과정의 주요 인물로 판단된 사람을 돌보기 위한 상세한 계획을 준비하게 된다(Arnold et al., 2004b). 이 돌봄 계획은 환자의 죽음 이전에 시작되며 그 시점에 대해서는 재평가가 보통 필요하다. 그 돌봄 계획은 가족과 직원이 의미 있는 장례식과 예식에 참여하도록 격려한다. 그 다음, 후속 조치 프로그램의 나머지는 보통 정기적으로 편지, 전화, 또는 개인 간 접촉을 통해 주로 이뤄진다. 돌봄은 사별자의 특정한 요구를 고려한 것이다. 예를 들면, 사별, 비통, 애도의 전형적인 형태나 문제에 관한 정보; 감정과 다른 비통의 반응에 대한 인정과 확인; 자아 돌봄을 위한 지침; 기념과 추모 의식을 맡거나 참여하는 방식에 대한 건의; 삶은 살만하다고 하는 신념의 공유이다.

소식지, 편지, 개인 상담, 연간 추모 행사, 이외의 다른 사회 활동들은 호스피스 사별 후속 조치의 익숙한 방식들이다. 호스피스 프로그램은 사별자들을 위한 지원 모임을 설립하기도 하고 그런 서비스를 제공하는 공동체 조직들과 함께 활동하기도 한다. 게다가 스텔라 브리지만의 사례에서 봤듯이, 호스피스 프로그램은 일반적으로 그들이 돌보던 사람이 죽더라도 사별 서비스를 공동체 구성원들에게 제공한다. 호스피스의 사별 돌봄 서비스를 받은 사람들의 18% 이상이 그렇지 못했다면 호스피스 돌봄을 받지 못했을 공동체 구성원들이다(National Hospice and Palliative Care Organization [NHPCO], 2010). 호스피스 사별 후속 조치에서 이뤄지는 많은 실질적인 서비스들은 그런 활동을 위해 선택되어 훈련을 받고, 그 분야의 전문가들의 지원을 받아 숙련된 자원 봉사자들이 담당하고 있다(Parkes, Relf, & Couldrick, 1996). 이러한 점은 재정과 인력 상의 압박으로 호스피스 사별 서비스에 제약이 있을 때, 더욱 그렇다(Demmer, 2003).

사별자 지원 단체

*사별자 지원 단체*에는 여러 가지 형태가 있다(Hopmeyer & Werk, 1994; Wasserman & Danforth, 1988). 지원 단체의 한 유형으로 사별자들에게 전문가와의 대화, 강연을 통해 다양한 실질적인 문제들에 대한 도움을 주는 곳도 있다. 이런 유형의 단체들은 구성원들에게 혼자 있을 때 영양가 있는 식사를 요리하는 법, 집을 간단히 수리하는 법, 소득세 신고를 끝내는 법, 투자하는 법 등을 도와준다. 장례식장의 한 단체는 이러한 형태의 단체를 LIFT 프로그램이라고 부르는데, "오늘을 위한 삶의 정보(Living Information for Today)"를 뜻하는 말이다. 휴일 파티, 식당 방문 또는 근처 명소 방문을 위한 버스 투어 등과 같이 오락 활동이나 사회 활동에 중점을 두는 또 다른 형태의 지원 단체가 있다.

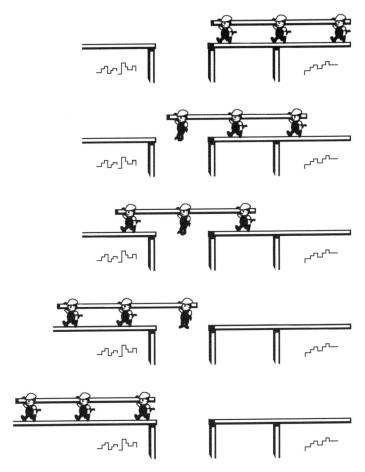

그림 11.1 POMC가 돕는 법

이러한 두 형태의 단체들은 다양한 형태의 문제 해결이든 사회 활동을 위한 지도를 강조하는 것이든 많은 사별자들에게 의미가 있을 수 있으며 또 실제로 의미가 있다.

지원 단체들의 주된 관심은 사별자들이 상실과 비통에 대처할 수 있도록 도움을 제공하는 것으로서 넓은 의미에서 지원 활동을 제공하는 것이다. 그런데 그들의 활동에서 가장 유용한 점은 단체 구성원들이 서로 도움을 주고(상호 도움), 단체에서 사별자들 스스로가 비통과 애도 과제(자조 활동)를 담당할 수 있는 기회를 제공한 데서 나온 결과이다. "살해된 자녀의 부모 모임(Parents of Murdered Children, POMC)"은 전국적으로 지회를 갖고 있는 국가 기관으로서 이 단체에서 제공하는 상호 도움을 설명한 내용은 〈그림 11.1〉에서 볼 수 있다. 유사한 기능을 담당하는 많은 단체들이 다양한 상실의 경험에 대응하여 미국 전역에서 최근 몇 년 동안 갑자기 생겨나기 시작했니((초점 맞추기 11.3) 참조;

초점 맞추기 11.3

사별 지원 기관의 예

협회	설명
American Association of Suicidology 5221 Wisconsin Avenue N. Washington, DC 20015 202-237-2280; www.suicidology.org	자살에 대한 자료와 자살로 인한 사별자에게 현지 파견을 통해 지원하는 정보센터; National Suicide Intervention Lifeline을 후원 800-279-TALK(8255) or 800-SUICIDE(784-2433)
Association for Pet Loss and Bereavement P.O. Box 106 Brooklyn, NY 11230 718-382-0690; www.aplb.org	애완 동물의 상실과 사별에 대해 전문적으로 훈련받은 자원봉사 조직; 분기별 소식지, 대화방, 인터넷 추모 사이트 등 제공
Bereaved Parents of the USA P.O. Box 106 Brooklyn, NY 11230 718-382-0690; www.aplb.org	많은 지회가 있는 국가 지원 단체로서 사별한 부모, 조부모, 형제 자매에 대해 서비스 제공
The Candlelighters Foundation c/o American Childhood Cancer Organization 10400 Connecticut Avenue, Suite 205 Kensington, MD 20895 800-366-2223; 301-962-3520 www.candlelighters.org; or www.acco.org	암에 걸렸거나 걸렸던 적이 있는 아이들의 부모를 지원하는 국제적인 네트워크를 지닌 단체
The Compassionate Friends(TCF) 900 Jorie Boulevard, Suite 78 Oak Brook, IL 60523 877-969-0010; 630-990-0010 www.compassionatefriends.org	많은 지회가 있는 국제적인 지원 단체로서 사별한 부모와 형제자매를 지원
Concerns of Police Survivors(COPS) P.O. Box 3199, S. Highway 5 Camdenton, MO 65020 800-784-COPS(2677); 573-346-4911	죽음이나 사별로 인해 영향을 받는 경찰관과 그 가족들을 위한 지원 단체
First Candle 1314 Bedford Avenue, Suite 210 Baltimore, MD 21208 800-221-7437; www.firstcandle.org	사산, 영아 돌연사 증후군 또는 설명할 수 없는 영아 돌연사와 관련된 연구와 서비스를 담당하는 협회
Make Today Count National Office c/o Mid-America Cancer Center 1235 E. Cherokee Street Springfield, MO 65804 800-432-2273(8:00 AM.-4:30 PM., Mon-Fri)	생명을 위협하는 질병을 앓는 개인과 그 가족들을 위한 국가 지원 단체

초점 맞추기 11.3

Mothers Against Drunk Driving(MADD)
511 E. John Carpenter Freeway, Suite 700
Irving, TX 75062
800-GET-MADD(438-6233); 214-744-6233
www.madd.org

음주 운전으로 희생당한 이들을 위해 지원과 도움을 주는 단체

National Donor Family Council(NDFC)
30 E. 33rdStreet
New York, NY 10016
800-622-9010; 212-809-2210
www.donorfamily.org

장기/조직 기증과 이식에 대한 정보, 지원, 변호, 교육을 위한 국가 자원 관리원

National Hospice and Palliative Care Organization
1731 King Street, Suite 100
Alexandria, VA 22314
800-658-8898; 703-837-1500;
www.nhpco.org

지역 호스피스 프로그램 및 관련 서비스에 관한 정보와 파견업무를 지원하는 기구; 800-658-8898 Hospice Helpline 후원하여 지역 호스피스 프로그램 설치 도움

National Organization for Victim Assistance(NOVA)
1757 Park Road NW
Washington, DC 20010
800-TRY-NOVA(879-6682); 703-535-6682
www.try-nova.org

24시간 위기상담 서비스를 포함하여 지역의 희생자 도움을 위한 서비스 위탁 기관

National Sudden & Unexpected Infant/Child Death & Pregnancy Loss Resource Center
c/o National Center for Education In Maternal & Child
Health at Georgetown University
2115 Wisconsin Avenue, NW, Suite 601
Washington, DC 20007
866-866-7437; 202-687-7466; www.sidscenter.org

출생 전 사망과 영아 초기 사망에 관한 정보와 지역 기구 위탁 관리, 이와 같은 상실로 인해 영향을 받은 사람들을 위한 지원 단체 관리

Parents of Murdered Children(POMC)
100 East Eighth Street, Suite 202
Cincinnati, OH 45202
888-818-POMC(7662); 513-721-5683
www.pomc.com

살인으로 인해 사별한 이들을 위한 지원

Parents Without Partners, Inc.
1100-H Brandywine Boulevard
Zanesville, OH 43701-7303
301-588-9354; www.parentswithoutpartners.org

한부모 가정과 그 자녀들을 위한 서비스

349

초점 맞추기 11.3

SHARE–Pregnancy and Infant Loss Support, Inc. National Office, St. Joseph Health Center 409 Jackson Street St. Charles, MO 63301 800-821-6819; 636-947-6164 www.nationalshare.org	유산, 사산, 영아 초기 사망을 경험한 부모나 형제자매를 위한 국가의 상호 지원 단체
THEOS(They Help Each Other Spiritually) **International office** 322 Boulevard of Allies, Suite 155 Pittsburgh, PA 15222 412-471-7779	젊거나 중년인 남겨진 여성과 그 가족들을 위한 지원과 교육 업무
Tragedy Assistance Program for Survivors(TAPS) 1772 F Street, Suite 600 Washington, DC 20006 800-959-TAPS(8277); 202-588-8277; www.taps.org	죽음과 사별에 따른 영향을 받는 군인과 그 가족들을 위한 지원과 도움 업무

Hughes, 1995; Pike & Wheeler, 1992). 이러한 노력들은 지역적으로 이뤄질 수도 있고, 한정된 기간 동안 이뤄질 수도 있고, 공동체나 국가 조직의 지회 또는 어떤 사후 돌봄이나 호스피스 프로그램의 지원을 받는 단체에서 지속적으로 또는 무기한적인 프로젝트로 이뤄질 수도 있다(Zulli, 2001). 스텔라 브리지만은 사별 과정에서 이러한 지원 단체들 가운데 한 군데에서 큰 도움을 받았던 것이다.

사별 지원 단체의 원칙과 실제

사별 지원 단체들의 수가 급격하게 증가하고 있다는 것은 많은 사별자들이 자신들의 가족이나 일상에서의 공동체로부터 받을 수 있는 것을 넘어서는 도움을 필요로 하거나 찾고 있다는 것을 의미한다. 그런데 대체로 이러한 단체들에게서 구하는 것은 전문적인 상담이나 치료가 아니라 유사한 상실의 경험을 공감하는 다른 사람들의 도움이다. 따라서 이러한 단체들의 주된 목적은 "유사한 상황에 처한 사람들에게 그들의 경험을 공유할 수 있고 그들의 문제점에 대해 어떻게 대처할 것인가를 서로 가르치는 데 도움을 줄 수 있는 기회를 제공하는 것"이다(Silverman, 1980, p. 40).

이런 종류의 단체는 다양한 형태를 취한다. 그들은 시간적으로 제약이 있거나 지속적일 수 있다. 그들은 어느 때나 새로운 회원을 받을 수도 있고 일단 단체가 구성되면 추가적으로 회원을 받지 않을 수도 있다. 그들은 모든 종류의 사별 형태에 대해 그들의 활동을 집중하기도 하고 특정한 형태의 상실에 따라 조직을 구성하기도 한다. 그 단체를 이끄는 사람은 숙련된 자원 봉사로 활동했던 사별자일 수도 있고 해당 분야의 전문가일 수도 있다(McNurlen, 1991; Yalom & Vinogradov, 1988).

단체의 *지도력*은 중요한 문제로서, 비통을 지원하는 단체와 치료를 담당하는 단체 간의 본질적인 차이와도 관련된다. 이 차이는 지원 단체의 경우 비복잡성 비애 반응에 대처하는 건강한 사람들을 도우려는 목적이지만, 치료 단체의 경우는 심리-사회학적인 장애를 어떤 중요한 방법을 통해 고치려는 의도를 갖고 이뤄졌다는 사실에서 나온다. 비통을 지원하는 단체의 구성원들은 공유하는 경험에 대처하면서 그들이 직면하는 어려움 때문에 자발적으로 함께 모인다(Mc Nurlen, 1991). 상실을 경험하기 이전에 그들은 일반적으로 정상적인 삶을 살고 있었다. 그들은 그 안에서 변화되기를 원하지 않지만 그들이 감당하기에는(보통 과도하게) 힘든 상실에 대처하면서 도움을 필요로 한다.

이떤 시별 단체는 사별을 경험해보지 않은 사람은 조직을 운영하지 못하도록 하고 있으며, 관련 전문가에게 맡기는 경우도 있다(Klass & Shinners, 1983). 그러나 사별 단체에서 실질적인 전문 지식에 따라 항상 조직 체계가 형성되는 것은 아니다. 이러한 점은 단체 구성원들에서 찾을 수 있다. 단체 구성원들에게는 서로 외부 단체들과 함께 하도록 권장하고 있으며 단체 내에서 이뤄지는 토론 주제는 그들이 제안하고 공유하기로 선택한 내용들이다. 단체에서 중점을 두는 것은 문제 해결이나 조언을 제공하는 것이 아니라 돕는 과정 그 자체에 있다. 즉, 문제를 말하고 상황을 점검하고 경험을 공유하는 것이다. 이 과정은 보통 "평온의 기도(Serenity Prayer)"에서 보이는 원칙에 따르며, ((개인적 통찰 11.3) 참조) 이것은 단체 예식에서 자주 보이는 내용이기도 하다. 사별자를 위한 지원 단체는 자조와 상호 도움을 결합하고 있다. 사별자는 단체 내에서 다른 사람들의 지원을 받으면서 자조 활동을 전개하게 된다.

사별자를 위한 지원 단체들은 보통 다소 차이는 있지만 분명한 규칙과 가치관을 갖고 있다. 예를 들면, 비밀 보장과 비평가적 태도를 유지하며, 충고를 하지 않으며, 모든 사람에게 말할 수 있는 기회가 있으며, 일방적인 대화는 금지되며, 모든 사람은 침묵하거나 대답하지 않을 권리가 있으며, 회원들은 서로의 경험과 관점을 존경하며, 만남 일정은 정시에 시작하고 끝난다는 등의 내용이다. 안전 문제는 상처받기 쉬운 사람들을 위한 단체에서 특히 주의하는 점이다. 지원 단체들은 보통 "비난"이나 선교 등을 금지한다. 그들은 또한 개인 상담이나 치료를 위해 단체 활동에 지장을 주거나 그들 자신을 위험에 빠뜨릴 수도 있는 사람을 알아봐야 할 경우에 매우 주의를 기울인다.

개인적 통찰 11.3

평온한 기도

주여, 우리에게
우리가 바꿀 수 없는 것을
평온하게 받아들이는 은혜를 주시고
바꿔야 할 것을
바꿀 수 있는 용기를 주시고
그리고 이 둘을 분별할 수 있는
지혜를 주옵소서.

출처: Reinhold Niebuhr, Used by Permissio

상실과 비통의 경험을 공유하는 것은 사별 지원 단체의 중요한 역할이다.(그림은 *Tear Soup*의 설명-〈개인적 통찰 10.3〉참조)

사별 지원 단체의 내용

대부분의 사별 지원 단체들은 8가지 도움을 주는 요인들을 갖추고 있다(McNurlen, 1991; Yalom, 1995). 이 요인들을 설명하다보면 아들을 잃은 스텔라 브리지만에게 도움을 줬던 '자비로운 친구들'의 성격을 떠올리게 된다.

- *도움 요인 1: 공감대.* 사별 지원 단체들은 구성원들의 경험을 공유하는 데 기반을 두고 있다(Borkman, 1976). 이러한 공유된 경험은 구성원들이 서로 공감대를 형성하는 데 기반을 두고 있다. 단체에서 사별자들은 더 이상 자신들이 혼자가 아니고 그럴 필요도 없다는 점을 알게 된다. 그들은 세상 사람들로부터 상실의 경험 때문에 낙인찍혔다거나 배제되었다는 느낌을 받기도 하지만, 단체 내에서 다른 사람도 유사한 경험을 지니고 있다는 점과 단체 구성원들로부터 서로 배울 수 있다는 사실을 발견하게 된다(Wrobleski, 1984).

- *도움 요인 2: 보편성.* 상실의 경험이라는 특수성과 개별성에도 불구하고, 지원 단체 내에서는 어느 정도의 보편성이 있다. 단체에서는 그들의 경험과 반응들을 통해 자신이 혼자가 아니라는 사실을 인식하게 된다. 사회에서는 그들에게 닥친 일 때문에 자신들을 다르게 보고, 피하고, 심지어 낙인까지 찍었지만, 단체의 회원들은 그들을 "나쁘다"거나 "잘못되었다"고 보지 않는다는 사실을 알면서 도움을 받을 수 있다.

- *도움 요인 3: 정화감.* 단체 내에서 오랫동안 억눌렸던 감정들이 필요한 만큼 해소될 수 있다. 어떤 사람들은 상실을 경험하자마자 바로 사별 지원 단체를 방문하지만 어떤 사람들은 오랜 기간이 지난 뒤에 찾는 경우도 있다. 시간에 상관없이, 새로운 또는 기존의 회원들은 그들의 감정을 분출할 수 있고 공유할 수 있도록 해주는 단체에 대해 기본적으로 감사해한다.

- *도움 요인 4: 안내.* 단체 내에서 다른 사별자들을 만나면서 그들은 상실 이후에 어떻게 자신의

삶을 살 수 있었는지에 대한 인도를 받을 수 있다. 단체는 주로 강연, 발표, 조언뿐만 아니라 회원들이 설명하고, 사례를 들고 그리고 상실과 비통을 경험하며 살아가는 이야기들을 할 수 있는 포럼을 통하여 그러한 안내를 하고 있다. 이렇게 교류함으로써 개인적인 경험이 인정을 받을 수도 있고 그렇지 않을 수도 있지만, 경험은 공유되고 중요한 정보와 안내, 재확인 등이 이뤄지게 된다. 예를 들면, 대부분의 사별자들은 비통과 애도 과정에 대한 정보를 잘 받아들인다. 그들이 경험하는 특정한 상실의 유형에 대해 더 많은 것을 알아야 하고 그것이 그 단체의 특성을 규정하는 것일 수 있다. 예를 들면, 부모 사별에 대해, 학살과 그 영향에 대해, 또는 영아 돌연사 증후군에 대한 것들이다. 자살이나 에이즈와 같이 사회적으로 낙인찍힌 어떤 특정한 죽음과 같은 경우에 대해서도 많은 안내가 필요하다.

- *도움 요인 5: 희망 심기.* 특히 많은 사별자들에게 중요한 단체 경험이라는 차원은 새로운 회원과 기존에 일정 기간 참여했던 사람들 간의 상호 작용이다. 그 비통한 여정을 더 경험한 사람들을 안다는 것은 경험을 더 많이 한 동료들이 비통과 자신들의 남은 삶을 이겨내며 살아간 방법을 새로운 회원들이 볼 수 있도록 허용하는 것이다. 지금까지 상황이 더 좋아질 것이고 다른 사람들에게도 좋을 것이라는 점이 증명되고 있듯이, 자신의 삶 또한 더 좋아질 것이라는 희망이 새롭게 시작될 것이다. 이러한 희망 심기는 개인이 단체를 통해 얻을 수 있는 것으로서 단순히 외부로부터 도입될 수 있는 것은 아니다.

- *도움 요인 6: 실존의 문제.* 사별 지원 단체는 보통 삶의 공정성, 신의 자애로움, 세상의 선성(goodness)과 같이 큰 문제와 관련된 실존의 문제를 처리한다. 이러한 질문은 제9장에서 살펴본 의미 만들기와 의미 재구축과 관련된다. 이런 심오한 질문에 대한 답은 다른 사람으로부터 얻을 수 있는 것이 아니다. 오히려 스스로 답하거나 그러한 주제와 질문을 갖고 살아가면서 해결해야만 하거나 또는 답을 얻을 수 없거나 완전한 답을 얻을 수는 없다는 사실을 알게 된다. 지원 단체에서는 이러한 질문들에 대해 안전한 장소를 제공함으로써, 상실, 비통 그리고 사별로 인해 제기되는 이러한 실존에 관한 주제들이 타당하고 실제적이라는 점과 그 문제들에 대해 여러 사람들이 각자 다른 방식으로 답할 수 있다는 점을 인식할 수 있도록 한다.

- *도움 요인 7: 화합.* 사별 지원 단체 회원 간에 유대 관계는 소중한 사람을 상실한 이후에 여러 가지 면에서 불안전하고 무관심해 하는 이 세상에서 안전과 돌봄이 이뤄지는 환경을 만든다. 화합이나 기본적인 신뢰는 대부분의 지원 단체에서 회원들 간에 발전하며 단체의 두 가지 특징에서 나오게 된다. 즉, 사별자로서 회원들이 공유하는 경험과 다치고 상처받기 쉬운 사람들이 자신들의 커다란 상실과 고통을 공유하는 것만으로도 서로 도움을 줄 수 있다는 점을 발견하게 된다는 점이다. "경험을 공유한다는 것은 상호 도움의 경험과 다른 도움의 교환을 구분하는 기본적인 개념이다....그 과정의 핵심은 상호성과 호혜성이다"(Silverman, 1980, p. 10).

- *도움 요소 8: 이타심.* 또 다른 종류의 기능은 이타심 또는 남에게 주는 것과 관련된 것으로, 그것

은 특히 사별 지원 단체에서 장기간 있던 사람들에게서 경험할 수 있다. 그들이 지도자 역할을 수행하게 되거나 사별의 과정과 단체 내에서 스스로의 경험을 통해 얻은 것을 공유하는 다른 방식을 알게 되면서, 선임급의 회원들도 새로운 보답을 얻게 된다. 클라스(Klass, 1985b, 1988)는 이것을 사별 지원 단체의 커다란 비밀이라고 하였는데, 남과 나누면 자신이 받게 된다는 것이다. 주고받는 것은 상호 간에 자존감을 향상시킨다. 처음 모임에서 정서적으로 아주 취약한 상태에 있던 상태에서 나중에 단체를 공동으로 운영하는 것으로 바뀌게 된 사람들은 다른 사람들을 돕는 능력을 새롭게 발견하게 된 것을 설명하면서 그것이 사랑하는 사람의 삶과 죽음에서 의미를 발견하게 된 중요한 요소라고 해석한다(Klass, 1985a).

단체 외부의 도움

사별자들을 위한 지원 단체의 주 업무는 만남을 통해 이뤄지지만, 그것이 그들이 제공하는 전부는 아니다. 이러한 점은 종종 소홀히 여겨지는데, 자애로운 친구들과 같은 유명한 사별 지원 단체들은 새로운 잠재적인 회원들을 찾기 위해 자료를 제공하기 위한 네트워크를 만든다. 사별자에게 메일이나 전화 연락을 하는 것은 가장 먼저 이뤄지는 지원에 속한다.

사별자가 "내가 꼭 필요하다면" 언제든지 이용할 수 있는 지원 단체가 있다는 사실을 아는 것만으로도 충분한 경우가 있다. 그러한 정보는 소식지를 정규적으로 발송함으로써 보완되며, 추가적인 도움을 받을 수 있다는 확신과 지지를 보여주는 또 다른 방식이기도 하다. 단체에서는 지방 매체를 통해 상실과 비통에 대한 그들의 활동이나 보고 내용을 발표하기도 한다. 연례적인 추모 행사와 교육 강연, 공공 사업과 같은 활동들은 지원의 다른 형태로서 단체 자체의 영역을 넘어서는 것이다.

내용 요약

본 장에서 우리는 미국 죽음 제도 내의 공동체에서 상실과 비통에 대처하는 사람들을 위해 지원과 도움을 제공하는 특정한 사회 프로그램을 살펴보았다. 이 내용은 개인이 사별자와 일대일 관계에서 도울 수 있는 방법을 논의한 제10장의 내용을 보완한다. 본 장에서 우리는 삶의 위기와 예식을 분석하는 것으로 시작했다. 다음으로 오늘날 우리 사회에서 이뤄지는 일반적인 장례식을 설명하고 이러한 예식의 가치에 대해 대안이 될 수 있는 관점을 함께 살펴보았다. 그 다음에 조직화된 장례 예식이 사별자와 공동체에 도움을 제공해야 하는 세 가지 임무, 즉 시신을 사회가 인정하는 방식으로 처리하는 것, 죽음의 함축된 의미를 현실화 하는 것, 그리고 재통합과 지속적으로 의미있는 삶을 살아갈 수 있도록 나아가기 시작하는 것을 제시하였다. 장례식 가운데 자신들에게 필요한 사항을 아는 개인과 공동체라면 자신들을 위해(그리고 만약 그렇다면 어떻게) 어떤 특정한 장례식 또는 관련된 예식이 이러한 임무를 수행하는 데 도움이 될 수 있는지 결정할 수 있을 것이다. 우리는 이러한 분석에 더해서 미국의 묘지, 기념상, 추모 사진, 그리고 월드 와이드 웹을 포함한 추모 활동에 대해 간략히 살펴보았다. 그런 뒤에, 당대의 사망 제도 내에서 사별자를 돕는 세 가지 사회 프로그램, 즉 장례 산업의 사후 돌봄 프로그램, 호스피스의 사별 후속 프로그램, 그리고 사별자를 위한 지원 단체를 살펴보았다.

용어 해설

내장(땅속 매장): 먼지 관에 시신(또는 "화장"한 유골)을 놓고 땅 속에 안치하여 처리하는 방법으로서, 보통 묘지에서 이뤄지고 관을 보호하고 땅의 침하를 방지하기 위해 만들어진 안치실이나 곽 안에 안치함

무덤 안치: 시신이나 그 유골을 능이나 지하묘, 지상묘, 묘비와 같은 구조로된 무덤에 안치하여 처리

방부 처리: 시신에서 혈액과 체액을 제거하고 대신 부패와 피부색의 변화를 지연시키기 위해 인공 방부제를 넣음

분골: 화장된 유골, 즉 시신을 화장한 뒤에 나온 재와 뼈

사별자 지원 단체: 실질적인 문제 해결을 위한 도움을 강조하거나 주로 사회적인 문제들에 관심을 갖는 단체로부터 상호 도움이나 자조를 통해 상실과 비통을 대처할 수 있도록 도움을 모색하는 단체에 이르기까지 다양한 형태가 있음

사별 지원 단체: 상실과 비통에 대처하는 사람들을 위해 조직된 모임으로서 자조와 상호 도움을 결합하여 운영

사후 돌봄 프로그램: 상실과 비통에 대처하는 개인들을 위해 이뤄지는 비공식적 또는 공식적인 지원 프로그램으로서 보통 장례업 종사자들이 장례와 시신 처리 후에 제공됨; 공동체에 대한 죽음 준비 교육 제공이 포함될 수 있음

시신 처리: 고인의 시신을 생활하던 사회로부터 처리하는 일

예식: 공동의 또는 공동체의 상징적 활동으로 보통 외적(신체적) 행동과 사회적 행동을 포함함; 위기로 삶이 붕괴될 때 질서나 방향성을 설정하는 데 기여함

장례식 또는 장례 서비스: 죽음을 알리거나 관에 시신을 놓고 고인의 삶을 기념하는 공식적인 행사

재통합: 죽음으로 인해 사별한 개인, 가족 또는 붕괴된 사회를 다시 함께 하도록 함

죽음의 함축된 의미 현실화: 사별자가 죽음의 의미를 파악할 수 있도록 도움; 보통 고인으로부터 분리되는 공식적인 활동을 통해 이뤄짐

추모식: 죽음을 기념하거나 시신 없이 그 삶을 기념하는 공식 행사

추모 활동: 고인의 삶이나 유산을 기념하기 위한 활동

호스피스의 사별 후속 프로그램: 호스피스 환자의 사망 전과 후에 그 가족 또는 상실을 경험하는 공동체 구성원에게 제공되는 서비스

화장: 강한 열로 처리하여 신체의 크기를 줄이는 과정으로서 그 결과 재와 몇 가지 뼈 조각으로 됨 (그 다음에 갈거나 분쇄시킴)

복습과 토론을 위한 질문

1. 당신의 개인적 삶이나 여러 공적인 상황 속에서 경험하는 예식(공동체를 통해 이뤄지는 상징적이고 외적 또는 신체적 행동을 포함하는 행동)에 대해 생각해 보라. 그러한 예식들이 이뤄지는 목적은 무엇이라고 생각하는가? 왜 관련된 사람들은 특정한 예식 행동에 참여하겠다는 선택을 했는가?

2. 당신이 사랑하는 사람이 죽었다고 가정하자. 어떤 형태의 활동을 장례식이나 추모식에 포함시키고 싶은가? 그 순간에 당신에게 도움이 되는 것과 그렇지 않은 것은 무엇일까? 당신의 답변을 생각해보고 당신이 실제로 참여했던 장례식이나 추모식과 비교해보라(만약 그런 활동에 참여했던 적이 없다면, 그런 활동에 대해 다른 사람이 말한 것을 생각해보라).

3. 사별한 많은 사람들은 장례식장 사후 돌봄 프로그램이나 호스피스 사별 후속 프로그램, 사별 돌봄 기관으로부터 비통 과정에서 도움을 받았다고 말한다. 왜 그럴까? 개인적으로 사별자를 도우려고 노력할 때, 이러한 프로그램과 단체로부터 어떤 점을 배울 수 있다고 생각하는가? 이런 프로그램과 개인적으로 연락을 취해본 적이 있는가?

추천 도서

죽은 뒤 신체에 일어나는 변화에 대한 정보:

Iserson, K. V. (2001). *Death to Dust: What Happens to Dead Bodies?(2nd ed.).*

Roach, M. (2003). *Stiff: The Curious Lives of Human Cadavers.*

미국의 장례식과 애도의 여러 측면에 대한 책:

Canine, J. D. (1999). *What Am I Going to Do with Myself when I Die?*

Carlson, L. (1998). *Caring for the Dead: Your Final Act of Love.*

Holloway, K. F. C. (2003). *Passed On: African American Mourning Stories, a Memorial.*

Howarth, G. (1996). *Last Rites: The Work of the Modern Funeral Director.*

Jupp, P. C. (2006). *From Ashes to Dust: The History of Cremation in Britain.*

Laderman, G.(2003). *Rest in Peace: A Cultural History of Death and the Funeral Home in Twentieth Century America.*

Long, T. G.(2009). *Accompany Them with Singing: The Christian Funeral.*

Lynch, T.(1997). *The Undertaking: Life Studies from the Dismal Trade.*

Manning, D.(2001). *The Funeral: A Chance to Teach, a Chance to Serve, a Chance to Heal.*

Mayer, R. A.(1996). *Embalming: History, Theory, and Practice(2nd ed.).*

Mitford, J.(1998). *The American Way of Death Revisited.*

Morgan, E., & Morgan J.(2001). *Dealing Creatively with Death: A Manual of Death Education and Simple Burial(14th rev. ed.).*

Prothero, S.(2001). *Purified by Fire: A History of Cremation in America.*

Shaw, E.(1994). *What to Do when a Loved One Dies: A Practical and Compassionate Guide to Dealing with Death on Life's Terms.*

묘지, 추모 사진, 추모식에 관한 책:

Bachelor, P.(2004). *Sorrow and Solace: The Social World of the Cemetery.*

Francis, D., Kellaher, L., & Neophytou, G.(2005). *The Secret Cemetery.*

Keister, D.(2004). *Stories in Stone: The Complete Guide to Cemetery Symbolism.*

Meyer, R. E.(Ed.).(1992). *Cemeteries and Gravemarkers: Voices of American Culture.*

Ruby, J.(1995). *Secure the Shadow: Death and Photography in America.*

Sloane, D. C.(1991). *The Last Great Necessity: Cemeteries in American History.*

Wright, R. H., & Hughes, W. B.(1996). *Lay Down Body: Living History in African-American Cemeteries.*

사후 돌봄, 호스피스 사별 지원, 자조 단체에 관한 책:

Arnold, B., Bruno, S. M., Corr, C. A., Eisemann, L., & Sunter, S.(2004a). *Bereavement Program Training Series(4 vols.).*

Arnold, B., Bruno, S. M., Corr, C. A., Eisemann, L., & Sunter, S.(2004b). *Bereavement Program Development Series(2 vols.).*

Hughes, M.(1995). *Bereavement and Support: Healing in a Group Environment.*

Wasserman, H., & Danforth, H. E.(1988). *The Human Bond: Support Groups and Mutual Aid.*

Weeks, O. D., & Johnson, C.(Eds.)(2001). *When All the Friends Have Gone: A Guide for Aftercare Providers.*

Wolfelt, A.(2004a). *The Understanding Your Grief Support Group Guide: Starting and Leading a Bereavement Support Group.*

웹자료

유용한 검색어: AFTERCARE PROGRAMS; BEREAVEMENT FOLLOW-UP; BEREAVEMENT HELPING FACTORS; BEREAVEMENT SUPPORT GROUPS; BURIAL; CREMAINS; CREMATION; DEATH RITUALS; DISPOSITION OF THE BODY; EMBALMING; ENTOMBMENT; FUNERALS; HOSPICE BEREAVEMENT FOLLOW-UP PROGRAMS; MEMORIAL SERVICES; MEMORIALIZATION; RITUAL; SUPPORT GROUPS FOR THE BEREAVED.

본서와 연계된 웹사이트 Death & Dying, Life & Living, 제7판을 방문해 보라.

본서-특약 웹사이트는 전문용어 해설, 플래시 카드, 아래 소개된 웹사이트 연결로, 그리고 퀴즈 테스트 등을 포함하는 학습 도구들을 제공한다. www.cengagebrain.com을 방문하라.

〈초점 맞추기 11.2〉에 게재된 기관 외에 시신 처리와 장례식 관련 자료 참조:

American Cryonics Society

Eternal Reefs, Inc.

Thefuneraldirectory.com(multiple topics)

Funeral Home Resources

Funeralplan.com(sponsored by Aurora Casket Co.)

〈초점 맞추기 11.3〉에 게재된 기관 외에 사별 지원 자료 참조:

Australian Centre for Grief and Bereavement

Cruse Bereavement Care

Grief Digest Magazine

Living with Loss: Hope and Healing for the Body, Mind, and Spirit(formerly Bereavement: A Magazine of Hope and Healing)

Open to Hope Foundation

제5부

발달학적 관점

이 책에서는 현대 미국인의 죽음경험에 대해서 모든 사람들에게 공통적으로 알려져 있거나 적어도 많이 알려진 내용에 대해 설명하고 있다. 공통적인 내용으로는 많은 사람들이 관여되어 있는 죽음 대면, 태도, 관습 *뿐*만 아니라, 연령이나 다른 요인과 상관없이 많은 사람들이 공유하는 임종이나 사별에 대처하는 경험이 포함되어 있다. 사람들은 공동체 안에서 많은 것을 공유하고 있지만, 이와는 별개로 각자가 발달학적 하위집단의 구성원이기도 하다. 다음의 4개 장에서는 죽음과 관련된 주제들을 후자의 관점인 *생애주기적 발달단계*에 따라 살펴보려고 한다.

발달학적 관점은 아동기 연구에서 가장 두드러지게 나타난다. 이후, 발달과정이 생애 전반에 걸쳐 진행된다는 것이 알려지긴 하였지만, 여전히 각 단계 또는 발달단계의 부분적 측면만 알려져 있다.

많은 사상가들, 예를 들면 프로이드(Freud, 1959b), 융(Jung, 1970), 하빅허스트(Havighurst, 1953), 뷜러(Bühler, 1968), 뉴가튼과 다탄(Neugarten, Datan, 1973)은 인간발달에 대한 이해도를 높이는데 기여하였다. 특히 에릭슨(Erikson, 1963, 1968)의 인간발달 8단계는 잘 알려져 있다(표 V.1 참조).

에릭슨에 따르면 심리사회적 문제나 주요한 갈등이 개인의 자아발달에 있어 각 단계별로 독특한 성격을 형성시킨다고 한다. 이러한 발달상의 갈등은 대안적인 방향, 반대되는 경향, 삶에 대한 태도, 자기자신, 다른 사람들과의 투쟁을 모두 포괄한다. 이런 발달상의 갈등을 성공적으로 해결하게 되면 궁극적으로는 자아를 올바르게 형성할 수 있게 된다.

발달이론가들은 각각의 규범적 갈등이 생애 전반 중 특정한 시기에 나타난다고 주장한다. 이러한 특정한 시기는 연대기적이 아니라 발달과정에서 나타나기 때문에 대략적인 나이만 추정될 수 있다. 발달이론에 따르면, 어느 한 단계에서 과제가 해결되지 못하면, 이후의 단계에서도 미완결된 상태로 남아있게 된다. 즉, 발달학적 관점에 따르면 (1) 인간은 발달과정에서 내면의 삶과 사회적 관계를 통합시키기 위해 노력하고, (2) 이렇게 수행되는 통합작업은 발달이 진행됨에 따라 전개되는 다양한 위기와 전환점의 영향을 받으며, (3) 통합여부에 따라 개인의 현재 삶의 질, 미래 성장 잠재력, 달성이 필요한 잔여 또는 미해결 과제가 결정된다.

표 V.1 인간 발달의 주요 단계

단계	대략적인 나이	주요한 쟁점	자아 특질
영아기	출생~18개월	신뢰감 대 불신감	희망
유아기	18개월~3세	자율성 대 수치심	의지
학령전기	3세~6세	주도성 대 죄의식	목적
학령기	6세~12세	근면성 대 열등감	능력
청소년기	12세~22세	자아정체감 대 역할 혼돈	성실
청년기	22세~45세	친밀감 대 고립감	사랑
장년기	45세~65세	생산성 대 침체감	배려
노년기	65세 이후	자아통합 대 절망감	지혜

알림 : 모든 단계의 나이는 근사치임
출처: *Erikson, 1963, 1968*

에릭슨모델이 죽음, 임종, 사별에 대한 연구를 풍부하게 해줄 수 있는 유일한 발달론적 관점은 아니기 때문에 많은 학자들이 그 한계를 지적하며 세부사항들을 추가하였다(Kail & Cavanaugh, 2008; Newman & Newman, 2008; Papalia, Olds, & Feldman, 2008). 에릭슨모델은 남녀가 평등한 사회에서만 남녀 모두에게 동등하게 적용될 수 있고(Gilligan, 1982/1993; Levinson, 1996), 가족이나 다른 조직적 맥락과는 달리 독립적으로 개인을 설명하고 있으므로(McGoldrick, 1988) 모든 문화권에서 적용되기에는 한계가 있다. 그럼에도 불구하고, 발달학적 관점은 죽음관련 경험을 연구하는데 있어 중요한 틀을 제공하고 있다.

12장부터 15장에서는 발달학적 관점에 근거하여 "죽음은 생애주기적 관점에서 인간발달의 가장 중요한 주제 중 하나이며, 단지 우리의 목적지가 아니라 '도달하는 것' 중 일부에 불과하다"(Kastenbaum, 1977, p. 43)는 사실에 주목하려고 한다. 이와 관련하여 다음과 같은 질문을 제기할 수 있다. 인간발달의 주요 단계별로 죽음관련 경험은 어떠한 특징이 있는가? 12장부터 15장은 위의 질문에 대한 대답을 4가지 발달단계 집단인 아동, 청소년, 청장년, 노인을 중심으로 설명하고 있다. 특히 아동과 청소년에 관한 부분을 강조하고 있는데, 그 이유는 (1) 이 책의 다른 부분에서 이미 청년층, 장년층, 노인과 관련된 주제를 많이 다루었고, (2) 아동의 죽음을 살펴보면 특징적인 것들이 많이 나타나며, (3) 청소년기의 죽음관련 문제는 많은 특징들이 있음에도 불구하고 종종 아동기 또는 성인기와 통합되어 논의됨으로써 간과되거나 잘 알려지지 않았기 때문이다.

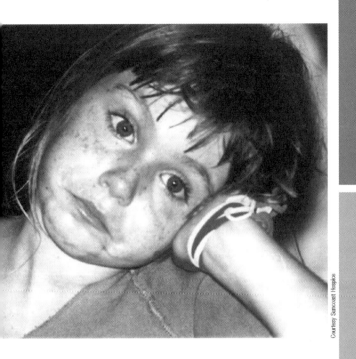

제12장

아동

목표

- 아동기 발달단계에서 나타나는 특징적인 쟁점에 대해 이해하기
- 미국에서 아동기에 나타나는 전형적인 죽음문제에 대해 설명하기
- 아동기의 죽음관련 개념과 태도의 발달에 관한 연구에 대해 살펴보기
- 생명을 위협하는 질병 및 임종에 대처하는 아동의 주요 쟁점을 파악하기
- 사별과 비통함을 극복하는 아동의 주요 쟁점을 살펴보기
- 아동이 죽음, 임종, 사별에 대처할 수 있는 원칙을 수립하기

아동과 관련된 죽음, 임종, 사별에 대해서는 아직도 알려지지 않은 부분이 많다. 현재의 지식상태로는 아동기의 다양한 발달단계에서 나타나는 죽음관련 문제들을 구분할 수가 없다. 또한, 국립보건통계청(National Center for Health Statistics, NCHS)의 사망률 자료는 발달이론가들이 구분하는 아동기와 청소년기의 다양한 단계와 일치하지 않는 연령범주와 형식으로 제공되고 있다. 따라서, 이 장에서는 아동기를 전체적으로 살펴보면서 이 시기의 특징적인 부분을 강조하고 더욱 세밀한 발달상의 구분을 해보려고 한다.

361

한 아이와 죽음

영화 *슬펐던 그때를 기억하니?(And We Were Sad, Remember?)*(1979)에서 앨리슨(Allison)이라는 어린 소녀는 한밤중에 전화벨소리를 듣고 잠에서 깨어났다. 앨리슨의 아빠가 다른 마을에 있는 한 병원에서 자신의 어머니가 방금 죽었다는 사실을 알리려고 앨리슨의 엄마에게 전화를 한 것이다. 전화를 끊고, 앨리슨의 엄마는 앨리슨에게 할머니의 심장이 멈추었고 할머니가 죽었다고 설명하였다. 앨리슨의 엄마는 다음날 할머니의 집으로 가야한다고 말하며, 앨리슨과 앨리슨의 남동생인 크리스토퍼(Christopher)에게 할머니의 장례식에 같이 갈 것인지를 물었다. 앨리슨의 엄마는 장례식이 무엇인지 앨리슨에게 설명해 주었고, 앨리슨은 함께 가겠다고 대답하였다. 크리스토퍼가 잠에서 깨자, 앨리슨은 크리스토퍼에게 함께 장례식에 갈 것인지를 물었다.

하루 이틀이 지나고 앨리슨의 아빠는 앨리슨과 크리스토퍼에게 장례식때 아빠친구네 집에서 지내라고 이야기하였다. 앨리슨은 엄마가 장례식에 함께 갈 수 있다고 말했다고 대답하며, 참석하고 싶으니 허락해달라고 하였다. 그는 다시 생각해보고 나중에 결정하겠다고 마지못해 대답하였다. 앨리슨은 그가 다시 생각해본다고 하는 말은 "안된다"는 의미라는 것을 잘 알고 있었다.

가족과 친구들이 모두 할머니의 집에 모이게 되었을 때, 앨리슨은 사촌과 인형을 가지고 질병과 죽음에 대한 장면을 연기하며 놀다가 말다툼을 하게 되었다. 앨리슨은 죽음이라는 장면을 연출할 때, 인형을 담요로 덮으려고 하였다. 그러자 그녀의 사촌은 죽음은 잠드는 것과 같은 것이므로 인형의 얼굴을 담요로 덮으면 숨을 쉴 수가 없다고 말하였다. 앨리슨의 아빠는 아이들의 싸움을 말리고, 인형을 치우며 잠자리에 들게 하였다. 앨리슨이 아빠에게 누가 맞는지 해결해달라고 하자, 그는 몹시 화를 내며 "그런 것은 앞으로도 전혀 걱정할 필요가 없다"고 대답하였다.

아동기, 발달단계에서 나타나는 특징적인 쟁점과 죽음

한때 서구사회에서는 아동을 본질적으로 미성숙한 성인이라고 생각하였다(Ariès, 1962). 유아기 이후 다소 독립적으로 움직일 수 있게 되면, 옷이나 대부분의 행동은 성인의 형태와 유사하게 형성되곤 한다. 아미쉬(Amish) 사회에서는 여전히 이러한 생각을 따르고 있지만, 대부분의 서구사회에서는 발달상의 차이가 나타나면서 이러한 관점이 사라지게 되었다. 대부분의 연구자들은 아동기를 인간발달의 다른 단계와 구분하고 있고, 아동기 내에서도 추가적인 구분을 하고 있다.

이런 관점에서 *아동기*는 출생에서부터 청소년기 이전, 즉 인생의 처음 10~12년까지의 기간으로 정의된다(*Oxford English Dictionary*, 1989). 대부분의 발달이론가들은(Erikson, 1963, 1968) 아동기를 다시 영아기, 유아기, 학령전기, 학령기의 *4개의 발달단계로 구분한다.*(여기서 *아동*이라는 용어는 아직 태어나지 않은 태아도 포함한다. 따라서 일부 학자들은(Newman & Newman, 2008; Papalia, Olds, & Feldman, 2007) 출생의 개념을 임신기간까지 연장하여 인생의 첫 번째 단계로 제시하고 있다). *아동기의 정상발달단계에서의 주요 쟁점*은 영아기에는 *신뢰감* 대 불신감, 유아기에는 *자율성* 대 수치심, 학령전기에는 *주도성* 대 죄의식, 학령기에는 *근면성* 대 열등감이다(표 V.1 참조).

기본적인 신뢰감이 발달한 영아는 사람들과 세상에 의존하면서 자신의 필요를 충족시키고 욕구를 만족시킬 수 있다고 믿기 때문에 *자신감과 희망*을 갖게 된다. 유아는 종종 "끔찍한 두살"로 묘사되는데 자율성과 독립성이 발달되면서 *자기의지*를 갖게 되고, 자기통제와 외부명령 사이에서 균형을 잡을 수 있게 된다. 학령전기에는 주도성과 죄이시 사이에 갈등이 발달하게 되는데, 이는 도덕적 개념과 균형을 맞추면서 자신의 계획이나 목적을 추구하기 위한 도전의 형태로 나타나게 된다. 이렇게 자발성과 책임감이 결합되면 삶에 대한 *목적이나 방향성*을 갖게 된다. 학령기에는 근면성과 열등감 사이에서 발생하는 갈등이 생산성을 발달시켜, 능력을 습득하고 과제를 수행할 수 있다는 *자신감*을 갖게 한다.

물론 특정 집단의 아동에게는 표준화된 발달이 다양한 양상으로 나타날 수 있다. 어떤 아동에게는 이러한 발달과정이 다른 아동보다 더 급속하게 나타날 수 있다. 어떤 경우에는 다양한 물리적, 사회심리적 요인(예를 들면, 선천적 기형, 정신적/정서적 장애, 기아 또는 전쟁과 같은 극한 상황)에 의해 발달이 지연되기도 한다. 어떤 아동은 사회, 문화, 경제, 역사 등 여러 측면에서 다른 아동보다 더 쉽게 영향을 받기도 한다. 즉, 인간발달 과정은 절대적으로 균일하고 엄격하지는 않다. 비교적 결정하기 쉽고 객관적으로 보이는 나이 같은 표식을 아동발달을 평가하는데 사용하긴 하지만, 실제적인 발달은 연대기적인 문제가 아니라 신체적, 심리사회적, 영적 성숙의 문제이다. 따라서, 나이와 몸은 어른이어도 발달은 어린아이의 수준에 머물러 있는 사람들도 있으므로, 후자의 관점을 염두에 두어야 한다. 그럼에도 불구하고, 일반적인 아동기 발달에 따라 아동의 전형적인 죽음 대면, 이해, 및 태도가 형성된다.

아동기의 죽음

"에드나 세인트 빈센트 밀레이(Edna St. Vincent Millay)가 '아무도 죽지 않는 세계'라고 표현한 아동기는 어른들의 환상일 뿐이다"(Kastenbaum, 1973, p. 37). 아동기의 삶은 아동의 죽음 뿐만 아니라 아동이 경험한 다른 사람들의 죽음도 포함하고 있다(Corr, 1995a).

아동의 사망

2007년 미국 총 인구 중 출생부터 9세까지의 아동은 14% 미만에 불과했다. 같은 해, 해당 그룹에서 36,552명의 사망자가 발생하였으며(표 12.1 참조), 이는 미국에서 발생한 총 240만 명의 사망자 중 약 1.5%를 차지한다.

영아 사망 전체 아동기를 통틀어 영아기 동안에 가장 많은 아동이 사망한다. 2007년 미국에서는 생후 1년 이내에 29,138명의 영아가 사망하였다(표 12.1 참조). 전반적으로, 영아사망자 수는 느리지만 꾸준하게 감소하였고, 최근 몇 년 동안은 어느 정도 정체 상태에 이르렀다. 2007년 영아사망의 약 절반을 차지한 선천성 기형(19.9%), 짧은 임신기간과 저체중으로 인한 장애(16.7%), 영아 돌연사 증후군(SIDS; 8.4%), 산모의 임신합병증에 걸린 신생아(6.1%), 의도하지 않은 상해(사고; 4.4%)가 5가지 주요 사망원인으로 나타났다(Xu, Kochanek, Murphy, & Tejada-Vera, 2010). 1988년 이후 영아 돌연사 증후군으로 인한 사망률이 크게 감소했음에도 불구하고(초점 맞추기 12.1 참조), 여전히 위에 나열된 원인들이 영아 사망의 주요 원인이 되고 있다.

표 12.2를 보면 2007년 미국의 1세 미만 아동의 전체 사망률 및 하위집단별 사망률이 나와있다. 2007년 출생에 근거한 보다 정확한 영아사망률은 1000명 당 6.75명이었다. 2장에서도 지적하였듯이, 미국은 세계에서 가장 부유한 나라임에도 다른 24개 선진국보다 영아사망률이 높다.

표 12.1 연령, 인종, 히스패닉계[a], 성별에 따른 아동기 사망자 수: 미국, 2007

	1세 미만			1세-4세			5세-9세		
	전체	남자	여자	전체	남자	여자	전체	남자	여자
모든 인종[b]	29,138	16,293	12,845	4,703	2,634	2,069	2,711	1,519	1,192
백인계 미국인, 전체	18,807	10,540	8,267	3,287	1,847	1,440	2,001	1,112	889
비히스패닉 백인계 미국인	12,998	7,340	5,658	2,325	1,316	1,009	1,461	810	651
히스패닉계 미국인[c]	6,068	3,343	2,725	1,009	556	453	566	314	252
아프리카계 미국인	8,944	4,975	3,969	1,137	621	516	577	331	246
아시아 태평양군도 미국인	955	537	418	182	109	73	93	51	42
인디언과 알라스카 원주민	432	241	191	97	57	40	40	25	15

[a] 백인과 아프리카계 미국인을 제외한 다른 인종의 자료는 사망증명서나 인구조사에서 인종이나 히스패닉계를 보고할 때 불일치할 수 있으므로 해석상 주의를 요한다.
[b] 특별히 구분되지 않은 인종에 대한 자료는 "모든 인종"에만 포함되어 있다.
[c] 인종에 상관없이 모든 히스패닉계를 포함한다.
출처: Xu, Kochanek, Murphy, & Tejada-Vera, 2010.

초점 맞추기 12.1

영아 돌연사 증후군

영아 돌연사 증후군(SIDS)은 생후 1개월에서 1세까지 영아의 주요 사망원인이다(Corr, & Corr, 2003b). 공식적으로 SIDS는 "완전한 부검, 사망현장 및 임상병력 검토가 철저히 수행된 후에도 원인이 파악되지 않은 1세 미만 영아의 갑작스러운 사망"을 말한다(Willinger, James, & Catz, 1991, p. 681). 일반적으로, 건강한 아기는 사전경고 없이 갑자기 사망한다. 이런 죽음은 아주 어린 아동에게서 나타나는 일반적인 죽음의 패턴과는 상반되므로 매우 큰 충격으로 다가올 수 있다.

SIDS의 일부 사례는 철저한 사례조사 수행이 어려운 경우가 많기 때문에 정확한 진단이 어려울 수 있다. 증후군임에도 불구하고 세계보건기구가 공식적인 사망원인으로 인정한 것은 여러 면에서 중요한 의미를 갖는다. 증후군은 근본 원인을 알 수 없는 사건이 일정한 패턴으로 나타나는 것을 의미한다. SIDS의 패턴이 확인될수록, 영아사망이 아동학대 또는 방치로 인한 것이 아니며, 사망을 사전에 예방할 수 있는 방법은 없다는 것을 알 수 있었다. 미국소아과학회(AAP, 2006)에서는 SIDS를 아동학대로 인한 사망과 구별하고 있다.

사망원인을 알 수 없기 때문에 SIDS는 예방할 수 없는 것으로 여겨지며, SIDS의 첫 증상은 영아의 사망으로 알려져 왔다. SIDS는 경제적, 인종적, 문화적 경계를 뛰어넘기 때문에 모든 아기를 위험에 빠뜨리는 위험요인과는 관련이 없다. SIDS에서 중요하게 여겨지는 인구통계학적 변수는 영아기에 발생한다는 점인데, 특히 생후 2~4개월 사이와 연중 가장 추운 시기에 많이 발생한다는 점이 중요하다. 영아발달이 환경과 관련성이 있는 것으로 보이지만, 이 또한 SIDS를 충분히 설명하지는 못한다.

1990년대 초, 미국에서는 SIDS의 위험을 줄이고자 하는 움직임이 생겨났다. 새로운 연구를 통해 (Dwyer, Ponsonby, Blizzard, Newman, & Cochrane, 1995) 신생아가 엎드린 자세로 자는 것보다는 바르게 누운 자세로 자는 것이 SIDS의 위험을 줄일 수 있다는 결과가 제시되었다. 이 연구결과는 영아가 액체를 역류시켜 기도로 흡입되는 경우 질식될 수 있는 위험을 줄이기 위해 제시되었던 수면자세와는 반대되는 수면자세를 권고하고 있다. 연구자들은 수면자세로 인한 SIDS 발생이 질식위험보다 더 크다고 주장하였다.

1992년 초 미국소아과학회(AAP)에서는 다른 모든 상황이 안정적일 때(예를 들면, 단단한 매트리스에서 자고, 주변에 부드러운 장난감이 없는 경우), 바른 자세나 옆으로 누워서 자는 경우 SIDS의 위험이 적다고 판단하였다. 비록 그 이유가 명확하지는 않았지만, AAP(1992, p. 1120)는 "건강한 영아로 키우기 위해서는 바른 자세나 옆으로 누워서 재워야 한다"고 권고하였다. 그 후 1994년 6월 미국연방정부에서는 "바른 자세로 자기" 캠페인을 실시하였다(Willinger, 1995). 그러자 SIDS로 인한 사망이 급속도로 줄기 시작하였는데, 1990년 약 5400명이었던 SIDS 사망자수가 2007년 2454명으로 약 55%나 감소하였다.

20년동안 SIDS 사망자수가 급격히 감소하자 AAP(1996, 2000a)에서는 또다시 바르게 누워서 자는 자세를 권장하였다. 또한 AAP(2005, p. 1245)에서는 "더 이상 옆으로 누워서 자는 자세를 똑바로 자는 자세의 대안으로 인정하지 않겠다"며 옆으로 누워서 자는 자세를 승인하지 않기로 하였다. 수면자세의 변화만으로 SIDS의 모든 문제를 해결할 수는 없지만, 영아 사망이 수년동안 지속적으로 감소하였다는 점은 주목할 만하다.

SIDS의 원인이 되는 메커니즘을 파악하기 위한 추가연구의 필요성에 많은 관심이 쏠리고 있다 (Daley, 2004). 2년후, 패터슨(Paterson)과 동료들은(2006) 시간의 기형과 신경화학적 징후가 일부 영아

영아기 이후의 아동 사망 표 12.1은 1~4세와 5~9세 아동의 2007년 미국 사망자수도 함께 나타 내고 있다. 사망의 주요 원인은 두 그룹 모두 사고, 선천성 기형, 악성 종양(암), 살인(폭행)이었다 (표 12.3 참조). 실제로, 1세 이후 아동에게서는 사고사가 가장 많았으며, 뒤로 갈수록 자동차 사 고의 비율이 높아진다. 아동기 전반에 걸쳐 사망의 주요원인을 살펴보면, 선천성 기형으로 인한 사망은 상대적으로 비중이 감소하는 반면, 암과 살인으로 인한 사망은 상대적으로 비중이 높아 진다.

표 12.2 연령, 인종, 히스패닉계[a], 성별에 따른 아동기 사망률(100,000명 당): 미국, 2007

	1세 미만[b]			1세-4세			5세-9세		
	전체	남자	여자	전체	남자	여자	전체	남자	여자
모든 인종[c]	684.5	747.8	618.1	28.6	31.3	25.7	13.7	15.0	12.3
백인계 미국인, 전체	573.7	627.8	516.8	25.8	28.3	23.1	12.9	14.0	11.8
비히스패닉 백인계 미국인	559.7	616.8	491.6	25.5	28.1	22.7	12.7	13.7	11.6
히스패닉계 미국인[d]	587.4	632.7	539.9	26.0	28.0	23.8	13.4	14.6	12.2
아프리카계 미국인	1,250.0	1,363.2	1,132.2	42.2	45.3	39.0	18.0	20.4	15.6
아시아 태평양군도 미국인	441.8	483.5	397.6	21.7	25.3	17.9	9.8	10.6	8.9
인디언과 알라스카 원주민	921.7	1,009.9	830.3	54.9	63.6	46.0	16.6	20.4	*

[a] 백인과 아프리카계 미국인을 제외한 다른 인종의 자료는 사망증명서나 인구조사에서 인종이나 히스 패닉계를 보고할 때 불일치할 수 있으므로 해석상 주의를 요한다.
[b] "1세 미만"의 사망률(인구 수에 기초)은 영아사망률(출생자 수에 기초)과 다르다.
[c] 특별히 구분되지 않은 인종에 대한 자료는 "모든 인종"에만 포함되어 있다.
[d] 인종에 상관없이 모든 히스패닉계를 포함한다.
* 수치의 신뢰성이나 정확도 기준은 충족되지 않았다.
출처: Xu et al., 2010.

표 12.3 연령, 성별, 인종집단에 따른 5개 주요 사망원인별 아동기 사망자 수와 사망률(100,000명 당): 미국, 2007

순위	1세-4세			5세-9세		
	사망원인	사망자수	사망률	사망원인	사망자수	사망률
	모든 원인	4,703	28.6	모든 원인	2,711	13.7
1	사고	1,588	9.6	사고	965	4.9
2	선천성 기형, 변형, 염색체 이상	543	3.7	암(악성신생물)	521	2.6
3	폭행(살인)	398	2.4	선천성 기형, 변형, 염색체 이상	196	1.0
4	암(악성신생물)	423	2.6	폭행(살인)	133	0.7
5	심장병	233	1.4	심장병	155	0.8

출처: Centers for Disease Control and Prevention(CDC), National Center for Health Statistics. Compressed Mortality File 1999-2007. CDC WONDER On-line Database, compiled from Compressed Mortality File 1999-2007 Series 20 No. 2M, 2010. Accessed at http://wonder.cdc.gov/cmf-icd10.html on Dec 22, 2010.

미국 아동의 사망을 살펴보면, 남녀 뿐만 아니라 백인계 미국인과 다른 인종간에도 상당한 차이가 나타난다(표 12.1과 12.2 참조). 예를 들면, 1~4세 및 5~9세 아동 *사망자수*는 아프리카계 미국인, 히스패닉계 미국인, 아시아 태평양군도 미국인, 인디언과 알라스카 원주민보다 백인계 미국인이 훨씬 많다. 하지만, 이 나이대에서 아동 *사망률*은 아프리카계 미국인, 인디언과 알라스카 원주민이 훨씬 높다. 또한, 남아가 여아에 비해 사망자수와 사망률이 훨씬 높은 것을 알 수 있다. 영아기 이후, 살인과 HIV감염으로 인한 사망은 아프리카계 미국인에게서 현저히 많이 나타나는 것을 볼 수 있다. 이 모든 통계치는 미국사회에 죽음과 관련하여 사회적 불평등이 존재함을 분명히 보여주고 있다. 우리 사회에서 죽음에 가장 취약한 집단은 아프리카계 미국인 남아로 볼 수 있으며, 여기에 빈곤까지 더해진다면 그 취약성은 더욱 배가된다고 할 수 있다.

아동이 경험한 다른 사람들의 죽음

아동은 다른 사람의 죽음도 경험하게 된다. 죽음대면 빈도나 패턴과 관련하여 신뢰할만한 데이터는 아직 없기 때문에 많은 미국 성인들은 아동이 접하는 죽음의 중요성을 과소평가하는 경향이 있다. 실제로 아동은 주양육자, 조부모, 부모, 형제자매, 친척, 동급생, 친구, 이웃, 선생님, 애완동물 및 야생동물의 죽음을 접하게 된다. 이렇게 중요한 주변인의 죽음을 접하게 되는 것은 아동의 발달과정에 있어 특별한 의미가 될 수 있으므로 중요한 경험이라고 할 수 있다.

상실경험은 아동에 따라 다르게 나타날 수 있다. 예를 들어, 조부모나 친부모와 함께 살지 않았거나 많은 시간을 보내지 못한 아동은 그들의 죽음을 아주 중요한 상실이라고 인식하지 못할 수 있다. 반대로 소중한 애완동물, 어린 시절 친구, 또는 좋아하는 이웃의 죽음은 아동의 삶에서 중요한 사건이 될 수 있다.

학대로 인해 사망한 아동을 추모

또한 문화적, 민족적, 사회경제적으로 다른 지역사회에 살고 있는 아동은 서로 다른 죽음을 경험하기도 한다. 대부분의 미국아동은 즉각적인 희생자, 또는 다수의 죽음이나 외상성 죽음을 수반하는 폭력의 목격자가 됨으로써 가족이나 지역사회폭력의 직간접적인 사상자가 될 수 있다(Groves, Zuckerman, Marans, & Cohen, 1993; Kozol, 1995; Nader, 1996).

반대로, 굶주림, 시민붕괴, 전쟁으로 인한 죽음은 직접적으로 경험하지 못하더라도 TV에서 생생한 보도를 통해 접할 수도 있다. 이는 텔레비전에서 엄청나게 노출되었던 다음의 여섯 가지 예만 살펴보아도 알 수 있다: 2001년 9월 11일 일어났던 뉴욕 세계무역센터와 워싱턴 DC의 국방부 테러, 아프가니스탄과 이라크에서 진행 중인 전쟁, 2005년 8월 미국 걸프연안을 황폐화시킨 허리케인 카트리나, 2007년 4월 버지니아 공학 대학교에서 일어난 총격사건, 2010년 초 아이티에서 일어난 지진, 2011년 1월 하원의원 가브리엘 기포드(Gabrielle Giffords) 외 18명의 무고한 시민의 목숨을 앗아간 애리조나 주 투산에서 일어난 총격사건.

미국 심리학협회에서 진행된 디아망(Diamant, 1994)의 연구결과에 따르면 하루에 2~4시간 TV를 시청하는 아동은 초등학교를 졸업할 때까지 약 8,000건의 살인과 10만 건의 폭력행위를 목격하게 된다고 한다. 죽음과 폭력에 대한 묘사가 현실적이지 않기 때문에, 어른들은 이를 중요하게 생각하지 않는다. 그러나, 인간의 죽음을 직접적으로 경험해보지 못한 아동에게는 미디어를 통해 배우는 대리적인 죽음이 자연스럽게 매우 중요한 개념으로 자리잡을 수 있다.

어른들이나 사회의 인식여부와는 별개로 아동이 이러한 사망관련 사건에 노출되어 있다는 점이 중요하다(Slaughter, 2005; Slaughter & Griffiths, 2007; Slaughter & Lyons, 2003). 호기심이 많은 아동은 이러한 사건들을 완전히 무시하지 않는다. 아동이 죽음관련 사건을 인정하고 다루는 방식은 어른들이 당연하게 생각하는 방식과 다르게 나타날 수 있다. 이는 이 장의 초반에 소개된 사례에서 앨리슨의 아빠가 앨리슨을 이해하지 못하고 대응했던 것을 보면 알 수 있다. 어린 아동을 이해하고 돕기 위해서는 아동기에 대면하는 죽음과 관련된 많은 의견에 대해 예민하게 반응할 필요가 있다.

아동이 죽음을 경험하는 방식을 이해하기 위해서는 아동기 죽음대면과 관련된 다음의 두 가지 주제를 추가적으로 살펴볼 필요가 있다.

아동기 죽음관련 개념의 발달

아동의 죽음관련 개념 발달에 대한 체계적인 연구는 1930년대에 시작되었다(Anthony, 1939, 1940; Anthony, 1972; Schilder & Wechsler, 1934). 그 이후로도, 이 주제와 관련하여 수많은 연구가 진행되었다(Speece & Brent, 1996; Stambrook & Parker, 1987). 여기에서는 나지(Nagy, 1948/1959)의 고전적인 연구결과 및 스피스와 브렌트(Speece, Brent, 1996)의 후속연구까지 살펴보려고 한다.

마리아 나지의 연구

마리아 나지(Maria Nagy, 1948/1959)는 아동의 죽음관련 개념을 이해하기 위해 제2차 세계대전이 일어나기 직전 부다페스트에 살고 있는 378명의 아동을 대상으로 연구를 실시하였다. 아동의 나이는 3~10세였고, 51%는 남아, 49%는 여아였으며, 지능수준은 둔함에서 우월한 정도까지 다양하였다(아동 대부분의 지능수준은 "정상" 범위에 있었다). 나지의 연구방법은 다음과 같았다. *7~10세*의 아동에게는 "죽음에 관해 떠오르는 것을 모두 적도록 하였고"(1948, p. 4), *6~10세*의 아동에게는 죽음에 관한 그림을 그리도록 하였고(나이가 많은 아동에게는 그림에 대한 설명도 적도록 하였다), *모든 아동*에게 적은 내용과 그림에 대해 토론을 하도록 하였고, 3~5세 아동 대상으로는 죽음에 대한 생각이나 느낌을 이야기하도록 하였다. 전쟁으로 인해 나지의 연구결과는 1948년에서야 발표되었고, 1959년 수정된 내용이 다시 발표되었다.

나지의 연구에서는 세 가지 주요한 발달단계를 제시하고 있다. (1) "5세 미만의 아동은 죽음이 돌이킬 수 없는 사실이라는 것을 인식하지 못한다", (2) "5~9세의 아동은 죽음을 의인화시키며, 죽음은 우연히 일어나는 일이라고 생각한다", (3) "9세 이상이 되어야 죽음이 특정한 법칙에 따라 우리에게 일어나는 과정이라는 것을 인식하게 된다"(1948, p. 7). 나지는 "다양한 종류의 답변은 특정 연령대에서만 나타나므로, 이를 발달단계에 따라 설명할 수 있다"(1948, p. 7)고 주장하면서도 "발달단계나 위에서 언급된 연령대가 완벽한 구분은 아니며, 중첩된 부분이 나타날 수 있음을 명심해야 한다"(1959, p. 81)고 덧붙였다. 나지가 설명하는 각 단계별 고유한 특성에 대한 간략한 설명은 다음과 같다.

1단계: 완전한 죽음은 없다 나지는 아동의 죽음에 대한 개념발달의 첫 번째 단계에서 "아동은 죽음 그 자체에 대해 알지 못한다"(1948, p. 7)고 설명하였는데, 이는 죽음의 개념이 다른 개념과 완전히 구별되지 않을 뿐만 아니라 죽음에 대한 완전한 의미도 파악되지 않았기 때문이다. 따라서, *죽음*

을 인생의 마지막이라고 생각하지 않고, 죽은 사람에게도 삶과 의식이 있다고 생각한다. 이런 관점에서 죽음은 출발점(다른 곳에서 지속되는 삶)이나 잠드는 것(줄어든 삶의 형태)으로 인식하게 된다. 즉, 죽음의 명확한 개념을 부정하고 있는 것이다.

아동이 죽음의 종결성을 완전히 받아들이지 못하면 "더 이상 죽음을 부정하지는 않지만, 여전히 죽음을 결정적인 사실로 받아들이지는 않게 된다"(p. 13). 이런 아동은 죽음을 삶과 완전히 분리하지 못한다. 그렇기 때문에 죽음을 점진적이고 과도기적 과정(죽어가는 것과 땅에 묻히거나 천국에 도달하는 것 사이), 또는 삶과의 연결이 완전히 절단되지 않은 일시적인 상황으로 바라보게 된다. 이는 삶과 죽음이 동시관계로 유지되거나 반복적으로 서로의 위치를 바꿀 수 있는 것이라고 해석될 수 있다. 즉, 죽음이 존재하긴 하지만, 절대적으로 최종적이거나 완전한 것은 아니라는 것이다.

아동이 죽음을 최종적이거나 완전한 것이 아니라고 생각한다고 해서 아동이 반드시 행복한 것은 아니다. 죽음을 다른 곳에서 계속해서 살아가는 것으로 해석하더라도, 사랑하는 사람과 헤어지면서 뒤따르는 삶의 변화는 아동에게는 여전히 고통스러울 수 있다. 그렇기 때문에, 죽은 사람과의 이별을 받아들이기 위해 죽음의 종결성이나 신체활동의 완전한 중단을 이해할 필요는 없다.

2단계: 죽음 = 사람 2단계에서는 *죽음을 별개의 사람*(예를 들면, 죽음의 신, 해골, 유령, 또는 저승사자)으로 생각하거나 *죽은 사람과 동일시*하기 때문에, 아동은 죽음과 죽은 사람을 구분하지 못한다. 나지는 이 개념을 *죽음의 의인화*로 해석하였다. 즉, 아동의 죽음에 대한 강한 반감으로 인해 죽음을 외부에 있는 사람으로 묘사하긴 하지만, 죽음의 존재와 명확성은 받아들인다는 것을 의미한다. 따라서, 죽음을 최종적인 것으로 생각하긴 하지만 피할 수 있고, 필연적이지 않으며, 보편적이지 않다고 생각하는 것이다. 외부의 힘에서 벗어나지 못한 사람들은 죽고, 외부의 힘에서 벗어나 도망가는 사람들은 죽지 않는다고 믿는다. 이후의 학자들은(Gartley & Bernasconi, 1967; Kane, 1979; Koocher, 1973, 1974) 죽음의 의인화는 아동이 죽음의 회피를 외부장치를 이용해 나타내는 명확한 방법일 수 있기 때문에, 죽음의 *회피성*을 보다 더 강조하였다. 죽음을 피하고 싶어하는 아동은 죽음에 대해 어떻게 생각하는지 묻는 질문에 다음과 같이 대답한다. "사람은 죽기 전에 병이 든다. 따라서, 나는 절대 병들지 않을 것이고, 그러면 나는 죽지도 않을 것이다"(Adler, 1979, p. 46).

어떤 아동은 죽음이 사라지는 것이라는 단순한 사실에 만족하지 않고, 죽은 사람이 어디서 어떻게 살아가게 되는지 알고 싶어한다. 이런 호기심을 갖는 아동은 무덤에서 삶의 본질을 생각해보게 된다. 아동은 삶의 경험이 많지 않기 때문에 무슨 일이 일어날지에 대해 잘못 이해하거나 잘못된 해석을 할 수도 있고, 이로 인해 불안감과 공포심을 갖게 되기도 한다.

3단계: 육체적 삶의 끝 이 단계에서 아동은 죽음이 우리 내부에서 일어나는 과정이라는 것을 인식하게 된다. 따라서 죽음을 필연적이며, 피할 수 없는 *최종적이고 보편적*인 삶으로 받아들이게 된다. 이는 죽음과 세상에 대한 현실적인 시각을 반영한다고 볼 수 있다.

마크 스피스와 샌도르 브렌트의 연구

기존의 연구결과를 검토하고 아동의 죽음에 대한 이해에 대하여 연구를 수행하고 난 후, 마크 스피스(Mark Speece)와 샌도르 브렌트(Sandor Brent)(1984, 1996)는 죽음이라는 개념이 단순한 개념이 아니라는 것을 깨달았다. 죽음은 여러개의 하위개념을 포함하고 있는데, 각각의 개념은 아동이 죽음에 대한 개념을 이해하는 중요한 요소이다. 스피스와 브렌트는 죽음의 *다섯가지 주요 하위개념*을 구분하였는데, 일부는 또다시 하위구성요소를 포함하고 있다(표 12.4 참조).

죽음의 개념에서 *보편성*은 *모든 생물체는 결국 죽는다*는 것을 인성하는 것이다. 이 개념은 복잡하기 때문에 세 가지 유사한 개념(포함성, 불가피성, 예측불가)으로 설명될 수 있다. *포함성*은 죽음의 개념이 모든 생명체에 다 적용되는지가 중요하다("모든 사람은 죽는가?"). 즉, 어떤 생명체도 죽음으로부터 면제되지 않는다는 것이다. *불가피성*은 생명체에 죽음이 적용될 필요성이 있는지가 중요하다("모든 사람은 죽어야 하는가?"). 죽음은 이유를 막론하고 모든 생명체가 궁극적으로 피할 수 없는 것이다. *예측불가*는 죽음의 시기와 관련이 있다. 죽음이 모든 생명체를 포함하고 필연적이라면 그 시기도 확실하고 예측 가능할 것 같지만, 실제로는 그렇지 않다. 사람은 언제든지 죽을 수 있다. 하지만, 대부분의 사람들이 이 개념을 죽음의 보편성과 관련짓지 않을 때가 많다.

불가역성과 비기능성은 죽음의 종결성과 관련된 하위개념이다. *불가역성*은 죽음이 발생하면 살아있는 상태에서 죽은 상태로 전환되는 것을 의미한다. 따라서, 일단 생물체의 육체가 죽으면 다시는 살아날 수 없게 되며, 이는 기적이나 마법이 일어날 수 없음을 의미하기도 한다. 의료소생 또한 살아있는 상태와 죽어가는 상태 사이에서만 시행될 수 있기 때문에, 이는 육체가 더 이상 돌이킬 수 없는 죽음의 상태에 이르게 되면 적용될 수 없다. *비기능성*은 일반적으로 살아있는 육체의 내외부적인 모든 기능을 완전히 중단하는 것을 의미한다(Barrett & Behne, 2005).

표 12.4 죽음의 하위개념

보편성
포함성
불가피성
예측불가
불가역성
비기능성
인과성
내세관

출처: Speece & Brent, 1996

스피스와 브렌트는 보편성, 불가역성, 비기능성 이외에도 인과성과 내세관을 죽음의 하위개념으로 설명하고 있다. *인과성*은 생물체의 죽음을 초래할 수 있는 사건이나 조건을 이해하는 것을 의미하며, "왜 생물체는 죽는가?", "무엇이 생물체를 죽게 만드는가?"라는 질문에 답하는 것이다. 이를 통해 아동은 죽음이 나쁜 행동이나 단순히 누군가 죽기를 바라는 마음 때문에 발생하는 것이 아니라 현실적인 내외부적 사건이나 힘에 의해 발생한다는 것을 이해할 수 있게 된다(Fogarty, 2000).

스피스와 브렌트가 제시한 죽음의 마지막 개념인 *내세관*은 죽은 육체와는 별개로 지속적인 삶이 있을 것이라는 믿음을 반영하고 있으며, "죽고 나면 무슨 일이 일어나나요?", "죽고 나면 영혼은 어디로 가나요?"와 같은 질문과 관련이 있다. 또한, HIV에 감염되어 살아가는 11살 소녀의 다음과 같은 생각도 내세관을 반영하고 있다. "만약 천국에 있는 누군가와 이야기할 수 있다면, 그곳이 어떤 곳인지, 그곳에서 해야 할 일이 무엇인지, 내가 가져갈 것은 무언인지에 대해 알려줬으면 좋겠습니다"(Wiener, Best, & Pizzo, 1994, p. 12). 브렌트와 스피스(1993)의 연구에 의하면 아동과 성인은 육체가 죽은 후에도 지속적인 삶의 형태가 개별적으로 존재한다고 공통적으로 믿고 있다. 지속적인 삶은 육체가 없이 천국에서 영혼으로 살아가는 형태일 수도 있고, 다른 몸으로 새롭게 환생하는 형태로 나타날 수도 있다. 하지만, 많은 학자들은 아동의 "내세에 대한 믿음"을 경멸하거나, 죽음에 대한 개념을 자연의 이치에 어긋나게 바라보는 관점을 받아들이려 하지 않았다.

스피스와 브렌트(1996)는 "대부분의 연구결과에 따르면 *7세가 되면* 많은 아동이 보편성, 불가역성, 비기능성, 인과성과 같은 개념에 대해 이해를 하게 된다"(p. 43)고 하였다. 그럼에도 불구하고 "나이 그 자체가 중요한 것이 아니라, 오히려 생물학적이고 환경적인 상관관계를 편리하고 일반적인 지표인 나이로 평가할 수 있다"고 주장하였다. 또한 일부 학자들(Lonetto, 1980)은 아동이 죽음을 자신에게 적용시키기 전에 다른 사람들에게 적용할 수 있다고 주장한 반면, 스피스와 브렌트는 아동이 자신의 죽음에 대해 이해를 하고 나서야 다른 사람들의 죽음을 이해한다고 주장하였다.

아동의 죽음 이해에 대한 몇 가지 의견

아동의 죽음관련 개념의 발달을 살펴본 연구자들은 죽음의 주요한 개념으로 최종성, 회피성 대 불가피성, 외부 대 내부의 힘, 보편성 등을 제시하고 있다. 상당 부분은 진 피아제(Jean Piaget)의 이론과 같이(1998; Piaget & Inhelder, 1958; 표 12.5) 발달심리학의 더 큰 이론적 틀이나 모델에 들어맞는 장점을 가지고 있다. 나지가 설명한 아동의 죽음개념발달 초기단계의 특징은 피아제가 설명한 자기중심적 태도 및 다른 전조작적 사고의 특징과 일치한다. 예를 들면, *마술적 사고*를 통해 모든 사건을 다양한 명령, 의도, 힘으로 설명하고(Fogarty, 2000), *물활론적 사고*를 통해 다른 사람들이 무생물이라고 생각하는 대상에도 생명과 의식이 있다고 믿으며, *표상적 사고*라는 물활론적 사고와 정반대되는 개념을 통해(Wass, 1984) 모든 사물과 사건은 사람을 위해 만들어졌다고 믿는 것이다. 나지가 마지막 단계에서 설명한 보편성과 불가피성 역시 피아제가 형식적 조작기에서 설명한 객관

표 12.5 피아제의 인지발달이론

발달단계[a]	연령[b]	주요 특징
I. 감각운동기	영아기(0-2세)	감각적 경험과 신체적 활동을 통해 "지식" 획득. 무의식적으로 사고. 제한된 언어[c]. 현실감각 없음.
II. 구체적 조작을 준비하는 시기		
1. 전조작기	유아기(2-7세)	자기중심적 태도. 표상적 사고. 비가역적 사고. 주관적 현실감각.
2. 구체적 조작기	청소년기 이전(7-11세)	자기중심적 태도에서 벗어남. 구체적 사고 시작. 사실주의적 사고. 기역성과 서열화 개념 인지.
III. 형식적 조작기	청소년기 이후 (12세 이상)	가설-연역적 사고. 논리적 통합. 객관적 사고

[a] 각 단계는 초기의 준비기간부터 마지막 달성기간까지를 포함하므로, 각 단계를 나타내는 내용은 해당 내용이 형성되는 과정에 근거한다.

[b] 개인별로 해당 발달이 나타나는 연령에 차이가 있을 수 있다.

[c] 평균적으로 2세가 지나면 약 250~300 단어를 습득한다.

출처: "Concepts of Death: A Developmental Perspective" by H. Wass. In H. Wass and C. A. Corr(Eds.), *Childhood and Death*, p. 4. Copyright ©1984 Hemisphere Publishing Corporation. 재판 출간 허가 취득.

성, 일반성, 명제적 사고와 일치한다고 볼 수 있다. 따라서, 아동이 죽음에 대해 이해하려면 점점 더 추상적인 개념을 형성할 수 있는 능력을 발달시키고 성숙해야 한다.

그러나, 이 분야의 연구를 진행하는데 있어 죽음개념과 관련한 다양한 구성요소에 사용된 용어 및 정의에 대한 정확성이나 합의뿐만 아니라, 신뢰할 수 있는 타당한 표준화된 측정도구가 결여되어 있어 방법론적인 어려움이 있다. 계속된 연구들이 "혼란스러운 결과의 배열"(Stambrook & Parker, 1987, p. 154)로 묘사되면서, 평론가들도 제시된 결과들을 지나치게 단순화하거나, 원래의 결과보다 더 엄격히 받아들이거나, 무비판적으로 적용하기도 하였다. 많은 평론가들은 특정 아동집단에 관한 연구, 예를 들면, 나지의 연구에서 살펴본 헝가리 아동은 제2차 세계대전 이전, 즉, 텔레비전이 도입되기 이전에 연구된 집단이었는데, 이 집단의 결과를 역사적 또는 문화적 변수를 고려하지 않고 다른 집단에도 일반화하여 적용하였다. 많은 학자들이(Speece & Brent, 1996; Kenyon, 2001; Lazar & Torney-Purta, 1991) 죽음의 개념 내에서 주요 하위 개념을 구별, 표준화, 조작화하는 것이 더 나은 연구를 발전시키고, 연구결과의 미묘한 차이를 설명할 수 있을 것이라고 조언하고 있다.

아동이 갖는 죽음에 대한 개념을 이해하고, 아동에게 죽음을 가르치거나, 죽음에 대처하는 아동을 공감하고 지지하기 위해서는 적어도 다음의 4가지 주요 변수에 주의를 기울여야 한다: 발달 수준, 인생 경험, 개인의 성격, 의사소통 및 지원의 패턴(Kastenbaum, 1977). *발달*의 경우, 인지발달이 유일한 관련 변수는 아니며, 성숙이야말로 육체식, 심리적, 사회적, 영적으로 이동 *삶*의 모든 측면에 적용되는 다차원적인 과정이라고 할 수 있다. 아동이 죽음을 대면하는 양적인 측면과 질적인 측면 모두 죽음을 이해하는데 영향을 미칠 수 있기 때문에, *인생 경험*은 매우 중요하지만 아직 많이 연구되지 않은 변수이기도 하다. *개인의 성격* 역시 죽음을 생각하는데 영향을 미칠 수 있기 때문에 강력한 변수이다. 또한, 아동이 다른 사람과 나누는 죽음관련 생각은 다른 사람과 소통하는 능력이나 의지 및 다른 사람으로부터 받는 *지지*와 위로에 영향을 받을 수 있다.

아동에게 "너는 죽었어", "나는 죽을 거야"라는 다음의 두 가지 간단한 문장에 대해 설명해보라고 하면 위의 사실은 더욱 명백해진다(Kastenbaum, 2000; Kastenbaum & Aisenberg, 1972). 첫 번째 문장은 현재의 시점에서 다른 사람에게 적용되는 것이고, 두번째 문장은 미래의 불특정한 시점에 본인에게 적용되는 것이다. 위 두 문장과 관련된 이슈는 일부 개념적인 부분을 포함하고 있기도 하지만, 두번째 문장에 암시된 잠재적 위협과 미래의 가능성을 파악하는 아동의 능력과도 관련이 있다. 아동이 죽음의 개념과 그 다양한 하위개념을 이해할 때, 그렇지 않은 아동에 비해 건강하게 발달하고, 개인적 경험을 활용하고, 자기개념을 안정적으로 잘 형성할 수 있으며, 다른 사람과 편하게 의사소통하고 적절한 지지도 받을 수 있게 된다.

아동은 성인처럼 항상 죽음에 대해 생각하지는 않는다. 하지만, 이는 아동이 죽음에 대한 개념이 없다는 것을 의미하는 것은 아니다. 예를 들어, 죽음을 잠으로 생각하는 아동은 자신의 경험을 통해 *죽음을 이해*하는 것이다. 이는 성인의 관점에서 봤을 때에는 다른 개념과 잘 구별되지도 않고 불충분하게 느껴질 수도 있다. 카스텐바움과 아이젠버그(Kastenbaum, Aisenberg, 1972, p. 9)는 "아동은 '이해할 수 없음'과 명확함 사이에서 통합된 추상적 사고를 통해 죽음을 이해하게 된다"고 지적하였다. 아동이 이해하는 죽음에 대해 잘 파악하기 위해서는 아동이 해당 주제에 대해 질문하는 것들을 주의 깊게 경청하여야 한다(Corr, 1995b, 1996).

나지와 다른 많은 연구를 통해 아동이 죽음을 이해하기 위해 적극적으로 노력한다는 사실을 알 수 있었다. 마지막으로 나지(1948, p. 27)는 "아동에게 죽음을 감추는 것은 불가능하며, 허용되지도 않는다. 오히려 아동 주변에서 자연스럽게 행동하는 것이 죽음을 마주했을 때 다가오는 충격을 크게 떨어트릴 수 있다"고 주장하였다. 이 장의 시작부분에서 제시되었던 예에서 앨리슨의 아빠는 이러한 내용을 알지 못했던 것이다.

아동기 죽음관련 태도의 발달

오늘날 미국사회의 아동은 죽음에 관한 메시지를 많이 접하게 되는데, 이는 주로 아동을 둘러싼 사회적 죽음제도 및 미디어, 부모, 가족, 다른 사람들, 그리고 자기자신의 인생경험을 통해 이루어진다. 이런 메시지를 통해 죽음이 토론에 적합한 주제가 아니며, 아동은 죽음관련 행사에는 참여할 수 없다는 것을 알게 된다. 하지만 모든 사회가 이런 메시지를 아동에게 전달하지는 않는다. 3장에서 소개되었던 현대 아미쉬 사회나 미국의 뉴잉글랜드 청교도 사회에서는 아동도 가족과 함께 행복하고 슬픈 행사에 모두 참여하게 되는데, 이는 다른 대안이 바람직하지도 않고, 실용적이지도 않기 때문이다.

죽음관련 상황이나 경험이 미국사회의 많은 아동에게 새로울 수 있지만, 새로운 경험이 아동이 대응하기 힘들 정도로 너무 많거나 아동의 관심 밖에 있으면 곤란하다. "아동은 금방 깨닫기 때문에 죽은 사람을 이해하기 위한 새로운 세상은 필요가 없다"(Ross, 1967, p. 250)는 주장은 우리사회 아동의 진정한 삶의 면면을 설명하지는 못한다. 실제로, 아동과의 상호작용과 많은 학술문헌(Childers & Wimmer, 1971; Koocher, O'Malley, Foster, & Gogan, 1976; Schilder & Wechsler, 1934)을 통해 *정상적이고 건강한 아동은 죽음에 대한 생각을 갖고 있고, 죽음에 대해 궁금해 하고 있다*는 것이 입증되었다.

아동의 죽음에 대한 태도는 다른 주제에 대한 태도와 마찬가지로 죽음을 대면하는 아동의 성격뿐만 아니라 주어진 경험에 비추어 해석하고 반응을 형성하게 되는 발달적, 개인적, 사회적 영향력과 관련이 있다. 경험이나 개념이 거의 없는 영아들 조차도 분리불안을 분명히 보여준다. 부모가 죽었을 때 아무런 역할을 하지 못했던 아동은 자신이 말하거나 행동한 것이 죽음과 관련이 있었다는 생각이 들면 스스로를 비난하게 된다. 즉, 죽음에 대한 태도는 아동기부터 복잡하게 나타나며, 다양한 출처를 통해 형성된다(Wass & Cason, 1984). 다음에서는 아동기에 두드러지는 죽음관련 태도의 두 가지 영역에 대해 설명하고자 한다.

죽음관련 게임

역사적으로 오랜 연구를 통해 많은 사회에서 아동의 놀이에 죽음과 관련된 내용이 널리 퍼져있음을 알 수 있다(Opie & Opie, 1969). 마우어(Maurer, 1966)는 까꿍놀이가 아동기의 고전적인 죽음관련 게임이라고 주장하였다. 아동의 자기중심적 관점에서 보면, 이 게임에서는 외부세상이 사라졌다가 갑자기 다시 나타나게 된다. 아동이 세상이 사라지는 것에 집중하게 되면 두려워하게 되기 때문에, 다시 나타나는 것은 기쁨을 불러일으키게 된다. 아동의 관점에서 볼 때, 이와 같은 경험은 죽음을 대하는 태도와 매우 흡사하다고 볼 수 있다.

로칠린(Rochlin, 1967)은 아동의 놀이활동에 대한 연구를 통해 "아주 어린 나이에 정신력이 잘 발달되면 인생의 끝이라는 현실을 마주하게 될 때 자신을 방어할 수 있다"(p. 61)고 주장하였다. 아동은 자신의 삶이 죽음으로 인해 중요하게 변할 수 있다는 것을 알고 있고, 놀이라는 환상의 세계에서도 이러한 인식에 따라 행동한다는 것이다. 로칠린은 특히 행동, 폭력, 및 죽음과 연관될 수 있는 게임을 주로 살펴보며, "죽음은 아주 어린 아동에게는 깊이 생각해보아야 할 문제이다. 죽어가는 것에 대한 생각은 평범하다. 하지만, 행동은 이러한 생각의 영향을 받는다"(p. 54)고 주장하였다. 놀이는 아동의 삶에서는 중요한 부분이기 때문에 가볍게 부시애 버리시는 안 딘다.

시, 노래, 유머, 동화에 나타나는 죽음관련 내용

죽음관련 주제는 아동의 시나 유머에 자주 등장한다. "벌레가 기어들어갔다가 기어나온다"는 짧막한 노래를 많이들 불러보았을 것이다. "링 어라운드 로지(Ring around the Rosie)"라는 노래도 많이 불리는 노래인데, 아무도 이 노래가 전염병을 나타내며, 노래가사 "이 병에 걸리게 되면"의 의미가 질병으로 인해 피부에 장밋빛 물집이 생긴다는 것임을 알지 못했을 것이다. 심지어 자장가인 "잘 자라 우리 아가(Rock-a-Bye Baby)"의 가사내용은 요람에서 떨어지는 내용이며(Achté, Fagerström, Pentikäinen, & Farberow, 1990), "이제 잠들어야겠다"는 아동의 기도는 죽음과 밤에 일어날 수 있는 위험으로부터 안전해지기 위한 바람을 나타낸다.

동화 역시 죽음에 대한 언급으로 가득 차 있다(Lamers, 1995). 빨간 모자 소녀(Little Red Riding Hood)와 그 할머니라는 원래 동화에서는 사악한 늑대한테 먹혀서 나무꾼이 늑대의 뱃속에서 발견하기 전까지는 살아날 수 없었다(1장의 초점 맞추기 1.1 참조; Bertman, 1984; Dundes, 1989; Zipes, 1983). 아기돼지 삼형제에서는 나쁜 늑대(The Big Bad Wolf)가 아기돼지들의 집을 날려버리려다가 마지막 집의 굴뚝에서 뜨거운 물을 끓인 냄비 속으로 떨어져서 죽게 된다. 식량이 없어 부모님이 숲에 버려두었던 헨젤과 그레텔(Hansel and Gretel)은 사악한 마녀를 속여서 뜨거운 오븐에 가두었다. 사악한 계모는 백설공주(Snow White)의 죽음을 명령하고, 그 심장을 증거로 요구하였다. 잠자는 숲속의 공주(Sleeping Beauty)는 부드러운 키스로 혼수상태에서 깨어났고, "거위치는 소녀(The Goose Girl)"에서 가짜 신부는 못을 박은 통을 굴려서 죽음에 이르렀다(Lang, 1904).

죽음관련 유머와 이런 종류의 이야기가 반드시 아동에게 해로운 것은 아니다. 베텔하임(Bettelheim, 1977)은 이를 통해 아동이 안전하고 멀리 떨어져서 죽음과 관련된 두려움과 불안을 겪을 수 있기 때문에 건전한 경험이 될 수 있다고 주장하였다. *어린 시절의 환상 세계에도 죽음은 항상 존재한다.* 그렇기 때문에 아동이 죽음관련 생각과 감정에 익숙하지 않다는 생각은 틀렸다고 볼 수 있다. 오늘날 우리사회의 TV프로그램에서는 사람들이 죽게 되는 경우는 다른 사람에게 살해당하는 것임을 반복적으로 보여주면서, 나쁜 사람들은 죽게 되고 죽음자체는 영구적이지 않음을 시사하고 있다(이 책의 4장 참조).

생명을 위협하는 질병 및 임종에 대처하는 아동

생명을 위협하는 질병 및 임종에 대처하는 아동은 종종 불안을 경험한다. 자기자신의 상태에 대한 정보가 많아질수록 자기개념은 식별 가능하도록 변하게 되며, 임종과 관련된 걱정 또한 공유하기 쉬워진다.

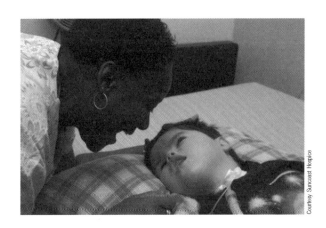

기관절개 튜브를 삽입한 소아 환사

병들어 죽어가는 아동의 불안

"백혈병 병동에서 죽음을 두려워하는 사람은 누구인가?"라는 질문에 베르니크와 카론(Vernick, Karon, 1965)은 아동, 가족, 전문간병인 *모두*라고 대답하였다. 이 연구결과는 아동과 함께 죽음에 대해 이야기를 나눌 수 있는 근거를 제시한다. 그러나, 와처(Waechter, 1971)가 처음으로 병들어 죽어가는 아동을 연구할 때에는, 많은 부모와 보호자들이 아동의 진단 및 예후에 관한 정확한 정보를 아동과 공유하지 않고 있었다. 와처는 6~10세 사이의 아동을 다음의 4그룹(죽음에 직면한 만성질환 그룹, 예후가 좋은 만성질환 그룹, 간단한 병이 있는 그룹, 입원하지 않은 건강한 그룹)으로 나누어 아동의 죽음에 대한 태도를 살펴보았다. 인터뷰를 진행하는 동안, 모든 아동에게는 이야기를 만들어 낼 수 있는 그림세트가 주어졌고, 일반적 불안을 측정하는 검사도 함께 시행되었다.

와처는 죽음에 직면한 만성질환 그룹 아동이 나머지 다른 그룹의 아동보다 불안정도가 훨씬 높다는 것을 발견하였다. 또한, 이 그룹의 아동은 죽음, 절단, 외로움과 관련하여 훨씬 높은 불안감을 나타냈다. 아동이 자신의 예후에 대해 공식적인 내용을 알지 못했을 때에도 결과는 같았다. 병들어 죽어가는 아동에 대한 다른 연구들도 유사한 결과를 보여주고 있다(예를 들면, 미국의 경우 Spinetta & Maloney, 1975; Spinetta, Rigler, & Karon, 1973; Waechter, 1984; 중국의 경우 Lee, Lieh-Mak, Hung, & Luk, 1984).

정보습득과 자기개념의 변화

블루본드-랭너(Bluebond-Langner, 1977, 1978)는 문화인류학적 방법을 사용하여 백혈병 말기 입원 아동이 자신의 상황을 어떻게 예민하게 인식하는지 확인하였다. 블루본드-랭너는 아동의 정보습득 과정이 5단계에 걸쳐 이루어지는 것을 발견하였다(표 12.6의 왼쪽 열 참조). 블루본드-랭너의 연구를 통해 놀랍지는 않지만 그동안 미처 깨닫지 못했던 사실은 아동도 자신의 삶에서 중요한 경험에 주의를 기울이고, 자신에게 매우 밀접하게 영향을 미치는 사람과 자신으로부터 정보를 얻는다는 것이다.

표 12.6 죽어가는 아동의 사적인 세계

정보 수집 단계	자기개념의 변화
1. 나는 심각한 질병에 걸렸다.	1. 내가 심각한 질병에 걸렸다는 것을 진단을 통해 (이전에는 나 스스로 판단) 알게 된다.
2. 나는 내가 먹는 약에 대해서 언제 어떻게 사용해야 하는지, 부작용은 무엇인지에 대해 알고 있다.	2. 처음 차도가 생기면, 내가 심각한 질병에 걸렸지만 나을 것이라고 생각한다.
3. 나는 치료와 수술의 목적을 알고 있다.	3. 처음 재발하는 경우, 내가 계속 아프겠지만 나을 것이라고 생각한다.
4. 나는 치료, 수술, 증상을 통해 해당 질병이 재발과 완화의 주기가 있다는 것을 이해하고 있다(즉, 약의 효과가 항상 오래가거나 잘 듣는 것은 아니다).	4. 여러 번 차도와 재발이 반복되면, 내가 계속 아플 것이고 나아지지 않을 것이라고 생각한다.
5. 나는 질병의 주기에는 끝이 있고, 그 끝에는 죽음이 있다는 것을 이해하고 있다. 즉, 약의 수가 점점 줄어들면서 효과가 있는 약이 더 이상 존재하지 않으면, 나는 곧 죽을 것이다.	5. 백혈병인 다른 아동이 죽으면, 나도 죽어가고 있다는 것을 깨닫는다.

출처: The Private Worlds of Dying Children, by M. Bluebond-Langner, pp. 166, 169. Copyright ©1978 Princeton University Press.

블루본드-랭너의 연구는 한 걸음 더 나아가 정보수집이 자기개념의 변화와 평행하게 이루어진다는 것을 발견하였다. 아동은 정보를 얻을 때, 그것을 자신의 변화하는 개념에 적용시킨다(표 12.6의 오른쪽 열 참조). 블루본드-랭너에 따르면, 자기개념의 변화는 질병과정에서의 사건과 아동이 이용할 수 있는 정보와 관련이 있다. 중요한 것은 외부사건과 관련된 이러한 변화의 시기와 새로운 경험을 통해 얻은 정보를 통합하여 새로운 자아개념을 형성하는 아동의 능력이다.

아동은 자신의 경험, 다른 아동의 경험, 그리고 어른들이 그들을 대하는 방식을 통해 여러 가지를 배우게 된다. 아동이 배우는 것은 추상적인 정보인 것 같지만, 모두 의미와 의의가 있다. 알렉산더와 애들러슈타인(Alexander, Adlerstein, 1958)은 죽음의 개념에 대한 내용이 개인에 따라 생각만큼 중요하지 않을 수도 있다고 주장하였다. 이 문제는 13장에서 다시 설명할 것이다. 여기서는 아동의 죽음에 대한 개념이 주변세계와 자신을 생각하고 해석하는 방식과 밀접하게 연관되어 있음을 살펴볼 필요가 있다.

병들어 죽어가는 아동의 쟁점

최근 몇 년 동안 통증 및 기타 고통스러운 증상을 이해하고 생명을 위협하는 다양한 종류의 아동 질병을 관리하는데 있어 많은 발전이 있었다(Goldman, 1998; McGrath, 1998). 이에 따라 '죽음, 임종, 사별에 관한 국제활동단체'(International Work Group of Death, Dying and Bereavement, 1993;

www.iwgddb.org), 영국의 '생명위협 및 말기상태에 있는 아동과 가족을 위한 협회'(Association for Children with Life-Threatening or Terminal Conditions and Their Families(ACT), 1995; www.act.org.uk), 세계보건기구(World Health Organization, 1998; www.who.int), 미국소아과학회(AAP, 2000a; www.aap.org) 등에서 생명을 위협하는 질병을 앓고 있는 아동을 돌보기 위한 공식적인 정책들이 나오기 시작하였다. 더 좋은 치료를 위한 가이드라인이 제시되었지만, 임종 아동의 통증 및 기타 고통스러운 증상의 관리에 결함이 있음이 많은 연구를 통해 확인되었다(Hurwitz, Duncan, & Wolfe, 2004; McCallum, Byrne, & Bruera , 2000; Wolfe et al., 2000a).

병들이 죽이기는 아동은 고통으로부터 자유로울 수 있는 사랑과 안전, 불안이나 죄책감으로부터 벗어남, 소속감, 자기-존중감, 자아에 대한 이해의 중요성에 대한 정신-사회적 욕구가 있나(Masera et al., 1999; Morgan & Murphy, 2000). 발달관점에서 볼 때, 와처(1984)는 생명을 위협하는 질병에 걸린 유치원 아동은 질병의 원인, 신체에 대한 위협, 치료 절차 및 사망에 대한 두려움에 근본적인 우려를 갖고 있음을 지적하였다. 반면, 학령기 아동은 미래, 교육 및 사회적 관계, 신체, 입원 및 절차와 관련된 문제에 대한 우려를 갖고 있음이 나타났다. 놀랍지 않은 것은 아동의 불안의 대부분은 통증이나 다른 형태의 고통, 중재 절차, 신체적 폭행으로부터의 안전, 자신과 가족 구성원, 동료 및 다른 중요한 사람들과의 관계에서의 안심에 중점을 두고 있다(Attig, 1996; Sourkes, 1995). 스티븐스(Stevens, 1998)는 죽어가는 아동의 정서적 욕구를 (1) 건강에 관계없이 모든 아동이 갖는 것, (2) 질병 및 병원 입원에 대한 아동의 반응으로 인해 발생하는 것, (3) 아동의 사망 개념에서 비롯된 것으로 간단히 설명하고 있다.

임종 아동은 삶의 질 및 삶의 질에 즉각적으로 현재시점에서 영향을 미치는 다양한 위협에 많은 관심을 갖고 있나(Zimmerman, 2005). 그렇기 때문에 많은 이동이 매 순간 살고 싶어하는 경향이 있다. 또한, 한때 아동에게 치명적이었던 많은 질병의 치료율이 최근 몇 년 동안 급속도로 상승하면서 죽음에 대처하는 것보다 심각한 질병이나 생명을 위협하는 질병을 갖고 살아가는 것으로 관심도 변화하고 있다(Adams & Deveau, 1993; Doka, 1996a; Koocher & O'Malley, 1981; Spinetta & Deasy-Spinetta, 1981). 따라서 현대 소아종양 전문의는 "치료만으로는 충분하지 않다"라는 모토를 갖고 소아암 생존자들의 삶의 질을 중요시하고 있다(Schwartz, Hobbie, Constine, & Ruccione, 1994). 생존자, 즉 아동기에 생명을 위협하는 질병을 극복해낸 사람들은 다음에 제시한 4가지 요소가 가장 중요하다고 말한다(Ruccione, 1994). (1) 질병에 대한 경험을 자신의 인생사에 자연스럽게 통합시키는 것, (2) 취약성을 높이고, 어른들에게 과잉으로 보호를 받고, 개인적 우선순위, 가치, 목표를 변화시킬 수 있도록 불확실성을 갖고 생활하는 법을 배우는 것, (3) 질병의 계속되는 반향에 타협하며 생활하는 법을 배우는 것, (4) 사회적 맥락에서 낙인을 극복하는 것. 이외에도, 아동의 영적인 요구를 적절하게 평가하고 대응하는 것이 중요하다(Davies, Brenner, Orloff, Sumner, & Worden, 2002).

낭성 섬유증(Bluebond-Langner, 1996, Bluebond-Langner, Lask, & Angst, 2001) 또는 인간면역결핍바이러스(HIV)/후천성면역결핍증후군(AIDS)과 같은 만성질환을 가진 아동에게서도 비슷한 문제가 발견된다. 예를 들면, 한 12세 소녀는 HIV 감염과 관련하여 불확실성에 대처하는 방법에 대해 다음과 같이 설명하였다. "HIV에 감염되어 살아가면서 이로 인해 죽을 것이라는 것을 알고 있는 것은 무서운 일이다. 나는 다음의 순서대로 가장 견디기 힘들다고 생각한다. 언제 죽을지 모르는 것, 어디서 죽을지 모르는 것, 가족이 걱정되는 것, 내 물건과 내 방에 대해 생각하는 것, 내 친구들이 어떻게 생각할지에 대해 생각하는 것"(Wiener et al., 1994, p. 24).

사별과 비통함에 대처하는 아동

아동이 죽음에 대해 애도할 수 있는가에 관한 학술토론이 있었다(Furman, 1973). 이 토론은 슬픔과 애도를 구별하지 못하고, 아동기의 애도에 대한 적절한 모델이 없었다는 점에 기초하여 시작되었다. 아동도 당연히 슬픔을 경험한다(즉, 상실에 반응한다). 울거나, 화를 내거나, 우울해지거나, 수면에 어려움을 겪거나, 행동이 퇴보되거나, 기타 다른 방법으로 상실에 반응하게 된다.

그러나 아동은 어른들처럼 상실에 직접적으로 반응을 보이거나 자신의 감정을 표현하지 않는다(Wolfenstein, 1966). 예를 들면, 사별한 아동은 어른들처럼 자신의 감정을 공개적으로 표현하지 않으며, 고인의 생각에 잠겨있기 보다는 놀이나 학교와 같은 일상생활에 몰두하게 된다(Romond, 1989). 결과적으로 아동의 슬픔에 대한 반응은 어른들의 반응과는 달리 더 *간헐적*일 수 있고, 따라서 그 기간이 더 *장기화*될 수도 있다(Worden, 1996). 이렇게 아동은 자신에게 슬픔과 애도를 "투여"하는 것이다. 즉, 어느 순간에는 슬픔을 경험하고 대처하려고 하다가도, 그 상황이 너무 견디기 어렵거나 다른 관심사가 생기면 다시 돌아서게 되는 것이다. 사별한 아동의 경우에는 정상적인 발달이 상실에 어떤 영향을 미치는지, 또 그 반대의 경우는 어떠한지를 살펴보는 것이 중요하다. 아동은 상실과 슬픔에 대처할 때 안전하다고 느낄 것인가? 건강한 발달이 대처능력에 도움이 될 수 있을까? 이런 측면에서 사별한 어른과 아동에게는 큰 차이점이 존재한다.

사별한 아동에게 있어 중요한 문제는 애도할 수 있느냐가 아니라 상실에 대한 반응의 본질이다. 즉, 사별한 아동에게 가장 중요한 관심사는 무엇인가? 아동이 상실과 슬픔에 대처할 수 있는 애도방법은 무엇인가?

사별한 아동의 쟁점

사별한 아동의 비통한 경험은 아동의 관계에 대한 종결성과 세 가지 측면에서 연결시킬 수 있다: (1) 나 때문에 죽음이나 다른 형태의 상실이 발생했는가? (2) 나에게도 이런 일이 일어날 것인가? (3)

풍자, 아기 올빼미도 사별을 하여
슬픔에 잠겨있다.

누가 나를 돌볼 것인가? 이러한 쟁점에 있어서는 자아중심이 중요하다. 아동이 무지 또는 마술적인 사고로 인해 상실과 관련된 인과관계를 올바르게 이해하지 못하게 되면, 문제의 발단에 대한 의문이나 위험요소들이 나타나는 것은 당연하다.

부모 또는 아동을 돌보던 이의 사망은 특히 첫 번째, 세 번째 쟁점과 연결될 수 있다. 예를 들어, 엄마가 격분하여 "너 때문에 죽겠어"라고 말한 후, 자동차 사고로 사망하게 되면 후자의 사건이 전자와 연결되었다고 생각하여 아동은 불안해 할 수 있다. 마찬가지로 2001년 9월 11일에 일어난 대규모 외상사건에 대한 토론이나 이라크와 아프가니스탄에서의 사망사건에 대해 매일 저녁 언론 보도가 있으면 아동은 잠재적인 위협을 느끼게 된다. 또한 아동의 생활은 주로 부모나 다른 어른들에게 의존할 수 밖에 없기 때문에, 중요한 사람이 사망하게 되면 앞으로 누가 보살펴 줄 것인지에 대해 아동이 염려할 수밖에 없다(Donnelly, 1987; Silverman, 2000). 따라서, 부모의 죽음을 경험한 아동은 대화나 사진, 선물과 같은 상징적인 물건들을 통해 고인과의 감정적인 연결 관계를 유지하려고 노력한다(Silverman et al., 1992).

가족 중 누군가가 사망하고 아빠(의사 또는 다른 사람들)가 그런 슬픈 사건을 예방하지 못했다고 생각하면, 아동은 자신도 똑같은 불행을 겪을 수 있다고 걱정하게 된다. 형제나 자매의 사망은 아동 자신에게는 가까이서 일어나는 일이며, 부모로부터의 정서적 지지도 빼앗긴다고 느낄 수 있기 때문에 특히 견디기 어려울 수 있다(Davies, 1999, Stahlman, 1996, Toray & Oltjenbruns, 1996). 형제 또는 친구는 모두 동반자, 경쟁자 및 또다른 자아로 여기게 된다. 어린 시절 이들의 죽음을 경험하게 되면 공격적이고 관심을 끄는 행동이 단기직으로 표출될 뿐만 이니라(McCown & Davies, 1995), 아동기 및 생애 전반에 걸쳐 장기적인 영향을 미칠 수 있다(Donnelly, 1988; Rosen, 1986 Schuurman, 2003).

사별한 아동에게는 특히 지원, 양육, 삶의 연속성이 필요하다는 것이 오래 전부터 알려져 왔다. 하버드 대학의 아동 사별 연구에서는 사별한 아동에게 필요한 것들을 다음과 같이 상세하게 목록화하였다(Worden, 1996).

- 적절한 정보 – 임박한 사망 및 발생한 사망사건에 대한 가능한 명확하고 이해하기 쉬운 정보
- 두려움과 불안 해결 – 지속적으로 이전과 같이 돌봄을 받을 것이라는 사실
- 자기자신이 비난대상이 되지 않는다는 확신
- 경청 – 자신의 걱정을 잘 들어주고 무시하지 않음
- 감정의 확인 – 자신의 감정을 존중해주고 안전한 방식으로 다시 표현함
- 감당할 수 없는 감정을 도움 – 특히 슬픔, 분노, 불안, 죄책감이 강할 때
- 개입과 포용 – 사망 전후, 준비는 시키지만 강제로 참여시키지는 않음
- 일상 활동의 지속 – 놀이 및 학교와 같이 연령에 적합한 활동
- 애도에 대한 모델링 – 슬픔과 애도를 건설적인 방법으로 경험하고 표현하는 방법을 어른들의 애도방법을 통해 보여줌
- 기억할 수 있는 기회 – 죽음 이후뿐만 아니라 인생 전체에 걸쳐서

아동은 특정한 발달단계에 따라 다른 사별경험을 보인다(Fleming, 1984; Silverman et al., 1992; Silverman & Worden, 1992a). 예를 들어, 죽음의 최종성을 인식하지 못하는 아동은 고인이 다른 방법으로 또는 다른 장소에서 어떻게든 살아있을 것으로 생각하기 때문에 그들이 어떤 종류의 활동을 하는지 궁금해 할 수 있다. 반대로, 죽음의 비가역성과 비기능성을 이해하는 아동은 죽으면 시체에 어떤 일이 생기는지에 대해 매우 구체적으로 질문을 하게 된다.

사별한 아동은 슬픔을 여러 가지 행동을 통해 표현하거나, 다른 사람들에게 슬픔을 표현하는 것처럼 연기를 할 수도 있다. 극복하려고 노력하는 과정에서 아동은 게임을 하거나 텔레비전을 보거나 학교에 가는 등의 활동을 통해 죽음에서 벗어난 것처럼 보여 질 수 있고, 이런 모습들이 어른들에게는 인지력, 이해력 또는 감정이 부족한 것처럼 느껴질 수 있다. 어떻게 보면 주의집중력이 짧아서 상실이 영구적이라는 것을 깨닫지 못하거나, 상실의 무게감에 대한 일시적인 방어를 내포하고 있는지도 모른다.

일반적으로 사별한 아동의 행동을 보면 죽음에 대한 분노와 두려움이 강하게 표출된다. 또한 앞에서도 언급했듯이 아동은 상대적으로 안전한 환경에서 자신의 감정과 불안을 해결할 수 있는 방법으로 죽음관련 게임을 하게 된다. 이러한 게임은 아동의 삶에서 익숙한 부분이며, 이를 통해 아동

은 장난감이나 상상의 인물이 경험할 해로움으로부터 안전하게 물러서 있을 수 있다.

워든(Worden, 1996)은 하버드 아동 사별 연구를 통해 취학 연령 아동 중 상당수가 부모사망 후 4개월이나 1년 또는 2년이 지나서야 더 많은 어려움에 봉착하는 사별 "후기 효과"에 주목하였다. 이는 아동의 가족관계, 특히 생존한 부모와 밀접한 상관관계가 있다(Zucker, 2009). 중요한 점은 사별 아동에게 사별직후 발생할 수 있는 문제뿐만 아니라 더 나중에 발생할 수 있는 문제에 대해서도 신경을 써야한다는 점이다. 중요한 사람의 죽음이 아동의 삶에서 반드시 복잡한 슬픔과 애도로 이어지는 것은 아니지만, 공허함과 고인의 지속적인 "존재감"은 장기적인 영향을 미칠 수도 있다.

아동기 사별의 또 다른 특징은 아동이 주변에 있는 사람들과 대화하는 과정에서 자신의 반응을 살피면서, 주변 사람들이 자신의 반응을 이끌어내는 단서를 찾는다는 것이다. 어른들은 애도할 때 자신을 철회하고 의사소통을 제한하는 반면, 아동은 종종 다음과 같은 질문을 반복한다. "할아버지 돌아가신 거는 아는데, 언제 집에 오세요?" 이는 현실을 테스트하면서 자신이 들었던 말이 변하지 않았다는 것을 확인하는 방법이다. 아동은 어른들을 어리둥절하게 만드는 질문을 던지기도 한다. 예를 들면, "죽은 사람은 어디에 있어요?" "죽어서 천국에 가면 하루 종일 무엇을 하나요?" "할아버지는 천국에 가셨는데 왜 땅에 묻혀있어요?" 아동의 발달적, 경험적 관점에서 볼 때, 이는 발생한 사건의 의미를 해석하기 위한 논리적 노력이라고 볼 수 있다.

사별한 아동의 애도방법

질병에 걸린 아동, 임종을 앞둔 아동, 사별한 아동은 모두 슬픔을 경험하게 된다. 이들은 일상생활에서 발생했거나 발생하고 있는 사건 및 상실에 대응하게 된다. 애도는 상실과 슬픔에 대처하며 살아가는 발달과업과 관련되어 있다. 사별한 아동에게 있어 애도는 기본적인 발달과업과 겹쳐져 나타난다. 아동기에 애도라는 과업은 여러 발달단계 및 상황에 맞게 적절한 방식으로 반복적으로 다루어지게 된다. 엄마와 사별한 아동은 엄마가 살아있는 학교친구들과의 차이점, 엄마의 지원을 받을 수 없는 점, 계속되는 학교생활에서의 성과를 엄마와 나눌 수 없는 점을 경험하면서 자신의 엄마의 죽음을 몇 년이 지나도 계속 애도하게 된다. 이런 식으로 상실과 슬픔에 대한 반응을 재형성하는 것은 성숙과정과 거의 일치한다. 건강한 애도는 건강에 좋지 않은 장애물을 떨쳐버리고 지속가능한 생활을 촉진하는 방식으로 상실을 통합한다(Furman, 1973; Furman, 1974). 워든(Worden, 1996)은 사별한 아동에게 적용되는 애도의 4가지 과업을 설명하고 있는데, 이는 "아동의 인지, 정서, 사회적 발달 측면에서만 이해될 수 있다"(p. 12)고 강조하고 있다. 워든에 따르면, 해당 과업은 다음과 같다: (1) 상실의 현실을 받아들이기, (2) 상실의 고통이나 감정적인 측면을 경험하기, (3) 고인이 사망한 환경에 적응하기, (4) 고인을 자신의 삶에 재배치하고 고인을 추모하는 방법 찾기(pp. 13, 14, 15). 과업기반의 애도는 9장에서 살펴본 워든(Worden, 2009)의 성인 모델과 매우 유사하다. 특히, 아동이 현재 자신의 삶에서 고인의 존재감을 유지하는 것이 매우 중요하다. 여기서는 아동기 애도와 관련된 또 다른 초기 과업모델을 설명하고자 한다(Fox, 1988a, 1988b; Trozzi & Massimini, 1999). 아동의 애도에 있어 중심이 되는 네 가지 과업은 다음과 같다.

- 첫 번째 과업은 *무슨 일이 일어나고 있고 무슨 일이 발생했는지에 대해 이해하려고 노력하는 것*이다. 아동은 죽음 및 관련된 상황에 대한 정보를 탐색하여 죽음의 의미를 해석하고 이해하게 된다.
- 두 번째 과업은 *현재 또는 예상되는 상실에 대해 감정적이고 강한 반응을 표현하는 것*이다. 이를 통해 아동이 처음으로 경험하는 감정 및 다른 강한 반응에 대해 확인하고 검증할 뿐만 아니라 그러한 반응을 표현할 때 자신과 남에게 해를 끼치지 않는 적절한 방법을 찾을 수 있게 된다.
- 세 번째 과업은 *공식적 또는 비공식적인 기억을 통해 잃어버린 삶을 기념하는 것*이다. 일반적으로 달리기, 점프 등과 같은 체육활동을 통해서, 또는 삶을 기억하는 새로운 방식을 통해서 이루어질 수 있다.
- 네 번째 과업은 *계속 사랑하면서 살아가는 법을 배우는 것*이다. 아동에게는 중요한 상실을 경험한 이후에 건강한 생활을 계속할 수 있는 도움이 필요하다. 따라서 상실과 삶을 성공적으로 통합하는 것이 중요하다.

위의 내용은 사별이 다양한 차원을 가지고 있으며, 아동이 상실과 슬픔을 효과적으로 관리하기 위해 노력하고 있음을 나타낸다.

베이커와 동료들(Baker & Sedney, 1996, Baker, Sedney, & Gross, 1992)은 폭스의 과업기반 모델을 토대로 아동의 애도관련 과업은 시간이 지나면서 또는 상대적 중요성에 따라 바뀔 수 있음을 명시하였다. 초기 과업에서는 발생한 사건과 아동이 자신과 가족을 보호하고자 하는 욕구를 이해하는 데 중점을 둔다. 중간단계의 과업에서는 감정적 수용, 관계의 재평가, 고통스럽고 양면이 있는 감정을 천천히 이해하는 것을 강조한다. 말기 과업에서는 새로운 개인의 정체감을 형성하고, 고인과 영속성 있는 내부관계를 구축하고, 새로운 관계에 투자하고, 정상적인 발달 과제와 활동을 수행하고, 정기적으로 통증을 회복하는데 중점을 둔다.

아동이 죽음, 임종, 사별에 대처하도록 돕기

이 절에서는 아동이 죽음, 임종, 사별에 대처하도록 돕기 위한 지침을 네 가지로 정리하여 제시하고자 한다: (1) 일반적인 제안, (2) 교육, 커뮤니케이션 및 검증에 대한 사전예방 프로그램, (3) 아프거나 죽어가는 아동 돕기, (4) 사별 아동 돕기.

일반적인 제안

아동이 죽음에 대처하도록 돕는 기본 원칙에서 중요한 것은 기술이나 방법보다는 태도이다. 에 릭슨(Erikson, 1963, p. 269)에 의하면 "건강한 아동은 주변의 어른들이 정직하다면 죽음을 두려워하 지 않을 것이다." 불행히도 어른들은 아동을 죽음과 관련된 사건으로부터 격리시키려 하고, 죽음관련 주제를 피하며, 죽음의 최종성을 부인하려고 한다(Becker & Margolin, 1967). 따라서, 아동이 정보를 수집하고, 감정을 표현하고, 지원을 받고, 슬픔과 상실을 극복하려고 하는 노력을 차단하게 된다.

최소한, 아동은 죽음에 대처하고자 할 때, 어른들의 도움을 받을 수 있어야 한다. 카첸바흐 (Katzenbach, 1986, p. 322)는 그 이유에 대해 다음과 같이 설명하였다:

> 아동이 혼자 있다는게 어떤 느낌일까요? 아동은 고통, 질병, 또는 죽음과 같은 특정한 두려 움에 놀라울 정도로 잘 적응할수 있습니다. 오히려 아동은 잘 알려지지 않은 것을 두려워합니 다. 아동은 세상이 어떻게 돌아가는지에 대한 지식이 없기 때문에 본인이 완전히 취약하다고 느끼는 것입니다.

알려지지 않은 것에 대한 아동의 취약성을 포함하여 죽음과 관련된 문제는 계속 발생할 것이고, 아동은 이를 해결하려고 할 것이다. 어른들의 유일한 책임은 아동에게 어른들의 지식, 경험, 통찰 력, 대처자원을 제공하는 것이다(McCue & Bonn, 1996; Nussbaum, 1998). 르샨(LeShan, 1976, p. 3) 은 "아동은 진실을 알게 되고, 사랑하는 사람들과 고통에 대한 자연스러운 감정을 공유할 수 있다면 어떻게든 살아갈 수 있다"고 주장하였다(비판적 숙고 #10 참조).

어른들은 자녀를 대신해서 죽음에 직면할 수도 없고 자녀를 대신해서 살 수도 없지만, 아동이 스 스로 이겨낼 수 있도록 도와주며 지지할 수 있다. "아동이 상실, 분리, 비존재, 죽음에 대해 경험하는 것은 인생의 일부분이다. 아무도 이 모험을 대신해줄 수도 없고, 아동이 다 성장할 때까지 죽음의 경 험을 강제로 막을 수도 없다"(Kastenbaum, 1973, p. 37).

아동이 죽음에 대처하도록 돕는 것은 끊임없이 진행되어야 하며, 특정 시점에서만 발생하는 독 특한 사건이 아니다. 아동은 종종 관심 있는 문제에 반복해서 다가선다. 아동의 발달이나 상황이 달 라지면 이런 문제들을 다르게 접근하게 된다. 아동은 질문을 던지거나 일상적인 가르침을 통해 자 연스럽고 효과적으로 이러한 상황들을 대하게 되고, 지속적으로 성숙하고, 사회화된다. 어른들 또 한 아동과 건설적인 대화의 기회를 마련하기 위해 노력하게 된다. 예를 들면, 암과 같은 질병을 앓 고 있는 아동을 위한 여름캠프는 아동이 슬픔을 표현하고, 캠프 세션 이후에도 서로서로 돈독한 관 계를 수립하고, 건강한 친구와의 관계도 보완하는 데 도움이 되는 것으로 나타났다(Bluebond-Langner, Perkel, & Goertzel, 1991, Rich, 2002).

> **비판적 숙고**
> **#10 어른들은 아동에게 죽음에 대해 이야기해야 하는가?**
>
> 어른들은 종종 아동과 죽음에 대해 이야기해야 하는지, 무엇을 말해야하는지, 죽음과 관련된 상황에서 아동과 어떻게 행동해야하는지 궁금해한다. 죽음이 발생하지도 않았는데 아동과 죽음을 이야기하거나 상실과 슬픔에 관해 가르쳐야 할까? 죽음이 발생한 후에는 아동에게 무엇을 이야기해야 할까? 아동을 장례식에 데려가야 할까? 등등. 무엇보다도 가장 어려운 질문은 생명을 위협하는 질병에 걸려 자신의 죽음을 맞이하고 있는 아동을 대해야 하는 어른들(부모, 가족, 또는 간병인)에게 주어질 것이다.
>
> 한 연구보고서에서 1992년과 1997년 사이에 암으로 사망한 아동을 둔 스웨덴 부모에 관한 연구 결과를 기술하였다(Kreicbergs, Valdimarsdóttir, Onelöv, Henter, & Steineck, 2004). 561명 중 429명이 자녀와 죽음에 대해 이야기했다고 대답하였다. 자녀와 죽음에 대해 이야기 나누지 않았던 부모의 4분의 1 이상이 후회한다고 대답하였다. 자
>
> 녀가 자신의 죽음이 임박하다는 것을 알고 있다고 느낀 부모는 거의 절반이 후회한다고 대답하였다. 대조적으로, 자녀와 죽음에 대해 이야기한 부모들은, "자녀와 죽음에 대해 이야기 한 것에 대해 후회하지 않았다"(p. 1175).
>
> 이 연구의 결과는 비록 아동에게 죽음에 관해 이야기하는 것이 어렵고, 심지어 임박한 죽음에 직면해있는 아동의 상황에서는 더욱 힘들다 하더라도, 그러한 대화를 하는 것이 더 낫다고 제안한다. 왜냐하면 랍비 얼 그롤만(Rabbi Earl Grollman)이 언급했듯이 "말할 수 있다는 것은 관리할 수 있다는 것이다". 아동과 의사소통을 하는 것이 아동이 불완전하거나 부적절하게 이해한 정보를 이용해 스스로 상상의 나래를 펼치며 대처하도록 하는 것보다는 훨씬 더 낫다. 또한 사려 깊고 사랑스러운 방식으로 문제를 해결할 수 있는 아동은 지지가 필요할 때 본인이 신뢰할 수 있는 사람을 찾을 수 있다.

인간의 자연적인 죽음에 대한 경험이 제한되어 있고, 아동이 죽음과 건설적으로 상호작용하는 것을 방해하는 사회에서는 아동이 죽음에 대처할 수 있도록 어른들이 특별한 노력을 기울여야 한다. 여기에는 다음과 같은 책임이 수반된다(Corr, 1984a).

- 준비 작업 - 죽음에 대한 자신의 사고와 감정에 대한 성찰 및 관련 지식의 기본 원리를 숙지
- 어른들의 요구를 투영하기 보다는 아동의 실제 요구에 대처
- 효과적인 의사소통
- 협력 - 아동, 다른 어른, 사회의 관련 기관(예를 들면, 교육 및 종교 단체)과 협력

*암이 있는 아동을 위한 책(My Book for Kids with Cansur)*에서는 한 아동의 관점에서 협력에 대해 잘 설명하고 있다(Gaes, 1987). 이를 통해 아동이 어른에게, 어른이 아동에게 서로에게 도움을 줄 수 있다.

사전예방 프로그램

가능하면 아동이 슬픔과 상실과 관련된 문제에 대처할 수 있도록 사전에 미리 준비시켜야 한다 (Metzgar & Zick, 1996). 사전예방 프로그램의 핵심 요소는 교육, 효과적인 의사소통 및 검증이다. *교육*측면에서는 숲 속에서 발견된 죽은 새나 학교 수족관의 죽은 물고기와 같이 비교적 안전한 죽음을 아동과 함께 살펴볼 수 있다(Stevenson & Stevenson, 1996b). 개인적인 감정을 강하게 드러내지 않아도 되는 "가르칠 수 있는 순간"이 있다면 어른-아동의 대화에 있어 훌륭한 출발점이 될 수 있다(Carson, 1984). 선생님의 죽은 아들을 기억하기 위해 나무를 심은 동급생들에 관한 이야기 (Simon, 1979)와 같이 아동은 다양한 종류의 기념 행사를 통해 어른들이 행하는 의식을 "시도"하려고 한다(낯선 야생 동물보다는 사랑하는 애완 동물의 죽음이 훨씬 "안전"하지 않은 상황이 될 수 있다. Butler & Lagoni, 1996; Tuzeo-Jarolmen, 2006; 초점 맞추기 10.1 참조).

현재 다양한 발달 및 독서 수준의 아동을 위한 죽음 관련 문헌이 광범위하게 존재한다 (초점 맞추기 12.2 및 부록 A 참조; Corr, 2000a, 2004a, 2009a). 학부모, 교육자 등 아동이 죽음에 대처할 수 있도록 돕는 사람들을 위한 문헌도 많이 있으며(초점 맞추기 12.3 참조), 일부 지역에서는 아동과 죽음을 주제로 한 워크숍이나 대학 과정도 있다(Corr, 1980, 1984b, 1992b, 2002c). 이러한 다양한 자원을 어떻게 사용해야 하는지는 초점 맞추기 12.4에 제시되어 있다. 근본 원리는 "어떤 과정이라도 발달단계의 모든 아동에게 정직한 형태로 다가가면 효과적일 수 있다"(Bruner, 1962, p. 33). 이는 대학살과 관련된 아동도서의 서지 목록에 잘 설명되어 있다(Rudin, 1998).

효과적인 교육과 사전준비는 모두 *효과적인 의사소통*에 달려 있다. 여기에서 중요한 것은 "아동으로부터 신호를 받아서, 그들의 용어로 원하는 것과 요구하는 것에 대답하는 것이다"(Bluebond-Langner, 1977, p. 64). 도카(Doka, 1996a)는 다음의 세 가지 질문을 바탕으로 접근해야 한다고 주장하였다: 아동이 알아야 할 것은 무엇인가? 아동이 알고 싶어하는 것은 무엇인가? 그리고 아동이 이해할 수 있는 것은 무엇인가? 이 질문들에 모두 귀를 기울이면 아동의 진정한 관심사를 파악할 수 있고, 불필요하고 잘못되거나 도움이 되지 않는 정보로 반응하는 것을 막을 수 있다. 아동이 이해하는 언어를 사용하게 되면 에이지(Agee, 1969)의 *가족의 죽음(A Death in the Family)*에서 한 성직자가 아동에게 신이 "사고"로 아버지를 데려갔다고 설명하면서 가져온 혼란을 최소화할 수 있다. 여기서 성직자는 치명적인 자동차 사고의 완곡한 어법으로 "사고"라는 단어를 사용했지만, 아동은 방광조절 기능이 상실되었다고 이해하였다. 신이 실수로 오줌을 쌌다는 메시지가 아동에게는 얼마나 바보같고 어쩌면 두려울지도 모른다는 것을 어른들은 알지 못했다.

아동에게 있어 효과적인 의사소통은 오해로 인해 실제 사실보다 더 혼란을 가져올 수 있는 완곡어법과 정확하지 않고 모순된 대답을 피할 수 있게 한다(Romano-Dwyer & Carley, 2005). *무슨 뜻인가? 비탄에 빠진 아동과 그들을 사랑하는 사람들을 위한 죽음, 임종, 비탄 용어에 관한 사전(What Does that Mean? A Dictionary of Death, Dying and Grief Terms for Grieving Children and Those*

아동을 위한 죽음, 임종, 사별관련 문헌

유치원 및 초등학생을 위한 문헌에 대한 전체 서지 정보 및 부연 설명은 부록 A나 부록 C에 제시되어 있다. 여기에서는 제목만 표기하였다.

미취학 아동과 초보자를 위한 그림책

애완동물 및 다른 동물의 죽음에 관한 책:

Badger's Parting Gifts	*The Tenth Good Thing About Barney*
The Dead Bird	*Timothy Duck*
Goodby Mousie	*Tough Boris*
Jungle Journey	*When Dinosaurs Die*
A Story for Hippo: A Book About Loss	*When I Die, Will I Get Better?*

조부모, 부모 및 다른 어른들의 죽음에 관한 책:

The Giant	*Sweet, Sweet Memory*
My Grandpa Died Today	*What's Heaven?*
My Grandson Lew	

형제, 동료 및 다른 아동의 죽음에 관한 책:

Am I Still a Big Sister?	*Robert Nathaniel's Tree*
Lost and Found: Rememering a Sister	*Someone Came Before You*
Meggie's Magic	

두려움과 상실에 대처하는 방법에 관한 책:

The Hurt	*There's No Such Thing as a Dragon*
Lifetimes: A Beautiful Way to Explain Death to Children	*Together, We'll Get through This!*
A Terrible Thing Happened	

초등학생을 위한 이야기책

애완동물 및 다른 동물의 죽음에 관한 책:

Aarvy Aardvark Finds Hope	*Mustard*
Bear's Last Journey	*Not Just a Fish*
Goodbye, Mitch	*Ocho Loved Flowers*
Growing Time	*Remember Rafferty*
Grunt	*Zach and His Dog*
Jaspers' Day	

초점 맞추기 12.2

조부모, 부모 및 다른 어른들의 죽음에 관한 책:

Anna's Corn	*Grandpa's Soup*
Annie and the Old One	*Mama's Going to Heaven Soon*
Babka's Serenade	*The Memory Box*
The Best Gift for Mom	*The Memory String*
Bluebird Summer	*My Mom Is Dying: A Child's Diary*
The Brightest Star	*A Quilt for Elizabeth*
The Butterfly Bush	*Rachel and the Upside Down Heart*
The Cherry Blossom Tree	*The Rag Coat*
The Christmas Cactus	*Samantha Jane's Missing Smile*
Emily's Sadhappy Season	*A Season for Mangoes*
Finding Grandpa Everywhere	*Thank You, Grandpa*
The Garden Angel	*Too Far Away to Touch*
Geranium Morning	*We Remember Philip*
The Giant	*Where Is Grandpa?*
Grandpa's Berries	

형제, 동료 및 다른 아동의 죽음에 관한 책:

Dusty Was My Friend	*Nadia the Willful*
I Had a Friend Named Peter	*The Purple Balloon*
It Isn't Easy	*Rudi's Pond*
A Little Bit of Rob	*Sadako and the Thousand Paper Cranes*
Michael Rosen's Sad Book	*Since My Brother Died/Desde Que Murió Mi Hermano*
Molly's Rosebush	*Stacy Had a Little Sister*

두려움 직면 및 죽음이후의 사건에 관한 책:

Children Also Grieve: Talking about Death and Healing	*I Know I Made It Happen*
The Healing Tree	*The Very Beautiful Dragon*

아동을 위한 죽음관련 문헌에 대한 추가정보가 필요하거나 관련 서적의 구매를 원하는 경우, 다음으로 연락하시오.

Centering Corporation(P.O.Box 4600, Omaha, NE 68104-0600; 402-553-1200; fax 402-553-0507; www.centering.org; e-mail to Centeringcorp@aol.com).

성인을 위한 아동의 죽음관련 문헌

죽음 및 사별에 대처하는 아동을 이해하고 돕기 위한 2개의 광범위한 자료는 다음과 같다:

Corr, C. A., & Balk, D. C.(Eds.).(2010). *Children's Encounters With Death, Bereavement, and Coping*

Corr, C. A., & Corr, D. M.(Eds.).(1996). *Handbook of Childhood Death and Bereavement*

사별한 아동을 이해하고 돕기 위한 6개의 전문서적은 다음과 같다:

Christ, G. H.(2000). *Healing Childrens' Grief: Surviving a Parent's Death From Cancer*

Davies, B.(1999). *Shadows in the Sun: The Experiences of Sibling Bereavement in Childhood.*

Silverman, P. R.(2000). *Never Too Young to Know: Death in Children's Lives.*

Stokes, J. A.(2004). *Then, Now and Always − Supporting Children as They Journey through Grief: A Guide for Practitioners*

Webb, N. B.(Ed.).(2010). *Helping Bereaved Children: A Handbook for Practitioners*(3rd ed.)

Worden, J. W.(1996). *Children and Grief: When a Parent Dies.*

아동을 돕기 위한 원칙, 아동과 함께 읽어야 할 내용, 질문에 대한 답변 지침은 다음 서적에 제시되어 있다:

Grollman, E. A.(1990). *Talking About Death: A Dialogue Between Parent and Child*(3rd ed.)

부모나 다른 조력자들에게 유용한 조언을 줄 수 있는 5개의 서적은 다음과 같다:

Goldman, L.(2009). *Great Answers to Difficult Questions: What Children Need to Know.*

Johnson, J.(1999). *Keys to Helping Children Deal With Death and Grief.*

Schaefer, D., & Lyons, C.(2002). *How Do We Tell The Children? A Step-by-Step Guide for Helping Children Two to Teen Cope When Someone Dies.*

Silverman, P. R., & Kelly, M.(2009). *A Parent's Guide to Raising Grieving Children: Rebuilding Your Family After the Death of a Loved One*

Trozzi, M., & Massimini, K.(1999). *Talking With Children About Loss: Words, Strategies, and Wisdom to Help Children Cope with Death, Divorce, and other Difficult Times.*

학교관련 문제를 다룬 2개의 소책자와 4개의 서적은 다음과 같다:

Burns, D. M.(2010). *When Kids are Grieving: Addressing Grief and Loss in School.*

The Dougy Center.(1998). *Helping the Grieving Student: A Guide for Teachers.*

The Dougy Center.(2003). *When Death Impacts Your School: A Guide for School Administrators.*

Lerner, M. D., Volpe, J. S., & Lindell, B.(2003). *A Practical Guide for Crisis Response in Our Schools: A Comprehensive School Crisis Response Plan*(5th ed.)

Schonfeld, D. J., & Quackenbush, M.(2010). *The Grieving Student: A Teacher's Guide*

Stevenson, R. G.(Ed.).(2001). *What Will We Do? Preparing a School Community to Cope with Crises*(2nd ed.).

초점 맞추기 12.4

아동을 위해 죽음과 관련된 자료를 사용하는 성인을 위한 지침

1. *책이나 다른 자료를 아동에게 사용하기 전에 직접 평가하여야 한다.* 모든 독자나 모든 목적에 부합한 자료는 없기 때문이다.

2. *개별 아동에게 필요한 자료, 주제 및 접근 방법을 선택하여야 한다.* 특정 아동의 요구를 충족 시켜야만 유용한 자료로 사용될 수 있다.

3. *한계에 대처할 준비를 해야 한다.* 모든 자료에는 강점과 한계가 있을 수 있다. 기존 자료를 개 별적인 목적에 맞게 조정할 수 있어야 한다.

4. *개별 아동의 능력에 맞추어 자료를 준비해야 한다.* 이야기, 사진, 음악, 연극, 그림 능이 아동의 능력수준과 맞아야 한다. 예를 들어 문헌을 사용할 때에는 아동의 독서수준이나 흥미수준에 맞추어야 한다. 조숙한 아동에게는 더 상위수준의 자료를 안내하여야 한다. 어떤 아동에게는 덜 도전적인 자료를 안내하고, 어른과 함께 참여하도록 하는 등, 더 간단하게 자료를 제시할 필요도 있다(Lamers, 1986, 1995). 그래야 아동이 너무 어려운 자료 때문에 힘들어하지 않을 수 있다.

5. *아동과 함께 자료를 읽거나 활용하여야 한다.* 보람있게 상호작용하고 모두가 이익을 얻을 수 있도록 "가르치는 순간"에 대한 기회를 포착해야 한다(Carson, 1984). 아동에게 관심을 보이 고, 필요하면 해석을 해주고, 아동을 통해 배워야 한다.

Who Love Them)(Smith & Johnson, 2006)을 이용하면 올바른 단어를 선택하는데 도움이 될 수 있 다. 또한 효과적인 의사소통도 이루어질 수 있다. 아동에게는 비록 모든 것이 사실이 아니더라도 믿 게 해야 한다. 정직을 통해 위안이 되는 관계의 기초인 신뢰를 쌓을 수 있다. 따라서 실제로 믿지 않 는 것에 대해 설명을 만들어 내는 것보다는 모르는 것을 인정하는 것이 좋다. 그럼에도 불구하고 좋 은 의사소통도 제한적이고 오류가 있을 수 있다. "북극곰"의 장례식에 참석하려고 작은 상자를 가 지고 오는 아동의 경우처럼 말이다(Corley, 1973; Brent, 1978). 이처럼 오해의 소지가 어떤 면에서는 유쾌하지만, 아동이 들은 내용을 항상 정확히 파악하지 못할 수도 있다는 점을 명심해야 한다. 죽음 에 대한 오해를 최소화하기 위해서는 어른들이 효과적으로 의사소통을 시도해야하며, 아동이 무엇 을 들었는지 설명하도록 하면서 아동이 이해한 내용을 확인해야 한다.

어른들은 또한 아동이 다양한 방법으로 다양한 수준에서 의사소통을 한다는 것을 고려해야 한다 (Kübler-Ross, 1983). 아동의 의사소통 방법은 다음 중 하나이다. (1) 다양한 유형의 삽화를 통한 상 징적인 비언어적 의사소통, (2) 상상의 친구나 의인화된 인물에 대한 간접적 해설을 통해 자신의 걱 정을 드러내는 상징적인 언어적 의사소통, (3) 어른들과의 문자 상호교환을 통한 비상징적인 언어 적 의사소통. 예를 들면, 한 6세 아동이 사망하기 몇 개월 전 자신의 병의 심각성을 알고 있다는 내용 과, 부모님과 여동생에게 사랑한다는 표현을 담은 내용의 메모를 여러 장소에 남겨놓았다 (Desserich & Desserich, 2009). 언어능력이 부족한 아동에게는 미술이나 다른 매체를 통한 상징적

의사소통이 심리적 또는 정서적 관심사를 전하는 중요한 방법이 될 수 있다(Furth, 1988). 6세의 또 다른 아동은 죽어가면서 배 그림을 여러 개 그렸는데, 질병이 진행됨에 따라 점차 어두운 배경에 작고 덜 화려한 배들로 채워나갔다(Grove, 1978).

*검증*은 사전예방 과정에서 아프고, 죽어가고, 사별한 아동을 지지하기 위한 세 번째로 중요한 요소이다. 메츠거와 지크(Metzgar, Zick, 1996)는 이를 인디언의 신념과 연결시켜 설명하였다. *즉, 당신이 무언가에 이름과 형체를 주면, 당신은 그것을 지배할 수 있다. 하지만, 이름과 형체가 없으면, 계속해서 당신이 지배당할 것이다.* 죽음에 대처하기 위해 노력하는 아동은 그들의 질문, 개념, 언어, 및 느낌에 대한 검증이 필요하다. 어른들은 아동의 죽음 관련 경험에 대해 논쟁 없이 그 자체를 인정함으로써 검증해야 한다. 인정은 혼란스럽거나 아직 명확하게 표현되지 않은 것을 탐색할 수 있도록 해준다. 이러한 과정을 나누는 것 자체가 중요하며, 정정하거나 "고치려는 것"은 잘못된 행동일 수 있고 해를 끼칠 수도 있다.

아프거나 죽어가는 아동 돕기

아프거나 죽어가는 아동과의 의사소통을 위한 다음의 원칙들이 도움을 제공하기 위한 견고한 토대를 마련할 수 있다(Stevens, 1998):

1. 아동의 발달 수준과 경험을 고려하여 아동이 상황에 대해 어떻게 인식하고 있는지 판단한다.
2. 아동의 상징적인 언어를 이해한다.
3. 현실을 분명히 하고, 환상을 불식시킨다.
4. 감정 표현을 장려한다.
5. 나이에 맞는 과제와 활동을 숙달하도록 하여 자존감을 고취시킨다.
6. 어떤 상황이 수반될지에 대해서 미리 가정하지 않는다. 각각의 상황에서 배우는 것이 있을 것이라는 열린 마음을 가져야 한다. 아동이 창조적으로, 재미와 존엄성을 갖고 인생의 도전을 받아들일 수 있다는 사실을 과소평가하지 말아야 한다.

아마도 병들어 죽어가는 아동과 그 가족을 위한 최상의 치료 프로그램은 이 책의 8장에서 논의된 *아동 호스피스 및 완화의료의 원칙*에 기반한 프로그램일 것이다. 이런 프로그램의 초기 개발은 미네소타주의 죽어가는 아동과 그 가족에 대한 재가보호사업(Martinson, 1976) 또는 영국 옥스포드의 헬렌 하우스(Helen House) 설립이었을 것이다(Worswick, 2000). 둘다 아동 및 가족 중심의 치료에 대한 전체주의적인 프로그램을 강조하고 있다(Davies & Howell, 1998). 미네소타주 프로젝트를 통해 일부 아동과 가족에게는 아동이 집에서 죽는 것이 실현가능하고 바람직한 것으로 나타났다. 대부분의 가정은 그들이 직면할 것이라고 예상되는 것에 대한 준비, 대응방법에 대한 지침, 이용할 수

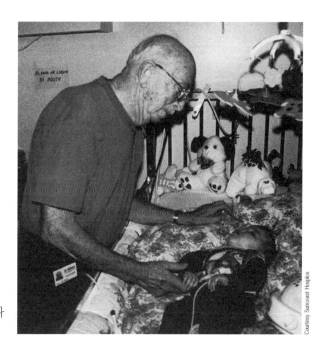

호스피스 자원봉사자가 아픈 아동을 만나
고 있다.

있는 자원에 대한 지원, 필요한 서비스를 제공하기 위한 추가적인 도움을 필요로 하였다. 헬렌 하우
스에서도 생명을 위협하는 만성질병을 앓고 있는 아동이 겪는 어려움에 대처하는 가족들을 위해 숙
련된 위탁간호가 중요하다는 것이 확인되었다. 중요한 점은 부모가 소아완화의료의 필요성을 인정
하고, 치료를 받으려는 의지가 있고, 받은 서비스에 대해 평가를 한다는 점이다(Bluebond-Langner,
Belasco, Goldman, & Belasco, 2007; Contro, Larson, Scofield, Sourkes, & Cohen, 2002; Wolfe et al.,
2000b).

최근에는 *소아완화의료* 프로그램에서 생명을 위협하는 질병에 걸린 아동을 포함한 다양한 상황
에 호스피스 원칙을 적용하고 있다(Armstrong-Dailey & Zarbock, 2009; Corr & Corr, 1985a, 1985b,
1985c, 1988, 1992b). 이는 다양한 방식(예를 들면, 집에서, 위탁간호를 통해, 의료 시설에서)과 다양
한 인력(예를 들면, 병원, 호스피스, 가정 간병인)을 통해 이루어지고 있다(Davies, 1999; Himelstein,
Hilden, Boldt, & Weissman, 2004; Howell, 1993). 이러한 원칙은 임신중, 출생 당시(Sumner et al.,
2006), 신생아 집중 치료실(Siegel, 1982; Siegel, Rudd, Cleveland, Powers, & Harmon, 1985; Whitfield
et al., 1982)에도 적용됨으로써, 환경이 중요한 것이 아니라 아픈 아동을 위한 전체주의적 치료와 부
모, 형제자매 및 다른 사람들을 위한 가족중심의 치료가 중요하다는 것을 보여주고 있다(Stevens,
1993).

삶의 말기에 있는 아동 및 가족의 요구는 현재 잘 기록되어 있다(American Academy of Pediatrics,
2000b; Field & Berhman, 2003). 국제아동호스피스(Children's Hospice International, www.chionline.org;

"가르칠 수 있는 순간"은 어린 아이가 할머니의 장례식에 참여할 수 있을 때 발생할 수 있다.

Courtesy Charles A. Corr

info@chionline.org; 전화번호: 800-24-CHILD, 703-684-0330), 미국 국립호스피스와 완화의료기구(National Hospice and Palliative Care Organization, 전화번호: 703-837-1500)의 아동 완화의료/호스피스 서비스 프로젝트(Children's Project on Palliative/Hospice Services; www.nhpco.org/pediatrics)에서는 해당 아동과 가족을 대변하는 활동을 하고 있다. 개개인을 훈련시키기 위한 교육과정(Education Development Center, 2003; End-of-Life Nursing Education Consortium[ELNEC], 2003; NHPCO, 2003) 및 생명을 위협하는 질병을 앓고 있는 아동과 청소년을 위한 가정중심의 지지 프로그램을 개발하기 위한 매뉴얼(NHPCO, 2004)도 마련되어 있다. 또한, 부모와 전문가 모두에게 이러한 치료를 시행할 수 있도록 안내하는 서적도 많이 발간되었다(Brown, 2007; Carter & Levetown, 2004; Goldman, Hain, & Lieben, 2005; Hilden & Tobin, 2003; Huff & Orloff, 2004; Orloff & Huff, 2003). 뿐만 아니라, 수많은 간행물에서 아픈 아동과의 파트너십 개발, 좋은 의사소통 방법, 아동과 가족의 선호내용 이해, 종양학 및 기타 소아과 치료에서 호스피스에서와 같은 원칙 이행 등을 강조하고 있다(Hinds et al., 2005; Solomon et al., 2005; Wolfe et al., 2000a; Young, Dixon-Woods, Windridge, & Heney, 1999, 2003).

소아과 치료관련 서비스는 지역사회의 로널드 맥도날드 하우스(Ronald McDonald House) 프로그램을 통해 유용하게 제시되고 있다. 이 프로그램에서는 아동이 소아과에서 치료를 받는 동안, 가족을 위한 경제적이고 편리하며 친절한 숙박시설을 제공한다. 이 서비스를 통해 가족의 혼란은 최소화되고, 여행, 숙박, 음식준비 및 세탁에 필요한 재정적 및 물적 부담도 줄일 수 있으며, 아동의 질병으로 인해 어려움에 직면한 가족 내 및 가족 간의 건설적인 상호작용도 이루어질 수 있다.

사별한 아동 돕기

사별한 아동을 이해하기 위해 앞에서 설명한 과업기반 모델(Corr & Corr, 1998; Fox, 1988a, 1988b; Trozzi & Massimini, 1999; Worden, 1996)에서는 개별적으로 아동을 돕는 어른들을 위한 자연스러운 행동지침을 제공한다. 모든 사별한 아동은 효과적으로 슬퍼하기 위해 정보를 필요로 한다(Goldman, 1999; 2006). 아동은 죽음 그 자체 또는 특정한 죽음을 둘러싼 사실에 대해 알고 싶어하고, 상실에 대한 일반적인 반응이나 죽음과 슬픔에 대처하는 방법에 대한 정보를 필요로 한다. 어른들은 그러한 정보를 제공할 수 있으며, 그 과정에서 자신의 슬픔을 공유하고 좋은 대처전략을 만들어낼 수 있다(Zucker, 2009). 예를 들면, 미국소아과학회(AAP, 2000a)에서는 소아과 의사가 아동 사별과 관련하여 부모 및 다른 어른들을 돕는 데 건설적인 역할을 할 수 있다고 주상하였다. 학교, 종교 기관 및 기타 지역사회 자원도 도움이 될 수 있다(Fitzgerald, 2003). 무엇보다도 아동의 관점에서 상실을 이해하려고 노력하는 것이 중요하다.

예를 들면, 어른들은 종종 친구나 애완동물의 죽음이 아동에게 얼마나 중요한지 인식하지 못한다(Butler & Lagoni, 1997; Lagoni, Butler, & Hetts, 1994; Toray & Oltjenbruns, 1996; Tuzeo-Jarolmen, 2006). 또한, 사별한 어른들은 형제의 죽음에 아동이 슬퍼하는 것을 간과할 수도 있다(Davies, 1999). 아동이 가장 중요하게 여기는 것은 동반, 완충, 보호, 위안과 같은 다양한 관계들이다. 어른들은 상실을 사소하다고 여기지 않기 때문에 존중하려고 한다. 아동이 경험하는 상실에 대해서도 존중해주어야 하는데, 이는 주의, 정직, 완곡한 표현 방지, 지원을 통해서, 또는 아동이 죽음 및 사후기념에 관여하도록 하는 격려를 통해서 이루어질 수 있다.

모든 죽음에서 좋은 추억은 어른들 뿐만 아니라 사별한 아동에게도 중요하다(Christ, 2000; Jewett, 1982). 가능하다면 누군가가 죽어가는 동안, 상실이나 죽음이 발생하기 전에 좋은 기억을 함께 쌓으며 아동을 도울 수 있도록 노력해야 한다(Smith, 2000). 예기치 못한 죽음이 발생하더라도 어른들은 아동이 미래에도 이어갈 수 있는 유산을 명확하게 알려주어야 한다(예를 들면, 고인의 삶을 설명해주는 스크랩북이나 사진 앨범을 함께 보기, 아동은 함께하지 못했던 고인의 여러 사건들을 함께 나누기). 사별한 아동을 돕기 위해 기념 콜라주를 모으거나, 가치있는 곳에 기부하거나, 기념비를 세울 수도 있다.

최근 몇 년 동안, 아동이 장례나 매장에 참여해야 하는지에 대한 의문이 제기되었다(Corr, 1991; Weller, Weller, Fristad, Cain, & Bowes, 1988). 그롤만(Grollman, 1967, p. 24)은 "7세 정도가 되면 아동이 장례식에 참석하도록 권장해야 한다"고 제안하였는데, 이를 잘못 해석하는 경우들이 있다. 예를 들면, 이장의 시작 부분에서 앨리슨의 아빠가 7세 이하의 아동은 장례식에 참석하면 안 된다는 견해를 가진 것처럼 말이다. 실제로는 사별 의식에 참여하는 것이 아동이 슬픔을 극복하는데 도움을 줄 수 있는 것으로 나타났다(Fristad, Cerel, Goldman, Weller, & Weller, 2001; Silverman & Worden, 1992b).

아이들이 기념의식에 참여하도록 해야 한다. 예를 들면, 고인을 기리기 위한 풍선을 드는 것만으로도 애도를 도울 수 있다.

기본 규칙은 어떤 아동도 해로운 경험에 참여하도록 강요되어서는 안 된다는 것이다. 그러나 어른들이 여기에서 제안하고 있는 사전준비, 행사 중 지원, 후속조치에 따라 행동하면 해로운 일은 발생하지 않을 것이다. 아동에게는 방문, 장례, 매장을 할 때 어떤 일이 발생할지, 왜 이러한 활동에 참여하는지, 참여여부를 선택할 수 있는지 등에 대해 미리 설명하여야 한다. 아동이 이러한 활동에 참여하기로 결정한다면 보호자도 함께 참여해야 한다. 이때, 어른은 개인적 슬픔에 완전히 빠져있어서는 안되며, 아동이 늦게 도착하거나 일찍 떠나야 하는 상황이 오게될 경우 아동과 동반할 수 있어야 한다. 행사가 끝나면 어른들은 아동의 반응이나 감정에 대해 이야기를 나누고, 질문에 대답하며, 발생한 일에 대한 자신의 반응도 공유할 수 있어야 한다.

아동의 혼란스러운 행동에 대한 걱정은 결혼식이나 장례식이나 크게 다르지 않다. 어른들이 없더라도 아동이 장례식장에 올 수 있도록 특별한 시간을 주거나, 장례식장에서 아동의 역할을 제한하여 예식에 대해 적절한 관심을 갖고 이해할 수 있도록 함으로써 해결할 수 있다. "아동의 슬픔을 현명하게 관리하면 정상적인 애도 과정을 격려하고 촉진시킬 수 있고, 지연되거나 왜곡된 슬픔에 대한 반응을 예방할 수 있다"(Crase & Crase, 1976, p. 25).

*사별한 아동을 위한 지지그룹*은 사후 정상적인 애도 과정을 도울 수 있다(Bacon, 1996; Creed, Ruffin, & Ward, 2001; Farber & Sabatino, 2007; Heiney, Dunaway, & Webster, 1995; Hughes, 1995; Pfeffer, Jiang, Kakuma, Hwang, & Metsch, 2002; Zambelli & DeRosa, 1992). 가장 좋은 두 가지 모델이 미국의 더기 센터(The Dougy Center: The National Center for Grieving Children and Fmilies, 주소: 3909 S.E. 52nd Avenue, Portland, OR 97286, 전화번호: 503-775-5683; www.dougy.org)와 영국 윈스턴의 소원

(The Clara Burgess Centre, Bayshill Road, Cheltenham, UK GL50 3AW; www.winstonswish.org.uk)이다. *더기센터*는 1982년 12월 비벌리 챠펠(Beverly Chappell)이 설립하였고(Chappell, 2001, 2008; Corr & the Staff of the Dougy Center, 1991), 적게는 3세에서 5세부터(Smith, 1991) 많게는 19세까지의 아동을 위한 지지그룹을 운영하고 있으며, 주제별로는 부모나 간병인, 형제, 자매, 또는 절친한 친구의 죽음, 자살, 살인 등으로 구분하고 있다. 또한 아동의 부모나 다른 성인 보호자를 위한 지지그룹도 동시에 운영하고 있다. 줄리 스톡스(Julie Stokes, 2004)가 1992년 설립한 *윈스턴의 소원*은 독특하게 주거용 주말프로그램을 제공하고 있다(Stokes & Crossley, 1995). 이외에도, 자살가족을 위한 자조그룹, 학교서비스, 전국 훈련 프로그램, 청소년을 위한 양방향 웹사이트, 전화상담 서비스를 제공하고 있다. 두 프로그램 모두 유용한 서적 및 기타 자료를 제공하고 있다.

위의 프로그램은 모두 해당 지역사회에 확고하게 자리 잡고 있다. 두 프로그램 모두 슬픔은 아동뿐만 아니라 성인에게도 상실에 대한 자연스러운 반응이라고 강조한다. 그렇기 때문에, 두 프로그램 모두 사별한 아동과 어른이 낙인찍히지 않도록 하고 있다. 따라서 프로그램의 목표는 지지와 예방에 있으며, 개인이 애도할 수 있는 자연스러운 능력을 존중하고, 아동이 이용할 수 있도록 하며, 개인의 애도 과정을 신뢰하려고 한다. 본질적으로는 아동과 동행하면서, 복합적 슬픔과 애도과정의 징후가 남아있더라도 아동이 자신이 살아가는 방법을 다시 찾아낼 수 있다는 비전을 심어주는 것이다.

사별한 아동을 위한 다른 지지그룹에서는 전통적인 상담역할을 하고, 보다 체계적이고 시간제한적인 안건을 제시하고 있다(Hassl & Marnocha, 2000). 또한, 사별한 아동을 돕기 위해 사용할 수 있는 활동에 관한 책도 발간되어 있다(부록 C 참조).

아동은 살인이나 자살, 자연재해나 폭력적, 격변적 사건으로 인한 대량죽음 형태의 외상성 죽음에 영향을 받기도 한다(Cohen, Mannarino, & Deblinger, 2006; Lareca, Silberman, Vernberg, & Roberts, 2002; Nader, 1996; Osofsky, 2004; Requarth, 2006). 따라서, 전문가들은 2001년 9월 11일 세계무역센터와 미국방성 테러공격에 대한 아동의 반응과(Schechter, Coates, & First, 2002), 아동의 예술을 통한 대처방법을 유심히 관찰하였다(Goodman & Fahnestock, 2002).

아동이 외상사건에 관여되어 있을 때는 특히 *사후관리*프로그램이 중요하다. 슈나이드먼(Shneidman, 1973b, 1981)은 사후관리라는 용어를 "자살을 시도한 사람의 후유증을 완화시키거나, 자살에 실패한 생존자의 부작용에 대처하기 위한"(1973b, p. 385) 개입을 의미하기 위해 사용하였다. 그러나 아동을 위한 사후관리프로그램 및 지원에 대한 개념은 광범위한 외상성 상실에 즉각적, 간접적으로 영향을 받는 아동에 초점을 맞추어 전방위적인 중재로 확대되었다(Goldman, 2001, 2004).

아동을 위한 사후관리프로그램의 기본 원칙은 다음과 같다. (1) 가능한 빨리 개입을 시작, (2) 피해자를 위한 종합적이고 맞춤형 개입을 실행하고, 지역사회의 필요한 자원을 사용, (3) 지지와 돌봄 제공, (4) 사람들이 협력을 꺼리고 저항할 것에 대해 미리 예측, (5) 개인별 외상적 반응의 본질 및 시기에 대한 다양성 인정, (6) 개인의 생명이나 건강을 위험에 빠뜨릴 수 있는 과장된 반응에 대한 경계, (7) 당면한 환경의 잠재적으로 유해한 측면 확인 및 변경, (8) 장기적 관점 유지(Leenaars & Wenckstrn, 1996). 이상적으로는 아동을 위한 위기개입을 위한 사후관리프로그램은 학교와 지역사회에서 사전계획이 이루어져야 한다(Klicker, 2000; Lerner, Volpe, & Lindell, 2003; Rowling, 2003; Stevenson, 2001). 이러한 프로그램은 아동 발달의 원칙, 상실과 슬픔에 대한 대처, 위기 및 외상의 특징을 잘 아는 전문가가 진행해야 한다. 만약 그룹접근법이 특정 아동에게 부적절하거나 부족한 경우에는 아주 어린 아동에게도 개별정신치료를 시행해야 한다(Lieberman, Compton, Van Horn, & Ippen, 2003; Webb, 2010).

내용 요약

이 장에서는 미국사회에서의 아동과 죽음의 상호작용에 대해 살펴보았다. 아동기의 죽음관련 경험에 대한 배경지식으로 아동기의 독특한 발달 과제에 대해 설명하였다. 아동기에는 선천성 기형, 짧은 임신기간과 저체중으로 인한 장애, 영아 돌연사 증후군, 사고로 인해 영아와 유아의 사망률이 높은 것으로 나타났다. 취학 전과 취학 연령 아동의 사망률은 훨씬 낮았고, 주로 암과 같은 질병이나 사고로 인한 것으로 나타났다. 사망의 개념과 그 주요 하위개념에 대한 아동의 이해 및 아동기의 죽음관련 태도의 발달에 대해서도 살펴보았다.

다음으로, 생명을 위협하는 질병, 임종, 사별에 대처하는 아동에 대해 살펴보았다. 그 결과 아동이 죽음, 임종, 사별에 대처하도록 돕는 방법에 대해 설명하였다. 여기에는 일반적인 제안, 사전예방 프로그램(교육, 효과적인 의사소통, 검증), 질병, 임종, 사별한 아동을 돕기 위한 구체적인 논평이 포함되었다. 또한 아동이 죽음에 대처하는데 도움이 될 수 있는 유용한 자료를 제시하였다.

용어 해설

내세관: 육체가 죽은 후에도 어떤 형태로든 삶이 계속 유지된다는 견해

마술적 사고: 모든 사건은 다양한 명령, 의도, 힘의 인과적 영향에 의해 설명된다는 견해

물활론적 사고: 생명과 의식을 일반적으로 무생물이라고 생각되는 대상으로 돌리는 견해

보편성: 죽음은 모든 사람에게 적용되며 피할 수 없고(모든 생명체는 결국 죽음), 죽는 시기에 대해서는 예측할 수 없음

불가역성: 죽음이 발생하면 다시 살아날 수 없음(기적이 일어날 수 없음)

비기능성: 죽은 육체는 더 이상 살아있는 육체처럼 행동할 수 없음

사후관리: 외상상 상실에 영향을 받는 사람들을 위한 사후 개입

소아완화의료: 아동과 가족을 위한 완화/호스피스 원칙의 적용

아동기의 발달단계: 영아기, 유아기, 학령전기, 학령기

아동기의 정상발달단계에서의 주요 과제: 영아기에는 신뢰감 대 불신감, 유아기에는 자율성 대 수치심, 학령전기에는 주도성 대 죄의식, 학령기에는 근면성 대 열등감

아동의 죽음관련 개념 발달에 대한 단계이론: 마리아 나지의 이론 – 1단계: 완전한 죽음은 없음 (즉, 죽음을 다른 곳에서 지속되는 삶이나 잠드는 것으로 여김), 2단계: 죽음을 의인화함, 3단계: 죽음을 삶의 끝으로 바라봄(즉, 육체적 삶이 끝나는 것을 최종적이고 보편적이라고 받아들임)

인과성: 생물체의 죽음을 초래할 수 있는 사건이나 상황을 이해하는 것

죽음의 다섯가지 주요 하위개념: 마크 스피스와 샌도르 브렌트의 이론 – 보편성(포함성, 불가피 성, 예측불가로 설명), 불가역성, 비기능성, 인과성, 내세관

표상적 사고: 세상의 모든 사물과 사건이 사람을 위해 만들어졌다고 믿는 견해

복습과 토론을 위한 질문

1. 이 장의 시작 부분에서는 딸이 가진 죽음과 관련된 문제에 도움이 되는 반응을 하지 않는 아빠 를 묘사하고 있다. 당신이라면 어떻게 반응을 했겠는가?

2. 어린 시절 죽음과 관련된 어떤 상실을 경험하였는가? 그게 당신에게 어떠한 의미가 있었는가?

3. 당신이 어렸을 때 매우 심하게 아픈 적이 있었거나 중요한 상실을 경험했던 것을 떠올려보라. 질병이나 상실을 경험했을 때 가장 크게 우려했던 것은 무엇인가? 아니면 그런 상황에 처한 아 이를 알고 있는가? 그 아이의 가장 큰 관심사는 무엇이었는가?

4. 아이가 죽음에 대처할 수 있도록 도와줄 수 있는 방법을 요청받는다면 어떻게 제안하겠는가? 제안한 방법을 서로 다른 상황에 처해있는 아동에게는 어떻게 다르게 적용하겠는가?

추천 도서

아동과 죽음에 대한 일반 자료:

Adams, D. W., & Deveau, E. J.(Eds.)(1995). *Beyond the Innocence of Childhood*(3 vols.).

Corr, C. A., & Balk, D. C.(Eds.)(2010). *Children's Encounters with Death, Bereavement, and Coping*.

Corr, C. A., & Corr, D. M.(Eds.)(1996). *Handbook of Childhood Death and Bereavement*.

아동기 생명을 위협하는 질병과 관련된 자료:

Armstrong-Dailey, A., & Zarbock, S.(Eds.).(2009). *Hospice Care for Children*(3rd ed.).

Corr, C. A., & Corr, D. M.(Eds.).(1985a). *Hospice Approaches to Pediatric Care.*

Sourkes, B. M.(1995). *Armfuls of Time: The Psychological Experience of the Child with a Life-Threatening Illness.*

Zimmerman, J.(2005). *From the Heart of a Bear: True Stories of the Faith and Courage of Children Facing Life-threatening Illness.*

아동기 사별과 비탄을 이해하기 위한 자료:

Davies, B.(1999). *Shadows in the Sun: The Experiences of Sibling Bereavement in Childhood.*

Doka, K. J.(Ed.).(1995). *Children Mourning, Mourning Children.*

Doka, K. J.(Ed.).(2000). *Living with Grief: Children, Adolescents, and Loss.*

Silverman, P. R.(2000). *Never Too Young to Know: Death in Children's Lives.*

Sjoqvist, S.(Ed.).(2006). *Still Here with Me: Teenagers and Children on Losing a Parent.*

Walter, C. A., & McCoyd, J. L. M.(2009). *Grief and Loss across the Lifespan: A Biopsychosocial Perspective*(especially Chapters 3 & 4).

Worden, J. W.(1996). *Children and Grief: When a Parent Dies.*

아동기 사별과 비탄극복을 돕기 위한 자료:

Christ, G. H.(2000). *Healing Children's Grief: Surviving a Parent's Death from Cancer.*

Crenshaw, D. A.(Ed.).(2008). *Child and Adolescent Psychotherapy: Wounded Spirits and Healing Paths.*

Emswiler, M. A., & Emswiler, J. P.(2000). *Guiding Your Child through Grief.*

Fiorini, J. J., & Mullen, J. A.(2006). *Counseling Children and Adolescents through Grief and Loss.*

Fitzgerald, H.(1992). *The Grieving Child: A Parent's Guide.*

Goldman, L.(1999). *Life and Loss: A Guide to Help Grieving Children*(2nd ed.)

Goldman, L.(2006). *Children Also Grieve: Talking about Death and Healing.*

Goldman, L.(2009). *Great Answers to Difficult Questions: What Children Need to Know.*

Grollman, E. A.(1990). *Talking about Death: A Dialogue between Parent and Child*(3rd ed.).

Johnson, J.(1999). *Keys to Helping Children Deal with Death and Grief.*

Marta, S. Y.(2003). *Healing the Hurt, Restoring the Hope: How to Guide Children and Teens through Times of Divorce, Death, and Crisis with the RAINBOWS Approach.*

Monroe, B., & Kraus, F.(Eds.).(2004). *Brief Interventions with Bereaved Children.*

Schaefer, D., & Lyons, C.(2002). *How Do We Tell the Children? A Step-by-Step Guide for Helping Children Two to Teen Cope when Someone Dies*(3rd ed.).

Silverman, P. R., & Kelly, M.(2009). *A Parent's Guide to Raising Grieving Children: Rebuilding Your Family after the Death of a Loved One.*

Smith, H. I.(2004b). *When a Child You Love is Grieving.*

Stokes, J. A.(2004). *Then, Now and Always. Supporting Children as They Journey through Grief: A Guide for Practitioners.*

Trozzi, M., & Massimini, K.(1999). *Talking with Children about Loss: Words, Strategies, and Wisdom to Help Children Cope with Death, Divorce, and other Difficult Times.*

Turner, M.(2006). *Talking with Children and Young People about Death and Dying*(2nd ed.).

Webb, N. B.(Ed.).(2007). *Play Therapy with Children in Crisis: Individual, Group, and Family Treatment*(3rd ed.).

Webb, N. B.(Ed.).(2010). *Helping Bereaved Children: A Handbook for Practitioners*(3rd ed.).

아이들에게 죽음이나 다른 학교관련 문제를 가르치기 위한 자료:

Burns, D. M.(2010). *When Kids are Grieving: Addressing Grief and Loss in School.*

Deaton, R. L., & Berkan, W. A.(1995). *Planning and Managing Death Issues in the Schools: A Handbook.*

The Dougy Center.(1998). *Helping the Grieving Student: A Guide for Teachers.*

The Dougy Center.(2003). *When Death Impacts Your School: A Guide for School Administrators.*

Fitzgerald, H.(1998). *Grief at School: A Guide for Teachers and Counselors.*

Gordon, A. K., & Klass, D.(1979). *They Need to Know: How to Teach Children about Death.*

Klicker, R. L.(2000). *A Student Dies, A School Mourns: Dealing with Death and Loss in the School Community.*

Lerner, M. D., Volpe, J. S., & Lindell, B.(2003). *A Practical Guide for Crisis Response in Our Schools: A Comprehensive School Crisis Response Plan*(5th ed.).

Schonfeld, D. J., & Quackenbush, M.(2010). *The Grieving Student: A Teacher's Guide.*

Stevenson, R. G.(Ed.).(2001). *What Will We Do? Preparing a School Community to Cope with Crises*(2nd ed.).

Stevenson, R. G., & Stevenson, E. P.(Eds.).(1996b). *Teaching Students about Death: A Comprehensive Resource for Educators and Parents.*

웹자료

유용한 검색어: ANIMISM; ARTIFICIALISM; CAUSES OF DEATH IN CHILDHOOD; CHILDREN AND DEATH; COGNITIVE DEVELOPMENT; CONCEPTS OF DEATH; DEVELOPMENTAL ERAS IN CHILDHOOD; DEVELOPMENTAL TASKS IN CHILDHOOD; MAGICAL THINKING; NONCORPOREAL CONTINUATION; NONFUNCTIONALITY; PEDIATRIC HOSPICE CARE; PEDIATRIC PALLIATIVE CARE; POSTVENTION; TASKS IN MOURNING; UNDERSTANDINGS OF DEATH.

본서와 연계된 웹사이트 Death & Dying, Life & Living, 제7판을 방문해 보라.

본서-특약 웹사이트는 전문용어 해설, 플래시 카드, 아래 소개된 웹사이트 연결로, 그리고 퀴즈 테스트 등을 포함하는 학습 도구들을 제공한다. www.cengagebrain.com을 방문하라.

American Academy of Pediatrics

American School Counselor Association

Association for Children's Palliative Care

Boulden Publishing

Centering Corporation

Centers for Disease Control and Prevention, Sudden Unexpected Infant Death and Sudden Infant Death Syndrome

Children's Hospice and Palliative Care Coalition

Children's Hospice International

Children's Project on Palliative/Hospice Services(ChiPPS) of the National Hospice and Palliative Care Organization

Compassion Books

Dougy Center: The National Center for Grieving Children and Families

Initiative for Pediatric Palliative Care(IPPC)

National Alliance for Grieving Children

National Sudden & Unexpected Infant/Child Death & Pregnancy Loss Resource Center

Winston's Wish

U.S. Department of Transportation

제13장

청소년

목표

- 청소년기 발달단계에서 나타나는 특징적인 쟁점에 대해 이해하기
- 미국에서 청소년기에 나타나는 전형적인 죽음문제에 대해 설명하기
- 청소년기 죽음관련 태도에 영향을 미치는 요인들을 살펴보기
- 생명을 위협하는 질병 및 임종에 대처하는 청소년의 주요 쟁점을 파악하기
- 사별과 비통함을 극복하는 청소년의 주요 쟁점을 살펴보기
- 청소년기 살인과 자살과 관련된 쟁점을 살펴보기
- 청소년이 죽음과 사별에 대처할 수 있는 원칙을 수립하기

죽음과 비통함에 직면한 고등학생들

4월은 중앙고등학교(Central High School)에는 비극적인 시기이다. 4월3일, 톰 애드킨스(Tom Adkins) 외 3명의 고등학생이 차를 운전하여 철길을 지나가다가 기차에 치여 사망하였다. 열차기사는 차량이 경고등을 무시하고 차단기를 지나쳤다고 진술하였다. 열차의 경적소리나 비상용 브레이크도 고속 충돌을 막을 수 없었다. 사람들은 "정말 끔찍하다. 이런 일이 일어난 것을 믿을 수 없다"는 반응을 보였다.

2주 후, 중앙고등학교의 신입생 휘트니 포트만(Whitney Portman)과 샤완 밀러(Shawan Miller)는 집으로 걸어가던 중 갱단의 싸움에 휘말리게 되었다. 두 소녀가 걸어가고 있던 교차로는 두 갱단의 영역이 겹쳐지는 지역으로, 누가 해당 지역에서 마약을 팔 권리가 있는지에 대한 분쟁이 발생하는 곳이었다. 욕설이 난무하고 싸움이 시작되면서 엄청난 화를 가져왔다. 한 갱단멤버는 집으로 달려가 무기를 소지하고 총격을 시작했다. 휘트니와 샤완이 총에 맞았고, 해당 지역의 또 다른 2명의 희생자가 되었다. 소녀 중 한명은 죽고 다른 한명은 심한 부상을 당했다. 사람들은 "이런 폭력을 어떻게 하면 막을 수 있을까?"라는 반응을 보였다.

5월을 4일 앞두고, 미식축구팀의 코너백인 앤서니 라미레즈(Anthony Ramirez)는 총으로 자살을 하였다. 앤서니는 좋은 학생이었고 선생님들 뿐만 아니라 다른 학생들 모두 좋아하였다. 앤서니는 부모와 세 자녀가 화목하게 지내는 중산층 가정에서 자랐다. 그날 저녁, 모든 가족은 앤서니 남동생의 농구경기를 보러 갔다. 앤서니가 시험공부 때문에 집에 있겠다고 했을 때 다들 조금 이상하다고 생각했지만 걱정하지는 않았다. 가족들은 집에 돌아오자마자 차고에서 피투성이가 되어 아버지의 총 옆에 쓰러져있는 앤서니를 발견하였다. 아무런 메모도 남겨져 있지 않았다.

사후조사를 통해 앤서니에게 무슨 일이 진행되고 있는지 알아챈 사람들은 많이 있었지만, 얼마나 심각한 상황인지 알아챈 사람은 아무도 없었다는 것이 밝혀졌다. 친구들은 앤서니가 자신의 감정에 관한 질문을 항상 웃어넘기고, 다른 사람에게 자신의 실제 모습을 드러내지 않았다고 진술하였다. 앤서니의 여자친구는 최근 그들의 관계가 끝났다고 말하면서 앤서니가 얼마나 힘들어했는지는 알아채지 못했다고 했다. 선생님과 코치들은 앤서니가 더 잘하려고 하는 중압감에 항상 시달렸던 것 같다고 진술했다. 앤서니는 성적이 나쁘다고 느낄 때는 오랜 기간 침체되어 있다가 화를 폭발시킨 적도 있었다. 부모와 형제들은 그들의 선입견 때문에 앤서니가 얼마나 우울했는지 깨닫지 못했다고 했다. 사람들은 "내가 미리 알았더라면"이라는 반응을 보였다.

청소년기의 정의와 해석

우리 사회에서 *청소년기*는 아동기와 성인기 사이에 있는 인간발달에 있어 "중간단계" 또는 과도기라고 할 수 있다. 한때 미국이나 다른 사회에서, 또는 현재 일부 사회나 문화 집단에서는 이런 중간단계를 구별하지 않고 있으며, 성인식을 통해 아동기와 성인기를 직접적이고 상대적으로 급격하게 구분한다(Ariès, 1962). 대조적으로, 우리 사회에서는 초등학교 시절과 완전한 성인기 사이에 복잡하고 진화된 다소 특별한 발달단계를 구분하였다.

*청소년기*라는 용어는 자라나는 과정이나 조건, "청년"이나 성장하는 사람을 지칭하는 라틴어(*adolescentia*)에서 비롯되었다(*Oxford English Dictionary*, 1989). 현대사회에서 청소년은 더 이상 아동은 아니지만 아직 성인으로 인정받지 못하는 사람을 의미한다. 따라서, 청소년은 일반적으로 아동보다 더 많은 책임이 요구되며, 이에 따른 특권이 부여된다. 청소년을 위한 교육프로그램은 아동을 위한 교육프로그램과 구분되며, 성숙한 청소년은 일을 하여 돈을 벌고, 자동차를 운전하고, 투표를 하고, 술을 마시고, 결혼할 수 있는 자격이 부여된다.

청소년기를 단순히 10대 시절과 동일시하는 것은 옳지 않다. 12장에서도 언급했듯이, 연대기 자체가 발달단계에 대한 정확한 지표는 아니다. 사실, 대부분의 사람들이 10대 초반에 나타나는 사춘기 현상을 청소년기의 시작을 알리는 것으로 생각한다. 이런 구분을 받아들이려면, 다음의 세 가지 사실을 명심해야 한다. (1) 개인별로 사춘기가 다른 시기에 올 수 있다(일반적으로 여성이 남성보다 먼저 사춘기가 시작된다). (2) 사춘기 자체를 어떤 한 순간이 아니라 일련의 관련된 사건들로 보아야 한다. (3) 역사적으로 지난 150년 동안 사춘기의 시작시기가 세대마다 앞당겨지고 있다(Kail & Cavanaugh, 2008; Newman & Newman, 2008; Rathus, 2010).

청소년기의 끝을 정의하기는 쉽지 않다. 일반적으로, 청소년기의 주요 발달과제는 개인화와 *다소 안정된 자아정체성 확립*이다(표 V.1 참조). 이런 의미에서 청소년기는 가족을 떠나서 경력을 쌓고, 결혼을 하면 끝이 난다고 볼 수 있다. 그러나, 집을 떠나고 돌아오는 현상이 우리 사회에서 반복적으로 발생하고 있다(Goldscheider & Goldscheider, 1999). 그리고, 이런 현상은 발달 이외에도 다양한 개인적, 문화적, 경제적 요인에 기인할 수 있다. 콘거와 피터슨(Conger, Peterson, 1984, p. 82)은 청소년기가 "생물학적으로 시작하여 문화적으로 끝나는" 신체적, 사회적, 감정적 과정이라고 주장하였다. 청소년기의 끝을 너무 쉽게 말하는 것은 에릭슨(Erikson, 1963)이 청소년기에서 성취되어야 할 주요한 미덕으로 제안한 자기자신, 이념 및 다른 사람들에 대한 *진실성*과 같은 긍정적인 발달은 반영하지 않은 상태로 부정적인 부분에만 초점을 맞추어 그 시기를 끝내려고 하는 것처럼 보인다.

청소년기의 정의뿐만 아니라 청소년기에 대해 100년이 넘게 연구되었음에도 불구하고(Hall, 1904), 이 시기를 어떻게 해석하고 청소년기의 경험을 어떻게 특성화할 것인지에 대해 학자들간 의

어른들에게 청소년은 때로는 훌륭한 "팀 선수"로 보이고, 때로는 그렇지 않을 때가 있다.

견의 불일치가 오래도록 계속되고 있다(Bandura, 1980; Weiner, 1985). 예를 들면, 정신분석적 관점에서는 청소년기의 변화, 격동, 어려움에 초점을 맞춘 "난폭함과 스트레스"를 주로 강조하고 있다(위 그림의 오른쪽 참조).

안나 프로이드(Anna Freud, 1958, p. 275)는 "청소년기에 정상적이라는 것 자체가 비정상"이라고 주장하였다. 반대로, 오퍼(Offer)와 동료들의 연구에 의하면, 다양한 문화권의 많은 청소년들이 자기자신에 대해 비교적 문제가 없고, 행복하며, 만족해하고 있다고 보고하였다(Offer, 1969; Offer & Offer, 1975; Offer, Ostrov, & Howard, 1981; Offer, Ostrov, Howard, & Atkinson, 1988). 경험적 연구들을 검토한 결과, 오퍼와 샙신(Offer, Sabshin, 1984, p. 101)은 거의 모든 연구를 통해 청소년들이 "대부분 성인기로 전환되는 과정이 원활하고, 잘 대처하는 모습을 보인다는 결론에 도달하였다." 청소년들의 이야기를 담은 문헌(Kalergis, 1998)을 통해서도 청소년기에 대해 위와 같이 묘사하고 있다.

청소년기와 같이 인생이 진화하는 과도기적인 시기는 분명 해석상 어려움이 많다. 이러한 어려움에 대한 사람들의 반응이 청소년기에 대한 많은 부분을 설명해준다. 위험한 것은 청소년기가 "세상에서 가장 완벽한 성인 투영장치"라는 것이다(Offer et al., 1981, p. 121).

청소년기 초기, 중기, 말기의 발달과제

청소년기를 전체적으로 하나로 해석할 수도 있지만, 특정 발달단계에 따라 *초기, 중기, 말기의 3단계로 구분*할 수 있다(Blos, 1941, 1979; 표 13.1 참조). *청소년기 초기*(10~11세부터 14세)에는 부모

표 13.1 청소년기 발달단계에 따른 과제 및 갈등

1단계, 청소년기 초기	나이:	11~14세
	과제:	부모로부터 정서적으로 분리
	갈등:	분리(유기) 대 화합(안전)
2단계, 청소년기 중기	나이:	14~17세
	과제:	역량/숙달/통제
	갈등:	독립 대 의존
3단계, 청소년기 말기	나이:	17~21세
	과제:	친밀감과 헌신
	갈등:	친밀감 대 거리감

출처: Fleming & Adolph, 1986, p. 103

와의 동일시 감소, 동료와의 친밀감 증가, 영웅에 대한 관심, 성적 호기심이 증가한다. 이 시기에는 새롭게 개인적인 이상과 대인관계를 확립하기 위해 부모에 대한 의존으로부터 분리하려는 노력을 주로 하게 된다.

청소년기 중기 또는 "완전한 청소년기"(14~17세)에는 부모로부터 자율성을 완성하고, "최고의 자아"또는 선택적인 자기개념을 실험하며, 독특하고 성숙한 정체성을 형성하게 된다. 블로스(Blos, 1979)는 이 시기의 청소년이 독립적이고 자치적으로 더 많은 기술을 습득하려고 노력하는 과정에서 "두 번째 기회" 또는 두 번째 개별화 과정을 경험하게 된다고 주장하였다. 즉, 자신의 부모로부터 물려받은 내면화된 가치를 재구성하고, 아동기와 청소년기 초기의 자기중심주의를 극복하고, 평생 동안 맡아야 할 역할과 책임을 선택하는 과정에서 개인적 또는 개별적인 자원을 풍부하게 하는 것이다.

청소년기 말기(17세부터 21~22세)는 이상적으로 안정된 성격형성의 시기이다. 블로스는 이 시기에 다음의 4가지 뚜렷한 과제가 충족되어야 한다고 주장하였다. (1) 두 번째 개별화 과정의 종결, (2) 외상사건에 성공적으로 대처함으로써 개인적으로 성장, (3) 과거를 받아들이고 성장과 성숙을 위해 자신을 자유롭게 함으로써 역사적인 연속성을 확립, (4) 자신의 성 정체성을 해결.

위에 제시된 청소년기의 각 발달단계에 대한 이해는 청소년기의 죽음관련 경험을 이해하는데 도움이 된다.

청소년기의 죽음

국립보건통계청(NCHS)에서는 아동기 초기 이후의 사망자수 및 사망률에 대한 인구통계학적

데이터를 10세 간격(5~14세 및 15~24세)과 5세 간격(10~14세, 15~19세, 20~24세)으로 발표하고 있다. 둘 다 청소년기의 일반적인 정의나 앞서 설명한 청소년기의 발달단계와 일치하지는 않는다. 그럼에도 불구하고, 이 데이터는 우리가 사용할 수 있는 전부이며, 청소년기 죽음의 전형적인 측면을 나타내고 있다. 이 장에서는 주로 10~14세 및 15~19세 그룹에 대해 설명을 하려고 한다. 물론, 적절하고 유용하다고 생각되면 20~24세와 더 포괄적으로 15~24세 그룹에 대해서도 언급할 것이다.

청소년기 사망자 수 및 사망률

2007년 10~19세 청소년은 전체 인구의 약 14%를 차지하였고, 20~24세의 경우는 약 7%를 차지하였다. 같은 해 *청소년 사망자수*는 표 13.2에 나타나있다. 여기 나타난 총 사망자수는 240만 명 중 1.5% 정도이다. 2007년 청소년의 *사망률*은 표 13.3에 나와있다. 청소년의 사망률은 어린 아동을 제외한 모든 연령대의 사망률보다 훨씬 낮다. 즉, 청소년은 우리 사회에서 아동과 성인보다 적은 사망자수와 적은 사망률을 보인다. 표 13.2와 표 13.3에서 알 수 있듯이 성별, 인종, 민족에 상관없이 청소년의 나이가 높아질수록 사망자수와 사망률이 증가한다. 사망자수와 사망률의 증가는 특히 청소년기 초반에서 중반, 후반으로 지날수록 급격히 증가한다.

표 13.2 연령, 인종, 히스패닉계[a], 성별에 따른 청소년기 사망자 수: 미국, 2007

	10-14세			15-19세			20-24세		
	전체	남자	여자	전체	남자	여자	전체	남자	여자
모든 인종[b]	3,436	2,066	1,370	13,299	9,558	3,741	20,683	15,758	4,925
백인계 미국인, 전체	2,479	1,478	1,001	9,765	6,851	2,914	15,372	11,662	3,710
비히스패닉 백인계 미국인	1,901	1,135	766	7,668	5,239	2,429	11,939	8,890	3,049
히스패닉계 미국인[c]	591	349	242	2,169	1,674	495	3,517	2,832	685
아프리카계 미국인	786	485	301	2,956	2,302	654	4,424	3,449	975
아시아 태평양군도 미국인	117	67	50	313	223	90	530	388	142
인디언과 알라스카 원주민	54	36	18	265	182	83	357	259	98

[a] 백인과 아프리카계 미국인을 제외한 다른 인종의 자료는 사망증명서나 인구조사에서 인종이나 히스패닉계를 보고할 때 불일치할 수 있으므로 해석상 주의를 요한다.
[b] 특별히 구분되지 않은 인종에 대한 자료는 "모든 인종"에만 포함되어 있다.
[c] 인종에 상관없이 모든 히스패닉계를 포함한다.
출처: Xu et al., 2010.

표 13.3 연령, 인종, 히스패닉계a, 성별에 따른 청소년기 사망률(10만 명 당): 미국, 2007

	10세-14세			15세-19세			20세-24세		
	전체	남자	여자	전체	남자	여자	전체	남자	여자
모든 인종b	16.9	19.9	13.8	61.9	86.8	35.7	98.3	145.2	48.4
백인계 미국인, 전체	15.7	18.3	13.0	58.6	80.0	36.0	93.0	136.1	46.6
비히스패닉 백인계 미국인	15.7	18.3	13.0	58.0	77.2	37.8	91.1	132.2	47.8
히스패닉계 미국인c	14.9	17.2	12.5	57.9	86.8	27.2	95.3	143.0	40.1
아프리카계 미국인	23.6	28.7	18.4	83.4	128.1	37.4	138.0	212.3	61.6
아시아 태평양군도 미국인	12.3	13.8	10.6	32.7	45.3	19.4	53.2	76.2	29.1
인디언과 알라스카 원주민	19.5	25.7	*	86.5	117.4	54.9	120.7	170.6	68.0

[a] 백인과 아프리카계 미국인을 제외한 다른 인종의 자료는 사망증명서나 인구조사에서 인종이나 히스패닉계를 보고할 때 불일치할 수 있으므로 해석상 주의를 요한다.
[b] 특별히 구분되지 않은 인종에 대한 자료는 "모든 인종"에만 포함되어 있다.
[c] 인종에 상관없이 모든 히스패닉계를 포함한다.
* 수치의 신뢰성이나 정확도 기준은 충족되지 않았다.
출처: Xu et al., 2010.

청소년 사망의 주요 원인

국립보건통계청에서는 표 13.4와 같이 모든 청소년 그룹의 2007년 *주요 사망원인 5가지*를 제공하고 있다. 데이터의 주요내용은 다음과 같다. 첫째, 10~24세의 미국 청소년 중 약 73%가 사고, 살인 및 자살로 인해 사망하였다. 관련하여 이장의 시작 부분에서 각각의 예가 제시되었다.

둘째, 10~14세에서 나머지 두 연령 집단으로 넘어가는 과정에서 이 3가지 주요원인으로 인한 사망자 수가 크게 증가하였다. 나머지 두 연령 집단에서는 사고, 살인 및 자살이 사망원인의 대부분을 차지하였다. 이처럼 사람에 의해 유발되는 사망원인들이 주요원인이 된다는 사실이 해당 집단의 주요한 특징으로 볼 수 있다. 다른 세대에서는 3가지 주요 사망원인 중 질병과 관련되거나 자연적 원인이 하나 이상은 차지하였다.

셋째, 사고, 살인, 자살과 같이 사람에 의해 유발되는 사망은 갑자기 예상치 못하게 발생하며, 외상이나 폭력과 관련이 있는 경우가 많다. 청소년 사망 중 대다수가 이러한 특성을 가지고 있을 가능성이 크다. 친척이나 친구들이 이런 식으로 죽게 되면, 갑작스럽고 예기치 않은 재앙처럼 여겨져, 때로는 매우 충격적으로 다가올 수 있다(Podell, 1989). 갑자기, 예기치 않게, 그리고 외상으로 인해 사망한 친구가 있는 청소년에게는 사람이 초래하는 죽음이 개성화 및 발달과정에 있어 장기적인 영향을 미칠 수 있다(Bradach & Jordan, 1995). 예를 들면, 사고사를 가져온 부주의함, 친구의 살인

표 13.4 연령, 성별, 인종집단에 따른 5개 주요 사망원인별 청소년기 사망자 수와 사망률(100,000명 당): 미국, 2007

순위	10세-14세			15세-19세			20세-24세		
	사망원인	사망자수	사망률	사망원인	사망자수	사망률	사망원인	사망자수	사망률
	모든 원인	3,436	16.9	모든 원인	13,299	61.9	모든 원인	20,683	98.3
1	사고	1,229	6.0	사고	6,493	30.2	사고	9,404	44.7
2	암(악성신생물)	522	2.6	폭행(살인)	2,224	10.4	폭행(살인)	3,327	15.8
3	폭행(살인)	213	1.0	자살	1,481	6.9	자살	2,659	12.6
4	자살	180	0.9	암(악성신생물)	705	3.3	암(악성신생물)	1,029	4.9
5	선천성 기형, 변형, 염색체 이상	178	0.9	심장병	465	2.2	심장병	944	4.5

출처: Centers for Disease Control and Prevention(CDC), National Center for Health Statistics. Compressed Mortality File 1999-2007. CDC WONDER On-line Database, compiled from Compressed Mortality File 1999-2007 Series 20 No. 2M, 2010. Accessed at http://wonder.cdc.gov/cmf-icd10.html on Dec 22, 2010.

으로 인한 불안감, 또는 자살하는 친구를 구하지 못했다는 죄책감으로 인해 청소년기의 능력이나 친밀감이 위협받을 수 있다.

넷째, 청소년기의 사고로 인한 사망의 3분의 2이상은 자동차 사고로 인한 것이다. 이런 사고사는 일반적으로 예방 가능한 것으로 인식된다. 그렇기 때문에 가족과 친구들은 그러한 죽음을 초래한 것과 그러한 결과를 막지 못한 행동에 대해 분노를 느끼게 된다.

다섯째, 최근 몇 년 동안 이라크와 아프가니스탄과의 전쟁에서 군인 청소년들이 많이 사망하였다. 너무 폭력적이고 갑작스럽기 때문에 이러한 사망은 동료군인 뿐만 아니라 친척이나 친구들에게도 힘든 상황이 된다. *PBS 뉴스시간*에 사진을 통해 사망한 젊은이들에게 경의를 표하는 침묵의 시간은 시청자들에게도 비통한 시간으로 다가온다.

요약하면, 오늘날 미국과 많은 선진국의 청소년들은 대부분 건강하다. 다른 세대와 비교하면, 사망률이 비교적 낮은 편이다. 그 이유는 청소년들이 출생, 영아기 및 아동기의 위험에서 살아남았고, 더 나이 들어야 발생하는 퇴행성 질환을 경험할 만큼 충분히 오래 살지 않았기 때문이다.

청소년 사망의 두 가지 변인: 성과 인종

성별과 인종에 따라 청소년기 사망에 차이가 나타날 수 있다. 표 13.2와 표 13.3에 따르면 2007년 남성청소년이 여성청소년보다 더 많은 사망자수와 더 높은 사망률을 보이고 있다. 사고사에서도 차이가 나타나고, 살인이나 자살과 관련된 사망의 경우에는 그 차이가 훨씬 크게 나타난다.

다양한 인종, 문화 집단에서도 청소년의 사망자수와 사망률에 있어 중요한 차이가 나타난다(표 13.2와 표 13.3 참조). 예를 들면, 아프리카계 미국인에 비해 백인계 미국인의 사망자수가 더 많지만,

아프리카계 미국인 청소년의 사망률이 훨씬 높다. 청소년기 초기집단(10~14세)의 2007년 사망자 수는 인디언과 알라스카 원주민, 아시아 태평양군도 미국인, 히스패닉계 미국인집단에서 매우 낮았다. 사망률은 아시아 태평양군도 미국인이 가장 낮았고, 그 다음으로 히스패닉계 미국인과 백인계 미국인이 높았다. 인디언과 알라스카 원주민의 사망률은 상당히 높았지만, 아프리카계 미국인보다는 낮은 것으로 나타났다. 백인계 미국인은 사고나 자살로 인해 사망하는 경우가 많았지만, 아프리카계 미국인은 살인, 심장질환 및 HIV감염으로 사망하는 경우가 많았다.

15~19세 청소년의 경우, 남성이 여성보다 사망할 확률이 2.5배 이상 높은 것으로 나타났다(표 13.2 참조). 비히스패닉 백인계 미국인의 경우, 성별 차이는 2:1 미만이었지만, 아프리카계 미국인의 경우 3.5:1 이상으로 높아졌다. 백인계 미국인의 경우 남성과 여성의 사망률 차이는 사고의 경우 3:1, 살인의 경우 4:1, 자살의 경우 6:1로 나타났다. 반면, 아프리카계 미국인의 경우 남성과 여성의 사망률 차이는 심장병의 경우 2:1 미만, HIV감염의 경우 2:1, 사고의 경우 4:1, 살인의 경우 8:1, 자살의 경우 8:1 이상으로 나타났다.

청소년이 경험한 다른 사람들의 죽음

*청소년들이 겪는 다른 사람들의 죽음*에 관한 믿을만한 데이터는 거의 없다. 1,000명 이상의 고등학생을 대상으로 한 연구에서 학생들 중 90%는 자신이 사랑하는 사람의 죽음을 경험했다고 보고하였다(Ewalt & Perkins, 1979). 약 40% 가까이는 대략 자신의 나이였던 친구나 동료의 죽음을 경험하였다고 하였다. 결론은 "청소년들이 예상보다 죽음과 애도에 대한 경험을 많이 갖고 있다"는 것이다(p. 547). 20%의 학생들은 실제로 죽음을 목격했다고 하였다. 유사한 연구에서 "가장 최근의 큰 상실"에 대한 질문을 던졌을 때, 뉴욕 주에 있는 1,139명의 대학생은 사랑하는 사람의 죽음이나 갑작스러운 죽음을 전체 46개 유형의 상실 중 가장 최근의 큰 상실로 대답하였다(LaGrand, 1981). 또한 "미국에서 18세 미만 아동과 청소년 중 2백만명 이상(3.4%)이 부모의 죽음을 경험하는 것"으로 밝혀졌다(Christ, Siegel, Christ, 2002). 따라서, 현대 청소년들이 죽음과 사별에 대한 경험이 없다고 생각하는 것은 분명 잘못된 것이다.

청소년은 조부모, 이웃, 교사, 다른 어른들, 형제자매, 친구들, 동급생, 전우, 애완동물 및 기타 동물, 유명인, 문화적 영웅의 죽음도 경험하게 된다. 청소년기는 또한 자녀의 죽음을 경험할 수 있는 시기이기도 하다. 청소년기에는 우정이나 사랑의 관계가 끝난다고 해서 반드시 죽음이 수반되지는 않지만, 다양하고 고통스러운 상실경험을 하게 된다(LaGrand, 1981, 1986, 1988).

죽음 및 상실에 대한 다양한 경험은 청소년의 발달에 매우 중요하다. 예를 들면, 부모로부터 감정적인 해방을 원하는 청소년은 부모(또는 조부모나 대리부모)가 갑자기 사망하게 되면 혼란스러워한다. 버려진다는 느낌을 받을 수 있기 때문에 이러한 상황에서는 안전하지 않다고 느끼게 된다.

마찬가지로 자율성을 갖고 능력, 숙달 및 통제권을 얻고자하는 청소년은 친구나 같은 세대의 다른 구성원이 사망하면 새롭게 발견한 독립성에 대해 위협을 느낄 수 있다(개인적 통찰 13.1 참조). 다른 친구의 죽음이 갑작스럽고 예기치 못한 외상성의 폭력적인 죽음일 경우, 자신의 장래와 안전에 대한 위협을 더 크게 느낄 수 있다. 어린 시절부터 "불멸의 찢어진 외투"(Gordon, 1986) 또는 무적의 "개인적 우화"(Elkind, 1967)를 원하는 청소년은 같은 나이나 비슷한 나이대에 있는 사람의 죽음을 경험하게 되면 자아가 흔들릴 수 있다(Noppe & Noppe, 2004).

또한, 자신의 삶에서 중요한 사람에게 헌신하고 친밀감을 쌓으려는 청소년은 더 어린 세대, 즉 동생이나 친구, 또는 자녀의 죽음에 직면했을 때 좌절감을 느낄 수 있다. 관계를 맺고 있던 다른 사람이 죽으면 자신을 헌신하고 친밀감을 얻기 위해 노력한 것들이 다 수포로 돌아갈 수 있다. 따라서, 다른 사람에게 다가가기 위해 노력한 것에 대해 혼란스러워하고 무기력하게 느낄 수 있다.

이외에도, 우리 사회의 많은 청소년이 2001년 9월 11일의 사건에 영향을 받았으며, 그들만의 독특한 방식으로 대응하였다(Noppe, Noppe, & Bartell, 2006). 청소년은 세계의 긴장, 전쟁의 위협이나 현실, 테러와 같은 대규모 위험을 인식하고 이해할 수 있다. 뿐만 아니라 가정, 학교 및 공동체, 전세계의 폭력, 핵무기 및 발전소와 관련된 위험, 산성비, 세계의 열대우림 파괴, 대기 오존층의 고갈, 기후 온난화와 관련된 온실 효과, 인구 증가 및 폐기물 처리와 같은 환경 문제에도 매우 민감하다.

청소년의 죽음관련 태도

청소년의 다양성 및 죽음관련 문제의 다양성으로 인해, 청소년의 죽음관련 태도도 다양하게 나타나게 된다. 우선, 청소년의 죽음관련 태도에 영향을 미치는 여러 요인을 살펴보고자 한다.

청소년기 죽음에 대한 이해

청소년기 죽음에 대해 이해하기 위해서는 청소년기의 시작시점에 정상적인 인지발달이 이루어지는 경우, 죽음의 개념 및 주요 하위 개념(12장 참조)을 파악할 수 있다는 점을 기억해야 한다. 서구 사회 대부분의 청소년은 명제, 가설에 의한 연역적 사고, 개념의 일반화, 현실에 대한 객관적 관점으로 설명되는 피아제와 인헬더(Piaget, Inhelder, 1958)의 형식적 조작기의 특징을 갖고 있다(Keating, 1990).

하지만, 청소년이 성인처럼 사고할 수 있다는 것만으로는 청소년기 죽음을 이해하기에 충분하지는 않다. 노프와 노프(Noppe, Noppe, 1991, 1996, 1997)는 *청소년기 죽음에 대한 이해는 생물학적, 인지적, 사회적, 정서적 요인들의 모호함이나 긴장감에 영향을 받는다고* 주장하였다. 첫째, 급격한 *생물학적* 성숙과 성적발달은 피할수 없는 신체적 쇠퇴와 궁극적인 죽음에 대한 인식에 영향

개인적 통찰 13.1

안드레아(Andrea)는 누구일까?

선명하고 맑은 어느 봄날이었다. 햇빛이 밝게 비추고, 아이들이 소리치고 웃으며 등교하고, FM라디오에서 흘러나오는 리듬에 맞추어 손가락을 가볍게 두드리면서 잠에서 깨고, 성공적인 하루를 기대하고 있었다. 그날은 3월 2일, 수요일, 살아있기에 아주 좋은 날이었다.

이 날은 아내 마샤(Marsha)와 나에게 끔찍한 사건이 일어난 날이기도 하다. 2,192일 전, 우리는 딸 버지니아(Virginia)를 마지막으로 안아주었다. 우리가 버지니아의 죽음을 애도하고 모든 것이 괜찮아질 것이라고 맹세한지 52,608시간이 지났다. 2000년 이후로 버지니아의 따뜻한 손길을 느낄 수 없었다. 딸이 죽었을 때 우리도 함께 죽은 것 같았다. 다른 사람들은 다 잊었을지 몰라도 우리는 결코 그녀를 잊지 못했다.

보통 딸아이와 대화를 나누고 싶을 때마다 우리는 딸아이의 삶을 앗아갔던 사고 현장을 방문하였다. 그러나 오늘은 딸아이가 묻힌 장소로 가서 꽃을 내려놓고 우리가 아직도 얼마나 그녀를 사랑하고 그리워하는지를 재확인하기로 하였다. 영원히 우리에게는 15세로 남아있을 딸아이에게 마음을 전달하면서 말이다.

딸아이의 시체는 사람들이 거의 알지 못하는 조용하고 평화로운 교회 부지에 자리잡고 있다. 그곳은 완벽한 천국이나 다름없다. 그러나 무슨 일인지 이미 다른 방문자가 꽃과 메모를 남겨놓았다. 버지니아를 기억하고 있는 사람이 또 있는 걸까? 우리는 "안드레아"라고 남겨진 메모를 보면서 마치 하느님 자신이 우리에게 포기하지 말라고 메세지를 보낸 것처럼 느꼈다.

집으로 돌아오는 길에도 계속해서 안드레아가 누구인지에 대한 질문이 우리를 혼란스럽게 하였다. 버지니아의 친구 중에서 안드레아라는 이름은 기억나지 않았다. 안드레아는 정말로 신의 가명이거나 단순히 친구의 죽음을 슬퍼하는 젊은 여성이었을까? 한가지 확실한 것은 안드레아는 그녀가 누구이던 간에 버지니아가 살아있을 때 어떤 영향을 받은 사람임에 분명하다. 버지니아는 사망한지 6년이 지났음에도 부모와 가족 이외의 누군가가 기억하고, 슬퍼하며, 그리워하고, 사랑하고 있다. 안드레아, 우리 부부, 그리고 다른 사람들이 오늘 우리가 걸었던 바로 그 땅에 버지니아는 남겨져 있는 것이다.

안드레아의 자필 편지:

지니야,
나는 너를 아주 많이 사랑하고 언젠가는 우리가 다시 만나게 될 것을 알고 있어.
너는 언제나 내 마음 속에 가까이 있단다. 안드레아가.

출처: David Stanton, 1999. 재판 출간 허가 취득.

을 줄 수 있다. 여기서의 긴장감은 죽음을 "속이거나" 무시하려는 청소년들 사이에서는 매우 위험한 행동으로 나타날 수 있다(Bachman, Johnston, & O'Malley, 1986). "대다수의 청소년은 위험을 감수한 행동을 하기는 하지만 언제나 비극적인 결과로 이어지지는 않는다"(Gans, 1990, p. 17). 이러한 행동에는 고출력 자동차, 쉽게 구할 수 있는 약물과 총기류, 폭음, HIV 등과 관련된 위험이 포함된

다(Bensinger & Natenshon, 1991; Wechsler, Davenport, Dowdall, Moeykens, & Castillo, 1994). 어려운 문제나 가능성과 충돌이 일어나게 되면, 더 제한적이고 더 단순했던 아동기 시절에 잃어버렸다고 생각한 것들을 다시 찾으려고 하는 경향이 있다.

둘째, 청소년이 자신의 정체성을 찾고 부모의 가치를 재평가하게 되면 새로 개발된 *인지적*능력으로 인해 죽음의 필연성을 고려하게 된다. 죽음에 관한 추상적인 생각은 개인에 따라 개인적 중요성에 대한 인식과 공존할 수도 있고 그렇지 않을 수도 있다(Corr, 1995c). 미래에 대해 용감하게 바라볼 수 있으면, 청소년은 긍정적이고 부정적인 가능성을 모두 보여줄 수 있다. 결국 미래를 형성하는데 자신이 많은 영향을 미칠 수도 있지만, 자신이 통제할 수 없는 일도 많다는 사실을 인정하게 된다.

셋째, 가족 구성원 및 동료와의 *사회적*관계의 변화는 관계를 더 풍부하게 하거나 격리시킬 가능성이 있다. 청소년은 사회적 관계가 가족의 근원을 벗어나 더 확대되면 될수록, 가능한 사회적 삶을 만들고 "사회적 죽음"을 피하려고 한다. 새로운 동료 집단은 청소년이 새로운 정체성을 발견 할 수 있는 틀을 제공하지만, 적합성에 대한 조사가 필요하게 된다. 선택한 동료 집단이 폭력적 행동과 타인과의 싸움을 일삼는 갱집단인 경우, 더욱 복잡한 문제가 발생할 수 있다. 많은 동료 집단에서 일시적인 대인관계의 어려움은 고뇌와 절망의 원천이 될 수 있다. 어떤 사람은 슬픔의 표현이나 상실감에 대한 반응과 같이 특정한 종류의 대중적 행동을 조장하거나 금지시키는 새로운 학문적, 문화적, 민족적 집단을 찾아가면서 타협하기도 한다.

넷째, 청소년기의 발달과 죽음에 대한 *감정*은 서로 밀접한 관련이 있다. 청소년기에 자율성과 개별화를 달성하는 것이 아동기에 시작된 부모-자녀의 애착을 버리는 것만을 의미하는 것은 아니다. 청소년기의 진정한 도전 과제는 이러한 관계를 재구성하고 질적 변화를 만드는 것이며, 이는 새로운 동료 그룹과의 애착을 만들어가는 과정에서도 마찬가지이다. 이러한 과정이 자존감과 삶의 목적에 위협이 될 수도 있다. 상실과 슬픔, 자신을 잃을까 두려운 마음은 열심히 살고자 하는 감정과 공존한다.

청소년의 디지털 세계에 대한 참여

인터넷이 "청소년의 교육, 사회, 오락 경험에 있어 중요하다"는 사실은 놀랍지 않다(Blais, Craig, Pepler, & Connolly, 2008, p. 535). 청소년은 흔히 *디지털 원주민*이라고 불리며 *디지털 이민자*라고 불리는 대부분의 부모 및 성인들과 대조된다(Prensky, 2001). 이전에는 사용할 수 없었던 방식으로, 청소년 또는 일부 아동은 디지털 기술을 통해 다른 사람들과 소통하고, 자신의 가치를 표현하고 탐구하며 정체성을 발달시키고, 새로운 사회 공동체를 만들어내면서 청소년기의 다양한 태도를 형성하게 된다.

*청소년의 디지털 세계 참여*는 소프카(Sofka, 2009)가 연구한 매우 크고 끊임없이 진화하는 주

제이다. 최소한 죽음 관련 문제에 있어서도, 디지털 세상을 통해 죽음, 임종, 사별과 관련된 주제에 대한 다양한 정보를 얻을 수 있다. 더 중요한 것은 디지털 기술을 통해 죽음관련 사건에 대한 정보를 거의 즉각적으로 공유하고, 온라인 사별 커뮤니티를 통해 자신의 반응을 표현할 수 있다는 점이다. 슬픔관련 추도 사이트나 마이스페이스(MySpace) 및 페이스북(Facebook)과 같은 소셜 네트워킹 사이트를 통해 죽은 사람, 친구, 애완동물을 애도하거나, 함께한 추억을 공유하고, 기억할 수 있다. 온라인 묘지 및 블로그는 슬픔에 가득 찬 청소년들의 고립감을 극복하는 데 도움이 될 수 있다.

하지만, 모든 인터넷 사이트가 긍정적인 것은 아니다. 일부 사이트에서는 잘못된 정보를 제공하고, 적대적 게시물이 포함되어 있고, 병리학적 행동을 조장하고, 사이버 괴롭힘도 행해진다. 그렇기 때문에 디지털 세계에 신중하게 입장하고, 개인정보보호가 쉽지 않다는 것을 이해하고, 인터넷 자원 사용을 감시하는 것이 바람직하다. 해로운 판단을 하고 고통을 가하는 사람들에게는 자살과 같은 사건이 발생할 수 있으므로 특별히 경계해야 한다. 동시에 자살 충동이나 자살 의도의 표현, 도움 요청에 대해서도 알아차릴 수 있어야 한다. 도움이 필요한 사람에게는 공감을 해주거나, 자살예방 전화를 소개하거나, 자살예방 정보 및 기타 생명을 구하는 데 도움이 되는 사이트를 안내할 수도 있다.

통화나 문자메시지가 모두 가능한 핸드폰, 이메일 및 인스턴트 메시징이 가능한 컴퓨터와 같은 다른 디지털 장치를 통해서도 죽음 관련 경험 및 슬픔에 대처하는 데 도움을 얻을 수 있다.

마지막으로, 매체를 통해 청소년의 죽음에 대한 태도가 영향을 받게 된다. 예를 들면, 청소년과 젊은 성인들에게 인기 있는 비디오 게임이나 영화에서 폭력과 죽음이 종종 생생하게 보여진다. 청소년에게 친숙한 음악에서도 죽음과 관련된 주제가 두드러진다. 거의 모든 청소년이 죽음과 관련된 주제의 노래를 하나쯤은 알고 있을 것이다. 일부 청소년은 음악 자체를 좋아하기 때문에 가사는 신경 쓰지 않는다고 한다. 하지만, 폭력이나 자살이 아니더라도 다양한 형태의 죽음이 가사와 다른 매체에 널리 존재하고 있다.

청소년과 죽음에 대한 개인적 중요성

청소년에게 *죽음에 대한 개인적 중요성*이 어느 정도인지 아는 것도 중요하다. 이는 청소년의 취약정도에 따라 달라질 수 있는데, 특히 현대 청소년문화의 다양한 측면에서 발생하는 경험 뿐만 아니라 청소년 자신이 *삶의 경험에서 배운 것, 또는 배우지 않은 것* 등의 영향을 받을 수 있다. 많은 청소년들이 사망에 대한 개인적 중요성을 인식하지 못하거나 인식하지 않으려고 하는 것은 청소년기 경험의 한계와 청소년기 삶의 대부분을 지배하는 특정한 관점과 관련이 있을 수 있다. 예를 들면, 청소년의 운전 패턴을 분석한 결과 다음과 같은 두 가지 요소가 가장 중요하다는 사실이 확인되었다. (1) 청소년 운전자는 사고가 발생할 가능성이 있거나 심각한 결과를 초래하는 위험 상황에 예상치 못하게 빠질 수 있다, (2) 청소년 운전자는 독립적으로 행동하고, 어른들의 권위 및 보수적인 사회에 반대하고, 불안 또는 좌절을 극복하고, 또래 집단으로부터 인정을 받으면서 자신의 삶을 통제하게 되는데, 특정 위험을 감수하면서도 긍정적인 가치를 느끼게 된다(Jonah, 1986). 이장의 시작 부분에서 제시된 예에서도 톰 애드킨스와 친구들이 자동차로 기차를 추월하려는 과정에서 이런 요소들이 나타났다.

톨스토이의 고전소설 *이반 일리치의 죽음(Death of Ivan Ilych)*(1884/1960, p. 131)에서도 일부 청소년의 무적성을 발견할 수 있다. 이반은 중년의 나이에 죽어가면서 젊은 시절에 대해 이렇게 회상하였다: "키즈웨터(Kiezewetter)의 논리에서 배웠던 삼단 논법인 '카이우스는 인간이다. 인간은 죽는다. 그러므로 카이우스는 죽는다'는 카이우스에게는 항상 적용되지만 나 자신에게는 적용되지 않는다." 다시 말해, 젊은 이반 일리치에게 죽음은 추상적으로 다가왔고, 죽어가면서 몇 년이 지나서야 개인적인 힘이 삶과 관련되어 있음이 분명해졌다.

그러나 모든 청소년이 죽음과 관련된 위협에 무관심하지는 않다. 한 연구의 참가자들에게 죽음 관련 단어를 포함한 일련의 자극적인 단어에 대한 반응을 보기 위해 가장 먼저 떠오르는 단어를 말하도록 하였다(Alexander & Adlerstein, 1958). 이 연구에서는 단어가 떠오른 속도와 피부의 경련반응(땀이나 발한)을 측정하였다. 5~8세, 13~16세 대상자는 9~12세와 비교했을 때 죽음불안점수가 높게 나타났다. 연구결과, 죽음은 "자아가 불안정한 사람에게 정서적으로 더 중요"한 것으로 나타났다(p. 175).

이는 죽음관련 위협이 청소년기와 같이 안정성과 자신감이 떨어지는 인간발달의 전환기에 가장 중요하게 여겨질 수 있다는 것을 의미한다. 또한 죽음불안은 10대에서 가장 높게 나타났는데, 이는 신체적 완전성과 분해의 상실에 대한 두려움과 밀접한 관련이 있다는 연구와 일치하는 결과이다(Thorson, Powell, & Samuel, 1998). 청소년기 초기에는 미래에 대한 생각을 많이 하지 않고, 자기중심성이 높아지는 시기이다(Elkind, 1967). 따라서 청소년기 죽음에 대한 태도의 핵심 변수는 청소년의 성숙도이고(Maurer, 1964), 성숙도가 높을수록 "삶의 즐거움이나 이타적 관심사뿐만 아니라 죽음의 필연성에 대해 더 정교함을 느끼고 인정하게 된다"(Raphael, 1983, p. 147).

요약하면, 청소년의 삶에서는 매순간이 중요하기 때문에, 죽음과 관련된 개인적 위협을 인식하지 못할 수도 있다. 중요한 것은 죽음에 대해 생각할 수 있는 능력이 아니라 죽음과 관련된 개념의 중요성이 개인의 삶과 관련이 있는지 여부이다. 이는 죽음에 대한 폭넓고 개인적인 경험이 있는 청소년에게는 적용되지 않을 수도 있다. 예를 들면, 일부 10대 자원봉사자들은 호스피스 활동을 통해 중요한 교훈을 얻을 수 있다. 반대로 대부분의 청소년은 죽음에 대한 개인적 중요성을 파악하려고 한다. 즉, 자신의 감정은 객관적으로 유지하고, 강렬한 죽음관련 경험으로부터 거리를 둠과 동시에 개인적으로 참고할 수 있는 방법을 동원하여 추상적인 죽음의 의미를 찾으려고 한다.

생명을 위협하는 질병 및 임종에 대처하는 청소년

임종과 청소년기는 모두 과도기적 경험이기 때문에 파파다투(Papadatou, 1989, p. 28)는 "심각한 질병을 앓고 있는 청소년은 임박한 사망과 발달단계로 인해 이중위기를 경험할 수 있다"고 지적하였다. 죽어가는 청소년에게는 특히 현재에서 살아가고, 질병관련 문제에 대처하는 다양한 방법을 시도하고, 삶과 죽음에서 의미와 목적을 발견하는 것이 중요하다(Stevens & Dunsmore, 1996a). 대부분의 경우, 생명을 위협하는 질병에 효과적으로 대처하기 위해서는 질병에 대한 정보, 치료계획 수립 및 의사결정이 필요하다(Dunsmore & Quine, 1995; Freyer, 2004).

15~24세 청소년집단에서 암은 네 번째 주요 사망원인(여성 중에서는 세 번째)이며, 심장병, 선천성 기형, 만성하부 호흡기 질환, HIV감염, 뇌혈관 질환, 인플루엔자 및 폐렴이 뒤를 따른다. 이러한 생명을 위협하는 질병 및 임종과 관련된 청소년의 필요와 반응은 다양한 방법으로 설명되고 있다. 어쩌면 가장 유용한 규칙인 청소년은 "죽어갈수록 죽음을 두려워하지는 않는다"는 것을 기억해야 한다(Stevens & Dunsmore, 1996a, p. 109). 생명을 위협하는 질병을 앓고있는 청소년들은 다음의 영역에서 상실의 패턴을 보이기 시작한다: 사전 진단, 신체상태, 라이프스타일(예를 들면, 통제를 받고 취약하다는 인식 때문에 실제로 취약해질 수도 있고 다른 사람에게 과보호 받을 수도 있음), 일상적인 학교활동, 독립, 부모, 형제 및 친구들과의 관계, 미래에 대한 확실성 등.

스티븐스와 던스모어(Stevens, Dunsmore, 1996a)는 병들어 죽어가는 청소년에 대한 광범위한 연구를 통해 생명을 위협하는 질병을 앓고 있는 초기 청소년은 신체적 외관과 이동성에 특히 관심을 가지며, 권위있는 인물에 의존한다는 사실을 발견하였다. 중기 청소년은 일반적으로 여자친구나 남자친구의 호감, 부모와 권위있는 인물로부터 해방, 동료로부터의 거부에 있어 질병이 의미하는 바에 관심을 갖는다. 말기 청소년은 질병이 자신의 생활방식과 직업 및 인간관계에 미치는 영향에 대해 가장 관심이 많다.

생명을 위협하는 질병은 청소년 및 주변 사람들 모두에게 영향을 미친다. 호주의 한 청소년은 자신이 지은 시를 통해 형의 질병에 대한 반응을 나타내고 있다(개인적 통찰 13.2 참조). 질병에 걸린 청소년과 주변 사람들에게는 생명을 위협하는 질병을 갖고 살아가는 방법을 배우는 것이 하나의 과제이다. 특히 임종 과정이 예상되는 경우, 가족 내 의사소통이나 주변 사람과의 의사소통도 큰 부담이 될 수 있다. 다행히도 청소년은 자신이 직면한 문제에 적극적으로 대처하려고 한다(Dunsmore & Quine, 1995; Spiegel, 1993). 증상에 대해 관리도 잘 해야하지만, 청소년은 스스로 자신을 돌보아야하며, 어린 아동처럼 대우받아서는 안 된다. 따라서, 청소년에게 자신의 상황에 대해 정확한 정보를 제공함으로써 돌봄에 도움을 줄 수 있도록 하고, 자신이 받는 치료와 치료방법을 결정할 때 본인의 생각을 충분히 고려할 것이라는 사실을 확인시켜주어야 한다(Stevens & Dunsmore, 1996b). 대부분의 청소년에게는 자신의 삶을 자신의 방식대로 영위하고, 청소년기의 평범한 환경인 또래, 학

개인적 통찰 13.2

형제라는 것

사랑하는 사람에게 어떻게 말해야 할까
그들이 죽는 것을 원하지 않는다고
어떻게 내가 정상일 수 있을까
내가 울 것을 알고 있는데

분노에 어떻게 대처할 수 있을까
인생, 하느님, 당신에 대한 분노에
어떻게 얼굴에 미소를 지을수 있을까
내면이 두 개로 찢어지고 있는데

내가 두렵다고 어떻게 말할 수 있을까
해골이 된 형을 보면서
피곤하고 야위었는데
이길 수 없는 전쟁을 통해서

내가 형을 사랑한다고 어떻게 말할 수 있을까
우리의 모든 삶이 말없이 사라질 때
형이 익사하는 것을 어떻게 멈출 수 있을까
물이 이미 내 머리 위로 차올랐는데

고통이 계속 나를 쑤신다
왜 내가 어떻게 느끼는지 아무에게도 말할 수 없을까
내가 정신 나갔다고 느끼면서도

내 미래를 어떻게 생각할 수 있을까
형이 거기에 없는 미래일텐데
왜 무기력하다고 느끼는 걸가
내 문제들은 중요하게 여겨지지 않는데

형에게 어떻게 말해야할까
형한테 무슨 일이 일어나고 있는지 내가 더 두렵다고
왜 아무도 이해하지 못하는 걸가
형이 죽는 것이 나도 죽이고 있다는 사실을

출처: From "Only a Sibling," by Tammy McKenzie(nee McGowan), CanTeen Newsletter.
Copyright © 1992 CanTeen Australia Ltd. 재판 출간 허가 취득.

교, 가족과 가치있는 관계를 유지하는 것이 중요하다(Corr, 2002d). 이런 점에서 아동 및 청소년을 위한 완화/호스피스 치료 프로그램(12장 참조)이 매우 유용할 수 있다.

파파다투(Papadatou, 1989, p. 31)는 생명을 위협하는 질병에 대처하는 청소년과 그 가족에게 도움을 줄 수 있는 사람들을 위한 지침을 제시하였다. "무기력하거나 희망이 없을 수도 있지만, 정직하고 의미 있는 관계를 통해 청소년의 남은 삶의 여정을 함께 나누면서 가치 있는 무언가를 제공할 수 있다는 사실을 기억해야한다."

사별과 비통함에 대처하는 청소년

이장의 앞부분에서 언급했듯이, 청소년은 자신의 삶에서 중요하다고 생각하는 다른 사람들의 죽음을 통해 사별을 경험하게 된다. 물론 이 사람들에는 자신이 존경하는 유명인도 있을 수 있다. 예를 들면, 자살을 한 록커 커트 코베인(Kurt Cobain), 에이즈로 사망한 N.W.A.그룹의 창시자이자 갱스터 랩퍼인 이지-이(Eazy-E), 총에 맞아 사망한 가수 셀레나(Selena), 비행기 사고로 사망한 알리야(Aaliyah), 약물남용으로 예상치 못하게 죽은 영국가수 에이미 와인하우스(Amy Winehouse)가 대상이 될 수 있다. 청소년 슬픔의 가장 큰 특징은 다음 논문의 제목에 잘 반영되어 있다(Christ, Siegel, & Christ, 2002): "청소년 슬픔: '실제로 발생하기 전에는 절대 알 수 없다'." 상실과 슬픔은 청소년기의 역동적이고 복잡한 발달과정에서 특히 충격적으로 다가올 수 있다.

최근 몇 년 사이, 청소년기의 사별을 주제로 한 연구가 많이 진행되었다(Balk, 1991a; Balk & Corr, 2001). 특히 형제나 부모의 죽음을 경험한 청소년에 초점을 둔 연구가 많이 시행되었다(Balk, 1991b; Fleming & Balmer, 1996). 놀랍게도 친구(Oltjenbruns, 1996; Servaty-Seib & Pistole, 2007) 또는 애완동물과의 사별경험, 부모로서의 사별경험(Barnickol, Fuller, & Shinners, 1986; Welch & Bergen, 2000)은 청소년에게 강력한 영향을 미칠 수 있음에도 불구하고 많이 연구되지 않았다.

청소년기 사별에서 가장 두드러지는 주요 변수는 자아개념과 성숙정도이다. 예를 들면, 사별한 형제자매에 대한 연구에서는 *자아개념* 점수가 높을수록 슬픔, 두려움, 외로움 및 혼란의 강도가 낮았으며, 자아개념 점수가 낮을수록 어려움을 많이 갖는 것으로 나타났다(Balk, 1990; Hogan & Greenfield, 1991). 사망한 형제자매와의 지속적인 애착관계도 사별한 청소년에게 많이 나타났다(Hogan & DeSantis, 1992).

*성숙정도*를 살펴본 캐나다 청소년의 형제 사별연구에 의하면, 나이가 많은 청소년은 심리적인 어려움을 더 많이 겪는 반면, 나이가 적은 청소년은 생리적인 어려움을 더 많이 겪는 것으로 나타났다(Balmer, 1992). 성숙할수록 심리적 고통이 더 커진다는 것은 상대적으로 일시적인 현상일 수도 있다. 왜냐하면 나이가 많은 청소년은 어린 청소년에 비해 친구 들과 사별 경험에 대해 이야기하면

서 사회적 지지를 얻으려하기 때문이다. 또다른 캐나다 고등학생 연구에서는 종교적 신념이 없고, 사회적 지지 점수가 낮은 청소년이 부모의 죽음을 경험하였을 때 더 많은 어려움에 처하는 것으로 나타났다(Gray, 1987).

일반적으로 "죽음에 적응하는 청소년기의 가장 두드러진 특징은 외상에 직면한 사별경험자에게서도 나타나듯이 *회복탄력성*이다(Fleming & Balmer, 1996, p. 153)." 사별한 대학생을 대상으로 한 연구를 통해 *강건함*은 슬픔의 비참함과 반비례하는 것으로 나타났다. 또한 고인과의 친밀감은 *개인적 성장*과 유의한 관계가 있는 것으로 나타났는데, 이는 "삶의 중심에 있는 누군가의 죽음으로 인해 삶의 가치와 우선순위에 대해 더 많은 내성과 재구성"이 이루어지기 때문이다(Mathews & Servaty-Seib, 2007, p. 199). 따라서, 청소년기의 사별이 계속되는 심리적인 어려움을 동반하지는 않는다. 오히려 정서적으로나 대인관계에 있어 성숙해지는데 도움이 될 수 있다. 그러나, 취약한 청소년에게는 사별경험이 더욱더 어려움에 빠지게 할 수 있어 문제가 될 수 있다.

청소년기의 또 다른 특징은 "청소년은 자신만큼 깊고 강력한 감정을 가지는 사람은 없다고 생각하기 때문에 자신이 가장 많이 사랑한다고 생각하기 쉽다(Jackson, 1984, p. 42)." 그렇기 때문에, 자신의 슬픔은 자기자신 뿐만 아니라 다른 사람이 이해할 수 없는 독특한 것이라고 생각할 수 있다. 결과적으로, 청소년은 자신의 슬픔을 짧은 폭발로 표현하거나 적극적으로 억압하기도 한다. 왜냐하면 감정적인 통제력을 상실할까 두렵고 다른 사람에게 통제불능 상태라는 것을 들키고 싶지 않기 때문이다. 그러나 일부 사별 청소년은 자신의 할아버지의 죽음을 설명한 10대 호스피스 자원봉사자의 이야기에서도 볼 수 있듯이 자신의 슬픔을 강력하게 표현하기 위해 자신을 통제하기도 한다.

사별한 청소년은 스트레스를 줄이는 활동(악기 연주, 바쁘게 지내기, 갇혀있는 감정을 풀어주기 등), 개인적 신앙, 부모, 친척, 친구로부터의 지지, 슬픔에 대한 반응을 함께 나눌 수 있는 지지그룹을 통해 슬픔에 대처하기도 한다(Balk, 1991c; Balk & Hogan, 1995; Hogan & DeSantis, 1994). 물론 고인이나 다른 생존자와의 상반되는 관계로 인해 오히려 혼란스러울 수도 있다. 일부 청소년은 고인을 이상화하는 경향이 있어, 죄책감과 자기비난으로 인해 애도가 혼란스러울 수 있다. 또한 고인과의 관계나 슬픔이 사회로부터 인정받지 못하고 배제될 가능성, 때로는 강렬하고 때로는 일시적인 감정상태, 다른 동료와 잘 어울리고 싶은 욕망, 또래와 어른으로부터의 지지 부족 등도 혼란을 가져오게 된다.

생명을 위협하는 질병 및 임종에 대처하는 것과 마찬가지로, 청소년기 사별은 상황적 과제가 중첩되고 여러 측면에서 정상적인 발달과제와 함께 진행되기 때문에 이중위기를 가져올 수 있다(Sugar, 1968). 다시 말해, 사별한 청소년은 항의나 탐색, 조직해체 및 재조직과 관련된 경험(9장에서 설명)과 정서적 분리 확립, 역량과 숙달 달성, 친밀감 형성이라는 정상적인 발달과제를 동시에 수행하여야 한다. 한 번에 한 가지 위기를 해결하는 데 집중함으로써 대부분의 청소년이 스트레스에 대처하게 된다고 주장하는 콜맨(Coleman, 1978)의 "집중이론"에 의하면, 청소년기 사별의 이중

위기는 대처하려는 자와 조력자 모두에게 도전과제일 수 있다. 왜냐하면 청소년기의 대처가 발달에서 유래했는지, 사별로 인해 발생한 것인지가 불명확하기 때문이다(Corr, 2000b; Garber, 1983).

그렇기 때문에 청소년의 애도는 성인의 애도와 정확히 일치하지 않을 수 있다. 오히려 청소년기의 애도는 오고가는 슬픔을 통해 오랜 시간이 걸릴 수 있는 전반적인 애도과정을 포함하기 때문에 지속적이면서도 간헐적일 수 있다(Hogan & DeSantis, 1992). 개인적인 관계와 사회시스템으로 인해 청소년사별은 2차 상실과 점진적인 슬픔을 수반하기도 한다. 따라서 청소년 발달을 위한 가족의 역할과 죽음의 장기적 중요성에 대해 더 많이 이해할 필요가 있다(Hogan & Balk, 1990; Lattanzi-Licht, 1996; Martinson, Davies, & McClowry, 1987; Meshot & Leitner, 1993).

청소년, 살인, 자살

살인과 청소년

사고사에 이어 살인은 청소년 사망 중 두 번째로 높은 사망원인을 차지하고 있으며, 최근 몇 년 사이 그 상대적 중요성이 커지고 있고, 성별 및 인종에 따라 큰 차이를 보이기도 한다. 2007년 살인은 전체 인구의 15번째 주요 사망원인이었지만 청소년 집단에서는 사망원인 중 2위를 차지하였다. 숫자 면에서 볼 때, 2007년 15~24세 사이에 살인은 총 5,551건 발생했으며, 이는 전체 인구의 14%를 차지하는 인구집단에서 전국 살인사건 사망자의 30% 이상을 차지한 것이다(표 13.4 참조). 2007년 청소년의 살인으로 인한 사망률은 10만 명당 13.1명이었다.

1960년부터 1990년까지 미국의 청소년 살인율은 3~4배 증가한 것으로 나타났다. 또한 여성에 비해 남성이, 백인계 미국인에 비해 아프리카계 미국인의 살인율이 훨씬 높은 것으로 나타났으며, 이는 2007년에도 동일한 것으로 나타났다. 자살과 마찬가지로 *청소년의 살인은 남성 대 여성의 비율이 약 4:1 정도로 나타난다. 그러나 자살과 달리 아프리카계 미국인의 살인율은 백인계 미국인의 7배 이상 높게 나타난다.*

1991년 이래로 미국 전 연령대에 있어 살인으로 인한 사망은 감소 추세에 있다(4장 참조). 그럼에도 불구하고, 2007년 15~24세 아프리카계 미국인 남성에게 살인은 사망원인 1위를 차지하였고, 같은 연령대의 아프리카계 미국인 여성에게는 사망원인 2위를 차지하였다. 국제적 관점에서 보더라도 청소년 살인율은 세계 어느 나라보다 미국이 오랫동안 높은 것으로 나타났다(Fingerhut & Kleinman, 1989).

청소년 살인은 그 의미와 기원 모두가 복잡하다(Busch, Zagar, Hughes, Arbit, & Bussell, 1990). 살인 및 다른 외상은 많은 청소년에게 부정적인 영향을 미친다. 가장 부정적인 영향을 받는 사람들이 폭력의 *주요 희생자*인 살해된 사람들일 것이나(그중 일부는 이 생의 시점 부분의 시대에 너디'ㄴ 두 명의 소녀와 같은 "무고한 방관자"일 수 있다). 또한 청소년 살인은 친척, 친구, 그러한 폭력을 목격한 자, 심지어 가해자 등 다양한 *이차희생자*에게 부정적인 영향을 줄 수 있다(Shakoor & Chalmers, 1991). 따라서, 생존한 청소년의 개성화 및 발달에 있어 특히 중요하게 작용할 수 있다(Bradach & Jordan, 1995).

살인은 특히 도시에서 많이 발생한다(Ropp, Visintainer, Uman, & Treloar, 1992). 일반적으로 청소년 살인의 대부분의 가해자와 희생자는 같은 종족 또는 인종일 가능성이 높기 때문에 이러한 유형의 죽음은 주로 내부적인 성격을 띠게 된다(Barrett, 1996). 살인 사건의 대부분은 총기 사건과 관련되어 있다(Fingerhut, Kleinman, Godfrey, & Rosenberg, 1991). 여러가지 측면을 고려하면, 청소년 살인 사건은 본질적으로 가정, 학교 또는 지역사회에서 발생하는 폭력의 극단적인 형태이다(American Psychological Association, 1993; National Research Council, 1993; U.S. Department of Health and Human Services, 2001b). 불우한 가정환경과 갱단 및 마약관련 범죄행위가 넘쳐나는 폭력적인 지역사회 뿐만 아니라 미국의 가난한 도시에 살고 있는 청소년은 끊임없는 위험에 노출되어 있다. 살인과 사회구조 사이의 상호작용은 시카고 라틴계의 지역사회에서의 폭력사태에 대한 보고서(Block, 1993) 및 워싱턴 D.C.에서 권총면허를 제한했던 시기에 살인과 자살률이 감소한 것을 통해 잘 나타난다(Loftin, McDowall, Wiersema, & Cottey, 1991).

1999년 4월 콜로라도주 리틀턴에 있는 콜럼바인 고등학교와 2007년 4월 버지니아주 블랙스버그의 버지니아공대에서 발생한 학교 총기난사 사건의 언론보도로 인해 중산층, 사회적 이권층, 교외지역의 백인계 미국인(여성 포함)의 청소년 살인이 대중의 주목을 받게 되었다(비판적 숙고 4장 #4와 19장 #18 참조). 사실 이러한 사건은 상대적으로 드물게 발생하므로, 공식적인 미국 정부 보고서에 의하면 학교가 우리 사회에서 아동에게 가장 안전한 장소라는 사실은 변함이 없다(Robers, Zhang, & Truman, 2010). 하지만, 학교관련 폭력과 죽음을 통해서 학교에도 죽음이 추악한 방식으로 침범할 수 있다는 것을 알 수 있다.

실제로, 청소년 살인의 가해자 또는 희생자가 될 위험이 가장 큰 대상은 도시에 사는, 아프리카계 미국인 및 히스패닉계 미국인 남성이다. 홀링어(Holinger)와 동료들에 의하면 "청소년 살인은 빈곤, 대인관계, 가정, 갱단의 폭력과 관련이 있다. 또한 희생자와 가해자는 비슷한 성격을 갖는 경우가 많은데, 주로 성격장애(예를 들면, 충동조절, 사회병리학적인 문제)가 공통적으로 나타난다(Holinger, Offer, Barter, & Bell, 1994, p. 182)." 청소년 살인의 중요한 특징은 주로 동료와 사회적 영향의 맥락에서 발생한다는 것이다(Barrett, 1996). 폭력적인 성인은 종종 혼자 행동하지만, 폭력적인 청소년은 대개 그룹으로 행동한다. 일부 청소년 집단에서는 폭력적인 행동이 받아들여지고, 장려되며, 심지어는 해당집단의 일원으로 받아들이는 의식의 일종으로 행해지기도 한다(비판적 숙고 #11 참조).

비판적 숙고
#11 우리 사회에서 갱단과 폭력의 관계는 무엇인가?

현대 도시사회는 갱단, 폭력(특히 총기사용과 관련된 폭력)과 같은 청소년에게 특히 치명적인 조합을 만들어 냈다. 그러나, 대부분의 연구에서는 이러한 요소들의 관계가 실제로 얼마나 중요한지는 불확실하다고 설명한다(Nakaya, 2005). 예를 들면, 청소년 갱단은 미디어로부터 많은 주목을 받지만, "갱단"을 구성하는 요소에 대해서는 견해가 불일치하고 있다. 캘리포니아주와 플로리다주 법에 따르면 3명이 모이면 갱단을 구성할 수 있다고 명시하고 있지만, 다른 주에서는 2명만 모여도 가능하다(Myers, 2000). 또한 일부 집단은 이름, 색상, 수신호를 만들기도 하지만, 일부 집단은 그렇지 않을 수 있다. 한 언론 보도에 따르면 로스엔젤리스에는 1,300명의 갱단이 있다고 한다(Anonymous, 2001a). 하지만 갱단의 정의가 불분명하기 때문에 이 주장은 과장된 것일 수 있다(Myers, 2000). 하나의 일치하는 주장은 가장 많은 수의 갱단 구성원은 주로 가난한 도시 지역에 사는 아프리카계 미국인 및 라틴아메리카계 미국인이라는 점이다.

실제 갱단 활동은 감소할 가능성이 있다(Myers, 2000). 갱단의 활동에 대한 의미에 변화가 생겼고, 이제는 총기를 사용한 폭력이 갱단의 활동으로 여겨지고 있기 때문이다(Anonymous, 2001a; Komro, 1999; Myers, 2000). 뉴욕시에서 1990년부터 1998년까지 발생한 11,133건의 총기사망자에 관한 연구에 의하면(Galea et al., 2002), 사망자의 3분의 1 이상(36.8%)이 15~24세였다. 콤로(Komro, 1999)는 이 연령대 남성의 총기로 인한 살인율은 전체 살인율의 3배라고 보고했다. 이러한 연구결과는 젊은 사람들, 특히 남성의 폭력이 미국 빈곤한 도시지역의 커다란 사회문제임을 명백하게 보여준다.

우리 사회의 갱단과 폭력 및 이 둘 사이의 관계에 대해 당신은 어떻게 생각하는가?

미국의 많은 지역에서 청소년 살인은 원칙적으로 형사문제가 아닌 *공중보건*의 위기로 간주되고 있다(Fingerhut & Kleinman, 1989; Sullivan, 1991). 배럿(Barrett, 1996)은 청소년 살인은 경제적, 정치적, 인종적, 성역할 및 이러한 행동과 관련이 있는 여러 요인들을 모두 포괄하고 있다고 주장하였다. 예를 들면, 아프리카계 빈민가 내에서는 폭력을 모델링하거나 제재를 가하는 하위문화가 존재하고, "흑인의 분노" 이론에 의하면 백인이 아닌 젊은 남성은 경제적 희생, 빈곤 및 차별로 인한 분노를 조절하고 극복할 수 있는 능력이 부족하기 때문에 폭력이 발생하며, 미국의 경우 술, 마약, 값싼 권총을 쉽게 접할 수 있고, "어려운" 청소년에 대한 관심부족 및 징벌적 태도와 같은 다양한 사회제도의 실패가 모두 청소년 살인과 관련되어 있다.

미국 청소년의 놀라운 살인 수준에 대한 설명은 이 책의 범위를 벗어난다. 분명한 것은 미국 사회와 사형제도의 변화를 통해 청소년의 폭력수준을 줄이고, 청소년의 살인사건수와 살인율을 줄이기 위해 노력하고 있다는 것이다. 청소년 살인과 자살의 복잡성에 비추어 볼 때, 간단한 해결책은 없다(Prothrow-Stith & Spivak, 2004). 홀링어(Holinger)와 동료들(1994)은 청소년 자살과 살인에 관한 연구를 종합하여 다음의 네 가지 주요 권장사항을 제시하고 있다: (1) 총기발사를 제한할 수 있는 총기 제어능력, (2) 살인적 행동의 기원 및 이미 알려진 치료, 예방 전략에 관한 공교육, (3) 전문가에 대한 더 많은 훈련, (4) 병인학 및 치료에 관한 더 많은 연구. 배럿(Barrett, 1996)은 이와 유사한 권고 안을 다양한 영역에서 다음과 같이 제안하고 있다: 종교기관과 지역공동체에 권한 부여, 아프리카 계 미국인 및 히스패닉계 미국인 성인 남성의 책임 갱신, 청소년의 건설적인 사회화를 위한 학부모 와 교육기관의 적극적인 개입, 치명적인 대립의 위험 및 갈등관리 기술에 관한 체계적인 교육, 교정 시스템의 개혁, 빈곤과 사회적 고통을 개선하기 위한 사회정의정책 실현.

자살과 청소년

청소년의 자살행동은 다음의 두 가지 주요한 이유로 오랫동안 주목을 끌고 있다(Lester, 1993; Peck, Farberow, & Litman, 1985; Stillion & McDowell, 1996): (1) 많은 사람들이 청소년기는 아동에 서 성인으로 진화하며 미래를 위해 중요한 것을 발견하는 건강하고 생산적인 시기라고 생각한다. (2) 1960~1990년 사이에 청소년의 자살률은 같은 기간 다른 연령대보다 훨씬 더 급속도로 증가하였 다(Holinger et al., 1994; Maris, 1985).

그러나 1990년대 후반과 21세기 초반, 미국 15~24세의 청소년 자살률은 2004, 2005, 2006년을 제 외하고 10만 명 당 11.4명에서 2007년 9.7명으로 전반적으로 감소하였다(Xu, Kochanek, Murphy, Tejada-Vera, 2010; McIntosh, 2010; 표 13.1 참조). 2007년 15~24세 청소년 중 4,140명과 10~14세 청 소년 중 180명이 자살로 사망하였고, 청소년 자살에 대한 우려는 계속되고 있다.

청소년 자살행동의 또 다른 중요한 특징은 자살시도와 자살완료에 있어 극명한 성별 차이가 나 타난다는 것이다. 여성은 남성에 비교하여 약 3:1의 비율로 자살을 더 많이 시도하지만 남성은 여성 에 비해 약 3.6:1의 비율로 자살을 완료한다. 뿐만 아니라 청소년기 중기 및 말기, 백인계 미국인과 아프리카계 미국인에게서도 청소년 자살행동의 격차가 나타나기 때문에, 이러한 현상에 대해 보다 명확하게 이해할 필요가 있다.

외부에서는 종종 만족스럽고 유망하다고 생각하는 발달단계인 청소년기에 자해로 인한 사망이 세 번째 주요 사망원인이라는 사실이 역설적으로 보일 수 있다. 사실, 이장의 시작 부분에 나타난 앤 서니 라미레즈의 예에서와 같이, 자살은 자신에 대해 장밋빛 견해를 가진 다른 사람들과 같은 생각 을 공유하지 못하거나, 스트레스 과부하에 걸리거나, 자신의 문제를 해결할 수 있는 방안이 없거나, 다른 사람의 삶만 좋고 유망하다고 느끼는 우울한 청소년에게 주로 발생할 수 있다(Jurich & Collins, 1996).

청소년의 자살행동은 다양한 요소와 관련이 있기 때문에 복잡하다(Allberg & Chu, 1990; Kirk, 1993; 17장 참조). 따라서, 자신의 삶을 끝내는 행동을 시도하는 청소년의 상황을 지나치게 단순화 해서는 안 된다. 자살위험이 있는 청소년은 종종 눈에 띄게 된다(Garrison, Lewinsohn, Marstellar, Langhinrichsen, & Lann, 1991). 부모, 가족 구성원, 동료, 학교친구, 직장동료와 같은 중요한 사람과의 관계가 부적절하거나 변경되는 경우, 동료들과 어울려야한다는 잠재적 압력, 문제에 대한 미숙한 대처, 기능장애 등이 청소년 자살위험과 관계가 있는 요소들이다. 이러한 요소들은 비효율적인 의사소통, 부적절한 대처 및 청소년 발달의 특수한 문제와 관련이 있다. 또한, 동성애자에 대한 사회 구성원들의 태도 등으로 인해 게이 및 레즈비언 청소년은 자살행동 위험이 높은 것으로 나타난다(Gibson, 1994). 전반적으로 "자기자신과 자신이 원하는 사람 사이에서 큰 차이를 경험하는 청소년은 낮은 자기개념, 자기증오, 우울, 자살행동의 위험이 있다(Stillion, McDowell, & May, 1989, p. 194)." 이런 청소년은 자신의 욕구를 표현하고, 자신의 개인적인 문제를 해결하거나, 필요한 도움을 얻을 수 없는 경우가 많다.

자신의 문제를 해결하거나 더 큰 관점으로 바라볼 수 없는 청소년은 고립되고 우울해질 수 있다. 우울증은 종종 무력감 및 절망감을 동반하기 때문에 이러한 청소년은 자포자기 상태일 수 있다(Cobain, 2007). 따라서 자기파괴가 유일한 희망으로 보일 수 있다. *대개의 경우, 이는 죽는다는 것을 의미하지는 않는다.* 다른 사람들과 마찬가지로 자살충동이 있는 청소년은 삶과 죽음에 대한 양면적 감정을 갖고 있으며, 죽음의 개인적 최종성에 대해 불분명해한다. 이러한 청소년에게는 *스트레스로 가득찬 상황에서 벗어나게 하는 압도적인 자극*이 필요하다(Berman, 1986; Berman & Jobes, 1991).

삶을 끝내는 것에 대해 모순된 생각을 가진 청소년은 어떤 식으로든 도움이 필요하다는 의사소통을 하게 된다. 예를 들면, 소중한 물건을 버리기 시작하면서, 그런 물건이 더 이상 주변에 없을 경우 상황이 더 나아질 수 있을지에 대해 애매모호하게 이야기한다. 그러나, 이러한 방법은 원하는 메시지를 전달하는데 효과적이지 않다. 결국, 효과적으로 의사소통하는 능력이 문제에 대처하는 능력과 직접적으로 관련이 있다. 자신의 문제를 다른 사람에게 설명할 수 있는 청소년은 자신의 문제를 관리할 수 있는 중요한 단계로 한발짝 다가섰다고 볼 수 있다. 그럼에도 불구하고 도움을 요청받는 사람이 청소년의 감정을 인지하지 못할 수도 있다. 왜냐하면, 청소년의 의사표현이 과장될 수도 있고, 이런 특정한 메시지가 뚜렷하지 않을 수도 있으며, 건강한 삶을 살아가는 사람은 이런 절망적인 메시지를 납득하지 못할 수 있기 때문이다.

비록 외부인이 청소년의 자살시도나 자살완료를 방지할 수 없을 지라도, 자살행동 가능성을 최소화하는 노력은 할 수 있다(Westefeld et al., 2006). 자존감을 높이고, 확실한 의사결정 능력을 기르고, 대처능력을 향상시키려는 노력은 모두 바람직하다. 교사, 상담교사, 학부모, 청소년을 위한 학교기반 교육 및 개입프로그램을 통해 동료상담이나 위기개입과 같이 도움을 제공할 수 있는 실용적인 전략과 자살의 경고징후에 대한 교육이 이루어져야 한다(Berkovitz, 1985; Leenaars & Wenckstern, 1991; Poland, 1989; Ross, 1980, 1985; Stevenson, 2001; Stevenson & Stevenson, 1996a). 이런 프로그램에서 중요한 점은 자살행동을 할 수 있는 청소년을 파악하고 지원하기 위한 사람이 적절히 배치되어야 한다는 것이다.

우울한 청소년이 권총을 들고 있다.

    일부는 자살에 관한 교육이 오히려 최소화하고자 하는 행동을 더 불러일으킬지도 모른다고 우려한다. 이는 소위 "전염이론"으로 설명될 수 있는데, 자살에 대한 언급이 듣는 사람으로 하여금 해당 행동에 관여하도록 영향을 준다는 것이다. 최근 몇 년 사이, 이는 "집단" 또는 "모방" 자살로 설명되었다. 즉, 다른 사람의 사례 또는 언론매체를 통해 자살 청소년에 대한 모델을 수립한 것처럼 보이는 것이다. 하지만, 이러한 관점을 뒷받침할만한 근거는 부족하다(Ross, 1985; 17장 참조).

    자살이나 다른 사람의 자살행동에 대한 지식이 없이, 어떤 행동이 되었든 생명을 위협하는 행동을 인정해버리는 것이 청소년에게는 가장 위험한 일이다(Berman, 1988; Davidson & Gould, 1989). 이러한 위험은 자살행동의 부정적인 결과에 대한 교육에서는 다루어지지 않는다. 교육과정에서는 청소년에게 *자살은 일시적인 문제에 대한 영구적인 해결책*이라고 제시한다. 아트 버치월드(Art Buchwald, 2006, p. 37)는 농담 삼아 다음과 같이 주장하였다: "자살하지 마십시오. 왜냐하면 2주 후에 마음이 바뀔 수도 있기 때문입니다." 자살에 대해 효과적으로 교육을 하려면 다른 방법으로 문제를 해결할 수 있도록 자원을 동원하고, 청소년 자살의 공통적이고 널리 알려진 커다란 고통에 주의를 집중해야 한다. 교육을 통해 자살에 대해 건설적으로 이야기하는 것이 다른 행동을 제안하거나 격려하는 것보다 주변을 맑게 하여 자살행동을 더 최소화시킬 수 있다(Stillion & McDowell, 1996).

위기개입 프로그램은 청소년 및 많은 사람들의 자살충동을 최소화하는 유용한 개입모델을 제공한다(Fairchild, 1986; Hatton & Valente, 1984). 이런 프로그램은 자신의 삶을 끝내는 것에 대해 애매모호한 입장을 취하는 사람에게 적합하며, 도움을 받을 수 있는 기관에 전화연락을 취하도록 권장한다. 전화에 응대하는 자원봉사자들은 대부분 선택되고, 훈련받고, 감독받고, 지지받은 청소년들이다(Valente & Saunders, 1987). 자원봉사자는 돌보는 존재로써, 극히 제한된 위기기간 동안 세심한 동반자로써, 문제를 해결하기 위한 대안을 찾는데 도움을 주는 도우미로써, 추후 지원을 위한 추가자원에 대한 안내자로써의 역할을 하게 된다.

청소년 지살에 대헤서 잘 알려져 있지 않은 영역은 누군가 자산을 했을 때 남겨진 사람들에 대한 부분이다(Valente & Sellers, 1986). 청소년 자살로 인한 슬픔은 강렬하게 나타나며, 특히 청소년 동료와 사별했을 때 더욱 그러하다. "청소년 자살은 남겨진 동료들에게 특히 유해하다(Mauk & Weber, 1991, p. 115)." 청소년 동료와 사별을 하면 종종 죄책감, 거부, 좌절, 분노 및 실패의 감정이 복합적으로 나타난다. 또한 사회적으로 인정받지 못하고, 라벨링, 낙인 등이 중첩되어 슬픔과 애도를 배가시킨다. 이러한 경험을 견뎌야 하는 청소년은 사별 과정에서 돌봄과 지원을 받아야 하고, 죽은 친구의 삶을 기념할 때에도 주변 도움을 필요로 한다(Rubel, 1999). 중기 및 말기 청소년(Hill & Foster, 1996)과 대학생(Rickgarn, 1994, 1996)의 특정한 요구를 해결하기 위해 고안된 *사후관리 프로그램*은 자살이나 다른 외상성 사망에 대한 개입뿐만 아니라 미래의 자기파괴적 행동을 최소화하기 위한 예방적 차원에서 모두 유용하다.

죽음과 사별에 대처하는 청소년 돕기

청소년은 죽음이 발생하기 전에는 교육과 준비를 통해, 죽음 발생시점과 이후에는 지지와 건설적인 개입을 통해 죽음에 대처하는데 도움을 받을 수 있다.

교육과 사전준비

부모와 성인들은 청소년이 아동기부터 죽음에 대처할 수 있도록 영향을 미치게 된다. 또한, 부모는 청소년이 살아가고 기능할 수 있는 다양한 사회적 상황을 조성하는데 도움을 준다. 열린 의사소통, 생각과 감정의 공유, 역할 모델링 및 기타 건설적인 사회화과정을 통해 청소년은 상실과 죽음관련 문제에 봉착했을 때 자신이 안전하다고 느끼고, 살아있다는 것에 만족할 수 있다.

맥닐(McNeil, 1986)은 성인을 위한 청소년과의 죽음에 대한 의사소통 지침을 다음과 같이 제안하고 있다:

1. 청소년의 죽음에 대한 관심을 잘 이해하고, 청소년이 탐구하고자 하는 것이 무엇이든 간에 열린 마음으로 토론의 장을 마련해야 한다.
2. 청소년이 이야기하는 것 뒤에 숨겨진 감정에 특별한 주의를 기울이며, 적극적이고 지각적으로 이야기를 들어주어야 한다.
3. 청소년의 감정이 진실되고 중요하며 정상적인 것이라고 받아들여야 한다.
4. 청소년이 말하는 것을 수용하고 이해하며 지지하는 반응을 보여야 한다.
5. 청소년의 문제를 해결해주려 하지 말고 본인 스스로 해결책을 찾도록 도와주면서 믿음을 보여주어야 한다.
6. 청소년과 함께하는 시간을 즐기고, 함께 이야기할 수 있는 기회를 자주 제공해야 한다.

위와 같은 의사소통은 중고등학교(Crase & Crase, 1984; Rosenthal, 1986; Stevenson & Stevenson, 1996a)나 대학교 수준(Corr, 1978)의 죽음관련 사전교육 프로그램을 통해 보완될 수 있다. 중학생, 고등학생 및 다른 젊은 독자를 대상으로 한 광범위한 죽음관련 문학작품도 도움이 될 수 있다(초점 맞추기 13.1 및 부록 B; Lamers, 1986 참조). 아동과 죽음에 관한 성인을 위한 문학작품에서 나타나는 원칙(12장에서 제안된 바와 같이) 또한 적절히 수정하면 청소년에게도 적용될 수 있다. 청소년과 죽음을 직접적으로 접하는 전문가를 위한 문헌도 다양하게 제시되어 있다(Balk & Corr, 2009; Corr & Balk, 1996; Corr & McNeil, 1986). 청소년을 위한 모든 교육 및 지원 프로그램에서는 청소년이 성취하고자하는 목표와 청소년의 욕구 및 경험에 주의를 기울여야 한다. 로젠탈(Rosenthal, 1986)은 청소년의 죽음, 임종, 사별에 대한 교육과정을 설계할 때, 죽음관련 교육의 주요한 세 가지 측면인 정보, 자기인식, 도움기술과 관련된 주제, 목적, 자료, 방법, 평가절차를 결정해야 한다고 권고하였다. 무엇보다 취약한 청소년이 고립되고 소외되기 전에 손을 내밀어 건설적인 접촉을 하는 것이 중요하다.

죽음 이후 지지 및 지원

죽음이 발생하면 또 다른 중요한 일이 발생하게 된다. 어른들은 사별한 청소년이 상실에 대한 정확한 정보를 얻을 수 있고, 상실을 재해석하여 자신의 삶 속으로 통합하도록 도움을 줄 수 있는 건설적인 프로그램을 준비해야 한다. 이런 프로그램을 통해 사별한 청소년은 죽음에 대한 정서적 반응을 표출하고, 안전하고 다루기 쉬운 방법으로 자신의 감정을 표현하며, 스스로 대처방법을 찾고, 장례식에서 적극적인 역할을 하고, 건설적인 방법으로 상실을 기념하고, 건강하고 생산적인 삶을 찾게 된다(Fitzgerald, 2000). 활동집이나 일지를 쓰는 것은 다른 중재방법과 더해지면 더욱 효과적일 수 있으며, 혼자서 슬픔을 극복하는 것이 편한 청소년에게는 특히 유용한 방법이 될 수 있다(Barber, 2003; 부록 C 참조).

초점 맞추기 13.1

죽음, 임종, 사별과 관련된 청소년을 위한 문헌

청소년을 위한 문헌에 대한 전체 서지 정보 및 부연 설명은 부록 A와 부록 C에 제시되어 있다. 여기에 서는 제목만 표기하였다.

청소년의 상실과 대처에 관한 책:

Coping With Death and Grief
Death Is Hard to Live With
The Diary of a Young Girl
Dicey's Song
The Education of Little Tree
Facing Change
Flowers for the Ones You've Known

Help For the Hard Times: Getting
Through Loss
Hunter in the Dark
Out of the Blue
Straight Talk About Death For
Teenagers
When Death Walks In

형제, 동료, 부모, 조부모 및 다른 어른들의 죽음에 관한 책:

Anna's Scrapbook
Blackberries in the Dark
Bridge to Terabithia
Daddy's Climbing Tree
A Death in the Family
The Death of Ivan Ilych
A Grief Observed
Grover
How It Feels When a Parent Dies
The Last Dance
Losing Someone You Love

Mick Harte Was Here
Missing May
The Mother Tree
Olive's Ocean
Ordinary People
So Long, Grandpa
Sky Memories
Sun and Spoon
Tiger Eyes
Winter Holding Spring
With You and Without You

생명을 위협하는 질병 및 죽음에 대처하는 다양한 방법에 관한 책:

Annie and the Sand Dobbies
Be a Friend: Children Who Live with HIV Speak
Charlotte's Web
Children of the Paper Crane
The Dead Don't Dance
Death Be Not Proud
The Eagle Kite
How It Feels to Fight For Your Life

Mama's Going to Buy You a Mockingbird
Never Blame the Umpire
One Thousand Paper Cranes
Say Goodnight, Gracie
The Sunday Doll
Sunflower Promise
A Taste of Blackberries
Writing to Richie

청소년 자살에 관한 책:

Dead End: A Book About Suicide
Living When a Young Friend Commits Suicide
Tears of a Tiger

A Teenager's Book About Suicide
Too Young to Die: Youth and Suicide
Tunnel Vision

청소년을 위한 죽음관련 문헌에 대한 추가정보가 필요하거나 관련 서적의 구매를 원하는 경우, 다음으로 연락하시오.
Centering Corporation(P.O.Box 4600, Omaha, NE 68104-0600; 402-553-1200; fax 402-553-0507; www.centering.org; e-mail to Centeringcorp@aol.com).

한 청소년이 다른 청소년을
위로하고 있다.

청소년을 위한 상담개입은 다음 두 가지 원칙에 따라 진행되어야 한다: (1) 청소년이 어려움을 설명할 수 있도록 안전한 환경을 제공한다. (2) 사별과 밀접하게 상호관련이 있는 청소년 발달 과제를 제공한다(Calvin & Smith, 1986). 후자의 원칙은 상담사가 아닌 청소년 본인이 자신의 삶의 도전과제에 대한 해결책을 제시하도록 하는 것이다. 교육자는 사별, 슬픔, 애도의 본질을 이해해야만 도움을 줄 수 있다. "사별한 대학생은 학업 성적이 떨어질 위험이 높아, 결국 중도탈락할 가능성이 높다"는 연구결과(Servaty-Seib & Hamilton, 2006, pp. 230 & 233)를 통해 장기간 임상노출의 필요성이 제기되고 있다. 이 연구는 많은 학자들이 제시한 상담사를 위한 지침(Balk, 1984, 2011; Cohen, Mannarino, & Dehlinger, 2006; Fitzgerald, 1998; Floerchinger, 1991; Grey, 1988; McNeil, Silliman & Swihart, 1991; Valentine, 1996; Zinner, 1985)을 강화하고 있다. 12장에서 아동을 대상으로 설명한 *사후관리* 프로그램은 중등수준(Hill & Foster, 1996) 뿐만 아니라 중등이후 수준(Lerner, Volpe, & Lindell, 2004; Rickgarn, 1994, 1996)의 청소년을 대상으로도 개발되었다.

부모, 상담사, 또는 다른 성인과 이야기하기를 꺼리는 청소년은 유사한 경험을 가진 동료들로 이루어진 지지집단을 통해 죽음관련 문제를 해결하는 것이 더 적절할 수 있다(Tedeschi, 1996). 사별한 동료들끼리 공동체를 이루게 되면, 죽음으로 인해 "다르다"는 낙인을 없앨 수 있다. 타인으로부터의 고립을 극복하는 것이 모든 사별에서 중요하지만, 정체성에 대한 투쟁을 하고 또래의 검증이 필요한 발달단계인 청소년기에는 더욱 중요하다. 지지그룹은 사별한 청소년에게 중요한 정보를 제공하고, 감정을 표현할 수 있는 환경을 마련하고, 인생의 힘든 상황에 직면했을 때 도움을 주고, 중요한 상실과 관련하여 슬픔을 경험하는 것은 당연하다는 근본적인 메시지를 확인시켜줄 수 있다 (개인적 통찰 13.3 참조).

개인적 통찰 13.3

더기 센터(Dougy Center)의 10대들이 제시한 슬픔에 잠긴 10대를 위한 권리 장전

··· 죽음, 고인, 및 상황에 대한 진실을 알 권리

··· 질문에 대한 정직한 답변을 들을 권리

··· 타인으로부터 존엄성과 존중을 받을 권리

··· 자신의 슬픈 감정이나 생각을 말하지 않고 침묵할 권리

··· 타인의 생각과 결론에 동의하지 않을 권리

··· 죽은 사람과 죽은 장소를 볼 수 있는 권리

··· 자기자신이나 타인을 해치지 않으면서 원하는 방법으로 슬퍼할 권리

··· 자신의 슬픔에 대해 모든 감정을 느끼고 모든 생각을 할 수 있는 권리

··· 고등학교 보건서적에 명시된 대로 "슬픔의 단계"를 따르지 않아도 될 권리

··· 검열없이 자신의 독특하고 개성 있는 방식으로 슬퍼할 권리

··· 죽음, 죽은 사람, 하느님, 자기자신 및 다른 사람에게 화를 낼 권리

··· 삶과 죽음에 대한 신학적이고 철학적인 신념을 가질 권리

··· 죽음과 관련된 의식결정에 관여할 권리

··· 상처입기 쉬운 애도상황에서 타인에게 이용당하지 않을 권리

··· 죽음을 막기 위해 개입하지 못한 것에 대한 죄책감을 느낄 권리

출처: 이 권리 장전은 더기 센터(Dougy Center)에 참여했던 10대들이 개발한 것이며, 센터의
"공식적인" 정책을 나타내는 것은 아니다. 재판 출간 허가 취득.

청소년은 비록 극심한 비극을 경험하면서도 삶에 대한 깊은 이해, 다른 사람과의 끈끈한 유대감, 정서적인 성장과 같은 긍정적인 결과도 발생할 수 있다고 생각한다(Oltjenbruns, 1991). 어른들은 청소년이 긍정적인 결과를 경험할 수 있도록 도움을 줄 수 있으며, 본인 또한 청소년을 통해 중요한 교훈을 얻을 수 있다.

내용 요약

이 장에서는, 현대 미국사회에서의 청소년과 죽음의 상호작용에 대해 살펴보았다. 청소년기 초기, 중기, 말기의 독특한 발달과제가 어떻게 죽음과 직접적으로 관련이 있는지도 살펴보았다. 청소년기의 발달과제는 죽음대면과 태도에 영향을 미칠 수 있다. 청소년기는 사고, 살인 및 자살과 같은 인간으로 인해 발생하는 죽음과 관련하여 낮은 사망률을 보이는 시기이다. 죽음과 관련된 태도에 있어서 청소년은 일반적으로 현재를 강조하고, 죽음의 개인적 중요성을 인지하는데 있어 저항하는 경향이 있다. 이 상에서는 모안 생명을 위협하는 질병이나 사별과 슬픔에 대처하는 청소년들이 지

면하는 문제에 대해서도 살펴보았다. 특히 청소년기의 살인이나 자살과 관련된 쟁점을 주로 살펴보았다. 마지막으로, 청소년이 죽음과 사별에 대처할 수 있는 방법을 제시하였다.

용어 해설

말기 청소년기: 과제는 친밀감과 헌신, 갈등은 친밀감 대 거리감

사후관리: 외상성 상실로 영향을 받는 사람들을 위한 사후개입

중기 청소년기: 과제는 역량, 숙달, 통제, 갈등은 독립 대 의존

청소년: 아동기와 성인기 사이에 있는 인간발달단계, 발달과제로는 개인화와 다소 안정된 자아정체성 확립, 반드시 10대와 동일시되지는 않음

청소년기의 발달단계: 청소년기 초기, 중기, 말기

청소년의 죽음 이해에 영향을 미치는 요인: 생물학적, 인지적, 사회적, 정서적 요인들의 모호함이나 긴장감 및 디지털 세계

초기 청소년기: 과제는 부모로부터의 정서적 분리, 갈등은 분리 대 화합

복습과 토론을 위한 질문

1. 고등학교 때, 이 장의 시작 부분에 제시된 사례와 같은 경험이 있는가? 만약 있다면 관리자, 교사, 학부모 및 다른 학생들이 이러한 경험에 대처하기 위해 어떻게 하였는가?

2. 청소년기에 어떤 죽음관련 상실을 경험하였고, 그게 어떠한 의미로 다가왔는가? 이를 대처하는데 무엇이 도움이 되었는가? 어떤 도움을 원했는데 받지 못했는가?

3. 청소년기에 매우 심하게 아픈 적이 있었거나 중요한 상실을 경험한 적이 있는가? 질병이나 상실을 경험했을 때 가장 크게 우려했던 것은 무엇인가? 아니면 그런 상황에 처한 청소년을 알고 있는가? 그 아이의 가장 큰 관심사는 무엇이었는가?

4. 청소년이 죽음에 대처할 수 있도록 도와줄 수 있는 방법을 요청받는다면 어떻게 제안하겠는가? 제안한 방법을 서로 다른 상황에 처해있는 청소년에게는 어떻게 다르게 적용하겠는가?

추천 도서

청소년, 발달과정, 죽음에 대한 일반 자료:

Balk, D. E., & Corr, C. A.(Eds.).(2009). *Adolescent Encounters with Death, Bereavement, and Coping.*

Corr, C. A., & Balk, D. E.(Eds.).(1996). *Handbook of Adolescent Death and Bereavement.*

Corr, C. A., & McNeil, J. N.(Eds.).(1986). *Adolescence and Death.*

Kalergis, M. M.(1998). *Seen and Heard: Teenagers Talk about Their Lives.*

Offer, D., Ostrov, E., & Howard, K. I.(1981). *The Adolescent: A Psychological Self-Portrait.*

청소년기 생명을 위협하는 질병과 관련된 자료:

Krementz, J.(1989). *How It Feels to Fight for Your Life.*

Pendleton, E.(Comp.).(1980). *Too Old to Cry, Too Young to Die.*

청소년기 사별과 비탄을 이해하기 위한 자료:

Balk, D. E.(Ed.).(1991a). Death and Adolescent Bereavement [Special issue]. *Journal of Adolescent Research, 6*(1).

Balk, D. E.(2011). *Helping the Bereaved College Student.*

Baxter, G., Bennett, L., & Stuart, W.(1989). *Adolescents and Death: Bereavement Support Groups for Secondary School Students*(2nd ed.).

Crenshaw, D. A.(Ed.).(2008). *Child and Adolescent Psychotherapy: Wounded Spirits and Healing Paths.*

Fitzgerald, H.(2000). *The Grieving Teen: A Guide for Teenagers and Their Friends.*

Fry, V. L.(1995). *Part of Me Died, Too: Stories of Creative Survival among Bereaved Children and Teenagers.*

Grollman, E. A.(1993). *Straight Talk about Death for Teenagers: How to Cope with Losing Someone You Love.*

Sjoqvist, S.(Ed.).(2006). *Still Here with Me: Teenagers and Children on Losing a Parent.*

Walter, C. A., & McCoyd, J. L. M.(2009). *Grief and Loss across the Lifespan: A Biopsychosocial Perspective*(especially Chapter 5).

청소년에게 죽음에 대해 알려주거나 죽음대처를 돕기 위한 자료:

Fairchild, T. N.(Ed.).(1986). *Crisis Intervention Strategies for School-Based Helpers.*

Fiorini, J. J., & Mullen, J. A.(2006). *Counseling Children and Adolescents through Grief and Loss.*

Fitzgerald, H.(1998). *Grief at School: A Guide for Teachers and Counselors.*

Stevenson, R. G.(Ed.).(2001). *What Will We Do? Preparing a School Community to Cope with Crises*(2nd ed.).

Stevenson, R. G., & Stevenson, E. P.(Eds.).(1996b). *Teaching Students about Death: A Comprehensive Resource for Educators and Parents.*

Turner, M.(2006). *Talking with Children and Young People about Death and Dying*(2nd ed.).

청소년과 아동의 자살 및 생명을 위협하는 행동에 관한 자료:

Cobain, B.(2007). *When Nothing Matters Anymore: A Survival Guide for Depressed Teens*(rev. & updated ed.).

Klagsbrun, F.(1976). *Too Young to Die: Youth and Suicide.*

Lester, D.(1993). *The Cruelest Death: The Enigma of Adolescent Suicide.*

Miller, D. N.(2011). *Child and Adolescent Suicidal Behavior: School-based Prevention, Assessment, and Intervention.*

Orbach, I.(1988). *Children Who Don't Want to Live: Understanding and Treating the Suicidal Child.*

Peck, M. L., Farberow, N. L., & Litman, R. E.(Eds.).(1985). *Youth Suicide.*

Pfeffer, C. R.(Ed.).(1986). *The Suicidal Child.*

Pfeffer, C. R.(Ed.).(1989). *Suicide among Youth: Perspectives on Risk and Prevention.*

Rubel, B.(1999). *But I Didn't Say Goodbye: For Parents and Professionals Helping Child Suicide Survivors.*

Stillion, J. M., & McDowell, E. E.(1996). *Suicide across the Life Span: Premature Exits*(2nd ed.).

웹자료

유용한 검색어: ADOLESCENTS AND DEATH; CAUSES OF DEATH IN ADOLESCENCE; DEVELOPMENTAL TASKS IN ADOLESCENCE; HOMICIDE AND ADOLESCENTS; SUICIDE AND ADOLESCENTS.

본서와 연계된 웹사이트 Death & Dying, Life & Living, 제7판을 방문해 보라.

본서-특약 웹사이트는 전문용어 해설, 플래시 카드, 아래 소개된 웹사이트 연결로, 그리고 퀴즈 테스트 등을 포함하는 학습 도구들을 제공한다. www.cengagebrain.com을 방문하라.

Adolescence Directory On-Line, Center for Adolescent and Family Studies, Indiana University

American School Counselors Association

Boulden Publishing

Centering Corporation

Children's Hospice and Palliative Care Coalition

Children's Hospice International

Children's Project on Palliative/Hospice Services(ChiPPS) of the National

Hospice and Palliative Care Organization

Compassion Books

Dougy Center: The National Center for Grieving Children and Families

National Alliance for Grieving Children

Winston's Wish

제14장

청장년

목표

- 청장년기 발달단계에서 나타나는 특징적인 쟁점에 대해 이해하기
- 미국에서 청장년기에 나타나는 전형적인 죽음문제에 대해 설명하기
- 청장년기 죽음관련 태도에 대해 살펴보기
- 생명을 위협하는 질병 및 임종에 대처하는 청장년의 주요 쟁점을 파악하기
- 사별과 슬픔에 대처하는 청장년기 주요 쟁점을 자녀, 배우자, 인생파트너, 형제, 동료, 친구, 부모, 조부모의 죽음과 관련하여 살펴보기

청장년기, 발달과제, 죽음

*청장년기*는 청소년기가 끝나는 20대 초반부터 노년기가 시작되는 60대 중반까지 인생의 약 40년의 기간을 차지한다. 많은 사람들은 이 시기를 인간 발달단계에 있어 가장 긴 단일 시기로 보며, "인생의 전성기"라고도 표현한다. 어떤 사람들은 이 긴 시기를 20년 단위의 2개의 세대로 보며, *청년기(21~22세부터 45세)*와 *장년기(45~65세)*로 구분하기도 한다. *청년기의 주요 발달과제*는 *친밀감(vs. 고립위험)*을 달성하는 것이며, *장년기의 주요발달과제*는 *생산성(vs. 정체위험 또는 자기흡수)*이다(Erikson, 1963, 1968; Cavanaugh & Blanchard-Fields, 2010; Papalia, Sterns, Feldman, & Camp, 2006).

청년기와 장년기는 뚜렷한 차이점이 있음에도 불구하고, 가족관계, 직장내 역할, 죽음관련 문제에 있어 많은 쟁점을 공유할 수 있다. 이 세대에 있는 많은 사람들이 직면하는 과제는 신세대(아동 및 청소년)와 구세대(노인) 사이에서 *중간층 또는 샌드위치세대* 구성원으로서의 역할이다. 하지만, 많은 요인들이 긴 청장년기 삶에 영향을 미치고, 청장년기의 발달양상에 대해 연구가 많이 이루어지지 않았기 때문에, 청장년기의 경험에 대해서 일반화를 하는 것은 주의해야 한다.

일반적으로 청장년기는 이전 발달단계에서 생활양식, 관계, 직업에 대한 선택을 통해 확립된 정체성을 탐구하고 발전시키는 시기이다(Kail & Cavanaugh, 2008; Newman & Newman, 2008; Papalia et al., 2006). 청년기의 관계, 직업, 생활양식 등에 대한 결정은 인생의 남은 부분을 좌우하게 된다. 이러한 결정을 내리는 과정에서 청소년기보다는 훨씬 더 완전하게 자기자신을 알 수 있게 된다. 장년기에는 이전에 확립된 개인적, 사회적, 직업적 자원을 일반적으로 보존하고 사용하려고 한다. 청년기에서 장년기로 전환될 때, 과거와 이미 지나온 것(젊은 시절과 그 시절에만 누릴 수 있는 특권)을 더 중요하게 여길 수도 있고, 자기자신에 대한 새로운 이해를 통해 앞으로 어떻게 살아갈지에 대해 결정하고 삶에 대한 인식을 새롭게 할 수도 있다. 격동의 위기로 묘사되기도 하지만, *장년기로의 변화*는 개별적인 인식들이 평준화되는 다소 평온한 전환기로 간주된다(Hunter & Sundel, 1989).

청장년기의 구분 안에서도, 레빈슨(Levinson, 1978)은 경계영역, 전환기, 특성에 따라 발달단계를 질적으로 구분하였고 이를 "계절"로 비유하기도 하였다. *청년기*에는 미성년에서 성년 세계로 진입하는 초보자로써 "꿈을 형성"하게 되고, 30세 정도에 내부적인 전환이 다시 이루어져 "정착" 단계에 이르게 된다. *장년기*에도 마찬가지로 초보자 또는 입문기간, 50세 전후의 내부전환기를 거쳐 종결단계에 이르게 되며, 이후 노년기로 전환된다. 레빈슨은 청년기와 장년기의 경계를 축복받은 전환이라고 설명하였는데, 이 시기에 사람들은 과거를 재평가하여 청년기를 종결하고, 삶의 구조를 수정하여 장년기를 시작하게 된다. 또한 젊음/늙음, 파괴/창조, 남성적/여성적, 애착/분리와 같은 4가지 주요 양극화현상에서 오는 갈등을 해결하게 된다.

성인에 대한 많은 연구들이 초기에는 남성 위주로 진행되었다. 이후의 연구에서 레빈슨(1996)은 1980~1982년에 45명의 여성을 대상으로 상세한 인터뷰를 실시하였다. 이 연구에서는 주부, 기업-금융업무 종사자, 학계 종사자 여성 3집단을 대상으로 하였다. 연구결과, 레빈슨은 "구조를 만드는 기간-유지기간의 순서 및 과도기가 남녀 모두에게 동일하게 나타난다"(p. 36)는 것을 발견하였다. 레빈슨은 이전에 남성을 대상으로 한 연구에서도 이러한 발달단계를 확인한 바 있었다.

길리건(Gilligan, 1982/1993)은 여성의 인간발달과정이 남성과 다르다고 주장한 최초의 연구자 중 한 명이다. 남성과 여성 모두 노인과 아동(부모와 자녀) 사이에서 중압감을 느낄 수 있다. 하지만, 샌드위치세대가 직면한 문제에 대한 대응은 남성과 여성이 다를 수 있다. 예를 들면, 노인이나 아픈 자녀를 돌보아야 하는 경우, 남성은 역사적으로 경제적이고 물질적인 지원을 하는 반면, 여성에게는 실질적인 케어나 양육 책임이 부여된다. 여전히 현대사회에서도 이런 현상이 나타나고 있다.

노동시장에서 많은 여성이 새로운 책임을 맡게 되면서 성역할에 대한 전통적인 분업이 현대 미국사회에서는 더 이상 적용되지 않는다는 주장도 제기되었다. 하지만, 남성과 여성 간 여전히 큰 차이가 존재하며, 이는 남성과 여성이 취하는 사회적 역할과 책임에 여전히 성차별이 영향을 미치기 때문이다. 밖에서 일하는 여성은 남성이 도와준다고 하더라도 집안일과 돌봄에 대한 책임을 져야 하며, "2교대" 또는 이중부담을 감수해야 한다. 따라서, 레빈슨(1996)은 성인의 삶에 대해 종합적으로 설명하기 위해서는 발달단계와 성별을 모두 고려해야 한다고 주장하였다. 중요한 점은 성인발달에 있어서 공통된 측면도 분명히 있지만, 성별, 역사, 기타 요인에 따른 차이도 존재한다는 것이다.

청장년기의 죽음

청장년기 사망자 수 및 사망률

2007년 미국 전체 인구 중 25~64세는 약 53%를 차지하였고, 240만 사망자 중 약 25%를 차지하였다(표 14.1 참조).

표 14.1은 성별, 인종, 히스패닉계에 따른 25~64세 집단의 2007년 *사망자수*를 10세 단위로 나타내고 있다. 해당 집단(25~64세)의 전체 사망자 수는 급속하게 증가하였다. 또한, 표 14.2에 나타난 바와 같이 55~64세의 사망률은 25~34세의 사망률에 비해 약 8배 이상 높은 것을 알 수 있다. 이러한 사망자수 및 *사망률*의 급격한 증가 패턴은 남녀 및 모든 인종에서 유사하게 나타난다.

미국 청장년기 사망률 추이에서 주목할만한 점은 3가지가 있다. 첫째, 장년기가 되면 청년기에 비해 훨씬 더 많은 사망자수가 발생하며 훨씬 더 높은 사망률을 보인다. 2007년 미국에서는 청년층이 청년층에 비해 약 4배 이상 사망하였는데, 실제 장년층의 인구는 청년층보다 현저히 작았다. 둘째, 청장년기에는 10세 단위로 더 많은 수의 사망자수와 더 높은 사망률을 경험한다. 셋째, 전체 인구집단에서 아동의 사망률(12장에서 논의된 10만 명 당 695.0명)은 매우 높은 편인데, 이보다 더 높은 사망률이 마지막 장년층(55~64세)에서 나타난다(10만 명 당 877.7명).

표 14.1 연령, 인종, 히스패닉계[a], 성별에 따른 청장년기 사망자 수, 미국, 2007년

	25-34세			35-44세		
	전체	남자	여자	전체	남자	여자
모든 인종[b]	42,572	29,792	12,780	79,606	50,105	29,501
백인계 미국인, 전체	31,181	21,998	9,183	59,571	38,121	21,450
비히스패닉 백인계 미국인	24,757	17,138	7,619	50,966	32,139	18,827
아프리카계 미국인	9,662	6,648	3,014	16,990	10,106	6,884
히스패닉계 미국인[c]	6,546	4,956	1,590	8,695	6,037	2,658
아시아 태평양군도 미국인	998	632	366	1,832	1,110	722
인디언과 알라스카 원주민	731	514	217	1,213	768	445
	45-54세			55-64세		
	전체	남자	여자	전체	남자	여자
모든 인종[b]	184,686	114,456	70,230	287,110	173,618	113,492
백인계 미국인, 전체	142,233	89,556	52,677	231,287	140,785	90,502
비히스패닉 백인계 미국인	127,898	79,931	47,967	213,876	129,977	83,899
아프리카계 미국인	36,818	21,495	15,323	47,682	28,127	19,555
히스패닉계 미국인[c]	14,400	9,634	4,766	17,424	10,764	6,660
아시아 태평양군도 미국인	3,677	2,212	1,465	5,774	3,334	2,440
인디언과 알라스카 원주민	1,958	1,193	765	2,367	1,372	995

[a] 백인과 아프리카계 미국인을 제외한 다른 인종의 자료는 사망증명서나 인구조사에서 인종이나 히스패닉계를 보고할 때 불일치할 수 있으므로 해석상 주의를 요한다.
[b] 특별히 구분되지 않은 인종에 대한 자료는 "모든 인종"에만 포함되어 있다.
[c] 인종에 상관없이 모든 히스패닉계를 포함한다.
출처: Xu et al., 2010.

표 14.2 연령, 인종, 히스패닉계a, 성별에 따른 청장년기 사망률(100,000명 당), 미국, 2007년

	25-34세			35-44세		
	전체	남자	여자	전체	남자	여자
모든 인종[b]	104.9	144.0	64.2	184.4	231.8	136.9
백인계 미국인, 전체	98.0	134.2	59.6	172.8	218.2	126.2
비히스패닉 백인계 미국인	102.4	140.8	63.4	181.5	228.4	134.4
아프리카계 미국인	168.9	240.3	102.1	299.5	378.9	229.1
히스패닉계 미국인[c]	80.1	110.1	43.4	127.1	166.3	82.7
아시아 태평양군도 미국인	39.0	50.1	28.1	71.5	88.9	54.9
인디언과 알라스카 원주민	146.6	198.3	90.6	264.8	332.5	196.0
	45-54세			55-64세		
	전체	남자	여자	전체	남자	여자
모든 인종[b]	420.9	530.0	315.2	877.7	1,100.6	670.1
백인계 미국인, 전체	394.0	498.4	290.5	835.4	1,042.7	638.0
비히스패닉 백인계 미국인	403.8	508.7	300.5	849.6	1,057.5	651.3
아프리카계 미국인	694.2	876.7	537.2	1,414.7	1,870.8	1,047.4
히스패닉계 미국인[c]	308.2	399.2	204.0	647.4	831.4	476.9
아시아 태평양군도 미국인	180.2	229.1	136.2	418.8	523.1	329.2
인디언과 알라스카 원주민	456.4	573.0	346.4	858.3	1,037.0	693.5

[a] 백인과 아프리카계 미국인을 제외한 다른 인종의 자료는 사망증명서나 인구조사에서 인종이나 히스패닉계를 보고할 때 불일치할 수 있으므로 해석상 주의를 요한다.
[b] 특별히 구분되지 않은 인종에 대한 자료는 "모든 인종"에만 포함되어 있다.
[c] 인종에 상관없이 모든 히스패닉계를 포함한다.
출처: Xu et al., 2010.

청장년기 사망의 주요 원인

표 14.3은 청장년기의 5대 주요 사망원인이 나이에 따라 변하는 것을 보여준다. 청년기(25~44세)의 경우, 사고사가 2007년 가장 주요한 사망원인이었다. 다음으로 암과 심장질환이 그 뒤를 차지하였고, 이 3가지 원인이 해당집단 사망의 50% 이상을 차지하였다. 자살과 살인은 그 다음 주요 사망원인이었다. 25~34세 집단에서는 자살과 살인이 상대적으로 더 중요한 사망원인이었던 반면, 35~44세 집단에서는 암과 심장병이 더 중요한 사망원인으로 나타났다. 이러한 변화는 인간이 유발하는 죽음(자살과 살인)의 상대적 중요성이 감소하기 때문인데, 이는 퇴행성질환(암 및 심장병)의

표 14.3 연령, 성별, 인종집단에 따른 5개 주요 사망원인별 청장년기 사망자 수와 사망률(10만 명 당): 미국, 2007

순위	25세-34세			35세-44세		
	사망원인	사망자수	사망률	사망원인	사망자수	사망률
	모든 원인	42,572	104.9	모든 원인	79,606	184.4
1	사고 　자동차 사고 　다른 사고	14,977 7,087 7,890	36.9 17.5 19.5	사고 　자동차 사고 　다른 사고	16,931 6,370 10,561	39.2 14.8 24.5
2	자살	5,278	13.0	암(악성신생물)	13,288	30.8
3	폭행(살인)	5,551	11.7	심장병	11,839	27.4
4	암(악성신생물)	3,463	8.5	자살	6,722	15.6
5	심장병	3,223	7.9	HIV	3,572	8.3

순위	45세-54세			55세-64세		
	사망원인	사망자수	사망률	사망원인	사망자수	사망률
	모든 원인	184,686	420.9	모든 원인	287,110	877.7
1	암(악성신생물)	50,167	114.3	암(악성신생물)	103,171	315.4
2	심장병	37,434	85.3	심장병	65,527	200.3
3	사고 　자동차 사고 　다른 사고	20,315 6,530 13,785	46.3 14.9 31.5	만성 하부호흡기 질환	12,777	39.1
4	만성간질환 및 간경화	8,212	18.7	당뇨병	11,304	34.6
5	자살	7,778	17.7	뇌혈관 질환	10,500	32.1

출처: Xu et al., 2010.

상대적 중요성이 남은 인생에 걸쳐 점점 높아지기 때문이다.

장년기(45~65세)에서는 암 및 심장질환이 전체 사망의 약 54% 이상을 차지하였고, 사고사와 퇴행성 질환(만성 하부호흡기 질환, 당뇨병, 뇌혈관 질환, 만성 간질환 및 간경화)이 그 뒤를 이었다. 암으로 인한 사망의 경우, 남녀 모두 폐암이 가장 큰 원인이었고, 남성의 경우는 전립선암, 직장암, 여성의 경우에는 유방암과 직장암이 그 뒤를 이었다.

청장년기에는 사고로 인한 사망률이 청소년기에 비해서는 낮았으나, 자동차사고 이외의 사고사가 더 중요한 사망원인으로 떠오르게 되었다. 살인으로 인한 사망률은 감소한 반면, 자살로 인한 사망률은 45~54세 집단에서 10만 명 당 17.7명으로 전 생애를 걸쳐 가장 높은 수준에 이르렀다.

1980년대에 인간면역결핍바이러스(HIV)와 후천성면역결핍증후군(AIDS)이 발생하면서, 이는 청장년기의 주요한 사망원인이 되었다. 1994년까지 HIV감염은 25~44세 성인의 주요 사망원인이었고, 이로 인해 약 30,260명이 사망하였다(Singh, Mathews, Clarke, Yannicos, & Smith, 1995). 이후

2007년까지 HIV로 인한 사망자는 4,663명으로 감소하였다(Xu, Kochanek, Murphy, Tejada-Vera, 2010). 13년 사이에 85% 이상의 감소율을 보인 것은 HIV/AIDS에 대한 교육, 효과적인 예방조치, 감염자에 대한 더 나은 치료가 이루어졌기 때문이다. 2007년에는 45~54세 그룹에서 4,152명, 55~64세 그룹에서 1,721명이 HIV로 사망하였다.

청장년기 사망의 두 가지 변인: 성과 인종

표 14.1과 표 14.2는 성별과 인종에 따른 미국 청장년기 사망자수와 사망률을 나타낸다. 성별에 따른 가장 큰 차이점은 남성이 여성보다 훨씬 더 많은 사망자수와 높은 사망률을 보인다는 것이다. 청년기(25~44세)에는 남성과 여성 모두 사고사, HIV감염, 살인으로 인한 사망이 높게 나타났다. 또한, 남성의 경우에는 여성에 비해 심장질환과 자살이, 여성의 경우에는 남성에 비해 암으로 인한 사망이 더 높게 나타났다. 장년기(45~64세)로 접어들게 되면 남녀 모두 퇴행성 질환이 주요 사망원인으로 나타났다.

청장년기 모두 백인계 미국인의 *사망자수*가 아프리카계 미국인, 히스패닉계 미국인, 아시아 태평양군도 미국인, 인디언과 알라스카 원주민보다 훨씬 더 높게 나타났다. 그러나, 아프리카계 미국인, 인디언과 알라스카 원주민의 *사망률*은 백인계 미국인보다 훨씬 높게 나타났다. 모든 인종집단에서 남성의 절대적 사망자수와 사망률은 모두 여성보다 높게 나타났다. 사망원인에 있어서는 아프리카계 미국인의 경우 HIV감염 및 살인, 백인계 미국인의 경우 자살로 인한 사망이 많이 발생하는 것으로 나타났다.

청장년의 죽음관련 태도

청장년기에는 죽음을 접하는 방식에 따라 죽음에 대한 태도가 형성된다. 20대 후반과 30대 초반은 청소년기에 비해 자기이해에 있어 더 안정된 시기이다. 따라서, 자신의 죽음에 대한 불안과 죽음에 대한 방어가 청소년에 비해 덜 나타나게 된다. 물론 새롭거나 다른 형태의 죽음을 접하게 되어 새로운 위협과 불안이 유발된다면 바뀔 수도 있다. 일반적인 죽음과 관련된 태도도 청장년기로 접어들게 되면 바뀌기 시작한다.

예를 들면, 청장년기에 접하게 되는 대부분의 죽음은 이후 세대의 사망률이 높아지면서 증가하게 된다. 이는 발달단계에 있어 신세대와 구세대 사이에 갇혀있는 *샌드위치세대*의 문제와도 관련이 있다.

젊은 세대에서는 죽음관련 걱정과 우려가 다른 사람들의 사망과 관련이 있는 경우가 많다. 하지만, 발달과정이 진행되고 인생경험을 통해 배우는 것이 많아지면서, 새롭게 개인화된 죽음에 직면하게 된다(Doka, 1988). 이는 주로 두 가지 형태로 나타나게 된다: (1) 처음으로 부모, 동료, 형제자매 및 배우자의 죽음을 접함, (2) 자연재해를 통해 사람은 언제든 죽을 수 있고, 언젠가는 죽을 것이라는 것을 인식함.

동료, 형제자매, 배우자는 언제든지 사망할 수 있으며, 청장년기에는 자연사(심장마비, 암, 뇌졸중)로 사망할 가능성이 더 크다. 그렇게 되면, 유가족은 피할 수도 있었지만, 운이 없었다거나 외부적인 힘에 의해 사망했다고 느끼기 때문에 해당 죽음을 쉽게 떨쳐내지 못한다. 성인이 되어 신체적 능력의 한계를 느끼거나 노화나 생활방식에 있어 문제를 인식하게 되면, 개인적으로 취약하다고 느끼게 된다. 즉, 생존한 기간에 집중했던 시간이 앞으로 남은 기간에 집중하는 것으로 생각의 전환이 이루어지게 된다(Neugarten, 1974). 따라서, 자신의 업적을 회고하며 평가하고, 평균수명의 반 또는 2/3를 이미 넘어섰다는 사실을 깨닫게 되며, 미래의 끝이 다가온다는 것을 인정하면서, 은퇴와 죽음에 대해 생각하게 된다. 이는 개인의 가치와 우선순위에 대한 재평가로 이어져 사랑과 즐거움을 풍성하게 하고, 더 나아가서는 삶의 의미에 대해 철학적인 생각을 갖게 할 수도 있다. 반대로 과거나 성취하지 못한 것에 대해 불만족할 수도 있다(Jacques, 1965). 결국, 죽음의 의미는 청장년기의 특징인 삶과 자아에 대한 재평가에 있어 중요한 역할을 하게 된다.

청장년층은 자신의 죽음이 자녀, 가족, 다른 중요한 사람이나 살면서 가장 많은 시간과 에너지를 쏟은 직업 또는 프로젝트에 어떤 의미가 있을지에 대해 주로 생각하게 된다.

HIV감염과 AIDS는 1990년대 이후 치명적인 질병으로 급부상하였다. 또한 2001년 9월 세계무역센터와 미 국방성에 대한 테러, 아프가니스탄 내전, 2003년 이라크전쟁 및 이후 계속되는 전투는 청장년층에게 많은 영향을 미쳤다. 군대와 국방방위군의 고참인력은 특별한 기술로 인해 이러한 전쟁과 평화유지 상황에 참여하게 되고, 현역근무중인 젊은 자원봉사자들과는 다른 상황에 처하게 된다. 세계무역센터에서 목숨을 잃거나 구조대원으로 일했던 수백 명의 소방관과 경찰관도 청장년층이었다.

이는 최근 몇 년 사이에, 새로운 죽음관련 위험이 청장년층에게 나타난 것으로 볼 수 있다. 핵 위협이나 환경과 관련된 문제는 지구에 살고 있는 모든 사람들과 관련이 있다. 전쟁, 알코올 중독, 약물 남용과 관련된 문제는 주로 특정 지역 또는 역할을 가진 개인에게 적용된다. 나이가 들어서 자연적으로 죽게 되거나 새롭게 나타나는 개인적 죽음은 청장년기에 주로 나타나게 된다. 일반적으로 청장년기에는 사랑하는 사람과의 개인적 관계에 집중하기 때문에 죽음관련 사건을 좌절감과 실망감으로 대하게 된다.

생명을 위협하는 질병 및 임종에 대처하는 청장년

청년층의 대처방법

청년층의 기본적인 발달과제가 친밀감을 형성하는 것이라면 생명을 위협하는 질병 및 임종은 자

10대 소녀가 엄마를 위로하고 있다.

신의 목표와 미래의 계획을 위해 친밀한 관계를 형성하고, 성적 관심을 표현하고, 현실적인 지지를 얻게 하는데 장애가 될 수 있다(Cook & Oltjenbruns, 1998). "*친밀감*은 누군가를 잃을 염려 없이 개방적이고, 지지적이며, 다른 사람과 가까워질 수 있는 능력을 의미한다. 중요한 사람과 친밀감을 형성한다는 것은 상호공감하고, 서로의 필요를 충족시키고, 서로의 한계를 받아들이며, 타인에게 헌신하며 돌보는 것을 모두 포괄한다(Cook & Oltjenbruns, 1998, p. 329)." 즉, 친밀감은 자신의 정체성에 대한 인식과 다른 사람에 대한 신뢰를 바탕으로 한다.

삶의 질을 유지하려면, 심각한 질병으로 죽어가는 청년층도 친밀감을 추구하고 유지할 수 있어야 한다. 일반적으로 친밀한 관계를 형성할 수 없다면 고립될 수 있다. 6장에서도 설명하였듯이, 방치와 고립은 임종에 대처하는 개인에게는 중요한 문제이다. 따라서, 생명을 위협하는 질병 및 임종은 청년층의 주요 발달과제에 직접적인 장애물이 될 수 있다. 따라서, 친밀감을 형성하거나 유지하는데 어려움이 있는 경우, 죽음관련 두려움이나 질병에 대한 정보가 충분한지 잘 살펴보고, 위험 분담과 같은 새로운 노력을 통해 무엇을 얻을 수 있는지 잘 생각해보아야 한다.

부부의 경우 *성적 관심*의 표현을 통해 자연스럽게 친밀감을 표현한다. 성적 관심은 성행위에만 국한되지 않고, 광범위하게는 생각, 감정 및 행동을 포함하고 있다. 심각한 질병에 걸려 죽어가는 사람도 성적 관심은 표현할 수 있다(Lamb, 2001). 옷을 잘 차려입고, 부드러운 터치나 애무를 하고, 신체적, 심리적 욕구에 대해 이야기하고, 자기자신에게 긍정적인 느낌을 갖도록 노력하는 것이 모두 여기에 해당된다. 따라서 질병 및 치료(예를 들면, 유방 절제술 또는 인공항문 절제술) 이후의 변화에 적응하기 위한 환자의 태도 및 개인적 노력이 더욱 필요하다.

청년층에게는 생명을 위협하는 질병으로 인해 결혼, 출산, 교육, 또는 직업적 성공과 같은 다양한

445

분야에서 *목표와 미래계획*을 세우는 것이 어려울 수 있다. 따라서, 계획을 재평가하고 새로운 상황에서 어떤 것이 적절한지 결정해야 한다. 청년층의 자율성과 의사결정을 지지하면서도 해당 상황의 현실을 분명하게 알고 있는 사람들의 도움이 필요하다. 과거의 희망과 꿈에 대한 제약을 인식하는 것뿐만 아니라 중요한 개인적 및 발달과정에서의 욕구를 충족시키기 위한 노력도 존중받아야 하기 때문이다.

장년층의 대처방법

장년층의 주요 발달과제는 *생산성*의 추구이다(Erikson, 1963, 1968). 따라서, 임종기의 사람들은 자신의 삶을 재평가하고, 자기역할을 지속하고, 중요한 일의 순서를 정립하려 한다(Cook & Oltjenbruns, 1998). 재평가, 보존, 준비는 모두 장년층의 특징적 활동이므로 "재고조사"(Butler & Lewis, 1982)를 하듯이 자기방종과 정체에 대한 대안으로 생산성을 유지하려는 노력을 하고(Erikson, 1963), 미래를 준비하며, 다른 사람에 대한 책임을 이행하게 된다. 생명을 위협하는 질병에 대한 인식과 임종에 대처하는 과정에서 발생하는 장애물은 발달과정을 방해하기보다는 더 촉진시킬 수 있다.

장년층에게 *재평가*는 삶의 의미 및 방향성과 관련이 있다. 재평가에 대한 문제는 질병과 성숙이라는 이중 자극에 따라 때로는 더 신랄하고 긴급할 수 있다. 어떤 사람은 청년기에 수립한 창의적이고, 직업과 관련된, 개인적 프로젝트를 완성하지 못할 수도 있다는 압박감 때문에 더 적극적으로 이를 추구하려고 한다. 또 어떤 사람은 초기에 수립했던 프로젝트를 변경하고 새로운 방향 또는 관계를 찾아내려고 노력할 수도 있다. 두 경우 모두, 자신이 달성하지 못한 것과 또 다른 상실이 다가올 것이라는 인식으로 인해 슬픔을 경험하게 된다.

생명을 위협하는 질병 및 임종에 대처하는 장년층은 이전보다 더 혼란스럽고 좁은 범위로 미래를 바라보게 되지만, 미래를 위해 확립했던 유산의 *연속성과 지속적인 가치*는 유지하려고 한다. 다시 말하면, 그러한 목표를 달성하기 위해 더 열심히 노력하거나, 더 만족스럽고 성취할 수 있는 방향으로 방법을 전환하거나, 이미 달성된 것을 정착시키는 쪽을 선택하게 된다.

가능하다면 질병에 걸려 죽어가는 장년층이 적절한 방법으로 의미 있는 역할과 관계를 지속적으로 수행하며 생산성을 추구할 수 있도록, 체계적인 과정을 통해 지원하는 것이 바람직하다.

장년층의 발달과제에 비추어 볼 때, 질병으로 죽어가는 상황에 처한 장년층은 대부분 미래를 생각하며 *일을 순서대로 처리*하려고 한다. 대부분의 경우, 사랑하는 사람을 위한 책임을 지속하고, 개인이 사망한 후에도 의무를 충실히 지키기 위한 노력을 하게 된다. 생명을 위협하는 질병이나 임종으로 인해 수행이 어려울 수도 있지만, 완전히 불가능한 것도 아니다. 다양한 지원을 통해 미래에 대한 영향력을 행사하거나 다른 사람이 대신 특정한 책임을 맡을 수 있도록 준비하기도 한다. 예를 들면, 유언장을 작성하거나, 재산을 처분하거나, 중요한 소원이나 메시지를 미리 전달할 수도 있다. 또한, 자신의 장례식 및 매장에 대한 계획을 세우는 활동을 통해 중요한 역할을 계속 수행할 수 있다는 건강한 생명력도 나타내고, 다른 사람들의 사망 후 혼란이나 부담을 최소화시킬 수도 있다.

사별과 비통함에 대처하는 청장년

청장년층은 이미 제시된 비와 같이 다양한 유형의 상실에 직면할 수 있다. 특히 21세기 초반에는 직업상실과 관련된 이슈가 있었는데, 이는 직업을 잃는다는 개념에서 그치지 않고 정체성도 잃을 수 있기 때문이었다. 직업과 기술은 더 이상 가치가 없을 수도 있고, 더 이상 기존의 직업이 존재하지 않을 수도 있고, 재훈련을 받아야 할 수도 있으며, 자기정체성, 목적 및 관계에 대한 감각을 모두 잃을 수도 있다. 이는 청장년층이 경험하게 되는 사별, 비통함, 애도를 포괄하는 잠재적 상실 중 하나일 뿐이다. 이 책은 죽음과 관련된 상실에 초점을 맞추고 있기 때문에, 청장년층의 상실과 슬픔에 대처하는 상황에 대해 주로 설명하고자 한다.

예를 들면, 샌드위치세대에 있는 구성원들은 종종 양쪽에서 죽음관련 상실로 고통을 겪게 된다. 청장년층은 부모, 조부모 및 다른 어른들, 배우자, 동거인, 형제자매, 동료 및 친구들, 자녀에 걸쳐 다양한 죽음을 경험하게 되는 특징이 있다. 이는 아동과 대부분의 청소년은 자녀의 죽음을 경험하지 않고, 대부분의 노인은 이미 부모의 죽음을 경험했을 가능성이 높기 때문이다. 청장년층 사별의 가장 큰 특징은 이 시기에 죽음과 관련된 상실이 실질적으로 일어날 가능성이 매우 높다는 사실이다.

심지어 장애가 있는 자녀의 출생조차도 부모에게는 상실, 도전, 기회가 될 수 있다(개인적 통찰 14.1 참조). 물론 상실은 그 자체로 어려움일 수 있다. 그러나, 샌더스(Sanders, 1979)의 연구에 따르면 청장년기의 사별은 대개 자녀, 배우자, 부모의 죽음 순서대로 영향을 크게 받는 것으로 나타났다. 이는 사별한 청장년층에게 잘 알려져 있는 "부모의 죽음은 나의 과거가 죽은 것이고, 배우자의 죽음은 나의 현재가 죽은 것이고, 자녀의 죽음은 나의 미래가 죽은 것과 같다"는 속담과 일치하는 결과이다. 청장년기에 발생하는 다양한 형태의 죽음 및 그런 경험과 관련한 문헌들에 대한 다음의 분석을 통해 사별이 청장년층에게 주는 의미가 무엇인지를 알 수 있을 것이다(초점 맞추기 14.1 참조).

개인적 통찰 14.1

네덜란드에 오신 것을 환영합니다.

　나는 종종 장애아를 양육하는 경험을 이야기해달라는 요구를 받는다. 이런 독특한 경험을 공유할 수 없는 사람들을 이해시키고, 그 감정을 느끼게 하는데 도움이 될 수 있기 때문이다. 그 경험은 다음과 같다....

　자녀를 계획하는 것은 이달리아 휴가여행을 계획하는 것과 같다. 가이드북도 많이 마련하고, 멋진 계획도 세우게 된다. 콜로세움, 미켈란젤로 다비드상, 베니스에서의 곤돌라, 등. 간단한 이탈리아어도 배우려 할 것이다. 모두 신나는 일들이다.

　엄청난 기대 속에 몇 달이 지나고 나면, 마침내 그날이 온다. 그러면 가방을 싸서 떠나게 된다. 몇 시간 후 비행기는 착륙하고, 스튜어디스가 "네덜란드에 오신 것을 환영합니다"라고 말한다.

　"네덜란드?" "네덜란드라니요? 나는 이탈리아에 가기로 했는데요! 이탈리아가 아니라구요? 나는 계속 이탈리아만 생각해 왔는데요."

　하지만 비행계획이 바뀌었고, 네덜란드에 착륙했기 때문에 거기에 머물러야 한다.

　중요한 사실은 끔찍하고, 역겹고, 더럽고, 전염병, 기근, 질병이 가득한 장소는 아니라는 사실이다. 그곳은 그저 다른 곳일 뿐이다.

　따라서 밖에 나가서 새로운 가이드북을 구입해야 하고, 완전히 새로운 언어를 배워야 한다. 또한 이전에는 결코 만난 적이 없는 완전히 새로운 그룹의 사람들을 만나야 한다.

　그냥 단지 다른 곳일 뿐이다. 이탈리아보다 느리고 덜 화려하다. 하지만, 어느 정도 시간이 지나고 주위를 둘러보면, 네덜란드에는 풍차와 튤립이 있다는 사실을 알아채기 시작한다. 네덜란드에는 심지어 렘브란트도 있다.

　하지만 당신이 아는 다른 사람들은 모두 이탈리아에 다녀온 후 그곳에서 지낸 시간을 자랑할 것이다. 그리고 당신은 "그곳이 내가 가려고 했던 곳이었어요. 처음 계획했던 곳은 이탈리아였다구요"라고 남은 인생 내내 이야기할 것이다.

　그 꿈을 잃었다는 것은 매우 중요한 상실이기 때문에 그 고통은 결코 사라지지 않는다.

　하지만, 당신이 이탈리아에 가지 못한 사실을 계속해서 슬퍼한다면, 네덜란드만의 아주 특별하고 사랑스러운 것들을 결코 즐기지 못할 것이다.

출처: From "Welcome to Holland," by E. P. Kingsley.
Copyright© 1987 Emily Perl Kingsley. 재판 출간 허가 취득.

초점 맞추기 14.1

청장년기 사별경험에 대한 문헌

자녀의 죽음에 관한 문헌:

Ash, L.(2004). *Life Touches Life: A Mother's Story of Stillbirth and Healing.*

Bramblett, J.(1991). *When Good-Bye Is Forever: Learning to Live Again after the Loss of a Child.*

Crider, T.(1996). *Give Sorrow Words: A Father's Passage through Grief.*

Daher, D.(2003). *And the Passenger was Death: The Drama and Trauma of Losing a Child.*

Evans, R. P.(1993). *The Christmas Box.*

Fleming, D.(2005). *Noah's Rainbow: A Father's Emotional Journey from the Death of His Son to the Birth of His Daughter.*

Koppelman, K. L.(1994). *The Fall of a Sparrow: Of Death and Dreams and Healing.*

Redfern, S., & Gilbert, S. K.(Eds.).(2008). *The Grieving Garden: Living With the Death of a Child.*

Schrauger, B.(2001). *Walking Taylor Home.*

Simonds, W., & Rothman, B. K.(Eds.).(1992). *Centuries of Solace: Expressions of Maternal Grief in Popular Literature.*

Smith, A. A.(1974). *Rachel.*

Smith, G. H.(2006). *Remembering Garrett.*

Wagner, S.(1994). *The Andrew Poems.*

배우자, 인생파트너, 형제자매, 동료, 친구의 죽음에 관한 문헌:

Brothers, J.(1990). *Widowed.*

Caine, L.(1975). *Widow.*

Didion, J.(2005). *The Year of Magical Thinking.*

Elmer, L.(1987). *Why Her, Why Now: A Man's Journey through Love and Death and Grief.*

Graham, L.(1990). *Rebuilding the House.*

Jamison, K. R.(2009). *Nothing Was the Same: A Memoir.*

Kaimann, D. S.(2002). *Common Threads: Nine Widows' Journeys through Love, Loss and Healing.*

Lewis, C. S.(1976). *A Grief Observed.*

Oates, J. C.(2011). *A Widow's Story: A Memoir.*

Roberts, B. K.(2003). *Death without Denial, Grief without Apology: A Guide for Facing Death and Loss.*

Smith, H. I.(1996). *Grieving the Death of a Friend.*

Walter, C. A.(2003). *The Loss of a Life Partner: Narratives of the Bereaved.*

Wray, T. J.(2003). *Surviving the Death of a Sibling: Living through Grief when an Adult Brother or Sister Dies.*

부모의 죽음에 관한 문헌:

Donnelly, K. F.(1987). *Recovering from the Loss of a Parent.*

Jury, M., & Jury, D.(1978). *Gramps: A Man Ages and Dies.*

초점 맞추기 14.1

March, A.(2007). *Dying into Grace: Mother and Daughter ... a Dance of Healing.*

Nouwen, H.(2005). *In Memoriam.*

O'Rourke, M.(2011). *The Long Goodbye: A Memoir.*

Safer, J.(2008). *Death Benefits: How Losing a Parent Can Change an Adult's Life-For the Better.*

Smith, H. I.(1994). *On Grieving the Death of a Father.*

Smith, H. I.(2003). *Grieving the Death of a Mother.*

생명을 위협하는 질병에 대응하는 자기자신에 관한 문헌:

Hanlan, A.(1979). *Autobiography of Dying.*

Pausch, R., with Zaslow, J.(2008). *The Last Lecture.*

Simmons, P.(2002). *Learning to Fall: The Blessings of an Imperfect Life.*

자녀의 죽음

태아 사망 일부 청소년과 많은 청년층이 자궁 내 또는 출산과정에서 자녀의 죽음을 경험하게 된다. 일반적으로 유산, 사산, 또는 자연적 낙태를 모두 포괄하여 *태아 사망*이라고 정의한다. 태아 사망은 선택적 낙태와 구별된다. 태아 사망은 임신기간 중 여러 번 또는 출산과정에서 발생할 수 있다. 비록 태아 사망의 모든 유형에 대한 자료는 부족하지만, 한 자료에 의하면 "매년 미국에서 *확인된* 440만의 임신태아 중 50만 이상이 유산되고, 2900만이 사산된다"(Davis, 1991, xiii)고 한다.

어떤 이는 태아 사망이 부모에게 미치는 영향은 미미하며, 심각한 비탄 반응을 일으키지 않는다고 주장한다. 사람들은 "아이가 천국에 가서 작은 천사가 되었을 것이다", "다시 아이를 가지면 된다"며 부모를 위로하게 된다. 이렇게 태아 사망에 의한 상실을 쉽게 떨쳐버리라는 태도는 외부인의 무지와 불편함을 반영한다. 이는 자녀와의 진정한 유대 관계가 없었기 때문에 많은 애도가 필요하지 않을 것이라는 잘못된 주장에 근거한 것이다. 실제로, 임신 중 대부분의 부모는 태어날 아기에게 적응하기 위해 자신의 삶과 자기개념을 적극적으로 바꾸기 시작한다(Hinton, 1998). 대부분의 부모는 영상기술의 도움으로 태아가 자궁 안에서 움직이는 것을 관찰하고, 아기의 이름을 짓고, 아기의 방을 마련하며, 꿈을 키워나간다.

자궁 내 사망이 발생하면, 생산적인 슬픔과 애도를 위해 진행 중이던 유대관계를 종결하는 것이 중요하다(Lamb, 1988). 태아나 유아사망과 관련된 부모의 슬픔은 실제로 자녀와 함께한 시간적 길이가 아닌 애착관계와 관련되어 있다(Borg & Lasker, 1989; DeFrain, Martens, Story, & Stork, 1986; Gamino & Cooney, 2002; Kohn, Moffit, Wilkins, 2000; Lafser, 1998; Peppers & Knapp, 1980). 따라서, 부모가 갖는 슬픔의 깊이와 어떻게 상실에 대처해야 하는지에 대한 이해가 필요하다(Allen & Marks, 1993; Ash, 2004; Gray & Lassance, 2002). 그렇지 않으면, 슬퍼할 기회를 박탈하는 것과 같다(10장 참조).

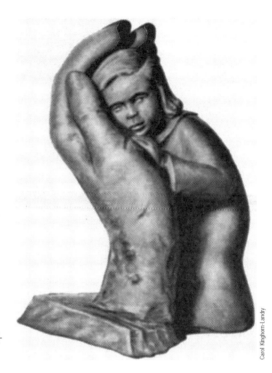

Carol Kinghorn-Landry

"나는 너를 잊지 아니할 것이다... 그리하여 내 손바닥에 너를 새겨두었다"(이사야 49:15)

따라서, 부모와 가족이 원한다면 죽은 아기를 보고, 이름을 짓고, 사진을 찍을 수 있는 프로그램이 생겨나게 되었다(Gough, 1999; Hochberg, 2011; Johnson, Johnson, Cunningham, & Weinfeld, 1985; Reddin, 1987; Siegel, Rudd, Cleveland, Powers, & Harmon, 1985). 또한 담요, 이름표, 머리카락, 손발의 주조물과 같은 기념물을 보유하고, 사후부검을 통해 정보를 얻고, 삶과 죽음을 확인하는 의식에도 참여할 수 있다. 이러한 절차들은 아기와 상호작용하고, 경험을 공유하고, 애도의 현실적 기반을 강화할 수 있는 기회를 제공한다(Kuebelbeck & Davis, 2011). 물론 이러한 절차를 수행하는 데 있어 개인적 선호에 대한 세부사항과 민감성에 주의를 기울여야 한다. 중요한 점은 부모에게 있어 상실의 의미가 무엇인지를 이해하고, 적절한 지지를 제공하며, 아기의 짧은 생도 실제이고 가치가 있다는 것을 확인시키고, 사별한 부모의 요구를 존중해주어야 한다.

부모가 아기를 키울 수 없거나 키우고 싶지 않아서 선택적 낙태를 하는 경우, 또는 아기가 태어난 직후 다른 사람에게 맡기게 되는 유아입양의 경우에도 상실과 슬픔이 당분간 지속되는 것을 경험하게 된다(Doane & Quigley, 1981; Peppers, 1987). 비록 태아가 아직 인간이 아니라고 믿더라도, 의도적이든 아니든 낙태를 선택하는 경우에도 슬픔을 애도하는 과정이 필요하다. 실제로 아기를 키울 수 없다는 확신 때문에 입양을 하는 경우에도 고통과 후회가 남을 수 있다. 선택적 낙태나 입양 모두 반드시 슬픔에 사로잡힐 필요는 없다. 하지만, 이런 선택이 쉽게 내려진 고통 없는 결정이라고 생각하고, 생물학적 자녀의 탄생 기회를 막는 결정을 부모의 탓으로만 여기는 것도 잘못된 것이다.

묘비를 통해 신생아의 죽음
을 애도한다.

신생아 및 기타 영유아 사망 출생 이후, 부모나 가족들은 영아기 주요 사망과 관련해서 대조되는 반응을 보이게 된다. 선천성 기형, 임신과 관련된 저체중증, 산모의 임신합병증 및 호흡곤란증후군 (RDS)에 걸린 신생아는 삶을 위해 투쟁하고, 사망 직전까지 의사와 의료기술의 개입을 받으며, 부모의 유전적인 부분 및 다른 책임감을 불러일으키게 된다. 이런 경우, 영아의 사망은 부모가 옆에 없는 상태에서 병원에서 발생하기 쉽다. 반면 영아 돌연사 증후군(SIDS)은 첫 번째 증상이 사망으로 나타나기 때문에 이러한 요소가 전혀 포함되지 않는다. 또한 원인이 알려지지 않은 채로 대부분 집에서 발생하기 때문에 부모는 자신이 한 일과 하지 않은 일에 대해 생각하면서 죄책감을 느끼게 된다(초점 맞추기 12.1 참조; Corr, Fuller, Barnickol, & Corr, 1991; DeFrain, Ernst, Jakub, & Taylor, 1991; Horchler & Morris, 2003).

신생아 및 기타 영유아 사망은 취약한 상태에서 예기치 못하게 발생한다는 점이 공통점이라고 할 수 있다(Delgadillo & Davis, 1990). 비록 임신, 출산과정, 영유아기가 아동에게는 위험한 시기로 알려져 있지만, 사람들은 일반적으로 작은 아기는 죽지 않을 것이라고 생각한다. 따라서, 이런 아동의 죽음을 "공평하지 않다"고 주장하게 된다. 하지만, 중요한 사실은 "우리 중 어느 누구도 오랜 삶을 보장받을 수 없고, 한정된 삶을 살게 된다"는 것이다(Showalter, 1983, p. x).

다양한 유형의 영유아사망은 사망의 방식과 유족의 상황에 따라 그 영향력이 달라질 수 있다. 예를 들면, 중환자실에서 신생아가 사망하면 의사와 부모 모두 극도의 고통을 경험하게 된다. 만약 치료 목표에 대해 의사와 가족구성원(또는 가족구성원 내부) 사이에 충돌이 있는 경우, 해당 경험은 더욱 고통스러울 수 있다(Stinson & Stinson, 1983). 어떤 산모는 산후조리의 전문성 때문에 산부인과 병동에 입원하는 것을 선호하는 반면, 어떤 산모는 신생아와 행복한 모습을 보이는 다른 부모를 대면하지 않기 위해 다른 장소로 옮기고 싶어한다.

영유아 사망이 발생하면, 부모 및 관련자들은 다양한 문제와 마주하게 된다. 이러한 문제에는 책임감, 이상화한 아기의 상실, 자신의 일부와 미래에 대한 상실, 애도의례의 부족, 사회적, 전문적 지원 부족이 포함될 수 있다(Davis, 1991; Picard, 2002). 지원을 받더라도, 부모의 요구사항과 일치하지 않거나 사용할 수 있는 시간이 한정될 수 있다(Brabant, Forsyth, & McFarlain, 1995).

영유아 죽음을 경험하는 부모는 독특한 방법으로 자신의 슬픔을 표현하게 되며, 이는 기존의 부모관계에 변형을 가져오기도 한다(Bramblett, 1991; Schwab, 1990, 1996). 또한 한부모 가정의 경우에는 영유아 사망을 혼자 대처하게 되기 때문에, 어려움이 더 클 수 있다(Wyler, 1989). 하지만 대부분의 유가족은 놀랍게도 생산적인 생활을 지속하게 된다(Knapp, 1986; Miles, n.d.). 대부분의 부모는 정보(예를 들면, 영유아 사망의 특성, 부모의 상실과 슬픔), 전문적인 지원, 비슷한 경험을 가진 사람들과의 접촉 등을 잘 이용하기 때문이다(Brabant et al., 1995; Donnelly, 1982; Johnson, 1987; Klass, 1988; Schiff, 1977). 많은 경우, 또다른 임신을 고려할 것인지와 이후에 태어난 자녀에게 이미 사망한 형제와의 관계에 대해 어떻게 설명해야 할지에 대해 의사결정을 내려야 하는 경우가 발생한다(Schwiebert, 2003, 2007; Schwiebert & Kirk, 1986). 이런 경우, 유가족이 자신의 필요사항을 파악하고, 타인의 비판이나 기대 때문에 힘들어하지 않도록 도와주는 것이 중요하다.

아동, 청소년, 청년의 죽음 아동, 청소년, 청년은 사고(주로 자동차사고), 살인이나 자살, 자연재해, 사회적 갈등, 테러 또는 전쟁(예를 들면, 아프가니스탄과 이라크 전쟁) 등으로 인해 다양한 죽음을 맞이하게 된다. 일반적으로 이러한 죽음은 갑작스럽게, 미리 준비할 시간이 없이 발생하기 때문에 종종 외상을 동반한다. 또한, 대부분의 경우 부모나 유가족에게 이러한 죽음은 자녀의 상실, 자기자신의 일부분에 대한 상실, 자녀로 대변되던 희망과 꿈의 상실, 의미부여 등 다양한 측면으로 다가올 수 있다(Klass, 1999; Wheeler, 2001).

아동의 죽음과 관련된 통증은 매우 깊고, 넓게, 오래도록 지속된다(Davies, Deveau, deVeber, Howell, Martinson, & Papadatou, 1998; Murphy, Johnson, & Lohan, 2003; Talbot, 2002). 찰스 디킨스(Charles Dickens, 1848/1963, p. 274)는 그의 소설 *돔비와 아들(Dombey and Son)*에 나타난 유가족 아버지의 주장을 통해 이 사실을 인정하고 있다: "세상이 아무리 정신없이 바쁘게 돌아갈지라도, 한 생명체의 상실은 마음에 공허함으로 다가온다. 그 공허함이 너무도 광대하고 깊기 때문에, 영원히 그 넓이와 깊이를 채우기는 어렵다!" 디킨스의 주장 이전에도 랠프 월도 에머슨(Ralph Waldo Emerson, 1970, p. 165)은 아들의 사망 후, 비슷한 이야기를 1842년 1월 28일 저널에 기술하였다: "슬픔은 우리를 다시 어린아이로 만든다." 유사한 내용이 오래전 발생했음에도 잊혀지지 않는 아동의 죽음에 대한 경험을 표현한 *크리스마스 상자(The Christmas Box)*(Evans, 1993)라는 소설과, 한 유가족 엄마의 시 모음집인 *앤드류 시집(The Andrew Poems)*에서도 나타난다(Wagner, 1994; 개인적 통찰 14.2 참조). 개인과 가족들은 모든 자원을 다 동원해서 이런 죽음과 관련된 슬픈 경험에 대치해야 한다(Rosof, 1994).

개인적 통찰 14.2

셸리 와그너: 넥타이

밤이 되면 나는 상상을 한다
그의 옆에 누워서,
그에게 팔베개를 하며,
그의 귀에 속삭이며,
그의 가슴에 펼쳐져있는,
거꾸로 된,
느낌표 같은,
작은 빨간 넥타이를 부드럽게 만지는 나를.
나는 계속 미루었다
그에게 옷을 사주는 것을,
하지만 부활절이 다가오자 그는
빨간 넥타이와
남색 재킷을 원했다.
이제 겨우 6살도 안되었는데,
그는 그옷을 입고 땅에 묻혀있을 것이다
앞으로 평생도록.
밤이 되면,
남편 옆에 누워서,
나는 종종
곡선의 물음표같은
남편의 몸을 보며
묻곤한다
"지금 앤드류는 어떤 모습일까?"
남편은 항상 속삭인다
"옷과 넥타이는 항상 똑같겠지."

출처: From *The Andrew Poems,* by S. Wagner, p. 36. Copyright © 1994
Shelley Wagner. Reprinted with permission from Texas Tech University.

자녀의 죽음을 경험한 부모에게는 단순하고 일상적인 "자녀가 몇 명입니까?"라는 질문도 특별한 문제가 될 수 있다. 이는 부모가 자신의 정체성을 어떻게 해석하는지("아직도 내가 부모인가?" "자녀의 죽음이 나에게 어떤 의미가 있는가?")와 해당 질문을 던진 사람에게 개인적인 삶에 대해 얼마나 공개할 수 있는지에 따라 달라진다. 중요한 것은 죽은 자녀 및 관련된 추억이 얼마나 강한지에 달려있다. 유가족은 이런 문제를 자주, 다양한 방식으로 접하게 되는데, 죽음에 대한 경험이 없는 사람들이 생각하는 것만큼 쉬운 문제는 아니다(개인적 통찰 14.3 참조).

개인적 통찰 14.3

자녀가 몇 명입니까?

초가을 무렵, 나는 식료품 가게의 계산대에 서 있었다. 내가 장바구니에 있는 품목을 확인하기 위해 돌아서자, 내 뒤에 있던 여성은 내가 임신중이라는 사실을 알아채며 무심코 질문을 건넸다. "이 아이가 첫째 아이인가요?" 대답하려고 할 때, 눈물이 핑 돌았다. 만약 아니라고 대답하면 자녀가 몇 명이냐는 질문으로 이어질 것이 뻔했다. 내가 과연 그러한 반응을 받아들일 수 있을까? 예전의 감정과 추억을 꺼낼 준비가 되었을까? 그 날은 그럴 준비가 되어 있었다.

나는 뒤로 돌아서서 "이 아이는 둘째 아이입니다. 첫째 아이는 아들이었는데, 1985년 10월 영아 돌연사 증후군(SIDS)으로 사망했습니다"라고 말했다. 뒤에 있던 여성은 내 어깨위에 손을 얹고 정말 미안하다고 하며, 내 아들과 SIDS에 대해 질문을 하였다. 비록 낯선 사람이긴 했지만, 내 아들 브렌든(Brendan)과 SIDS에 대해 이야기할 기회가 생겨 오히려 감사하다는 생각이 들었다.

불행히도, 이는 내가 항상 접하는 반응은 아니다. 대부분의 경우, 사람들은 이해할 수 없는 말을 중얼거리다가 사라지곤 한다. 하지만, 그것도 괜찮다. 죽은 아이에 대한 이야기를 듣는 것이 얼마나 어려운지 이해할 수 있기 때문이다. 아무도 그런 이야기를 듣고 싶어하지 않는다.

자녀가 몇 명이냐는 질문에 대해 아이를 잃은 부모의 반응은 제각각일 것이다. 대부분의 경우, 나는 죽은 아들과 두 딸이 있다고 대답한다.

내가 브렌든에 대해 언급하지 않은 상황도 물론 있었다. 그렇다고 해서 내가 그를 사랑하지 않았다거나 그의 존재를 부정한다는 의미는 아니다. 또한 내가 나쁜 엄마라는 것을 의미하지도 않는다. 그 순간에는 브렌든에 대해 말하고 싶지 않았을 뿐이다. 사별 후 초기에는 모든 사람에게 브렌든의 삶과 죽음에 대해 이야기하곤 했다. 12년이라는 세월이 지난 지금은 새로운 사람을 만날 때마다 그를 언급할 필요는 없다고 느낀다.

우리 가족이 그를 추억하는 방법에는 여러 가지가 있다. 우리는 각자에게 옳은 것이 무엇인지 스스로 결정하였다. 죽은 아이에 대해 말하는 것이 어떤 사람들은 불편하게 느낄 수도 있지만, 사람들을 교육하는 기회가 될 수도 있다. 죽은 아이들에 대해 언급하지 않는다고 해서 우리가 그들을 부인한다거나 죄책감을 느껴야하는 것도 아니다. 유가족이 옳다고 생각하는 것이 올바른 선택이라고 생각한다.

출처: Maruyama, N, L.(1998). *"How Many Children Do You Have?"* *Bereavement Magazine,* 12(5), p. 16. Reprinted with permission from Bereavement Publishing, Inc., 4765 N. Carefree Circle, Colorado Springs, CO 80917; 888-604-4673.

자녀의 죽음이 다소 고의적인 행동(예를 들면, 자살 또는 살인), 부주의(예를 들면, 사고), 무책임한 행동(예를 들면, 음주운전), 전쟁과 테러(예를 들면, 아프가니스탄, 이라크전쟁)에 의한 것이라면, 책임감, 분노, 죄책감이나 비난(자기자신 또는 다른 사람에 대한)이 사별 경험에 포함될 수 있다(Conrad, 1997; Stetson, 2002). 이러한 요소들은 부모의 슬픔과 애도에 짐이 될 수 있다(Bolton, 1995; Chance, 1994; Matthews & Marwit, 2004). 부모가 사별 경험에 대처할 때에는 많은 어려움에 봉착하게 되며, 전문가와 많은 사람들의 도움을 필요로 한다. 비슷한 상황에 처해있는 사람들에게 시체의

최초 발견시점부터 장례에 이르기까지 다른 유가족 및 전문가가 어떻게 도움이 될 수 있는지에 대한 가이드라인이 마련되어 있다(Buckle & Fleming, 2011; Janzen, Cadell, & Westhues, 2004).

유가족의 죄책감 죄책감은 어떤 원칙이나 책임을 위반하여 잘못을 저지른 경우 나타난다. 죄책감은 현실적이고 정당화될 수 있는 측면이 있기도 하지만, 반대로 비현실적이고 정당화시킬 수 없는 측면도 있다(Stearns, 1985). 일반적으로 죄책감은 자존감을 낮추고, 자기비난을 증가시키며, 잘못된 일에 대해 벌을 받아야 한다는 생각을 불러일으킨다. 유가족에게 죄책감은 결코 떼려야 뗄 수 없는 부분이며, 특히 사별 초기에는 중요한 부분이다.

마일스와 데미(Miles, Demi, 1984, 1986)는 유가족의 죄책감은 무력감과 책임감에서 비롯된 것이라고 주장하였다. 부모는 자신의 과거와 현재의 행동 및 감정이 자녀의 죽음을 불러일으켰다고 생각한다. 이상적인 기준과 실제 성과 사이의 어쩔 수 없는 불일치 때문에 죄책감을 느끼게 되는 것이다. 개인에 따라 죄책감이 어떻게 작용하는지는 부모, 상황, 개인, 사회적 변인에 따라 다를 수 있다. 유가족에게는 적어도 6개의 죄책감이 적용될 수 있다:

1. 부모가 자녀를 죽음으로부터 보호하지 못했다고 느끼는 *사망원인관련 죄책감*
2. 자녀의 질병으로 인한 사망 당시 부모의 역할을 제대로 하지 못했다고 생각하는 *질병관련 죄책감*
3. 부모로서의 전반적인 역할을 하는데 있어 자기기대 및 사회적 기대에 부응하지 못했다고 생각하는 *부모역할 죄책감*
4. 자녀의 죽음이 도덕적 또는 종교적 기준을 위반했기 때문에 받는 벌이라고 생각하는 *도덕적 죄책감*
5. 자녀가 부모보다 오래 살아야한다는 기준을 위반했다고 생각하는 *생존에 대한 죄책감*
6. 자녀의 사망 당시 또는 이후의 행동 및 정서적 반응과 관련된 *비통함에 대한 죄책감*

유가족의 경우, 전반적인 사별 경험에서 나타날 수 있는 죄책감을 식별하고 해결해야 하며, 애도과정에도 참여해야 한다.

유가족의 성과 역할에 따른 차이 유가족도 아버지와 어머니가 다르고, 결혼, 미혼, 이혼한 부모 또한 다르다. 즉, 성별, 역할, 개인적 특성이 사별 경험에 영향을 미치게 된다(Schwab, 1990, 1996). 예를 들면, 미국사회의 전통적인 성역할에 따르면, 여성에 대해서는 강한 감정 표현이 인정되었지만 남성에게는 인정되지 않았다. 또한, 아내는 집에 있고, 남편은 나가서 일하는 것이 당연하다고 여겨졌다. 물론 이러한 성역할이 모든 상황에 다 적용되지는 않고, 많은 영역에서 변화되어 왔지만, 이러한 요

두 청년이 슬픔을 함께 나누며 위로하고 있다.

소들 때문에 어머니와 아버지의 비통함이 다를 수 있다(Davies et al., 1998, 2004). 단순하게 보더라도 두 사람이 서로 다르기 때문에 배우자 사이에서도 상실과 슬픔에 대처하는 방법이 다를 수 있고, 건강한 부부관계에서처럼 서로를 지지하지 못할 수도 있다(Schatz, 1986; Simonds & Rothman, 1992). 결과적으로, 유가족은 서로에 대해 관대하고 참을 수 있어야 한다(Rosenblatt, 2000, 2001). 따라서, 공감할 수 있는 친구, 다른 유가족(예를 들면, 컴패션프렌즈[The Compassionate Friends]와 같은 지지그룹), 숙련된 상담사의 도움이 필요할 수 있다.

성역할 및 사회적 역할이 변화하고, 개인적 차이를 자유롭게 표현하게 되면서, 사별에 대한 반응도 영향을 받게 되었다. 자녀가 사망하게 되면 한부모 가족이든 양부모 가족이든 서로 다른 방식으로 외롭다고 느끼게 된다. 이혼한 가족이나 미망인 가족에서도 자녀가 사망하게 되면, 슬픔과 살아있는 자녀 사이에서 갈등에 빠지게 된다. 젊은 부모와 소부모는 애도과정에서 시로에게 도움이 되지 못할 수도 있다. 청장년기 자녀사별 경험에 영향을 주는 다양한 요인들의 이해가 필요하다.

배우자, 인생의 동반자, 형제자매, 동료, 친구의 죽음

쌍으로 이루어지는 관계는 인생에서 매우 중요하다. 이러한 관계는 아동기, 청소년기에 형성되어 지속될 수도 있고, 청장년기에 새롭게 형성될 수도 있다. 또한, 여러 유형이 있을 수 있으며, 결혼이 유일한 형태는 아니다. 사람들은 형제자매, 친척, 친구, 동료, 연인, 또는 인생의 동반자(이성애자, 게이, 레즈비언)와 특별한 관계를 맺을 수 있다. 이런 관계는 드러내거나 숨기거나, 지속적이거나 간헐적이거나, 만족스럽거나 복잡하거나, 건강하거나 폭력적일 수 있다. 개개인의 특성이나 서로 상호작용하는 방식에 따라 이러한 관계는 다양하게 나타날 수 있다.

성인의 죽음으로 인한 사별은 우선적으로 고인이 그 사람의 인생에 얼마나 친밀하고 중요했

는지에 따라 다양하게 나타날 수 있다. 예를 들면, 형제자매는 일반적으로 가장 길고 오래 지속
되는 가족관계이다. 특히 그 관계가 가까웠다면, 형제자매의 사망은 그 사람의 상실 뿐만 아니라
살아있는 형제자매의 정체성도 중요하게 상실한 것으로 여겨질 수 있다(개인적 통찰 14.4 및
14.5 참조). 형제자매가 많은 경우에는 형제나 자매의 죽음에 대해 다양한 반응이 나타나기도 한
다(Van Riper, 1997).

개인적 통찰 14.4

언니의 죽음을 대하는 코키 로버츠(Cokie Roberts)

바바라(Barbara)가 병에 걸리면서, 나는 다른 관점으로 내 미래를 준비하기 시작하였다. 특별히 생각
하지 않아도 나는 우리가 문자 그대로 또는 비유적으로 현관에 있는 흔들의자에 나란히 앉아있을 것이
라고 생각했다. 이제 그 의자 중 하나는 비어있다. 머리로는 이해가 되지만, 언니가 없는 상태에서 새로
운 일이 발생할 때마다 언니가 없이 새로운 세상을 그려나가야 한다는 사실이 감정적으로는 받아들이
기 어렵다.

그리고 전혀 생각하지 못했던 일도 발생하였다. 내 미래의 한 부분 이외에도 나의 과거 또한 빼앗긴
것이다. 어린 시절의 기억을 떠올리면, 내 모든 삶에는 바바라가 있었다. 엄마와 남동생이 조금은 도와
줄 수 있겠지만 지금은 나를 똑바로 세워줄 사람이 없다. 사실, 남동생과 나는 언니가 죽은 이후 더 가까
워졌다. 남동생이 있기는 하지만, 나는 언니도 없고, 여동생도 될 수가 없는 상태이다. 토미(Tommy)는
나와 함께 학교에 다니지도 않았고, 방을 함께 사용하지도 않았고, 함께 여자로 성장하지도 않았다. 그
를 매우 사랑하기는 하지만, 그가 언니가 될 수는 없다.

바로 그 점이다. 많은 사람들에게 언니에 대한 좋은 이야기를 아무리 많이 들어도, 아무리 많은 지원
을 받아도, 소중한 친구가 아무리 많이 있어도, 언니가 있는 것과 같을 수는 없다. 나는 단지 언니가 한명
있었을 뿐이었다.

출처: C. Roberts, 1998, pp. 16-17.

개인적 통찰 14.5

남동생의 죽음을 대하는 존 데이비스(Jon Davis)

나는 남동생이 한 명 있었는데, 사망하였다. 나 때문에 죽은 것은 아니었지만, 내가 죽음을 막지도 못
했다. 남동생은 오토바이를 타고 달리던 중 자동차에 치어 사망하였다. 그를 아는 모든 사람에게는 끔
찍한 일이었고, 나에게도 고통스러운 일이었다. 나는 내가 그를 충분히 사랑했었는지, 또한 그런 표현
을 잘 했었는지에 대해 죄책감을 느꼈다.

11년 전의 일인데도 아직도 기억이 생생하다. 때는 9월이었고 잔디밭에 산들바람이 불고 있었다. 남
동생은 갈색 가죽재킷을 입고 빨간 오토바이를 타고 있었다. 오토바이 소리와 함께 당시 *무엇을 하고 있
는지*에 대해 이야기를 나누고, *나중에 다시 보자*고 했던 이야기들도 모두 기억이 생생하다.

그리고 전화를 받았다. 나는 내가 운전을 해서 병원에 도착했다고 생각했지만, 실제로 운전을 했었

개인적 통찰 14.5

는지는 확실하지 않다. 우리는 일방통행길로 잘못 들어섰고, 나는 그게 내 책임이라고 느꼈다. 나는 동생이 죽어가는 것을 알고 있었고, 계속 울기만 했다. 동생의 여자친구가 나에게 왜 자꾸 우냐고 물었지만, 나는 *상황이 좋지 않다*고 말할 수가 없어 그저 울기만 할 뿐이었다.

병원의 녹색 방으로 들어서자마자, 동생이 죽었다는 이야기를 들었다. 나는 빨간 플라스틱 의자에 웅크리고 앉았고, 마치 내 몸이 사라진 것처럼 느껴졌다. 내가 동생을 찾으러 나가려고 할 때, 간호사가 나를 불러 세우며 다른 *가족들이 나를 찾고 있다*고 말했다. 나는 돌아올 수밖에 없었다.

그런데, 왜 내가 이런 이야기를 하고 있는지 모르겠다. 사랑받고 싶어서? 불쌍하게 보이고 싶어서? 나의 고통과 결점에 대해 변명하기 위해서? 상실은 슬픈 노래도 아니고, 사랑하는 사람들 사이에서 한밤중에 갑자기 말이 없어지며 사랑이 부족하다고 느끼는 것도 아니고, 사랑을 빼앗겼다고 느끼거나 다시 되찾을 수 있는 것도 아니다. 어쩌면 상실은 그저 잃어버리는 그 자체일지도 모른다.

내 동생은 이제 이 세상에 없고, 아무것도 더 나아지지 않았다. 그의 죽음은 모두에게 비극이었다. 11년이 지났는데도 여전히 혼란스럽다. 만약 그의 죽음에 대하여 이야기할 수 있는 곳이 있었다면 좋았을 텐데 그럴만한 곳도 아무데도 없었다. 이렇게 말을 내뱉는 것만으로는 치료도 카타르시스도 절망도 위로도 되지 않는다. 그저 작은 부스럼 정도가 될 뿐이다.

출처: Reprinted with the permission of the University of Akron Press, from *Scrimmage of Appetite*, pp. 12-13, by Jon Davis. Copyright© 1995 by Jon Davis.

배우자나 아주 친한 친구와는 서로의 정체성을 확립하는 데 있어 중요하고 지속되는 관계를 점차적으로 수립했을 가능성이 많다(Sklar & Hartley, 1990; Smith, 1996, 2001). 고인은 더이상 사랑을 받을 수 없고, 관계에 대한 기대감도 충족되지 않는다. 이전에 사랑과 위안이 되었던 존재자체가 사라지면서, 두 사람이 함께 계획했던 미래도 실현될 가능성이 없어진다(Caine, 1999; Kaimann, 2002). 아내 플로조(FloJo)가 사망한 후, 알 조이너(Al Joyner)가 경험한 것들은 사별한 배우자들에게서 나타나는 쟁점들을 일부 반영하고 있다(개인적 통찰 14.6 참조).

배우자가 사망하면 사망원인과 사망이 발생한 상황을 중요하게 생각한다. 특히, 자살이나 살인으로 중요한 사람이 사망하는 경우 더욱 그러하며, 매우 힘들어하게 된다. 이라크와 아프가니스탄과의 분쟁 중 군인들이 사망하였을 때에도 사람들은 힘들어하였다. 어떤 사람들은 그런 상황에서 미국인의 역할이 적절했는지에 대해 의문을 제기하면서, 사회적 맥락에서의 죽음은 문제가 있다고 보았다. 이러한 죽음은 충격적인 방법으로 발생하고, 정규군대에 있는 젊은이들뿐만 아니라 배우자와 자녀가 있는 예비군과 방위군의 고참인력들까지 포함하기 때문에 많은 사람들이 힘들어하게 된다. 전쟁에서 살아서 돌아온 사람들의 최근의 자살 및 살인 또한 많은 사람들이 견디기 힘들어하는 부분이다.

배우자, 인생파트너, 형제자매, 동료, 친구와 같은 주변인의 죽음은 세상, 다른 사람들, 사별자에게 모두 변화를 가져올 수 있다(Rodger, Sherwood, O'Connor, & Leslie, 2007). 단 한 사람의 죽음조

개인적 통찰 14.6

플로렌스 그리피스 조이너(Florence Griffith Joyner)의 죽음과 그 여파

친구들이나 팬들에게 "플로조(FloJo)"로 알려진 플로렌스 그리피스 조이너는 1998년 9월 21일, 38세의 나이에 갑자기 사망하였다(Gregorian, 1998).

플로조는 운동실력과 화려한 스타일로 유명했다. 1988년 서울올림픽에서는 육상에서 3개의 금메달과 1개의 은메달을 땄고, 세계신기록도 세웠다.

플로조의 남편 알 조이너와 그의 여동생 재키 조이너커스(Jackie Joyner-Kersee)의 어머니는 37세의 나이에 뇌척수막염으로 갑자기 사망하였다. 그러한 비극적인 사건을 경험했음에도 불구하고 플로조의 죽음을 대비하지는 못했다고 남편 알 조이너는 이야기하였다(Brennan, 1998).

1998년 9월 21일, 알은 오전 6시30분 알람소리에 침실에서 깨어났다. 7살짜리 딸 메리(Mary)와 함께 자고 있는 아내를 깨우던 순간이 "인생에서 가장 절망적인 순간"이었다고 알은 회상하였다(Brennan, 1998, p. 5E).

사후 부검결과, 플로조는 수면 도중 간질 발작으로 사망한 것으로 나타났다.

플로조가 사망하고 몇 주가 지나, 알은 다음과 같이 이야기하였다: "메리가 없었다면 정말 바보 같은 짓을 했을지도 모른다. 아내를 생각하면 내가 살 이유가 없는 것 같다"(Brennan, 1998, P. 5E).

알은 또한 아내의 휴대전화 서비스를 해지하지 않았다. 그는 종종 전화를 걸어 자동응답기에 남겨진 플로렌스의 음성을 듣곤 했다. "플로렌스입니다. 지금은 전화를 받을 수 없으니 메시지를 남겨주세요."

차도 감정적, 사회적, 경제적, 영적, 기타 상실을 수반하게 된다. 또한 개인의 정체성을 새롭게 하기도 한다(DiGiulio, 1989; Golan, 1975). 이때, 죽음과 관련된 생존자와 사회적 규범의 관점이 중요하다. 예를 들면, 전 배우자가 사망한 경우, 사별자를 미망인이나 홀아비로 간주해야 하는가(Campbell & Silverman, 1996; Kohn & Kohn, 1978; Stillion, 1985), 또는 재혼이나 다른 형태의 새로운 관계를 고려해야 하는가(Bishop & Cain, 2003) 등이 바로 그것이다.

부모나 조부모의 죽음

청장년층은 일반적으로 부모와 가족의 유대감에서 어느 정도 스스로가 해방되어 있다. 예를 들면, 지리적 또는 정신적으로 부모의 영향력에서 멀리 떨어질 수 있기 때문이다. 일반적으로는 어린 시절에 형성되었던 관계를 수정하면서 부모, 조부모 및 다른 가족들과 새로운 관계를 재정립하게 된다. 성인이 되면 부모 및 조부모와 단순하거나, 양면적이거나, 복잡한 관계를 갖게 된다. 구세대는 일반적으로 성인자녀나 손자녀에게 조언, 지지, 지원을 제공하는 대상이다. 하지만, 때로는 성인자녀에게 돌봄을 받아야 할 대상이 될 수도 있다(Comer, 2006).

우리 사회에서 대부분의 청장년층은 부모나 조부모의 죽음을 가장 먼저 맞이하게 되며, 실제로 이것은 사별의 가장 흔한 형태이다. 예상하고 있던 죽음이라고 할지라도 남겨진 사람들에게는 쉽지 않은 경험이 될 수 있다(Horowitz et al., 1984; Moss & Moss, 1983, 2007; Myers, 1986). 평생 즐겁고 슬픈 다양한 경험을 공유했던 관계가 상실되기 때문이다. 성인자녀는 어른들이 돌아가시기 전까지 어른들을 돌보는데 많은 시간과 힘을 쏟기도 한다(Collier, 2003). 이들은 어른들의 죽음을 "완충장 치"가 사라졌다고 느끼거나, 자기자신의 죽음에 대한 "보호"라고 간주한다(Akner & Whitney, 1993; Angel, 1987). 어머니나 아버지의 죽음(Lutovich, 2001; Smith, H. I., 1994, 2003), 어머니가 없는 딸(Edelman, 1994), 아버지가 없는 딸(Simon, 2001), 아버지가 없는 아들(Chethik, 2001)에 대한 문헌을 통해 각각의 사별 상황에 적용될 수 있는 문제들이 기술되어 있다. 때로는 죽음이 길고 완전한 삶의 완성이니 고통으로부터의 해방으로 여겨질 수 있다. 하지만, 대부분은 기회를 잃게 되고, 사업을 완수하지 못하게 되며, 고인이나 유가족이 정해놓은 계획을 경험하지 못하게 된다고 생각한다. 예를 들면, 부모나 조부모가 사망하게 되면, 성인자녀는 더이상 고인과 성인 대 성인으로 관계를 새롭게 지속할 기회가 없어진다. 따라서 어렵거나 중요한 문제들이 미해결 상태로 남을 수 있다. 부모의 죽음을 맞이하게 되면 성인자녀는 자신의 힘의 무게를 추가로 느끼게 되고, 가장 어른이 되었다는 책임감을 느끼는 "발달적 변화"를 필연적으로 경험하게 된다(Umberson, 2003). 마지막으로, 배우자 부모의 죽음은 배우자뿐만 아니라 부부관계에서의 친밀감과 거리감 및 다양한 실질적인 문제에도 다양하게 영향을 미치게 된다(Rosenblatt & Barner, 2006).

내용 요약

이 장에서는, 우리 사회에서 발생하는 죽음과 청장년층의 상호작용에 대한 다양한 측면을 살펴보았다. 청년기의 발달과제(친밀감 대 고립감)와 중년기의 발달과제(생산성 대 정체성)가 죽음을 대하는데 직접적인 영향을 미친다는 것도 알 수 있었다. 이러한 발달과제는 청장년기에 발생하는 죽음(심장병과 암으로 인한 사망률의 급속한 증가)과 죽음을 대하는 태도(청년층에서는 타인의 사망을 중요시하고, 장년층에서는 사망을 새롭게 개인화시킴)에 영향을 미친다. 또한 청장년층이 생명을 위협하는 질병 및 임종에 대처하면서 발생하는 주요 쟁점에 대해서도 살펴보았다. 마지막으로, 성인이 경험하게 되는 전형적인 사별의 유형과 그 의미에 대해서도 살펴보았다.

용어 해설

샌드위치세대: 신세대와 구세대 사이에 갇혀있는 세대

생산성: 자신의 삶을 재평가하고, 자기역할을 지속하고, 중요한 일의 순서를 정립하면서 생산성을 유지

중년의 선환: 청년기에서 상년기로 선환

청장년기의 발달단계: 청년기, 장년기

청장년기의 정상적 발달과제: 청년기에는 친밀감(대 고립위험) 달성, 장년기에는 생산성(대 정체위험 또는 자기흡수) 추구

친밀감: 누군가를 잃을 염려없이 개방적이고, 지지적이며, 다른 사람과 가까워질 수 있는 능력

태아 사망: 유산, 사산, 자연적 낙태로 인한 사망

복습과 토론을 위한 질문

1. 청장년기에 경험하는 가장 전형적인 죽음관련 상실은 어떤 형태이며, 이러한 상실이 일반적으로 청장년층에게 어떤 의미로 다가오는가?

2. 청장년기에 경험했던 상실에 대해 생각해보라. 어떻게 대처하였는가?

3. 죽음관련 상실을 심각하게 경험한 사람을 알고 있는가? 그 사람에게 상실은 어떤 의미였는가? 그 사람에게 어떤 도움을 줄 수 있었겠는가?

추천 도서

청장년기 생명을 위협하는 질병과 관련된 자료:

Cousins, N.(1979). *Anatomy of an Illness as Perceived by the Patient: Reflections on Healing and Regeneration.*

Frank, A. W.(2002). *At the Will of the Body: Reflections on Illness.*

청장년기 사별과 비탄을 이해하기 위한 자료:

Walter, C. A., & McCoyd, J.L.M.(2009). *Grief and Loss across the Lifespan: A Biopsychosocial Perspective*(especially Chapters 6 & 7).

자녀의 죽음과 관련된 자료:

Bolton, I.(1995). *My Son, My Son: A Guide to Healing after a Suicide in the Family*(Rev. ed.).

Buckle, J. L., & Fleming, S. J.(2011). *Parenting after the Death of a Child: A Practitioner's Guide.*

Chance, S.(1994). *Stronger than Death: When Suicide Touches Your Life – A Mother's Story.*

Corr, C. A., Fuller, H., Barnickol, C. A., & Corr, D. M.(Eds.).(1991). *Sudden Infant Death Syndrome: Who Can Help and How.*

Davis, D. L.(1991). *Empty Cradle, Broken Heart: Surviving the Death of Your Body.*

DeFrain, J., Ernst, L., Jakub, D., & Taylor, J.(1991). *Sudden Infant Death: Enduring the Loss.*

DeFrain, J. Martens, L., Story, J., & Stork, W.(1986). *Stillborn: The Invisible Death.*

Donnelly, K. F.(1982). *Recovering from the Loss of a Child.*

Gray, K., & Lassance, A.(2002). *Grieving Reproductive Loss: A Healing Process.*

Horchler, J. N., & Morris, R. R.(2003). *The SIDS and Infant Death Survival Guide: Information and Comfort for Grieving Families and Friends and Professionals Who Seek to Help Them*(3rd ed.).

Ilse, S.(1989). *Miscarriage: A Shattered Dream.*

Johnson, S.(1987). *After a Child Dies: Counseling Bereaved Families.*

Klass, D.(1988). *Parental Grief: Solace and Resolution.*

Klass, D.(1999). *The Spiritual Lives of Bereaved Parents.*

Kohn, I., Moffit, P-L., & Wilkins, I. A.(2000). *A Silent Sorrow: Pregnancy Loss-Guidance and Support for You and Your Family*(Rev. 2nd ed.).

Lafser, C.(1998). *An Empty Cradle, a Full Heart: Reflections for Mothers and Fathers after Miscarriage, Stillbirth, or Infant Death.*

Limbo, R. K., & Wheeler, S. R.(1998). *When a Baby Dies: A Handbook for Healing and Helping* (2nd ed.).

Osmont, K., & Mcfarlane, M.(1986). *Parting Is Not Goodbye.*

Rando, T. A.(Ed.).(1986a). *Parental Loss of a Child.*

Rosenblatt, P. C.(2000). *Parent Grief: Narratives of Loss an,d Relationship.*

Rosenblatt, P. C.(2001). *Help Your Marriage Survive the Death of a Child.*

Rosof, B. D.(1994). *The Worst Loss: How Families Heal from the Death of a Child.*

Stetson, B.(2002). *Living Victims, Stolen Lives: Parents of Murdered Children Speak to America.*

Talbot, K.(2002). *What Forever Means after the Death of a Child: Transcending the Trauma, Living with the Loss.*

Tedeschi, R. G.(2003). *Helping Bereaved Parents: A Clinician's Guide.*

배우자, 인생파트너, 형제자매, 동료, 친구의 죽음과 관련된 자료:

Campbell, S., & Silverman, P.R.(1996). *Widower: When Men Are Left Alone.*

Lewis, C. S.(1976). *A Grief Observed.*

Smith, H. I.(2001). *Friendgrief: An Absence Called Presence.*

Stroebe, W., & Stroebe, M. S.(2003). *Bereavement and Health: The Psychological and Physical*

Consequences of Partner Loss.

White, P. G.(2006). *Sibling Grief Healing after the Death of a Sister or Brother.*

부모나 조부모의 죽음과 관련된 자료:

Akner, L. F., with C. V. Whitney.(1993). *How to Survive the Loss of a Parent: A Guide for Adults.*

Angel, M. D.(1987). *The Orphaned Adult.*

Chethik, N.(2001). *FatherLoss: How Sons of All Ages Come to Terms with the Deaths of Their Dads.*

Edelman, H.(1994). *Motherless Daughters: The Legacy of Loss.*

Gilbert, A., & Kline, C. B.(2006). *Always Too Soon, Voices of Support for Those Who Have Lost Both Parents.*

Lutovich, D. S.(2001). *Nobody's Child: How Older Women Say Good-bye to Their Mothers.*

Myers, E.(1986). *When Parents Die: A Guide for Adults.*

Simon, C.(2001). *Fatherless Women: How We Change after We Lose Our Dads.*

Smith, H. I.(1994). *On Grieving the Death of a Father.*

Smith, H. I.(2003). *Grieving the Death of a Mother.*

웹자료

유용한 검색어: ADULTS AND DEATH; CAUSES OF DEATH IN ADULTHOOD; DEVELOPMENTAL TASKS IN ADULTHOOD; "SANDWICH" GENERATION.

본서와 연계된 웹사이트 Death & Dying, Life & Living, 제7판을 방문해 보라.

본서-특약 웹사이트는 전문용어 해설, 플래시 카드, 아래 소개된 웹사이트 연결로, 그리고 퀴즈 테스트 등을 포함하는 학습 도구들을 제공한다. www.cengagebrain.com을 방문하라.

제11장의 초점 맞추기 11.3에 제시된 사별지지기관 이외의 기관은 다음을 참고하라:

Bereaved Parents of the USA

Candlelighters Foundation

The Compassionate Friends

Partnership for Parents/Padres y Compadres

Pregnancy Loss and Infant Death Alliance(PLIDA)

제15장

노인

목표

- 노년기 발달단계에서 나타나는 특징적인 쟁점에 대해 이해하기
- 미국에서 노년기에 나타나는 전형적인 죽음문제에 대해 설명하기
- 노년기 죽음관련 태도에 대해 살펴보기
- 생명을 위협하는 질병 및 임종에 대처하는 노인의 주요 쟁점을 파악하기
- 사별과 비통함에 대처하는 노인의 주요 쟁점을 살펴보기
- 노년기 자살과 관련된 쟁점을 살펴보기

사랑으로 가득찬 삶

그는 그녀를 미스 아메리카(Miss America)라고 불렀다. 그녀는 그를 가끔 사망한 남편의 이름인 존(John)으로 불렀다. 그의 원래 이름은 프란시스 엘드릿지(Francis Eldridge)였고 나이는 92세였다. 그녀의 원래 이름은 마리 프란젠(Marie Franzen)이였고 나이는 97세였다. 둘은 9년 전에 만났고, 만나기 전에도 완전하고 행복한 삶을 살았다. 프란시스는 에디스(Edyth)와 58년의 결혼생활을 했고, 마리는 존과 64년의 결혼생활을 했다.

노인복지관에서 점심시간에 처음 만났을 때, 두 사람 모두 재혼에 대해서는 생각하지 않았고 서로의 소울메이트가 되기로 하였다. 프란시스는 이후에 마리의 집에서 있었던 일을 떠올리며 말했다. "그녀가 창문을 들어올리는 데 어려움을 겪고 있어서, 내가 그것을 고쳐주게 되었고 그때 그녀 곁을 떠나지 않기로 결심했습니다."

그들은 서로 재혼은 하지 않기로 하였지만, 한 달이 지나 프란시스는 마리의 집으로 이사를 갔다. 프란시스는 마리의 요리를 좋아하였는데, 특히 쇠고기 스튜, 헝가리 스프와 양배추 음식을 자주 먹어 그의 체중이 175파운드까지 늘기도 하였다.

이후에 마리는 알츠하이머 진단을 받았지만, 프란시스가 곁에 있을 때는 대화도 이어갈 수 있었다.

하지만, 1999년 3월 프란시스가 심한 폐렴을 앓아 3주 동안 병원에 입원을 한 후에는 모든 상황이 변하기 시작했다.

프란시스는 병원에서 퇴원하고 난 후, 몸이 너무 약해져서 자기 자신뿐만 아니라 마리도 돌보기가 어려워졌다. 그래서, 그는 딸 실비아 휘트니(Sylvia Whitney)의 집으로, 마리는 너싱홈으로 이사를 가게 되었다.

"아버지는 나랑 함께 지내는 것을 좋아했지만, 마리를 많이 그리워했습니다."라고 휘트니가 말하였다. "나는 1주일에 1~2번 아버지와 함께 마리를 보러 갔고, 아버지의 체중은 자꾸 줄어갔습니다. 마리는 엄마를 제외하고는 아버지가 좋아했던 유일한 여성이었습니다."

프란시스와 함께 마리도 여위어갔다. "아버지는 체중이 114파운드까지 줄었고, 마리도 정신을 잃을 때가 많았습니다."라고 휘트니가 말하였다. 자포자기하는 마음으로, 휘트니는 프란시스를 너싱홈으로 옮겨 마리와 함께 생활할 수 있도록 하였다.

그리고 나서 프란시스의 체중은 137파운드까지 늘었다. 또한, 아무도 마리의 알츠하이머 증상이 사라지지 않을 것이라고 생각했지만, 마리도 정신이 또렷해지는 시간이 전보다 늘어났다.

프란시스는 마리와 함께 너싱홈 앞에 있는 초록색 철재 벤치에 앉아 햇볕을 쬐며 다음과 같이 말하였다 "감정이 신체에 어떤 영향을 줄 수 있는지 사람들은 잘 모릅니다." 그들은 매일 아침식사 후 손을 잡고 그곳에 있으면서 지나가는 사람들에게 인사를 하였다.

춤을 추며 서로 즐거운 시간을 보내던 도중 프란시스의 검은 손목시계에서 "10시 42분"이라는 소리가 들려왔다. 그리고 나서 수탉 울음소리가 들렸다. 프란시스와 마리는 모두 앞이 잘 보이지 않았기 때문에 수탉 울음소리를 듣고 안으로 들어가곤 하였다.

그들은 윤이 나는 마루를 지나 커다란 분수대에 다다랐다. "분수대를 발견하면 거의 방에 다다른 것입니다"라고 마리는 말하였다.

마리의 방안에는 장난감 곰이 가득 차 있었다. 친구들이 선물로 장난감 곰을 가져오면, 마리는 다른 방문객이나 친구들에게 다시 선물로 돌려주곤 하였다. 하지만, 파란색 옷을 입은 작은 흰색 곰은 항상 그대로 방에 있었다. 왜냐하면 프란시스가 준 선물이었기 때문이다.

내일 징오, 마리의 침대에서 돌온 곰인형과 함께 휴식을 취하였다. 그리고, 서로의 팔에 기대어 함께 시간을 보냈다.(출처: "Lives Crowned by Love" by Jamie Francis, p. 1D in the Floridian, *St. Petersburg Times,* March 9, 2001, 재판 출간 허가 취득.)

노년기, 발달과제, 죽음

2007년 65세 이상 노인은 미국 총인구의 약 12.6%를 차지하였다. 2011년 1월부터 65세가 되면 노인의료보험을 받을 수 있는 자격이 주어졌다. 미국의 노인인구가 2007년 약 3,800만 명에서 2025년 약 6,350만 명으로 증가할 것으로 예상됨에 따라 일부에서는 *미국의 고령화*에 대해 이야기하고 있다(Greenberg, 2009). 많은 나라에서, 노인은 사회적 지혜의 산물로 간주되지만, 젊은이 중심의 미국사회에서 이런 견해는 일반적으로 받아들여지지 않고 있다. 따라서, 노인의 위치는 매우 애매모호하며, 미국 사회에서는 덜 존중받는 것처럼 보인다.

노년학 및 노인의학적 지식이 생겨나면서, 노인이 다른 집단과 구별되는 발달과제와 다른 쟁점들을 갖고 있다는 것이 알려지게 되었다. 특히, 노화가 병리학과 동일하지 않다는 것을 많은 사람들이 알게 되었다. 노인이 되면 생물학적, 심리적, 사회적으로 다양한 변화가 수반된다. 하지만, 미국 노인의 대다수는 활기차고, 생산적이며, 만족스러운 삶을 살고 있다(Cavanaugh & Blanchard-Fields, 2010; Cox, 2009; Papalia , Sterns, Feldman, & Camp, 2006). NBC 뉴스특파원 톰 브로코(Tom Brokaw, 1998)는 노인을 우리사회의 *가장 위대한 세대(The Greatest Generation)*라고 주장하였고, 전직 대통령 지미 카터(Jimmy Carter, 1998)는 *노화의 미덕(The Virtues of Aging)*이라는 책을 쓰기도 하였다.

미국 노인의 성취에 대한 주목할 만한 사례는 2010년 베티 화이트(Betty White)가 88세의 나이로 AP통신에 의해 올해의 연예인으로 선정되었던 것을 들 수 있다. 같은 해, 그녀는 연기자로써 TV시트콤 *더 골든 걸스(Golden Girls)*에서 최고의 연기를 하였고, 페이스북(Facebook) 추천을 통해 *새터데이 나이트 라이브(Saturday Night Live)*에 출연하였고, 7번째 에미상(Emmy Award)을 수상하였

2011년 3월 8일 캘리포니아 베벌리힐스에서 TV시리즈 "핫 인 클리블랜드" 공식행사에 참석한 베티 화이트

고, 슈퍼볼의 스니커즈 광고 및 TV시리즈 *핫 인 클리블랜드(Hot in Cleveland)*에 출연하였으며, 최고의 남성들과 2011년 달력표지를 장식하고, 새로운 책 두 권도 출판하였다.

그럼에도 불구하고, 미국 사회에는 버틀러(Butler, 1969)가 주장한 *노인차별*, 즉 "나이듦에 대한 고정관념과 차별"(1975, p. 12)이 팽배해있다. 사실, 노인에 대해 총괄적으로 이야기하거나, 그들의 삶을 평가절하하거나, 다른 사람들과의 공통점에 대한 이해가 부족한 것은 잘못된 일이고, 불공평하며, 잠재적으로는 노인에게 해로울 수 있다. 이러한 고정관념에 대항하기 위해서는 인간에 대해 이해하고, 중요한 인류의 가치를 인정하고, 노인의 사회기여도를 인정하고, 이 집단만이 갖는 다양성을 인정하는 것이 중요하다(비판적 숙고 #12 참조). 만약 "사람들은 출생시에 서로 가장 유사한 모습이다"(Stillion, 1985, p. 56)는 주장이 맞다면, 노인이 되면 모두 다른 모습이어야 할 것이다. 왜냐하면 각자 자신의 긴 인생을 살면서 다른 시간을 보냈기 때문이다.

*노년기*에 대한 연구를 통해 "노인"에 대해 균일화하여 말하는 것은 적절하지 않다는 주장이 제기되었다. 실제로 노인은 정적이거나 단일한 인구집단으로 볼 수 없기 때문이다(Erikson, Erikson, & Kivnick, 1986; Havighurst, 1972). "노인은 노화 자체의 의미를 인지하지 못한다. 그저 자신이 노인이 되는 것이 노화의 과정이라고 생각한다. 따라서 노인이 지속성을 유지하고, 변화에 대처할 수 있도록 의미부여를 하는 것이 중요하다"(Kaufman, 1986, pp. 13-14).

비판적 숙고

#12 두 명의 노인 : 노인이 여전히 사회에 기여할 수 있는 부분이 있을까?

일반적으로 노인은 무능력하고 노인이 되면 다른 사람에 대한 의존이 증가한다고 생각하는 경우가 많다. 이런 생각은 현재의 문화에만 국한된 것은 아니다. 북극권 문화에서는 더이상 사회의 필요에 기여할 수 없는 노인을 버리기도 하였다. 벨마 월리스(Velma Wallis, 2004)는 *두 명의 노인(Two Old Women)*이라는 책에서 어머니를 통해 들은 알라스카의 아타바스칸(Alaskan Athabaskan)족 전설을 소개하고 있다.

이 이야기는 어떤 부족에 속한 불평이 많고, 까다로우며, 사회에 기여하지 않는 두 노인에 대한 설명으로 시작된다. 자원이 거의 없는 부족에게 두 노인은 부담으로만 여겨졌다. 특히 혹독한 겨울이 되어 사람들이 굶주리게 되자, 부족장은 두 노인을 버리기로 결정하였다.

계속된 이야기는 다음과 같다:

두 노인은 앞으로 다가올 충격을 모른채, 모닥불 앞에 편안하게 앉아 있었다. 둘다 부족장이 죽음에 대해 이야기하는 것을 듣지 못했다는 듯이 서로 쳐다만 볼 뿐이었다. 살아가기 위해서는 오직 힘이 있어야 한다는 사실을 받아들여야 했고, 두 노인은 그런 규칙에 반대할 수 있는 상황이 아니었다(p. 7).

하지만 이것은 이야기의 시작일 뿐이다. 두 노인은 쉽게 외로움, 절망, 죽음에 이르지 않았다. 대신 심각한 상황에 이르자 그들이 알지 못했던 심리적, 육체적, 지적, 영적인 자원들까지 모두 불러일으켜 살아남게 되고, 심지어 번성하기까지 하였다. 1년 후, 부족의 상태가 다시 매우 불안정해졌을 때, 두 노인과 다시 마주치게 되었다. 두 노인은 자신들의 노동력과 자원을 통해 축적한 음식을 부족에 제공해 주었다. 결국, 부족과 두 노인은 서로가 도움이 될 수 있다는 사실을 깨닫게 되었다. 이후 두 노인과 부족은 노년기가 항상 무능력과 의존을 가져오는 것은 아니며, 오히려 *모두가* 이익을 얻을 수 있는 새로운 수준의 *상호의존*이 이루어질 수 있다는 사실을 이해하게 되었다.

에릭슨(Erikson, 1959)의 발달단계에서는 인생의 마지막 시기를 *노화*라고 불렀다. 이 용어는 이전에도 인생의 남은 반평생을 의미하는데 사용되었다(Hall, 1922). 이 단어 자체가 늙어가는 과정을 의미하기 때문에, 노인은 변해가는 자기자신을 보며 본인 스스로가 노화를 의미한다고 생각하게 된다. 불행히도, *노화*는 *노쇠함*과 어원적으로 연결되어 있기 때문에 나이가 드는 것 이외에도 인지장애가 있는 것으로 잘못 인식되어 있다. 이렇게 정상적 발달단계와 병리학을 부적절하게 연결시키는 것은 잘못된 것이며 바람직하지 않다(Madey & Chasteen, 2004). 이러한 생각들을 무마시키기 위해 에릭슨(Erikson, 1963, 1982)은 이 시기를 *성숙한* 시기 또는 인간발달이 "완료"된 시기라고 주장하였던 것 같다.

유사한 설명이 많은 발달이론가들이 주장한 *노년기의 주요 발달과제*에서 나타난다. 노년기의 발달과제를 에릭슨(Erikson, 1963, 1982)은 *자아무결성 확립 대 절망*, 매슬로우(Maslow, 1968)는 *자아실현*, 비렌(Birren, 1964)은 *화해*라고 주장하였다. 사용된 언어는 달랐지만, 노년기의 주요 발달과제는 온전함을 내부적으로 달성하는 것이다(Cavanaugh & Blanchard-Fields, 2010; Papalia et al,

2006). 이전의 발달과제를 성공적으로 해결하고 과거를 잘 돌아보는 것이 노인이 되어 온전함에 대한 균형과 조화를 달성하는데 도움이 될 수 있다. 이는 버틀러(Butler, 1963)가 설명한 *인생회고*를 통해, 즉 내성, 자기반성, 회상과 같은 과정을 통해 이루어질 수 있다.

고도화된 내면성찰의 과정을 통해, 과거의 경험은 자발적으로 자각하고, 검토하고, 평가하게 되며, 재해석과 재통합까지 이루어질 수 있다. 목표는 과거의 갈등을 해소하고 새로운 의미를 찾는 과정을 통해, 자신의 과거 삶을 돌아보고 죽음을 준비하는 것이다. 이런 과정이 성공적이 되면 무결점과 지혜를 얻게 된다(Erikson & Erikson, 1981). 만약 성공적이지 않다면 절망감을 느끼게 되는데, 이는 자기 스스로의 삶에 대해 만족하지 못하고, 이전의 삶을 보완하고 바꿀 수 있는 시간과 에너지가 충분히 남아있지 않다는 것을 알고 있기 때문이다.

관습적으로 우리사회에서는 은퇴시기라는 사회적 지표에 의거하여 노인을 65세 이상으로 규정한다. 하지만, 21세기에 이르러서는 상황이 조금 복잡해졌다. 예를 들면, 2007년 당시 미국에서 65세의 사람들이 평균수명에 도달하기까지는 약 18.6년(여성의 경우 19.9년, 남성의 경우 17.2년) 정도가 걸렸는데, 평균수명은 시간이 갈수록 계속 증가하는 추세이다(Xu, Kochanek, Murphy, & Tejada-Vera, 2010). 실제로, 우리 사회에서 가장 나이든 집단에 속하는 100세 이상도 21세기 초반에 들어서면서 급속도로 증가하였다(그림 15.1 참조; Gertner, 2001; 비판적 숙고 #13 참조).

즉, 우리사회의 대부분의 노인, 특히 65~74세의 노인은 상대적으로 좋은 건강상태, 교육수준, 구매력, 자유시간을 갖고 있으며, 정치적으로도 활동적인 것으로 알려져있다(Neugarten, 1974; Thorson, 2000a). 따라서, 노인도 "연소노인"(65~74세), "고령노인"(75~84세), "초고령노인"(85세 이상)으로 구분을 할 필요가 있다(Settersten, 2002). 일부에서는 초고령노인을 "허약한 노인"이라고 부르기도 하지만, 이는 발달상의 분류가 아닌 건강상의 분류에 따른 것이며, 노인 뿐만 아니라 젊은 사람들도 허약할수 있다. 어찌됐건 고령자들 사이에도 서로 다른 사회적 코호트와 각각의 발달과제가 존재한다.

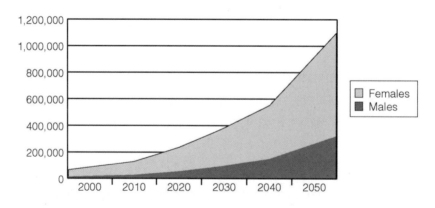

출처: U.S. Bureau of the Census, National Population Projections, 2001.

그림 15.1 미국의 성별에 따른 실제 및 예상되는 100세 이상 인구수, 2000–2050

비판적 숙고
#13 어떻게 하면 수명을 연장할 수 있을까?

- "좋은" 유전자를 가질 것(부모를 잘 선택해야 함).
- 혈압을 낮게 유지할 것, 하루에 한번 아스피린을 복용할 것.
- 정기적으로 운동하여 체중을 유지할 것.
- 단백질함량이 높고 포화지방이 많은 음식을 피할 것, 커피를 줄일 것.
- 담배를 피우지 말 것, 간접흡연을 피할 것.
- 하루에 두 잔 이상 술을 마시지 말 것.
- 과도한 태양 노출을 피할 것.
- 효과적인 스트레스 관리기법을 실시하고 유머감각을 유지할 것.
- 보람 있는 취미활동을 할 것.
- 다양한 연령의 사람들을 많이 사귀고, 그들과 즐거운 활동을 함께 할 것.

100세 장수법(Living to 100: Lessons in Living to Your Maximum Potential at Any Age(Perls, Silver, & Lauerman, 2000)이라는 책을 참고하거나, www.livingto100.com 웹사이트의 기대수명 계산기를 통해 당신의 상태를 알 수 있을 것이다.

만약 기대수명을 100세 이상으로 현저하게 늘릴 수 있다면:

- 당신은 무엇을 하고 싶습니까?
- 당신의 인생목표는 무엇입니까?
- 재정적으로 어떻게 지원할 계획입니까?
- 어떤 건강문제가 생길 것이라고 예상합니까?
- 누구와 함께 살고 싶습니까?
- 어디에서 살고 싶습니까?
- 어떤 시설에서 살고 싶습니까?

노년기의 죽음

노년기 사망자 수 및 사망률

2007년 65세 이상 노인의 사망자수는 176만 명이었다. 이는 2007년 미국 총 사망자 수인 240만 명의 약 72% 정도를 차지하며, 2007년 미국 노인인구는 전체인구의 12.6%에 불과하였다.

표 15.1은 2007년 미국 노인의 세 그룹인 65~74세, 75~84세, 85세 이상에서의 사망자수를 나타내고 있다. 통계자료를 보면, 65~74세 그룹에 비해 75~84세 그룹의 *사망자수*가 유의하게 증가한 것을 볼 수 있으며, 85세 이상에서는 적은 인구임에도 불구하고 사망자수가 꾸준히 증가하는 것을 볼 수 있다. 이는 미국 사회의 사망자수가 노년기 전반에 걸쳐 85세 이상까지 꾸준하고 급격히 증가하는 패턴이 지속됨을 나타낸다.

유사한 패턴이 노인의 *사망률*에서도 나타난다(표 15.2 참조). 2007년 65~74세 노인의 사망률도 매우 높은 편이었는데, 85세 이상에서는 급속도로 증가하는 것을 볼 수 있다. 사망률의 증가패턴은 모든 노인집단에서 나타나고 있다. 이러한 수치는 미국의 전반적인 사망률을 크게 상회한다. 즉, 죽

표 15.1 연령, 인종, 히스패닉계[a], 성별에 따른 노년기 사망자 수: 미국, 2007

	65-74세			75-84세			85세 이상		
	전체	남자	여자	전체	남자	여자	전체	남자	여자
모든 인종[b]	389,238	218,344	170,894	652,682	320,803	331,879	713,647	248,866	464,781
백인계 미국인, 전체	327,377	184,828	142,549	579,122	286,824	292,298	651,521	228,227	423,294
비히스패닉 백인계 미국인	306,342	172,867	133,475	549,752	272,398	277,354	627,642	219,419	408,223
아프리카계 미국인	51,384	27,672	23,712	58,986	26,815	32,171	49,194	15,255	33,939
히스패닉계 미국인[c]	21,127	11,978	9,149	29,490	14,438	15,052	23,890	8,809	15,081
아시아 태평양군도 미국인	7,941	4,487	3,454	12,028	5,950	6,078	11,161	4,717	6,444
인디언과 알라스카 원주민	2,536	1,357	1,179	2,546	1,214	1,332	1,771	667	1,104

[a] 백인과 아프리카계 미국인을 제외한 다른 인종의 자료는 사망증명서나 인구조사에서 인종이나 히스패닉계를 보고할 때 불일치할 수 있으므로 해석상 주의를 요한다.

[b] 특별히 구분되지 않은 인종에 대한 자료는 "모든 인종"에만 포함되어 있다.

[c] 인종에 상관없이 모든 히스패닉계를 포함한다.

출처: Xu et al., 2010.

음은 미국사회에서 노인 삶의 일부이다. 인간은 모두 죽으며, 무한정 살 수 없기 때문에, 나이가 들어갈수록 인생의 끝이 가까워진다고 볼 수 있다.

노인 사망의 주요 원인

표 15.3은 2007년 65세 이상 노인의 연령별 5가지 주요 사망원인에 따른 사망자수와 사망률을 보여준다. 노인의 주요 사망원인은 모두 만성 또는 퇴행성 질환이다. 이런 패턴은 나이가 들수록 나타나는 현상인데, 청장년에서처럼 퇴행성 질환은 노인의 주요 사망원인으로 점점 더 두드러지고 있는 반면, 인간에 의한 사망과 전염성 질병은 상대적으로 중요성이 감소한다. 일반적으로, 주요 사망원인은 본질적으로 남녀 모두에게 같게 나타나며, 상대적 중요성에만 약간의 차이가 있을 뿐이다. 최근의 중요한 변화는 노인의 두 연령집단에서 주요 사망원인으로 알츠하이머병이 출현했다는 사실이다. 2007년 알츠하이머병으로 사망한 노인은 약 70,000명 정도였다.

하지만, 다른 사망원인 역시 중요하다. 예를 들면, 사고로 인한 사망자수와 사망률은 65~74세 집단에 비해 75세 이상 집단에서 크게 증가한다. 즉, 사고사는 나이가 들수록 현저히 늘어난다. 중요한 사실은 다른 사고사에 비해 자동차로 인한 사고사가 노인에게는 훨씬 적게 발생한다는 것이다. 반면, 낙상 사고는 노인에게 치명적이지 않은 부상을 가져오긴 하지만, 결국 사망과 쇠약의 주요 원인이 된다(Lord, Sherrington, Menz, & Close, 2007; National Safety Council, 2010; Tideiksaar, 2002).

표 15.2 연령, 인종, 히스패닉계[a], 성별에 따른 노년기 사망률(10만명 당): 미국, 2007

	65세-74세			75세-84세			85세 이상		
	전체	남자	여자	전체	남자	여자	전체	남자	여자
모든 인종[b]	2,011.3	2,456.9	1,633.0	5,011.6	6,038.4	4,304.1	12,946.5	14,006.4	12,442.3
백인계 미국인, 전체	1,970.3	2,396.7	1,600.9	5,030.8	6,049.2	4,317.6	13,176.5	14,286.4	12,646.7
비히스패닉 백인계 미국인	2,006.2	2,432.7	1,634.9	5,113.1	6,152.7	4,385.4	13,413.3	14,588.3	12,856.7
아프리카계 미국인	2,791.4	3,604.9	2,209.5	5,725.7	7,169.0	4,902.9	12,281.5	12,964.7	11,997.4
히스패닉계 미국인[c]	1,477.1	1,862.7	1,162.1	3,678.4	4,364.8	3,196.2	8,542.2	8,953.7	8,318.9
아시아 태평양군도 미국인	1,046.6	1,304.7	832.7	2,904.2	3,538.4	2,470.6	7,929.2	8,918.0	7,334.0
인디언과 알라스카 원주민	1,853.8	2,131.7	1,611.9	3,760.3	4,193.4	3,436.8	6,708.1	7,638.6	6,248.2

[a] 백인과 아프리카계 미국인을 제외한 다른 인종의 자료는 사망증명서나 인구조사에서 인종이나 히스패닉계 를 보고할 때 불일치할 수 있으므로 해석상 주의를 요한다.

[b] 특별히 구분되지 않은 인종에 대한 자료는 "모든 인종"에만 포함되어 있다.

[c] 인종에 상관없이 모든 히스패닉계를 포함한다.

출처: Xu et al., 2010.

전체적인 숫자로 볼 때, 살인, 자살, HIV감염은 노인의 10대 주요 사망원인에 들지 못한다. 하지만, 85세 이상 노인의 자살률은 끊임없이 중요한 관심사이며, 이 장의 뒷부분에서 다시 논의할 것이다.

노인 사망의 두 가지 변인: 성과 인종

표 15.1과 표 15.2는 노인의 사망자수와 사망률을 남녀로 구분하여 비교하고 있다. 노년기 초반에 는 남성이 여성보다 더 많이 사망하지만, 75세 이상이 되면 반대로 바뀌게 된다. 여성은 남성보다 더 오래 살기 때문에 "초고령노인"이 되면 여성이 더 많이 사망하게 된다. 따라서, 2007년 85세 이상 집 단의 여성 사망자수가 75~84세 여성 사망자수보다 더 많이 나타난다. 남성의 사망률은 모든 연령층 에 걸쳐 여성의 사망률보다 높게 나타난다.

노인의 다른 하위그룹을 살펴보면, "연소노인"과 "고령노인" 집단에서 백인계 미국인의 사망자 수가 급격히 증가하고, 85세 이상 집단에서는 약간 감소하는 것을 볼 수 있다. 이는 우리 사회에서 살아남은 "고령노인"의 인구수가 다른 노인집단에 비해 적다는 교차효과를 반영하는 것이다. 히스 패닉계 미국인, 아프리카계 미국인, 아시아 태평양군도 미국인, 인디언과 알라스카 원주민의 사망 자수는 훨씬 적지만, 완만히 증가하다가 급속도로 떨어진다. 모든 그룹에서, 사망률은 꾸준히 증가 하고, 남성의 사망률이 여성보다 높게 나타난다.

표 15.3 연령, 성별, 인종집단에 따른 5개 주요 사망원인별 노년기 사망자 수와 사망률(10만명 당): 미국, 2007

연령군	순위	사망원인	사망자 수	사망률
65-74세		모든 원인	389,238	2,011.3
	1	암(악성신생물)	138,466	715.5
	2	심장병	89,589	462.9
	3	만성 하부호흡기 질환	28,664	148.1
	4	뇌혈관 질환	18,007	93.0
	5	당뇨병	15,112	78.1
75-84세		모든 원인	652,682	5,011.6
	1	심장병	171,257	1,315.0
	2	암(악성신생물)	163,608	1,256.3
	3	만성 하부호흡기 질환	48,041	368.9
	4	뇌혈관 질환	41,979	323.3
	5	알츠하이머병	23,009	176.7
85세 이상		모든 원인	713,647	12,946.5
	1	심장병	235,249	4,267.7
	2	암(악성신생물)	87,656	1,590.2
	3	뇌혈관 질환	55,975	1,015.5
	4	알츠하이머병	46,804	849.1
	5	만성 하부호흡기 질환	32,857	596.1

출처: Xu et al., 2010.

노인의 죽음관련 태도

일반적으로 노인이 젊은 사람들에 비해 죽음을 두려워하지 않는다는 연구결과가 지배적이다 (Bengtson, Cuellar, & Ragan, 1977; Catt et al., 2005; Cicirelli, 2002). 물론 3장에서도 살펴보았듯이 "죽음불안"은 복잡한 개념이기 때문에 노인들 사이에서도 서로 다르게 받아들일 수 있다. 또한 신체적, 정신적 건강상태가 좋지 않거나, 미망인이 되거나, 시설에 보내지는 경우들이 삶의 질 저하와 관련이 될 수는 있지만, 죽음불안과는 관련이 없을 수도 있다(Marshall, 1975; Swenson, 1961; Templer, 1971). 그럼에도 불구하고, 노인은 노화와 죽음에 대해 자주 이야기하는데(Kastenbaum, 1967, Matse, 1975, Saul & Saul, 1973), 이는 그런 토론이 제한되어 있는 시설에서도 종종 이루어진다.

칼리쉬(Kalish, 1985a)는 노인의 죽음불안이 비교적 낮은 것에 대해 다음과 같은 세 가지 이유를

들어 설명하고 있다: (1) 노인은 오랜 기간 살아왔기 때문에 다른 사람들에 비해 쉽게 죽음을 받아들이게 된다. (2) 노인은 다른 사람의 죽음을 반복적으로 경험하는 과정을 통해서 자신의 죽음도 사회화 과정의 결과로 받아들이게 된다. (3) 노인은 젊은 사람들의 삶에 비해 자신의 삶이 가치가 떨어졌다고 보기 때문에 삶을 포기하는 것을 심하게 부정하지 않는다. 이러한 이유들로 인해 노인에게는 죽음이 쇠약, 고립, 의존보다 덜 위협적으로 느껴질 수 있다. 결과적으로, 대부분의 노인들은 집에서, 고통 없이, 가족에게 짐이 되지 않고 사망하기를 원한다.

생명을 위협하는 질병 및 임종에 대처하는 노인

생명을 위협하는 질병 및 임종에 대처하는 노인의 4가지 구체적인 요구사항은 다음과 같다: "자신의 정체성을 유지하고, 자신의 삶을 결정하고, 자신의 삶이 여전히 가치가 있음을 확인하고, 적절한 건강관리 서비스를 받는 것"(Cook & Oltjenbruns, 1998, p. 346).

자신의 정체성을 유지하기

개인 삶을 통해 정립된 정체성의 가치를 보존하고 확인하는 것은 전환과 재평가가 필요한 노인의 발달과정에서는 중요한 과제이다. 개인의 정체성은 자기개념과 자존감을 바탕으로 형성된다. 앞서 설명했듯이, 노인의 경우 재평가는 주로 자기반성, 회상, 평가와 같은 *인생회고*를 통해 이루어진다(Coleman, 2005; Kaufman, 1986).

생명을 위협하는 질병 및 임종에 대처하는 노인의 경우, 고통, 집중력 부족, 사회적 지지 부재, 노화와 노인을 평가절하하려는 사회적 경향에 휩싸일 가능성이 높지만, 그럼에도 불구하고 자신의 정체성을 유지하려는 과정이 필요하다. 이렇게 방해요소들이 많이 있음에도, 가족과 전문간병인은 다양한 방법으로 인생회고를 권장할 수 있다. 예를 들면, 이야기를 들어주거나, 사진과 추억거리를 제공하면서 자극을 줄 수도 있다. 질병으로 죽어가는 노인을 집에서 지내게 하거나, 시설에서도 개성을 나타내도록 하는 것도 개인의 독창성과 가치를 확인하게 하는 또다른 방법이다. 호스피스에서 공예품을 만들면서 성취목표를 확인할 수도 있고, 다른 사람에게 줄 선물을 만들 수도 있다. 그렇게 만들어진 선물이나 개인적으로 소중한 물건을 다른 사람에게 전달하는 것 자체가 의미 있는 활동이 될 수 있고, 유산을 남기는 방법이 될 수 있다. 그러한 선물을 따뜻함과 감사로 받아들이는 것을 보면 노인은 죽음을 원하는 것이 아니라 애정을 원하는 것으로 볼 수 있다.

자신의 삶을 결정

서양에서는 많은 사람들이 자신의 삶에 대한 자율성과 책임심을 가지는 것을 중요한 덕목으로 여긴다. 특히, 다양한 상실을 경험하면서 의존적이 되어가는 노인들에게는 더욱 그러할 수 있다. 노인들도 가능한 한 자신의 삶에 대한 결정을 계속할 수 있기를 원한다. 때로는 결정을 내려야 할 때 매우 광범위하고 적극적으로 역할을 할 수도 있지만, 그 역할이 매우 제한적이고 상징적일 수도 있다. 그럼에도 불구하고, 지미 카터(Jimmy Carter) 전 대통령이 주장한 것처럼, 노인은 자신의 삶을 결정하고 싶어하고, 자기결정능력을 최대한 유지하려고 한다(개인적 통찰 15.1 참조).

자율성을 유지하려면 노인, 가족, 전문간병인 사이에 어느 정도의 타협이 필요하다(Norlander & McSteen, 2001). 예를 들면, 대부분의 노인은 생의 마지막을 집에서 보내기를 원한다(Gott, Seymour, Bellamy, Clark, & Ahmedzai, 2004). 이런 경우, 장기요양보호시설에 입소하기로 한 결정 때문에 노인과 다른 가족구성원들이 다투게 될 수 있다. 심지어는, 노인이 원하는 바를 지지받지 못하게 되면 무력감에 빠질 수도 있다(Solomon, 1982).

문화적으로 미국사회는 오랫동안 개인주의와 자율성을 높이 평가하였다. 그러나, 최근에 들어서야 노인들도 자율성과 그 가치를 중요하게 생각한다는 것을 깨닫게 되었다. 따라서, 1991년에 발효된 환자자기결정법에 따르면, 의료기관에 입원한 노인에게도 유언장을 작성하거나, 건강대리인을 지명해서 치료와 관련된 권리를 부여하거나, 자신이 원하는 치료를 시행하고 존중받을 수 있는 권리에 대해 설명을 해주어야 한다(Annenberg Washington Program, 1993; Cate & Gill, 1991). 이런 절차들이 노인의 정신건강에도 긍정적인 영향을 미치고, 삶에 대한 전반적인 만족도에도 기여를 한다. 즉, 노인이 자신의 삶에 대해 직접 결정하게 되면 심리사회적, 신체적으로 쇠퇴하거나 죽음에 이르는 것을 늦출 수 있다. 반대로 노인이 통제감을 상실하고 외부 및 내부적 압박으로 인해 자율성과 삶의 질이 저해되면, 희망이 없고, 무기력해져서, 결국 삶을 포기하게 된다(Maizler, Solomon, & Almquist, 1983; Schulz, 1976; Verwoerdt, 1976).

자신의 삶이 여전히 가치가 있음을 확인

앞서 언급했듯이, 젊은이 중심의 사회에서 노인차별은 노인 삶에 대한 평가절하와 차별을 조장할 수 있다. 이런 태도와 노인이 경험하게 되는 상실(예를 들면, 신체기능의 쇠퇴, 은퇴로 직업을 포기)이 결합되어 노인은 자신의 가치를 스스로 떨어트리게 된다. 삶을 위협하는 질병 및 임종이 삶의 가치를 평가절하시키는 과정을 배가시킬 수도 있다. 비록 신체적 죽음이 임박하지 않더라도 중요한 사람들과의 접촉이 줄어들게 되면 고립되게 되며, 이는 사회적 죽음으로 이어지기도 한다. 일부 노인의 경우, 삶의 질을 유지하기 위해 성적관심이나 성적욕구를 표현하는 것이 중요할 수도 있다(Verwoerdt, Pfeiffer, & Wang 1969; Weinberg, 1969). 성적관심이 성행위로 나타날 수도 있지만, 이 장의 시작부분에 제시된 예에서도 볼 수 있듯이 단순한 신체접촉이나 포옹으로 나타날 수도 있다.

개인적 통찰 15.1

지미 카터(Jimmy Carter), 노화와 죽음에 대하여 논하다

인종차별이나 성차별처럼 신체적 노화와 노인에 대한 편견에 대해 많은 사람들이 우려를 표명한다. 이러한 편견은 현재 노인이거나 앞으로 노인이 될 사람들도 갖고 있다는 점이 특이한 점이다. 내가 이 책의 제목을 몇몇 사람에게 언급했을 때, 대부분의 사람들은 이렇게 말하였다. "장점? 나이 든다는 것이 좋은 점이 과연 있을까요?" 물론 가장 확실한 대답은 노화와 반대되는 것을 생각하는 것이다. 그러나 우리의 개인적 경험과 관찰을 바탕으로 생각해보면 훌륭한 답변이 더 많이 나올 수 있다.

아마도 인생 말기에 가장 걱정되는 측면은 자신의 신체적 죽음을 필연적으로 직면해야한다는 사실일 것이다. 어떤 사람에게는 이런 사실이 엄청난 고통일 수 있기 때문에 때로는 하느님이나 주변 사람들에게 분노의 감정을 느끼기도 한다.

우리는 죽음을 두려움, 괴로움, 불필요한 고통으로 직면할 수도 있고, 신앙과 용기를 통해 평온함, 즐거움, 평화로움으로 직면할 수도 있다. 나의 가족들은 말기 질병에 걸렸을 때, 가장 좋은 의료서비스를 받을 수 있었다. 그러나, 모두 인위적인 생명유지를 원하지 않았고, 친구들과 가족들이 침대 곁을 지키는 가운데 평화롭게 죽음을 맞이하였다. 모두 자신의 인생관과 개인적 존엄성을 유지하려고 한 것이다. 삶의 마지막 순간에도 그들은 가능한 한 스스로 즐기려고 했고, 생존한 사람들의 고통과 괴로움을 줄이기 위해 노력하였다. 누나 글로리아(Gloria)는 오토바이 모임의 친구들에게 둘러싸여 할리 데이비슨(Harley-Davidson) 오토바이를 타며 즐거웠던 추억에 대해 이야기를 나누었다. 그녀의 장례식 영구차는 37대의 할리 데이비슨 오토바이가 앞에서 함께 하였다. 죽기 전까지, 남동생 빌리(Billy)와 어머니는 탁월한 유머감각을 유지하였고, 여동생 루스(Ruth)도 복음전도자로써 신앙에 충실하였다.

로잘린(Rosalynn)과 나도 그들처럼 삶을 마무리하기를 원하여 인위적으로 삶을 연장하는 것을 반대한다는 유언장을 작성하였다.

출처: Carter, 1998, pp. 8-9, 82, 85-86.

삶에 중점을 두고 현재 삶의 질을 최대화하는 것을 철학으로 하는 호스피스에서는 노인의 삶을 평가절하 하는 것에 대한 해결책을 제시한다고 볼 수 있다. 생명을 위협하는 질병에 걸려 죽어가고 있는 노인에게도 그들의 삶이 여전히 가치 있고 인정받을 수 있고, 그들은 중요한 사람들이고 다른 사람들에게 많은 교훈을 줄 수 있으며, 여전히 삶에서 만족을 얻을 수 있다는 사실을 알려줌으로써 자기자신의 가치를 느끼게 하는 것이다. 심지어 노인을 무시하지 않고 이야기하거나, 청력에 문제가 있다고 가정하지 않는 것만으로도, 노인의 자존감이나 존엄성을 높일 수 있다. 가족 구성원에게는 병들어 죽어가는 노인의 삶과 돌봄에 건설적인 방법으로 대처할 수 있는 방법을 제시함으로써 현재 삶의 질을 향상시키고, 죄책감이나 좌절감을 줄일 수 있다(Kaufman, 1986).

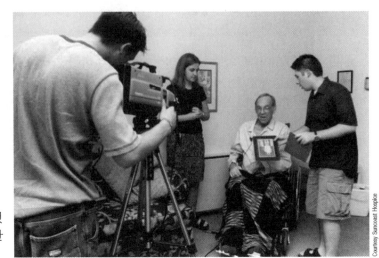

소중한 추억을 기록하는 것
은 인생의 유산에서 중요한
부분이 될 수 있다.

적절한 건강관리 서비스 충족

수년 전 미국(Sudnow, 1967)과 영국(Simpson, 1976)에서 실시된 연구에 따르면, 심각한 상태로 응급실에 간 노인은 젊은 사람에 비해 종합적이고 다양한 관리를 받지 못하는 경우가 많았다. 이 연구결과는 형평성에 대한 문제와 의사결정에 대한 문제를 야기한다. 특히 심각한 질병으로 죽어가고, 취약하며, 혼자여서 완전히 의사결정을 제대로 할 수 없는 사람들에게는 더욱 그러하다 (Matulonis, 2004; Sheehan & Schirm, 2003). 호스피스나 노인의학 뿐만 아니라 간호, 사회복지, 법학에서 노인 전문분야가 발전하면서, 이러한 상황에도 변화가 생기기 시작하였다(Karp & Wood, 2003). 생명을 위협하는 질병 및 임종에 대처하는 노인들로 인해 사회건강 및 복지시스템이 조성된 것이다. 물론, 이러한 시스템을 통해 적절한 의료서비스를 실시하여야 한다. 많은 노인들이 다양한 정치적 활동이나 AARP같은 조직을 통해 이러한 요구가 충족될 수 있도록 노력하고 있다.

사별과 비통함에 대처하는 노인

대부분의 노인은 다양한 사별경험을 하게 되며(Hansson & Stroebe, 2006), 이 장의 시작부분에서도 예를 통해 일부를 설명하였다. 수년 동안 거주하고 소중하게 여겨온 집을 상실하는 경험처럼, 모든 상실이 죽음과 직접적 관련이 있는 것은 아니다. 그러나, 배우자, 인생파트너, 형제자매, 친구 및 동료의 죽음은 그 자체로 대다수 노인에게 다양한 의미로 힘든 사건일 수 있다. "연소노인"층에 속하는 사람들의 경우에는 "초고령" 부모의 죽음을 경험하게 되고, 성인자녀 뿐만 아니라 손자녀의

478

죽음까지도 경험하게 될 수 있기 때문이다. 또한, 애완동물이나 반려동물이 죽는 경우, 노인은 더 날카로워질 수 있고, 신체적, 심리사회적으로도 좋지 않은 영향을 받을 수 있다. 실제로, 카스텐바움(Kastenbaum, 1969)에 따르면, 노인은 다른 연령그룹보다 더 다양한 유형의 상실을 많이 경험하게 된다. 결과적으로, 노인은 *사별 과부하*에 걸리게 되어 또 다른 사별이 발생하기 전에 충분히 슬퍼하고, 중요한 상실을 효과적으로 애도할 시간이나 자원이 충분하지 않을 수 있다. 그렇기 때문에 이런 노인에게는 비통함이 오랫동안 남아있게 된다.

질병, 장애, 그리고 상실

노인은 나이가 들면서 일생동안 경험하는 수많은 "작은 죽음"들로 인해 슬픔에 빠지게 된다. 많은 죽음이 다양한 종류의 질병과 관련되어 있다. 모든 노인이 질병과 관련된 죽음을 경험하는 것은 아니지만, 대부분의 노인은 하나 이상의 질병을 갖고 살아간다. 예를 들면, 고혈압과 동맥경화는 많은 노인에게 공통적으로 많이 나타나는 질병이며, 남성에게는 폐암과 전립선암, 여성에게는 폐암과 유방암이 많이 나타난다. 비록 상태가 치명적이지는 아닐지라도, 삶의 질은 제한될 수 있다. 관절염, 외래종 및 당뇨병 같은 만성질환의 경우에도 유사한 영향을 미칠 수 있다(Gorman, 2011b).

특히 알츠하이머나 파킨슨병, 근위축성 측색경화증(미국에서는 종종 "루게릭병"이라고 함)과 같은 장기퇴행성 질병의 경우, 노인의 상실에 중요하게 작용할 수 있다. 이런 질병은 신체적으로(예를 들면, 통증이나 근육조절능력 상실), 심리적으로(예를 들면, 혼란), 사회적으로(예를 들면, 이동능력의 상실, 시설입소, 사회적 능력 제한), 영적으로(이러한 상실이 발생하는 세상과 개인 삶의 의미에 대한 질문) 다양하게 영향을 미칠 수 있다. 알츠하이머를 앓고 있어 정신기능이 떨어지는 개인뿐만 아니라(Larson & Shadlen, 2004; Rauschi, 2001; Taylor, 2006; 이 책의 20장 참조), 질병에 걸린 사람을 돌보느라 일상생활의 가장 기본적인 활동조차도 수행할 수 없는 가족들에게도 영향을 미칠 수 있다(Bell & Troxel, 2003; Comer, 2006; Kapust, 1982; Mace & Rabins, 2006).(질병이 간병인에게 미치는 영향에 대해서는 Cox & Monk, 1993; Delgado & Tennstedt, 1997a; Owen, Goode, & Haley, 2001를 참조하기 바란다). 이러한 질병들은 복잡하거나 "모호한" 상실로 볼 수 있는 심리사회적 죽음이라는 매우 독특한 형태로 나타나게 되는데, 토인비(Toynbee, 1968a, p. 266)는 이를 "신체적으로는 살아있지만 정신적으로는 이미 사망한 상태"라고 설명하였다. 이외에도 의사결정, 적절한 치료방법, 비용과 같이 해결하기 어려운 문제들을 수반한다.

아주 큰 문제는 아닐 수 있지만 기능을 상실하거나 장애가 누적되는 것도 웰빙 측면에서 노인에게 중요하다. 여기에는 감각 및 인지장애, 구강 및 치아문제, 에너지 상실, 근력 감소, 균형감각 감소, 골다공증, 관절염, 성기능 관련 문제들이 모두 해당될 수 있다. 이러한 특정한 기능상실이 더해지게 되면 삶의 질이 떨어질 수 있고, 개인, 가족, 돌봄 제공자 모두 이전에 신경쓰지 않았던 것에 대해 후회하게 된다.

배우자, 인생의 동반자, 형제자매, 친구, 다른 중요한 동료의 죽음

배우자, 형제자매, 인생파트너, 친구, 다른 중요한 동료의 죽음을 경험하는 것은 노인에게는 일반적인 일이다(Bennett & Bennett, 2001; Carr, Nesse, & Wortman, 2005; Walter, 2003). 고인은 누군가의 결혼상대자, 형제 또는 자매, 동성이든 이성이든 오랜 기간 안정된 관계를 유지하며 함께 살았던 사람, 특별한 친구나 동료일 수 있다. 일부 노인(특히 "초고령노인" 그룹에 속하는 경우)에게는 거의 모든 가족구성원이 사망한 경우가 가장 큰 문제일 수 있다. 이런 유형의 상실을 겪은 사람들은 "외로운 노인"이라는 특수한 집단으로 분류되어 젊은 세대를 통해 기쁨을 얻게 되더라도 외로움과 상실감이 없어지기 어렵다.

일반적으로, 사별한 노인은 역할과 관계를 유지하는 것이 중요하다. 특히, 이야기를 나누고, 부담감, 기쁨, 성적 만족감을 함께 공유하고, 자신의 필요에 따라 옆에서 보살펴줄 수 있는 동반자가 가장 중요하다(Lopata, 1996; Lund, 1989). 만약 동반자와의 삶이 서로 밀접하게 얽혀있는 관계라면, "한 동반자의 상실은 다른 상대방의 존재의 의미를 없애버릴 수도 있다"(Raphael, 1983, p. 177). 물론, 동반자와의 관계가 복잡할 수도 있고, 전혀 충돌이 없을 수는 없다. 그럼에도 불구하고, 노인은 중요한 동반자가 사망하면 더 큰 상실감을 느끼게 되고, 배우자나 인생파트너의 죽음을 겪게 되면 몇 년이 지난 후 질병 또는 자살로 인해 자기자신도 사망할 위험이 높아진다(Glick, Weiss, & Parkes, 1974; Stroebe & Stroebe, 2003).

노년기에 배우자나 가까운 동반자가 사망하게 되면 분리와 상실로 인해 비통함(갈망, 고통, 분노), 격리, 외로움을 경험하게 된다(D'Epinay, Cavalli, & Spini, 2003; Worden, 2009). 우리사회에서는 배우자사망을 여성이 더 많이 경험하게 된다(Hurd & Macdonald, 2001). 평균적으로 여성이 남성보다 오래 살며, 여성은 주로 자신보다 나이가 많은 남성과 결혼하기 때문이다. 또한, 상대적으로 잠재적 배우자가 남성이 많기 때문에 남성이 여성보다 재혼할 가능성이 더 높다(Carey, 1979). 하지만, 노인도 회복력이 있기 때문에 모든 남성이 재혼을 하는 것은 아니다(Moore & Stratton, 2002). 어떤 경우에든, 고인과의 감정적 유대관계는 지속되고, 고인과의 추억은 남녀 모두 소중히 간직하려고 한다(Moss & Moss, 1984). 따라서, 성역할 보다는 사별경험이 더 중요한 영향을 미치게 된다.

10장과 11장에서도 살펴보았듯이, 사회적 지지의 형태로써 자조집단(Lund, Dimond, & Juretich, 1985; Yalom & Vinogradov, 1988)과 미망인 대 미망인(Widow-to-Widow) 프로그램(Silverman, 1969, 1986, 2004)이 사별한 노인에게는 매우 효과적인 것으로 나타났다. 이런 유형의 사회적 개입은 경험을 공유할 수 있기 때문에 모든 사별자에게 도움이 될 수 있다. 이러한 개입을 통해, 유사한 사별경험을 가진 사람들끼리 감정과 다양한 문제들을 공유할 수 있다. 또한 다른 사람의 삶을 통해 나타난 다양한 방법을 공유하면서 삶에 대한 통제력을 회복하도록 서로 격려할 수도 있다. 물론, 상실, 비통함, 삶에 대한 유용한 정보도 얻을 수 있다.

성인자녀의 죽음

부모에게 자식은 나이에 상관없이 항상 아이로 여겨진다. 미국사회의 평균수명이 길어지면서 중년 및 노년기의 부모는 *성인자녀*의 죽음을 많이 경험하게 된다. 예를 들면, 성인자녀는 20대나 30대에는 사고나 전염병으로 사망하게 되고, 40대, 50대, 60대에는 퇴행성 질환으로 사망하는 경우가 많다(Rando, 1986b). 실제 연구결과, 60세 이상 부모 중 자녀의 죽음을 경험한 경우가 10% 가까이 나타났다(Moss, Lesher, & Moss, 1986).

성인자녀의 상실을 경험하는 부모는 발달상의 문제를 제기하기도 한다(Blank, 1998; Brubaker, 1985; Moss et al., 1986). 예를 들면, 나이가 많은 세대가 젊은 세대보다 먼저 사망해야한다고 생각하는 부모는 성인자녀의 죽음이 자연질서를 위반하는 것이라고 생각한다. 이런 부모는 생존에 대한 죄책감을 느끼며 자녀 대신 죽었어야 한다고 생각한다. 만약 성인자녀가 부모를 보살펴야 하는 책임이 있다고 생각하는 부모는 더더욱 어려움에 처할 수 있다. 이런 경우, 자녀가 사망한 후에 다른 방식으로 본인의 필요가 충족되어야 하는데, 대부분은 시설에 입소하거나 사회적 접촉이 거의 사라지게 된다. 어떻게 가족의 유산이 승계될지도 사실 불확실하다. 부모는 자신의 슬픔 이외에도 성인자녀의 배우자나 그 자녀가 겪는 고통도 함께 겪게 된다. 대부분의 경우, 손자녀를 보살펴야하는 경우가 발생하게 된다(Hayslip & Goldberg-Glen, 2000).

손자녀의 죽음

노인의 평균수명증가로 인해 아동과 청소년의 조부모가 살아있을 확률이 높아졌듯이, 노인도 손자녀의 죽음을 경험하게 될 확률이 높아졌다. 손자녀와 조부모의 친밀감은 매우 높음에도 불구하고, 이 분야의 사별에 대한 연구는 거의 이루어지지 않았다(Wilcoxon, 1986).

조부모는 손자녀의 심각한 질병, 죽음, 사별사건과 관련되어 있는 듯 하면서도 관련이 없을 수도 있기 때문에 *잊혀진 애도자*로 묘사된다(Gyulay, 1975). 조부모의 슬픔이나 애도는 본인의 상실감뿐만 아니라 성인자녀의 상실감을 반영하여 나타난다. 슬퍼하는 감정에는 "순서가 맞지 않는" 죽음으로 인한 상처, 손자녀를 적절하게 보살피지 못했을 수 있는 성인자녀에 대한 분노, 죽음을 사전에 막지 못했다는 죄책감, 이런 비극적 사건이 일어나도록 한 하느님에 대한 분노가 모두 반영되어 나타난다(Galinsky, 1999; Reed, 2000). 이러한 반응은 특정한 사망원인(예를 들면, 자살 또는 HIV감염)을 인정하거나, 죽음에 이르는 상황을 자연스럽게 논의하지 않으려는 상황에서 더욱 복잡하게 나타날 수 있다. 특히, 죽음을 막지 못한 것에 대해 세대 간에 서로를 비난하거나, 조부모가 부모끼리의 분쟁에 영향을 주거나 영향을 받게 되는 경우, 조부모와 부모 간에 갈등이 발생하게 된다.

애완동물이나 반려동물의 상실

애완동물의 상실에 대해서는 10장에서 이미 논의하였지만, 노인의 삶에 있어서는 더요 중요한

훈련된 서비스견은 아이들과의 상호작용을 포함한
장애노인의 일상생활활동을 도울 수 있다.

부분일 수 있다(Peretti, 1990; Sable, 1995). 반려동물은 무조건적인 사랑의 근원일 뿐만 아니라 노인의 삶에서 돌봄과 애정의 대상이 될 수 있다. 서비스견 같은 일부 동물은 장애노인을 보호하고 돕기도 한다. 최근에는 너싱홈, 장기요양시설 및 다양한 기관에서 동물을 키우기도 한다. 이는 반려동물이 외로움을 덜어주고, 목적의식을 고취하며, 자존감을 향상시킬 수 있는 역할을 하기 때문이다(Rynearson, 1978).

노인의 반려동물이 죽게되면, 중요한 것은 동물의 상업적 가치가 아니라 동물과의 관계였다는 것이 명백해진다(Lagoni, Butler, & Hetts, 1994). 따라서 반려동물의 상실은 사회적 접촉이 제한되어 있는 노인에게는 중요한 사별이기 때문에(Quackenbush, 1985; Shirley & Mercier, 1983; Toray, 2004) 결코 사소하게 여겨서는 안 된다. 더 이상 동물을 돌볼 수 없거나, 필요한 동물진료비를 지불할 수 없거나, 새로운 거주지나 시설로 이사하면서 동물을 데려갈 수 없거나, 병든 동물을 어쩔 수 없이 안락사 시켜야 할 때에도 유사한 상실과 슬픔의 감정이 나타날 수 있다(Kay et al., 1988). 또한 본인의 죽음을 생각하면서, 본인 사후에 애완동물에게 발생할 일에 대해서도 염려하게 된다.

노인 자살

비록 자살이 우리사회 노인의 10대 주요 사망원인은 아니지만, 2007년 미국에서 65세 이상 노인의 5,421명이 자살로 사망하였다(Xu et al., 2010; Mclntosh, 2010). 노인 자살자수는 2007년 미국 전체 자살자수의 약 16%를 차지하였는데, 이는 노인인구가 전체인구의 12.6%를 차지한 것에 비하면 상당히 높은 수치이다. 상대적으로 적은 인구에 비해 많은 자살자수가 나타난 것은 노인의 자살률이 매우 높기 때문이다. 2007년 노인의 자살률은 75~84세 그룹에서 10만 명 당 16.3명, 85세 이상 그룹에서 10만 명 당 15.6명으로 나타났다(Xu et al., 2010; McIntosh, 2010). 비록 자살률이 10만 명 당 19.4명이었던 2000년에 비해서는 줄어든 수치이지만(표 17.1 참조), 노인자살률은 미국 전체인구의 자살률인 10만 명 당 11.5명이나 15~24세 그룹의 자살률인 10만 명 당 9.7명보다는 현저히 높게 나타난다. 노인 중에서도 백인계 미국인 남성의 자살률이 가장 높은 것으로 나타났다. 일반적으로 노인이 젊은 세대보다는 자살을 시도할 확률이 적지만, 일단 자살시도를 하게 되면 훨씬 신중하게 시도한다. 따라서, 자신의 결정을 방해하거나 변경하도록 도움을 청하지도 않고, 일단 자살시도를 하면 실패할 확률이 적다(Butler & Lewis, 1982; Farberow & Moriwaki, 1975; McIntosh, 1985). 따라서, 노인의 자살경향을 나타내는 지표들을 진지하고 신중하게 평가해야 한다.

노인의 자살행동과 관련된 가장 중요한 요인은 *우울증*이며(Leenaars, Maris, McIntosh, Richman, 1992; Osgood, 1992), 또다른 중요한 요인은 장기요양보호시설로의 입소이다(Osgood, Brant, & Lipman, 1991). 노인은 *인생회고*를 통해 삶의 의미에 대해 절망감을 느낄 때, 신체적, 정신적 쇠약을 경험할 때, 배우자나 중요한 사람(특히 보살핌과 지원을 받던 사람)의 죽음을 경험할 때, 시설에서의 입소생활로 인해 자신의 삶에 대한 통제력이 사라진다고 느낄 때, 자살을 시도하게 된다. 이런 상황에서는 불만족스러운 상태로 삶을 지속하는 것보다는 수용 가능한 대안으로 자살을 생각하게 되는 것이다(Segal, Mincic, Coolidge, & O'Riley, 2004). 남성은 일반적으로 직업적 역할에 의존하는 경우가 많기 때문에(여성도 직업적 역할수행이 많은 경우) 원치않은 해고나 은퇴가 발생하는 경우, 고인에 대한 의존도가 높은 경우(Campbell & Silverman, 1996; Kohn & Kohn, 1978), 사회적으로 고립되는 경우, 여성보다 자살할 확률이 훨씬 높게 나타난다(Miller, 1979; Osgood, 1992).

미국사회에서는 노인의 자살행동을 줄이기 위한 중재를 시행하는데 많은 어려움이 있다. 그 이유 중 하나는 노인의 발달상황에 부적합한 중재, 즉 젊은 사람에게 성공적이었던 방법을 적용하려 하였기 때문이다. 예를 들면, 자살을 일시적인 문제에 대한 영구적인 해결책으로 선택한다는 주장은 충동적인 결정을 하는 청소년에게는 해당될 수 있지만, 심사숙고해서 결정을 하는 노인에게는 해당되지 않는다. 마찬가지로, 밝은 미래에 집중하거나 타인과의 대인관계를 중요시하라는 조언은 미래에 대한 기대감이 별로 없고 사회적 관계가 약화된 노인보다는 젊은 사람들에게 더 적합한 것이다. 또한, 자살을 하게 되면 인생이 조기에 종결되며, 아직도 남은 인생이 많다는 주장도 노인과는 관련이 적을 수 있다. 일부에서는 노인의 자살행위를 막으려는 노력을 노인의 자율성을 막는 부적절한 방법이라고 여기기도 한다. 하지만, 노인의 자살을 너무 방관하는 것도 노인 삶에 대한 관심의 부족을 반영하는 것이라고 볼 수 있다(Moody, 1984; Osgood, 1992).

결국, 노인의 자살행동은 노인의 신체적, 심리사회적, 발달적 상황을 광범위하게 고려하여 이해하여야 한다(Osgood, 2000). 특히, 노인차별과 관련된 사회적 태도, 노인 삶의 가치와 의미에 대한 평가절하, 노인의 요구에 대한 무반응에 주목해야 한다. 이러한 것들이 사회문화적으로 현저하게 바뀐다면 노인의 자살행동에도 영향을 미칠 것이다.

내용 요약

이 장에서는 우리 사회의 노인과 죽음의 상호작용에 관한 다양한 측면을 살펴보았다. 노인의 중요한 발달 과제(자아무결성 확립 대 절망)가 노인의 죽음과 어떠한 관련이 있는지도 살펴보았다. 발달과제는 노인의 사망(주로 만성 진행성질환으로 인한 높은 사망률)이나 노인의 죽음에 대한 태도(일반적으로 젊은 사람들보다 덜 불안해함)에 영향을 미친다. 또한 삶을 위협하는 질병 및 임종에 대처하는 노인에게는 자신의 정체성을 유지하고, 자신의 삶을 결정하고, 자신의 삶이 여전히 가치가 있음을 확인하고, 적절한 건강관리 서비스를 받는 것이 중요하다. 또한, (1) 질병, 장애, 상실, (2) 배우자, 인생파트너, 형제자매, 친구, 다른 중요한 동료의 죽음, (3) 성인자녀의 죽음, (4) 손자녀의 죽음, (5) 애완동물이나 반려동물의 죽음에 대처하는 노인에 대해서도 살펴보았다. 마지막으로 높은 노인자살률이 우울증과 관련이 높다는 것도 살펴보았다.

용어 해설

노년기: "청장년기" 다음에 오는 인생발달단계. 65세 이상으로 구분되며, "연소", "고령", "초고령" 노인으로 구분됨.

노년기의 발달과제: 에릭슨에 의하면 "자아무결성" 대 "절망"이라는 양극을 성공적으로 해결하게 되면 "무결점과 지혜"를 얻게 됨

노년기의 발달단계: 발달적 구분보다는 연대기적 기준에 의해 "연소노인"(65~74세), "고령노인"(75~84세), "초고령노인"(85세 이상)으로 분류

노년기의 정상발달단계에서의 주요 과제: 자아무결성 확립 대 절망(에릭슨), 자아실현(매슬로우), 화해(비렌)

노인자살: 미국 노인의 자살률은 다른 세대들에 비해 높음. 자살행동은 매우 신중하게 이루어지며, 주요 요인은 우울증임.

노인차별: 버틀러(Butler)가 주장한 나이듦에 대한 고정관념과 차별

노화: 에릭슨이 원래 제시했던 인간발달의 마지막 단계로, *성숙*이라는 용어로 대체됨

미국의 고령화: 미국의 노인인구 증가를 나타내는 용어

사별 과부하: 카스텐바움(Kastenbaum)이 주장한 개인(특히 노인)이 또다른 사별이 발생하기
전에 충분히 슬퍼하고, 중요한 상실을 효과적으로 애도한 시간이나 자원이 충분하지 않은
상황

성숙: 에릭슨이 주장한 인간발달이 완료된 시기라는 의미로 사용되며 "초고령" 시기를 의미하기
도 함

성인자녀: 성인이면서 노인의 살아있는 자녀

인생회고: 내성, 자기반성, 회상과 같은 과정을 통해 과거의 갈등을 해소하고 새로운 의미를 찾는
과정을 통해 자신의 괴기 삶을 돌아보고 죽음을 준비하는 것(버틀러)

잊혀진 애도자: 손자녀의 사망으로 인한 본인의 상실감뿐만 아니라 성인자녀의 상실삼이 더해
져 이중 상실을 경험하는 조부모에게 적용되는 용어

자아무결성: 에릭슨에 의하면 온전함을 내부적으로 달성하는 것, 다른 말로 "자아실현"이나
"화해"

복습과 토론을 위한 질문

1. 이 장의 시작 부분에 제시되었던 사례의 노인들을 떠올려보라. 이들은 어떤 종류의 상실을 경
   험하였는가? 이들의 상실경험은 어떠한 영향을 미쳤는가? 이들은 어떻게 서로에게 도움을 주
   었는가?
2. 중요한 죽음관련 상실을 경험한 노인을 알고 있는가? 그 사람에게 상실은 어떤 의미였는가? 어
   떻게 그 사람을 도울 수 있었겠는가?

추천 도서

노화와 노인에 대한 자료:

Butler, R. N.(1975). *Why Survive? Being Old in America.*

Erikson, E. H., Erikson, J. M., & Kivnick, H.(1986). *Vital Involvements in Old Age.*

Nouwen, H., & Gaffney, W. J.(1990). *Aging: The Fulfillment of Life.*

Perls, T. T., Silver, M. H., & Lauerman, J. F.(2000). *Living to 100: Lessons in Living to Your
Maximum Potential at Any Age.*

Thorson, J. A.(2000a). *Aging in a Changing Society.*

Thorson, J. A.(Ed.).(2000b). *Perspectives on Spiritual Well-Being and Aging.*

노인의 죽음과 상실에 대한 자료:

Campbell, S., & Silverman, P. R.(1996). *Widower: When Men Are Left Alone*.

Carr, D., Nesse, R. M., & Wortman, C. B.(Eds.).(2005). *Spousal Bereavement in Late Life*.

Doka, K. J.(Ed.).(2002b). *Living With Grief: Loss in Later Life*.

Galinsky, N.(1999). *When a Grandchild Dies: What to Do, What to Say, How to Cope*.

Hansson, R. O., & Stroebe, M. S.(2006). *Bereavement in Late Life: Coping, Adaptation and Developmental Influences*.

Hurd, M., & Macdonald, M.(2001). *Beyond Coping: Widows Reinventing Their Lives*.

Leenaars, A. A., Maris, R. W., McIntosh, J. L., & Richman, J.(Eds.).(1992). *Suicide and the Older Adult*.

Lopata, H. Z.(1996). *Current Widowhood: Myths and Realities*.

Lund, D. A.(1989). *Older Bereaved Spouses: Research with Practical Applications*.

Norlander, L., & McSteen, K.(2001). *Choices at the End of Life: Finding Out What Your Parents Want Before It's Too Late*.

Osgood, N. J.(1992). *Suicide in Later Life: Recognizing the Warning Signs*.

Osgood, N. J., Brant, B. A., & Lipman, A.(1991). *Suicide among the Elderly in Long-Term Care Facilities*.

Reed, M. L.(2000). *Grandparents Cry Twice: Help for Bereaved Grandparents*.

Stroebe, W., & Stroebe, M. S.(2003). *Bereavement and Health: The Psychological and Physical Consequences of Partner Loss*.

Walter, C. A.(2003). *The Loss of a Life Partner: Narratives of the Bereaved*.

Walter, C. A., & McCoyd, J. L. M.(2009). *Grief and Loss across the Lifespan: A Biopsychosocial Perspective*(especially Chapters 8 & 9).

웹자료

유용한 검색어: AGEISM; CAUSES OF DEATH IN OLDER ADULTS; DEVELOPMENTAL TASKS IN OLDER ADULTS; EGO INTEGRITY; GRAYING OF AMERICA; LATE ADULTHOOD; OLDER ADULTHOOD; PET LOSS; SENESCENCE; SUICIDE AND OLDER ADULTS; SURVIVOR GUILT.

본서와 연계된 웹사이트 Death & Dying, Life & Living, 제7판을 방문해 보라.

본서-특약 웹사이트는 전문용어 해설, 플래시 카드, 아래 소개된 웹사이트 연결로, 그리고 퀴즈 테스트 등을 포함하는 학습 도구들을 제공한다. www.cengagebrain.com을 방문하라.

AARP(formerly American Association of Retired Persons)

Administration on Aging, U.S. Department of Health and Human Services

Aging Parents and Elder Care

Center for Practical Bioethics

Eldercare Locator

Ethnic Elders Care

Leading Age(formerly American Association of Homes and Services for the Aging)

Living to 100

National Institute of Aging

SeniorNet

법적, 개념적, 도덕적 쟁점

제16장에서 제19장에 걸쳐서 우리는 임종과 죽음, 사별에 직접적으로 관련된 법적, 개념적, 도덕적, 종교적 그리고 철학적 쟁점을 다룬다. 법, 자살, 조력 자살과 안락사에 관련된 문제들과 궁극적인 의미에 대한 의문은 여기에서 다 같이 다루어지는데 그 이유는 그것들이 필수적인 개념적, 도덕적 문제제기를 하기 때문이다. 이러한 문제들을 다루는데서 두 가지 유사한 과제를 수행하는 것이 중요하다. 첫째, 활용할 수 있는 선택 사항들을 가지고 바로 목전에 있는 상황의 사실과 함의를 이해하는 것이고, 두 번째는 그 상황에 속한 사람의 가치와 특정한 행위지침을 선택하는 것이다

우리는 법이 모든 사회의 죽음 제도 속에 성립된 규칙과 절차의 가장 명시적인 틀이기 때문에 법적인 문제로 시작한다. 제16장에서 우리는 미국 법체계가 사망 전, 사망 당시, 그리고 사망 이후에 요구하거나 허용하는 것이 무엇인지 설명한다. 이러한 논의는 의료(health care)에서의 사전 의향서, 죽음의 정의와 결정, 확인서, 장기, 조직 및 신체 기증 그리고 한 개인의 신체와 소유물(재산: property)에 관한 처분을 포함한다.

제17장에서는 자살의 개념을 명료하게 하고, 자살 및 생명을 위협하는 행위 속에서의 몇 가지 공통된 유형에 관한 자료를 제공하며, 이러한 행위를 보다 잘 설명하거나 이해하는데 도움이 될 수도 있는 몇 가지 관점을 설명하고, 사별을 겪은 유족에게 가해지는 자살의 영향에 대해서 논의하고, 자살에 이르게 되는 것을 최소화하기 위해 개입할 수 있는 건설적인 방법들을 제안하고 합리적 자살의 개념을 소개하고 나서 선택된 종교적 관점들을 확인해본다.

제18장에서는 조력 자살과 안락사의 개념에 대해서 설명하며 그러한 행위를 지지하거나 반대하는 내용에 관하여 이전부터 진전되어온 도덕적, 종교적 논쟁을 기술하고 네덜란드와 오리건 주의 사례를 통해 사회 정책에 있어서 그것들이 의미하는 바에 대해서 예시한다.

제19장에서는 인간의 삶에서의 죽음의 의미와 위치에 대한 검토를 통해서 궁극적인 가치에 대한 질문을 다룬다. 수많은 종교와 철학적 관점이 이러한 질문에 대한 해답을 찾고자 한다. 개인과 개별 사회가 죽음에 관련된 경험에 접근하는 틀은 바로 그런 관점들이다. 우리는 이 장에서 또한 임사 체험에 대한 보고와 그것의 해석에 대해서도 탐색한다.

제16장

법적 쟁점

목표

- 죽음-관련 사건과 연관되는 공식적인 법적 체계의 기원과 성격을 설명하기.
- 의료에 있어서의 사전 의향서의 성격과 역할 설명하기.
- 장기, 조직 시신 기증에 관련된 주제 검토하기.
- 한 개인의 신체와 재산(property) 혹은 부동산(estate)의 처분에 관련된 주제들을 검토하기.

491

기증자 남편, 기증자 아버지

1992년 10월 28일에 의학박사(M.D)이자 공중보건학 석사(M.P.H.)인 케네스 모리쯔구(Kenneth Moritsugu)는 메릴랜드 볼티모어에서 실버 스프링의 집으로 돌아가고 있었다. 그는 하와이에서 자신을 방문한 고모와 여동생에게 하루 일정으로 박물관과 이너 하버—해안가를 따라 건설된 거대한 쇼핑센터-를 관광시켜주었다. 그의 아내 도나 리(Donna Lee)는 집에 머물기로 했다.

세 사람이 목적지에 다다를 무렵에 교통 체증이 시작되었다. 그들은 사고가 일어났다고 생각했다. 앞선 모든 차량들이 멈추다 보니 길고 지루한 차량 행렬을 이루고 있었다.

그들이 사고 현장에 다다랐을 때, 모리쯔구 박사는 창밖을 내다보았다. 그는 부서진 차가 자신의 가족들이 사용하는 차, 특히 아내 도나 리가 운전하는 차량과 비슷한 것을 목격했다. 도로에서 충돌로 무참하게 찌그러진 차가 실은 아내의 차라는 것을 깨닫자 공포가 엄습해왔다.

병원에서 그는 도나 리가 뇌사 상태에 빠졌고 결코 회복하지 못하리라는 것을 알게 되었다.

"며칠 전에 우리는 우리 중 한쪽이 죽으면 무엇을 할지에 대해서 이야기했었지요." 모리쯔구 박사가 회상했다. "우리 모두 기증하기를 원한다고 했죠. 가장 심연의 어두운 순간에 그 생각이 떠올랐고 대화 당시의 기억이 올라오면서 저는 아내의 소원을 들어줄 입장에 처한 거죠. 그녀 덕분에 오늘날까지 수많은 다른 이들이 살아있습니다."

1년 뒤에 미국 부의무감(assistant surgeon general)이자 미 법무부 산하 연방 교도소 관리국의 의무국장인 모리쯔구 박사는 장기와 조직 기증을 장려하기 위한 개인 캠페인을 시작했다.

모리쯔구 박사는 한 번도 아니고 두 번이나 장기 기증의 슬프지만 숭고한 고통을 겪어야 했다.

1996년에 모리쯔구 박사의 22살 된 딸 비키 리앤(Vikki Lianne)은 도로를 건너던 중에 차에 받혔다. 그녀 또한 뇌사 상태에 빠졌고 장기들은 기증되었다.

나중에야 모리쯔구 박사는 비키 리앤과 큰딸 에리카 엘리자베스(Erika Elizabeth)가 그녀들의 어머니가 세상을 떠나고 얼마 지나지 않아 장기를 기증하기로 서약했다는 것을 알게 되었다. 그들은 장기기증이 다른 이들에게 얼마나 큰 의미가 있는지에 대해서 알게 되었으며 그것이 그들에게 위로가 되었다.

"그 일은 저를 자랑스럽게 했죠." 모리쯔구 박사가 말했다. "우리는 한 사람에게 영향을 미친 후 연쇄 반응을 일으키는 장기 기증에 대해서 이야기하는 것입니다. 각 장기 기증이 더 많은 사람들에게 영향을 미치지요. 가족과 친구들, 동료들 등등에게 말이예요." 모리쯔구 박사는 그가 장기 기증에 기여한 바가 없다고 언급하는 것도 잊지 않았다. "저는 한 것이 없습니다." 그가 말했다. "전 단지 그 상황에 처한 사람이지요. 그녀들(도나 리와 비키 리앤)이 기적을 일으킨 사람들입니다."

도나 리를 통해서

- 환경 오염의 영향을 연구하는 해양생물학자가 심장을 기증 받았고
- 35세의 당뇨병을 앓는 병원 관리자는 신장과 췌장을 기증 받았으며
- 11세의 신장 투석을 해야 하고 학교에서 낙제한 한 아동은 남은 신장 하나를 기증받았다. 이 소년은 이제 전과목 A를 맞으며 대학에 가려고 하고 있다.
- 은퇴한 교사가 간을 기증 받았다
- 한 젊은 지체 장애 여성이 사고로 시력을 잃었는데 각막 하나를 기증 받았고 나머지 하나는 49세의 정부 공무원에게 새 눈을 선사하였다.

비키 리앤을 통해서

- 다섯 아이를 둔 한 여성이 심장을 기증 받고
- 네 자녀를 둔 미망인이 폐를 기증 받았으며
- 59세의 지역 자선 단체에서 열심히 활동하는 남성이 간을 기증 받았다.
- 딸 한 명을 둔 홀아비 남성이 신장 하나를 기증 받았고
- 여러 자녀를 둔 기혼의 일하는 아버지가 나머지 신장을 기증 받고
- 26세의 남성과 60세의 여성이 각각 각막 하나씩 이식 받았다

> 출처: Benenson, E. [1998] Donor husband, donor father: UNOS board member Kenneth Moritsgu look beyond tragedy to serving others. UNOS Upate. [Special edition, Spring], 26, Reprinted with permission

미국 사회와 그 법규

모든 사회가 어느 정도 공동체로서의 그 관심사에 공헌하고 그 구성원의 안녕을 증진시키기 위한 법 제도를 발전시키고 있다. 그러한 제도는 성문과 불문으로 된 규칙과 절차를 포함할 수 있다. 이러한 규칙과 절차들은 그 사회가 지닌 가치와 그 가치들을 시행하기 위해서 그 자체를 조직하는 방식을 반영한다.

그러한 사회적 규칙과 절차의 제도는 사회 가치가 잘 성립되어 있고 그것이 익숙한 사건에 대응할 때에 가장 효과적으로 기능할 수 있을 것이다. 그것은 사회적 기치에 대한 합일이 존재할 때, 그

가치가 유동할 때 혹은 사회적 변화와 진전이 기존 법적 틀로 쉽게 해결되지 않는 새로운 문제에 부닥쳤을 때 덜 효과적이다. 최근 몇 년 간, 미국에서는 이러한 환경 3가지 모두에서 법적 제도에 대한 도전이 제기되었다. 우리의 이질적인 인구집단에서 어떤 사회적 가치에 대한 의견 불일치가 존재하고, 다른 사회적 가치로 옮아가며 새로운 가치가 새로운 환경과 새로운 의학적 시술과 기술로부터 제기되고 있다.

우리의 연방 제도는 특정 의무(외교관계와 국방과 같은)를 중앙 정부에 부여하고 대부분의 기타 책임은 개별 주와 그 하위 주체들의 권한에 맡기고 있다. 죽음, 임종, 그리고 유가족, 등에 관련된 가장 중요한 쟁점에 관해서, 주 법들은 무엇이 이루어지고 그것들이 어떻게 이루어지는가에 대해서 규율한다. 이는 서로 다른 주에서 적용되는 서로 다른 규칙과 절차의 결과로 나타난다. 그래서 이 장에서는 단지 일반적인 방식으로 법적 쟁점과 구조만 다룰 것이다. 개인은 그들의 구체적인 상황에 적절한 법적 조언을 해줄 수 있는 이를 찾아야 한다.

입법화는 종종 정치적 압력, 경쟁하는 이익, 사회적 상황의 조건에 구속되는 느리고 복잡한 과정에 놓인다. 사회의 가치들이 변화하거나 사회적 가치에 대한 합의(consensus)가 없을 때, 입법에서 이러한 가치들을 구체화하고 성문화하는 과정은 쉽게 진행되지 않는다. 어려운 사례들이 어떻게 그 가치를 시행하는지 결정하는 과정에서 사회를 절망스럽게 할 수 있다. 이는 특히 의료 기술과 절차에서의 빠르게 변화하는 발전과 관련된 사례에서 두드러진다.

구체적인 입법이 특정한 문제를 다루지 못할 때, 개별 사례에서 여전히 결정이 이루어져야 한다. 이것을 행하는 한 가지 방법은 이전 법원 결정에 의해 확립된 선례를 끌어내는 것이다. 이전 결정과 선례는 판례법을 구성한다.

입법이나 과거에 법원에서 이루어진 결정이 어떤 주제를 다루지 못할 때, 법 제도는 보통법에 관심을 가지게 된다. 원래, 이는 영국과 초기 미국 법사회사에서 나온 일련의 공통 가치와 견해였다. 관행상, 그것은 일반적으로 *블랙법률사전*(*Black's Law Dictionary*)(Garner, 2009)과 같은 표준적인 법 사전에 포함된 정의에 의해, 보다 공적인 방식으로 나타난다.

어떤 종류의 법적 규칙과 절차가 주어진 쟁점에 적용될지에 대해서 명료하게 하는 것이 중요하다. 여기서 세워진 원리들은 폭넓은 스펙트럼에 걸친 도덕적, 사회적, 인간적 쟁점이 미국 사회에서 다루어지는 광범위한 법적, 사회적 틀을 구성한다. 이 법적 틀은 현대 미국 사망 제도의 중요한 부분이지만 그것은 오로지 하나의 구성요소에 불과하다. 어떤 죽음-관련 쟁점, 묘지 규정, 문화적 또는 종교적 의식은 법적 제도에서 직접적으로 다루지 않는다. 다른 문제들, 조력 자살이나 존엄사(18장 참조)는 우리의 법적 제도에 도전하고 전체적이거나 부분적으로 그 틀의 바깥에 머물고 있다.

의료에서의 사전의향서(Advance Directive for Health Care)

*사전의료의향서*라는 표현은 누군가 어떤 방식으로든 의사 결정을 하지 못하거나 그 의사결정 과정에 참여하지 못하게 된 때에 자신이 취하고자 혹은 취하지 않고자 하는 행위에 대해서 구두로 혹은 문서로서 마련한 광범위한 지침에 적용된다(Burnell, 208; Doukas & Reichel, 2007; Haman, 2004; Shenkman & Klein, 2004). 물론, 어떤 사전의료의향서는 자신의 삶에서 혹은 그 자신의 가족구성원이나 친구들의 삶에서 무능력이나 죽음의 영향을 사전에 다루어 놓고자 하는 개인의 의지에 의해 결정된다. 수많은 사람들이 이러한 종류의 쟁점들을 다루기 꺼려하는데 그 이유는 아마도 그것들이 암시하는 자신들의 죽음의 필연성을 응시하는 것과 관련이 있기 때문일 것이다. 이 장 처음에서 다루어진 우리의 일화에서 도나 리와 비키 리앤, 모리쯔구가 그들이 죽기 전에 적어도 가족 구성원들 몇몇과 장기 기증에 대해서 논의했다는 것이 명확했다.

1991년 이후로 환자 자기-결정법은 연방 노인의료보험제도나 저소득층 의료보장제도 기금을 받는 의료시설(health care institution)에 입원하는 개인들에게 치료를 수용하거나 거부하고 사전의료의향서를 집행할 그들의 권리에 대해서 고지 받을 것을 요한다(Zucker, 2007). 그러한 개인들은 또한 이러한 권리들을 시행하기 위해 그들이 이용 가능한 선택사항들에 대해서도 들어야 한다(Urich, 2001). 그럼에도 불구하고 수많은 사람들이 사전의료의향서를 작성할 그들의 권리를 수행하지 않는다-그러나 그것 또한 그들의 권리 내에 있는 것이다.

어떤 사전의료의향서는 사망 시기에 효력을 발휘하도록 의도되었다-예를 들어, 장기와 조직 기증에 대한 시신 처분 혹은 재산 분배에 관한 의향서가 그러하다. 우리는 이러한 의향서들을 이 장의 뒷부분에 가서 논의한다. 우선적으로 우리는 사망 선택 유언, 의료 문제에 관한 대리인의 지속적 위임장, 그리고 "다섯 가지 소원"이라는 문서 등과 같은 사망 이전의 치료에 대한 결정과 관련된 사전의료의향서에 대해서 살펴볼 것이다.

사망 선택 유언

*사망 선택 유언*은 본래 1970년대 초에 의사 능력이 있는 개인이 전문적인 의료 서비스 제공자, 가족 구성원 그리고 친구들에게 그들이 말기 질병에 걸렸을 경우에 원하거나 혹은 허용하지 않기를 원하는 개입에 대해서 그들의 의사를 표현할 수 있도록 하는 수단으로서 개발된 것이다. 사망 선택 유언은 특히 말기 질병이 개인으로 하여금 그러한 결정을 하지 못하게 만드는 상황에 대해서 일련의 사전 지침을 설정해주는 것이다.

본래 사망 선택 유언은 법적 근거가 없으며 어떤 형태도 규정된 바가 없다. "사망 선택 유언"은 단순히 개인이 사망 전에 치료에 관한 다양한 의사를 표현할 수 있는 방식으로 규정된 모든 형태의 문서이다. 이러한 초기 사망 선택 유인의 공통 시항은 (1) 누군가 중요한 의사 결정을 하는데 참여할 수 없는 상황에 처할 가능성이나 개연성에 대한 우려와 (2) 누군가 익숙하지 않거나 낯선 환경 즉, 전혀 모르는 이들이나 무엇을 해야 하는지 혹은 하지 말아야 하는지에 대한 개별 혹은 전문적 견해를 가진 사람들과 사망 선택 유언을 작성한 이의 소원을 이해하지 못하거나 동의하지 못하는 사람들 가운데서 죽어가는 상황에 대한 우려이다.

이러한 종류의 우려에 대응하여 초기 사망 선택 유언은 보통 그것을 작성하고 서명한 사람에 의해 표현된 소망, 그 소망을 소명한 이를 치료하는 이들에게 중대하게 고려될 것에 대한 요청, 그리고 구체적인 상황에서 이루어진 특정 결정에 대한 책임을 공유하는 노력을 결합했다. 이 마지막 지점에 있어서, 사망 선택 유언은 그것을 작성하는 이들이 의료과실을 이유로 의료 서비스 제공자에게 민사소송 내지 형사소송을 제기하는 것을 방지하기 위한 노력이라고 이해될 수 있었다. 그러나 우리는 그 맥락을 사망 선택 유언이 중요한 결정에 관한 누군가의 견해를 공문서화하고 이를 타인들에게 전달하여 삶과 죽음의 쟁점에 관하여 미리 생각함으로써 사망-관련 문제에서 개인의 자율성을 증진시키기 위한 소망을 나타내는 것이라고 해석한다.

법적 근거나 요건이 부재한 가운데, 개인과 기구들은 그들이 원하는 방식으로 사망 선택 유언을 구성할 수 있었다. 사망 선택 유언의 서식과 언어를 표준화하려는 초기 노력은 보통 한 개인이 회복의 합리적인 기대 없이 불치 내지 비가역적 상태에 놓였을 때 단지 죽어가는 것을 연장시키는 치료를 보류하거나 철회하는 의향서와 편안함을 제공하고 고통을 줄이기 위한 정도로만 개입을 한정한 의향서에 초점을 두었다.

사망 선택 유언이 직접적인 살인이나 적극적 안락사에 대한 요청이 아니라는 것에 유의하라. 그것들은 가장 흔히 "나는 내 생명을 직접적으로 종결시키기 원치 않지만 그러나 내 죽음이 불필요하게 연장되지 않기를 요청한다"고 명시적으로 진술하고 있다. 대부분의 사망 선택 유언은 주로 특정 종류의 치료 지향적 개입("인공적 수단"과 "과도한 조치")이 더 이상 소용이 없을 때("불필요한 치료" 즉, 치료가 더 이상 치료 결과를 낳지 못할 때) 그러한 것들이 거부되고, 임종이 자연적인 과정에서 이루어질 수 있게 허용하도록 요청하며, 생명을 위협하는 질병과 연관된 고통이 완화되도록 요청하는 것이다. 그러한 고통 완화 치료가 실제 죽음의 순간을 앞당기는 부수적인 부작용을 가질지라도 말이다.

사망 선택 유언의 광범위한 법적 맥락은 잘 성립된 사생활권과 의사 능력자가 개인의 사망 시기에 영향을 미칠 때조차 고지 동의를 하거나 보류하고 개입을 수용하거나 거부할 권리이다 (Alderman & Kennedy, 1997; Annas, 2004; President's Commission, 1982; 1983a, 1983b; Rozovsky, 1990; Smith, 2002).

1976년에 캘리포니아 주 의회는 처음으로 "자연사" 혹은 "사망 선택 유언" 입법을 제정하였다. 그 이후로, 유사한 입법(보통 지방에 따른 변형)이 미국 전체 50개의 주와 콜롬비아 지구(D.C.)에서 통과되었다. 일반적으로 그러한 입법은 (1) 의사능력을 갖춘 성인이 이러한 유형의 문서에 서명할 수 있는 권한이 주어지는 조건을 규정하고 (2) 그러한 문서가 법적 효력을 가질 수 있는 서식을 결정하고 (3) 어떤 종류의 개입이 거부되거나 거부될 수 없는지-예를 들어 치료에 초점을 둔 개입은 수분이나 영양분을 포함할 수도 있고 포함하지 않을 수도 있다-결정하고 (4) 언제든지 서명자가 서명한 문서에 대해서 구두나 문서로서 무효화하는 것에 승인하며 (5) 의료 제공자가 문서의 의향서에 협조할지 혹은 그 사안에서 물러나 다른 치료를 제공할지의 여부에 대해서 결정하는 것을 요구하며(그렇게 하는 것을 허용하여 법적으로 보호를 받는 반면에 그렇게 하는데 실패하면 이론적으로 그 주체는 잠재적으로 의료과실의 책임이 있을 뿐만 아니라 또한 원칙적으로 직무 자격의 상실로까지 확대될 수 있는 처벌을 받을 수도 있다) (6) 입법이 승인한 행위로 인한 죽음이 보험 목적의 자실로 해석되지 않는다고 규정한다.

대통령 위원회(대통령 위원회, 1982)와 기타 기관들은 일반적으로 다음과 같은 입법 모델을 제시하였다 (1) 모든 의사 능력을 가진 성인과 성숙한 미성년자-죽어가는 이들뿐만이 아니라-에 관련해서 (2) 모든 의료 개입에 적용하여 거부될 수 있는 개입의 유형을 한정하지 않고 (3) 다음 섹션에서 기술된 것과 유사한 방식으로 *대체 내지 대리 의사 결정자*의 지정을 허용하고 (4) 의료 서비스 제공자가 그렇게 하는데 실패한 이들에 대해서 개별 내지 통합된 제재 의향서를 따르도록 요구하고 (5) 다른 개입을 거부하는 이들에게 완화 치료는 계속 되도록 규정하고 있다. 이 모델은 초창기 사망 선택 유언의 범위를 넘어서고 이제는 대리인의 지속적 위임장에 더 가까운 특징을 통합시키고 있다.

역사적으로 사망 선택 유언은 그 한계나 잠재적 어려움이 없던 적이 없었다(비판적 숙고 14번 참조). 복잡하고 생명을 위협하는 상황 이전에 쓰인 다른 문서들처럼 사망 선택 유언은 모든 관련 특징이 일어날 거라고 예상하지 못할 수 있다. 부분적으로 이러한 이유로 사망 선택 유언의 중요성과 효력은 해석이나 그것이 지침을 주고자 했던 가족구성원이나 전문 의료제공자들 사이의 논쟁에 종속될 수 있다.

의료 문제에 있어서의 대리인의 지속적 위임장

사망 선택 유언과 관련된 한계와 잠재적 어려움 때문에 어떤 이들은 대안적인 접근을 선호했다. 하나의 대안은 의료 문제에 있어서의 *의사 결정에 관한 대리인의 지속적 위임*을 승인한 주 입법에서 발견된다. "위임"은 잘 성립된 법적 원칙이어서 그것에 의해서 한 개인이 다른 개인(혹은 개인의 집단)이 특정 상황에서 혹은 특정 기간 중에 앞서 말한 개인을 대신해서 의사를 결정하거나 행위 하는 것을 승인한다. 예를 들어 위임은 한 개인이 당신을 대신해서 당신이 그렇게 하지 못할 때 집을 판매하는 것을 종료하는 계약에 서명하도록 승인할 수 있다. 역사적으로 대리권이나 누군가를 대신하는 행위를 위한 승인은 그 사람이 의사 능력이 있는 한도 내에서만 계속된다. 대리인의 "지속적인" 위임은 그것이 취소될 때까지 지속되는 것이다. 즉, 그것은 심지어 그 승인한 개인이 더 이상 의사 능력자로 행위 할 수 없을 때조차(혹은 특히 그러한 때 더욱) 그 효력을 지속하는 것이다. 의료 문제에 관한 대리인의 지속적 위임(종종 "의료 대리")은 의료 쟁점에 관련된 것이다.

비판적 숙고

#14 사망 선택 유언에 대한 몇 가지 비판은 무엇인가?

사망 선택 유언이 각 개인의 자율성을 보존하기 위한 의도가 있다고 주장함에도 불구하고, 어떤 이들은 그것이 이를 수립하는데 실패했다고 주장한다. 파걸린과 슈나이더(Fagerline and Schneider, 2004)는 적어도 사망 선택 유언과 관련하여 7가지 문제가 있음을 발견하였고, 그들은 이러한 문제들이 매우 중요하여 공공 정책에서 그 사용을 지지해서는 안된다고 주장하였다. 그들이 발견한 문제는 다음과 같다.

- 대부분의 미국인들이 사망 선택 유언을 하지 않는데 그것은 명백히 다음과 같은 이유 때문이다 (1) 사람들은 사망 선택 유언이 무엇인지 모른다. (2) 그들은 그것이 필요한지 의문을 갖는다 (3) 그들은 사망 선택 유언이 그들이 받는 치료를 바꿀 거라고 생각하지 않는다 혹은 (4) 그들은 이 문서가 그들의 문화적 전통과 양립하지 않는 것을 발견한다(이 마지막 부분에 대해서 5장 참조)
- 사람들은 그들이 미래에 어떤 치료를 원하는지 그 종류를 확신할 수 없고 다른 상황에 직면하면 마음을 바꿀 수도 있다.
- 사망 선택 유언은 종종 그가 원하는 치료의 종류가 무엇인지에 대해서 불분명한데 그 이유는 그러한 바람이 매우 일반적인 견지에서 진술되어 도움이 될 수 없거나 그 바람들이 너무 구체적이어서 모든 상세한 부분들을 이해하고 그것들에 사인할 수 있는 사람의 능력을 압도해버리기 때문이다.

- 사망 선택 유언은 "길을 잃고" 필요한 경우에 이용할 수 없을 수도 있다.
- 사망 선택 유언이 서명자의 실제 소원의 관점에서 정확하지 않을 수도 있다고 해석하기도 한다.
- 사망 선택 유언은 실제로 환자의 진료를 변경하지 못한다.
- 사망 선택 유언은 원하는 이익을 제공하지 않고 사회에 대한 중요한 비용을 부담케 한다.

이러한 중대한 어려움이 사망 선택 유언과 관련이 있고 적어도 이들 중 몇 가지는 어느 정도 시간을 두고 인정되어 왔을지라도 펄린과 슈나이더조차 사망 선택 유언이 폐지되거나 혹은 이러한 문제의 존재를 사람들이 인정해야 한다고 주장하지 않는다. 그러므로 스와츠버그(Swartzberg, 2004, p. 3)는 이렇게 주장했다. "내가 아직도 당신에게 하나의 조언을 하고 있는가? 그렇다. 나는 단순히 그것이 어느 정도 선을 행할 수 있지 않을까 기대하기 때문이다. 사망 선택 유언을 쓰는 행위는 당신이 현재 소원을 이해하는데 도움이 될 뿐 아니라 또한 당신 가족에게 어느 정도 지침을 제공해 준다." 게다가 이 모든 저자들은 사망 선택 유언의 어려움이 지속적 위임장을 가진 의료 대리인을 결정하는데서 훨씬 더 중요하다고 주장한다. 이 후자 행위는 개인과 그 대리인 사이에서 심사숙고 되고 업데이트 된 의사소통이 이루어진다면 사망 선택 유언과 관련된 다수의 문제가 완화될 것이다.

그것을 찬성하는 이들은 대리인의 지속적 위임장이 사망 선택 유언과 같은 다른 서면 내지 구술 의향서에 비해서 두 가지 중요한 이점이 있다고 주장한다. 우선적으로 그것은 대리 혹은 대체 의사 결정자가 문서에서 다루는 모든 상황에서 한 개인을 대신해 결정할 수 있는 권한을 부여한다. 둘째

로 대리 의사 결정자는 모든 개입을 거부하거나 모든 개입을 주장하거나 혹은 몇몇 개입을 승인하고 다른 개입은 거부하는 등의 지침을 받을 수 있다. 첫 번째 이점은 변화하는 환경에서 제기되는 문제와 서면으로 된 문서의 해석 다툼의 문제를 최소화한다. 둘째는 대리인에게 권한을 부여하는 사람-그리고 대리인-이 수용할 개입과 거부할 개입을 선택하는 데서 어느 정도의 자유를 허용한다.

의료 문제에 있어서 대리인의 지속적 위임은 1985년에 캘리포니아 주에서 처음으로 인정이 되었다. 유사한 입법이 전체 주와 콜럼비아 지구(D.C.)에서 이루어졌다. 샘플 문서 및 의료 문제에 있어서 대리인의 지속적 위임장을 소개하는 소책자들은 미국 변호사 협회, 미국은퇴자협회(AARP; American Association of Retired Persons), 기타 여러 지방의 단체들, 예를 들어 병원, 장기 요양 시설, 호스피스 프로그램 등에서 이용할 수 있다. 효과적인 대리인의 지속적 위임장은 반드시 그 효력을 발하는 법적 관할 지역 내의 입법적 요건을 만족해야 함을 유의해야 한다. 효력이 있는 법적 조언이 이를 확인하기 위해서 이루어져야 한다. 관계 당사자들은 보통(가능한 모든 곳에서) 주에서 인정하는 사망 선택 유언(의사 결정권자에 대한 일반적 지침을 제공하는)과 의료 문제에 있어서 적절한 대리인의 지속적 위임장(의료 대리인의 일부나 대리 의사 결정자에 대한 가이드라인의 범위 내에서 재량을 승인하는)을 작성하도록 조언을 듣는다.

다섯 가지 소원

"다섯 가지 소원" 문서는 특히 이해하기 쉽고, 사용하기 단순하고, 개인적인 성격에 철저한 등의 방식으로 생전 일과 의료 문제에 있어서 대리인의 지속적 위임장의 가장 좋은 구성요소들만 뽑아 결합시킨 것이다. "당신의 가족과 친구들이 당신이 원하는 바를 추측하지 않아도 되게 하는 선물"로서 "다섯 가지 소원"은 다음 문제들에 대한 소망과 각자에 대한 지침을 표현하도록 하는 문서에 개인이 채워 넣을 것을 요청한다. (1) 내가 내 자신을 위해 결정하지 못할 때 내 의료 문제를 결정해줄 사람, (2) 내가 죽음에 임박했을 때, 코마에 빠졌거나, 영구적이고 심한 뇌손상을 입어서 그 상황에서 회복될 수 없다고 여겨질 때, 혹은 내가 생존하길 원치 않는 기타 상황일 때 내가 받고 싶거나 받길 원치 않는 의학적 치료의 종류, (3) 내가 편안해지기 원하는 정도, (4) 사람들이 날 다루고자 하는 방식 그리고 (5) 내가 사랑하는 사람들에게 알리고 싶은 것(이 문서를 www.agingwithdignity.org/forms/5wishes.pdf에서 미리 간단히 소개한다).

"다섯 가지 소원"에서 널리 다뤄지는 이익은 서로 다른 관할의 법적 요건을 충족시키기 위해 구성된 발전된 개정판을 이끌어냈다. 이 문서를 작성해서 1500만 부가 넘는 "다섯 가지 소원" 문서가 존엄하게 늙어가기(Aging with Dignity)와 23,000 곳의 협력 기관에 의해 배부되었다. 그것은 사망 선택 유언과 의료 문제에 있어서 대리인의 지속적 위임장 법규 상 적어도 42개 주에서의 법적 요건을 충족시킨다. 다른 주와 국가들에서는 그것이 개인들에게 그들의 의료 제공자에 대한 지침을 제공하는데 도움이 되도록 사용될 수 있다. "다섯 가지 소원" 문서는 영어 혹은 스페인어("Cinco Deseos-스페인어, 다섯 가지 소원")뿐만 아니라 영어 화자인 의료 제공자와 일하는데 유용한 24개 언어로 된 이중언어 버전이 이용 가능하다. 또한 다음 같은 것들을 이용할 수 있다. 심각한 질병("다음 단계"; "Siguientes Pasos-스페인어, 다음단계")을 논의하고 겪어내는데 있어서의 동료 가이드, 영어와 스페인어로 된 비디오, 그리고 아동들이 어떻게 그들이 심각하게 아플 경우에 치료받기를 바라는지 표현할 수 있도록 도와주는 버전("나의 소원", "Mis Deseos"—스페인어, 나의 소원). 이 모든 것들이 존엄하게 늙어가기(Aging with Dignity)로부터 아주 적은 가격에 구할 수 있다(P.O.Box 1661, Tallahassee, FL, 32302-16611 전화 999-5-WISHES [888-594-7437] 혹은 850- 681-2010). 아니면 그 웹사이트(www.agingwithdignity.org)로부터 주문할 수 있다.

사망의 정의, 결정, 사망진단서

사망 그 자체와 그것이 일어난 시간과 관련된 중심 쟁점들은 사망의 정의, 결정 그리고 확인이다.

사망의 정의

*사망의 정의*는 삶과 죽음의 차이에 관한 근본적인 인간과 사회의 이해를 반영한다. 이 구분은 사망의 결정과 확인에 관련된 모든 쟁점의 기저를 이룬다. 이들 후자의 문제는 모두 사회가 죽음이 존재하는 것을 정의하는 조건을 확인하기 위해 설계했던 접근법들과 연관이 있다. 결국, 사망의 결정은 실제적인 죽음과 유일하게 명백한 죽음 사이에 구별을 가져오는 정의에 기반을 두어야 한다. 그것은 살아있거나 죽은 사람들 사이에 포함되는 이들에 대한 이러한 정의에서 가능한 한 명료한 것이 필수적이다. 죽은 이를 살아있는 사람으로 다루는 것은 산 사람을 죽은 것처럼 다루는 것만큼 잘못된 것이다. 죽은 자들은 더 이상 살아있지 않다. 산 자들은 아직 죽은 것이 아니다.

살아 있는 것과 죽어 있는 것의 차이는 물론 명백히 중요한 것이다. 아리스토텔레스는 죽음이 일종의 파괴 내지 존재에서 비존재로의 변화에 관련된 멸망이라고 하였다(*Physics*, bk. V; 1장; 형이상학(*Metaphysics*), bk. XI, 11장 참조). 그는 죽음이 존재의 바로 그 본질에서의 변화와 관련이 있다고 의미한 것이다. 인간이 죽으면 중요한 결과가 뒤따른다. 더 이상 현재 인간은 존재하지 않는다-대신에 오로지 죽은 신체나 시체가 남아있다. 시체는 여전히 명예와 존중을 받을 수 있으므로 그것은 단순히 무신경하거나 함부로 처분될 수 없다. 그러나 살아있는 인간과 남아 있는 신체를 혼동하지 않는 것 또한 중요하다(Nabe, 1981). 그것은 우리가 사랑하는 이의 죽음 이후에 두 가지 다른 점에 대해서 말하는 이유이다. 즉 "나를 안고 사랑해줬던 손들"과 "내가 알았고 사랑했던 사람에게 근본적이었던 모든 것들이 더 이상 여기 있지 않다는 것."

어떻게 우리가 죽음이라고 부르는 상태를 정의할 수 있을까, 이는 삶의 반대 상태인가? 여기에 한 가지 답변이 있다.

> 어떤 개인이 (1) 순환과 호흡 기능이 불가역적으로 중단되거나 (2) 뇌간을 포함해 전체 뇌의 모든 기능이 불가역적으로 중단되는 상태가 유지된다면 사망한 것이다(대통령 위원회, 1981, p. 73).

이와 같은 정의는 동일사망결정법(Uniform Determination of Death Act: UDDA, 2001에 Iserson에 의해 새출판, p. 749)에서 성문화했고 그 이래로 수많은 주 입법기관에서-그와 같은 형태 내지 유사하게 수정된 형태로-채택되어 왔다.

UDDA에서의 몇몇 사항은 중요하다:

1. "어떤 사람(a person)"이 아닌 "개별 사람(an individual)"이라고 일컫는 것은 어떤 사람이 존재하는지 여부가 문제가 되기 때문이다.
2. 지시된 기능의 불가역적 중단이라는 것-일시적이거나 가역적이 아닌-이 요구된다.
3. 외부 개입이 호흡과 순환 기능-그 개별 사람이 실제로 자발적으로 그 기능을 유지하는지 혹은 심지어 그렇게 할 능력이 있는지 불분명한-의 정확한 상태를 가리거나 숨길 수도 있는 상황의 가능성을 인정한다.
4. 그러한 상황에서 UDDA는 중추 신경 체계-신체의 명령과 통제 중심인-의 능력 평가를 요구하는데 이는 그 정의가 정상적인 상태에서 중추 신경 체계의 수명이 순환과 호흡 기능이 중단된 후 곧(보통 몇 분 이내) 종결된다는 것을 인정하기 때문이다.
5. 마지막으로 가장 중요한 것은 그러한 상황에서 뇌와 뇌간(자율적 행위, 호흡, 순환 등을 통제하는)의 모든 기능의 불가역적 정지가 사망으로 이해되는 조건이라고 결론을 내린다.

어떤 이들은 신체 통합과 사회적 상호작용의 능력에 대한 불가역적 상실이 인간의 사망을 정의하는데 충분하다고 주장한다(Veatch, 1975, 1976). 그렇다면 신피질 내지 상위 두뇌 활동(아래 두뇌나 뇌간 활동을 제외한)이 인간 생활의 존재와 부존재에 결정적인 것이다(Karakatsanis & Tsanakas, 2002). 이 경우에 한 인간은 신체적 기능이 남아있거나 식물인간 상태로 남아있어도 죽은 것으로 여겨질 수 있다. 달리 말하면, 이러한 제안은 "지속적 식물 인간 상태"를 죽음에 해당하는 것으로 여긴다(Gervais, 1986).

이러한 견해의 비판자들은 극단적으로 이것이 사회가 상부 뇌 기능은 중지되었어도 자발적인 호흡과 순환 기능이 남아있는(사람의) 몸을 매장하라는 요구를 받게 되는 상황에까지 이를 것이라고 주장한다(Ramsey, 1970; Walton, 1979, 1982). 보다 현실적으로 이러한 상황은 즉각적인 매장을 요구하지 않지만 그 개인이 더 이상 인간으로서 살아있지 않다는 근거 하에 영양과 수분을 인위적으로 공급하는 수단을 포함한 인공적인 공급의 제거를 요구할 수 있다. 이러한 모든 결정은 사망의 개념이나 정의에 달려 있다. 누군가 그 개인이 살아있음을 인정하고 여전히 인공적인 공급을 제거하자고 주장한다면, 그 사람은 건강한 상태로 그 개인을 회복시키는 것과 상관없는 개입을 철회하자고 주장하는 것이 될 것이다. 달리 말하면, 그것은 안락사의 일부 형태를 구성하게 될 것이다(18장 참조).

UDDA와 대통령 위원회의 제안 양자 모두 다음 문장을 포함한다. "사망의 결정은 수용된 의학적 표준에 따라 이루어져야 한다."

사망의 결정

*사망의 결정*은 사망이 실제로 발생했고, 그것이 발생한 조건을 성립시키고, 사망의 방식을 평가하고, 추가적인 조사가 요구되는지 여부를 확인하는 것을 다루어야 한다. 이 과정은 조직화된 스포츠에서의 심판관(referee)의 역할과 유사하다. 사망 결정에 관련된 이들은 개별 사례에 대해 그들의 전문지식을 적용하는데 있어서 그 주제에 대한 전문지식과 좋은 판단력으로 기여해야 함이 요구된다. 심판관(referee)처럼, 사망이 발생하였음을 결정하는 이들은 규칙을 만들지 않는다. 그들의 역할은 가능한 한 최선의 결정에 도달하기 위한 전문적 방식으로 검사나 기준을 적용하는 것이다. 그들은 또한 사망 결정에 대한 새롭고 더 좋은 방식을 개발하는데 도움이 될 수도 있다.

전통적인 방식의 사망 여부를 결정하는 검사는 잘 알려져 있다. 과거에는 그가 들이쉬거나 내쉬는지 깃털 같은 것을 콧구멍에 가져다대고 관찰하는 방식으로 이루어졌다. 종종 유사한 방식으로서 따뜻한 몸에서 나온 증기가 거울의 차가운 표면에 김을 어리게 하는지 여부를 보기 위해 거울이 사용되기도 하였다. 또한 심장박동을 듣기 위해 귀를 죽은 자의 가슴에 대보거나 동맥 맥박을 느끼기 위해 신체 특정 부분을 만져보기도 했다. 시간이 흐를수록, 보다 민감하고 차별화된 검사수단이 개발되었다. 예를 들어 청진기는 신체 내부 소리를 듣는데 더 정제된 방식을 가능하게 해주었다.

모든 경우에서, 사망을 결정하는데 사용된 검사들은 성립된 절차와 이용 가능한 기술에 달려있다. 이 검사들은 장소와 시간에 따라 달라진다(Shrock, 1835). 고도로 발달한 사회의 복잡한 검사 절차는 빈곤 국가의 초보적인 보건 의료 제도에서 이용 가능할 것 같지 않으며 마찬가지로 주요 도심 의료 센터의 발전된 기술도 인구밀도가 희박한 시골 지역에서는 발견하기 어려울 것이다. 사망의 결정은 구체적인 상황에서 당시 혹은 지배적인 공동체 관행에 밀접하게 관련되어 있다. 그것들은 매우 다양하지만 미국 사회에서 사망을 결정하는 절차는 무수히 많은 대부분의 사망에 분명하게 들어맞는다.

예상했던 것처럼 사망의 결정은 여전히 인간 한계와 오류의 대상이다. 특히, 현대 의학은 어떤 방식으로 사망이 발생했는지 여부를 정하기 위해 사용되는 검사의 의미를 결정하는 것이 더 어렵게 되었다. 우리는 세포, 조직 그리고 장기가 살아있는 인체 외부의 실험실 조건에서 기능을 유지할 수 있다는 것을 알고 있다(페트리 접시 등). 고도의 생명 유지 장치 또한 신체 조직의 기능을 계속해서 유지시킬 수 있는데 이때는 그들이 이것 외에 다른 어떤 것을 할 수 있는지 불확실한 경우에 그렇다. 즉, 고도의 생명 유지 시스템이 신체가 어떤 의미에서 살아있는 인간 존재인지 여부가 불확실할 때 인체 내의 세포, 조직, 장기의 기능을 계속 유지시킬 수 있는 것이다.

이러한 종류의 의문은 하버드의대위원회(Ad Hoc Committee, 1968; 2001 Iserson에 의해 재출판, pp. 747-748)로 하여금 불가역적 코마를 사망이 발생하는 확인 근거로서 다음 기준을 개발하도록 만들었나.

1. *수용성과 반응성이 없음.* 외부적 자극이나 내부적 필요가 의식이나 반응을 일으키지 않음.

2. *움직임이나 호흡 없음.* 적어도 1시간 이상 관찰하여 자발적인 근육 운동, 호흡 내지 자극에 대한 반응이 없음. 호흡기를 단 개별 사람에 대해서는 특정 시간 동안 호흡기를 떼고 자발적 호흡이 있는지 관찰해야 함.

3. *반사 없음.* 정상적으로 일어나는 다수의 반사가 부재함. 예를 들어, 눈동자가 고정되고 풀렸으며 직접 광원을 비추어도 반응이 없음. 유사하게 안구 운동(정상적으로 머리를 돌리거나 얼음 물을 귀에 부었을 때 일어나는)과 깜박임이 부재.

4. *평탄한 뇌파.* 뇌파(EEG)는 상부 뇌(대뇌)의 전기적 활동을 분당 기록하는 기계임. 평탄한 뇌파는 그러한 활동이 부재함을 보여줌. 하버드 위원회는 EEG가 앞의 3개 기준으로부터 뒤따르는 결정을 확인하는 일차적인 가치를 지닌다고 함.

하버드위원회(The Harvard Committee)는 "위의 모든 검사는 변화가 없을 경우에 적어도 24시간 이내에 반복해야 한다."(p. 337)고 덧붙이고 있다.

*하버드 기준(Harvard Criteria)*을 적절히 적용하기 위해서, 두 가지 특별 조건을 배제해야 한다. 하나는 저체온증의 경우인데 이는 화씨 90도 이하로 체온이 내려가 있는 상태이다. 또 하나는 신경 안정제와 같은 중추신경억제재를 사용 중인 경우이다. 이러한 특별한 두 가지 조건에서는 신체 기능의 능력이 하버드 위원회 검사에 대해 잘못된 부정적인 결과가 초래되는 방식으로 억압되거나 숨겨질 수 있다.

하버드 위원회 기준의 첫 세 가지는 본질적으로 사망 결정에 전통적으로 적용되어온 검사의 보다 세련되고 근대화된 재진술이다. 네 번째 기준은 확인역할로 추가적으로 덧붙여졌다-그 자체로 독립적인 검사는 아니다. 이 모든 네 가지 검사를 24시간 이후에 반복하는 것을 요구하는 것은 이 중요한 문제에 대하여 중대한 주의를 가지고 진행하라는 위원회의 요청을 표현하고 있다.

위원회의 작업의 한계는 그 규정에서 명확하세 나타난다. "우리는 여기서 난시 식별일 수 없는 중추 신경계 활동을 상실한 코마 상태의 개인에 대해서만 다루고 있다."(p. 337). 달리 말하자면, 그 기준은 모든 사망 결정에 적용되는 것이 아니다. 차라리 그것은 "불가역적 코마"를 정의하려는 노력을 보여준 것이다. 하버드 위원회의 주의 깊은 적용(두 번의 24시간 간격을 둔 네 가지 검사) 으로부터 초래될 수 있는 부정적인 결과는 불가역적 코마의 존재를 입증하도록 의도된 것이어서, 불가역적 코마가 사망이 발생했다는 새로운 현상(indicator)으로 이해되게 되었다는 것이다.

대통령위원회(1981, p. 25)는 "불가역적 코마"라는 표현이 여기서 잘못 이해될 수 있다는 것을 지적했는데 그 이유는 코마란 살아있는 사람의 상태이며 "두뇌 기능이 없는 신체는 사망한 것이며 그러므로 코마 상태를 넘어선 것이기" 때문이다. 이러한 관찰은 우리에게 이러한 종류의 문제들에서 언어와 개념이 명료하지 않다는 어려움을 상기시킨다. 불가역적 코마가 현대 사회의 몇 가지 곤혹스러움의 대상이 되지 않았더라면 하버드 위원회가 제안한 기준이 필요 없었을 수도 있다. 과거에 불가역적 코마 상태에 빠진 사람들은 그냥 상태가 나빠졌다. 그들이 이미 보인 혹은 보이게 될 한정된 기능을 지탱할 방법이 없었다. 보다 최근에 현대 의료 기술의 발전으로 인한 개입이 그러한 현실을 가능케 하거나 생명유지에 필수적인 생체 기능을 유지할 수 있게 만들었다. 하버드 위원회는 생명만이 유지되고 죽음과 동일한 처지가 지속되는 그러한 상황을 확인하고자 하는 의도를 지닌 것이다.

하버드 기준이 1968년에 처음 세워진 이후로 특정 상황에서 그 시행은 수정되거나 추가가 되거나 뇌의 혈류 검사를 위한 대뇌 혈관 조영술과 같은 대안적인 검사가 채택되어 왔다. 그러한 변경은 오직 전문가들이 새로운 검사를 개발하고 그 개인이 생존했는지 평가할 새로운 방법을 강구함에 따라 기대될 수 있다. 사실, 사망을 결정하는 다양한 방식이 동일한 사망 조건에 모두 관련될 수도 있고 관련되지 않을 수도 있다. 즉, 사망의 결정은 사망의 정의라는 보다 근본적인 질문과 독립적인 문제인 것이다.

사망진단서: 사망진단, 검시관, 의료검시관

북아메리카와 기타 선진국에 사는 대부분의 사람들은 의사의 진료 하에서 사망한다-예를 들면 그들이 의료기관에 있을 때(병원이나 장기요양시설) 아니면 조직화된 호스피스 내지 가정 요양 프로그램을 받고 있는 동안에 사망하는 것이다. 그러한 상황에서 의사 내지 기타 승인을 받은 사람이 보통 사망의 시기와 원인, 그리고 기타 중요한 조건을 결정하게 된다. 그 정보는 사망진단서라고 불리는 서식에 기록되며 여기에 의사 내지 기타 승인 받은 사람이 서명하고 확인하게 된다(Iserson, 2001).

사망진단서는 기록 보관과 현대 사회에서의 사망과 건강에 관련된 통계 자료의 기초가 된다. 그것들은 광범위한 공공 및 사적 영역의 기능을 수행하며 예를 들면 생명 보험과 기타 사망으로 인한 수익, 재산권의 배분 그리고 범죄 조사 등에 이용된다.

미국 표준 사망진단서(그림 16.1 참조)와 대부분의 주에서 발행하는 사망진단서는 1페이지로 되어 있고, 다음과 같은 범주의 정보를 담고 있다. 망자의 개인 정보와 사망 장소, 부모의 이름과 이 정

U.S. STANDARD CERTIFICATE OF DEATH

LOCAL FILE NO. STATE FILE NO.

NAME OF DECEDENT ____________
For use by physician or institution

To Be Completed/Verified By: FUNERAL DIRECTOR

1. DECEDENT'S LEGAL NAME (Include AKA's if any) (First, Middle, Last)
2. SEX
3. SOCIAL SECURITY NUMBER
4a. AGE-Last Birthday (Years)
4b. UNDER 1 YEAR — Months, Days
4c. UNDER 1 DAY — Hours, Minutes
5. DATE OF BIRTH (Mo/Day/Yr)
6. BIRTHPLACE (City and State or Foreign Country)
7a. RESIDENCE-STATE
7b. COUNTY
7c. CITY OR TOWN
7d. STREET AND NUMBER
7e. APT. NO.
7f. ZIP CODE
7g. INSIDE CITY LIMITS? • Yes • No
8. EVER IN US ARMED FORCES? • Yes • No
9. MARITAL STATUS AT TIME OF DEATH • Married • Married, but separated • Widowed • Divorced • Never Married • Unknown
10. SURVIVING SPOUSE'S NAME (If wife, give name prior to first marriage)
11. FATHER'S NAME (First, Middle, Last)
12. MOTHER'S NAME PRIOR TO FIRST MARRIAGE (First, Middle, Last)
13a. INFORMANT'S NAME
13b. RELATIONSHIP TO DECEDENT
13c. MAILING ADDRESS (Street and Number, City, State, Zip Code)
14. PLACE OF DEATH (Check only one: see instructions)
IF DEATH OCCURRED IN A HOSPITAL: • Inpatient • Emergency Room/Outpatient • Dead on Arrival
IF DEATH OCCURRED SOMEWHERE OTHER THAN A HOSPITAL: • Hospice facility • Nursing home/Long term care facility • Decedent's home • Other (Specify):
15. FACILITY NAME (If not institution, give street & number)
16. CITY OR TOWN, STATE, AND ZIP CODE
17. COUNTY OF DEATH
18. METHOD OF DISPOSITION: • Burial • Cremation • Donation • Entombment • Removal from State • Other (Specify):
19. PLACE OF DISPOSITION (Name of cemetery, crematory, other place)
20. LOCATION-CITY, TOWN, AND STATE
21. NAME AND COMPLETE ADDRESS OF FUNERAL FACILITY
22. SIGNATURE OF FUNERAL SERVICE LICENSEE OR OTHER AGENT
23. LICENSE NUMBER (Of Licensee)

To Be Completed By: MEDICAL CERTIFIER

ITEMS 24-28 MUST BE COMPLETED BY PERSON WHO PRONOUNCES OR CERTIFIES DEATH
24. DATE PRONOUNCED DEAD (Mo/Day/Yr)
25. TIME PRONOUNCED DEAD
26. SIGNATURE OF PERSON PRONOUNCING DEATH (Only when applicable)
27. LICENSE NUMBER
28. DATE SIGNED (Mo/Day/Yr)
29. ACTUAL OR PRESUMED DATE OF DEATH (Mo/Day/Yr) (Spell Month)
30. ACTUAL OR PRESUMED TIME OF DEATH
31. WAS MEDICAL EXAMINER OR CORONER CONTACTED? • Yes • No

CAUSE OF DEATH (See instructions and examples)

Approximate interval: Onset to death

32. PART I. Enter the chain of events--diseases, injuries, or complications--that directly caused the death. DO NOT enter terminal events such as cardiac arrest, respiratory arrest, or ventricular fibrillation without showing the etiology. DO NOT ABBREVIATE. Enter only one cause on a line. Add additional lines if necessary.

IMMEDIATE CAUSE (Final disease or condition ---------> resulting in death) a. ____________
Due to (or as a consequence of):
Sequentially list conditions, if any, leading to the cause listed on line a. Enter the UNDERLYING CAUSE (disease or injury that initiated the events resulting in death) LAST b. ____________
Due to (or as a consequence of):
c. ____________
Due to (or as a consequence of):
d. ____________

PART II. Enter other significant conditions contributing to death but not resulting in the underlying cause given in PART I
33. WAS AN AUTOPSY PERFORMED? • Yes • No
34. WERE AUTOPSY FINDINGS AVAILABLE TO COMPLETE THE CAUSE OF DEATH? • Yes • No
35. DID TOBACCO USE CONTRIBUTE TO DEATH? • Yes • Probably • No • Unknown
36. IF FEMALE: • Not pregnant within past year • Pregnant at time of death • Not pregnant, but pregnant within 42 days of death • Not pregnant, but pregnant 43 days to 1 year before death • Unknown if pregnant within the past year
37. MANNER OF DEATH • Natural • Homicide • Accident • Pending Investigation • Suicide • Could not be determined
38. DATE OF INJURY (Mo/Day/Yr) (Spell Month)
39. TIME OF INJURY
40. PLACE OF INJURY (e.g., Decedent's home; construction site; restaurant; wooded area)
41. INJURY AT WORK? • Yes • No
42. LOCATION OF INJURY: State / City or Town / Street & Number / Apartment No. / Zip Code:
43. DESCRIBE HOW INJURY OCCURRED
44. IF TRANSPORTATION INJURY, SPECIFY • Driver/Operator • Passenger • Pedestrian • Other (Specify)
45. CERTIFIER (Check only one):
• Certifying physician-To the best of my knowledge, death occurred due to the cause(s) and manner stated.
• Pronouncing & Certifying physician-To the best of my knowledge, death occurred at the time, date, and place, and due to the cause(s) and manner stated.
• Medical Examiner/Coroner-On the basis of examination, and/or investigation, in my opinion, death occurred at the time, date, and place, and due to the cause(s) and manner stated.
Signature of certifier ____________
46. NAME, ADDRESS, AND ZIP CODE OF PERSON COMPLETING CAUSE OF DEATH (Item 32)
47. TITLE OF CERTIFIER
48. LICENSE NUMBER
49. DATE CERTIFIED (Mo/Day/Yr)
50. FOR REGISTRAR ONLY- DATE FILED (Mo/Day/Yr)

To Be Completed By: FUNERAL DIRECTOR

51. DECEDENT'S EDUCATION-Check the box that best describes the highest degree or level of school completed at the time of death.
• 8th grade or less
• 9th - 12th grade; no diploma
• High school graduate or GED completed
• Some college credit, but no degree
• Associate degree (e.g., AA, AS)
• Bachelor's degree (e.g., BA, AB, BS)
• Master's degree (e.g., MA, MS, MEng, MEd, MSW, MBA)
• Doctorate (e.g., PhD, EdD) or Professional degree (e.g., MD, DDS, DVM, LLB, JD)

52. DECEDENT OF HISPANIC ORIGIN? Check the box that best describes whether the decedent is Spanish/Hispanic/Latino. Check the "No" box if decedent is not Spanish/Hispanic/Latino.
• No, not Spanish/Hispanic/Latino
• Yes, Mexican, Mexican American, Chicano
• Yes, Puerto Rican
• Yes, Cuban
• Yes, other Spanish/Hispanic/Latino (Specify) ____________

53. DECEDENT'S RACE (Check one or more races to indicate what the decedent considered himself or herself to be)
• White
• Black or African American
• American Indian or Alaska Native (Name of the enrolled or principal tribe) ____________
• Asian Indian
• Chinese
• Filipino
• Japanese
• Korean
• Vietnamese
• Other Asian (Specify) ____________
• Native Hawaiian
• Guamanian or Chamorro
• Samoan
• Other Pacific Islander (Specify) ____________
• Other (Specify) ____________

54. DECEDENT'S USUAL OCCUPATION (Indicate type of work done during most of working life. DO NOT USE RETIRED)
55. KIND OF BUSINESS/INDUSTRY

출처: www.cdc.gov/nchs/data/dvs/death11-03final-acc.pdf 2011년 1월 31일 접속.

그림 16.1 표준 사망 확인서

보와 이전 정보를 제공한 이의 이름 및 주소, 사망의 원인과 조건, 사망 확인과 확인자의 서명과 정보, 시신 처분에 관한 정보(매장, 화장, 적출 등)와 장례식 관리자의 서명, 작성된 사망진단서는 지방(보통 그 군의) 사망기록부서에 전달되고 기록관이 서식에 서명하고 이를 보관한 후에 시신의 처분에 대한 허가를 내리게 된다.

모든 사망진단서는 다음의 4가지 기본 범주로서 사망 방식을 분류한다. 자연사(natural), 사고사(accidental), 자살(suicide) 혹은 살인(homicide). 이러한 분류 체계는 "NASH"라고 알려져 있는데 네 개 용어의 이니셜을 따온 것이다. 게다가, 어떤 사망의 경우는 "미결정"혹은 "조사보류"라는 범주에 들어가기도 한다. 검시관 내지 의료검시관 관할 하의 사망은 그 사람이 의사의 진료 하에서 사망한 경우가 아니거나, 갑작스레 사망하거나 무언가 잘못된 원인이 존재하거나 그러한 의심이 들거나 혹은 사고, 자살 혹은 범죄로 인한 사망 전체를 포함한다(Iserson, 2001). 검시관 내지 의료검시관의 역할은 그러한 사망의 상황과 원인을 조사하는 것이다.

검시관과 의료검시관은 시신의 소유물을 점유하고(혹은 그것을 기증이나 기타 형태의 처분을 위해 가족에게 내줄), 다양한 형태의 조사를 수행하며(부검 등), 사망의 원인을 결정하기 위한 유사-사법 절차인 조사 내지 검시관의 검시를 행할 권한이 있다. 검시관(coroner)이라는 용어는 잉글랜드 중세시기로 거슬러 올라가며 이는 왕실(라틴어로 *corona*)의 대리인임을 나타낸 것이다. 원래, 검시관의 기능은 왕실의 소유-즉, 망자-가 불법적으로 사망했는지 혹은 살해당했는지 결정하는 것이었다. 현대에 검시관은 보통 선출직이다. 그들은 일반적으로 그들을 선출하는 사법적 권한을 지닌 성인 이상의 특별한 자격을 갖출 것이 요구되지 않는다. 다수의-그러나 전부는 아닌- 미국 전역의 검시관이나 부 검시관들은 특히 시골 지역에서 장례식장 관리자이다. 반대로 의료검시관들은 그들의 지위에 대해서 지명을 받고 의사의 자격이 요구 된다(주로 법의학 병리학자들). 어떤 주에서는 검시관의 직무를 없애고 이 자리를 의료검시관의 자리로 메꾸고 있다. 다른 주들의 시골 지역에서는 검시관 제도를 유지하면서도 대도시 지역에서는 의료 검시관 제도를 운영한다.

장기, 조직 및 시신 기증

사망은 인체 장기, 조직 혹은 전체 시신의 기증과 관련된 수많은 형태의 해부학적 기부의 전제조건이며 반면에 생존 기증자들은 신장과 그들 장기의 일부, 일부 조직만 기증할 수 있다. 몇 가지 배후사정이 이 복잡한 주제를 명확하게 하는데 도움이 될 것이다.

배경: 조직유형 검사, 면역억제 및 장기 기증

현대 시대의 장기와 조직 기증은 1950년대 지식, 기술, 약리학 그리고 임상관행의 고도화된 결합이 의생명과학자들과 임상의들로 하여금 한 개인의 특정 장기와 조직을 다른 이에게 이식할 수 있게 하면서 시작되었다(Dowie, 1988; Fox &Swazey, 1974, 1992; Herrick, 2004; Murray, 20011 Tilney, 2003). 하나의 주요한 진전은 어떻게 인간 조직을 분류하고 조직화하고 비교하는지 학습과는 것과 관련이 있으며 이로써 기증자와 수혜자의 생물학적 특징을 맞추는데 있어서 가장 높은 가능성을 얻게 된 것이다. 또 다른 주요한 진전-이 영역에서 가장 주목할 만한 발전-은 면역억제제(시클로스포린)가 1970년대 중반에 개발되고 1983년 11월 상용화가 허가된 것이다. 효과적인 면역억제제는 수혜자의 면역계가 이식된 장기를 외부 물질로 간주해 공격하고 거부하는 것을 막는다. 이러한 진전이 인간 장기와 조식의 이식이 장기 이식 수혜자기 생명을 구하고 삶익 질을 높이는데 있어서 진정한 선택이 될 수 있게 했다.

현재 이식이 가능한 주요 장기는 표 16.1 맨 윗줄에 제시되어 있다. 그것은 개별 신장, 심장, 간 전체, 췌장, 창자, 폐 혹은 그것의 일부분이다. 그리고 신장/췌장, 심장/폐의 합동 이식도 이루어진다. 이식 가능한 장기와 조직의 그래픽 시뮬레이션을 보려면 http://recycleme,org/를 참조하면 되며 이는 캐나다 온타리오에 본부를 둔 생명의 연령초 선물(Trillium Gift of Life) 네트워크 프로젝트의 일환이다.

조직 기증

인간 조직은 광범위한 이유로 기증, 이식된다. 예를 들어, 피부 이식편(graft)은 화상과 사고 환자를 위해 사용되고, 심장 판막과 동맥 패치 이식편은 심장 우회 수술을 위해서 사용되며, 안구 구성요소는 시각을 회복하거나 개선하는데 사용되며, 뼈와 연결 조직 이식편은 치과 재구성과 정형외과 및 척추 봉합과 같은 신경외과 시술을 가능케 한다(개인적 통찰 16.1 참조). 혈액과 지방 세포가 기증된 조직의 가공 과정에서 제거되므로 종종 이식 이후의 거부 문제가 일어나지 않는다. 또한, 수많은 *이식 가능한 인간 조직*이 살균, 냉동되어 수년간 보관될 수 있다. 우리 사회에서 발생하는 전체 사망의 약 95%-대부분 갑작스럽게 그리고 기대하지 않았던 결과로 일어나는 심장마비사-가 조직 기증으로 이어질 수도 있다(반대로 약 5%가 장기 기증으로 이어짐). 그리고 각 인간 조직의 기증은 최대 50인에게까지 삶의 질을 높여줄 수 있다. 추산상 약 90만 건의 인간 조직 이식이 미국에서 매년 이루어지고 있다(Donate Life America, www.shareyourlife.org). 조직 이식의 두 가지 구분되는 형태가 있으며 그 중 하나는 *이종간 이식* 혹은 동물에서 인간으로의 이식이며 이는 돼지의 심장판막 이식이 성공한 데서 연유한 것이고 다른 하나는 *체중 감소 수술의 특정한 형태로 생전 증여자로부터의 피부 기증*이다. 이 모든 것에도 불구하고, 조직 기증과 이식은 일반적으로 일반 시민들에게 제대로 이해되지 못하고 있다(Younger, Anderson, & Sschapiro, 2003).

507

표 16.1 2010년 12월 31일 현재 장기, 젠더, 연령, 인종, 민족별[a] 국가 이식 대기자 명단 상의 후보의 수

수	신장	간	췌장	신장-췌장	창자	심장	심장_폐	폐	전체
전체[b]	87,755	16,146	1,418	2,224	265	3,189	70	1,805	110,225
젠더 별									
남성	36,150	6,327	687	967	107	879	35	1,075	45,121
여성	51,632	9,823	731	1,258	158	2,310	35	730	65,140
연령									
1세 미만	2	48	6	0	13	30	0	0	87
1-5세	160	185	36	0	125	96	2	12	533
6-10세	128	133	8	1	31	46	1	17	346
11-17세	471	168	7	1	20	79	9	60	790
18-34세	8,922	770	187	419	21	321	14	222	10,515
35-49세	23,907	2,517	737	1,288	17	656	27	274	28,308
50-64세	37,847	10,031	420	513	33	1,488	15	91	50,362
65세 이상	16,332	2,298	17	2	5	473	2	30	19,302
인종 혹은 민족									
백인	33,869	11,182	1,095	1,372	164	2,195	50	1,458	49,797
흑인	30,089	1,190	160	480	39	672	7	192	32,295
히스패닉	16,179	2,818	132	292	45	224	9	111	19,442
아시안	6,140	777	15	32	9	51	1	28	6,986
아메리칸 인디안/ 알라스카 네이티브	891	114	12	27	4	5	1	7	1,037
태평양 군도	463	35	1	12	0	4	0	1	523
다인종 혼혈	424	58	3	11	4	17	2	18	517
알 수 없음	0	1	0	0	0	1	0	0	2
전체	87,755	16,146	1,418	2,224	265	3,189	70	1,805	110,225

[a] 어떤 환자들은 같은 조직에 대해서 여러 이식 기간에 등록되어 있다. 이 표는 단지 한 명의 개별 이식 대상자를 다룬다.

[b] 전체는 여러 범주의 환자를 포함하기 때문에 합계보다 적을 수 있다.

출처: 2010년 12월 31일 현재, 장기 조달과 이식 네트워크(OPTN)에 기초하여 http://optn.transplant.hrsa.gov/latestData/rptData.asp 2011년 1월 1일 접속.

개인적 통찰 16.1

기증자 아내가 남편의 뼈로 자신의 머리를 세울 수 있게 되다.
더글라스 해럴(Douglas Harrell), 기증자 남편

진 레이네스 데 곤잘레스(Jean Reyes de Gonzalez)는 자존감이 낮은 상태로 성장했다. 그녀의 아버지는 해군 함선의 웨이터로 몇 달씩이나 떠나 있었고 진을 폭력적인 친척들 손에 남겨두었다. 이러한 경험이 합쳐져 그녀를 분노케 하고 씁쓸한 상태로 놔두었지만 그 모든 것은 그녀가 존 아마토(John Amato)를 만나면서 변화했다. 존은 행복하고 행운이 가득한 사나이로 지방 내 자동차 딜러 부품 부서에서 일했다. 그는 교회에서 드럼을 쳤고 자신이 가능하다면 사람들을 진정으로 돕길 좋아했다. 그들은 1997년 10월 30일에 결혼했다. "존을 만날 때까지 진정 사랑받는 것이 무엇인지 몰랐어요. 존과 결혼하면서 버림받았다는 심리적 상처를 하나님께서 치유해주셨죠. 존은 절 무조건적으로 사랑해주었답니다."

진의 과거 악몽은 지나갔다. 존은 사려 깊고 낭만적인 남편으로 완벽한 장미라던가 헝겊 인형과 같은 작은 선물을 특별한 이유도 없이 그녀에게 선물하곤 했다. 그녀는 난생 처음 진정으로 행복했지만 그것은 오래 지속되지 않았다. 2000년 5월 31일에 존은 등 통증으로 인해 일하러 갈 수 없었다. 응급실에 다녀온 결과 심장 발작은 음성이었고 존은 통증 완화제가 처방되어 퇴원했다. 하지만 그날 밤 늦게 그는 쓰러졌고 발견되지 못한 동맥류 때문에 사망했다. 존을 증여자로 결정할 것인지 질문 받게 되었을 때, 진은 망설이지 않았다. "존과 저는 기증에 대해서 이야기했고 저희는 한쪽이 세상을 떠나면 어떻게 할지에 대해서도 의논했었어요. 전 존이 거절하지 않았을 것을 알아요. 그는 남들을 돕는 데 최선을 다했죠." 코네티컷 주 파밍턴의 수석 의료 검시관 사무실에서 일하기 때문에 진은 이미 조직 기증에 대해서 잘 알고 있었다. 한때 그녀는 안구 기증 코디네이션을 담당한 적이 있었다.

존이 죽고 한 달 만에 진의 마음의 상처는 점차 왼쪽 팔의 심한 통증과 함께 더해졌다. 그녀는 목 디스크가 있다는 진단을 받고 기증받은 뼈로 합치는 수술을 받아야 했다. "외과의사는 저에게 수술이 필요하다고 말했고 무엇이 필요한지 설명해줬어요. 뼈는 지지하는데 사용되죠. 제 뼈는 그러기엔 다 자랐어요. 저는 제가 존의 뼈를 쓸 수 있는지 궁금했어요. 저는 결국에 장기 조달 기구(OPO)에 전화해서 알아보기로 했지요. 제가 물어보니 존의 뼈가 최종 사용에 필요한 단계에 놓여 있었어요. 그 일부가 내 필요에 적합하게 준비되어 있었죠.

존의 선물을 기념하여 진은 기증에 대한 연설을 하는 자원봉사를 하고 있다. 그녀는 근육골 이식 재단(존의 뼈를 취급한 조직 은행)에서 자주 연설을 하며 워싱턴 D.C.의 국가 기증자 인정 의식에서도 연설을 했다. 게다가 그녀는 국립기증자가족평의회 집행 위원으로 2년간 봉사했다.

진은 이제 치유 받고 엘라디오 곤잘레스(Eladio Gonzalez)라고 하는 그녀가 일터에서 만난 경찰관과 행복한 결혼 생활을 영위하고 있다. 엘라디오는 그녀가 계속해서 기증 분야에서 봉사하는 것을 지지해준다. "제 생각에 진이 존을 기념하는 좋은 방법 같아요. 저는 그가 그녀의 정체성에서 매우 중요하다는 것을 압니다-아마도 가장 중요한 부분이겠죠."라고 엘라디오는 말한다. 진이 덧붙이길 "존의 뼈를 이식받은 건 제가 외롭지 않게 해주었죠. 그는 제 마음, 정신을 치유하는데 기여했고 죽어서는 제 몸을 치료해주었어요. 이러한 경험을 통해서 전 타인에 대해서 더 관심을 가지게 되었죠. 수술의 신체적 고통과 존의 죽음이 가지고 온 정서적 고통은 저를 영원히 변화시켰어요. 전 이제 더 자신감이 있다고 느껴요. 제가 그것을 이겨냈다면 전 어떤 것도 이겨내겠죠."

출처: Harrel, 2009, 국립신장재단의 허락에 따른 재출판.

시신 기증

또한 의학 교육과 연구를 위해 시신 전체를 기증하는 것도 가능하다. 그러나 장기 또는 조직 기능과 시신 기증엔 몇 가지 중대한 차이가 있는데 그것은 기증된 시체에 요구되는 것과 그것이 준비되어야 하는(혹은 그래서는 안되는) 방식에 대한 것 모두에 해당한다. 사망 후에 이러한 목적으로 자신의 시신을 증여하고자 하는 개인은 사전에 그러한 결정을 의도된 수혜자와 확인하고 요구되는 절차를 따라야 한다(Iverson, 1990). 이러한 수혜자들은 의과대학과 치대의 해부학 교실이 되거나 이러한 목적으로 운영되는 주 혹은 지역 기관 혹은 의료 발전을 위한 국제 연구소와 같은 기관(www.iiam.org: 800-486-4426)을 포함할 수 있으며 마지막 기관의 경우엔 10개의 주에서 "시신 증여" 절차가 운영되고 있다. 시신 기증을 받는 연구소는 보통 그러한 시신들이 교육 내지 연구 목적으로 사용되도록 유해(remains)에 대한 특별한 절차를 시행한다(예를 들어 Reece & Ziegler, 1990).

장기기증과 이식의 필요성

이식할 수 있는 인간 조직의 필요는 잠재적 수혜자의 중단된 혹은 거의 제대로 기능하지 못하는 장기 때문에 일어난다. 이러한 필요는 더 나아진 선별 관행과 진단 기술과 함께 이식으로부터 수혜를 입을 수 있는 개인이 이전보다 더 빨리, 보다 효과적으로 확인됨을 의미한다. 게다가, 이식 기관들이 그들의 주요 장기 이식에 대한 기술적 능력을 개선해왔기 때문에(Frist, 1989; 1995; Maier, 1991; Starzl, 1992) 이 모든 것은 장기 기증과 이식에 대한 필요의 증가로 이어진다.

이러한 발달을 인식하여 의회는 국가장기이식법(National Organ Transplant Act: NOTA)을 1984년에 제정했다. 다른 것 중에서 NOTA는 국립 장기 조달 및 이식 네트워크(OPTN)를 세워 잠재적 수혜자들에게 기증된 장기를 매칭시키는 공정하고 평등한 방식으로 희소한 장기의 조달과 배분을 촉진시키고자 하였다(Prottas, 1994). 사기업인 UNOS(United Network for Organ Sharing)는 현재 미국 보건복지부 내 이식 부서와의 계약에서 OPTN을 관리하고 있다. NOTA는 또한 이식 시기부터 장기(이식편)의 실패 또는 환자 사망 시기까지 수혜자를 추적, 조사하여 이식의 성공을 측정하는 이식 수혜자 과학적 관리기구(Scientific Registry of Transplant Recipients)를 설립하였다.

장기이식의 필요성은 표 16.1에서부터 명백하며 이 표는 성, 연령, 인종이나 민족에 따른 2010년 12월 31일 현재 미국 내 전국 이식 대기자 명단상의 이식 대기자 수의 정보를 보여주고 있다. 후보자 군에서 대부분이 신장과 간을 기다리고 있고 59%가 남성이고 41%가 여성이며 연령별 최대 집단은 50세에서 64세 사이이며 그 다음은 35세에서 49세 사이의 집단이 뒤따르고 있고 인종 혹은 민족에 따른 최대 집단은 백인과 아프리카계 미국인이다. 이러한 명단의 후보 수는 끊임없이 변화한다. 그럼에도 불구하고, 전국 이식 대기자 명단 상의 대기자 중 18명이 매일 같이 사망한다-2009년에 그렇게 사망한 이들이 총 6,690명이다. 그 이유는 이식을 위한 적합한 장기를 기증 받지 못하기 때문이다.

그림 16.2는 1989년부터 2009년 사이에 장기 기증과 이식의 필요가 실질적으로 증가했음을 보여

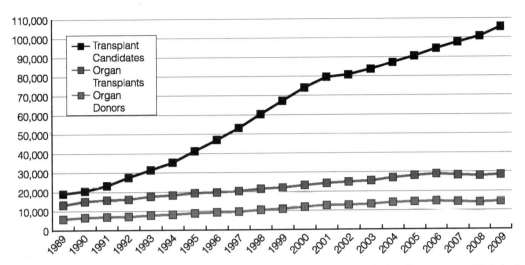

출처: 2010년 1월 22일, 2010년 12월 31일, 2011년 1월 7일자 장기공유연합네트워크(UNOS)로부터의 장기 기증과 이식 네트워크(OPTN)에 기초한 것이다. www.unos.org 상에 2011년 1월 11일에 공개, 접속됨. 2011년 개별 의사전달로 제공된 자료이다. 이 작업은 보건자원 및 서비스 관리국 연락처 234-2005-370011에 의하여 일부 지원을 받았음. 내용은 저자들의 책임이며 보건복지부의 정책이나 견해를 반영하지 않으며 또한 기업 이름, 상업적 제품을 언급하지 않고 (언급된) 조직들은 미국 정부에 의해 승인되었음을 의미하지 않는다.

그림 16.2 1989-2009년 사이 미국에서 이식 대기자, 장기 이식 및 장기 기증자의 수

준다. 이 그림은 전국 이식 대기자 명단에 오른 후보자 수의 연말 데이터와 해당 연간 각각의 이식이 이루어진 건수, 그리고 각 연도별 장기를 기증한 기증자의 수를 표시하고 있다. 요컨대, 명단 상의 후보자 수는 이 21년간 극적으로 증가했으며 반면에 이식 수와 기증자 수는 훨씬 완만하게 증가하였다. 달리 말하면, 이 기간 중에 이식 가능한 장기의 필요성이 이들 장기의 이용 가능성의 증가와 균형을 이루지 못한 것이다.

그 결과, *오늘날 장기 이식의 가장 큰 단일 장애물은 이식 가능한 장기의 희소성*이다. 장기 기증이 없다면 장기 이식을 할 수 없으므로 장기 기증에 대한 몇 가지 사실과 기증된 장기의 수를 늘리려는 노력에 대해서 면밀히 살펴보는 것이 유용하다.

누가 기증할 수 있는가

장기 기증은 단지 다음과 같은 경우에만 가능하다 (1) 그 대상이 되는 장기가 기증자의 건강에 전적으로 필요한 것이 아닌 경우 혹은 (2) 기증자가 장기를 그 신체에서 적출할 때 이미 사망한 경우. 전자 조건은 생존 기증자에게 적용되는 반면에 후자는 생존하지 않거나 죽은 기증자에게 적용된다. 통일 해부학적 기부 법(The Uniform Anatomical Gift Act: UAGA: Iserson에 의해 재출판, 2001, pp. 751-756)은 1968년 제성, 1987년에 개정되었으며 단지 약간의 변형과 함께 미국 내 모든 주에서

그 입법이 이루어졌다.

그것은 사람들이 사망 전에 그들의 장기 기증에 관한 바람을 알리도록 허용한다. 이렇게 하여, 그 법은 해부학적 증여를 수행할 사람, 누가 그러한 기증을 받고, 어떤 목적인지, 그러한 해부학적 증여가 승인, 개정 혹은 철회되는 방법 그리고 개인의 사망 시 혹은 그러한 증여를 받는 기구에 대한 권리와 의무 등을 지정한다. UAGA의 조항 하에서, 건강한 정신을 가진 18세 이상의 개인은 자신의 신체 전체 혹은 일부를 그들의 사망 시에 효력을 발휘하는 증여로서 기증할 수 있으며 이는 의료 교육, 연구, 치료 혹은 기증의 목적으로 이루어지는 것이다.

생존 기증자 *생존 기증자*들은 그 기증이 그들이 선택한 구체적인 이식을 돕기 위해 이루어지는 것일 수 있다(Hamilton & Brown, 2002). 아니면 그 기증이 필요한 어떤 장기이식 후보자의 이익을 위해 기증하는 비지정 기증자일 수도 있다. 모든 생존 기증자들은 대체 가능한 부분(혈액이나 혈액 제제), 1쌍을 가진 장기 중 하나(신장), 혹은 특정 장기의 일부(간, 췌장, 창자 혹은 폐)를 제공할 수 있다(매우 소수의 생존 기증자들은 복수의 장기를 기증할 수 있는데 예를 들면 그가 신장 하나와 췌장 일부를 기증하는 것이다). 장기 기증의 승낙은 잠재적인 생존 기증자에게서 적합도 평가와 기증자가 취해질 시술을 이해하고 자유롭게 이를 승낙하며 잠재적인 수혜자와 좋은 조직 일치도를 보이는지, 그리고 장기 기증 과정을 잘 버틸지, 그리고 일이 잘될지라도 기증 경험의 후유증을 효과적으로 견뎌낼 것이라고 기대되는 지 등을 결정하는 조사 및 평가과정 이후에 직접 받아낸다(생전 장기 기증 컨센서스 그룹 저자들, 2000).

생존 기증자가 되고자 동의하는 개인의 수는 최근 몇 년 간 증가하였고 그러한 개인들이 이식을 위해 자신의 신체 일부를 제공하려는 의지가 점차 늘고 있는 것처럼 보인다—그들이 잠재적인 수혜자와 혈연 또는 결혼으로 연결되어 있는 지 여부에 상관없이. 1988년에 생존 기증자는 모든 장기 기증자의 31%밖에 차지하지 않았으나 2009년에 그들은 전체 기증자의 45%를 차지하였다. 2009년에 미국에서는 생존 기증자 수가 6,609명에 이르렀다.

생존 기증은 다수의 이점을 지니고 있다. 기증자의 의료 기록은 알려져 있고 기증 이전에 조사를 할 수 있으며 대상 기증자와 장기에 대한 광범위한 조사가 기증 이전에 이루어지고 기증을 위한 승낙을 대리 의사 결정자가 아닌 잠재적 기증자에게서 직접 받아내며 장기는 선택적 조건 하에서 적출되고 기증된 장기가 매우 짧은 시간 내에 신체 밖에 머물러서(허혈 시간) 장기의 효용성을 극대화 한다. 생존 기증은 또한 장기 기증과 이식을 촉진하는 상상적인 전략의 개발을 가능케 해왔다. 예를 들어, 특정 개인(이식 수술 후보 A)에게 기증하고자 하는 잠재적 생존 기증자가 있는데 그는 생물학적으로 이식 대상 A에게 이식을 할 수 없어서 이식이 가능한 두 번째 개인(이식 수술 후보 B)에게 대신 기증하고 이식 대상 B와 생물학적으로 맞지 않는 잠재적 생존 기증자가 이식 후보 A(그와 생물학적으로 맞는)에게 장기를 기증하는 것이다. 이와 같은 쌍방 신장 교환은 생전 장기 기증자에 의해 유연성을 갖게 된다. 그들은 또한 더 복잡한 방식으로도 이어질 수 있는데 이는 생존 기증 사슬과 같은 것으로(Chain No. 95) 2011년 2월 26일 신문 기사에 실렸으며 3개월간 9개의 주에서 16명의 기증자와 16명의 수혜자와 관련되어 있다(Stein, 2011). 마지막으로, 잠재적인 생존 기증자가 그들이 기증하기로 한 결정이 그들의 건강 상태를 해칠 수도 있는 미래에 언제든지-예를 들어, 그들이 신장 하나를 기증하고 나서 다른 쪽 신장이 나빠지고 있다는 것을 발견될 경우에- 그들은 적절한 장기 이식 명단의 최우선 순서에 오르게 될 것이라는 약속이 일반적으로 이루어지게 된다.

비생존 혹은 사망 기증자 2009년에 미국에서는 8,022건의 비생존 내지 사망자 장기 기증이 있었고 이는 그 해의 전체 장기 기증의 55%를 차지했다. 대부분의 이식은 장기 기증 이전에 사망한 이러한 사람들의 기증을 통해 이루어지는데 그 이유는 이들 각자가 각막(eye components)과 다수의 수혜자(이 장 첫 부분의 짧은 글에서 본 것처럼)의 생명에 영향을 미칠 수 있는 기타 조직과 더불어 6개에서 8개가량의 주요 장기를 기증할 수 있는 반면에 대부분의 생존 기증자들은 단지 한 쌍으로 존재하는 장기 하나 내지 하나의 장기의 일부를 단 한 명의 수혜자에게 기증할 수 있기 때문이다. 그러나 사망 기증자의 경우에 장기가 손상되지 않도록 사망 단계 내지 그 직후에 선행하는 조건이 중요하며 그렇지 않으면 그 장기들은 이식에 적합하지 않게 된다. 이는 장기들이 건강한 기증자의 사망 직후에 적출되어야 하고 그렇지 않으면 그 장기들이 부패하기 시작할 것임을 의미한다(시간 프레임은 해당 특정 장기에 달려있다). 비생존 기증자는 또한 거의 모든 조직 기증의 원천이기도 하다.

비생존 내지 사망 기증자는 두 가지 유형이 존재한다. *뇌사에 빠진 이들과 심장정지사*를 한 이들이다. 대부분의 경우에 비생존 장기 기증자들은 갑작스럽게 혹은 뇌혈관 질환으로 외상을 입고 사망하거나(예를 들어 뇌졸중이나 뇌출혈) 혹은 머리에 심각한 타격을 입고 사망한다(예를 들어 사고, 범죄사건, 자살 등으로). 일반적으로 그러한 이들은 응급의학과나 기타 외부적 생존 장치가 그들의 신체적 기능을 안정시키고 의학적 개입과 진단을 위한 시간을 벌어주는 기타 응급 상황에서 나타난다. 이후에 대부분 동맥성 혈류와 관련된 임상 검사를 근거로 이들은 사망했다고 선언되고 *뇌사 내지 신경학적 질환으로 인해 사망*했다고 말해진다. 이러한 형태의 비생존 기증은 뇌사 이후의 기증이라고 불린다. 이 시점에서 외부적 생존 장치가 계속되는데 이는 죽은 자를 "생존시키려는 것이 아닌"(용어와 반대로) 기증이 승인될지 여부를 결정하기 위해 제한적으로 신체 기능을 지탱시키고 결국 이식될 장기의 질을 보존하기 위한 것이다. 장기 기증이 부인되거나 적절한 장기(그리고 조직)가 적출된 이후에 외부적인 생존 장치는 제거되고 시신에 대한 처리 절차가 적용될 것이다.

비생존 기증자의 두 번째 집단은 식물인간 상태 또는 뇌사 상태를 경험하지 않았으며 앞으로도 그러할 기대가 없는 이들로 이루어져 있다. 이들은 호흡과 순환 기능을 보이지만 그러한 기능이 그들에게 제공되는 외부 생존 보조 장치(예를 들어 호흡기를 통해) 덕분인지 그들의 자발적인 능력인지 알 수가 없다. 각 해당 경우에 대안을 적용하기 위한 검사에서 특정 환자가 그러한 기능을 스스로 하는지 알아내기 위해 생존 보조 수단을 제거해보아야 한다.

이러한 상태에 놓인 우리 사회의 수많은 환자들-잠재적 장기 기증의 문제와 별개로-에 대해서 의사 결정자들(가장 가까운 친척 내지 의료 문제에 있어서 대리인의 지속적 위임장과 같은 문서로 대리 의사 결정을 승인 받은 타인)은 지속적으로 외부적 생명유지 장치를 이용할 유용한 목적이 있는지 없는지를 결정할 수 있다.

의사능력을 갖춘 의사 결정자의 이러한 상황에서의 승낙으로 의료진은 외부 생명유지 장치를 제거하고 "자연스러운 상태로서의" 상황이 허용되게 한다. 즉, 해당 개인은 스스로 생명 유지 기능을 지속할 수도 있거나 아니면 그 상태에서 사망하게 될 수도 있다. 그 개인이 사망한다면 그 또는 그녀는 "*심장정지사*"를 했다고 일컬어지며 의사 능력을 갖춘 의사 결정자가 *심장정지사 이후 장기 기증을 승인*하면 특정 장기들이 적출 된다(Steinbrook, 2007; Zamperetti, Bellomo, & Ronco, 2003). 흥미롭게도 이러한 비 생존형태 기증의 상당 부분이 뇌사 입법 이전에는 비 생존 증여자의 장기 기증의 가장 일반적인 방식이었다. 그때 이후로, 심장정지사 이후 기증은 미국 전역이 아닌 일부 지역에서만 이루어지고 있다.

기증 승인하기: 원칙과 절차

생존 기증자들은 스스로 혹은 친척이나 친구, 기타 타인이 요청해서 혹은 그들의 결정이 스스로와 잠재적 이식 수혜자에게 미치는 상대적 장점과 단점을 고려하여 의료 전문가에게 지시를 받아 결정할 수 있다. 비 생존 기증자의 경우는 보다 일이 복잡해진다.

역사적으로, 미국 사망 제도는 장기 기증자 프로그램의 기초로서 이타심에 의존해왔다. 특히, 금전적 배상(경비를 넘어서는)은 기증자와 그 가족에게 제공되지 않았으며 최근에 부분적인 제한에 대한 반대가 이루어짐에도 그와 같은 금전적 배상은 이루어지지 않는다(예를 들어, Satel, 2009). 게다가, 미국은 일반적으로 다른 국가에서 이루어지는 주요 장기(그러므로 장기기증을 구체적으로 반대하는 근친 혹은 고인으로부터 반대되는 문서화된 의향서가 부재하다면 적출할 수 있는 장기)의 기증에 대한 "의제적 동의"와 같은 정책을 인정하지 않고 있다. 그 결과, 우리 사회에서 장기 기증의 승인은 표준장기기증법(Uniform Anatomical Gift Act)과 주 입법의 요건에 따라서 적절하게 진행되어야 한다(Wendler & Dickert, 2001). 이는 두 가지 방식 중 하나로 이루어질 수 있다.

기증자 권리 입법과 1인칭 동의 역사적으로 미국 대부분의 관할 지역에서는 사망 전 한 개인이 기부하고자 하는 소망의 선언과 적절한 방식으로의 의사전달조차도 대리 의사결정자 혹은 근친의 반대를 피해가지 못했다. 이것의 이유는 두 가지이다. (1) 한 개인이 사망하고 그는 더 이상 자신의 신체를 소유하지 않는다. (2) 외부인(장기 조달 기구와 병원)들은 상대적으로 단기간에 문제를 해결해야 하는 경우에 이러한 민감한 문제에 대한 가족 구성원들 사이의 갈등에 개입하고 싶어 하지 않는다. 최근에, 다수의 주에서 18세 이상 개별 성인에게 등록이 개방된 "1인칭 동의"를 성립시키는 "기증자 권리" 입법을 통과시켰다. 1인칭 동의를 하는 개별 사람들은 사망 시에 장기와 조직 기증을 승인하도록 동의를 할 가족이나 추가적인 증인을 요하지 않는 법률상 구속력 있는 결정을 하는 것이다. 가족 구성원은 다양한 방식으로 관련이 되는 상태로 남아있다. 기증이 그들에게 설명되고, 그들의 의문사항에 답이 제시되고 그들에 대한 지원이 제공된다. 그들은 사망한 사람에 대한 통상적인 의료적/사회적 기록을 제공한다. 그리고 그들은 사후 정보 및 유족 지원을 받는다.

근친에 의한 기증의 승인 한 개인이 1인칭 승낙에서 요구하는 조건을 충족시키지 못하고 그가 기증하고자 하는 소망을 알리지 못한 경우에 기증에 대한 승인은 그 사람의 근친에게서 얻게 된다. UAGA 상에서 비생존 기증자의 장기 기증은 의료 대리인이 승인한다. 기증자의 아내, 성인 아들이나 딸, 혹은 부모 아니면 성인 형제나 자매 혹은 법적 후견인 아니면 시신 처분의 의무를 지녔거나 승인을 받은 기타 사람 등이다. 원칙적으로 이 사람들 목록의 순위가 중요하다. 같은 혹은 우선하는 등급에 있는 개인의 실제적인 반대 통지가 기증을 금지하게 된다. 그러므로 기증에 관한 생존 배우자의 결정이 망자의 부모나 성인 자녀의 결정보다 우선하며 의료 대리인의 승인에 의한 결정은 친척들의 결정보다 우선한다.

사망 결정이 장기 적출이나 이식 팀에 속하지 않는 의료진에 의해 이루어진 후에, 사랑했던 이의 사망에 대해서 가족들에게 알리고 그들에게 기증과 관련된 문제가 발생하기 전에 그 사실을 받아들일 시간을 주려는 노력이 이루어진다. 그 다음에 가족 구성원들에게 지원을 제공하고 기증과 이식에 대한 정보를 전달하며, 기증의 기회를 제공하여 근친이 기증에 대한 결정을 고려하게 만드는 접근방식이 이루어지게 된다(Albert, 1994). 기증 결정이 승인되면 기증여부가 판정되는 동안 적절한 수혜자가 물색되고, 장기 회복과 이송 절차가 이루어져 잠재적 수혜자가 이식 받는 준비를 하는 동안 외부 장치가 계속 유지될 것이다(Siebert, 2004).

가족 구성원에게서 기증 승인을 받는 과정에서 국립기증자가족평의회(NDFC)와 다른 단체들은 이 접근방식을 "기증의 기회를 제공하는 것"이라고 표현하며 "기증 요청"이라고 보지 않는데 그 이유는 누군가 이런 상황에서 가족에게 그들로부터 취하고자 하는 무언가를 요청할 때, 그 가족이 그 요청을 부인한다면 그 요청자는 그 의도에서 실패하는 것을 함축하기 때문이다. 반대로 "기증의 기회를 제공하는 것"으로 여기는 것은 가족 구성원이 적어도 그들이 통제할 수 없는 매우 어려운 상황에서 적어도 한 측면에서 되돌아볼 수 있는 기회를 제공한다(Corr, 2005).(NDFC와 다수의 기타 기구들은 또한 "장기 적출"(harvesting)에 대한 이야기는 부적절하며 "장기를 회복하는 것"(recovering)으로 언어를 대체해야 하고 "시신 기증자"(cadaver donor) 혹은 "시신의 일부 기증자"(cadaveric donor)와 같은 거부된 용어는 기증 가족 구성원에게 폭력적이기 때문에(offensive) "비생존 기증자" 내지 "사망 기증자"로 대체해야 한다고 주장한다. 기증 기회를 제공하는 것은 잠재적 기증 가족의 선택을 존중함을 의미한다. 심지어 기증하지 않는 결정도 이러한 제공이 구체화한 배려를 앗아가지 않는다. 사실, 유일한 실패는 그러한 기회를 제공하지 않는 것이다. 그들이 사랑했던 이의 기증하고자 하는 소원을 존중하길 원했으나 단순히 이 엄청난 혼란의 시기에 그것을 생각해보지 못했거나 혹은 누구도 그 당시에 그것을 언급하지 않았기에 기증하고자 원했을 것이나 너무 늦어 기증을 할 수 없는 가족이 느끼는 공포와 슬픔을 생각해보라.

정부 규율 하에서, 노인의료보험제도나 저소득층 의료보장제도라고 불리는 "장기, 조직, 안구 기증을 위한 참여의 조건"은 1998년에 그 효력을 발휘했으며 노인의료보험제도나 저소득층 의료보장제도 기금을 받는 모든 병원은 (1) 그들 지역 내지 지방의 장기, 조직, 안구 은행과 장기 기증에 대한 합의를 해야 하고 (2) 그들의 지역 내지 *지방장기조달기구 (OPO)*에 사망이 임박하거나 병원서 사망한 환자를 보고하고 (3) OPO가 그러한 환자의 기증 적합성, 가능성을 결정하게 허용하며 (4) 훈련된 인력(OPO 스탭이나 이러한 목적으로 OPO가 훈련시킨 병원 직원)이 기증 기회를 제공할 기회를 마련한다(미국 보건복지부, 1998; 2000). 예상한 것처럼 훈련된 조달 전문가(중환자실 간호사와 종종 같이 일하는)가 기증 기회를 소개하는데 가장 효과적이었다(Evanisko, Beasley, & Brigham, 1998, Siminoff, Arnold, Caplan, Virnig, & Seltzer, 1995). 여전히, 개인이 그들 스스로 혹은 사망한 친척의 장기 기증을 강요받을 수 없고 그렇게 해서도 안 되며 기증하거나 기증하지 않는 결정 모두 존중되어야 한다.

"참여 조건" 규정은 기증된 장기의 수를 늘리는 것을 목적으로 한다. 게다가 그 목적은 가족이 그들이 사랑하는 이의 죽음으로 피해자가 되었을 때, 그리고 그들의 통제 내에 있는 것이 거의 없을 때 기증에 대해 알아보고 고려할 적절한 기회를 제공 받도록 보장하는 것이다. 수많은 이들이 "생명의 선물"을 제공함으로써 다른 이들을 돕는 것이 이 어려운 경험에서 가장 긍정적인 단 하나의 측면으로 기증자의 삶의 유산을 지속시키고 유가족으로서의 어느 정도의 위로를 찾는 길이라고 하였다(개인적 통찰, 16.2; Cowherd, 2004).

이식 가능한 조직을 비생존 기증자에게서 적출하는 것에 관한 대화는 장기 기증의 전반적 논의의 일부가 될 수 있다. 보다 종종, 그것은 독립적으로 이루어지며 주로 대면 방식보다 전화 방식으로 이루어진다. 전자의 경우에 OPO 조달 조정자 내지 기증 매니저(advocate)가 논의의 원칙적인 전문가이다. 후자의 경우에는 특정 안구나 조직 은행의 직원이 그 역할을 하게 될 것이다.

장기와 조직 기증을 늘리기 위한 노력

최근 몇 년간, 장기와 조직 기증과 이식을 늘리고 수용 가능한 기증자 기준을 넓히고, 더 많은 생존 기증자를 장려하고, 매년 미국 병원에서 사망하는 백만 명 가까운 사람들 중에서 10,500에서 13,800의 잠재적 기증자로부터 더 많은 기증자를 얻기 위해 공중을 교육하려는 수많은 노력이 이루어졌다

개인적 통찰 16.2

내 생애에서 최악의 순간에 가장 좋았던 부분

나는 그녀를 알았던 모든 사람들의 삶을 풍요롭게 하였고 자신의 선견지명을 통해 심지어 그녀가 결코 만난 적이 없는 사람들의 삶도 풍요롭게 해준 한 여성에 대해서 말하고자 한다. 그녀는 세상을 떠난 나의 아내 캐롤린(Carolyn)이며 나는 이제부터 그녀에 대해서 이야기하려고 한다.

캐롤린은 명랑하고 낙천주의자였다. 그녀는 솟구치는 에너지를 지녔고 삶과 그것이 주는 모든 것을 사랑했다. 나는 조심스럽고 걱정하는 사람이었다. 캐롤린은 보통 모든 것이 잘 될 거라고 보았고 실제로 그렇게 되었다.

7년 전 그녀가 새로운 운전면허증을 발급 받아 집으로 와서 내게 기증자로 등록했다고 했을 때 나는 놀랐다. "내가 죽는다면" "난 사람들을 돕고 싶어요."라고 그녀는 말했다.

그 순간까지도 난 장기 기증에 대한 생각에서 어떤 문제점도 알지 못했다.

내 생각에 그건 항상 다른 사람에게 일어나는 일이었다. 캐롤린의 말은 내게 그녀의 죽음의 가능성에 대해서 그리고 그녀의 장기를 기증하는 것에 대해 어떻게 느낄지에 대해 생각하게 만들었다.

난 불편해서 아내에게 이 점을 말했다. 사실 난 그녀에게 마음을 바꾸라고 말했다. 그녀는 살짝 웃으며 "이건 내 몸이고 이건 내가 원하는 거예요."라고 말했다. 난 혼란스러웠고 그래서 "좋아, 그건 당신 면허증에 있는 거고 그것으로 됐어. 난 그런 결정을 하는 것을 생각하지 않으니까."

이 순간까지 그녀 편에서의 모든 것이 가볍고 농담처럼 여겨졌다. 이제 그녀는 심각했다. "더그" 그녀가 내게 말했다, "내 면허증이 어쨌든 간에 내게 어떤 일이 생기면 당신은 동의를 해줘야 해요. 내가 지금 말하는 이유는 그거라구요."

나는 내 대답이 명확했던 것을 기억한다. "캐롤린. 당신이 지금 나한테 뭘 요구하는지 이해하고 있어? 내 최악의 날에 당신이 부탁하는 것이 얼마나 더 큰 괴로움을 겪게 할지 아냐구?" 그러나 그녀는 요지부동이었다. 나는 얼마나 그녀가 강력하게 그걸 생각하는지 알고선 놀랐다. 나는 처음엔 그것이 변덕이라고 생각했지만 그녀가 많은 생각을 한 결과라는 것이 명백했다. 끝에 가서는 난 약속을 해야 했다.

그리고 7년 전, 나는 내가 그녀와 약속한 것을 실현해야 하는 순간에 내 입장에 대해서 생각해보았다. 메릴랜드로 이사하면서, 지난 1월에 난 새로운 운전면허증으로 갱신했고 잠시 머뭇거리다가 나 또한 기증자로 서명하였다. 어린 소년처럼 나는 집에 와서 자랑스럽게 **기증자/예**라고 새겨진 내 운전면허증을 캐롤린에게 보여주었다. 그녀의 미소가 얼마나 환했는지 지금까지 기억하는 것이 이상하지만 그것이 캐롤린이 깊이 신경 쓰는 것들에 대해서 보여주는 방식이었다.

두 달이 못되어 내 생애 최악의 날이 오고야 말았다. 3월 23일, 금요일에 난 켄터키 루이스빌에서 내 어머니가 전날 돌아가신 외할머니의 장례식 일정을 진행하는 것을 도와드리고 있었다. 정오에 난 캐롤린이 직장서 쓰러져 심장 발작을 일으켜 병원에 실려 갔다는 소식을 접했다. 난 그녀에게 잠시 이야기할 수 있었고 그로 인해 희망을 얻었지만 90분 뒤에 용감하게 사투를 벌이던 아내는 세상을 떠나고 말았다.

잠시 후에 난 아버지에게 전화로 이야기하면서 내가 결코 답하기 원치 않았던 질문을 아버지가 던지는 것을 들었다. 캐롤린이 기증자가 되길 원했던가? 그 순간 난 캐롤린이 7년 전 우리 대화에서 가져다준 위대한 선물을 깨달았다. 난 생각할 필요가 없었다. 난 알았다. 그녀는 타인을 돕길 원했고 나도 그랬다. 난 승낙했다.

내가 해야 할 두 가지 일이 있었다, 하나는 슬픔으로 채우는 것이었으나 다른 하나는 내 영혼에 부표

개인적 통찰 16.2

를 붙이는 것이었다. 난 내가 메릴랜드로 돌아가서 그녀와 시간을 보내야 함을 알았고 내가 내 자신을 붙들고 조직 기증자로서의 아내를 위한 절차를 밟아야 하는 것을 알았다.

나는 우리 모두 사망한 사랑했던 이의 시신은 진정으로 중요하지 않다는 말을 들었다고 생각한다. 시신은 사람이 아니다. 그건 빈 그릇이다. 난 당신에게 내가 병원 지하 영안실에서 캐롤린과 보냈던 시간에 대해서 말할 수 있다. 난 매우 다르게 느껴졌다. 그것이 그녀의 놀라운 영혼으로 채워지지 않은 것은 사실이었다. 그러나 내 아내, 내 영혼의 짝이며 내 단짝의 시신이었다. 그것이 평생 우리의 삶을 함께하며 그녀를 알았던 방식이다. 이것이 빈 그릇이라면 그렇다면 난 그것이 어떻게 될지에 상관하지 않을 것이다. 그러나 난 관심을 가졌다-매우 많이.

난 여전히 캐롤린에 대한 사랑을 어마어마하게 느끼고 있고 내가 그것을 그녀의 시신에 대한 애정과 존중하는 처분 방식을 통해 그녀에게 표현할 수 있음을 알고 있다. 그리고 그녀에게 그녀의 시신이 타인의 삶을 더 좋게 하는데 사용된다는 것은 매우 중요했다. 그녀가 조직 기증자가 되게 하는 절차를 밟는 것은 사랑의 행위였다. 그녀의 삶에 대한 사랑, 도움을 받게 될 우리가 모르는 이들에 대한 우리의 사랑. 그녀에 대한 나의 사랑.

대부분의 사람들은 보통 장기 기증, 심장이나 신장 기증에 대해서만 익숙하다. 그러나 캐롤린이 죽기 전날까지 나도 다른 이들처럼 조직 기증에 대해서 들어본 적이 없다. 캐롤린은 내게 "내가 죽으면 사람들을 돕고 싶어요."라고 말했다. 슬프게도 그녀의 죽음이 왔고 내가 캐롤린을 잃어 느끼게 된 슬픔은 사람들이 도움을 받았다는 사실에 의해 경감되었다. 이미 두 사람이 시력을 회복했고, 다른 두 사람이 심장 판막을 이식 받아 생명을 구하거나 생명 연장을 할 수 있게 되었다.

내가 이들에게 말할 수 있다면 난 두 가지를 이야기하고 싶다. 우선적으로 당신이 받은 이 선물은 캐롤린과 나의 엄청난 사랑의 결실로 주어진 것이다. 당신이 어디에 있는지 당신을 명백히 사랑했던 두 사람이 있었음을 알길 바란다. 두 번째로 당신이 받은 것에 대해서 죄책감을 느끼지 않길 바란다. 어떤 것도 캐롤린을 구할 수 없었다. 당신은 내게 그녀의 죽음에서 나온 삶을 증언하는 무언가를 가능케 함으로써 내게 큰 선물을 해주었다.

2001년 3월 23일에 내 사랑 캐롤린이 세상을 떠났다. 내게 그녀의 동정심과 그녀의 지혜를 통해 두 사람이 더 풍요한 삶을 살게 되고 두 사람이 더 좋은 삶을 살게 되었다는 것을 알게 된 것은 위로가 되었다. 나의 고통을 면하게 하지는 못했지만 아마도 어디선가 고통을 모면한 가족이 있을 것이다. 우리 모두 친구들과 동료들에게 기증이라는 단어에 대해서 전달할 책임을 져야 하며, 그렇게 해서 필요한 사람들이 도움을 받고 슬픔에 잠긴 가족이 기증이 가져온 위로를 받게 해야 한다. 아마도 그들에게 그것은 내가 받았던 것과 같은 것일 것이다. 내 생애 최악의 날에서 가장 좋았던 부분 말이다.

(Sheeby et al., 2003). 또한 병원 밖에서 보통 갑작스레 예상치 못하게 사망한 이들로부터 더 많은 조직 기증을 얻기 위한 노력도 행해졌다. 예를 들어, 말하기 및 공공 교육 프로젝트는 다음과 같은 사실을 강조하여 기증에 대한 신화를 뿌리치기 위해 노력했다. "뇌사"한 개인은 더 이상 살아날 수 없으며 기증자 가족은 기증 비용이 들지 않고 인간 장기와 조직은 미국에서 합법적으로 사고 팔 수 없으며 장기와 조직 기증은 보통 원하는 장례 관행에 약간의 지연 외에 실질적 영향을 미치지 않고 기

증과 이식은 미국의 거의 모든 종교 단체에서 장려하고 지지한다(적어도 반대하지 않음). 일반 인구 집단보다 더 낮은 기증 비율을 보이는 것으로 연구 결과가 나타난 일부 소수 집단은 유사 집단 및 유전자 풀의 다른 구성원들과 보다 더 가까운 조직형 일치를 가질 가능성이 높다(Callender et al. 1991, Wheeler & Cheung, 1996). 국가 장기 대기자 명단 상의 늘어나는 개인들 숫자는 장기 이식의 급박한 필요를 말해준다. 공공 교육의 노력은 다음과 같은 메시지 속에서 반영된다. "장기를 천국에 가지고 가지 말라. 천국은 우리가 여기서 그것들을 필요로 함을 알고 있다." "제리 오박(Jerry Orbach)은 그의 마음과 영혼을 연기에 쏟았고, 시력의 선물을 두 뉴욕 시민에게 남겼다."(후자의 메시지는 뉴욕 안구은행에서 제공했다[www.eyedonation.org; 212 742-9000] 그리고 그 메시지는 TV 드라마 로 앤 오더(Law and Order)와 브로드웨이에서 활약했던 잘 알려진 배우로 2004년 사망 전에 안구 기증을 한 배우에 대한 언급이다).

다른 교육적 노력은 잠재적 기증자가 기부 카드에 서명, 날짜 기입하고 증언하도록 장려한다. 기증 카드는 연방 정부의 이식 부서(전화: 888-90-SHARE;www.dorgandonor.gov)나 지방이나 지역, 국가 기구, 예를 들어 미국생명기증(전화: 800-355-SHARE; www.sharelife.org), UNOS(800-355-SHARE; www.unos.org) 등에서 얻을 수 있다. 많은 주들이 또한 운전면허나 컴퓨터 등록 시스템 뒷면에 기증 카드를 발급하여 이를 발급하거나 갱신할 때 기증 의사를 밝힐 수 있게 하고 있다. 우리가 이전에 살펴본 것처럼, 1인칭 동의 혹은 기증자의 권리등록부는 이제 대부분의 주에서 "기증 의도"를 대체한다. 모든 이러한 노력과 제도의 목적은 이식 가능한 장기와 조직의 필요에 대해서 공중의 감수성을 높이고 가족 구성원들 간의 기증 대화를 촉진하며, 사망이 발생 할 때에 기증하려는 의도나 사전 결정을 결단할 수 있는 적절한 접근 가능한 방식을 확보하려는 것이다.

그러나 이들 접근법 다수가-1인칭 승낙 등록과 달리- 그 자체로 충분치 않다. 또한 한 개인의 마지막 유언이나 유언장에서 그 소원을 포함시키는 것도 적절치 않은데 그 이유는 유언이 보통 사망 이후 시간이 흐른 뒤에 공식적으로 공개되므로, 이렇게 시간에 민감한 목적에 적합한 좋은 수단은 되지 못하기 때문이다. 장기나 조직기증자가 되고 싶은 이가 해야 하는 것은 이 문제를 근친과 논의하는 것이다. 슬로건은 다음과 같이 말한다. "당신의 삶을 공유하라. 당신의 결정을 공유하라" 이 이유는 가족 구성원이 그 결정에 참여하고, 그들이 기증 상황에 처한 경우에 준비하고 그들이 그 소원을 따르고 기증을 승인하도록 지침을 주기 위한 것이다. *역사적으로, 1인칭 동의 등록을 승인하는 입법의 부재와 가족 구성원과 소원에 대한 논의가 부재한 것은 기증의 가장 중대한 장애요소였다.* (1) 1인칭 동의 기록부 상에 기증 결정을 보고하고 (2) 당신의 소원을 근친에게 명료하고 헷갈리지 않도록 전달하라.

가족 구성원의 장기(예를 들어, Siminoff, Gordon, Hewlett, & Arnold, 2001; Squee, Long, & Payn, 2005)와 조직(예를 들어, Rodrigue, Scott, Oppenheim, 2003)을 기증하는 의사 결정에 대하여 영향을 미치는 요인에 대한 연구는 기증을 승인하는 가족들이 뇌사에 대해 더 잘 이해하고, 이전에 기증을

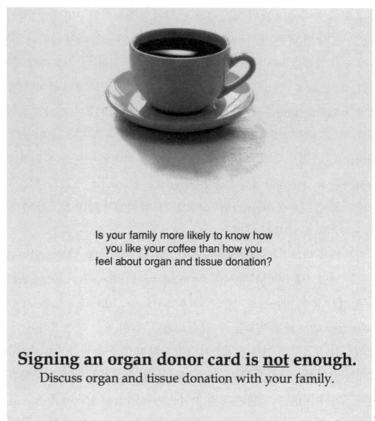

Is your family more likely to know how you like your coffee than how you feel about organ and tissue donation?

Signing an organ donor card is <u>not</u> enough.
Discuss organ and tissue donation with your family.

Northwest Donor Program *Share your life. Share your decision.™* For a free brochure call 1-800-355-SHARE
*1996 NW Organ Procurement Agency

장기와 조직 기증을 가족 구성원에게 알리는 것의 중요성을 강조하는 포스터.

논의했을 가능성이 높으며, 망자의 기증 소원에 대해서 더 잘 알고, 기증을 허락하지 않는 가족들과 비교해 기증에 대해 보다 호의적인 태도와 신념을 지녔음을 보여준다. 기증을 승인한 가족은 종종 그들을 배려하는 태도로 제의를 받고 그들의 결정을 위한 시간과 정보를 제공 받았다고 말한다. 장기 기증을 하는데 있어서 일반 집단보다 그러한 의사를 덜 보여주는 소수 집단 구성원의 연구에서는 아프리카계 미국인들이 보통 의사들과 의료 제도를 불신하며 이전에 장기 기증에 관해 가족 논의를 한 적이 없음을 밝혀주었다(Minnifield, Yang, & Muti, 2001). 다른 연구는 장기 실패 비율과 장기 기증에 대한 문화적으로 특수한 정보가 그 문화에 정통한 내부인으로부터 설명되었을 때 아메리카 원주민들 사이에서 기증이 증가함을 보여준다(Danielson, 1998). 여전히 장기 이식이 필요한 모든 환자에게 기증될 장기는 충분하지 않다고 한다(Sheeby et al., 2003).

2003년 4월에 보건복지부는 이식가능한 장기에 대한 접근을 증가시킬 목적으로 **장기기증확산협력기구**(Organ Donation Breakthrough Collaborative, www.organoationnow.org)라는 새로운 노력을 출범시켰다. 이전 국가 정보에 의하면 수많은 대형 병원들이 이 수치 이상의 평균 기증 비율을

Courtesy Donate Life America®,
www.donatelife.net

미국 생명 기증(Donate Life America)의 국가 브랜드 이미지는 미국 전역 내의 국가 기구와 주 정부 팀의 비영리 연맹으로 장기, 안구, 조직 기증을 늘리는데 전념하고 있다.

기록함에도 불구하고(200곳의 병원이 미국에서 50% 이상의 장기 기증자를 제공했다) 잠재적 장기 기증자의 46%에서만 장기를 기증받을 수 있었음을 보여준다.

장기기증확산협력기구(Organ Donation Breakthrough Collaborative)의 목적은 이미 75% 혹은 그 이상의 장기 기증을 이룩한 미국 내 병원에서 복제될 수 있는 다른 기관의 관행을 확인하고 공유하자는 것이다. 이것과 다른 계획의 시도들은 2003년과 2006년 사이에 비생존 기증자의 수를 24% 이상 증가시켰다. 미국 내에서 200대 병원의 평균 기증 비율 75%에 도달하는 것(그리고 다른 병원에 대해 그 노력을 확대하는 것)은 매년 더 많은 수천 명의 생명을 구하거나 삶의 질을 높이는 일이 된다.

기증 시기와 그 이후에 있어서 가족 구성원에 대한 배려

가족 구성원에 대한 배려는 다른 방식으로 시작될 수 있다(Jacoby, Breitkopf, & Pease, 2005). 예를 들어, 가족구성원들에게 사랑하는 사람의 기증 소망의 표현으로서 "1인칭 동의"가 설명되고 나서 그들이 그 과정에 관여하게 될 때 도움을 줄 수 있다. 그렇지 않으면, 사랑하던 이들의 신체로부터 나온 인간 장기와 조직 기증을 승인할 기회를 그들에게 제공함으로써 다른 비생존 기증자의 가족 구성원들에게 힘을 주는 것이 중요할 수도 있다. 이들 가족 구성원들 다수가 이러한 기회가 다음과 같이 자신들에게 영향을 미쳤다고 보고했다.

- 사망한 그들이 사랑했던 이들의 이전에 표현된 혹은 인식된 소원과 가치에 따른 행위를 하게 함.
- 사랑했던 이의 사망에 의미를 부여하게 함
- 이 어려운 시기에 스스로에 대해서 위로를 얻게 함
- 사랑의 무상 선물을 다른 이의 이익을 위해 제공하여 필요한 이들을 돕게 함
- 그들의 일반적인 기증에 대한 우호적인 태도에 따라서 행동하게 함

521

그와 같이 기증의 기회를 제공하는 것은 잠재적 기증자 가족, 기증을 승낙한 기증 가족 구성원, "1인칭 동의" 상황에 놓인 가족 구성원과 살아있는 기증자들을 위한 유족-중심적 보살핌의 종합적인 프로그램에 의해 진행되어야 하고 이는 사망이나 기증 이전과 이후에 모두 이루어져야 한다. 적절한 관행의 기저를 이루는 원칙들은 "기증자 가족을 위한 권리 장전"(초점 맞추기 16.1 참조)과 기타 출판물(Holtkamp, 2002; Maloney & Wolfelt, 2001)에 제시되어 있다. 게다가 국립기증자가족평의회(Corr & the members of the Executive Committee of the National Donor Family Council, 국립기증자가족평의회 집행위원회 구성원, 2001)는 분기별 뉴스레터를 발행하는데(*선물하고 애도하는 이들을 위하여: For Those Who Give and Grieve*), 이는 동일한 이름의 소책자와 같이(현재 영어로는 제3판이며 스페인어 버전도 있음) 제공되며 뇌사, 어린 자녀의 죽음, 성인 자녀의 죽음, 배우자 내지 동반자의 죽음과 같은 다양한 기타 소책자와 안내책자도 같이 제공한다(NDFC로 전화 800-622-9010 혹은 홈페이지 www.donorfamily.org를 통해 연락하시오). 또한 1995년 1월 이래로 국립 기증자 가족 퀼트 "사랑의 패치"가 개별적으로 디자인한 8인치 퀼트 사각형 제품이 기증자 가족들이 그들의 사랑했던 가족을 기념하는데 효과적인 방법이 되어, 국제적인 추모 프로그램에 참여하게 되었고 조직과 장기 기증에 대해서 대중에게 알리고 교육하는데 기여하였다(Corr, 2001b; 국립신장재단, 2007).

국가적 수준에서 NDFC와 그 모기관인 국립신장재단(NKF)은 연방 정부의 장기 이식 분과 및 기타 조직과 매년 국가 기증 인정 예식과 2년마다 거행되는 이식 대회의 후원을 위해 협력해왔다. 기증자를 인정해주는 예식은 장기와 조직 기증자 및 그들 가족의 어려운 결정을 알게 하고 인정해 주는데 도움이 된다(532쪽의 캐런 무스토(Karen Musto)의 묘비 사진 상의 "사랑의 선물, 생명의 선물"이 새겨진 메달 참조; 또한 Musto, 1999를 참조). 이식 대회는 몇몇 장기 이식의 성공과 수많은 이식 수혜자들의 풍요로운 삶이 이룩한 바를 표현하는 것이다 (예를 들어 Klung & Jackson, 2004). 이러한 수혜자들을 위해서, NKF는 또한 두 가지 가치 있는 소책자(*이식을 기다리며*(2002)와 *질병에서 안녕으로: 이식 이후의 삶*(2004a))를 출판해왔다. 게다가 NDFC와 NKF는 기증과 이식에 관련된 모든 이들 간의 의사소통에 관한 *국가 소통 가이드라인*을 개발하는데 지도자 역할을 해왔다(NKF, 2004b). 이러한 가이드라인의 목적은 기증 가족과 생존해 있는 비직접적인 기증자들이 그들의 기증 결정의 결과에 대하여 적절한 정보를 얻게 하고, 수혜자들이 그들이 받은 선물에 대해서 감사할 기회를 주며, 그러한 소통을 촉진하도록 전문가들을 지도하는데 있다. 앨버트(1998, 1999)의 연구에 따르면 그것은 (1) 기증자 가족 구성원과 이식 수혜자 간의 적절한 연락이 관련된 모든 이들에게 이익이 될 수 있고 (2) 건전한 윤리적 고려사항이 그러한 연락을 촉진시킬 수 있음을 제시한다.

초점 맞추기 16.1

기증자 가족 권리장전

가족들은 다음의 권리를 지닌다.

1. 그들이 사랑했던 가족에 대해서 일어난 바, 그의 현재 상태, 예후에 대한 완전하고 상세한 설명

2. 그들이 사랑했던 이와 그들 자신에게 대한 보살핌과 지원에 대한 의사 결정 과정에서 보건의료 팀과 완전한 파트너가 되는 것.

3. 어떻게 그들의 사랑했던 이의(임박한) 죽음이 심장 정지사 그리고/또는 뇌사의 개념에 대한 적절한 설명과 함께 결정되었거나 결정될 것인지에 대한 완전하고 상세한 설명.

4. 그들의 사랑했던 이가 치료를 받는 과정 내지 사망 이후에 방해 받지 않고 깊이 시간을 보낼 기회. 이는 적절한 경우, 그들이 사랑했던 이를 보고, 만지고, 안아보고 그들의 간병에 참여하는 등의 기회를 가족에게 제공하는 것을 포함해야 한다.

5. 특별히 훈련된 이들에 의해 가족의 필요와 자원에 민감한 태도로 보살핌을 받음

6. 그들의 사랑했던 이가 이전에 장기 그리고/또는 조직을 기증한다는 의사를 표시했음과 가족들이 그 결정을 존중할 책임이 있음에 대해서 정보를 들음.

7. 그들이 사랑했던 이를 대신해서 장기와 조직 기증을 할 기회가 주어지며 이는 적용 가능한 법에 따라 적절하게 이루어져야 함. 의료 서비스 제공자는 이 기회를 사망이 결정되고 가족의 사망 발생에 대해서 충분히 이해할 시간이 주어진 이후에 정상적인 범위의 배려 속에서 포함시켜야 한다.

8. 장례 절차, 시신 공개와 관련된 관행과 같은 이후의 행사를 위해 장기와 조직 기증의 함의, 장기와 조직 기증의 조건과 과정, 장기와 조직 기증의 필요에 대해서 가족의 요구와 역량에 적합한 방식으로 정보를 제공 받음.

9. 적절한 지지자(예를 들어 성직자)와 기타 자원(2차적인 의학적 견해, 중요한 이들로부터의 조언, 혹은 다른 언어를 구사하는 이들에 대한 통역 지원 등)의 서비스, 비밀, 강제로부터의 자유, 사생활, 시간 등이 제공되어 함. 이는 가족에 대한 최적의 배려에 필수적임.

10. 기증된 장기 그리고/또는 조직을 적출하기 전/후에 그들이 사랑했던 이와 오롯하게 시간을 보내고 그들의 문화적 종교적 정체성에 따라서 그리고 가족의 현재와 가족의 필요에 적절한 방식으로 "작별인사"를 할 기회(예를 들어, 가족들이 손발 프린트나 머리카락을 간직하길 요청하는 등)가 주어짐.

11. 그들이 사랑했던 이들이 기증한 장기 그리고/또는 조직의 적출 과정에서 존중을 받으며 처리될 거라는 확언을 받음.

12. 승낙 당시나 의사 결정 이후 즉시 장기 조달 기구(OPOs)나 조직 은행으로부터 기본 문서 정보를 받는 것. 최소한 이 문서 자료는 서명된 허가 서식의 사본, 어떻게 장기와 조직이 사용될지 여부, OPO와 조직 은행과 관련된 문제에 대한 지침을 포함한다.

13. 어떤 장기/조직이 적출될지 안 될지 여부와 그 이유에 대해서 가족의 요구와 역량에 맞게 시기적절한 정보를 제공 받음.

14. 어떻게 기증된 장기/조직이 요청에 의해 사용되고 언제 이용 가능한지에 대한 시기적절한 정보를 제공 받음. 원한다면, 가족은 개별 수혜자 그리고/또는 수혜자 가족과 연락처를 교환할 기회가 주어져야 함. 요청에 의해 기증자 가족은 수혜자의 조건에 대한 정확한 업데이트를 제공 받아야 함.

초점 맞추기 16.1

15. 기증자 가족이 장기/조직 기증으로부터 발생하는 비용으로 고통 받지 않을 것이라는 확인 및 가족에게 잘못 부과된 비용을 해결하는 지원을 받을 것이라는 확인.

16. 합리적인 기간 동안 유족 지원을 지속적으로 받음. 그러한 지원은 다음의 형태를 띨 것이다. 즉, 그들의 모든 경험을 논의할 수 있는 정통한 지식과 감수성을 지닌 사람의 이름, 주소와 전화번호, 특성 확인 조사를 통해 그 경험을 평가할 기회, 장기와 조직 기증에 대한 문헌의 무료 사본, 기증 또는 유족 지원 그룹에 참여할 기회, 그리고/또는 숙련되고 민감한 지지자의 서비스.

- **이 문서는** 세상을 떠나고 잠재적 장기/조직 기증자인 사랑하는 이의 가족의 권리와 합법적 기대를 나타내기 위한 의도를 지니고 있음. 이 문서는 또한 그러한 가족에게 제공될(제공되어야 하는) 서비스의 지침으로 기능하는 의도를 지님.
- **"가족"이란 용어는** 법적인 근친을 가리키나 실제 혹은 잠재적 장기/조직 기증자와 생물학적, 결혼, 법적, 애정 관계 여부에 상관없이 중요한 관계를 가진 기타 개인들을 포용하도록 의도됨.
- **"기증 가족"은** 사망 발생 후 사랑하는 이의 신체로부터 장기/조직 기증을 하기로 동의한 혹은 그러한 안내를 받은 가족 구성원을 가리킴.
- **"이 문서"는** 장기/조직 기증을 생전에 숙고하거나 승낙한 생존한 사람의 상황을 다루지 않음.
- 이 문서 상의 **"모든 설명"은** 언제든지 가족에게 필요하고 적합한 방식으로 정통한 지식과 감수성을 지닌 사람에 의해 사적으로 마주한 대화 방식으로 제공되어야 함. 이러한 설명은 반복되거나 한 차례 이상 보완될 수 있으며 주 그리고/또는 연방 요건과 규정을 충족해야 함.

출처: C.A. 코르(Corr), L.G. 나일(Nile), 및 기타 국립기증자가족평의회, 국립신장재단. 저작권 2004. 국립신장재단 승낙 하에 재출판.

신체와 재산의 처분

시신의 처분

신체 기증과 별도로, 시신과 관련하여 수많은 쟁점들이 존재한다. 주 법규와 지역 법규들은 인구 동태를 기록하고, 매장 또는 다른 형태의 시신 처분에 대한 공적인 허가를 내주고, 시신이나 시신을 다루는 기관들이 오염원이나 혹은 살아있는 이들의 건강에 위협이 되지 않도록 하면서 묘지용 토지 사용을 보호하고 무덤을 열거나 발굴하는 등의 과정을 거치는 것과 원칙적으로 관련된 시신 처분에 관한 일반 지침을 제공한다. 그것을 넘어선 시신 처분에 관한 규율은 본질적으로 전문적인 관행, 사회적 관습과 좋은 취향(good taste)의 문제인 것이다.

예를 들어, 우리가 11장에서 보았듯이, 시신이 사망 후에 방부처리 되는 것이 미국 내 수많은 집단에서 일반적인 관행임에도 불구하고 그것에 관한 일반적인 법적 요건이 존재하는 것은 아니다.

자신에 대한 기념의 증거로
서 캐런 무스토는 장기 기증
을 했다.

방부처리는 시신이 주 경계 너머 다른 주로 넘어가는 고속도로를 이용하여 옮겨질 때는 법적으로
요구된다. 또 시신의 처분이 즉각적으로 이루어지지 않거나 시신 보관용 냉장시설을 이용할 수 없
을 때도 강제될 수 있다. 다른 상황에서는 방부처리는 주로 장례식 이전이나 장례식 절차의 하나로
서 고인과의 마지막 만남을 위해 행해진다. 유사하게, 수많은 묘지의 무덤(grave) 속에 있는 관을 위
한 외부관으로서 콘크리트로 된 무덤의 외벽(liner) 및 기타 형태의 개별적인 묘실(vaults)들이 사용
된다. 이런 것들은 전형적으로 법 규정에 의해 요구되는 것이 아니라 묘지 자체의 지면이 침전되는
것을 막고 지면을 유지하는 비용과 묘지의 기타 보수작업을 최소화하기 위하여 요구되고 있다.

재산의 처분: 유언의 검인

사망 후에 망자가 소유했던 재산을 타인들에게 배분하는 것이 필요하다. 일반적으로 개인 재산
의 배분은 그 사람이 사망 당시에 살았던 주 법이 규율하지만 부동산(토지와 그 위에 건립된 구조
물)은 부동산이 위치한 주의 법이 규율한다. 이들 기능을 진행하고 집행하는 과정을 *유언 검인*이라
고 지칭하는데 이는 라틴어(probare, "증명하다")에서 유래한 용어로 유언장의 적법성을 증명하거
나 확인하는 것과 관련이 있다.

미국 사망 제도 내에서, 유언 검인 법정은 사후에 필요한 업무를 수행할 의무가 있는 망자의 개인
적인 대리인 업무를 감독한다(Atkinson, 1988; Bove, 2005). 대리인은 그 혹은 그녀가 유언장에 의해
망자에게 지명되면 집행인(executer)으로 혹은 법정에서 지명된 경우에는 관리인(administrator)이
라고 불린다. 그러한 대리인은 재산의 목록을 작성하고 그 수입을 거두며 망자의 부동산에 대해서
권리를 주장할 수도 있는 당사자에게 통지하고, 부채와 비용, 세금을 지불하고, 사업 관련 업무를
정리하고, 필요한 문서의 준비를 하고, 그 과정에서의 부동산 관리 및 망자의 남은 재산을 받을 자격
이 있는 이들에게 배분하고 부동산에 대해서 청산을 하는(closing) 등의 업무의 책임이 있다
(Dukeminier, Sitkoff, & Lindgren, 2009). 부동산에 부과된 비용은 개인 대리인에 대한 수수료를 포

함할 수도 있다. 이는 변호사, 회계사 혹은 부동산 집행 등을 돕는 이들에 대한 비용과 법정 비용 등이다. 다수의 사람들이 검인 과정에서 소모되는 시간과 더불어 검인 과정에서의 관여나 복잡성을 최소화하는 방식으로 그들의 작업을 처리함으로써 이 비용을 줄여보려고 한다. 우리는 신탁과 기타 유언 대체물과의 관계에서 이들에 대해서 살펴볼 것이다.

유언과 유언 부재

유효한 유언을 남기지 않고 사망한 개인들은 *유언부재*(intestate) 혹은 그들의 소원을 진술한 문서가 없다고 일컬어진다. 모든 주에서 유언 부재 상태의 개인의 부동산을 어떻게 배분할 것인가에 관해 규율하는 법이 존재한다. 이들 법규는 주마다 다르지만 보통 일반적인 사람이 그의 재산을 배분하고자 하는 방식에 관하여 주 입법자들이 만든 추정에 근거한다(Atkinson, 1998; Bove, 2005). 예를 들어, 생존 배우자와 자녀들은 선호되는 상속인으로 간주될 가능성이 높고 망자의 자손들은 부모나 다른 조상 내지 다른 후손들보다 우선순위가 주어질 가능성이 크다. 유언 부재 하에서 상속자 자격을 지닌 이들이 없는 유언 부재자의 재산에 관한 사례에서는 그 재산은 주 정부로 *귀속*내지 넘어간다.

개인들은 부동산 계획과 그들의 바람에 대한 공적인 진술을 통해서 그들의 재산 분배에 관한 어느 정도의 처분권을 얻을 수 있으며 이를 보통 *유언*이라고 부른다. 각 주는 유언이 어떻게 준비되고 검인 과정에 제출되어야 하는지에 대한 규정을 지니고 있다. 그러한 규정은 유언을 작성하는 과정에 대해 주가 부여한 중요성을 알리고 문서가 진정 망자의 유언이고 실제로 그의 의도를 나타내는지 검인 과정에서 증명하기 위한 증거의 기반을 제공하도록 의도되었다. 예를 들어, 유언은 "건전한 정신" 상태의 성인(유언인)이 작성하고, 서명하고, 날짜를 기입해야 하며 그는 부당한 영향에 놓여 있지 않고 그 행위에 대해 필요한 수만큼(주 법이 규정함)의 다른 사람들이 증인이 되어야 한다. 그들은 유언에 대해 개인적 이해관계가 없어서 그것이 제공하는 재산의 분배로부터 이익을 취하지 않는다. 일반적으로 유언을 통해서 개인들은 그들이 원하는 바대로 재산을 처분할 자유가 있으나 대부분의 주는 특정 직계 가족 구성원이 완전히 상속에서 배제되는 것을 보호하기 위해서 예외를 두고 있다(결혼과 관련된 공동 재산법과 같이).

자필 유언-손으로 작성하고 증인이 없는-은 많은 주에서 수용되고 있다. 그러나 각 주마다 이러한 유형의 유언에 대해서는 매우 큰 차이를 지닌 규정을 두고 있고, 이러한 종류의 유언은 구체적이고 요구된 언어를 포함하지 않거나 그 언어가 모호하다면 신뢰할 수 없을 수도 있다.

일반적으로, 전문적인 법률 지원이 보통 공식적이고 문서로 된 유언을 작성하고 집행하기 위해서 권고되는데 이는 그 의도된 의미를 잘 전달하고 유언자의 환경이 변화할지라도 법적 효력을 지니는 문서를 담보하기 위한 것이다.

유언은 유언자의 사망 이전에 그 개인이 건전한 정신 상태이며 변경을 하려는 의도에 대한 증거를 제시한다면 언제든지 변경될 수 있다. 이는 *유언보충서*(codicil)라고 하는 보충 문서를 통해서 성립될 수 있으며 이는 이전 문서의 효력을 유지하면서 그 규정의 하나 또는 여러 가지를 변경하는 것이다. 즉, 새로운 유언은 이전 문서를 명시적으로나 묵시적으로 취소한다. 예를 들어 새로운 유언을 구성하지 않는 공식적인 취소를 통해서나 이혼, 재혼 혹은 자녀 출산 후 결혼과 같은 어떤 종류의 물리적 행위를 통해서 취소한다. 가장 최근에 작성된, 유효한 유언장이 망자의 재산 처분을 규정한다. 이러한 주제에 관해 법적 전문가와 일반 독자 양자 모두를 위한 수많은 출판 자료가 존재한다(예를 들어, Clifford & Jordan, 2010; Esperti & Peterson, 2000; Hughes & Klein, 2001; Magee & Ventura, 1998).

게디기, 몇몇(예를 들어 Baines, 2001, 2006; Turnbull, 205)은 윤리적 유언을 주장하여 고대의 전통을 갱신시키고자 했는데 이는 법적 효력이 없는 도덕적 문서이지만 개인들이 타인에게 의사 표시를 전달하기 위해서 종이에 그들의 가치에 관해 적어두고자 하는 것이다.

신탁과 기타 유언 대체물

생전에 재산을 이전함으로써 검인 과정의 비용과 지연을 피하는 것은 합법적으로 가능하다. 예를 들어, 죽음이 임박한 특정하게 제한된 상황을 제외하고 개인은 증여가 이루어진 때에 수령자에게 증여의 완전한 처분권이 이전되는 재산의 비가역적이고 무조건적인 *증여*를 할 수 있다. 그러한 증여는 각 개인이 피증여자에게 연간 13,000달러 한도까지 연방세를 물지 않고 *증여*할 수 있다. 유사하게, 부동산(토지와 그 위에 지어진 구성물)의 소유권은 문서로 된 *부동산양도증서*(deed)를 통해서 직접, 즉각적으로 이전될 수 있다. 증여와 부동산양도증서는 증여나 양도의 객체에 대한 소유권과 이익을 포기하지만, 일부 주에서는 양도가 *절대적이지 않은 취소가능한 증서* 혹은 기타 조건을 허용한다. 증여와 기증서는 아마도 검인 대상이거나 과세 대상인 재산의 규모를 축소시킬 수 있을 것이다.

대안적으로, 개인은 *사인 증여*를 할 수도 있는데 이는 현재 소유자가 그가 사망할 때까지 재산으로부터 많은 이익을 누리고 처분할 수 있음에도 불구하고 타인에게 소유권과 완전한 처분권을 그 재산의 현재 소유자가 사망 시에 이전하는 것이다. 예를 들어, *생존시 합유권*(joint tenancy with right of survivorship)은 공동소유권의 형태로 사망 시에 재산의 이전이 이루어진다. 이러한 상황에서 둘 이상의 당사자들이 그들 각각의 생전에는 그 재산에 대한 동등한 권리를 보유한다. 한쪽 당사자가 사망할 때, 그의 권리가 소멸하고 생존자의 권리는 자동적으로 사망한 자의 소유권을 포함하도록 확장된다. 이 과정은 마지막 생존자가 전체 재산 지분의 완전한 소유권을 얻을 때까지 계속된다. 이 과정의 각 단계에서 어떤 것도 살아있는 이에 의해 무주공처로 남겨지는 것이 없으며 그러므로 검인 과정을 통과할 필요가 없다. 생존시 합유권은 보통 생존자들 사이에 재산을 주는 과정의 지연을 막지만 필연적으로 상속세의 의무를 감면해주지는 않는다.

*생명보험 증서*는 또 다른 낯익은 수단으로 재산을 한 사람에서 다른 사람에게로 보험자의 사망 시에 이전하는 것이다. 그러한 보험 증서는 피보험자의 사망 시에 보험 회사가 특정 수혜자에게 수

익 금액을 지불하도록 하는 보험 가입자(policyholder)의 보험료 불입에 관한 계약에 달려있다. 다수의 생명 보험 증서들이 피보험자에게 증서의 화폐 가치를 사망 전 수혜자를 변경하는 권한을 포함해 생전에 변경할 수 있도록 하는데 있어서 융통성을 제공하고 있다. 생명 보험 증서로부터의 수익은 그것이 명백히 수혜자의 재산이나 부동산에 부가됨에도 불구하고 피보험자의 재산에서 상속세를 내야하는 자산으로 포함되지 않는다.

*신탁*은 검인으로부터 한 개인의 재산을 보존하는 가장 쉽고 효율적인 방법 중 하나이다. 한 개인이 수탁자(대개 제3자로 기업이나 은행의 직원과 같은)에게 그 관리와 배분에 관한 지침과 함께 재산을 이전하여 신탁을 구성한다(Abts, 2002; Esperti & Peterson, 2000; Esperti, Peterson, & Cahoone, 2001). 수탁자들은 신탁 수단(trust instrument)이나 법에 의해 부과된 조항에 따라서 수혜자의 수익을 위해 신탁 재산을 사용하도록 법적으로 구속되어 있다. 일반적으로, 신탁 구성인은 생전에 재산에 대한 광범위한 사용권과 처분권을 보유한다.

보통, 신탁을 구성한 자(신탁설정자: settlor)의 사망 시에 재산은 검인 대상의 재산에 포함되지 않고 지정된 수혜자에게 배분된다. 그러나 신탁은 재산 배분의 다른 상황을 규정하는데서 성립될 수 있다. 예를 들어, 신탁은 신탁 설정자의 배우자가 생존한 동안에 신탁 재산으로부터의 수입을 종신 재산으로 받게 하고 그 원금은 그 배우자 사망 시에 자녀들에게 배분되는 식으로 규정할 수 있다. 신탁을 변경하거나 철회하는 권리는 신탁을 설정한 이에게 보유되어 있다. 이러한 유언 신탁에 더하여 개인은 또한 생전 신탁을 성립시킬 수도 있는데 이는 신탁자의 이익에 대하여 설정하는 것으로 예를 들어, 이는 그 자신이 무능력자가 되거나 자기 자신의 이익을 대변할 수 없는 경우이다. 종종 부부는 일방의 사망 시에 재산이 한쪽의 신탁으로부터 상대방에게로 직접 넘어가게 하기 위해서 서로를 수탁자로 하는 철회 가능한 생전 신탁을 설정하며 이는 한쪽 수탁자가 상대방이 그렇게 할 수 없을 때 그 상대방을 위해 행위 할 수 있게 한다. 생전 신탁은 또한 자손이 없고 최소한의 재산을 보유한 미혼의 성인에게도 유용하다.

재산과 상속세

사망 이후에 두 가지 기본적인 종류의 세금이 뒤따른다. 재산세와 상속세가 그것이다 재산세는 망자의 재산에 대해서 부과되어 지불해야 되는 세금이다. 그것들은 재산 자체에 대한 세금이라기 보다는 망자에서 그 수익자로의 재산 이전에 관해 부과되는 것이다. 이는 재산상 남아있는 바가 모두 상속인이나 수익자에게 배분되기 전에 발생한다. 반대로 상속세는 상속을 통해 재산을 받은 개인에게 부과되는 것이다.

연방 재산 세법은 미국 전역에 균일하게 적용된다. 수많은 변화 중에서 2010년 말 의회가 통과시키고 대통령이 서명한 입법은 2010년과 2011년도에 500만 달러의 개인 재산에서 다른 자산과 함께 자선단체에 기부되는 무제한의 재산에 대해 연방세를 면제한다. 이는 부부의 재산인 경우엔 2배가 된다. 이러한 제한을 넘어서는 금액에 대해서는 35퍼센트의 세율이 적용된다(의회가 연방 재산세를 면제하는 액수를 증액하고자 종종 시도하기도 했고 혹은 재산의 상당 부분-97%에서 98%까지도-이 이미 조세 부담에서 면제됨에도 불구하고 이 조세를 아예 면제하려고도 하였다). 또한 개인은 재산세 없이도 무제한의 재산을 생존 배우자에게 이전할 수 있다. 그러나 그와 같은 이전은 단지 이러한 세금을 피하기보다는 연기하거나 이월시키는 것인데 그 이유는 그 혹은 그녀의 사망 시에 배우자의 소유로 남게 되는 방식으로 이전된 재산은 그 개인의 재산의 일부가 될 것이기 때문이다.

게다가, 대부분의 주가 재산세 그리고/또는 상속세를 보유한다. 이들 세금들은 주마다 다르며 망자와의 관계가 가까운 친족인시 혹은 민 친족인지에 따라서 다른 세율이 부과될 수 있다. 그러므로 그것은 잠재적인 재산 그리고/또는 상속세에 직면한 이들에게 제기될 수 있는 조세 부담을 최소화하도록 전문가의 조언을 구하는 것이 건전하고 신중한 정책이다.

내용 요약

이 장에서 우리는 미국에서 한 개인이 사망하기 전, 사망 시, 그리고 사망하고 나서 제기되는 법적인 문제들을 살펴보았다. 특히 우리는 먼저 의료에서의 사전 의향서(사망 선택 유언, 의료 문제에 관해 지속력을 갖는 위임장 그리고 "다섯 가지 소원"(Five Wishes))들을 고려했다. 다음에 우리는 사망의 정의, 결정 그리고 확인서에 관련된 문제를 검토했다. 그 이후에는 장기, 조직 및 시신 기증에 대해서 탐색했다. 마지막으로, 우리는 한 개인의 신체와 재산 혹은 부동산의 처분에 관련된 주제들을 검토했다.

용어 해설

검시관: 원래 영국 왕실의 대리인. 현재 미국에서는 특정 상황에서 사망한 개인의 사인을 조사하도록 공식적으로 승인된 선출직.

검인: 사망 후 개인 재산과 부동산의 배분을 관리, 집행하는 법적 체계. 유언(존재 시)의 합법성을 증명, 확인하거나 재산법을 시행함.

국가장기이식법: 1984년에 인간 장기의 조달과 이식을 위해 의회가 제정한 법.

기증 카드: 개인이 자신이 사망 시에 장기/조직을 기증하겠다는 의지를 표시한 문서.

다섯 가지 소원: 일종의 사전의료의향서로 사망 선택 유언과 의료 문제에 있어서의 대리인의 지속적 위임장의 요소를 결합한, 이해하기 싶고, 사용하기 단순하며, 특성상 개인적이고 철저한 의도로 이루어진 형태임.

대체 혹은 대리 의사 결정자: 의료 문제에서의 대리인의 지속직 위임에 의해 행위 하도록 승인된 개인.

보통법: 영국과 초기 미국 법사회사에서 이끌어낸 공유된 가치와 견해. 현재 보통 표준 법률 사전에 포함된 정의로 나타냄.

비생존 기증자: 이식, 연구 혹은 교육적 목적을 위해 하나 이상의 장기 내지 조직의 기증과 적출 이전에 뇌사 내지 심장정지사 한 개인. 또한 사망 기증자라고도 함.

사망 선택 유언: 개인이 원하지 않는 특정 종류의 치료 지향적 개입("인공적 수단"과 "과도한 조치")을 거부하고, 죽어감이 자연적인 과정에서 이루어지도록 허용받기를 요구하며 생명을 위협하는 질병과 연관된 고통이 효과적인 완화 치료로 경감되기를 요청하는 사전의료의향서의 한 형태.

사망의 정의: 한 개인이 죽었다고 이해되는 조건의 진술.

사망의 확인: 결정권이 있는 당국이 사망이 실제로 발생했는지 여부에 대해서 결정하고자 시험이나 기준을 채택하는 과정(혹은 그 결과).

사망진단서: 사망 시각과 원인, 기타 중요 정보를 기록한 법적 문서.

사생활권: 미국 대법원이 개인이 혼자 있어야 할 상태에 대한 권리로 인정한 내용.

사전의료의향서: 의사 결정을 하지 못하거나 그 과정에 참여하지 못하게 될 때 취하고자 하는 혹은 취하기 원치 않는 행위에 관한 그 개인으로부터의 지침.

상속세: 연방 정부나 주 정부가 사망한 자의 재산을 상속한 수익자의 재산에 부과하는 세금.

생존 기증자: 혈액, 한 쌍의 신장 중 하나, 특정 장기의 일부나 특정 신체 조직을 이식, 연구 혹은 교육적 목적으로 기증하는 생존한 개별 인간.

시신 기증: 연구나 교육 목적으로 인간 시신을 증여함.

신탁: 한 개인의 재산 소유권을 수익자에 대한 관리와 배분에 관한 지침과 함께 수탁자에게 넘겨 검인으로부터 재산을 보호하는 법적 조치. "생전 신탁"은 그것을 성립시키는 이들의 이익을 위해 기능하며 "유언 신탁"은 사망 시 재산 분배를 관리함.

유언 부재: 자신의 재산이나 부동산을 분배하는 원하는 방식에 관해서 유효한 유언이나 기타 법적으로 인정된 진술을 남기지 않은 개인의 상황.

의료 검시관: 특히 대도시 지역 내에서 검시관을 대체하도록 지명된 자격을 갖춘 의사(보통 법의학 병리학자).

의료 대리인: 의료 문제에 있어서의 대리인의 지속적 위임장 참조.

의료 문제에 있어서 대리인의 지속적 위임장: 한 개인이 타인에게 그를 대신하여 특정 상황에서 결정하고 행위하도록 승인할 수 있는 사전의료의향서 형태, 의향서와 그에 따라 행위 하도록 지정된 개인을 종종 "의료 대리인"이라고 부름.

이식 가능한 인간 장기: 신장, 심장, 간, 췌장, 창자, 폐의 전체 내지 일부.

이식 가능한 인간 조직: 피부, 심장 판막, 다리 혈관, 눈과 귀 구성요소, 뼈, 건(힘줄)과 인대 등.

이종이식: 종간의 이식, 즉 동물에서 인간으로 이식하는 경우로 예를 들면 돼지의 심장판막을 인간에서 이식함.

인공 수단: 생명이나 신체 기능을 유지하는데 사용하는 개입이나 지원 장비.

자연사 입법: 사망선택 유언이나 의료 문제에서의 대리인의 지속적 위임장을 승인하는 입법.

장기공유연합네트워크(United Network for Organ Sharing, UNOS): 미국 보건복지부 산하 이식 부서와 계약하여 OPTN의 행정을 맡고 있는 사기업.

장기조달 및 이식네트워크: 기증된 장기와 잠재적 이식 수혜자를 매칭하여 공정하고 평등한 방식으로 희소한 인긴 장기의 조달과 배분을 촉진하기 위해 NOTA가 설립한 체계.

재산세: 한 개인이 사망했을 때 연방이나 주 정부가 그 재산에 대해서 부과하는 세금.

조직 기증: 의료적, 연구 혹은 교육적 목적상의 인간 조직의 증여를 함.

참여 조건: 노인의료보험제도나 저소득층 의료보장제도 기금을 받는 병원이 반드시 장기 기증을 촉진시키기 위하여 특정 방식으로 협력해야 하는 연방 규정.

표준장기기증법(UAGA: Uniform Anatomical Gift Act): 본래 1968년 미 의회에서 인간 장기가 기증되는 기준을 세우기 위해 제정한 법. 1987년에 개정됨.

판례법: 법원 결정으로 인한 법적인 전례(precedents).

하버드 기준: 하버드 의과대학 위원회에서 불가역적 코마의 존재를 결정하기 위해 개발한 검사.

NASH 시스템: 자연사(natural), 사고사(accidental), 자살(suicide), 살인(homicide)과 같은 사망 방식을 확인하는 4가지 범주 시스템.

복습과 토론을 위한 질문

1. 이 장에서 논의된 사용가능한 사전의료의향서(사망 선택 유언, 대리인의 지속 위임장, "다섯 가지 소원") 중에서 당신의 의학적 치료에 관한 의사 결정에 참여할 수 없는 상황에서 가장 바람직하다고 여기는 것은 무엇인가?

2. 현대 미국 사회에서 볼 수 있는 몇몇 사례 중 누군가 죽었다고 결정하기가 어려운 이유는? 그러한 결정을 하는 것이 왜 중요한가?

3. 당신 신체의 장기나 조직을 사망 후 이식하도록 기증하는 것에 대한 당신의 생각은? 당신이 사랑하는 누군가의 장기나 조직을 기증하는 것에 대해서는? 생전 기증에 관해서는 어떤가? 당신에게 이러한 견해를 갖게 한 느낌, 신념, 가치는 무엇인가?

4. 사망할 경우에 당신의 시신 그리고/또는 재산을 어떻게 처분할지 생각해 본 적이 있는지? 이러한 문제에 대해서 당신이 해온 것이 있는가? 당신이 어떻게 해야만 하는지 혹은 해야 할 지 생각해온 바의 것이 있는가, 혹은 왜 어떤 것도 행하지 않았는가?

추천 도서

시신과 관련된 법률 및 다른 쟁점에 대한 두 개의 예외적인 자료:

Iserson, K. V.(2001). *Death to Dust:What Happens to Dead Bodies?(2nd ed.)*.

Roach, M.(2003). *Stiff: The Curious Lives of Human Cadavers*.

프라이버시, 사전 동의, 사전의료의향서 관련 권리에 관한 자료:

Alderman, E., & Kennedy, C.(1997). *The Right to Privacy*.

Burnell, G. M.(2008). *Freedom to Choose: How to Make End-of-life Decisions on Your Own Terms*.

Cebuhar, J. K.(2006). *Last Things First, Just in Case: The Practical Guide to Living Wills and Durable Powers of Attorney for Health Matters*.

Doukas, D. J., & Reichel, W.(2007). *Planning for Uncertainty: Living Wills and Other Advance Directives for You and Your Family(2nd ed.)*.

Haman, E. A.(2004). *How to Write Your Own Living Will*.

Haman, E. A.(2006). *Complete Living Will Kit(1 CD-ROM): How to Write Your Own Living Will*.

Shenkman, M. M., & Klein, P. S.(2004). *Living Wills and Health Care Proxies: Assuring That Your End-of-Life Decisions Are Respected*.

Urich, L. P.(2001). *The Patient Self-Determination Act: Meeting the Challenges in Patient Care*.

Urofsky, M. I.(1994). *Letting Go: Death, Dying, and the Law(Rev. ed.)*. Concerning organ and tissue donation and transplantation, consult:

Caplan, A. L., & Coelho, D. H.(Eds.).(1999). *The Ethics of Organ Transplants: The Current Debate*.

Finn, R.(2000). *Organ Transplants: Making the Most of Your Gift of Life*.

Green, R.(Ed.).(2007). *The Gift that Heals: Stories of Hope, Renewal and Transformation Through Organ and Tissue Donation*.

Green, R.(2009). *The Nicholas Effect: A Boy's Gift to the World*.

Holtkamp, S.(2002). *Wrapped in Mourning: The Gift of Life and Organ Donor Family Trauma*.

Kaserman, D. L., & Barrett, A. H.(2002). *The United States Organ Procurement System: A Prescription for Reform*.

Maloney, R., & Wolfelt, A. D.(2001). *Caring for Donor Families: Before, During and After*.

Munson, R.(2004). *Raising the Dead: Organ Transplants, Ethics, and Society*.

Parr, E., & Mize, J.(2001). *Coping with an Organ Transplant: A Practical Guide to Understanding,*

Preparing for, and Living with an Organ Transplant.

Price, D.(2001). *Legal and Ethical Aspects of Organ Transplantation.*

Satel, S.(Ed.).(2009). *When Altruism Isn't Enough: The Case for Compensating Kidney Donors.*

Schwartz, T. P.(2005). *Organ Transplants: A Survival Guide for the Entire Family-The Ultimate Teen Guide.*

Tilney, N. L.(2003). *Transplantation: From Myth to Reality.*

Veatch, R. M.(2002). *Transplantation Ethics.*

Youngner, S. J., Anderson, M. W., & Schapiro, R.(Eds.).(2003). *Transplanting Human Tissue: Ethics, Policy, and Practice. Concerning estate planning and disposition of property, consult:*

부동산 운용계획과 재산의 처리에 관한 자료:

Abts, H. W.(2002). *The Living Trust: The Failproof Way to Pass Along Your Estate to Your Heirs Without Lawyers, Courts, or the Probate System(3rd ed.).*

Atkinson, T. E.(1988). *Handbook of the Law of Wills and Other Principles of Succession, Including Intestacy and Administration of Decedents' Estates(2nd ed.).*

Bove, A. A.(2005). *Complete Book of Wills, Estates, and Trusts(3rd ed.).*

Chambers, J. S.(2005). *The Easy Will and Living Will Kit(1 CD-ROM).*

Clifford, D.(2009). *Make Your Own Living Trust(1 CD-ROM)(9th ed.).*

Clifford, D., & Jordan, C.(2010). *Plan Your Estate(10th ed.).*

Dukeminier, J., Sitkoff, R. H., & Lindgren, J. M.(2009). *Wills, Trusts, and Estates(8th ed.).*

Esperti, R. A., & Peterson, R. L.(1992). *The Living Trust Revolution: Why America Is Abandoning Wills and Probate.*

Esperti, R. A., & Peterson, R. L.(2000). *Protect Your Estate: Definitive Strategies for Estate and Wealth Planning from the Leading Experts(2nd ed.).*

Esperti, R. A., Peterson, R. L., & Cahoone, D.(2001). *The Living Trust Workbook: How You and Your Legal Advisor Can Design, Fund, and Maintain Your Living Trust Plan, and Secure Your Family's Future(Rev. ed.).*

Hughes, T. E., & Klein, D.(2001). *A Family Guide to Wills, Funerals, and Probate: How to Protect Yourself and Your Survivors(2nd ed.).*

Magee, D. S., & Ventura, J.(1998). *Everything Your Heirs Need to Know: Organizing Your Assets, Family History, Final Wishes(3rd ed.).*

Pierce, M.(2008). *Your Wills, Trusts, and Estates Explained Simply: Important Information You Need to Know.*

윤리적 권리에 대한 자료:

Baines, B. K.(2001). *The Ethical Will Writing Guide and Workbook: Preserving Your Legacy of Values for Your Family and Community.*

Baines, B. K.(2006). *Ethical Wills: Putting Your Values on Paper(2nd ed.).*
    또한 웹사이트 *www.ethicalwill.com.* 참조.

Riemer, J., & Stampfer, N.(Eds.).(1994). *So That Your Values Live On: Ethical Wills and How to Prepare Them.*

웹자료

유용한 검색어: ADVANCE DIRECTIVES; CORONER; DECEASED DONORS; DEFINITION OF DEATH; DETERMINATION OF DEATH; DURABLE POWEROF ATTORNEY INHEALTHCARE; ETHICAL WILLS; "FIVE WISHES" HEALTH CARE PROXY; INHERITANCE TAXES; INTESTATE; LIVING DONORS; LIVING WILLS; MEDICAL EXAMINER; NONLIVING DONORS; ORGAN DONATION; PROBATE; TISSUE DONATION; TRANSPLANTATION;WILLS; XENOTRANSPLANTATION.

본서와 연계된 웹사이트 Death & Dying, Life & Living, 제7판을 방문해 보라.

본서-특약 웹사이트는 전문용어 해설, 플래시 카드, 아래 소개된 웹사이트 연결로, 그리고 퀴즈 테스트 등을 포함하는 학습 도구들을 제공한다. www.cengagebrain.com을 방문하라.

Aging with Dignity

American Society of Law, Medicine, and Ethics(ASLME)

Division of Transplantation, U.S. Department of Health and Human Services

Donate Life America

Ethical Wills

National Donor Family Council(NDFC)

National Kidney Foundation(NKF)

Organ Donor Breakthrough Collaboration

United Network for Organ Sharing(UNOS)

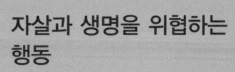

제17장

자살과 생명을 위협하는 행동

목표

- 자살과 생명을 위협하는 행동의 의미를 명확하게 하기
- 자살 행동에서의 몇 가지 공통된 형태를 기술하기
- 자살 행위를 이해하거나 설명하는데 도움이 될 수도 있는 심리학적, 생물학적, 사회학적 요소들을 확인하기
- 그러한 행동으로 사별한 사람들에 대한 자살의 영향을 탐색하기
- 자살의 사전 징후와 개인들이나 사회 집단이 자살을 줄여보거나 적어도 자살 행동을 최소화하기 위하여 수행할 수 있는 개입을 설명하기
- 자살의 도덕적 문제를 다루고 자살에 관한 여러 종교들의 관점을 짧게 요약하기

어니스트 헤밍웨이(1899-1961)

두 건의 자살

어니스트 헤밍웨이(Ernest Hemingway)

1961년 7월 1일 사망한 어니스트 헤밍웨이는 62살이었고 성공한 저널리스트이자 작가였다. 해는 또 다시 떠오른다(1926)와 무기여 잘 있거라(1929), 누구를 위하여 종을 울리나(1940) 등의 소설로 잘 알려진 헤밍웨이는 소설 노인과 바다(1952)로 퓰리처상을 수상했고 2년 뒤에는 노벨 문학상을 수상했다. 대중에게 그가 보여준 인상은 용기와 금욕주의로 특징 지어지는 작가이자 사냥꾼 그리고 스포츠맨의 모습으로 이는 고전적인 마초 남성의 상이었다. 그러나 그의 사적인 삶에서 헤밍웨이는 심각한 우울증과 편집증에 시달렸다. 말년에 그는(자신의 아버지처럼) 산탄총으로 스스로의 목숨을 끊었다(Lynn, 1987). 이는 자살을 결행하는 매우 계획적이고도 효과적인 방법이었다. 아마도 죽는 것은 단지 오래 걸리고 큰 상처가 되어 당신을 굴욕적으로 만들 때만이 나쁜 것이라고 말했던 *누구를 위하여 종을 울리나*의 한 인물의 말에서 이 사건이 예상되었던 것인지도 모른다.

실비아 플라스(1932-1963)

실비아 플라스

실비아 플라스(1932-1963)는 미국 출신의 시인이자 소설가였다. 그녀는 소설, 종 모양 항아리 (The Bell Jar)(1971)로 가장 잘 알려져 있는데 이 작품은 그녀가 죽기 불과 한 달 전인 1963년 1월에 필명으로 잉글랜드에서 출판되었다. 이 책은 자살을 시도하는 심각한 위기에 빠진 한 여성에 대한 서술로 자서전적인 특징을 지니고 있다. 작가의 시처럼 종 모양 항아리(The Bell Jar)는 가족 갈등과 사회의 억압하는 힘에 반항하는 데서 오는 갈등을 강조하고 있다.

플라스가 8살 때 그녀의 아버지가 사망했고 이는 그녀의 삶에 중대한 영향을 미쳤다. 알바레즈 (Alvarez, 1970, p. 7)가 말한 바에 따르면 그녀는 1953년에 지독할 정도로 심각한 자살 기도를 했었다(그녀는 이때 훔친 수면제를 숨겼고 그녀를 추적하지 못하도록 혼동시키는 메모를 지하실의 어둡고 사용되지 않은 모퉁이의 장작 뒤에 숨겨두었다). 플라스는 또한 1962년 여름에 심각한 자동차 사고에서 살아남았는데, 이때 확실히 계획적으로 무단횡단을 하고 있었다.

1962년 12월에 플라스는 남편-1956년 6월에 결혼한 영국 시인 테드 휴즈(Ted Hughes)-과 별거했고 두 자녀 프리다와 니콜라스를 데리고 런던으로 이사했다. 1963년 2월 11일, 아침 일찍 플라스는 세상을 떠났다

그녀가 죽기 며칠 전에 플라스의 친구들과 주치의는 그녀의 정신 상태에 대해서 걱정하였다. 그녀의 의사는 진정제를 처방해주었고 심리상담사와의 약속을 잡아주었다. 그러나 플라스는 자신이 나아지고 있으며 2월 10일과 11일 사이 밤중에 아이들만 데리고 머무를 아파트로 돌아갈 수 있다고 그들을 확신시켰다. 새로운 호주 출신의 보모(au pair: 가정 입주 보모)는 아이들을 돌보고 집안일을 돕기 위해 2월 11일 월요일 아침 9시까지 도착하기로 되어 있었다.

보모가 도착했을 때 건물 정문 앞에서 어떤 인기척도 들을 수 없어서 그녀는 자신이 제대로 주소

를 찾았는지 확인하기 위해 자신을 고용한 직업소개소에 연락할 전화를 찾았다. 돌아와서 다시 초인종을 누르고 고용주에게 두 번째로 전화하고 오전 11시께 그 집에 되돌아 온 후 그녀는 수리공의 도움을 받아 건물 안에 들어갈 수 있었다. 그들은 가스 냄새를 맡았고 아파트의 문을 열어야만 했으며 플라스의 시신을 발견했는데 아직도 온기가 서려있었고 그 옆엔 자신의 주치의에게 연락을 해달라고 주치의의 연락처를 써둔 메모가 남겨져 있었다. 아이들은 2층 침실에서 잠들어 있었고 추운 날씨 때문에 담요에 꽁꽁 감겨있었으며 보모(au pair)가 도착하기 전에 아이들이 깨서 배고파할 경우를 대비해 빵과 버터, 우유를 따른 잔으로 이루어진 쟁반이 놓여 있었다-그러나 아이들의 침실 창문은 열려있어서 가스의 영향을 받지 않게 해놓았다.

명백히 오전 6시경에 플라스는 아이들을 챙기고 의사에게 연락해달라는 메모를 남긴 후에 부엌문과 창문을 타월로 봉하고 오븐에 자기 머리를 집어넣은 뒤에 가스를 틀었다(Stevens, 1989). 아래층의 이웃도 새어나온 가스에 기절했고 그래서 보모(au pair)가 도착했을 때 문을 열어줄 수 없었던 것이다.

플라스가 죽은 뒤에 알바레즈(1970, p. 34)는 다음과 같이 썼다. 나는 그녀가 이번에는 죽을 의도가 없었다는 사실을 내가 알고 있다는 확신을 가졌다. 그러나 플라스의 삶에서의 관심사는 만성적인 자살의도였을 것이고 죽음은 그녀가 사망하고 나서도 오랫동안 지속되었다(e.g., Gerisch, 1998; Lester, 1998).

자살: 개별성과 당혹감

많은 사람들에게 있어서 누군가의 목숨을 끝내는 계획적인 의도에 관여하는 것처럼 보이는 행동은 당황스러운 것이다(Marcus, 1996). 첫째로 그러한 행동은 인간 생명의 가치를 포함해 널리 자리잡고 있는 가치에 도전하는 것처럼 여겨진다. 두 번째로 자살 행동 이면의 동기나 의도는 자주 불가사의 하거나 이해하기 힘들다. 이러한 이유들로 자살로 인한 사망 사건이 발생할 시에 종종 유서나 설명 혹은 그 행동과 관련이 있을 만한 어떤 알기 어려운 의미를 찾으려는 자포자기식의 수색활동이 이어진다. 그러나 일반적으로 자살이나 생명을 위협하는 행위를 특징화시켜주는 모든 개별성과 당혹감 속에서 단 하나의 설명이나 의미는 존재하지 않는다.

그러므로 제이미슨(Jamison, 1999, p. 73)은 이렇게 썼다. "자살에 이르는 각 방법에는 각자의 방식이 있다. 매우 사적이고 알기 어려우며 끔찍하다. 자살은 그것을 실현한 자에게는 나쁜 가능성의 마지막이자 최선이다. 그래서 한 생명의 최후의 형국을 정의하려는 산 자에 의한 시도는 단지 하나의 촌극(sketch)으로 미칠 듯이 불완전한 것(maddeningly)이 될 수 있다."

제13장과 제15장에서 특히 청소년과 노인에 있어서 자살에 관련된 몇 가지 쟁점을 이미 고려했

던 것을 참조하라. 또한 우리는 제 18장에서 조력 자살, 안락사 그리고 인간의 생명을 의도적으로 끝내려는 결정에 대해서 논의할 것이다.

자살이란 무엇인가?

한 개인은 스스로 죽을 수 있다. 그렇다면 그 개인은 자기 자신의 사인이 된 무언가를 행했거나 혹은 그 죽음을 막을 수 있던 무언가를 하지 않은 것이다. 어떤 누구도 개인의 죽음을 초래하는 행위에 관여할 수 없다. 헤밍웨이와 플라스의 죽음은 이러한 경우의 좋은 예시이다. 어떤 다른 누구도 곁에 있지 않았고 다른 누구도 이들의 죽음을 초래한 행위를 하지 않았다. 이는 자살의 의미의 일부이다. 그 자신의 죽음을 야기하는 개인의 행위인 것이다.

그러나 이는 하나의 죽음을 자살로 만드는데 그 자체로 충분하지는 않다. 누군가는 우연적으로 자신의 죽음을 초래한 행위를 했을지 모른다. 예를 들어, 낙하산이 펴지지 않은 스카이 다이버는 그의 죽음의 원인이 된 행위를 했지만 그러나 그 죽음은 자살이 아니다. 빠진 부분은 죽으려고 하는 의도이다.

그러므로 자살인 죽음이 되려면, 그 행위를 행하는 이가 죽음을 초래할 의도를 지녀야 한다. 그러나 누군가의 의도-심지어 우리 자신의 의도마저도-를 명확히 하는 것은 쉽지 않으며, 자살 행위는 종종 특히 모호하고 모순적인 유형의 행위이다. 자살 행위를 하는 이들의 의도는 다양하다. 그들은 복수를 하거나(자살폭탄의 경우), 주의를 끌어보거나 지각된 고통의 형태를 끝내려고 하거나 목숨을 끝내려는 시도를 포함한다-혹은 아마도 이러한 의도나 다른 의도들이 하나 이상 결합된 형태이거나.

부분적으로 의도에서의 이러한 모호성 때문에 특정 상황이 자살로 설명되어야 하는지 여부는 항상 불분명하다. 우리는 실비아 플라스의 경우에서 그리고 알바레즈가 이번에 그녀는 죽을 의도가 없었다고 언급한 것에서 이를 알 수 있다. 누군가 당뇨병에 대해서 경고를 받고 자신의 식단을 점검하라는 주의를 받았다고 가정해보라. 그 사람이 그렇게 하지 못해서, 당뇨성 코마로 사망한다면 그 죽음은 의도적인 것인가? 누군가 도로사정에 비해 너무 빠른 속도로 운전했고 그 차가 맑고 건조한 날씨에 브레이크를 밟지 않아 고속으로 다리 교대(abutment)에 충돌했을 때 사망했다면? 누군가가 무의식적으로 자신의 목숨을 끝내려는 행위를 했다면?(무의식적인 의도가 과연 존재하는가?) (Farberow, 1980) 자살학자들은 이러한 질문들과 씨름하고 그것에 대답하는 방식에 대해서 의견이 갈린다.

특정 행위가 자살인지 여부에 대한 불확실성은 이 주제를 연구하는 사람들에겐 중요한 결과를 지닌다. 예를 들어 어떤 행동이 자살행동들과 관련해 불확실하기 때문에 자살 행위로 분류되는 종류에 포함되지 않는다면 사회적 중요성을 지닐 수 있다. 만약 그렇다면, 자살 행위로 인한 사망 수치에 관한 통계치는 기껏 해봐야 부정확할 것이다(Evans & Farberow, 1988).

자살에 관한 자료는 다른 이유로도 또한 부정확할 수 있다. 예를 들어, 당국은 사망한 사람과 그 유족에게 무죄추정의 원칙을 제시하고 종종 자살과 연관된 죄책감과 사회적 낙인으로부터 가족을 보호하기 위해서 사망을 자살로 몰아가길 주저할 수도 있다. 가족 구성원들 스스로 그리고 그들의 안녕(welfare)에 이해관계가 있는 이들은 사망을 자살이라고 이름 붙이길 거부할 수도 있다. 이와 같은 이유로 오랫동안 자살로 인한 죽음의 실제 발생 수치는 적어도 실제 기록된 수치의 두 배가 될 수도 있다(O'Carroll, 1989). 그렇다면, 개개인의 삶과 사회에 있어서의 자살의 영향은 심각하게 오해된 것일 수도 있다.

더 나아가, 누군가의 실제 의도를 인식하는 어려움은 우리가 그것에 마주쳤을 때 자살 행동을 인식하지 못하는 것에도 기인한다. 우리가 누군가가 죽으려고 의도하거나 혹은 그 사람이 그러한 의도를 표현하지 않거나 심지어 부인한다면 그 사람에 대해서 주의를 덜 기울일 수도 있다. 그래서 생명을 위협하는 특정 형태는 종종 그것이 단지 "도움을 청하는 외침"이라고 폄하되기도 한다(Farberow & Shneidman, 1965). 그럼에도 불구하고, 최소한 실비아 플라스의 사례는 생명을 위협하는 행위가 도움을 구하려는 필사적인 방법이었고, 심지어 도움을 청하는 외침이었음을 보여준다. 그것은 완전히 예견되었던 것인지, 의도되었던 것인지 여부에 상관없이, 치명적인 결과를 가져올 수 있는 행위이다. 그러므로 자살과 목숨을 위협하는 행위를 명료히 이해하려고 하면서 우리 사회 내에서 그러한 행위의 공통적인 패턴에 익숙해지는 것이 중요하다.

자살행동에서의 몇몇 공통 유형들

(새로운 국제적인 분류체계에서 "의도적인 자해"로서 지정된) 자살은 34,598 명의 사망과 100,000 명 당 11.5명의 사망률을 설명하면서, 2007년 미국에서 11번째로 주요한 사망원인이었다(McIntosh, 2010; Xu, Kochanek, Murphy, & Tejada-Vera, 2010). 그것은 하루에 95건 미만의 자살률에 해당하는 것이었다. 1990년대의 10년 동안 자살은 우리 사회에서 8번째 혹은 9번째의 주요한 사망원인이었다. 전체 자살 사망자수는 30,000에서 31,000 사이를 오르내렸고(심지어 미국의 전체인구가 약 10% 증가했을 때조차), 자살 사망률은 1990년에 100,000명당 12.4명에서 1999년에 10.7명으로 감소했다(1993년부터 2007년의 15년 동안 사망률 자료에 대해서는 표 17.1을 참조하라). 그러므로 자살로 인한 사망자수와 사망률의 2007년 자료는 최근 몇 년과 대조적으로 자살자 수와 자살률 모두에서의 증가를 나타내지만 또한 사망의 주요한 원인 중 하나로서 자살의 상대적 지위에서 비교적 약한 감소를 나타낸다. 그럼에도 불구하고 수 년 동안 미국은 세계에서 가장 낮은 자살률 국가 중(밑에서 세 번째)의 하나였다.

표 17.1 연령 집단 별 인구 10만명 당 자살자 비율, 미국, 1993-2007

연령	'93	'94	'95	'96	'97	'98	'99	'00	'01	'02	'03	'04	'05	'06	'07
5-14	0.9	0.9	0.9	0.8	0.8	0.8	0.6	0.8	0.7	0.6	0.6	0.7	0.7	0.5	0.5
15-24	13.5	13.8	13.3	12.0	11.4	11.1	10.3	10.4	9.9	9.9	9.7	10.4	10.0	9.9	9.7
25-34	15.1	15.4	15.4	14.5	14.3	13.8	13.5	12.8	12.8	12.6	12.7	12.7	12.4	12.3	13.0
35-44	15.1	15.3	15.2	15.5	15.3	15.4	14.4	14.6	14.7	15.3	14.9	15.0	14.9	15.1	15.6
45-54	14.5	14.4	14.6	14.9	14.7	14.8	14.2	14.6	15.2	15.7	15.9	16.6	16.5	17.2	17.7
55-64	14.6	13.4	13.3	13.7	13.5	13.1	12.4	12.3	13.1	13.6	13.8	13.8	13.9	14.5	15.5
65-74	16.3	15.3	15.8	15.0	14.4	14.1	13.6	12.6	13.3	13.5	12.7	12.3	12.6	12.6	12.6
75-84	22.3	21.3	20.7	20.0	19.3	19.7	18.3	17.7	17.4	17.7	16.4	16.3	16.9	15.9	16.3
85+	22.8	23.0	21.6	20.2	20.8	21.0	19.2	19.4	17.5	18.0	16.9	16.4	16.9	15.9	15.6
65+	19.0	18.1	18.1	17.3	16.8	16.9	15.9	15.3	15.3	15.6	14.6	14.3	14.7	14.2	14.3
전체	12.1	12.0	11.9	11.6	11.4	11.3	10.7	10.7	10.8	11.0	10.8	11.0	11.0	11.1	11.5
남성	19.9	19.8	19.8	19.3	18.7	18.6	17.6	17.5	17.6	17.9	17.6	17.7	17.7	17.8	18.3
여성	4.6	4.5	4.4	4.4	4.4	4.4	4.1	4.1	4.1	4.3	4.3	4.6	4.5	4.6	4.8
백인	13.1	12.9	12.9	12.7	12.4	12.4	11.7	11.7	11.9	12.2	12.1	12.3	12.3	12.4	12.9
비백인	7.1	7.2	6.9	6.7	6.5	6.2	6.0	5.9	5.6	5.5	5.5	5.8	5.5	5.5	5.6
흑인	7.0	7.0	6.7	6.5	6.2	5.7	5.6	5.6	5.3	5.1	5.1	5.2	5.1	4.9	4.9

출처: McIntosh, 2010

우리가 자살을 우리 사회 내의 다른 사인과 비교한다면, 2007년에는 살인사건(18,361명 사망) 및 HIV 질환으로 사망한 경우(11,295명 사망)를 합친 것보다 자살로 인한 사망이 더 많았다-이는 여러 해에 걸쳐 사실로 입증된 현상이었다. 반대로 2007년에 미국에서 자동차 사고로 세상을 떠난 이는 43,945명이었고 이러한 사고로 세상을 떠난 경우는 자살로 인한 경우보다 9,347건이 더 많은 것이다.

매킨토시(McIntosh)는 2007년에 다음과 같은 방식으로 미국에서 성공한 자살에 몇 가지 공통된 유형을 드라마화 하였다(McIntosh, 2006, www.suicidology.org 참조; 추가적인 자료에 대해서는 http://mypage.iusb.edu/jmcintos/ 참조). 매 15.2분마다 자살이 발생한다. 매 97분마다 노인이 자살하며 (15세에서 24세 사이의) 젊은이들은 매 2시간 7분마다 자살한다. 매킨토시는 또한 우리 사회의 모든 성공한 자살 마다 25번 정도의 자살 시도가 있다고 추산했는데, 이는 2007년 미국에서 전체적으로 86만 5천 건의 자살 시도가 있었음을 의미한다. 젊은이들 사이에 모든 성공한 자살 건수 당 100에서 200번 정도의 자살 시도가 있던 반면에 노인층에서 일어난 성공한 자살에서는 단지 4.1건의 자살 시도가 있었다. 일반적으로 자살률은 이혼하거나, 별거 중이거나 사별한 사례에서 가장 높다. 그리고 기혼인 경우에 가장 낮다. 게다가 매킨토시는 또한 2007년에 각각의 성공한 자살은 적어도 6명의 다른 사람들로부터 전체적으로 20만 7천 명의 사람들에게 깊숙이 영향을 미쳤다고 추산했다. 1980년부터 2007년까지 총 772,328건의 성공한 자살 건수에 기초하여, 이는 미국의 자살 시도에서 살아남은 자가 전체적으로는 460만 명 또는 65명의 미국인 중 1명꼴임을 의미하는 것이다.

다음 데이터는 미국에서 2007년에 자살 행위의 유형에 대해서 설명한 것이다.

- 성별: 남성이 여성보다 더 자주 자살에 성공했으며 이 비율은 3.6:1이 넘는다. 그러나 여성들은 남성보다 더 자주 자살 시도를 하며 그 추정된 비율은 3:1이다. 시도했으나 치명적이지 않은 자살 시도는 여성과 젊은이들 사이에서 가장 많이 발생한다.
- 방법: 총기사용이 남성 여성 모두에게서 가장 많이 이용되는 방식이다. 모든 자살 건수의 거의 반이상(17,352건)이 사망에 이르게 하는 도구로 총기를 사용했다. 남성들은 또한 목숨을 끊기 위해 목을 매기도 하며(교살과 질식사를 포함) 여성들에게서는 독극물 사용이 가장 주된 방법이다.
- 연령
  - 15세에서 24세 사이의 젊은 사람들의 자살률이 1960년대와 1990년 사이에 두 배로 늘었으나 이 연령대의 자살 비율은 1993년 10만 명 당 13.5명에서 2007년 10만 명당 9.7명으로 감소하였다 (제13장에서 젊은 층의 자살에 대해서 더 상세하게 논한 부분을 참조하라). 그럼에도 불구하고 자살은 15-24세 사이의 연령 집단에서 3번째로 주된 사망원인이며(사고와 범죄사건 다음으로), 총 4,140건의 사망과 관련이 있다. 또한 자살은 5세에서 14세 사이의 사망자들 184명의 사인이기도 하였다.
  - 성인들 사이에서, 자살에 의한 사망률이 청소년에서 젊은 성인층을 지나 초기 중년층으로 옮아옴에 따라서 증가하고 있다(표 17.1 참조). 55세의 연령에서 이 비율은 잠깐 꺾이지만 75세 이상의 개인들 사이에서 다시 올라간다. 노인층에서는 특히 백인남성들의 자살률이 높다.
- 인종이나 민족
  - 백인계 미국인이 전체 자살의 90% 이상을 차지하며 이는 31,348건 내지 10만 명 당 12.9명의 사망률을 포함한다. 남성이 24,725건, 여성이 6,223건 차지하였다.
  - 아프리카계 미국인들은 전체적으로 1,958건의 자살로 십만 명 당 4.9명의 사망률을 갖고 있다. 남성이 1,606건, 여성이 352건이었다. 아프리카계 미국인들의 자살은 젊은 성인층에서 최고에 이르며 자살 비율이 젊은 아프리카계 미국인 남성에서 증가 추세라는 것에 대한 우려가 일고 있다(Utsey, Hook, & Strannard, 2007).
  - 히스패닉계 미국인들은 전체 2,465건의 자살 및 10만 명 당 5.4건의 자살률을 보였다. 2,078명이 남성이었고 387명이 여성이었다. 여전히, 모든 자살에 의한 보고서는 이용 가능한 자료에 의존하고 몇몇 저자들(Duarte-Velez & Bernal, 2007 등)은 히스패닉계 미국인(그리고 아프리카계 미국인들) 사이에서 자살인 다수의 사망이 자살로서 보고되지 않음을 지적한다(예를 들면, 사고사나 살인치사로 알려짐).

자살한 한 여성의 모습

- 아시아와 태평양 폴리네시아계 미국인들은 900건의 자살 내지 10만 명당 6.1명의 사망 비율을 보였다. 남성이 628건, 여성이 272건이었다. 이 다양한 집단 층에는 다수의 차이가 존재한다 (Else, Andrade, & Nahulu, 2007; leong, Leach, Yeh, & Chou, 2007). 예를 들어, 레스터(Lester, 1994)는 이전에 아시아계 미국인에 관한 자신의 연구에서 일본계 미국인들이 가장 높은 자살률을 보이는 반면에 필리핀계가 가장 낮다고 하였다. 레스터는 또한 아시아계 여성들이 상대적으로 다른 인종 집단 여성들에 비해서 남성들과 비교할 때 더 높은 자살률을 보이며 중국계와 일본계 미국인들이 상대적으로 그들이 나이가 들면서 자살 행위에서 증가 추세를 보인다고 보고한다. 결국, 아시아계 미국인의 자살 비율은 노년층에서 가장 높다.
- 아메리카 원주민들은 392건의 자살과 10만 명당 12.1건의 자살률을 보였다. 이들의 사망자 수가 적지만 이는 미국 사회의 소수민족 집단에서는 상대적으로 높은 사망률에 해당한다. 그러나 백인계 미국인 자살률인 12.9건보다는 낮고 자살률이 아메리카 원주민 사이에서 매우 높다는 주장을 정당화해주지 않는다. 그러한 주장에 대한 비판자들(예를 들어, Thompson & Walker, 1990)은 그것이 단기간, 소규모 집단에 기초하여 소수의 자살에 근거한 것이라고 주장했다. 사실 그 비율들이 지역과 부족마다 달라서 단일한 공통된 아메리카 원주민의 자살률을 말해주는 자살에 있어서의 아메리카 원주민의 유형은 존재하지 않으며 다양한 부족 집단 내에서의 자살률은 그들의 주변 인구 집단의 자살률과 가장 가까운 것처럼 보인다(Alcantara & Gone, 2007).

유효하게 보이는 아메리카 원주민에 대한 일반화는 이들 집단에서의 자살이 대개 젊은 남성에 게 나타나는 현상인데 그 이유는 이 문화 집단에서 노년층의 자살률이 낮기 때문이다.

여전히 아메리카 원주민 사이에서의 현저하게 높은 자살률에 대한 신화는 지속되고 심지어 이들 집단 구성원의 믿음에까지 영향을 미치고 있다. 그래서 레비와 쿠니츠(Levy and Kunitz, 1987, p. 932)는 호피족(Hopi)이 그들 자신들 내에서의 자살률에 대해 걱정해왔고 심지어 이는 호피 족 자살률이 이웃 카운티(군)만큼 높지 않아도 그러하였다. 더 나아가 그들은 호피 족들의 자살률이 증가한다는 증거도 찾지 못했다. 이러한 발견 사항은 특정 아메리카 원주민 집단에서의 자살에 대해 염려할 필요가 없음을 의미하는 것이 아니라 그러한 비율이 그들에 게 적절하게 적용되는 맥락에서 이해될 필요가 있음을 말한다.

■ 지역별: 자살이 보통 도시적 현상으로 설명되고 있음에도 불구하고, 실제로 자살 발생이 가장 높은 지역은 산악 지역이고 가장 낮은 지역은 중부 대서양 지역과 동북 중부 지역이다. 자살 건 수가 가장 높은 지역은 남부 대서양 지역인 반면에 자살 건수가 가장 낮은 지역은 뉴잉글랜드 지역이다. 주로 보자면, 알래스카, 몬타나, 뉴 멕시코에서 가장 자살률이 높다(10만 명 당 20건 이상). 반면에 콜럼비아 지구(D.C)와 뉴저지 지역의 자살률이 가장 낮다. 물론, 상대적으로 인 구 밀도가 작은 지역과 결합된 각 주에서 집계되는 자살률의 연간 변동은 매년 매우 다른 결과 를 보일 수 있다.

자살 행위의 공통 유형에 관하여 이러한 자료들을 옆에 두고, 우리는 이러한 행위에 대한 가장 선 도적인 해석을 제공해 온 것들-심리학적, 생물학적, 사회학적-이자 우리가 자살을 이해하는데 도 움을 제공한 일부를 검토할 수 있다. 각각의 경우에 이러한 해석 작업의 부분은 자살(혹은 더 나아 가서는 기여하는 요인들)의 원인을 명료하게 하려고 노력해왔다.

자살행동을 이해하거나 설명하려는 노력들

우리가 제시한 것처럼, 자살행위는 전형적으로 하나의 설명, 곧 이 불안한 행동을 이해하려는 이 유나 방식을 찾고자하는 생존자의 강렬한 급박성을 낳는다. 이유를 찾고자 하는 이 압력은 이해할 수 있지만 명료성을 갖고 하나하나 대응하기는 쉬운 것이 아니다.

예를 들어, 테러리스트들이 세계 무역 센터를 향해 비행기를 충돌시켰을 때 혹은 개별 사람들이 자살 폭탄 행위로써 그들 자신의 목숨을 스스로 끊었을 때, 다수의 사람이 그런 일을 저지르는 이유 를 알고 싶어 했다. 처음에 이와 같은 그리고 기타 자기 파괴적이고 살해를 동반하는 행위는 왜곡된 광신적인 종교적 신념의 산물처럼 여겨졌다. 그러나 이는 그와 같은 개인이 저지른 사건에 대한 적절한 설명이 되지 못한다. 아리엘 메라리(Ariel Merari)(텔 아비브 대학교에서 정치 폭력 연구소를 이끌고 있고 테러리스트 폭력 행위를 광범위하게 연구한)가 주장한 것처럼, 수많은 종교 신도가 존재하고 (모든 종교에서) 이들은 왜곡되고 광신적인 신념을 지니고 있지만 그러한 폭력적 행위를 행하지 않는다(Martin, 2001).

메라리는 이러한 행위에 있어서 다른 이유를 찾기 시작했다. 우선, 그는 그러한 행위가 종교 신도에 국한되지 않음을 관찰했다. 예를 들어, 제2차 세계대전 당시 일본의 (카미카제) 비행기 조종사들 또한 9/11 테러와 유사한 자살 행위를 감행했다. 둘째로 메라리는 이들의 공통점이 그들로 하여금 이러한 행위를 하라고 조장하는 집단에 속했다는 것임을 발견했다. 특히, 그는 구성원에게 자살 혹은 살해 행위를 하도록 만드는 집단이 세 가지 특징을 지니고 있다고 주장한다. (1) 그들은 모순을 극복하고 그 행위를 수행할 동기를 구성한다. (2) 그들은 그 행위에 전념하도록 집단적 압력을 가한다. (3) 그들은 그 행위를 수행할 개인으로부터 직접적인 서약을 받아낸다. 이 마지막 요소는 그 집단 앞에서 개인을 살아있는 순교자로서 규정하는 것, 그리고 예를 들어 개인이 이 정체성을 주장하면서 가족에게 편지를 쓰는 등의 방식으로 그 자신을 정체화 하는 것(최근까지도 이러한 행위는 거의 항상 남성에 의해 수행되었다)을 포함한다. 공개적으로 이러한 역할을 수용했음을 스스로가 공표하게 되면 물러서기 어렵게 된다.

이러한 설명이 적절한지 여부에 상관없이, 자살에 관해서 단일한 설명을 하는 것의 어려움과 복잡성을 엿볼 수 있다. 아마도 그것은 우리가 자살을 이해하도록 도움을 제공해온 3가지 일반적 설명 유형과 그런 설명들의 일부 하부유형이 존재하는 이유일 것이다.

자살의 심리학적 설명

리나스(Leenaars, 1990)는 자살의 심리학적 설명이 취하는 3가지 주요 형태를 확인하였다. 이 중 첫번째는 프로이드(Freud)의 정신분석 이론에 기초한 것이다. 프로이드는 자살이 *180도 방향을 돌린 살인*이라고 주장하면서(Litman, 1967) 욕망했던 사람이나 대상의 상실과 관련이 있다는 의견을 제시했다. 심리학적으로 위기에 놓인 그 사람은 자기 자신을 상실당한 자로 여기게 된다. 그 또는 그녀는 애정의 상실 대상에 대해 분노를 느끼고 그 상실한 사람에 대해서 벌을 주고자 하는(심지어 죽이고 싶은) 욕망을 느낀다. 그러나 개인은 그 또는 그녀 자신을 애정의 대상과 동일시하기 때문에, 그 분노와 그와 연관해 벌을 주고픈 욕망이 역으로 자아를 향하게 된다. 그 결과, 자기-파괴적인 행동으로 나타난다.

두 번째 심리학적 접근방식은 기본적으로 그 문제를 *본질적*으로 *인지적*인 문제로 본다. 이 견해에서 임상적인 우울증(자살은 우울증과 높은 상관성을 보인다)은 특히 중요한 기여 요소로 간주된다(Gotlib & Hammaen, 2002; Kessler et al. 2005 참조). 여기서 중심된 문제는 부정적인 평가가 자살하려는 사람이 가진 세계관의 광범한 특징이라는 것이다. 미래와 자아와 현세 상황과 개인이 생각

중년의 남성이 계절적 우울증에 시달리면서 자살을
고민하고 있는 모습

해낸 가능한 선택의 한정된 종류가 모두 부적합한 것으로 여겨지게 된다. 이러한 평가와 함께 손상
된 사고가 나타난다. 그러한 사고는 "종종 자동적이고 비자발적인... 다수의 잠재적 오류로 특징지
어져서, 상당한 정도로 왜곡"을 구성하게 만든다(Leenaars, 1990, p. 162). 이처럼 사물을 바라보는
방식은 경찰에 의한 자살(Lindsay & Lester, 2004)이라고 불리는 행위를 이해하거나 한 사람이 그의
죽음을 이끌어내기 위해서 경찰관을 도발하는 행위를 이해하는데 도움이 될 수도 있다.

세 번째 심리학적 이론은 *자살 행위는 학습된다*는 것이다. 이 이론은 아동기에 자살을 감행하려
는 개인이 바깥을 향한 분노를 표현하는 법을 배우지 못해 그 분노를 자아에게로 돌린다는 것이다.
다시 한 번, 우울증이 중요한 요소로서, 이제 한 개인의 행위에 대해 환경으로부터 부정적인 강화의
결과로서 주목받는다. 더 나아가 이 우울증(그리고 그와 관련된 자살 내지 생명을 위협하는 행동)
은 심지어 적극적으로 강화된다-즉, 주변을 둘러싼 것들에 의해 보상받게 된다. 예를 들어, 어니스
트 헤밍웨이의 우울증은 앞에서 언급한 것처럼 그의 부친의 자살로 인해 적극적으로 강화되었다고
주장될지도 모른다(Slaby, 1992). 어떤 경우에도 이 이론은 자살하는 개인을 사회성이 부족하고 삶
과 죽음의 건설적인 문화적 가치를 학습하지 못한 것으로 본다.

제이미슨(Jamison, 1999)-자기 자신이 자살을 시도했던 적이 있는 정신과 의사-은 정신질환이
자살에서 공통적인 요소라고 주장한다(p. 100). 특히, 그녀는 기분 장애, 조현병(정신분열증), 경계

성 성격장애 및 반사회적 성격 장애, 알코올중독, 약물 중독 사이의 관계에 초점을 둔다. 그녀는 이러한 정신 질환이(그리고 아마도 확실히) 자살 행위를 설명하는데 중요한 역할을 한다고 믿는다. 그녀는 또한 유전 및 뇌 화학적 비정상성(다음에 논의됨)을 설명하고 이들을 정신질환적 요소와 연결시킨다. 그 논의에서 그녀는 심지어 이들 다른 요소가 고려되더라도 정신질환과 관련이 있을 때 그것들이 가장 중요하다는 자신의 견해를 반복한다.

이러한 심리학적 이론들은 반드시 양립할 수 없는 것은 아니다. 이들을 다 함께 묶으면 자살과 자살 행위에 대한 우리의 전반적인 이해를 보다 예리하게 부각시키는데 도움이 된다. 자살이 복잡한 행동이므로 그것은 아마도 복잡한 기초에서(적어도 가끔씩) 올라오는 것으로 여겨지는 것이 가장 말이 될 것이다.

자살의 생물학적 설명

어떤 연구들은 자살 행위에 대한 생물학적 설명이 있는지 여부를 찾아보려고 했다(예를 들어, Roy, 1990). 이들 연구는 일반적으로 신경화학적 내지 유전적 요소와 관련된 생물학적 설명에 초점을 둔다. 몇몇 이론가들은 자살하려는 개개인의 세로토닌(공격적인 행동과 걱정을 통제하는 것과 관련이 있는 화학물질) 수치의 감소와 같은 뇌에서 발견되는 특정 뇌화학물질의 수치 교란이 존재한다고 믿는다. 그러나 그러한 연구는 그와 같은 감소가 우울증, 자살 행동 혹은 분노의 표현을 외부로 표출하거나 내부로 삼키는 방식의 폭력과 관련성이 있는지 여부에 대해서 명료한 답을 내놓지 못했다.

다른 연구(Egeland & Sussex, 1985; Roy, 1990; Wender et al., 1986)는 자살 행위에 대한 몇 가지 경향이 대물림될(inherited) 수 있다고 주장한다. 예를 들어 덴마크에서 행해진 입양 아동 연구는 자살에 이른 정동장애(affective disorder) 진단을 받은 입양 아동의 생물학적 가족에 주목하였다(Wender et al., 1986). 정동장애(affective disorder) 징후를 보이고 자살을 한 이들이 통제 집단보다 더 많은 동일한 징후와 행위를 보인 친척들이 있었다. 그러나 이 연구에서는 무엇이 대물림이 되는지에 대해서 불확실하다. 아마도 대물림된 요소는 자살 행동 그 자체가 아니라 충동적인 행동을 통제하는 능력의 부재(inability)일 것이다.

그러므로 생물학적 요소가 명백하게 자살 행동에 연관성이 있는지는 아직 확인되지 않았다. 그럼에도 불구하고 자살에 대한 생물학적 설명에 대해서 계속 진행되는 연구는 결국에는 자살 행동에 기여하는 다른 요소에서 이미 알려진 것에 덧붙여질 유용한 정보를 양산해낼 수도 있다.

자살의 사회학적 설명

자살에 대해서 설명하려는 가장 오래되고 잘 알려진 시도는 19세기 말 프랑스에서 출판된 프랑스 사회학자인 에밀 뒤르켐(Emile Durkheim)의 작업에서 나왔다(Durkheim, 1951; Selkin, 1983).

뒤르켐은 심리학적 조건 그 자체는 자살 행동을 양산하지 않는다고 주장했다. 대신에 그는 자살은 그 또는 그녀의 사회에 대한 관계의 결과로서 사회와의 관계 속에서 통합되고 규제되거나 그렇지 않은 방식에 대한 특별한 강조와 더불어 이해될 수 있다고 보았다. 뒤르켐의 분석은 비판을 받았지만 그의 책은 자살에 관한 문헌에서 여전히 고전의 자리를 차지하고 있다(Douglas, 1967; Lester, 2000; Maris, 1969). 저서에서 그는 자살 행동을 야기하는 개인과 사회의 3가지 기본 관계를 확인하였고 자살의 네 번째 기본 형태의 존재 가능성에 대한 짧은 언급을 하였다.

이기적 자살 이러한 관계의 첫 번째 형태는 뒤르켐이 이기적 자살이라고 부르거나 혹은 다소 고립된 개인들과 관련된 자살을 일컫는다. 자살의 위험은 개인에게 통합을 제공하는 사회 집단의 존재 안에서는 감소한다(특히 그의 삶의 의미 관점에서). 그러한 통합이 부재하거나 힘을 잃거나 어느 정도 제거되면(특히 갑작스럽게) 자살 가능성이 높아진다.

뒤르켐은 3가지 형태의 사회-종교 사회, 가정 사회, 정치 사회-에서 이 이론을 주장하였다. 종교적 사회는 다수의 방식으로 구성원에게 통합(의미)을 제공할 수 있다. 예를 들어, 통일된 강력한 신념(creed)에 의해서. 가정적 사회(예를 들어, 결혼) 또한 공유된 감정과 기억을 개인에게 제공하여 그들에게 일종의 의미의 지리적 장소에 놓이게 함으로써 자살 행동을 감소시키는 요인처럼 보인다. 게다가 정치적 사회는 개개인이 사회적 통합을 획득하는 또 다른 수단이다. 이들 사회 중 하나라도-종교, 가정 혹은 정치- 개개인이 그들의 삶에서 의미를 찾는데 효과적으로 도움이 되지 못하거나 사회가 그 영향력이 해체되거나 힘을 잃으면 개개인은 그들 스스로의 자원에만 의존하고 자신들의 필요를 충족시키지 못하며 자살 내지 생명을 위협하는 행동에 노출될 위험성이 더 높아지게 된다.

요컨대, 여기서 뒤르켐의 이론은 개개인이 그가 속한 사회에서 그가 세상에 존재하는 자리를 찾는데 실패한 상황에 놓이는 경험을 하게 될 때, 자살 행동이 유발될 수 있다는 것이다. 그러므로, 이기적인 자살은 한 개인이 그가 속한 사회로부터의 일종의 분리, 고립, 부족한 몰입이나 과소통합된 것에 달려있는 것이다.

이타적 자살 자살과 연관이 있거나 그러한 가능성을 지닌 사회관계의 두 번째 형태는 개개인이 그가 속한 사회에 과도하게 몰입되거나 과잉통합 될 때 일어나는 것이다. 이 상황에서 개인과 사회 집단의 통합이 낳는 결속은 너무 강해서 이타적인 자살 내지 집단을 대신해 취해진 자살을 야기할 수 있다. 개인 정체성은 집단의 안녕에 대한 동일시에 가려져서, 그 개인은(완전히) 자아 밖에서 자신의 삶의 의미를 발견하게 될지도 모른다. 예를 들어, 일부 강력하게 통합된 사회에서 자살은 의무로 비춰지는 맥락이 존재한다. 달리 말하면, 개인의 삶을 포기하는 것이 사회의 안녕이라고 여겨지는 바를 위해서 요구될 수도 있다.

뒤르켐은 강력한 통합이나 몰입에 연관되어 자살 행동을 야기하는 다양한 역사적 문화에서 발견되는 몇 가지 예시를 들고 있다: 아프거나 늙은 사람들(에스키모), 남편이 사망한 여성들(영국의 식민 지배 이전 인도에서 행해진 사티 관행), 사망한 공동체 최고위자(social chief)의 하인들(많은 고대 사회에서). 누군가는 또한 자신의 시민적 혹은 종교적 의무에 실패해서 자기 자신과 가족 혹은 사회에 수치심을 안긴 이들에 대해서 생각할지 모른다. 예를 들면 셋푸쿠(seppuku) 의식을 거행한 일본 사회의 사무라이 전사들이 있다. 또한 사이비 종교에 연루되어 어떤 미국인들은 영국령 가이아나 조지타운의 인민 사회에서(1978) 그리고 캘리포니아 천국의 문(Heaven's Gate) 단지에서 이타적 자살에 동참하였으며 9/11 사건과 그 이후의 유사한 행위들에 대해서도 부분적으로 종교적인 설명이 이루어지고 있다.

아노미적 자살 뒤르켐은 자살의 세 번째 형태로, 아노미적 자살(anomic suicide)을 개인이 사회에 통합되는 형태가 아닌 사회가 그 구성원을 어떻게 규제 하는지의 차원에서 설명했다. 모든 인간은(물질적 재화, 성적 행위 등등의) 욕망을 통제할 필요가 있다. 사회가 구성원들이 그러한 규제 내에 있도록 조력하는 한도 내에서 그것은 그와 같은 욕망들이 통제될 수 있게 도와준다. 사회가 구성원들이 그 욕망을 규제하는데 도와줄 수 없거나 그러한 의지를 보이지 않을 경우에-예를 들어 사회가 급속하게 변하고 그 규칙이 계속 변동한다면-그 결과는 아노미이다(아노미는 그리스어에서 유래한 것으로 anomia= a(없음)+nomoi(법 내지 규범)이 합쳐진 것이며 법의 부재 혹은 규범의 부재를 의미한다).

아노미는 자살을 유도할(conductive) 수 있으며 특히 그것이 개인으로 하여금 혼란스럽고 참아내기 어려운 상황으로 갑작스레 몰아갈 때 그런 가능성이 높아진다. 현대 미국 사회에서 이러한 종류의 자살은 또래 집단에게 예상치 못한 왕따를 당하거나 농부들이 파산해서 그들 능력 밖의 경제적 사회적 힘의 여파로 인해 그들의 생계수단과 삶의 방식을 잃게 되거나 혹은 특화된 작업 기술을 발전시키고 수년간 고용주에게 충실해온 중년의 피고용인들이 갑작스레 일사리를 잃고 경제적으로 탈구(dislocated)될 때 나타난다. 그러한 개개인에게 있어서 과소 규제나 통제의 갑작스런 철회는 삶에서 그들을 이끌던(익숙했던) 원칙의 부재로 인해 참을 수 없는 상황에 이르게 할 수 있다.

숙명적 자살 뒤르켐은 숙명적 자살이라고 부르는 자살의 네 번째 유형에 대해서는 그의 저서 각주에서 아노미적 자살의 반대 개념으로서 짧게 언급만 하고 지나갔다. 숙명적 자살은 사회의 개인에 대한 과도한 규제에서 나온 것이다-예를 들어, 한 개인이 죄수가 되거나 노예가 된 때이다. 이는 강압적인 원칙에 의해 미래가 인정사정없이 막히고 열정이 폭력적으로 꺾여버린 사람들의 상황이다(1951, p. 276). 뒤르켐은 이러한 유형의 자살이 자신이 속한 사회에서 흔하다고 여기지 않았지만 과잉 통제하는 사회적 상황으로부터 개인이 탈출을 추구하도록 만드는 사회적 힘의 예시로서 유용하다고 보았다.

자살: 다수의 결정요인과 의미의 수준을 동반한 행위

자살 행위가 그러한 행위를 감행한 이들의 심리만을 연구하는 것으로 이해될 수 없다는 뒤르켐의 주장과 유사한 방식으로, 메닝거(Menninger, 1938, p. 32)는 자살은 매우 복잡한 행위이며 논리적이고 설명할 수 없는 충동에 의한 단순하고 우연적이고 고립된 행위가 아니라고 썼다. 이들 이론가 모두 자살을 하나가 아닌 수많은 원인의 결과로 본다. 슈나이드먼(Shneidman, 1980/1995), 더글라스(Douglas, 1967) 그리고 기타 연구자들(Breed, 1972와 같은) 또한 다양한 요소들이 자살 행위에 개입한다고 본다.

자살 행위의 복잡성을 반영하는 하나의 공통적인 방법은 3가지 요소, 불행함(운수가 사납거나 운이없음), 무기력함 및 희망 없음과 관련해서 생각해보는 것이다. 슈나이드먼(1980/1995)은 이러한 이해를 3개의 주요 구성요소와 하나의 촉발 과정의 관점에서 자살로 이끄는 요인들에 대한 생각을 가지고 훨씬 더 복잡하고 정확한 설명에 적용했다. (1) 적대심 혹은 자신의 최선의 이익에 반해 행위하는 불안한 생활 방식. (2) 심리적 동요(perturbation) 혹은 한 사람의 삶에서 점차 증가하는 심리적인 소란. (3) 수축, 이것은 터널 비전이나 둘 중 하나라는 생각에서 나타나는 것으로 인식, 견해, 그리고 마음 속에 떠오르는 선택의 범위가 좁아짐을 의미함. (4) (의식의)중지라는 관념. 단지 끝내버림으로써 혹은 그것에서 빠져나옴으로써 견딜 수 없는 혼란과 고립의 고통을 해결하고자 하는 생각.

자살의 이와 같은 특징들은 자살 행위를 이해하려는 시도에서 중요한 결론을 이끌어낼 수 있다. 우리가 언급한 것처럼, 자살 행위를 시도하는 이들에게는 자연적인 충동이 존재하고 유족들은 자살의 원인을 찾고자 한다. 이 필요는 수많은 사람들이 자살이 일어난 이유를 설명해주는 유서를 찾으려는 노력으로 설명될 수 있다. 그러나 사실 보통 단일한 원인은 존재하지 않는다. 자살은 거의 대부분 수많은 결정 요소와 의미의 수준을 지닌 행위이다. 수많은 종류의 원인들 가운데 생물학적, 심리학적, 사회적 요소가 확실히 두드러진다(Lester, 1992, 2003; Maris 1981, 1988; Maris, Berman, Maltsberger, & Yufit, 1992). 사실 유서에 관한 전문가는 "자살을 실행하는데 있어서 누구도 의미 있는 유서를 쓸 수 없다. 반대로 의미 있는 유서를 쓸 수 있다면, 그는 자살을 실행할 필요가 없다." (Shneidman, 1980/1995, p. 58)라고 썼다.

자살의 영향

한 개인이 죽거나 자신의 목숨을 위험하게 하는 것에 더하여 자살 행위는 항상 타인에게도 영향을 미친다. 1970년대의 연구 보고서들과 이후 진행된 카운슬러, 치료사, 자살 지원 혹은 유족 자조 집단 구성원들로부터 획득한 정보는 자살로 사망한 사람의 유족들이 그 죽음을 이겨내는데 있어서 거의 항상 어려움을 느끼고 있음을 밝히고 있다(예를 들어, Cain, 1972; Wallace, 1973). 이러한 보고서에서 공통 주제는 자살의 사후효과가 분노, 슬픔(sadness), 죄책감, 신체적 불편함의 경험 및 모든 상실과 사별에서 발견되는 다른 차원의 비통 경험을 강화시킨다는 것이다. 그러므로 린데만과 그리어(Lindenmann and Greer, 1972, p. 67)는 다음과 같이 썼다. 자살 유가족은 그들의 비탄에 '사로잡히고(stuck)' 수년간 차가운 고립의 상태가 지속되고 타인과 가까운 관계를 느낄 수 없고 그들이 떨어져 있거나 나쁜 운의 위협을 받고 있다는 느낌에 항상 사로잡혀 있다.

보다 최근 보고서들은 자살로 인한 사별에 대한 이러한 설명의 적절성에 의문을 제기했다(예를 들어, Barrett & Scott, 1990; Dunne, McIntosh, & Dune-Maxim, 1987; Ellenbogen & Gratton, 2001; Jordan 2001; Nelson & Frantz, 1996; Silverman, Range, & OVerholser, 1994). 특히 이 주제에 관해 발표된 대부분의 연구들이 중대한 방법론적 약점을 지니고 있다(McIntosh, 1987). 연구 집단의 규모가 작았던 것이다. 이러한 연구에 참여한 사람들은 임상치료, 지지 그룹 혹은 대학생(그리고 이들 각 집단은 서로 매우 다른 무정형 상태의 사람들로 구성되어 있다) 출신이 많았다. 명백한 이유로, 대부분의 연구에서 참여자들은 자원했다. 그러므로 이러한 집단 구성원이 아니거나 참여하기를 거부한(그리고 사실 유가족 그룹에서 가장 큰 규모를 이루고 있는) 유가족 집단의 상당수가 연구되지 않았다(Van Dongen, 1990). 또한 누군가 자살한 사람의 유족을 다른 유족과 비교한 연구는 거의 존재하지 않는다(Hauser, 1987). 서로 다른 유가족 집단 간 비교를 한 연구들은 결론을 내리지 못한 결과를 양산해냈다(Demi & Miles, 1988; McIntosh, 1987).

대부분의 연구자들(Barrett & Scott, 1990; Calhoun, Abernathy, & Selby, 1986; Demi & Miles, 1988; Hauser, 1987) 스스로가 그들 작업에 기초한 일반화에 대해서 경고를 했다. 여전히 실제 경험 연구는 임상 관찰, 지적인 접목과 이론적 숙고(Barrett & Scott, 1990, p. 2)로부터 나오는 인상을 교정하는데 중요하다. 단지 그러한 연구만이 자살 유가족들에 대한 잘못된 일반화나 유형화를 함으로써 그들이 충족할 수 있거나 충족할 수 없는 기대를 부여해서 애도의 어려움이 커지는 것을 방지할 수 있다.

이러한 이유로 우리가 자살 유가족의 애도 과정의 성격에 대해서 말할 수 있는 것과 그것이 다른 유가족을 위한 과정과 차별화되는 방식에 대해서 여전히 머뭇거리게 된다. 아마도 이러한 주제의 가장 명료한 진술 중 하나는 배럿과 스캇(Barrett and Scott, 1990)의 작업에서 나온 것이다. 그들은 자살 유가족들이 적어도 다른 유가족들보다는 *더 많은 유형의 문제*를 가지고 있다고 지적한다. 자살한 누군가의 유족들은 다음을 이겨내야 한다. (1) *자신과 가까웠던 누군가의 죽음 이후에 갖는 문제* (2) *자연적인 것이 아닌 어떤 원인*과 관련이 있고 종종 그러므로 *피할 수 있었던 죽음으로 인식하는 문제* (3) *갑작스런 죽음*에 관련된 문제 (4) 삶이 부여하는 가치를 거부하고 그것이 함축하는 문제를 포기하는 것과 같은 *자살로 인한 죽음의 특성*으로 인한 문제

이러한 문제(task)의 어떤 측면은 다른 유형의 사망의 결과로 인한 유가족의 애도 과정보다는 자살 유가족의 애도 과정에서 나타난다. (타인과 자신에 대한) 비난과 죄책감(잘못했다는 간가에 대한 반응),

죽은 자에게 거부당했다는 느낌, 아마도 특히 왜 자살한 사람이 스스로 목숨을 끊었는지에 대한 이유를 찾는 것은 종종 이들 애도하는 이들의 삶에서 지대한 역할을 한다(Dunn & Morrrish-Vidners, 1988; Lukas & Seiden, 2007; Reed & Greenwald, 1991; silverman et al., 1994; van Dongen, 1990, 1991).

어떤 연구들은 자살 유가족들이 스스로 자기-파괴적이고 자살에 관한 생각과 행위를 하게 될 것이라고 주장함에도 불구하고, 다른 연구들은 이들 유가족들이 가족 내에서 또 하나의 자살이 같은 유가족에게 얼마나 절망적일 수 있는지를 깨달음으로써 그러한 행위에 대한 강력한 억제력을 발견해왔음을 보고해왔다(Dunn & Morrish-Vidners, 1988; Van Dongen, 1990).

모든 자살 유가족이 똑같은 정도로 이러한 과제에 직면할 필요는 없다. 어떤 증거들은 여기서 관계의 형식적인 성격(부모, 형제, 친구)이나(Barrett & Scott, 1990; Reed & Greenwald, 1991) 죽음의 유형만큼 혹은 그 이상으로 가장 문제가 되는 것은 망자와의 정서적 애착의 정도(모든 애도와 더불어)라는 것을 알려준다. 그러나 아이들이 부모의 자살을 이해하고 인식하는데 특별한 문제에 직면하는 것처럼 보인다(Requarth, 2006; 또한 개인적 통찰 17.1 참조).

자살한 이의 유족에 관한 종단 연구가 거의 없음에도 불구하고, 노년층 유족에 관한 한 연구는 다른 종류의 죽음으로 인하여 비탄에 잠긴 유족들(mourners)이 6개월가량 애도 속에서 변화를 경험하는 반면에 이들 자살자의 유족들은 그와 같은 첫 번째 변화에 이르기 위해서 시간이 더 걸린다는 것을 보여준다. 심지어 2년 반이 지난 후에도 자살자의 유족들은 그들의 정신 건강이 자연사하거나 갑작스럽게 사망한 자들의 유족들과 다르다고 평가하였다(Farberow, Gallagher-Thompson, Gilewski, & Thompson, 1992).

발로우와 코울먼(Barlow and Coleman, 2003)은 자살 유가족의 애도 과정에서의 가족의 역할을 연구하였다. 이들은 치유 연합체를 구성할 수 있는 가족들이 자살의 사후 효과를 더 잘 견디어낼 수 있다는 것을 발견했으며 반면에 그러한 연합체를 결성하는 능력이 부족한 경우에는 애도 과정이 더욱 힘들었다. 치유 연합체는 다른 가족들이 자살에 대해 반응하는 것을 지켜보고 그들이 그들 자신의 방식으로 애통해 하도록 허용하는 것을 포함한다. 주의 깊게 기다리는 것은 또 다른 자살의 공포와 서로 보살펴야 한다는 감정적 필요 양자 모두에 의해 동기화된다.

이러한 유형은 또한 가족 구성원들이 자살에 대해서 서로 소통하는 방식 안에서 반영된다. 몇몇 사람들은 그들 스스로들 간에 그것에 관해 공개적으로 이야기하는 반면에 다른 이들은 그들이 서로 말할 때 조심스러워 한다. 몇몇 가족은 단순히 그들 가족들 사이에서 그 자살 사건에 대해서 이야기 하지 않으며 이는 종종 감정적으로 취약한 가족 구성원을 보호하기 위한 것이다. 그러나 발로우와 코울먼(2003)은 한 가족 구성원이 죄책감에 빠지거나 다른 가족 구성원에게 자살에 대해 비난을 할 때 상호작용과 함께 서로 의사소통을 하지 못하면 가족 관계가 무너지거나 심지어 단절되는 결과가 있음을 발견하였다. 이는 애도 과정을 복잡하게 한다. 그러므로 성인과 아동 모두 자살의 사후 효과에 대해 아동 도서에 나타난 자료로부터 이점을 취할 수도 있다(초점 맞추기 17.1 참조).

개인적 통찰 17.1

아빠와의 삶, 9세 레이나 파에즈(Reyna Paez)의 실제 이야기

7년 전, 두 살짜리 소녀가 있었다. 그녀의 아빠는 자살을 했다. 아빠가 어디에 갔는지 아이는 여러 번 물어보았으나 아이의 엄마는 "아빠는 차 사고로 돌아가셨단다."라고 거짓말을 했다. 아이의 엄마는 그 사건 이후로 많이도 울었다.

이듬해, 아이는 조부모와 하룻밤을 같이 보냈고 그들은 아이의 슬리퍼를 침대 옆에 놓아서 다음날 그 것을 신을 수 있게 준비해 두었다. 그러나 다음날 슬리퍼가 사라졌다! 아이의 조부모는 슬리퍼가 어디로 갔을까 생각을 거듭했다. 할머니가 묘안을 떠올렸다. "애 아빠가 슬리퍼를 가져간 것이라면?!" 아이의 할아버지는 "만약 우리가 내일 슬리퍼가 그 자리에 놓여 있는지를 보고 그 자리에 놓여 있으면 그가 슬리퍼를 가져간 것이 틀림이 없어!"라고 말했다. 다음날, 그들은 침대 옆을 보았고 슬리퍼가 바로 그 자리에 놓여 있었다.

그날은 아이의 생일이었고 파티장으로 차를 타고 가고 있었다. 어린 소녀의 조부모는 그녀가 혼잣말을 한다고 생각했다. 할머니가 "넌 누구랑 이야기하니?"라고 물었다. 아이가 대답하길 "아빠."라고 했다. 그들은 혼란스러웠다. 그들이 파티에 도착에서 그들은 아이 엄마에게 일어난 일에 대해서 이야기했다. 아이의 엄마는 좀 이상하다고 생각했다. 그녀는 딸에게 진짜 아빠랑 이야기하냐고 물었다. 아이는 솔직하게 말했다. "응, 난 항상 아빠랑 이야기해. 아빠는 내 바로 옆에 앉아있어."

아이가 4살이 되었을 때, 아이는 유치원에 다니게 되었다. 매일 아이는 아빠가 준 담요를 가지고 다녔다. 그녀는 담요를 "카이카이"(kyky)라고 불렀고 유치원에서 항상 꼭 붙들고 다녔다. 유치원에서 낮잠을 잘 때는 아이는 낮잠을 좋아하지 않아서 아빠에 대해서 생각하면서 담요를 만지작거렸다.

이듬해 아이 엄마는 다른 남자를 만났다. 아이는 그를 알지 못했기 때문에 울었다. 얼마 지나지 않아서 아이는 그에게 익숙해지고 아빠라고 부르게 되었다.

아이가 여섯 살이 되었을 때, 아이 엄마와 새 아빠는 "넌 곧 아기 여동생이 생길 거란다."라고 말해주었다. 아이는 무척 행복했다. 어느 날 엄마는 아기를 낳았다. 동생이 태어나고 아이는 아기를 안아주었다. 아이는 아기 여동생에게 키스를 했다. 매일 밤 아이는 아무도 없으면 아기에게 아빠에 대해서 이야기했다.

3학년이 되었을 때 아이는 자기 반에서 아빠가 돌아가셨다고 이야기했다. 어느 날 한 학급 동무가 아이에게 아버지가 없다고 놀렸다. 아이는 아무 말도 하지 않았고 그냥 걸어 나가버렸다. 그 남자 아이는 "미안해."라고 사과했지만 그녀는 "내가 널 용서할 방법은 없을 거야."라고 말했다.

방과 후에 어느 날, 이제 아이는 여덟 살이었고 아빠가 어떻게 세상을 떠났는지 알게 되었다. 아이는 그 사실을 알게 되어 흥분했지만 가장 끔찍했던 것은 가족들이 6년이나 비밀로 했다는 것이다. "그래." 아이의 엄마가 말했다. "네 아빠가 어떻게 죽었는지 말해줄게. 그는 스스로 목숨을 끊었단다. 한 물체를 붙잡고는 자기 자신을 죽인 거야." 아이는 눈물을 흘렸다.

다음날, 아이 엄마는 학교 상담사에게 전화를 걸어 아이와 이야기해볼 것을 요청했다. 상담사는 아이를 교실 밖으로 불러내어 상담실에 같이 갔다. 상담사는 아이에게 만약을 대비해서 곰인형을 주었다. 그들은 일어난 사건에 대해서 이야기했고 아이의 기분은 많이 나아졌다. 그 대화 이후로 아이는 아빠에 대해 이야기하는 것이 결코 슬프지 않았다.

553

초점 맞추기 17.1

자살에 관한 아동과 청소년을 위한 6가지의 서적

아동을 위해서, *당신은 나와 같은가요?: 아이들이 자살을 이겨내게 도와주는 법*(Are You Like Me?: Helping Children Cope with Suicide)(Tesh & Schleich, 2009)은 사망과 자살을 설명하고 사랑하던 이를 자살로 잃은 이후의 반응을 확인하며, 안정을 제공하고 신뢰할 만한 어른들과 토론할 것을 권장하며 대화의 지침을 마련해준다. 반면에 *자살 이후:슬퍼하는 아이들을 위한 워크북*(After a Suicide: A Workbook for Grieving Kid(Dougy Center, 20001)은 아이들로 하여금 그 안에 글을 쓰거나 그림을 그리고 장식을 하게 한다. 주제는 자살이란 무엇인가, 자살에 대해 아는 법, 왜 이런 방식으로 사람들이 사망하는가, 느낌과 꿈과 악몽들, 아이들이 자주 던지는 질문, 자살에 대한 대화, 학교로 돌아가는 법, 세상을 떠난 이를 기념하고 기억하는 방식들, 기분을 나아지게 하는 방법들, 저자 자신의 이야기 등을 포함한다.

아동을 대상으로 한 세 번째 책은 *바트가 이야기하다: 자살에 대한 침묵을 깨기*(Bart Speaks Out: Breaking the Silence on Suicide)(Goldman, 1998)라고 하는 것으로 강아지가 그의 주인 찰리의 사망 이후에 일어난 사건과 자신의 슬픔에 대하여 이야기 하는 상호작용용 동화책이다. 자살에 초점을 맞출 때, 바트는 찰리의 우울증에 대해서 이야기 하고 그가 똑바로 생각하지 않았을 것이라는 의견을 내놓는다. 자살은 "누군가 그들의 신체 기능을 멈추길 선택한 것"으로 설명한다(p. v.) 그리고 그 책은 자살이 실수라고 말하는데 그 이유는 "항상 다른 방식이 존재하기 때문이다."(p. v.)

청소년을 위한 3가지 책은 구체적으로 *어린 친구가 자살했을 때 살아가기-혹은 그것에 대해 말하기 시작하기*(Living When a Young Friend Commits Suicide – Or Ever Starts Talking About It)(Grollman & Malikow, 1999)를 포함하며 이는 청소년들이 친구의 자살 이후에 겪는 일반적인 반응과 질문들에 대한 지침을 담고 있다. 그 책은 어떻게 자살하고 싶은 사람들에게 대처하고 도와주는지에 대한 의견들을 제시한다. 또한 종교적 질문과 자살에 대해 대중적으로 잘못 알려진 사실들과 살아가는 것(getting on with one's life)을 다룬다. 마지막 장은 유용한 자료를 담고 있다. *자살에 관한 10대들의 도서: 침묵을 깨고 죽음을 막는 법*(A Teenager's Book About Suicide: Helping Break the Silence and Preventing Death)(Grollman & Johnson, 2001)은 독자들이 자살에 관한 주제에 대해서 자유롭게 글을 쓰거나 그림을 그리도록 마련된 박스와 공간 안에 짧은 본문의 구절들을 제공한다. 10대들이 쓴 글들은 자살에 대한 생각이나 누군가의 자살로 인해 영향을 받는 것에 대해서 설명하고 있다. 저자들로부터의 설명이 신화를 물리치고 위험 신호와 경고를 알아채게 하며 10대가 그의 친구나 가족이 자살을 하려고 하는 것에 의심이 갈 때 해야 할 것에 대해서 알려준다. 마지막으로 *터널 비전*(Tunnel Vision)(Arrick, 1980)은 부모, 자매, 절친한 친구들과 선생님이 15세 소년 앤서니(Anthony)가 스스로 목을 맨 후에 느낀 슬픔과 죄책감에 대해서 다루고 있다. 그들 각자가 이 끔찍한 사건을 막기 위해서 했어야 할 일들에 대해서 묻는다. 단서들은 그 과거의 사건(hindsight)에서 명백했지만 쉽게 답이 나오지 않는다. 앤서니의 자살은 그가 사랑했던 모든 사람들에게 상처를 주었다. 그의 어머니는 "왜 앤서니는 죽음이 그가 발견할 수 있던 유일한 평화라고 생각하게 되었을까요?(p. 173)"라고 말한다.

자살 유가족의 애도에 영향을 미치는 다른 쟁점은 가족 밖의 사람들과 유가족이 상호작용하는 것이다. 어떤 연구들은 이들 유가족이 다른 사인으로 인한 유가족들보다 도움이 될 만한 지원을 덜 받고 있음을 보여준다(Dunn & Morrish-Vidners, 1988). 러디스텀(Rudestam, 1987)은 한 연구에서 인터뷰했던 장의사(funeral director)의 84%가 사람들이 자살 유가족에 대해서 다르게 반응했다고 말한 것을 지적하였다. 그러한 연구들은 자살 유가족들이 박탈된 슬픔을 경험한 사람들의 예시가 될 수 있음을 함축한다(제10장 참조).

자살 유가족에 대한 어려움의 일부는 어떻게 이 상황에서 행동해야 하느냐에 대한 사회 규칙과 관련이 있다. 사람들에게 지침이 되는 사회적 규칙이 거의 없을 뿐만 아니라 그러한 규칙이 존재해도 다른 애도 상황을 규율하는 규칙보다 행동을 구속하는 것처럼 보인다(Calhoun et al, 1986; Dunn & Morrish-Vidners, 1988; Van Dongen, 1990). 다른 복잡한 요소는 유가족 자신들이 종종 타인들을 거부하고 타인들의 지지를 꺼리거나 혹은 쉽게 수용하려고 하지 않는 것이다. 그러므로 유가족은 정신내적으로나 사회적으로 자살에 관련된 낙인을 경험하게 될 수 있다(Allen, Calhoun, Cann & Tedeschi, 1993; Rudestam, 1987).

그러나 우리가 언급한 것처럼, 애도는 사람들이 지원 체계를 필요로 하는 하나의 과정이다. 사람이 적절히 자살을 애도할 수 있게 되면 그때 의사소통이나 아니면 적어도 타인에 대해 판단하지 않는 사람들이 도움이 될 수 있다(Bolton, 1995; Chance, 1994; Dunn & Morrish-Vidners, 1988; Jordan & McIntosh, 2010; Jordan & McMenamy, 2004). 모든 자살 유가족에 대해서 미국 자살학협회(American Association of Suicidology)는 자살 유가족들을 위한 핸드북(Jackson, 2003)을 포함한 다수의 정보와 자료를 이용할 수 있는 자신들의 웹사이트(www.suicidology.org)에서 이들을 위한 페이지를 제공한다. 또한 자살 유가족들(Survivors of Suicide)(www.survivorsofsuicide.com)을 참조하라.

자살을 둘러싼 다른 쟁점은 *모방자살* 또는 *그런 부류들*(cluster or copycat suicide)로 불리는 자살과 관련된 것이다. 그러한 자살을 어떻게 정의하는지에 대한 합의는 존재하지 않는다(Davies, 1993; Gould, Wallenstein, Keinman, O'Carrol, & Mercy, 1990). 일련의 자살이 가능성 이상(more than chance)으로 형성되는 것으로 간주되는 범위에서, 이는 15세에서 19세 그리고 20세에서 24세, 아마도 45세에서 64세의 연령 집단에서 보다 자주 일어나는 것처럼 보인다(Gould et al., 1990). 그러나 그러한 사건들에 대한 신중한 연구는 여전히 진행 중이다. 청소년들 중 일부가 앞선 자살에 직접적으로나(실제로 자살한 사람을 알거나) 혹은 간접적으로(매체나 다른 사람에게서 들은 자살 사건에 대해서 접한 경우) 영향을 받는 것이 사실일지 모르지만, 앞선 자살을 따라 자살한 청소년들과 주의 깊게 연구된 청소년들은 이러한 접촉이 설명하는 것처럼 적어도 그들의 행동을 설명해줄 수 있는 다른 특징들을 공유한다(Davidson, Rosenberg, Mercy, & Franklin, 1989). 그러한 특징은 약물이나 알코올 중독, 정신적 질환, 이성 친구와 결별, 폭력을 목격하거나 스스로 폭력을 사용하는 것, 신체적으로 자기 자신을 학대함, 보다 쉽게 범죄를 저지름, 학교에 오래 머무름, 보다 자주 이동하고 부모 역할을 하는 어른들이 2명이 넘는다는 것을 포함한다.

자살 개입

이 부분에서는 자살 예방에 초점을 맞춘다. 그러나 한 사람이 진정으로 결정적인(determined) 자살행위들을 방지할 수 없기 때문에 여기에서는 *자살 가능성을 줄이려는 목적의 개입*에 대해 말하는 것이 나을 것이다(Jobes, 2006; Shneidman, 1971). 다수의 프로그램들이 미국 전역과 해외에서 이러한 목적을 위해 개발되었고 보통 위기 개입의 기술을 사용해왔다(당신이 거주하는 지역의 위기 개입 프로그램에 문의하거나 24시간 훈련 받은 상담자와 내담이 가능한 미국자살협회의 국립자살 예방 생명의 전화(1-800-SUICDIE[784-2433] 혹은 1-800-273-TALK[83255])에 연락하라. 이 프로그램들은 위기 상태라고 느끼거나 자살 경향을 느끼는 사람들의 필요에 대응해준다. 몇 십 년간의 작업을 통해 다수의 전문가들이 어떻게 사람들이 이와 같이 행동하는가에 대해서 배웠다. 교대로 다수의 사람들이 타인이 그러한 사람들에게 조력을 제공할 수 있는 법에 대해서 배웠다-즉, 자살하거나 생명을 위협하는 행위를 하는 이들이 있을 경우에 건설적으로 개입하는 방식에 대해서 배운 것이다(Seiden, 1977).

우선, 자살 행동에 관한 잘못된 인상이 비판되어야 한다(표 17.2 참조). 예를 들어 많은 사람들이 자살하려는 사람이 그들의 의도에 대해서 이야기하지 않고 자살은 갑작스런 충동의 산물이며 정서적으로 곤혹스럽게 누군가에게 자살에 대해 언급하는 것은 그 또는 그녀가 전에는 한 번도 생각해보지 않았던 사람에게 행할 것이라고 믿는다. 이러한 사항들이 모두 잘못되었다는 것은 이미 오래 전에 알려져 있었다(Maris, 1981).

스스로 목숨을 끊는 것을 생각하는 사람들은 대개 자살에 대해서 이야기한다. 한 추정에 따르면 자살을 하려고 하는 사람들의 80%가 그들의 계획을 가족, 친지, 그리고 지도자 역할(의사나 성직자)을 하는 이들에게 이야기하거나 개입 프로그램에 전화한다(Hewett, 1980, p. 23). 이러한 이유로 대부분의 자살을 하는 사람들이 간곡하게 살고 싶어 하거나 적어도 삶과 죽음의 선택에서 모순을 느끼고 있다고 말해진다. 그들은 단순히 그들 문제에 대한 대안을 찾을 수 없는 것이다.

자살은 경고 없이 이루어지는 경우가 드물다. 그것은 어디에서도 갑작스럽게 나오는 행위는 아니다. 그것은 보통 사전에 잘 생각하고 신중하게 계획된 것이다. 빈번하게 자살하는 사람들은 그들의 의도에 대해서 수많은 단서를 제공한다(초점 맞추기 17.2를 참조하시오. 여기에서는 두문자어 IS PATH WARM을 사용한다). 이러한 단서들은 말로 표현될 수도 있고 그렇지 않을 수도 있다. 그것들은 좋아하는 물건을 나누어 주거나, 식습관이나 수면 습관이 변화하거나 심지어 동요하던 끝에 평정을 보여주는 것 등을 포함한다(평정은 무엇을 해야 할지 마침내 결심한 것이기 때문이다).

표 17.2 자살에 대한 사실과 우화

이 진술은 사실이 아니다.	이 진술은 사실이다.
우화: 자살에 대해 이야기하는 사람들은 자살하지 않는다.	**사실:** 자살하는 사람 10명 중에서 8명은 그들의 자살 의도에 대한 명시적인 경고를 보낸다. 자살 위협과 시도는 심각하게 받아들여져야 한다.
우화: 자살은 경고 없이 일어난다.	**사실:** 연구는 자살하는 사람이 그들의 자살 의도에 대해 수많은 단서와 경고를 제공하는 것을 밝혀냈다. 이러한 "도움의 요청"에 대한 경각심은 자살 행동을 방지할 수도 있다.
우화: 자살하는 사람은 의도를 갖고 죽는다.	**사실:** 대부분의 자살하는 사람들은 살지 죽을시에 대해서 결정을 하지 않았고 "죽음으로 도박을 하며" 타인들이 자신을 구하도록 놔둔다. 거의 모두가 남들이 그가 어떻게 느끼는지 알지 못하게 한 채 자살하지는 않는다. 종종 이 "도움의 요청"은 "코드"로서 주어진다. 이러한 다급한 신호는 생명을 살리는데 사용될 수 있다.
우화: 한번 자살하려고 하면 그는 영원히 자살하려고 한다.	**사실:** 다행스럽게도 자신을 죽이고 싶어 하는 사람은 제한적인 시기에만 "자살하려"고 한다. 그들이 자기-파괴에서 구제되면 그들은 유용한 삶을 영위해 나갈 수 있다.
우화: 자살 위기 이후에 개선은 자살 위험이 끝났음을 의미한다.	**사실:** 대부분의 자살은 "개선"이 시작되고 나서 3개월 내에, 한 개인이 그의 병적인 죽고자 하는 생각과 느낌을 실제로 이행할 힘을 가질 때 발생한다. 친척들과 의사들은 특히 이 기간에 주의 깊게 살펴봐야 한다.
우화: 자살은 부자들에게서 자주 발생한다-아니면 반대로 가난한 이들에게서 더 빈번하게 발생한다.	**사실:** 자살은 부자들만의 병도 아니며 가난한 이들의 저주만도 아니다. 자살은 매우 "민주적"이며 사회 모든 계층에서 균등하게 나타난다.
우화: 자살은 대물림하거나 "가족 안에서 되풀이 된다."	**사실:** 자살은 가족 안에서 되풀이 되지 않는다. 그것은 개인적인 문제이며 방지될 수 있다.
우화: 모든 자살하는 개인들은 정신적으로 문제가 있고 자살은 항상 정신이 이상한 사람의 행위에 해당한다.	**사실:** 수백 개의 진정한 자살 유서를 연구한 결과에 따르면 자살하는 사람이 극도로 불행하지만 그는 반드시 정신적인 문제가 있는 건 아니다. 그의 압도적인 불행은 일시적인 감정의 기복, 장기간 고통스러운 질병, 혹은 희망을 완전히 상실한 상태로 인해 오는 것이다. "자살은 미친 행위"라고 말하고 그러므로 모든 자살하는 사람들이 정신이 이상한 사람들이라는 것은 순환논증의 오류이다.

출처: Shneidman and Farberow, 1961, 미국 정부 출판부, PHS Publications No. 852.

초점 맞추기 17.2

자살의 경고 신호

자살 행동의 위험성이 있는 사람은 대부분 다음과 같은 경고 신호를 보낸다.

I. 사고(ideation) 사고를 표현하거나 소통함.

- 자기 자신을 해치거나 죽이겠다고 위협하든가 자기 자신을 해치고 싶다거나 죽이고 싶다는 말을 하든가
- 총기, 약물 혹은 다른 수단을 통해 자살하는 방법을 찾아보거나
- 죽음, 죽는 것 혹은 자살에 대하여 말하거나 글을 쓰며 이러한 행동들이 정상 범위를 벗어남.

S. 약물 남용(Substance Abuse) 알코올이나 약물 등의 사용이 늘어남.

P. 목표가 없음(Purposelessness) 살아갈 이유를 잃음. 삶의 목적을 느끼지 못함.

A. 불안(Anxiety) 불안, 동요(agitation), 잠을 자지 못하거나 계속 잠만 잠.

T. 함정에 빠진(Trapped) 함정에 빠진 기분(길이 없어 보이는 듯한).

H. 희망이 없음(Hopelessness) 희망이 없음.

W. 침잠(Withdrawal) 친구, 가족 사회로부터 멀어짐.

A. 분노(Anger) 분노, 통제하지 못하는 화, 복수를 하려고 함.

R. 무모함(Recklessness) 무모하게 행동하거나 위험한 활동에 참여함. 겉보기에 생각을 하지 않는 것처럼 보임.

M. 기분 변화(Mood Change) 극적인 기분 변화를 보임

출처: 미국 자살학 협회(American Association of Suicidology)에 기초하여

누군가에게 자살을 생각하거나 시도할 것인지 묻는 것은 그렇게 하지 않았다면 그 사람에게 떠오르지 *않았을* 생각을 심어주는 것이 아니다. 우울증을 겪거나 심하게 동요하는 개개인은 이미 자살에 대해서 생각한다. 수많은 자살학자들이 거의 모든 인간이 한번쯤 혹은 그 이상 자살의 가능성에 대해서 생각해본다고 본다. 그러므로 자살은 그렇게 희귀하게 접하는 생각은 아니다. 그 사람이 자살에 관한 생각이나 계획에 대한 정보를 자발적으로 구하는 것이 아니라면 이를 발견하는 가장 단순한 방법은 물어보는 것이다.

자살 의도가 발견되면 개입이 여러 가지 형태로 취해질 수 있다(Hatton & Valent, 1984; Rudd, Joiner,& Rajab, 2001; Wesfeld et al., 2006; Yufit & Lester, 2005). 자살하려는 사람을 돕는 몇몇 실질적인 방식은 초점 맞추기 17.3에 요약되어 있다. 우선 여러 가지 자살 의도가 오래 지속되지 않음에 주목해야 한다. 일차적인 목표는 상대적으로 단기간 위기를 겪는 사람들을 도와주는 것이 될 수 있다. 그것은 모든 위기 개입 프로그램이 채택한 기본 전략이다.

자살하려는 사람을 돕는 몇 가지 방법

- 그 사람을 심각하게 다루어야 한다. 잘 들어주도록 한다.

- 그 사람이 자신의 기분을 표현하고 있는 그대로의 자신을 받아들이게 해야 한다. 공감하고 차분하며 판단하지 않는다.

- 공개적으로 자살에 대해서 말하는 것을 두려워하지 않는다. "자기 자신을 해치거나 죽이고 싶다고 생각한 적이 있나요?"라고 묻는다. 또한 당신이 그 사람이 자살에 가까워졌다고 믿는 구체적인 예시를 제시할 수도 있다.

- 집중해서 들어주고 눈을 맞추고 그 사람 가까이에 다가가며 가능하다면 그 사람을 만지거나 손을 잡아주어 당신의 그 사람에 대한 관심을 표시한다.

- 자살이 옳고 그른지에 대해서 혹은 그 사람이 기분이 좋은지 나쁜지에 대해서 토론하지 않는다. 논쟁적이거나 훈계하는 태도는 그 사람과의 관계를 멀게 한다.

- 잠재적으로 자살하려는 사람이 그 행위를 완성하도록 도발하게 하면 안 된다. 그가 그것을 행하게 건드려서는 안 된다.

- 그 사람이 자살 행위를 하려는 구체적인 계획이 있는지 그렇게 하려는 구체적인 단계에 돌입했는지 알아낸다(그러한 수단에 대한 접근은 목숨을 끊으려는데 사용될 수 있다)

- 건설적인 대안이 이용 가능함을 지적하지만 말로만 안심시키지 않는다. 자살이 일시적인 문제에 대해서 영구적인 해결책이 된다는 것을 강조하라.

- 그 사람이 목숨을 끊는데 사용할 수도 있는 수단(총기나 알약이 채워진 약병)을 제거한다.

- 그 사람에게 그가 궁극적으로 자신의 행위에 대해서 책임이 있지만 도움을 받을 수 있고 사람들이 관심을 가지고 있고, 당신이 도울 수 있는 자원과 연결해 줄 수 있음을 주지시킨다.

- 위기에 개입하고 자살을 예방하는데 정통한 사람이나 기관에 도움을 받는다.

- 당신이 그러한 도움을 얻을 때까지 그 사람과 함께 하며 혼자 놔두지 않는다. 자리를 비워야 한다면, 당신과 연락하라고 요청하거나 당신이 도움을 얻거나 상황을 해결하기 위해 돌아올 수 있을 때까지 자살하려고 하는 시도에서 더 나아가지 말라고 부탁한다.

- (함부로) 당신이 비밀을 지켜주거나 무조건적인 비밀의 맹세를 하겠다고 약속하는 상황을 만들면 안 된다. 그러한 의무는 당신이 세운(전문적 도움을 얻는 등의) 특정 조건이 충족되기 전에 그 사람이 행동하지 않을 거라는 약속이 전제되어야 한다.

출처: 미국 자살학협회와 우울증과 양극성 장애 지원 연맹의 가이드라인으로부터

자살하려는 사람을 돕기 위해서 그들에게 귀기울여주는 것이 중요하다. 고통에 처한 누군가에게 관심을 갖고 같이 있어주는 것은 그 사람을 돕는 본질적인(essential) 단계이다. 타인들은 이 사람이 필요로 하는 것을 이해하기 위해서 표현된 느낌들에 대해서 진정으로 잘 들어주어야 한다. 듣는 과정의 일부는 자살에 대한 말들을 듣고 그것들이 무엇인지, 각 발언에 포함된 여러 수준이나 차원을 인식하는 것이나. 내부분의 위기 개입 일을 하는 사람들은 모든 자살 관련 발언이 심각하게 다루

어져야 한다고 주장한다.

그러한 발언을 듣고 나서 실제 의도와 계획이 평가되어야 한다. 그 사람이 자살에 대해서 더 생각하고 자살에 대한 실제 계획에 대해서 작업을 할수록, 더 심각하게 그 발언을 다루어야 한다. "종종 내 자신을 죽이고 싶은 느낌이 들어요"라는 발언이 더 이상 진전되지 않으면 이는 자신이 언제 어떻게 자살을 하고자 하는지 생각하는 바를 타인에게 알리는 발언보다는 덜 중요하다. 상황은 계획을 실행하기 위해 실제적인 조치가 취해질 때 훨씬 더 심각해지게 된다.

일반적으로, 정서적인 변화는 중요하다. 누군가 우울해졌으나 정서적인 분위기에서 갑작스럽게 많이 밝아졌다면, 이는 반드시 우려가 감소된 시기는 아니다(Farberow, 1983). 자살 행위는 실제로 사람들이 우울증에서 벗어나려고 할 때 증가한다. 그러한 상황에서 그들은 마침내 행위에 필요한 에너지를 얻는다. 유사하게 동요상태로 변화하는 것은 위기를 나타낼 수 있다.

들어주는 과정에서 그 사람이 말하는 것에 주의를 기울여야 한다. 이는 보통 그 사람이 믿거나 느끼는 바에 대해서 판단하는 방식(그 자신의 관점으로부터)으로 평가 과정에 참여하지 않아야 함을 의미한다. 자살하려는 사람의 관점으로부터 문제가 있는 것처럼 보이는 것은 그 사람에게는 문제이다. 그러한 개개인에게 그들의 문제는 중요하지 않다고 말하는 것은 도움이 되지 않는다. 그것은 오히려 우리가 실제로 그들의 말을 듣지 않거나 그들이 처했다고 믿는 문제의 무게를 이해할 생각이 없는 것처럼 들린다. 그들이 우리에게서 멀어질 수도 있는 건 놀라운 일이 아니다.

수많은 자살을 하는 사람들이 "터널 비전(tunnel vision)"을 경험하는데 이 과정에서 개개인은 단지 그 위기를 해결할 가능한 해결책의 범위가 매우 좁다고 인식한다. 이러한 관점에서 자살은 유일하게 가능한 해결책처럼 보인다. 한 가지 도움이 되는 방식은 그 위기를 해결하는 다른 건설적인 선택사항, 예를 들어 이전에 알지 못했던 내적 자원을 끌어내주거나 위기에 도움이 될 만한 공동체에서 이용할 수 있는 외부적 자원에 의지하게 하는 것이다(그것이 감정적인 것이건, 물리적인 것이건, 재정적이거나 영적인 것이나 다른 유형인지에 상관없이).

마지막으로 구체적인 행위가 필요하다. 구체적인 합의를 얻어내는 것은 다음 질문들에서처럼 도움이 될 수 있다. 내가 거기에 갈 때까지 아무런 행동도 하지 않을 거라는데 동의하시나요? 당신은 저랑 상담사에게 이야기하러 가실래요? 다음에 치료사를 만날 때까지 스스로에게 해를 입히지 않을 거라고 약속하실래요? 종종 그 사람을 혼자 놔두거나 자살하려는데 사용하려는 수단에 접근하지 못하게 하는 것도 또한 중요하다. 다수의 경우에서 훈련된 전문가의 참여가 필수적이다(Leenaars, Maltsberger & Neimeyer, 1994). 국립 자살 예방 생명 전화(National Suicide Prevention Lifeline)로부터 조력이나 위탁방문(referral)을 위해서 1-800-273-TALK(8255) 혹은 1-800-SUICIDE(784-2433)로 연락하라.

자살이나 위기 개입에 관여한 사람들을 위하여 하나의 다른 사실이 존재한다. 이 영역에서 일하는 사람들은 종국에 가서는 누구도 그 사람의 생명에 대해 진정 책임을 질 수 없다고 지적한다. 한 사람이 심각하게 자살을 고려한다면, 일반적으로 그 누구도 그 일을 막을 수 없다-그 사람을 본질적으로 잠시 "감금"하는 것을 빼고는. 그러나 죄책감이 자살에 대한 반응에서 자주 나타남에도 불구하고 자살은 결국에는 타인들이 거의 통제할 수 없는 행위이다. 그것은 인간의 선택 중 하나이다.

우리는 또한 다수의 저술가(예를 들어, Lester, 2003; 2006a, 2006b; Werth, 1996, 1999b)가 적어도 몇몇 사례에서 자살이 어떤 사람들에겐 합리적이고 도덕적으로 수용될 수 있다고 주장했음에 비해 다른 이들은 그에 대해서 동의하지 않았음을 지적해야 한다(예를 들어, Feldman, 2006; Leenaars, 2006; 비판적 숙고 #15 참조). 예를 들어, 철학자 세네카(Seneca, 1932, vol. 1 p. 239)는 이 주제에 대해서 다음과 같은 견해를 제시한다.

비판적 숙고
#15 자살은 도덕적으로 적절한 행위가 될 수 있는가?

고대 이래로 논의되어온 쟁점 중 하나는 자살이 도덕적으로 적절한 행위가 될 수 있는지 여부이다. 부분적으로 이 질문에 대한 답은 사람이 자살이 이성적인 행위가 될 수 있다고 믿는가 여부에 달려 있다. 우리가 살펴본 것처럼 우울증, 모순, 그리고 기타 강력한 감정이 상당수의 자살 행동에서 중심적인 역할을 한다. 이는 몇몇 사람들이 자살은 항상 혹은 거의 항상 비이성적인 행위라고 주장하는 결론에 이르게 한다(Jamison, 1999). 실제로 이것이 사실이라면 그것은 우리가 자살의 도덕적 지위를 바라보는 방식에 영향을 미치게 된다.

그러나 다른 이들은 자살에 대해 명료하고, 이성적이고 심지어 도덕적으로 적절한 동기가 있다고 주장한다(Lester, 2003; Werth, 1996; 1999b). 롤린(Rollin, 1985)은 적어도 몇몇 상황에서는 이 견해에 동의한다. 그녀는 "실제 질문은 한 사람이 그가 삶의 종말에 다다르고 공포 외엔 남은 것이 없는 경우에 세상을 떠날 권리가 있느냐?"라고 썼다(Humphry, 2002, p. 14). 롤린은 자살을 장기간에 걸친 자기-구원(deliverance)이라고 본다. 이러한 입장은 한 개인의 자율성의 합법적인 범위는 죽을 권리 내지 자신의 생명을 종결할 권리를 포함시켜야 한다는 입장에 기초한다(Fox, Kamakahi, &

Capek, 1999; Hillyard & Dombrink, 2001; Humphry & Clement, 1998; Meisel & Cerminara, 2004; Nitschke & Stewart, 2007; Wanzer & Glenmullen, 2007). 사실 미국 어떤 지역에서도 자살은 불법으로 취급되지 않는다. 이는 우리 사회의 많은 사람들에게 있어서 자살이 개인의 자율성의 범위 내 합법적으로 위치함을 보여준다.

다른 사회들 또한 자살을 일정 유형의 조건에서 적절한 것으로 보기도 한다. 사회적, 정치적, 도덕적 상황이 사회나 가족의 선을 위해서 개인의 자살을 요구할 수도 있다(이 장의 이타적인 자살 논의 참조). 그러나 자살의 도덕적 적절성을 지지하는 대다수의 주장은 적어도 그 사람이 그러한 행위를 감행할 때 이성적이어야 함을 요구한다.

자살의 도덕성에 반대하는 주장은 그러한 행위를 하는 사람은 이성적이지 않거나 혹은 도덕적 가치를 기각하는 다른 것이 작동한다고 말한다. 예를 들어, 우리가 이 장 어디에선가 논의한 것처럼, 거의 모든 종교가 자신의 생명을 스스로 끊는 것을 반대한다. 이는 아마도 그들이 개인의 생명이 그 자신에게만 속하는 것이 아니거나(그것은 궁극적으로 신에게 속한다) 성스러운 경전이 그것을 금하고 있기 때문에 그러할 것이다.

그러나 당신도 알다시피 삶이 항상 빨리 진행될 필요는 없다. 그것은 삶이 아니다. 그러나 좋은 삶 속에서 좋은 것이 지속된다. 그러므로 철학자로 여겨지는 자(예를 들어 현명한 사람)는 그가 할 수 있는 대로가 아닌 그가 해야만 하는 대로 살게 된다. 삶의 질이란 그 길이가 아니라 항상 그의 사고인 것이다. 그가 마음의 평화에 치명적인 문제들을 지닌 사람들과 대면하게 되면, 그는 자신을 자유롭게 한다. …… 그가 종말을 초래하는지 혹은 그것을 수용하는지, 그것이 빨리 오는지 느리게 오는지는 조금도 중요한 것이 아니다. …… 곧 죽는 것이나 늦게 죽는 것은 중요한 문제가 아니다. 나쁘게 죽거나 잘 죽는 것이 중요한 점이다. 그러나 잘 죽는 것은 끔직한 삶의 위험을 탈출하는 것이다.

그 결과 세네카와 기타 저자들은 자살을 막기 위한 개입이 보편적으로 적절한 것은 아니며 합리적인 자살을 수행하고자 하는 이를 돕는 것은 대등하게 수용될 수 있을 것이라고 주장한다.

자살의 도덕적 용인에 대한 종교적 견해

자살에 대해 주어진 종교적 전통의 관점을 단순하게 설명하기가 불가능함에도 불구하고 다음 글들은 종교적 입장의 예시를 보여주고 있다.

유대교

유대교에 있어서, 인간 생명은 '신의 형상을 따라 창조된 것'이다. 인간 생명의 성스러움은 자기방어가 부족하거나 순교의 상황에서도 인간 생명이 그 자체로 목적으로서 취급되는 것으로 본다.…… 심지어 개인적 자율성은 인간 생명의 성스러움에 있어서 부차적인 것이며, 그러므로 환자는 자신의 목숨을 끊도록 허용되어서는 안 된다(Feldman & Rosner, 1984, p. 106). 이러한 인용이 주어진 예외에 주목하라.

기독교

기독교에서 로마 가톨릭 전통의 *안락사에 관한 선언*은 다음 진술을 포함한다. "고의적으로 자신의 죽음을 초래하거나 자살은 …… 살인만큼이나 잘못된 것이다. 한 사람의 입장에서 그러한 행위는 신의 주권과 사랑의 계획에 대한 거부로 간주되어야 한다. 더 나아가 자살은 또한 자신에 대한 사랑의 거부이자 살고자 하는 자연적 본능의 부인이고 자신의 이웃, 다양한 공동체 혹은 전체 사회에 대한 정의와 사랑의 의무에서 벗어나는 것이다."(신앙교리성성, 1982, p. 512) 이 마지막 입장은 영국 성공회 전통 밖에서 주장한 스미스(Smith, 1986, p. 64)에 의해서 강화되었다. "어떠한 맥락에서도 자살은 사회적 행위인데 그 이유는 자아는 사회적이기 때문이며 자살은 단순히 개인 권리의 문제가 아니기 때문이다. 하나님의 자녀로서 그리스도인들은 모든 선택이 그 관계성에 연결되어 있어야 한다." 그는 또한(의료 환경 때문에 자살의 상황에서, 그러나 이 주장은 모든 자살 상황으로 확대되어야 할 것이다) 의료적 근거 상 이타적 자살로 추정하는데서 큰 어려움은 타인이 느끼는 죄책감과 그와 관련된 이들이 갖는 버려졌다는 느낌이 무시된다는 것에 있다고 주장했다.

이슬람교

꾸란(Qur'an)은 다음과 같은 관련 문구를 포함한다. "니의 돈으로 네 자신을 파괴하지 마라."(2, 195) 그리고 "네 스스로를 파괴하지 마라. 약함과 부정의를 통해 그렇게 행한 자는 불태워질 것이다."(4, 29) 그러나 라흐만(Rahman, 1987, p. 126)은 "무슬림이 할 수 있는 유일한 방법이자 생명을 자유롭게 바치고 취할 수 있다고 기대되는 유일한 방법은 지하드나 성전에 참여한 순교자처럼 '알라의 길에 들어서는 것'이다. 하디스(Hadith)에 따르면 폭력에 대하여 자아, 가족, 재산(또한 국가까지 확대하여)을 지키기 위해 죽은 사람 또한 순교자이다."라고 보고한다.

힌두교

"힌두교는 자살이 자신을 위한 동기 때문에 스스로를 자발적으로 죽이려는 직접적이고 고의적인 행위인 경우에만 악하다고 본다. 주관적으로 악은 무지와 격정의 산물로서 그 행위 안에 머무른다. 객관적으로 악은 자유의 진전을 방해하는 행위의 카르마적(karmic) 결과를 아우른다." 이러한 견해는 그러나 몇몇 상황에서는 수정된다. "힌두교는 자살이 종교적인 동기를 가질 때, 선택적인 의지를 허용한다. 힌두교 전체 교리는 점진적인 포기의 실천이며 그것과 연속해서 *자살은 가장 큰 포기의 행위인 것이다.* 현인(sage)에게 있어서 그것은 죽음의 죽음이다(Crawford, 1995, pp. 68, 71)."

불교

"자살에 대한 불교의 표준적인 입장은 그것이 소멸하고자 하는 욕망에 의해 동기 지워진 헛되고 잘못 인도된 행위라는 것이다 열반에의 확신은 생명에 반하는 선택이 될 수 없다." 그러나 다시 어떤 상황에서 자살은 불교도에게 수용될 수 있다. 그들 스스로를 희생한 보살(bodhisattvas)들은 생명에 반하는 것을 선택한 것이 아니라 그들의 동료 인간들을 위한 봉사를 위해 그들의 삶을 기꺼이 내려놓을 수 있음을 보여준 것이다. 즉, "그들은 죽음을 그 자체를 목적으로 추구한 것이 아니라 죽음이 오는 것을 수용한 것이다. 말하자면 그들의 의무 과정의 일부로서 수용한 것이다."(Keown, 1995, pp. 58, 59)

563

내용 요약

이 장에서 우리는 자살과 생명을 위협하는 행동의 수많은 차원과 함의의 일부를 탐색했다. 우리는 자살의 개념을 명확하게 하고 자살에 이르게 하는 많은 요소들을 강조하고자 하였다. 우리는 또한 자살 행동에서의 몇몇 공통된 유형들을 기술하고 그러한 행동들을 이해하거나 혹은 설명하려는 심리학적, 생물학적, 그리고 사회학적 노력을 검토했다. 우리는 다른 사람의 자살로 인해 유족이 된 사람에 대한 영향에 특별히 주의를 기울였다. 게다가, 우리는 자살에 대한 경고신호를 개인과 사회가 자살 행동을 최소화하기 위해 취할 수 있는 개입과 더불어 확인하였다. 마지막으로 우리는 자살이 도덕적으로 적절한 행위로서 고려될 수 있는지 여부에 대한 다섯 가지 주요 종교적 전통의 견해를 다루었다.

용어 해설

동요: 한 사람의 삶에서 고도의 심리적 혼란

둘 중 하나라는 사고: 누군가 고통스러운 상황이 지속되거나 목숨을 끊어 그 조건을 탈출하는 상상에만 골몰하게 되는 제한된 사고 과정

무기력함: 자신을 돕거나 돌보는 능력이 부재함

불행함(Haplessness): 계속해서 운수가 사납거나 불운한 행위를 일컬음

생명을 위협하는 행동/행위: 실제로 결과가 일어나는지 여부에 상관없이 자신의 생명을 위협에 처하게 하는 행위, 자살 행위보다는 일반적인 용어

성공한 자살: 전문가들은 이 용어를 "저질러진 자살(committed suicide)"이란 용어보다 선호한다.

숙명적 자살: 한 사람이 과도하게 통제하는 사회적 맥락에서 탈출하고자 할 때 취해지는 자살. 자살이 사회가 개인을 과도하게 규제할 때 일어난다고 여겨지는 사회학적 범주

아노미적 자살: 사회가 그 구성원을 그들의 욕망을 규제하도록 도와줄 수 없거나 그러한 의도가 없을 때 취해지는 자살. 자살이 사회적인 과소규율 내지 갑작스런 사회적 통제의 철회로 인해 일어난다고 하는 사회학적 범주

이기적인 자살: 사회가 한 개인이 그들의 삶에서 의미를 찾는 것을 도와주지 못해서 그들이(보통 갑자기) 외롭거나 고립되어 있음을 느낄 때 취해지는 자살. 이 자살은 한 개인이 그가 속한 사회로부터 과소하게 몰입되거나 규율될 때 일어나는 사회학적 범주

이타적 자살: 자신이 속한 사회 집단을 대신하여 행해지는 자살. 자살이 개인이 그가 속한 사회에 과도하게 개입하거나 통합됨으로써 발생한다고 간주되는 사회학적 범주

자살: 자신의 생명을 신중하게 혹은 고의적으로 종료시키는 것. 보통 고의적인 자해라고도 불림

자살 개입: 완성된 자살의 가능성을 줄이거나 적어도 자살 행위를 최소화하려는 노력. 개입은 방지가 항상 가능한 것이 아니기 때문에 후자보다 더 선호되는 용어.

자살학과 자살학자: 자살과 자살 행위에 관한 과학적 연구. 자살 행위, 개입을 연구하고 그러한 행위를 최소화하는 개입을 하며 그 사후효과를 처리하는 사람

자살 유가족(Survivors of suicide): 이 맥락에서는 타인의 자살의 사후 효과를 경험한 개개인을 일컫는다. 일반적으로 자신의 삶을 종결시키려고 시도했으나 그 시도가 실패한 사람을 가리키는 말이 아님

적대심: 자신의 최선의 이익에 반하는 행위를 하는 불안정한 생활 방식

터널 비전: 극소수의 한정된 선택권만이 있다고 억제적인 사고를 하는 상태. 자신의 인식, 의견, 선택권의 범위를 좁히는 일

합리적인 자살: 명료하고 합리적이고 도덕적이라고 여겨지는 동기의 결과로 자신의 목숨을 끊는 것

희망 없음: 자신의 미래에 대한 긍정적인 기대치가 없는 상태

복습과 토론을 위한 질문

1. 이 장은 자살로 삶을 마감한 두 사람의 예시로 시작했다. 어니스트 헤밍웨이와 실비아 플라스의 자살에 대해서, 배운 바를 사용해서 이들 두 사람의 행위에서 어떤 유사점과 차이점을 볼 수 있는가?

2. 당신의 생명을 끊는 것에 대해 생각한 적이 있는가? 당신이 알고 사랑하는 누군가가 당신에게 스스로 목숨을 끊으려고 했던 생각에 대해서 말한 적이 있는가? 당신 삶에서(혹은 타인의 삶에서) 그러한 생각에 이르게 한 것이나 그런 지점을 지난 당신 혹은 다른 사람을 도와준 것이 당신의 삶이나 다른 사람의 삶에서 계속 진행되고 있는가? 당신이나(다른 누군가) 그런 생각을 가지고 그 지점을 지나도록 도울 수 있게 한 것은 무엇인가?

3. 자살로 자신의 목숨을 끊은 사람을 알고 있는가? 그러한 행위에 대한 당신은 반응은? 타인들이 그러한 행위에 반응하는 방식에 대해서 생각해 보라. 우리가 9장에서 배운 슬픔과 애도와 같은 이러한 반응들은 어떠한가? 그들은 어떻게 다른가?

추천 도서

Bertini, K. (2009). *Understanding and Preventing Suicide: The Development of Self-Destructive Patterns and Ways to Alter Them*.

Dunne, E. J., McIntosh, J. L., & Dunne-Maxim, K.(Eds.).(1987). *Suicide and Its Aftermath: Understanding and Counseling the Survivors.*

Evans, G., & Farberow, N. L.(Eds.).(1988). *The Encyclopedia of Suicide.*

Hawton, K., & Van Heeringen, K.(2000). *The International Handbook of Suicide and Attempted Suicide.*

Humphry, D.(2002). *Final Exit: The Practicalities of Self-Deliverance and Assisted Suicide for the Dying(3rd ed.).*

Jacobs, D. G.(1999). *The Harvard Medical School Guide to Suicide Assessment and Intervention.*

Jamison, K. R.(1999). *Night Falls Fast: Understanding Suicide.*

Jobes, A. A.(2006). *Managing Suicidal Risk: A Collaborative Approach.*

Jordan, J. R., & McIntosh, J. L.(Eds.).(2010). *Grief after Suicide: Understanding the Consequences and Caring for the Survivors.*

Leenaars, A. A., Maltsberger, J. T., & Neimeyer, R. A.(Eds.).(1994). *Treatment of Suicidal People.*

Leenaars, A. A.,&Wenckstern, S.(Eds.).(1991). *Suicide Prevention in the Schools.*

Leong, F. T. L., & Leach, M. M.(Eds.).(2007). *Ethnicity and Suicide in the United States [Special issue]. Death Studies, 31(5).*

Lester, D.(1997). *Making Sense of Suicide: An In-Depth Look at Why People Kill Themselves.*

Lukas, C., & Seiden, H. M.(2007). *Silent Grief: Living in the Wake of Suicide(Rev. ed.).*

Maris, R. W., Berman, A. L., & Silverman, M. M.(2000). *Comprehensive Textbook of Suicidology.*

Miller, D. N.(2011). *Child and Adolescent Suicidal Behavior: School-based Prevention, Assessment, and Intervention.*

Rudd, M. D., Joiner, T., & Rajab, M. H.(2001). *Treating Suicidal Behavior: An Effective, Time-Limited Approach.*

Shneidman, E. S.(1980/1995). *Voices of Death.*

Shneidman, E. S.(1985). *Definition of Suicide.*

Smolin, A., & Guinan, J.(1993). *Healing after the Suicide of a Loved One.*

Worchel, D., & Gearing, R. E.(2010). *Suicide Assessment and Treatment: Empirical and Evidence-Based Practices.*

Yufit, R. I., & Lester, D.(Eds.).(2005). *Assessment, Treatment and Prevention of Suicidal Behavior.*

웹자료

유용한 검색어: ALTRUISTIC SUICIDE; ANOMIC SUICIDE; EGOISTIC SUICIDE; FATALISTIC SUICIDE; LIFE-THREATENING BEHAVIOR; RATIONAL SUICIDE; SUICIDE; SUICIDOLOGY; SURVIVORS OF SUICIDE.

본서와 연계된 웹사이트 Death & Dying, Life & Living, 제7판을 방문해 보라.

본서-특약 웹사이트는 전문용어 해설, 플래시 카드, 아래 소개된 웹사이트 연결로, 그리고 퀴즈 테스트 등을 포함하는 학습 도구들을 제공한다. www.cengagebrain.com을 방문하라.

American Association of Suicidology

American Foundation for Suicide Prevention

Depression and Bipolar Support Alliance

International Association for Suicide Prevention(IASP)

Metanoia

Samaritans, Inc.

Suicide and Life-Threatening Behavior(journal published by Guilford Press)

Suicide and Mental Health Association International(SMHAI)

Survivors of Suicide

Death with Dignity National Center

제18장

조력 자살과 안락사: 인간 생명의 의도적인 종결

목표

- 한 인간 생명의 의도적인 종결(ending)에 관련된 개념적, 도덕적 쟁점을 검토하기

- 조력 자살(assisted suicide)과 안락사(eutha-nasia)를 정의하고 다른 종류의 인간 생명의 종결 양식과 구분하기

- 행위성(누가 행위 하는가?)과 의도(그러한 결정을 한 목적은?)를 고려하여 조력 자살과 안락사를 구별하기

- 조력 자살과 안락사에 관련된 철학적 논쟁과 여러 세계 종교들이 그것들에 가지는 관점을 검토하여 이들의 도덕적 문제(morality)를 탐색하기

- 네덜란드와 오리건 주에서의 이러한 주제에 관련된 사회 정책을 설명하기

테리 시아보(Terri Schiavo)

1990년 2월 25일 26세였던 테리 시아보(Terri Schiavo)는 마이클 시아보(Michael Schiavo)와 결혼한 지 6년 되었다. 그녀는 사망선택 유언이나 지속적 위임장(durable power of attorney)에 서명한 적이 없다. 그날, 테리의 심장이 멈췄고(정확히, 섭식 장애의 결과로), 그녀의 뇌는 산소부족을 겪었다. 그날로부터 테리는 코마 상태에 빠졌고 어떤 이들은(몇몇 의사를 포함해) 그녀가 지속적인 식물인간 상태에 빠졌다고 여겼다. 국립 신경장애 및 뇌졸중 연구소(National Institute of Neurological Disorders and Stroke)는 지속적 식물인간 상태를 "사람들이 사고 능력과 그들 주변에 대한 인지 능력을 잃었으나, 비인지 기능을 보유한 채로 정상적인 수면 상태를 보이고... 자발적인 운동이 일어날 수 있고 눈을 외부 자극에 의해 뜰 수도 있으며 심지어 종종 찡그리거나 울거나 웃을 수도 있는 상태."라고 정의한다(익명, 2003, p. 4A). 테리는 이러한 증상들을 보였고 사실 종국에 가서는 그녀의 남편(법원이 지정한 그녀의 후견인)과 부모 사이의 법적 투쟁으로 이어졌다. 한편으로 재활 노력이 수년간 지속된 후에 마이클 시아보는 테리가 결코 회복할 수 없다고 믿게 되었다. 그는 그녀가 심장 마비를 일으키기 전에 인공적인 수단에 의해 연명하고 싶지 않다고 말했음을 밝혔다. 그 근거에 따라서 1998년 이래로, 그는 되풀이해서 지역 순회 법정에 수분과 영양분, 그리고 약물을 제공하기 위해 외과적으로 그녀의 위에 삽입된 관을 제거해줄 것을 요청했다. 다른 한편으로 테리의 부모와 형제자매들(여전히 그녀가 인지 기능이 있고 적어도 한정적으로 개선된 삶의 질에 대한 잠재성이 존재한다고 믿는)은 계속해서 여러 가지 법적 수단을 통해 마이클의 요청을 막았다.

2000년 2월, 한 플로리다의 순회법정 판사는 삽입된 관(기술적으로, 위루관이지만 보통 "영양공급관"이라고 불리는)을 제거해도 된다고 판단하였다. 그것이 시행된 것은 2001년 4월 24일이었다. 그러나 2001년 4월 26일에 다른 플로리다 순회 법정 판사는 테리의 부모가 마이클에 대해서 소송을 하는 동안에 의사들에게 위관을 재삽입할 것을 명령했다(Ulfert & Lindberg, 2003, p. 1A). 2002년 11월에 최초의 판결을 내린 판사는 다시 관을 제거하라고 명령했으나 그의 명령은 주 항소 법원이 그 판결을 지지할 때까지 효력이 정지되었고 플로리다 주 대법원은 항소 법원의 결정을 검토하길 거부하였다. 위관은 2003년 10월 15일에 두 번째로 제거되었다.

이러한 행위에 대한 반대자들의 집단 및 부모의 견해를 지지하는 이들은 테리가 보살핌을 받고 있는 병원 시설 밖에서 계속 순번을 서기 시작했다. 이 시점에서, 테리의 위관을 제거하는 것에 반대하는 이들의 전화와 이메일을 전국에서 받은 플로리다 주 의회는 "테리 법(Terri's Law)"이라는 입법을 진행하여 재빨리 통과시켰다(일반적인 청문회나 전문가의 증언을 듣지 않고). 이 법은 당시 플로리다의 주지사였던 젭 부시(Jebb Bush)가 위관을 다시 삽입하도록 명령하게 하였고 이는 2003년 10월 21일에 행해졌다(2003년 12월 설문조사에서 플로리다 투표자의 65%가 이 법에 반대하였다 [Smith, 2003, pp. 1A, 21A]). 그러나 일련의 장애 권리 관련 집단과 기타가 주지사의 행위를 지지하

테리 시아보(1963-2005)

였다(Times Staff, Writer, 2004, p. 3B).

2004년 5월에 한 플로리다 순회 법정은 테리 법이 플로리다 헌법 위반이라고 판결을 내렸다. 주지사는 항소하였으나 플로리다 항소 법원은 이 문제를 플로리다 대법원에서 직접 다뤄야 한다고 판결했다. 2004년 8월에 법정은 그 주장에 대한 청문회를 개최하였고, 9월에는 만장일치로 테리 법이 플로리다 정부제도 상의 권력 분립에 관한 위헌적 위반이라고 판결하였다. 같은 법정은 이후에 그 결정을 재고하길 거부하였다. 2004년 12월에 플로리다 주지사는 미국 연방 대법원에 그 결정을 검토해줄 것을 요청했으나 2005년 1월에 연방대법원은 참고의견 첨부 없이 그 요청을 기각하였다.

2005년 2월 25일에 본래의 지방 법정 판사는 영양공급관을 제거하라는 허가를 하였다. 그것은 그해 3월 18일에 시행되었다. 이후에 미 의회와 부시 대통령은 연방 정부가 사례를 검토하는 것을 허용하는 법안에 서명하였다. 그러한 검토에 대한 테리 시아보의 부모로부터의 요청에 대응하여 연방 지방 판사는 위관이 재이식되어야 한다는 명령을 발부하기를 거부하였다. 그 결정은 미 연방대법원이 사례 검토하기를 다시 거부한 이후에 11번째 연방 순회 항소 법원에서 지지되었다. 추가적으로 지방 법원 결정은 플로리다 주정부가 위관을 다시 삽입하거나 테리를 보호 관리하는 것을 금지하는 결정을 내렸다. 플로리다 주 대법원은 이러한 결정을 번복하기를 거부하였고 연방 지방 법원과 11번째 연방 순회 항소 법원과 연방 대법원은 다시 한 번 개입을 거부하였다.

테리 시아보는 마침내 2005년 3월 31일, 그녀의 길고긴 파란만장한 이야기를 초래한 심장발작 이후 15년 이상을 보내고 나서 사망하였다. 그녀의 죽음에 관해서는 남편과 친정 가족, 변호사들, 생명윤리학자들과 기타 논평가들에 의한 저서의 홍수가 이어졌다(예를 들어, Caplan, McCartney, & Sisti, 2006; Clift, 2008; Colby, 2006; Eisenberg, 2005; Gibbs & DeMoss, 2006; Gostin, 2005; Lynne, 2005; Shiavo Case, 2005; Shiavo & Hirsh, 2006; Terri's Family, Shindler, Shindler, Vitadona, &

Shindler, 2006; Werth, 2006).

쟁점을 위치시키기

이 장에서 다뤄지는 쟁점은 한 인간 생명을 의도적으로 종결시키는 특정 상황에서 이루어지는 결정들을 다룬다. 우리 사회를 살아가는 사람들은 인간 수명을 연장시키는데 사용된 진보의 결과로서 그러한 결정을 하게 되거나 하도록 강요받게 되었다. 예를 들어, 20세기 후반에 현대 기술은 이전엔 죽을 수밖에 없었던 사람들 상당수를 살아있게 만들었다. 그러한 사람들은 스스로 호흡을 못하는 이들, 뇌를 심하게 다친 사람들 혹은 호흡기나 비강이식 영양공급관이 제거되면 죽을 수밖에 없는 점차 쇠약해지는 질병에 걸린 사람들을 포함한다. 게다가, 항암요법, 방사선 치료, 장기와 조직 이식, 기타 수많은 기술들이 많은 사람들의 수명을 연장시켰다. 이는 현대 의학의 널리 알려진 놀라운 결과이다.

그러나 이들 기술은 누군가의 삶을 지속하게 만들었을 뿐만 아니라, 그 사람의 고통의 깊이, 기간 그리고 정도를 높이는데도 기여하였다. 어떤 경우에는 몇몇 사람들에겐 이러한 기술로 연장된 수명이 고통으로 가득 채워졌을 뿐만 아니라 존엄성을 훼손하고 비도덕적인 것처럼 여겨지기도 한다. 현대 치료 기술이 효과적으로 사람의 죽어가는 이러한 측면을 다루지 못하는 경우에 어떤 사람들은 죽음이 그러한 죽어감의 과정을 이어나가는 것보다는 낫다고 주장하기도 한다.

이러한 쟁점이 얼마나 자주 다루어질 필요가 있는지는 논쟁의 문제이다. 호스피스 철학(8장 참조)은 누군가 고통으로 가득한 모욕적인 죽어감의 과정을 경험할 때 부적절한 치료가 이루어진다고 주장한다. 즉, 호스피스 철학은 생명을 위협하는 질병을 지닌 사람이 이 현재의 존재 상태보다 죽음이 더 나은지 여부의 문제에 대면하는 것이 거의 필요하지 않다고 주장한다. 그것은 사실일지도 모른다. 그러나 호스피스 케어는 아직 모든 죽어가는 사람에게 이용 가능하지 않으며 고통 완화 치료는 경험되는 고통을 성공적으로 다루지 못하고 있다. 이러한 상황에서 생명을 종결시키려는 선택이 바람직한가라는 문제가 여전히 제기된다.

이 장에서 검토되는 기본 질문은 다음과 같다. 인간 생명을 지속시키는 것보다 종결시키는 것이 적절한가? 이 질문이 확실히 대답되면 그 대답에서 다른 질문이 제기된다. 이들 질문은 다음을 포함한다. 죽음이 적절해지는 방식은 무엇인가? 누가 사람이 죽어 가는데 적절하게 관여할 수 있는가? 그러한 질문을 다루면서 우리는 그것들이 적절히 대답될 수 있는 몇 가지 근거를 살펴보며 그리고 나서 우리가 인간 생명을 의도적으로 종결시키는 것에 대한 도덕성을 명시적으로 생각해보는 길에 들어서게 된다.

미국에서 이와 같은 질문들은 조력 자살과 안락사에 가장 밀접하게 연관되어 있다. 우리는 여기서 수년간 이 문제를 논의해왔는데 그 이유는 그것들이 최근 수년간 우리 사회에서 강력한 논쟁적 문제였으며 그것들이 종종 그러한 논쟁을 방해하는 개념적 도덕적 혼란의 정도와 관련이 있기 때문이다. 이 장에서 우리의 원칙적인 목적은 조력 자살과 안락사의 개념을 명료하게 하고 그와 같이 한 인간의 생명을 종결시키는 결정 방식을 지지하거나 반대하는 주장들을 분류하는데 도움이 되게 하려는 것이다.

인간 생명을 종결시키는 결정: 누가 행위하는가?

한 인간의 생명을 종결시키는 결정에서의 핵심적인 쟁점은 *행위성(agency)*의 문제이다. 요약하자면, "*누가 행위하는가?*"라는 문제인 것이다. 조력 자살과 안락사 양자 모두에서 적어도 둘 이상의 사람들이 항상 관여하게 된다. 그 차이는 이들 개별 사람들이 종국적인 결과를 가져오는 데서 맡은 역할에 놓여 있다.

조력 자살: 누가 행위하는가?

모든 자살의 예시와 마찬가지로 모든 조력자살의 사례에서는 한 사람이 자신의 목숨을 끊는다. 자살 행위의 고전적인 형태는 한 사람이 목숨을 앗아갈 만한 수단을 얻어 그것을 사용해 자신의 목숨을 끊는 것이다. 우리는 여기서 이 행위를 행하는 사람이 그 행위를 할 때 타인으로부터 어떤 압력도 받지 않았다고 추정한다. 자살의 형태로서 *조력 자살*은 이러한 유형을 따른다. 그 차이는 이제 자살이 신중하게 조력을 받았다는 것이다. 즉, 한 사람의 생명을 종결시키는데 사용된 수단이 그가 그 수단을 사용해서 목숨을 끊으려는 의도를 이해하는 다른 사람의 조력 속에서 얻어졌다는 것이다. 조력 자살의 경우에 사망하는 사람은 자신의 생명을 종결시키는 행위를 수행한다. 다른 사람은 이 행위를 수행하지 않는다. 그 사람을 죽이는데 총이 사용된다면 그 사람이 방아쇠를 당긴 것이다. 치사량의 독극물이 주사되었다면 죽는 사람 자신이 스스로 주사한 것이다. 그 누구도 이 행위가 이루어질 때 현장에 있을 필요는 없다.

안락사: 누가 행위하는가?

어떤 사람이 다른 사람의 생명을 종결시키도록 어떤 방식(그러한 행위를 포기하거나 실행하거나 하는)으로 행위하기를 요청받는 경우에는 상황이 상당히 달라진다. 한 사람이 신체적으로나 정신적으로 고통을 받고 있고 죽기를 원한다고 가정해보라. 그 사람은 누군가에게 자신의 생명을 종결시키는 방식으로 행위 해주기를 요청할 수 있다. 그 후자의 사람의 행위는 *안락사*라고 하는 용어가 의미하는 바에서 중요하다. 안락사는 적어도 두 사람이 관련되고 그들 중 하나가 죽을 때 발생하는데 그 이유는 다른 사람이 그 사람이 죽기를 의도하여 그런 결과를 가져오는 방식으로 행위 했기 때문이다.

더 정확하게 말하자면, 안락사는 전자의 죽음에 기여하는 후자의 의도가 전자의 고통을 끝내주려는 시도를 구체화하는 것을 일컫는다. 그 고통이 이미 존재하거나(예를 들어 현재 그 사람이 매우 고통스럽거나) 혹은 미래에 고통이 닥쳐오리라는 예상의 여부는 우리가 다음에 언급하는 것처럼 약간의 논쟁거리가 된다. 모든 안락사 사례에서 논쟁거리가 되지 않는 것은 죽지 않는 사람이 사망을 초래하는데 관여한 일차적인 행위자라는 점이다.

안락사에 대한 논의는 빈번하게 *그 사망이 죽은 사람의 승낙을 받고 이루어졌는가 아니면 받지 않고 이루어졌는가와 관련된 구분을 사용한다.* 그 죽은 사람이 자신의 사망을 요청했거나 동의했다면 그것은 *자발적 존엄사*(Downing, 1974; Gruman, 1973)이다. 죽는 사람의 의도가 알려진 것이다. 죽는 사람의 의지가 알려지지 않은 경우에 그것은 *비자발적 안락사*가 된다. 예를 들어, 의식이 없거나 다른 이유로(심한 뇌졸중을 겪은 사람을 생각해보라) 자신의 선택을 분명히 할 수 없는 사람이 있을 수 있다. 아니면 어린이거나 지적으로나 감정적으로 장애가 있는 사람은 그러한 의사 결정 능력이 없을 수 있다. 후자의 사람이 그런 사람의 사망에 의도적으로 어느 정도 기여한다면 그것은 비자발적 안락사다.

세 번째 가능성(적어도 이론상으로)은 -자신이 살기 원하는- 본인의 바람이 알려졌지만 누군가 그의 목숨을 어떻게든 종결시키기로 마음먹은 경우이다. 아마도 이를 "비자발적(involuntary) 안락사"라고 부를 수도 있을 것이다. 그러나 누군가의 의사에 *반하여* 행위하는 것은 "좋은 죽음"(다음에 *안락사*라는 용어의 의미에 대한 우리의 논의를 참조하라) 보다는 살인행위에 가깝고 그러므로 사람들은 어떠한 방식으로든 이러한 가능성을 *안락사*와 연관시키길 원치 않을 것이다.

어떤 사람들은 급성 고통을 겪는 사람이 그 고통에 의해 어려운 결정을 할 능력이 사라졌다고 주장한다. 그것이 사실이라면, 누군가는 한 사람의 심한 신체적, 정신적 고통이 뒤따르는 것에 불편해할 수 있다. 한 사람의 죽음에 협력하기로 선택하는 것은 돌이킬 수 없는 결정이다. 그러한 돌이킬 수 없는 사정에 직면해서 어떤 사람들은 가능한 한 죽는 사람의 선택이 명료하고 의사능력으로서 표현되는 것처럼 최대한 확실하기를 바란다.

지금까지 우리는 조력 자살과 안락사를 그 행위자가 사망을 일으키는 행위를 수행하는 (혹은 수행하는데 실패하는) 사람이라는 것을 지적하여 조심스럽게 구분하였다. 그러나 우리는 이러한 구분의 유용성이 우리가 논의하는 것보다 덜 명백하다는 것을 언급하고자 한다. 3가지 가능성을 고려해보라. 우선, 당신이 당신의 죽음을 야기할 수 있는 행위를 수행할 수 있다고 상정해보라. 그리고 당신이 누군가에게 이 행위를 수행할 수단을 당신에게 제공해달라고 요청하고 그 사람이 당신이 자살할 수 있는 수단을 제공하는데 동의했다고 가정한다. 이것이 *조력 자살*이다. 둘째로, 이제 당신은 그러한 행위를 취할 수 있지만 누군가에 그것을 해달라고 부탁한다. 그 사람이 동정심 때문에 그 행위를 했고 그 결과 당신이 사망했다. 그것이 *안락사*이다. 세 번째로, 이제 당신은 스스로 행위 할 수 없다(예를 들어, 당신이 불구가 되었다). 그때 누군가 당신의 죽음을 가져올 수 있는 행위를 수행한다면 그것은 그 행위가 조력 자살인지 안락사인지 불분명하다. 당신이 할 수 있었다면 당신 스스로 목숨을 끊었을 것이다(그러나 당신의 마비 때문에 그렇게 하지 못했다.) 그래서 다른 사람이 당신이 그렇게 할 수 없어서 당신 대신에 그 행위를 수행했다.

이것이 의미하는 바는 다음과 같이 가장 잘 설명될 수 있다. 조력 자살과 존엄사는 연속체의 양 극단에 속한다. 연속체의 한쪽은 당신이(다른 개인이 제공한 수단으로) 스스로 목숨을 끊는 것이 분명하다. 다른 한쪽 끝에서는 누군가가 당신을 죽인다. 이들 사이에 양쪽 끝에 가까운 여러 가지 상황이 존재한다. 그러나 이러한 상황은 조력 자살이나 안락사의 범주에 쉽게 분류되지 못한다.

이 확실성의 부재가 우리가 특정 행위의 도덕성에 대해서 생각하기 시작할 때 가장 문제가 된다. 또한 이 확실성의 부재는 이들 문제의 도덕성에 대한 적절한 추론의 시도는 이들 다양한 종류의 사례들 간의 적절한 차이를 알아챌 수 있을 정도로 충분한 예리함이 있어야 함을 주장한다.

인간 생명을 종결 시키는 결정: 무엇이 의도되는가?

한 인간 생명을 종결시키는 결정에 관한 논의에서 또 다른 중요한 쟁점은 *그 행위 자체의 성격*이다. 그 행위의 성격을 특징짓는데 도움이 되는 한 가지 요소는 그것의 근저에 있는 *의도성*이다.

조력 자살: 무엇이 의도되는가?

*조력자살*이라는 표현은 한 사람이 자신의 생명을 의도적으로 종결시키고자 행동을 취하며 또 다른 사람으로부터 그 결과를 얻어내기 위해 조력을 확보하는 광범위한 일련의 행위에 적용된다. 조력 자살은 단지 다음과 같은 경우에 발생한다. (1) 한 사람이 *의도적으로* 자신의 목숨을 끊기 위해 타인에게서 조력을 얻는 행위를 한다, (2) 그 타인은 *의도적으로 그 조력이 어떻게 사용될 것인가를 완전히 알면서* 전자의 죽음을 가져오는데 필요한 조력을 제공한다, (3) 전자는 *의도적으로* 자기 자신의 파괴(혹은 자기-구원 [deliverance]이라고 불리기도 한다)를 수행하도록 제공된 조력을 의도적으로 사용한다. 의도의 역할은 조력 자살을 정의하는 조력의 모든 측면에서 명백하다.

조력 자살에서 제공된 조력은 사망을 야기하는 수단(예를 들어 총기나 약물), 그 행위가 일어나는 장소, 감정적 지원 혹은 이들 요소와 결합된 다른 요소일 수 있다. 누군가 그러한 조력이 필요한지 여부는 보통 필요한 수단을 얻는 능력과 관련이 있다. 조력 자살의 예시에 포함되지 않는 상황은 한 사람이 스스로 총을 사서 자신의 목숨을 스스로 끊거나 혹은 의사에게 가서 특정 약물을 처방 받고 약국에 가서 그 약을 처방 받은 후에 그 약으로 사신의 목숨을 끊어버리는 것이다. 단지 그 사람

잭 케보키언 박사(Dr. Jack Kevorkian)가 1997년 4월에 금지 명령서를 불사르고 있다.

이 판매자 내지 의사/약사에게 자신이 그 총이나 약물을 스스로 목숨을 끊는데 사용한다고 알리고 (명시적으로든 묵시적으로든) 총을 사거나 약물을 요청할 때 그리고 그 판매자나 의료 서비스 제공자가 그 *의도에 따른 행위*를 제공할 때만이 이러한 상황이 조력 자살의 예시가 될 수 있다.

한 사람이 의사에게 자신의 목숨을 끊도록 도와달라고 요청했을 때—예를 들어 의사만이 주문할 수 있는 약물 처방을 통해— 이는 *의사-조력 자살*이라고 불리는 특별한 형태의 조력 자살이 된다. 우리사회에서 의사들에게 부여된 특별한 직무 권한과 인간의 생명을 종결시키는데 사용될 수 있는 특정 수단에 대한 그들의 접근성의 관점에서, 의사-조력 자살이 최근 수년간 가장 공공의 관심을 많이 받은 조력 자살의 유형이었다. 그러나 이 상황에서의 의사는 그 행위가 실행되어 그 사람의 생명을 끝낼 때 그 사람에게 아무것도 하지 않는다. 우리가 이전에 살펴본 것처럼, 대부분의 상황에서 치명적 행위에 대한 이러한 참여의 부재는 명백히 의사-조력 자살을 안락사의 사례로부터 구분해낸다. 의사-조력 자살에서 의사는 단지 수단(그리고 아마도 감정적 지지)을 제공한다(간접적으로 처방함으로써)—이는 케보키언 박사의 초기 사례에서 일반적으로 나타난 것이다(초점 맞추기 18.1 참조).

다른 사람들이 그러한 수단을 제공할 수도 있다. 예를 들어 친구나 친척이 자살 행위에 사용될 수 있는 약물이나 무기에 접근하여 그들이 스스로 목숨을 끊는데 도움이 되도록 제공해줄 수도 있다. 어떤 경우에도 그것은 자살 의도에 있어서 상호적인 이해가 있고(명시적이든 묵시적이든) 목숨을 끊으려는 결정에서 이러한 다른 사람의 연관성은 조력 자살의 예시를 구성하지만 의사-조력 자살에 해당되는 것은 아니다.

초점 맞추기 18.1

잭 케보키언 박사(Dr. Jack Kevorkian)

1990년대에 잭 케보키언 박사는 조력 자살과 안락사와 관련된 다수의 쟁점에 대해 공공의 주목을 끄는데 기여했다. 은퇴한 병리학자인 케보키언은 공개적으로 1990년에 자신이 스스로 목숨을 끊고자 하는 개인을 조력할 의지가 있다고 선언했다(Betzold, 1993). 그 해 하반기에 케보키언은 오리건 주 포틀랜드에 사는 54세의 재닛 앳킨스(Janet Atkins)의 조력 자살에 관여했다. 타인들이 그에게 그러한 행위에 참여해달라고 요청하자 케보키언은 자신이 개인이나 공동체의 반대에 상관없이 자기-결정권과 선택의 문제로 보는 것에서 옳다고 생각하는 바를 실천한다고 주장했다.

케보키언 박사가 처음에 제공한 조력은 "자살 기계"의 형태였다. 사람들은 끝국에는 치명적인 일련의 약물 투입을 통제하는 이 기계를 이용할 수 있었다. 나중에 케보키언은 단순히 다른 방식으로 죽음에 이르는 사람들을 위한 지침을 제공하기만 하였다. 케보키언은 한 사람이 죽음에 이르는 행위를 취할 때 그 자리에 없었음을 보증하고자 노력하거나 혹은 적어도 그 행위에 적극적 역할을 하지 않은 것으로 보였다. 어떤 이유로든 검찰은 그를 조력 자살이나 기타 약물 위반으로 기소하는 것이 불가능함을 발견했다. 이후에 부검 기록을 회귀적으로 검토한 보고서(Roscoe et al., 2000)는 케보키언이 사망하도록 도왔던 첫 69명이 대부분 만성의 고통을 동반하는 삶을 위협하는 질병에 시달렸음에도 불구하고 그 중 단지 17명만이 말기 환자였거나 살날이 6개월 미만이었음을 발견했다(5명은 중대한 신체적 질환이 없는 것처럼 보였다).

1998년 후반에 케보키언은 130명가량의 사망에 참여하거나 관여했다고 인정했다(*St Petersburg Times*, 1998). 그리고 케보키언은 루게릭 병에 걸린 52세의 남성인 토마스 유크의(Thomas Youk)의 사망에 직접 관여하는 자신의 모습을 녹화했다. 1998년 9월 15일 영상에서는 유크가 안락사에 동의하고 케보키언이 말한 바를 동의서에 서명하는 것을 보여준다. 9월 17일에 촬영된 영상에서는 케보키언이 유크에게 그의 사망원인이 된 두 가지 화학물질을 주사하는 장면을 보여준다(Werth, 2001). 11월 22일 일요일, 이 비디오 영상의 편집된 버전이 CBS *60분*(60 minutes) 방송에서 공개되었다.

11월 25일 미시건 주 오클랜드 카운티의 검사는 케보키언을 1급 살인과 형사 조력 자살 혐의로 기소하였다. 이는 케보키언이 1주일 이내에 그를 기소한 검사를 고발한 이후에 일어난 것이다. 그것은 미시건 주 투표권자들이 11월 초에 조력 자살을 승인하는 내용의 투표를 부결시킨 후 발생한 일이었다. 검사가 케보키언에 대한 무모한 기소에 더 이상 공공 자금을 낭비하지 않겠다고 서약한 후에 선출되었음에도 불구하고 그가 무시하지 못한 명백한 법 위반을 나타내는 비디오 테이프의 공개를 고려했었던 것으로 알려졌다.

1999년 3월 재판에서 케보키언은 스스로를 변호했다. 조력 자살 혐의가 철회된 후, 판사는 토머스 유크의 가족들의 증언을 남아 있는 살인 혐의에 관련 없는 것으로서 금지했다. 이후에 케보키언은 방어를 위해 자기 자신이나 타 증인을 소환하지 않고 변론을 마쳤다. 3월 26일에 배심원단은 케보키언이 2급 살인과 통제된 약물 투여(그로 하여금 통제된 약물 소지를 허용하게 해준 의사 면허는 1991년 미시건 주에 의해 취소되었다)에 대해 유죄라고 보았다.

1999년 4월 13일에 케보키언은 살인에 대해서 10년에서 25년 형, 통제된 약물 투여에 대해서 3년에서 7년 형을 선고 받았다. 선고를 내리면서 판사는 케보키언에게 "이 재판은 안락사에 대한 정치적, 도덕적 교정이 아닙니다. 이는 당신에 관한 것입니다. 이는 법이 지켜지지 않은 것에 관한 것입니다. 이는

초점 맞추기 18.1

법제도의 효력 때문에 존재하는 사회에 대한 모독에 관한 것입니다. 누구도 법 위에 있을 수 없습니다. 누구도."라고 말했다고 전해진다(*St. Louis Post-Dispatch*, 1999, p. A1). 판사는 모든 형량이 동시에 진행되는데 동의했지만 케보키언을 보석으로 석방하는 것은 거부했으며 그의 항소도 기각했다. 케보키언은 그가 단식투쟁을 하겠다고 한 선언을 지키지 못했다. 모범수로 그는 시간이 흘러 2007년 6월 1일에 가석방 되었고 일부 조건은 그가 향후 다른 이들의 생명을 종결시키는데 조력하지 않겠다는 약속 하에서 이루어졌다.

2010년 6월 14일에 케보키언은 CNN과 인터뷰를 했다. 인터뷰 진행자는 "이는 조력 자살에 관한 것이 아니라 의사들이나 주 정부나 연방 정부의 개입 없이도 사람들이 그들이 하기를 원했던 것을 할 수 있는 능력을 보유하는 것에 관한 것입니다. 대중의 권리가 소수의 권리를 방해해서는 안 됩니다. 누군가는 나에게 그것이 "수정 헌법 9조"의 요점이라고 말했으며 그것이 잭 케보키언의 사상과 삶을 알려주는데 도움이 되는 것입니다."(Gupta, 2010).

잭 케보키언 박사는 2011년 6월 3일에 83세의 나이로 자연사했다.

안락사: 무엇이 의도되는가?

인간 생명을 종결지으려는 의도는 또한 안락사 사례에서 중심적이다. 현대의 수많은 논의에서 "안락사"(그것이 가리키는 것)가 의미하는 바에 대한 몇 가지 혼란과 불일치가 존재한다. 어원적으로 *안락사*(euthanasia)는 그리스어에서 기원하는 것이고 (eu="good"[좋다] + *thanatos* ="death"[죽음]) 문자 그대로 "좋은 죽음"을 의미한다. 자기 자신이나 타인을 위한 좋은 죽음을 반대하는 사람은 거의 없으므로 진짜 질문은 심지어 자비의 동기(benevolent motive)를 가지고 행해진 것일지라도 그러한 죽음을 야기하는 것에 관련된 것이 무엇이냐는 것이다. 명백히, 어떤 것이 행해지거나 행해지지 않는 것이 자선심 내지 좋은 의미의 의도에 의해 인도되지 않았다면 좋은 죽음이 아니라는 것이다. 나쁜 의도는 살인의 일부 형태를 규정한다.

그러나, 이러한 설명은 불완전하다. 안락사는 개인이 또 다른 사람의 죽음에 기여하는 상황에 대해 적절히 언급하는데 그는 *후자의 고통을 끝내려는 의도*를 지니고 있다. 그 고통은 이미 현존하고 (그 사람은 현재 지독한 고통에 시달리고 있다) 아니면 미래에 그러한 상황에 처할 것이다(루게릭병이나 알츠하이머병 초기 단계의 환자를 생각해보라). 안락사에 대한 이러한 이해는 누군가 죽음에 가까워진 상황에만 한정되지 않는다. 어떤 사람들은 *안락사*를 이러한 후자의 상황에만 한정하려고 한다-즉, 그들은 해당 안락사는 죽음이 임박해야 한다는 입장이다. 이러한 견해에서 그 사람이 죽음에 임박하지 않았다면, 우리는 안락사가 아닌 살인이나 과실치사(manslaughter)를 논의하게 될 것이다. 이러한 견해는 잭 케보키언 박사의 행위를 그가 생명을 끊도록 도와준 이들이 이전에 적극적으로 죽으려는 시도를 하지 않았거나 죽음이 임박하지 않았다는 것에 근거하여 비난하는 결과로 이어지게 만들었다.

적극적 대 소극적 안락사

안락사의 도덕성 논의에서 자주 마주하게 되는 다른 구분법은 고통 받는 사람의 생명을 종결시키는 수단과 관련이 있다. 여기서 몇몇은 적극적 및 소극적 안락사 간에 차이를 이끌어낸다. *인간 생명을 종결시킴으로써 적극적으로 고통을 종결시키는 어떤 것을 하는 것이 종종 적극적 안락사라고 불린다.* 이 유형의 상황에서 어떤 사람이 그 행위를(자비의 목적으로) 의도적으로 저지르고 그 행위 자체로 사망이 발생한다. 이 정의는 모호성의 여지를 거의 허락하지 않는다.

우리가 소극적 안락사에 관심을 돌릴 때 문제가 약간 복잡해진다. 이 논의에서는 두 가지 다른 방식이 있다. 이들 대안의 첫 번째는 연명에 필요한 어떤 개입을 *보류하는*(공급하지 않음) 것을 말하며, 후자는 현재 제공되고 있고 연명에 도움이 될 수도 있는 개입을 *철회하는*(빼앗는) 것이다. 두 대안 사이의 도덕적 차이를 인정하지 않는 입장에서는 연명에 필요한 보류(개입을 만들어내지 않음)나 철회(개입을 빼앗아감)를 포함하는 개입의 "포기"에 대해서 종종 이야기 한다(Lynn, 1986). 관행상, 우리 사회의 어떤 이들과 다수의 의료 서비스 제공자들은 철회 행위가 소극적이지 않음에 관심을 가져왔다(부분적으로 그러한 관심은 기존의 개입을 중단, 제거하는 것과 관련해 그들의 법적 책임에 관한 것일 수도 있다). 개입을 철회하는 행위는 기존 개입을 앗아가는 무언가를 하는 것과 연관된 것처럼 보인다. 이는 심지어 그 결과가 그 자체로 생명을 종결시키지 않고 단지 죽음에 이르는 자연스러운 과정의 장애물이나 그것을 막을 수 있는 무언가를 제거하는 것일지라도 동일해 보인다.

우리가 방금 언급한 불확실성 때문에, 적극적 안락사와 소극적 안락사 간의 이러한 구분은 항상 명료하거나 우리가 원하는 만큼 도움이 되지는 않는다. 아픈 사람이 의료 서비스 제공자에게서 벗어날 수 있다면, 그 사람은 단순히 제공된 치료를 거부할 수 있고, 현재 우리 제도 내에서 *사생활권*으로 잘 확립된 바의 표현으로서 그렇게 할 수 있도록 허용하고 있다(Alderman & Kennedy, 1997; Annas, 2004). 게다가 우리는 일반적으로 그러한 거부를 *비도덕적인 것*으로 묘사하지 않는다. 의료 서비스 제공자가 당신에게 그가 당신 연명에 필요하다고 믿는 치료의 형태를 제공하면(말하자면 혈액 투석이나 항암치료) 당신은 그것을 거부하고 그것을 받으러 돌아가지 않을 수 있고, 이는 비합법적인 행위(혹은 다수에게 있어서 비도덕적인)의 예시가 아니다.

이 문제는 누군가가 떠날 수 없을 때(그가 너무 약하거나 침상에 누워 있어서 혹은 마비가 돼서 등등) 보다 불분명해진다. 생명을 위협하는 질병에 시달리고 의료 시설에 머무는 누군가에게-의도적으로든 아니든- 연명을 위해 필요한 치료를 명백히 거부하는 것은 그 거부의 합법성에 대한 의문을 많은 사람들로 하여금 품게 한다. 이 상황에서 다수의 견해는 항암 치료나 화상 치료의 거부는 미묘하게 죽는 선택을 행한 것인데 그것은 앞의 단락에서 기술한 상황에서처럼 명료하지는 않다. 즉, 그것은 누군가가 사망하는데 타인에게 도움을 요청하는 것으로 보이며 그러므로 소극적 안락사의 예시라고 할 수 있다.

그렇다해도, 이 상황에서 진정 무엇이 진행되는지 알기 위해서는, 다시 한 번 우리가 치료와 간병자의 서비스를 거부하는 사람의 *의도*를 이해할 필요가 있다. 떠나는 사람은 죽기를 의도할 수도 있고 아닐 수도 있다. 그가 그 의도를 지녔다면 그 때 치료를 그만두는 것은 자살하려는 행동의 일부일 수 있다. 치료에서 떠나갈 수 없는 사람은 죽으려고 의도한 것일 수도 있고 아닐 수도 있다. 그가 이러한 의도가 있다면 치료의 거절은 *소극적 안락사*의 요청일수도 있다. 단순히 치료를 거부하는 것 그 자체로는 저절로 자살의 예시이거나 소극적 안락사의 요청일 필요는 없다. 어떤 사람은 단순히 너무 힘들어서 치료를 거부할지도 모른다(신체적으로, 심리적으로, 금전적으로 등등). 모든 것이 관련된 사람의 의도에 달려 있다. 그것은 치료를 거부하는 사람이 죽기 위해서 이것을 하는 경우에만 자살 혹은 안락사이며 그리고 다른 사람이 관련되고 그 사람이 또한 일어날 *죽음을 의도한* 경우에만 안락사라고 말할 수 있다.

일반적 대 특별한 수단

한 사람의 생명을 종결시키는 것에 관한 논의에 종종 소개되는 다른 구분법은 치료의 *일반적 및 특별한 수단*의 구분이다. 이 구분의 요점은 치료의 특별한 수단을 제공할 도덕적 의무가 존재하지 않음을 주장하는 것이다. 다수가 이 주장을 하고 있다. 예를 들어, 로마 가톨릭 교회의 윤리학자들(예를 들어 McCormick, 1974)은 오랫동안 의료 서비스 제공자는 그런 도덕적 의무가 없다고 주장해왔다.

이 구분을 수행하도록 도와주는 여러 가지 기준이 존재한다. 치료의 *일반적인 수단*은 다음과 같다. (1) 그 결과가 예측 가능하고 잘 알려져 있다. (2) 예외적인 위험, 고통 혹은 부담이 치료 받는 이나 타인에게 부과되지 않는다. (3) 효과적이다. 치료의 *특별한 수단*은 이러한 기준의 하나 이상을 충족시키지 못한다. 특별한 수단은 몇몇 시험적 시술에 있어서와 같이 예측하기 어렵거나 잘 알려져 있지 않은 결과를 낳을 수 있다. 그러한 시술은 널리 사용되거나 연구되지 않아서 특별한 사례에서 그걸 사용할 때 발생할 일을 확신할 수 없다. 혹은 시술 그 자체가 환자에게 위험하거나 환자를 지원하는 이에게 부당한 부담을 부과한다. 즉, 그 시술은 광범위한 결과를 가져오며 그 중 일부는 환자를 이전보다 악화시킨다. 예를 들어, 치료의 부작용은 그 사람으로 하여금 치료 이전보다 더 고통을 겪게 할 수 있다. 치료의 특별한 수단은 심지어 병보다 더 나쁜 결과를 초래할 수도 있다. 그러한 수단을 사용한 결과가 예측될 수 없기 때문에, 사람들은 그 사람의 증세나 질환을 다루는데 도움이 될 수 있는지 여부에 대해서 확신하지 못한다. 즉, 치료의 특별한 수단의 실제 효과성은 또한 불확실하다.

일반적 및 특별한 수단으로서 설명되는 것은 개별 사람의 상황과 독립해서 결정될 수 없다. 한 상황에서는 일반적인 수단인 것이 다른 상황에서는 특별한 것이 될 수 있다. 이러한 도덕적 관점에서는 일반적이라고 결정될 수 있는-순수하게 그 자체로- 치료목록과 특별한 것이라고 결정될 수 있는 다른 치료목록이 존재하는 것이 아니다. 구체적인 치료가 일반적 혹은 특별한 수단이 되느냐 여부는 개별 환자의 상황에서 결정되어야 한다.

일반적 및 특별한 수단 간의 이 *도덕적* 구별을 일상적이냐, 익숙한 것이냐 아니면 그렇지 않은 것이냐의 경험적 구별과 혼동하지 않아야 한다. *의학적*으로 일반적인 것이 이런 논의맥락에서는 *도덕적*으로 일반적이지 않을 수 있다. 예를 들어, 호흡기의 사용은 다수의 병원과 장기 요양 시설에서 일상적인 것이나 일반/특별 구별에 따라서 그 도덕적 지위를 결정할 수 없다. 유사하게 최근 몇 년간, 인공 영양공급의 여러 가지 방식이 특히 일시적 코마 내지 지속적 식물인간 상태(PVS)라고 알려진, 보다 심각한 상태에서 사용되는 것들이 일반화되었다. 지속적 식물인간 상태의 환자에게 인공적으로 영양과 수분을 공급하는 것은 직접적으로 위로 삽입된 영양공급관을 통하여 특수한 액상 영양제를 전달하는 공통적인 의학적 처치의 하나이다. 다수의 생명윤리학자들과 도덕신학자들이 그러한 의료 개입은 특별한 수단의 예시가 될 수도 있고 아닐 수도 있다고 주장한다(PVS 진단을 전문가들이 확인하기에 충분한 시간이 흐른 뒤에). 그렇다면 이런 견해 속에서 그것의 제거가 도덕적으로 선택될 수도 있다(비판적 숙고 #16 참조). 그러나 다시 한 번, 그것은 특별한 상황에 대한 완전한 이해와 더불어 개별적 근거 하에서 판단될 필요가 있다.

이들 문제는 역사적으로 다음 세 가지 사건에서 찾아볼 수 있다:

- 1975년 4월 캐런 앤 퀸런(Karen Ann Quinlan)은 21세 나이로 명백히 파티에서 술과 진정제의 영향으로 인해 코마상태에 빠졌다. 결국 캐런 앤의 부모는 뉴저지 주 대법원에서 1976년 5월 22일에 호흡기를(캐런을 건강하게 회복시킬 수 없는 특별한 개입이 되었다고 간주해) 제거해도 된다는 허가를 받아냈다. 그러나 그들은 여전히 혈관을 통한 영양공급과 정기적인 방문을 계속하였다. 캐런은 1985년 6월 11일에야 사망했다(Colen, 1976; Quinlan, Quinlan, & Battelle, 1977 참조).
- 1983년 1월에 낸시 크루전(Nancy Cruzan)은 26세의 나이로 자동차 사고로 인해 산소 부족을 겪고 뇌에 심한 손상을 입었다. 장기간의 법정 투쟁 끝에 미주리 주와 연방 대법원은 낸시 부모와 여동생에게 그녀의 위로 직접 영양분과 수분을 공급하던 관을 그녀를 대신해 제거하는 것을 허용하였다. 그녀는 1990년 11월 26일, 어느 정도 시간이 흐른 뒤에 사망했다(Colby, 2002 참조).
- 1990년 2월에 테리 시아보는 26세의 나이에 이 장의 초반 당초문에서 소개했던 상황에 처하게 되었다. 그녀는 2005년 3월 31일에 사망했다.

이들 젊은 여성 누구도 말기 치료에 대해서 원하는 바를 전달할 수 있는 문서로 된 사전의료의향서를 작성하지 않았음을 주의하라(심지어 1975년에는 캐런 앤 퀸란이 이용할 수 있는 문서도 존재하지 않았다).

비판적 숙고
#16 교황 요한 바오로 2세의 지속적 식물인간 상태의 사람을 위한 인공영양에 대한 견해

2004년 3월 22일에 교황 요한 바오로 2세는 연명 치료와 식물인간 상태에 관한 국제회의에서 연설을 하였다. 그 연설에서 교황은 처음으로 한 개인의 사례에서 그러한 상태에 대해 정확한 진단을 하는 것의 중요성을 강조했다. 그리고 나서 이러한 상태의 개인은 "그들의 내재적 가치와 개인 존엄성"을 보유해야 한다고 주장했고 계속해서 다음과 같이 말했다.

이 중요한 회의는 매우 중대한 쟁점을 다루고 있습니다. 식물인간이라고 하는 임상 조건은 …… 식물인간 상태의 사람은 사실 명시적으로 자기 자신이나 환경에 반응하지 않으며 다른 사람들과 소통하거나 혹은 특정 자극에 반응하지 못하는 것처럼 보입니다. 게다가 적절한 치료와 구체적 재활 프로그램과 함께 이들 중 적지 않은 일부는 식물인간 상태에서 깨어날 수 있습니다.

이러한 주장에 기초하여, 교황은 영구적 내지 지속적 식물인간 상태에 있는 환자를 치료하는 것의 도덕적 파급효과에 대한 토론을 진행하였다. 그는 "물과 음식의 공급은 인공 수단을 통해서라도 항상 생명 보존의 자연스러운 수단이며 의료 행위가 아니다."라고 주장했다. 그 결과 교황은 그러한 시술은 항상 도덕적으로 요구된다고 하였다.

두 명의 미국 생명윤리학자(Shannon & Walter 2004)는 이 주장이 "가톨릭 교회의 도덕적 전통에 있어서 주요한 전환"을 나타낸다고 보았다. 더 나아가 이러한 해설자들은 의무 내지 요구되는 바로서의 도덕적 주장이 "자연"과 "인공" 치료 사이의 불분명한 구분에 기초한 것처럼 보임을 지적하였다. 이러한 상태의 환자를 치료하는 도덕성 논쟁에서 가장 어려운 부분 중 하나는 자연 대 인공 혹은 의학적 치료로서 설명되는 것을 결정하는 것에 놓여 있다. 이러한 구분은 다시—보통 피상적인 방식으로—일반적 치료 및 특별한 치료 간의 도덕적 구분과 관련이 있다. 섀넌과 월터(Shannon & Walter)는 다음과 같이 썼다.

개입이 도덕적으로 일반적인지 특별한지에 관한 일차적인 결정요인은 개입을 어떻게 — 의학적 치료인지 기타 개입인지— 분류하느냐에 달려 있지 않다. 역사적으로 그 결정 요인은 환자에게 효과가 있었다. 그러므로 어떤 개입이 "자연적 수단"이라고 간주된다는 사실이 그 개입의 도덕적 내지 의무적 상태를 결정하는 것이 아니다(pp. 9-10).

일반적으로, 만약 사용하도록 제안된 치료 혹은 이미 사용 중인 치료가 여기에서 거론했던 기준에 의거해, 특별한 치료 수단이라고 한다면, 대부분의 윤리학자들은 그것을 사용할 도덕적 의무가 없다는 것에 동의한다. 각 개인들은 그런 치료의 사용을 시작하지 않기(보류하기)를 선택할 수 있고, 혹은 그들은 그러한 결정에 결부되는 어떤 도덕적 책임 없이 그것의 사용을 종료(철회)하기를 선택할 수도 있다.

이것은 논의를 안락사와 관련된 쟁점으로 되돌린다. 특별 및 일반 수단은 종종 다음 방식으로 적용된다. 다수의 사람들이 치료의 특별한 수단을 사용하는 것을 시작하지 않거나 사용을 중단하는 것은 안락사에 대한 결정이 아니라는 입장이다. 이 견해에서 안락사에 대한 의문은 단지 한 사람이

낸시 크루전의 묘비

치료의 일반적인 수단을 사용할지 여부를 결정하고자 할 때 일어나게 된다. 안락사에 호의석인 입장에서는 어떤 상황에서는 일반적인 치료 수단을 사용하는 것에 대한 도덕적 요건은 존재하지 않는다고 주장한다. 안락사에 반대하는 이들은 이 상황에서(혹은 모든 상황에서) 도덕적으로 그 사람은 논의된 치료의 일반적 수단을 사용해야 한다. 그렇지 않으면 그는 인간 생명을 의도적으로 종결한 것이다.

인간 생명을 종결짓는 결정: 도덕적 주장

우리는 이제 인간 생명을 의도적으로 종결짓는 것의 도덕성과 관련된 쟁점들로 관심을 돌려본다. 어떤 이들은 사람의 생명을 종결짓기 위해 의도적으로 무엇인가를 하는 행위와 그러한 생명을 유지시키기 위해 무엇인가 해야 하는 것을 의도적으로 하지 않는 것이 도덕적으로 구별되어야 한다고 주장한다. 예를 들어 많은 사람들이 적극적 안락사를 도덕적으로 수용하지 못한다는 입장이다. 그들의 주장은 적극적 안락사에서 사망(원인)의 행위자는 개인이고, 그 행위자는 죽음을 초래하려는 의도가 있으며, 그것은 한 사람이 다른 사람을 의도적으로 죽게 하는 것이기 때문에 도덕적으로 수용될 수 없다(이 장에서의 고려된 상황 하에서). 그러나 이들과 같은 입장에 있는 다수가 소극적 안락사는 일정 상황에서는 도덕적으로 받아들일 수 있다고 주장한다. 그들의 주장은 여기서 소극적 안락사에서는 사망(원인)의 행위자가 질병 중에 있으므로-어떤 사람도 직접적으로 타인의 죽음에 원인을 제공하거나 그러한 의도를 품고 있지 않다- 이는 도덕적으로 수용될 수 있다는 것이다.

모든 사람이 그와 같이 주장하는 것은 아니다. 어떤 이들은 어떤 경우에 타인이 관련되고, 그 사람이 사망에 이르게 하는 행위를 하거나 사망을 방지할 수 있는 행위를 생략하는 것은 도덕적으로 부적절한 것이라고 주장한다. 어떤 경우에 이러한 주장은 그 사람이 사망의 발생에 관여했고, 그 사망이 그의 의도를 가진 행위나 부작위에 따라서 일어났다는 것을 알고 있으므로, 두 상황은 도덕

583

적으로 같다는 것으로 나아간다. 이런 방식으로 생각하는 사람들은 소극적 안락사가 도덕적으로 수용될 수 있다면 적극적 안락사 또한 도덕적으로 수용이 가능하다고 본다. 그들은 적극적 안락사가 도덕적으로 수용될 수 없다면, 그때는 수동적 안락사도 도덕적으로 수용되어서는 안 된다고 믿는다.

의도적으로 인간 생명을 종결시키는 것의 지지에 관한 논쟁

고통의 방지 조력 자살과 안락사의 도덕적 수용 가능성을 지지하는 입장은 고통이 악하다고 본다. 그러므로 간병자의 기능은 가능하다면 고통을 방지하고 종결시키는 것이다. 그러므로 그러한 목적 달성을 위해서 조력 자살과 안락사에 관련된 행위가 허용될 수 있다. 다시 말해, 누군가 이 주장을 극단적으로 취한다면 *모든* 고통은 악하므로 사람들은 *어떤* 고통이든 끝맺게 하기 위해 *언제나* 노력해야 한다고 주장할 수 있다. 그러나 이러한 극단적인 입장을 취하는 경우는 드물다. 건강을 위한 수단으로서 신체 운동을 주장하는 슬로건("고통 없이 얻는 것은 없다.")부터 가장 가치 있는 노력에서의 성공(지적 성장, 감정적 성숙, 예술적인 창의성)까지 어느 정도 고통을 수반하고, 그 결론은 그런 고통이 선한 결과로 이어진다고 본다. 그러므로 적어도 원하는 좋은 마무리를 위한 수단으로서 고통은 자동적으로 함께 제거될 수 있는 것이 아니다. 그래서 사람들은 덮어놓고 비난을 하기보다는 고통의 특정 부분을 평가해야 한다(Cassel, 1991; Nabe, 1999). 이러한 결론은 물론 우리에게 특정 사례에서 해야 할 바에 대해서 불분명한 부분을 남겨둘 수 있다.

자유의 강화 조력 자살과 안락사를 지지하는 입장이 종종 주장하는 바는 인간 자유에 대한 가치에 기초한다. 대부분의 미국인들은 자유가 좋은 것이라고 생각한다. 즉, 그들 자신과 삶에 대한 결정 시에 외부 압력으로부터 자유로운 것에 대해 가치를 두고 있다. 달리 말하면 많은 사람들이 이를 자율성-문자 그대로 스스로(auto)를 위한 *규칙*(nomos)을 만들 수 있음을 의미하는 단어-이라고 부른다(Childress, 1990). 그러한 개인은 그들이 자기 영역이라고 생각하는 분야에 대한 문제에 타인이 개입하는 것을 좋게 평가하지 않는다. 이 입장은 개인이 그 고통을 어떻게 할지 결정하는 권리가 있다고 주장한다. 이 견해에서 누군가 자신이 겪는 고통을 좋게 평가하지 않아서 자신의 생명을 포기하려고 하면 그 결정은 지지되어야 한다. 요컨대, 자율성의 가치를 존중하는 이들은 고통 받는 사람이 자율적 행위자로서 그런 결정을 하는 권리와 타인이 그것에 개입하지 말아야 함에 대한 견해를 심각하게 고려한다(Kaplan, 1999; Werth, 1999b). 이는 케보키언 박사가 끊임없이 강조했던 견해이기도 했다-옳던 옳지 않던-.

이 주장을 확정적으로 받아들이는데 두 가지 어려움이 있다. 하나는 그것이 사람이 자율적으로 행위 할 수 있는 때를 말할 수 있음을 전제한다는 것이다. 그러나 고통이나 감정적 외상을 겪는 사람은 강요에서 완전히 자유로울 수 없다. 고통이나 감정적 고통 자체가 그가 그 영향 하에서 한 결정이 사실 자율적이지 *않도록* 영향을 미친다. 항상 이를 결정하는 것은 쉬운 일이 아니다. 그러나 옹호하는 입장은 그런 고통이나 외상은 합리적 결정을 하는 사람의 능력에서 *항상적인* 강압적 요소라고 믿는다. 심지어 심한 고통 속에서도 그 사람이 여전히 자율적인 행위자일 수도 있다. 심한 고통을 겪는 사람들의 삶에 관여하는 사람들은 그 특정한 개인과 구체적 상황에서 일어나는 일을 결정하는 방식-진정으로 그 사람이 이런 방향으로 어떤 움직임을 보이는지에 귀기울이면서-을 찾아야만 한다.

여전히 그 사람이 자율적이더라도 그것이 자동적으로 *타인들*이 그의 자율성의 측면에서 행동 해야만 한다는 것을 결정하지는 않는다. 어려운 도덕적 딜레마가 종종 자율적인 사람들 사이의 갈등과 연관되어 있다. 개인은 자율적으로 그들의 생명을 종결시키길 결정할 수 있으나 타인의 자율적 결정과 충돌할 수 있다. 조력 자살과 안락사가 항상(적어도) 두 사람과 관련이 있음을 기억하라. 한 사람이 자율적으로 자기 생명을 종결시키려는 결정이 다른 사람이 그러한 사건에 참여하고 싶지 않은 자율적 결정과 충돌할 수 있다. 더 나아가, 조력 자살이나 안락사에 참여하는 결정은 이 사망 사건에 직접적으로 연결된 사람들만이 관여되어 있는 것이 아니다. 일반적으로 그러한 결정은 더 넓은 사회적 효과나 반향을 일으킨다. 그래서 심지어 누군가 목숨을 끊으려는 결정이 자율적이어도 그 결정을 수행하는 행위는 불가피하게 타인에게 영향을 미치고 그러한 점에서 또한 고려되어야 한다.

삶의 질 이 논의에 관련된 다른 주장은 *삶의 질에 관련된 가치*에 의존한다. 이 주장은 좋은 것은 *보통 말하는 삶*이라기보다는 *특정한 형태의 삶*이라는 점을 담고 있다. 대부분의 미국인들은 자신들의 삶을 순수하게 생물학적 차원에서만 바라보지 않는다. 예를 들어, 그들은 박테리아, 바이러스, 모기 등등을 죽일 수 있다. 차라리 이러한 주장은 우리가 적절히 삶의 특정 형태에 우선적으로 관심을 둔다고 주장한다. 특히 어떤 이들은 우리가 *인간적인 삶*의 형태라고 이해하는 것에 구체적으로 관련되어야 한다고 주장한다.

이러한 주장은 그 지지자들에게 무엇이 인간 삶으로 간주되는지를 명확히 하게 만든다. 어떤 이들은 특정 형태의 삶, 예를 들어 심한 고통이나 개별적 자율성이 없는 경우(예를 들어 지속적 식물인간 상태)는 비인간적이고 존엄성을 유지하지 못하며 그러므로 살 가치가 없다고 주장한다. 그러한 상황을 참을 수 없다면 그 사람은 "난 이렇게 살고 싶지 않다"고 말할 때 그 주장은 죽음이나 삶을 종결하는 것이 그런 상황보다 더 나을 수 있다는 것이다.

이러한 주장은 특정한 형태의 삶은 무가치해서 죽음보다 더 나쁜 상태라고 주장하는 것에 의존한다. 이에 관해서 널리 알려진 합의사항은 존재하지 않는다. 예를 들어, 한 강력한 비디오테이프 (*나를 죽게 해주세요*, *Please Let Me Die* 1974; Kliever, 1989, Platt, 1975, White Engelhardt, 1975)는 자신의 신체에 67% 이상 화상을 입고 감염 방지를 위해 고통스러운 화상치료를 매일 겪어야 했던 젊은 청년에 대해서 다룬다. 그 청년은 자신의 치료를 중단해서 죽게 해달라고 요청했다. 젊은이와 그 주변 사람들은 그의 고통을 통해 배우는 바가 있을 것이라는 주장이 제기되었다. 다른 이들은 그가 명료하게 의사 능력을 갖췄으며 원치 않는 고통스러운 개입을 거부할 권리가 있다고 주장했다. 확실히 누군가는 참지 못할 고통을 고려했으나 다른 이들은 그렇지 않았다. 그러나 또한 누군가의 고통이 참을 만한지 그렇지 않은지에 대해서 다른 사람이 결정하는 것에 대한 도덕적 의문도 존재한다. (모두가 이 지점에 동의하지는 않지만) 우리는 각자 우리에게 참을 수 없는 고통이 무엇인지 결정할 최선의 자리에 놓여 있고 그러므로 그 누구도 그런 판단을 할 위치 (그리고 확실히 우리보다 더 나은 위치가 아님)에 있지 않음이 주장될 수 있다.

인간 생명을 의도적으로 종결시키는 것에 반대하는 주장들

생명의 보전 의도적으로 생명을 끊는 것이 도덕적으로 부적절함을 보여주는데 사용되는 하나의 주장은 그것이 보살피는 자와 (그리고 사회의) *생명 보존 의무*를 위반했다는 것이다. 이 주장에 따르면 생명을 보존하는 보살핌을 제공하는 것은 보살피는 자의 역할의 일부이다, 그러므로 보살피는 자가 그가 보살펴온 사람의 사망을 초래하는 방식으로 신중하게 행위 한다면, 그 보살피는 자는 비도덕적으로 행위 한 것이다. 보살핌 제공자로서의 역할에 적절한 방식으로 임무 완수를 하지 못한 것이다.

이 주장은 생명은 좋은 것이고 생명에는 신성함이 존재한다는 입장을 보인다. 그렇다면, 우리는 언제든지 생명을 보존하고 지지하여야 한다. 이러한 견해에 대해 단서를 단 형태는 생명이 가치가 있지만 그것이 *아주 상위의* 가치는 아니라는 것이다. 즉, 그것은 *모든* 예시에서 *모든* 다른 가치를 앞서는 것은 아니다. 언급한 것처럼 인간 생명은 성스럽지만 그 가치에 있어서 절대적인 것은 아니다. 이것이 사람들이 주장하는 견해라면 조력 자살과 안락사가 생명의 성스러움에 호소된 경우들에서만 도덕적으로 수용 가능한(혹은 심지어 바람직한) 것인지 여부를 결정하는 것이 가능하지 않을 것이다.

경사로 주장 조력 자살과 안락사의 도덕성에 반대하는데 사용되는 다른 주장은 *경사로 주장*이다. 그것은 어떤 이유로든 한 생명을 끊는 결정이 있는 경우에 그 사람은 다른 이유로 타인의 생명을 끊어버리기 쉬운 미끄러운 경사로에 들어선다는 것이다. 일단 이러한 방식으로 행위하고 나서 멈추는 것이 너무 어렵다면, 이러한 주장은 그런 행동을 전혀 시작하지 않는 것이 더 낫다고 주장한다 -적어도 중단하는 지점을 아는 방식이 확립될 때까지는. 그러나 이 경사에 미끄러지는 것이 불가피한지는 불분명하다. 우리의 삶의 많은 부분에서 우리는 어떤 종류의 상황과 다른 종류의 상황 간에 주의 깊은 구별을 할 수 있다. 여기라고 다를 이유가 있는가?

추가적인 주장 다른 이들은 다음과 같은 이유로 조력 자살과 안락사를 반대한다. 의학은 기껏해야 불확실한 과학이다. 잘못된 진단과 예후를 할 수 있다. 또한 의학은 종종 빠르게 변화하고 거의 항상 예측 불가능성을 지니고 있다. 새로운 치료법과 치유법이 알 수 없는 순간에 발견된다. 그렇다면 사람의 생명을 종결시키려는 생각을 하는 경우에 항상 그 사람의 고통을 완화하거나 없애줄 수도 있는 새로운 치료나 치료법의 등장이나 오진의 가능성이 존재한다. 더 나아가, 어떤 이들은 조력 자살과 안락사가 의사/환자 관계에 본질적인 신뢰를 손상시키거나 그것이 치료자이자 생명의 보호자로서의 의사의 역할을 흩뜨릴 수 있다고 주장한다.

이러한 주장들은 어느 정도 무게가 있다. 그렇지 않다면 그 누구도 아마도 그것을 진전시킬 생각을 하지 못했을 것이다. 어떤 사람이 조력 자살과 안락사에 절대 참여해서는 안 된다는 것을 증명할 때 이러한 주장이 설득력 있는지 여부는 그 사람이 그것들에 *얼마나 많은* 무게를 부여하는가 여부에 달려 있다. 인간의 지혜는 항상 불완전하다. 누군가 도덕적 문제에 있어서 완전한 확실성을 기다린다면 그는 전혀 행동하지 않을 것이다. 그러나 결정하지 않는 것이 결정하는 것이다. 사람이 조력 자살과 안락사에 가담하지 않기로 선택하면 그는 단순히 고통이 지속되는 것을 허용하는 것이다. 그렇게 하는 것은 고유한 위험성을 포함한다. 한 사람의 고통이 도덕적 불확실성이나 명확성 부재로 계속되도록 허용된다면, 고통이 치유되지 않거나 심해질 위험이 존재한다.

더 나아가, 새로운 치료나 치료법이 언제 나타날지 모른다는 것이 사실일지라도 그러한 발견이 특정 질병이나 문제가 되는 상황에 처해 있는 모든 사람을 도울 수 있는 지는 불확실하다. 그들은 질병의 진행에서 너무 앞서 진행되었거나 혹은 그들의 상태가 새로운 치료나 치료요법이 아무것도 해줄 수 없는 다른 문제들을 수반할 수도 있다. 그러므로 이 쟁점들은 관련이 있지만 본질적으로 결정적인 것은 아니다.

인간 생명을 종결짓는 결정: 몇 가지 종교적 관점

다수의 사람들에게 종교적 가르침은 의도적으로 한 사람의 생명을 종결짓는 것의 도덕성에 관한 신념의 중요한 근원이 된다. 그러므로 아마도 이들 쟁점과 관련된 몇 가지 종교적 가르침을 연구하는 것이 도움이 될지도 모른다. 동시에 우리는 대부분의 종교적인 전통 그 자체가 복잡하다는 것을 이해해야 한다. 예를 들어, 인간 생명을 의도적으로 종결시키는 것에 대한 기독교적 관점은 기독교인들이 이 문제에 대해서 견해가 일치하지 않기 때문에 진술하는 것이 불가능하다. 그러한 불일치는 거의 모든 종교적 전통에서 나타날 수 있다. 단지 종교적 전통에 대해서 간단히 요약된 설명만이 제시되었을 때, 사람들이 신념을 고정관념화 하는 위험이 존재하므로, 다음 논의는 각 전통의 독특한 신념의 일부에 대한 축약된 소개 이상으로 이해되어서는 안 될 것이다. 이것들은 그와 같은 종교적 전통 안에서 신도들이 안락사의 도덕성에 대해서 생각하는 방식에 영향을 미치는 신념의 일부 (전부가 아닌)에 불과하다.

유대교

유대인의 가르침은 히브리 경전(대부분의 기독교인들은 구약이라고 부르는)과 구전 전통(*미시 나*, the Mishnah)과 이들 초기 자료에 대한 주석(탈무드) 그리고 특정 상황에서 수세기에 걸쳐 이루 어진 랍비들의 결정에서 나왔다. 한 인간의 생명을 종결시키는 도덕적 결정과 관련된 중요한 유대 교 믿음은 다음을 포함한다. 다수의 유대인들이 신이 사람의 신체를 창조하고 육체를 소유하신다 고 믿는다(Bleich, 1979). 그러므로 사람은 자신의 신체를 보살피는 역할을 맡지만 자신이 원하는 방 식으로 처분할 권리가 없다. 두 번째로 다수의 유대인이 보유한 믿음은 생명은 그 질에 상관없이 영 원한 가치라는 것이다(Davis, 1994). 이러한 견해에 기초하여 생명을 보존할 의무가 대부분의 모든 인간의 의무보다 선행한다. 정통 및 보수 유대인들은 종종 조력자살과 안락사에 관련해서 이것 들이 가장 중요한 가르침이라고 보며 그것에 기초하여 이들 행위가 도덕적으로 수용될 수 없다고 한다.

그러나 다수의 개혁파 유대인들(보다 세속적인 서구의 도덕적 견해를 따르는)은 자율성과 자기- 결정권이 또한 일차적으로 중요성한 가치라는 입장이다. 이에 기초하여 이들 유대인들은 종종 자 신의 신체 통제에 있어서 궁극적인 결정권자는 개인이라고 주장한다. 그렇게 하는 한도내에서, 개 혁파 유대인들은 자살과 안락사의 몇몇 형태에 대해서 덜 비난하는 입장을 보인다.

적극적 안락사는 보편적으로 모든 유대교 집단이 거부하는 것처럼 보인다(Rosner, 1979). 이 거 부에 대한 지지는 보통 미시나의 가르침으로 거슬러 올라간다(Shabbat, 23:5).

> 그들은 안식일에 시신의 눈을 감기지 않고, 평일 날에도 영혼이 떠나는 순간에는 그렇게 하 지 않는다. 그리고 영혼이 떠나는 순간에 시신의 눈을 감기는 사람, 보라(lo), 이 사람은 피를 흘 리게 된다(Neusner, 1988, p. 207).

미시나의 이 진술을 기초로 사용하여 바빌로니아 탈무드(Tract Sabbath, p. 353)는 사람이 죽음을 앞당길 수 없다고 주장한다.

> 랍비는 다음과 같이 가르쳤다. 죽은 사람의 눈을 감기는 이는 살인자와 같으며 이는 꺼지려 고 하는 초를 끄는 것과 같다. 사람이 죽어가는 불빛에 손가락을 태우면 그것은 즉시 꺼진다. 그러나 그것은 잠시 화상을 남긴다. 같은 일이 사람을 죽이는 것에도 해당된다. 그의 눈이 감겨 있지 않으면 그는 조금 더 살고 그러므로 그것은 살인과도 같다(Rodkinson, 1896, p. 353).

588

모세스 마이모니데스(Moses Maimonides, 1949)는, 12세기 유대인 의사 겸 철학자로 수많은 유대인들에 의해 도덕적 쟁점에 관한 중요한 발언자로 간주되는데, 유사한 이미지를 사용하였다:

죽어가는 누군가는 모든 면에서 살아있다고 여겨져야 한다. 그를 만지는 사람은 피흘림의 죄를 짓게 된다. 그를 무엇에 비기랴? 촛불이 깜박일 때 그것에 손을 대 꺼버리는 것이다. 누구든지 죽어가는 사람의 영혼이 떠나가기 전에 눈을 감기면 피를 흘리게 될 것이다. 그는 잠시 기다려야 하며 아마도 단지 잠깐 기절한 것에 불과할 것이다(The Code of Maimonides, Book 14, The Book of Judges, Chapter 4, paragraph 5).

따라서 대부분의 유대인들은 소극적 안락사만이 도덕적으로 용납 될 수 있다고 생각한다.

기독교

기독교에서는 정교회, 로마 가톨릭 교회, 그리고 개신교라는 3가지의 주요 갈래가 존재한다. 이들 3갈래 자체가 모두 복잡하다. 예를 들어 하나의 개신교 교회가 있는 것이 아니라 수십 개의 개신교 교파가 존재하고 각자 독립적인 지위를 지니고 있다. 이러한 복잡성을 항상 염두에 두어야 하지만 그러나 기독교 신자들은 몇 가지 기본 신념, 가치, 관행을 공유한다.

기독교인들은 또한 유대교와 이슬람교와 여러 공통된 신념을 공유한다. 이들은 인간 생명이 신에게서 왔기 때문에 그것은 본질적으로 가치가 있고 실제로 성스럽다는 신념이 있다. 그러나 기독교인들은 또한 신만이 절대적이고 궁극적인 가치를 지녔음을 강조한다. 인간 생명은 그러한 것이 아니다. 기독교인들은 이러한 생명의 성스러움을 창조자의 형상과 목적을 품고 표현하는 가운데 확인한다(Breck, 1995; Flannery, 1982). 기독교인들은 또한 인간 존엄성을 각 사람들이 신의 모상이라는 관점 속에 위치시키고 있다(Cohen, 1996).

독특하게도 기독교의 특징은 몇가지 다른 개념에서 도출된다. 삼위일체 믿음에서 기독교인들이 이해하는 궁극적인 현실은 환원 불가능하게 관계적이다(Harakas, 1993). 인간은 신과 일치하기 위해서 그리고 서로 일치하기 위해서 만들어진 것이다. 시슬리 손더스(Cicely Saunders, 1970, p. 116)가 주장한 것처럼 "우리는 모든 타인에게 속해있고 (그리고) 또한 신에게 속해 있다."

인간됨의 이러한 본질적인 상호관계적 구성요소는 예수의 생애 속에서 드러난다고 한다. 신과 인간 동료에 대한 동감과 사랑은 예수의 삶의 방식의 중심적인 특징이었다. 그의 사역은 치유와 타인의 고통을 경감시켜주는 것에 관련이 있었다. 기독교인들은 그리스도의 형상을 닮도록 부름 받았기 때문에 그들 또한 가능하지 않은 곳에서 타인의 고통을 치유하고 고통을 나누어 가진다(타인에 대한 동감을 품으며).

몇몇 기독교인들은 그 고통이 모든 인간을 위한 신의 계획의 일부라는 입장이며 반면에 어떤 이들은 그러한 주장이 다른 사람들을 치유하는 것에 대한 예수의 강조와 어울리기 어려움을 발견했다(Breck, 1995). 고통은 구원적일 수 있으나(개개인이 서로에게 그리고 신에게 더 다가갈 수 있도록) 기독교인들이 단지 그것을 받아들이도록 요구받는 것은 아니다. 한 기독교 문서는 "인간과 기독교적 분별심은 대다수의 아픈 이들을 위해서 고통을 완화하거나 억제하는 의약품의 사용을 제안하면서" 신체적 고통에 대해서 말한다(신앙교리성성, 1982, p. 514). 기독교는 또한 우리 자신이 외롭게 고통을 견딜 필요는 없다고 가르친다. "예수 안에서 하나님은(우리의) 무너짐과 고통을 알고 계시며 … 그리스도 안의 하나님이 … 직접 그것을 겪어내심으로써 고통을 짊어지셨다. … 그러므로 고통을 받는 이는 혼자가 아닌 것이다."(Smith, 1986, p. 7).

기독교는 또한 종말론적 강조를 갖고 있다. 이는 인간 생명의 "궁극적 가치와 의미가 그 자체 밖에, 이 세상적 존재의 한계를 넘어 존재함"을 의미한다(Breck, 1995, p. 325). 해러커스(Haarakas, 1993, p. 540)는 이 점을 반복한다. 기독교는 "이 세상의 어떤 분투도 궁극적인 것으로 보지 않는다."

이것이 이 장에서 논의하는 쟁점에 대해서 의미하는 바는 수많은 기독교인들이 자기 자신이나 타인에 대한 의도적인 죽임에 반대한다는 것이다. 고통을 완화하기 위해 필요한 보살핌에 머물며 이를 제공해주면서 각자에게 동정심을 품는 것, 이것들이 자기 자신이나 타인의 죽음에 마주한 기독교 신자들에게 바람직하게 여겨지는 목표이다.

이슬람교

"이슬람"은(알라의 뜻에 대한) 복종을 의미한다. 무슬림의 중요한 신념은 다음을 포함한다. 알라만이 유일한 신이시다. 알라께서 모든 존재하는 것을 창조하셨기 때문에 그분만이 모든 생명체의 주인이시다. 그러므로 무슬림은 신만이 한 사람의 생명이 끝을 맺을 때를 결정하실 수 있다는 다수의 유대교인들과 기독교인들의 신념을 공유한다. 고통은 알라께서 인간에게 그들의 잘못을 상기시켜주려고 하는 것이자 당신께 가까이 다가오게 하시는 것이므로 인간의 고통에 관여하는 것은 또한 그 사람에 대한 알라의 계획에 관여하는 것이 될 수 있다(Hamel, 1991; Larue, 1985).

무슬림의 전체(공적이고 사적인) 생활은 이상적으로 이슬람 법(*샤리아: shari'a*)에 의해 규율된다. 모든 무슬림은 *꾸란*과 무함마드의 *순나*(실천과 가르침)를 샤리아의 원천으로 수용한다(Kelsay, 1994). 이슬람 지도자들이 조력 자살이나 안락사에 대해서 명시적인 입장 표명을 한 적이 없지만(이슬람은 그러한 진술을 발표할 결정적인 교계 제도가 없다), 일반적인 인상은 그들이 이를 승인하지 않을 것이라는 것이다. *꾸란(Qur'an)*의 한 수라(sura: 장)(4:29)에서는 "네 자신을 파괴하지 말라"고 한다. 많은 주석학자들이 이것이 "자살"뿐만 아니라 한 무슬림이 다른 이를 살해하는 것을 언급한다고 주해하고 있다.

1981년 쿠웨이트에서의 종교회의 진술 또한 이와 관련이 있다.

의사는 그의 한계를 깨닫고 그것을 넘어서라는 충고를 받는다. 생명이 복구될 수 없다는 것이 과학적으로 확실하다면 과도한 수단으로 환자의 식물인간 상태를 애써 [유지하는] 것은 무익한 것이다. 의사가 유지하고자 하는 것은 생명의 과정이지 죽어감의 과정이 아니다. 어떤 경우에도 의사는 환자의 생명을 종결하는 적극적 수단을 취해서는 아니 된다(*의료 윤리에 관한 이슬람 강령*, 이슬람 의학에 관한 첫 번째 국제회의, 1981, p. 10).

힌두교

힌두교는 하나의 종교라기보다는 다양한 종교적 선몽의 묶음과도 같다. 다양한 전통의 집합으로서 힌두교는 중심적인 교리의 권위나 위계질서가 존재하지 아니한다. 대부분의 힌두교도들은 *베다*(Vedas)(일부는 3500년 전 작성되었다고 여겨지는 경전)에 대한 존중을 공유한다. 힌두교도들은 창조자인 신을 믿을 수도 있고, 파도가 대양에서 일어나듯 존재하는 모든 것이 발원하는 비인격적이고 형상이 없는 실체인 브라만 위에 모든 실재가 세워졌다고 믿을 수도 있다.

다수의 힌두교도들이 대부분의 개인이 수많은 생애 속에서 죽음과 환생을 경험하면서, 계속해서 환생한다고 믿는다. 이러한 환생의 원인은 자신의 *카르마*(karma), 곧 자신이 행하는 행위에 달려 있다. 사람은 자신의 행위의 결과로 불가피하게 그리고 무자비하게 환생을 거듭하게 된다. 그러므로 어떤 힌두교도들은 질병(특히 생명을 위협하는)이 카르마의 결과이고 자신의 카르마 빚을 갚기 위해서 고통을 겪어야 한다고 주장한다(Crawford, 1995). 그렇다면 자연적인 과정에서 수명을 다하기 전에 목숨을 저버리는 것은 이 빚을 갚는 과정에 개입하는 것이다. 조력 자살과 안락사는 카르마 과정에 개입하는 것으로 바람직하지 못하다.

그러나 다른 힌두교도들은 이것이 카르마의 잘못된 이해라고 주장한다(Crawford, 1995). 인간 생명을 종결짓는 것이 카르마 과정에 개입하는 것이라면 의료 개입을 통해 인간 수명을 늘리는 것도 그 과정에 개입하는 것이다. 그러나 힌두교도들은 풍부한 의학적 전통(아유베다 의학)을 발전시켰고 이 전통을 따르는 이들은 고통을 완화시키고 생명을 위협하는 질병을 치유하는 것이 부적절하다고 생각하지 않는다. 이 견해에서 누군가 치료를 제공하거나 심지어 생명을 종결시키는 경우에 그는 카르마의 영향에 개입하지 않는다,

힌두교는 또한 가능한 한 폭력을 피할 것을 강조한다. 이 관행에 대해서 힌두 용어는 *아힘사*(ahimsa)라고 한다. *아힘사*는 생명이 성스럽다는 견해에 기초한다. 모한다스 간디(Mohandas Ghandi)는 아힘사를 힌두 생명관의 중심적인 특징으로 가르쳤다. 그는 이 용어가 가리키는 바를 다음과 같이 설명했다: "*아힘사*는 단순히 죽이지 않음을 의미하는 것이 아니다. *힘사*는 분노나 이기적 목적 혹은 해를 가하려는 의도로 누군가에게 고통을 야기하거나 생명을 죽이는 것이다. 그렇게 하는 것을 억제하는 것이 *아힘사*이다"(Crawford, 1995; p. 115에서 인용).

처음에 아힘사의 가르침은 조력 자살이나 적극적 안락사를 반대하는 것처럼 보인다. 그러나 적

극적 안락사의 의도는 고통을 끝내고 그것이 생기지 않게 하는 것이다. 간디(1980)는 자신은 생명을 의도적으로 종결시키는 것이 아힘사의 교리와 양립한다는 주장의 예시를 스스로 사용하였다. "내 아이가 광견병에 공격을 받고 아이의 고통을 덜어줄 방법이 없다면 난 아이의 목숨을 끊는 내 의무를 고려해보아야 한다"(p. 84).

그러므로 인간 생명을 의도적으로 종결시키는 것에 대한 힌두교의 태도는 힌두교 그 자체만큼이나 다양하다. 힌두교인은 그러한 행위에 반대하는 가르침과 어떤 상황에서는 그러한 사용을 지지하는 가르침의 정확한 위치를 찾아낼 수 있다.

불교

불교는 존재하는 모든 것의 중심에 창조자인 신이 존재하지 않는다고 주장하는 점에서 유신론적 종교와 다르다. 그 핵심 교리는 행해진 모든 행위가 그것을 행한 사람에게 영향을 미친다(카르마)는 것이다. 그래서 그 사람의 행위 결과(그 사람의 카르마)가 계속해서 그 사람을 환생시키고 우리가 아는 여기에서의 삶은 고통으로 가득차서 구원은 그 윤회의 고리를 끊을 때 오는 것이다. 부처는 또한 구원의 길에 이르도록 돕는 8정도를 가르쳤다. 이 길(정도)의 전제 중 하나는 결코 살아있는 것을 죽여서는 안 된다는 것이다. 의도적으로 인간 생명을 종결하는 것에 대한 불교의 가르침은 상당 부분 여기에서 나온다.

불교는 생명은 기본적으로 선한 것이어서(부분적으로 그것이 생명-특히 인간 생명-에만 있고 그것이 사람을 구원에 이르도록 하므로), 그러한 생명을 의도적으로 종결하는 것은 수용될 수 없다(Keown, 1995)고 주장한다. 초창기 불경에서는 어떻게 불교 승려가 그들의 삶을 살아야 하는지에 대한 가르침을 제공했다. 어떤 주석가들은 이러한 가르침을 일반적으로 불교 윤리의 기초로 사용한다(단지 승려만을 위한 것이 아닌). *반야심경*(Vinaya-Pitaka, 규율서)은 부처가 다음처럼 말했다고 전한다.

> 승려가 인간 생명을 고의적으로 빼앗으려고 하거나 그가 칼을 든 사람처럼 보이도록 하거나 혹은 "저기, 이봐요, 당신에게 이 악하고 어려운 삶이 무슨 소용이요? 죽음이 삶보다는 나을 것이오."라고 말하거나 고의로 혹은 목적적으로 다양한 방식을 통해 죽음을 미화하거나 누군가에게나 죽음을 고무한다면 어찌 되는가? 그는 또한 실패한 사람이며, 승단에 속하지 않은 것이다(Horner, 1949; vol.1, pp. 125-126).

"칼을 든 사람"이 된다는 언급은 조력 자살이나 적극적 안락사를 의미하는 것으로 이해될 수 있다. 그러한 행위를 하는 승려는 자신의 종교적/도덕적 책임을 다하지 못했고(패배했고), 그러므로 파문될 것이다.

개인 자율성이 불교 사상에서 중요함에도 불구하고(Becker, 1990) 생명이 기본 선이라는 원칙을 우회할 수 없다. 삶보다 죽음을 선호하는 것은 결코 도덕적으로 받아들여지지 않는다(Keown, 1995).

자비심(*카루나: Karuna*)은 불교의 중심 덕성이다(Lecso, 1986). 그러므로 누군가의 고통을 감해주는 것은 좋다. 이는 누군가가 죽음이 다가올 때, 호흡을 억제하고 심지어 죽음으로 이끄는 결과를 가져오는 약물을 사용할 수도 있다. 또한 누군가는 합법적으로 죽어가는 사람의 삶을 연장시키기만 할 뿐인 치료 수단을 시작하지 않거나 제거할 수도 있다. 이러한 행위는 자비심의 행위이다. 그러나 이러한 의도가 죽음의 원인이 되어서는 안 된다. 금지된 것은 누군가를 의도직으로 죽이는 것이다.

안락사, 조력 자살 및 사회 정책

네덜란드에서의 안락사 관행과 입법

네덜란드에서는 안락사가 기술적으로는 불법이지만 수년간 관행상 익숙한 현상이 되었다(De Wachter, 1989; 1992l Thomasma, Kimbrogh-Kushner, Kimsma & Ciesielski-Carlucci, 1998). 이러한 맥락에서 안락사는 "환자의 명시적 요청으로 환자의 생명을 종결시키기 위한 명시적 의도로 약물을 주사하는 것"으로 정의된다(Van der Mass et al., 1996, p. 1700). 1984년에 왕립 네덜란드 의료 협회(the Royal Dutch Medical Association)는 이 관행에 대한 가이드라인을 발간했고 훗날 이는 정부가 안락사에 관한 위원회로 지정함으로써 인준되었다. 그 가이드라인에 따르면 (1) 환자는 반드시 정신적으로 의사 결정권을 지닌 성인이고 (2) 자발적으로 일관되게 반복적으로 합리적인 기간 동안 안락사를 요청해야 하며 (3) 질병이 말기에 이르지 않았더라도 회복의 여지없이 참을 수 없을 정도로 고통스러워야 하며 (4) 의사는 이 사례에 개입하지 않은 다른 의사와 이를 논의해야 한다(Angell, 1996, p. 1676). 이 가이드라인에 따라서 안락사를 시행하는 네덜란드의 의사들은 수년간 형사 제재의 대상이 아니었다. 네덜란드에서는 이러한 형태의 적극적 안락사와 조력 자살의 형태 사이에 어떤 도덕적, 법적 구별도 명백히 존재하지 않았다(Swarte & Heintz, 1999).

2001년 11월에 네덜란드는 새로운 입법, "네덜란드인의 요청에 의한 생명 종언과 조력 자살에 관한(검토 절차) 법(The Dutch Termination of Life on Request and Assisted Suicide(Review Procedures) Act)"이 효력을 발하게 되었다. "공식적인" 해당 주제 Q&A 책자에 의하면(익명, 2001b, 또한 유사한 성격의 보다 최근의 문서로 네덜란드 보건복지체육부(Netherlands Ministry of Health, Welfare, and Sport), 네덜란드 사법부(Netherlands Ministry of Justice), 네덜란드 외무부(Netherlands Ministry of Foreign Affairs) 등을 참조하라), 이 입법은 네덜란드 형법에 "형사 책임 면제에 대한 특별한 근거"로 통합되었고 "환자의 자살에 조력하거나 환자의 요청으로 생명을 종결시킨 의사가 적절한 지역 안락사 검토 위원회에 비자연적인 원인에 의한 죽음을 보고하고 법률상 적절한 치료 기준을 만족한 경우 기소될 수 없음"을 규정한다(익명, 2001b, p. 4). 달리 말하면 새로운 입법상, 의사가 입법 기준에 따라서 안락사와 조력 자살을 시행하고 그의 행위를 제대로 보고하면 지역 검토 위원회(적어도 한 명의 변호사, 한 명의 의사 및 한 명의 윤리학자로 구성된)가 의사가 적절한 주의와 함께 행위 했다는 보고서에 기초하여 결정을 내렸을 때 검찰청에 고발되지 않고 더 이상 형사적인 조치가 이루어지지 않는다는 것이다. 단지 검토 위원회가 법적으로 정해진 적절한 치료 기준을 만족시키지 못한 경우를 발견한 경우에만 그 사건이 기소 가능한 것인지에 대해 검찰에 회부될 것이다.

공식 문서에 따르면 "입법을 구성하는 기본 원리는 환자가 안락사에 대한 절대적 권리가 없고 의사도 그것을 수행할 절대적 의무가 없다는 것이다"(익명, 2001b, p. 6). 그러므로 네덜란드 내에서 모든 안락사 요청의 대략 2/3가 거부된다. 한 호스피스 의사는 이러한 입법과 그것을 제재하는 관행에 대한 그의 태도가 "평화로운 공존과 존중할만한 비참여" 중 하나라고 말할 수 있었다(Z. Zylicz, 죽음, 임종, 사별에 관한 국제활동단체 회의에서의 논의, 2001년 6월 13일).

네덜란드에서 안락사 관행에 대한 공식적인 연구가 1990년, 1995년, 그리고 2001년에 행해졌음에도 불구하고(Onwuteaka-Philipsen et al., 2003) 새로운 안락사법의 시행은 추가적인 연구를 요청한다. 이 입법 상 사망에 대한 검토의 결과로서 반 데르 하이데(Van der Heide)와 동료들(2007, p. 1957)은 다음과 같이 보고했다.

> 2005년에 네덜란드의 모든 사망 건수의 1.7%가 안락사였고 0.1%가 의사-조력 자살의 결과였다. 이러한 수치는 안락사가 2.6%를 차지했고 조력 자살이 0.2%를 차지했던 2001년보다 현저하게 낮다. 모든 사망 건수에서 0.4%가 환자의 명시적인 요청 없이 생명을 종결시킨 결과였다. 지속적인 심층 안정제 투여가 2005년 모든 사망 건수의 7.1%로 빠르게 증가하고 있으며 이는 2001년의 5.6%에서 상당히 늘어난 것이다.

이 연구는 "네덜란드 안락사법이 안락사와 의사 조력 자살(Physician-assisted suicide)의 비율에서 조금의 감소 이후 뒤따라 나타났고, 그 감소는 고통 완화 진정제 투여와 같은 말기 치료 개입의 적용이 늘어난 결과일 수도 있다"고 결론을 내렸다. 독립된 연구(Rietjens et al. 2007, p. 220)는 "환자의 명시적 요청 없이 생명을 종결시키는 것은 네덜란드와 다른 국가에서 의료 말기 관행의 일부가 된 것처럼 보인다"라고 보고했으며, 그 관행은 주로 능력이 부재한 말기 환자들에게 적용된다고 알려졌는데, 이 환자들은 삶을 종결시키는 다른 방식을 수용할 길을 열어 줄 수 없는 상태에 있다.

네덜란드 정책과 관행을 지지하는 이들은 네덜란드의 시민들은 높은 수준의 생활, 완벽한 건강보험과 가정의, 윤택한 은퇴 생활과 사회보장 제도를 누린다고 언급한다. 그럼에도 불구하고 네덜란드 인구는 고령화되고 있고 정부는 죽어가는 환자들이 고통, 퇴행 그리고 존엄성을 지니고 죽고 싶은 소망 때문에 안락사를 요청할 수 있음을 인정한다. 찬성하는 입장은 또한 안락사가 단지 네덜란드에서 발생하는 사망 건수의 극히 일부만 차지하고 요청 건수의 1/3만 실제로 집행됨에 주목하였다. 더 나아가 이러한 유형의 안락사는 "말기 질환자인 경우에는 거의 완전히 수행되고 환자의 87%가 일주일 내에 사망할 거라고 예상되고 나머지 12%는 한 달 내로 사망할 거라고 예상되었다"(Angell, 1996, p. 1676). 게다가 찬성하는 입장은 명백한 요청이 없는 경우에 그 주제에 대한 이전의 논의, 의사능력의 부재나 다른 의사, 간호사 혹은 가족과의 논의와 같은 요소들이 그 결정에 영향을 미쳤음에 주목하였다. 마지막으로 네덜란드에서 안락사를 찬성하는 이들은 이러한 사례에 대한 보고가 1990년 약 18%에서 2005년 80%로 증가했음을 관찰했다(Van der Heide et al., 2007; Van der Wal et al., 1996). 그러므로 1995년 연구의 저자들은 "우리가 보기에 이들 데이터는 네덜란드의 의사들이 경사로를 탄다는 견해를 지지하지 않는다"고 주장했다(Van der Maas et al., 1996, p. 1705). 그들은 "네덜란드 의사의 다수가 안락사를 예외적이지만 의료 관행에서 수용 가능한 일부로 여긴다. 이러한 관행에 관여하는 가족들도 또한 그러한 것들이 수용할 만한 것임을 발견한 듯하다 (Georges et al., 2007; Swarte, van der Lee, van der Born, van den Bout, & Heintz, 2003)."고 덧붙였다.

이러한 관행과 정책에 대한 반대자들(Hendin, 1995, 1997, 2002; Hendin et al. 1997)은 일반적으로 그것을 적절한 안전장치를 갖추지 못한 위험이 가득찬 것으로 말한다. 그들은 "말기로 지정된 환자들에게 조력자살이 법적으로 허용된 이후에, 광범한 집단의 환자에게 조력자살이 점진적으로 확장되는 것"(Hendin et al, 1997, p. 1720)과, 가이드라인이 실패하고 1991년의 이래로 통지절차의 실행에도 불구하고 보고가 잘되지 않는 문제(Van der Wal et al., 1996), 그리고 "동의하지 않은 환자가 의사에 의해 생명을 잃는 경우의 문서화"(p. 1721)에 달려들었다.

네덜란드에서 추가적인 발전에 관한 뉴스 보도는 그 나라의 안락사와 조력 자살 정책상의 전체 사망 건수가 2008년 10.5%에서 2009년 13%로 증가했다고 진술한다(익명, 2010; Ertelt, 2010). 전체 2636건수는 2009년 전체 사망 건수의 2%를 차지한다. 그 결과 2010년에 "자유의지로(Out of Free Will)"를 주장하는 한 단체는 "삶에 지친 70세 이상인 모든 네덜란드 국민은 삶을 마치는데 있어서 전문적인 도움을 받을 권리가 있어야 한다"고 주장하는 청원서를 배포했다(Jensma, 2010a). 이 노력은 두 가지 방식에서 독특하다. (1) 그것은 현재 네덜란드 법에서 "가망이 없고 참을 수 없는" 고통의 경우로만 합법적인 안락사의 범위를 확장시킨다. 그리고 (2) 그것은 특별히 훈련되고 자격을 갖춘 간호사, 심리학자, 영적 전문가들이 새로운 직업군으로 성립되는 것을 고려해보게 하는데, 그들은 환자와 일련의 대화를 나누어 조력 자살에 대한 요청을 확인하고, 치명적인 약이 제공되고 그 과정을 감독하기 전에 두 번째 전문적인 의료 전문가에게 환자의 죽음 소원을 확인하게 한다. 이 역할을 의사에게만 한정 시키고 다른 이들에겐 불법으로 한정 시키는 것은 현재의 네덜란드 법과 대조적이다(Jensma, 2010b).

그들의 인구집단, 사회 복지와 의료제도가 다양하기 때문에 앙겔(Angell)(1996, p. 1677)은 네덜란드 경험과 미국의 관행 사이의 "의미 있는 비교를 끌어내기가 거의 불가능하다"고 언급한다. 그녀는 다음과 같이 덧붙였다. "최근까지 의사-조력 사망은 미국에서는 말기 진료에서 수용된 관행과 꽤 다른 형태"로 고려되어 왔다. 그러나 "조력 자살을 비범죄화 하는데 대한 지지는 점차 증가하고 있는 반면에 안락사 지지는 여전히 미약하다." 그 이유는 아마도 "안락사가 비자발적인 반면에 자살은 그 정의대로 자발적"이기 때문이다. 그러므로 조력 자살은 안락사보다는 덜 남용될 것으로 간주될 수 있을 것이다.

조력 자살 입법과 오리건 주에서의 관행

1994년에 오리건 주의 시민들은 가까스로 51%대 49%로 "존엄사 법"(Death with Dignity Act: DWDA)을 통과시켰다. 이 법의 조항은 —1997년 10월부터 효력을 발휘했으며— 말기 환자인 오리건 주 거주민이 의사에게 그의 생명을 마칠 수 있도록 치사량의 약물을 처방해달라고 요청하는 것을 허용하는 조건을 규정하고 있다(Reagan, 2000). 법은 단지 말기 질환을 진단 받고 그 예후로써 6개월 이상 수명이 남지 않은 환자에게만 적용된다. 이 법을 따르기 위해서 여러 가지 절차를 거쳐야 한다. 절차는 의사가 환자가 이 결정을 자발적으로 하는지 확인할 요건을 포함한다. 이것은 환자가 적어도 15일 이상 떨어진 두 번의 구술 요청을 하고 두 증인 앞에서 문서 요청에 서명하는 것으로 이루어진다. 처방하는 의사는 또한 환자에게 그 진단, 예후와 이용 가능한 선택지(진정 치료, 호스피스 진료, 고통 통제) 및 언제든지 요청을 철회할 수 있는 권리를 알려주어야 한다. 게다가 처방하는 의사는 환자에게 진단과 예후를 확인하고 환자가 의사능력을 갖추었는지(진료 결정을 하고 이를 알릴 수 있는지) 결정하도록 다른 의사와 상담하도록 위탁시켜야 한다. 정신병이나 우울증은 판단을 흐리게 할 수 있으므로 배제되어야 한다. 더 나아가, 처방하는 의사는 반드시(그러나 필수요건은 아니다) 환자에게 그 근친에게 처방 요청을 알릴 것을 요청해야 한다. 의사들은 오리건 주 복지부(Department of Human Services, DHS)에 치사 약물에 대한 모든 처방을 보고하고 처방된 약물의 의도된 사용처에 대해서 약사에게 알려주어야 한다.

생명을 종결시키기 위한 목적에서 의사에 의해 처방된 치사 약물을 자발적으로 투여하는 것만을 이 법이 허용하고 있다는 점을 명확하게 하는 것이 중요하다. 의사나 다른 사람이 직접적으로 다른 이의 생명을 종결할 약물을 주사하는 상황이나 안락사는 구체적으로 금지되어 있다. DWDA가 의사와 의료 서비스 제도가 그 시행에 참여할 의무가 없다고 명확하게 하고 있음에도 불구하고 법의 요건에 해당하는 의사들과 환자들은 형사 소추에서 보호를 받고 이 방식으로 생명을 종료시키는 것은 환자의 건강 상태나 생명 보험에 영향을 미치지 아니한다. DWDA는 이러한 조건 하에서의 사망이 자살, 자비 살인 혹은 법률상 살인에 해당하지 않는다고 규정한다.

자살 문제에 있어서 국립존엄사센터의 대표(Melissa Barber, personal communication, 2011년 4월 15일)는 다음과 같이 관찰하였다.

오리건 주나 워싱턴 주의 법상 요청하는 말기 환자는 그렇게 하여 이미 불가피한 혹은 임박한 사망을 앞당길 수 있다. 그러므로 이 법은 자살과 동일시 될 수 없다. "자살"에 대한 어떤 도덕적, 존재적 내지 종교적 의미가 환자의 일차적인 목표가 제한이 정해지지 않은 수명을 끝내려는 것이 아니라 이미 이 세계로부터 임박한 탈출에서 존엄성을 발견하려고 할 때는 적용될 수 없다. 법을 이용하는 개인은 "조력 자살"의 사용에 의해 감정이 상할 수 있는데 왜냐하면 그들이 스스로 목숨을 끊는 것이 아니라 그들의 마지막 시간의 고통을 앞당기는 행위에 참여하기 때문이다. 암(혹은 기타 조건)이 그들을 죽이고 있다.

명백히 DWDA의 반대자들은 반드시 이러한 관점에 동의하지 않는다.

DWDA는 또한 그 시행에 관한 연간 보고서에 대해서 DHS의 정보 수집과 출판을 요구한다. 이것이 작성되면 연간 보고서는 새로운 DHS 웹사이트(http:public.health.oregon.gov/ProviderPartnerResources/EvaluationResearch/DeathwithDignityAct/)에서 이용할 수 있는데 DWDA의 첫 13년간 경험을 담고 있다. 이 주제에 관한 그 여덟 번째 연간 보고서에서 오리건 주 복지부(2006, p. 7)는 용어에 관한 다음 코멘트를 제공해준다.

존엄사 법은 말기 질병을 앓는 오리건 거주자가 그들의 의사로부터 자가-투여하는 치사 약물을 처방 받아 이용할 수 있게 허용한다. 그 법에 의해서 법에 따라서 생명을 종결짓는 것은 자살을 구성하지 아니한다. 그러나 우리는 "의사-조력 자살"이라는 용어를 사용하는데 그 이유는 그것이 그러한 목적으로 의사에게서 처방받은 치명적인 약물의 자발적인 자가-투여를 통해 생명을 종결짓는 것을 묘사하는 것이 의학문헌에서 사용되기 때문이다. 존엄사 법은 PAS를 합법화하지만 그러나 구체적으로는 의사나 다른 이들이 타인의 생명을 종결시키기 위해서 약물을 직접 사용하는 안락사를 금지하고 있다.

DHS는 또한 웹사이트 상에 *오리건 주 존엄사 법, 즉 의료서비스 전문가를 위한 가이드북*(The Task Force to Improve the Care of Terminally-Ill Oregonians, 2005)을 발간해왔고 이는 다양한 섹션에서 주기적으로 업데이트가 되는 광범한 내용의 문서들이다.

오리건 주 DWDA를 지지하는 이들은 삶의 질, 개인 선택이나 자율성, 의료적인 의사 결정에서의 질이 이러한 문제에서 고려되는 중요한 가치라고 주장해왔다(예를 들어, Annas, 1994, 2004; Quill & Battil, 2004). 반대자들은 보통 그러한 관행과 정책이 특히 다양한 종류의 강압으로부터 취약한 환자를 보호하는데 있어서 적절한 안전장치를 보유하지 못한 채 위험을 안고 만연해 있다고 설명한다(예를 들어, Foley & Hendin, 2002; 또한 비판적 숙고 #17 참조). DWDA가 효력을 발한 이래로, 오리건 주에서는 단지 제한된 수의 사람들이 요청을 했었고 심지어 의사-조력 자살(PAS)을 감행한

비판적 숙고

#17 오리건 "존엄사 법"에 대한 법적 도전은 어떻게 이루어져 왔는가?

오리건 주의 "존엄사 법"은 의사-조력 자살을 승인하며 미국인들 간에 논란이 되었다(Werth & Wineberg, 2005). 논쟁의 일부는 그 행위가 의사-조력 자살(그리고 아마도 묵시적으로 다른 형태의 조력 자살과 안락사)을 합법화하는 권한이 어디에 있는지에 관한 질문을 제기하는 것에 있었다-연방 차원인지 아니면 주 정부 차원인지.

시작부터 몇몇 그룹은 그 법의 시행을 막기 위해 법원으로 갔다. 1997년 미국 연방 대법원은 미국 헌법서 "죽을 권리"는 없지만 주 정부는 "의사-조력 자살"을 제공하는 법을 입법할 헌법적 권리가 있다고 판단하였다. 그 법을 폐지하려는 시도는 투표상 60% 대 40%로 반대되어 1997년 11월 오리건 주 투표에서 무산되었다.

2001년 11월 6일에 미국 법무감은 오리건 주의 존엄사법이 연방 약물법을 위반했다고 선언했다. 따라서 그는 의사들이 죽어 가는데 조력을 제공해 오던 통제약물 내지 "계획된 약물"을 처방하는 의사의 연방면허를 취소하는 것을 승인하는 명령을 공표하였다. 그러한 행위의 실질적인 효과는 불가능하지 않다면 오리건 주 제정법의 실행을 어렵게 만드는 것이다. 그러나 2001년 11월, 연방 지방 법원 판사는 그 행위를 일시적으로 금지시키는 명령을 발했고 2002년 4월에 같은 법관은 그 명령을 영구적인 것으로 만들고, 법무감이 의료 관행을 규율하는 주 법에 관여할 권한이 없다는 판결을 내렸다.

2004년 5월에 미국 제9 항소법원의 3인 재판부는 이러한 결정에 대한 정부의 항소를 기각했다. 재판부의 판결은 소위 "애쉬크로프트(Ashcroft) 지침"이 통제된 약물법의 명료한 언어를 어기고 의회의 입법 의도에 반하였으며 법무감의 합법적 권한의 범위를 무시했기 때문에 효력이 없다고 하였다. 2004년 8월에 연방 항소법원의 25명의 상근 판사들 다수가 그 결정을 다시 고려하는데 반대하였다. 그 결과, 미국 대법원은 2006년 1월 17일에 6:3으로 법무감이 의료 관행을 규율할 권한이 없다고 판단했으며 그 책임은 주 정부에 놓여 있고 그러므로 오리건 주 DWDA는 마약 유통을 규율하는 1970년 통제된 약물법을 통과시켰던 의회의 의도를 위반한 것이 아니라고 보았다.

이의 수는 훨씬 적어서, 오리건 주 사망자 10,000명 당 단지 20.9명에 불과했다(표 18.1 참조).

상대적으로 적은 수의 사람들이 관여되었을지라도, 오리건 주에서의 DWDA를 이용하는 이들의 수는 매년 변화하며 이는 불가피한 것이다. 여전히 PAS를 찾는 사람들의 특징을 이해하는 것이 중요하다(Tolle et al., 2004; Wineberg & Werth, 2003). 예를 들어, DWDA 상의 PAS를 이용한 525명의 환자의 평균 나이는 71세였다. 보다 광범위하게, 오리건 복지부(2006, p. 12)는 지금도 적용되는 그 보고서에서 처음 8년에 걸쳐 있는 특정 인구 형태에 대해 언급한다. 예를 들어,

남성, 여성 모두 DWDA를 똑같이 이용한다. 이혼한 이들과 비혼자들은 기혼자와 사별한 자들보다 PAS를 이용하는 경향이 높다. 교육 수준이 높을수록 PAS 사용의 연관성이 높았다. 4년제 대학(baccalaureate) 학위 이상을 지닌 오리건 주민은 고등학교 졸업장이 없는 이들의 PAS 이용 수치보다 7.9배 더 높은 수치를 보였다.

표 18.1 오리건 주 존엄사법 하에서 약을 처방 받아 사망한 사람의 수, 1998-2010

	DWDA 하에서 처방된 수	치사량의 약물을 삼키고 사망한 사람의 수
2010	96	65
2009	95	59
2008	88	60
2007	85	49
2006	65	46
2005	64	38
2004	60	37
2003	68	42
2002	58	38
2001	44	21
2000	39	27
1999	33	27
1998	24	16
전체	819	525

참고: DWDA 하에서 처방을 받은 사람은 그들이 처방을 시행하기 전에 질병으로 사망할 수도 있다. 어떤 이들은 1년 전에 처방을 받았으나 즉시 독극물을 삼키는 행위를 하지 않았고 그러므로 이듬해 사망했다.

출처: 오리건 주 복지부 2011; htttp://public.health.oregon.gov/ProviderPartnerResources/Evalualiton Research/DeathwithDignityAct/PAges/index.aspx.

게다가, 말기 암환자와 ALS(amyotrophic lateral sclerosis, 루게릭병) 환자는 PAS를 이용할 가능성이 가장 높았다. 더 나아가서 오리건 주에서 PAS를 이용한 이들의 상당수가 호스피스 케어에 등록되어 있거나 집에서 사망했거나 일정한 형태의 건강 보험에 들고 있었다.

DWDA 시행 이후 수년간, 오리건 주에서 PAS 행위를 완료한 이들에 관한 가장 큰 우려는 자율성 상실, 삶을 즐겁게 만드는 활동에 참여하는 능력의 쇠퇴, 존엄성의 상실 등을 포함한다. 관리할 수 없는(intractable) 신체적 통증에 대한 두려움이 이러한 행위에 중심적인 동기를 부여하는 것 같지는 않았다.

이를 넘어서 PAS 이용 가능성이 다른 양상을 통하여 오리건 주에서 말기 환자 간병을 개선시키는데 일조했다는 평가가 있다. 예를 들어,

PAS에 대한 요청은 의료 서비스 제공자가 환자와 함께 그들의 말기 진료를 둘러싼 공포와 소망을 탐색하고 환자들이 다른 선택을 할 수 있는 기회를 제공한다. 종종 의료진이 환자의 걱정에 관심을 가지게 되면 그는 PAS를 선택하지 않을 수도 있다. 오리건 주에서 선택으로서의 PAS의 이용 가능성은 또한 오리건 주 의사들이 다른 말기 간병 선택 사항을 보다 효과적으로 이용하도록 촉진시켜 줄 수 있다. 한 연구에서 오리건 주의 의사들이 보고하길 1994년에 존엄

사 법이 통과되고 그들은 말기 환자의 진정제 사용에 대한 지식을 더 넓히고 우울증과 같은 그들의 정신의학적 장애를 개선시키고, 환자들로 하여금 더 자주 호스피스로 옮겨 가도록 노력하게 되었다(Oregon Department of Human Services, 2005, p. 17).

미래에 대한 전망

이 장에서 논의된 쟁점은 쉽게 해결되거나 미래에 사라질 것 같지 않다. 예를 들어, 안락사 내지 조력 자살의 몇 가지 형태는 벨기에, 룩셈부르크, 스위스에서는 합법적이다. 미국에서는 존엄사법이 2008년 11월에 워싱턴 주에서 통과되었고(http:www,doh,wa,gov/dwda 참조) 2009년 몬태나 주의 주 대법원에서는 조력 자살의 특정 형태를 합법화하였다. 게다가, 의료 기술이 발달하면서 더 많은 사람들이 그들 자신 혹은 그들이 돌보는 타인들에 대해 지속적인 의료 개입으로 제공되는 삶의 질에 대하여 중대한 의문을 가지는 상황에 처한 것을 깨닫게 되었다. 게다가, 의료 서비스 제공자들은 그들이 돌보는 환자들이 자신들의 삶을 종결하는데 조력하도록 요청하는 상황에 자신들이 처해 있음을 발견하게 되었다(Emanuel, Fairclough, & Emanuel, 2000). 특히 다음과 같은 사례들에서 이미 어려운 도전이 있었던 것은 명백하다. (1) 이러한 문제나 혹은 기타 문제들에 관하여 공식적인 결정을 하는데 있어서 의사결정능력이 없다고 여겨지는 개별 사람들(영아, 아동, 혹은 정신적으로 심약한 이들) (2) 의사결정능력이 있다고 생각되지만 그들이 어떤 조건하에서 삶을 지속시키기를 원하는지 혹은 종료하기를 원하는지에 대해서 그들의 소원이 알려지지 않은 이들(비가역적 코마 또는 지속적인 식물인간 상태의 이들) (3) 조력 자살, 적극적 안락사 내지 외부 지원(예를 들어 호흡기)뿐만 아니라 영양분과 수분을 인위적으로 공급받고 있는 것을 제거하는 것과 같은 쟁점이 관련 있을 때(Lynn, 1986).

또한 조력 자살과 안락사와 관련된 쟁점은 몇몇 개인이 개별적 상황에 있는 타인들에게 그들의 견해가 전파되도록 하고 널리 퍼진 관행을 공공 정책의 특정한 형태로 합법화하려는 노력(네덜란드에서의 안락사 관행과 오리건 주에서의 조력 자살 입법화)으로서 사회에 나타난 것처럼 보인다.

전체적으로 미국 사회가 조력 자살 그리고/또는 안락사를 찬성하는 정책 또는 관행을 채택하든지 않든지 간에 이들 문제에 관한 결정은 계속해서 개별적인 상황에서 진행될 것이다. 즉, 각각의 사람들이 타인의 생명을 종결시킬 수 있는지(있게 도울지) 여부 그리고 그렇다면 어떻게 할지를 결정하는 것에 대해서 피할 수 없는 상황이 제기될 것이다. 이는 또한 *누군가는 결정할 것*임을 의미한다. 어떤 이들은 이 후자의 지점에 대해서 가장 관심을 갖는다-조력 자살 그리고/또는 안락사가 제공될지 여부에 대해서 누가 결정할 것인지 혹은 결정해야 하는지. 그러나 적절한 의사 결정자를 식별하는 질문이 중요함에도 불구하고, 도덕적 결정을 하는 근거가 가장 근본적인 문제이다. 게다가, 누가 이러한 결정을 수행해야 하는가에 대한 질문(의사, 가족 구성원 등등)—근거가 무엇이고 의사 결정자가 누구든지 간에—이 제기될 필요가 있을 것이다. 마찬가지로 그러한 행위들이 타인들에게 어떤 종류의 심리적 혹은 사회적 영향을 주는지에 대해 다루어질 필요가 있을 것이다(Werth, 1999a; Werth & Blevins, 2009).

내용 요약

이 장에서 우리는 의도적으로 한 인간 생명을 종결시키는 것과 관련된 쟁점들을 특히 조력 자살과 안락사에 초점을 맞추어 검토했다. 우리는 이들 두 개념과 그것들이 연관되는 중심 아이디어들을 정의하고자 노력했다. 이 과정에서 우리는 우선 두 가지 핵심 쟁점들에 초점을 맞추었다. 결정 행위를 하는 행위자에 있어서 우리는 자발성과 비자발성, 적극적 혹은 소극적으로 생명을 종결시키는 것의 대조, 그리고 치료의 일반적 수단과 특별한 수단의 차이를 구별하려는 탐색을 하였다.

그리고 나서 우리의 초점은 의도적인 인간 생명의 종결에 찬성하는 입장과 반대하는 입장으로 옮겨갔으며 이는 일반적인 도덕적 혹은 철학적 전제에서 나온 것뿐만 아니라 세계 5대 종교에서 제기되는 관점들이다. 이러한 논쟁과 관점들을 제시하여 우리는 그 어떤 입장도 잠재적인 반대가 없지 않으며 그 제기된 쟁점들에 대해 쉬운 답변은 대부분의 사람들을 위한 것이 아님을 확인하였다. 그러나 이는 어떤 종류의 대답도 존재하지 않음을 의미하지 않는다. 명백히, 많은 사람들이 이 주제에 여러 측면에 대하여 다양한 입장을 지닌다. 인간 생명에 관한 이러한 복잡한 개념적 도덕적 각축장에서 사려 깊은 입장은 주의 깊고 지속적인 반성을 요한다.

마지막으로 우리는 이들 주제가 개별적인 의사 결정자와 사회 정책에서 중요성이 증대할 가능성이 있다고 주장했다. 그 목적을 위해 우리는 짧게 네덜란드에서의 안락사를 실행함에 있어서의 규율 입법과 오리건에서의 의사 조력 자살에 관한 입법을 다루었다. 이 논의 속에서 우리의 일차적인 관심사는 개개인들이 그들 자신의 삶에서 이를 비난하도록 강요받기 전에 가능한 한 명료하게 이 주제에 대해서 생각해보도록 하는 것이었다.

용어 해설

네덜란드인의 요청에 의한 생명 종언과 조력 자살(검토 절차) 법: 적절한 치료와 법에서 정한 통지 기준에 맞춰서 환자의 자살에 조력하거나 요청에 의해 생명을 끊는 의사에 대한 형사 책임에 대해서 특별히 면제하는 네덜란드의 입법.

비자발적 안락사: 죽는 사람의 의사가 불분명할 때 수행되는 안락사.

소극적 안락사: 연명에 필요한 어떤 행위를 하지 않거나(보류) 혹은 생략(철회)하는 방식으로 누

군가 죽도록 허용하는 것.

안락사: 문자 그대로 "좋은 죽음"을 의미하며 현재는 주로 한 개인이 타인의 고통을 종결시켜주기 위해서 그 사람의 사망에 기여하는 상황을 일컫는다.

오리건 "존엄사 법": 말기 환자로 오리건 주에 거주하는 성인이 자신의 목숨을 끊을 수 있도록 치사약제의 처방을 의사에게 요청하는 것을 허용하는 조건을 규정한 오리건 주의 입법.

의사 조력 자살: 한 사람이 자신의 생명을 종결하는데 필요하거나 사용할 조력을 의도적으로 제공하는 의사에 의한 조력 자살의 한 형태.

자발적 안락사: 죽는 사람의 요청으로 수행되는 안락사.

적극적 안락사: 고통스러운 한 사람의 생명을 종결시켜 그 고통을 끝내는 직접적인 행위를 취함.

조력 자살: 한 사람이 의도적으로 그 자신의 생명을 끊는 행위이며 그 사람이 그와 같은 결과에 도달하도록 도와줄 의도가 있는 타인의 조력을 확보한다.

치료의 일반 수단: 예측 가능하거나 잘 알려진 결과를 가져오는 생명 연장의 개입. 치료를 받는 사람이나 타인에게 일반적이지 않은 위험, 고통, 짐을 안기지 않으며 그리고 효과적이다.

치료의 특별 수단: 예측 가능하거나 잘 알려진 결과를 수반하지 않는 생명을 연장시키려는 개입. 이는 흔치 않은 위험성, 고통, 그리고 치료 받는 이나 타인에 대한 짐을 지우고, 효과가 없을 수도 있다.

복습과 토론을 위한 질문

1. 이 장에서 우리는 자유, 사생활(프라이버시), 개인, 종교적 전통, 생명, 자기-존중, 정의와 좋은 삶과 같은 인간 가치에 대해서 제시하였다. 이들 중 어떤 것이 당신에게 가장 중요한가? 그 이유는? 이들 중에서 다른 중요한 가치 때문에 희생시킬 수 있는 것은 무엇인가? 당신의 대답을 치유 불가능한 질병으로 죽어가는 이를 도울지 여부의 쟁점에 대한 질문과 연결해보라.

2. 당신은 (1) 죽어가지 않으면서(예를 들어 질병 상태가 죽음을 초래할 정도는 아님) (2) 큰 정서적(emotional) 고통을 겪고 있고 (3) 해소될 수 없는 끔찍한 고통에 시달리는 사람이 자신의 목숨을 끊으려고 할 때 도와줄 의지가 있는가? 이러한 질문에 대해서 당신이 답하는 내용을 이끌어낸 가치는 무엇인가?

3. 이 장에서 우리는 조력자살과 안락사의 도덕적 적절성을 지지하는 주장과 그 도덕성을 부인하는 주장을 설명했다. 당신은 어느 쪽에 더 설득력이 있다고 보는가? 어느 쪽이 덜 설득력이 있는가? 그 이유는?

4. 당신은 의사가 안락사 그리고/또는 조력 자살에 관련될 수도 있는 행위를 수행하는 것을 허용하는 법을 지지하는가? 당신이 그와 같은 법을 지지하거나 지지하지 않는 이유는?

추천 도서

Battin, M. P.(Ed.).(1994). *The Least Worst Death: Essays in Bioethics on the End of Life.*

Battin, M. P.(1996). *The Death Debate: Ethical Issues in Suicide.*

Battin, M. P., Rhodes, R., & Silvers, A.(Eds.).(1998). *Physician Assisted Suicide: Expanding the Debate.*

Beauchamp, T. L.(Ed.).(1996). *Intending Death: The Ethics of Assisted Suicide and Euthanasia.*

Beauchamp, T. L., & Childress, J. F.(2001). *Principles of Biomedical Ethics.*

Camenisch, P. F.(Ed.).(1994). *Religious Methods and Resources in Bioethics.*

Cohen-Almagor, R.(2010). *Euthanasia in the Netherlands: The Policy and Practice of Mercy Killing.*

Colby, W. H.(2002). *Long Goodbye: The Deaths of Nancy Cruzan.*

Colby, W. H.(2006). *Unplugged: Reclaiming Our Right to Die in America.*

Doka, K. J., Jennings, B., & Corr, C. A.(Eds.).(2005). *Living with Grief: Ethical Dilemmas at the End of Life.*

Emanuel, L. L.(1998). *Regulating How We Die: The Ethical, Medical, and Legal Issues Surrounding Physician Assisted Suicide.*

Foley, K. M., & Hendin, H.(Eds.).(2002). *The Case against Assisted Suicide: For the Right to End-of-Life Care.*

Hamel, R.(Ed.).(1991). *Choosing Death: Active Euthanasia, Religion, and the Public Debate*

Jamison, S.(1995). *Final Acts of Love: Families, Friends, and Assisted Dying.*

Lewy, G.(2011). *Assisted Death in Europe and America: Four Regimes and Their Lessons.*

McKhann, C. F.(1999). *A Time to Die: The Place for Physician Assistance.*

Post, S.(Ed.).(2004). *Encyclopedia of Bioethics(3rd ed.).*

Schotsmans, P., & Meulenbergs, T.(Eds.).(2005). *Euthanasia and Palliative Care in the Low Countries.*

Weir, R. F.(Ed.).(1997). *Physician-Assisted Suicide.*

Werth, J. L.(Ed.).(1999b). *Contemporary Perspectives on Rational Suicide.*

Werth, J. L., & Blevins, D.(Eds.).(2009). *Decision Making Near the End of Life: Issues, Developments, and Future Directions*

웹자료

유용한 검색어: ACTIVE EUTHANASIA; ARTIFICAL FEEDING; ARTIFICAL NUTRITION AND HYDRATION; ASSISTED SUICIDE; DEATH WITH DIGNITY ACT; EUTHANASIA; NONVOLUNTARY EUTHANASIA; PASSIVE EUTHANASIA; PERSISTENT(OR PERMANENT) VEGETATIVE STATE; PHYSICIAN-ASSISTED SUICIDE; VOLUNTARY EUTHANASIA.

본서와 연계된 웹사이트 Death & Dying, Life & Living, 제7판을 방문해 보라.

본서-특약 웹사이트는 전문용어 해설, 플래시 카드, 아래 소개된 웹사이트 연결로, 그리고 퀴즈 테스트 등을 포함하는 학습 도구들을 제공한다. www.cengagebrain.com을 방문하라.

American Journal of Bioethics

American Society for Bioethics and Humanities(ASBH)

American Society of Law, Medicine, and Ethics(ASLME)

The Center for Bioethics and Culture(CBC)

Center for Clinical Ethics and Humanities in Health Care, University of Buffalo

Center for Ethics in Health Care, Oregon Health and Sciences University

Center for Practical Bioethics

Compassion and Choices

Death with Dignity National Center

Ethics in Medicine, School of Medicine, University of Washington

The Hastings Center

Kennedy Institute of Ethics, Georgetown University

© Cengage Learning 2013

제19장

삶에서의 죽음의 의미와 위치

목표

- 죽음의 의미에 관련된 쟁점 탐색하기
- 내세와 죽음의 의미에 대한 여러 종교적, 철학적 사상 검토하기
- 임사 체험의 내용과 해석 탐색하기
- 인간의 삶(human life)에서의 죽음의 위치 고려하기

부처의 인간 경험에서의 죽음의 위치

다음 이야기는 불교 경전에서 뽑아온 것이다. 이는 여러 가지 형태로 존재한다. 우리가 여기서 제시하는 것은 여러 출처에서 나온다.

고타미(Gotami)라고 불리는 젊은 여인이 아들을 낳았다. 그러나 그 아이는 제대로 걷기도 전에 죽었다. 슬픔에 빠진 그녀는 죽은 아들을 안고 이 집 저 집을 돌아다니며 아들을 살릴 약이 없는지 하소연했다. 한 집에 이르러서 노인이 그녀에게 그 약을 줄 만한 사람이 있는데 그는 가우타마(부처)라고 하였다.

고타미는 부처에게 가서 죽은 아이를 위한 약을 청했다. 부처는 그녀에게 그런 약을 알고 있다고 말했다. 그녀는 죽음이 거치지 않은 마을 내 각 집에서 작은 겨자씨를 모아야 했다. 그녀는 각 집을 돌아다녔지만 전혀 소용이 없었다. 그녀는 죽음을 모르는 가족들을 만날 수 없었다.

그녀는 이제 스스로 생각했다. "저는 제 아들만이 사람들이 죽음이라고 부르는 것에 채여 갔다고 생각했습니다. 그러나 제가 틀렸습니다. 이는 누구에게나 일어나는 일이었습니다."(Burtt, 1955, pp. 45-46에서 인용) 그녀는 이제 존재하는 모든 것이 영원하지 않으며 결국에는 세상을 떠난다는 것을 이해했다.

아들을 장례식에 넘기고 고타미는 부처에게 돌아왔다. 부처는 그녀에게 그가 요구한 약을 가져왔는지 물었다. 그녀는 아니라면서 이제 모든 사람이 죽는다는 것을 안다고 말했다. 부처는 그녀에게 다음과 같이 말했다. "모든 살아있는 것은 이 등불의 불꽃을 닮았습니다. 한 순간 환해지지만 다음에는 꺼지는."(Ballou, 1944, p. 143).

죽음의 의미

인간 죽음의 불가피성이 제기하는 질문들

거의 모든 인간이 결국에는 그들 자신과 그들이 사랑하는 사람에 대한 피할 수 없는 사실에 직면하게 된다. 그들은 죽을 운명인 것이다. 바로 전 예화의 고타미처럼 많은 사람들에게, 이 사실은 왜 우리는 태어나는가?, 살아가는 존재로서의 의미는 무엇인가?, 우리의 삶의 가치와 중요성에서 죽음의 영향은 무엇인가?와 같은 의미에 대한 의문을 제기한다. 요컨대, 삶과 죽음의 관계는 무엇인가? 그들은 단순히 반대되는 것이어서 죽음이 있다면 삶은 없는 것인가?(Terkel, 2001) 혹은 그들의 관계는 이것보다 더 복잡한가?

이러한 질문들은 우리 인간 현실의 일부를 구성한다. 부처가 고타미에게 말했듯이, 종국적인 죽음은 모든 삶의 형태에 공통된 것이다. 그러나 인간은 이 사실과 그 사건 앞에서 그 함의에 대해서 생각해보거나 숙고할 수 있다. 누군가 죽는다는 것을 미리 아는 능력은 아마도 인간에게 있어서 독특한 것일 것이다. 죽음에 대한 의식은 특히 예를 들면, 우리의 안전보장이 위협당할 때, 우리가 대량학살에 마주쳤을 때, 날카로워진다(제4장과 비판적 숙고 #18 참조).

비판적 숙고
#18 두 개의 폭력 사건과 안전보장

2007년 4월 16일 버지니아 공대의 학생이 33명을 살해했다-여기에는 학생들과 교수진, 그리고 그 자신이 포함되었다. 또 다른 폭력 사건은 2011년 1월 8일 애리조나 턱손의 세이프웨이 마켓 밖에서 한 남자가 총을 쏘기 시작하면서 발생했으며 그곳에서는 미국 하원의원이 구성원들을 만나고 있었다. 여섯 명이 살해되고 하원의원 가브리엘 클리포드(Gabrielle Clifford)를 포함한 열 세 명이 부상당했다.

이 사건들과 유사한 사건들의 분석은 종종 사회가 그러한 사망 사건을 피할 수 있는지에 초점을 두곤 한다. 이는 어떤 사람들이 주장하는 바가 인간이라는 존재의 불가피한 요소라는 것에 대한 초점에 관심을 두게 한다. 누군가 말했듯이 우리는 폭력과 비극을 피할 길이 없어서 삶에 대해서 덜 걱정스러울 수 있다고 했다. 그러나 이는 항상 어느 정도의 환상으로 드러난다. 폭력과 비극-죽음을 포함해-으로부터의 완전한 안전보장은 실현 불가능한 것이다.

우리의 존재에 대한 위협으로부터 안전보장을 원하는 것은 여러 가지 수준에서 제기된다. 표면적으로 사회가 그 시민들을 폭력과 의미 없는 죽음에서 지켜낼 수 있는 가에 대한 의문이 있다. 사회가 합리적인 수단을 통해 그와 같은 보호를 성취해내는 한도 내에서, 이러한 수단은 추구되고 장려되어야 한다. 그러나 그것들은 항상 그 효과성에 한정된다. 어떤 사회도 모든 상황에서 모든 시민을 모든 죽음의 위협으로부터 보호할 수는 없다.

그러나 보다 심층적인 자원에서 우리가 폭력에 직면해 느끼는 불안은 철학자와 종교적 스승들이 종종 인간 존재의 피할 수 없는 조건으로 설명했던 부분을 드러낸다. 우리는 마르틴 하이데거(Martin Heidegger, 1962)가 말했듯이 죽음으로 들어가는 존재이다. 우리의 일상생활 대부분에서 우리는 우리의 의식 표면 아래의 이런 조건을 붙잡아둘 수 있다. 그러나 우리는 그 불가피성에 강제로 직면하게 될 때(여기서 언급한 사건들과 같은 경우에) 거의 모든 사람들이 그 불가피성에 직면한다는 걱정을 하게 된다. 어떤 시민 사회도 이 본질적인 존재에 대한 불안감을 완화시켜줄 수 없다. 이 걱정을 극복하기 위해서 우리는 민사법이나 시민 대응과 다른 무언가가 필요하다. 여기서 철학과 종교가 도움이 될 부분이 있다면 작동해야 된다.

이러한 우리 자신에 대한 본질적인 진실에 마주하여, 우리는 종종 두 가지 길 중 하나로 대응한다. 우리는 우리를 거의 압도시키는 걱정을 경험하게 된다. 아니면 우리는 우리의 삶이 어느 날 끝에 이르고 이것이 우리 이전의 삶의 모든 순간을 구성했다는 것을 인정하게 되는 현실을 목격하게 되기도 한다. 달리 말해서 우리가 우리의 죽음의 불가피성을 진정으로 마주할 때, 우리의 삶의 소중함은 같은 순간 또한 심오한 방식으로 실현된다. 그러므로 우리가 이 책 전반에 걸쳐 주장한 것처럼 우리의 죽음과 우리의 삶의 소중함은 전체적으로 얽혀있다.

사실, 죽음과 그것의 인간 삶에 있어서의 위치에 관련된 쟁점은 거의 모든 인간 활동을 구성한다고 주장되어왔다. 예를 들어 소크라테스(Socrates)는, "실제로 자신을 철학에 대해 올바른 방식으로 적용하는 이들은 죽어감과 죽음에 대해 직접적으로, 그리고 자발적으로 그들 스스로 준비하는 자들이다."(Plato, 1961, p. 46; Paedo, 64a)라고 말했으며 그는 인간이 삶 속에서 행하는 모든 것이 피할 수 없는 죽음에 맞서 그것을 시험하는 것에 의해 최종적으로 평가되어야 한다고 주장했다. 그가 옳다면, 우리가 이 책에서 고려한 모든 것들은(예를 들어, 죽어가는 사람들과 유가족을 대하는 방법, 그리고 사실상 죽음과 죽어감과 관련된 모든 반성적인 행위들인 인간 삶에서의 조력자살과 존엄사의 위치를 다루는 방식) 피할 수 없는 죽음의 의미에 관련된 보다 기본적인 질문에서 기인한다. 예를 들면, 사람들이 다른 방식이 아닌 하나의 방식으로 죽어가는 이들을 돌봐야 한다고 말하는 것은 죽음에 대한 믿음에서의 정당성의 일부를 보여준다. 누군가 죽음이 항상 언제나 무가치하다고 믿고 죽음이 알려진 가장 최악의 것이라는 입장이라면 이러한 믿음은 죽어가는 사람과 그를 마주치고 돌봐야 하는 사람에게 영향을 미칠 것이다. 누군가가 죽음보다 더한 것이 있을 수 있다고 믿는다면, 그 또한 그가 이러한 상황에서 행위하는 방식에 영향을 미칠 것이다.

이러한 의문들에 대한 가능한 응답들

죽음에 의해 제기되는 의문들을 성찰하면서, 인간은 수많은 여러 가지 방식으로 응답해왔다(e.g., Becker, 1973; Grof&Halifax, 1978). 이 장 처음 부분의 고대 중국의 음양 기호는 이러한 의문에 대한 하나의 답변을 제시한다. 그것은 삶(기호의 오른쪽 부분—양)과 죽음(기호의 어두운 부분에 표시된, 즉 왼쪽 부분—음)은 서로를 관통한다고 한다. 음이 양의 일부를 뒤집고 들어가 있고 양 또한 음의 일부를 뒤집고 들어가 있다. 이것보다도 음의 한가운데가 양이며 또한 그 반대도 이루어진다. 그러므로 이 기호는 삶이 있는 곳에 죽음이 있고 죽음이 있는 곳에 삶이 있다고 말한다.

이러한 의문에 대한 또 다른 답변은 죽음 이후에 어떤 일이 일어나는지를 이해하는 시도와 관련이 있다(Adams, 2004; Toynbee et al., 1976) 예술과 대중문화(Bertman, 1991; Bolton 2007), 민화(Gignoux, 1998), 인류학(Reynolds&Waugh, 1977), 문학(Enright, 1983; Weir, 1980), 철학(Carse, 1980; Choron, 1963; 1964), 종교(Chidester, 1990; Johnson & McGee, 1998; Obayashi, 1992), 신학(Gatch, 1969; Mills, 1969l Rahner, 1973) 모두 이 의문과 관련되어 제안한다. 실제로 인간이 이룩한 최고의 사상 중 하나는 그러한 쟁점들에 집중해온 것들이다. 소크라테스와 알베르 카뮈, 사도 바울(Paul of Tarsus), 그리고 마호멧(Muhammad), 전도서(Ecclesiastes)의 저자와 바가바드 기타(Bhagavad Gita)의 저자들과 같은 이들의 저작에서 인간 삶에서 죽음이 교란시키는 함축성을 다루고자 한 시도의 예시들이 발견된다.

죽음: 문인가? 벽인가?

파이펠(Feifel, 1977b)은 그가 죽음이 문이나 벽으로 설명될 수 있다고 썼을 때, 사람들이 죽음에 대해서 생각하는 방식을(아마도 과도하게) 단순화시켰다. 그는 누군가 죽음을 바라볼 때, 그 자신에게 무엇을 보는지 물을 수 있다고 보았다. 죽음은 단순히 삶의 끝인가? 그것은 죽음이 침투해 들어와서 생명을 불가역적으로 잃는 것인가? 그렇다면, 죽음은 모든 존재(것)가 마주하게 될 것이며 그것은 누군가 알고 있거나 알 수 있는 모든 것의 끝을 의미할 것이다. 그것은 누군가 부닥치면 통과할 수 없는 벽인 것이다.

그러나 어떤 사람들은 죽음이 생애의 여정에 따른 단계라고 보기도 한다. 그것은 선너가는 강이며 올라가는 계단이고 통과하는 문인 것이다. 이것이 누군가의 관점이라면, 그때 죽음은 삶의 돌이킬 수 없는 반대적인 요소가 아닌 차라리 삶의 한 형태에서 다른 형태로 넘어가는 것일 수도 있다.

대부분의 사람들은 이러한 믿음 중 하나를 택하고 있다. 물론 이러한 생각들과 믿음은 무의식적일 수도 있고 명백하게 생각되지 않을 수도 있다. 그러나 누군가(예를 들어) 죽음을 두려워한다면 그 공포는 죽음의 의미, 예를 들면, "나는 다시는 사랑했던 사람을 만나지 못할 거야" 내지 "나는 그와 같은 석양의 경험을 다신 하지 못할 거야" 또 "난 내 죄에 대해서 벌을 받을 거야" 혹은 "난 아마도 가난한 삶을 살게 되도록 다시 태어날 거야"와 같은 죽음의 몇몇 의미에 기초한 것이다. 우리 대부분이 죽음의 사실에 대해서 어떤 종류의 반응을 하기 때문에-행복이나 슬픔, 공포나 예측- 우리는 또한 그것이 명백하든지 혹은 드러나지 않았던지 간에 그 의미에 대한 어떠한 믿음을 지니게 된다.

그러나 또한 누군가 죽음에 대해 평가하는 것이 그가 죽음을 문으로 보는지 벽으로 보는지 여부와 명백한 방식으로 연결되어 있는 것은 아니다(Nabe, 1982). 누군가는 죽음을 벽으로 생각하고 좋은 것으로 평가할 수 있다. 예를 들어, 적어도 고통은 끝났다. 누군가 죽음을 문으로 보고 악한 것으로 평가할 수도 있다. 예를 들면, 영원한 고통 내지 삶의 그림자 지고 천박한 형태로 볼 수도 있는 것이다. 그리고 물론 어떤 이들은 죽음을 벽이면서 악한 것으로 볼 수도 있고 혹은 문이면서도 좋은 것으로 볼 수도 있다. 여기서 초점은 누군가 죽음을 철학적으로 바라보는 방식은 그가 그것에 어떻게 가치를 부여하는지에 대한 중요한 방식과 연결되어 있다는 것이다.

사후에 대한 대안적 이미지들

인간이 죽음과 삶이 연결되어 있는 방식에 대해서 이해하고자 채택해 왔던 주요한 대안적인 종교적 혹은 철학적 이미지를 탐색하는 것은 이러한 질문들에 대한 우리의 사고를 풍부하게 한다. 이 과정을 시작하기 위하여 우리는 이러한 이미지들 몇몇과 그것들이 다음 질문들, *이 삶이* 전부인 것인가?, 죽음은 생명의 돌이킬 수 없는 상실인가?에 대해 의도된 응답을 검토한다. 이제 우리가 이 연구를 시작하자마자 인간이 꽤 놀라운 방식으로 이러한 질문에 대응하려고 했음이 명백해진다 (Toynbee, 1968b). 그래서 우리는 단지 여기서는 이러한 방식들 중에서 가장 잘 알려진 몇 가지만 살펴볼 것이다.

내세에 대한(고대) 그리스의 통념

그리스도가 탄생하기 400년 전에 철학자인 소크라테스는 도시국가인 아테네에 살았다. 그가 70살이었을 때, 그의 몇몇 비판자들이 그가 국가의 정식 종교상의 신을 믿지 않고 젊은이들에게 연장자들의 믿음에 도전하라고 가르침으로써 이들을 타락시킨다고 고발하였다. 소크라테스는 이러한 죄목들에 대해서 유죄가 선고되어 사형이 선고되었다.

배심원들에 의한 이러한 평결 이후에 소크라테스는 자신에게 있어서 죽음이 어떠한 의미가 있는지 설명하였다. 그는 인간은 우리의 계속된 존재의 관점에서 죽음이 의미하는 바를 *알 수 없음*을 믿는다고 말했다. 대신에 그는 모든 사람은 이 지점에서 믿음과 함께 남겨진다고 주장하였다. 이러한 최고의 짓누르는 질문에 대해서 소크라테스는 "우리는 결정적인 증거에 미치지 못하는 것들을 믿는 선택을 할 수 있을 뿐"이라고 주장하였다.

소크라테스는 끝내 우리의 계속된 존재에 대해서 죽음이 무엇을 의미하는지 결정할 수 없다고 주장하였다. 아마도 죽음이 연관되었던 것에 대해서 그가 제시한 선택이 일부분 차지했을 것이다 (개인적 통찰 19.1에서 그가 이에 대해서 배심원에게 말한 바를 살펴보라). 죽음이 영원한 잠(무의식)이거나 아니면 누군가 오랜 친구들을 만나고 새로운 친구를 사귈 수 있는 삶의 형태라면, 죽음은 두렵거나 위협적인 것으로 나타날 필요가 없다.

그러나 이러한 시나리오들이 가능성을 고갈시키지는 않는다. 다른 고대 그리스인인 호메로스는 다른 방식의 보다 덜 행복한 내세의 삶을 그려내고 있다. 호메로스(Homer)의 *오디세이*(Odyssey)의 한 부분에서 오디세우스(Odysseus)는 하데스(Hades)의 사후세계에 살고 있는 다른 그리스 영웅(아킬레스) (Achilles)을 소환한다. 아킬레스는 그 삶에 대해서 말한다. "나에게 죽음에 대한 승리의 말은 없다네. …… 신께 맹세코, 나는 여기 모든 숨을 멈춘 죽은 이들을 지배하기보다는 이승에서 다른 사람의 노예로 사는 것이 낫다네-먼지를 뒤집어쓴 먹고 살기 위해 고분고투해야 하는 소작인으로 말일세."(Homeros, 1996, p. 265) 아킬레스는 저승(Hades)을 불행한 장소로 설명하기 때문에 이렇게 말한 것이다. 죽은 자들은 감각이나 감정이 없으며 단지 환영(그림자)에 불과하다.

고대 그리스에서 찾아볼 수 있는 세 번째 관점은 영혼의 무한성이다. 이 관점은 플라톤(Plato)의 저서에서 발견되며 플라톤은 인간이 두 부분, 육체(이 세상에 속하고 유한한)와 영혼(무한한)으로 구성되어 있다고 말한다. 플라톤은 영혼의 내재하는 무한성을 증거하기 위해 의도된 주장을 하곤 했다. 플라톤에게 영혼은 본질적으로 무한하고 그 성격상 죽음과 거리가 멀다. 어떤 것도 영혼이 죽게 할 수 없다. 그러므로 그것은 영원히 존재하는 것이다. 인간(그리고 자신에 의해 움직이는 모든

개인적 통찰 19.1

죽음의 의미에 대한 소크라테스의 생각

내게 다가온 이것은 좋은 것이다. 그리고 죽음이 악하다고 생각하는 우리들은 실수한 것이 틀림없다. 죽음의 상태는 두 가지 중 하나이다. 죽은 사람이 전적으로 존재하지 않게 되고 모든 의식을 잃던가 아니면 영혼에 변화가 있어서 그것이 다른 장소로 옮아가는 것이다. 죽음이 모든 의식의 부재이며 그 무기력 상태의 잠이 어떤 꿈으로도 방해를 받지 않게 된다면, 그것은 놀라운 획득이다. 모든 시간이 단 하룻밤에 지나지 않는 것으로 보인다. 그러나 죽음이 다른 곳으로 여행하는 것이고 우리에게 말해진 것이 사실이리면-죽은 자들 모두가 그곳에 있다고- 어떤 좋은 것이 이것보다 더 나을 수 있을까? 당신은 오르페우스(Orpheus)와 뮤세우스(Musaeus)와 헤시오드(Hesiod)와 호메로스와 대화하기 위해 무엇을 주지 않을 것인가? … 그것은 [그와 같은 영웅들과] 대화할 수 있는 그리고 그들과 살면서 그들을 시험해볼 수 있는 표현할 수 없는 기쁨일 것이다.

출처: Plato, 1948, pp. 47-48, Apology, 40b-41a.

신체-즉 동물)은 부분적으로는 영혼이고 죽음은 오로지 신체와 영혼의 분리를 의미할 뿐이다. 그것은 영혼의 끝을 의미하지 않는다.

그리스 사상은 삶과 죽음의 관계에 있어서 서구의 믿음의 중요한 한 부분을 제공한다. 다른 주요 부분은 유대-그리스도 전통과 성경에서 나왔다.

몇몇 서구의 종교적 믿음

내세에 관한 수많은 믿음들이 히브리와 그리스도교 경전에서 표현되고 있다. 베일리(Bailey, 1978)는 다음과 같은 개념들이 텍스트들 안에서 내세와 연관이 되어 있음을 발견했다.

1. "불멸성"은 종종 오로지 거룩한 존재와만 연관되어 있다(디모데전서 6:16).
2. 종종 "불사"는 신이 특정 인간에게만 허락한 것으로 비춰졌다(예컨대 창세기 5:24의 에녹, 열왕기하 2:1-12의 엘리야).
3. 사후세계는 유령과 같은 존재와 연관될 수 있으며 그것은 일종의 "희미한 삶"이다(앞에서 아킬레스가 저승에 대해 설명한 바를 비교해보라). 어떤 이들은 이러한 견해가 사무엘을 사후세계에서 불러낸 마녀와 논의하는 사울(사무엘상 28)에 나타나 있음을 찾아냈다.
4. 죽음 이후 지속되는 삶은 종종 자녀와 같은 그 사람의 죽음 이후에 남겨진 이들과 연관이 있다.

실제로 개별적인 죽음을 이겨내는 개념들은 히브리 경전에서 드물게 나타난다. 죽음 이후에 계속되는 삶의 개념이 존재한다면 이는 공동체와 공동체성원의 특정된 후손 안에서 발견된다. 즉, 나는 죽을지 몰라도 나의 공동체는 지속된다. 나는 죽을지라도 내 아이들과 아이들의 아이들은 계속

611

지속될 것이다. 공동체의 삶이 중요한 것이고 가계가 지속되는 것이 중요한 것이다(Bowker, 1991).

사실, 앞에서 논의된 영혼에 관한 그리스의 관념이 히브리 경전에서 발견되는지 여부는 불확실하다. "영혼"으로 종종 번역된 히브리 단어(*nepesh*)는 가장 단순하게는 "생명"(life)을 의미한다. 그것은 필연적으로 몸과 연관이 된다. 그러므로 죽음에서 *nepesh*(영혼)는 더 이상 존재하지 않게 되는데 그 이유는 그것이 더 이상 특정 몸에 매어있지 않기 때문이다. 아이크로트(Eichrodt, 1967)는 다양한 이미지가 사용됨을 보고한다. 죽을 때 *nepesh*(영혼)는 "죽는다. 그와 동시에 … 그것이 어디로 가버렸는지 물을 수 있음을 의미하는 것이 아님에도 불구하고 사람이 죽을 때 그것이 떠나간다고 생각하는 것은 그럴듯하다! … 그것은 취해지거나 휩쓸려가는 것으로 설명된다(p. 135)." 그는 다음과 같이 덧붙였다. 어떤 경우에도 불사불멸의 *또 다른 자아에* 대해 *nepes*(영원한 생명) 개념을 사용한다는 근거는 존재하지 않는다 … 똑같이, 그 개념에서 동떨어져 있는 것은 … 죽음을 이겨낸 자(Man)에게서 신의 존재를 느끼게 하는 실체의 의미이다(p. 140). 이것이 맞다면, 불사불멸의 영혼의 개념은 본래 유대 전통의 일부가 아니다. 사실 아이크로트는 이러한 관념이 고대 그리스문화의 영향으로 훨씬 후에 유대 사상에 도입되었다는 입장이다.

히브리 경전은 내세에 관한 또 다른 이미지를 제공해주었다. 그것은 부활의 이미지이다. 이 이미지는 인간이 두 개의 다른 종류의 존재, 육체와 영혼의 결합이 아니라는 유대 믿음에서 나온 것이다. 우리 각각은 차라리 통합된 전체이다. 인간이 된다는 것은 플라톤이 그의 대화에서 주장하는 것처럼 신체에 영혼이 들어가 있는 것이 아니다. 그것은 살아있는 신체이다. 이러한 관점의 삶은 체현된 것을 제외하고 이해될 수 없다(이슬람도 종종 이 교훈을 가르친다. Muwahidi, 1989, pp. 40-41를 보라). 그러므로 죽음 이후의 삶이 있다면 그것은 체화된 것이어야 한다. 그것이 바로 *부활*이 의미하는 바이다. 이것은 살아있는 육신으로서 인간이 *소생하는 것*을 일컫는다. 이러한 소생은 하나님에 의한 새로운 행위다-즉, 인간의 재창조이다.

서구 종교는 또한 천국과 지옥의 관념과 내세를 연관시켰다. 이러한 관념들은 이슬람에서 잘 발달되었다. 이슬람에 따르면, 최후의 심판에서 이승에서의 각자의 행동은 심판될 것이다. 누군가 알라께 복종하면(이슬람은 복종하다를 의미한다) 보상이 죽음 이후에 뒤따른다. 누군가 알라에게 불복종한다면 벌이 기다리고 있을 것이다. 이러한 상벌은 종종 생생하게 기술된다.

그들의 주님(lord)의 위엄을 두려워하는 이들에게는 두 개의 정원이 있다. 나무가 빽빽하게 심어진 그곳은 각각 솟구치는 샘물이 흐른다. 각각은 온갖 종류의 열매를 품고 있다. 그들은 두꺼운 비단 천을 가장자리에 두른 침상(couch)에 기댈 것이다. 그들을 기다리는 그릇과 항아리 가득 채우고 있는 영생불사의 젊음과 가장 순수한 포도주가 있다. 그리고 그들의 동반자는 숨겨진 진주만큼이나 순결한 짙은 눈의 처녀이다. [저주 받은] 자들은 뜨거운 바람과 펄펄 끓는 물 속에서 살게 될 것이다. 검은 연기가 자욱한 그곳에서(*꾸란*, 1993, 55:35-36;55).

이슬람 신자들이 모스크 마당 앞에서 관을 매고 지나가고 있다.

유사한 개념들이 기독교, 힌두교 그리고 불교의 몇몇 형태에서도 확인된다.

이슬람은 여기서 흥미로운 다른 믿음을 지니고 있다. 사크르(Sakr, 1995)와 스미스(Smith)와 하다드(Haddad, 2002)는 이슬람에게 있어서 무덤에 삶의 형태가 있다고 보고하고 있다. 죽은 사람의 영혼은 상벌을 받기 위해 정기적으로 무덤을 방문한다. 무덤은 변형의 중심이자 조형(molding)의 중심이며 재형성의 중심이자 준비의 중심이며 재종합의 장소인 것이다(Sakr, 1995, p. 59).

그러나 다른 문화들은 꽤나 다른 신념을 갖는다.

몇몇 아프리카의 믿음

아프리카 대륙엔 수많은 문화가 존재하고 이 다양한 문화에 속한 사람들의 철학적, 신학적 믿음은 여태껏 자세히 설명되거나 연구된 적이 없다. 그러나 몇 가지 예비적인 일반화가 이루어졌다(Mbiti, 1970).

일반적으로, 이들 중 다수가 생명을 가능케 하는 힘이 여기저기에 똑같이 존재한다고 본다-식물에도, 동물에도 인간에게도(Opoku, 1978; 1987). 그래서 인간은 자연의 일부이며, (자연이 그렇듯이) 되어가는 과정의 끊임없는 순환인 것이다. 이 과정에는 특정하게 구분되는 순간이나 전환점이 존재한다. 탄생, 청소년기, 결혼과 죽음이 바로 그것이다. 그러나 각각의 이러한 위기는 단지 되어가는 과정에서의 특정 시점을 나타낼 뿐이다. 공동체에 속해 있는 산 자들은 그런 한 단계에서 살아있는 것이다. 살아있는 죽은 자(living-dead)들(즉, 우리가 여기에 있듯이 살고 있지는 않은 이들)은 어떤 한 단계에 속하는데, 곧 단지 더 나아간 단계에 속하는 것이다. 공동체는 이 살아있는 자와 살아있는 죽은 자를 모두 포함한다. 살아있는 죽은 자는 다른 세상에 속하는 존재로 여겨지지 않는다.

그들은 단지 이 세상의 다른 일부분에 속하는 것이다. 이 세상의 다른 부분으로 옮겨가는 것은 때때로 육지 여행으로 상징화되며, 종종 강을 건너는 행위를 포함하는데, 아마도 강이 자연 세계의 한 부분과 다른 부분의 자연적 경계를 이르기 때문일 것이다. 이러한 관점은 일반적으로 천국(축복의 삶) 또는 지옥(고통의 삶)의 관념을 포함하고 있지 않다.

살아있는 죽은 자는 이 관점에서 유사-물리적인 존재들이다. 조상으로서 그들은 제사와 존경을 받는다. 그들의 삶은 거룩하고 존귀한 것으로 그들 가족과 씨족의 살아있는 이들의 안녕을 위해 주어진 것이다. 그러므로 가족은 이 다른 세계에까지 확대된다.

이들은 자연과 긴밀한 접촉을 하는 사람들에게서 나온 이미지이다. 호메로스에서 봤던 창백하고 텅 빈 내세의 개념이 존재하지 않는다. 부활이나 천국이나 지옥의 개념도 없다. 여기서 그려지는 그대로의 내세는 우리가 아는 삶의 단순하고 자연스러운 연속선상이다. 차이가 *있다*면 강의 이쪽 편 사막에 사는 삶과 강의 반대편 숲 속에서의 삶이 구분이 된다는 것이다. 그러나 살아있는 죽은 자들의 삶은 완전히 동떨어진 존재가 아니다. 그것은 위협적인 것이 아니며 몇몇 원시 종교들에서 발견되는 죽은 자들에 대한 공포와 상당히 다르다(Frazer, 1977).

일부 아프리카계 미국인들은 이러한 종류의 믿음을 공유한다. 설리반(Sullivan, 1995)은 그러한 사람들에게 죽은 자와 산 자는 하나로 통합된 상호호혜적 기능을 지닌다고 보고한다. 이들에게 있어서 건너감은 "이동"에 연관되어 있다. 그것은 누군가 조상들의 세계로 옮겨가는 형태에서의 변화이다.

힌두교도와 불교도의 믿음

서구 사람들이 인도 아대륙 사람들의 철학적, 신학적 믿음에 대해서 생각할 때 가장 많이 떠오르는 관념은 환생일 것이다(이 관념과 연관이 있는 여러 가지 용어는 영혼의 이전, 윤회, 부활이 있다. 우리는 여기서 이 용어들을 혼용되는 것으로 사용한다). 이는 매우 오래된 관념으로 종종 서구 사상에서도 발견된다. 예를 들어, 이와 같은 관념은 플라톤의 대화에서도 발견된다. 그러나 환생의 관념은 확실히 플라톤의 저서(기원전 4세기)보다 오래되었다.

환생의 관념에 대해서 처음 논의한 글은 적어도 기원전 7세기까지 거슬러 올라간다. 한 힌두교 경전(*카사-우파니샤드*, Katha Upanishad)은 다음과 같은 구절을 포함한다(Radhakrishnan & Moore, 1957, pp. 45-46).

현명한 자는 … 다시 태어나지도 죽지도 않는다.
이 자는 어디로부터 온 것이 아니며 아무도 되지 않았다.
태어나지도 않았고, 끊임없으며, 영원하고, 태고적부터 존재한 것이다.
몸이 죽었을 때, 죽은 것인가

네팔에서 전통적인 힌두식
다비식을 준비하는 모습

살해자는 죽었다고 생각하고,

피살자는 그 자신이 죽임 당했다고 생각한다면,

둘 다 이해하지 못한 것이다.

그대, 자아(아트만)가 수레에 오른 것으로 알라.

몸은 수레와 같은 것 …

그는 … 이해하지 못하였도다.

무관심하고 불순한 이들

목표에 다다르지 못하니

그러나 환생을 하고 …

그는 … 이해를 가진 자이다.

관심이 있고 순수한 이들은

목표에 다다르니

그는 더 이상 태어날 필요가 없다 …

　이 부분은 사람에 관한 힌두교 관념의 여러 중요한 특징을 보여준다. 사람은 본질적으로 태어나지도 않고 죽지도 않는 영혼(*아트만*, atman)이다. 이 영혼은 반복해서 신체에 강림한다(그리고 반드시 항상 인간의 몸일 필요는 없으며 또한 더 낮은 형태로도 강림한다). 영혼이 들어갈 몸은 그가 이전에 행했던 삶에 달려 있다. 무관심함, 불순함 그리고 현실의 본성에 대한 이해가 부족하면 영혼은 한 몸이나 다른 종류의 몸을 옮겨 다니며 윤회하게 된다. 그러나 윤회는 필연적으로 고통을 수반하고 그러므로 목표는 윤회나 환생을 마치는 것이다. 아마도 이러한 관점의 가장 명료한 진술 중 하

자신의 파리니르바나(parinirvana, 반열반), 혹은 이 세상을 떠나는 과정에서 누운 자세(와상)의 부처

나는 *바가바드 기타*에서 찾아볼 수 있다. 그것은 크리슈나(Krishna) 신이 인간(아르주나, Arjuna)에게 주는 가르침을 포함하고 있다. 아르주나는 전쟁에서 일어나는 살인으로 고통스러워하지만 크리슈나가 그에게 다음과 같이 말한다.

> 현명한 이는 죽은 자나 산자를 위해 슬퍼하지 않는다. … 내가 존재하지 않았고, 그대도 존재하지 않았던 시간은 없었네. … 우리가 존재하기를 그칠 때는 없을 것이다. … 단 사람이 닳아버린 옷을 벗어버리고 다른 새로운 옷을 입는 것이다. 심지어 배태된 영혼 역시 닳아버린 옷을 벗고 새로운 옷으로 갈아입는다(Radhakrishnan, 1984, pp. 102-108).

이것이 그렇다면, 그것은 사람들에게 여기서 어떻게 살 것인지를 말하고 있는가? 크리슈나는 다음과 같이 대답한다.

> 순수한 이해를 하고 굳건히 자아를 억제하며 소리와 다른 감각 대상들을 멀리하고 끌림과 미움을 내버리라. 고독 속에 살면서 조금만 먹고, 말과 몸과 마음을 다스리고 육욕을 피하라. 자기 관념, 힘, 오만, 욕망, 분노, 욕심을 버리고 무아 속에 평온한 마음으로 그는 브라만이 된다(Radhakrishnan, 1948, p. 370).

달리 말하면, 올바른 삶은 윤회의 끝으로 귀결되고 평화와 초월적 현실과의 합일을 완성하게 된다. 죽음 이후에 3가지 가능성이 존재한다. (1) *아트만*은 천국에서 환생을 기다리거나 (2) *아트만*이 즉시 환생하거나 (3) *아트만*이 브라만(초월적인 실재)과 함께 영원한 축복의 상태에 놓이게 되어 환생의 순환에서 해방되는 것이다.

616

초점 맞추기 19.1

아동용 도서에서의 불교적 관점

첫눈(*First Snow*)(Coutant, 1974)은 최근에 가족들과 함께 베트남에서 뉴잉글랜드로 이주해 온 리엔(Lien)이라는 이름을 가진 어린 소녀에 관한 책이다. 리엔은 부모님이 "할머니께서 돌아가시려고 해"라고 말하는 것을 엿들었을 때 처음으로 눈을 보기 위해 애타게 기다리고 있는 중이었다. 누구도 그녀가 "할머니께서 돌아가신다는 소리가 뭘 뜻하죠?"라고 물어봐도 제대로 대답해주지 않았다. 마지막으로 할머니께서 리엔에게 정원에 나가자고 말씀하셨고 죽어간다는 의미가 무엇인지 그녀 자신에게 알려주기 위해서 그녀의 손을 잡고 하늘 쪽으로 뻗었다. 그녀의 손가락에 눈송이가 내려앉았을 때 리엔은 그것이 아름답고도 섬세한 작고 두둥실 떠다니는 것임을 알게 되었다. 그리고 해가 떠올라 눈송이를 수 천 개의 무지개로 변모시키면서 눈은 한 방울의 물이 되었고 작은 소나무에 자양분이 되는 땅으로 떨어졌다. 이 모든 것은 삶과 죽음이 같은 것의 두 측면이라는 리엔의 불교적 믿음을 확인시켜주었다.

불교의 창시자(Siddhartha Gautama, 싯다르타 가우타마)는 힌두교로도 자라났으나 종국에 가서는 그 수행과 믿음을 받아들일 수 없었다. 수년간 영적으로 투쟁한 끝에 그는 깨달음을 얻었다(그러므로 부처, 깨인 자가 됨). 부처로서 그는 모든 것이 영원하지 않음을 설파했다. 어떤 것도(심지어 영혼도) 어떤 무한하고 변하지 않는 상태로 존재하지 않는다(아동을 위한 죽음-관련 도서에서의 이러한 관점에 대한 표현은 초점 맞추기 19.1 참조). 이 사실은 그것을 알고 있는 모든 것에 대해서 고통을 낳는다. 인간에게 있어서 태어남이 고통이고 아픔이 고통이며 죽음이 고통이다. 슬픔과 탄식, 고통, 비탄, 절망이 고통이고 불쾌함과 관련된 것도 고통이며 쾌락으로부터 떨어지는 것도 고통이며 자신이 원하는 바를 얻지 못함도 고통이다(Rahula, 1974, p. 93). 누군가 이 사실을 깨닫지 못하는 한—그리고 그것에 맞서고 초월하려고 하는 한— 그는 계속해서 태어나기를 반복해서 하나의 고통 받는 몸에서 다른 고통 받는 몸으로 옮아간다. 영속적이지 않은 모든 실재의 본성인 진리에 대한 이러한 무지의 상태 속에서, 죽음은 하나의 악인데 그것은 환생을 통해 다른 삶으로 이끌어 나갈 뿐이기 때문이다. 이상적으로, 욕망을 넘어섬으로써, 사람은 윤회의 바퀴에서 벗어나 욕망을 넘어선 상태인 열반(nirvana)에 이를 수 있고 그러므로 고통을 넘어서 고요하고 평화로운 상태에 도달하게 된다(Radhakrishnan&Moore, 1957).

내세 이미지에 관한 공통적인 관심

우리가 죽음 이후에 일어날 일에 대해서 설명한 여러 가지 관념은 영원한 잠(무의식)에서 체현된 형태로서의 재탄생(부활)과 "꺼짐"(blowing out) 내지 절대적 고요한 상태에 이르고 있다. 이러한 그림들 몇 가지는 위협적으로 보인다. 처벌과 연관된 지옥이나 호메로스에서 묘사된 저승이(하데스) 그러하다. 몇몇은 매력적이다. 천국의 상태에서 오랜 지인과 재회 한다던가 혹은 영원의 기쁨을 누리는 것이 그렇다. 어떤 것은 평화를 누리는 것을 보여준다. 고통의 순환에서 벗어남과 같은. 각각의 관념은 여기 현재를 살아가는 사람들의 삶의 방식과 죽음에 대한 태도에 영향을 미칠 것이다.

21세기 미국에서, 수많은 사람들이 더 이상과 이전과 같은 일반적인 종교적 믿음을 가지고 살아가지 않는다. 현대의 과학적인 세계관은 많은 사람들로 하여금 그들이 단지 자연적인 신체를 지니고 있다고 확신시켜주었다. 이에 기초하여 우리 몸이 더 이상 기능하지 않게 될 때, 우리는 더 이상 존재하지 않는 것이다. 죽음은 소멸을 의미한다.

이 관점이 어떻게 죽음에 대한 평가에 영향을 미칠지는 명백하지 않다. 어떤 관점에서 그건 그다지 위협적이지 않은데 물론 죽음이 가치를 두고 사랑했던 모든 것을 잃는 것을 의미하기는 하지만 죽음 이후에 고통이 없기 때문이다. 이 삶이 기본적으로 좋은 것이라면 그것의 상실은 불행한 사건일 것이다. 그렇다면 죽음은 공포와 증오의 대상일 뿐이고 부인된다. 이는 죽음을 부인하는 원인 중 하나이다.

불확실성에 맞서서 사람들은 증거를 찾는다. 그들은 계속적인 존재의 관점에서 죽음이 의미하는 바를 알기를 원한다. 그러나 소크라테스가 옳았던 것처럼 보인다. 우리는 *알 수가* 없다. 우리는 죽음이 의미하는 것과 그것이 작용하는 바의 그림을 선택해야만 한다. 종교인, 비종교인 우리 모두에게 마찬가지로 믿음은 단지 여기서 하나의 가능한 행로에 불과하다.

임사체험

아니면 오로지 믿음만이 가능한 길인가? 무디(Moody, 1975)의 저서인 *생 이후의 생(Life after Life)* 은 다수의 사람들에 의해 보고된 일련의 현상에 대해 주목한다. 종종 그 현상은 죽음이후의 삶이 존재하고 그 삶이 어떠할지에 대한 증거로 해석되곤 했다. 그러나, 이들 해석은 논란의 여지가 있다. 관련된 쟁점들을 이해하기 위해서 우리는 먼저 이러한 현상의 일반적인 패턴을 살펴보고 나서 일부 경쟁관계 속의 해석들을 보기로 한다.

임사체험이란 무엇인가?

무디가 인터뷰한 이들은 유사하지만 동일하지 않은 그들의 경험에 대해서 말했다. 일반적으로 이들이 보고한 것은 신체유탈의 경험으로 그들이 고요하고 조용한 상태에 있는 것처럼 느껴졌다는 것이다. 이러한 경험 중에 그들은 그들 주변에 대해서 알고 있었고 그들에게 임상적 죽음이 선고된 것을 들었다. 그들은 또한 종종 흔치 않은 감각적 만남을 경험했다. 커다란 소음과 청각적 자극, 어두운 터널, 타인들과의 만남, 빛의 존재와 만남, 그들의 삶을 되돌아봄, 어떤 일종의 경계나 한계로 다가가는 등. 종종 이러한 경험을 한 이들은 타인들이 자신들을 믿지 않거나 조롱할지도 모른다는 공포 때문에 이 경험을 공유하길 주저한다. 공유하도록 격려 받았을 때, 그들은 압도적이고 말로 형용할 수 없이 초월적인 그들 앞에 나타난 존재와 소통하는 것에 대한 어려움을 털어놓았다. 그들은 또한 공통적으로 이 경험이 그들의 삶을 바꾸어 놓았고 그들로 하여금 만족스럽고 기쁘고 더 이상 죽음을 두려워하지 않는 삶을 영위케 만들었다고 말한다.

무디는 이러한 보고가 모두 동일한 것은 아니라고 지적한다. 여전히 그는 보고된 현상에 주의를 기울일 주요한 지점에서 충분한 유사성이 존재한다고 생각한다. 다른 저자들은 유사한 현상을 기록하고 그들이 "임사체험"(near-death experience, NDE)의 주요한 핵심 요소라고 여기는 바를 기술하려고 했다. 예를 들어 링(Ring, 1980)은 102개의 사례를 검토했는데 여기서 60%가 평화로운 느낌과 행복감을 보고했다. 이들 예시 중 일부는 신체로부터 떨어져 나가는 느낌(p. 45), 그리고 어두움에 들어서는 느낌(p. 53)을 보고했다. 일부는 빛의 존재를 기술했고 10%는 빛 속에 들어갔다고 했다(p. 60). 유사하게 사봄(Sabom, 1982)은 그가 검토했던 사례들에서 가장 공통적인 특징들이 평화, 신체 유탈, 죽음, 그리고 삶으로의 회귀라고 결론을 내렸다. 다른 저자들(Blackmore, 1993; Fenwick & Fenwick, 1995; Greyson, 1999, 2005; Moody, 1988 같은)은 그 이상으로 NDE에 대해 묘사하거나 그것들의 본질적인 특징을 정의하려는 노력을 기울였다.

소위, NDE의 원형을 강화하고 문화적 편견을 통제하기 위한 노력에서 다른 이들은 조사 영역을 넓혔다. 예를 들어, 몇몇은 일종의 외상을 경험했으나 임사 체험을 하지 않은 이들의 보고서를 찾아보았다(Owens, Cook, & Stevenson, 1990; Stevenson, Cook, & McClean-Rice, 1989). 다른 이들은 죽어가다가 임사 체험을 겪고 회복되어 그것을 타인들과 소통한 사람들과의 인터뷰를 기록했다(Osis & Haraldsson, 1997). 그리고 여전히 북미 밖에서 NDE 보고를 찾는 이들도 있다(e.g., Lorimer, 1989; Van Lommel, van Wees, Meyers, & Elfferich, 2001). 앳워터(Atwater, 1992)와 그레이슨과 부시(Greyson and Bush, 1992) 또한 임사체험이 당혹스럽거나 두려웠던 경우를 보고한다. 이들 노력 다수가 이제 홀든, 그레이슨 그리고 제임스(Holden, Greyson, and James, 2009)에 의해 하나로 묶여 정리되었다.

임사체험의 의미를 해석하기

NDE를 경험했다고 보고하는 이들이 하는 가장 공통의 해석적인(interpretive) 주장은 그들이 죽었고 다시 살아났다는 확신이다. 이러한 주장을 지지하는 이들은 NDE가 내세가 존재하는 결정적인 증거를 제시한다고 주장한다-NDE는 내세에 대한 잠깐의 맛보기와 같은 것이다. 이는 무디(1975)의 책 서문에서 나타난 엘리자베스 퀴블러-로스(Elizabeth Kubler-Ross)의 견해이다.

반대로, 어떤 사람들은 소크라테스와 함께 내세에 대한 믿음은 원칙적으로 그 믿음의 영역 안에 한정되어 있고 경험적 증거가 나타날 수 있는 문제가 아니라고 주장한다. 켈리(Kelly, 2001, p. 230)

가 보고한 바에 따르면, "NDE를 가장 과학적으로 조사한 이들은 실질적으로 인간 의식이 물리적 신체의 죽음 이후에도 살아남았는지 여부와 같은 질문을 무시하며 대신에 단지 NDE의 사후효과 내지 그것을 구성하는 생리학적 매커니즘에 대해서 생각해보는 등 보다 덜 논쟁적인 활동에 집중하는 편이다." 이러한 과학자들은 다음과 같은 견해를 가지고 있는 것처럼 보인다. 죽음 이후에 살아있다는 것은 터무니없는 것이다. NDE에 근거하여 사후 생존을 옹호하는 해석은 불건전하고 통제된 반복실험이 불가능하다. 그리고 예를 들어 NDE가 일어나면 생리적 질식(잠시 산소 공급이 안 되는)에서 기인하거나 혹은 마취나 외과 시술과 관련된(생)화학적 불균형으로 인한 흔치 않은 상황의 결과일 가능성이 높다(Nuland, 1994). 요컨대, NDE는 본질적으로 환각인 것이다(Siegel, 1992).

사실, NDE를 보고하기 위해서 어떤 사람들이 어느 시점에 사망했다가 현재는 살아있다고 주장하는 것은 이상한 일이다. 죽었다는 것을 의미하는 바가 *돌이킬 수 없는* 생물학적 생명의 상실이라면, 그때 그런 사람들은 사망한 것이 아니다. 아마도 그들은 거의 죽은 상태였거나, 죽음에 가까웠거나, 혹은 그들의 경험은 죽음으로 진행되는 일련의 과정에서 일어나는 것이었을 것이다. 예를 들어, 그들은 사망이 발생했을 때 결정하고자 사용되는 몇 가지 기준을 충족함을 의미하는 *임상적 사망* 상태였을 것이다. 그러나 그러한 의학적 기준을 충족시키는 것과 사망 상태라는 것은 불분명하다. 두 가지는 동일할 필요가 없다. 예를 들면, 누군가 의식이 있다는 외적인 조짐을 보이지 않는다는 이유가 그 사람이 경험이 없다는 것을 의미하지 않는다. 이 맥락에서 *무의식*은 "의식의 징후를 보이지 않음"보다 아주 약간 더 나아간 것이다. 그것은 의식 없음을 의미하는 것이 아니다.

켈리와 그녀의 동료들(Kelly and her colleagues, 2000)은 NDE의 세 가지 특수한 성격에 주목하였다. "생리적 기능이 심각하게 손상된 시점에서 강화된 정신 작용, 신체 밖으로 나와서 위에서나 그 주변에서 진행 중인 사건을 지켜보는 경험, 그리고 그 사람의 일반적인 감각에 대해서 접근할 수 없는 먼거리에 있는 사건들의 지각(p. 513)." 이들 그 자체의 특징 중 어떤 것도 NDE가 내세의 기대를 제공하거나 혹은 단지 환각에 불과한지 여부에 관한 쟁점의 결론을 내리지 못하고 있다. 그럴지라도 켈리(2001)는 그들이 살아난다는 가설에 수렴하는 것은 "그것이 단지 지금까지 연구자들에게 받아온 관심보다는 더 밀접하게 중대한 고려의 가치가 있을 수 있다— 경험적 연구를 구성하기 위한 틀이자 관찰된 현상을 설명할 만한 후보군으로써-고 결론지었다"(p. 246). 그러나 다음의 제한조건을 염두에 두어야 한다. "그렇다 해도 우리는 임사 체험이 단지 죽음 이후 의식의 유지에 대한 *간접적인* 증거만을 제공할 수 있음을 강조한다. 이러한 경험을 한 사람들은 살게 되어서 보고했던 것이기 때문에 그들이 거의 죽음의 상태에 근접했을지라도 그들은 죽지 않았던 것이다"(Kelly, Greyson, & Stevenson, 2000, p. 518). 그리고 무디가 말하길, "우리가 아는 과학이나 혹은 기존에 성립된 방법론적 절차들이 죽음 이후의 삶에 대한 증거를 얻거나 이 질문에 대해 일종의 합리적인 결정을 할 수 있을지의 가능성에 대해서는 완전히 회의적이라고 하였다."(Kastenbaum, 1995, p. 95).

이 어떤 것도 내세에 관한 믿음을 지지할 수도 있는 다른 차원의 증거를 결정하지 못한다. 그러나 그것들은 널리 연구되지 않았으며 그것들이 연구되었을 때, 그 증거는 기껏해야 애매모호했었다. 소크라테스의 말이 맞는 것처럼 보인다. 우리는 죽음 이후에 뭐가 일어나는지 알지도 못하고 아마도 알 수 없을 것이다. 우리는 완전하지 못한 증거에 대해서라도—똑같이 실제적인 강요 하에 있는 불가지론자일지라도— 하나의 입장을 취해야만 한다. 우리의 인간됨의 중심적인 사실—우리의 유한성—은 여전히 수수께끼로 남아 있다.

인간 삶에서 죽음의 위치

이제 우리는 죽음 이후에 일어날 일들에 대한 여러 가지 이미지에 대해서 살펴보았고, 다음과 같은 질문을 던지는 것이 유용하다. 우리가 이 한시적이고 물리적인 세계에서 살아가면서 우리의 삶에 대한 의미에 있어서 이러한 이미지들로부터 끌어낼 수 있는 결론은 무엇인가?

내세 이미지와 현재 여기에서의 삶

어떤 사람은 우리가 이 생애의 여기에서 하는 바가 죽음 이후 우리에게 일어날 바에 대해서 영향을 미친다고 주장할 수도 있다. 이는 우리로 하여금 내세에서의 이익을 거두어들이기 위하여 다른 방식보다는 하나의 방식으로 행동하도록 설득하는 의도된 주장이 된다. 그리스도교, 이슬람교, 힌두교, 불교의 형식들이 이러한 제안을 하고 있다. 그것들은 우리가 현재 여기서 하는 일이 죽음 이후(우리에게 있어서) 바람직하거나 바람직하지 않은 결과를 가져온다고 주장한다.

그러나 누군가 그러한 생각을 하지 않더라도 어떤 사람은 여전히 죽음 이후에 일어날 사건과 현재 이 세상에서의 삶 사이에 연계성(ties)을 만들 수 있다고 본다. 예를 들어, 죽음이 영원한 소멸이라면, 그때는 아마도 인간은 최대한 삶을 살고 그들이 할 수 있는 한 많은 경험을 해야 할 것이다. 아니면 다시 죽음이 소멸을 의미한다면 누군가는 이것이 우리가 알고 있고 우리의 삶에서 행하는 모든 것의 가치를 말살시킬 거라고 주장할 것이다. 모든 것이 헛된 것이다. 또한 죽음이 힌두교와 불교가 주장하는 것처럼 고통의 끝을 의미한다면 "그것은 우리 육신이 물려받은 심적 고통과 허다한 충격"을(햄릿 3막, i, 62) 없앤다. 이 관점에서 네덜란드와 오리건 주의 조력 자살을 갈구하는 이들에게 죽음은 존중되고 심지어 환영을 받는다.

어떤 이들은 마지막 분석에서 "모든 인간 행위 결과는 죽음의 문제에 대한 답변이라는 확신"을 고수하기 위해 이를 넘어서기도 한다(Feifel, 1977b, xiii). 그것이 너무 대담하거나 너무 광범위한 이론이라면 그때는 적어도 우리는 삶 속에서 죽음의 위치를 해석하는 도중에 죽음이 키를 조종하는 중요한 힘이 되게 만들 수 있다고 말할 수 있다. 그렇다면, "유한성의 선유는 깨기 지식을 풍부하게 할 뿐만 아니라 우리에게 성취와 창의성으로 향하는 동력을 제공할 수 있다"(Feifel, 1977b, p. 11).

죽음을 우회하거나 초월하려는 노력

많은 사람들이 다양한 방식으로 죽음을 우회하려고 하거나 아니면 그것에 대해서 넘어서려고 해 왔다. 이것을 말하는 또 다른 방식은 사람들이 그들의 삶에서 가치 있게 여겼던 바를 죽고 나서도 지속되게 하는 방식을 찾고자 했다는 것이다. 리프톤(Lifton, 1979)은 *상징적인 불멸성*이라고 부르는 몇 가지 형태에 대해서 지적했다. 그가 설명한 주요한 여러 가지의 형태들은 생물학적, 사회적, 자연적, 그리고 신학적 불멸성이다. 즉, 누군가의 생(그리고 그가 삶 속에서 발견한 가치들)은 그의 *생물학적* 자손들을 통해서 지속될 수도 있을 것이다. 아니면 그것은 그가 창조한 것-그림, 정원, 책-혹은 아마도 그와 인연이 닿았던 다른 이들의 삶-학생들, 환자들, 고객들, 친구들-을 통해서 *사회적*으로 지속될 수도 있다. 어떤 사람들은 그들의 죽음 이후에 그들을 둘러싼 *자연적* 세계에서 그들의 삶이 지속되는 것을 추구했다. 이 관점에서 그들의 육신은 땅(재에서 재로)으로 돌아가서 그곳에서 그 구성물이 분해되어 새로운 생명으로 재조직화 된다. 그리고 우리가 이전에 봤듯이, 다른 이들은 무한성을 내세의 형태와 거룩한 존재와의 재회 혹은 합일(absorption)을 통해 *신학적*으로 추구하기도 한다. 더 나아가, 어떤 이들은 그들의 전체 육신 혹은 어쩌면 머리만이 죽을 당시에 냉동되고 나서 그들이 해동되어 그들을 사망에 이르게 한 원인이 미래 세대에 의해 치료될 수 있을 때까지 (혹은 그들이 그렇게 되길 소망하면서) 그 상태로 유지되는 *냉동보존* 프로그램을 선호하기도 한다.

죽음을 우회하려는 시도들은 돌이킬 수 없으며 피할 수 없는 순간의 의미를 밝혀준다. 그것은 고통을 낳는다. 어떤 것이 이 삶에서 가치를 인정받는다면 죽음은 그 가치를 위협한다. 그것은 우리가 사랑했던 사람, 우리가 즐거워했던 장소, 음악, 놀라운 해오름, 혹은 우리의 노동을 통해서 이루어지는 물질(흙, 종이와 잉크, 그리고 줄 위에 매인 매듭 등)의 감각의 상실을 의미한다.

이것이 우리가 죽음에 대해서 찾는 의미라면, 불가피하게도 그것은 우리가 어떻게 살아야 하고 서로를 어떻게 대해야 하는지에 대해서 영향을 미치게 된다. 그것은 우리에게 삶이란 귀중한 것임을 가르쳐준다. 그러므로 우리는 이 책에 *죽음과 죽어감, 생과 삶*이라는 제목을 붙였다. 그것은 우리가 죽음에 대해서 의미하는 바가 무엇이든지 간에 죽음이 우리로 하여금 약함과 삶의 가치를 깨닫게 하는 것으로 이끄는 것처럼 보인다. 아마도 죽음은 실제로 삶의 가치를 가능케 한다. 영원히 지속되는 생(우리가 여기서 아는 삶으로서)은 참기 어려울 수도 있다. 왜 오늘 무언가 해야 하는가, 끝나지 않는 내일이 있을 때 그것을 할 수 있을 것인가?

궁극적으로, 한 개인이 죽음에 대해서 발견하는 의미는 그 혹은 그녀 고유만의 것이다. 이러한 관점에서 각자 개인은 그들의 죽음을 홀로 맞이하게 된다. 그러나 함께 대화 속으로 들어갈 수 있는 사람들 간에 역사-수천 년간 이어진-와 문화적 다양성이 존재한다. 각자가 어떻게 그들의 삶을 살고 어떻게 그들의 죽음과 그들이 사랑했던 이들의 죽음과 그들에 대해서 의미를 부여할 지를 선택하는데 도움이 되도록 이 대화에 참여할 수 있다. 각 개인은 또한 인간 삶에서의 죽음의 의미와 위치에 대한 인간의 논쟁 역사에 기여할 수도 있다. 이 책은 단지 계속되는 그 대화 중 하나의 목소리일 뿐이다.

내용 요약

이 장에서 우리는 인간의 삶에서의 죽음의 의미와 위치에 대한 반성을 진행했다. 우리는 인간이 죽음에 대해서 제기하는 질문과 이에 대하여 한편으로는 종교적, 철학적 관점에 의해, 다른 한편으로 임사-체험의 보고서를 검토하는 자들에 의해 제기된 답변에 대해서 검토했다. 우리가 이끌어낸 교훈은 각 사람들은 그가 죽음에 맞서 스스로 자유롭게 결정할 수 있고 또한 그러할 책임이 있다는 것이다.

용어 해설

냉동보존법: 미래 세대에 의해 죽음의 원인이 치료될 수 있을 때까지 혹은 그런 때가 오기를 희망하며, 누군가의 신체를 (때로는 머리만을) 냉동시켜 그 상태로 유지시키는 일.

네페쉬: 히브리어로 영혼(soul)을 뜻하며 육신이 죽으면 네페쉬 또한 현실세계에서는 존재하기를 그친다는 것 같이 육신과 뗄 수 없는 관련성을 내포하고 있음.

니르바나(열반): 불교에서의 최종목적.(윤회로 이어지는) 욕망과 고통을 넘어서, 고요하고 평화로운 상태.

살아있는 죽은 자: 인간 공동체는 살아있는 자들과 살아있는 죽은 자 혹은 더 이상 여기서 살고 있지 않지만 세상 어딘가 다른 곳에서 살고 있는 자들로 구성되었다고 보는 몇몇 아프리카 사상에서의 관점.

상징적 불멸성: 립톤의 용어로 생물학적, 사회적, 자연적 혹은 신학적 지속성을 통한 죽음을 초월 내지 우회하기 위한 노력.

아트만: 태어나지도, 죽지도 않는 자아(힌두교 경전).

영혼의 불멸성: 살아있는 존재의 본질적인 요소는 죽을 수 없다는 것에 따른 고대 그리스 사상에서 유래한 관점.

임사체험: 그들 혹은 다른 사람들이 주장하는 경험을 했던 이들에 의해 보고되는 내세의 존재를 입증하는 현상.

천국과 지옥: 서구 종교에 따른 죽음 이후 각기 상벌에 따라 가게 되는 곳.

하데스: 호메로스의 오딧세이에 나오는 죽은 자들의 나라. 고대 그리스 사상에 따르면 죽고 나서 사람이 가게 되는 곳으로 음산한 곳이다.

환생: 문자 그대로 육신을 가지고 다시 태어남 내지 육체로 다시 들어감. 그리스 사상과 힌두교 경전 양자에서 나타나는 고대적 관념. 영혼이 한 육신에서 다른 육신으로 옮겨 다님을 일컫는 영혼의 이행(transmigration)과 윤회(metempsychosis)를 포함하는 용어.

복습과 토론을 위한 질문

1. 이 장은 죽음 이후에 일어나는 여러 개념들을 검토하고 있다 이들은 (1) 영혼의 불멸성 (2) 육신의 부활 (3) 축복(천국) 혹은 고행(지옥) 내지 과도한 지루함(그리스 하데스)의 장소에서 지속되는 삶 (4) 재탄생(영혼의 이행 내지 환생) (5) 다른 장소에서 여기와 같은 삶 (6) 영구한 평화와 고요함(열반, 소멸)을 포함한다. 당신은 어떤 견해에 끌리는가? 이 질문에 대한 당신의 대답 방식이 당신의 인생을 살아가는 방법에 영향을 미칠 것인가? 당신이 죽어가거나 유족인 사람을 대하는 방식에 있어서 어떤 영향을 미치는가?

2. 이 장은 임사체험에 대해서 논의했다. 그러한 경험이 우리가 죽고 나서 우리에게 일어나는 바에 대해서 이야기할 수 있거나 이야기하는 것에 대한 당신의 견해는 무엇인가?

추천 도서

죽음 관련 쟁점들에 대해 종교적, 철학적, 영적 및 다른 관점들에 대한 문헌:

Badham, P., & Badham, L.(Eds.).(1987). *Death and Immortality in the Religions of the World.*

Berger, A., Badham, P., Kutscher, A. H., Berger, J., Perry, M., & Beloff, J.(Eds.).(1989). *Perspectives on Death and Dying: Cross-Cultural and Multi-Disciplinary Views.*

Chidester, D.(1990). *Patterns of Transcendence: Religion, Death and Dying.*

Cox, G. R., & Fundis, R. J.(Eds.).(1992). *Spiritual, Ethical and Pastoral Aspects of Death and Bereavement.*

Gignoux, J. H.(1998). *Some Folk Say: Stories of Life, Death, and Beyond.*

Goss, R. J., & Klass, D.(2005). *Dead but Not Lost: Grief Narratives in Religious Traditions.*

Johnson, C. J., & McGee, M. G.(Eds.).(1998). *How Different Religions View Death and Afterlife(2nd ed.).*

Kauffman, J.(Ed.).(1995). *Awareness of Mortality.*

624

Klass, D.(Ed.).(2006). *Death, grief, religion, and spirituality [Special issue]. Omega, Journal of Death and Dying, 53(1–2).*

Morgan, J. D., & Laungani, P.(Eds.).(2002). *Death and Bereavement around the World: Vol. 1, Major Religious Traditions.*

Obayashi, H.(Ed.).(1992). *Death and Afterlife: Perspectives of World Religions.*

Reynolds, F. E., & Waugh, E. H.(Eds.).(1977). *Religious Encounters with Death: Insights from the History and Anthropology of Religion.*

임사체험과 관련된 서적:

Fenwick, P., & Fenwick, E.(1995). *The Truth in the Light: An Investigation of Over 300 Near-Death Experiences.*

Holden, J. M., Greyson, B., & James, D.(Eds.).(2009). *The Handbook of Near-Death Experiences: Thirty Years of Investigation.*

Kellehear, A.(1996). *Experiences near Death: Beyond Medicine and Religion.*

Moody, R. A.(1975). *Life after Life.*

Moody, R. A.(1988). *The Light Beyond.*

Osis, K., & Haraldsson, E.(1997). *At the Hour of Death(3rd ed.).*

Ring, K.(1980). *Life at Death: A Scientific Investigation of the Near-Death Experience.*

Ring, K.(1984). *Heading toward Omega: In Search of the Meaning of the Near-Death Experience.*

Sabom, M. B.(1982). *Recollections of Death: A Medical Investigation.*

웹자료

유용한 검색어: IMMORTALITY OF THE SOUL, NEAR-DEATH EXPERIENCES, REINCARNATION, RESURRECTION OF THE BODY.

본서와 연계된 웹사이트 Death & Dying, Life & Living, 제7판을 방문해 보라.

본서-특약 웹사이트는 전문용어 해설, 플래시 카드, 아래 소개된 웹사이트 연결로, 그리고 퀴즈 테스트 등을 포함하는 학습 도구들을 제공한다. www.cengagebrain.com을 방문하라.

American Cryonics Society

Association for Clinical Pastoral Education

Association for Professional Chaplains

BELIEVE: Religious Information Source

International Association for Near-Death Studies(IANDS)

Journal of Near-Death Studies(published by IANDS)

Near-Death Experiences and the Afterlife

맺음말

달력 위의 날짜는 엄마에게 삶을 숙고할 이유다.

엘리자베스 베가-파울러

나는 삶의 결정적 순간이란 고속으로 달리는 열차가 당신과 정면으로 충돌하여 앞으로 내던져버리는 것과 같이 극적일 것이라고 상상하곤 했다.

그러나 이번 주에 와서 나는 생각을 바꾸었다.

삶의 진전이란 몇 마일씩 큰 단위로 측정되기 보다는 오히려 몇 인치씩 작은 단위로 측정될 뿐이라고 결론지었다. 천상에 계시되는 모든 것도 실제로는 표면에 떠오른 일상의 지혜가 축적된 것이다.

이 모든 것이 내 달력 위의 날짜, 어느 하루에 촉발된 것이다.

내 마음 속 어딘가에 6월 9일은 친숙한 날로 입력되어 있다. 나는 그 의미를 즉시 알아챈다. 그것은 내 딸이 죽은 지 4년째 되는 날이다.

가브리엘르는 악성뇌종양을 갖고 태어났다. 실제로 그녀는 출생 이전에 이미 불치의 병에 걸린 것이다.

아빠의 팔에 안긴 채로 사망했을 때, 그녀는 16일 밖에 살지 못한 아기였다.

오늘까지도 여전히 나는 그녀의 짧은 생애에 놀라워 한다.

그녀의 아빠, 오빠들, 여덟 살의 크리스토퍼와 여섯 살의 죠이, 그리고 나 모두는 이렇게 결정했다. 그녀에게 긴 삶을 줄 수는 없을지라도, 그녀에게 질적으로 충만한 삶을 우리는 줄 수 있을 거라고.

가브리엘르는 16일 동안 꽃향기를 맡아보았으며, 솜사탕을 맛보았다. 그녀는 얼굴에 햇볕을 느꼈으며, 수없이 반복해서 자장가를 들었다. 비록 그녀를 떠나보내야만 하는 것이 기정사실임을 우리는 알고 있었지만, 그녀를 조금이라도 더 알기 위해서 우리 모두의 마음을 활짝 열었다.

의학적 상황 진단에도 불구하고 - 의사들의 말이, 그녀의 뇌는 단지 4분의 1만이 남아있다는 거였지만 - 내 딸아이는 반응을 보여주었다.

그녀는 우리의 눈을 똑바로 쳐다보았고, 아무 말 없이도 우리는 엄청난 분량의 사랑을 주고받았다.

한번은 자기의 온 힘을 다 기울여 그 고그까하고, 떨리는 손을 들어 올려 내 얼굴을 만지려 하기도 했다.

가브리엘르가 집에서 조용히 숨을 거두었을 때, 나는 생각했다. 이제 내 삶은 영원히 달라졌다는 것을.

시간의 흐름은 나에게 다른 것을 가르쳐 주었다.

내 딸아이의 죽음은 나를 어느 다른 새 길로 이끌지는 않지만, 내가 전에는 알아채지 못했던 것들을 경험할 수 있게 해주었다. 사실 모든 것이 그대로였다. 단지 다르게 느껴질 뿐이다.

이것이 바로 그 여정이어서 - 모든 날들이 그녀 없이도 계속 흘러가지만 - 그것은 나를 변화시켜 버렸고, 지금도 여전히 나를 변화시킨다.

그 처음 시작이 가장 힘들었다.

얼마 동안 나는 신에게 분노를 터뜨렸다. 나는 고지 사항을 외치는 관원처럼 거리를 쏘다니며 "이건 불공평해"라고 외쳤다.

나는 수 갤런의 눈물을 쏟으며 울었다. 이렇게 많은 눈물이 내게 있었다는 걸 전에는 몰랐다.

슬퍼한다는 것이 단지 감정상의 경험만이 아니라는 것을 나는 배웠다. 그것은 온 몸이 겪는 것이다.

가브리엘르를 안고 싶어도 그러지 못하는 내 두 팔은 떨렸다.

그 공허함에 내 심장은 상처를 입었다.

여러 해 동안 나는 지속적으로 목이 멘 상태였다.

달력의 그 날짜를 보는 것은 또 다른 깨달음으로 다가왔다.

지나간 수년 동안의 격렬한 슬픔 대신에, 금년의 6월 9일은 부드러운 우울함을 가져왔다. 다시는 있을 수 없는 것들에 대한 분명한 슬픔들이 있다. - 생일 축하 파티, 주름 장식의 멋진 드레스, 첫 데이트와 산책길.

상실은 항상 있을 것임을 나는 잘 안다.

그러나 그 한 가운데에는 어떤 다른 것이 있다. - 예쁜 딸아이의 기억들, 그리고 인생에서 소중한 모든 것을 가르쳐준 그녀의 죽음의 기억들이다.

목련꽃, 그리고 무조건적인 사랑의 힘과 같이, 그리고 다른 인간과의 사귐을 통해서 체험하는 기쁨은 그들이 떠나간 후에 남겨진 공허감에 비해 얼마나 큰 것인가.

또한 거기에는 새로운 깨달음이 있으니, 슬픔이라고 불리는 이 상태가 최종 목적지가 아니고, 오히려 다음으로 이어지는 여행길이 천여 개의 작은 길들로 이어져서 나를 - 천천히 그리고 불가사의한 방식으로 - 변화시킨다는 것이다.

어디가 나의 마지막 종착지가 되는지 나는 모른다. 그저 어떻게든지, 심지어 그걸 알아채지 못한 채, 그 길을 따라가면서 평화를 찾게 된다는 것이다.

출처: Elizabeth Vega-Fowler, 1998.
재판 출간 허가 취득

부록 A: 어린이를 위해 고른 문학작품들

책을 접하기 시작한 취학 전 어린이를 위한 그림책

Am I Still a Big Sister? A. B. Weir. Newtown, PA: Fallen Leaf Press (P.O. Box 942, 18940), 1992. 이 이야기는 어린 아기인 동생의 병과 입원, 죽음과 장례에 대한 어린 소녀의 고민과 질문들 담고 있습니다. 소녀는 "너는 언제나 레이첼의 언니야"라는 엄마의 말에 조금 안심이 되었습니다.

Badger's Parting Gifts. S. Varley. New York: Mulberry Books, 1992. 오소리는 늙었고 곧 "긴 터널을 내려갈 것"이라는 것을 알고 있지만 두려워하지 않습니다. 그는 친구들을 걱정하고 그들을 준비시킵니다. 친구들은 오소리의 죽음으로 슬픔에 잠기지만, 그가 남긴 특별한 기억들을 떠올리며 서로를 위로합니다.

Blow Me a Kiss, Miss Lilly. N. W. Carlstrom. New York: Harper & Row, 1990. 고양이 스눅과 함께 사는 노파 릴리는 사라의 가장 친한 친구입니다. 그들은 재미있는 시간을 함께 보냈습니다. 릴리가 갑작스럽게 입원을 하고 죽음을 맞이하자, 사라는 울음을 터뜨렸습니다. 집에서 새어나오는 불빛을 보며 외로움을 느끼기도 했습니다. 그러나 봄이 되자 릴리의 정원에서 사라는 행복함을 느꼈습니다. 봄의 정원에서 릴리가 다정한 키스를 보내주는 것을 느꼈습니다.

Cat Heaven. C. Rylant. New York: Blue Sky Press/Scholastic, 1997. 생생한 아크릴 이미지로 고양이들이 그들의 특별한 천국에서 느끼는 즐거움을 그립니다. 나무에 오르는 것, 작은 장난감, 맛난 간식, 부드러운 천사의 무릎. *Dog Heaven*도 참조하시길 바랍니다.

The Day I Saw My Father Cry. B. Cosby. New York: Scholastic, 2000. 리틀 빌은 종종 형과 그의 친구들과 말다툼을 벌입니다. 이웃인 앨런 밀스는 협상과 타협을 이끌어서 화가 난 사람들의 문제를 해결할 수 있도록 도와줍니다. 앨런이 갑자기 심장 마비로 사망했을 때 리틀 빌은 처음으로 아버지의 큰 슬픔을 목격합니다. 그리고 소년들은 또한 앨런의 지혜와 가치, 정신이 여전히 살아 있다는 것을 깨닫습니다.

The Dead Bird. M. W. Brown. Reading, MA: Addison-Wesley, 1958. 색색의 이미지와 단어들은 죽은 야생 새를 발견하고, 죽은 새의 차갑고 뻣뻣한 몸을 만지고, 죽음의 의식으로 새를 숲에 묻고, 죽은 새를 애도하기 위해 매일 다시 그 자리를 찾는 (그들이 잊을 때까지)어린이들을 그립니다. 슬픔은 영원한 것이 아닙니다. 삶은 다시 계속됩니다. 아주 어린 독자를 위한 고선입니다.

Dog Heaven. C. Rylant. New York: Blue Sky Press/Scholastic, 1995. 밝은 색의 삽화와 유쾌한 줄거리는 강아지가 달리고, 천사 칠레와 놀고, 강아지 비스킷을 씹고, 솜털 구름을 피우는 특별한 천국을 그립니다. *Cat Heaven*도 참조하세요.

The Fall of Freddie the Leaf: A Story of Life for All Ages. L. Buscaglia. Thorofare, NJ: Slack, 1982. 공원의 나뭇잎 사진과 함께 나뭇잎들의 대화를 듣게 됩니다. 첫 번째 서리의 신호로 어떻게 그들이 색깔을 바꾸며, 또 어떻게 나뭇잎이 나무에서 떨어지게 되는가에 대한 이야기를 듣습니다. 죽음에 대한 두려움은 알 수 없는 것에 대한 두려움이며, 죽음은 자연스러운 계절의 변화로 그려집니다. 삶은 그 자체를 위한 것입니다. 죽음은 일종의 평온한 잠이며 (이는 어린이들에게 혼동을 줄 수 있는 은유일 수 있습니다) 새로운 순환의 시작입니다.

The Goodbye Boat. M. Joslin. Grand Rapids, MI: Eerrunans, 1998. 소박한 그림과 단어들은 우정, 웃음과 사랑, 상실과 슬픔을 묘사하고, 시야에서 보트가 사라지는 장면은 틀림없이 그것이 어딘가 새로운 곳으로 가고 있음을 느끼게 합니다.

Goodbye Mousie. R. H. Harris. New York: Margaret. K. McElderry Books (Simon & Schuster), 2001. 어느 날 아침 한 소년의 펫이 깨어나지 않았습니다. 아빠는 무지가 죽었다고 말하지만 아이는 이를 받아들이지 못합니다. 시간이 흐르면서 소년은 무지가 죽었고 돌아오지 않을 것임을 알게 됩니다. 소년은 엄마 아빠와 슬픔을 나눕니다. 함께 그들은 무지를 묻을 작은 상자를 준비합니다.

Grandma's Scrapbook. J. Nobisso. Westhampton Beach, NY: Gingerbread House, 1990; rev. ed., 2000. 소녀는 할머니가 그녀와 함께 나눈 어린 시절의 순간들을 어떻게 사진에 담아 스크랩북을 보관했는지 기억합니다. 할머니는 돌아가셨지만 그 기억들은 스크랩북과 소녀의 마음에 남아있습니다. *Granpa Loved*와 함께 읽어도 좋습니다.

The Hurt. T. Doleski. Mahwah, NJ: Paulist Press, 1983. 저스틴은 친구로부터 모욕을 당하고 상처를 받습니다. 저스틴은 말없이 그 상처를 안고 방으로 들어갑니다. 크고 둥글고 차갑고 단단한 돌처럼. 자기의 감정을 누구와도 공유하지 않아 그 상처는 점점 더 커지고 또 커집니다. 그 때문에 모든 것이 망가지고, 결국 저스틴은 아빠에게 모든 것을 털어놓습니다. 그리고 점차 그 상처를 놓아주자, 상처는 점점 작아져 마침내 사라집니다.

I Heard Your Daddy Died. M. Scrivani. Omaha, NE: Centering Corporation, 1996. 이 얇은 책자는 아빠를 잃은 2-6세의 어린이들 마음에 다가갈 수 있게 해줍니다. 어린이들의 감정을 알아차릴 수 있게 해주고 아이들에게 필요할 것이 무엇인지 알 수 있게 해줍니다. 강한 감정을 설득력있게 표현할 수 있도록, 또 어린이들이 스스로를 도울 수 있는 제안들이 이루어집니다. 돌아가신 부모를 기억하는 동안에도 우리는 계속 살아가고, 사랑할 수 있습니다. *I Heard Your Mommy Died* 라는 책도 같이 읽기에 좋습니다.

I Heard Your Mommy Died. M. Scrivani. Omaha, NE: Centering Corporation, 1994. 이 작은 책자는 엄마를 잃은 어린 아이들의 마음에 다가가기 위한 책입니다. 어린이들이 감정을 적극적으로 표현하고 스스로를 돕기 위한 방법들을 제시해줍니다. 돌아가신 부모를 기억하는 동안에도 우리는 삶을 이어가고 또 사랑할 수 있습니다. *I Heard Your, Daddy Died* 를 같이 읽으면 좋을 것 같습니다.

I'll Always Love You. H. Wilhehn. New York: Crown, 1985. 소년과 그의 개는 함께 자랐고, 언제나 가장 좋은 친구로 함께 놀았습니다. 소년은 아직 어리지만, 엘피는 늙어 죽음을 맞습니다. 가족들은 엘피에게 사랑한다고 말하지 못한 것을 후회했습니다. 하지만 소년은 매일 엘피에게 사랑한다고 말했고, 엘피가 죽은 뒤에도 그 마음은 변치 않는다는 것을 느낍니다. 엘피가 다시 돌아오지 못한다는 것을 알지만 소년은 새 강아지를 키우기를 원치 않습니다. 하지만 새 친구를 맞이 수 있는 날이 올 것입니다.

Jungle journey: Grieving and Reme1nbering Eleanor the Elephant. B. B. Mch1tyre. Traverse City, MI: Traverse Publishing. (P.O. Box 4054, 49685-4054; tel.231-929-0015; info@traversepublishing.com), 2000. 모든 동물은 자신의 방식대로 그들이 잠든 사이 그들을 지켜주었던 사랑하는 코끼리 엘레노어의 죽음을 애도합니다. 그들은 슬퍼하면서 엘레노어를 묻고 또한 정글 여행을 이어갑니다. 두려움을 나누면서 겪으면서 함께 이 시간을 극복합니다.

Lifetimes: A Beautiful Way to Explain Death to Chidren. B. Mello11ie & R. lngpen. New York: Bantam, 1983. 살아있는, 혹은 살아있었던 것들의 사진은 모든 살아있는 것들에는 시작과 끝이 있다는 것을 느끼게 합니다. 그 사이가 바로 살아있는 것이고, 그것의 길고 짧음에 관

계없이 삶이란 모두 같다는 것을 알려줍니다. 시작이 있고, 끝이 있고, 그 사이에 삶이 있는 것이지요.

Lost and Found: Remembering a Sister. E. Yeomans Omaha, NE: Centering Corporation, 2000. 한 소녀가 그녀의 동생이 죽은 후 자신과 부모가 느끼는 혼란스러운 감정을 얘기합니다. 그러나 동생의 사랑을 여전히 느끼고 있음을 깨닫기도 합니다. 그래서 동생 패기를 영원히 잃은 것이 아닙니다. 바로 그들의 마음 속에 있고, 어디에 있는지 알 수 있습니다.

Meggie's Magic. A. Dean. New York: Viking Penguin, 1992. 여덟 살 소녀 메기의 죽음 후에 부모님과 언니는 슬프고 외로웠습니다. 그러나 그들이 즐겨 놀던 특별한 장소에 다시 갔을 때, 언니는 그곳이 아직 그들의 마법같이 즐거웠던 시간으로 가득 차 있다는 것을 알게 됩니다. 메기의 마법이 그들 마음 속에 남아있다는 것을 느낍니다.

My Friend, Matilda. B. Keckler. Indianapolis, IN: Eagle Creek Publications (P.O. Box 781166, 46278; tel.866-870-9904; www.eaglecreekpubs.com), 2006. 골든 리트리버는 소년의 가장 좋은 친구입니다. 마틸다는 몸이 아프고, 죽음을 앞에 두고서도 변함없이 크리스를 사랑합니다. 이 책은 어려운 시기에도 빛나는 우정의 소중함에 대해 이야기합니다.

My Grandpa Died Today. J. Fassler. New York. Human Sciences, 1971. 데이빗의 할아버지는 손자가 할아버지에게 다가오는 죽음을 준비할 수 있게 했습니다. 그러나 정말로 그렇게 되자 데이빗은 큰 슬픔을 느꼈습니다. 그는 할아버지와의 좋은 추억들을 통해, 할아버지는 그가 삶을 즐기는 것을 두려워하기를 원치 않는다는 것을 느끼며 위안을 얻습니다.

My Grandson Lew. C. Zolotow. New York: Harper & Row, 1974. 여섯 살 루이스는 어느 날 밤 잠에서 깨어 할아버지가 요즘 왜 집에 오지 않는지 물었습니다. 그리고 "할아버지가 그리워"라고 말했습니다. 엄마는 루이스가 묻지 않았기 때문에, 그가 두 살 때 할아버지가 돌아가신 얘기를 하지 않았다고 했습니다. 소년은 물을 필요가 없었다고 했습니다. 할아버지가 오셨으니까요. 혼자 있는 밤에 할아버지는 소년을 힘센 팔로 안아주고 따뜻하게 바라보셨던 것입니다. 엄마는 루이스가 태어났을 때 할아버지가 무척 기뻐하고 자랑스러워 했다고 말했습니다. 그들이 그리워하는 사람들에 대한 추억을 나누고 엄마는 말했습니다. "이제 우리는 함께 그를 기억하고, 그리고 혼자가 아니라 함께 기억하는 덕분에 우리는 이제 외롭지 않아"(p. 32)

My Turtle died Today. E. G. Stull. New York: Holt, Rinehart & Winston, 1964. 키우던 거북이가 죽자, 소년은 울면서 "왜?"라고 물었습니다. 소년과 친구들은 복서를 묻고 대화를 나누었습니다. 복서에게 먹을 것이 필요할까? 하늘로 간 것일까? 아이들은 그들의 고양이 패티에게서 태어난 아기고양이를 통해 복서의 삶은 다른 길로

이어진다고 결론을 내렸습니다. 이야기는 두 가지의 질문을 남깁니다. 당신은 아이가 새로이 엄마를 만나는 것처럼 새로운 애완동물을 맞을 수 있나요? 그리고 죽기 전에 우리는 먼저 살아야 하는 걸까요?

Nana Upstairs and Nana Downstairs. T.De Paola. New York: Putnam's, 1973: the revised 1998 edition has new and larger full-color illustrations by the author. 토미는 할머니와 증조할머니를 만나러 가는 것을 좋아합니다. 그가 침대에 누워 있는 위층의 나나(증조 할머니)만나러 가면, 그들은 사탕을 나눠먹으며'작은 사람들'에 대한 얘기를 나눕니다. 토미는 윗층의 나나가 돌아가셨다는 얘기를 들었지만, 빈 침대를 볼 때까지 이 얘기를 믿을 수가 없었습니다. 며칠 밤 위에 그는 별이 떨어지는 것을 보았습니다. 토미의 엄마는 저 별은 어딘가 새로운 '위층'에 있을 나나의 입맞춤이라고 얘기했습니다. 토미가 더 자라고, 아래층의 나나가 돌아가신 다음에, 토미는 비슷한 경험을 하게 됩니다."이제 두 분 다 '위층의 나나'이군요."

Never Say Goodbye. L., G. Gant. Nashville, TN: Tommy Nelson, 2003. 나이든 토끼 네타는 사랑하는 어린 토끼 한나에게, 곧 "떠나야 한다고"얘기했습니다. 이 얘기는 한나에게 질문의 물결을 일으켰습니다. 네타는 "신이 나에게 새로운 집을 만들어 주신다"고 믿고 있다고 설명을 했습니다. 그리고 죽음이 찾아와도 우리는 언제나 연결되어 있다고 얘기합니다.

No New Baby: For Siblings Who Have a Brother or Sister Die Before Birth. M. Gryte. Omaha, NE: Centering Corporation, 1988. 기다리던 동생이 태어나지 않아 아이는 속이 상합니다. 할머니는 땅에서 어린 싹을 뽑아들며, 많은 새싹들은 자라서 꽃이 되지만 그렇지 못한 싹들도 있다고 얘기합니다. 소녀는 그런 일이 동생에게 생긴 것을 깨닫습니다. 할머니는 누구를 탓할 일도 아니고 우리가 언제나 해답을 가질 수 없다는 것을 얘기합니다.

Psalm Twenty-Three. Illustrated by T. Ladwig. Grand Rapids, MI: Eerdmans, 1997. 신을 사랑의 목자에 비유한 친숙한 시편. 농가의 아프리카계 미국인 가족들이 마주한 사랑과 두려움의 세계를 그린 강렬한 작품입니다.

Ragtail Remembers: A Story That Helps Children Understand Feelings of Grief. L. Duckworth. Omaha, NE: Centering Corporation, 2003. 생쥐 렉테일은 그의 좋은 친구인 고양이 '늙은 팀'이 죽었다는 것을 알고 슬프고 외로웠습니다. 렉테일은 늙은 팀이 돌아오길 바랐습니다. 하지만 죽음이란 그 상실에 익숙해져야 하는 것임을 알게 되고, 렉테일은 새로운 친구를 사귑니다.

Robert Nathaniel's Tree. R. S. Schlitt. Maryville, TN: Lightbearers Publishers (P.O. Box 5895, 37802-5895), 1992. 셋째 아이의 죽음을 겪고 나서, 작가는 어린이들이 새로 태어날 아기에 대한 기대 속에서 자기가 좋아하는 것들에 대해 이야기한 것을 글로 씁니다. 하지만 아기는 죽었고, 아이들은 좋아하던 것들에 시들해집니다. 아기는 집으로 오지 않았지만, 아이들은 로버트 나다니엘의 나무를 돌보는 것을 좋아하고, 나무의 큰 형이 되어줍니다.

Someone Came Before You. P. Schwiebert. Portland, OR: Grief Watch (2116 NE 18th Avenue, 97212; 503-284-7426; www.griefwatch.com), 2007. 서로 무척 사랑하고 그리고 아이에게 몹시도 그 사랑을 나눠주고 싶어한 엄마와 아빠의 생생한 이야기. 그들은 임신기간 중에 기쁨에 차 있었습니다. 뱃속의 아이가 죽었다는 것을 알고 가슴이 찢어지는 듯 했습니다. 얼마가 지나, 그들의 마음은 새로운 아이, 바로 '너'를 가질 수 있을 만큼 튼튼해졌습니다. 이 이야기를 통해 그들은 먼저 간 아기에 대한 추억을 나눕니다.

A Story For Hippo: A Book About Loss. S. Puttock. New York: Scholastic Press, 2001. 밝은 그림과 이야기는 히포와 멍키의 우정을 그립니다. 재미있는 이야기를 해주는 히포는 정글에서 가장 나이 먹은 동물입니다. 멍키는 가장 웃기는 친구입니다. 그들은 함께 양배추를 먹고, 게임을 하고, 이야기를 합니다. 어느 날, 히포는 멍키에게, 자신은 이제 죽을 때가 되었다고 합니다. 멍키는 슬펐습니다. 이제 누가 멋진 얘기들을 해주고, 함께 놀고, 그의 얘기에 웃어줄 수 있을까요. 멍키는 히포를 잊지 않겠다고 약속했고, 히포는 그 덕분에 행복할 것이라고 얘기했습니다. 히포가 죽었을 때 멍키는 너무나 슬펐지만, 작은 카멜레온이 와서는 누군가가 히포의 이야기를 해주어야 할 것이라고 얘기했습니다. 그리고 새로운 우정이 시작되었습니다.

Sweet, Sweet Memory. J. Woodson. New York: Hyperion Books for Children, 2000. 할아버지가 돌아가신 후 사라라는 친구와 그녀의 할머니에게서 달콤한 추억이 담긴 이야기들을 들으며 위로를 받았습니다. 할아버지가 하던 말도 떠올렸습니다. "지구도 우리와 같이 변하는 거지. 살고 자라고, 죽는 게 아니지, 모든 것이 계속되는 거지."

Tell Me, Papa: A Gentle Explanation for Children about Death and the Funeral (rev.ed.). Johnson & M. Johnson. Omaha, NE: Centering Corporation, 2001. 이 짧은 이야기는 죽음과 장례와 이별에 대한 조부모와 어린아이의 대화를 담고 있습니다.

The Tenth Good Thing About Barney. J. Viorst. New York: Atheneum, 1971. 고양이 바니가 죽었을 때 엄마는 소년에게 바니의 장례식에서 들려 줄 바니의 좋은 점 열 가지를 생각해보라고 했습니다. 소년은 먼저 아홉 가지를 떠올렸습니다. "바니는 용감하고, 영리하고, 재미있고, 그리고 깨끗하고, 귀엽고, 잘 생겼고, 딱 한번만 새를 물었고, 그리고 갸르릉 소리는 달콤했고, 때때로 내 배위에서 자면 배가 따뜻해졌고…."(p. 24). 정원에서 그는 열 번째를 생각해냈습니다. "바니는 이제 땅속에서, 꽃늘이 자라게 도와줄 것이고, 그건 정말 멋진

631

일이에요."(p. 24)

A Terrible Thing Happened. M. M. Holmes. Washington, DC: Maginat ion Press, 2000. 셔먼 스미스는 끔찍한 일을 겪은 너구리입니다. 그것에 대해 생각하지 않으려고 해도 맘 속에서 그 기억이 너구리를 괴롭힙니다. 머리도 아프고, 배도 아프고, 슬프고, 초조해서, 배도 안 고프고, 잠도 오지 않고, 무서운 꿈을 꾸기도 했습니다. 가끔씩은 화가 나서, 학교에서 싸움에 말려들기도 합니다.

There's No Such Thing as a Dragon. J. Kent. New York: Golden Books, 1975. 어느 날 아침 소년은 방에서 조그만 용을 보았습니다. 그러나 엄마는 세상에 용 같은 것은 없다고 말했습니다. 하지만 용은 점점 더 커졌습니다. 낮잠을 자고 나자, 용은 베이커리 트럭을 쫓기도 하고, 달팽이가 달팽이집을 지고 가듯이 집을 등에 올렸습니다. 빌리가 용이 한 일을 얘기했지만 엄마는 여전히 세상에 용 같은 것은 없다고 대꾸했습니다. 그러나 빌리는 "용은 있어!"라고 외쳤습니다. 그리고는 용의 머리를 가볍게 두드렸습니다. 그러자 용은 기분이 좋아져서 작아지기 시작했습니다. 그리고 다시 아기 고양이처럼 작아졌습니다. 엄마는 "나는 이렇게 작은 거라면 상관없어…. 왜 이게 그렇게도 커지는거지?"그러자 빌리가 대답했습니다. "저도 잘 모르겠지만 용은 남들 눈에 띄고 싶어하는 것 같아요."

This Book Is For All Kids, But Especially My Sister Libby. Libby Died. J. Simon. Austin, TX: Idea University Press, 2001. 다섯 살 잭은 희귀한 병을 가지고 태어난 동생의 죽음을 이해하려고 애씁니다. 이 책은 그의 엄마의 멋진 일러스트레이션과 함께 그의 질문과 답들을 담고 있습니다.

Thumpy's Story: A Story of Love and Grief Shared by Thumpy, the Bunny. N. C. Dodge. Spring - field, IL: Prairie Lark Press (P.O. Box 699-B, 62705), 1984. 이 그림책(영어와 스페인어로 된)에서 토끼는 여동생 밴의 죽음과 그 죽음이 가족들에게 미친 영향, 그리고 무엇이 가족들을 도왔는가를 얘기합니다. 이 책의 부록C에 나오는 *Sharing With Thumpy: My Story of Love and Grieg and Thumpy's Story; A Story of Love and Grief Shared, A Story to Color by Thumpy, the bunny*도 같이 읽을 수 있습니다.

Timothy Duck: The Story of the Death of a Friend. L.B. Blackburn. Omaha, NE: Centering Corporation, 1987; rev. ed., 1999. 오리 티모시는 사랑하는 누군가가 죽으면 어떤 느낌인지 생각해본 적이 없습니다. 친구 존이 아파서 죽음을 맞았을 때 티모시는 자기가 느끼는 것을 이해하려고 애썼습니다. 무척 불공평하게 느껴졌고 속이 텅 빈 것 같았습니다. 엄마와 친구들과 마음을 나누는 것이 티모시에게는 도움이 되었습니다.

Tough Boris. M. Fox. New York: Harcourt Brace, 994. 보리스는 거칠고, 육중하고, 욕심 많고, 겁 없고, 무시무시한 진짜 해적 같은 해적이었습니다. 그렇지만 그의 앵무새가 죽었을 때 보리스는 울고 또 울었습니다. 해적들, 그리고 모든 사람들이 그러하듯이. 이 이야기와 그림들은 아이들이 그들의 경험과 슬픔을 표현하게 돕습니다.

We Were Gonna Have a baby, But We Had an Angel Instead. P. Schwiebert. Portland, OR: Grief Watch (2116 NE 81stAvenue, 97212; 503-284-7426; www.griefwatch.com), 2003. 밝은 그림과 짧은 문장들로 소년은 그가 동생을 기다릴 때 얼마나 기뻤는지를 얘기합니다. 하지만 아기는 죽었고, 모든 사람은 슬퍼했습니다. 할아버지는 아기가 그들 마음 속에서 영원히 살 것이라고 했습니다. 그러나 소년은 아기가 있었다면 더 즐거웠을 것이라 생각했습니다.

What's Heaven? M. Shriver. New York: Golden Books, 1999. 이 이야기는 작가가 돌아가신 할머니에 대해 나누었던 얘기들을 엄마와 어린 소녀의 대화로 쓴 것입니다. 우리는 천국은 아픔이 없는 곳이라고 믿습니다. 우리가 죽으면 가는 곳이고, 신이 죽은 이들을 영원히 사랑하는 곳.

When Dinosaurs Die: A Guide to Understanding Death. L. Krasny Brown & M. Brown. Boston: Little, Brown, 1996. 이 이야기는 어린이들이, 살아있는 것이란 무엇인가, 왜 누군가는 죽는가. 죽어있는 것은 무엇을 의미하는가, 죽음의 느낌, 죽음 후의 삶의 변화, 작별하는 것, 애도, 죽음 이후에 대한 믿음, 그리고 누군가는 기억하는 방법을 이야기할 수 있게 이끌어줍니다.

When I Die, Will I Get Better? J. Breebaart & P. Breebaart. New York: Peter Bedrick Books, 1993. 프레드와 조는 숲에 사는 토끼형제입니다. 조가 아파서 누워있을 때 부엉이 의사는 그가 곧 나을 것이라고 했습니다. 그러나 조는 죽었습니다. 그리고 이웃들이 어떻게 무엇을 준비하는지의 이야기가 이어집니다.

When Someone Dies. S. Greenlee. Atlanta: Peachtree Publishers, 1992. 이 책은 가까운 누군가가 죽게 될 때 사람들이 경험하는 변화와 반응에 대해 쓰고 있습니다. 많은 변화가 일어나는 속에서, 죽은 사람에게 편지를 쓰고, 가슴 속에 고인과의 특별한 추억을 간직하면서, 당신이 사랑하는 사람과 슬픔을 함께 나눌 것을 권장합니다.

When Violet Died. M. Kantrowitz. New York: Parents' Magazine Press, 1973. 아이들이 키우던 애완 새가 죽은 후에, 에이미와 이바 그리고 친구들은 시와 노래, 마실 것들 그리고 유머가 함께하는 장례식을 엽니다. 아무것도 영원할 수 없다고 생각하는 건 슬프지만, 이바는 애완 고양이, 블랑쉐가 임신하고 낳은 새끼고양이를 보면서, 삶은 늘 변화하는 생명의 연결고리를 통해 다른 방식으로 지속된다는 걸 깨닫게 됩니다. 이바는 "아무것도 영원할 수는 없겠지만, 삶을 오랫동안 지속할 수 있는 방법을 알게 되었다"라고 결론을 내립니다.

Where's Jess? J. Johnson & M. Johnson. Omaha, NE: Centerinng Corporation, 1982; rev.ed., 2004. 24페이지

의 책에 실린 간단한 그림과 글은 '죽음'이 의미하는 것과 이와 관련된 이야기를 통해 죽은 아이 그리고 눈물의 가치를 기억하게 함으로써, 어린 형제의 죽음을 겪은 어린 아이들을 위로합니다.

Why Did Grandpa Die? A Book About Death. B.S. Hazen. New York: Golden, 1985. 사랑하는 할아버지가 갑자기 돌아가셨습니다. 몰리는 이 가혹한 사실을 받아들일 수 없습니다. 그녀는 공허함과 쓰라림, 두려움을 느끼면서 할아버지를 그리워하지만 울 수가 없습니다. 할아버지가 더 이상 돌아오지 않을 것을 받아들이고 나서야 몰리는 울음을 터트립니다. 할아버지는 사진이나 추억을 통해서, 그리고 가족과 함께 나누는 이야기 속에서 여전히 그녀와 함께 할 수 있다는 걸 깨닫기까지는 긴 시간이 필요합니다.

You Hold Me and I'll Hold You. J. Carson. New York: Orchard Books, 1992. 아빠의 앤 이모가 돌아가시자 소녀는 부모의 이혼과 햄스터의 죽음, 그리고 자신이 겪었던 상실감을 떠올립니다. 장례식 기간 동안 소녀는 사람들에게 벌어지는 모든 일들을 지켜봅니다. 소녀는 앞으로 감당해야 할 안타까움이 얼마나 클지를 생각합니다. 서로에게 의지가 되는 것 자체가 위안이 될 수 있습니다.

초등학생들을 위한 이야기와 글

Aarvy Aardvark Finds Hope: A Read Aloud Story For People of All Ages About Loving and Losing, Friendship and Hope. D. O'Toole. Burnsville, NC: Compassion Books (477 Hannah Branch Road, 28714), 1988. 돼지 아비는 동물원에 끌려 간 엄마와 형을 잃은 것을 받아들이기 힘듭니다. 많은 동물들이 아비를 즐겁게 해주려 하지만 어떤 말도 도움이 안됩니다. 오직 한 명의 친구, 토끼 랠프만이 그들의 상실감을 이야기하면서 아비의 이야기를 들어줍니다. 함께 얘기를 나누고 추억을 나눔으로써 아비는 작별하는 법을 배우고, 죽은 새와 마주쳤을 때에도 잘 대처하게 됩니다.

The Accident. C. Carrick. New York: Seabury Press, 1976. 크리스토퍼와 그의 개 바저가 길을 걸으면서, 그가 바저를 불렀을 때, 바저는 트럭 앞으로 달려가고 트럭에 치어 죽습니다. 크리스토퍼는 트럭 운전수에 분노하고, 트럭운전수에 화를 내지 않은 아빠에게 화를 냅니다. 그리고 바저를 제대로 돌보지 않고, 도로를 건너게 한 자신에게 분노합니다. 다음날 아침 크리스토퍼의 부모는 그가 깨어나기 전에 서둘러 바저를 묻어줍니다. 크리스토퍼는 장례식에 함께 하지 못한 것에 대해서도 분노를 느낍니다. 아빠와 함께 바저의 무덤에 묘비를 세우면서 그는 울음을 터뜨리게 됩니다.

Alex, the Kid With AIDS. L. W. Girard. Morton Grove, IL: Albert Whitman, 1991. 4학년의 전학 온 소년, 알렉스는 특별한 대우를 받게 됩니다. 그가 에이즈에 걸렸다는 걸 모두들 알기에 그는 여러 활동에서 빠지게 됩니다. 알렉스는 나쁜 행동을 하기도 하지만 유머감각이 있고, 서서히 마이클의 가장 친한 친구가 됩니다. 알렉스는 다른 어린이들과 같은 대우를 받고, 함께 활동할 수 있을 때 가장 기쁩니다.

Animal Crackers: A Tender Book About Death and Funerals and Love. B. Marshall. Omaha, NE: Centering Corporation, 1998. 한 소녀가 그녀의 유모에 대해서 얘기합니다. 유모에게는 초콜렛으로 가득 찬 비밀 캔디통이 있었고, 손주들을 위해 집 곳곳에 동물 크래커를 숨겨뒀지요. 유모가 갈수록 기억이 희미해지자 양로원에서 살게 되있고, 점점 쇠약해지고 결국 돌아가셨습니다. 장례식에서 아이들은 유모와 함께했던 행복한 시간을 떠올립니다. 모두 함께 나눠먹는 '유모 크래커'를 통해 그녀를 기억할 것 입니다.

Anna's Corn. B. Santucci. Grand Rapids, MI: Eerdmans, 2002. 할아버지는 마른 옥수수대 속에서 부딪쳐 나는 바람의 거친 음악소리를 듣는 법을 안나에게 가르쳐 줍니다. 그리고 그는 안나에게 옥수수 낱알을 주고, 그녀 자신을 위해 간직하라고 합니다. 할아버지가 돌아가신 후, 안나는 다음 봄에 옥수수 씨앗을 심기로 한 약속을 지키기가 망설여집니다. 씨앗을 뿌리고 나면 할아버지가 주신 옥수수가 영원히 사라지는 것이 두려웠기 때문입니다. 엄마는 씨앗이 사라지는 게 아니라 단지 달라지는 거라고 말해줍니다. 그래서 안나는 옥수수 알을 심고, 옥수수가 자람에 따라 할아버지와 들었던 그 노래를 다시 듣습니다. 그리고 안나는 다음 봄에 심을 옥수수 낱알을 간직합니다.

Annie and the Old One. M. Miles. Boston: Little, Brown, 1971. 열 살의 나바호 소녀 애니는 엄마가 러그를 완성할 즈음 할머니가 돌아가실 것이라고 듣습니다. 애니는 러그 짜는 걸 지연시키기 위해 일부러 못된 행동을 합니다. 밤에는 염소와 양을 우리에서 풀어주고, 베틀에서 울을 풀어놓습니다. 결국 어른들은 어찌된 일인지 알게 됩니다. 그래서 할머니가 우리는 모두 자연적 흐름의 일부라고 설명해줍니다. 결국 애니는 시간을 지연시킬 수 없다는 걸 깨닫고 함께 러그를 짭니다.

Are You Like Me? : Helping Children Cope With Suicide. M. Tesh & E. Schleich. Clearwater, FL. The Hospice of the Florida Suncoast (now Suncoast Hospice; 5771 Roosevelt Blvd., 33760; www.thehospice.org; 727-586-4432), 2009. 밝게 채색된 이 책은 어린이들이 자살의 의미나 이유에 대해 가지는 어려운 질문에 대답해줍니다. 이 책은 자살이란 무엇인가를 설명하고, 사랑하는 사람이 자살한 후에 어린이들이 겪는 경험과 감정을 보여주고자 합니다. 그리고 안정을 줄 수 있는 어른과 대화할 수 있도록 이끌어줍니다.

Babka's Serenade. M. Zebrowski. Omaha, NE: Centering Corporation, 2002. 바브카는 그녀의 손녀에게 마법 같은 이야기를 들려줍니다. 바브카가 어릴 때 엄마가 들

려준 이야기이기도 합니다. 그런데 어느 날 바브카가 죽습니다. 피친은 바브카를 영영 볼 수 없는걸 상상도 못하겠지만, 엄마와 아빠가 집을 팔자 바브카를 볼 수 없다는 걸 알게 됩니다. 봄에 피친은 뒷마당에 바브카의 정원을 만들기로 합니다. 부모도 돕습니다. 그래서 피친이 원하면 언제라도 그 특별한 장소에 갈 수 있고, 그곳에서 꽃 향기를 맡고, 바브카와 그녀의 이야기를 떠올릴 수 있습니다.

Bear's Last Journey. U. Weigelt. New York: North South Books, 2003. 곰이 아프다는 걸 알고 모든 숲 속 동물들이 걱정합니다. 곰은 '모든 곰과 동물이 생명의 끝에 하는 매우 특별한 여행을 가기에' 친구들에게 작별인사를 해야 할 것 같다고 말합니다. 곰은 죽어가고 있다고 말합니다. 그리고 아무도 죽음이 정말로 어떤 의미인지 모른다고 설명합니다. 말하자면 누구는 죽음이 그냥 잠을 자는 것이라 하지만, 곰과 다른 친구들은 죽음이란 천국에 가는 것이라 믿습니다. 작은 여우는 어찌할 바를 모릅니다. 그는 무슨 일이 일어날지 당장 알고 싶었고, 곰이 죽을 것을 생각하면 마음이 아팠습니다. 어린 동물들은 곰과의 추억을 함께 나누기로 합니다.

The Best Gift For Mom. L. Klein. New York: Paulist Press, 1995. 조나단은 어릴 적에 돌아가신 아버지를 기억하지 못합니다. 그래서 조나단은 친구들이 부모님에 대해 말할 때마다 맘이 불편합니다. 그리고 그는 오직 열심히 일하는 엄마 얘기만 할 수 있습니다. 엄마가 조나단에게 아빠가 그를 침대에 누이면서 불러준 '나팔'과 '고요한 밤'의 이야기를 해줍니다. 조나단은 학교 합창단에 가입하고 엄마를 위한 특별 선물을 준비합니다. 엄마를 위한 특별 선물로 크리스마스 콘서트에서 '고요한 밤'을 독창으로 부르고 아빠에게 편지를 씁니다.

Beyond the Ridge. P. Goble. New York: Aladdin/ Simon & Schuster, 1993. 나이가 많은 평원의 인디언 여인은, 그녀의 죽음을 앞두고 가족들이 관습에 따라 그녀의 죽음을 준비하는 동안 인디언 부족들이 믿는 사후세계를 경험합니다. 그녀는 산등성이 너머의 영혼의 세계를 보기 위해 힘을 다해 밧줄을 타고 오릅니다.

Bluebird Summer. D. Hopkinson. New York: Green willow Books, 2001. 여름마다 메그와 그녀의 남동생 코디는 할아버지 농장에 갑니다. 그들은 돌아가신 할머니가 무척 그립습니다. 정원에 꽃과 채소를 멋지게 가꾸며 일하는 할머니의 모습도 정원으로 식물을 뜯어먹으러 날아들곤 했던 파랑새도 무척 그립습니다. 그러면 아이들은 영감을 받습니다. 아이들은 무성하게 자란 풀과 잡초를 뽑아낼 것이고, 그 자리를 추억 속의 할머니 정원으로 바꿀 것입니다. 무엇보다도 아이들은 파랑새들이 다시 돌아올 수 있도록 새로운 새집도 만들어 줄 것입니다.

The Brightest Star. K. M. Hemery. Omaha, NE: Centering Corporation, 1998. 엄마가 병으로 죽기 전에 몰리는 그녀의 부모님과 해변에 가서 어두워질 때까지 기다리며

별을 보곤 했습니다. 그 뒤에 베일러 선생님이 학교 오픈 하우스를 위해 가족을 그려오라고 하자 몰리는 난처해졌습니다. 몰리는 엄마가 없는 가족 그림을 그리고 싶지 않았습니다. 아빠는 몰리를 그 해변으로 데려가서 가장 큰 별을 가리킵니다. 그 별은 몰리가 다시금 엄마의 사랑을 추억하게 해줄 겁니다.

The Butterfly Bush: A Story About Love. D. M. Evarts. Omaha, NE: Centering Corporation, 1998. 린지의 생일에 나뭇가지가 담긴 항아리를 주시는데, 그 나뭇가지는 숲 공터에 할머니와 린지가 심었던 부들레아입니다. 린지는 곧 부들레아에 대해서는 잊습니다. 그리고 매해 할머니는 린지에게 예쁘고 비싼 생일 선물을 주십니다. 린지는 할머니께 감사를 표하고 나서 곧 다른 선물을 열어보기 위해 자리를 뜨거나, 할머니가 부들레아를 보러 가는 동안 친구들과 놀러 나갑니다. 어느 해, 린지의 생일 선물을 보내지 못하고 할머니는 돌아가십니다. 소포엔 두 장의 사진이 있는 멋진 로켓이 들어있습니다. 하나는 어린 린지를 안고 있는 할머니 사진이고, 다른 하나는 수많은 보라 꽃 사진 입니다. 숲으로 달려간 린지는 크게 자란 부들레아가 아름다운 꽃과 나비들로 뒤덮인 것을 봅니다. 세월이 흘러 할머니 가 된 린지는 그녀의 손녀 생일에 나뭇가지가 담긴 항아리를 선물 합니다.

The Cherry Blossom Tree: A Grandfather Talks About Life and Death. J. Godfrey. Minneapolis: Augsburg Fortress, 1996. 할아버지와 5살 난 헤리엇은 체리나무를 심습니다. 그리고 매년 그의 생일날마다 체리나무가 활짝 핍니다. 한 해는 체리나무가 쓰러집니다. 할아버지는 "나무가 오래 되어 죽을 때가 됐구나." 라고 말씀하십니다. "모든 것은 태어나면 언젠가는 죽는단다. 그래서 우리는 슬퍼하지. 하지만 죽음은 새로운 시작이란다. 긴 잠을 잔 후에 깨어나는 것처럼 말이다." 라고 설명해 주십니다. 할아버지는 하나님을 사랑하는 사람이라면 모두 죽으면 천국이라고 불리는 새롭고 다른 곳에 가서 하나님과 함께 지낼 수 있다고 덧붙여 말씀하십니다.

The Christmas Cactus. E. Wrenn. Omaha, NE: Centering Corporation, 2001. 크리스마스가 다가올 때 나나는 병원에 입원합니다. 그래서 메건은 슬픕니다. 메건은 아빠와 병문안을 준비하면서 나나가 죽게 되냐고 묻습니다. 아빠는 "우리는 누군가 언제 죽을지 알 수 없단다. 그래서 우리가 해야 하는 건 우리가 사랑하는 사람들에게 기회가 있을 때마다 얼마나 사랑하는지를 말해주는 거란다." 라고 말씀하십니다. 메건은 나나에게 가재발 선인장을 줍니다. 나나는 이 선인장은 한 철 꽃이 피기까지 1년 동안 기다린다고 말합니다. "우리의 삶도 마찬가지인 것 같아. 우리는 평생 동안 살아가고 자라지. 그리고 나서 생명의 끝에 우리도 꽃을 피워. 우리는 매우 다르고 멋지게 되는 거야." 나나는 메건에게 선인장을 잘 키워 꽃이 피면 자기를 떠올려 달라고 말합니다. 메건은 선인장 꽃을 보고 나나를 떠올리면서 즐거운 크

리스마스를 맞이합니다.

The Class in Room 44: When a Classmate Dies. Lynn B. Blackburn. Omaha, NE: Centering Corporation, 1991; Rev.ed.,1999. 한 소년이 자동차 사고로 목숨을 잃었습니다. 그의 반 친구들은 믿기지 않았고, 아무것도 할 수 없다는 것에 분노와 죄책감을 느낍니다. "너희들 각자 토니의 죽음으로 위로가 되는 것들을 해야겠다."라고 선생님께서 말씀하시자(p.4) 반 학생들은 교실에 '토니 기념관'을 만들기로 합니다. 학년말에 학생들은 토니의 가족을 초대하고, 그들이 만든 스크랩북을 드리며, 추억을 함께 나눕니다.

A Complete Book about Death For Kids. E. Grollman & J. Johnson. Omaha, NE: Centering Corporation, 2006. 이 책의 세 부분은 각각 죽음과 감정, 장례식과 묘지, 그리고 화장을 언급하고 있습니다. 대부분의 페이지는 두 장의 사진과 간단한 몇 문장을 통해 어린이 독자와 아이와 소통하는 부모들에게 직접 전달됩니다. 작가들은 이 분야에 전문가로서 어린이들의 욕구를 세심하게 관찰하고 어떻게 접근할지 통찰력 가지고 있습니다.

Daddy's Chair. S. Lanton. Rockville, MD: Kar-Ben Copies, Inc. (800-4-KARBEN), 1991. 아빠가 돌아가시자 마이클은 누구도 아빠의 의자에 앉지 못하게 합니다. 아빠가 다시 돌아오실 때를 위해 자리를 비워놓는 것입니다. 엄마는 시바에 앉는 것과 관련된 유대인 관습과 함께 병들고 죽는 것이 무엇을 의미하는지 설명해줍니다. 아빠와의 추억을 함께 나누면서 점차 마이클은 아빠의 의자에 앉기도 하고, 다른 사람들도 아빠의 의자에 앉을 수 있도록 마음을 열어갑니다.

Dancing on the Moon. J. Roper. Cheverly, MD: SIDS Educational Services (2905 64th Avenue, 20785; tel.877-935-6839), 2001. 이 책은 운율을 맞춘 글과 선명한 그림으로 이야기를 들려줍니다. 첫 번째 이야기는 다섯 살 난 칼리가 새로 온 아가, 나이젤에게 모든 관심이 몰리는 것을 얼마나 질투하는가의 이야기입니다. 그러나 어느 날 나이젤이 갑작스레 죽자 모두들 슬퍼하고 칼리는 너무나도 나이젤을 그리워합니다. 꿈속에서 나이젤을 찾아 달나라로 날아가는 상상을 합니다. 칼리는 나이젤을 다시 곁으로 데려올 수는 없지만, 마음 속에 있는 나이젤과는 다시 헤어지지 않을 것입니다.

Dusty Was My Friend: Coming to Terms With Loss. A. F. Clardy. New York: Human Sciences, 1984. 벤자민이 여덟 살 때 그의 친구 더스티가 교통사고로 죽습니다. 벤자민이 고통스러워하자 그의 부모는 벤자민의 생각과 느낌, 상실감을 표현하고, 더스티와의 시간도 기억하면서 계속 벤자민의 삶을 살아가라고 합니다. 벤자민이 말합니다, "더스티는 나의 친구였어요. 그리고 나는 그가 나의 친구였던 것이 기뻐요."

Emily's Sadhappy Season The Story of a Young Girl's Feelings After the Death of Her Father. S. G. Lowden. Omaha, NE: Centering Corporation, 1993. 에밀리의 아빠는 에밀리가 훌륭한 야구선수가 될 수 있게 함께 연습을 했습니다. 아빠가 돌아가신 후 에밀리와 엄마만 남게 됩니다. 에밀리의 슬픔은 혼돈스럽습니다. 에밀리는 아빠의 죽음이 자신이 야구를 하는 것 때문일지도 모른다고 두려워하고 있습니다. 그 때문에 지금은 엄마도 죽을지도 모른다고 걱정합니다. 아빠가 돌아가신 게 무척 화가 납니다. 이윽고 엄마는 에밀리에게 야구를 가르쳐 달라고 합니다. 엄마는 "슬프고 행복함(sadhappy)"을 느낄 것이라고 말합니다. 아빠와 함께했던 즐거웠던 시간의 행복한 추억을 떠올리면 행복하고 또 슬픕니다.

The Empty Place: A Child's Guide through Grief. R. Ternes. Far Hills, NJ: New Horizon Press (P.O. Box 669, 07931), 1992. 이 책에 글과 그림은 아홉 살 소년의 누나 제니퍼가 죽은 후에 그가 겪는 것들, 그리고 그의 삶과 마음속에 느껴지는 공허감을 보여줍니다. 그의 베이비시터도 오래 전에 그녀의 남동생 한 명이 죽었기 때문에 그녀와 슬픔을 나누는 것은 위로가 됩니다. 벳시는 소년에게는 좋은 본보기 입니다. 그녀는 그녀의 슬픈 경험을 드러내고, 소년이 상실감을 이겨내기 위해 해야 할 많은 것들을 할 수 있게 해줍니다.

Finding Grandpa Everywhere: A Young Child Discovers Memories of a Grandparent. J. Hodge. Omaha, NE: Centering Corporation, 1999. 어린 소년은 어른들의 말씀처럼 그의 할아버지가 사라진 것이 아니라, 돌아가신 거라는 것을 깨닫습니다. 그러나 그는 할아버지에 대한 생각으로 자신과 할머니를 위로합니다. 할아버지는 항상 "네가 조금이라도 몰두하는 누군가를 위해서 뭔가를 하라고" 말씀하십니다. 그래서 할아버지의 추억과 그의 사랑은 그 소년이 보이는 곳 어디에서 계속 존재합니다.

First Snow. H. Coutant. New York: Knopf, 1974. 최근에 베트남에서 가족과 함께 미국으로 온 한 소녀는 몹시 눈이 보고 싶습니다. 그런데 소녀는 "할머니께서 돌아가실 것 같다."는 부모님의 말씀을 듣고 혼란에 빠집니다. 할머니께서 리엔에게 밖에 나가서 하늘로 손을 뻗어보라고 말씀하실 때까지 아무도 그녀에게 죽음이 무엇을 뜻하는지 알려주지 않습니다. 리엔의 손가락으로 눈송이를 잡았을 때, 그녀는 눈송이가 "아주 작은, 순식간의 것, 그리고 아름답고, 미세한 것"이란 걸 알게 됩니다. 태양이 눈송이의 끝을 수천의 작은 무지개로 피어 오르게 하자, 눈송이는 물방울로 바뀌고 땅에 내려서 어린 소나무에 양분을 줍니다. 이 사실은 삶과 죽음이 동일한 것의 두 부분이라는 리엔의 불교적 믿음을 보여줍니다.

The Garden Angel: A Young Child Discovers a Grandparent's Love Grows Even After Death,. J. Czech. Omaha, NE: Centering Corporation, 2000. 할아버지가 돌아가신 후에 여덟 살의 카멜라는 할아버지에 대한 많은 것을 기억합니다. 특히나 할아버지가 얼마나 정원 가꾸는 일을 좋아하셨는지 말입니다. 올해 그녀는 새로운 정원을 가꿉니다. 할아버지의 옷을 입혀 허수아비를 만들고 그리

고 날개처럼 할아버지의 퀼트를 둘러줍니다.

Gentle Willow: A Story For Children About Dying. J. C. Mills. Washington, DC: Magination Press, 1993; 2nd ed., 2004. 다람쥐의 버드나무 친구, 젠틀 윌로우가 죽는다는 것을 알고 그녀는 맘이 아픕니다. 나무 마법사는 그들이 젠틀 윌로우에게 사랑과 그녀가 더 강하고 편안하게 느끼게 해줄 수 있는 약을 줄 수 있었는데, 그것들이 젠틀 윌로우를 죽지 않게 해줄 수는 없다고 말합니다. 하지만 그들은 젠틀 윌로우가 여러 해 동안 아만다에게 줬던 많은 선물의 이야기를 들려줍니다. 그것들은 지금 그녀의 마음속에 추억으로 남습니다. 어느 날 젠틀 윌로우가 울면서 아만다에게 이 변화를 받아들이기 두렵다고 말합니다. 아만다는 가만히 들어주면서 곁에 앉아 젠틀 윌로우에게 위로가 될 이야기, 노랑 나비로 변하는 애벌레의 이야기를 해줍니다. *Little Tree*도 함께 보세요. 심각한 의료문제를 가진 어린이들을 위한 이야기입니다.

Geranium Morning. E.S. Powell. Minneapolos, MN: Carol Rhoda Books, 1990. 한 아이는 사고로 갑자기 아빠를 잃었습니다. 그리고 다른 아이는 엄마가 돌아가시려 합니다. 이 두 아이는 강한 감정과 추억들, 죄책감(…였으면 좋을텐데…), 그리고 몇몇 도움이 안 되는 어른들의 반응때문에 힘들어 합니다. 두 아이는 상실감을 나누면서 서로 의지합니다. 프래니의 아버지와 그녀의 엄마(그녀가 죽기 전에) 역시 돕습니다. 마침내 티모씨는 프래니와 함께 그의 아빠와 제라늄을 사서 심었던 일을 다시 시작합니다.

The Giant. C. Ewart. New York: Walker & Co., 2003. 한 어린 소녀의 엄마는 자신이 죽으면 거인이 소녀를 돌봐줄 거라고 말합니다. 가족 농장에 여러 계절이 지나갔으나 소녀는 엄마를 그리워합니다. 그리고 거인을 찾아봅니다. 딸아이가 힘들게 찾는 것을 보고 아빠는 그런 거인 같은 건 없다고 말합니다. 하지만 소녀는 계속 거인을 찾았고 결국 그녀를 보살펴주는 거인은 크고 힘센 아빠라는 걸 깨닫습니다.

Goodbye, Mitch. R. Wallace-Brodeur. Morton Grove, IL: Albert Whit1nan, 1995. 마이클의 15살 고양이 미치가 먹지를 않습니다. 수의사는 고양이가 수술로 치료할 수 없는 암에 걸린 것으로 진단했고 엄마는 이 상황을 아이들에게 설명합니다. 그들은 미치를 편안하게 해주기로 하고 미치가 스스로의 방법을 찾게 합니다. 마이클한테는 쉽지 않았지만 미치와의 마지막 시간을 보냅니다. 미치가 죽었을 때 담요에 싸인 미치를 안고 있으면서 왜 그런지 편안한 기분입니다.

Good-Bye, Papa. U. Leavy. New York: Orchard Books, 1996. 쉐인과 피터는 외할아버지와 많은 것을 함께 합니다. 할아버지가 돌아가셨을 때, 그들은 그의 삶과 그들이 함께한 행복한 시간에 감사함을 느낍니다.

Goodbye Rune. M. Kaldhol & W. 0yen. Brooklyn, NY: Kane/Miller Book Publishers, 1987. 이 노르웨이 이야

기는 한 소녀의 절친한 친구가 익사사고로 숨지고, 이에 대처하기 위한 부모의 도움에 힘들어하는 어린 소녀에 관한 것입니다. 꿈꾸는 듯한 수채물감의 그림은 이 아이들의 관계와 사라의 슬픔을 묘사합니다.

Grandfather Hurant Lives Forever. S. Pitzer. Omaha, NE: Centering Corporation, 2001. 그리거는 자기에게 미국 역사와 러그 짜는 법을 가르쳐주신 할아버지와 시간을 보내는 것을 즐거워합니다. 그들의 따뜻한 관계는 할아버지가 병환으로 병원에 입원하면서 방해를 받습니다. 그리거가 할아버지 병문안을 가면, 할아버지는 "나는 항상 너와 함께 할 것이다."라고 말씀하셨습니다. 그러나 할아버지는 돌아가셨습니다. 그리거는 분노를 느끼지만 울음이 나지 않습니다. 그리거가 러그 가게로 돌아오고 나서야 비로소 그는 할아버지가 그 안에 그리고 이 특별한 곳에 살아계시다는 걸 깨닫습니다.

Grandfather's Shirt. B. Morning. Omaha, NE: Centering Corporation, 1994. 할아버지는 정원일 하기를 좋아하시고, 그의 단짝 피터가 그를 돕도록 가르치는 것도 좋아하십니다. 할아버지가 돌아가신 후 피터와 그의 부모는 특별한 추억을 함께 나눕니다. 아빠는 피터에게 우리 둘은 "할아버지가 돌아가시면서 남긴 씨앗이다. 할아버지는 우리의 기억을 통해서 영원히 살아계신다."라고 말합니다. 피터는 정원을 돌보면서 할아버지의 야구모자를 쓰고, 특히 할아버지의 쾌활한 냄새가 나는 낡은 정원 셔츠를 입을 때 편안함을 느낍니다.

Granndpa Abe. M. Russo. New York: Greenwillow Books, 1996. 사라의 첫 번째 생일이 지나고, 할머니는 에이브와 결혼하여 에이브에게는 새 할아버지가 생깁니다. 여러 해 동안, 사라는 생일마다 에이브와 함께 한 특별한 시간에 대해 말합니다. 사라가 아홉 살 때 에이브는 하늘나라로 갑니다. 하지만 사라는 에이브가 그녀의 삶을 풍요롭게 해줬다는 걸 압니다.

Grandpa's Berries: A Story to Help Children Understand Grief and Loss. J. G. Dickerson. Johns - town, PA: Cherubic Press (P.O. Box 5036, 15904), 1995. 앨리스는 조부모 집 정원에서 채소와 딸기 따는 것을 좋아합니다. 어느 날 앨리스는 할머니께서 한번도 제대로 열매가 열리지 않았다고 말씀하신 그 황금 라스베리 나무에서 하나의 오렌지 빛의 황금 라스베리를 찾습니다. 베리는 무척 맛이 좋습니다. 그리고 할머니는 이 베리나무는 이제 앨리스의 것이라고 하십니다. 여러 해 여름이 지나 할머니가 돌아가신 후에, 앨리스는 황금 라스베리 나무도 죽은 걸 발견합니다. 앨리스가 엄마와 함께 슬픔을 나누면서, 엄마는 비록 지금은 라스베리나무가 죽고 없지만 이 베리의 특별한 맛은 결코 잊을 수 없을 거라고 말씀하십니다. 할아버지에 대해서도 마찬가지일 것입니다. '어느 날 네가 떠난 모든 것이 네가 추억하는 달콤함이란 사실을 알게 되면, 추억하기는 훨씬 쉬워질 것이다. 마치 베리처럼 말이다.'

Grandpa's Soup. E. Kadono. Grand Rapids, MI: Eerdmans,

1999. 아내가 죽은 후에, 노인은 아내가 자주 끓이던 미트볼 수프를 준비해 친구들과 함께 먹는 것이 그의 외로움을 달래는데 도움이 된다는 것을 알게 됩니다. 그의 아내가 수프를 만들며 불렀던 노래를 부르면서, 노인은 작은 냄비 대신 더 큰 냄비에 끓이고, 수프 맛을 내어, 새로운 친구들에게 대접합니다. 그의 새로운 친구는 세 마리 생쥐, 고양이, 개, 그리고 몇 명의 아이들입니다.

The Great Change. G. Horn (White Deer of Autumn). Hillshoro, OR: Beyond Words Publishing, Inc. (20827 NW Cornell Road, Suite 500, 97124-9808; 800-284-9673 or 503-531-8700), 1992. 북미 원주민 할머니는 아홉 살 난 손녀 완바에게 나비로 변하는 애벌레 이야기를 들려줍니다. 죽음이란 끝이 아니라 커다란 변화라는 걸 설명해주기 위해서입니다. 우리의 영혼과 정신은 지속되면서, 우리의 육체는 지구의 일부가 되어가는 깰 수 없는 생명 고리의 일부가 되는 것입니다.

Green Mittens From Grandma: A Gentle Story About a Child's Grief. B. H. Hanks. Omaha, NE:Centering Corporation, 1996. 할머니가 소녀를 위한 초록색 장갑을 만들면서, 소녀의 어릴 적 얘기와 소녀의 엄마가 어렸을 때 얘기를 들려줍니다. 할머니가 돌아가신 후 사람들이 장례식을 하러 모입니다. 그 동안 내내 소녀는 할머니를 그리워하고, 할머니가 들려준 얘기와 해준 일들을 떠올립니다. 그리고 소녀는 작아진 초록색 장갑을 껴봅니다. 소녀는 할머니와의 추억과 녹색 장갑은 그녀와 언제나 함께 할 것이란 걸 알고 있습니다.

Growing Time. S. S. Warburg. Boston, Houghton, Mifflin, 1969. 제이미는 콜리인 킹과 함께 자랍니다. 하지만 킹은 이제 늙어서 지쳐 있습니다. 킹이 죽자 존 삼촌은 "죽음은 사라지는 게 아니다. 우리의 집과 같은 지구로 돌아가는 것이다."라고 말합니다(p. 9). 그리고 할머니께서는 "네가 진정 사랑하는 것의 영혼은 절대 죽지 않는다. 너의 가슴 속에 살아있단다. 너와 늘 함께하고, 너의 보물이지"(p.24)라고 덧붙이십니다. 하지만 제이미는 킹을 그리워하고, 킹이 살아오기를 바랍니다. 아빠가 그를 위해 새로운 강아지를 데려왔을 때, 제이미는 새로운 개를 맞이할 마음의 준비가 안되어 있습니다. 자신의 슬픔을 한껏 표현한 뒤에 제이미는 새로운 관계맺기를 할 수 있다는 걸 깨닫습니다.

Grunt. S. S. Tamberrino. Omaha, NE: Centering Corporation, 2001. 16살의 늙은 개 그런트는 이제 눈이 안보이고, 암과 관절염으로 고통스러워합니다. 소년과 그의 아빠는 그런트를 안락사 시키는 게 가장 최선이라고 동의합니다. 하지만 이 결정대로 하는 건 쉽지 않습니다. 그런트를 차에 태워 동물병원으로 데려가서, 주사가 반응하는 동안 그를 치료대 위에 있는 그런트를 잡아줍니다. 그런트를 상자에 담아 뒷마당 큰 오크 나무 아래에 묻어줍니다. 그리고 나서 그들은 한참 동안 앉아서 그런트와의 행복한 시간과 추억들을 얘기합니다.

The Happy Funeral. E. B1mting. New York: Harper & Row, 1982. 소녀들은 엄마가 할아버지를 위한 '행복한 장례식'을 열 것이라는 말에 당황합니다. "행복한 장례식이란 말은 서로 어울리지 않아.", "말도 안돼." 라고 아이들은 생각합니다. 장례식에는 많은 꽃 장식이 있습니다. 다음 생으로의 여행을 위한 음식을 챙기고, 가짜 지폐와 사랑하는 개의 사진을 태웁니다. 할머니는 관에 머리빗 반쪽을 넣으시고, 사람들은 통곡을 하며 추모사를 읽습니다. 이런 의식이 있은 후에, 한 여인이 그들에게 작은 사탕을 주는데 이는 슬픔을 달래주기 위함입니다. 그리고 악단과 함께 묘지까지 가는 거대한 행진이 있습니다. 결국 로라와 메이는 "사람은 나이가 들고, 좋은 삶을 살았으면, 행복하게 세상을 떠나는 것이다" 라는 엄마 말씀의 진정한 의미를 깨닫습니다. 하지만 그들은 한편으론 "엄마는 결코 우리가 할아버지를 떠나보내게 되어 기쁘다고 말씀하시지는 않잖아."라고 생각합니다.

The Healing Tree. K. M. He1nery. 01naha, NE: Centering Corporation, 2001. 어느 날 바바 마르타는 세미에게 뒷마당에 껍질이 없는 나무 몸통에 가늘게 벗겨진 가지가 있는 오크 나무에 대해 말해줍니다. 바바가 아주 어렸을 때 엄마는 병으로 돌아가셨다고 합니다. 바바는 혼자 있고 싶었고, 그래서 엄마와 즐거운 시간을 보냈던 오크 나무에 달려있는 그네로 갑니다. 폭풍이 몰아쳐 올 때에도, 그녀는 그 특별한 장소를 떠나고 싶지 않습니다. 나무에 번개가 쳐서 큰 가지가 부러지기 바로 직전에, 아빠가 달려와 바바를 안고서 현관으로 피합니다. 다음날, 아빠는 우리가 가족을 잃고 아파하니 마치 저 부러진 나무와 같다고 설명해줍니다. 그는 나무와 마찬가지로 우리는 치유하고 삶을 계속 살아갈 것이며, 그러나 삶은 다르고 영원히 변화한다고 말합니다. 그녀의 이야기를 말해준 후에 바바는 세미에게 할아버지가 옳았고, 덕분에 그녀는 정말로 멋진 삶을 즐기며 살수 있었다고 말해줍니다.

How Can I Help, Papa? : A Child's Journey Through Loss and Healing. E. A1-Chok11achy. Gloucester, M A: Works of Hope Publishing (149 Eastern Ave., 01930; 877-887-228; www.WorksofHope.com), 2002. 아홉 살 난 소녀는 할아버지와 많은 행복한 경험을 합니다. 할아버지가 하늘나라로 가실 때, 그녀는 어떻게 도와드릴지 묻습니다. 그녀가 할 수 있는 건 많이 있습니다. 아빠의 손을 잡아주기. 할아버지가 천국에 가시도록 잘 보내드리기. 모든 것이 변화하기 때문에 "오늘 우리가 가진 것을 최대한 즐기는 것이 중요하다."라고 아빠는 딸에게 가르칩니다. 그리고 그는 그녀에게 그녀의 가슴이 이끄는 대로 따르라고 해줍니다.

I Had a Friend Named Peter: Talking to Children About the Death of a Friend. J. Cohn. New York: William Morrow, 1987. 이 책에 이야기는 벳시의 친구 피터가 교통사고로 죽게 된 이후 벳시의 부모와 선생님, 벳시

와 반 친구들 그리고 피터의 부모를 대하는 데 도움이 되는 방법들을 서술하고 있습니다. 5페이지로 된 도입부는 죽음을 겪은 아이들에게 어른들이 도움을 주기 위한 지침이 될 내용을 제공합니다.

I Know I Made It Happen: A Gentle Book about Feelings. L. B. Blackburn. Omaha, NE: Centering Corporation, 1991. 많은 어린이들은 나쁜 일이 일어났을 때, 왠지 자신에게 책임이 있다고 믿습니다. 이에 어른들은 나쁜 일은 아이의 말이나 바램으로 발생하지 않는다고 설명해주어야 합니다. 이렇게 하는 것이 나쁜 감정을 나누고, 아이의 잘못이 아니라고 이해시키는데 도움이 됩니다. 또한 누군가 아프거나, 사고를 당하거나, 죽음이나 혹은 이혼이 있은 후에, 어른들은 아이에게 긍정적인 일들을 들려주어야 합니다.

It Isn't Easy. M. Colmolly. New York: Oxford University Press, 1997. 아홉 살 난 형이 차 사고로 죽자 어린 소년은 슬프고, 외롭고, 화가 납니다. 형 로스와 좋았던 추억, 때론 안 좋았던 추억들을 곰곰이 떠올리면서 소년은 점차 형이 없다는 것에 익숙해져 갑니다. 하지만 결코 쉽지 않습니다.

Jasper's Day. M. B. Parker. New York & Toronto: Kids Can Press (2250 Military Road Tonawanda, NY 14150; www.kidscanpress.com), 2002. 예스퍼의 날에 라일리와 그의 부모는 개를 늦게까지 재우고, 개가 가장 좋아하는 음식을 주고, 차에 태워주고, 아이스크림을 사주고, 그리고 할머니 댁에 개와 함께 방문합니다. 하지만 예스퍼의 생일은 아닙니다. 예스퍼는 잠을 많이 자고 관절염으로 강직이 있고, 그리고 암에 걸려 있습니다. 오늘은 예스퍼의 진통제 효과가 사라지기 전에 병원에 가는 날입니다. 그곳에서 수의사가 예스퍼에게 주사를 놓아주고, 예스퍼의 죽음은 빠르고 부드럽게 진행됩니다. 가족은 예스퍼를 뒷마당에 묻어줍니다. 그리고 라일리는 예스퍼의 삶에 관한 추억의 책을 계획합니다.

Jeremy Goes to Camp Good Grief. R. DiSunno, S. Zimmerman, & P. Ruffin. Westhampton Beach, NY: East End Hospice (481 Westhampton-Riverhead Road, P.O. Box 1048, 11978; www.eeh.org), 2004. 처음에 제레미는 사랑하는 사람의 죽음을 겪은 어린이들을 위한 한 주간의 여름 캠프에 가고 싶지 않았습니다. 그런데 다른 아이들과 함께 캠프에 참여하는 동안 제레미는 그의 슬픔을 말로 표현하게 되고, 그의 상실감이 가족을 얼마나 변하게 했는지를 이해하기 시작합니다. 그의 새로운 친구들과 함께 하면서, 그는 자신만 혼자 슬픔에 빠진 건 아니라는걸 알게 됩니다.

Kate, the Ghost Dog: Coping With the Death of a Pet. W. L. Wilson. Washington, DC: Magination Press, 2010. 소녀는 사랑하는 개의 죽음을 견딜 수가 없습니다. 그래서 죽은 케이트가 유령이 되어 다시 돌아온다고 말합니다. 가족과 친구들의 도움으로 알레타는 결국 케이트를 소중한 추억으로 기억할 수 있게 됩니다.

King Emmett the Second. M. Stolz. New York: Greenwillow, 1991. 에밋은 뉴욕에 아파트에 살고 있습니다. 그는 돼지 그림과 돼지 모형 수집품이 있고, 도심에서 떨어진 농장에 살고 있는 킹 에밋이란 그의 돼지가 있습니다. 어느 날 그의 부모님은 새로운 직장 때문에 오하이오주 소도시에 있는 주택으로 이사가게 되었고, 부모님은 에밋의 돼지가 도살되는 걸 허락했다고 말합니다. 에밋은 이 모든 일들에 화가 납니다. 그는 오하이오주나 새로운 집에 그 어떤 것도 결코 좋아하지 않을 테고, 새로운 애완동물도 원치 않을 거라고 확신합니다. 그러나 에밋은 점차 적응하고, 친구들도 사귀고, 그리고 결국엔 동물보호소에서 킹이라는 개를 입양하기로 합니다. 지금은 킹 에밋 2세라 부릅니다.

Laughter in the Wind. D. M. Trunz. Lakewood, CO: Colorline (830 Kipling St., 80215; www.colorline-usa.com or www.cheerfulcherub.com), 2004. 이 책은 버나뎃이란 애벌레가 나비로 변화하는 과정을 보여줍니다. 여러가지 변화를 극복하면서, 버나뎃은 죽음과 다른 일들에 직면할 수 있게 됩니다. 각각의 경우에, 그녀의 물리적 형태는 변화하나, 그녀의 영혼은 바뀌지 않고 유지됩니다. 그녀의 엄마가 말합니다. "두려워할 필요 없다. 죽음은 삶의 자연적인 한 부분이다. 나비가 되는 것과 마찬가지로 말이다. 네가 상상할 수 있는 것보다 훨씬 더 멋진, 새로운 몸과 바꾸려고 지금의 몸을 떠나는 것이다."

Lessons From Lions: Using Children's Media to Teach About Grief and Mourning. CD. G. Adams. Little Rock, AR: Center for Good Mourning, Arkansas Children's Hospital (800 Marshall Street, Slot 690, 72202; www.good-mourningcenter.org), 2006. 이 소책자는 학교나 협력단체 어린이들의 슬픔과 애도에 대한 반응을 이끌어내기 위해, 디즈니 영화, 라이온 킹(1994)에서 가져온 10개의 슬라이드의 사용법을 제시해 줍니다. 책자와 슬라이드는 상실감에 따르는 3가지 도움 될만한 반응을 보여줍니다. (1)문제와 고통을 회피하고, 그리고 자신을 가장 잘 알고, 아껴주는 사람들한테서 떠나려하는 것, (2)나쁜 일이 결코 일어나지 않은 척 하기-마치 과거는 문제가 되지 않는 것처럼 살기, (3)어느 누구에게도 말한 적 없었던 것들-자신의 감정과 경험, 그리고 말 못할 비밀을 치유하기 긍정적인 슬픔이 주는 교훈은 위에 언급한 3가지 실수를 하지 않음으로써, 우리는 그 사람을 우리의 가슴 속에 간직할 수 있습니다.

Lilacs For Grandma. M. W. Hucek. Omaha, NE: Centering Corporation, 2002. 메건은 할머니의 마당에 있는 커다란 라일락 나무 아래에 특별한 숨는 곳이 있습니다. 어렸을 적 할머니도 그리고 메건도 이 특별한 곳을 좋아합니다. 그래서 할머니가 죽음을 맞이할 준비를 하실 때, 그녀는 메건에게 라일락이 피면 매일 아침 라일락 꽃다발을 가져다 달라고 부탁하십니다. 그리고 할머니는 더 이상 말을 할 수 없을 때 조차도 꽃들이 기뻐할 것이라고 약속합니다. 할머니가 돌아가신 후에 메건은

'할머니께 드리는 입맞춤으로, 할머니를 잘 보내드리기 위해서' 그녀의 묘지에 커다란 라일락 꽃다발을 가져옵니다.

Liplap's Wish. J. London. San Francisco: Chronicle Books, 1994. 한 토끼가 겨울 들어 처음으로 눈 토끼를 만들면서 그의 할머니 생각을 하면서 그리워합니다. 그는 할머니께서 말해주곤 했던 옛날 토끼 이야기가 위안을 찾습니다. 아주아주 오랜 옛날, 최초의 토끼들이 죽었을 때, 그들은 하늘에 별이 되어 지금도 밤에 나와 우리들을 비춰주고, 그리고 우리의 가슴속에 영원히 빛날 것입니다.

A Little Bit of Rob. B. J. Turner. Morton Grove, IL: Albert Whitman, 1996. 레나의 오빠 로브가 죽은 후에, 그녀와 부모님은 그의 이름을 말할 수도 없었고, 울지 않으려고 애씁니다. 레나는 말합니다. "우리는 강해지려고 애쓰고 있습니다. 우리는 아무 것도 바뀌지 않았다고 여기려고 노력합니다." 몇 주 후 그들은 로브와 함께 했던 일들 중 몇 가지를 다시 시작하려는 노력으로 게잡이 보트에 오릅니다. 그러는 중에 로브의 낡은 스웨터를 입으면서, 그들은 결국 로브에 대해 말할 수 있습니다. 그리고 그들은 그들에게 위로가 되는 로브의 추억과 늘 함께할 것이란 걸 깨달을 수 있습니다.

Little Tree: A Story For Children With Serious Medical Problems. J. C. Mills. Washington, DC: Magination Press, 1992; 2nd ed., 2003. 작은 나무와 그녀의 다람쥐 친구는 숲에서 행복하게 살고 있습니다. 그러다가 폭풍으로 작은 나무의 가지 몇 개를 잃자 그들은 슬퍼합니다. 두 나무 마법사는 죽은 가지를 잘라내고, 작은 나무는 여전히 튼튼한 나무 몸통, 깊게 내린 뿌리, 그리고 아름다운 심장을 가지고 있다고 말합니다. 마법적인 치유를 받고 작은 나무는 스스로에게 여전히 특별한 힘과 능력이 있다고 깨닫습니다. 함께 볼 책으로 Gentle Willow (어린이들을 위한 죽음에 관한 책)을 보십시오.

Losing Uncle Tim. M. K. Jordan. Morton Grove, IL: Albert Whitman, 1989. 팀 삼촌은 다니엘의 가장 가까운 친구입니다. 그들은 함께 많은 즐거운 때를 보냅니다. 팀이 에이즈 바이러스에 감염되어 죽자, 다니엘은 그들이 함께 나눴던 생각에 위안을 얻습니다. "아마도 팀 삼촌은 태양처럼 다른 어딘가에서 빛나고 있을 거야."

Mama Mockingbird. S. Wood. Omaha, NE: Centering Corporation, 1998. 아기 새 한 마리가 죽었을 때, 엄마 모킹버드(흉내지빠귀)는 큰 슬픔에 빠져서 그녀의 아름다운 노래 소리를 잃어버립니다. 그녀는 "아이를 잃었지만 내 노래를 잃어서는 안돼." 라고 생각합니다. 노래를 찾아 떠난 여행에서 그녀는 부엉이, 물고기, 그리고 독수리한테서 도움을 구합니다. 결국 독수리는 생명을 믿고, 생명의 사이클을 존경하라는 가르침을 줍니다.

Mama's Going to Heaven Soon. K. M. Copeland. Minneapolis, MN: Augsburg Fortress, 2005. 선명한 색상과 짧은 글로 엄마가 병에 걸렸을 때 두 아이의 반응을 잘 묘사합니다. 아빠는 엄마가 하나님과 천사와 함께 살려고 천국에 가는 거라고 말합니다. 엄마는 영원히 떠나지만, 그녀는 언제나 그녀의 아이들을 사랑할 것입니다. 엄마의 사랑을 떠올리고, 아빠와 그리고 다른 보살핌을 주는 어른과 자기가 느끼는 감정에 대해 이야기 하는 것이 도움이 될 수 있습니다.

The Memory String. E. Bunting. New York: Clarion, 2000. 엄마는 3년 전에 돌아가셨습니다. 그러나 로라의 슬픔은 아직도 생생하고, 새엄마 제인을 받아들이기 힘듭니다. 로라는 엄마한테서 3대에 걸쳐 물려받은 한 줄에 꿰어진 단추들을 가지고 스스로를 위로합니다. 각각의 단추는 특별한 의미를 가지고 있습니다. 특히 임미의 고등학교 무도회 드레스와 결혼식 드레스의 단추들, 그리고 엄마가 돌아가실 때 입고 있었던 잠옷에 있던 단추들. 그 줄이 끊어지자 단추들은 마당에 흩어집니다. 로라, 아빠, 그리고 제인은 하나만 제외하고 모든 단추를 찾습니다. 아빠는 잃어버린 단추를 똑같은 것으로 대체하자고 제안합니다. 하지만 제인은 현명하게 말합니다 "그건 바로 엄마와 같은 거다. 어떤 것과도 바꿀 수가 없다."(p. 25) 제인이 그 잃어버린 단추를 발견했을 때, 로라는 제인에게 그녀의 단추들을 다시 실에 꿰는 걸 도와달라고 합니다.

Michael Rosen's Sad B'ook. M. Rosen. London & Boston: Candlewick Press, 2004. 작가는 "자신이 슬퍼 보이면 사람들이 자신을 좋아하지 않을 거라고 믿기 때문에" 그는 슬플 때에도 행복한 척 합니다. 마이클은 그의 아들 에디가 죽어서 슬픕니다. 때때로 그는 이 사실에 대해 얘기하고 싶어하고 때로는 그렇지 않습니다. 때로는 그는 삶이 예전과 같지 않기 때문에 정상이 아닌 행동을 합니다. 마이클은 슬퍼하는 것이 불쾌한 것과 다르다는 걸 알고 있습니다. 그래서 그는 너무 마음을 헤치지 않으면서 슬퍼하는 방법을 알아내려 노력합니다. 그는 또한 매일 즐거움을 가져다 주는 일 한가지를 하려고 애씁니다. 그것이 다른 사람을 불행하게 만들지 않는 한 어떤 것이든 상관없습니다. 가는 선으로 그린 선명한 삽화는 마음 아프도록 정직한 지문을 이해하기 쉽게 해줍니다.

Molly's Mom Died: A Child's Book of Hope Through Grief. Margaret M. Holmes. Omaha, NE: Centering Corporation, 1999. 12쪽에 걸쳐 몰리는 그녀의 엄마가 돌아가신 후에 어떤 변화가 있는지, 그녀가 지금은 어떻게 느끼는지, 그리고 기분을 달래기 위해 그녀가 무엇을 할 수 있는지를 말하고 있습니다. 결론 페이지에서는 어린이를 돌보는 사람들에게 특별한 메시지를 전달합니다. 함께 볼 책으로 *Sam's Dad Died*을 권합니다.

Molly's Rosebush. J. Cohn. Morton Grove, IL. Albert Whitman, 1994. 몰리는 아기가 태어나기를 몹시 기다렸지만 엄마는 유산을 합니다. 그녀의 아버지가 아기들이 모두 태어날 수 있을 정도로 건강한 것은 아니라고

설명해 줍니다. 엄마는 "그것은 뭐랄까 꽃봉오리가 꽃으로 피어나지 못하는 것과 같다."라고 말합니다. 할머니는 몰리와 장미나무를 심어 엄마를 위로합니다.

A Mural For Mamita/Un Mural Para Mamita. A.K. Alexander. Omaha, NE: Centering Corporation, 2002. 소녀와 그녀의 가족, 그리고 그들의 이웃 사람들은 긴 병환 끝에 최근에 돌아가신 소녀의 할머니의 삶을 기리기 위해 축제를 열려고 합니다. 마니타는 지역 주민들에게 잘 알려져 있고, 무척 사랑 받았습니다. 소녀는 그녀의 멕시코계 미국인 가족, 그녀의 할머니에 대한 사랑, 그리고 지역 잡화점의 소유주로서 그녀의 활동들에 대해 말합니다. 이 기념행사에서 소녀는 마니타의 가게 벽에 멋진 벽화를 그립니다. 책은 영어와 스페인어로 나옵니다.

Mustard. C. Graeber. New York: Macmillan, 1982; Bantam Skylark, 1983. 머스타드는 스트레스를 받으면 심장에 무리가 오는 나이든 고양이 입니다. 어느 날 머스타드는 밖으로 뛰어나가 다른 동물과 싸우게 되고, 결국 심장마비로 죽습니다. 머스타드를 묻어준 후에, 아버지 알렉스는 머드타드의 그릇과 약간의 돈을 동물보호소에 기증합니다. 슬픔에 사로잡혀있기 때문에 알렉스는 새 애완동물을 키워보라는 선의의 제안을 받아들이지 못합니다.

My Grandmother's Cookie Jar. M. Miller. Los Angeles: Price Stern Sloan, 1987. 할머니에게는 인디언 머리모양의 쿠키 항아리가 있었는데, 그녀의 손녀는 그것을 무서워합니다. 하지만 할머니가 인디언 두건을 치우고 쿠키를 꺼내줄 때는 그렇지 않습니다. 매일 저녁 쿠키를 나눠먹으면서 할머니는 아주 먼 옛날 인디언들의 얘기를 해줍니다. 이 이야기는 인디언의 방식, 인디언의 자부심, 그리고 인디언의 영광이 어린 소녀를 위해 살아 생생하게 해줍니다. 할머니가 돌아가신 후 할아버지는 쿠키 항아리를 소녀에게 줍니다. 그리고 이 항아리는 쿠키가 아니라 할머니의 사랑과 인디언 정신 유산으로 가득 차 있다고 말합니다. 그는 언젠가는 소녀도 그녀 자신의 아이를 가질 것이고, 그 항아리에 쿠키를 넣을 거라고 말합니다. 그녀가 쿠키를 나눠주며 할머니의 이야기를 해주면, 소녀는 그녀가 할머니와 할머니보다 앞선 사람들의 영혼이 살아 숨쉬게 한다고 알고 있습니다.

My Mom Is Dying: A Child's Diary. J.W. McNamara. Minneapolis, MN: Augsburg Fortress, 1994. 이 책의 형식은 어린이가 그린 일기와 같고, 크리스틴과 하나님과의 대화를 상상의 기록으로 묘사합니다. 그리고 그녀의 엄마가 돌아가시기 전과 후의 걱정을 포착해냅니다. 여러 장에 걸친 작가의 메시지는 크리스틴의 반응을 확인시켜줍니다. 그리고 어른들이 어린이와 이야기하기 위한 기반으로서 그것들을 어떻게 이용할 수 있는지를 제안하고 있습니다.

Nadia the Willful. S. Alexander. New York: Pantheon Books, 1983. 나디아의 큰 오빠가 사막에서 사라져 찾을 수 없자, 베두인 족의 추장인 그녀의 아버지는 슬픔에 차서 누구도 하메드의 이름을 말할 수 없음을 선포합니다. 그는 누구든 그에게 잃은 것을 상기시키면 엄벌에 처할 것을 선포합니다. 그러나 나디아는 하메드와의 추억을 담아 둘 수는 없습니다. 오빠에 대해 말하는 것이 그녀의 슬픔을 덜어줍니다. 결국 나디아는 의도적으로 그녀의 오빠에 대해 이야기하고, 그와의 추억을 살아있게 함으로써, 그 부족 모든 사람이 특히 그녀의 아버지가 그들의 슬픔에 대처하는 걸 도와줍니다.

The New King. D. Rappaport. New York: Dial Books for Young Readers, 1995. 젊은 라코토 왕자는 그의 아버지의 죽음을 받아 들일 수 없습니다. 그는 법원 공무원들에게 아버지를 되살릴 것을 명령합니다. 그 때 한 지혜로운 여인이 마다카스카르 사람의 이야기를 들려줍니다. 지구가 새롭게 탄생할 때 신은 최초의 인간 부부에게 선택권을 줍니다. 신이 말합니다. "언젠가는 너희는 죽는다. 네가 죽을 차례가 되면, 너는 달처럼 죽기를 원하느냐 혹은 바나나 나무처럼 죽기를 원하느냐?" 달은 은화처럼 시작해서 보름달이 되기까지 점점 더 커집니다. 그리고 나서 마침내 사라지기까진 점점 더 작아지고, 결국 나중에 다시 커집니다. 그에 반해서, 바나나 나무는 자라면서 새싹을 뻗어냅니다. 나무가 죽으면 그 싹들은 그 싹 자체에서 새싹이 나올 만큼 충분히 크고 튼튼하게 자랍니다. 처음에 남자는 달이 되살아나서, 영원히 살아가 듯 달처럼 죽기를 원합니다. 하지만 그 여인은 자식들이 삶을 계속 이어가는 동안에 살고, 사랑하고 죽는 것이 더 낫다고 남자를 설득합니다. 그래서 다른 사람들에게 생명을 전함으로서 영원히 살아가는 방법을 찾는 것입니다. 아버지로부터 받았던 모든 사랑을 깨달은 라코토 왕자는 그의 아버지의 가르침을 떠올리며 사랑과 정의로 나라를 다스리고, 아버지의 교훈을 그의 자식들에게 알려줍니다.

Nonna. J. Bartoli. New York: Harvey House, 1975. 할머니와의 좋은 추억을 가진 소년과 그의 여동생은 할머니의 장례식에 참여하도록 허락받고, 할머니의 유품을 나누어 받습니다. 크리스마스에 아이들은 할머니의 추억이 담긴 논나 쿠키를 만듭니다.

Not Just a Fish. K. M. Hemery. Omaha, NE: Centering Corporation, 2000. 메리베스는 퍼퍼가 항상 그녀의 말을 잘 들어주기 때문에, 그가 세상에서 가장 멋진 금붕어라고 생각합니다. 그리고 퍼퍼를 바라보면서 그녀는 차분해지고 평화로움을 느낍니다. 그래서 메리베스는 퍼퍼가 어항에서 거꾸로 떠다니는 것을 보고 충격을 받습니다. 사람들은 퍼퍼가 죽어 슬프다고 말하면서, 또한 "퍼퍼는 그저 물고기야."라고 말해서 메리베스를 화나게 합니다. 게다가 아빠는 퍼퍼를 변기에 흘려 보냅니다! 오직 리지 이모만이 메리베스의 상실감을 이해합니다. 그래서 이모는 음악과 퍼퍼에 대한 메리베스의 글, 그리고 물고기가 그려진 하트모양의 핀을 가지고 추모식을 준비해 메리베스를 위로합니다.

Ocho Loved. A. Fontaine. Seattle, WA: Stoneleigh Press (P.O. Box 9673, 98109-9673), 2007. 애니의 좋은 친구 오초는 꽃을 무척 좋아하는 고양이입니다. 애니가 침대 밑에 숨어서 이상한 소리를 내고 있는 오초를 발견했습니다. 오초는 건강이 좋지 않습니다. 수의사 데비는 오초는 회복되지 않을 것이고, 한달 이내에 하늘나라로 갈 것이라고 했기 때문에 애니는 무척 슬픕니다. 오초는 약을 먹었기에 통증을 느끼지 않을 것이고, 비록 오초가 더 적게 먹기 시작하겠지만 집에 머물 수 있다고 엄마가 말합니다. 애니는 오초에게 줄 꽃을 삽니다. 그리고 오초는 평화롭게 죽습니다.

Poppy's Chair. K. Hesse. New York: Scholastic, 1993. 레아는 여름마다 그녀의 조부모 댁을 방문합니다. 그러나 이번 여름은 여러 상황이 다릅니다. 아빠가 돌아가셨습니다. 레아는 아빠와 함께 했던 일들을 기억합니다. 그러나 아직도 아빠의 사진을 보는 것이 두렵습니다. 어느 날 저녁, 레아는 그램이 아버지의 의자에 앉아 반쯤 잠들어 있는 걸 봅니다. 그들은 함께 앉아서 슬픔을 나누고 미래 계획에 대해서도 대화를 나눕니다. 그리고 조금이라도 위로가 되도록 서로 돕습니다.

The Purple Ballon. C. Raschka. New York: Schwartz & Wade (Random House), 2007. 죽음이 가까워진 것을 알게 되면, 어린이들은 종종 파랑이나 보라색의 풍선이 손을 떠나 자유롭게 떠다니는 그림을 그린다고 작가는 설명합니다. 여기에서 풍선은 먼저 노인의 죽음을, 그 다음으로는 젊은이의 죽음을 표현하는 것으로 그려집니다. 책에서는 "편안하게 떠날 수 있게 도와줄 수 있습니다." 라고 얘기합니다, 그리고 죽음이 너무 힘들지 않게 도우려는 사람들을 돕습니다.

A Quilt For Elizabeth. B. W. Tiffault. Omaha, NE: Centering Coperation, 1992. 엘리자베스가 여덟 살 때, 아빠가 병에 걸려 병원에 입원했습니다. 그리고 결국 돌아가십니다. 엘리자베스는 너무너무 화가 납니다. 어느 날 할머니께서 그들의 오래된 옷의 천 조각으로 함께 퀼트를 만들자고 제안합니다. 사각형의 각각의 천 조각은 그들의 삶을 함께 묶어주면서 이야기 거리와 회상할 추억거리를 가지고 있습니다.

Rachel and the Upside Down Heart: A True Story. E. Douglas. Los Angeles: Price Stern Sloan, 1990. 레이첼이 네 살 때 아빠가 돌아가셨고 레이첼은 슬픔을 느낍니다. 그리고 마당에 잔디와 두 마리 개가 있는 캔터키에 위치한 주택에서 뉴욕시의 시끄러운 아파트로 이사를 가야만 합니다. 엄마는 아빠는 항상 레이첼의 가슴속에 있다고 말합니다. 그래서 레이첼은 하트를 그리기 시작하는데, 오직 거꾸로 된 하트만 그리게 됩니다. 나중에 레이첼은 새 친구들을 사귑니다. 그리고 하트 그림의 일부가 똑바로 위를 향하게 됩니다. 친구의 아빠가 돌아가시자 레이첼은 그와 대화를 나누고, 그의 슬픔을 위로합니다.

The Rag Coat. L. Mills. Boston: Little, Brown, 1991. 아빠

가 돌아가신 후에 가족을 부양하기 위해 퀼트를 만드는 엄마를 도와야 해서 입학을 할 수 없습니다. 미나가 여덟 살 때 그녀는 학교에 가고 싶지만 겨울코트가 없습니다. 퀼트 모임 엄마들이 그들의 낡은 천 조각들로 미나를 위해 코트를 만들어 주기로 했을 때 미나는 아주 기뻐합니다. 처음에는 아이들이 미나의 넝마 코트를 가지고 놀립니다. 하지만 그녀가 고른 천 조각들의 사연을 들려주자, 더 이상 아이들은 미나를 놀리지 않습니다.

Rudi's Pond. E. Bunting. New York; Clarion, 1999. 루디는 소녀의 가장 친한 친구입니다. 루디가 선천적인 심장 결손으로 병에 걸리자 소녀는 그가 병원에 입원할 때까지 그를 방문합니다. 엄마는 루디가 '쇠약해지고 있다'고 말합니다. 소녀와 반 친구들은 카드를 보내고, 병실에 붙일 "건강해져라, 루디"라고 커다란 플랭카드를 만듭니다. 루디가 죽은 후에 아이들은 시를 쓰고, 예쁜 벌새가 날아드는 학교 마당에 추억의 연못을 만듭니다.

Sadako. E. Coerr. New York: Putnam's, 1993. 이 책은 새로운 글과 마음을 끄는 새로운 파스텔 그림을 담고 있습니다. 'Sadako and the a Thousand Paper Cranes'란 이야기를 다시 바꾸어 썼습니다.

Sadako and the Thousand Paper Cranes. E. Coerr. New York: Putnam's, 1977. 사다코는 1955년 백혈병으로 죽은 일본 소녀입니다. 그녀의 병은 그녀가 아기였을 때 벌어진 히로시마 원자폭탄의 장기적인 후유증으로 인한 것입니다. 한 친구가 학이 천년 동안 살아가고, 신이 종이 학 천 마리를 접는 사람은 누구든지 그들의 건강을 지켜주고 소원을 들어준다는 전설을 사다코에게 알려줍니다. 가족, 친구들과 함께 그들은 학을 접기 시작합니다. 사다코가 죽은 후에도 그녀의 반 친구들은 계속 그 일을 하고, 그리고 일본 전역의 어린이들이 사다코를 기념할 동상을 세우는데 돈을 기부합니다.

Samantha Jane's Missing Smile: A Story About Coping With the Loss of a Parent. J. Kaplow & D. Pincus. Washington, DC: Magination Press, 2007. 아빠가 돌아가신 후에 새미 제인은 그녀와 엄마가 슬픔에 젖게 될까 봐 걱정합니다. 울기 시작하면, 울음을 그칠 수 없을까 두렵습니다. 또 그녀가 너무 웃거나 즐겁게 지내면, 사람들이 그녀가 아빠를 사랑하지 않았다고 생각할까 봐 걱정합니다. 결국 현명한 이웃이 그녀에게 나쁜 감정을 떨쳐내려고 해도 소용없다고 말합니다. 나쁜 감정은 항상 나뭇가지를 물속으로 밀어 넣었을 때, 다시 솟아오르는 듯이 항상 다시 떠오를 거라고 합니다. 그들은 아빠와의 행복한 때를 상기시켜 주는 것들을 함께 찾아봅니다. 그리고 세미 제인은 아빠가 늘 슬퍼만 하는 그녀의 모습을 원하지는 않을 거라고 깨닫습니다.

Sam's Dad Died: A Child's Book of Hope Through Grief. M. M. Holmes. Omaha, NE: Centering Corporation, 1999. 12쪽에 걸쳐 샘은 그의 아빠가 돌아가신 후에 어떤 변화가 있는지, 그가 지금은 어떻게 느끼는지, 그리고 기분을 달래기 위해 그가 무엇을 할 수 있는지를 말

하고 있습니다. 마지막 페이지에 어린아이를 돌보는 사람들에게 특별한 메시지를 전달합니다. 함께 볼 책으로, Molly's Mom Died를 보십시오.

Saying Goodbye to Daddy. J. Vigna. Morton Grove, IL: Albert Whitman, 1991. 아빠가 교통사고로 돌아가신 후 클레어는 두려움과, 외로움, 그리고 분노를 느낍니다. 클레어에게 죽음을 이해시키기 위해 엄마와 할머니는 전에 죽은 햄스터, 샘을 상기시켜줍니다. 그들은 또한 클레어가 그녀의 슬픔과 분노에 잘 대처하고 장례식을 마치고, 좋은 추억을 기억하도록 도와줍니다.

A Season For Mangoes. R. Hanson. New York: Clarion, 2005. 자메이카의 사린이란 소녀는 처음으로 바로 앉기 의식에 참석하는 걸 걱정합니다. 이 의식에서는 마을 사람들이 음식을 나누고, 이야기를 하고, 그리고 최근에 돌아가신 사린의 할머니의 삶을 기념하는 활동에 참여합니다. 사린은 망고에 대한 나나의 열정과 관련된 그녀의 이야기를 나누는 것이 그녀의 슬픔을 덜어준다는 걸 깨닫습니다.

Since My Brother Died/Desde Que Murió Mi Hermano. By M. Muñoz-Kiehne. Omaha, NE: Centering Corporation, 2000. 영어와 스페인어 대역으로 쓰여진 글로, 한 아이가 형제의 죽음이 오직 꿈이라면 어떨지 혹은, 뭔가 그의 죽음을 막을 수 있었다면 어떨지 궁금해 합니다. 아이는 자신의 두통이나 복통 같은 신체적인 반응만이 아니라 가족의 슬픔도 알립니다. 아이가 그리기 시작한 형형색색의 삽화는 점차 무지개와 삶은 계속 나아간다는 믿음으로 변화됩니다.

The Snowman. R. H. Vogel. Omaha, NE: Centering Corporation, 1994; Rev. ed., 2002. 두 형제는 8개월 전 아버지가 돌아가신 이후 첫 번째 눈사람을 만들고 있습니다. 아버지의 병과 어떻게 그가 돌아 가셨는지에 대해 이야기하는 것은 여덟 살 버디의 몇 가지 궁금증에 대답이 되고, 또한 12살 토미가 처음으로 그의 분노를 소통할 수 있게 해줍니다. 아빠의 오래된 파이프, 모자, 그리고 아빠가 좋아하던 스카프를 사용하면서, 두 소년은 눈사람을 완성하고 아빠와의 좋은 추억을 나눕니다.

Someone I Love Died By Suicide: A Story for Child Survivors and Those Who Care For Them. D. Cammarata. Paln1 Beach Gardens, FL: Grief Guidance, Inc. (P.O. Box 32789, 33420; www.griefguidance.com), 2000. 이 책은 자살로 이끌었을 법한 요인들, 그 경험(자살)에 대한 보편적인 슬픈 반응들, 스스로를 돕는 방법, 그리고 그 사람에게 작별하고, 여전히 추억하는 방법들을 설명하려 합니다.

Stacy Had a Little Sister. W. C. Old. Morton Grove, IL: Albert Whitman, 1995. 스테이시는 때때로 아기를 좋아하지만 늘 그렇지는 않습니다. 애슐리는 부모님과의 시간을 독차지했습니다. 스테이시는 애슐리를 질투했습니다. 그런데 어느 날 밤 스테이시는 애슐리가 유아 돌연사로 죽었다는 얘기를 듣습니다. 스테이시는 그녀가 아기를 죽게 한 것인지, 그리고 그녀도 돌연사로 죽는 것은 아닌지 걱정입니다. 스테이시는 부모님과 그녀의 걱정에 대해 긴 대화를 하고 나서야 수면 장애를 극복할 수 있었습니다.

Sunflowers and Rainbows For Tia: Saying Goodbye to Daddy. A. Alexander-Greene. Omaha, NE: Centering Corporation, 1999. 열살 난 흑인 소녀가 아빠의 갑작스런 죽음 이후에 그녀와 다른 가족이 어떤지를 묘사합니다. 티아는 엄마도 돌아가시고, 아이들만 남겨 질지도 모른다는 두려움과 함께 그녀의 슬픔에 대해서 말합니다. 그녀는 사람들은 아빠에 대한 그들의 사랑을 함께 공유하고, 도움을 주고, 그리고 음식을 전해주려 집을 찾는 걸 이야기합니다. 특히 아빠가 가장 좋아하는 해바라기 꽃을 장례식에 그녀가 가져오고, 커다란 무지개가 구름 사이로 빛날 때, 준비에 관여하고, 장례식에 참여하는 것 자체가 티나에게 도움이 됩니다.

Tear Soup: A Recipe For Healing After Loss. P. Schwiebert & C. DeKlyen. Por tland, OR: Grief Watch (2116 NE 18th Avenue, 97212; 503-284-7426; www.tearsoup.com), 1999; 2nd ed., *2001*. '나이 들고 현명한' 그랜디란 여인은 그녀의 삶에서 큰 상실감으로 힘들어 하는데, 수프 그릇을 그녀의 눈물로 감정으로, 추억으로, 그리고 불안감으로 채우고 또 채웁니다. 눈물의 수프를 만드는 것은 모든 사람이 스스로 해야 하는 외롭고 힘든 일입니다. 많은 사람들이 이 일을 피하려 합니다. 하지만 이 일은 경청해주는 좋은 친구와 특별한 수프 모임으로 도움을 받을 수 있습니다. 어리석은 충고를 거부하지만, 눈물 수프는 사별한 사람들이 상실감과 슬픔에 대처하도록 용기를 주면서, 그들이 경험하는 모든 반응들을 지지합니다. 다섯 페이지에 걸쳐 그랜디의 조리법이 제공됩니다. 그리고 재판에서의 새로운 두 페이지는 도움이 되는 재료의 확장된 목록을 제공합니다. 모든 연령의 어린이들을 위한 지혜를 담은 색깔이 다채로운 책입니다.

Tell Me About Death, Tell Me About Funerals. E. A. Corley. Santa Clara, CA: Grammatical Sciences, 1973. 갑작스레 할아버지를 잃은 소녀와 그녀의 아버지가 느끼는 책임감과 복잡한 감정들, 출생과 죽음, 방부처리하기, 장례식, 매장, 묘지, 그리고 화장식에 대한 선택들에 대해서 얘기합니다. 우리는 관을 나르는 백곰에 대한 아이의 유쾌한 오해도 접하게 됩니다.

Thank You, Grandpa. L. Plourde. New York: Dutton Children's Books, 2003. 여러 해 동안 소녀와 할아버지는 함께 숲을 거닐기를 즐깁니다. 그들은 새, 꿀을 빨아 먹는 벌, 슬그머니 지나가는 뱀, 그들에게 꼬리를 흔들어주는 다람쥐, 거미줄, 나비, 생쥐, 그리고 반딧불이 등을 함께 찾습니다. 어느 날 죽은 메뚜기를 발견하자, 소녀가 "어떻게 하면 좋죠?" 라고 묻습니다. "감사하다 말하고, 작별인사를 해라."라고 할아버지가 말합니다. 이윽고 할아버지가 나이 들어 걸을 수 없게 되자, 어느 날

소녀는 혼자 걷고 있는 자신을 발견합니다. 그녀가 민들레 꽃을 발견하자 혼잣말을 합니다. "할아버지, 함께 걸어주셔서 감사해요. 당신은 제가 흔들림이 있을 때에도 한결같도록 해주셨어요. 제가 앞서 달릴 준비가 되면, 앞서 달리게 해주셨죠. 거미줄 눈물과 반딧불이 불빛도 함께 보게 되어 감사해요. 하지만, 무엇보다도 제게 표현해야 하는 말들을 가르쳐주셔서 감사해요. 할아버지! 사랑해요. 당신이 그리울 거예요. 그러나 결코 잊지 않을 거예요. 감사해요, 그리고 안녕."

Too Far Away to Touch. L. Newman. New York: Clarion, 1995. 레오나르드 삼촌은 조이가 가장 좋아하는 친척입니다. 그는 조이를 특별한 곳에 데려가고 농담을 하며 웃겨줍니다. 그런데 지금은 그가 아프고, 기력에 없습니다. (점차 우리는 그가 에이즈에 걸린 걸 알게 됩니다.) 어느 날 그는 조이를 천문관에 데려갑니다. 그곳에서 그는 자신이 죽으면 "너무 멀리 있어 잡을 수 없지만, 눈으로 볼 수 있을 만큼 가까이 있는" 별과 같을 거라고 설명합니다. 어느 날 저녁 그들은 밤하늘을 보며 유성을 목격하는 해변에서 이 가르침을 더 확실히 믿게 됩니다.

The Very Beautiful Dragon. J. Johnson. Omaha, NE: Centering Corporation, 2001. 두 어린 소년은 무서운 이빨과 발톱을 가진 용을 처음으로 접하게 되었을 때 무서워합니다. 그들은 용을 다시 보고는 훨씬 더 겁을 먹게 됩니다. 실제로 존재하는 용은 없다고 알려줘도 통하지 않습니다. 한 이웃이 두 소년에게 그들이 두려움에 맞서야 하고, 그리고 무엇이 그들을 무섭게 하는지를 알 수 있게 가르쳐 주어 두려움을 이기는데 도움이 됩니다. 이렇게 함으로써 자신 내부의 용을 제압하고 자신이 가진 힘을 인식하게 되는 방법을 배워갑니다. 다음의 책들과 함께 읽어 보세요. *Beautiful Dragons and Other Fears: A Workbook For Children and Stately Queens and Shinning Knights: A Resource For Parents and Caregivers Helping Children Experiencing Fear* (이 책의 부록C를 보십시오)

Water Bugs and Dragonflies: Explaining Death to Young Children. D. Stickney. New York: Pilgrim Press (475 Riverside Drive, 10115), 1982. 이 짧은 이야기 속에 생명 내에서의 변화들을 볼 수 있는데, 이는 삶과 죽음 사이의 변화를 설명하기 위한 은유입니다. 잠자리 애벌레(수생곤충) 무리는 왜 모든 잠자리 애벌레가 백합 줄기를 기어오르면 시야에서 사라져 돌아오지 않는지 궁금해 합니다. 그들은 다음 잠자리 애벌레가 어디를 왜 갔는지 말해주러 돌아오기로 서로 약속합니다. 그러나 그 다음에 가는 잠자리 애벌레는 자신이 잠자리로 변했고 무슨 일이 일어났는지 설명해주기 위해 친구들이 있는 물속으론 돌아갈 수 없다는 걸 깨닫습니다.

We Remember Philip. N. Simon. Chicago: Albert Whitman, 1979. 초등학교 선생님의 아들 필립이 산악 등반 사고로 죽었다고 들었을 때, 샘과 다른 그의 반 친구들은 홀 선생님이 얼마나 슬플까 생각합니다. 샘은 엄마에게 그의 죽은 개 사이크 이야기도 하면서 죽음과 슬픔에 대해서 말합니다. 그리고 나서 아이들은 홀 선생님께 애도의 편지를 씁니다. 이윽고 홀 선생님을 설득하여 그의 아들의 스크랩북과 다른 추억들을 함께 나눕니다. 그리고 반 아이들은 필립을 추모하기 위해 나무를 심습니다.

What about Me? When Brothers and Sisters Get Sick. A. Peterkin. Washington, DC: Imagination Press, 1992. 남동생보다 두 살 많은 로라는 동생을 돌보는 일을 도와주길 좋아합니다. 그들이 자라면서 매일 함께 놀면서도 자주 싸웁니다. 어느 날 앤 이모가 로라에게 톰이 아파 병원에 있다고 말합니다. 로라는 톰을 보고 싶어하고, 그녀가 톰에게 소리쳤기 때문에 그가 병에 걸린 것 같아 죄책감을 느낍니다. 그리고 톰이 죽을까 봐 걱정합니다. 그들의 부모와 다른 어른들은 너무 자주 로라의 요구를 무시하면서 오직 톰에게만 집중하고 있습니다. 결국 로라의 부모와 의사는 로라에게 톰의 병에 대해 말해주고, 병은 전염되지 않는다 설명해주며 로라에게 특별한 치료를 받게 합니다.

Where is Granpa? T.A.Barron. New York: Philomel Books, 2000. 할아버지가 돌아가신 후 가족들은 할아버지에 대한 추억을 함께 나눕니다. 어린 소년이 할아버지가 지금 어디 계신지 알고 싶어 하자, 부모님은 "할아버지는 천국에 계시며 서로 사랑하는 사람들이 얼마 동안 함께 지내 온 곳이 어디든지 천국이다."라고 말합니다. 그들이 함께 지은 나무집에서 최대한 멀리 함께 바라보곤 했던 로키 산맥의 Never Summer 범위에서 떨어진 곳에 할아버지가 계시다는 생각은 소년에게 위안이 됩니다.

Where the Balloons Go. P. Coleman. Omaha, NE: Centering Corporation, 1996. 풍선이 하늘 높이 날아오르면 어디로 가는지 코리가 묻자 할머니는 아마도 풍선의 목적지는 사랑스런 풍선 숲일 거라고 제시합니다. 후에 할머니가 병에 걸리고 돌아가시자 코리는 할머니를 볼 수 있게 풍선들이 그를 풍선 숲으로 데려가 주면 좋겠다고 생각합니다. 그와 그의 아버지는 풍선에 사랑의 메시지를 실어 날려보내는 것으로 대신합니다.

Why did he Die? A. Harris. Minneapolis: Lerner, 1965. 친구의 할아버지가 돌아가신 후에, 엄마는 그녀의 어린 아들에게 자동차 엔진이 더 이상 작동하지 않는 것처럼 누군가의 몸에 일어나는 것이 죽음이라고 설명해줍니다. 그들은 나이를 먹는 것, 생명 주기, 애도 반응, 추억, 그리고 삶의 질에 대해 얘기를 나눕니다.

"Why Do People Die?": Helping Your Child Understand-With Love and Illustrations. C. MacGregor. Secaucus, NJ; Carol Publishing Group, 1999. 여기서 죽어가는 것과 죽음은 우리의 몸이 닳아서, 막 작동을 멈추는 과정으로 설명됩니다. 죽음에 대해서는 슬퍼하는 것이 보통이고, 울음이 나옵니다. 그리고 장례식, 매장, 그리고 죽

은 사람의 삶을 기념하려는 친구들의 모임이 있습니다. 그리고 그들은 서로 위로하려 애씁니다. 우리들 내부에 계속 존재하는 추억과 일시적으로 상승한 슬픔과 함께 몇몇 종교적이고 문화적 전통들이 언급됩니다.

Zach and His Dog: A story of Bonding, Love, and Loss for Children and Adults to Share Together. D.K. Meagher. Bloomington, IN: AuthorHouse, 2009. 컬러 종이의 각 장에 생생한 삽화가 담긴 이 책은 다섯 번째 생일 날에 강아지를 선물 받게 된 소년의 이야기입니다. 그들은 최고의 친구가 됩니다. 그런데 어느 날 강아지 프렉클이 거리로 질주하고, 차에 치이고, 숨으려고 도망가다가 죽은 채로 발견됩니다. 책은 자크의 슬픔, 추도식, 프렉클을 위한 추억 상자 만들기, 그리고 자크의 깊은 상실감을 담습니다. 애완동물과의 유대와 그 상실감에 대처하는 방법에 대한 어린이와 어른의 대화를 강조하는 질문이 각 장에 제시됩니다.

부록 B: 청소년들을 위한 작품들

중학생들을 위한 문학작품

Annie and the Sand Dobbies: A Story about Death For Children and Their Parents. J. B. Coburn. New York: Seabury Press, 1964. 이 소설의 주요 사건은 11살의 데니가 막 걸음마를 배우는 여동생과 그의 개 보니의 죽음을 접하면서 발생합니다. 동생은 호흡기 감염으로 죽고, 개는 집을 나간 후에 얼어 죽은 채 발견됩니다. 이보다 앞서 한 이웃은 데니에게 '모래요정'이라 불리는 상상의 캐릭터들을 소개합니다. 그는 나중에 죽은 사람들은 신과 함께 안전하게 있다는 메시지를 전하기 위해 모래요정들을 이용합니다.

Be a Friend: Children Who Live With HIV Speak. L.S. Wiener, A. Best, & P. A. Pizzo (Comps.). Morton Grove, IL: Albert Whitman, 1994. 이 책의 생생한 컬러와 그림, 그리고 레이아웃은 에이즈에 감염되어 살고 있는 어린이들이 그들 자신의 목소리로 말할 수 있도록 합니다. 그 결과는 때론 가슴 아프고, 종종 멋지며 그리고 늘 강력합니다. 세 가지 예가 여기 있습니다. 11살 난 아이가 씁니다. "나는 자주 에이즈에 걸리지 않고 사는 다른 아이들은 어떻게 삶에 감사함을 알게 될지 궁금합니다. 이것이 에이즈에 걸린다는 것에 가장 큰 부분입니다"(p. 13); 12살 소녀가 덧붙입니다: "죽는 걸 생각하면 힘겹습니다. 하지만 어쨌든 당신도 죽음에 대해 생각하기 때문에 죽는 생각을 하는 건 괜찮습니다. 대부분 사람들이 죽음은 사람들을 슬프게 만들기 때문에 말하고 싶어하지 않습니다. 그러나 한번 당신이 해보면, 다음엔 죽음에 대해 좀 더 쉽게 말할 수 있습니다. 그러면 당신은 계속 살아가는 것입니다."(p. 24). 8살 난 소녀가 애원합니다: "에이즈에 때문에 생기는 나쁜 일 중에 가장 최악은 사람들이 앞으로도 당신의 친구가 될 수 있을지를 알 수 없다는 겁니다. 제발 우리의 친구가 되어주세요. 우리는 우리의 친구로 당신이 필요합니다."(p. 39)

Blackberries in the Dark. M. Jukes. New York: Dell Yearling, 1985. 할아버지께서 돌아가신 후, 오스틴이 농장에 계신 할머니를 만나러 갔을 때, 모든 것이 많이 달라진 듯 보입니다. 이전의 여름에는 오스틴과 할아버지는 함께 낚시를 가거나, 어두운 데서 블랙베리를 땄습니다. 이번 여름에 오스틴은 할아버지가 그에게 플라이피시를 가르쳐 줄 것을 잔뜩 기대했습니다. 대신 할머니가 냇물에 있는 오스틴에게 오시고, 그들은 서로 도와 가며 플라이피시를 배우고, 함께 블랙베리도 따고, 그리고 그들만

의 새로운 전통을 시작합니다.

Bridge to Terabithia. K. Paterson. New York: HarperCollins, 1977. 제스와 레슬리는 숲 속에 테라비시아라는 특별한 비밀의 만남 장소를 가지고 있습니다. 그런데 어느 날 레슬리가 사고로 떨어져 죽자, 그들의 놀이와 우정의 마법은 파괴됩니다. 제스는 이 특별한 관계를 잃은 것을 슬퍼합니다. 그는 가족의 보살핌을 받습니다. 그리고 마침내 다른 친구들과 비슷한 방식으로 우정을 나누는 관계를 새로 시작할 수 있게 됩니다.

Charlotte's Web. E. B. White. New York: Harper, 1952. 이 책은 2단계의 우정을 담은 이야기입니다. 농장에 사는 펀이란 소녀가 한 배에서 난 돼지새끼 중 가장 약한, 윌버를 구합니다. 그리고 샬롯 A의 이야기. 거미 카라보니카는 그가 짠 멋진 거미줄로 도살업자의 칼로부터 더 나이 많고 뚱뚱한 월버를 구합니다. 샬롯은 나이가 들어 죽습니다, 그러나 샬롯의 업적과 그녀의 자손은 계속 살아있습니다.

Children Facing Grief: Letters from Bereaved Brothers and Sisters. J. L. Romond. St. Meinrad, IN: Abbey Press, 1989. 작가는 6세에서 15세의 각각 형제나 자매의 죽음을 겪은 18명의 아이들이 언급한 말을 함께 모았습니다. 한 친구에게 보내는 편지처럼 구성된 이 어린이들의 말들은 슬픔을 경험한 어린 사람들로부터 받은 도움이 되는 충고를 보냅니다.

Children of the Paper Crane: The Story of Sadako Sasaki and Her Struggle With the A Bomb Disease. M. Nasu. Armonk, NY: M. E. Sharpe, 1991. 히로시마에 원자폭탄이 폭발했을 때, 사다코는 두 살 이었습니다; 그녀는 방사선유발의 백혈병으로 10년 후에 죽습니다. 그녀의 이야기는 영어로 쓰여진 책 *Sadako and the Thousand Paper Cranes*(부록 A 항목을 보세요)로 처음 널리 알려져 있습니다. 히로시마 평화 추모 공원에 있는 기념물은 원폭 피해로 사망한 모든 어린이들을 기립니다. 이 책은 일본어 원서를 번역한 것으로 사다코의 일생, 그녀의 가족과 반 친구들, 그녀의 질병, 그리고 기념비를 세우고 종이학을 평화의 상징으로 만들려는 민중운동에 대한 최초의 상세한 기록입니다. 이 이야기의 유사한 버전으로 이 부록에 *One Thousand Paper Cranes*를 보십시오.

Coping With Death and Grief. M.E. Heegaard. Minneapolis, MN: Lerner Publications, 1990. 이 책은 삶의 자연적 부분으로서 변화, 상실, 그리고 죽음을 묘사하고, 슬픔에 대

처하는데 필요한 정보와 충고를 제공합니다. 그리고 애도하는 자신과 다른 사람들을 돕는 방법을 제안합니다.

Daddy's Climbing Tree. C. S. Adler. New York: Clarion, 1993. 그녀의 고양이 믿지가 사고로 죽고, 가족은 11살의 제시카가 이제껏 유일하게 알고 있던 집에서 이사한 후에, 그녀의 아빠는 도로 사고로 돌아가십니다. 제시카는 아빠의 죽음을 믿지 않습니다. 하지만 사람들이나 그들의 동정의 말을 피해 제시카가 돌아갈 안전한 장소는 없습니다. 그래서 그녀는 6살의 남동생, 타이코를 데리고 주립공원을 지나 그들의 옛날 집으로 걷기 시작합니다. 그곳에 가면 아빠가 그가 가장 좋아하는 나무에 숨어 있음에 틀림없을 것입니다. 제시카가 상상했던 것 보다 여정은 더 힘들었습니다. 그녀가 나무 높이에 오르고 나서야, 결국 그녀는 아빠가 돌아가셨고, 엄마는 진정으로 그녀를 사랑한다는 걸 받아들입니다.

The Diary of a Young Girl. A. Frank. New York: Bantam, 1993. 2차 세계대전 중에 유태인이기 때문에 암스테르담에서 어린 소녀와 그녀의 가족이 나치로부터 숨기 위해 겪었던 사건들에 대한 그녀의 생각을 실은 대표적인 기록물입니다.

The Eagle Kite. P. Fox. New York: 1995; Bantam, 1996. 아버지가 병에 걸려, 오두막집으로 이사하여 결국 돌아가시자, 리암 코맥은 이해할 수 없습니다. 리암은 그가 들은 반쪽 진실로 혼란스럽고, 당황스러우며, 그의 엄마와 고모의 다른 반응을 이해할 수 없습니다. 결국 리암은 그가 독수리 연을 날리고 있을 때, 아빠가 다른 남자를 안고 있는 걸 우연히 목격한 그날을 기억해봅니다. 그는 아빠가 게이이며 에이즈에 걸렸다는 걸 깨닫고, 아빠와 이 사실을 함께 얘기하고, 나중에는 엄마에게 그가 봤던 것을 말하면서, 이 진실을 받아들이려 노력합니다.

Flowers for the one's You've Known: Unedited Letters From Bereaved Teens. E. S. Traisman & Seiff (Comps.). Omaha, NE: Centering Corporation, 1995. 이 책은 사랑하는 사람의 죽음으로 힘들어하는 십대들의 편지와 시를 다양한 손글씨와 프린트 양식으로 싣고 있습니다. 이 책은 또한 경험이 많은 그룹 리더들의 삽화와 글쓰기 요령을 포함하고 있습니다.

Grover. V. Cleaver & B. Cleaver. Philadelphia: Lippincott, 1970. 그로버가 11살 때 그의 엄마는 불치병에 걸립니다. 그녀는 그녀 자신과 그녀의 가족이 자신의 병으로 황폐화 되는 걸 피할 생각으로 자살을 합니다. 아빠는 이 죽음의 슬픔을 직면하지 못합니다. 그래서 그의 감정을 안에 담아두고, 아들에게 엄마의 죽음은 사고였다고 납득시키려 합니다. 그 삶이 아무리 힘들지라도 견디는 것임을, 종교가 위안이 되는지를, 그리고 사람은 어떻게 슬픔에 대처해야 하는지를 이야기 합니다.

How It Feels to Fight For Your Life. J. Krementz. Boston: Little, Brown, 1989; paperback by Sin1on & Schuster, 1991. (7세에서 16세의) 아이들과 청소년 열네 명이 생명의 위협을 느끼는 상황에서 그들이 겪은 힘겨움을 말합니다. 각 에세이에는 글쓴이의 사진이 있습니다.

How It Feels When a Parent Dies. J. Krementz. Boston: Little, Brown, 1981; republished by Knopf, 1981, 2004. (7세에서 16세의) 아이들과 청소년 18명이 부모의 죽음으로 인한 슬픔과 그 이후의 사건들을 묘사합니다. 각 에세이엔 글쓴이의 사진이 포함됩니다

If I Die and When I Do: Exploring Death With Young People. F. Sternberg & B. Sternberg. Englewood Cliffs, NJ: Prince-Hall, 1980. 이 책은 작가가 9주간의 중학 과정으로 죽음과 죽어가는 것에 대해 가르치는 것에서 시작됩니다. 책은 다양한 죽음과 관련된 주제에 대한 학생들의 그림, 시, 그리고 진술로 구성되어 있습니다. 도입부와 스턴버그스의 링크 자료에 추가로 25개의 제안된 활동도 책에 포함됩니다.

The Kids' Book About Death and Dying) By and For Kids. E. E. Rofes (ed.) and the Unit at Fayer weather street School. Boston: Little, Brown, 1985. 학급 과제의 결과물로, 이 책엔 11세에서 14세의 작가들이 죽음과 관련된 주제에 대해 조사하면서 배운 것이 담깁니다. 어린 이들이 이 주제에 관해서 알고 싶어하는 것이 무엇인지, 그리고 어른들이 그들에게 어떻게 말해주길 원하는지를 작가들은 설명합니다. 한가지 중요한 교훈은 "무지와 회피는 많은 불가사의한 죽음과 이로 인한 공포를 초래했다"는 것입니다. (p. 111) 또 다른 결론은 "아이들이 죽음과 죽어가는 것에 더 건강하고 행복하게 접근할 수 있게 앞장 설 수 있다"는 희망입니다. (p. 114)

The Last Dance. C. A. Deedy. *Atlanta*, GA: Peachtree, 1995. 닌니와 베시는 친한 친구입니다. 그들의 유년기에 시작된 친구관계는 그들의 함께 하는 삶 내내 그리고 심지어는 니니가 죽은 후에도 이어집니다. 아이일 때, 니니와 베시는 니니의 조부모님이 묻힌 묘지를 방문하려고 밤에 몰래 나갑니다. 니니의 할아버지가 돌아가시기 전에, 그들은 할아버지(오빠)와 함께 묘지에 가곤 했습니다. 오빠는 그들에게 이야기하기, 노래하기, 춤추기를 가르쳐줍니다. 오빠는 말합니다. "우리가 사랑하는 사람들은 그들의 이야기가 들려지는 동안은 절대 영원히 떠난 것이 아니다." 오빠가 돌아가신 후에, 니니와 베시는 그들 중 한 명이 죽으면, 다른 한 사람은 묘지에 와서 춤을 춰주기로 서로 맹세합니다. 그들은 풍요로운 삶을 함께 했고, 그들의 사랑은 죽음 이후에도 지속됩니다.

Learning to Say Good-by: When a Parent Dies. E. LeShan. New York: Macmillan, 1976. 이 책은 죽음으로 누군가를 잃은 아이들과 성인들에게 죽음을 둘러싼 다양한 조언을 제공합니다. 주제는 죽음이란 무엇인지, 정직, 신뢰, 공유의 중요성 그리고 장례식의 중요성, 포기와 책임의 두려움, 죽은 사람들의 상실감 받아들이기, 사랑의 역량을 유지하기, 그리고 미래의 변화에 부응하기를 포함합니다. 근본적인 확신은 "아이가 진실을 듣고, 그들이 고통스러울 때 사랑하는 사람들과 사람들이 갖는 자연적인 감정을 나누도록 허용되는 한은, 살면서 그 어떤 것

도 이겨낼 수 있다"는 것입니다(p. 3).

Losing Someone You Love: When a Brother or Sister Dies. E. Richter. New York: Putnam's, 1986. 열 여섯 명의 사춘기 청소년과 젊은이들이 형제 자매의 죽음에 겪은 그들의 다양한 경험에 대한 반응을 직접 그들의 말로 서술합니다. 대부분의 에세이에 작가의 사진이 실려있습니다.

The Magic Moth. V. Lee. New York: Seabury, 1972. 여섯 살의 마크-오와 그의 가족에겐 그의 누나 매리언이 불치의 심장병으로 죽어가기 때문에 모든 것들이 힘겹습니다. 매리언이 죽자, 사람들이 집을 방문하고 장례식이 열립니다. 마크-오는 한 형태의 삶에서 다른 삶의 형태로의 변화를 경험하는 나방의 비유에 대해 생각함으로씨 이 죽음을 이해하게 됩니다.

Mama's Going to Buy You a Mockingbird. J. Little. New York: Viking Kestrel, 1984. 제레미와 그의 여동생, 사라는 사람들이 이야기하는걸 우연히 들어 아빠가 암에 걸려 돌아가실 거라는걸 알게 됩니다. 그들은 아빠의 죽음에 뒤따르는 많은 상실감을 느낍니다. 이는 부족한 정보와 그들의 상황 통제 능력의 부족으로 인해 더욱 악화됩니다. 다른 사람들의 지원이 절실합니다.

Mick Harte Was Here. B. Park. New York: Knopf, 1995 (Random House & Scholastic, 1996). 열 세 살의 포비는 그녀의 남동생 믹, 헬멧을 쓰지 않고 자전거를 타다 트럭에 치어 죽게 된 믹의 죽음을 떠올립니다. 포비는 그날 아침 믹과 말다툼을 했고, 믹이 하교 후에 그녀에게 집까지 자기 대신 자전거를 타고 가달라는걸 거절합니다. 포비는 믹과 함께한 추억과 그의 죽음 후에 그녀가 느끼는 깊은 슬픔을 서술합니다. 그녀와 그녀의 부모는 각자 슬픔에 빠져 혼자 있습니다. 포비는 지금 믹이 어디에 있는지 몹시 알고 싶습니다; 결국 그녀는 (사람들이 늘 말하듯이) 믹이 하나님과 함께 있고, 하나님이 어디든 계시다면, 믹 역시 어느 곳이나 함께 있는 거라고 결론을 내립니다. 믹의 시신은 화장되고, 믹에 대한 재미있는 이야기가 함께하는 추도식이 있습니다. 포비는 학교 조회시간에 자전거 안전에 대해 말합니다. 그리고 축구장 관람석의 굳지 않은 콘크리트에 "믹 하트가 여기 있었다."라고 새깁니다.

Missing May. C. Rylant. New York: Orchard Books, 1992; Scholastic, 2003. 여섯 살 난 썸머의 엄마가 돌아가시고, 아무도 그녀를 진심으로 원치 않습니다. 결국 오브 삼촌과 메이 숙모가 웨스트 버지니아 딥 워터에 있는 그들의 녹슬고 낡은 트레일러에서 썸머를 돌보며, 진정으로 그녀를 사랑해줍니다. 그러나 썸머가 12살 되어, 메이 숙모가 돌아가시고 썸머와 오브 삼촌은 슬픔을 이겨내느라 힘든 시간을 보냅니다. 썸머는 오브 삼촌을 걱정하고, 삼촌이 낯선 이웃 소년 클레투스를 의지하고 있는 것 같아 화가 납니다. 그들은 사후세계에 있는 메이와 연결하려 하고, 썸머는 그녀가 오브삼촌의 슬픔을 해결해 줄 수 있다면 좋겠다고 바랍니다. 결국 메이의 추억은 수문을 열게 하고, 썸머는 그녀의 가슴을 열고 크게 웁니다. 이런 카타르시스와 오브의 사랑을 통해 그들은 메이가 항상 그들과 함께 할거라는 걸 다시금 깨닫게 됩니다.

The Mother Tree. R. Whitehead. New York: Seabury Press, 1971. 1900년대 초 웨스트 텍사스의 이야기입니다. 엄마가 돌아가시고, 11살의 템페는 엄마를 대신해야 합니다. 템페와 그녀의 네 살 난 여동생 로라는 어디에서 위안을 찾을 수 있을까요? 할머니 집 뒷마당 나무집에 있는 영혼의 쉼터, 그들 마음에 여전히 살아있는 엄마의 좋은 추억 속에서 자매는 위안을 얻습니다.

Never Blame the Umpire. G. Pehler. Grand Rapids, MI: Zonderkidz, 2010. 열한 살 케이트는 그녀의 엄마가 고칠 수 없는 암에 걸렸다는 걸 알게 됩니다. 엄마의 병과 예기된 죽음 때문에 케이트에게는 모든 것이 시들합니다. 엄마가 하나님을 심판에 비유해 주기 전까지, 하나님에 대한 믿음도 흔들립니다. 우리의 게임을 통제할 심판이 필요하고, 우리는 그들이 실수를 하더라도 우리를 그들을 비난해서는 안 된다고 엄마는 말합니다. 그러나 하나님은 실수를 하지 않기에, 우리가 이해할 수 없거나 동의 할 수 없을 때 조차도, 우리는 그의 결정을 받아들여야 한다고 엄마는 말합니다. "우리는 미래를 볼 수 없어. 그래서 아마도 지금 우리가 생각하기에 나쁜 것은, 미래에 훨씬 더 나쁜 일이 일어나지 않도록 하기 위해 하나님이 일어나게 한 것일지도 모른다"(p. 147). 케이트는 그녀의 믿음과 엄마의 사랑 속에서 위안을 찾습니다.

Olive's Ocean. K. Henkes. New York: Greenwillow, 2003; HarperTrophy, 2005. 올리브가 자전거를 타다 차에 치어 죽은 지 여러 주 후에, 그녀의 엄마는 올리브가 그녀의 세 가지 소망에 대해 적어 둔 일기에 있는 12살 마르타 보일에게 올리브의 일기 중 한 페이지를 전달합니다. 세가지 소망은 작가되기, 진짜 바다보기, 그리고 '반 전체에서 가장 좋은 사람인' 마르타와 친구 되기입니다. 마르타는 혼란스럽습니다. 마르타는 올리브를 잘 모릅니다, 하지만 우연하게도 마르타 또한 작가가 되고 싶다는 꿈을 남몰래 꾸고 있습니다. 다음날 그녀의 가족은 대서양 해안에 사시는 할머니 댁을 방문하려 떠납니다. 마르타는 올리브에 대해 많은 생각을 하면서 방학을 보냅니다. 올리브, 연로하신 할머니(할머니는 "이번이 우리가 함께하는 마지막 여름이 될지 누가 알겠냐."라고 하십니다), 부모님과 언니, 그리고 여동생, 작가가 되려는 계획, 소년들에게 느끼는 감정. 그때 마르타는 작은 병에 담은 바닷물-올리브의 바다를 올리브의 엄마에게 가져다 주기로 결심합니다. 그것 때문에 빠져 죽을 뻔 합니다(죽음은 언제 누구에게든 일어날 수 있습니다). 집에 돌아왔을 때, 바스토우 부인은 이미 이사를 가고 없었습니다. 마르타는 그녀의 예전 집 계단에 바닷물로 올리브의 이름을 쓰면서 올리브에게 작별인사를 합니다.

One Thousand Paper Cranes: The Story of Sadako and the Children's Peace Statue. I. Takayuki. New York: Dell Laurel Leaf, 2001. 이 책은 사진과 그림 그리고 사다코의 죽음을 초래한 원자폭탄과 그녀를 기념하여 세워진 추모비에 대한 배경과 함께 *Sadako and the Thousand*

*Paper Cranes*의 이야기를 다시 들려줍니다. (부록A에 항목을 보십시오) (유사한 목록에 있는 *Children of the Paper Crane*도 함께 보십시오.)

Sky Memories. P. Brisson. New York: Delacorte, 1999. 에밀리의 엄마가 항암치료로 힘들어하는 동안 열 살의 에밀리와 엄마는 그들의 관계를 기념하고 영예롭게 하기 위한 의식을 하기로 합니다. 함께 그들은 다양하고 경이롭게 변화하는 하늘의 마음의 사진, '하늘 추억'을 모으기로 합니다. 하늘은 엄마의 병의 단계와 그녀의 영혼의 생명력을 표현해줍니다.

So Long, Granpa. Elfie Donnelly. New York: Crown, 1981. 열 살 마이클의 할아버지가 암에 걸려 그가 사실 날이 겨우 몇 주이기 때문에 마이클과 할아버지의 친근한 관계는 위태롭습니다. 이 이야기에서 마이클은 할아버지의 그는 또한 할아버지가 마이클을 나이든 친구의 장례식에 데려감으로써 그가 죽음에 대비할 수 있도록 도왔던 방법도 말해줍니다.

Some Folk Say: Stories of Life, Death, and Beyond. J. H. Gignoux. New York: FoulkeTale Publishing, 1998. 문화마다 현실의 죽음과 저승에서의 삶에 대한 희망을 받아들이는 법을 배워왔던 산문이나 시로 전해지는 38개의 전설이 있습니다. 이야기는 다섯 가지 주제로 나뉩니다. 죽음의 기원, 삶과 죽음의 균형, 삶의 교훈, 사후, 그리고 죽음을 통한 화해. 작가의 짧은 의견이 각 장을 소개하고, 각각의 이야기가 나옵니다. 이 책엔 또한 여덟 페이지 가득 다채로운 삽화가 있습니다. 세계 문화 재정은 아이들과의 토론을 더 활발하게 할 것입니다.

Sounder. W. Armstrong. New York: Harper & Row, 1969 (often reprinted in paperback). 큰아들의 관점으로 들은 19세기 후반 미국 흑인 소작인의 가족의 이야기에서 오직 개만 제대로 된 이름을 갖는다. 아버지가 그의 가족에게 먹이려고 햄을 훔치다 체포된 후에, 그들의 사냥용 개가 총에 맞고 사라집니다. 화가 나고 비통해하는 아들은 가차없이 개를 찾으려 하고, 그리고 나서 감옥의 중노동자로 보내진 아버지를 찾습니다. 그 소년은 자라서 농장 일을 떠맡고, 그리고 백인 선생님에게 글을 배웁니다. 결국 개는 돌아옵니다(그러나 너무 많이 다쳐 사냥을 할 수 없습니다.) 나중에 아버지가 돌아오시지만 (감옥 채석장 폭발로 부상당 한 채로), 얼마 후 결국 돌아가십니다. 독실한 어머니의 말씀처럼 힘든 세상에 고된 삶을 산다는 것은 '잃기 위해 태어나는 것'일까요.

Straight From the Siblings: Another Look at the Rainbow. G. G. Jampolsky & G. Murrray (Eds.) Milbrae, CA: Ceslestial Arts, 1982. 목숨을 위협하는 병에 걸린 아이들의 형제나 자매들이 그들의 느낌에 대해서 그리고 이런 힘든 상황에 처한 아이들 모두를 돕는 방법에 대해서 적습니다. The Center for Attitudinal Healing(정신적 치유를 위한 센터)로부터.

Sun and Spoon. K. Henkes. New York: Greenwillow Books, 1997 (Puffin, 1998). 할아버지가 돌아가신 직후,

열 살의 '스푼' 길모어는 그녀의 물건 중에서 뭔가 특별히 간직할 것을 찾고 있습니다. 그의 할아버지 집에서 스푼은 할머니가 그와 아빠와 함께 게임 하는데 사용했던, 각 장의 카드에 독특한 태양의 그림이 있는 카드 한 팩을 발견합니다. 묻지도 않고 스푼은 그 카드를 가져갑니다. 며칠 후에 스푼은 바로 그 카드가 아빠에게 위안을 주는 물건이라는 것을 알게 됩니다. 아빠는 카드를 제자리에 두지 않았다고 생각합니다. 스푼이 카드를 되돌려 놓았을 때, 아빠는 카드가 되돌아 온 것을 할머니로부터의 신호로 받아들입니다. 스푼은 그가 카드를 가져갔다고 고백합니다. 아빠는 스푼에게 카드를 간직하라고 주며, 할머니가 스푼의 나이에 그린 그녀의 손 그림을 그에게 보여줍니다. 그림에 할머니는 커다란 대문자 'M'과 작은 소문자들 'artha'를 새겨 넣었는데, 그 이후로 'M'은 항상 마르타(그녀의 이름)를 나타냅니다. 스푼은 그의 손금이 또한 커다란 'M'을 만들고 있는 걸 발견하고, 그 손금 모양이 할머니로부터 특별한 신호로 여깁니다.

The Sunday Doll. M. F. Shura. New York: Dodd, Mead, 1988. 13세가 되면서 소녀는 가족모임, 복잡한 감정들, 그리고 얼굴 없는 아미시 인형 선물에 대처해야만 한다. 에밀리의 가족은 그녀를 미저리에 계신 헤리엇 이모 집에 보내서, 에밀리가 그녀의 언니가 관여된 (남자 친구의 자살임이 판명되는) 끔찍한 일을 모르도록 합니다. 에밀리는 나이 든 헤리엇 이모를 사랑하지만, 헤리엇 이모의 생명을 위협하는 '발작'(일과성 뇌허혈 발작)을 무서워합니다. 이러한 경험들을 통해서, 에밀리는 점차 그녀가 그녀 스스로의 힘을 가지고 있고, 아미시 인형처럼 어떤 얼굴을 세상에 내놓을 지를 선택할 수 있다고 깨닫습니다.

Sunflower Promise. K. M. Hemery. Omaha, NE: Centering Corporation, 2005. 1948년 오하이오의 작은 마을에 사는 윌로우와 데이비는 친한 친구입니다. 어느 날 함께 놀던 중에, 데이비가 잘못하여 윌로우의 예쁜 새 모자에 커다랗게 달려있는 천으로 만든 해바라기 꽃을 찢습니다. 비록 데이비가 언젠가 그녀에게 보상해 줄 것을 약속한다 할지라도, 너무 격분한 윌로우는 그와는 더 이상 놀지 않겠다고 합니다. 윌로우가 데이비의 팔을 때린 후에 그의 팔에 멍이 사라지지 않았고, 검사를 하러 병원에 가게 됩니다. 윌로우는 정말 후회합니다. 데이비가 낫지 않으면 어쩌지? 나 때문인 걸까? 결국에 데이비는 죽습니다. 하지만 다행히도 그전에 그가 약속을 지키려 윌로우를 위해 서프라이즈를 준비할 수 있습니다. 그들이 놀았던 들판에 있는 아름답고 풍부한 해바라기 꽃들로 말입니다.

A Taste of Blackberries. D.B. Smith. New York: HarperCollins, 1973 (paperback, HarperTrophy, 1988). 제이미는 깜짝 놀라게 하기를 좋아하고, 농부의 밭에서 사과를 따거나 금지된 잔디에서 달리는 것 같은 장난을 하면서 자랑하는 것을 좋아하는 아이입니다. 어느 날 그는 벌집을 건드려, 벌떼에 쏘여 결국 알레르기 반응으로 죽습니다. 그 뒤에 그의 친한 친구는(책의 익명의 나레이터) 이 깜짝 놀랄 사건을 돌이켜봅니다. 그것이 정말로 일어났을까?

648

혹은 또 다른 제이미의 장난일까? 막을 수 있었을까? 제이미가 죽었는데 계속 살아가는 건 의리가 없는 걸까? 그 소년은 자신의 걱정과 혼란을 친절한 이웃 친구에게 얘기합니다. 이웃 친구는 말합니다. "친구야, 우리가 깨달아야 할 가장 어려운 것들 중 하나는 몇몇 질문은 답이 없다는 거야." 소년은 고개를 끄덕이며 생각합니다. "만약 그녀가 내게 천사를 필요로 하는 하나님에 대한 얘기를 하려고 애쓰는 것보다 이게 훨씬 더 와 닿는다." 소년은 블랙베리를 따서 제이미의 엄마께 드립니다.

Teenagers Face to Face With Bereavement. Karen Gravelle & Charles Haskins. New York: Julian Messner, 1989. 이 책은 부모나 형제자매, 그리고 친구의 죽음을 경험한 17명의 10대들의 경험을 이끌어 냄으로써 사춘기 청소년의 독특한 특징을 보여줍니다. 주제는 죽음의 시기에 무슨 일이 일어났는가, 무감각이 사라진 후의 느낌들, 다시 가족이 결속하기, 그리고 계속 나아가기.

There Are Two Kinds of Terrible. P. Mann. New York: Doubleday/Avon, 1977. 로비의 팔이 부러진 것은 끔찍한 일이었습니다. 하지만 그것은 끝난 일입니다. 엄마의 죽음은 로비와 그의 '냉담한 사람' 아빠에게 각각 끝없는 고통을 남깁니다. 그들은 함께 있습니다. 하지만 그들은 고통과 추억을 함께 나누는 방법을 알게 되기까지 서로 혼자 슬퍼합니다.

There Is a Rainbow Behind Every Dark Cloud. G.G. Jampolsky & P. Taylor(Eds.)Millbrae, CA: Celestial Arts (231 Adrian Road, 94030), 1978. 8세에서 19세 열 한명의 아이들이 생명을 위협하는 병에 걸리는 게 어떤 것인지를 그들의 말과 그림으로 설명합니다. 그들은 스스로를 돕기 위해 청소년이 가지는 선택권을 말해줍니다(예를 들면, 처음 자신의 병에 대해 듣는 것, 다시 등교하기, 감정에 대처하기, 죽음에 대해 말하기).

Tiger Eyes. J. Blum e. Scarsdale, NY: Bradbury, 1981. 데이비의 아빠가 애틀랜틱시티의 편의점 강도사건으로 사망한 후에 그녀의 엄마와 남동생은 각기 너무나 슬픔에 젖어 서로 도울 수가 없습니다. 도움이 되길 바라면서 그들은 잠시 로스알라모스('폭탄 도시')의 데이비의 이모 집에서 살기로 합니다. 데이비와 그녀의 엄마는 처음에는 따로, 나중에는 함께, 그녀의 아빠가 살해당한 날 밤의 공포에 직면하고 나서야, 마침내 그들은 그들의 삶을 재건하기 위해 뉴저지로 돌아갈 결정을 내릴 수 있게 됩니다.

Tunnel Vision. F. Arrick. Scarsdale, NY: Bradbury, 1980; Dell, 1981. 15살의 앤서니가 목을 메고 자살한 후에 그의 부모와, 여동생, 친한 친구들 그리고 선생님은 당혹감과 함께 죄책감을 느낍니다. 그들은 이런 끔찍한 일을 막기 위해 무엇을 했어야만 했는지 서로에게 묻습니다. 지나고 보니 단서는 명백하지만 쉬운 대답을 할 수가 없습니다. 앤서니의 자살은 그가 사랑했던 모든 사람에게 상처를 줍니다. 그의 엄마는 묻습니다, "왜 앤서니는 죽음이 그가 찾을 수 있는 유일한 방법의 평화라고 믿었을까

요?"(p. 173)

What Does that Mean? A Dictionary of Death, Dying and Grief Terms for Grieving Children and Those Who Love Them. H. I. Smith & J. Johnson. Omaha, NE: Centering Corporation, 2006. 아이들과 이야기를 할 때 적절한 말을 찾는 것은 중요합니다, 특히나 죽음과 상실감에 대한 대화에서는 더욱 그렇습니다. 이 책은 71개의 주요 용어를 제시해주고, 단어의 발음과 의미를 설명해줍니다.

Winter Holding Spring. C. Dragonwagon. New York: Atheneum/Simon & Schuster, 1990. 엄마가 돌아가신 후에, 처음에는 열한 살 사라와 그녀의 아빠에겐 모든 게 달라집니다. 둘은 각자 큰 고통에 빠져있습니다. 하지만 점차 그들이 사라 엄마와의 그들의 경험과 추억들을 나누기 시작합니다. 결국 그들은 "아무것도 그 다음 것을 동시에 시작하지 않고는 끝나지 않아"(p. 11)라고 함께 깨닫습니다. 각 계절은 어쨌든 뒤를 있는 계절이 있습니다. 삶과 사랑 그리고 슬픔은 함께 지속 될 수 있습니다. 왜냐하면 겨울은 항상 봄이 오게 하니까요. 그리고 사라는 "사랑은 자기 안에 살아있고, 항상 살아 있을거야." 라고 믿습니다(p. 31).

Writing to Richie. P. Calvert. New York: Charles Scribner's Sons, 1994. 데이빗과 그의 남동생 리치는 그들의 양부모의 집이 멋진 곳이기를 바랍니다. 여전히 데이빗은 그들의 새 학교와 리치의 알레르기를 포함한 여러 가지를 걱정합니다. 슬프게도 리치는 학교 급식의 식품 첨가물 쇼크로 예상치 못하게 죽습니다. 혼란스럽고 화가 난 데이빗은 리치의 장례식에 가지 않으려 합니다. 설상가상으로 양부모는 아직 낯설고, 올리비아란 여자아이를 입양합니다. 점차 데이빗과 올리비아는 친구 사이로 가까워지고, 올리비아는 데이빗이 여러 통의 편지를 써서 리치의 무덤에 가져감으로써, 동생의 죽음을 받아들일 수 있도록 도와줍니다.

고등학생들을 위한 문학작품들

Anne Frank: The Biography. M. Muller. New York: Metropolitan Books/Henry Holt, 1998. 이 자서전은 *The Diary of a Young Girl*을 보충하기 위한 것입니다(이 부록에서 더 앞 항목을 참고하시오). 원래 독일에서 출간되었는데, 이 책은 안나의 짧은 생애에 대한 상세한 그림을 담고 있습니다.

The Dead Don't Dance: A novel of Awakening. C.Martin. Nashville: Westbow Press, 2004. 딜런 스타일즈와 그의 아내의 첫 아이 출생에 대한 기대는 아기가 분만 도중 죽고, 메기가 여러 달 동안 혼수 상태로 남겨지자 비극이 되어버립니다. 결국에는 그녀가 회복되어, 행복한 결말을 맺습니다. 이 소설의 슬픔과 좌절, 그리고 분노에 휩싸인 삶을 덮고 있는 어두운 장벽을 아주 잘 그리고 있습니다. 메기가 회복될 가능성이 없다면, 딜런은 그의 삶을 끝낼 것입니다. 지방 대학에서 작문수업을 가르치는 그의 친

구들과 학생들 그리고 아만다라는 임신 중인 간호 조무사 모두가 함께 돕니다. 딜런의 친구와 아만다에게 자동차 사고가 일어난 직후에 아만다의 아기가 태어나고, 딜런은 신념을 되찾게 되고, 좋은 미래를 향한 길을 볼 수 있습니다.

Dead End: A Book about Suicide. J. Langone. Boston: Little, Brown, 1986. 한 의료 전문 기자가 젊은 독자들을 위해 자살이란 주제를 상세히 분석합니다. 작가는 현대 사회의 죽음에 관해서 유사한 독자층을 대상으로 여러 책들을 출간하였습니다. (*Death is a Noun: The Way We Die in America.*1974).

Death Be Not Proud: A Memoir. J. Gunther. New York: Harper, 1949. 쟈니 건서가 뇌종양 진단을 받았을 때, 그는 15살이었습니다. 그리고 그는 15개월 후에 죽습니다. 이 책에 그의 아빠는 불치의 병에 걸린 상황에서 가능한 많은 일상의 삶을 유지하기 위한 아빠와 의사 선생님과 함께하는 쟈니의 용기있는 분투를 들려줍니다.

A Death In the Family. J. Agee. New York: Bantam, 1969. 1915년 테네시 녹스빌에 사는 두 아이는 아버지가 우연한 사고로 돌아가셨다고 들었습니다. 에이지는 아이들이 낯선 일들을 겪는 것, 가족간에 이상한 긴장감을 느끼는 것, 아버지가 돌아가신 것을 이해하려고 노력하는 힘겨움, 그리고 그들 주변의 어른들의 도움이 있든 없든 그들에게 미치는 영향을 해결하려 분투하는 것을 정교하게 묘사합니다. 이 책은 퓰리처상을 받은 소설입니다.

Death Is Hard to Live with: Teenagers and How They Cope With Death. J. Bode. New York: Delacorte, 1993. 십대들과 다른 사람들의 광범위한 인터뷰를 바탕으로 한 이 책은 십대들이 어떻게 죽음을 경험하는지, 그리고 어떻게 그들의 상실감과 슬픔에 대처해 나가는 지 말해줍니다. 이 책은 10대들, 전문가들의 사실적인 정보, 만화와 그리고 팝 아트를 통한 진술이 함께 구성되어 있습니다.

The Death of Ilych and other Stories. L. Tolstoy. New York: New American Library, 1960. 이 책은 러시아 치안 판사가 그의 인생의 절정기에 불치의 병에 걸린 이후의 이야기를 담은 세계적인 명작입니다. 건강이 악화되자 주인공은 죽음에 대한 흔한 얘기가 자기 얘기란 것을 깨닫습니다. 그는 또한 주변의 많은 것들로부터 점차 단절되고 사람들이 그에게 하는 말이 의례적인 것이 됨을 느낍니다. 오직 한 하인과 그의 아들만이 진정한 동정심과 순수한 마음으로 그를 위로합니다.

Dicey's Song. C. Voigt. New York: Atheneum, 1982; Simon Pulse, 2002: Aladdin Paperbacks, 2003. 열세 살의 다이시 틸러만에게는 할 일이 많습니다. 그녀가 일곱 살 때 아빠는 사라졌고 지금 엄마는 보호 시설에 있습니다. 그래서 다이시는 체서피크 만에 계신 할머니와 함께 살기 위해 케이프코드에서 세 명의 동생들을 데리고 갑니다. 다이시는 무엇보다도 낡은 보트를 손질하고 싶지만, 그녀는 다른 사람들을 돌봐야 합니다. 종종 그녀가 정말로 그만 넘어가고 싶을 때도 그녀는 다른 사람들이 문제를 풀

도록 '기다려야' 합니다. 할머니와 아이들은 사랑과 믿음, 그리고 새로운 시작과 많은 도전에 직면해야 하는 용기가 필요합니다. 다른 모든 사람들을 중단시키는 것은 그들 모두가 힘들게 겪은 상실감입니다. 이는 엄마가 돌아가시고 할머니와 보스톤행 비행기를 탔을 때 분명해집니다. 그 후에 그들은 그녀의 유해를 메릴랜드에 묻어주기 위해 가져옵니다.

The Education of Little Tree. F. Carter. New York: Delacorte, 1976 (paperbacked.; Albuquerque: University of New Mexico Press, 1986). 부모님이 돌아가신 후, 다섯 살 이었던 작가는 테네시의 산속에서 그의 조부모와 1930년대를 살게 됩니다. 할아버지, 할머니가 그에게 자연과 가까이 사는 체로키족의 삶의 방식을 가르쳐 주어 리틀트리는 풍요롭고 격식에 얽매이지 않는 교육을 받습니다. 사랑하는 개가 죽었을 때, "네가 사랑했는데 잃게 되는 모든 것들은 나쁘고 공허한 느낌을 준다고 할아버지는 말씀하셨어, 이를 피하기 위한 유일한 방법은 아무것도 사랑하지 않는 것이지. 그러나 그렇다면 네가 항상 공허함을 느끼기 때문에 그렇게 하는 것이 더 나쁘단다"라는 얘기를 듣습니다(p. 78). 정부는 리틀트리를 온기가 없고, 냉랭한 기독교 고아원에 보냈습니다. 그리고 결국 그는 다시 조부모의 집으로 돌아갈 수 있게 되고, 거기에서 할아버지와 할머니의 죽음을 경험합니다. 그들은 숨이 멎기 전에 그에게 말합니다. "우리는 너를 기다릴 거다. 다음 세상은 더 나을 것이다. 모든 것이 좋단다"(p. 214). 리틀트리가 성장하여 서부로 떠날 때에 개가 죽어 묻어주게 됩니다. 그 개가 자유로이 달려가 할아버지를 따라 갈 수 있도록 말입니다.

Everything You Need to Know When Someone You Know Has Been Killed. J. Schleiter. New York: Rosen Publishing Group, 1998. 이 책은 우리 사회에서는 금기시되는 실제의 죽음에 대해서 설명하고 죽음이 일어났을 때의 일반적인 공포와 감정을 분석하며, 이러한 반응에 직면할 때 자기 자신과 친구를 돕기 위한 전략을 제안해 줍니다.

Facing Change: Falling Apart and Coming Together Again in the Teen Years. D. O'Toole. Burnsville, NC: Compassion Press (7036 State Highway 80 South, 28714; tel. 828-675-5909), 1995. 이 소책자는 사춘기 아이들이 변화와 상실로 인한 감정적, 사회적, 신체적, 인지적, 그리고 영적인 충격을 이해하고 이 비탄에 대처하고 스스로를 도울 수 있는 방법들을 제시하는 책입니다.

A Grief Observed. C. S. Lewis. New York: Bantam, 1976. 작가는 유명한 영국작가로, *Out of the Silent Planet and The Lion*과 *The Lion, the Witch, and the Wardrobe*라는 책들로 잘 알려져 있습니다. 그의 아내가 죽자, 루이스는 집 여기저기에 누워서 노트북에 그의 슬픔의 반응을 기록합니다. 출판물은 독특하고 보기 드문 기록으로, 한 남자의 비탄에 대한 직설적이고 진솔한 표현을 통해 가족을 잃은 많은 독자들이 그들의 경험을 받아들일 수 있게

해줍니다.

Help for the Hard times: Getting Through Loss. Getting Through Loss. E. Hipp. Center City, MN: Hazelden (tel. 800-328-0098), 1995. 이 책은 사춘기 아이들이 수많은 상실의 경험에 잘 대처하도록 돕기 위한 삽화가 있는 책입니다. 주된 주제는 상실, 상실 속에 있는 선물, 슬퍼하는 사람들을 돕는 방법, 그리고 당신의 상실의 항아리를 돌아보기 등을 포함합니다.

Hunter in the Dark. M. Hughes. New York: Atheneum, 1984. 과보호하는 부모를 둔 한 소년이 여러 도전, 예를 들면 그의 백혈병과 처음으로 캐나다 숲에 사냥하러 가는 도전과 같은 위협에 정면으로 부딪힘으로써 스스로 삶과 죽음을 직면하기 시작합니다.

Living When a Young Friend Commits Suicide or Even Starts Talking About It. E. Grollman & M. Malikow. Boston: Beacon Press, 1999. 이 책은 친구가 자살을 했을 때 일반적인 반응과 질문을 통해 지도함으로써 사춘기 아이들을 돕기 위한 것입니다. 이 책은 자살충동을 가진 사람에 대처하는 법과, 그들을 어떻게 도울지의 의견을 제안합니다. 또한 종교적 질문과 자살에 대한 일반적인 오해, 그리고 자신의 삶을 계속 이어나가기 위한 이야기를 다룹니다. 마지막 장은 도움될 만한 지혜들을 제시해 줍니다.

Old Yeller. F. Gipson. New York: Harper & Brothers, 1956 (reissued by HarperTrophy, 1990) 1800년대 후반, 한 못생긴 떠돌이 개가 텍사스에 사는 14살 트레비스의 친한 친구가 되고, 여러 위험으로부터 그의 가족들을 구합니다. 그러나 광견병에 걸린 늑대에 개가 물렸을 때, 트레비스는 그를 죽여야만 합니다.

Ordinary People. J. Guest. New York: Viking, 1976 (Penguin, 1982). 이 인상적인 소설은 그의 형이 보트사고로 익사한 후에 17세의 코나드 재럿이 안게 되는 많은 문제를 서서히 드러내 줍니다. 코나드의 슬픔은 그의 형제의 목숨을 구하지 못했다고 느끼는 죄책감으로 인해 더욱 깊어집니다. 과보호하는 아빠와 냉담한 엄마는 거의 도움이 안됩니다, 그러나 상담사는 코나드가 사고에서 살아남은 것 때문에 형의 죽음에 대해 그가 책임을 느껴서는 안 된다는 것을 깨닫게 해줍니다.

Say Goodnight, Gracie. J. R. Deaver. New York: Harper & Row, 1988. 모건의 절친한 친구가 음주운전자가 낸 자동차 사고로 죽었을 때 모건은 상실감이 큰 나머지 너무 혼란스러워 지미의 장례식에 참석하지 못하고, 지미의 부모에게 말을 할 수도 없습니다. 그녀의 부모님은 지지를 보내고 모건이 그의 세상에 움츠러드는 것도 지켜봅니다. 그러나 지혜로운 이모가 개입한 덕분에 모건은 좀 더 건설적인 대처로 스스로의 감정에 맞설 수 있게 되고, 삶을 계속 살아가기로 결심하게 됩니다.

Straight Talk About Death For Teenagers: How to Cope With Losing Someone You Love. E. A. Grollman. Boston: Beacon Press, 1993. 죽음 이후에 따르는 감정과 다른 반

응들, 특별한 관계와 환경, 당면한 미래에 직면하기(예로, 장례식에 참석하기, 학교에 복귀하기), 대처하는 걸 배우기, 그리고 자신의 삶을 재건하기 등을 다루고 있습니다. 이 분야에 잘 알려진 전문가로부터 얻을 수 있는 진솔한 대응과 건전한 충고가 담겨 있습니다.

Tears of a Tiger. S. M. Draper. New York: Atheneum, *1994.* 이 책은 어떠한 기교도 없이 고등학교 농구팀의 주장인 로버트 워싱턴의 자동차 화재 사고로 인한 죽음의 파장, 공식적인 진술, 신문 기사, 일기, 숙제, 전화 통화, 그리고 대화로부터 발췌를 수록합니다. 자동차 기사 앤드류 잭슨은 로버트의 죽음에 대한 죄책감을 극복할 수 없습니다. 차에 탔던 두 명의 다른 친구들은 잘 지내지만 앤디는 점차 더 깊고 더 절망적인 우울중에 빠집니다. 겉으로는 웃지만 그 내면의 트라우마는 그의 상태에 대한 많은 단서를 제공합니다, 그러나 그의 부모, 친구들, 선생님들, 그리고 심리학자조차도 앤디가 결국 그의 목숨을 끊을 때까지 무슨 일이 일어나고 있는지를 깨닫지 못합니다.

A Teenager's Book About Suicide: Helping Break the Silence and Preventing Death. E. Grollman & J. Johnson. Omaha, NE: Centering Corporation, 2001. 이 책의 부록C를 보십시오.

Too Old to Cry, Too Young to Die. E. Pendleton (Comp.). Nashville: Thomas Nelson, 1980. 십대들과 젊은 성인들 35명이 암에 걸려 살아 가면서의 그들의 경험과 항암치료와 그 부작용, 그리고 병원과 부모, 형제자매 그리고 친구들과 갖는 상호의 영향을 들려줍니다.

Too Young to Die: Youth and Suicide. F. Klagsbrun. New York: Houghton Mifflin, 1976; paperback edition by Poket Books, 1977. 도움을 주려는 사람을 위한 유용한 충고와 함께 젊은이의 자살을 둘러싼 믿음과 현실에 대한 명료한 정보를 주는, 도입부가 인상적인 책.

When Death Walks In. M. Scrivani. Omaha, Ne: Centering Corporation, 1991. 24페이지의 소책자는 10대들이 느끼는 슬픔의 여러 측면, 그리고 아이가 어떻게 건설적인 방법으로 슬픔에 대처하는지를 보여줍니다.

Where the Red Fern Grows: The Story of Two Dogs and a Boy. W. Rawls. Garden City, NY: Double day, 1961. (reissued by Random House, 1997). 빌리 콜맨은 두 마리의 등록된 쿤하운드 개를 사기 위해 2년 동안 50달러를 저축합니다. 그는 개를 훈련시키고, 함께 오클라오마 북동의 오자크에서 너구리 사냥을 합니다. 너구리를 사냥한 많은 날들 중에, 한 소년이 발을 헛디디며, 도끼 위로 떨어져 죽게 됩니다. 빌리의 개가 우승한 콘테스트도 있는가 하면, 빌리의 목숨이 위태로울만큼 퓨마와의 거친 싸움도 벌어지기도 합니다. 퓨마는 죽었고, 개는 치명적인 부상을 입습니다. 빌리가 댄을 묻어준 후에, 어린 앤은 음식을 거부하고, 그녀의 오빠의 무덤에서 죽습니다. 빌리의 개들이 번 돈 덕분에 가족들은 산골을 떠날 수 있게 됩니다. 그들이 떠나려 할 때, 그들은 무덤에 자라난 신성한 붉은 고사리를 보고 위로를

받습니다.

With You and Without You. A. M. Martin. New York: Holiday House, 1986; paperback by Scholastic. 심장병이 수술로도 치료할 수 없는 상태라 아빠가 곧 돌아가실 거라는 사실을 들었을 때 부모와 네 명의 아이들은 잘 대처하려 힘들게 버티고 있습니다. 아빠가 돌아가시기 전에 가족들 각자는 아빠의 남아있는 시간이 가능한 좋은 시간이 되도록 노력합니다. 나중에 가족 각자는 자신의 상실감을 이겨내려고 분투합니다. 중요한 교훈 하나는 죽음에 대한 준비가 완벽하게 된 사람은 아무도 없다는 것입니다. 또 다른 교훈은 각 개인은 자신의 방식으로 대처해 나가야 한다는 것입니다.

The Yearling. M. K. Rawlings. New York: Charles Scribner's Sons, 1939 (50th anniversary ed.; New York: Sin1on Pulse/Simon & Schuster, 1988). 퓰리처 상을 수상한 이 소설은 살아남기 위한 투쟁이 다른 모든 것을 압도하는 20세기 초 플로리다의 시골에서 근근이 살아가고 있는 한 소년과 그의 부모의 이야기입니다. 어린 조디는 애완동물을, 뭔가 바로 자신만의 것을 원합니다. 그는 고아가 된 새끼 사슴을 발견하고 플래그라 이름 지어 줍니다. 조디의 삶에서 죽음과 관련된 많은 사건들 중 몇몇은 이렇습니다. 그의 형제 자매가 모두 죽습니다. 오울드 슬루푸트라는 곰이 그들의 엄마돼지를 죽이고, 나중에 곰은 아빠에 의해 죽임을 당합니다. 그의 아빠는 방울뱀에 물려 거의 죽을 뻔 하다가 겨우 살아나지만, 병에 걸리고 노쇠하게 됩니다. 조디의 친구 다리를 저는 포더윙이 죽고 땅에 묻힙니다. 야생동물이 사냥되고, 도축됩니다. 전염병으로 동물들이 죽습니다. 늑대무리가 그들의 암송아지를 죽입니다. 마침내 플래그가 자라서 한 살배기가 되고, 가족의 밭에 들어가서 가족의 귀한 농작물을 뜯어먹습니다. 조디의 아빠는 그들의 식량을 잃고는 살아남을 수 없기 때문에, 조디에게 사슴을 죽이라고 합니다. 조디는 이 명령에 따르지 않으려 했지만, 결국 엄마가 사슴에 부상을 입혀 그렇게 해야만 했습니다.

여기에 소개되는 활동들과 메모리북들은 다양한 청중들에게 죽음과 관련된 이슈들을 소개하기 위해 관심과 주제에 따라 구성되어 있습니다. 읽는 이에게 어떠한 책이 가장 적절한지를 잘 선택해야 합니다.

After a Suicide: A Workbook for Grieving Kids. The Dougy Center. Portland, OR: Author (P.O. Box 86852, 97286; tel. 503-775-5683; www.dougy.org),2001. 미국의 지원 센터에서 사랑하는 이를 잃은 아이들과 가족들을 위로하기 위해 기획한 책입니다. 밝은 원색으로 만들어진 이 책은 아이들이 직접 쓰고, 그리고, 꾸밀 수 있도록 하여, 가족의 자살을 겪은 이들을 치유하고자 합니다. 자살이란 무엇인가, 자살에 대해 알아보기, 왜 이렇게 죽는가, 느낌과 꿈, 그리고 악몽, 아이들이 종종 묻는 질문, 죽음에 대한 이야기, 다시 등교하기, 죽은 이를 추모하고 기억하기, 더 좋은 느낌을 가지기 위한 충고, 그리고 자신의 이야기를 쓰기 등의 주제를 담고 있습니다.

Anna's Scrapbook: Journal of a Sister's Love. S. Aiken. Omaha, NE: Centering Corporation, 2001. 처음의 여섯 페이지는 동생 아멜리아에 대한 안나의 사랑, 그리고 그들이 함께 보낸 즐거운 시간에 대한 이야기를 담고 있습니다. 하지만 어느 날 아멜리아가 학교에 들어가기 전에, 사고가 일어나고, 아멜리아는 죽게 됩니다. 안나의 슬픔은 너무나 컸습니다. 가족들 모두 그랬습니다. 장례식이 끝난 후에 안나는 일기를 썼고, 책의 다음 18페이지는 그 내용을 담습니다. 일기에서 안나는 그녀의 슬픔에 대해 쓰고, 그녀가 아멜리아와의 추억과 그 사진들을 담아 만든 스크랩북에 대해 묘사합니다. 책의 나머지 18페이지는 독자들이 스스로의 스크랩북을 만들 수 있게 돕습니다.

Barklay and Eve Activity and Coloring Book Series. Karen L. Carney. Dragonfly Publishing Company, Wethersfield, CT (277 Folly Brook Blvd., 06109; tel. 860-563-5677; e mail BarklayEve@aol.com; www.barkJayandeve.com), 1997-2001. 이 시리즈의 여덟 개의 타이틀은 (1권) 함께, 우리는 극복할 것이다. 상실과 변화에 잘 대처하자. (2권) 우리가 사랑했던 이들을 추모하고, 장례식으로 향하자. (3권) 시바(Shiva)의 의미가 무엇인가. 유대인들의 애도 의식(1995년 출판, 2001년 개정). (4권) 우리의 특별한 성원, 외길이란 무엇일까; (5권) 암이란 무엇인가. 어린이들에게 암을 설명하기. (6권) 모든 것은 변하지만, 그러나 사랑은 지속된다. 아이들에게 호스피스에 대해 알려주. (7권) 소중한 선물: 케이티 쿨리칸의 이야기. 기관과 조직에 어떻게 기부하는지 알려주기.

각 권은 그림과 여백으로 어른들이 설명하기 어려운 상실에 대한 이야기를 아이들이 이해할 수 있게 돕습니다. 각 권에서 호기심 많은 물개가 등장해 상실과 슬픔에 대해 알아갑니다. 죽음과 관련된 일들은 누구의 잘못도 아니며, 건설적인 방향으로 표현을 할 수 있다면 강렬한 감정을 가지는 것도 괜찮습니다. "우리는 가족과 친구들의 사랑과 지지를 통해 무엇이든 이겨낼 수 있다."라는 것은 변치 않는 주제입니다.

Bart Speaks out: Breaking the Silence on Suicide. L. Goldman. Los Angeles: Western Psychological Services, 1998. 이 대화방식의 이야기책에서, 개 바트는 그의 주인 찰리의 죽음과 이에 따른 슬픔에 대해 이야기합니다. 그리고 바트는 독자들이 그의 사랑하는 사람과 죽음으로 이별한 일에 대해 얘기할 수 있도록 이끌어 줍니다. 마지막으로 자살의 문제, 찰리의 의기소침함, 그리고 우리가 직시하지 못하는 견해들로 초점이 옮겨집니다. 여기서 자살은 '누군가가 몸이 더 이상 움직이지 않도록 선택하는 것'으로 묘사됩니다(p. v). 그리고 '언제나 다른 길이 있기 때문에' 자살은 실수라고 얘기합니다(p. v). 바트는 진실을 알고, 그리고 이 사건을 더 잘 이해함으로써 편안함을 느낍니다.

Beautiful Dragons and Other Fears: A Workbook For Children. J. Johnson. Omaha, NE: Centering Corporation, 2003. 이 워크북은 색칠할 수 있는 그림들, 아이들이 그림 그리고 글을 쓸 수 있는 자료를 페이지들을 제공합니다. 이 디자인들은 '그들의 두려움과 감정을 표현하는 것을 배우고, 그 두려움을 마주할 수 있는 방법, 그리고 그 느낌들을 인식하고 이에 대처할 수 있는 방법'을 가르쳐주기 위한 것입니다(p. 2). 자기의 보폭에 맞추어 이러한 예술활동을 하는 것이 아이들의 두려움을 드러낼 수 있게 해주고, 이를 뛰어넘을 수 있는 힘을 가지게 해주며, 어른들과 이를 공유할 수 있게 해줍니다. 이 워크북은 *The Very Beautiful Dragon*과 관련되어 있습니다(부록A를 참고하세요).

A Child Remembers: A Write-in Memory Book for Grieving Children. E. San1uel-Traisman. Omaha, NE: Centering Corporation, 1994; rev.ed., 2003. 이 저널은 독자들에게 누가 죽었고, 그와는 어떤 관계였는가 등을 상세히 묘사할 수 있게 해줍니다. 죽음에 대한 새로운 소식과 장례식과 추모를 위한 서비스, 다시 등교하기, 감정들에 어떻게 대응할 것인가, 그리고 죽은 이의 삶에 어떠한 영광을 돌릴 것인가를 이야기 합니다.

653

Children Also Grieve: Talking About Death and Healing. L. Goldman. Philadelphia, PA: Jessica Kingsley Publishers, 2006. 이 책은 네 개의 파트로 구성되어 있습니다. 헨리라는 강아지가 화자가 되어 들려주는 이야기와 헨리의 질문들, 비탄에 대한 두 페이지의 용어설명, 어른의 마음을 돌보기 위한 조언. 헨리의 이야기는 할아버지의 죽음 뒤에 느끼는 슬픔과 여러 감정들을 사진과 글을 함께 싣습니다. 그는 죽음이 무엇인가, 비탄은 무엇인가, 슬플 때나 화가 날 때, 무서울 때나, 마음이 쓰릴 때 어떻게 해야 할지를 설명합니다. 독자들이 질문에 대한 반응으로 채워 넣을 수 있는 공백들이 있습니다.

Fire in My Heart, Ice in My Veins: A Journal for Teenagers Experiencing a Loss. E. S. Traisman. Omaha, NE: Centering Corporation, 1992. 이 책은 사랑하는 이를 잃은 십대들을 위해 기획된 것입니다. 이를 위해 적절한 글귀들과 그림들이 수록되어 있습니다.

Healing Activities For Children in Grief: Activities Suitable For Support Groups With Grieving Children, Preteens and Teens. G. McWhorter. Roanoke, TX: Author (1713 Bellechase Drive, 76262; tel. 817-379-5544; griefactivities@aol.com), 2003. 제목으로 알 수 있듯이, 이 책은 5-8세, 9-12세, 13-18세의 아이들을 위한 활동, 관련 자료들을 제공합니다. 작가는 텍사스에 있는 어린이와 청소년들을 위한 지원센터인 The WARM Place의 카운셀러이기도 합니다. 지원그룹을 위해 디자인된 것이기는 하지만, 많은 활동들은 어린이들을 위해 부모와 선생님들이 활용할 수 있게 되어 있습니다.

In My World: A Journal for Young People Facing Life-Threatening Illness. B. B. Crawford & L. Lazar. Omaha, NE: Centering Corporation, 1999. 이 32페이지의 저널은 생명을 위협하는 질병과 싸워야 하는 10대들이 그들의 삶을 기록하고, 가족이나 친구와 나누기 어려운 생각과 감정, 걱정을 표현할 수 있게 돕습니다.

Kids Can Cope: An Activity Book For Children From Children Who Are Living With Change and Loss. E. Parga. Omaha, NE: Centering Corporation, 2009. 60페이지가 넘는 텍스트는 어린이들이 큰 병에 걸렸을 때, 혹은 사랑하는 사람의 삶이 병으로 위태로워짐을 경험할 때 이에 대응할 수 있는 많은 실마리들, 이를 표현할 방법들을 담고 있습니다. 어린이들은 질문을 적을 수도 있고, 그림을 그릴 수도 있고, 도움을 받을 수 있는 곳들을 알아내고, 도움을 줄 수 있는 활동들을 알 수 있습니다. 덧붙여 4페이지에 걸친 해설은 아이들에게 아리송할 수 있는 용어들을 설명합니다.

The Last Goodbye I. J. Boulden & J. Boulden. Weaverville, CA: Boulden Publishing (P.O. Box 1186, 96093-1186; tel. 800-238-8.433), 1994. 이 책은 5-8학년의 아이들이 죽음에 대한 감정을 표현할 수 있는 활동들을 담고 있습니다. 스페인어로도 볼 수 있습니다.

The Last Goodbye II. J. Boulden & J. Boulden. Weaverville,

CA: Boulden Publishing (P.O. B 1186, 96093-1186; 800-238-8433), 1994. 이 책은 9-12학년의 아이들이 죽음이라는 주제와 그 감정의 프로세스를 이해할 수 있도록 하는 활동을 제공합니다. *The Last Goodbye I*과 유사하기도 하지만, 여기서는 보다 나이가 있는 독자들을 위한 활동이 포함되어 있습니다.

Magnificent Marvelous Me! S. Lorig. Seattle, WA: Art with Heart (P.O. Box 94402, 98124-6702; www.artwithheart.org), 2008. 50페이지가 넘는 멋진 그림들은 연령에 따른 적절한 짧은 질문들과 대답들이 소개됩니다. 어려움을 겪는 아이들이 자기 나름대로의 힘으로 이에 대응하고, 스트레스를 줄일 수 있게 말입니다. 열 살인 형제가 암을 앓고 있는 어린이로부터 영감을 얻었습니다.

The Memory Box. K. McLaughlin. Omaha, NE: Centering Corporation, 2001. 이 책은 이야기책이지만, 어린이가 자기가 사랑하는 사람을 잃었을 때 어떻게 해야 할지에 대한 본보기가 되어주는 책이기도 합니다. 우선 어린 소년이 할아버지의 죽음의 소식을 들었을 때, 소년은 할아버지와 낚시하기로 했던 것을 못하게 되어 속이 상합니다. 공놀이나 시냇가에서의 놀이도 더 이상 할 수 없습니다. 엄마는 이러한 감정들을 이해하고, 대화를 하기도 합니다. 엄마는 소년이 할아버지와 나눈 시간들을 계속 추억할 수 있기를 바랍니다. 소년은 할아버지의 오래된 상자에 할아버지의 추억이 깃든 물건들과 사진을 담아 추억의 상자를 만듭니다. 소년은 '할아버지가 그립기 때문에 추억의 상자를 보면 때때로 나는 슬프지만, 상자를 보면 할아버지와의 특별한 시간들이 떠올라 미소를 짓게 된다'라고 말하며 이야기를 맺습니다.

My Always Sister Coloring Book. Anonymous. St. Paul, MN: A Place to Remen1ber (1885 University Ave., Suite 110, 55104; www.aplacetoremember.com; tel. 800-631-0973 or 651-645-7045), 2004. 아기토끼 칼리는 여동생인 아기토끼가 아파서, 병원에 있어야 한다고 얘기합니다. 어느 날 칼리의 아빠는 동생이 죽었다고 칼리에게 얘기했고, 그들은 음악이 있는 장례식을 생각합니다. 칼리는 많은 감정을 느꼈고, 이를 그림으로 표현했습니다.

Oodles of Doodles: A Children's Hospital Activity Book. S. Lorig. Seattle, WA: Art with Heart (P.O. Box 94402, 98124-6702; www.artwithheart.org), 2002 (revised printings in 2003 & 2006; in Spanish in 2005). 특히 병원에 있는 아이들을 위한 책입니다. 그들이 느끼는 것을 쓰고, 그리고, 끄적끄적 낙서를 함으로써 모험을 하고, 상상하고, 창의력을 발휘할 수 있도록 말입니다.

Out of the Blue: Making Memories Last When Someone Has died. J. Stokes & Oxley. Cheltenham, UK: Winston's Wish (www.winstonswish.org.uk), 2006. 이 작은 책자는 슬픔에 잠긴 어린이와 가족들을 위로하기 위한 영국의 지원프로그램으로부터 나왔습니다. 28페이지에 걸친 이 책은 사랑하는 고인을 추억하기 위한 많은 아이디어들을 담고 있습니다.

Quilly's Sideways Grief: A Story-Based Curriculum about Love and Loss. K. Rhoades-Dumler. Warminster, PA: Mar-Co Products (1443n Old York Road, 18974; 800-448-2197; www.marcoproducts.com), 2009. 이 책의 앞의 절반은 할아버지가 돌아가신 후에 이상한 행동을 하기 시작한 고슴도치의 이야기로 시작합니다. 퀼리는 할머니를 잃은 친구와 그 경험을 함께 나누기 시작하면서 기분이 나아집니다. 그들은 함께 그들이 그리워하는 것들을 얘기합니다. 퀼리는 바비에게, 그의 복받치는 심정과 슬픈 느낌이 서로 엉켜서 그의 바늘 옆으로 삐져나오는 것 같다고 얘기했고, 바비는 "네가 그 느낌을 속에 담아 놓으면, 마치 콜라를 흔들고 열었을 때처럼 그렇게 흘러 넘치게 될꺼야"라고 말합니다. 이 책의 나머지 절반은 슬픔에 잠긴 아이들이 여러가지 활동을 할 수 있도록 하기 위해 어른들을 위한 제안을 담고 있습니다.

슬픔과 고통 속에 있는 어린이를 돕기 위한 워크북

A. Salloum. Omaha, NE: Centering Corporation, 1998. 이 책에서는 상실과 이로 인한 비탄을 경험한 젊은이들이 그들의 경험과 그 의미를 묘사합니다. 이 텍스트는 쓰고, 그리고 질문에 답할 수 있도록 격려합니다. 이 책은 상실에 대한 서로 다른 표현들을 인정하고, 궁극적으로는 미래로 나아갈 수 있는 성찰의 기회로 이끕니다.

Remembering Our Baby: A. Workbook for Children Whose Brother or Sister Dies before Birth. P. Keough. Omaha, NE: Centering Corporation, 2001. 태어나지 못한 형제자매를 잃은 어린 아이들이 생각과 느낌을 나눌 수 있게 하기 위한 책입니다. 이 책은 가족에 속하게 될 아기에 대해 알아보는 것을 시작으로 죽음에 대해 배우게 됩니다. 아기를 기억하기 위해 할 수 있는 이벤트에 대한 질문과 아기를 기억하기 위한 제안들을 담고 있기도 합니다.

Remember Rafferty: A Book About the Death of a Pet··· For Children of All Ages. J. Johnson. Omaha, NE: Centering Corporation, 1991; rev. ed.,1998. 래퍼티는 병이 들어 안락사를 당하게 됩니다. 라퍼티의 친구인 고양이 포아이즈와 사는 이웃 버터는, 다른 펫들의 죽음의 이야기를 들려주고, 그러한 상실의 중대성을 얘기합니다. 엄마는 아이들이 라퍼티와의 추억을 담은 책을 만들 수 있게 격려합니다. 펫을 잃는 것은 아이에게 중대한 일입니다. 그리고 그 상실을 애도해야 한다는 것이 이 책의 교훈입니다. 책에는 어른을 위한 두 페이지에 걸친 제안이 담겨있기도 하고, 기념 스크랩을 위한 여덟 페이지가 제공됩니다.

Saying Goodbye. J. Boulden. Santa Rosa, CA: Boulden Publishing (P.O Box 9358, 95405; 800-238-8433 or 707-538-3797), 1989. 이 책은 죽음을 삶의 일부로 보는 이야기들로 구성되어 있고, 작별인사에 포함된 감정들, '사랑은 영원하다'라는 확신을 담고 있습니다. 각 페이지들이 아이들이 그림을 그리고, 색칠을 하고, 생각을 적을 수 있게 되어 있습니다.

Saying Goodbye to Your Pet: Children Can Learn to Cope With Grief. M. Heegaard. Minneapolis Fairview Press (2450 Riverside Avenue, 55454; Tel 800-544-8207 www.fairviewpress.org), 2001. 이 활동북은 그림을 그리거나 색칠을 하는 체크리스트와 페이지들을 수록했습니다. 5-12살의 아이들이 그들의 감정을 표현하고, 펫의 죽음과 상실에 대응할 수 있게 돕도록 디자인되어 있습니다.

Sharing With Thumpy: My Story of Love and Grief. N. C. Dodge. Springfield, IL: Prairie Lark Press(P.O. Box 699, 62705), 1985. 이 워크북은 *Thumpy's Story, A Story of Love and grief*과 함께 보기 좋은 책입니다(이 책의 부록 A를 보세요). 이 책은 고인에 대한 그림을 그리고 글을 쓸 수 있게 해주며 스스로를 돌보고, 그리고 고인을 기억하기 위해 무엇을 해야 할지를 제안합니다.

Sweet Memories. E. Stillwell. Omaha, NE: Centering Corporation, 1998. 이 책은 아이들이 고인에 대한 기억을 간직할 수 있도록 하기 위한 12가지의 수공예 활동을 제공합니다.

A Teenager's Book about Suicide: Helping Break the Silence and Preventing Death. E. Grolln1an & J. Johnson. Omaha, NE: Centering Corporation, 2001. 박스에 담은 간결한 문장들로 독자들이 자살이라는 주제에 대한 글을 쓰거나 그림을 그릴 수 있는 여백을 제공하는 책자입니다. 어두운 주제를 조명하기 위한 작가의 코멘트에 이어 자살에 대한 깊이 생각해본 적이 있거나, 다른 사람의 자살을 경험한 적이 있는 십대들의 글들이 실려있습니다. 작가는 위험 신호와 경고신호를 구별할 수 있게 해주고, 친구나 가족이 자살을 생각하고 있다는 것을 알았을 때 어떻게 대응할 것인가에 대한 조언을 합니다.

Thumpy's Story A Story of Love and Grief Shared, A Story to Color by Thumpy, the Bunny. N. C. Dodge. Springfield, IL: Prairie Lark Press (P.O. Box 699,62705),1985. 이 컬러링북은 *Thumpy's Story A Story of Love and Grief*(이 책의 부록 A를 보세요), 그리고 *Sharing With Thumpy: My Story of Love and Greif*와 함께 보기 좋은 책입니다(이 책의 앞부분 리스트를 보세요).

Uncle Jerry Has AIDS. J. Boulden & B. Boulden. Weaverville, CA: Boulden Publishing (P.O. Box 1186, 96093-1186; tel. 800-238-8433), 1992. 32페이지에 걸친 이 워크북은 3,4학년 아이들이 에이즈 바이러스와 그 영향에 대한 정보를 얻고, 사랑하는 사람이 에이즈에 걸린다면 어떠한 감정과 태도를 가져야 할지 생각해볼 수 있게 해줍니다.

When Someone Very Special Dies: Children Can Learn to Cope with Grief. M. Heegaard. Minneapolis, MN,: Woodland Press (99 Woodland Circle, 55424; 612-926-2665), 1988. 변화와 상실, 그리고 죽음의 이야기들이 아이들이 그리고 색칠할 수 있는 활동북으로 구성되어, 어린이들이 그들의 생각과 감정, 추억들을 나눌 수 있게 도와줍니다.

Why Did You Die? Activities to Help Children Cope With Grief and Loss. E. Leeuwenburgh&E. Goldring. Oakland, CA: Instant Help Books/ New Harbinger Publications, 2008. 이 책은 어린이들이 표현하기 어려운 감정들을 표현하고, 사실과 허상을 구분하고, 상실감에도 불구하고 잘 성장할 수 있도록 돕기 위한 40가지의 간단한 활동들을 소개합니다.

참고문헌

Abrahamson, H. (1977). *The origin of death: Studies in African mythology*. New York: Arno Press.

Abts, H. W. (2002). *The living trust: The failproof way to pass along your estate to your heirs without lawyers, courts, or the probate system* (3rd ed.). New York: McGraw-Hill.

Achte, K., Fagerstrom, R., Pentikainen, J., & Farberow, N. L. (1990). Themes of death and violence in lullabies of different countries. *Omega, Journal of Death and Dying, 20*, 193–204.

Ad Hoc Committee of the Harvard Medical School to Examine the Definition of Brain Death. (1968). A definition of irreversible coma. *Journal of the American Medical Association, 205*, 337–340.

Adamec, C. (2000). *When your pet dies: Dealing with your grief and helping your children cope*. Lincoln, NE: iUniverse.

Adams, C. A. (2003). *ABC's of grief: A handbook for survivors*. Amityville, NY: Baywood.

Adams, D. W., & Deveau, E. J. (Eds.). (1993). *Coping with childhood cancer: Where do we go from here?* (New rev. ed.). Hamilton, Ontario: Kinbridge.

Adams, D. W., & Deveau, E. J. (Eds.). (1995). *Beyond the innocence of childhood* (3 vols.). Amityville, NY: Baywood.

Adams, G. (2006). *Lessons from lions: Using children's media to teach about grief and mourning* CD. Little Rock, AR: Center for Good Mourning, Arkansas Children's Hospital.

Adams, J. R. (2004). *Prospects for immortality: A sensible search for life after death*. Amityville, NY: Baywood.

Adler, B. (1979, March). You don't have to do homework in heaven! *Good Housekeeping*, 46.

Agee, J. (1969). *A death in the family*. New York: Bantam.

Ahronheim, J., & Weber, D. (1992). *Final passages: Positive choices for the dying and their loved ones*. New York: Simon & Schuster.

Ajemian, I., & Mount, B. M. (Eds.). (1980). *The R. V. H. manual on palliative/hospice care*. New York: Arno Press.

Akner, L. F. (with C. V. Whitney). (1993). *How to survive the loss of a parent: A guide for adults*. New York: Morrow.

Albert, M. S., DeKosky, S. T., Dickson, D., Dubois, B., Feldman, H. H., Fox, N. C., et al. (2011). The diagnosis of mild cognitive impairment due to Alzheimer's disease: Recommendations from the National Institute on Aging and Alzheimer's Association workgroup. *Alzheimer's and Dementia: The Journal of the Alzheimer's Association, 7*(3), 270–279.

Albert, P. L. (1994). Overview of the organ donation process. *Critical Care Nursing Clinics of North America, 6*, 553–556.

Albert, P. L. (1998). Direct contact between donor families and recipients: Crisis or consolation? *Journal of Transplant Coordination, 8*(3), 139–144.

Albert, P. L. (1999). Clinical decision making and ethics in communications between donor families and recipients: How much should they know? *Journal of Transplant Coordination, 9*, 219–224.

Albom, M. (1997). *Tuesdays with Morrie: An old man, a young man, and life's greatest lesson*. New York: Doubleday.

Alcantara, C., & Gone, J. P. (2007). Reviewing suicide in Native American communities: Situating risk and protective factors within a transactional-ecological framework. *Death Studies, 31*(5), 457–477.

Alcantara, C., & Gone, J. P. (2008). Suicide in Native American communities: A transcultural-ecological formation of the problem. In F. T. L. Leong & M. M. Leach (Eds.), *Suicide among racial and ethnic groups: Theory, research, and practice* (pp. 173–200). New York: Routledge.

Alderman, E., & Kennedy C. (1997). *The right to privacy*. New York: Vintage.

Aldrich, C. K. (1963). The dying patient's grief. *Journal of the American Medical Association, 184*, 329–331.

Alexander, A. K. (2002). *A mural for Mamita/Un mural para Mamita*. Omaha, NE: Centering Corporation.

Alexander, I. E., & Adlerstein, A. M. (1958). Affective responses to the concept of death in a population of children and early adolescents. *Journal of Genetic Psychology, 93*, 167–177.

Alexander-Greene, A. (1999). *Sunflowers and rainbows for Tia: Saying goodbye to Daddy*. Omaha, NE: Centering

Corporation.

Allberg, W. R., & Chu, L. (1990). Understanding adolescent suicide: Correlates in a developmental perspective. *School Counselor, 37,* 343–350.

Allen, A. (2007). *Vaccine: The controversial story of medicine's greatest lifesaver.* New York: Norton.

Allen, B. G., Calhoun, L. G., Cann, A., & Tedeschi, R. G. (1993). The effect of cause of death on responses to the bereaved: Suicide compared to accident and natural causes. *Omega, Journal of Death and Dying, 28,* 39–48.

Allen, M., & Marks, S. (1993). *Miscarriage: Women sharing from the heart.* New York: Wiley.

Allison, G. (2004). *Nuclear terrorism: The ultimate preventable catastrophe.* New York: Times Books.

Allumbaugh, D. L., & Hoyt, W. T. (1999). Effectiveness of grief counseling: A meta-analysis. *Journal of Counseling Psychology, 46,* 379–380.

Alperovitz, G. (1995). *The decision to use the atomic bomb and the architecture of an American myth.* New York: Knopf.

Altilio, T., & Otis-Green, S. (Eds.). (2011). *Oxford textbook of palliative social work.* New York: Oxford University Press.

Alvarez, A. (1970). *The savage god: A study of suicide.* New York: Random House.

Alzheimer's Association. (2011). *2011 Alzheimer's disease facts and figures.* Chicago: Author.

Alzheimer's Association. (n.d.). *Caregiver notebook: A guide to caring for people with Alzheimer's and related dementias.* Chicago: Author.

Alzheimer's Disease International. (2010). *World Alzheimer Report 2010: The global economic impact of dementia.* London: Author.

American Academy of Pediatrics (AAP), Committee on Bioethics and Committee on Hospital Care. (2000b). Palliative care for children. *Pediatrics, 106,* 351–357.

American Academy of Pediatrics (AAP), Committee on Communications. (1995). Media violence. *Pediatrics, 95,* 949–951.

American Academy of Pediatrics (AAP), Committee on Psychosocial Aspects of Child and Family Health. (2000a). The pediatrician and childhood bereavement. *Pediatrics, 105,* 445–447.

American Academy of Pediatrics (AAP), Hymel, K. P., & the Committee on Child Abuse and Neglect, National Association of Medical Examiners. (2006). Distinguishing sudden infant death syndrome from child abuse fatalities. *Pediatrics, 118,* 421–427.

American Academy of Pediatrics (AAP), Task Force on Infant Positioning and SIDS. (1992). Positioning and SIDS. *Pediatrics, 89,* 1120–1126.

American Academy of Pediatrics (AAP), Task Force on Infant Positioning and SIDS. (1996). Positioning and sudden infant death syndrome (SIDS): Update. *Pediatrics, 98,* 1216–1218.

American Academy of Pediatrics (AAP), Task Force on Infant Sleep Position and Sudden Infant Death Syndrome (2000a). Changing concepts of sudden infant death syndrome: Implications of infant sleeping environment and sleep position. *Pediatrics, 105,* 650–656.

American Academy of Pediatrics (AAP), Task Force on Sudden Infant Death Syndrome. (2005). The changing concept of sudden infant death syndrome: Diagnostic coding shifts, controversies regarding the sleeping environment, and new variables to consider in reducing risk. *Pediatrics, 116,* 1245–1255.

American Psychological Association. (1993). *Violence and youth: Psychology's response.* Summary Report of the American Psychological Association Commission on Violence and Youth, Vol. 1. Washington, DC: Author.

And We Were Sad, Remember? [Videotape]. (1979). Northern Virginia Educational Telecommunications Association. (Available from the National Audiovisual Center, Reference Department, National Archives and Records Service, Washington, DC 20409.)

Andersen, C. (1998). *The day Diana died.* New York: William Morrow.

Anderson, M. L., & Taylor, H. F. (2007). *Sociology: Understanding a diverse society.* Belmont, CA: Wadsworth.

Anderson, R. (1968). *I never sang for my father.* New York: Dramatists Play Service.

Anderson, R. N., & Smith, B. L. (2005). Deaths: Leading causes for 2002. *National Vital Statistics Reports, 53*(17). Hyattsville, MD: National Center for Health Statistics.

Andrews, M. M., & Boyle, J. S. (Eds.). (2007). *Transcultural concepts in nursing care* (5th ed.). Philadelphia: Lippincott, Williams, and Wilkins.

Angel, M. D. (1987). *The orphaned adult.* New York: Human Sciences.

Angell, M. (1996). Euthanasia in the Netherlands—good news or bad? *New England Journal of Medicine, 335,* 1676–1678.

Annas, G. J. (1994). Death by prescription: The Oregon initiative. *New England Journal of Medicine, 331,* 1240–1243.

Annas, G. J. (2004). *The rights of patients* (3rd ed.). Carbondale: Southern Illinois University Press.

Annenberg Washington Program. (1993). *Communications and the Patient Self-Determination Act: Strategies for meeting the educational mandate.* Washington, DC: Author. Anonymous. (1957). *Read-aloud nursery tales.* New York: Wonder.

Anonymous. (1963). Medical ethics, narcotics, and addiction [Editorial]. (1963). *Journal of the American Medical Association, 185*, 962–963. Anonymous. (2001a). L.A. gangs are back. *Time, 158*(9), 46–49.

Anonymous. (2001b). *Q & A euthanasia 2001: A guide to the Dutch Termination of Life on Request and Assisted Suicide (Review Procedures) Act* (debated in the Senate of the States General on 10 April 2001). The Hague: Author.

Anonymous. (2002). Drawing a bead on terrorism: A survey of recent articles. *Wilson Quarterly, 26*(3), 83–84.

Anonymous. (2003, October 28). Awake, but is she aware? *St. Petersburg Times*, p. 4A.

Anonymous. (2007, February 5). Former Justice O'Connor: "I would have stayed longer." *Newsmax.com*. Retrieved on December 27, 2010, from http://archive.newsmax.com/archives/articles/2007/2/5/92619.shtml

Anonymous (2010, June 16). Sharp growth in euthanasia deaths. *DutchNews.nl*. Retrieved on January 15, 2011, from http://www.dutchnews.nl/news/archives/2010/06/sharp_growth_in_euthanasia_dea.php

Anthony, S. (1939). A study of the development of the concept of death [abstract]. *British Journal of Educational Psychology, 9*, 276–277.

Anthony, S. (1940). *The child's discovery of death*. New York: Harcourt Brace.

Anthony, S. (1972). *The discovery of death in childhood and after*. New York: Basic Books. (Revised edition of *The child's discovery of death*).

Aries, P. (1962). *Centuries of childhood: A social history of family life* (R. Baldick, Trans.). New York: Random House.

Aries, P. (1974a). The reversal of death: Changes in attitudes toward death in Western societies (V. M. Stannard, Trans.). *American Quarterly, 26*, 55–82.

Aries, P. (1974b). *Western attitudes toward death: From the middle ages to the present* (P. M. Ranum, Trans.). Baltimore: Johns Hopkins University Press.

Aries, P. (1981). *The hour of our death* (H. Weaver, Trans.). New York: Knopf.

Aries, P. (1985). *Images of man and death* (J. Lloyd, Trans.). Cambridge, MA: Harvard University Press.

Arkin, W., & Fieldhouse, R. (1985). *Nuclear battlefields*. Cambridge, MA: Ballinger.

Armstrong-Dailey, A., & Zarbock, S. (Eds.). (2009). *Hospice care for children* (3rd ed.). New York: Oxford University Press.

Arnold, B., Bruno, S. M., Corr, C. A., Eisemann, L., & Sunter, S. (2004a). *Bereavement program training series* (4 vols.). Largo, FL: Hospice Institute of the Florida Suncoast.

Arnold, B., Bruno, S.M., Corr, C. A., Eisemann, L.,&Sunter, S. (2004b). *Bereavement program development series* (2 vols.). Largo, FL: Hospice Institute of the Florida Suncoast.

Arrick, F. (1980). *Tunnel Vision*. Scarsdale, NY: Bradbury; Dell, 1981.

Arvio, R. P. (1974). *The cost of dying and what you can do about it*. New York: Harper & Row.

Ash, L. (2004). *Life touches life: A mother's story of stillbirth and healing*. Troutdale, OR: NewSage Press.

Ashenburg, K. (2004). *The mourner's dance: What we do when people die* (reprint ed.). New York: North Point Press.

Associated Press. (2004, December 31). One-tenth of preschoolers too hefty. *St. Petersburg Times*, p. 7A.

Associated Press. (2007, February 15). U.S., Britain get low marks on child welfare. *St. Petersburg Times*, p. 18A.

Associated Press. (2007, November 11). Arizona: A romance for O'Connor's husband. *New York Times*. Retrieved on December 9, 2010, from http://query.nytimes.com/gst/fullpage.html?res=9E01E0DA1631F937A25752C1A9619-C8B63&ref=sandra_day_oconnor

Associated Press. (2011, February 6). Buried with a best friend. *St. Petersburg Times*, p. 15A.

Association for Children with Life-Threatening or Terminal Conditions and Their Families (ACT). (1995). *The ACT charter for children with life-threatening conditions and their families* (2nd ed.). Bristol, England: Author.

Atkinson, T. E. (1988). *Handbook of the law of wills and other principles of succession, including intestacy and administration of decedents' estates* (2nd ed.). St. Paul, MN: West Group.

Attig, T. (1991). The importance of conceiving of grief as an active process. *Death Studies, 15*, 385–393.

Attig, T. (1996). Beyond pain: The existential suffering of children. *Journal of Palliative Care, 12*(3), 20–23.

Attig, T. (2000). *The heart of grief: Death and the search for lasting love*. New York: Oxford University Press.

Attig, T. (2001). Relearning the world: Making and finding meanings. In R. A. Neimeyer (Ed.), *Meaning reconstruction and the experience of loss* (pp. 33–53). Washington, DC: American Psychological Association.

Attig, T. (2011). *How we grieve: Relearning the world* (rev. ed.). New York: Oxford University Press.

Atwater, P. M. H. (1992). Is there a hell? Surprising observations about the near-death experience. *Journal of Near-Death Studies, 10*, 149–160.

Auden, W. H. (1940). *Collected poems* (E. Mendelson, Ed.). New York: Random House.

Auger, J. A. (2003). Canadian perspectives on death and dying. In J. D. Morgan & P. Laungani (Eds.), *Death and bereavement around the world: Vol. 2, Death and be-*

reavement in the Americas (pp. 13–36). Amityville, NY: Baywood.

Aungst, H. (2009, July 30). An integrated model for palliative care. *Contemporary Pediatrics.* Retrieved on December 24, 2010, from www.modernmedicine.com

Authors for the Live Organ Donor Consensus Group. (2000). Consensus statement on the live organ donor. *Journal of the American Medical Association, 284,* 2919–2926.

Bachelor, P. (2004). *Sorrow and solace: The social world of the cemetery.* Amityville, NY: Baywood.

Bachman, J. G., Johnston, L. D., & O'Malley, P. M. (1986). *Monitoring the future: Questionnaire responses from the nation's high school seniors.* Ann Arbor: University of Michigan.

Bachman, R. (1992). *Death and violence on the reservation: Homicide, family violence, and suicide in American Indian populations.* New York: Auburn House.

Bacon, F. (1962). Of marriage and single life. In *Francis Bacon's Essays.* New York: Dutton. (Original work published 1625)

Bacon, J. B. (1996). Support groups for bereaved children. In C. A. Corr & D.M. Corr (Eds.), *Handbook of childhood death and bereavement* (pp. 285–304). NewYork: Springer.

Badham, P., & Badham, L. (Eds.). (1987). *Death and immortality in the religions of the world.* New York: Paragon House.

Bailey, L. (1978). *Biblical perspectives on death.* Philadelphia: Fortress Press.

Bailey, S. S., Bridgman, M. M., Faulkner, D., Kitahata, C. M., Marks, E., Melendez, B. B., et al. (1990). *Creativity and the close of life.* Branford: Connecticut Hospice.

Baines, B. K. (2001). *The ethical will writing guide and workbook: Preserving your legacy of values for your family and community.* Minneapolis: Josaba Ltd.

Baines, B. K. (2006). *Ethical wills: Putting your values on paper* (2nd ed.). Cambridge, MA: Perseus.

Baker, J. E., & Sedney, M. A. (1996). How bereaved children cope with loss: An overview. In C. A. Corr & D. M. Corr (Eds.), *Handbook of childhood death and bereavement* (pp. 109–129). New York: Springer.

Baker, J. E., Sedney, M. A., & Gross, E. (1992). Psychological tasks for bereaved children. *American Journal of Orthopsychiatry, 62,* 105–116.

Bakitas, M., Lyons, K. D., Hegel, M. T., Balan, S., Brokaw, F. C., Seville, J., et al. (2009). Effects of a palliative care intervention on clinical outcomes in patients with advanced cancer: The Project ENABLE II randomized controlled trial. *Journal of the American Medical Association, 302*(7), 741–749. doi:10.1001/jama.2009.1198.

Balk, D. E. (1984). How teenagers cope with sibling death:

Some implications for school counselors. *School Counselor, 32,* 150–158.

Balk, D. E. (1990). The self-concepts of bereaved adolescents: Sibling death and its aftermath. *Journal of Adolescent Research, 5,* 112–132.

Balk, D. E. (Ed.). (1991a). Death and adolescent bereavement [Special issue]. *Journal of Adolescent Research, 6*(1).

Balk, D. E. (1991b). Death and adolescent bereavement: Current research and future directions. *Journal of Adolescent Research, 6,* 7–27.

Balk, D. E. (1991c). Sibling death, adolescent bereavement, and religion. *Death Studies, 15,* 1–20.

Balk, D. E. (2004). Recovery following bereavement: An examination of the concept. *Death Studies, 28,* 361–374.

Balk, D. E. (2011). *Helping the bereaved college student.* New York: Springer.

Balk, D. E., & Corr, C. A. (2001). Bereavement during adolescence: A review of research. In M. S. Stroebe, R. O. Hansson, W. Stroebe, & H. Schut (Eds.), *Handbook of bereavement research: Consequences, coping, and care* (pp. 199–218). Washington, DC: American Psychological Association.

Balk, D. E., & Corr, C. A. (Eds.). (2009). *Adolescent encounters with death, bereavement, and coping.* New York: Springer.

Balk, D. E., & Hogan, N. S. (1995). Religion, spirituality, and bereaved adolescents. In D. W. Adams & E. J. Deveau (Eds.), *Beyond the innocence of childhood: Helping children and adolescents cope with death and bereavement* (Vol. 3, pp. 61–88). Amityville, NY: Baywood.

Ball, A. (1995). *Catholic book of the dead.* Huntington, IN: Our Sunday Visitor.

Ballenger, J. F. (2006). *Self, senility, and Alzheimer's disease in modern America: A history.* Baltimore, MD: Johns Hopkins University Press.

Ballou, R. O. (Ed.). (1944). *The Viking portable world library bible.* New York: The Viking Press.

Balmer, L. E. (1992). *Adolescent sibling bereavement: Mediating effects of family environment and personality.* Unpublished doctoral dissertation, York University, Toronto.

Bandura, A. (1980). The stormy decade: Fact or fiction? In R. E. Muuss (Ed.), *Adolescent behavior and society: A book of readings* (3rd ed.; pp. 22–31). New York: Random House.

Banks, J., Marmot, M., Oldfield, Z., & Smith, J. P. (2006). Disease and disadvantage in the United States and in England. *Journal of the American Medical Association, 295,* 2037–2045.

Banks, R. (1991). *The sweet hereafter.* New York: HarperCollins.

Barber, E. (2003). *Letters from a friend: A sibling's guide for coping and grief.* Amityville, NY: Baywood. Barlow, C. A., & Coleman, H. (2003). The healing alliance: How families use social support after a suicide. *Omega, Journal of Death and Dying, 47*(3), 87–201.

Barnard, D., Towers, A., Boston, P., & Lambrinidou, Y. (2000). *Crossing over: Narratives of palliative care.* Oxford: Oxford University Press.

Barnickol, C. A., Fuller, H., & Shinners, B. (1986). Helping bereaved adolescent parents. In C. A. Corr & J. N. McNeil (Eds.), *Adolescence and death* (pp. 132–147). New York: Springer.

Barrett, H. C., & Behne, T. (2005). Children's understanding of death as the cessation of agency: A test using sleep versus death. *Cognition, 96,* 93–108.

Barrett, R. K. (1996). Adolescents, homicidal violence, and death. In C. A. Corr & D. E. Balk (Eds.), *Handbook of adolescent death and bereavement* (pp. 42–64). New York: Springer.

Barrett, R. K. (2006). Dialogues in diversity: An invited series of papers, advance directives, DNRs, and end-of-life care for African Americans. *Omega, Journal of Death and Dying, 52,* 249–261.

Barrett, T. W., & Scott, T. B. (1990). Suicide bereavement and recovery patterns compared with nonsuicide bereavement patterns. *Suicide and Life-Threatening Behavior, 29,* 1–15.

Battin, M. P. (Ed.). (1994). *The least worst death: Essays in bioethics on the end of life.* New York: Oxford University Press.

Battin, M. P. (1996). *The death debate: Ethical issues in suicide.* Upper Saddle River, NJ: Prentice Hall. Battin, M. P., Rhodes, R., & Silvers, A. (Eds.). (1998). *Physician assisted suicide: Expanding the debate.* New York: Routledge.

Bauer, Y. (1982). *A history of the Holocaust.* New York: Franklin Watts.

Bauer, Y. (1986). Introduction. In E. Kulka, *Escape from Auschwitz* (pp. xiii–xvii). South Hadley, MA: Bergin & Garvey.

Baugher, R. (2001, March/April). How long (according to the media) should grief last? *Columbia Journalism Review,* 58–59.

Baxter, G., Bennett, L., & Stuart, W. (1989). *Adolescents and death: Bereavement support groups for secondary school students* (2nd ed.). Etobicoke, Ontario: Canadian Centre for Death Education and Bereavement at Humber College.

Beamer, L. (with K. Abraham). (2002). *Let's roll!: Ordinary people, extraordinary courage.* Wheaton, IL: Tyndale House.

Beauchamp, T. L. (Ed.). (1996). *Intending death: The eth-ics of assisted suicide and euthanasia.* Upper Saddle River, NJ: Prentice Hall.

Beauchamp, T. L., & Childress, J. F. (2001). *Principles of biomedical ethics.* New York: Oxford University Press.

Becker, C. B. (1990). Buddhist views of suicide and euthanasia. *Philosophy East and West, 40,* 543–556.

Becker, D., & Margolin, F. (1967). How surviving parents handled their young children's adaptations to the crisis of loss. *American Journal of Orthopsychiatry, 37,* 753–757.

Becker, E. (1973). *The denial of death.* New York: Free Press.

Becvar, D. S. (2003). *In the presence of grief: Helping family members resolve death, dying, and bereavement issues.* New York: Guilford Press.

Beder, J. (2005). Loss of the assumptive world—How we deal with death and loss. *Omega, Journal of Death and Dying, 50,* 255–265.

Bell, V., & Troxel, D. (2002). *The Best Friends approach to Alzheimer's care.* Deerfield Beach, FL: Health Communications Inc.

Bell, V., & Troxel, D. (2003). *A dignified life: The Best Friends approach to Alzheimer's care, a guide for family caregivers* (Rev. ed.). Baltimore: Health Professions Press.

Bell-Fialkoff, A. (1993). A brief history of ethnic cleansing. *Foreign Affairs, 72*(3), 110–112. doi:10.2307/20045626. Retrieved on December 15, 2001 from http://www.foreignaffairs.org/19930601faessay5199/andrew-bellfialkoff/a-brief-history-of-ethnic-cleansing.html

Bendann, E. (1930). *Death customs: An analytical study of burial rites.* New York: Knopf.

Benenson, E. (1998). Donor husband, donor father: UNOS board member KennethMoritsugu looks beyond tragedy to serving others. *UNOS Update* [Special edition, Spring], 26.

Bengtson, V. L., Cuellar, J. B., & Ragan, P. K. (1977). Stratum contrasts and similarities in attitudes toward death. *Journal of Gerontology, 32,* 76–88.

Benjamin, D., & Simon, S. (2002). *The age of sacred terror.* New York: Random House.

Bennett, C. (1980). *Nursing home life: What it is and what it could be.* New York: Tiresias Press.

Bennett, K. M., & Bennett, G. (2001). "And there's always this great hole inside that hurts": An empirical study of bereavement in later life. *Omega, Journal of Death and Dying, 42,* 237–251.

Bensinger, J. S., & Natenshon, M. A. (1991). Difficulties in recognizing adolescent health issues. In W. R. Hendee (Ed.), *The health of adolescents* (pp. 381–410). San Francisco: Jossey-Bass.

Berger, A., Badham, P., Kutscher, A. H., Berger, J., Perry, M., & Beloff, J. (Eds.). (1989). *Perspectives on death and dying: Cross-cultural and multi-disciplinary views.* Philadelphia: Charles Press.

Berkovitz, I. H. (1985). The role of schools in child, adolescent, and youth suicide prevention. In M. L. Peck, N. L. Farberow, & R. E. Litman (Eds.), *Youth suicide* (pp. 170–190). New York: Springer.

Berman, A. L. (1986). Helping suicidal adolescents: Needs and responses. In C. A. Corr & J. N. McNeil (Eds.), *Adolescence and death* (pp. 151–166). New York: Springer.

Berman, A. L. (1988). Fictional depiction of suicide in television film and imitation effects. *American Journal of Psychiatry, 145,* 982–986.

Berman, A. L., & Jobes, D. (1991). *Adolescent suicide: Assessment and intervention.* Washington, DC: American Psychological Association.

Bern-Klug, M., DeViney, S., & Ekerdt, D. J. (2000). Variations in funeral-related costs of older adults and the role of pre-need funeral contracts and type of disposition. *Omega, Journal of Death and Dying, 41,* 23–38.

Bertini, K. (2009). *Understanding and preventing suicide: The development of self-destructive patterns and ways to alter them.* Westport, CT: Praeger.

Bertman, S. L. (1974). Death education in the face of a taboo. In E. A. Grollman (Ed.), *Concerning death: A practical guide for the living* (pp. 333–361). Boston: Beacon Press.

Bertman, S. L. (1984). Children's and others' thoughts and expressions about death. In H. Wass & C. A. Corr (Eds.), *Helping children cope with death: Guidelines and resources* (2nd ed.; pp. 11–31). Washington, DC: Hemisphere.

Bertman, S. L. (1991). *Facing death: Images, insights, and interventions.* Washington, DC: Hemisphere.

Bertman, S. L. (Ed.). (1999). *Grief and the healing arts: Creativity as therapy.* Amityville, NY: Baywood.

Berzoff, J., & Silverman, P. (Eds.). (2004). *Living with dying: A comprehensive resource for health care professionals.* New York: Columbia University Press.

Bettelheim, B. (1977). *The uses of enchantment—The meaning and importance of fairy tales.* New York: Vintage Books.

Betzold, M. (1993). *Appointment with Doctor Death.* Troy, MI: Momentum Books.

Binkewicz, M. P. (2005). *Peaceful journey: A hospice chaplain's guide to end of life.* Ithaca, NY: Paramont Market Publishing.

Birren, J. E. (1964). *The psychology of aging.* Englewood Cliffs, NJ: Prentice Hall.

Bishop, S. L., & Cain, A. C. (2003). Widowed young parents: Changing perspectives on remarriage and cohabitation rates and their determinants. *Omega, Journal of*

Death and Dying, 47, 299–312.

Blackhall, L. J., Murphy, S. T., Frank, G., Michel, V., & Azen, S. (1995). Ethnicity and attitudes toward patient autonomy. *Journal of the American Medical Association, 274,* 820–825.

Blackman, S. (1997). *Graceful exits: How great beings die.* New York: Weatherhill.

Blackmore, S. (1993). *Dying to live: Science and the near-death experience.* London: Grafton.

Blais, J. J., Craig, W. M., Pepler, D., & Connolly, J. (2008). Adolescents online: The importance of internet activity choices to salient relationships. *Journal of Youth and Adolescence, 37*(5), 522–536.

Blane, D. (1995). Social determinants of health: Socioeconomic status, social class, and ethnicity [Editorial]. *American Journal of Public Health, 85,* 903–905.

Blank, J. W. (1998). *The death of an adult child: A book for and about bereaved parents.* Amityville, NY: Baywood.

Blauner, R. (1966). Death and social structure. *Psychiatry, 29,* 378–394.

Bleich, J. D. (1979). The obligation to heal in the Judaic tradition: A comparative analysis. In F. Rosner & J. D. Bleich (Eds.), *Jewish bioethics* (pp. 1–44). New York: Sanhedrin Press.

Block, C. R. (1993). Lethal violence in the Chicago Latino community. In A. V. Wilson (Ed.), *Homicide: The victim/offender connection* (pp. 267–342). Cincinnati, OH: Anderson.

Bloom, A. (Metropolitan of Sourozh). (1999). Death and bereavement. In A. Walker & C. Carras (Eds.), *Living orthodoxy in the modern world: Orthodox Christianity and society* (pp. 85–107). Crestwood, NY: St. Vladimir's Seminary Press.

Blos, P. (1941). *The adolescent personality: A study of individual behavior.* New York: D. Appleton-Century-Crofts.

Blos, P. (1979). *The adolescent passage: Developmental issues.* New York: International Universities Press.

Bluebond-Langner, M. (1977). Meanings of death to children. In H. Feifel (Ed.), *New meanings of death* (pp. 47–66). New York: McGraw-Hill.

Bluebond-Langner, M. (1978). *The private worlds of dying children.* Princeton, NJ: Princeton University Press.

Bluebond-Langner, M. (1996). *In the shadow of illness: Parents and siblings of the chronically ill child.* Princeton, NJ: Princeton University Press.

Bluebond-Langner, M., Belasco, J. B., Goldman, A., &Belasco, C. (2007). Understanding parents' approaches to care and treatment of children with cancer when standard therapy has failed. *Journal of Clinical Oncology, 25,* 2414–2419.

Bluebond-Langner, M., Lask, B., & Angst, D. B. (Eds.). (2001). *Psychosocial aspects of cystic fibrosis*. London: Arnold.

Bluebond-Langner, M., Perkel, D., & Goertzel, T. (1991). Pediatric cancer patients' peer relationships: The impact of an oncology camp experience. *Journal of Psychosocial Oncology, 9*(2), 67–80.

Blume, J. (1981). *Tiger eyes*. Scarsdale, NY: Bradbury.

Boden, C. (1998). *Who will I be when I die?* East Melbourne, Australia: HarperCollins Religious.

Bolton, C., & Camp, D. J. (1987). Funeral rituals and the facilitation of grief work. *Omega, Journal of Death and Dying, 17*, 343–352.

Bolton, G. (Ed.). (2007). *Dying, bereavement and the healing arts*. Philadelphia: Jessica Kingsley.

Bolton, I. (1995). *My son, my son: A guide to healing after a suicide in the family* (Rev. ed.). Atlanta, GA: Bolton Press.

Bonanno, G. A. (2004). Loss, trauma and human resilience: Have we underestimated the human capacity to thrive after extremely aversive events? *American Psychologist, 59*, 20–28.

Bonanno, G. A. (2006). Is complicated grief a valid construct? *Clinical Psychology: Science and Practice, 13*, 129–134.

Bonanno, G. A. (2009). *The other side of sadness: What the new science of bereavement tells us about life after loss*. New York: Basic Books.

Bordere, T. C. (2009a). Culturally conscientious thanatology. *The Forum, 35*(2), 1–4.

Bordere, T. C. (2009b). "To look at death another way": Black teenage males' perspectives on second-lines and regular funerals in New Orleans. *Omega, Journal of Death and Dying, 58*(3), 213–232.

Borg, S., & Lasker, J. (1989). *When pregnancy fails: Families coping with miscarriage, stillbirth, and infant death* (Rev. ed.). New York: Bantam.

Borkman, T. (1976). Experiential knowledge: A new concept for the analysis of self-help groups. *Social Service Review, 50*, 445–456.

Borowsky, I. W., Resnick, M. D., Ireland, M., & Blum, R. W. (1999). Suicide attempts among American Indian and Alaska Native youth: Risk and protective factors. *Archives of Pediatric and Adolescent Medicine, 153*, 573–580. Boss, P. (1999). *Ambiguous loss: Learning to live with unresolved grief*. Cambridge,MA: Harvard University Press.

Bosticco, C., & Thompson, T. L. (2005). Narratives and story telling in coping with grief and bereavement. *Omega, Journal of Death and Dying, 51*, 1–16.

Bottrell, M. M., O'Sullivan, J. E., Robbins, M. A., Mitty, E. L., & Mezey, M. D. (2001). Transferring dying nursing home residents to the hospital: DON perspectives on the nurse's role in transfer decisions. *Geriatric Nursing, 22*, 313–317.

Bove, A. A. (2005). *Complete book of wills, estates, and trusts* (3rd ed.). New York: Owl Books.

Bowen, M. (1991). Family reactions to death. In F. Walsh & M. McGoldrick (Eds.), *Living beyond loss: Death in the family* (pp. 164–175). New York: Norton.

Bowering, G., & Baird, J. (Eds.). (2009). *The heart does break: Canadian writers on grief and mourning*. Toronto: Random House Canada.

Bowker, J. (1991). *The meanings of death*. Cambridge, England: Cambridge University Press.

Bowlby, J. (1961). Processes of mourning. *International Journal of Psychoanalysis, 42*, 317–340.

Bowlby, J. (1969–80). *Attachment and loss* (3 vols.). New York: Basic Books.

Bowman, L. E. (1959). *The American funeral: A study in guilt, extravagance and sublimity*. Washington, DC: Public Affairs Press.

Brabant, S. (1996). *Mending the torn fabric: For those who grieve and those who want to help them*. Amityville, NY: Baywood.

Brabant, S., Forsyth, C., & McFarlain, G. (1995). Life after the death of a child: Initial and long term support from others. *Omega, Journal of Death and Dying, 31*, 67–85.

Bradach, K. M., & Jordan, J. R. (1995). Long-term effects of a family history of traumatic death on adolescent individuation. *Death Studies, 19*, 315–336.

Brady, E. M. (1979). Telling the story: Ethics and dying. *Hospital Progress, 60*, 57–62.

Bramblett, J. (1991). *When good-bye is forever: Learning to live again after the loss of a child*. New York: Ballantine.

Braun, K. L., Pietsch, J., & Blanchette, P. (Eds.). (2000). *Cultural issues in end-of-life decision making*. Thousand Oaks, CA: Sage.

Braun, K. L., Tanji, V. M., & Heck, R. (2001). Support for physician-assisted suicide: Exploring the impact of ethnicity and attitudes toward planning for death. *Gerontology, 41*(1), 51–60.

Braun, M. L., & Berg, D. H. (1994). Meaning reconstruction in the experience of bereavement. *Death Studies, 18*, 105–129.

Breck, J. (1995). Euthanasia and the quality of life debate. *Christian Bioethics, 1*, 322–337.

Breed, W. (1972). Five components of a basic suicide syndrome. *Life-Threatening Behavior, 2*, 3–18.

Breitman, R., & Goda, N. J. W. (2010, Dec. 10). *Hitler's shadow: Nazi war criminals, U.S. intelligence, and the cold war*. Washington, DC: National Archives. Retrieved on December 12, 2010, from http://www.archives.gov/iwg/reports/hitlers-shadow.pdf

Brennan, C. (1998, November 5). Al Joyner can't escape memories of FloJo. *USA Today*, p. 5E.

Brent, S. (1978). Puns, metaphors, and misunderstandings in a two-year-old's conception of death. *Omega, Journal of Death and Dying, 8*, 285–294.

Brent, S. B.,&Speece,M.W. (1993). "Adult" conceptualization of irreversibility: Implications for the development of the concept of death. *Death Studies, 17*, 203–224.

Brodman, B. (1976). *The Mexican cult of death in myth and literature*. Gainesville: University of Florida Press.

Brokaw, T. (1998). *The greatest generation*. New York: Random House.

Brothers, J. (1990). *Widowed*. New York: Simon & Schuster.

Brown, E., with B. Warr. (2007). *Supporting the child and the family in paediatric palliative care*. Philadelphia: Jessica Kingsley.

Brown, J. E. (1987). *The spiritual legacy of the American Indian*. New York: Crossroad.

Brown, J. H., Henteleff, P., Barakat, S., & Rowe, C. J. (1986). Is it normal for terminally ill patients to desire death? *American Journal of Psychiatry, 143*, 208–211.

Brown, M. W. (1958). *The dead bird*. Reading, MA: Addison-Wesley.

Browning, C. R. (2004). *The origins of the final solution: The evolution of Nazi Jewish policy, September 1939–March 1942*. Lincoln: University of Nebraska Press.

Brubaker, E. (1985). Older parents' reactions to the death of adult children: Implications for practice. *Journal of Gerontological Social Work, 9*, 35–48.

Bruera, E., Higginson, I. J., Ripamonti, C., & Von Gunten, C. F. (2009). *Textbook of palliative medicine*. New York: Oxford University Press.

Bruner, J. S. (1962). *The process of education*. Cambridge: Harvard University Press.

Bryant, C. D. (Ed.). (2003). *Handbook of death and dying* (2 vols.). Thousand Oaks, CA: Sage.

Bryant, C. D., & Peck, D. L. (Eds.). (2009). *Encyclopedia of death and the human experience* (2 vols.). Thousand Oaks, CA: Sage.

Bryden, C. (2005). *Dancing with dementia: My story of living positively with Alzheimer's*. Philadelphia: Jessica Kingsley. Bryer, K. B. (1979). The Amish way of death: A study of family support systems. *American Psychologist, 34*, 255–261.

Bucholz, J. A. (2002). *Homicide survivors: Misunderstood grievers*. Amityville, NY: Baywood.

Buchwald, A. (2006). *Too soon to say goodbye*. New York: Random House.

Buckle, J. L., & Fleming, S. J. (2011). *Parenting after the death of a child: A practitioner's guide*. New York: Routledge.

Buckley, S. (2001, September 2). Slow change of heart. *St. Petersburg Times*, pp. 1A, 8A–9A.

Buckman, R. (1992a). *How to break bad news: A guide for health care professionals*. Baltimore: Johns Hopkins University Press.

Buckman, R. (1992b). *I don't know what to say: How to help and support someone who is dying*. New York: Vintage Books.

Buhler, C. (1968). The general structure of the human life cycle. In C. Buhler & F. Massarik (Eds.), *The course of human life: A study of goals in the humanistic perspective* (pp. 12–26). New York: Springer.

Bumiller, E. (2001, November 12). Honoring lost lives from some 80 nations in memorial for world. *The New York Times*, p. B10.

Bunting, E. (1982). *The happy funeral*. New York: Harper & Row.

Burnell, G. M. (2008). *Freedom to choose: How to make end-of-life decisions on your own terms*. Amityville, NY: Baywood.

Burns, D. M. (2010). *When kids are grieving: Addressing grief and loss in school*. Thousand Oaks, CA: Corwin Press.

Burns, S. B. (1990). *Sleeping beauty: Memorial photography in America*. Altadena, CA: Twelvetrees Press.

Burtt, E. A. (1955). *The teachings of the compassionate Buddha*. New York: New American Library.

Busch, K. G., Zagar, R., Hughes, J. R., Arbit, J., & Bussell, R. E. (1990). Adolescents who kill. *Journal of Clinical Psychology, 46*, 472–485.

Butler, C. L., & Lagoni, L. S. (1996). Children and pet loss. In C. A. Corr & D. M. Corr (Eds.), *Handbook of childhood death and bereavement* (pp. 179–200).New York: Springer.

Butler, R. N. (1963). The life review: An interpretation of reminiscence in the aged. *Psychiatry, 26*, 65–76.

Butler, R. N. (1969). Age-ism: Another form of bigotry. *The Gerontologist, 9*, 243–246.

Butler, R. N. (1975). *Why survive? Being old in America*. New York: Harper & Row.

Butler, R. N., & Lewis, M. I. (1982). *Aging and mental health* (3rd ed.). St. Louis, MO: Mosby.

Byock, I. (1996). The nature of suffering and the nature of opportunity at the end of life. *Clinics in Geriatric Medicine, 12*, 237–252.

Byock, I. (1997). *Dying well: The prospect for growth at the end of life*. New York: Putnam.

Byock, I. (2004). *The four things that matter most: A book about living*. New York: Free Press.

Cade, S. (1963). Cancer: The patient's viewpoint and the clinician's problems. *Proceedings of the Royal Society of Medicine, 56*, 1–8.

Cain, A. (Ed.). (1972). *Survivors of suicide.* Springfield, IL: Bannerstone House.

Caine, L. (1975). *Widow.* New York: Bantam Books.

Caine, L. (1999). *Being a widow.* New York: Penguin Books.

Calhoun, L. G., & Tedeschi, R. G. (Eds.). (1999). *Facilitating posttraumatic growth: A clinician's guide.* Mahwah, NJ: Lawrence Erlbaum Associates.

Calhoun, L. G., & Tedeschi, R. G. (Eds.). (2006). *The handbook of posttraumatic growth: Research and practice.* Mahwah, NJ: Lawrence Erlbaum Associates.

Calhoun, L. G., Abernathy, C. B., & Selby, J.W. (1986). The rules of bereavement: Are suicidal deaths different? *Journal of Community Psychology, 14,* 213–218.

Callanan, M., & Kelley, P. (1992). *Final gifts: Understanding the special awareness, needs, and communications of the dying.* New York: Poseidon Press.

Callender, C. O., Hall, L. E., Yeager, C. L., Barber, J. B., Dunston, G. M., & Pinn-Wiggins, V. W. (1991). Organ donation and blacks: A critical frontier. *New England Journal of Medicine, 325,* 442–444.

Calvin, S., & Smith, I. M. (1986). Counseling adolescents in death-related situations. In C. A. Corr & J. N. McNeil (Eds.), *Adolescence and death* (pp. 215–230). New York: Springer.

Camenisch, P. F. (Ed.). (1994). *Religious methods and resources in bioethics.* Boston: Kluwer.

Campbell, G. R. (1989). The political epidemiology of infant mortality: A health crisis among Montana American Indians. *American Indian Culture and Research Journal, 13,* 105–148.

Campbell, S., & Silverman, P. R. (1996). *Widower: When men are left alone.* Amityville, NY: Baywood.

Canadian Hospice Palliative Care Association. (2010, June). *Quality end-of-life care? It depends on where you live … and where you die.* Ottawa, Canada: Author.

Canine, J. D. (1999). *What am I going to do with myself when I die?* Stamford, CT: Appleton & Lange.

Cantor, R.C. (1978). *And a time to live: Toward emotional wellbeing during the crisis of cancer.* New York: Harper&Row.

Caplan, A. L., & Coelho, D. H. (Eds.). (1999). *The ethics of organ transplants: The current debate.* Buffalo, NY: Prometheus.

Caplan, A. L., McCartney, J. J., & Sisti, D. A. (Eds.). (2006). *The case of Terri Schiavo: Ethics at the end of life.* Buffalo, NY: Prometheus.

Carey, R. G. (1979). Weathering widowhood: Problems and adjustment of the widowed during the first year. *Omega, Journal of Death and Dying, 10,* 263–274.

Carlson, L. (1998). *Caring for the dead: Your final act of love.* Hinesburg, VT: Upper Access.

Carlson, M., Herrin, J., Du, Q., Epstein, A. J., Barry, C. L., Morrison, R. S., et al. (2010). Impact of hospice disenrollment on health care use and Medicare expenditures for patients with cancer. *Journal of Clinical Oncology, 28*(28), 4371–4375.

Carmack, B. J. (2003). *Grieving the death of a pet.* Minneapolis, MN: Augsburg Fortress.

Carr, B. A., & Lee, E. S. (1978). Navajo tribal mortality: A life table analysis of the leading causes of death. *Social Biology, 25,* 279–287.

Carr, C. (2002). *The lessons of terror.* New York: Random House.

Carr, D., Nesse, R. M., & Wortman, C. B. (Eds.). (2005). *Spousal bereavement in late life.* New York: Springer.

Carrick, C. (1976). *The accident.* New York: Seabury Press.

Carse, J. P. (1980). *Death and existence: A conceptual history of mortality.* New York: Wiley.

Carson, U. (1984). Teachable moments occasioned by "small deaths." In H. Wass & C. A. Corr (Eds.), *Childhood and death* (pp. 315–343). Washington, DC: Hemisphere.

Carter, B. S., & Levetown, M. (Eds.). (2004). *Palliative care for infants, children, and adolescents: A practical handbook.* Baltimore: Johns Hopkins University Press.

Carter, B., & McGoldrick, M. (Eds.). (1988). *The changing family life cycle: A framework for family therapy* (2nd ed.). New York: Gardner Press.

Carter, J. (1998). *The virtues of aging.* New York: Library of Contemporary Thought/Ballantine.

Cassarett, D. J., Hirschman, K. B., & Henry, M. R. (2001). Does hospice have a role in nursing home care at the end of life? *Journal of the American Geriatrics Society, 49,* 1493–1498.

Cassell, E. J. (1985). *Talking with patients: Vol. 1, The theory of doctor-patient communication; Vol. 2, Clinical technique.* Cambridge, MA: MIT Press.

Cassell, E. J. (1991). *The nature of suffering and the goals of medicine.* New York: Oxford University Press.

Cate, F.H.,&Gill, B. A. (1991). *The Patient Self-Determination Act: Implementation issues and opportunities.* Washington, DC: The AnnenbergWashington Program.

Catt, S., Blanchard, M., Addington-Hall, J., Zis, M., Blizard, R., & King, M. (2005). Older adults' attitudes to death, palliative treatment and hospice care. *Palliative Medicine, 19*(5), 402–410.

Cavanaugh, J. C., & Blanchard-Fields, F. (2010). *Adult development and aging* (6th ed.). Belmont, CA: Wadsworth.

Cebuhar, J. K. (2006). *Last things first, just in case … The practical guide to living wills and durable powers of attorney for health matters.* West Des Moines, IA: Murphy Publishing.

665

Center for the Advancement of Health. (2004). Report on bereavement and grief research [Special issue]. *Death Studies, 28*(6).

Centers for Disease Control (CDC). (1981a). *Pneumocystis* pneumonia—Los Angeles. *Morbidity and Mortality Weekly Report, 30,* 250–252.

Centers for Disease Control (CDC). (1981b). Kaposi's sarcoma and *Pneumocystis* pneumonia among homosexual men—New York City and California. *Morbidity and Mortality Weekly Report, 30,* 305–308.

Centers for Disease Control (CDC). (1981c). Follow-up on Kaposi's sarcoma and *Pneumocystis* pneumonia. *Morbidity and Mortality Weekly Report, 30,* 409–410.

Centers for Disease Control (CDC). (1992a). 1993 revised classification system for HIV infection and expanded surveillance case definition for AIDS among adolescents and adults. *Morbidity and Mortality Weekly Report, 41,* No. RR-17.

Centers for Disease Control and Prevention (CDC). (1992b). *HIV/AIDS Surveillance Report,* Vol. 4(1). Atlanta: U.S. Department of Health and Human Services, Centers for Disease Control and Prevention.

Centers for Disease Control and Prevention (CDC). (2006). Twenty-five years of HIV/AIDS—United States, 1981–2006. *Morbidity and Mortality Weekly Report, 55*(21), 585–589.

Centers for Disease Control and Prevention (CDC). (2010a). National Center for Health Statistics. Compressed Mortality File 1999–2007. CDC WONDER On-line Database, compiled from Compressed Mortality File 1999–2007 Series 20 No. 2M, 2010. Accessed at http://wonder.cdc.gov/cmf-icd10.html on Nov 18, 2010 8:04:43 AM.

Centers for Disease Control and Prevention (CDC). (2010b). Vital signs: HIV testing and diagnosis among adults—United States, 2001–2009. *Morbidity and Mortality Weekly Report, 59*(47), 1550–1555. Retrieved on December 2, 2010, from http://www.cdc.gov/mmwr/pre-view/mmwrhtml/mm5947a3.htm?s_cid=mm5947a3_w

Chambers, J. S. (2005). *The easy will and living will kit* (CD-ROM). Naperville, IL: Sphinx Publishing.

Chance, S. (1994). *Stronger than death: When suicide touches your life—A mother's story.* New York: Avon.

Chandler, M. J., & Lalonde, C. E. (1998). Continuity as a hedge against suicide in Canada's First Nations. *Transcultural Psychiatry, 35,* 191–219.

Chandler, M. J., Lalonde, C. E., Sokol, B. W., & Hallet, D. (2003). Personal persistence, identity development, and suicide: A study of Native and non-Native North American adolescents. *Monographs of the Society for Research in Child Development, 68*(2), 50–76.

Chappell, B. J. (2001). My journey to the Dougy Center. In O. D. Weeks & C. Johnson (Eds.), *When all the friends have gone: A guide for aftercare providers* (pp. 141–154). Amityville, NY: Baywood.

Chappell, B. J. (2008). *Children helping children with grief: My path to founding The Dougy Center for Grieving Children and Their Families.* Troutdale, OR: NewSage Press.

Chapple, H. S. (2010). *No place for dying: Hospitals and the ideology of rescue.* Walnut Creek, CA: Left Coast Press.

Chaudhuri, J. (2001). Some notes on political theory and American Indian values: The case of the Muscogee Creeks. *American Indian Culture and Research Journal, 25,* 129–135.

Chen, P. W. (2006). *Final exam: A surgeon's reflections on mortality.* New York: Knopf. Chethik, N. (2001). *FatherLoss: How sons of all ages come to terms with the deaths of their dads.* New York: Hyperion Books.

Chidester, D. (1990). *Patterns of transcendence: Religion, death, and dying.* Belmont, CA: Wadsworth.

Childers, P., & Wimmer, M. (1971). The concept of death in early childhood. *Child Development, 42,* 1299–1301.

Childress, J. F. (1990). The place of autonomy in bioethics. *Hastings Center Report, 20*(1), 12–17.

Choron, J. (1963). *Death and Western thought.* New York: Collier Books.

Choron, J. (1964). *Death and modern man.* New York: Collier Books.

Christ, G. H. (2000). *Healing children's grief: Surviving a parent's death from cancer.* New York: Oxford University Press.

Christ, G. H., Siegel, K., & Christ, A. E. (2002). Adolescent grief: "It never really hit me ··· until it actually happened." *Journal of the American Medical Association, 288,* 1269–1278.

Christakis, N., & Iwashyna, T. (2003). The health impact of hospice care on families: A matched cohort study of hospice use by decedents and mortality outcomes in surviving, widowed spouses. *Social Science and Medicine, 57*(3), 465–475.

Churn, A. (2003). *The end is just the beginning: Lessons in grieving for African Americans.* New York: Broadway Books.

Cicirelli, V. G. (2002). *Older adults' views on death.* New York: Springer.

Clark, D. (Ed.). (2002). *Cicely Saunders – founder of the hospice movement. Selected letters 1959–1999.* Oxford, UK: Oxford University Press.

Clark, D. (2007). End-of-life care around the world: Achievements to date and challenges remaining. In C. M. Parkes (Ed.), "Hospice heritage": In memory of Dame Cicely Saunders [Special issue]. *Omega, Journal of Death and Dying, 56*, 101–110.

Clark, D., Small, N., Wright, M., Winslow, M., & Hughes, N. (2005). *A bit of heaven for the few?: An oral history of the modern hospice movement in the United Kingdom*. Lancaster, United Kingdom: Observatory Publications.

Clark, J., & Cheshire, A. (2004). RIP by the roadside: A comparative study of roadside memorials in New South Wales, Australia, and Texas, United States. *Omega, Journal of Death and Dying, 48*, 203–222.

Clark, J., & Franzmann, M. (2006). Authority from grief, presence and place in the making of roadside memorials. *Death Studies, 30*, 579–599.

Clayton, P. J. (1973). The clinical morbidity of the first year of bereavement: A review. *Comprehensive Psychiatry, 14*, 151–157.

Clayton, P. J. (1974). Mortality and morbidity in the first year of widowhood. *Archives of General Psychiatry, 30*, 747–750.

Clayton, P. J., Herjanic, M., Murphy, G. E., & Woodruff, R. A. (1974). Mourning and depression: Their similarities and differences. *Canadian Psychiatric Association Journal, 19*, 309–312.

Cleckley, M., Estes, E., & Norton, P. (Eds.). (1992). *We need not walk alone: After the death of a child* (2nd ed.). Oak Brook, IL: The Compassionate Friends.

Clements, P. T., Vigil, G. J., Manno, M. S., Henry, G. C., Wilks, J., Das, S., et al. (2003). Cultural perspectives of death, grief, and bereavement. *Journal of Psychosocial Nursing, 41*(7), 18–26.

Clifford, D. (2009). *Make your own living trust* (CD-ROM) (9th ed.). Berkeley, CA: Nolo Press.

Clifford, D., & Jordan, C. (2010). *Plan your estate* (10th ed.). Berkeley, CA: Nolo Press.

Clift, E. (2008). *Two weeks of life: A memoir of love, death and politics*. New York: Basic Books.

Cobain, B. (2007). *When nothing matters anymore: A survival guide for depressed teens* (rev. & updated ed.). Minneapolis: Free Spirit Publishing.

Coffin, M. M. (1976). *Death in early America: The history and folklore of customs and superstitions of early medicine, burial and mourning*. Nashville, TN: Thomas Nelson.

Cohen, C. B. (1996). Christian perspectives on assisted suicide and euthanasia: The Anglican tradition. *Journal of Law, Medicine and Ethics, 24*, 369–379.

Cohen, J. A., Mannarino, A. P., & Deblinger, E. (2006). *Treating trauma and traumatic grief in children and adolescents*. New York: Guilford.

Cohen, M. N. (1989). *Health and the rise of civilization*. New Haven, CT: Yale University Press.

Cohen-Almagor, R. (2010). *Euthanasia in the Netherlands: The policy and practice of mercy killing*. Dordrecht,

Netherlands: Kluwer Academic Publishers.

Colby, W. H. (2002). *Long goodbye: The deaths of Nancy Cruzan*. Carlsbad, CA: Hay House.

Colby, W. H. (2006). *Unplugged: Reclaiming our right to die in America*. New York: AmericanManagement Association.

Coleman, J. C. (1978). Current contradictions in adolescent theory. *Journal of Youth and Adolescence, 7*, 1–11.

Coleman, P. G. (2005). Uses of reminiscence: Functions and benefits. *Aging and Mental Health, 9*(4), 291–294.

Colen, B. D. (1976). *Karen Ann Quinlan: Dying in the age of eternal life*. New York: Nash.

Collett, L., & Lester, D. (1969). The fear of death and the fear of dying. *Journal of Psychology, 72*, 179–181.

Collier, A. K. (2003). *Still with me: A daughter's journey of love and loss*. New York: Simon & Schuster.

Collins, C. O., & Rhine, C. D. (2003). Roadside memorials. *Omega, Journal of Death and Dying, 47*, 221–244.

Colorado Collaboration on End-of-Life Care. (n.d.). *Five themes for caring: Spiritual care giving guide*. Denver, CO: Author.

Combs, C. C., & Slann, M. (2002). *Encyclopedia of terrorism*. New York: Facts on File.

Comer, J. (2006). *When roles reverse: A guide to parenting your parents*. Charlottesville, VA: Hampton Roads Publishing Co.

Comstock, G. A., & Paik, H. (1991). *Television and the American child*. San Diego, CA: Academic Press.

Conger, J. J., & Peterson, A. C. (1984). *Adolescence and youth: Psychological development in a changing world* (3rd ed.). New York: Harper & Row.

Connor, S. R. (1998). *Hospice: Practice, pitfalls, and promise*. Bristol, PA: Taylor & Francis.

Connor, S. R. (2007). Development of hospice and palliative care in the United States. In C. M. Parkes (Ed.), "Hospice heritage": In memory of Dame Cicely Saunders [Special issue]. *Omega, Journal of Death and Dying, 56*, 89–99.

Connor, S. R. (2009). *Hospice and palliative care: The essential guide* (2nd ed.). New York: Routledge.

Connor, S. R., Elwert, F., Spence, C., & Christakis, N. A. (2007). Geographic variation in hospice use in the United States in 2002. *Journal of Pain and Symptom Management, 34*(3), 277–285.

Connor, S. R., Elwert, F., Spence, C., & Christakis, N. A., (2008). Racial disparity in hospice use in the United States in 2002. *Palliative Medicine, 22*, 205–213.

Connor, S. R., Pyenson, B., Fitch, K., Spence, C., & Iwasaki, K. (2007b). Comparing hospice and nonhospice patient survival among patients who die within a three-year window. *Journal of Pain and Symptom Management, 33*, 238–246.

Conrad, B. H. (1997). *When a child has been murdered: Ways you can help the grieving parents*. Amityville, NY: Baywood.

Contro, N., Larson, J., Scofield, S., Sourkes, B., & Cohen, H. (2002). Family perspectives on the quality of pediatric palliative care. *Archives of Pediatric and Adolescent Medicine, 156*(1), 14–19.

Cook, A. S., & Dworkin, D. S. (1992). *Helping the bereaved: Therapeutic interventions for children, adolescents, and adults*. New York: Basic Books.

Cook, A. S., & Oltjenbruns, K. A. (1998). *Dying and grieving: Lifespan and family perspectives* (2nd ed.). Fort Worth, TX: Harcourt Brace.

Corace, B. (2001). End-of-life care: A personal reflection. In M. Z. Solomon, A. L. Romer, K. S. Heller, & D. E. Weissman (Eds.), *Innovations in end-of-life care: Practical strategies and international perspectives* (Vol. 2, pp. 81–82). Larchmont, NY: Mary Ann Liebert Publishers.

Cordesman, A. H. (2005). *The challenge of biological terrorism*. Washington, DC: Center for Strategies and International Studies.

Corless, I. B. (2001). Bereavement. In B. R. Ferrell & N. Coyle (Eds.), *Textbook of palliative nursing* (pp. 352–362). New York: Oxford University Press.

Corless, I. B., & Foster, Z. (Eds.). (1999). The hospice heritage: Celebrating our future [Special issue]. *Hospice Journal, 14* (3/4).

Corley, E. A. (1973). *Tell me about death, tell me about funerals*. Santa Clara, CA: Grammatical Sciences.

Corr, C. A. (1978). A model syllabus for death and dying courses. *Death Education, 1*, 433–457.

Corr, C. A. (1980). Workshops on children and death. *Essence, 4*, 5–18.

Corr, C. A. (1981). Hospices, dying persons, and hope. In R. A. Pacholski & C. A. Corr (Eds.), *New directions in death education and counseling: Enhancing the quality of life in the nuclear age* (pp. 14–20). Arlington, VA: Forum for Death Education and Counseling.

Corr, C. A. (1984a). Helping with death education. In H. Wass & C. A. Corr (Eds.), *Helping children cope with death: Guidelines and resources* (2nd ed.; pp. 49–73). Washington, DC: Hemisphere.

Corr, C. A. (1984b). A model syllabus for children and death courses. *Death Education, 8*, 11–28.

Corr, C. A. (1991). Should young children attend funerals? What constitutes reliable advice? *Thanatos, 16*(4), 19–21.

Corr, C. A. (1992a). A task-based approach to coping with dying. *Omega, Journal of Death and Dying, 24*, 81–94.

Corr, C. A. (1992b). Teaching a college course on children and death: A 13-year report. *Death Studies, 16*, 343–356.

Corr, C. A. (1993a). Coping with dying: Lessons that we should and should not learn from the work of Elisabeth Kubler-Ross. *Death Studies, 17*, 69–83.

Corr, C. A. (1993b). The day we went to Auschwitz. *Omega, Journal of Death and Dying, 27*, 105–113.

Corr, C. A. (1995a). Children and death: Where have we been? Where are we now? In D. W. Adams & E. J. Deveau (Eds.), *Beyond the innocence of childhood: Factors influencing children and adolescents' perceptions and attitudes toward death* (Vol. 1, pp. 15–28). Amityville, NY: Baywood.

Corr, C. A. (1995b). Children's understandings of death: Striving to understand death. In K. J. Doka (Ed.), *Children mourning, mourning children* (pp. 3–16). Washington, DC: Hospice Foundation of America.

Corr, C. A. (1995c). Entering into adolescent understandings of death. In E. A. Grollman (Ed.), *Bereaved children and teens: A support guide for parents and professionals* (pp. 21–35). Boston: Beacon Press.

Corr, C. A. (1996). Children and questions about death. In S. Strack (Ed.), *Death and the quest for meaning: Essays in honor of Herman Feifel* (pp. 317–338). Northvale, NJ: Jason Aronson.

Corr, C. A. (1998a). Developmental perspectives on grief and mourning. In K. J. Doka & J. D. Davidson (Eds.), *Living with grief: Who we are, how we grieve* (pp. 143–159). Washington, DC: Hospice Foundation of America.

Corr, C. A. (1998b). Enhancing the concept of disenfranchised grief. *Omega, Journal of Death and Dying, 38*, 1–20.

Corr, C. A. (2000a). Using books to help children and adolescents cope with death: Guidelines and bibliography. In K. J. Doka (Ed.), *Living with grief: Children, adolescents, and loss* (pp. 295–314). Washington, DC: Hospice Foundation of America.

Corr, C. A. (2000b). What do we know about grieving children and adolescents? In K. J. Doka (Ed.), *Living with grief: Children, adolescents, and loss* (pp. 21–32). Washington, DC: Hospice Foundation of America.

Corr, C. A. (2001a, July). Restructuring relationships: Four examples. *Journeys: A Newsletter to Help in Bereavement, 1*, 3.

Corr, C. A. (2001b). Some reflections on the National Donor Quilt. *For Those Who Give and Grieve, 9*(4), 6.

Corr, C. A. (2002a). Revisiting the concept of disenfranchised grief. In K. J. Doka (Ed.), *Disenfranchised grief: New directions, challenges, and strategies for practice* (pp. 39–60). Champaign, IL: Research Press.

Corr, C. A. (2002b). Coping with challenges to assumptive worlds. In J. Kauffman (Ed.), *Loss of the assumptive world: A theory of traumatic loss* (pp. 127–138). New York: Brunner-Routledge.

Corr, C. A. (2002c). Teaching a college course on children

and death for 22 years: A supplemental report. *Death Studies, 26,* 595–606.

Corr, C. A. (2002d). Helping adolescents cope with long-term illness and death. *Prevention Researcher, 9*(2), 6–8.

Corr, C. A. (2003). Loss, grief, and trauma in public tragedy. In M. Lattanzi-Licht & K. J. Doka (Eds.), *Living with grief: Coping with public tragedy* (pp. 63–76). Washington, DC: Hospice Foundation of America.

Corr, C. A. (Ed.). (2004a). Death-related literature for children [Special issue]. *Omega, Journal of Death and Dying, 48*(4).

Corr, C. A. (2004b). Pet loss in death-related literature for children. *Omega, Journal of Death and Dying, 48,* 399–414.

Corr, C. A. (2004c). Teaching courses on death, dying, and bereavement. In G. R. Cox & T. B. Gongaware (Eds.), *The sociology of death and dying: A teaching resource* (2nd ed.; pp. 23–32). Washington, DC: American Sociological Association.

Corr, C. A. (2005). Organ donation: Ethical issues and issues of loss and grief. In K. J. Doka, B. Jennings, & C. A. Corr (Eds.). (2005). *Living with grief: Ethical dilemmas at the end of life* (pp. 251–266). Washington, DC: Hospice Foundation of America.

Corr, C. A. (2007). Anticipatory grief and mourning: An overview. In K. J. Doka (Ed.), *Living with grief: Before and after a death* (pp. 5–20). Washington, DC: Hospice Foundation of America.

Corr, C. A. (2009). Death-related literature for children and adolescents: Selected, annotated, and with guidelines and resources for adults. In A. Armstrong-Dailey & S. Zarbock (Eds.). (2009). *Hospice care for children* (3rd ed.; pp. 518–539). New York: Oxford University Press.

Corr, C. A. (2010). Cancer, anticipatory grief, and anticipatory mourning. In K. J. Doka & A. S. Tucci (Eds.), *Living with grief: Cancer and end-of-life care* (pp. 169–180). Washington, DC: Hospice Foundation of America.

Corr, C. A., & Balk, D. E. (Eds.). (1996). *Handbook of adolescent death and bereavement.* New York: Springer.

Corr, C. A., & Balk, D. E. (Eds.). (2010). *Children's encounters with death, bereavement, and coping.* New York: Springer.

Corr, C. A., & Corr, D. M. (Eds.). (1983). *Hospice care: Principles and practice.* New York: Springer.

Corr, C. A., & Corr, D. M. (Eds.). (1985a). *Hospice approaches to pediatric care.* New York: Springer.

Corr, C. A., & Corr, D. M. (1985b). Situations involving children: A challenge for the hospice movement. *Hospice Journal, 1,* 63–77.

Corr, C. A., & Corr, D. M. (1985c). Pediatric hospice care. *Pediatrics, 76,* 774–780.

Corr, C. A., & Corr, D. M. (1988). What is pediatric hospice care? *Children's Health Care, 17,* 4–11.

Corr, C. A., & Corr, D. M. (1992a). Adult hospice day care. *Death Studies, 16,* 155–171.

Corr, C. A., & Corr, D. M. (1992b). Children's hospice care. *Death Studies, 16,* 431–449.

Corr, C. A., & Corr, D. M. (Eds.). (1996). *Handbook of childhood death and bereavement.* New York: Springer.

Corr, C. A., & Corr, D. M. (1998). Key elements in a framework for helping grieving children and adolescents. *Illness, Crisis, and Loss, 6*(2), 142–160.

Corr, C. A., & Corr, D. M. (2000). Anticipatory mourning and coping with dying: Similarities, differences, and suggested guidelines for helpers. In T. A. Rando (Ed.), *Clinical dimensions of anticipatory mourning: Theory and practice in working with the dying, their loved ones, and their caregivers* (pp. 223–251). Champaign, IL: Research Press.

Corr, C. A., & Corr, D. M. (2003a). Death, dying, and bereavement in the United States of America. In J. D. Morgan & P. Laungani (Eds.), *Death and bereavement around the world, Vol. 2: The Americas* (pp. 37–55). Amityville, NY: Baywood.

Corr, C. A., & Corr, D. M. (2003b). Sudden infant death syndrome. In C. D. Bryant (Ed.), *Handbook of death and dying* (Vol. 1, pp. 275–283). Thousand Oaks, CA: Sage.

Corr, C. A., & Corr, D. M. (2003c). Death education. In C. D. Bryant (Ed.), *Handbook of death and dying* (Vol. 1, pp. 292–301). Thousand Oaks, CA: Sage.

Corr, C. A., & Corr, D. M. (2007a). Culture, socialization, and dying. In D. E. Balk, C. Wogrin, G. Thornton, & D. Meagher (Eds.), *ADEC handbook of thanatology* (pp. 3–9). Northbrook, IL: Association for Death Education and Counseling.

Corr, C. A., & Corr, D. M. (2007b). Historical and contemporary perspectives on loss, grief, and mourning. In D. E. Balk, C. Wogrin, G. Thornton, & D. Meagher (Eds.), *ADEC handbook of thanatology* (pp. 131–142). Northbrook, IL: Association for Death Education and Counseling.

Corr, C. A., & Corr, D. M. (2008a). *Living while your death is imminent: How do you cope?* Houston, TX: Dignity Memorial/Service Corporation International.

Corr, C. A., & Corr, D. M. (2008b). *When someone you love is dying: Preparing to face a difficult loss.* Houston, TX: Dignity Memorial/Service Corporation International.

Corr, C. A., & Doka, K. J. (2001). Master concepts in the field of death, dying, and bereavement: Coping versus adaptive strategies. *Omega, Journal of Death and Dying, 43,* 183–199.

Corr, C. A., & McNeil, J. N. (Eds.). (1986). *Adolescence and death*. New York: Springer.

Corr, C. A., &theMembers of the Executive Committee of the National Donor Family Council. (2001). The National Donor Family Council and its Giving, Grieving, Growing™ program. *Progress in Transplantation, 11*, 255-260.

Corr, C. A., & the Staff of the Dougy Center. (1991). Support for grieving children: The Dougy Center and the hospice philosophy. *American Journal of Hospice and Palliative Care, 8*(4), 23-27.

Corr, C. A., Corr, K. M., & Ramsey, S. M. (2004). Alzheimer's disease and the challenge for hospice. In K. J. Doka (Ed.), *Living with grief: Alzheimer's disease* (pp. 227-243). Washington, DC: Hospice Foundation of America.

Corr, C. A., Doka, K. J., & Kastenbaum, R. (1999). Dying and its interpreters: A review of selected literature and some comments on the state of the field. *Omega, Journal of Death and Dying, 39*, 239-259.

Corr, C. A., Morgan, J. D., & Wass, H. (Eds.). (1994). *Statements about death, dying, and bereavement by the International Work Group on Death, Dying, and Bereavement*. London, Ontario: King's College.

Corr, C. A., Nabe, C. M., & Corr, D. M. (1994). A task-based approach for understanding and evaluating funeral practices. *Thanatos, 19*(2), 10-15.

Corr, C. A., Nile, L. G., & other members of the National Donor Family Council. (2004). *Bill of Rights for Donor Families*. New York: National Kidney Foundation.

Corr, C. A., Fuller, H., Barnickol, C. A., & Corr, D. M. (Eds.). (1991). *Sudden infant death syndrome: Who can help and how*. New York: Springer.

Cosby, B. (2000). *The day I saw my father cry*. New York: Scholastic.

Cosby, B., & Poussaint, A. F. (2007). *Come on, people: On the path from victims to victors*. Nashville, TN: Thomas Nelson.

Coste, J. K. (2003). *Learning to speak Alzheimer's: A groundbreaking approach for everyone dealing with the disease*. Boston: Houghton Mifflin.

Counts, D. R., & Counts, D. A. (Eds.). (1991). *Coping with the final tragedy: Cultural variation in dying and grieving*. Amityville, NY: Baywood.

Cousins, N. (1979). *Anatomy of an illness as perceived by the patient: Reflections on healing and regeneration*. New York: Norton.

Cousins, N. (1989). *Head first: The biology of hope*. New York: E. P. Dutton.

Coutant, H. (1974). *First snow*. New York: Knopf. Cowell, A. (2007, February 4). Deadly bird flu confirmed in British turkeys. *New York Times*, p. 10.

Cowherd, R. (2004). *Healing the spirit: Inspirational stories*

of organ and tissue donors and their families. Virginia Beach, VA: LifeNet Donor Memorial Foundation.

Cox, C., & Monk, A. (1993). Hispanic culture and family care of Alzheimer's patients. *Health and Social Work, 18*(2), 92-100.

Cox, G. (2010). *Death and the American Indian*. Omaha, NE: Grief Illustrated Press, Omaha, Nebraska.

Cox, G. R., Bendiksen, R. A., & Stevenson, R. G. (Eds.). (2004a). *Complicated grieving and bereavement: Understanding and treating people experiencing loss*. Amityville, NY: Baywood.

Cox, G. R., Bendiksen, R. A., & Stevenson, R. G. (Eds.). (2004b). *Making sense of death: Spiritual, personal, and pastoral aspects of dying and bereavement*. Amityville, NY: Baywood.

Cox, G. R., & Fundis, R. J. (Eds.). (1992). *Spiritual, ethical and pastoral aspects of death and bereavement*. Amityville, NY: Baywood.

Cox, H. G. (2009). *Later life: The realities of aging* (6th ed.). Upper Saddle River, NJ: Prentice Hall.

Crase, D. R., & Crase, D. (1976). Helping children understand death. *Young Children, 32*(1), 21-25.

Crase, D. R., & Crase, D. (1984). Death education in the schools for older children. In H. Wass & C. A. Corr (Eds.), *Childhood and death* (pp. 345-363). Washington, DC: Hemisphere.

Craven, J., & Wald, F. S. (1975). Hospice care for dying patients. *American Journal of Nursing, 75*, 1816-1822.

Crawford, S. C. (1995). *Dilemmas of life and death: Hindu ethics in a North American context*. Albany, NY: State University of New York Press.

Creed, J., Ruffin, J. E., & Ward, M. (2001). A weekend camp for bereaved siblings. *Cancer Practice, 9*(4), 176-182.

Cremation Association of North America. (2010, October 10). *Annual report*. Chicago, IL: Author.

Crenshaw, D. A. (1995). *Bereavement: Counseling the grieving throughout the life cycle*. New York: Crossroad.

Crenshaw, D. A. (Ed.). (2008). *Child and adolescent psychotherapy: Wounded spirits and healing paths*. Lanham, MD: Jason Aronson.

Crider, T. (1996). *Give sorrow words: A father's passage through grief*. Chapel Hill, NC: Algonquin Books.

Crissman, J. K. (1994). *Death and dying in central Appalachia: Changing attitudes and practices*. Urbana: University of Illinois Press.

Crowder, L. (2000). Chinese funerals in San Francisco Chinatown: American Chinese expressions in mortuary ritual performance. *Journal of American Folklore, 113*(450), 451-463.

Crowe, D. M. (2004). *Oskar Schindler: The untold account of his life, wartime activities and the true story behind the list*. Boulder, CO: Westview Press.

Cullen, D. (2009). *Columbine*. New York: Twelve/Hachette Book Group.

Currier, J. M., Holland, J. M., & Neimeyer, R. A. (2007). The effectiveness of bereavement interventions with children: A meta-analytic review of controlled outcome research. *Journal of Clinical Child & Adolescent Psychology, 36*, 253–259.

Curtis, J. R., Nielsen, E. L., Treece, P. D., Downey, L., Dotolo, D., et al. (2011). Effect of a quality-improvement intervention on end-of-life care in the intensive care unit: A randomized trial. *American Journal of Respiratory and Critical Care Medicine, 183*, 348–355.

Czarnecki, J. P. (1989). *Last traces: The lost art of Auschwitz*. New York: Atheneum.

Czech, D. (1990). *Auschwitz chronicle, 1939–1945*. New York: Holt.

D'Epinay, C. J. L., Cavalli, S., & Spini, D. (2003). The death of a loved one: Impact on health and relationships in very old age. *Omega, Journal of Death and Dying, 47*, 265–284.

Daher, D. (2003). *And the passenger was death: The drama and trauma of losing a child*. Amityville, NY: Baywood.

Daley, K. C. (2004). Update on sudden infant death syndrome. *Current Opinion in Pediatrics, 16*(2), 227–232.

Danforth, L. M. (1982). *The death rituals of rural Greece*. Princeton, NJ: Princeton University Press.

Danielson, B. L., LaPree, A. J., Odland, M. D., & Steffens, E. K. (1998). Attitudes and beliefs concerning organ donation among Native Americans in the upper Midwest. *Journal of Transplant Coordination, 8*, 153–156.

Davidson, G. W. (1975). *Living with dying*. Minneapolis, MN: Augsburg Fortress.

Davidson, G. W. (1984). *Understanding mourning: A guide for those who grieve*. Minneapolis, MN: Augsburg Fortress.

Davidson, L., & Gould, M. S. (1989). Contagion as a risk factor for youth suicide. In *Alcohol, Drug Abuse, and Mental Health Administration, Report of the secretary's task force on youth suicide* (Vol. 2, pp. 88–109). Washington, DC: U.S. Government Printing Office.

Davidson, L. E., Rosenberg, M. L., Mercy, J., & Franklin, J. (1989). An epidemiologic study of risk factors in two teenage suicide clusters. *Journal of the American Medical Association, 262*, 2687–2692.

Davies, B. (1999). *Shadows in the sun: The experiences of sibling bereavement in childhood*. Washington, DC: Taylor & Francis.

Davies, B., & Howell, D. (1998). Special services for children. In D. Doyle, G. W. C. Hanks & N. MacDonald (Eds.), *Oxford textbook of palliative medicine* (2nd ed., pp. 1077–1084). New York: Oxford University Press.

Davies, B., Brenner, P., Orloff, S., Sumner, L., & Worden, J.

W. (2002). Addressing spirituality in pediatric hospice and palliative care. *Journal of Palliative Care, 18*(1), 59–67.

Davies, B., Deveau, E., deVeber, B., Howell, D., Martinson, I., Papadatou, D., et al. (1998). Experiences of mothers in five countries whose child died of cancer. *Cancer Nursing, 21*(5), 301–311.

Davies, B., Gudmundsdottir, M., Worden, J. W., Orloff, S., Sumner, L., & Brenner, P. (2004). "Living in the dragon's shadow": Fathers' experiences of a child's life-limiting illness. *Death Studies, 28*, 111–135.

Davies, B., Reimer, J. C., Brown, P., & Martens, N. (1995). *Fading away: The experience of transition in families with terminal illness*. Amityville, NY: Baywood.

Davies, B., Sehring, S. A., Partridge, J. C., Cooper, B. A., Hughes, A., Philp, J. C., Amidi-Nouri, A., & Kramer, R. F. (2008). Barriers to palliative care for children: Perceptions of pediatric health care providers. *Pediatrics, 121*, 282–288.

Davies, D. (1993). Cluster suicide in rural western Canada. *Canadian Journal of Psychiatry, 38*, 515–519.

Davies, R. E. (1999). The Diana community nursing team and paediatric palliative care. *British Journal of Nursing, 8*, 506–511.

Davis, C. G., & Nolen-Hoeksema, S. (2001). Loss and meaning: How do people make sense of loss? *American Behavioral Scientist, 44*, 726–741.

Davis, C. G., Wortman, C. B., Lehman, D. R., & Silver, R. C. (2000). Searching for meaning in loss: Are clinical assumptions correct? *Death Studies, 24*, 497–540.

Davis, D. L. (1991). *Empty cradle, broken heart: Surviving the death of your baby*. Golden, CO: Fulcrum.

Davis, D. S. (1994). Method in Jewish bioethics. In P. F. Camenisch (Ed.), *Religious methods and resources in bioethics* (pp. 109–126). Dordrecht, Germany: Kluwer.

Davis, J. (1995). The bait. In J. Davis, *Scrimmage of appetite* (pp. 12–13). Akron, OH: University of Akron Press.

Davis, R. (1989). *My journey into Alzheimer's Disease: Helpful insights for family and friends*. Wheaton, IL: Tyndale House.

Dawidowicz, L. S. (1975). *The war against the Jews 1933–1945*. New York: Holt, Rinehart & Winston.

De Vries, B., & Roberts, P. (Eds.). (2004). Expressions of grief on the World Wide Web [Special issue]. *Omega, Journal of Death and Dying, 49*(1).

De Vries, B., & Rutherford, J. (2004). Memorializing loved ones on the World Wide Web. *Omega, Journal of Death and Dying, 49*, 5–26.

De Wachter, M. A. M. (1989). Active euthanasia in the Netherlands. *Journal of the American Medical Association, 262*, 3315–3319.

De Wachter, M. A. M. (1992). Euthanasia in the

Netherlands. *Hastings Center Report, 22*(2), 23–30.

Deaton, R. L., & Berkan, W. A. (1995). *Planning and managing death issues in the schools: A handbook.* Westport, CT: Greenwood Press.

DeBaggio, T. (2003). *Losing my mind: An intimate look at life with Alzheimer's.* New York: Free Press.

DeBaggio, T. (2007). *When it gets dark: An enlightened reflection on life with Alzheimer's.* New York: Free Press.

DeFede, J. (2002). *The day the world came to town: 9/11 in Gander, Newfoundland.* New York: ReganBooks/Harper Collins.

DeFrain, J., Ernst, L., Jakub, D., & Taylor, J. (1991). *Sudden infant death: Enduring the loss.* Lexington, MA: Lexington Books.

DeFrain, J., Martens, L., Story, J., & Stork, W. (1986). *Stillborn: The invisible death.* Lexington, MA: Lexington Books.

DeGregory, L. (2000, October 29). Final wish granted. *St. Petersburg Times,* p. 5F.

Delgadillo, D., & Davis, P. (1990). *When the bough breaks.* San Diego, CA: San Diego County Guild for Infant Survival.

Delgado, M., & Tennstedt, S. (1997a). Making the case for culturally appropriate community services: Puerto Rican elders and their caregivers. *Health and Social Work, 22*(4), 246–255.

Delgado, M., & Tennstedt, S. (1997b). Puerto Rican sons as primary caregivers of elderly parents. *Social Work, 42*(2), 125–134.

Demi, A. S., & Miles, M. S. (1987). Parameters of normal grief: A Delphi study. *Death Studies, 11,* 397–412.

Demi, A. S., & Miles, M. S. (1988). Suicide bereaved parents: Emotional distress and physical health problems. *Death Studies, 12,* 297–307.

Demmer, C. (2003). A national survey of hospice bereavement services. *Omega, Journal of Death and Dying, 47,* 327–341.

Des Pres, T. (1976). *The survivor: An anatomy of life in the death camps.* New York: Oxford University Press.

Desserich, K., & Desserich, B. (2009). *Notes left behind.* New York: HarperCollins.

Detmer, C. M., & Lamberti, J. W. (1991). Family grief. *Death Studies, 15,* 363–374.

Deutsch, H. (1937). Absence of grief. *Psychoanalytic Quarterly, 6,* 12–22.

Dexheimer-Pharris, M., Resnick, M. D., & Blum, R. W. (1997). Protecting against hopelessness and suicidality in sexually abused American Indian adolescents. *Journal of Adolescent Health, 21,* 400–406.

Diamant, A. (1994, October). Special report: Media violence. *Parents Magazine,* 40–41, 45.

Dickens, C. (1963). *Dombey and son* (E. Johnson, Ed.).

New York: Dell. (Original work published 1848)

Didion, J. (2005). *The year of magical thinking.* New York: Knopf.

DiGiulio, R. C. (1989). *Beyond widowhood: From bereavement to emergence and hope.* New York: Free Press.

Disaster Mortuary Operational Response Team (DMORT). (1998). *Team member handbook.* USA: Author.

Doane, B. K., & Quigley, B. Q. (1981). Psychiatric aspects of therapeutic abortion. *Canadian Medical Association Journal, 125,* 427–432.

Doka, K. J. (1988). The awareness of mortality in midlife: Implications for later life. *Gerontology Review, 2,* 1–10.

Doka, K. J. (Ed.). (1989a). *Disenfranchised grief: Recognizing hidden sorrow.* Lexington, MA: Lexington Books.

Doka, K. J. (1989b). Disenfranchised grief. In K. J. Doka (Ed.), *Disenfranchised grief: Recognizing hidden sorrow* (pp. 3–11). Lexington, MA: Lexington Books.

Doka, K. J. (1993a). *Living with life-threatening illness: A guide for patients, families, and caregivers.* Lexington, MA: Lexington Books.

Doka, K. J. (1993b). The spiritual needs of the dying. In K. J. Doka & J. D. Morgan (Eds.), *Death and spirituality* (pp. 143–150). Amityville, NY: Baywood.

Doka, K. J. (Ed.). (1995). *Children mourning, mourning children.* Washington, DC: Hospice Foundation of America.

Doka, K. J. (1996a). The cruel paradox: Children who are living with life-threatening illnesses. In C. A. Corr & D. M. Corr (Eds.), *Handbook of childhood death and bereavement* (pp. 89–105). New York: Springer.

Doka, K. J. (Ed.). (1996b). *Living with grief after sudden loss: Suicide, homicide, accident, heart attack, stroke.* Washington, DC: Hospice Foundation of America.

Doka, K. J. (Ed.). (2000). *Living with grief: Children, adolescents, and loss.* Washington, DC: Hospice 0Foundation of America.

Doka, K. J. (Ed.). (2002a). *Disenfranchised grief: New directions, challenges, and strategies for practice.* Champaign, IL: Research Press.

Doka, K. J. (Ed.). (2002b). *Living with grief: Loss in later life.* Washington, DC: Hospice Foundation of America.

Doka, K. J. (2003). The death awareness movement: Description, history, and analysis. In C. D. Bryant (Ed.), *Handbook of death and dying* (Vol. 1, pp. 50–56). Thousand Oaks, CA: Sage.

Doka, K. J. (2006). Fulfillment as Sanders' sixth phase of bereavement: The unfinished work of Catherine Sanders. *Omega, Journal of Death and Dying, 52,* 141–149.

Doka, K. J. (Ed.). (2007a). *Living with grief: Before and after the death.* Washington, DC: Hospice Foundation of America.

Doka, K. J. (2007b). Challenging the paradigm: New understandings of grief. In K. J. Doka (Ed.), *Living with grief: Before and after the death* (pp. 87–102). Washington, DC: Hospice Foundation of America.

Doka, K. J. (Ed.). (2007c). *Death, dying and bereavement* (4 vols.). New York: Routledge. [Vol. 1, The human encounter with death; Vol. 2, Developmental perspectives; Vol. 3, Illness, dying and death; Vol. 4, Loss and grief.]

Doka, K. J. (2008). *Caring for someone who is dying.* Washington, DC: Hospice Foundation of America.

Doka, K. J. (2009). *Counseling individuals with life-threatening illness.* New York: Springer.

Doka, K. J. (2011, March). Continuing bonds—or chains? *Journeys: A newsletter to help in bereavement*, pp. 1 & 2.

Doka, K. J., & Martin, T. L. (2010). *Grieving beyond gender: Understanding the ways men and women mourn* (Rev. ed.). New York: Routledge.

Doka, K. J., & Tucci, A. S. (Eds.). (2009). *Diversity and end-of-life care.* Washington, DC: Hospice Foundation of America.

Doka, K. J., & Tucci, A. S. (Eds.). (2010). *Living with grief: Cancer and end-of-life care.* Washington, DC: Hospice Foundation of America.

Doka, K. J., Jennings, B., & Corr, C. A. (Eds.). (2005). *Living with grief: Ethical dilemmas at the end of life.* Washington, DC: Hospice Foundation of America.

Donnelley, N. H. (1987). *I never know what to say.* New York: Ballantine.

Donnelly, K. F. (1982). *Recovering from the loss of a child.* New York: Macmillan.

Donnelly, K. F. (1987). *Recovering from the loss of a parent.* New York: Dodd, Mead.

Donnelly, K. F. (1988). *Recovering from the loss of a sibling.* New York: Dodd, Mead.

Doran, G., & Hansen, N. D. (2006). Constructions of Mexican American family grief after the death of a child: An exploratory study. *Cultural Diversity & Ethnic Minority Psychology, 12*(2), 199–211.

Douglas, J. D. (1967). *The social meanings of suicide.* Princeton, NJ: Princeton University Press.

Douglas, M. (1970). *Natural symbols.* New York: Random House.

Dougy Center. (1998). *Helping the grieving student: A guide for teachers.* Portland, OR: Author.

Dougy Center. (2003). *When death impacts your school: A guide for school administrators.* Portland, OR: Author.

Doukas, D. J., & Reichel, W. (2007). *Planning for uncertainty: Living wills and other advance directives for you and your family* (2nd ed.). Baltimore: Johns Hopkins University Press.

Dowie, M. (1988). *"We have a donor": The bold new world of organ transplanting.* New York: St. Martin's Press.

Downe-Wamboldt, B., & Tamlyn, D. (1997) An international survey of death education trends in faculties of nursing and medicine. *Death Studies, 21*, 177–188.

Downing, A. B. (Ed.). (1974). *Euthanasia and the right to death: The case for voluntary euthanasia.* London: Peter Owen.

Duarte-Velez, Y. M., & Bernal, G. (2007). Suicide behavior among Latino and Latina adolescents: Conceptual and methodological issues. *Death Studies, 31*(5), 435–455.

DuBoulay, S. (1984). *Cicely Saunders: The founder of the modern hospice movement.* London: Hodder & Stoughton.

Dukeminier, J., Sitkoff, R. H., & Lindgren, J. M. (2009). *Wills, trusts, and estates* (8th ed.). Rockville, MD: Aspen Systems Corp.

Dumont, R., & Foss, D. (1972). *The American view of death: Acceptance or denial?* Cambridge, MA: Schenkman.

Duncan, I. (1927). *My life.* Garden City, NY: Garden City Publishing Co.

Dundes, A. (1989). *Little Red Riding Hood: A casebook.* Madison: University of Wisconsin Press.

Dunlop, R. J., & Hockley, J. M. (1998). *Hospital based palliative care teams: The hospital-hospice interface* (2nd ed.). Oxford: Oxford University Press.

Dunn, R. G., & Morrish-Vidners, D. (1988). The psychological and social experience of suicide survivors. *Omega, Journal of Death and Dying, 18*, 175–215.

Dunne, E. J., McIntosh, J. L., & Dunne-Maxim, K. (Eds.). (1987). *Suicide and its aftermath: Understanding and counseling the survivors.* New York: Norton.

Dunsmore, J. C., & Quine, S. (1995). Information support and decision making needs and preferences of adolescents with cancer: Implications for health professionals. *Journal of Psychosocial Oncology, 13*(4), 39–56.

Durkheim, E. (1951). *Suicide: A study in sociology* (J. A. Spaulding & G. Simpson, Trans.). Glencoe, IL: Free Press. (Original work published 1897)

Durkheim, E. (1954). *The elementary forms of religious life* (J. W. Swaine, Trans.). London: Allen & Unwin. (Original work published 1915)

Dutton, Y. C., & Zisook, S. (2005). Adaptation to bereavement. *Death Studies, 29*, 877–903.

Dwyer, T., Ponsonby, A-L., Blizzard, L., Newman, N. M., & Cochrane, J. A. (1995). The contribution of changes in the prevalence of prone sleeping position to the decline in sudden infant death syndrome in Tasmania. *Journal of the American Medical Association, 273*, 783–789.

Eckert, P. (2007, January 15). Experts see bird flu challenge to US health system. Reuters Health Information. Available at: http://www.nlm.nih.gov/medlineplus/news/ fullstory_43839.htm

Economist Intelligence Unit. (2010). *The quality of death: Ranking end-of-life care across the world.* London:Author. Retrieved on November 24, 2010, from www.lifebeforedeath. org/pdf/Quality_of_Death_Index_Report.pdf

Edelman, H. (1994). *Motherless daughters: The legacy of loss.* Reading, MA: Addison-Wesley.

Editors of *New York* Magazine. (2001). September 11, 2001: *A record of tragedy, heroism, and hope.* New York: Abrams.

Education Development Center. (2003). *The initiative for pediatric palliative care curriculum.* Newton, MA: Author.

Edwards, P.W. (2011, Spring). Alzheimer's disease: It's not all bad. *Aging Successfully, 21*(1), pp. 17–18. St. Louis, MO: Division of Geriatric Medicine, School of Medicine, Saint Louis University.

Egeland, J., & Sussex, J. (1985). Suicide and family loading for affective disorders. *Journal of the American Medical Association, 254*, 915–918.

Ehlers, A. (2006). Understanding and treating complicated grief: What can we learn from posttraumatic stress disorder? *Clinical Psychology: Science and Practice, 13*, 135–140.

Eichrodt, W. (1967). *Theology of the Old Testament*, Vol. 2. (J. A. Baker, Trans.). Philadelphia: Westminster.

Eisenberg, J. B. (2005). *Using Terri: The religious right's conspiracy to take away our rights.* San Francisco: HarperSanFrancisco.

Eisenbruch, M. (1984). Cross-cultural aspects of bereavement. II: Ethnic and cultural variations in the development of bereavement practices. *Culture, Medicine and Psychiatry, 8*, 315–347.

Elias, N. (1991). On human beings and their emotions: A process-sociological essay. In M. Featherstone, M. Hepworth, & B. S. Turner (Eds.), *The body: Social process and cultural theory* (pp. 103–125). London: Sage.

Elison, J. (2007, January 29). The stage of grief no one admits to: Relief. *Newsweek*, p. 18.

Elison, J., & McGonigle, C. (2003). *Liberating losses: When death brings relief.* Cambridge, MA: Perseus.

Elkind, D. (1967). Egocentrism in adolescence. *Child Development, 38*, 1025–1034.

Ellenbogen, S.,&Gratton, F. (2001). Do they suffer more? Reflections on research comparing suicide survivors to other survivors. *Suicide and Life-Threatening Behavior, 31*, 83–90.

Ellershaw, J., & Wilkinson, S. (2003). *Care of the dying: A pathway to excellence.* Oxford, UK: Oxford University Press.

Elliot, G. (1972). *The twentieth century book of the dead.* New York: Random House.

Elmer, L. (1987). *Why her, why now: A man's journey through love and death and grief.* New York: Bantam.

Else, I. R. N., & Andrade, N. N. (2008). Examining suicide and suicide-related behavior among indigenous Pacific Islanders in the United States: A historical perspective. In F. T. L. Leong & M. M. each (Eds.), *Suicide among racial and ethnic groups: Theory, research, and practice* (pp. 143–172). New York: Routledge.

Else, I. R. N., Andrade, N. N., & Nahulu, L. B. (2007). Suicide and suicidal-related behaviors among indigenous Pacific Islanders in the United States. *Death Studies, 31*, 479–501.

Emanuel, E. J., Fairclough, D. L., & Emanuel, L. L. (2000). Attitudes and desires related to euthanasia and physicianassisted suicide among terminally ill patients and their caregivers. *Journal of the American Medical Association, 284*, 2460–2468.

Emanuel, L. L. (1998). *Regulating how we die: The ethical, medical, and legal issues surrounding physician assisted suicide.* Cambridge, MA: Harvard University Press.

Emerson, R. W. (1970). *The journals and miscellaneous notebooks of Ralph Waldo Emerson* (Vol. 8, 1841–1843). (W. H. Gilman & J. E. Parsons, Eds.). Cambridge, MA: Belknap Press of Harvard University Press.

Emswiler, M. A., & Emswiler, J. P. (2000). *Guiding your child through grief.* New York: Bantam.

End-of-Life Nursing Education Consortium (ELNEC). (2003). *Advancing palliative care in pediatric nursing: ELNEC—Pediatric palliative care.* Duarte, CA: American Association of Colleges of Nursing and City of Hope National Medical Center.

Engel, G. L. (1961). Is grief a disease? A challenge for medical research. *Psychosomatic Medicine, 23*, 18–22.

Enright, D. J. (Ed.). (1983). *The Oxford book of death.* New York: Oxford University Press.

Erikson, E. H. (1959). Identity and the life cycle: Selected papers. *Psychological Issues, 1*, 1–171.

Erikson, E. H. (1963). *Childhood and society* (2nd ed.). New York: Norton. (Original edition published 1950)

Erikson, E. H. (1968). *Identity: Youth and crisis.* London: Faber & Faber.

Erikson, E. H. (1982). *The life cycle completed: A review.* New York: Norton.

Erikson, E. H., & Erikson, J. M. (1981). On generativity and identity: From a conversation with Erik and Joan Erikson. *Harvard Educational Review, 51*, 249–269.

Erikson, E. H., Erikson, J. M., & Kivnick, H. (1986). *Vital involvements in old age.* New York: Norton.

Eron, L. D. (1993). *The problem of media violence and children's behavior.* New York: Guggenheim Foundation.

Ertelt, S. (2010, August 12). Dutch government: Euthanasia

cases rose 13 percent in 2009, now 2% of all deaths. *LifeNews.com*. Retrieved on January 15, 2011, from http://www.lifenews.com/2010/08/12/bio-3142/

Esperti, R. A., & Peterson, R. L. (1992). *The living trust revolution: Why America is abandoning wills and probate*. New York: Viking.

Esperti, R. A., & Peterson, R. L. (2000). *Protect your estate: Definitive strategies for estate and wealth planning from the leading experts* (2nd ed.). New York: McGraw-Hill.

Esperti, R. A., Peterson, R., & Cahoone, D. (2001). *The living trust workbook: How you and your legal advisor can design, fund, and maintain your living trust plan, and secure your family's future* (Rev. ed.). New York: Penguin.

Evanisko, M. J., Beasley, C. L., & Brigham, L. E. (1998). Readiness of critical care physicians and nurses to handle requests for organ donation. *American Journal of Critical Care, 7*, 4–12.

Evans, G., & Farberow, N. L. (Eds.). (1988). *The encyclopedia of suicide*. New York: Facts on File.

Evans, J. (1971). *Living with a man who is dying: A personal memoir*. New York: Taplinger.

Evans, R. P. (1993). *The Christmas box*. Salt Lake City, UT: Steinway.

Everett, H. (2002). *Roadside crosses in contemporary memorial culture*. Denton: University of North Texas Press.

Ewald, P. W. (1994). *Evolution of infectious diseases*. New York: Oxford University Press.

Ewalt, P. L., & Perkins, L. (1979). The real experience of death among adolescents: An empirical study. *Social Casework, 60*, 547–551.

Fagerlin, A., & Schneider, C. E. (2004). Enough: The failure of the living will. *Hastings Center Report, 34*(2), 30–42.

Fairchild, T. N. (Ed.). (1986). *Crisis intervention strategies for school-based helpers*. Springfield, IL: Charles C Thomas.

Fales, M. (1964). The early American way of death. *Essex Institution Historical Collection, 100*(2), 75–84.

Fallowfield, L. J., Jenkins, V. A., & Beveridge, H. A. (2002). Truth may hurt but deceit hurts more: Communication in palliative care. *Palliative Medicine, 16*, 297–303.

Fanestil, J. (2006). *Mrs. Hunter's happy death: Lessons on living from people preparing to die*. New York: Doubleday.

Farber, L. Z., & Sabatino, C. A. (2007). A therapeutic summer weekend camp for grieving children: Supporting clinical practice through empirical evaluation. *Journal of Child and Adolescent Social Work, 24*, 385–402.

Farberow, N. L. (Ed.). (1980). *The many faces of suicide: Indirect self-destructive behavior*. New York: McGraw-Hill.

Farberow, N. L. (1983). Relationships between suicide and depression: An overview. *Psychiatria Fennica Supplementum, 14*, 9–19.

Farberow, N. L., & Moriwaki, S. Y. (1975). Self-destructive crises in the older person. *Gerontologist, 15*, 333–337.

Farberow, N. L., & Shneidman, E. S. (Eds.). (1965). *The cry for help*. New York: McGraw-Hill.

Farberow, N. L., Gallagher-Thompson, D., Gilewski, M., & Thompson, L. (1992). Changes in grief and mental health of bereaved spouses of older suicides. *Journal of Gerontology, 47*, 357–366.

Farrell, J. J. (1980). *Inventing the American way of death: 1830–1920*. Philadelphia: Temple University Press.

Faulkner, A. (1993). *Teaching interactive skills in health care*. London: Chapman & Hall.

Faulkner, W. (1930). *As I lay dying*. New York: Random House. Feifel, H. (Ed.). (1959). *The meaning of death*. New York: McGraw-Hill.

Feifel, H. (1963). Death. In N. L. Farberow (Ed.), *Taboo topics* (pp. 8–21). New York: Atherton.

Feifel, H. (1977a). Preface and introduction: Death in contemporary America. In H. Feifel (Ed.), *New meanings of death* (pp. xiii–xiv, 4–12). New York: McGraw-Hill.

Feifel, H. (Ed.). (1977b). *New meanings of death*. New York: McGraw-Hill.

Feldman, D. B. (2006). Can suicide be ethical? A utilitarian perspective on the appropriateness of choosing to die. *Death Studies, 30*, 529–538.

Feldman, D. M., & Rosner, F. (Eds.). (1984). *Compendium on medical ethics* (6th ed.). New York: Federation of Jewish Philanthropies of New York.

Fenwick, P., & Fenwick, E. (1995). *The truth in the light: An investigation of over 300 near-death experiences*. New York: Berkley Books.

Ferman, T. J., Smith, G. E., & Melom, B. (2008). *Understanding behavioral changes in dementia*. Lilburn, GA: Lewy Body Dementia Association. Retrieved on February 23, 2011, from www.lbda.org/feature/1898/understanding-behavioral-changes-in-dementia.htm

Ferrell, B. R., & Coyle, N. (Eds.). (2010). *Oxford textbook of palliative nursing* (3rd ed.). New York: Oxford University Press.

Ferris, F. D., Balfour, H. M., Bowen, K., Farley, J., Hardwick, M., Lemontagne, C., et al. (2002). *A model to guide hospice palliative care*. Ottawa, Canada: Canadian Hospice Palliative Care Association.

Field, D., Hockey, J., & Small, N. (Eds.). (1997). *Death, gender and ethnicity*. New York: Routledge.

Field, M. J., & Berhman, R. E. (Eds.). (2003). *When children die: Improving palliative and end-of-life care for children and their families*. Washington, DC: National Academies Press.

Field, M. J., & Cassel, C. K. (Eds.). (1997). *Approaching*

death: Improving care at the end of life. Washington, DC: National Academies Press.

Field, N. P. (Ed.). (2006). Continuing bonds in adaptation to bereavement: I. Theoretical and empirical foundations; II. Clinical and cultural considerations. [Special Series.] *Death Studies, 30*(8, 9).

Figley, C. R. (Ed.). (1995). *Compassion fatigue: Coping with secondary traumatic stress disorder in those who treat the traumatized*. New York: Bruner/Mazel.

Figley, C. R. (1999). *Traumatology of grieving*. New York: Brunner/Mazel.

Fingerhut, L. A., & Kleinman, J. C. (1989). Mortality among children and youth. *American Journal of Public Health, 79*, 899–901.

Fingerhut, L. A., Kleinman, J. C., Godfrey, E.,&Rosenberg, H. (1991). Firearmmortality among children, youth, and young adults 1–34 years of age, trends and current status: United States, 1979–88. *Monthly Vital Statistics Report, 39*(11),

Suppl. Hyattsville, MD: National Center for Health Statistics.

Finn, R. (2000). *Organ transplants: Making the most of your gift of life*. Sebastopol, CA: O'Reilly Media/Patient-Centered Guides.

Fiorini, J. J., & Mullen, J. A. (2006). *Counseling children and adolescents through grief and loss*. Champaign, IL: Research Press.

First International Conference on Islamic Medicine. (1981). Islamic Code of Medical Ethics. (Reprinted in *Choosing death: Active euthanasia, religion, and the public debate*, p. 62, by R. Hamel, Ed., 1991, Philadelphia: Trinity Press International)

Fitzgerald, H. (1992). *The grieving child: A parent's guide*. New York: Simon & Schuster.

Fitzgerald, H. (1995). *The mourning handbook: A complete guide for the bereaved*. New York: Fireside.

Fitzgerald, H. (1998). *Grief at school: A guide for teachers and counselors*. Washington, DC: American Hospice Foundation.

Fitzgerald, H. (1999). *Grief at work: A manual of policies and practices*. Washington, DC: American Hospice Foundation.

Fitzgerald, H. (2000). *The grieving teen: A guide for teenagers and their friends*. New York: Simon & Schuster.

Fitzgerald, H. (2003). *Grief at school: A training guide*. Washington, DC: American Hospice Foundation.

Fleming, D. (2005). *Noah's rainbow: A father's emotional journey from the death of his son to the birth of his daughter*. Amityville, NY: Baywood.

Fleming, S. J. (1985). Children's grief: Individual and family dynamics. In C. A. Corr & D. M. Corr (Eds.), *Hospice approaches to pediatric care* (pp. 197–218). New York:

Springer.

Fleming, S. J., & Adolph, R. (1986). Helping bereaved adolescents: Needs and responses. In C. A. Corr & J. N. McNeil (Eds.), *Adolescence and death* (pp. 97–118). New York: Springer.

Fleming, S., & Balmer, L. (1996). Bereavement in adolescence. In C. A. Corr & D. E. Balk (Eds.), *Handbook of adolescent death and bereavement* (pp. 139–154). New York: Springer.

Floerchinger, D. S. (1991). Bereavement in late adolescence: Interventions on college campuses. *Journal of Adolescent Research, 6*, 146–156.

Fogarty, J. A. (2000). *The magical thoughts of grieving children: Treating children with complicated mourning and advice for parents*. Amityville, NY: Baywood.

Foley, K. M., & Hendin, H. (Eds.). (2002). *The case against assisted suicide: For the right to end-of-life care*. Baltimore: Johns Hopkins University Press.

Folta, J. R., & Deck, E. S. (1976). Grief, the funeral, and the friend. In V. R. Pine, A. H. Kutscher, D. Peretz, R. C. Slater, R. DeBellis, R. J. Volk, et al. (Eds.), *Acute grief and the funeral* (pp. 231–240). Springfield, IL: Charles C Thomas.

Forbes, H. (1927). *Gravestones of early New England and the men who made them, 1653–1800*. Boston: Houghton Mifflin.

Ford, G. (1979). Terminal care from the viewpoint of the National Health Service. In J. J. Bonica & V. Ventafridda (Eds.), *International symposium on pain of advanced cancer: Advances in pain research and therapy* (Vol. 2, pp. 653–661). New York: Raven Press.

Forte, A. L., Hill, M., Pazder, R., & Feudtner, C. (2004; July 26). Bereavement care interventions: A systematic review. *BMC Palliative Care, 3*:3. Retrieved from www.biomedcentral.com on 6-19-08.

Foster, Z., Wald, F. S., & Wald, H. J. (1978). The hospice movement: A backward glance at its first two decades. *New Physician, 27*, 21–24.

Fowler, K. (2008). The wholeness of things: Infusing diversity and social justice into death education. *Omega, Journal of Death and Dying, 57*(1), 53–91.

Fox, E., Kamakahi, J. J., & Capek, S. M. (1999). *Come lovely and soothing death: The right to die movement in the United States*. New York: Twayne.

Fox, J. A. (2007).Why they kill. Retrieved May 17, 2007, from latimes.com/news/opinion/la-oe-fox17apr17,0,6739883. story?coll5la-opinion-rightrail

Fox, J. A., & Levin, J. (2005). *Extreme killing: Understanding serial and mass murder*. Thousand Oaks, CA: Sage.

Fox, J. A., & Levin, J. (2006). *The will to kill: Explaining senseless murder.* Boston: Pearson/Allyn and Bacon.

Fox, R. C., & Swazey, J. P. (1974). *The courage to fail: A so-cial view of organ transplants and dialysis.* Chicago: University of Chicago Press.

Fox, R. C., & Swazey, J. P. (1992). *Spare parts: Organ re-placement in American society.* New York: Oxford University Press.

Fox, S. S. (1988a). *Good grief: Helping groups of children when a friend dies.* Boston: New England Association for the Education of Young Children.

Fox, S. S. (1988b, August). Helping child deal with death teaches valuable skills. *Psychiatric Times,* 10–11.

Francis, D., Kellaher, L., & Neophytou, G. (2005). *The se-cret cemetery.* Oxford, UK: Berg Publishers.

Francis, J. (2001, March 9). Lives crowned by love. *St. Petersburg Times,* p. 1D.

Francis, V. M. (1859). *A thesis on hospital hygiene.* New York: J. F. Trow.

Frank, A. W. (1995). *The wounded storyteller: Body, ill-ness, and ethics.* Chicago: University of Chicago Press.

Frank, A. W. (2002). *At the will of the body: Reflections on illness* (new Afterword). Boston: Houghton Mifflin.

Frank, A. W. (2010). *Letting stories breathe: A socionarratology.* Chicago: University of Chicago Press.

Frankl, V. (1984). *Man's search for meaning.* New York: Simon & Schuster.

Frazer, J. G. (1977). *The fear of the dead in primitive religion.* New York: Arno Press.

Freeman, H. P., & Payne, R. (2000). Racial injustice in health care. *New England Journal of Medicine, 342,* 1045–1047.

Freeman, S. J. (2005). *Grief and loss: Understanding the journey.* Belmont, CA: Wadsworth.

French, S. (1975). The cemetery as cultural institution: The establishment of Mount Auburn and the "rural cemetery" movement. In D. E. Stannard (Ed.), *Death in America* (pp. 69–91). Philadelphia: University of Pennsylvania Press.

Freud, A. (1958). Adolescence. *Psychoanalytic Study of the Child, 13,* 255–268.

Freud, S. (1959a). Mourning and melancholia. In J. Strachey (Ed. & Trans.), *The standard edition of the com-plete psychological works of Sigmund Freud* (Vol. 14, pp. 237–258). London: Hogarth Press. (Original work pub-lished 1917)

Freud, S. (1959b). *New introductory lectures on psychoanalysis.* In J. Strachey (Ed. & Trans.), *The stand-ard edition of the complete psychological works of Sigmund Freud* (Vol. 22, pp. 1–182). London: Hogarth Press. (Original work published 1933)

Freud, S. (1959c). Thoughts for the time on war and death. In J. Strachey (Ed. & Trans.), *The standard edition of the complete psychological works of Sigmund Freud* (Vol. 14, pp. 273–300). London: Hogarth Press. (Original work published 1915)

Freud, S. (1960). *Letters of Sigmund Freud.* Edited by E. L. Freud. New York: Basic Books.

Freyer, D. R. (2004). Care of the dying adolescent: Special considerations. *Pediatrics, 113,* 381–388.

Friebert S. (2009). *NHPCO Facts and Figures: Pediatric Palliative and Hospice Care in America.* Alexandria, VA: National Hospice and Palliative Care Organization.

Friedlander, S. (2007). *The years of extermination: Nazi Germany and the Jews, 1939-1945.* New York: HarperCollins.

Friedman, E. H. (1980). Systems and ceremonies: A family view of rites of passage. In E. A. Carter & M. McGoldrick (Eds.), *The family life cycle: A framework for family ther-apy* (pp. 429–460). New York: Gardner Press.

Friedman, R., & James, J. W. (2008). The myth of the stages of dying, death and grief. *Skeptic, 14*(2). Retrieved from www.skeptic.com on October 3, 2008.

Friedrich, M. J. (1999). Hospice care in the United States: A conversation with Florence Wald. *Journal of the American Medical Association, 281,* 1683–1685.

Friel, M., & Tehan, C. B. (1980). Counteracting burn-out for the hospice care-giver. *Cancer Nursing, 3,* 285–293.

Frist, W. H. (1989). *Transplant: A heart surgeon's account of the life and death dramas of the new medicine.* New York: Atlantic Monthly Press.

Frist, W. H. (1995). *Grand rounds and transplantation.* New York: Chapman & Hall.

Fristad, M. A., Cerel, J., Goldman, M., Weller, E. B., & Weller, R. A. (2001). The role of ritual in children's bereavement. *Omega, Journal of Death and Dying, 42,* 321–339.

Fry, V. L. (1995). *Part of me died, too: Stories of creative survival among bereaved children and teenagers.* New York: Dutton Children's Books.

Fulton, R. (1961). The clergyman and the funeral director: A study in role conflict. *Social Forces, 39,* 317–323.

Fulton, R. (1978). The sacred and the secular: Attitudes of the American public toward death, funerals, and funeral directors. In R. Fulton &R. Bendiksen (Eds.), *Death and identity* (Rev. ed.; pp. 158–172). Bowie, MD: Charles Press.

Fulton, R. (1995). The contemporary funeral: Functional or dysfunctional? In H. Wass & R. A. Neimeyer (Eds.), *Dying: Facing the facts* (pp. 185–209). Washington, DC: Taylor & Francis.

Fulton, R. (2003). Anticipatory mourning: A critique of the concept. *Mortality, 8,* 342–351.

Fulton, R., & Fulton, J. (1971). A psychosocial aspect of ter-minal care: Anticipatory grief. *Omega, Journal of Death and Dying, 2,* 91–100.

Fulton, R., & Gottesman, D. J. (1980). Anticipatory grief: A psychosocial concept reconsidered. *British Journal of Psychiatry, 137,* 45–54.

Furman, E. (Ed.). (1974). *A child's parent dies: Studies in childhood bereavement.* New Haven, CT: Yale University Press.

Furman, R. A. (1973). The child's capacity for mourning. In E. J. Anthony & C. Koupernik (Eds.), *The child in his family: Vol. 2, The impact of disease and death* (pp. 225–231). New York: Wiley.

Furth, G. M. (1988). *The secret world of drawings: Healing through art.* Boston: Sigo Press.

Gaes, J. (1987). *My book for kids with cansur: A child's autobiography of hope.* Aberdeen, SD: Melius & Peterson.

Galea, S., Ahern, J., Tardiff, K., Leon, A. C., & Vlahov, D. (2002). Drugs and firearm deaths in New York City, 1990–1998. *Journal of Urban Health: Bulletin of the New York Academy of Medicine, 79*(1), 70–86. Galinsky, N. (1999). *When a grandchild dies: What to do, what to say, how to cope.* Houston, TX: Gal In Sky Publishing (P.O. Box 70976, Houston, TX 77270).

Gallagher-Allred, C., & Amenta, M. (Eds.). (1993). Nutrition and hydration in hospice care: Needs, strategies, ethics. [Special issue] *Hospice Journal,* 9(2/3).

Gambetta, D. (Ed.). (2006). *Making sense of suicide missions* (Rev. ed.). Oxford, UK: Oxford University Press.

Gamino, L. A., & Cooney, A. J. (2002). *When your baby dies through miscarriage or stillbirth.* Minneapolis: Augsburg Fortress.

Gandhi, M. (1980). *All men are brothers: Autobiographical reflections.* New York: Continuum.

Ganguli, M., & Rodriguez, E. G. (1999). Reporting of dementia on death certificates: A community study. *Journal of the American Geriatrics Society, 47,* 842–849.

Gans, J. E. (1990). *America's adolescents: How healthy are they?* American Medical Association, Profiles of Adolescent Health Series. Chicago: American Medical Association.

Garber, B. (1983). Some thoughts on normal adolescents who lost a parent by death. *Journal of Youth and Adolescence, 12,* 175–183.

Garciagodoy, J. (1998). *Digging the days of the dead: A reading of Mexico's Dias de muertos.* Boulder: University Press of Colorado.

Garfield, C. A. (1976). Foundations of psychosocial oncology: The terminal phase. In J. M. Vaeth (Ed.), *Breast cancer: Its impact on the patient, family, and community* (pp. 180–212). Basel, Switzerland: Karger.

Garner, B. A. (2009). *Black's law dictionary* (9th ed.). St.Paul, MN: West Group.

Garrett, L. (1995). *The coming plague: Newly emerging diseases in a world out of balance.* New York: Penguin.

Garrison, C. Z., Lewinsohn, P. M., Marstellar, F., Langhinrichsen, J., & Lann, I. (1991). The assessment of suicidal behavior in adolescents. *Suicide and Life-Threatening Behavior, 21,* 329–344.

Gartley, W., & Bernasconi, M. (1967). The concept of death in children. *Journal of Genetic Psychology, 110,* 71–85.

Gatch, M. McC. (1969). *Death: Meaning and mortality in Christian thought and contemporary culture.* New York: Seabury Press.

Gawande, A. (2010; August 2). Letting go: What should medicine do when it can't save your life? *New Yorker, 86*(25), 36–49.

Gaylin, W., & Jennings, B. (2003). *The perversion of autonomy: The uses of coercion and constraints in a liberal society* (2nd ed.). Washington, DC: Georgetown University Press.

Geddes, G. E. (1981). *Welcome joy: Death in Puritan New England.* Ann Arbor, MI: UMI Research Press.

Geiger, G. (2002). Racial and ethnic disparities in diagnosis and treatment: A review of the evidence and a consideration of causes. In B. D. Smedley, A. Y. Stith, & A. R. Nelson (Eds.), *Unequal treatment: Confronting racial and ethnic disparities in healthcare* (pp. 417–454). Washington, DC: National Academics Press.

Gelfand, D. E., Balcazar, H., Parzuchowski, J., & Lenox, S. (2001). Mexicans and care for the terminally ill: Family, hospice, and the church. *American Journal of Hospice and Palliative Care, 18,* 391–396.

Gelfand, D. E., Raspa, R., Briller, S. H., & Schim, S. M. (Eds.). (2005). *End-of-life stores: Crossing disciplinary boundaries.* New York: Springer.

Georges, J-J., Onwuteaka-Philipsen, B. D., Muller, M. T., van der Wal, G., van der Heide, A., & Van der Maas, P. J. (2007). Relatives' perspective on the terminally ill patients who died after euthanasia or physician-assisted suicide: A retrospective cross-sectional interview study in the Netherlands. *Death Studies, 31,* 1–15.

Gerisch, B. (1998). "This is not death, it is something safer": A psychodynamic approach to Sylvia Plath. *Death Studies, 22,* 735–761.

Gerson, R., McGoldrick, M., & Petry, S. (2008). *Genograms in family assessment* (3rd ed.). New York: Norton.

Gertner, J. (2001). Are you ready for 100? *Money, 30*(4), 98–106.

Gervais, K. G. (1986). *Redefining death.* New Haven, CT: Yale University Press.

Gibbs, D. C., & DeMoss, B. (2006). *Fighting for dear life: The untold story of Terri Schiavo and what it means for all of us.* Minneapolis: Bethany House.

Gibson, P. (1994). Gay male and lesbian youth suicide. In G. Remafedi (Ed.), *Death by denial: Studies of suicide in gay and lesbian teenagers* (pp. 15–68). Boston: Alyson.

Gignoux, J. H. (1998). *Some folk say: Stories of life, death, and beyond*. New York: FoulkeTale Publishing.

Gilbert, A., & Kline, C. B. (2006). *Always too soon: Voices of support for those who have lost both parents*. Emeryville, CA: Seal Press.

Gilbert, K. R. (1996). "We've had the same loss, why don't we have the same grief?" Loss and differential grief in families. *Death Studies, 20,* 269–283.

Gilbert, K. R. (2002). Taking a narrative approach to grief research: Finding meaning in stories. *Death Studies, 26,* 223–239.

Gilbert, K. R., & Murray, C. I. (2007). The family, larger systems, and death education. In D. E. Balk, C. Wogrin, G. Thornton, & D. Meagher (Eds.), *ADEC handbook of thanatology* (pp. 345–353). Northbrook, IL: Association for Death Education and Counseling.

Gilbert, M. (1993). *Atlas of the Holocaust* (2nd rev. printing). New York: William Morrow.

Gill, D. L. (1980). *Quest: The life of Elisabeth Kubler-Ross*. New York: Harper & Row.

Gilligan, C. (1982/1993). *In a different voice: Psychological theory and women's development* (with a new "Letter to Readers, 1993"). Cambridge, MA: Harvard University Press.

Gillon, E. (1972). *Victorian cemetery sculpture*. New York: Dover.

Glannon, W. (2002). Extending the human life span. *Journal of Medicine and Philosophy, 27*(3), 339–354.

Glaser, B., & Strauss, A. (1965). *Awareness of dying*. Chicago: Aldine.

Glaser, B., & Strauss, A. (1968). *Time for dying*. Chicago: Aldine.

Glick, I., Weiss, R., & Parkes, C. (1974). *The first year of bereavement*. New York: Wiley.

Goble, P. (1993). *Beyond the ridge*. New York: Aladdin/Simon & Schuster.

Golan, N. (1975). Wife to widow to woman. *Social Work, 20,* 369–374.

Goldberg, S. B. (1973). Family tasks and reactions in the crisis of death. *Social Casework, 54,* 398–405.

Golden, T. R. (1996). *Swallowed by a snake: The gift of the masculine side of healing*. Kensington, MD: Golden Healing Publishing.

Goldman, A. (1998). Life threatening illnesses and symptom control in children. In D. Doyle, G. W. C. Hanks, & N. MacDonald (Eds.), *Oxford textbook of palliative medicine* (2nd ed.; pp. 1033–1043). New York: Oxford University Press.

Goldman, A., Hain, R., & Lieben, S. (Eds.). (2005). *Oxford textbook on pediatric palliative care*. Oxford: Oxford University Press.

Goldman, C. (2002). *The gifts of caregiving: Stories of hardship, hope and healing*. Minneapolis, MN: Fairview Press.

Goldman, L. (1999). *Life and loss: A guide to help grieving children* (2nd ed.) New York: Routledge.

Goldman, L. (2001). *Breaking the silence: A guide to helping children with complicated grief—suicide, homicide, AIDS, violence and abuse* (2nd ed.). New York: Brunner-Routledge.

Goldman, L. (2004). *Raising our children to be resilient: A guide to helping children cope with trauma in today's world*. New York: Routledge.

Goldman, L. (2006). *Children also grieve: Talking about death and healing*. Philadelphia: Jessica Kingsley.

Goldman, L. (2009). *Great answers to difficult questions: What children need to know*. Philadelphia: Jessica Kingsley.

Goldscheider, C. (1971). *Population, modernization, and social structure*. Boston: Little, Brown.

Goldscheider, F., & Goldscheider, C. (1999). *The changing transition to adulthood: Leaving and returning home*. Thousand Oaks, CA: Sage.

Golubow, M. (2001). *For the living: Coping, caring and communicating with the terminally ill*. Amityville, NY: Baywood.

Goodman, R. F., & Fahnestock, A. H. (Eds.). (2002). *The day our world changed: Children's art of 9/11*. New York: Harry N. Abrams.

Goody, J. (1962). *Death, property, and the ancestors: A study of the mortuary customs of the LoDagaa of West Africa*. Stanford, CA: Stanford University Press.

Gordon, A. K. (1974). The psychological wisdom of the law. In J. Riemer (Ed.), *Jewish reflections on death* (pp. 95–104). New York: Schocken.

Gordon, A. K. (1986). The tattered cloak of immortality. In C. A. Corr & J. N. McNeil (Eds.), *Adolescence and death* (pp. 16–31). New York: Springer.

Gordon, A. K., & Klass, D. (1979). *They need to know: How to teach children about death*. Englewood Cliffs, NJ: Prentice Hall.

Gorer, G. (1965a). The pornography of death. In G. Gorer, *Death, grief, and mourning* (pp. 192–199). Garden City, NY: Doubleday.

Gorer, G. (1965b). *Death, grief, and mourning*. Garden City, NY: Doubleday.

Gorman, E. (2011a). Adaptation, resilience, and growth after loss. In D. L. Harris (Ed.), *Counting our losses: Reflecting on change, loss, and transition in everyday life* (pp. 225–237). New York: Routledge.

Gorman, E. (2011b). Chronic degenerative conditions, disability, and loss. In D. L. Harris (Ed.), *Counting our losses: Reflecting on change, loss, and transition in everyday life* (pp. 195–208). New York: Routledge.

Goss, R. J., & Klass, D. (2005). *Dead but not lost: Grief narratives in religious traditions.* Walnut Creek, CA: AltaMira Press.

Gostin, L. O. (2005). Ethics, the constitution, and the dying process: The case of Theresa Marie Schiavo. *Journal of the American Medical Association, 293,* 2403–2407.

Gotlib, I. H., & Hammen, C. L. (Eds.). (2002). *Handbook of depression.* New York: Guilford Press.

Gott, M., Seymour, J., Bellamy, G., Clark, D., & Ahmedzai, S. (2004). Older people's views about home as a place of care at the end of life. *Palliative Medicine, 18*(5), 460–461.

Gottfried, R. S. (1983). *The black death: Natural and human disaster in medieval Europe.* New York: Free Press.

Gough, M. L. (1999). Remembrance photographs: A caregiver's gift for families of infants who die. In S. L. Bertman (Ed.), *Grief and the healing arts: Creativity as therapy* (pp. 205–216). Amityville, NY: Baywood.

Gould, M. S., Wallenstein, S., Kleinman, M. H., O'Carroll, P., & Mercy, J. (1990). Suicide clusters: An examination of age-specific effects. *American Journal of Public Health, 80,* 211–212.

Gourevitch, P. (1998). *We wish to inform you that tomorrow we will be killed with our families: Stories from Rwanda.* New York: Farrar Straus & Giroux.

Grabowski, J. A., & Frantz, T. (1993). Latinos and Anglos: Cultural experiences of grief intensity. *Omega, Journal of Death and Dying, 26*(4), 273–285.

Graeber, C. (1982). *Mustard.* New York: Macmillan.

Graham, B. (with J. Nussbaum). (2004). *Intelligence matters: The CIA, the FBI, Saudi Arabia, and the failure of America's war on terror.* New York: Random House.

Graham, L. (1990). *Rebuilding the house.* New York: Viking Penguin.

Grassman, D. (2009). *Peace at last: Stories of hope and healing for veterans and their families.* St. Petersburg, FL: Vandamere Press.

Gray, K., & Lassance, A. (2002). *Grieving reproductive loss: A healing process.* Amityville, NY: Baywood.

Gray, R. E. (1987). Adolescent response to the death of a parent. *Journal of Youth and Adolescence, 16,* 511–525.

Gray, R. E. (1988). The role of school counselors with bereaved teenagers: With and without peer support groups. *School Counselor, 35,* 188–193.

Grayling, A. C. (2006). *Among the dead cities: The history and moral legacy of the WWII bombing of civilians in Germany and Japan.* New York: Walker.

Green, R. (Ed.). (2007). *The gift that heals: Stories of hope, renewal and transformation through organ and tissue donation.* Bloomington, IN: AuthorHouse.

Green, R. (2009). *The Nicholas effect: A boy's gift to the world.* Sebastopol, CA: AuthorHouse.

Greenberg, B. S., & Parker, E. B. (Eds.). (1965). *The Kennedy assassination and the American public: Social communication in crisis.* Stanford, CA: Stanford University Press.

Greenberg, S. (2009). *A profile of older Americans: 2009.* Washington, DC: Agency on Aging, Department of Health and Human Services. Retrieved on February 18, 2011, from www.aoa.gov/AoAroot/Aging_Statistics/Profile/index-.aspx

Gregorian, V. (1998, September 22). Track superstar Flo-Jo is found dead at 38. *St. Louis Post-Dispatch,* p. A1.

Greiner, K. A., Perera, S., & Ahluwalia, J. S. (2003). Hospice usage by minorities in the last year of life: Results from the National Mortality Followback Survey. *Journal of the American Geriatrics Society, 51,* 970–978.

Greyson, B. (1999). Defining near-death experiences. *Mortality, 4,* 7–22.

Greyson, B. (2005). "False positive" claims of near-death experiences and "false negative" denials of near-death experiences. *Death Studies, 29,* 145–155.

Greyson, B., & Bush, N. E. (1992). Distressing near-death experiences. *Psychiatry, 55,* 95–110.

Grmek, M. D. (1990). *History of AIDS: Emergence and origin of a modern pandemic* (R. C. Maulitz & J. Duffin, Trans.). Princeton, NJ: Princeton University Press.

Grof, S., & Halifax, J. (1978). *The human encounter with death.* New York: Dutton.

Grollman, E. A. (1967). Prologue: Explaining death to children. In E. A. Grollman (Ed.), *Explaining death to children* (pp. 3–27). Boston: Beacon Press.

Grollman, E. A. (1977). *Living when a loved one has died.* Boston: Beacon Press.

Grollman, E. A. (1980). *When your loved one is dying.* Boston: Beacon Press.

Grollman, E. A. (Ed.). (1981). *What helped me when my loved one died.* Boston: Beacon Press.

Grollman, E. A. (1990). *Talking about death: A dialogue between parent and child* (3rd ed.). Boston: Beacon Press.

Grollman, E. A. (1993). *Straight talk about death for teenagers: How to cope with losing someone you love.* Boston: Beacon Press.

Grollman, E. A. (1995). *Caring and coping when your loved one is seriously ill.* Boston: Beacon Press.

Grollman, E., & Johnson, J. (2001). *A teenager's book about suicide: Helping break the silence and preventing death.* Omaha, NE: Centering Corporation.

Grollman, E., & Malikow, M. (1999). *Living when a young friend commits suicide—Or even starts talking about it.* Boston: Beacon Press.

Groopman, J. (2004). *The anatomy of hope: How people*

prevail in the face of illness. New York: Random House.

Grove, S. (1978). I am a yellow ship. *American Journal of Nursing, 78,* 414.

Groves, B. M., Zuckerman, B., Marans, S., & Cohen, D. J. (1993). Silent victims: Children who witness violence. *Journal of the American Medical Association, 269,* 262–264.

Gruman, G. J. (1973). An historical introduction to ideas about voluntary euthanasia, with a bibliographic survey and guide for interdisciplinary studies. *Omega, Journal of Death and Dying, 4,* 87–138.

Gubrium, J. F. (1975). *Living and dying at Murray Manor.* New York: St. Martin's Press.

Guest, J. (1976). *Ordinary people.* New York: Viking.

Gunther, J. (1949). *Death be not proud.* New York: Harper.

Gupta, S. (2010, June 14). Kevorkian: "I have no regrets." Retrieved on March 5, 2011, from http://articles.cnn.com/2010-06-14/health/kevorkian.gupta_1_kevorkian-dr-jackeuthanasia-assisted-suicide/3?_s=PM:HEALTH

Gutman, I., & Berenbaum, M. (Eds.). (1994). *Anatomy of the Auschwitz death camp.* Bloomington: Indiana University Press.

Guzman, B. (2001). *The Hispanic population: Census 2000 brief.* Washington, DC: U.S. Census Bureau.

Gyulay, J. E. (1975). The forgotten grievers. *American Journal of Nursing, 75,* 1476–1479.

Habenstein, R. W., & Lamers, W. M. (1962). *The history of American funeral directing* (Rev. ed.). Milwaukee, WI: Bulfin.

Habenstein, R. W., & Lamers, W. M. (1974). *Funeral customs the world over* (Rev. ed.). Milwaukee, WI: Bulfin.

Haley, J. D. (2001). *How to write comforting letters to the bereaved: A simple guide for a delicate task.* Amityville, NY: Baywood.

Hall, E. T. (1966). *The hidden dimension.* Garden City, NY: Doubleday.

Hall, G. S. (1904). *Adolescence: Its psychology and its relationship to physiology, anthropology, sociology, sex, crime, religion and education* (2 vols.). New York: D. Appleton.

Hall, G. S. (1922). *Senescence: The last half of life.* New York: D. Appleton.

Haman, E. A. (2004). *How to write your own living will.* Naperville, IL: Sphinx.

Haman, E. A. (2006). *Complete living will kit (1 CD-ROM): How to write your own living will.* Naperville, IL: Sphinx Publishing.

Hamel, R. (Ed.). (1991). *Choosing death: Active euthanasia, religion, and the public debate.* Philadelphia: Trinity

Press International.

Hamilton, B. E., Minino, A. M., Martin, J. A., Kochanek, K. D., Strobino, D. M., & Guyer, B. (2007). Annual summary of vital statistics: 2005. *Pediatrics, 119,* 345–360.

Hamilton, M. M., & Brown, W. (2002). *Black and white and red all over: The story of a friendship.* New York: Public Affairs.

Hampson, R. (2006, October 5). Amish community unites to mourn slain schoolgirls. *USA Today,* p. 3A.

Haney, C. A., Leimer, C., & Lowery, J. (1997). Spontaneous memorialization: Violent death and emerging mourning ritual. *Omega, Journal of Death and Dying, 35,* 159–171.

Hanks, G., Cherny, N. I., Christakis, N. A., Fallon, M., Kaasa, S., & Portenoy, R. K. (Eds.). (2009). *Oxford textbook of palliative medicine* (4th ed.). New York: Oxford University Press.

Hanlan, A. (1979). *Autobiography of dying.* Garden City, NY: Doubleday.

Hansen, A. (2004). *Responding to loss: A resource for caregivers.* Amityville, NY: Baywood.

Hanson, J. C., & Frantz, T. T. (Eds.). (1984). *Death and grief in the family.* Rockville, MD: Aspen Systems Corp.

Hanson, W. (1978). Grief counseling with Native Americans. *White Cloud Journal of American Indian/Alaska Native Mental Health, 1*(2), 19–21.

Hansson, R. O., & Stroebe, M. S. (2006). *Bereavement in late life: Coping, adaptation and developmental influences.* Washington, DC: American Psychological Association.

Harakas, S. S. (1993). An Eastern Orthodox approach to bioethics. *Journal of Medicine and Philosophy, 18,* 531–548.

Harmer, R. M. (1963). *The high cost of dying.* New York: Collier Books.

Harmer, R. M. (1971). Funerals, fantasy and flight. *Omega, Journal of Death and Dying, 2,* 127–135.

Harper, B. C. (1994). *Death: The coping mechanism of the health professional* (Rev. ed.). Greenville, SC: Swiger Associates.

Harrell, D. (2009, Summer). Donor wife holds her head high with husband's bone. *For Those Who Give and Grieve, 18*(1), p. 7.

Harris, D. L. (Ed.). (2011). *Counting our losses: Reflecting on change, loss, and transition in everyday life.* New York: Routledge.

Harris, D. L., & Gorman, E. (2011). Grief from a broader perspective: Nonfinite loss, ambiguous loss, and chronic sorrow. In D. L. Harris (Ed.), *Counting our losses: Reflecting on change, loss, and transition in everyday life* (pp. 1–13). New York: Routledge.

Harris, E. (1998). *Pet loss.* St. Paul, MN: Llewellyn.

Harris, M. (2007). *Grave matters: A journey through the*

modern funeral industry to a natural way of burial. New York: Scribner.

Harvey, J. (1995). *Embracing their memory: Loss and the social psychology of storytelling.* Boston: Allyn & Bacon.

Harvey, J. H. (Ed.). (1998). *Perspectives on loss: A sourcebook.* Philadelphia: Brunner/Mazel.

Hassl, B., & Marnocha, J. (2000). *Bereavement support group program for children* (2nd ed.). Philadelphia: Accelerated Development.

Hatton, C. L., & Valente, S. M. (Eds.). (1984). *Suicide: Assessment and intervention* (2nd ed.). Norwalk, CT: Appleton-Century-Crofts.

Hauser, M. J. (1987). Special aspects of grief after a suicide. In Dunne, E. J., McIntosh, J. L., & Dunne-Maxim, K. (Eds.), *Suicide and its aftermath: Understanding and counseling the survivors* (pp. 57–70). New York: Norton.

Havighurst, R. J. (1953). *Human development and education.* New York: Longmans, Green.

Havighurst, R. J. (1972). *Developmental tasks and education* (3rd ed.). New York: McKay.

Hawton, K., & Van Heeringen, K. (2000). *The international handbook of suicide and attempted suicide.* New York: Wiley.

Hayslip, B., & Goldberg-Glen, R. (2000). *Grandparents raising grandchildren: Theoretical, empirical, and clinical perspectives.* New York: Springer.

Hayslip, B., & Preveto, C. A. (2005). *Cultural changes in attitudes toward death, dying, and bereavement.* New York: Springer.

Hazell, L. V. (2001). Disaster mortuary operational response teams (DMORT). *Forum, 27*(6), 5, 8. *Heart of the New Age Hospice* [Videotape]. (1987). Houston: University of Texas at Houston, Health Sciences Center.

Hedtke, L., & Winslade, J. (2004). *Re-membering lives: Conversations with the dying and the bereaved.* Amityville, NY: Baywood.

Heidegger, M. (1962). *Being and time* (Rev. ed.) (J. Macquarrie & E. S. Robinson, Trans.). San Francisco: HarperSanFrancisco.

Heiney, S. P., Dunaway, N. C., & Webster, J. (1995). Good grieving—an intervention program for grieving children. *Oncology Nursing Forum, 22,* 649–655.

Heinz, D. (1999). *The last passage: Recovering a death of our own.* New York: Oxford University Press.

Hemingway, E. (1926). *The sun also rises.* New York: Scribner.

Hemingway, E. (1929). *A farewell to arms.* New York: Scribner.

Hemingway, E. (1940). *For whom the bell tolls.* New York: Scribner.

Hemingway, E. (1952). *The old man and the sea.* New York: Scribner.

Henderson, C. S. (1998). *Partial view: An Alzheimer's journal.* Dallas, TX: Southern Methodist University Press.

Henderson, M. L., Hanson, L. C., & Reynolds, K. S. (2003). *Improving nursing home care of the dying: A training manual for nursing home staff.* New York: Springer.

Hendin, H. (1995). Selling death and dignity. *Hastings Center Report, 25*(3), 19–23.

Hendin, H. (1997). *Seduced by death: Doctors, patients and the Dutch cure.* New York: Norton.

Hendin, H. (2002). The Dutch experience. *Issues in Law & Medicine, 17,* 223–246.

Hendin, H., Rutenfrans, C., & Zylicz, Z. (1997). Physician-assisted suicide and euthanasia in the Netherlands: Lessons from the Dutch. *Journal of the American Medical Association, 277,* 1720–1722.

Henke, E. (1972). The purpose of life. *Omega, Journal of Death and Dying, 3,* 163. Reprinted in C. A. Corr & D. M. Corr (Eds.), *Hospice care: Principles and practice* (pp. 354–355). New York: Springer, 1983.

Herrick, C. B. (2004). *The best he had to offer: The Ron Herrick story.* Available from 605 Dunn Road, Belgrade, ME 04917; tel. 207-495-3325; cherrick@prexar.com.

Hersey, J. (1948). *Hiroshima.* New York: Bantam.

Hewett, J. (1980). *After suicide.* Philadelphia: Westminster Press.

Hickey, M. (2006). *Planning a celebration of life: A simple guide for turning a memorial service into a celebration of life.* San Francisco, CA: Renaissance Urn Company.

Hilden, J. M., & Tobin, D. R. (with K. Lindsey). (2003). *Shelter from the storm: Caring for a child with a life-threatening condition.* Cambridge, MA: Perseus.

Hill, D. C., & Foster, Y. M. (1996). Postvention with early and middle adolescents. In C. A. Corr & D. E. Balk (Eds.), *Handbook of adolescent death and bereavement* (pp. 250–272). New York: Springer.

Hillyard, D., & Dombrink, J. (2001). *Dying right: The death with dignity movement.* New York: Routledge.

Himelstein, B. P., Hilden, J. M., Boldt, A. M., & Weissman, D. (2004). Pediatric palliative care. *New England Journal of Medicine, 350,* 1752–1762.

Hinds, P. S., Drew, D., Oakes, L. L., Fouladi, M., Spunt, S. L., Church, C., & Furman, W. L. (2005). End-of-life care preferences of pediatric patients with cancer. *Journal of Clinical Oncology, 23,* 9146–9154.

Hinton, C. (1998). *Silent grief: Miscarriage—child loss, finding your way through the darkness.* New Leaf Press: Green Forest, AR.

Hinton, J. (1963). The physical and mental distress of the dying. *Quarterly Journal of Medicine,* New Series, *32,* 1–21.

Hinton, J. (1984). Coping with terminal illness. In R.

Fitzpatrick, J. Hinton, S. Newman, G. Scambler, & J. Thompson (Eds.), *The experience of illness* (pp. 227–245). London: Tavistock Publications.

Hirayama, K. K. (1990). Death and dying in Japanese culture. In J. K. Parry (Ed.), *Social work practice with the terminally ill: A transcultural perspective* (pp. 159–174). Springfield, IL: Charles C Thomas.

Hochberg, T. (2011). The art of medicine: Moments held—photographing perinatal loss. *The Lancet, 377*, 1310–1311.

Hockey, J. L., Katz, J., Small, N., & Hockey, J. (Eds.). (2001). *Grief, mourning and death rituals*. New York: Open University Press.

Hodgson, H. (2008). *Writing to recover: The journey from loss and grief to a new life*. Omaha, NE: Centering Corporation.

Hoess, R. (1959). *Commandant of Auschwitz: The autobiography of Rudolf Hoess* (C. FitzGibbon, Trans.). Cleveland, OH: World.

Hoff, B. (1983). *The Tao of Pooh*. New York: Penguin.

Hogan, N. S., & Balk, D. E. (1990). Adolescent reactions to sibling death: Perceptions of mothers, fathers, and teenagers. *Nursing Research, 39*, 103–106.

Hogan, N. S., & DeSantis, L. (1992). Adolescent sibling bereavement: An ongoing attachment. *Qualitative Health Research, 2*, 159–177.

Hogan, N. S., & DeSantis, L. (1994). Things that help and hinder adolescent sibling bereavement. *Western Journal of Nursing Research, 16*, 132–153.

Hogan, N. S., & Greenfield, D. B. (1991). Adolescent sibling bereavement symptomatology in a large community sample. *Journal of Adolescent Research, 6*, 97–112.

Holden, J. M., Greyson, B., & James D. (Eds.). (2009). *The handbook of near-death experiences: Thirty years of investigation*. Santa Barbara, CA: Praeger Publishers/ABC-CLIO.

Holinger, P. C., Offer, D., Barter, J. T., & Bell, C. C. (1994). *Suicide and homicide among adolescents*. New York: Guilford.

Holland, J. M., & Neimeyer, R. A. (2010). An examination of stage theory of grief among individuals bereaved by natural and violent causes: A meaning-oriented contribution. *Omega, Journal of Death and Dying, 61*, 103–120.

Holland, J. M., Currier, J. M., & Neimeyer, R. A. (2006).Meaning reconstruction in the first two years of bereavement: The role of sense-making and benefit-finding. *Omega, Journal of Death and Dying, 53*, 175–191.

Holloway, K. F. C. (2003). *Passed on: African American mourning stories, a memorial*. Durham, NC: Duke University Press.

Holtkamp, S. (2002). *Wrapped in mourning: The gift of life and organ donor family trauma*. New York: Taylor & Francis.

Homer. (1996). *The Odyssey* (R. Fagles, Trans.). New York: Penguin.

Hooyman, N. R., & Kramer, B. J. (2006). *Living through loss: Interventions across the life span*. New York: Columbia University Press.

Hopmeyer, E., & Werk, A. (1994). A comparative study of family bereavement groups. *Death Studies, 18*, 243–256.

Horchler, J. N., & Morris, R. R. (2003). *The SIDS and infant death survival guide: Information and comfort for grieving families and friends and professionals who seek to help them* (3rd ed.). Hyattsville, MD: SIDS Educational Services, Inc.

Horn, G. (White Deer of Autumn). (1992). *The great change*. Hillsboro, OR: Beyond Words.

Horner, I. B. (Trans.). (1949). *The book of discipline (Vinaya-Pitaka)*, Vol. 1. London: Luzac.

Horowitz, M. J., Weiss, D. S., Kaltreider, N., Krupnick, J., Marmar, C., Wilner, N., et al. (1984). Reactions to the death of a parent. *Journal of Nervous and Mental Disease, 172*, 383–392.

Hospice Foundation of America. (2007). *The dying process: A guide for caregivers*. Washington, DC: Author.

Hostetler, J. A. (1994). *Amish society* (4th ed.). Baltimore: Johns Hopkins University Press.

Howarth, G. (1996). *Last rites: The work of the modern funeral director*. Amityville, NY: Baywood.

Howarth, G., & Leaman, O. (Eds.). (2001). *Encyclopedia of death and dying*. New York: Routledge.

Howell, D. A. (1993). Special services for children. In D. Doyle, G. W. C. Hanks, & N. MacDonald (Eds.), *Oxford textbook of palliative medicine* (pp. 718–725). New York: Oxford University Press.

Hoyert, D. L., Singh, G. K., & Rosenberg, H. M. (1995). Sources of data on socioeconomic differential mortality in the United States. *Journal of Official Statistics, 11*, 233–260.

Huff, S. M., & Orloff, S. (Eds.). (2004). *Interdisciplinary clinical manual for pediatric hospice and palliative care*. Alexandria, VA: Children's Hospice International.

Hughes, M. (1995). *Bereavement and support: Healing in a group environment*. Washington, DC: Taylor & Francis.

Hughes, T. E., & Klein, D. (2001). *A family guide to wills, funerals, and probate: How to protect yourself and your survivors* (2nd ed.). New York: Facts on File/Checkmark Books.

Hultkrantz, A. (1979). *The religions of the American Indians* (M. Setterwall, Trans.). Berkeley: University of California Press.

Humphry, D. (2002). *Final exit: The practicalities of self-*

deliverance and assisted suicide for the dying (3rd ed.). New York: Dell.

Humphry, D., & Clement, M. (1998). *Freedom to die: People, politics, and the right-to-die movement*. New York: St. Martin's Press.

Hunter, S., & Sundel, M. (Eds.). (1989). *Midlife myths: Issues, findings, and practice implications*. Newbury Park, CA: Sage.

Hurd, M., & Macdonald, M. (2001). *Beyond coping: Widows reinventing their lives*. Halifax, Nova Scotia: Pear Press.

Hurwitz, C. A., Duncan, J., & Wolfe, J. (2004). Caring for the child with cancer at the close of life: "There are people who make it, and I'm hoping I'm one of them." *Journal of the American Medical Association, 292*, 2141–2149.

Huston, A. C., Donnerstein, E., Fairchild, H., Feshbach, N. D., Katz, P. A., Murray, J. P., et al. (1992). *Big world, small screen: The role of television in American society*. Lincoln: University of Nebraska Press.

Huxley, A. (1939). *After many a summer dies the swan*. New York: Harper & Brothers.

Hyland, L., & Morse, J. M. (1995). Orchestrating comfort: The role of funeral directors. *Death Studies, 19*, 453–474.

Ilse, S. (1989). *Miscarriage: A shattered dream*. Long Lake, MN: Wintergreen Press.

Imber-Black, E. (1991). Rituals and the healing process. In F. Walsh & M. McGoldrick (Eds.), *Living beyond loss: Death in the family* (pp. 207–223). New York: Norton.

Infeld, D. L., Gordon, A. K., & Harper, B. C. (Eds.). (1995). *Hospice care and cultural diversity*. Binghamton, NY: Haworth Press.

Inglelhart, J. K. (2009). A new era of for-profit hospice care: The Medicare benefit. *New England Journal of Medicine, 360*(26), 2701–2703.

Ingles, T. (1974). St. Christopher's Hospice. *Nursing Outlook, 22*, 759–763.

Ingram, P. (1992). The tragedy of Tibet. *Contemporary Review, 261*, 122–125.

Initiative for Pediatric Palliative Care (IPPC). (2003). *The initiative for pediatric palliative care curriculum*. Newton, MA: Author.

Institute of Medicine. (1986). *Confronting AIDS: Directions for public health, health care, and research*. Washington, DC: National Academies Press.

Institute of Medicine. (2004). *Preventing childhood obesity: Health in the balance*. Washington, DC: National Academies Press.

International Work Group on Death, Dying, and Bereavement. (1993). Palliative care for children: Position statement. *Death Studies, 17*, 277–280. (Reprinted in *Statements about death, dying, and bereavement by the International Work Group on Death,*

Dying, and Bereavement, pp. 17–19, by C. A. Corr, J. D. Morgan, & H. Wass, Eds., 1994, London: King's College.

International Work Group on Death, Dying, and Bereavement. (2006). Caregivers in death, dying, and bereavement situations. *Death Studies, 30*, 649–663.

Irion, P. E. (1991). Changing patterns of ritual response to death. *Omega, Journal of Death and Dying, 22*, 159–172.

Irish, D. P., Lundquist, K. F., & Nelson, V. J. (Eds.). (1993). *Ethnic variations in dying, death, and grief: Diversity in universality*. Washington, DC: Taylor & Francis.

Isenberg, N., & Burstein, A. (Eds.). (2003). *Mortal remains: Death in early America*. Philadelphia: University of Pennsylvania Press.

Iserson, K. V. (2001). *Death to dust: What happens to dead bodies?* (2nd ed.). Tucson, AZ: Galen Press.

Iserson, K. V., & Iserson, K. Y. (1999). *Grave words: Notifying survivors about sudden, unexpected death*. Tucson, AZ: Galen Press.

Iverson, B. A. (1990). Bodies for science. *Death Studies, 14*, 577–587.

Iwashyna, T., & Chang, V. (2002). Racial and ethnic differences in place of death: United States, 1993. *Journal of the American Geriatrics Society, 50*, 1113–1117.

Iyasu, S., Randall, L. L., Welty, T. K., Hsia, J., Kinney, H. C., Mandell, F., et al. (2002). Risk factors for sudden infant death syndrome among Northern Plains Indians. *Journal of the American Medical Association, 288*, 2717–2723.

Jack, C. R., Albert, M. S., Knopman, D. S., McKhann, G. M., Sperling, R. A., Carrillo, M. C., et al. (2011). Introduction to the recommendations from the National Institute on Aging and the Alzheimer's Association workgroup on diagnostic guidelines for Alzheimer's disease. *Alzheimer's and Dementia: The Journal of the Alzheimer's Association, 7*(3), 257–262.

Jackson, C. O. (Ed.). (1977). *Passing: The vision of death in America*. Westport, CT: Greenwood Press.

Jackson, E. N. (1963). *For the living*. Des Moines, IA: Channel Press.

Jackson, E. N. (1984). The pastoral counselor and the child encountering death. In H. Wass & C. A. Corr (Eds.), *Helping children cope with death: Guidelines and resources* (2nd ed.; pp. 33–47). Washington, DC: Hemisphere.

Jackson, J. (2003). *A handbook for survivors of suicide*. Washington, DC: American Association of Suicidology.

Jacobs, D. G. (1999). *The Harvard Medical School guide to suicide assessment and intervention*. San Francisco: Jossey-Bass.

Jacobs, L. G., Bonuck, K., Burton, W., & Mulvihill, M. (2002). Hospital care at the end of life: An institutional assessment. *Journal of Pain and Symptom Management,*

24(3), 291-298.

Jacobs, S. (1999). *Traumatic grief: Diagnosis, treatment, and prevention.* Washington, DC: Taylor & Francis.

Jacoby, L. H., Breitkopf, C. R., & Pease, E. A. (2005). A qualitative examination of the needs of families faced with the option of organ donation. *Dimensions of Critical Care Nursing, 24,* 183-189.

Jacques, E. (1965). Death and the mid-life crisis. *International Journal of Psychoanalysis, 46,* 502-514.

Jamison, K. R. (1999). *Night falls fast: Understanding suicide.* New York: Knopf.

Jamison, K. R. (2009). *Nothing was the same: A memoir.* New York: Knopf.

Jamison, S. (1995). *Final acts of love: Families, friends, and assisted dying.* New York: Tarcher/Putman.

JanMohamed, A. B. (2004). *The death-bound-subject: Richard Wright's archaeology of death.* Durham, NC: Duke University Press.

Janoff-Bulman, R. (1992). *Shattered assumptions: Towards a new psychology of trauma.* New York: Free Press.

Janzen, L., Cadell, S., & Westhues, A. (2004). From death notification through the funeral: Bereaved parents' experiences and their advice to professionals. *Omega, Journal of Death and Dying, 48,* 149-164.

Jeffreys, J. S. (2005). *Helping grieving people when tears are not enough: A handbook for care providers.* New York: Brunner-Routledge.

Jenkins, C., Lapelle, N., Zapka, J., Kurent, J. (2005). End-of-life care and African Americans: Voices from the community. *Journal of Palliative Medicine, 8*(3), 585-592.

Jenkins, P. (2003). *Images of terror: What we can and can't know about terrorism.* New York: Aldine de Gruyter.

Jennings, B., Kaebnick, G. E., & Murray, T. H. (Eds.). (2005). *Improving end of life care: Why has it been so difficult?* Garrison, NY: Hastings Center.

Jennings, B., Ryndes, T., D'Onofrio, C., & Baily, M. A. (2003). Access to hospice care: Expanding boundaries, overcoming barriers. *Hastings Center Report, Special Supplement, 33*(2), S11-S12.

Jensma, F. (2010a, February 8). Citizens group argues "right to die." *NRC handelsblad.* Retrieved on January 15, 2011, from http://vorige.nrc.nl/international/Features/article2478619.ece/Citizens_group_argues_right_to_die

Jensma, F. (2010b, February 9). "Right to die" for elderly back at center of Dutch debate. *Radio Netherlands Worldwide.* Retrieved on January 15, 2011, from http://www.rnw.nl/english/article/right-die-elderly-back-cen-rredutch- debate

Jesse, G., Taylor, M., & Kurent, J. E. (2002). *A clinician's guide to palliative care.* Oxford, England: Blackwell.

Jewett, C. L. (1982). *Helping children cope with separation and loss.* Harvard, MA: Harvard Common Press.

Jobes, A. A. (2006). *Managing suicidal risk: A collaborative approach.* New York: Guilford.

John Paul II, Pope. (2004). Care for patients in a "permanent" vegetative state. *Origins, 33*(43), 737, 739-740.

Johnson, C., & Weeks, O. D. (2001). How to develop a successful aftercare program. In O. D. Weeks & C. Johnson (Eds.), *When all the friends have gone: A guide for aftercare providers* (pp. 5-23). Amityville, NY: Baywood.

Johnson, C. J., & McGee, M. G. (Eds.). (1998). *How different religions view death and afterlife* (2nd ed.). Philadelphia: Charles Press.

Johnson, J. (1999). *Keys to helping children deal with death and grief.* Hauppauge, NY: Barron's Educational Series.

Johnson, J., Johnson, S. M., Cunningham, J. H., & Weinfeld, I. J. (1985). *A most important picture: A very tender manual for taking pictures of stillborn babies and infants who die.* Omaha, NE: Centering Corporation.

Johnson, M. (2006). *The dead beat: Lost souls, lucky stiffs, and the perverse pleasures of obituaries.* New York: HarperCollins.

Johnson, S. (1987). *After a child dies: Counseling bereaved families.* New York: Springer.

Jonah, B. A. (1986). Accident risk and risk-taking behaviour among young drivers. *Accident Analysis and Prevention, 18,* 255-271.

Jones, B. (1967). *Design for death.* Indianapolis, IN: Bobbs-Merrill.

Jones, E. O. (1948). *Little Red Riding Hood.* New York: Golden Press.

Jones, J. H. (1992). *Bad blood: The Tuskegee syphilis experiment.* New York: Simon & Schuster.

Jones, S. (2004). 404 not found: The Internet and the afterlife. *Omega, Journal of Death and Dying, 49,* 83-88.

Jonker, G. (1997). The many facets of Islam: Death, dying and disposal between orthodox and historical convention. In C. M. Parkes, P. Laungani, & B. Young (Eds.), *Death and bereavement across cultures* (pp. 147-165). London: Routledge.

Jordan, J., & McMenamy, J. (2004). Interventions for suicide survivors: A review of the literature. *Suicide and Life-Threatening Behavior, 34,* 337-339.

Jordan, J. R. (2001). Is suicide bereavement different? A reassessment of the literature. *Suicide and Life-Threatening Behavior, 31,* 91-102.

Jordan, J. R., & McIntosh, J. L. (Eds.). (2010). *Grief after suicide: Understanding the consequences and caring for the survivors.* New York: Routledge.

Jordan, J. R., & Neimeyer, R. A. (2003). Does grief counseling work? *Death Studies, 27,* 765-786.

Jordan, J. R., & Neimeyer, R. A. (2007). Historical and con-

685

temporary perspectives on assessment and intervention. In D. E. Balk, C. Wogrin, G. Thornton, & D. Meagher (Eds.), *ADEC handbook of thanatology* (pp. 213–225). Northbrook, IL: Association for Death Education and Counseling.

Jozefowski, J. T. (1999). *The Phoenix phenomenon: Rising from the ashes of grief.* Northvale, NJ: Jason Aronson.

Jung, C. (1954). *The development of personality.* In H. Read, M. Fordham, & G. Adler (Eds.), *The collected works of Carl G. Jung* (2nd ed.; Vol. 17, p. 7). Princeton, NJ: Princeton University Press.

Jung, C. G. (1970). The stages of life. In H. Read, M. Fordham, & G. Adler (Eds.), *The collected works of Carl G. Jung* (2nd ed.; Vol. 8). Princeton, NJ: Princeton University Press. (Original work published 1933)

Jupp, P. C. (2006). *From ashes to dust: The history of cremation in Britain.* London: Palgrave Press.

Jurich, A. P., & Collins, O. P. (1996). Adolescents, suicide, and death. In C. A. Corr & D. E. Balk (Eds.), *Handbook of adolescent death and bereavement* (pp. 65–84). New York: Springer.

Jury, M., & Jury, D. (1978). *Gramps: A man ages and dies.* Baltimore: Penguin.

Kagawa-Singer, M., & Blackhall, L. (2001). Negotiating cross-cultural issues at the end of life: "You've got to go where he lives." *Journal of the American Medical Association, 286*(23), 2993–3001.

Kail, R. V., & Cavanaugh, J. C. (2008). *Human development: A lifespan view* (5th ed.). Belmont, CA: Wadsworth.

Kaimann, D. S. (2002). *Common threads: Nine widows' journeys through love, loss and healing.* Amityville, NY: Baywood.

Kalergis, M. M. (1998). *Seen and heard: Teenagers talk about their lives.* New York: Stewart, Tabori & Chang.

Kalish, R. A. (Ed.). (1980). *Death and dying: Views from many cultures.* Farmingdale, NY: Baywood.

Kalish, R. A. (1985a). Death and dying in a social context. In R. H. Binstock & E. Shanas (Eds.), *Handbook of aging and the social sciences* (2nd ed.; pp. 149–170). New York: Van Nostrand.

Kalish, R. A. (1985b). The horse on the dining-room table. In *Death, grief, and caring relationships* (2nd ed.; pp. 2–4). Pacific Grove, CA: Brooks/Cole.

Kalish, R. A., & Goldberg, H. (1978). Clergy attitudes toward funeral directors. *Death Education, 2,* 247–260.

Kalish, R. A., & Goldberg, H. (1980). Community attitudes toward funeral directors. *Omega, Journal of Death and Dying, 10,* 335–346.

Kalish, R. A., & Reynolds, D. K. (1981). *Death and ethnicity: A psychocultural study.* Farmingdale, NY: Baywood. (Originally published, Los Angeles: Andrus

Gerontology Center, 1976)

Kane, B. (1979). Children's concepts of death. *Journal of Genetic Psychology, 134,* 141–153.

Kaplan, K. J. (1999). Right to die versus sacredness of life [Special issue]. *Omega, Journal of Death and Dying, 40*(1).

Kapust, L. R. (1982). Living with dementia: The ongoing funeral. *Social Work in Health Care, 7*(4), 79–91.

Karakatsanis, K. G., & Tsanakas, J. N. (2002). A critique on the concept of brain death. *Issues in Law and Medicine, 18*(2), 127–141.

Karp, N., & Wood, E. (2003). *Incapacitated and alone: Health care decision-making for the unbefriended elderly.* Washington, DC: American Bar Association.

Kaserman, D. L., & Barrett, A. H. (2002). *The United States organ procurement system: A prescription for reform.* Washington, DC: AEI Press.

Kashurba, G. J. (2006). *Quiet courage: The definitive account of Flight 93 and its aftermath.* Somerset, PA: SAJ Publishing.

Kassis, H. (1997). Islam. In H. Coward (Ed.), *Life after death in world religions* (pp. 48–65). Maryknoll, NY: Orbis Books.

Kastenbaum, R. (1967). The mental life of dying geriatric patients. *The Gerontologist, 7*(2), Pt. 1, 97–100.

Kastenbaum, R. (1969). Death and bereavement in later life. In A. H. Kutscher (Ed.), *Death and bereavement* (pp. 28–54). Springfield, IL: Charles C Thomas.

Kastenbaum, R. (1972). On the future of death: Some images and options. *Omega, Journal of Death and Dying, 3,* 306–318.

Kastenbaum, R. (1973, January). The kingdom where nobody dies. *Saturday Review, 56,* 33–38.

Kastenbaum, R. (1977). Death and development through the lifespan. In H. Feifel (Ed.), *New meanings of death* (pp. 17–45). New York: McGraw-Hill.

Kastenbaum, R. (1989a). Ars moriendi. In R. Kastenbaum & B. Kastenbaum (Eds.), *Encyclopedia of death* (pp. 17–19). Phoenix, AZ: Oryx Press.

Kastenbaum, R. (1989b). Cemeteries. In R. Kastenbaum & B. Kastenbaum (Eds.), *Encyclopedia of death* (pp. 41–45). Phoenix, AZ: Oryx Press.

Kastenbaum, R. (1995). Raymond A. Moody, Jr.: An *Omega* interview. *Omega, Journal of Death and Dying, 31,* 87–98.

Kastenbaum, R. (2000). *The psychology of death* (3rd ed.). New York: Springer.

Kastenbaum, R. (Ed.). (2003). *Macmillan encyclopedia of death and dying* (2 vols.). New York: Macmillan.

Kastenbaum, R. J. (2004a). *On our way: The final passage through life and death.* Berkeley, CA: University of California Press.

Kastenbaum, R. J. (2004b). Death writ large. *Death Studies, 28*, 375–392.

Kastenbaum, R. J. (2009). *Death, society, and human experience* (10th ed.). Boston: Allyn and Bacon.

Kastenbaum, R., & Aisenberg, R. (1972). *The psychology of death*. New York: Springer.

Kastenbaum, R., & Thuell, S. (1995). Cookies baking, coffee brewing: Toward a contextual theory of dying. *Omega, Journal of Death and Dying, 31*, 175–187.

Katzenbach, J. (1986). *The traveler*. New York: Putnam's.

Kaufert, J. M., & O'Neil, J. D. (1991). Cultural mediation of dying and grieving among Native Canadian patients in urban hospitals. In D. R. Counts & D. A. Counts (Eds.), *Coping with the final tragedy: Cultural variation in dying and grieving* (pp. 231–251). Amityville, NY: Baywood.

Kauffman, J. (2004). *Guidebook on helping persons with mental retardation mourn*. Amityville, NY: Baywood.

Kauffman, J. (Ed.). (1995). *Awareness of mortality*. Amityville, NY: Baywood.

Kauffman, J. (Ed.). (2002). *Loss of the assumptive world: A theory of traumatic loss*. New York: Brunner-Routledge.

Kaufman, K. R., & Kaufman, N. D. (2006). And then the dog died. *Death Studies, 30*, 61–76.

Kaufman, S. R. (1986). *The ageless self: Sources of meaning in late life*. Madison: University of Wisconsin Press.

Kaufman, S. R. (2006). *And a time to die: How American hospitals shape the end of life*. Chicago: University of Chicago Press.

Kavanaugh, R. E. (1972). *Facing death*. Los Angeles: Nash.

Kay, W. J., Cohen, S. P., Nieburg, H. A., Fudin, C. E., Grey, R. E., Kutscher, A. H., et al. (Eds.). (1988). *Euthanasia of the companion animal: The impact on pet owners, veterinarians, and society*. Philadelphia: Charles Press.

Kean, T. H., & Hamilton, L. H. (2006). *Without precedent: The inside story of the 9/11 Commission*. New York: Knopf.

Keating, D. (1990). Adolescent thinking. In S. S. Feldman & G. R. Elliott (Eds.), *At the threshold: The developing adolescent* (pp. 54–89). Cambridge, MA: Harvard University Press.

Keegan, L., & Drick, C. A. (2011). *End of life: Nursing solutions for death with dignity*. New York: Springer.

Keister, D. (2004). *Stories in stone: The complete guide to cemetery symbolism*. Layton, UT: Gibbs Smith.

Kellehear, A. (1996). *Experiences near death: Beyond medicine and religion*. New York: Oxford University Press.

Kelley, A. S., & Meier, D. E. (2010). Palliative care—A shifting paradigm. *New England Journal of Medicine, 363*, 781–782.

Kelly, E. W. (2001). Near-death experiences with reports of meeting deceased people. *Death Studies, 25*, 229–249.

Kelly, E. W., Greyson, B., & Stevenson, I. (2000). Can experiences near death furnish evidence of life after death? *Omega, Journal of Death and Dying, 40*, 513–519.

Kelly, O. (1975). *Make today count*. New York: Delacorte Press.

Kelly, O. (1977). Make today count. In H. Feifel (Ed.), *New meanings of death* (pp. 182–193). New York: McGraw-Hill.

Kelsay, J. (1994). Islam and medical ethics. In P. F. Camenisch (Ed.), *Religious methods and resources in bioethics* (pp. 93–107). Dordrecht, Germany: Kluwer.

Kemp, C. E. (1999). *Terminal illness: A guide to nursing care*. Philadelphia: Lippincott Williams & Wilkins.

Keneally, T. (1982). *Schindler's list*. New York: Simon & Schuster.

Kenyon, B. L. (2001). Current research in children's conceptions of death: A critical review. *Omega, Journal of Death and Dying, 43*, 63–91.

Keown, D. (1995). *Buddhism and bioethics*. New York: St. Martin's Press.

Kephart, W. M. (1950). Status after death. *American Sociological Review, 15*, 635–643.

Kerbel, M. R. (2000). *If it bleeds, it leads: An anatomy of television news*. Boulder, CO: Westview Press.

Kessler, D. (2000). *The needs of the dying: A guide for bringing hope, comfort, and love to life's final chapter*. New York: Perennial Currents.

Kessler, D. (2001). *A question of intent: A great American battle with a deadly industry*. New York: Public Affairs.

Kessler, D. (2004). The extraordinary ordinary death of Elisabeth Kubler-Ross. *American Journal of Hospice and Palliative Medicine, 21*, 415–416.

Kessler, D. A. (2009). *The end of overeating: Taking control of the insatiable American appetite*. New York: Rodale Books.

Kessler, R. C., Berglund, P., Demler, O., Jin, R., Merikangas, K. R., & Walters, E. E. (2005). Lifetime prevalence and age-of-onset distributions of DSM-IV disorders in the national comorbidity survey replication. *Archives of General Psychiatry, 62*, 593–602.

King, A. (1990). A Samoan perspective: Funeral practices, death and dying. In J. K. Parry (Ed.), *Social work practice with the terminally ill: A transcultural perspective* (pp. 175–189). Springfield, IL: Charles C Thomas.

Kirk, W. G. (1993). *Adolescent suicide: A school-based approach to assessment and intervention*. Champaign, IL: Research Press.

Kissane, D. W., & Bloch, S. (2002). *Family focused grief therapy: A model of family-centered care during palliative care and bereavement*. Philadelphia: Open University Press.

Kitagawa, E. M., & Hauser, P. M. (1973). *Differential mor-*

tality in the United States: A study in socioeconomic epidemiology. Cambridge, MA: Harvard University Press.

Klagsbrun, F. (1976). *Too young to die: Youth and suicide.* New York: Houghton Mifflin.

Klass, D. (1982). Elisabeth Kubler-Ross and the tradition of the private sphere: An analysis of symbols. *Omega, Journal of Death and Dying, 12,* 241–261.

Klass, D. (1985a). Bereaved parents and the Compassionate Friends: Affiliation and healing. *Omega, Journal of Death and Dying, 15,* 353–373.

Klass, D. (1985b). Self-help groups: Grieving parents and community resources. In C. A. Corr & D. M. Corr (Eds.), *Hospice approaches to pediatric care* (pp. 241–260). New York: Springer.

Klass, D. (1988). *Parental grief: Solace and resolution.* New York: Springer.

Klass, D. (1999). *The spiritual lives of bereaved parents.* Philadelphia: Taylor & Francis.

Klass, D. (Ed.). (2006). Death, grief, religion, and spirituality [Special issue]. *Omega, Journal of Death and Dying, 53*(1–2).

Klass, D., & Hutch, R. A. (1985). Elisabeth Kubler-Ross as a religious leader. *Omega, Journal of Death and Dying, 16,* 89–109.

Klass, D., & Shinners, B. (1983). Professional roles in a self-help group for the bereaved. *Omega, Journal of Death and Dying, 13,* 361–375.

Klass, D., Silverman, P. R., & Nickman, S. L. (Eds.). (1996). *Continuing bonds: New understandings of grief.* Washington, DC: Taylor & Francis.

Klevins, R. M., et al., for the Active Bacterial Care surveillance (ABCs) MRSA Investigators. (2007). Invasive methicillin-resistant *staphylococcus aureus* infections in the United States. *Journal of the American Medical Association, 298,* 1763–1771.

Klicker, R. L. (2000). *A student dies, a school mourns: Dealing with death and loss in the school community.* Philadelphia: Accelerated Development.

Kliever, L. D. (Ed.). (1989). *Dax's case: Essays in medical ethics and human meaning.* Dallas, TX: Southern Methodist University.

Klug, C., & Jackson, S. (2004). *To the edge and back: My story from organ transplant survivor to Olympic snowboarder.* New York: Carroll & Graf.

Knapp, R. J. (1986). *Beyond endurance: When a child dies.* New York: Schocken.

Kochanek, K. D., Xu, J., Murphy, S. L., Minino, A. M., & Kung, H-C. (2011). Deaths: Preliminary data for 2009. *National Vital Statistics Reports, 59*(4). Hyattsville, MD: National Center for Health Statistics.

Kohn, I., Moffit, P-L., & Wilkins, I. A. (2000). *A silent sor-row: Pregnancy loss—Guidance and support for you and your family* (Rev. 2nd ed.). New York: Brunner-Routledge.

Kohn, J. B., & Kohn, W. K. (1978). *The widower.* Boston: Beacon Press.

Komro, K. A. (1999). Adolescents' access to firearms: Epidemiology and prevention. *Journal of Health Education, 30*(5), 290–296.

Konigsberg, R. E. (2011). *The truth about grief: The myth of its five stages and the new science of loss.* New York: Simon & Schuster.

Koocher, G. (1973). Childhood, death, and cognitive development. *Developmental Psychology, 9,* 369–375.

Koocher, G. P. (1974). Talking with children about death. *American Journal of Orthopsychiatry, 44,* 404–411.

Koocher, G. P., & O'Malley, J. E. (1981). *The Damocles syndrome: Psychosocial consequences of surviving childhood cancer.* New York: McGraw-Hill.

Koocher, G. P., O'Malley, J. E., Foster, D., & Gogan, J. L. (1976). Death anxiety in normal children and adolescents. *Psychiatria clinica, 9,* 220–229.

Koppelman, K. L. (1994). *The fall of a sparrow: Of death and dreams and healing.* Amityville, NY: Baywood.

Kozol, J. (1995). *Amazing grace.* New York: Crown.

Kramer, K. (2005). You cannot die alone: Dr. Elisabeth Kubler-Ross (July 8, 1926–August 24, 2004). *Omega, Journal of Death and Dying, 50,* 83–101.

Kraybill, D. B. (2001). *The riddle of Amish culture* (Rev. ed.). Baltimore: Johns Hopkins University Press.

Kraybill, D. B., Nolt, S. M., & Weaver-Zercher, D. L. (2007). *Amish grace: How forgiveness transcended tragedy.* San Francisco: John Wiley & Sons.

Kreicbergs, U., Valdimarsdottir, U., Onelov, E., Henter, J.-I., & Steineck, G. (2004). Talking about death with children who have severe malignant disease. *New England Journal of Medicine, 351,* 1175–1186.

Krementz, J. (1989). *How it feels to fight for your life.* Boston: Little, Brown.

Krizek, B. (1992). Goodbye old friend: A son's farewell to Comiskey Park. *Omega, Journal of Death and Dying, 25,* 87–93.

Krugman, P. (2001, February 24). Fowl play badmouthing the economy. *St. Petersburg Times,* p. 16A.

Krumholz, H. M., Phillips, R. S., Hamel, M. B., Teno, J. M., Bellamy, P., Broste, S. K., et al., for the SUPPORT Investigators. (1998). Resuscitation preferences among patients with severe congestive heart failure: Results from the SUPPORT Project. *Circulation, 98,* 648–655.

Kuebelbeck, A., & Davis, D. L. (2011). *A gift of time: Continuing your pregnancy when your baby's life is expected to be brief.* Baltimore, MD: Johns Hopkins University Press.

Kubler-Ross, E. (1969). *On death and dying*. New York: Macmillan.

Kubler-Ross, E. (1983). *On children and death*. New York: Macmillan.

Kubler-Ross, E. (1997). *The wheel of life: A memoir of living and dying*. New York: Scribner.

Kubler-Ross, E., & Kessler, D. (2005). *On grief and grieving: Finding the meaning of grief through the five stages of loss*. New York: Scribner.

Kuhl, D. (2002). *What dying people want: Practical wisdom for the end of life*. New York: Public Affairs.

Kuhn, D. (2003). *Alzheimer's early stages: First steps for family, friends, and caregivers* (2nd ed.). Alameda, CA: Hunter House Publishers.

Kulka, E. (1986). *Escape from Auschwitz*. South Hadley, MA: Bergin & Garvey.

Kurtz, D. C., & Boardman, J. (1971). *Greek burial customs*. Ithaca, NY: Cornell University Press.

Kushner, H. S. (1981). *When bad things happen to good people*. New York: Avon.

Kushner, H. W. (2002). *Encyclopedia of terrorism*. Thousand Oaks, CA: Sage.

Lack, S. A., & Buckingham, R. W. (1978). *First American hospice: Three years of home care*. New Haven, CT: Hospice.

Laderman, G. (2003). *Rest in peace: A cultural history of death and the funeral home in twentieth century America*. New York: Oxford University Press.

Ladwig, T. (1997). *Psalm twenty-three*. Grand Rapids, MI: Eerdmans.

Lafser, C. (1998). *An empty cradle, a full heart: Reflections for mothers and fathers after miscarriage, stillbirth, or infant death*. Chicago: Loyola Press.

Lagoni, L., Butler, C., & Hetts, S. (1994). *The human-animal bond and grief*. Philadelphia: W. B. Saunders.

LaGrand, L. E. (1980). Reducing burnout in the hospice and the death education movement. *Death Education, 4*, 61-76.

LaGrand, L. E. (1981). Loss reactions of college students: A descriptive analysis. *Death Studies, 5*, 235-247.

LaGrand, L. E. (1986). *Coping with separation and loss as a young adult: Theoretical and practical realities*. Springfield, IL: Charles C Thomas.

LaGrand, L. E. (1988). *Changing patterns of human existence: Assumptions, beliefs, and coping with the stress of change*. Springfield, IL: Charles C Thomas.

LaGrand, L. E. (1997). *After-death communication: Final farewells*. St. Paul, MN: Llewellyn.

LaGrand, L. E. (1999). *Messages and miracles: Extraordinary experiences of the bereaved*. St. Paul, MN: Llewellyn.

LaGrand, L. E. (2001). *Gifts from the unknown: Using extraordinary experiences to cope with loss and change*. St. Paul, MN: Llewellyn.

LaGrand, L. E. (2006). *Love lives on: Learnings from the extraordinary encounters of the bereaved*. New York: Berkley Books.

Lamb, J. M. (Ed.). (1988). *Bittersweet ⋯ hellogoodbye*. Belleville, IL: SHARE National Office.

Lamb, M. (2001). Sexuality. In B. R. Ferrell & N. Coyle (Eds.), *Textbook of palliative nursing* (pp. 309-315). New York: Oxford University Press.

Lamberti, J. W., & Detmer, C. M. (1993). Model of family grief assessment and treatment. *Death Studies, 17*, 55-67.

Lamers, E. P. (1986). Books for adolescents. In C. A. Corr & J. N. McNeil (Eds.), *Adolescence and death* (pp. 233-242). New York: Springer.

Lamers, E. P. (1995). Children, death, and fairy tales. *Omega, Journal of Death and Dying, 31*, 151-167.

Lamm, M. (2000). *The Jewish way in death and mourning* (Rev. ed.). Middle Village, NY: Jonathan David.

Lamm, M. (2004). *Consolation: The spiritual journey beyond grief*. Philadelphia: Jewish Publication Society.

Landay, D. S. (1998). *Be prepared: The complete financial, legal, and practical guide for living with a life-challenging condition*. New York: St. Martin's Press.

Landry, S. (1999a, June 15). He wanted you to know. *St. Petersburg Times*, p. 1D.

Landry, S. (1999b, June 22). His message transcends death. *St. Petersburg Times*, p. 3D.

Lang, A. (Ed.). (1904). *The blue fairy book*. New York: Longman's Green.

Lang, L. T. (1990). Aspects of the Cambodian death and dying process. In J. K. Parry (Ed.), *Social work practice with the terminally ill: A transcultural perspective* (pp. 205-211). Springfield, IL: Charles C Thomas.

Langbein, H. (1994). *Against all hope: Resistance in the Nazi concentration camps 1938-1945* (H. Zohn, Trans.). New York: Paragon House.

Laqueur, W. (2003). *No end to war: Terrorism in the twenty-first century*. New York: Continuum.

Lareca, A. M., Silberman, W. K., Vernberg, E. M., & Roberts, M. C. (Eds.). (2002). *Helping children cope with disasters and terrorism*. Washington, DC: American Psychological Association.

Largo, M. (2006). *Final exits: The illustrated encyclopaedia of how we die*. New York: Harper.

Larson, D. G. (1993). *The helper's journey: Working with people facing grief, loss, and life-threatening illness*. Champaign, IL: Research Press.

Larson, D. G., & Hoyt, W. T. (2007a). The bright side of grief counseling: Deconstructing the new pessimism. In K. J. Doka (Ed.), *Living with grief: Before and after the death* (pp. 157-174). Washington, DC: Hospice

Foundation of America.

Larson, D. G., & Hoyt, W. T. (2007b). What has become of grief counseling? An evaluation of the empirical foundations of the new pessimism. *Professional Psychology: Research and Practice, 38,* 347–355.

Larson, D. G., & Tobin, D. R. (2000). End-of-life conversations: Evolving practice and theory. *Journal of the American Medical Association, 284*(12), 1573–1578.

Larson, E. B., & Shadlen, M. F. (2004). Survival after initial diagnosis of Alzheimer disease. *Annals of Internal Medicine, 6,* 501–509.

Larue, G. A. (1985). *Euthanasia and religion: A survey of the attitudes of world religions to the right-to-die.* Los Angeles: Hemlock Society.

Lattanzi, M. E. (1983). Professional stress: Adaptation, coping, and meaning. In J. C. Hanson & T. T. Frantz (Eds.), *Death and grief in the family* (pp. 95–106). Rockville, MD: Aspen Systems Corp.

Lattanzi, M. E. (1985). An approach to caring: Caregiving concerns. In C. A. Corr & D. M. Corr (Eds.), *Hospice approaches to pediatric care* (pp. 261–277). New York: Springer.

Lattanzi, M. E., & Hale, M. E. (1984). Giving grief words: Writing during bereavement. *Omega, Journal of Death and Dying, 15,* 45–52.

Lattanzi-Licht, M. E. (1996). Helping families with adolescents cope with loss. In C. A. Corr & D. E. Balk (Eds.), *Handbook of adolescent death and bereavement* (pp. 219–234). New York: Springer.

Lattanzi-Licht, M. E. (2007). Religion, spirituality, and dying. In D. E. Balk, C. Wogrin, G. Thornton, & D. Meagher (Eds.), *ADEC handbook of thanatology* (pp. 11–17). Northbrook, IL: Association for Death Education and Counseling.

Lattanzi-Licht, M. E., & Doka, K. J. (Eds.). (2003). *Living with grief: Coping with public tragedy.* Washington, DC: Hospice Foundation of America.

Lauderdale, D. S., & Kestenbaum, B. (2002). Mortality rates of elderly Asian American populations based on Medicare and Social Security data. *Demography, 39*(3), 529–540.

Laughlin, M. (2011, January 12). In Haiti, one year later: Hope, homes go hand in hand. *St. Petersburg Times,* pp. 1A & 5A.

Lazar, A., & Torney-Purta, J. (1991). The development of the subconcepts of death in young children: A short-term longitudinal study. *Child Development, 62,* 1321–1333.

Lazarus, R. S., & Folkman, S. (1984). *Stress, appraisal, and coping.* New York: Springer.

Lazenby, R., with Cupp, K., Higgs, S., Maglalang, O., Massey, L., Sangalang, T., Thomas, C., & Turnage, N. (2007). *April 16th: Virginia Tech remembers.* New York: Plume.

Leach, M. M. (2006). *Cultural diversity and suicide: Ethnic, religious, gender, and sexual orientation perspectives.* New York: Routledge.

Lecso, P. A. (1986). Euthanasia: A Buddhist perspective. *Journal of Religion and Health, 25,* 51–57.

Lee, C. C. (Ed.). (2006). *Multicultural issues in counseling: New approaches to diversity* (3rd ed.). Alexandria, VA: American Association for Counseling and Development.

Lee, P. W. H., Lieh-Mak, F., Hung, B. K. M., & Luk, S. L. (1984). Death anxiety in leukemic Chinese children. *International Journal of Psychiatry in Medicine, 13,* 281–290.

Leenaars, A. A. (1990). Psychological perspectives on suicide. In D. Lester (Ed.), *Current concepts of suicide* (pp. 159–167). Philadelphia: Charles Press.

Leenaars, A. A. (2006). People who have committed a certain sin ought to be dead. *Death Studies, 30,* 539–553.

Leenaars, A. A., & Wenckstern, S. (Eds.). (1991). *Suicide prevention in the schools.* Washington, DC: Hemisphere.

Leenaars, A. A., & Wenckstern, S. (1996). Postvention with elementary school children. In C. A. Corr & D. M. Corr (Eds.), *Handbook of childhood death and bereavement* (pp. 265–283). New York: Springer.

Leenaars, A. A., Maltsberger, J. T., & Neimeyer, R. A. (Eds.). (1994). *Treatment of suicidal people.* Washington, DC: Taylor & Francis.

Leenaars, A. A., Maris, R. W., McIntosh, J. L., & Richman, J. (Eds.). (1992). *Suicide and the older adult.* New York: Guilford.

Leininger, M., & McFarland, M. (2002). *Transcultural nursing: Concepts, theories, and practices* (3rd ed.). New York: McGraw-Hill.

Leong, F. T. L., & Leach, M. M. (Eds.). (2007). Ethnicity and suicide in the United States. [Special issue]. *Death Studies, 31*(5).

Leong, F. T. L., & Leach, M. M. (Eds.). (2008). *Suicide among racial and ethnic groups: Theory, research, and practice.* New York: Routledge.

Leong, F. T. L., Leach, M.M., & Gupta, A. (2008). Suicide among Asian Americans: A critical review with research recommendations. In F. T. L. Leong & M.M. Leach (Eds.), *Suicide among racial and ethnic groups: Theory, research, and practice* (pp. 117–142). New York: Routledge.

Leong, F. T. L., Leach, M. M., Yeh, C., & Chou, E. (2007). Suicide among Asian Americans: What do we know? What do we need to know? *Death Studies, 31*(5), 417–434.

Lerner, M. (1970). When, why, and where people die. In O. Brim, H. Freeman, S. Levine, & N. Scotch (Eds.), *The dying patient* (pp. 5–29). New York: Russell Sage Foundation.

Lerner, M. D., Volpe, J. S., & Lindell, B. (2003). *A practical guide for crisis response in our schools: A comprehensive school crisis response plan* (5th ed.). Commack, NY: American Academy of Experts in Traumatic Stress.

Lerner, M. D., Volpe, J. S., & Lindell, B. (2004). *A practical guide for university crisis response: A comprehensive crisis response plan for colleges and universities*. Commack, NY: American Academy of Experts in Traumatic Stress.

LeShan, E. (1976). *Learning to say good-by: When a parent dies*. New York: Macmillan

LeShan, L. (1964). The world of the patient in severe pain of long duration. *Journal of Chronic Diseases, 17*, 119–126.

Lester, D. (1992). *Why people kill themselves* (3rd ed.). Springfield, IL: Charles C Thomas.

Lester, D. (1993). *The cruelest death: The enigma of adolescent suicide*. Philadelphia: Charles Press.

Lester, D. (1994). Differences in the epidemiology of suicide in Asian Americans by nation of origin. *Omega, Journal of Death and Dying, 29*, 89–93.

Lester, D. (1997). *Making sense of suicide: An in-depth look at why people kill themselves*. Philadelphia: Charles Press.

Lester, D. (1998). The suicide of Sylvia Plath: Current perspectives. [Special issue] *Death Studies, 22*(7).

Lester, D. (2000). The social causes of suicide: A look at Durkheim's *Le Suicide* one hundred years later. *Omega, Journal of Death and Dying, 40*, 307–321.

Lester, D. (2003). *Fixin' to die: A compassionate guide to committing suicide or staying alive*. Amityville, NY: Baywood.

Lester, D. (2006a). Can suicide be a good death? *Death Studies, 30*, 511–527.

Lester, D. (2006b). Can suicide be a good death? A reply. *Death Studies, 30*, 555–560.

Lester, D., Templer, D. I., & Abdel-Khalek, A. (2006). A cross-cultural comparison of death anxiety: A brief note. *Omega, Journal of Death and Dying, 54*, 255–260.

Lesy, M. (1973). *Wisconsin death trip*. New York: Pantheon.

Levi, P. (1986). *Survival in Auschwitz and the reawakening: Two memoirs* (S. Woolf, Trans.). New York: Simon & Schuster.

Levin, A. (2006, October 6). Grief travels through Amish country. *USA Today*, p. 4A.

Levin, A., & Hall, M. (2006, October 5). Shooter's relatives: No recall of being molested. *USA Today*, p. 3A. Levinson, D. J. (1978). *The seasons of a man's life*. New York: Knopf.

Levinson, D. J. (1996). *The seasons of a woman's life*. New York: Knopf.

Leviton, D. (Ed.). (1991a). *Horrendous death, health, and well-being*. Washington, DC: Hemisphere.

Leviton, D. (Ed.). (1991b). *Horrendous death and health: Toward action*. Washington, DC: Hemisphere.

Levy, J. E., & Kunitz, S. J. (1987). A suicide prevention program for Hopi youth. *Social Science and Medicine, 25*, 931–940.

Lewis, B. (2003). *The crisis of Islam: Holy war and unholy terror*. New York: Modern Library.

Lewis, C. S. (1960). *The four loves*. New York: Harcourt, Brace & World.

Lewis, C. S. (1976). *A grief observed*. New York: Bantam Books.

Lewis, O. (1970). *A death in the Sanchez family*. New York: Random House.

Lewy, G. (2011). *Assisted death in Europe and America: Four regimes and their lessons*. New York: Oxford University Press.

Ley, D. C. H., & Corless, I. B. (1988). Spirituality and hospice care. *Death Studies, 12*, 101–110.

Lieberman, A. F., Compton, N. C., Van Horn, P., & Ippen, C. G. (2003). *Losing a parent to death in the early years: Guidelines for the treatment of traumatic bereavement in infancy and early childhood*. Washington, DC: Zero To Three Press.

Liegner, L. M. (1975). St. Christopher's Hospice, 1974: Care of the dying patient. *Journal of the American Medical Association, 234*, 1047–1048. (Reprinted in 2000 in Vol. 284, p. 2426.)

Lifton, R. J. (1964). On death and death symbolism: The Hiroshima disaster. *Psychiatry, 27*, 191–210.

Lifton, R. J. (1967). *Death in life: Survivors of Hiroshima*. New York: Random House.

Lifton, R. J. (1979). *The broken connection*. New York: Simon & Schuster.

Lifton, R. J. (1982). *Indefensible weapons: The political and psychological case against nuclearism*. New York: Basic Books.

Lifton, R. J. (1986). *The Nazi doctors: Medical killing and the psychology of genocide*. New York: Basic Books.

Lifton, R. J., & Mitchell, G. (1995). *Hiroshima in America: Fifty years of denial*. New York: Putnam's.

Limbo, R. K., & Wheeler, S. R. (1998). *When a baby dies: A handbook for healing and helping* (2nd ed.). La Crosse, WI: Lutheran Hospital—La Crosse, Inc. Lindemann, E. (1944). Symptomatology and management of acute grief. *American Journal of Psychiatry, 101*, 141–148.

Lindemann, E., & Greer, I. M. (1972). A study of grief: Emotional responses to suicide. In A. C. Cain (Ed.), *Survivors of suicide* (pp. 63–69). Springfield, IL: Charles C Thomas. (Reprinted from *Pastoral Psychology*, 1953, *4*, 9–13)

Lindsay, M., & Lester, D. (2004). *Suicide by cop:*

Committing suicide by provoking police to shoot you. Amityville, NY: Baywood.

Lindstrom, T. (2002). "It ain't necessarily so" ··· Challenging mainstream thinking about bereavement. *Family and Community Health, 25,* 11–21.

Linenthal, E. T. (2001). *The unfinished bombing: Oklahoma City in American memory.* New York: Oxford University Press.

Linn, E. (1986). *I know just how you feel ··· Avoiding the cliches of grief.* Incline Village, NV: Publisher's Mark.

Lipman, A. G., Jackson, K. C., & Tyler, L. S. (Eds.). (2000). *Evidence-based symptom control in palliative care: Systemic reviews and validated clinical practice guidelines for 15 common problems in patients with life-limiting disease.* Binghamton, NY: Haworth Press.

Lipsky, L., with C. Burk. (2009). *Trauma stewardship: An everyday guide to caring for self while caring for others.* San Francisco: Berrett-Koehler Publishers.

Lipstadt, D. (1993). *Denying the Holocaust: The growing assault on truth and memory.* New York: Free Press.

Litman, R. E. (1967). Sigmund Freud on suicide. In E. S. Shneidman (Ed.), *Essays in self-destruction* (pp. 324–344). New York: Science House.

Lloyd-Williams, M. (Ed.). (2003). *Psychosocial issues in palliative care.* New York: Oxford University Press.

Loftin, C., McDowall, D., Wiersema, B., & Cottey, T. J. (1991). Effects of restrictive licensing of handguns on homicide and suicide in the District of Columbia. *New England Journal of Medicine, 325,* 1615–1620.

Lonetto, R. (1980). *Children's conceptions of death.* New York: Springer.

Lonetto, R., & Templer, D. I. (1986). *Death anxiety.* Washington, DC: Hemisphere.

Long, K. A. (1983). The experience of repeated and traumatic loss among Crow Indian children: Response patterns and intervention strategies. *American Journal of Orthopsychiatry, 53*(1), 116–126.

Long, T. G. (2009). *Accompany them with singing: The Christian funeral.* Louisville, KY: Westminster John Knox Press.

Longaker, C. (1998). *Facing death and finding hope: A guide to the emotional and spiritual care of the dying.* New York: Doubleday.

Lopata, H. Z. (1996). *Current widowhood: Myths and realities.* London: Sage.

Lord, S., Sherrington, C., Menz, H., & Close, J. (2007). *Falls in older people: Risk factors and strategies for prevention* (2nd ed.). New York: Cambridge University Press.

Lorimer, D. (1989). The near-death experience: Cross-cultural and multi-disciplinary dimensions. In A. Berger, P. Badham, A. H. Kutscher, J. Berger, M. Perry, & J. Beloff (Eds.), *Perspectives on death and dying: Crosscultural*

and multidisciplinary views (pp. 256–267). Philadelphia: Charles Press.

Lukas, C., & Seiden, H. M. (2007). *Silent grief: Living in the wake of suicide* (Rev. ed.). Philadelphia: Jessica Kingsley.

Lund, D. A. (1989). *Older bereaved spouses: Research with practical applications.* Washington, DC: Hemisphere.

Lund, D. A. (2000). *Men coping with grief.* Amityville, NY: Baywood.

Lund, D. A., Dimond, M., & Juretich, M. (1985). Bereavement support groups for the elderly: Characteristics of potential participants. *Death Studies, 9,* 309–321.

Lustig, A. (1977). *Darkness casts no shadow.* New York: Inscape.

Lutovich, D. S. (2001). *Nobody's child: How older women say good-bye to their mothers.* Amityville, NY: Baywood.

Lynch, T. (1997). *The undertaking: Life studies from the dismal trade.* New York: Penguin.

Lynn, J. (Ed.). (1986). *By no extraordinary means: The choice to forgo life-sustaining food and water.* Bloomington: Indiana University Press.

Lynn, J. (2008). Making a difference: Palliative care beyond cancer: Reliable comfort and meaningfulness. *British Medical Journal, 336,* 958–959. doi: 10.1136/bmj.39535.656319.94.

Lynn, J., & Harrold, J. (1999). *Handbook for mortals: Guidance for people facing serious illness.* New York: Oxford University Press.

Lynn, J., Schuster, J. L., & Kabcenell, A. (2000). *Improving care for the end of life: A sourcebook for health care managers and clinicians.* New York: Oxford University Press.

Lynn, K. S. (1987). *Hemingway.* New York: Simon & Schuster.

Lynne, D. (2005). *Terri's story: The court-ordered death of an American woman.* Medford, OR: WND Books.

Mace, N. L., & Rabins, P. V. (2006). *The 36-Hour Day: A Family Guide to Caring for People with Alzheimer Disease, Other Dementias, and Memory Loss in Later Life* (4th ed.). Baltimore: Johns Hopkins University Press.

Maciejewski, P. K., Zhang, B., Block, S. D., & Prigerson, H. G. (2007). An empirical examination of the stage theory of grief. *Journal of the American Medical Association, 297,* 716–723.

Mack, A. (Ed.). (1974). *Death in American experience.* New York: Schocken.

MacMillan, I. (1991). *Orbit of darkness.* San Diego, CA: Harcourt Brace Jovanovich.

MacPherson, M. (1999). *She came to live out loud: An inspiring family journey through illness, loss, and grief.* New York: Scribner.

Maddox, R. J. (1995). *Weapons for victory: The Hiroshima decision fifty years later.* Columbia, MO: University of

Missouri Press.

Madey, S. F., & Chasteen, A. L. (2004). Age-related health stereotypes and illusory correlation. *International Journal of Aging and Human Development, 58,* 109–126.

Magee, D. (1983). *What murder leaves behind: The victim's family.* New York: Dodd, Mead.

Magee, D. S., & Ventura, J. (1998). *Everything your heirs need to know: Organizing your assets, family history, final wishes* (3rd ed.). Chicago: Dearborn Financial Publishing.

Mahoney, M. C. (1991). Fatal motor vehicle traffic accidents among Native Americans. *American Journal of Preventive Medicine, 7,* 112–116.

Maier, F. (1991). *Sweet reprieve: One couple's journey to the frontiers of medicine.* New York: Crown.

Maimonides, M. (1949). *The code of Maimonides (Mishneh Torah): Book Fourteen, The Book of Judges* (A. M. Hershman, Trans.). New Haven, CT: Yale University Press.

Maizler, J. S., Solomon, J. R., & Almquist, E. (1983). Psychogenic mortality syndrome: Choosing to die by the institutionalized elderly. *Death Education, 6,* 353–364.

Malinowski, B. (1954). *Magic, science, and religion and other essays.* New York: Doubleday.

Maloney, R., & Wolfelt, A. D. (2001). *Caring for donor families: Before, during and after.* Fort Collins, CO: Companion Press.

Mandelbaum, D. G. (1959). Social uses of funeral rites. In H. Feifel (Ed.), *The meaning of death* (pp. 189–217). New York: McGraw-Hill.

Mandell, H., & Spiro, H. (Eds.). (1987). *When doctors get sick.* New York: Plenum.

Mann, T. C., & Greene, J. (1962). *Over their dead bodies: Yankee epitaphs and history.* Brattleboro, VT: Stephen Greene Press.

Mann, T. C., & Greene, J. (1968). *Sudden and awful: American epitaphs and the finger of God.* Brattleboro, VT: Stephen Greene.

Manning, D. (1979). *Don't take my grief away from me: How to walk through grief and learn to live again.* Hereford, TX: In-Sight Books.

Manning, D. (2001). *The funeral: A chance to teach, a chance to serve, a chance to heal.* Oklahoma City, OK: In-Sight Books.

Mannino, J. D. (1996). *Grieving days, healing days.* Englewood Cliffs, NJ: Prentice Hall.

March, A. (2007). *Dying into grace: Mother and daughter ⋯ a dance of healing.* Cambridge, MA: Quantum Lens Press.

Marcus, E. (1996). *Why suicide? Answers to 200 of the most frequently asked questions about suicide, attempted suicide, and assisted suicide.* San Francisco: HarperCollins.

Maris, R. W. (1969). *Social forces in urban suicide.* Homewood, IL: Dorsey Press.

Maris, R. W. (1981). *Pathways to suicide: A survey of self-destructive behaviors.* Baltimore: Johns Hopkins University Press.

Maris, R. W. (1985). The adolescent suicide problem. *Suicide and Life-Threatening Behavior, 15,* 91–109.

Maris, R. W. (Ed.). (1988). *Understanding and preventing suicide.* New York: Guilford.

Maris, R. W., Berman, A. L., & Silverman, M. M. (2000). *Comprehensive textbook of suicidology.* New York: Guilford.

Maris, R. W., Berman, A. L., Maltsberger, J. T., & Yufit, R. I. (Eds.). (1992). *Assessment and prediction of suicide.* New York: Guilford.

Marks, A. S., & Calder, B. J. (1982). *Attitudes toward death and funerals.* Evansville, IL: Northwestern University, Center for Marketing Sciences.

Marks, R., & Sachar, E. (1973). Undertreatment of medical inpatients with narcotic analgesics. *Annals of Internal Medicine, 78,* 173–181.

Marmot, M. (2004). *The status syndrome: How social standing affects our health and longevity.* New York: Times Books.

Marmot, M., & Wilkinson, R. G. (Eds.). (2005). *Social determinants of health* (2nd ed.). New York: Oxford University Press.

Marshall, J. R. (1975). The geriatric patient's fears about death. *Postgraduate Medicine, 57*(4), 144–149.

Marta, S. Y. (2003). *Healing the hurt, restoring the hope: How to guide children and teens through times of divorce, death, and crisis with the RAINBOWS approach.* Emmaus, PA: Rodale Books.

Martikainen, P., & Valkonen, T. (1996). Mortality after the death of a spouse: Rates and causes of death in a large Finnish cohort. *American Journal of Public Health, 36,* 1087–1093.

Martin, G. (2003). *Understanding terrorism: Challenges, perspectives, and issues.* Thousand Oaks, CA: Sage.

Martin, S. T. (2001, November 29). Willing to kill and die, but why? *St. Petersburg Times,* pp. 1D, 3D.

Martinson, I. M. (Ed.). (1976). *Home care for the dying child.* New York: Appleton-Century-Crofts.

Martinson, I. M., Davies, E. B., & McClowry, S. G. (1987). The long-term effects of sibling death on self-concept. *Journal of Pediatric Nursing, 2,* 227–235.

Maruyama, N. L. (1998). How many children do you have? *Bereavement Magazine, 12*(5), 16.

Masera, G., Spinetta, J. J., Jankovic, M., Ablin, A. R., D'Angio, G. J., Van Dongen-Melman, J., et al. (1999). Guidelines for assistance to terminally ill children with cancer: A report of the SIOP working committee on psychosocial issues in pediatric oncology. *Medical and Pediatric Oncology, 32*, 44–48.

Maslow, A. (1968). *Toward a psychology of being* (2nd ed.). Princeton, NJ: Van Nostrand.

Maslow, A. (1971). *The farther reaches of human nature*. New York: Viking Penguin.

Matchett, W. F. (1972). Repeated hallucinatory experiences as a part of the mourning process among Hopi Indian women. *Psychiatry, 35*, 185–194.

Mathews, L. L., & Servaty-Seib, H. L. (2007). Hardiness and grief in a sample of bereaved college students. *Death Studies, 31*, 183–204.

Matse, J. (1975). Reactions to death in residential homes for the aged. *Omega, Journal of Death and Dying, 6*, 21–32.

Matthews, L. T., & Marwit, S. J. (2004). Examining the assumptive world views of parents bereaved by accident, murder, and illness. *Omega, Journal of Death and Dying, 48*, 115–136.

Matthews, W. (1897). Navaho legends. *Memoirs of the American Folk-Lore Society*, Vol. 5. New York: G. E. Stechert.

Matulonis, U. A. (2004). End of life issues in older patients. *Seminars in Oncology, 31*(2), 274–281.

Mauk, G. W., & Weber, C. (1991). Peer survivors of adolescent suicide: Perspectives on grieving and postvention. *Journal of Adolescent Research, 6*, 113–131.

Maurer, A. (1964). Adolescent attitudes toward death. *Journal of Genetic Psychology, 105*, 75–90.

Maurer, A. (1966). Maturation of the conception of death. *Journal of Medical Psychology, 39*, 35–41.

May, G. (1992). For they shall be comforted. *Shalem News, 16*(2), 3.

Mayer, R. A. (1996). *Embalming: History, theory, and practice* (2nd ed.). Norwalk, CT: Appleton & Lange.

Mazanec, P.,&Tyler,M. K. (2003). Cultural considerations in end-of-life care. *American Journal of Nursing, 103*, 50–58.

Mbiti, J. S. (1970). *African religion and philosophy*. Garden City, NY: Doubleday Anchor.

McCabe, M. (1994). Patient Self-Determination Act: A Native American (Navajo) perspective. *Cambridge Quarterly of Healthcare Ethics, 3*, 419–421.

McCaffery, M., & Beebe, A. (1989). *Pain: Clinical manual for nursing practice*. St. Louis, MO: Mosby.

McCallum, D. E., Byrne, P., & Bruera, E. (2000). How children die in hospital. *Journal of Pain and Symptom Management, 20*, 417–423.

McCleery, R. F., & Thorn, J. (2009). *Of sorrow and laughter: Hope and encouragement for family caregivers*. Palm Coast, FL: Carebourne Enterprises.

McCord, C., & Freeman, H. P. (1990). Excess mortality in

Harlem. *New England Journal of Medicine, 322*, 173–177.

McCormick, R. (1974). To save or let die. *Journal of the American Medical Association, 224*, 172–176.

McCown, D. E., & Davies, B. (1995). Patterns of grief in young children following the death of a sibling. *Death Studies, 19*, 41–53.

McCue, J. D. (1995). The naturalness of dying. *Journal of the American Medical Association, 273*, 1039–1043.

McCue, K., & Bonn, R. (1996). *How to help children through a parent's serious illness*. New York: St. Martin's Press.

McGinnis, J. M., & Foege, W. H. (1993). Actual causes of death in the United States. *Journal of the American Medical Association, 270*, 2207–2212.

McGoldrick, M. (1988). Women and the family life cycle. In B. Carter & M. McGoldrick (Eds.), *The changing family life cycle: A framework for family therapy* (2nd ed.; pp. 29–68). New York: Gardner Press.

McGoldrick, M., & Gerson, R. (1988). Genograms and the family life cycle. In B. Carter & M. McGoldrick (Eds.), *The changing family life cycle: A framework for family therapy* (2nd ed.; pp. 164–189). New York: Gardner Press.

McGoldrick, M., & Walsh, F. (2004). A time to mourn: Death and the family life cycle. In F. Walsh & M. McGoldrick (Eds.), *Living beyond loss: Death in the family* (2nd ed.; pp. 27–46). New York: Norton.

McGoldrick, M., Carter, B., & Garcia-Preto, N. (2010). *The expanded family life cycle: Individual, family, and social perspectives* (4th ed.). Upper Saddle River, NJ: Prentice Hall.

McGoldrick, M., Giordano, J., & Garcia-Preto, N. (Eds.). (2005). *Ethnicity and family therapy* (3rd ed.). New York: Guilford.

McGowin, D. F. (1993). *Living in the labryinth: A personal journey through the maze of Alzheimer's*. New York: Delacorte.

McGrath, P. A. (1998). Pain control. In D. Doyle, G. W. C. Hanks, & N. MacDonald (Eds.), *Oxford textbook of palliative medicine* (2nd ed.; pp. 1013–1031). New York: Oxford University Press.

McGuffey, W. H. (1866). *McGuffey's new fourth eclectic reader: Instructive lessons for the young* (Enlarged ed.). Cincinnati, OH: Wilson, Hinkle.

McIntosh, J. L. (1985). Suicide among the elderly: Levels and trends. *American Journal of Orthopsychiatry, 56*, 288–293.

McIntosh, J. L. (1987). Research, therapy, and educational needs. In E. J. Dunne, J. L. McIntosh,& K. Dunne-Maxim, (Eds.), *Suicide and its aftermath: Understanding and counseling the survivors* (pp. 263–277). New York: Norton.

McIntosh, J. L. (for the American Association of

694

Suicidology). (2010). *U. S. A. suicide 2007: Official final data*. Washington, DC: American Association of Suicidology, dated May 23, 2010. Retrieved on December 22, 2010 from http://www.suicidology.org

McKhann, C. F. (1999). *A time to die: The place for physician assistance*. New Haven, CT: Yale University Press.

McKhann, G. M., Knopman, D. S., Chertkow, H., Hyman, B. T., Jack, C. R., Kawas, C. H., et al. (2011). The diagnosis of dementia due to Alzheimer's disease: Recommendations from the National Institute on Aging and the Alzheimer's Association workgroup. *Alzheimer's and Dementia: The Journal of the Alzheimer's Association, 7*(3), 263-269.

McNeil, J. N. (1986). Talking about death: Adolescents, parents, and peers. In C. A. Corr & J. N. McNeil (Eds.), *Adolescence and death* (pp. 185-201). New York: Springer.

McNeil, J. N., Silliman, B., & Swihart, J. J. (1991). Helping adolescents cope with the death of a peer: A high school case study. *Journal of Adolescent Research, 6*, 132-145.

McNurlen, M. (1991). Guidelines for group work. In C. A. Corr, H. Fuller, C. A. Barnickol, & D. M. Corr (Eds.), *Sudden infant death syndrome: Who can help and how* (pp. 180-202). New York: Springer.

McQuay, J. (1995). Cross-cultural customs and beliefs related to health crises, death, and organ donation/ transplantation: A guide to assist health care professionals understand different responses and provide cross-cultural assistance. *Critical Care Nursing Clinics of North America, 7*(3), 581-594.

Mead, M. (1973). Ritual and social crisis. In J. D. Shaughnessy (Ed.), *The roots of ritual* (pp. 87-101). Grand Rapids, MI: Eerdmans.

Meier, D. E. (2010). The development, status, and future of palliative care. In D. E. Meier, S. L. Isaacs, & R. Hughes (Eds.), *Palliative care: Transforming the care of serious illness* (pp. 3-76). San Francisco: Jossey-Bass.

Meier, D. E., Isaacs, S. L., & Hughes, R. (Eds.). (2010). *Palliative care: Transforming the care of serious illness*. San Francisco: Jossey-Bass.

Meisel, A., & Cerminara, K. L. (2004). *The right to die: The law of end-of-life decision-making*. New York: Aspen.

Meltzer, M. I., Cox, N. J., & Fukuda, K. (1999). Modeling the impact of pandemic influenza in the United States: Implications for setting priorities for intervention/ Background paper. Emerging infectious diseases. Available at: http://www.cdc.gov/ncidod/eid/vof5no5/meltzer.htm

Melzack, R. (1990, February). The tragedy of needless pain. *Scientific American*, 27-33.

Melzack, R., & Wall, P. D. (1991). *The challenge of pain* (3rd ed.). New York: Penguin.

Melzack, R., Mount, B. M., & Gordon, J. M. (1979). The Brompton mixture versus morphine solution given orally: Effects on pain. *Canadian Medical Association Journal, 120*, 435-438.

Melzack, R., Ofiesh, J. G., & Mount, B. M. (1976). The Brompton mixture: Effects on pain in cancer patients. *Canadian Medical Association Journal, 115*, 125-129.

Menninger, K. (1938). *Man against himself*. New York: Harcourt, Brace & World.

Meshot, C. M., & Leitner, L. M. (1993). Adolescent mourning and parental death. *Omega, Journal of Death and Dying, 26*, 287-299.

Metzgar, M. M., & Zick, B. C. (1996). Building the foundation: Preparation before a trauma. In C. A. Corr & D. M. Corr (Eds.), *Handbook of childhood death and bereavement* (pp. 245-264). New York: Springer.

Metzger, A. M. (1979). A Q-methodological study of the Kubler-Ross stage theory. *Omega, Journal of Death and Dying, 10*, 291-302.

Meyer, R. E. (Ed.). (1992). *Cemeteries and gravemarkers: Voices of American culture*. Logan, UT: Utah State University Press.

Michaelson, J. (2010). *Step into our lives at the funeral home*. Amityville, NY: Baywood.

Michalczyk, J. J. (Ed.). (1994). *Medicine, ethics, and the Third Reich: Historical and contemporary issues*. Kansas City, MO: Sheed & Ward.

Michel, L., & Herbeck, D. (2001). *American terrorist: Timothy McVeigh and the Oklahoma City bombing*. New York: Regan Books.

Miles, M. (1971). *Annie and the old one*. Boston: Little, Brown.

Miles, M. S. (n.d.). *The grief of parents when a child dies*. Oak Brook, IL: Compassionate Friends.

Miles, M. S., & Demi, A. S. (1984). Toward the development of a theory of bereavement guilt: Sources of guilt in bereaved parents. *Omega, Journal of Death and Dying, 14*, 299-314.

Miles, M. S., & Demi, A. S. (1986). Guilt in bereaved parents. In T. A. Rando (Ed.), *Parental loss of a child* (pp. 97-118). Champaign, IL: Research Press.

Miletich, L. (2001). Defining the essence of aftercare. In O. D. Weeks & C. Johnson (Eds.), *When all the friends have gone: A guide for aftercare providers* (pp. 25-34). Amityville, NY: Baywood.

Miller, D. N. (2011). *Child and adolescent suicidal behavior: School-based prevention, assessment, and intervention*. New York: Guilford.

Miller, J., Engelberg, S., & Broad, W. (2001). *Germs: Biological weapons and America's secret war*. New York: Simon & Schuster.

Miller, M. (1979). *Suicide after sixty: The final alternative*.

New York: Springer.

Miller, M. (1987). *My grandmother's cookie jar*. Los Angeles: Price Stern Sloan.

Miller, P. J., & Mike, P. B. (1995). The Medicare hospice benefit: Ten years of federal policy for the terminally ill. *Death Studies, 19*, 531–542.

Miller, R. A. (2002). Extending life: Scientific prospects and political obstacles. *Milbank Quarterly, 80*, 155–174.

Mills, L. O. (Ed.). (1969). *Perspectives on death*. Nashville, TN: Abingdon.

Mindel, C. H., Habenstein, R. W., & Wright, R. (1997). *Ethnic families in America: Patterns and variations* (4th ed.). Upper Saddle River, NJ: Prentice Hall.

Mindel, C. H., Habenstein, R.W., & Wright, R. (1988). *Ethnic families in America: Patterns and variations* (3rd ed.). New York: Elsevier.

Minnich, H. C. (1936a). *Old favorites from the McGuffey readers*. New York: American Book Company.

Minnich, H. C. (1936b). *William Holmes McGuffey and his readers*. New York: American Book Company.

Minniefield, W. J., Yang, J., & Muti, P. (2001). Differences in attitudes toward organ donation among African Americans and whites in the United States. *Journal of the National Medical Association, 93*, 372–379.

Minow, N. N., & LaMay, C. L. (1995). *Abandoned in the wasteland: Children, television and the First Amendment*. New York: Hill & Wang.

Mitchell, L. (1977). *The meaning of ritual*. New York: Paulist Press.

Mitford, J. (1963). *The American way of death*. New York: Simon & Schuster.

Mitford, J. (1998). *The American way of death revisited*. New York: Knopf.

Moffat, M. J. (1982). *In the midst of winter: Selections from the literature of mourning*. New York: Vintage.

Mokdad, A. H., Marks, J. S., Stroup, D. F., & Gerberding, J. L. (2004). Actual causes of death in the United States, 2000. *Journal of the American Medical Association, 291*, 1238–1245.

Moller, D. W. (Ed.). (2004). *Dancing with broken bones: Portraits of death and dying among inner-city poor*. New York: Oxford University Press.

Monat, A., & Lazarus, R. S. (Eds.). (1991). *Stress and coping: An anthology* (3rd ed.). New York: Columbia University Press.

Monroe, B., & Kraus, F. (Eds.). (2004). *Brief interventions with bereaved children*. Oxford, UK: Oxford University Press.

Montgomery, J., & Fewer, W. (1988). *Family systems and beyond*. New York: Human Sciences Press.

Moody, H. R. (1984). Can suicide on grounds of old age be ethically justified? In M. Tallmer, E. R. Prichard, A. H. Kutscher, R. DeBellis, M. S. Hale, & I. K. Goldberg (Eds.), *The life-threatened elderly* (pp. 64–92). New York: Columbia University Press.

Moody, R. A. (1975). *Life after life*. Covington,GA: Mockingbird Books. (Reprinted New York: Bantam, 1976).

Moody, R. A. (1988). *The light beyond*. New York: Bantam.

Moore, A. J., & Stratton, D. C. (2002). *Resilient widowers: Older men speak for themselves*. New York: Springer.

Moore, F. (2009). *Celebrating a life: Planning memorial services and other creative remembrances*. New York: Stewart, Tabori, and Chang.

Moos, R. H., & Schaefer, J. A. (1986). Life transitions and crises: A conceptual overview. In R. H. Moos & J. A. Schaefer (Eds.), *Coping with life crises: An integrated approach* (pp. 3–28). New York: Plenum.

Morgan, E., & Morgan, J. (2001). *Dealing creatively with death: A manual of death education and simple burial* (14th rev. ed.). Hinesburg, VT: Upper Access.

Morgan, J. D. (Ed.). (2001). *Social support: A reflection of humanity*. Amityville, NY: Baywood.

Morgan, J. D., & Laungani, P. (Eds.). (2002). *Death and bereavement around the world: Vol. 1, Major religious traditions*. Amityville, NY: Baywood.

Morgan, J. D., Laungani, P., & Palmer, S. (Eds.). (2003–2009). *Death and bereavement around the world* (5 vols.). Amityville, NY: Baywood.

Morgan, R. (2006). *Flight 93 revealed:What really happened on the 9/11 "Let's Roll" flight*. New York: Carroll & Graf.

Morgan, R., & Murphy, S. B. (2000). Care of children who are dying of cancer. *New England Journal of Medicine, 342*, 347–348.

Moroney, R. M., & Kurtz, N. R. (1975). The evolution of long-term care institutions. In S. Sherwood (Ed.), *Long-term care: A handbook for researchers, planners, and providers* (pp. 81–121). New York: Spectrum.

Morrison, R. S., & Meier, D. E. (2004). Palliative care. *New England Journal of Medicine, 350*, 2582–2590.

Morrison, R. S., Maroney-Galin, C., Kralovec, P. D., & Meier, D. E. (2005). The growth of palliative care programs in United States hospitals. *Journal of Palliative Medicine, 8*, 1127–1134.

Morse, S. S. (Ed.). (1993). *Emerging viruses*. New York: Oxford University Press.

Moss, F., & Halamanderis, V. (1977). *Too old, too sick, too bad: Nursing homes in America*. Germantown, MD: Aspen Systems Corp.

Moss, M. S., & Moss, S. Z. (1983). The impact of parental death on middle-aged children. *Omega, Journal of Death and Dying, 14*, 65–75.

Moss, M. S., & Moss, S. Z. (1984). Some aspects of the elderly widow(er)'s persistent tie with the deceased spouse. *Omega, Journal of Death and Dying, 15*, 195–206.

Moss, M. S., & Moss, S. Z. (2007). Death of a parent of an adult child. In K. J. Doka (Ed.), *Living with grief: Before and after a death* (pp. 255–269). Washington, DC: Hospice Foundation of America.

Moss, M. S., Lesher, E. L., & Moss, S. Z. (1986). Impact of the death of an adult child on elderly parents: Some observations. *Omega, Journal of Death and Dying, 17*, 209–218.

Mount, B. M., Jones, A., & Patterson, A. (1974). Death and dying: Attitudes in a teaching hospital. *Urology, 4*, 741–747.

Mueller, J. (2006a). *Overblown: How politicians and the terrorism industry inflate national security threats, and why we believe them.* New York: Free Press.

Mueller, J. (2006b). Is there still a terrorist threat? The myth of the omnipresent enemy. *Foreign Affairs, 85*(5), 2–8.

Mukherjee, S. (2010). *The emperor of all maladies: A biography of cancer.* New York: Scribner.

Munet-Vilaro, F. (1998). Grieving and death rituals of Latinos. *Oncology Nursing Forum, 25*(10), 1761–1763.

Munoz-Kiehne, M. (2000). *Since my brother died/Desde que murio mi hermano.* Omaha, NE: Centering Corporation.

Munson, R. (1993). *Fan mail.* New York: Dutton.

Munson, R. (2004). *Raising the dead: Organ transplants, ethics, and society.* New York: Oxford University Press.

Murphy, S. A., Johnson, L. C., & Lohan, J. (2003). Challenging the myths about parents' adjustment after the sudden, violent death of a child. *Journal of Nursing Scholarship, 35*(4), 359–364.

Murray, J. E. (2001). *Surgery of the soul.* Sagamore Beach, MA: Science History Publications/USA.

Murray, S. A., & Sheikh, A. (2008). Making a difference: Palliative care beyond cancer: Care for all at the end of life. *British Medical Journal, 336*, 958–959. doi: 10.1136/bmj.39535.491238.94.

Musto, B. (1999, January 19). Karen's gift. *Women's World, 39.*

Muwahidi, A. A. (1989). Islamic perspectives on death and dying. In A. Berger, P. Badham, A. H. Kutscher, J. Berger, M. Perry, & J. Beloff (Eds.), *Perspectives on death and dying: Cross-cultural and multi-disciplinary views* (pp. 38–54). Philadelphia: Charles Press.

My InnerView. (2010). *2009 national survey of consumer and workforce satisfaction in nursing homes.* Wasau, WI: Author. Retrieved on December 5, 2010 from www.myinnerview.com

Myers, E. (1986). *When parents die: A guide for adults.* New York: Viking Penguin.

Myers, J. (2000). Is there a youth gang epidemic? *Education Digest, 66*(3), 34–39.

Nabe, C. M. (1981). Presenting biological data in a course on death and dying. *Death Education, 5*, 51–58.

Nabe, C. M. (1982). "Seeing as": Death as door or wall. In R. A. Pacholski & C. A. Corr (Eds.), *Priorities in death education and counseling* (pp. 161–169). Arlington, VA: Forum for Death Education and Counseling.

Nabe, C. M. (1987). Fragmentation and spiritual care. In C. A. Corr & R. A. Pacholski (Eds.), *Death: Completion and discovery* (pp. 281–286). Lakewood, OH: Association for Death Education and Counseling.

Nabe, C. M. (1999). A caregiver's quandary: How am I to evaluate and respond to the other's suffering? *Omega, Journal of Death and Dying, 39*, 71–91.

Nadeau, J. (1998). *Families make sense of death.* Thousand Oaks, CA: Sage.

Nader, K. O. (1996). Children's exposure to traumatic experiences. In C. A. Corr & D. M. Corr (Eds.), *Handbook of childhood death and bereavement* (pp. 201–220). New York: Springer.

Nagy, M. A. (1948). The child's theories concerning death. *Journal of Genetic Psychology, 73*, 3–27. (Reprinted with some editorial changes as "The child's view of death" in H. Feifel, (Ed.), *The meaning of death*, 1959, (pp. 79–98). New York: McGraw-Hill)

Nakaya, A. C. (Ed.). (2005). *Juvenile crime: Opposing viewpoints.* Detroit: Greenhaven/Thomson Gale.

Naparstek, B. (2005). *Invisible heroes: Survivors of trauma and how they heal.* New York: Bantam.

National Center for Health Statistics (NCHS). (2004, October 6). Prevalence of overweight and obesity among adults: United States, 1999–2002. *NCHS Health E-Stats.* Hyattsville, MD: Author.

National Commission on Terrorist Attacks. (2004). *The 9/11 Commission report: Final report of the National Commission on Terrorist Attacks upon the United States.* New York: Norton.

National Ethics Committee, Veterans Health Administration. (2007). The ethics of palliative sedation as a therapy of last resort. *American Journal of Hospice and Palliative Medicine, 23*, 483–491.

National Hospice and Palliative Care Organization (NHPCO) & the Center to Advance Palliative Care in Hospitals and Health Systems. (2001). *Hospital-hospice partnerships in palliative care: Creating a continuum of service.* Alexandria, VA: National Hospice and Palliative Care Organization.

National Hospice and Palliative Care Organization (NHPCO). (2001). *Hospice care in nursing facilities: An educational resource for effective partnerships in end-of-life care* (2 vols.). Alexandria, VA: Author.

National Hospice and Palliative Care Organization (NHPCO). (2003). *Education and training curriculum for pediatric palliative care.* Alexandria, VA: Author.

National Hospice and Palliative Care Organization (NHPCO). (2004). *Caring for kids: How to develop a home-based support program for children and adolescents with life-threatening conditions.* Alexandra, VA: Author.

National Hospice and Palliative Care Organization (NHPCO). (2007). *Jewish ritual, reality and response at the end of life: A guide to caring for Jewish patients and their families.* Arlington, VA: Author.

National Hospice and Palliative Care Organization (NHPCO). (2009). *Standards of practice for pediatric palliative care and hospice.* Alexandria, VA: Author. Retrieved November 20, 2010, from http://www.nhpco.org/research

National Hospice and Palliative Care Organization (NHPCO). (2010a). *NHPCO facts and figures: Hospice care in America.* Alexandria, VA: Author. Retrieved November 20, 2010, from http://www.nhpco.org/research

National Hospice and Palliative Care Organization (NHPCO). (2010b). *Standards of practice for hospice programs.* Alexandria, VA: Author, Retrieved June 18, 2011, from http://www.nhpco.org/files/public/quality/Standards/NHPCO_STANDARDS_2011CD.pdf

National Institute of Allergy and Infectious Diseases (NIAID). (2005, April 5). Focus on TB. Tuberculosis in history. A killer returns: The face of the epidemic. Retrieved on January 28, 2007, from http://www3.niaid.nih.gov/news/ focuson/tb/research/history/historical_killer.htm

National Institute of Neurological Disorders and Stroke (NINDS). (n.d.). *Dementia: Hope through research.* Bethesda, MD: Author. Retrieved on February 23, 2011, from www.ninds.nih.gov/disorders/dementias/detail_dementia.htm

National Institute on Aging. (2008). *End of life: Helping with comfort and care.* Bethesda,MD: Author. NIH Publication No. 08-6036. Retrieved on February 23, 2011, from www.nia.nih.gov/NR/rdonlyres/D2709A8E-0818-467E-86D9-DD3254571481/0/EOL_Fullfinallayoutforprinting.pdf

National Institute on Aging. (2011). *Caring for a person with Alzheimer's disease: Your easy-to-use guide from the National Institute on Aging.* Bethesda, MD: Author. Retrieved on February 22, 2011, from www.nia.nih.gov/Alzheimers/Publications/CaringAD/

National Kidney Foundation. (2002). *Waiting for a transplant.* New York: Author.

National Kidney Foundation. (2004a). *From illness to wellness: Life after transplantation.* New York: Author.

National Kidney Foundation. (2004b). *National communications guidelines regarding communication among donor families, transplant candidates/recipients, non-directed living donors, and health care professionals* (2nd ed.). New York: Author.

National Kidney Foundation. (2007). *Patches of love: The National Donor Family Quilt.* New York: Author.

National Research Council. (1993). *Losing generations: Adolescents in high-risk settings.* Washington, DC: National Academies Press.

National Safety Council. (2010). *Injury facts: 2010 edition.* Itaska, IL: Author.

Neaman, J. S., & Silver, C. G. (1983). *Kind words: A thesaurus of euphemisms.* New York: Facts on File.

Neimeyer, R. A. (Ed.). (1994). *Death anxiety handbook: Research, instrumentation, and application.* Washington, DC: Taylor & Francis.

Neimeyer, R. A. (1998). *Lessons of loss: A guide to coping.* New York: McGraw-Hill.

Neimeyer, R. A. (2000). Searching for the meaning of meaning: Grief therapy and the process of reconstruction. *Death Studies, 24,* 541–558.

Neimeyer, R. A. (Ed.). (2001). *Meaning reconstruction and the experience of loss.* Washington, DC: American Psychological Association.

Neimeyer, R. A. (2007). Meaning breaking, meaning making: Rewriting stories of loss. In K. J. Doka (Ed.), *Living with grief: Before and after a death* (pp. 193–208). Washington, DC: Hospice Foundation of America.

Neimeyer, R. A., & Van Brunt, D. (1995). Death anxiety. In H. Wass & R. A. Neimeyer (Eds.), *Dying: Facing the facts* (3rd ed.; pp. 49–88). Washington, DC: Taylor & Francis.

Neimeyer, R. A., Wittkowski, J., & Moser, R. P. (2004). Psychological research on death attitudes: An overview and evaluation. *Death Studies, 28,* 309–340.

Neimeyer, R. A., Harris, D. L., Winokuer, H. R., & Thornton, G. F. (Eds.). (2011). *Grief and bereavement in contemporary society: Bridging research and practice.* New York: Routledge.

Nelson, B. J., & Frantz, T. T. (1996). Family interactions of suicide survivors and survivors of non-suicidal death. *Omega, Journal of Death and Dying, 33,* 131–146.

Nelson, V. J. (2009, November 12). Obituary: John J. O'Connor III dies at 79; attorney and husband of former Supreme Court Justice Sandra Day O'Connor. Los Angeles Times. Retrieved on December 29, 2010, from http:// www.latimes.com/news/obituaries/la-me-john-oconnor12-2009nov12,0,7012487,story

Netherlands Ministry of Foreign Affairs. (n.d.). *Q&A euthanasia: A guide to the Dutch Termination of Life on*

Request and Assisted Suicide (Review Procedures)Act. The Hague: Author.

Netherlands Ministry of Health, Welfare and Sport, and The Netherlands Ministry of Justice. (n.d.). *Euthanasia: The Netherlands' new rules.* The Hague: Author.

Neugarten, B. L. (1974). Age groups in American society and the rise of the young-old. *Annals of the American Academy of Political and Social Science, 415,* 187–198.

Neugarten, B. L.,& Datan, N. (1973). Sociological perspectives on the life cycle. In P. B. Baltes& K.W. Schaie (Eds.), *Lifespan developmental psychology: Personality and socialization* (pp. 53–69). New York: Academic Press.

Neusner, J. (Trans.). (1988). *The Mishnah: A new translation.* New Haven, CT: Yale University Press.

New England Primer. (1962). New York: Columbia University Press. (Original work published 1727)

Newman, B. M., & Newman, P. R. (2008). *Development through life: A psychosocial approach* (10th ed.). Belmont, CA: Wadsworth.

Newman, K. S. (2004). *Rampage: The social roots of school shootings.* New York: Basic Books.

NewsMax.com (2007, Feb 5). Former Justice O'Connor: "I would have stayed longer." Retrieved on December 11, 2010, from http://archive.newsmax.com/archives/articles/ 2007/2/5/92619.shtml

Nichols, M. P. (1995). *The lost art of listening.* New York: Guilford.

Nitschke, P., & Stewart, F. (2007). *The peaceful pill handbook* (Rev. international ed.). Waterford, MI: Exit International U.S., Ltd.

Noack, D. (1999). Controversial photo draws support from readers. *Editor and Publisher, 132*(26), 8.

Nolt, S. M. (2003). *A history of the Amish* (2nd ed.). Intercourse, PA: Good Books.

Nolt, S. M., & Meyers, T. J. (2007). *Plain diversity: Amish cultures and identities.* Baltimore: Johns Hopkins University Press.

Noppe, I. C. (2007). Historical and contemporary perspectives on death education. In D. E. Balk, C. Wogrin, G. Thornton, & D. Meagher (Eds.), *ADEC handbook of thanatology* (pp. 329–343). Northbrook, IL: Association for Death Education and Counseling.

Noppe, I. C., & Noppe, L. D. (1997). Evolving meanings of death during early, middle and later adolescence. *Death Studies, 21,* 253–275.

Noppe, I. C., & Noppe, L. D. (2004). Adolescent experiences with death: Letting go of immortality. *Journal of Mental Health Counseling, 26,* 146–167.

Noppe, I. C., Noppe, L. D., & Bartell, D. (2006). Terrorism and resilience: Adolescents' and teachers' responses to September 11, 2001. *Death Studies, 30,* 41–60.

Noppe, L. D., & Noppe, I. C. (1991). Dialectical themes in adolescent conceptions of death. *Journal of Adolescent Research, 6,* 28–42.

Noppe, L. D., & Noppe, I. C. (1996). Ambiguity in adolescent understandings of death. In C. A. Corr & D. E. Balk (Eds.), *Handbook of adolescent death and bereavement* (pp. 25–41). New York: Springer.

Norlander, L., & McSteen, K. (2001). *Choices at the end of life: Finding out what your parents want before it's too late.* Minneapolis, MN: Fairview Press.

Northcott, H. C., & Wilson, D. M. (2008). *Death and dying in Canada* (2nd ed.). Toronto, CA: University of Toronto Press.

Nouwen, H. (1972). *The wounded healer: Ministry in contemporary society.* Garden City, NY: Doubleday.

Nouwen, H. (1994). *Our greatest gift: A meditation on dying and caring.* New York: HarperCollins.

Nouwen, H. (2005). *In memoriam.* Notre Dame, IN: Ave Maria Press.

Nouwen, H., & Gaffney, W. J. (1990). *Aging: The fulfillment of life.* New York: Doubleday.

Novack, D. H., Plumer, R., Smith, R. L., Ochitill, H., Morrow, G. R., & Bennett, J. M. (1979). Changes in physicians' attitudes toward telling the cancer patient. *Journal of the American Medical Association, 241,* 897–900.

Novick, P. (1999). *The Holocaust in American life.* Boston: Houghton Mifflin.

Noyes, R., & Clancy, J. (1977). The dying role: Its relevance to improved patient care. *Psychiatry, 40,* 41–47.

Nuland, S. B. (1994). *How we die: Reflections on life's final chapter.* New York: Knopf.

Nussbaum, K. (1998). *Preparing the children: Information and ideas for families facing terminal illness and death.* Kodiak, AK: Gifts of Hope Trust.

O'Carroll, P.W. (1989). A consideration of the validity and reliability of suicide mortality data. *Suicide and Life-Threatening Behavior, 19,* 1–16.

O'Connor, P. (1999). Hospice vs. palliative care. *Hospice Journal, 14,* 123–137.

O'Hara, K. (2006). *A grief like no other: Surviving the violent death of someone you love.* New York: Marlowe & Company.

O'Toole, D. (1995). *Facing change: Falling apart and coming together again in the teen years.* Burnsville, NC: Compassion Books.

Oates, J. C. (2011). *A widow's story: A memoir.* New York: Ecco.

Obayashi, H. (Ed.). (1992). *Death and afterlife: Perspectives of world religions.* Westport, CT: Praeger.

Oberg, M., Jaakkola, M. S., Woodward, A., Peruga, A., & Pruss-Ustun. (2010, Nov 26). Worldwide burden of disease from exposure to second-hand smoke: A retrospective analysis of data from 192 countries. *The Lancet*, Early Online Publication, doi: 10.1016/S0140-6736(10)61388-8, retrieved from www. TheLancet.com on November 27, 2010.

Offer, D. (1969). *The psychological worlds of the teenager*. New York: Basic Books.

Offer, D., & Offer, J. B. (1975). *From teenage to young manhood: A psychological study*. New York: Basic Books.

Offer, D., & Sabshin, M. (1984). Adolescence: Empirical perspectives. In D. Offer & M. Sabshin (Eds.), *Normality and the life cycle: A critical integration* (pp. 76–107). New York: Basic Books.

Offer, D.,Ostrov, E.,&Howard, K. I. (1981). *The adolescent: A psychological self-portrait*. New York: Basic Books.

Offer, D., Ostrov, E., Howard, K. I., & Atkinson, R. (1988). *The teenage world: Adolescents' self-image in ten countries*. New York: Plenum.

Oken, D. (1961). What to tell cancer patients: A study of medical attitudes. *Journal of the American Medical Association, 175*, 1120–1128.

Okun, B., & Nowinski, J. (2011). *Saying goodbye: How families can find renewal through loss*. New York: Berkley.

Oliver, S. L. (1998). *What the dying teach us: Lessons on living* (Rev. ed.). Binghamton, NY: Haworth Press.

Oliviere, D., & Monroe, B. (Ed.). (2004). *Death, dying, and social difference*. New York: Oxford University Press.

Olshansky, S. J., Passaro, D. J., Hershow, R. C., Layden, J., Carnes, B. A., Brody, J., et al. (2005). A potential decline in life expectancy in the United States in the 21st century. *New England Journal of Medicine, 352*, 1138–1145.

Olson, L. M., & Wahab, S. (2006). American Indians and suicide: A neglected area of research. *Trauma, Violence, and Abuse, 7*(1), 19–33.

Olson, L. M., Becker, T. M., Wiggins, C. L., Key, C. R., & Samet, J. N. (1990). Injury mortality in American Indian, Hispanic, and non-Hispanic White children in New Mexico, 1958–1982. *Social Science and Medicine, 30*, 479–486.

Oltjenbruns, K. A. (1991). Positive outcomes of adolescents' experience with grief. *Journal of Adolescent Research, 6*, 43–53.

Oltjenbruns, K. A. (1996). Death of a friend during adolescence: Issues and impacts. In C. A. Corr & D. E. Balk (Eds.), *Handbook of adolescent death and bereavement* (pp. 196–215). New York: Springer.

O'Neill, J. F., Selwyn, P. A., & Schietinger, H. (2003). *A clinical guide to supportive & palliative care for HIV/ AIDS*. Washington, DC: U.S. Department of Health and Human Services, Health Resources and Services Administration, HIV/AIDS Bureau.

O'Rourke, M. (2011). *The long goodbye: A memoir*. New York: Riverhead Books.

Onwuteaka-Philipsen, B. D., van der Heide, A., Koper, D., Keij-Deerenberg, I., Rietjens, J. A., Rurup, M. L., et al. (2003). Euthanasia and other end-of-life decisions in the Netherlands in 1990, 1995, and 2001. *The Lancet, 362*, 395–399.

Opie, I., & Opie, P. (1969). *Children's games in street and playground: Chasing, catching, seeking, hunting, racing, dueling, exerting, daring, guessing, acting, and pretending*. Oxford, UK: Oxford University Press.

Opoku, K. A. (1978). *West African traditional religion*. Singapore: Far Eastern.

Opoku, K. A. (1987). Death and immortality in the African religious heritage. In P. Badham & L. Badham (Eds.), *Death and immortality in the religions of the world* (pp. 9–21). New York: Paragon House.

Orbach, I. (1988). *Children who don't want to live: Understanding and treating the suicidal child*. San Francisco: Jossey-Bass.

Oregon Department of Human Services. (2005). *Seventh annual report on Oregon's Death with Dignity Act*. From http://egov.oregon.gov/DHS/ph/pas

Oregon Department of Human Services. (2006). *Eighth annual report on Oregon's Death with Dignity Act*. From http://egov.oregon.gov/DHS/ph/pas

Oregon Department of Human Services. (2011). *Thirteenth annual report on Oregon's Death with Dignity Act*. Retrieved on May 8, 2011, from http://public.health. oregon.gov/ProviderPartnerResources/EvaluationResear ch/ DeathwithDignityAct

Orloff, S., & Huff, S. (Eds.). (2003). *Home care for seriously ill children: A manual for parents* (3rd ed.). Alexandria, VA: Children's Hospice International.

Osgood, N. J. (1992). *Suicide in later life: Recognizing the warning signs*. New York: Lexington.

Osgood, N. J. (2000). Elderly suicide [Special issue]. *Omega, Journal of Death and Dying, 42*(1).

Osgood, N. J., Brant, B. A., & Lipman, A. (1991). *Suicide among the elderly in long-term care facilities*. New York: Greenwood Press.

Osis, K., & Haraldsson, E. (1997). *At the hour of death* (3rd ed.). Norwalk, CT: Hastings House.

Osmont, K., & McFarlane, M. (1986). *Parting is not goodbye*. Portland, OR: Nobility Press.

Osofsky, J. D. (Ed.). (2004). *Young children and trauma*. New York: Guilford.

Osterweis, M., Solomon, F., & Green, M. (Eds.). (1984). *Bereavement: Reactions, consequences, and care*. Washington, DC: National Academies Press.

Owen, J. E., Goode, K. T., & Haley, W. E. (2001). End of life care and reactions to death in African-American and white family caregivers of relatives with Alzheimer's disease. *Omega, Journal of Death and Dying, 43*(4), 349-361.

Owens, J. E., Cook, E. W., & Stevenson, I. (1990). Features of "near-death experience" in relation to whether or not patients were near death. *The Lancet, 336,* 1175-1177.

Oxford English Dictionary. (1989). (2nd ed.; 20 vols.) (J. A. Simpson & E. S. C. Weiner, Eds.). Oxford, England: Clarendon Press.

Papadatou, D. (1989). Caring for dying adolescents. *Nursing Times, 85,* 28-31.

Papadatou, D. (2000). A proposed model of health professionals' grieving process. *Omega, Journal of Death and Dying, 41,* 59-77.

Papadatou, D. (2009). *In the face of death: Professionals who care for the dying and the bereaved.* New York: Springer.

Papalia, D. E., Olds, S. W., & Feldman, R. D. (2007). *A child's world: Infancy through adolescence* (11th ed.). Boston: McGraw-Hill.

Papalia, D. E., Olds, S. W., & Feldman, R. D. (2008). *Human development* (11th ed.). Boston: McGraw-Hill.

Papalia, D. E., Sterns, H., Feldman, R. D., & Camp, C. (2006). *Adult development and aging* (3rd ed.). Boston: McGraw-Hill.

Pape, R. A. (2005). *Dying to win: The strategic logic of suicide terrorism.* New York: Random House.

Parker-Pope, T. (2007, November 14). Seized by Alzheimer's, then love. *New York Times.* Retrieved on December 9, 2010, from http://well.blogs.nytimes.com/2007/11/14/ seized-by-alzheimers-then-love/?ref=weekinreview

Parkes, C. M. (1970a). The first year of bereavement: A longitudinal study of the reaction of London widows to the death of their husbands. *Psychiatry, 33,* 444-467.

Parkes, C. M. (1970b). "Seeking" and "finding" a lost object: Evidence from recent studies of reaction to bereavement. *Social Science and Medicine, 4,* 187-201.

Parkes, C.M. (1975a).What becomes of redundant world models? A contribution to the study of adaptation to change. *British Journal of Medical Psychology, 48,* 131-137.

Parkes, C. M. (1975b). Determinants of outcome following bereavement. *Omega, Journal of Death and Dying, 6,* 303-323.

Parkes, C. M. (1987). Models of bereavement care. *Death Studies, 11,* 257-261.

Parkes, C.M. (1993). Bereavement as a psychosocial transition: Processes of adaptation to change. In M. Stroebe, W. Stroebe, &R.O.Hansson(Eds.),*Handbook of bereave-*

ment: Theory, research, and intervention (pp. 91-101). New York: Cambridge University Press.

Parkes, C. M. (1996). *Bereavement: Studies of grief in adult life* (3rd ed.). New York: Routledge.

Parkes, C.M. (Ed.) (2006a). Symposium on complicated grief. [Special issue] *Omega, Journal of Death and Dying, 52*(1).

Parkes, C. M. (2006b). Part I. Introduction to a symposium. *Omega, Journal of Death and Dying, 52,* 1-7.

Parkes, C. M. (2006c). *Love and loss: The roots of grief and its complications.* New York: Routledge.

Parkes, C. M. (2007a). Complicated grief: The debate over a new DSM-V diagnostic category. In K. J. Doka (Ed.), *Living with grief: Before and after a death* (pp. 139-151). Washington, DC: Hospice Foundation of America.

Parkes, C. M. (Ed.). (2007b). "Hospice heritage": In memory of Dame Cicely Saunders [Special issue]. *Omega, Journal of Death and Dying, 56*(1).

Parkes, C.M.,&Prigerson, H. G. (2010). *Bereavement: Studies of grief in adult life* (4th ed.). New York: Routledge.

Parkes, C. M., & Weiss, R. (1983). *Recovery from bereavement.* New York: Basic Books.

Parkes, C. M., Laungani, P., & Young, B. (Eds.). (1997). *Death and bereavement across cultures.* New York: Routledge.

Parkes, C. M., Relf, M., & Couldrick, A. (1996). *Counseling in terminal care and bereavement.* Leicester, England: BPS Books.

Parkes, C. M., Stevenson-Hinde, J., & Marris, P. (Eds.). (1993). *Attachment across the life cycle.* New York: Routledge.

Parks, G. (1971). *Gordon Parks: Whispers of intimate things.* New York: Viking.

Parr, E., & Mize, J. (2001). *Coping with an organ transplant: A practical guide to understanding, preparing for, and living with an organ transplant.* New York: Avery/Penguin Putnam.

Parry, J. K. (Ed.). (2001). *Social work theory and practice with the terminally ill* (2nd ed.). New York: Routledge.

Parry, J. K., & Ryan, A. S. (Eds.). (2003). *A cross-cultural look at death, dying, and religion.* Belmont, CA: Wadsworth.

Parsons, T. (1951). *The social system.* New York: Free Press.

Partridge, E. (1966). *A dictionary of slang and unconventional English.* New York: Macmillan.

Pastan, L. (1978). *The five stages of grief.* New York: Norton.

Paterson, D. S., Trachtenberg, F. L., Thompson, E. G., Belliveau, R. A., Beggs, A. H., Darnall, R., Chadwick, A. E., Krous, H. F., & Kinney, H. C. (2006). Multiple serotonergic brainstem abnormalities in sudden infant death syndrome. *Journal of the American Medical Association, 296,* 2124–2132.

Pattison, E. M. (1977). *The experience of dying.* Englewood Cliffs, NJ: Prentice Hall.

Pausch, R., with J. Zaslow. (2008). *The last lecture.* New York: Hyperion.

Pawelczynska, A. (1979). *Values and violence in Auschwitz: A sociological analysis* (C. S. Leach, Trans.). Berkeley: University of California Press.

Payne, R., Medina, E., & Hampton, J. W. (2003). Quality of life concerns in patients with breast cancer: Evidence for disparity of outcomes and experiences in pain management and palliative care among African-American women. *Cancer, 97*(1 Supp.), 311–317.

Peabody, F.W. (1927). The care of the patient. *Journal of the American Medical Association, 88,* 877–882. (Reprinted as a monograph by Harvard University Press in the same year.)

Peck, M. L., Farberow, N. L., & Litman, R. E. (Eds.). (1985). *Youth suicide.* New York: Springer.

Pedersen, P. B., Draguns, J. G., Lonner, W. J., & Trimble, J. E. (Eds.). (2007). *Counseling across cultures* (6th ed.). Thousand Oaks, CA: Sage.

Pelaez, M., & Rothman, P. (1994). *A guide for recalling and telling your life story.* Washington, DC: Hospice Foundation of America.

Pendleton, E. (Comp.). (1980). *Too old to cry, too young to die.* Nashville, TN: Thomas Nelson.

Peppers, L. G. (1987). Grief and elective abortion: Breaking the emotional bond. *Omega, Journal of Death and Dying, 18,* 1–12.

Peppers, L. G., & Knapp, R. J. (1980). *Motherhood and mourning: Perinatal death.* New York: Praeger.

Peretti, P. O. (1990). Elderly-animal friendship bonds. *Social Behavior and Personality, 18,* 151–156.

Perls, T. T., Silver, M. H., & Lauerman, J. F. (2000). *Living to 100: Lessons in living to your maximum potential at any age.* New York: Basic Books.

Pfeffer, C. R. (Ed.). (1986). *The suicidal child.* New York: Guilford.

Pfeffer, C. R. (Ed.). (1989). *Suicide among youth: Perspectives on risk and prevention.* Washington, DC: American Psychiatric Press.

Pfeffer, C. R., Jiang, H., Kakuma, T., Hwang, J., & Metsch, M. (2002). Group intervention for children bereaved by the suicide of a relative. *Journal of the American Academy of Child and Adolescent Psychiatry, 41,* 505–513.

Piaget, J. (1998). *The equilibration of cognitive structures: The central problem of intellectual development* (T. A. Brown & K. J. Thampy, Trans.). Chicago: University of Chicago Press.

Piaget, J., & Inhelder, B. (1958). *The growth of logical thinking from childhood to adolescence* (A. Parsons & S. Milgram, Trans.). New York: Basic Books.

Picard, C. (2002). Family reflections on living through sudden death of a child. *Nursing Science Quarterly, 25,* 242–250.

Pierce, M. (2008). *Your wills, trusts, and estates explained simply: Important information you need to know.* Ocala, FL: Atlantic Publishing Group.

Pike, M. M., & Wheeler, S. R. (1992). *Bereavement support group guide: Guidebook for individuals and/or professionals who wish to start a bereavement, mutual, self-help group.* Covington, IN: Grief, Ltd.

Piper, F. (1994). The number of victims. In I. Gutman & M. Berenbaum (Eds.), *Anatomy of the Auschwitz death camp* (pp. 61–76). Bloomington: Indiana University Press.

Pitch of Grief. [Videotape]. (1985). Newton, MA: Newton Cable Television Foundation and Eric Stange.

Planchon, L. A., Templer, D. I., Stokes, S., & Keller, J. (2002). Death of a companion cat or dog and human bereavement: Psychosocial variables. *Society & Animals, 10,* 93–105.

Plath, S. (1964). *Ariel.* New York: Harper & Row.

Plath, S. (1971). *The bell jar.* New York: Harper & Row.

Plato. (1948). *Euthyphro, Apology, Crito* (F. J. Church, Trans.). New York: Macmillan.

Plato. (1961). *The collected dialogues of Plato including the letters* (E. Hamilton & H. Cairns, Eds.). New York: Bollingen Foundation.

Platt, A. (1995). The resurgence of infectious diseases. *World Watch, 8*(4), 26–32.

Platt, M. (1975). Commentary: On asking to die. *Hastings Center Report, 5*(6), 9–12.

Player, T. A., Skipper, H. D., & Lambert, J. (2002). A global definition of terrorism. *Risk Management, 49*(9), 60.

Please Let Me Die. [Videotape]. (1974). Galveston: University of Texas Medical Branch.

Plepys, C., & Klein, R. (1995). *Health status indicators: Differentials by race and Hispanic origin* (10). Washington, DC: National Center for Health Statistics.

Podell, C. (1989). Adolescent mourning: The sudden death of a peer. *Clinical Social Work Journal, 17,* 64–78.

Poe, E. A. (1948). *The letters of Edgar Allan Poe* (2 vols.). (J. W. Ostrom, Ed.). Cambridge, MA: Harvard University Press.

Poland, S. (1989). *Suicide intervention in the schools.* New York: Guilford.

Polednak, A. P. (1990). Cancer mortality in a higher-income Black population in New York State: Comparison with rates in the United States as a whole. *Cancer, 66,*

1654–1660. Post, S. (Ed.). (2004). *Encyclopedia of bioethics* (3rd ed.). New York: Macmillan Reference USA.

Pound, L. (1936). American euphemisms for dying, death, and burial: An anthology. *American Speech, 11*, 195–202.

Powell-Griner, E. (1988). Differences in infant mortality among Texas Anglos, Hispanics, and Blacks. *Social Science Quarterly, 69*, 452–467.

Prensky, M. (2001). Digital natives, digital immigrants. *On the Horizon, 9*(5), 1–6. Retrieved on February 7, 2011, from http://www.marcprensky.com/writing/Prensky%20-%20Digital%20Natives,%20Digital%20Immigrants%20-%20Part1.pdf

President's Commission for the Study of Ethical Problems in Medicine and Biomedical and Behavioral Research. (1981). *Defining death: A report on the medical, legal, and ethical issues in the determination of death.* Washington, DC: U.S. Government Printing Office.

President's Commission for the Study of Ethical Problems in Medicine and Biomedical and Behavioral Research. (1982). *Making health care decisions: A report on the ethical and legal implications of informed consent in the patient-practitioner relationship. Vol. 1, Report; Vol. 3, Studies on the foundation of informed consent.* Washington, DC: U.S. Government Printing Office.

President's Commission for the Study of Ethical Problems in Medicine and Biomedical and Behavioral Research. (1983a). *Deciding to forego life-sustaining treatment: A report on the ethical, medical, and legal issues in treatment decisions.* Washington, DC: U.S. Government Printing Office.

President's Commission for the Study of Ethical Problems in Medicine and Biomedical and Behavioral Research. (1983b). *Summing up: Final report on studies of the ethical and legal problems in medicine and biomedical and behavioral research.* Washington, DC: U.S. Government Printing Office.

Preston, R. J., & Preston, S. C. (1991). Death and grieving among northern forest hunters: An East Cree example. In D. R. Counts & D. A. Counts (Eds.), *Coping with the final tragedy: Cultural variation in dying and grieving* (pp. 135–155). Amityville, NY: Baywood. Preston, S. H. (1976). *Mortality patterns in national populations: With special reference to recorded causes of death.* New York: Academic Press.

Preston, S. H., & Haines, M. R. (1991). *Fatal years: Child mortality in late nineteenth-century America.* Princeton, NJ: Princeton University Press.

Preston, S. H., Heuveline, P., & Guillot, M. (2000). *Demography. Measuring and modeling population processes.* New York: John Wiley.

Price, D. (2001). *Legal and ethical aspects of organ transplantation.* Cambridge, UK: Cambridge University Press.

Prigerson, H. G., & Maciejewski, P. K. (2006). A call for sound empirical testing and evaluation of criteria for complicated grief proposed for DSM-V. *Omega, Journal of Death and Dying, 52*, 9–19.

Prigerson, H. G., Vanderwerker, L. C., & Maciejewski, P. K. (2008). A case for inclusion of prolonged grief disorder *DSM-V.* In M. S. Stroebe, R. O. Hansson, H. A. Schut, & W. Stroebe (Eds.), *Handbook of bereavement research and practice: Advances in theory and intervention* (pp. 165–186). Washington, DC: American Psychological Association.

Prothero, S. (2001). *Purified by fire: A history of cremation in America.* Berkeley: University of California Press.

Prothrow-Stith, D., & Spivak, H. R. (2004). *Murder is no accident: Understanding and preventing youth violence in America.* San Francisco: Jossey-Bass.

Prottas, J. (1994). *The most useful gift: Altruism and the public policy of organ transplants.* San Francisco: Jossey-Bass.

Puckle, B. S. (1926). *Funeral customs: Their origin and development.* London: Laurie.

Purnell, L. D. (2009). *Guide to culturally competent health care* (2nd ed.). Philadelphia: F. A. Davis.

Purnell, L. D., & Paulanka, B. J. (Eds.). (2008). *Transcultural health care: A culturally competent approach* (3rd ed.). Philadelphia: F. A. Davis.

Purtillo, R. B. (1976). Similarities in patient response to chronic and terminal illness. *Physical Therapy, 56*, 279–284.

Quackenbush, J. (1985). The death of a pet: How it can affect pet owners. *Veterinary Clinics of North America: Small Animal Practice, 15*, 305–402.

Quill, T. E. (1996). *A midwife through the dying process: Stories of healing and hard choices at the end of life.* Baltimore: Johns Hopkins University Press.

Quill, T. E. (2007). Legal regulation of physician-assisted death—The latest report cards. *New England Journal of Medicine, 356*, 1911–1913.

Quill, T. E., & Battin, M. P. (2004). *Physician-assisted dying: The case for palliative care and patient choice.* Baltimore: Johns Hopkins University Press.

Quindlen, A. (1994). *One true thing.* New York: Random House.

Quinlan, J., Quinlan, J., & Battelle, P. (1977). *Karen Ann: The Quinlans tell their story.* Garden City, NY: Doubleday.

[*Qur'an.*] *Koran.* (1993). (N. J. Dawood, Trans.). London: Penguin.

Radhakrishnan, S. (1948). *The Bhagavadgita: With an introductory essay, Sanskrit text, English translation and notes.* New York: Harper & Brothers.

Radhakrishnan, S., & Moore, C. (1957). *A sourcebook in Indian philosophy.* Princeton, NJ: Princeton University Press.

Radin, P. (1973). *The road of life and death: A ritual drama of the American Indians.* Princeton, NJ: Princeton University Press.

Raether, H. C. (Ed.). (1989). *The funeral director's practice management handbook.* Englewood Cliffs, NJ: Prentice Hall.

Rahman, F. (1987). *Health and medicine in the Islamic tradition: Change and identity.* New York: Crossroad.

Rahner, K. (1973). *On the theology of death* (C. H. Henkey, Trans.). New York: Seabury Press.

Rahula, W. (1974). *What the Buddha taught.* New York: Grove Press.

Ramsey, P. (1970). *The patient as person: Explorations in medical ethics.* New Haven, CT: Yale University Press.

Randall, F., & Downie, R. S. (1999). *Palliative care ethics: A companion for all specialties* (2nd ed.). Oxford: Oxford University Press.

Randall, F., & Downie, R. S. (2006). *The philosophy of palliative care: Critique and reconstruction.* Oxford, UK: Oxford University Press.

Rando, T. A. (1984). *Grief, dying, and death: Clinical interventions for caregivers.* Champaign, IL: Research Press.

Rando, T. A. (Ed.). (1986a). *Parental loss of a child.* Champaign, IL: Research Press.

Rando, T. A. (1986b). Death of the adult child. In T. A. Rando (Ed.), *Parental loss of a child* (pp. 221–238). Champaign, IL: Research Press.

Rando, T. A. (Ed.). (1986c). *Loss and anticipatory grief.* Lexington, MA: Lexington Books.

Rando, T. A. (1988a). Anticipatory grief: The term is a misnomer but the phenomenon exists. *Journal of Palliative Care,* 4(1/2), 70–73.

Rando, T. A. (1988b). *How to go on living when someone you love dies.* New York: Bantam.

Rando, T. A. (1993). *Treatment of complicated mourning.* Champaign, IL: Research Press.

Rando, T. A. (1996). Complications in mourning traumatic death. In K. J. Doka (Ed.), *Living with grief after sudden loss: Suicide, homicide, accident, heart attack, stroke* (pp. 139–159). Washington, DC: Hospice Foundation of America.

Rando, T. A. (Ed.). (2000). *Clinical dimensions of anticipatory mourning: Theory and practice in working with the dying, their loved ones, and their caregivers.* Champaign, IL: Research Press.

Raphael, B. (1983). *The anatomy of bereavement.* New York: Basic Books.

Rathus, S. A. (2010). *Childhood and adolescence: Voyages in development* (4th ed.). Belmont, CA: Wadsworth.

Rauschi, T. M. (2001). *A view from within: Living with early onset Alzheimer's.* Albany, NY: Northeastern New York Chapter of the Alzheimer's Disease and Related Disorders Association.

Rawson, H. (1981). *A dictionary of euphemisms and other doubletalk.* New York: Crown.

Reagan, B. (2000). *The Oregon Death with Dignity Act: A guidebook for health care providers.* Portland: Center for Ethics in Health Care, Oregon Health & Science University.

Reagan, R. (1994, November 5). Alzheimer's letter. Retrieved on February 17, 2011, from http://www.pbs.org/wgbh/american-experience/features/primary-resources/reagan-alzheimers/

Reddin, S. K. (1987). The photography of stillborn children and neonatal deaths. *Journal of Audiovisual Media in Medicine,* 10(2), 49–51.

Reder, P. (1969). *Epitaphs.* London: Michael Joseph.

Redfern, S., & Gilbert, S. K. (Eds.). (2008). *The grieving garden: Living with the death of a child.* Charlottesville, VA: Hampton Roads Publishing Co.

Reece, R. D., & Ziegler, J. H. (1990). How a medical school (Wright State University) takes leave of human remains. *Death Studies,* 14, 589–600.

Reed, M. D., & Greenwald, J. Y. (1991). Survivor-victim status, attachment, and sudden death bereavement. *Suicide and Life-Threatening Behavior,* 21, 385–401.

Reed, M. L. (2000). *Grandparents cry twice: Help for bereaved grandparents.* Amityville, NY: Baywood.

Rees, W. D. (1972). The distress of dying. *British Medical Journal,* 2, 105–107.

Reid, J. K., & Reid, C. L. (2001). A cross marks the spot: A study of roadside death memorials in Texas and Oklahoma. *Death Studies,* 25, 341–356.

Reid, T. R. (2009). *The healing of America: A global quest for better, cheaper, and fairer health care.* New York: Penguin.

Reitlinger, G. (1968). *The final solution: The attempt to exterminate the Jews of Europe 1939–1945* (2nd rev. ed.). London: Vallentine, Mitchell.

Requarth, J. (2006). *After a parent's suicide: Helping children heal.* Sebastopol, CA: Healing Hearts Press.

Reynolds, F. E., & Waugh, E. H. (Eds.). (1977). *Religious encounters with death: Insights from the history and anthropology of religion.* State College: Pennsylvania State University Press.

Rhodes, R. L., Teno, J. M., & Connor, S. R. (2007). African American bereaved family members' perceptions of the quality of hospice care: Lessened disparities, but opportunities. *Journal of Pain and Symptom*

Management, 34, 472–479.

Rich, M. D. (2002). Memory circles: The implications of (not) grieving at cancer camps. *Journal of Contemporary Ethnography, 31*, 548–581.

Richardson, A. (2007). *Life in a hospice: Reflections on caring for the dying*. Oxford, UK: Radcliffe Publishing.

Richardson, L. (2006). *What terrorists want: Understanding the enemy, containing the threat*. New York: Random House.

Rickgarn, R. L. V. (1994). *Perspectives on college student suicide*. Amityville, NY: Baywood.

Rickgarn, R. L. V. (1996). The need for postvention on college campuses: A rationale and case study findings. In C. A. Corr & D. E. Balk (Eds.), *Handbook of adolescent death and bereavement* (pp. 273–292). New York: Springer.

Riedel, S. (2005). Edward Jenner and the history of smallpox and vaccination. *Baylor University Medical Center Proceedings, 18*(1), 21–25.

Riemer, J., & Stampfer, N. (Eds.). (1994). *So that your values live on: Ethical wills and how to prepare them*. Woodstock, VT: Jewish Lights Publishing.

Rietjens, J. A. C., Bilsen, J., Fischer, S., van der Heide, A., van der Maas, P. J., Miccinessi, G., Norup, M., Onwuteaka- Philipsen, B. D., Vrakking, A. M., & van der Wal, G. (2007). Using drugs to end life without an explicit request of the patient. *Death Studies, 31*, 205–221.

Ring, K. (1980). *Life at death: A scientific investigation of the near-death experience*. New York: Coward, McCann & Geoghegan.

Ring, K. (1984). *Heading toward omega: In search of the meaning of the near-death experience*. New York: Morrow.

Roach, M. (2003). *Stiff: The curious lives of human cadavers*. New York: Norton.

Robben, A. (Ed.). (2005). *Death, mourning, and burial: A cross-cultural reader*. Hoboken, NJ: Wiley-Blackwell.

Robers, S., Zhang, J., & Truman, J. (2010). *Indicators of School Crime and Safety: 2010* (NCES 2011-002/NCJ 230812). Washington, DC: National Center for Education Statistics, U.S. Department of Education, & Bureau of Justice Statistics, Office of Justice Programs, U.S. Department of Justice. Retrieved November 27, 2010, from http://nces.ed.gov; also available at http://bjs.ojp.usdoj.gov

Roberts, B. K. (2003). *Death without denial, grief without apology: A guide for facing death and loss*. Troutdale, OR: NewSage Press.

Roberts, C. (1998). *We are our mothers' daughters*. New York: William Morrow.

Roberts, P. (2004). The living and the dead: Community in the virtual cemetery. *Omega, Journal of Death and Dying,*

49, 57–76.

Rochlin, G. (1967). How younger children view death and themselves. In E. A. Grollman (Ed.), *Explaining death to children* (pp. 51–85). Boston: Beacon Press.

Rodger, M. L., Sherwood, P., O'Connor, M., and Leslie, G. (2007). Living beyond the unanticipated sudden death of a partner: A phenomenological study. *Omega, Journal of Death and Dying, 54*, 107–133.

Rodgers, L. S. (2004). Meaning of bereavement among older African American widows. *Geriatric Nursing, 25*(1), 10–16.

Rodkinson, M. L. (Trans.). (1896). *New edition of the Babylonian Talmud*, Vol. 2. New York: Talmud Publishing.

Rodrigue, J. R., Scott, M. P., & Oppenheim, A. R. (2003). The tissue donation experience: A comparison of donor and nondonor families. *Progress in Transplantation, 13*(4), 1–7.

Rogers, R. G., Hummer, R. A., & Nam, C. B. (1999). *Living and dying in the USA: Behavioral, health, and social differentials of adult mortality*. New York: Academic Press.

Rollin, B. (1985). *Last wish*. New York: Warner Books.

Romano-Dwyer, L., & Carley, G. (2005). Schoolyard conversations: Influencing suicide talk in an elementary school community. *Social Work Education, 24*, 245–250.

Romanoff, B. D., & Terenzio, M. (1998). Rituals and the grieving process. *Death Studies, 22*, 697–711.

Romanoff, B. D., & Thompson, B. E. (2006). Meaning construction in palliative care: The use of narrative, ritual, and the expressive arts. *American Journal of Hospice and Palliative Medicine, 23*, 309–316.

Romm, R. (2009). *The mercy papers: A memoir of three weeks*. New York: Scribner.

Romond, J. L. (1989). *Children facing grief: Letters from bereaved brothers and sisters*. St. Meinrad, IN: Abbey Press.

Ropp, L., Visintainer, P., Uman, J., & Treloar, D. (1992). Death in the city: An American childhood tragedy. *Journal of the American Medical Association, 267*, 2905–2910.

Roscoe, L. A., Egan, K. A., & Schonwetter, R. S. (2004). Creating an academic-community provider partnership in hospice, palliative care, and end-of-life studies. *Cancer Control, 11*, 397–403.

Roscoe, L. A., Melphurs, J. E., Dragovic, L. J., & Cohen, D. (2000). Dr. Jack Kevorkian and cases of euthanasia in Oakland County, Michigan, 1990–1998. *New England Journal of Medicine, 343*, 1735–1736.

Rose, L. (1996). *Show me the way to go home*. Forest Knolls, CA: Elder Books.

Rosen, E. J. (1998). *Families facing death: A guide for health care professionals and volunteers* (Rev ed.). San

Francisco: Jossey-Bass.

Rosen, H. (1986). *Unspoken grief: Coping with childhood sibling loss*. Lexington, MA: Lexington Books.

Rosenberg, C. E. (1987). *The care of strangers: The rise of America's hospital system*. New York: Basic Books.

Rosenblatt, P. C. (1983). *Bitter, bitter tears: Nineteenth-century diarists and twentieth-century grief theories*. Minneapolis: University of Minnesota Press.

Rosenblatt, P. C. (2000). *Parent grief: Narratives of loss and relationship*. Philadelphia: Brunner/Mazel.

Rosenblatt, P. C. (2001). *Help your marriage survive the death of a child*. Philadelphia: Temple University Press.

Rosenblatt, P. C. (2007). Grief: What we have learned from cross-cultural studies. In K. J. Doka (Ed.), *Living with grief: Before and after a death* (pp. 123–136). Washington, DC: Hospice Foundation of America.

Rosenblatt, P. C., & Barner, J. R. (2006). The dance of closeness-distance in couple relationships after the death of a parent. *Omega, Journal of Death and Dying, 53*, 277–293.

Rosenblatt, P. C., & Wallace, B. R. (2005a). Narratives of grieving African-Americans about racism in the lives of deceased family members. *Death Studies, 29*, 217–235.

Rosenblatt, P. C., & Wallace, B. R. (2005b). *African American grief*. New York: Brunner-Routledge.

Rosenblatt, P. C., Walsh, P. R., & Jackson, D. A. (1976). *Grief and mourning in cross-cultural perspectives*. Washington, DC: Human Relations Area Files.

Rosenthal, N. R. (1986). Death education: Developing a course of study for adolescents. In C. A. Corr & J. N. McNeil (Eds.), *Adolescence and death* (pp. 202–214). New York: Springer.

Rosenthal, T. (1973). *How could I not be among you?* New York: George Braziller.

Rosenwaike, I., & Bradshaw, B. S. (1988). The status of death statistics for the Hispanic population of the Southwest. *Social Science Quarterly, 69*, 722–736.

Rosenwaike, I., & Bradshaw, B. S. (1989). Mortality of the Spanish surname population of the Southwest: 1980. *Social Science Quarterly, 70*, 631–641.

Rosner, F. (1979). The Jewish attitude toward euthanasia. In F. Rosner & J. D. Bleich (Eds.), *Jewish bioethics* (pp. 253–265). New York: Sanhedrin Press.

Rosof, B. D. (1994). *The worst loss: How families heal from the death of a child*. New York: Henry Holt.

Ross, C. B., & Baron-Sorenson, J. (2007). *Pet loss and human emotion: A guide to recovery*. Philadelphia: Brunner- Routledge.

Ross, C. P. (1980). Mobilizing schools for suicide prevention. *Suicide and Life-Threatening Behavior, 10*, 239–243.

Ross, C. P. (1985). Teaching children the facts of life and

death: Suicide prevention in the schools. In M. L. Peck, N. L. Farberow, & R. E. Litman (Eds.), *Youth suicide* (pp. 147–169). New York: Springer.

Ross, E. S. (1967). Children's books relating to death: A discussion. In E. A. Grollman (Ed.), *Explaining death to children* (pp. 249–271). Boston: Beacon Press.

Rowland, D. T. (2003). *Demographic methods and concepts*. New York: Oxford University Press.

Rowling, L. (2003). *Grief in school communities: Effective support strategies*. Philadelphia: Open University Press.

Roy, A. (1990). Possible biologic determinants of suicide. In D. Lester (Ed.), *Current concepts of suicide* (pp. 40–56). Philadelphia: Charles Press.

Rozovsky, F. A. (1990). *Consent to treatment: A practical guide* (2nd ed.). Boston: Little, Brown. (Also see 1994 Supplement.)

Rubel, B. (1999). *But I didn't say goodbye: For parents and professionals helping child suicide survivors*. Kendall Park, NJ: Griefwork Center.

Rubin, B., Carlton, R., & Rubin, A. (1979). *L.A. in install- ments: Forest Lawn*. Santa Monica, CA: Hennessey & Ingalls.

Rubin, S. S. (1999). The two-track model of bereavement: Overview, retrospect, and prospect. *Death Studies, 23*, 681–714.

Rubin, S. S., Malkinson, R., & Witztum, E. (2003). Trauma and bereavement: Conceptual and clinical issues revolv- ing around relationships. *Death Studies, 27*, 667–690.

Ruby, J. (1987). Portraying the dead. *Omega, Journal of Death and Dying, 19*, 1–20.

Ruby, J. (1991). Photographs, memory, and grief. *Illness, Crisis and Loss, 1*, 1–5.

Ruby, J. (1995). *Secure the shadow: Death and photog- raphy in America*. Cambridge, MA: MIT Press.

Ruccione, K. S. (1994). Issues in survivorship. In C. L. Schwartz, W. L. Hobbie, L. S. Constine, & K. S. Ruccione (Eds.), *Survivors of childhood cancer: Assessment and management* (pp. 329–337). St. Louis, MO: Mosby.

Rudd, M. D., Joiner, T., & Rajab, M. H. (2001). *Treating suicidal behavior: An effective, time-limited approach*. New York: Guilford.

Rudestam, K. E. (1987). Public perceptions of suicide survivors. In E. J. Dunne, J. L. McIntosh, & K. Dunne-Maxim (Eds.), *Suicide and its aftermath: Understanding and counseling the survivors* (pp. 31–44). New York: Norton.

Rudin, C. (Comp.). (1998). *Children's books about the Holocaust: A selective annotated bibliography*. Bayside, NY: The Holocaust Resource Center and Archives, Queensborough Community College.

Russac, R. J., Gotliff, C., Reece, M., & Spottswood, D. (2007). Death anxiety across the adult years: An examination of age and gender effects. *Death Studies, 31*, 549–561.

Rynearson, E. K. (1978). Humans and pets and attachment. *British Journal of Psychiatry, 133*, 550–555. Rynearson, E. K. (2001). *Retelling violent death*. New York: Brunner-Routledge.

Rynearson, E. K. (Ed.). (2006). *Violent death: Resilience and intervention beyond the crisis*. New York: Routledge/ Tayor & Francis.

Sable, P. (1995). Pets, attachment and well being across the life cycle. *Social Work, 40*, 334–341. Sabom, M. B. (1982). *Recollections of death: A medical investigation*. New York: Harper & Row.

Sacred Congregation for the Doctrine of the Faith. (1982). Declaration on euthanasia. In A. Flannery (Ed.), *Vatican Council II: More postconciliar documents* (pp. 510–517). Grand Rapids, MI: Eerdmans.

Safer, J. (2008). *Death benefits: How losing a parent can change an adult's life—for the better*. New York: Basic Books.

Sageman, M. (2004). *Understanding terror networks*. Philadelphia: University of Pennsylvania Press.

Sakr, A. H. (1995). Death and dying: An Islamic perspective. In J. K. Parry & A. S. Ryan (Eds.), *A cross-cultural look at death, dying, and religion* (pp. 47–73). Chicago: Nelson- Hall.

Salcido, R. M. (1990). Mexican-Americans: Illness, death and bereavement. In J. K. Parry (Ed.), *Social work practice with the terminally ill: A transcultural perspective* (pp. 99–112). Springfield, IL: Charles C Thomas.

Sanders, C. M. (1979). A comparison of adult bereavement in the death of a spouse, child and parent. *Omega, Journal of Death and Dying, 10*, 303–322.

Sanders, C. M. (1989). *Grief: The mourning after*. New York: Wiley.

Sanders, C. M. (1992). *Surviving grief ··· and learning to live again*. New York: Wiley.

Sanders, M. A. (Ed.). (2007). *Nearing death awareness: A guide to the language, visions, and dreams of the dying*. Philadelphia: Jessica Kingsley.

Satel, S. (Ed.). (2009). *When altruism isn't enough: The case for compensating kidney donors*. Washington, DC: AEI Press.

Saul, S. R., & Saul, S. (1973). Old people talk about death. *Omega, Journal of Death and Dying, 4*, 27–35.

Saunders, C. M. (1967). *The management of terminal illness*. London: Hospital Medicine Publications.

Saunders, C.M. (1970). Dimensions of death. In M. A. H. Melinsky (Ed.), *Religion and medicine: A discussion* (pp. 113–116). London: Student Christian Movement Press.

Saunders, C. M. (1976). The challenge of terminal care. In T. Symington & R. L. Carter (Eds.), *Scientific foundations of oncology* (pp. 673–679). London: William Heinemann.

Saunders, C. M. (Ed.). (1990). *Hospice and palliative care: An interdisciplinary approach*. London: Edward Arnold.

Saunders, C. M. (2003). *Watch with me: Inspiration for a life in hospice care*. Sheffield, England: Mortal Press.

Saunders, C. M., & Kastenbaum, R. (1997). *Hospice care on the international scene*. New York: Springer.

Saunders, C. M., & Sykes, N. (Eds.). (1993). *The management of terminal malignant disease* (3rd ed.). London: Edward Arnold.

Saunders, C. M., Baines, M., & Dunlop, R. (1995). *Living with dying: A guide to palliative care* (3rd ed.). New York: Oxford University Press.

Savage, J. S. (1996). *Listening and caring skills in ministry: A guide for groups and leaders*. Nashville, TN: Abingdon.

Schaefer, D., & Lyons, C. (2002). *How do we tell the children? A step-by-step guide for helping children two to teen cope when someone dies* (3rd ed.). New York: Newmarket.

Schatz, W. H. (1986). Grief of fathers. In T. A. Rando (Ed.), *Parental loss of a child* (pp. 293–302). Champaign, IL: Research Press.

Schechter, D. S., Coates, S. W., & First, E. (2002). Observations of acute reactions of young children and their families to the World Trade Center attacks. *Zero to Three, 22*, 9–13.

Scheper-Hughes, N. (1992). *Death without weeping: The violence of everyday life in Brazil*. Berkeley: University of California Press.

Schiavo, M., & Hirsh, M. (2006). *Terri: The truth*. New York: Dutton.

Schiavo Case. (2005). *Hastings Center Report, 35*(3), 16–27.

Schiff, H. S. (1977). *The bereaved parent*. New York: Crown.

Schiff, H. S. (1986). *Living through mourning: Finding comfort and hope when a loved one has died*. New York: Viking Penguin.

Schilder, P.,&Wechsler, D. (1934). The attitudes of children toward death. *Journal of Genetic Psychology, 45*, 406–451.

Schneider, J. M. (1980). Clinically significant differences between grief, pathological grief, and depression. *Patient Counseling and Health Education, 2*, 161–169.

Schonfeld, D. J., & Quackenbush, M. (2010). *The grieving student: A teacher's guide*. Baltimore, MD: Brookes Publishing.

Schotsmans, P., & Meulenbergs, T. (Eds.). (2005). *Euthanasia and palliative care in the Low Countries*. Leuven, Belgium: Peeters.

Schrauger, B. (2001). *Walking Taylor home*. Nashville, TN: Thomas Nelson.

Schultz, N. W., & Huet, L. M. (2000). Sensational! Violent! Popular! Death in American movies. *Omega, Journal of Death and Dying, 42,* 137–149.

Schulz, R. (1976). Effect of control and predictability on the physical and psychological well-being of the in-stitutionalized aged. *Journal of Personality and Social Psychology, 33,* 563–573.

Schulz, R., & Aderman, D. (1974). Clinical research and the stages of dying. *Omega, Journal of Death and Dying, 5,* 137–144.

Schuurman, D. (2003). *Never the same: Coming to terms with the death of a parent.* New York: St. Martin's Press.

Schwab, R. (1990). Paternal and maternal coping with the death of a child. *Death Studies, 14,* 407–422.

Schwab, R. (1996). Gender differences in parental grief. *Death Studies, 20,* 103–113.

Schwartz, C. L., Hobbie, W. L., Constine, L. S., & Ruccione, K. S. (Eds.). (1994). *Survivors of childhood cancer: Assessment and management.* St. Louis, MO: Mosby.

Schwartz, M. (1999). *Morrie: In his own words.* New York: Walker. (Originally published in 1996 by the same pub-lisher as *Letting go: Morrie's reflections on living while dying.*)

Schwartz, T. P. (2005). *Organ transplants: A survival guide for the entire family—The ultimate teen guide.* Lanham, MD: Scarecrow Press.

Schwiebert, P. (2003). *We were gonna have a baby, but we had an angel instead.* Portland, OR: Grief Watch (2116 NE 18th Avenue, Portland, OR 97212; 503-284-7426; www.griefwatch.com).

Schwiebert, P. (2007). *Someone came before you.* Portland, OR: Grief Watch.

Schwiebert, P., & DeKlyen, C. (1999). *Tear soup: A recipe for healing after loss.* Portland, OR: Grief Watch.

Schwiebert, P., & Kirk, P. (1986). *Still to be born: A guide for bereaved parents who are making decisions about the future.* Portland, OR: Perinatal Loss.

Scott, S. (2000). Grief reactions to the death of a divorced spouse revisited. *Omega, Journal of Death and Dying, 41,* 207–219.

Seale, C. (1998). *Constructing death: The sociology of dying and bereavement.* Cambridge, England: Cambridge University Press.

Seale, C. (2000). Changing patterns in death and dying. *Social Science and Medicine, 51*(6), 917–930.

Segal, D. L., Mincic, M. S., Coolidge, F. L., & O'Riley, A. (2004). Attitudes toward suicide and suicidal risk among younger and older persons. *Death Studies, 28,* 671–678.

Seiden, R. H. (1977). Suicide prevention: A public health/ public policy approach. *Omega, Journal of Death and Dying, 8,* 267–276.

Selkin, J. (1983). The legacy of Emile Durkheim. *Suicide and Life-Threatening Behavior, 13,* 3–14.

Seltzer, F. (1994, April/June). Trend in mortality from vio-lent deaths: Suicide and homicide, United States, 1960–1991. *Statistical Bulletin,* 10–18.

Selye, H. (1978a, October). On the real benefits of eustress. *Psychology Today,* 60–61, 63–64, 69–70.

Selye, H. (1978b). *The stress of life* (Rev. ed.). New York: McGraw-Hill.

Seneca, L. A. (1932). *Seneca's letters to Lucilius* (2 vols.) (E. P. Barker, Trans.). Oxford: Clarendon Press.

Servaty-Seib, H. L., & Hamilton, L. A. (2006). Educational performance and persistence of bereaved college students. *Journal of College Student Development, 47,* 225–234.

Servaty-Seib, H. L., & Pistole, M. C. (2007). Adolescent grief: Relationship category and emotional closeness. *Omega, Journal of Death and Dying, 54,* 147–167.

Settersten, R. A. (Ed.). (2002). *Invitation to the life course: Toward new understandings of later life.* Amityville, NY: Baywood.

Shachtman, T. (2006). *Rumspringa: To be or not to be Amish.* New York: North Point Press.

Shakoor, B., & Chalmers, D. (1991). Co-victimization of African-American children who witness violence and the theoretical implications of its effect on their cognitive, emotional, and behavioral development. *Journal of the National Medical Association, 83,* 233–238.

Shannon, T. A., & Walter, J. J. (2004, April 16). Artificial nutrition, hydration: Assessing papal statement. *National Catholic Reporter, 40*(24), 9–10. (See also http://natcath. org/NCR_Online/archives2/2004b/041604/041604i.php)

Shapiro, E. (1995). Grief in family and cultural context: Learning from Latino families. *Cultural Diversity and Mental Health, 1*(2), 159–176.

Shapiro, E. R. (1994). *Grief as a family process: A devel-opmental approach to clinical practice.* New York: Guilford.

Shaw, E. (1994). *What to do when a loved one dies: A prac-tical and compassionate guide to dealing with death on life's terms.* Irvine, CA: Dickens Press.

Shear, M. K., Simon, N., Wall, M., Zisook, S., Neimeyer, R., Duan, N., et al. (2011). Complicated grief and related be-reavement issues for DSM-5. *Depression and Anxiety, 28,* 103–117.

Sheehan, D. K., & Schirm, V. (2003). End-of-life care of older adults. *American Journal of Nursing, 103,* 48–58.

Sheehy, E., Conrad, S. L., Brigham, L. E., Luskin, R., Weber, P., Eakin, M., et al. (2003). Estimating the number of po-tential organ donors in the United States. *New England Journal of Medicine, 349,* 667–674.

Sheeler, J. (2008). *Final salute: A story of unfinished lives.* New York: Penguin.

Shenkman,M.M.,&Klein, P. S. (2004). *Living wills and health care proxies: Assuring that your end-of-life decisions are respected*. Teaneck, NJ: LawMade Easy Press.

Shephard, D. A. E. (1977). Principles and practice of palliative care. *Canadian Medical Association Journal, 116*, 522–526.

Shield, R. R. (1988). *Uneasy endings: Daily life in an American nursing home*. Ithaca, NY: Cornell University Press.

Shilts, R. (1987). *And the band played on: Politics, people, and the AIDS epidemic*. New York: St. Martin's Press.

Shirley, V., & Mercier, J. (1983). Bereavement of older persons: Death of a pet. *The Gerontologist, 23*, 276.

Shneidman, E. S. (1971). Prevention, intervention, and postvention of suicide. *Annals of Internal Medicine, 75*, 453–458.

Shneidman, E. S. (1973a). *Deaths of man*. New York: Quadrangle.

Shneidman, E. S. (1973b). Suicide. *Encyclopedia Britannica* (14th ed.; Vol. 21, pp. 383–385). Chicago: William Benton.

Shneidman, E. S. (1980/1995). *Voices of death*. New York: Harper & Row/Kodansha International.

Shneidman, E. S. (1981). *Suicide thoughts and reflections, 1960–1980*. New York: Human Sciences Press.

Shneidman, E. S. (1983). Reflections on contemporary death. In C. A. Corr, J. M. Stillion, & M. C. Ribar (Eds.), *Creativity in death education and counseling* (pp. 27–34). Lakewood, OH: Forum for Death Education and Counseling.

Shneidman, E. S. (1985). *Definition of suicide*. New York: Wiley.

Shneidman, E. S., & Farberow, N. L. (1961). *Some facts about suicide* (PHS Publication No. 852). Washington, DC: U.S. Government Printing Office.

Showalter, J. E. (1983). Foreword. In J. H. Arnold & P. B. Gemma, *A child dies: A portrait of family grief* (pp. ix–x). Rockville, MD: Aspen Systems Corp.

Shriver, M. (2011). *Alzheimer's in America: The Shriver report on women and Alzheimer's*. New York: Free Press.

Shrock, N. M. (1835). On the signs that distinguish real from apparent death. *Transylvanian Journal of Medicine, 13*, 210–220.

Shulman, W. L. (Ed.). (2005). *Association of Holocaust organizations: Directory*. Bayside, NY: The Holocaust Resource Center and Archives, Queensborough Community College.

Siebert, C. (2004). *A man after his own heart: A true story*. New York: Crown.

Siegel, K., & Weinstein, L. (1983). Anticipatory grief reconsidered. *Journal of Psychosocial Oncology, 1*, 61–73.

Siegel, M. (Ed.). (1997). *The last word: The New York Times book of obituaries and farewells—A celebration of unusual lives*. New York: William Morrow.

Siegel, R. (1982). A family-centered program of neonatal intensive care. *Health and Social Work, 7*, 50–58.

Siegel, R. K. (1992). *Fire in the brain*. New York: Dutton.

Siegel, R., Rudd, S. H., Cleveland, C., Powers, L. K., & Harmon, R. J. (1985). A hospice approach to neonatal care. In C. A. Corr & D. M. Corr (Eds.), *Hospice approaches to pediatric care* (pp. 127–152). New York: Springer.

Sife, W. (2005). *The loss of a pet* (3rd ed.). New York: Howell Book House.

Sifton, E. (2003). *The serenity prayer: Faith and politics in time of peace and war*. New York: Norton.

Siggins, L. (1966). Mourning: A critical survey of the literature. *International Journal of Psychoanalysis, 47*, 14–25.

Silver, R. L., & Wortman, C. B. (1980). Coping with undesirable life events. In J. Garber & M. E. P. Seligman (Eds.), *Human helplessness: Theory and applications* (pp. 279–340). New York: Academic Press.

Silverman, E., Range, L., & Overholser, J. (1994). Bereavement from suicide as compared to other forms of bereavement. *Omega, Journal of Death and Dying, 30*, 41–51.

Silverman, P. R. (1969). The widow-to-widow program: An experiment in preventive intervention. *Mental Hygiene, 53*, 333–337.

Silverman, P. R. (1978). *Mutual help groups: A guide for mental health workers*. Rockville, MD: National Institute of Mental Health.

Silverman, P. R. (1980). *Mutual help groups: Organization and development*. Newbury Park, CA: Sage. Silverman, P. R. (1986). *Widow to widow*. New York: Springer.

Silverman, P. R. (2000). *Never too young to know: Death in children's lives*. New York: Oxford University Press.

Silverman, P. R. (2004). *Widow to widow: How the bereaved help one another* (2nd ed.). New York: Routledge.

Silverman, P. R. (2007). Helping built on personal experience. In K. J. Doka (Ed.), *Living with grief: Before and after a death* (pp. 175–191). Washington, DC: Hospice Foundation of America.

Silverman, P. R., & Kelly, M. (2009). *A parent's guide to raising grieving children: Rebuilding your family after the death of a loved one*. New York: Oxford University Press.

Silverman, P. R., & Worden, J. W. (1992a). Children and parental death. *American Journal of Orthopsychiatry, 62*, 93–104.

Silverman, P. R., & Worden, J. W. (1992b). Children's understanding of funeral ritual. *Omega, Journal of Death and Dying, 25,* 319–331.

Silverman, P. R., Nickman, S.,&Worden, J.W. (1992). Detachment revisited: The child's reconstruction of a dead parent. *American Journal ofOrthopsychiatry, 62,* 494–503.

Simeone, W. E. (1991). The Northern Athabaskan potlatch: The objectification of grief. In D. R. Counts & D. A. Counts (Eds.), *Coping with the final tragedy: Cultural variation in dying andgrieving* (pp. 157–167). Amityville, NY: Baywood.

Siminoff, L. A., Arnold, R. M., Caplan, A. L., Virnig, B. A., & Seltzer, D. L. (1995). Public policy governing organ and tissue procurement in the United States. *Annals of Internal Medicine, 123,* 10–17.

Siminoff, L. A., Gordon, N., Hewlett, J., & Arnold, R. M. (2001). Factors influencing families' consent for donation of solid organs for transplantation. *Journal of the American Medical Association, 286,* 71–77.

Simmons, P. (2002). *Learning to fall: The blessings of an imperfect life.* New York: Bantam.

Simon, C. (2001). *Fatherless women: How we change after we lose our dads.* New York: Wiley.

Simon, N. (1979). *We remember Philip.* Chicago: Whitman.

Simonds, W., & Rothman, B. K. (Eds.). (1992). *Centuries of solace: Expressions of maternal grief in popular literature.* Philadelphia: Temple University Press.

Simone, P. M., & Dooley, S. W. (1994). Multidrug-resistant tuberculosis, 1994. CDC, Division of Tuberculosis Elimination. Available at: http://www.cdc.gov/nchstp/tb/ pubs/mdrtb.htm

Simpson, M. A. (1976). Brought in dead. *Omega, Journal of Death and Dying, 7,* 243–248.

Singh, G. K., & Yu, S. M. (1995). Infant mortality in the United States: Trends, differentials, and projections, 1950 through 2010. *American Journal of Public Health, 85,* 957–964.

Singh, G. K., Mathews, T. J., Clarke, S. C., Yannicos, T., & Smith, B. L. (1995). Annual summary of births, marriages, divorces, and deaths: United States, 1994. *Monthly Vital Statistics Report, 43*(13). Hyattsville, MD: National Center for Health Statistics.

Sjoqvist, S. (Ed.). (2006). *Still here with me: Teenagers and children on losing a parent* (M. Myers, Trans.). Philadelphia: Jessica Kingsley.

Skidelsky, R. (2004). The killing fields. *New Statesman, 26,* pp. 18–21.

Sklar, F., & Hartley, S. F. (1990). Close friends as survivors: Bereavement patterns in a "hidden" population. *Omega, Journal of Death and Dying, 21,* 103–112.

Slaby, A. (1992). Creativity, depression, and suicide. *Suicide and Life-Threatening Behavior, 22,* 157–166.

Slaughter, V. (2005). Young children's understanding of death. *Australian Psychologist, 40,* 1–8.

Slaughter, V., & Griffiths, M. (2007). Death understanding and fear of death in young children. *Clinical Child Psychology and Psychiatry, 12,* 525–535.

Slaughter, V., & Lyons, M. (2003). Learning about life and death in early childhood. *Cognitive Psychology, 46,* 1–30.

Sloane, D. C. (1991). *The last great necessity: Cemeteries in American history.* Baltimore: Johns Hopkins University Press.

Small, N., Froggat, K., & Downs, M. (2007). *Living and dying with dementia: Dialogues about palliative care.* New York: Oxford University Press.

Smedley, B. D., Stith, A. Y., & Nelson, A. R. (Eds.). (2004). *Unequal treatment: Confronting racial and ethnic disparities in healthcare.* Washington, DC: National Academies Press.

Smith, A. A. (1974). *Rachel.* Wilton, CT: Morehouse-Barlow.

Smith, A. C. (2003, December 7). Voters: Schiavo law was bad move. *St. Petersburg Times,* pp. 1A, 21A.

Smith, D. H. (1986). *Health and medicine in the Anglican tradition: Conscience, community, and compromise.* New York: Crossroad.

Smith, D. W. E. (1995). Why do we live so long? *Omega, Journal of Death and Dying, 31,* 143–150.

Smith, G. H. (2006). *Remembering Garrett.* New York: Carroll & Graf.

Smith, H. I. (1994). *On grieving the death of a father.* Minneapolis, MN: Augsburg Fortress.

Smith, H. I. (1996). *Grieving the death of a friend.* Minneapolis, MN: Augsburg Fortress.

Smith, H. I. (1999). *A decembered grief: Living with loss when others are celebrating.* Kansas City, MO: Beacon Hill Press of Kansas City.

Smith, H. I. (2001). *Friendgrief: An absence called presence.* Amityville, NY: Baywood.

Smith, H. I. (2003). *Grieving the death of a mother.* Minneapolis, MN: Augsburg Fortress.

Smith, H. I. (2004a). *Grievers ask: Answers to questions about death and loss.*Minneapolis,MN: Augsburg Fortress.

Smith, H. I. (2004b). *When a child you love is grieving.* Kansas City, MO: Beacon Hill Press of Kansas City.

Smith, H. I. (2004c). *GriefKeeping: Learning how long grief lasts.* New York: Crossroads.

Smith, H. I., & Jeffers, S. L. (2001). *ABC's of healthy grieving: Light for a dark journey.* Shawnee Mission, KS: Shawnee Mission Medical Center Foundation.

Smith, H. I., & Johnson, J. (2006). *What does* that *mean? A dictionary of death, dying and grief terms for grieving children and those who love them.* Omaha, NE: Centering

Corporation.

Smith, I. (1991). Preschool children "play" out their grief. *Death Studies, 15,* 169–176.

Smith, I. (2000). *A tiny boat at sea.* Portland, OR: Author (3254 SE Salmon, Portland, OR 97214).

Smith, J. D. (2002). *Right-to-die policies in the American states: Judicial and legislative innovation.* New York: LFB Scholarly Publishing.

Smith, J. I., & Haddad, Y. Y. (2002). *The Islamic understanding of death and resurrection.* New York: Oxford University Press.

Smith, S. A. (2000). *Hospice concepts: A guide to palliative care in terminal illness.* Champaign, IL: Research Press.

Smolin, A., & Guinan, J. (1993). *Healing after the suicide of a loved one.* New York: Simon & Schuster.

Snowdon, D. (2002). *Aging with grace: What the Nun Study teaches us about leading longer, healthier, and more meaningful lives.* New York: Bantam.

Sofka, C. J. (2009). Adolescents, technology and the Internet: Coping with loss in the digital world. In D. E. Balk & C. A. Corr (Eds.), *Adolescent encounters with death, bereavement, and coping* (pp. 155–173). New York: Springer.

Solomon, K. (1982). Social antecedents of learned helplessness in the health care setting. *The Gerontologist, 22,* 282–287.

Solomon, M. Z., Sellers, D. E., Heller, K. S., Dokken, D. L., Levetown, M., Rushton, C., Truog, R. D., & Fleischman, A. R. (2005). New and lingering controversies in pediatric end-of-life care. *Pediatrics, 116,* 872–883.

Sontag, S. (1978). *Illness as metaphor.* New York: Farrar, Straus & Giroux.

Sontag, S. (1989). *AIDS and its metaphors.* New York: Farrar, Straus & Giroux.

Sorlie, P. D., Backlund, E., & Keller, J. B. (1995). U.S. mortality by economic, demographic, and social characteristics: The National Longitudinal Mortality Study. *American Journal of Public Health, 85,* 949–956.

Soto, A. R., & Villa, J. (1990). Una platica: Mexican-American approaches to death and dying. In J. K. Parry (Ed.), *Social work practice with the terminally ill: A transcultural perspective* (pp. 113–127). Springfield, IL: Charles C Thomas.

Sourkes, B. M. (1995). *Armfuls of time: The psychological experience of the child with a life-threatening illness.* Pittsburgh: University of Pittsburgh Press.

Sourkes, B. M. (1996). The broken heart: Anticipatory grief in the child facing death. *Journal of Palliative Care, 12*(3), 56–59.

Speece, M. W., & Brent, S. B. (1984). Children's understanding of death: A review of three components of a death concept. *Child Development, 55,* 1671–1686.

Speece, M. W., & Brent, S. B. (1996). The development of children's understanding of death. In C. A. Corr & D. M. Corr (Eds.), *Handbook of childhood death and bereavement* (pp. 29–50). New York: Springer.

Sperling, R. A., Aisen, P. S., Beckett, L. A., Bennett, D. A., Craft, S., Fagan, A. M., et al. (2011). Toward defining the preclinical stages of Alzheimer's disease: Recommendations from the National Institute on Aging and the Alzheimer's Association workgroup. *Alzheimer's and Dementia: The Journal of the Alzheimer's Association, 7*(3), 280–292.

Spiegel, D. (1993). *Living beyond limits: New hope and help for facing life-threatening illness.* London: Vermilion.

Spiegelman, V., & Kastenbaum, R. (1990). Pet Rest Cemetery: Is eternity running out of time? *Omega, Journal of Death and Dying, 21,* 1–13.

Spinetta, J. J., & Deasy-Spinetta, P. (1981). *Living with childhood cancer.* St. Louis, MO: Mosby.

Spinetta, J. J., & Maloney, L. J. (1975). Death anxiety in the outpatient leukemic child. *Pediatrics, 56,* 1034–1037.

Spinetta, J. J., Rigler, D., & Karon, M. (1973). Anxiety in the dying child. *Pediatrics, 52,* 841–849.

Sprang, G., &McNeil, J. (1995). *The many faces of bereavement: The nature and treatment of natural, traumatic, and stigmatized grief.* New York: Bruner/Mazel.

Sque, M., Long, T., & Payne, S. (2005). Organ donation: Key factors influencing families' decision-making. *Transplant Proceedings, 37,* 543–546.

St. Louis Post-Dispatch. (1999, April 14). Judge assails "lawlessness" of Kevorkian, gives him 10–25 years, p. A1.

St. Petersburg Times. (1998, November 28). Kevorkian is charged in killing, released, pp. A1, A12.

St. Petersburg Times. (2001a, February 23). For first time, rape found to be war crime, p. 2A.

St. Petersburg Times. (2001b, October 1). Brian Sweeney's last message, p. 10A.

Stahlman, S. D. (1996). Children and the death of a sibling. In C. A. Corr & D. M. Corr (Eds.), *Handbook of childhood death and bereavement* (pp. 149–164). New York: Springer.

Stambrook, M., & Parker, K. C. (1987). The development of the concept of death in childhood: A review of the literature. *Merrill Palmer Quarterly, 33,* 133–157.

Stannard, D. E. (1977). *The Puritan way of death: A study in religion, culture, and social change.* New York: Oxford University Press.

Stanworth, R. (2003). *Recognizing spiritual needs in people who are dying.* New York: Oxford University Press.

Staples, B. (1994). *Parallel time: Growing up in black and white.* New York: Pantheon.

Starr, P. (1982). *The social transformation of American*

medicine. New York: Basic Books.

Starzl, T. L. (1992). *The puzzle people: Memoirs of a transplant surgeon*. Pittsburgh, PA: University of Pittsburgh Press.

Staton, J., Shuy, R., & Byock, I. (2001). *A few months to live: Different paths to life's end*. Washington, DC: Georgetown University Press.

Staudacher, C. (1991). *Men and grief*. Oakland, CA: New Harbinger Publications.

Stearns, A. K. (1985). *Living through personal crisis*. New York: Ballantine.

Stearns, A. K. (1988). *Coming back: Rebuilding lives after crisis and loss*. New York: Random House.

Stedeford, A. (1978). Understanding confusional states. *British Journal of Hospital Medicine, 20,* 694–704.

Stedeford, A. (1979). Psychotherapy of the dying patient. *British Journal of Psychiatry, 135,* 7–14.

Stedeford, A. (1984). *Facing death: Patients, families and professionals*. London: William Heinemann.

Stedeford, A. (1987). Hospice: A safe place to suffer? *Palliative Medicine, 1,* 73–74.

Stein, L. (2011, February 26). A chain of compassion: The Tampa Bay area is part of a kidney donor chain including 16 recipients across nine states. *St. Petersburg Times,* pp. 1A & 10A.

Steinbach, U. (1992). Social networks, institutionalization, and mortality among elderly people in the United States. *Journal of Gerontology, 47,* S183–S190.

Steinbrook, R. (2007). Organ donation after cardiac death. *New England Journal of Medicine, 357,* 209–213.

Stetson, B. (2002). *Living victims, stolen lives: Parents of murdered children speak to America*. Amityville, NY: Baywood.

Stevens, M. M. (1993). Family adjustment and support. In D. Doyle, G. W. C. Hanks, & N. MacDonald (Eds.), *Oxford textbook of palliative medicine* (pp. 707–717). New York: Oxford University Press.

Stevens, M. M. (1998). Psychological adaptation of the dying child. In D. Doyle, G. W. C. Hanks, & N. MacDonald (Eds.), *Oxford textbook of palliative medicine* (2nd ed.; pp. 1046–1055). New York: Oxford University Press.

Stevens, M. M., & Dunsmore, J. C. (1996a). Adolescents who are living with a life-threatening illness. In C. A. Corr & D. E. Balk (Eds.), *Handbook of adolescent death and bereavement* (pp. 107–135). New York: Springer.

Stevens, M.M.,&Dunsmore, J.C. (1996b).Helping adolescents who are coping with a life-threatening illness, along with their siblings, parents, and peers. In C. A. Corr&D. E. Balk (Eds.), *Handbook of adolescent death and bereavement* (pp. 329–353). New York: Springer.

Stevens, R. (1989). *In sickness and in wealth: American hospitals in the twentieth century*. New York: Basic Books.

Stevenson, A. (1989). *Bitter fame: A life of Sylvia Plath*. Boston: Houghton Mifflin.

Stevenson, I., Cook, E. W., & McClean-Rice, N. (1989). Are persons reporting "near-death experiences" really near death? A study of medical records. *Omega, Journal of Death and Dying, 20,* 45–54.

Stevenson, R. G. (Ed.).(2001). *What will we do? Preparing a school community to cope with crises* (2nd ed.). Amityville, NY: Baywood.

Stevenson, R. G. (2004). Where have we come from? Where do we go from here? Thirty years of death education in schools. *Illness, Crisis and Loss, 12,* 231–238.

Stevenson, R. G., & Cox, G. R. (Eds.). (2007). *Perspectives on violence and violent death*. Amityville, NY: Baywood.

Stevenson, R. G., & Stevenson, E. P. (1996a). Adolescents and education about death, dying, and bereavement. In C. A. Corr & D. E. Balk (Eds.), *Handbook of adolescent death and bereavement* (pp. 235–249). New York: Springer.

Stevenson, R. G., & Stevenson, E. P. (Eds.). (1996b). *Teaching students about death: A comprehensive resource for educators and parents*. Philadelphia: The Charles Press.

Stevick, R. A. (2007). *Growing up Amish: The teenage years*. Baltimore: Johns Hopkins University Press.

Stewart, M. F. (1999). *Companion animal death: A practical and comprehensive guide for veterinary practice*. Woburn, MA: Butterworth-Heinemann Medical.

Stillion, J. M. (1985). *Death and the sexes: An examination of differential longevity, attitudes, behaviors, and coping skills*. Washington, DC: Hemisphere.

Stillion, J. M., & McDowell, E. E. (1996). *Suicide across the life span: Premature exits* (2nd ed.). Washington, DC: Taylor & Francis.

Stillion, J. M., McDowell, E. E., & May, J. (1989). *Suicide across the life span: Premature exits*. Washington, DC: Hemisphere.

Stinson, R., & Stinson, P. (1983). *The long dying of Baby Andrew*. Boston: Little, Brown.

Stoddard, S. (1992). *The hospice movement: A better way of caring for the dying* (Rev. ed.). New York: Vintage.

Stokes, J. A. (2004). *Then, now and always—Supporting children as they journey through grief: A guide for practitioners*. Cheltenham, England: Winston's Wish.

Stokes, J., & Crossley, D. (1995). Camp Winston: A residential intervention for bereaved children. In S. C. Smith & M. Penells (Eds.), *Interventions with bereaved children* (pp. 172–192). London: Jessica Kingsley Publications.

Storey, P. (1996). *Primer of palliative care* (2nd ed.). Glenview, IL: American Academy of Hospice and

Palliative Medicine.

Strasburger, V. C. (1993). Children, adolescents, and the media: Five crucial issues. *Adolescent Medicine: State of the Art Review, 4,* 479‒493.

Straub, S. H. (2004). *Pet death.* Amityville, NY: Baywood.

Stritof, S., & Stritof, B. (2009, November 11). John and Sandra Day O'Connor marriage profile. *About.com.* Retrieved on December 9, 2010, from http://marriage. about.com/od/politics/p/sandraoconnor.htm?rd=1

Stroebe, M. S., Hansson, R. O., Schut, H. A., & Stroebe, W. (Eds.). (2008). *Handbook of bereavement research and practice: Advances in theory and intervention.* Washington, DC: American Psychological Association.

Stroebe, M. S., Hansson, R. O., Stroebe, W., & Schut, H. A. (Eds.). (2001). *Handbook of bereavement research: Consequences, coping, and care.* Washington, DC: American Psychological Association Press. Stroebe, M., & Schut, H. (1999). The dual process model of coping with bereavement: Rationale and description. *Death Studies, 23,* 197‒224.

Stroebe, M., & Schut, H. (2005). To continue or relinquish bonds: A review of consequences for the bereaved. *Death Studies, 29,* 477‒494.

Stroebe, W., & Stroebe, M. S. (2003). *Bereavement and health: The psychological and physical consequences of partner loss.* Cambridge, UK: Cambridge University Press.

Sudnow, D. (1967). *Passing on: The social organization of dying.* Englewood Cliffs, NJ: Prentice Hall. Sue, D. W.,&Sue, D. (2008). *Counseling the culturally diverse: Theory and practice* (5th ed.). New York: JohnWiley.

Sugar, M. (1968). Normal adolescent mourning. *American Journal of Psychotherapy, 22,* 258‒269.

Sullivan, L. (1991). Violence as a public health issue. *Journal of the American Medical Association, 265,* 2278.

Sullivan, M. A. (1995). May the circle be unbroken: The African-American experience of death, dying, and spirituality. In J. K. Parry & A. S. Ryan (Eds.), *A cross-cultural look at death, dying, and religion* (pp. 160‒171). Chicago: Nelson-Hall.

Sumner, L. H., Kavanaugh, K., & Moro, T. (2006). Extending palliative care into pregnancy and the immediate newborn period: State of the practice of perinatal palliative care. *Journal of Perinatal and Neonatal Nursing, 20,* 113‒116.

Supportive Care of the Dying: A Coalition for Compassionate Care. (1997). *Living and healing during life-threatening illness: Executive summary.* Portland, OR: Author.

The SUPPORT Principal Investigators. (1995). A controlled trial to improve care for seriously ill hospitalized patients: The Study to Understand Prognoses and Preferences for Outcomes and Risks of Treatments (SUPPORT). *Journal of the American Medical Association, 274,* 1591‒1598.

Swanson, D. A., & Siegel, J. S. (2004). *The methods and materials of demography* (2nd ed.). New York: Academic Press.

Swarte, N., & Heintz, A. (1999). Euthanasia and physicianassisted suicide. *Annals of Medicine, 31,* 364‒371.

Swarte, N., van der Lee, M., van der Born, J., van den Bout, J., & Heintz, A. (2003). Effects of euthanasia on the bereaved family and friends: A cross sectional study. *British Medical Journal, 327,* 189‒192.

Swartzberg, J. (2004). Do living wills work? *UC Berkeley Wellness Letter, 20*(11), 3. Swenson, W. M. (1961). Attitudes toward death in an aged population. *Journal of Gerontology, 16,* 49‒52.

Tagliaferre, L., & Harbaugh, G. L. (1990). *Recovery from loss: A personalized guide to the grieving process.* Deerfield Beach, FL: Health Communications.

Talbot, K. (2002). *What forever means after the death of a child: Transcending the trauma, living with the loss.* New York: Brunner-Routledge.

Tanner, J. G. (1995). Death, dying, and grief in the Chinese-American culture. In J. K. Parry & A. S. Ryan (Eds.), *A cross-cultural look at death, dying, and religion* (pp. 183‒192). Chicago: Nelson-Hall.

The Task Force to Improve the Care of Terminally-Ill Oregonians. (2005). *The Oregon Death with Dignity Act: A guidebook for health care professionals* (current edition). Retrieved on February 23, 2007, from http://egov.oregon.gov/DHS/ph/pas

Tatelbaum, J. (1980). *The courage to grieve.* New York: Lippincott & Crowell.

Taxis, J. C. (2006). Attitudes, values, and questions of African Americans regarding participation in hospice programs. *Journal of Hospice and Palliative Nursing, 8*(2), 77‒85.

Taylor, D. H., Ostermann, J., Van Houtven, C. H., Tulsky, J. A., & Steinhauser, K. (2007). What length of hospice use maximizes reduction in medical expenditures near death in the US Medicare program? *Social Science and Medicine, 65,* 1466‒1478.

Taylor, R. (2007). *Alzheimer's from the inside out.* Baltimore: Health Professions Press.

Tedeschi, R. G. (1996). Support groups for bereaved adolescents. In C. A. Corr & D. E. Balk (Eds.), *Handbook of adolescent death and bereavement* (pp. 293‒311). New York: Springer.

Tedeschi, R. G. (2003). *Helping bereaved parents: A clinician's guide.* New York: Routledge.

Tedeschi, R. G., & Calhoun, L. G. (1995). *Trauma and transformation: Growing in the aftermath of suffering.*

Thousand Oaks, CA: Sage.

Tedeschi, R. G., & Calhoun, L. G. (2007). Grief as a transformative struggle. In K. J. Doka (Ed.), *Living with grief: Before and after a death* (pp. 107–121). Washington, DC: Hospice Foundation of America.

Tedeschi, R. G., Park, C. L., & Calhoun, L. G. (Eds.). (1998). *Posttraumatic growth: Positive changes in the aftermath of crisis.* Mahwah, NJ: Lawrence Erlbaum Associates.

Temel, J. S., Greer, J. A., Muzikansky, A., et al. (2010). Early palliative care for patients with metastatic non-small-cell lung cancer. *New England Journal of Medicine, 363*(8), 733–742.

Templer, D. (1970). The construction and validation of a death anxiety scale. *Journal of General Psychology, 82,* 165–177.

Templer, D. (1971). Death anxiety as related to depression and health of retired persons. *Journal of Gerontology, 26,* 521–123.

Teno, J. M., & Connor, S. R. (2009). Referring a patient and family to high-quality palliative care at the close of life. *Journal of the American Medical Association, 301*(6), 651–659.

Teno, J. M., Clarridge, B. R., Casey, V., Welch, L. C., Wetle, T., Shield, R., et al. (2004). Family perspectives on endof-life care at the last place of care. *Journal of the American Medical Association, 291,* 88–93.

Terkel, S. (2001). *Will the circle be unbroken?: Reflections on death, rebirth, and hunger for a faith.* New York: New Press.

Terri's Family, Schindler, M., Schindler, R., Vitadona, S. S., & Schindler, B. (2006). *A life that matters: The legacy of Terri Schiavo—A lesson for us all.* New York: Warner Books.

Thomas, N. (2001). The importance of culture throughout all of life and beyond. *Holistic Nursing Practice 15*(2), 40–46.

Thomasma, D. C., Kimbrough-Kushner, T., Kimsma, G. K., & Ciesielski-Carlucci, C. (1998). *Asking to die: Inside the Dutch debate about euthanasia.* Boston: Kluwer Academic.

Thompson, B. E., Murphy, N. M., & Toms, M. E. (2009). Hospice care. In H. Mitsumoto (Ed.), *Amyotrophic lateral sclerosis: A guide for patients and families* (3rd ed.; pp. 365–393). New York: Demos Medical Publishing.

Thompson, J. W., & Walker, R. D. (1990). Adolescent suicide among American Indians and Alaska natives. *Psychiatric Annals, 20,* 128–133.

Thompson, N. (Ed.). (2002). *Loss and grief: A guide for human service practitioners.* London: Palgrave Macmillan.

Thorson, J. A. (1995). *Aging in a changing society.* Belmont, CA: Wadsworth.

Thorson, J. A. (2000a). *Aging in a changing society.*

Philadelphia: Brunner/Mazel.

Thorson, J. A. (Ed.). (2000b). *Perspectives on spiritual wellbeing and aging.* Springfield, IL: Charles C Thomas.

Thorson, J. A., Powell, F. C., & Samuel, V. T. (1998). African and Euro-American samples differ little in scores on death anxiety. *Psychological Reports, 83,* 623–626.

Thurman, H. (1953). *Meditations of the heart.* New York: Harper & Row.

Tibbetts, E. (2001). Learning to value every moment. In M. Z. Solomon, A. L. Romer, K. S. Heller, & D. E. Weissman (Eds.), *Innovations in end-of-life care: Practical strategies and international perspectives,* (Vol. 2, pp. 78–79). Larchmont, NY: Mary Ann Liebert Publishers.

Tideiksaar, R. (2002). *Falls in older people: Prevention and management* (3rd ed.). Baltimore: Health Professions Press.

Tilney, N. L. (2003). *Transplantation: From myth to reality.* New Haven, CT: Yale University Press.

Times Staff Writer. (2004, July 14). Groups for disabled side with Schiavo. *St. Petersburg Times,* p. 3B.

Tobin, D. (1999). *Peaceful dying: The step-by-step guide to preserving your dignity, your choice, and your inner peace at the end of life.* Cambridge, MA: Perseus.

Tolle, S. W., Tilden, V. P., Drach, L. L., Fromme, E. K., Perrin, N. A., & Hedberg, K. (2004). Characteristics and proportion of dying Oregonians who personally consider physician-assisted suicide. *Journal of Clinical Ethics, 15,* 111–118.

Tolstoy, L. (1960). *The death of Ivan Ilych and other stories* (A. Maude, Trans.). New York: New American Library. (Original work published 1884)

Tomer, A., & Eliason, G. (1996). Toward a comprehensive model of death anxiety. *Death Studies, 20,* 343–366.

Tomer, A., Wong, P. T., & Eliason, G. T. (Eds.). (2007). *Existential and spiritual issues in death attitudes.* Mahwah, NJ: Lawrence Erlbaum.

Tong, K. L., & Spicer, B. J. (1994). The Chinese palliative patient and family in North America: A cultural perspective. *Journal of Palliative Care, 10*(1), 26–28.

Toray, T. (2004). The human-animal bond and loss: Providing support for grieving clients. *Journal of Mental Health Counseling, 26,* 244–259.

Toray, T., & Oltjenbruns, K. A. (1996). Children's friendships and the death of a friend. In C. A. Corr & D. M. Corr (Eds.), *Handbook of childhood death and bereavement* (pp. 165–178). New York: Springer.

Toynbee, A. (1968a). The relation between life and death, living and dying. In A. Toynbee, A. K. Mant, N. Smart, J. Hinton, S. Yudkin, E. Rhode, et al., *Man's concern with death* (pp. 259–271). New York: McGraw-Hill.

Toynbee, A. (1968b). Traditional attitudes towards death. In A. Toynbee, A. K. Mant, N. Smart, J. Hinton, S.

Yudkin, E. Rhode, et al., *Man's concern with death* (pp. 59–94). New York: McGraw-Hill.

Toynbee, A., Koestler, A., et al. (1976). *Life after death*. New York: McGraw-Hill.

Travis, S. S., Loving, G., McClanahan, L., & Bernard, M. (2001). Hospitalization patterns and palliation in the last year of life among residents in long-term care. *The Gerontologist, 41*(2), 153–160.

Trozzi, M., & Massimini, K. (1999). *Talking with children about loss: Words, strategies, and wisdom to help children cope with death, divorce, and other difficult times*. New York: Penguin Putnam.

Tschann, J., Kaufmann, S., & Micco, G. (2003). Family involvement in end-of-life hospital care. *Journal of the American Geriatrics Society, 51*, 835–840.

Tucker, J. B. (2001). *Scourge: The once and future threat of smallpox*. New York: Atlantic Monthly Press.

Turnbull, S. B. (2005). *The wealth of your life: A step-by-step guide for creating your ethical will*. Wrenham, MA: Benedict Press (www.yourethicalwill.com)

Turner, M. (2006). *Talking with children and young people about death and dying* (2nd ed.). Philadelphia: Jessica Kingsley.

Turner, R. E., & Edgley, C. (1976). Death as theatre: A dramaturgical analysis of the American funeral. *Sociology and Social Research, 60*, 377–392.

Tuzeo-Jarolmen, J. (2006). *When a family pet dies: A guide to dealing with children's loss*. Philadelphia: Jessica Kingsley.

Twomey, J. (2001, May 19). Youth crime: It's not what you think. *St. Petersburg Times*, p. 14A.

Twycross, R. G. (1976). Long-term use of diamorphine in advanced cancer. In J. J. Bonica & D. Albe-Fessard (Eds.), *Advances in pain research and therapy* (Vol. 1, pp. 653–661). New York: Raven Press.

Twycross, R. G. (1979a). The Brompton cocktail. In J. J. Bonica & V. Ventafridda (Eds.), *International symposium on pain of advanced cancer: Advances in pain research and therapy* (Vol. 2, pp. 291–300). New York: Raven Press.

Twycross, R. G. (1979b). Overview of analgesia. In J. J. Bonica & V. Ventafridda (Eds.), *International symposium on pain of advanced cancer: Advances in pain research and therapy* (Vol. 2, pp. 617–633). New York: Raven Press.

Twycross, R. G. (1982). Principles and practice of pain relief in terminal cancer. *Cancer Forum, 6*, 23–33.

Twycross, R. G. (1994). *Pain relief in advanced cancer*. New York: Churchill Livingstone.

Twycross, R. G. (2003). *Introducing palliative care* (3rd ed.). Oxford, England: Radcliffe Medical Press.

Twycross, R. G., & Lack, S. A. (1989). *Oral morphine: Information for patients, families and friends*. Beaconsfield, England: Beaconsfield Press.

Twycross, R. G., & Wilcock, A. (2002). *Symptom management in advanced cancer* (3rd ed.). Oxford, England: Radcliffe Medical Press.

U.S. Bureau of the Census. (1975). *Historical statistics of the United States, colonial times to 1970, bicentennial edition* (2 parts). Washington, DC: U.S. Government Printing Office.

U.S. Census Bureau. (2010). *Statistical abstract of the United States: 2010* (129th ed.). Washington, DC: Author.

U.S. Congress. (1986). *Indian health care*. Washington, DC: U.S. Government Printing Office.

U.S. Department of Health and Human Services, Health Care Financing Administration. (1998). Medicare and Medicaid programs; hospital conditions of participation; identification of potential organ, tissue, and eye donors and transplant hospitals' provision of transplant-related data. *Federal Register, 63*, 33856–33874.

U.S. Department of Health and Human Services, Health Resources and Services Administration and Health Care Financing Administration. (2000). *Roles and training in the donation process: A resource guide*. Rockville, MD: Authors.

U.S. Department of Health and Human Services. (2001a). *The Surgeon General's call to action to prevent and decrease overweight and obesity*. Washington, DC: U.S. Government Printing Office.

U.S. Department of Health and Human Services. (2001b). *Youth violence: A report of the Surgeon General*. Washington, DC: U.S. Government Printing Office.

U.S. Department of Health and Human Services. (2004). *The health consequences of smoking: A report of the Surgeon General*. Washington, DC: U.S. Government Printing Office.

U.S. Department of Health and Human Services. (2010). *How tobacco smoke causes disease: The biology and behavioral basis for smoking-attributable disease: A report of the Surgeon General*. Atlanta, GA: U.S. Department of Health and Human Services, Centers for Disease Control and Prevention, National Center for Chronic Disease Prevention and Health Promotion, Office on Smoking and Health. Retrieved on December 12, 2010, from http:// www.surgeongeneral.gov/library/tobacco-smoke/report/ full_report.pdf

Uhlenberg, P. (1980). Death and the family. *Journal of Family History, 5*, 313–320.

Ulferts, A. C., & Lindberg, A. (2003, October 15). Schiavo's family ends legal fight. *St. Petersburg Times*, pp. 1A, 5A.

Umana-Taylor, A. J., & Yazedjian, A. (2006). Generational

differences and similarities among PuertoRican andMexican mothers' experiences with familial ethnic socialization. *Journal of Social and Personal Relationships, 23,* 445–464.

Umberson, D. (2003). *Death of a parent: Transition to a new adult identity.* New York: Cambridge University Press.

UNAIDS. (2001). AIDS epidemic update: December 2000. Geneva, Switzerland: Author.

UNAIDS. (2009). *AIDS epidemic update: December 2009.* Geneva, Switzerland: Author. Retrieved from http://data.unaids.org/pub/Report/2009/JC1700_Epi_Update_2009_en.pdf on November 19, 2010.

Until We Say Goodbye. [Videotape]. (1980). Washington, DC: WJLA-TV.

Urich, L. P. (2001). *The Patient Self-Determination Act: Meeting the challenges in patient care.* Washington, DC: Georgetown University Press.

Urofsky, M. I. (1994). *Letting go: Death, dying and the law* (Rev. ed.). Norman, OK: University of Oklahoma Press.

Utsey, S. O., Hook, J. N., & Stannard, P. (2007). A re-examination of cultural factors that mitigate risk and promote resilience in relation to African American suicide: A review of the literature and recommendations for future research. *Death Studies, 31*(5), 399–416.

Vachon, M. L. S. (1987). *Occupational stress in the care of the critically ill, the dying, and the bereaved.* Washington, DC: Hemisphere.

Vachon, M. L. S. (1997). Recent research into staff stress in palliative care. *European Journal of Palliative Care, 4,* 99–103.

Vachon, M. L. S. (2007). Caring for the professional caregivers: Before and after the death. In K. J. Doka (Ed.), *Living with grief: Before and after a death* (pp. 311–330).Washington, DC: Hospice Foundation of America.

Valente, S. M., & Saunders, J. M. (1987). High school suicide prevention programs. *Pediatric Nursing, 13*(2), 108–112, 137.

Valente, S. M., & Sellers, J. R. (1986). Helping adolescent survivors of suicide. In C. A. Corr & J. N. McNeil (Eds.), *Adolescence and death* (pp. 167–182). New York: Springer.

Valentine, L. (1996). Professional interventions to assist adolescents who are coping with death and bereavement. In C. A. Corr & D. E. Balk (Eds.), *Handbook of adolescent death and bereavement* (pp. 312–328). New York: Springer.

Van der Heide, T., Onwuteaka-Philipsen, B. D., Rurup, M. L., Buiting, H. M., van Delden, J. J. M., Hanssen-de Wolf, J. E., Janssen, A. G. J. M., Pasman, H. R. W., Rietjens, J. A. C., Prins, C. J. M., Deerenberg, I. M., Gevers, J. K. M., van der Maas, P. J., and van der Wal, G. (2007). End-of-life practices in the Netherlands under the Euthanasia Act. *New England Journal of Medicine, 356,* 1957–1965.

Van der Maas, P. J., Van der Wal, G., Haverkate, I., de Graaff, C. L. M., Kester, J. G. C., Onwuteaka-Philipsen, B. D., et al. (1996). Euthanasia, physician-assisted suicide, and other medical practices involving the end of life in the Netherlands, 1990–1995. *New England Journal of Medicine, 335,* 1699–1705.

Van der Wal, G., Van der Maas, P. J., Bosma, J. M., Onwuteaka-Philipsen, B. D., Willems, D. L., Haverkate, I., et al. (1996). Evaluation of the notification procedure for physician-assisted death in the Netherlands. *New England Journal of Medicine, 335,* 1706–1711.

Van der Zee, J., Dodson, O., & Billops, C. (1978). *The Harlem book of the dead.* Dobbs Ferry, NY: Morgan & Morgan.

Van Dongen, C. J. (1990). Agonizing questioning: Experiences of survivors of suicide victims. *Nursing Research, 39,* 224–229.

Van Dongen, C. J. (1991). Experiences of family members after a suicide. *Journal of Family Practice, 33,* 375–380.

Van Gennep, A. (1961). *The rites of passage* (M. B. Vizedom & G. L. Caffee, Trans.). Chicago: University of Chicago Press.

Van Lommel, P., van Wees, R., Meyers, V., & Elfferich, I. (2001). Near-death experience in survivors of cardiac arrest: A prospective study in the Netherlands. *The Lancet, 358,* 2039–2045.

Van Riper, M. (1997). Death of a sibling: Five sisters, five stories. *Pediatric Nursing, 23,* 587–593.

Van Winkle, N. W. (2000). End-of-life decision making in American Indian and Alaska native cultures. In K. L. Braun, J. H. Pietsch, & P. L. Blanchette (Eds.), *Cultural issues in end-of-life decision making* (pp. 127–144). Thousand Oaks, CA: Sage.

Veatch, R. M. (1975). The whole-brain-oriented concept of death: An outmoded philosophical formulation. *Journal of Thanatology, 3*(1), 13–30.

Veatch, R. M. (1976). *Death, dying, and the biological revolution: Our last quest for responsibility.* New Haven, CT: Yale University Press.

Veatch, R. M. (2002). *Transplantation ethics.* Washington, DC: Georgetown University Press.

Veninga, R. (1985). *A gift of hope: How we survive our tragedies.* New York: Ballantine Books.

Vernick, J., & Karon, M. (1965). Who's afraid of death on a leukemia ward? *American Journal of Diseases of Children, 109,* 393–397.

Verwoerdt, A. (1976). *Clinical geropsychiatry.* Baltimore: Williams & Wilkins.

Verwoerdt, A., Pfeiffer, E., & Wang, H. S. (1969). Sexual

behavior in senescence. *Geriatrics, 24*, 137–154.

Victoria Hospice Society, Cairns, M., Thompson, M., & Wainwright, W. (2003). *Transitions in dying and bereavement: A psychosocial guide for hospice and palliative care.* Baltimore: Health Professions Press. Viorst, J. (1986). *Necessary losses.* New York: Simon & Schuster.

Volkan, V. (1970). Typical findings in pathological grief. *Psychiatric Quarterly, 44*, 231–250.

Volkan, V. (1985). Complicated mourning. *Annual of Psychoanalysis, 12*, 323–248.

Voyich, J. M., Braughton, K. R., Sturdevant, D. E., Whitney, A. R., Said-Salim, B., Porcella, S. F., Long, R. D., Dorward, D. W., Gardner, D. J., Kreiswirth, B. N., Musser, J. M., & DeLeo, F. R. (2005). Insights into mechanisms used by *Staphylococcus aureus* to avoid destruction by human neutrophils. *The Journal of Immunology, 175*(6), 3907–3919.

Waechter, E. H. (1971). Children's awareness of fatal illness. *American Journal of Nursing, 71*, 1168–1172.

Waechter, E. H. (1984). Dying children: Patterns of coping. In H. Wass & C. A. Corr (Eds.), *Childhood and death* (pp. 51–68). Washington, DC: Hemisphere.

Wagner, S. (1994). *The Andrew poems.* Lubbock: Texas Tech University Press.

Waldrop, D. P., Tamburlin, J. A., Thompson, S J., & Simon, M. (2004). Life and death decisions: Using school-based health education to facilitate family discussion about organ and tissue donation. *Death Studies, 28*, 643–657.

Walker, A. C. (2008). Grieving in the Muscogee Creek tribe. *Death Studies, 32*, 123–141.

Walker, A. C., & Balk, D. E. (2007). Bereavement rituals in the Muscogee Creek tribe. *Death Studies, 31*, 633–652.

Walker, A. C., & Thompson, R. (2009). Muscogee Creek spirituality and meaning of death. *Omega, Journal of Death and Dying, 59*, 129–146.

Walker, J. S. (2004). *Three Mile Island: A nuclear crisis in historical perspective.* Berkeley: University of California Press.

Wall, P. (2002). *Pain: The science of suffering.* New York: Columbia University Press.

Wall, P. D., & Melzack, R. (Eds.). (1994). *Textbook of pain* (3rd ed.). New York: Churchill Livingstone.

Wallace, S. E. (1973). *After suicide.* New York: Wiley-Interscience.

Wallis, C. L. (1954). *Stories on stone: A book of American epitaphs.* New York: Oxford University Press.

Wallis, V. (2004). *Two old women: An Alaska legend of betrayal, courage and survival.* New York: Perennial/HarperCollins.

Walsh, F., & McGoldrick, M. (1990). Loss and the family life cycle. In C. J. Falicov (Ed.), *Family transitions:*

Continuity and change over the life cycle (pp. 311–336). New York: Guilford.

Walsh, F., & McGoldrick, M. (Eds.). (2004a). *Living beyond loss: Death in the family* (2nd ed.). New York: Norton.

Walsh, F., & McGoldrick, M. (2004b). Loss and the family: A systemic perspective. In F. Walsh & M. McGoldrick (Eds.), *Living beyond loss: Death in the family* (2nd ed.; pp. 3–26). New York: Norton.

Walter, C. A. (2003). *The loss of a life partner: Narratives of the bereaved.* New York: Columbia University Press.

Walter, C. A., & McCoyd, J. L. M. (2009). *Grief and loss across the lifespan: A biopsychosocial perspective.* New York: Springer.

Walter, T. (1999). *On bereavement: The culture of grief.* Buckingham, England: Open University Press.

Walters, M. (2004). *Six modern plagues and how we are causing them.* Washington, DC: Island Press.

Walton, D. N. (1979). *On defining death: An analytic study of the concept of death in philosophy and medical ethics.* Montreal, Quebec, Canada: McGill-Queen's University Press.

Walton, D. N. (1982). Neocortical versus wholebrain conceptions of personal death. *Omega, Journal of Death and Dying, 12*, 339–344.

Wanzer, S., & Glenmullen, J. (2007). *To die well: Your right to comfort, calm, and choice in the last days of life.* Philadelphia: Da Capo Press.

Ward, L. (2003). Race as a variable in cross-cultural research. *Nursing Outlook, 51*, 120–125.

Washington, H. A. (2006). *Medical apartheid: The dark history of medical experimentation on Black Americans from colonial times to the present.* New York: Doubleday.

Wass, H. (1984). Concepts of death: A developmental perspective. In H. Wass & C. A. Corr (Eds.), *Childhood and death* (pp. 3–24). Washington, DC: Hemisphere.

Wass, H. (2003). Children and media violence. In R. Kastenbaum (Ed.), *Macmillan encyclopedia of death and dying* (Vol. 1, pp. 133–139). New York: Macmillan.

Wass, H. (2004). A perspective on the current state of death education. *Death Studies, 28*, 289–308.

Wass, H., & Cason, L. (1984). Fears and anxieties about death. In H. Wass & C. A. Corr (Eds.), *Childhood and death* (pp. 25–45). Washington, DC: Hemisphere.

Wass, H., & Corr, C. A. (Eds.). (1984). *Childhood and death.* Washington, DC: Hemisphere.

Wasserman, H., & Danforth, H. E. (1988). *The human bond: Support groups and mutual aid.* New York: Springer.

Wasserman, J., Clair, J. M., & Ritchey, F. J. (2006). Racial differences in attitudes toward euthanasia. *Omega, Journal of Death and Dying, 52*, 263–287.

Waters, C. M. (2001). Understanding and supporting African Americans' perspectives of end-of-life care planning and decision making. *Qualitative Health Research, 11*(3), 385–398.

Watson, M., Lucas, C., Hoy, A., & Back, I. (Eds.). (2005). *The Oxford handbook of palliative care.* New York: Oxford University Press.

Watson, M., Lucas, C., Hoy, A., & Wells, J. (2009). *The Oxford handbook of palliative care* (2nd ed.). New York: Oxford University Press.

Waugh, E. (1948). *The loved one.* Boston: Little, Brown.

Weaver, R. R., & Rivello, R. (2007). The distribution of mortality in the United States: The effects of income (inequality), social capital, and race. *Omega, Journal of Death and Dying, 54,* 19–39.

Weaver-Zercher, D. L. (2001). *The Amish in the American imagination.* Baltimore: Johns Hopkins University Press.

Webb, M. (1997). *The good death: The new American search to reshape the end of life.* New York: Bantam.

Webb, N. B. (Ed.). (2004). *Mass trauma and violence: Helping families and children cope.* New York: Guilford.

Webb, N. B. (Ed.). (2007). *Play therapy with children in crisis: Individual, group, and family treatment* (3rd ed.). New York: Guilford.

Webb, N. B. (Ed.). (2010). *Helping bereaved children: A handbook for practitioners* (3rd ed.). New York: Guilford.

Wechsler, H., Davenport, A., Dowdall, G., Moeykens, B., & Castillo, S. (1994). Health and behavioral consequences of binge drinking in college: A national survey of students at 140 campuses. *Journal of the American Medical Association, 272,* 1672–1677.

Weeks, O. D. (2001). Ritualistic downsizing and the need for aftercare. In O. D. Weeks & C. Johnson (Eds.), *When all the friends have gone: A guide for aftercare providers* (pp. 187–197). Amityville, NY: Baywood.

Weeks, O. D., & Johnson, C. (Eds.). (2001). *When all the friends have gone: A guide for aftercare providers.* Amityville, NY: Baywood.

Weese-Mayer, D. E. (2006). Sudden infant death syndrome: Is serotonin the key factor? *Journal of the American Medical Association, 296,* 2143–2144.

Wehrle, P. F., & Top, F. H. (1981). *Communicable and infectious diseases* (9th ed.). St. Louis, MO: Mosby.

Weinberg, J. (1969). Sexual expression in late life. *American Journal of Psychiatry, 126,* 713–716.

Weiner, I. B. (1985). Clinical contributions to the developmental psychology of adolescence. *Genetic, Social, and General Psychology Monographs, 111*(2), 195–203.

Weir, R. F. (Ed.). (1980). *Death in literature.* New York: Columbia University Press.

Weir, R. F. (Ed.). (1997). *Physician-assisted suicide.*

Bloomington: Indiana University Press.

Weisman, A. D. (1972). *On dying and denying: A psychiatric study of terminality.* New York: Behavioral Publications.

Weisman, A. D. (1977). The psychiatrist and the inexorable. In H. Feifel (Ed.), *New meanings of death* (pp. 107–122). New York: McGraw-Hill.

Weisman, A. D. (1984). *The coping capacity: On the nature of being mortal.* New York: Human Sciences Press.

Weizman, S. G. (2005). *About mourning: Support and guidance for the bereaved.* Beachwood, OH: Sunrise Publications.

Welch, F. S., Winters, R., & Ross, K. (Eds.). (2009). *Tea with Elisabeth: Tributes to hospice pioneer Dr. Elisabeth Kubler-Ross.* Naples, FL: Quality of Life Publishing.

Welch, K. J., & Bergen, M. B. (2000). Adolescent parent mourning reactions associated with stillbirth or neonatal death. *Omega, Journal of Death and Dying, 40,* 435–451.

Weller, E. B., Weller, R. A., Fristad, M. A., Cain, S. E., & Bowes, J. M. (1988). Should children attend their parent's funeral? *Journal of the American Academy of Child and Adolescent Psychiatry, 27,* 559–562.

Wender, P., Ketu, S., Rosenthal, D., Schulsinger, F., Ortmann, J., & Lunde, I. (1986). Psychiatric disorders in the biological and adoptive families of adopted individuals with affective disorders. *Archives of General Psychiatry, 43,* 923–929.

Wendler, D., & Dickert, N. (2001). The consent process for cadaveric organ procurement: How does it work? How can it be improved? *Journal of the American Medical Association, 285,* 329–333.

Wentworth, H., & Flexner, S. B. (Eds.). (1967). *Dictionary of American slang* (with supplement). New York: Crowell.

Wertenbaker, L. T. (1957). *Death of a man.* New York: Random House.

Werth, J. L. (1996). *Rational suicide: Implications for mental health professionals.* Washington, DC: Taylor & Francis.

Werth, J. L. (1999a). The role of the mental health professional in helping significant others of persons who are assisted in death. *Death Studies, 23,* 239–255.

Werth, J. L. (Ed.). (1999b). *Contemporary perspectives on rational suicide.* Philadelphia: Taylor & Francis.

Werth, J. L. (2001). Using the Youk-Kevorkian case to teach about euthanasia and other end-of-life issues. *Death Studies, 25,* 151–177.

Werth, J. L. (Ed.). (2006). Implications of the Theresa Schiavo case and end-of-life decisions [Special issue]. *Death Studies, 30*(2).

Werth, J. L., & Blevins, D. (Eds.). (2006). *Psychosocial issues near the end of life: A resource for professional care providers.* Washington, DC: American Psychological Association.

Werth, J. L., & Blevins, D. (Eds.). (2009). *Decision making near the end of life: Issues, developments, and future directions.* New York: Routledge.

Werth, J. L., & Wineberg, H. (2005). A critical analysis of criticisms of the Oregon Death with Dignity Act. *Death Studies, 29,* 1–27.

Weseen, M. H. (1934). *A dictionary of American slang.* New York: Crowell.

West, S. (2004). Culturally appropriate end-of-life care for the Black American. *Home Healthcare Nurse Journal, 22*(3), 164–168.

Westberg, G. (1971). *Good grief.* Philadelphia: Fortress Press. Westefeld, J. S., Button, C., Haley, J. T., Kettmann, J. J., Macconnell, J., Sandil, R., & Tallman, B. (2006). College student suicide: A call to action. *Death Studies, 30,* 931–956.

Westerhoff, J. H. (1978). *McGuffey and his readers: Piety, morality, and education in nineteenth-century America.* Nashville, TN: Abingdon.

Westphal, M. (1984). *God, guilt, and death.* Bloomington: Indiana University Press.

Wheeler, I. (2001). Parental bereavement: The crisis of meaning. *Death Studies, 25,* 51–66.

Wheeler, M. S., & Cheung, A. H. S. (1996). Minority attitudes toward organ donation. *Critical Care Nurse, 16,* 30–35.

Whipple, V. (2006). *Lesbian widows: Invisible grief.* New York: Routledge.

White, E. B. (1952). *Charlotte's web.* New York: Harper.

White, P. G. (2006). *Sibling grief: Healing after the death of a sister or brother.* Lincoln, NE: iUniverse.

White, R. B., & Engelhardt, H. T. (1975). A demand to die. *Hastings Center Report, 5*(3), 9–10, 47.

White, R., & Cuningham, A. M. (1991). *Ryan White: My own story.* New York: Dial Press.

Whitfield, J. M., Siegel, R. E., Glicken, A. D., Harmon, R. J., Powers, L. K., & Goldson, E. J. (1982). The application of hospice concepts to neonatal care. *American Journal of Diseases of Children, 136,* 421–424.

Whitney, S. (1991). *Waving goodbye: An activities manual for children in grief.* Portland, OR: The Dougy Center.

Wiener, L. S., Best, A., & Pizzo, P. A. (Comps.). (1994). *Be a friend: Children who live with HIV speak.* Morton Grove, IL: Albert Whitman.

Wiesel, E. (1960). *Night* (S. Rodway, Trans.). New York: Avon.

Wilcoxon, S. A. (1986). Grandparents and grandchildren: An often neglected relationship between significant others. *Journal of Counseling and Development, 65,* 289–290.

Wilhelm, H. (1985). *I'll always love you.* New York: Crown.

Wilkes, E., Crowther, A. G. O., & Greaves, C. W. K. H. (1978). A different kind of day hospital—For patients with preterminal cancer and chronic disease. *British Medical Journal, 2,* 1053–1056.

Wilkes, E., et al. (1980). *Report of the working group on terminal care of the standing subcommittee on cancer.* London: Her Majesty's Stationary Office.

Willans, J. H. (1980). Nutrition: Appetite in the terminally ill patient. *Nursing Times, 76,* 875–876.

Willinger, M. (1995). Sleep position and sudden infant death syndrome [Editorial]. *Journal of the American Medical Association, 273,* 818–819.

Willinger, M., James, L. S., & Catz, D. (1991). Defining the sudden infant death syndrome (SIDS): Deliberations of an expert panel convened by the National Institute of Child Health and Human Development. *Pediatric Pathology, 11,* 677–684.

Wineberg, H., & Werth, J. L. (2003). Physician-assisted suicide in Oregon: What are the key factors? *Death Studies, 27,* 501–518.

Wink, P., & Scott, J. (2005). Does religiousness buffer against the fear of death and dying in late adulthood? Findings from a longitudinal study. *The Journals of Gerontology, Series B, 60,* 207–214.

Winston, C., Leshner, P., Kramer, J., & Allen, G. (2005). Overcoming barriers to access and utilization of hospice and palliative care services in African American communities. *Omega, Journal of Death and Dying, 50*(2), 151–163.

Wolfe, J., Grier, H. E., Klar, N., Levin, S. B., Ellenbogen, J. M., Salem-Schatz, E., et al. (2000a). Symptoms and suffering at the end of life in children with cancer. *New England Journal of Medicine, 342,* 326–333.

Wolfe, J., Klar, N., Grier, H. E., Duncan, J., Salem-Schatz, S., Emanuel, E. J., et al. (2000b). Understanding of prognosis among parents of children who died of cancer: Impact on treatment goals and integration of palliative care. *Journal of the American Medical Association, 284,* 2469–2475.

Wolfe, T. (1940). *You can't go home again.* New York: Harper & Brothers.

Wolfelt, A. (1996). *Healing the bereaved child: Grief gardening, growth through grief and other touchstones for caregivers.* Fort Collins, CO: Companion Press.

Wolfelt, A. (2004a). *The understanding your grief support group guide: Starting and leading a bereavement support group.* Fort Collins, CO: Companion Press.

Wolfelt, A. (2004b). *When your pet dies: A guide to mourning, remembering and healing.* Fort Collins, CO: Companion Press.

Wolfelt, A. (2005a). *Companioning the bereaved: A soulful guide for counselors and caregivers.* Fort Collins, CO: Companion Press.

Wolfelt, A. (2005b). *Healing grief at work: 100 practical ideas after your workplace is touched by loss.* Fort Collins, CO: Companion Press.

Wolfelt, A., & Yoder, G. (2005). *Companioning the dying: A soulful guide for counselors and caregivers.* Fort Collins, CO: Companion Press.

Wolfenstein, M. (1966). How is mourning possible? *Psychoanalytic Study of the Child, 21,* 93–123.

Wolfenstein, M., & Kliman, G. (Eds.). (1965). *Children and the death of a president.* Garden City, NY: Doubleday.

Woodson, J. (2000). *Sweet, sweet memory.* New York: Hyperion Books for Children.

Woodson, R. (1976). The concept of hospice care in terminal disease. In J. M. Vaeth (Ed.), *Breast cancer* (pp. 161–179). Basel, Switzerland: Karger.

Wooten-Green, R. (2001). *When the dying speak: How to listen to and learn from those facing death.* Chicago: Loyola Press.

Worchel, D., & Gearing, R.E. (2010). *Suicide assessment and treatment: Empirical and evidence-based practices.* New York: Springer.

Worden, J. W. (1982). *Grief counseling and grief therapy: A handbook for the mental health practitioner.* New York: Springer.

Worden, J. W. (1996). *Children and grief: When a parent dies.* New York: Guilford.

Worden, J. W. (2002). *Grief counseling and grief therapy: A handbook for the mental health practitioner* (3rd ed.). New York: Springer.

Worden, J. W. (2009). *Grief counseling and grief therapy: A handbook for the mental health practitioner* (4th ed.). New York: Springer.

World Health Organization (WHO). (1990). *Cancer pain relief and palliative care.* WHO Technical Report Series 804. Geneva, Switzerland: Author.

World Health Organization (WHO). (1998). *Cancer pain relief and palliative care in children.* Geneva, Switzerland: Author.

Worswick, J. (2000). *A house called Helen: The development of hospice care for children* (2nd ed.). New York: Oxford University Press.

Wortman, C. B., & Silver, R. C. (1989). The myth of coping with loss. *Journal of Clinical Consulting Psychology, 57,* 349–357.

Wortman, C. B., & Silver, R. C. (2001). The myths of coping with loss revisited. In M. S. Stroebe, R. O. Hansson, W. Stroebe, & H. Schut (Eds.), *Handbook of bereavement research: Consequences, coping, and care* (pp. 405–429). Washington, DC: American Psychological Association.

Wray, T. J. (2003). *Surviving the death of a sibling: Living through grief when an adult brother or sister dies.* New York: Three Rivers Press.

Wright, L. (2006). *The looming tower: Al-Qaeda and the road to 9/11.* New York: Knopf.

Wright, R. H., & Hughes, W. B. (1996). *Lay down body: Living history in African-American cemeteries.* Detroit: Visible Ink Press.

Wrobel, T. A., & Dye, A. L. (2003). Grieving pet death: Normative, gender, and attachment issues. *Omega, Journal of Death and Dying, 47,* 385–393.

Wrobleski, A. (1984). The suicide survivors grief group. *Omega, Journal of Death and Dying, 15,* 173–183.

Wyler, J. (1989). Grieving alone: A single mother's loss. *Issues in Comprehensive Pediatric Nursing, 12,* 299–302.

Wyschogrod, E., & Caputo, J. D. (1998). Postmodernism and the desire for God: An Email exchange. *Cross Currents, 48*(3), 293–310.

Xu, J. Q., Kochanek, K. D., Murphy, S. L., Tejada-Vera, B. (2010). Deaths: Final data for 2007. *National Vital Statistics Reports, 58*(19). Hyattsville, MD: National Center for Health Statistics.

Yalom, I. D. (1995). *The theory and practice of group psychotherapy* (4th ed.). New York: Basic Books.

Yalom, I. D., & Vinogradov, S. (1988). Bereavement groups: Techniques and themes. *International Journal of Group Psychotherapy, 38,* 419–446.

Yancu, C., Farmer, D., & Leahman, D. (2010). Barriers to hospice use and palliative care service use by African American adults. *American Journal of Hospice and Palliative Medicine, 27*(4), 248–253.

Yaukey, D., Anderton, D. L., & Lundquist, J. H. (2007). *Demography: The study of human population* (3rd ed.). Long Grove, IL: Waveland Press.

Yeung, W. (1995). Buddhism, death, and dying. In J. K. Parry & A. S. Ryan (Eds.), *A cross-cultural look at death, dying, and religion* (pp. 74–83). Chicago: Nelson-Hall.

Yin, P., & Shine, M. (1985). Misinterpretations of increases in life expectancy in gerontology textbooks. *The Gerontologist, 25,* 78–82.

Young, B., Dixon-Woods, M., Windridge, K. C., & Heney, D. (1999). Partnership with children. *British Medical Journal, 319,* 778–780.

Young, B., Dixon-Woods, M., Windridge, K. C., & Heney, D. (2003). Managing communication with young people who have a potentially life threatening chronic illness: A qualitative study of patients and parents. *British Medical Journal, 326,* 305.

Youngner, S. J., Anderson, M. W., & Schapiro, R. (Eds.). (2003). *Transplanting human tissue: Ethics, policy, and practice.* New York: Oxford University Press.

Yufit, R. I., & Lester, D. (Eds.). (2005). *Assessment, treat-*

ment and prevention of suicidal behavior. Hoboken, NJ: John Wiley & Sons.

Zaheer, K. (2007, January 8). Future flu pandemic could be "very scary." U. S. Reuters Health Information. Available at: http://www.nlm.nih.gov/medlineplus/news/full-story_43531.html

Zambelli, G. C., & DeRosa, A. P. (1992). Bereavement support groups for school-age children: Theory, intervention, and case example. *American Journal of Orthopsychiatry, 62,* 484-493.

Zamperetti, N., Bellomo, R., & Ronco, C. (2003). Defining death in non-heart beating organ donors. *Journal of Medical Ethics, 29*(3), 182-185.

Zanger, J. (1980, February). Mount Auburn Cemetery: The silent suburb. *Landscape,* 23-28.

Zeitlin, S. J., & Harlow, I. B. (2001). *Giving a voice to sorrow: Personal responses to death and mourning.* New York: Perigee (Penguin).

Zerwekh, J. V. (1983). The dehydration question. *Nursing 83,* 13, 47-51.

Zerwekh, J. V. (1994). The truth-tellers: How hospice nurses help patients confront death. *American Journal of Nursing, 94,* 31-34.

Zerzan, J., Stearns, S., & Hanson, L. (2000). Access to palliative care and hospice in nursing homes. *Journal of the American Medical Association, 284,* 2489-2494.

Zhang, B., Wright, A. A., Haiden, A., Huskamp, H. A., Nilsson, M. E., Maciejewski, M. L., et. al. (2009). Health care costs in the last week of life: associations with end-of-life conversations. *Archives of Internal Medicine, 169*(5), 480-488.

Zielinski, J. M. (1975). *The Amish: A pioneer heritage.* Des Moines, IA: Wallace-Homestead.

Zielinski, J. M. (1993). *The Amish across America* (Rev.

ed.). Kalona, IA: Amish Heritage Publications.

Zimmerman, J. (2005). *From the heart of a bear: True stories of the faith and courage of children facing life-threatening illness.* Des Moines, IA: Lazarus Publishing.

Zinner, E. S. (Ed.). (1985). *Coping with death on campus.* San Francisco: Jossey-Bass.

Zinner, E. S., & Williams, M. B. (1999). *When a community weeps: Case studies in group survivorship.* Philadelphia: Brunner/Mazel.

Zipes, J. (1983). *The trials and tribulations of Little Red Riding Hood: Versions of the tale in sociocultural context.* South Hadley, MA: Bergin & Garvey.

Zisook, S., & DeVaul, R. A. (1983). Grief, unresolved grief, and depression. *Psychosomatics, 24,* 247-256.

Zisook, S., & DeVaul, R. A. (1984). Measuring acute grief. *Psychiatric Medicine, 2,* 169-176.

Zisook, S., & DeVaul, R. A. (1985). Unresolved grief. *American Journal of Psychoanalysis, 45,* 370-379.

Zlatin, D. M. (1995). Life themes: A method to understand terminal illness. *Omega, Journal of Death and Dying, 31,* 189-206.

Zucker, A. (2007). Ethical and legal issues and end-of-life decision making. In D. E. Balk C. Wogrin, G. Thornton, & D. Meagher (Eds.), *ADEC handbook of thanatology* (pp. 103-112). Northbrook, IL: Association for Death Education and Counseling.

Zucker, R. (2009). *The journey through grief and loss: Helping yourself and your child when grief is shared.* New York: St, Martins.

Zulli, A. P. (2001). The aftercare workers and support group facilitation. In O. D. Weeks & C. Johnson (Eds.), *When all the friends have gone: A guide for aftercare providers* (pp. 199-213). Amityville, NY: Baywood.

역자소개

김성진	한림대학교 철학과 명예교수
임연옥	한림대 고령사회연구소 HK연구교수
정진영	한림대 임상역학연구소 HK연구교수
양정연	한림대 생사학연구소 HK교수
유지영	한림대 고령사회연구소 HK교수
이수인	한림대 생사학연구소 HK연구교수
박승현	한림대 생사학연구소 HK연구교수

이 저서는 2012년 정부(교육부)의 재원으로 한국연구재단의 지원을 받아 수행된 연구임
(NRF-2012S1A6A3A01033504)

현대 생사학 개론
Death & Dying, Life & Living 7th ed

초 판 인 쇄	2018년 05월 21일
초 판 발 행	2018년 05월 30일
지 은 이	찰스 A. 코르(CHARLES A. CORR) & 도나 M. 코르(DONNA M. CORR)
옮 긴 이	한림대학교 생사학연구소
역 자	김성진·임연옥·정진영·양정연·유지영·이수인·박승현
발 행 인	윤석현
발 행 처	도서출판 박문사
책 임 편 집	최인노
등 록 번 호	제2009-11호

우 편 주 소	서울시 도봉구 우이천로 353 성주빌딩 3층
대 표 전 화	02) 992 / 3253
전 송	02) 991 / 1285
홈 페 이 지	http://www.jncbms.co.kr
전 자 우 편	bakmunsa@hanmail.net

ⓒ 한림대학교 생사학연구소 2018 Printed in KOREA.

ISBN 979-11-87425-89-2 93100   정가 46,000원